DICTIONNAIRE

DE

PROCÉDURE

CIVILE ET COMMERCIALE;

CONTENANT LA JURISPRUDENCE, L'OPINION DES AUTEURS, LES USAGES DU PALAIS,
LE TIMBRE ET L'ENREGISTREMENT DES ACTES, LEUR TARIF, LEURS FORMULES;
ET TERMINÉ PAR UN RECUEIL DE TOUTES LES LOIS SPÉCIALES QUI COMPLÈTENT
OU MODIFIENT LE CODE DE PROCÉDURE, ET PAR UNE TABLE DE CONCORDANCE
DU DICTIONNAIRE AVEC LES ARTICLES DE CE CODE E LES LOIS SPÉCIALES.

PAR M. BIOCHE,

Docteur en droit, Avocat à la Cour royale de Paris,

M. GOUJET, avocat à la Cour royale de Paris,

ET PLUSIEURS MAGISTRATS ET JURISCONSULTES

TOME PREMIER.

PARIS

VIDECOQ, LIBRAIRE-ÉDITEUR,

PLACE DU PANTHÉON, N° 6.

—

1834

DICTIONNAIRE

DE

PROCÉDURE CIVILE

ET COMMERCIALE.

———

TOME I.

A. — C.

IMPRIMERIE DE FÉLIX LOCQUIN,
RUE NOTRE-DAME-DES-VICTOIRES, N° 16.

DICTIONNAIRE

DE

PROCÉDURE CIVILE

ET COMMERCIALE;

CONTENANT LA JURISPRUDENCE, L'OPINION DES AUTEURS, LES USAGES DU PALAIS,
LE TIMBRE ET L'ENREGISTREMENT DES ACTES, LEUR TARIF, LEURS FORMULES;
ET TERMINÉ PAR UN RECUEIL DE TOUTES LES LOIS SPÉCIALES QUI COMPLÈTENT
OU MODIFIENT LE CODE DE PROCÉDURE, ET PAR UNE TABLE DE CONCORDANCE
DU DICTIONNAIRE AVEC LES ARTICLES DE CE CODE ET LES LOIS SPÉCIALES.

PAR M. BIOCHE,

Docteur en droit, Avocat à la Cour royale de Paris,

M. GOUJET, avocat à la Cour royale de Paris,

ET PLUSIEURS MAGISTRATS ET JURISCONSULTES.

TOME PREMIER.

PARIS

VIDECOQ, LIBRAIRE-ÉDITEUR,

PLACE DU PANTHÉON, N° 6.

—

1834

AVIS DE L'ÉDITEUR.

Un coup d'œil pratique ; des notions complètes et les plus variées, la facilité des recherches, la modicité du prix, tels sont les avantages généraux que présente cette publication.

Il existe déjà beaucoup d'ouvrages sur la procédure; mais, à vrai dire, aucun ne satisfait pleinement aux besoins des fonctions spéciales auxquelles ils sont destinés.

Sans parler de la distribution des matières qui rend souvent les recherches difficiles, il leur manque à tous :

1° L'ensemble des règles sur la *procédure commerciale*. On se borne à l'explication de celles contenues dans le Code de procédure.

2° Le Timbre, l'Enregistrement et le Tarif des actes. Quoi de plus utile cependant pour le juge, l'avocat ou l'officier ministériel, que ces notions usuelles qui les forcent, à chaque instant, de recourir à des recueils spéciaux !

3° Les Formules de *tous* les actes, dans le meilleur style;

4° Les usages du Palais ou les modifications introduites par la pratique dans la conduite des affaires ;

5° Les lois nouvelles, qui complètent ou modifient le Code de procédure : celles notamment publiées depuis la révolution de 1830, comme les lois sur la *contrainte par corps*, l'*expropriation pour utilité publique**;

6° Le résumé de l'opinion de tous les auteurs et de la jurisprudence la plus récente sur toutes les questions jugées ou susceptibles de controverse;

7° Enfin, une table de concordance des articles du Code de procédure et des lois spéciales avec les propositions disséminées dans l'ouvrage : ce qui peut tenir lieu de *Code annoté*.

Ces diverses lacunes ont été comblées par le *Dictionnaire de procédure civile et commerciale*.

---

* Si , comme on l'espère , la législation des *faillites* et de la *saisie immobilière* est réformée à la prochaine session des Chambres, les modifications trouveront place dans les derniers volumes du *Dictionnaire*.

Parmi les ouvrages qui existent, les uns, sous la forme de *Traités* ou *commentaires*, ne contiennent guère que des discussions théoriques; les autres, sous la forme de *Répertoires*, n'offrent qu'une série de décisions judiciaires recueillies dans un grand nombre de volumes et à beaucoup de frais, sans une subdivision assez détaillée de la matière, et sans que les principes soient nettement dégagés des arrêts qui les consacrent. Les rédacteurs du *Dictionnaire de procédure* ont évité, avec un égal soin, tous ces inconvéniens; et, pour eux, la *pratique* a été un troisième point de vue, indépendant de la doctrine et de la jurisprudence.

Une pensée les a principalement dirigés dans leur travail : c'est qu'ils s'adressent à une classe de citoyens, que leurs habitudes rendent indifférens à de vagues théories, et qui, pressés par la multiplicité des affaires, ont besoin de trouver sur-le-champ l'indication qu'ils cherchent.

Toutes les matières ont été rangées dans un ordre alphabétique, sous autant de rubriques distinctes. Elles se subdivisent, selon leur importance, en sections, paragraphes et articles. En tête de chaque mot se trouve un tableau synoptique, indiquant toutes les branches de la division. En tête de chaque page sont répétés en gros caractères le mot et la branche de la division. D'un coup d'œil, on peut ainsi embrasser tous les aspects principaux d'une matière, et se porter de suite à l'endroit que l'on veut consulter. A la manière des auteurs les plus estimés, les propositions sont précédées de numéros dont la série continue jusqu'à la fin du mot.

On a suivi, du reste, cet ordre invariable dans les divisions : d'abord, le droit; puis le timbre et l'enregistrement, enfin les formules et le coût des actes.

Un style diffus est souvent obscur et toujours fastidieux. C'est un reproche que l'on fait à bien des ouvrages de procédure. Les rédacteurs n'ont rien négligé pour la concision et la clarté. Ils se sont appliqués à distinguer, dans une série de solutions, le principe et ses conséquences : le principe est d'abord posé, avec tous les argumens et toutes les autorités qui le justifient; les conséquences suivent, dans une déduction rigoureuse et sans répétition du motif. On évite par-là beaucoup de redites.

C'est dans le même but qu'on a rapporté le plus souvent les décisions judiciaires sous la forme de propositions brèves et analytiques, en conservant la substance de tous leurs motifs. Le texte n'a été reproduit que lorsque la décision a une grande importance, ou qu'il n'est pas possible d'en exprimer mieux la pensée. Du reste, on renvoie aux recueils généraux de jurisprudence, notamment à ceux de MM. Sirey et Dalloz.

Un grand nombre d'articles ont été confiés à des collaborateurs spéciaux : on y reconnaîtra le cachet d'une longue expérience. C'est ainsi qu'ont été traitées, avec un soin tout particulier, les questions qui se rattachent à l'institution, aux attributions et à la responsabilité des divers officiers ministériels.

Le *Dictionnaire de procédure civile et commerciale* contiendra quatre volumes, et sera entièrement publié avant la fin de 1834. La rédaction concise, la combinaison des renvois, le système des abréviations, et le petit texte adopté pour les formules, permettront d'y réunir tout ce qui peut intéresser le praticien et le jurisconsulte. Quoique utile à tous les citoyens dont les fonctions exigent la connaissance ou l'application des lois, l'ouvrage est particulièrement destiné à MM. les *Avoués*, *Agréés*, *Juges de paix*, *Greffiers* et *Huissiers*. Il est fait pour leur tenir lieu de tous autres ouvrages dans l'exercice de leur ministère.

Le premier volume contient tous les mots des lettres A, B, C. On y remarquera, entre autres, les mots : *Acquiescement*, *Action possessoire*, *Ajournement*, *Appel*, *Arbitrage*, *Avocat*, *Avoué*, *Cassation*, *Consignation*, *Contrainte par corps*.

A dater de 1835, un recueil mensuel, intitulé *Journal de procédure civile et commerciale*, servira de complément au *Dictionnaire*, et mettra au courant des progrès de la jurisprudence et de la législation. Chacun des articles du journal renverra à l'un des mots du *Dictionnaire*, de sorte que la réunion des deux ouvrages tiendra lieu des collections les plus dispendieuses.

EXPLICATION

DES PRINCIPALES ABRÉVIATIONS.

Arg.................	Argument.
Av. Cons.-d'Ét.......	Avis du Conseil-d'État.
Cas.................	Arrêt de la Cour de cassation.
C. civ..............	Code civil.
C. com.............	Code de commerce.
C. I. crim...........	Code d'instruction criminelle.
C. pén..............	Code pénal.
C. pr..............	Code de procédure.
Circ. min...........	Circulaire ministérielle.
(D. 31, 1, 25)........	Dalloz, 1831, partie 1, page 25.
Décis..............	Décision.
Décr..............	Décret.
Délib. Rég..........	Délibération de la Régie.
Instr. gén..........	Instruction générale de la Régie.
(J. P. 1830, 1, 4)....	Journal du Palais, 1830, tome 1, page 4.
L.—LL............	Loi. — Lois.
Min. fin............	Ministre des finances.
Min. just...........	Ministre de la justice.
Ordon..............	Ordonnance du roi.
Parl..............	Parlement.
Qu. dr.............	Questions de droit de Merlin.
Rég..............	Régie de l'enregistrement et des domaines.
R. ou *Rép*..........	Répertoire de jurisprudence de Merlin.
(S. 21, 2, 40)........	Sirey, tome 21, partie 2, page 40.
Tar..............	Tarif.
Trib..............	Tribunal.

NOTA. Dans les recueils de MM. Sirey et Dalloz, la première partie renfermant les arrêts de cassation, et la seconde ceux des Cours royales, on n'indique ordinairement que le tome et la page. On a suivi dans les citations d'auteurs les éditions les plus récentes.

Le coût des actes, indiqué en tête de chaque formule, est celui de Paris. Au mot *Tarif*, on donne le coût proportionnel pour les départemens.

Les droits de greffe se trouvent au mot *Greffe (droits de)*.

DICTIONNAIRE

DE PROCÉDURE CIVILE

ET COMMERCIALE.

A.

ABOUTISSANS (*Tenans et*). Confins d'un héritage. *Aboutissans* se dit particulièrement des *bouts* ou des limites de la longueur; *tenans*, des *côtés* ou des limites de la largeur. —Carré, art. 64. not. 2.

Ils doivent être indiqués dans les assignations en matière réelle ou mixte (C. pr. 64), dans les procès-verbaux de saisies-brandons et de saisies immobilières (*ib.* 627, 675), etc. Cette énonciation a pour but de mieux désigner l'immeuble dont il s'agit. Est-elle exigée à peine de nullité? — V. *Ajournement*, *Exploit*, *Inscription hypothécaire*, *Saisie brandon*, *Saisie immobilière*, *Vente judiciaire*.

ABRÉVIATION. Retranchement, soit de quelques lettres ou syllabes dans l'écriture d'un mot, soit d'un ou de plusieurs mots dans une phrase.

1. Les abréviations sont en général proscrites dans les actes authentiques. Arr. réglem. parlem. Paris, 1685; L. 25 vent. an II, art. 13, et 16 juin 1824, art. 10. Les sommes et les dates doivent être écrites en toutes lettres.

2. Néanmoins, certaines abréviations sont tolérées par l'usage. Par exemple, M^e pour maître, en parlant des officiers ministériels; M^d pour marchand; de même, dans les énonciations d'hypothèque, le volume et le numéro des inscriptions s'abrégent par *Vol.* et *N°*; dans celles d'enregistrement la case se désigne par *C*, le recto ou le verso de la page par *R°* ou *V°*. Ces abréviations ne sauraient nuire : il est impossible en les altérant de changer le sens des phrases dans lesquelles on les emploie.

3. Les copies de pièces données en tête des exploits sont susceptibles de toutes les abréviations qui ne rendent pas la phrase inintelligible. — V. *Blanc*, *Copie de pièces*, *Exploit*.

ABROGATION. — V. *Code de procédure*.

ABSENCE-ABSENT. Le mot *absent* est vulgairement synonyme de *non-présent* (C. civ. 840 et 2265; C. pr. 911 et 942);

mais il désigne dans le sens légal celui qui a cessé de paraître au lieu de son domicile ou de sa résidence, dont on n'a pas de nouvelles et dont l'existence est plus ou moins incertaine.

1. Le Code civil, par le titre *Des absens*, a rempli une lacune de la législation : le droit romain leur accordait plusieurs avantages (*Inst.*, *de excusat. tut.* § 2; *quib. mod. patr. potest. solv.*, § 5; *D. ex quib. caus. maj. restit.*), sans déterminer le mode de constater l'absence et de pourvoir à l'administration des biens. En France, l'usage et la jurisprudence seulement avaient introduit quelques règles. — V. *inf.* n. 40 et 51.

2. La procédure prescrite par le Code s'applique au cas d'une absence antérieure, mais dont on ne demande la déclaration que depuis le Code. Poitiers, 11 pluv. an 13; Limoges, 18 août 1823. — V. *Effet rétroactif, Code de procédure.*

DIVISION.

§ 1. — *Présomption d'absence.*

3. S'il y a *nécessité* de pourvoir à l'administration de tout ou partie des biens laissés par une personne présumée absente, et qui n'a ni procureur fondé, ni mandataire légal, le tribunal statue sur la demande *des parties intéressées.* C. civ. 112.

Il en est de même si le mandat laissé vient à cesser, si la mesure jugée nécessaire excède les pouvoirs contenus dans la procuration, ou s'il y a opposition d'intérêts entre l'absent présumé et le fondé de pouvoir. Metz, 15 mars 1823. (S. 23, 307.)

4. Il y a *nécessité*, s'il s'agit de faire déclarer des congés valables, de faire payer des loyers, de louer des biens, de pratiquer des saisies-arrêts sur des débiteurs insolvables, d'interrompre des prescriptions sur le point de s'accomplir, de vendre des denrées sujettes à dépérissement, etc. On ne doit pas, sans de graves motifs, s'immiscer dans les affaires d'une personne absente. Locré. *Exposé des motifs.*

5. Par *parties intéressées* dans l'art. 112, on entend tous ceux qui ont intérêt à la conservation des biens, tels que les créanciers, les associés, le conjoint de l'absent. Proudhon, t. 1,

p. 131; Toullier, t. 1, n. 394; Locré, t. 1, p. 323; Biret, *Absence*, p. 62.

6. Il suffit même d'un intérêt *éventuel* s'il est constant : l'héritier présomptif, les donataires et légataires, le substitué, le créancier conditionnel, le vendeur à réméré, ont qualité. Les termes de la loi ne sont pas restrictifs. Il s'agit d'ailleurs d'une mesure conservatoire : or, un intérêt né et actuel n'est pas nécessaire pour faire un *acte conservatoire*. — *V.* ce mot. Colmar, 16 therm. an 12. Duranton, t. 1, n° 401; Carré, art. 860; Demoly, *Absent*, n° 100. *Contrà*, — Toullier, Proudhon, *ibid.*

Toutefois, il faut que l'intérêt éventuel procède d'un droit acquis sous condition; il ne suffirait pas d'un intérêt d'affection. Seulement les parens ou amis pourraient provoquer par voie de réquisition l'action du ministère public. *Mêmes auteurs.*

7. Le ministère public est spécialement chargé de veiller aux intérêts des personnes présumées absentes; il doit être entendu sur toutes les demandes qui les concernent (C. civ. 114). Il peut donc provoquer les mesures conservatoires. Rennes, 9 avril 1810; Riom, 20 mai 1816; Colmar, 24 déc. 1816; Cas. 6 juin 1820; Toulouse, 1er mai 1823; Metz, 15 mars 1823 (S. 23, 307); Locré, Duranton; Delvincourt, t. 1, p. 83.

8. Quel est le tribunal compétent? — Le tribunal de première instance du domicile ou de la dernière résidence du présumé absent est seul compétent pour déclarer la *présomption d'absence* : c'est à ce domicile ou à cette résidence que toutes les recherches doivent être faites; il s'agit d'ailleurs d'une sorte de question d'état (C. pr. 59. 1°). Toullier, n° 390; Delvincourt, t. 1, p. 83; Duranton, n° 404; Carré, art. 860. Les mesures conservatoires peuvent être ordonnées par le même tribunal, quel que soit le lieu de la situation des biens : on peut toujours obtenir les renseignemens nécessaires, par exemple, en ordonnant une enquête sur les lieux. — Mais le tribunal de la situation, sur le vu du jugement qui déclare la présomption d'absence, pourrait lui-même ordonner les mesures nécessaires. *Mêmes auteurs.*

9. La loi ne fixe aucun délai pour se pourvoir; le tribunal est juge des cas de *nécessité* alléguée, en même temps que des mesures à prescrire relativement à l'administration des biens. Il a la plus grande latitude à cet égard. Toullier, n° 338; Duranton, n° 399.

10. Dans quelle forme doit-on agir? — Le poursuivant présente au président du tribunal une requête signée d'un avoué. On joint à cette requête toutes les pièces et documens propres à constater la disparition du présumé absent; par exemple, un acte de notoriété signé par les parens ou voisins appelés d'office

par le juge de paix de son dernier domicile (C. civ. 155), un procès-verbal d'apposition ou de levée de scellés, un certificat du maire de son dernier domicile ou du commissaire de police de son quartier. C. pr. 859.

11. Au bas de la requête le président rend une ordonnance qui commet un des juges à l'effet de faire le rapport au jour indiqué. *ibid.*

12. Après le rapport et les conclusions du procureur du roi, le tribunal statue en la chambre du conseil. C. pr. 859.

13. Le tribunal, s'il le juge convenable, ordonne que la requête et les pièces seront communiquées à la famille de l'absent, qui donnera son avis devant le juge de paix, pour être ensuite statué ce qu'il appartiendra. Arg. C. pr. 856; Pigeau, t. 2, p. 367.

14. Les frais de l'instance sont à la charge du présumé absent, si la demande a été accueillie, et même si elle ne l'a pas été, dans le cas où c'est le ministère public qui agit d'office. Duranton, n° 407.

15. Si le présumé absent est intéressé dans des inventaires, comptes, liquidations et partages, le tribunal, sur la requête de la partie la plus diligente, commet un notaire pour le représenter dans ces opérations. C. civ. 113.

16. On commet un notaire seulement pour les successions ouvertes avant la disparition ou lorsque l'existence de l'absent n'est pas contestée. Mais dans les successions ouvertes depuis la disparition d'un absent dont l'existence n'est pas reconnue, les co-héritiers présens ne sont pas tenus de souffrir qu'il soit représenté par un notaire à la levée des scellés. Arg. C. civ. 113, 135, 136; C. pr. 942; Paris, 27 mai 1808 (S. 8, 193); Bruxelles, 20 juil. 1808 (S. 9, 160); Turin, 15 juin 1808 (S. 10, 538); Bordeaux, 16 mai 1832 (S. 32, 432); Toullier, t. 1, n° 478. *Contrà,* — Paris, 26 fév. 1826 (S. 27, 16); Riom, 20 mai 1816 (S. 18, 210); Duranton, t. 1, n° 394.

17. Les fonctions du notaire se bornent à représenter l'absent lorsque les demandes en compte, partage, etc., sont régulièrement provoquées; à moins d'un mandat spécial, il est sans qualité pour intenter une action en reddition de compte, au nom du présumé absent. Bruxelles, 8 avr. 1813 (S. 14, 16); Biret, *Absence,* p. 64; Merlin, *Rép.,* V° *Absent,* ch. 1, art. 113, n° 4; Toullier, t. 1, p. 341. *Contrà,* —Delvincourt, t. 1, p. 84.

18. A plus forte raison, n'est-il pas compétent pour défendre à une action en revendication d'un immeuble. Cas. 8 avr. 1812.

19. Le tribunal peut nommer un curateur à l'absent; ce qui ne doit avoir lieu qu'avec précaution. Les jugemens rendus contre le curateur sont obligatoires pour le présumé absent.

Cas. 25 août 1813 (S. 15, 131); Duranton, t. 1, n° 400. — V. *Curatelle*, § 6.

20. Si ce curateur exerce des poursuites contre les débiteurs du présumé absent, ces débiteurs sont non-recevables à contester la nomination du curateur. Bruxelles, 5 juin 1819 ; Merlin, *Rép.*, V° *Absent*, ch. 1, art. 112, n° 2.

21. Il a qualité pour interjeter appel dans l'intérêt de l'absent. Cas. 25 août 1814.

§ 2. — *Déclaration d'absence.*

22. Si le présumé absent qui n'a pas laissé de fondé de pouvoir a cessé de paraître au lieu de son domicile, et n'a pas donné de ses nouvelles depuis quatre ans, les parties intéressées peuvent se pourvoir devant le tribunal de première instance, pour faire déclarer l'absence. C. civ. 115.

23. Quand le présumé absent a laissé un fondé de pouvoir, on ne peut se pourvoir en déclaration d'absence que dix ans après sa disparition ou ses dernières nouvelles, C. civ. 121, lors même que dans l'intervalle la procuration vient à cesser. C. civ. 122.

24. Si la procuration laissée a été donnée pour un temps excédant dix années, on doit toujours poursuivre la déclaration d'absence, sauf au tribunal à juger des motifs de non-présence. Duranton, n° 413.

25. Les *parties intéressées*, à la différence de celles dont parle l'art. 112, ne sont ici que les parties qui ont le droit d'obtenir l'envoi en possession, puisque la déclaration d'absence n'a pas d'autre but. Les créanciers seraient sans capacité à cet effet.

26. Le tribunal compétent est celui du domicile de l'absent ; il aura plus facilement les renseignemens nécessaires. Le domicile est-il inconnu, c'est celui de la résidence. Arg. C. civ. 110 et 822. Duranton, n°s 421 et 422. V. *sup.*, n° 8.

27. Pour faire déclarer l'absence, on présente au tribunal une requête signée par un avoué, et accompagnée de pièces et documens. V. *sup.*, n° 10.

28. Sur le vu de ces pièces, et s'il y a lieu (C. civ. 117), le tribunal ordonne qu'une enquête sera faite contradictoirement avec le procureur du roi, dans l'arrondissement du domicile de l'absent et dans celui de sa résidence, s'ils sont distincts l'un de l'autre. C. civ. 116. — V. *Enquête.*

29. Le tribunal du domicile ordonne seul l'enquête. Dans le cas où la résidence et le domicile sont distincts, l'enquête est faite dans le lieu de la résidence, en vertu du jugement du tribunal du domicile. *Discuss. au cons. d'état.*

30. L'enquête ne peut être faite sommairement et à l'audience. Le Code civil en cette matière exige la plus grande

solennité. Ord. de 1567; Colmar, 15 therm. an 12 (S. 7, 936).
Toutefois, c'est dans l'intérêt de l'absent, et lorsqu'il s'agit de
faire déclarer l'absence, qu'il faut suivre strictement les formes
d'enquête tracées par le Code civil; mais s'il s'agit uniquement
de l'intérêt d'un tiers, si, par exemple, l'absence régulièrement déclarée, un tiers vient demander la préférence sur celui
qui a obtenu l'envoi en possession, et que cette préférence soit
subordonnée à l'époque des dernières nouvelles, les juges peuvent, pour déterminer cette époque, se contenter d'un simple
acte de notoriété, sans enquête contradictoire avec le ministère
public. Cas. 14 nov. 1811 (S. 12, 83); Biret, p. 401.

31. On a égard aux motifs de l'absence et aux causes qui ont
pu empêcher les nouvelles (C. civ. 117); tels, par exemple,
qu'une guerre, une épidémie.

32. Si l'enquête n'amène aucun résultat, le tribunal du
domicile prononce un jugement préparatoire de déclaration
d'absence.

33. Le jugement préparatoire ou définitif qui déclare l'absence est transmis par le procureur du roi au garde des sceaux,
qui est chargé de le rendre public. C. civ. 118.

34. Un extrait de ce jugement suffit, pourvu qu'il contienne
les noms, prénoms, qualités, domiciles et professions des parties requérantes, ceux de l'absent, l'époque, les motifs présumés de l'absence et le dispositif sommaire du jugement.
Circ. min. 3 mai 1825.

35. Le jugement de déclaration d'absence ne doit être rendu
qu'un an après le jugement qui a ordonné l'enquête. C. civ. 119.

36. Les frais occasionés par la demande en déclaration
d'absence restent en général à la charge des héritiers, en cas de
retour de l'absent : c'est en effet dans leur intérêt que cette
absence a été déclarée, et ils sont d'ailleurs indemnisés par la
portion des revenus qui leur est attribuée. Colmar, 4 mars 1815.

Néanmoins, si le jugement déclaratif d'absence avait été
rendu dans l'intérêt de l'absent lui-même, dont les biens souf-
fraient du défaut d'administration, et que l'envoi fût si récent
que l'héritier ne trouvât pas une compensation de ces frais
dans sa jouissance, il semble que le tribunal pourrait les mettre
à la charge de l'absent.

37. L'absent ne peut former tierce opposition au jugement
qui a déclaré son absence : il y a été représenté par le ministère
public, seul contradicteur légal en cette matière. Colmar,
4 mars 1815. — V. *Tierce opposition.*

§ 3. — *Envoi en possession provisoire.*

38. En vertu du jugement qui déclare l'absence, les héritiers

présomptifs peuvent se faire envoyer en possession provisoire
des biens qui appartenaient à l'absent, au jour de son départ
ou de ses dernières nouvelles, à la charge de donner caution
pour la sûreté de l'administration. C. civ. 120.

59. Si cependant l'absent était marié et commun en biens,
son conjoint peut, en demandant la continuation de la communauté, empêcher l'envoi en possession. C. civ. 124.

40. Dans l'ancienne jurisprudence, si l'absence s'était prolongée pendant *dix ans* sans nouvelles, l'héritier présomptif de
l'absent, à cette époque, pouvait demander l'envoi en possession provisoire de ses biens moyennant caution : la femme de
l'absent répétait sa dot. Denisart, V° *Absent*.

41. Pour obtenir l'envoi en possession provisoire, on présente
une requête au président du tribunal qui a déclaré l'absence
(arg. C. civ. 110, 116, 822.). — V. *sup.* n° 26. On y joint
les pièces et documens et le jugement qui a déclaré l'absence.
Locré, t. 2, p. 293; Proudhon, p. 156; Toullier, n° 426;
Carré, art. 860.

42. Le président commet au bas de cette requête un juge,
à l'effet d'en faire son rapport, et au jour indiqué par le rapporteur il est statué par le tribunal, après communication
au procureur du roi. C. pr. 859, 860.

45. L'absence peut même être déclarée et l'envoi en possession provisoire ordonné par un seul et même jugement.
Le texte de l'art. 120 C. civ. semble exiger deux jugemens;
mais la loi ne prescrivant aucun délai entre la déclaration d'absence et l'envoi en possession, nul motif ne justifie cette rigoureuse interprétation. Cas. 17 nov. 1808 (S. 9, 105); Merlin,
§ 7; Carré, art. 860. *Contrà,* — Locré, t. 1, p. 373.

44. Si le testament de l'absent institue des légataires sujets
à délivrance, ils doivent la demander conformément à l'art. 1011
C. civ. Pigeau, t. 2, p. 373. — V. *Délivrance*

45. Ils doivent en outre demander l'envoi comme le font les
héritiers présomptifs. C'est que cet envoi est ordonné dans l'intérêt de l'absent, et que la délivrance n'est requise que dans
l'intérêt des héritiers. Le ministère public chargé de veiller
aux intérêts de l'absent n'est point partie dans le jugement de
délivrance.

46. Toutefois, les légataires pourraient obtenir cet envoi par
le jugement de délivrance, s'il était rendu sur les conclusions
du ministère public. Pigeau, *ibid.*

47. Lorsqu'après la déclaration d'absence, l'envoi en possession n'est pas demandé, on nomme un administrateur aux
biens de l'absent. Cas. 18 mars 1829.

48. Si les héritiers présomptifs meurent sans s'être fait envoyer en possession, leurs héritiers conservent le droit de demander cet envoi, mais aux mêmes conditions que leurs auteurs. Turin, 5 mai 1810; Paris, 11 fév. 1813; Colmar, 12 août 1814.

49. La caution exigée par les art. 120, 123 et 124 C. civ. est présentée et admise dans la forme ordinaire. — V. *Caution. Cautionnement.*

50. Les contestations relatives à l'envoi en possession des biens des absens et à l'autorisation des femmes pour absence de leurs maris, sont réservées à la chambre du président. Décr. 30 mars 1808, art. 60.

§. 4 — *Envoi en possession définitif.*

51. Si l'absence a continué pendant 30 ans, à compter de l'envoi en possession provisoire, ou s'il s'est écoulé 100 ans depuis la naissance de l'absent, quoiqu'il n'y ait pas eu d'envoi en possession provisoire, les ayans-droit peuvent demander le partage des biens de l'absent, et faire prononcer par le tribunal (V. *sup.* n. 27) leur envoi en possession définitif. C. civ. 129.

Autrefois, l'héritier présomptif ne recueillait définitivement les biens qu'après cent ans écoulés depuis la naissance de l'absent; l'héritier testamentaire était privé de la possession provisoire des biens, jusqu'à ce qu'il eût prouvé le décès de l'absent ou que celui-ci eût atteint l'âge de cent ans. Denisart, V° *Absent*; Poitiers, 11 pluv. an 13.

52. La demande a-t-elle pour motif qu'il s'est écoulé cent ans depuis la naissance de l'absent, deux faits sont à constater : 1° l'époque de sa naissance, 2° la continuation d'absence, s'il y a eu envoi provisoire; autrement l'absence même devrait être prouvée.

53. Avant de prononcer l'envoi en possession définitif, les juges peuvent ordonner une nouvelle enquête. Pigeau, t. 2, p. 377. A Paris, on se contente d'un acte de notoriété dans les envois définitifs qui se prononcent par suite d'anciennes sentences du Châtelet.

§ 5. — *Effets de l'envoi en possession.*

54. *Envoi provisoire.* — Lorsque les héritiers présomptifs ont obtenu l'envoi en possession provisoire, s'il existe un testament, il est ouvert à la réquisition des parties intéressées, ou du procureur du roi, si elles ne sont pas connues, et les légataires, donataires ou autres, qui auraient sur les biens de l'absent des droits subordonnés à la condition de son décès, peuvent les exercer provisoirement, en donnant préalablement caution. C. civ. 123.

Faut-il nécessairement que les héritiers présomptifs aient été envoyés en possession pour que les légataires, donataires, etc. , puissent exercer leurs droits ? Le texte de l'art. 125 semble l'exiger, mais l'intention de la loi a été seulement d'indiquer une époque et non d'établir un préalable indispensable subordonné au caprice des héritiers; il serait injuste que leur insouciance, le défaut d'intérêt ou leur mauvaise foi, pussent paralyser indéfiniment l'exercice de droits légitimes; il suffit que les tiers aient interpellé les héritiers. Arg. L. 13 janv. 1817, art. 11; Duranton, t. 1, n° 419. *Contrà*, — Aix, 8 juil. 1807 (S. 8, 50).

55. L'envoi en possession provisoire ne confère à ceux qui l'obtiennent qu'un droit d'administration sur les biens de l'absent. En conséquence, ils ne peuvent ni les aliéner, ni les hypothéquer; mais ils ne sont tenus de restituer qu'une portion des fruits, dans le cas où il reparaît. C. civ. 125, 127, 128.

56. Néanmoins s'il y a des dettes à payer ou des réparations urgentes à faire, ils sont autorisés par le tribunal, dans la même forme que les tuteurs, à emprunter avec hypothèque sur les immeubles, ou à les aliéner. C. civ. 2126. Persil, *Rég. hyp.* sur l'art. 2124.

57. Le tribunal peut aussi ordonner la vente de tout ou partie du mobilier, et en cas de vente, l'emploi du prix et des fruits échus. C. civ. 126.

58. Les envoyés en possession provisoire doivent, comme comptables, faire procéder à l'inventaire du mobilier et des titres de l'absent, en présence du procureur du roi, ou d'un juge de paix par lui commis. C. civ. 126.

59. Ils peuvent même requérir qu'il soit procédé, par un expert, à la visite des immeubles, pour en constater l'état. Le rapport est homologué par le tribunal, et les frais de l'expertise sont pris sur les biens de l'absent.

60. *Envoi définitif.* — L'envoi en possession définitif transporte, mais sous condition résolutoire, la propriété des biens de l'absent. En effet, s'il reparaît ou si son existence est prouvée, même après cet envoi, il recouvre ses biens dans l'état où ils se trouvent, ou le prix de ceux qui ont été aliénés, ou les biens provenant de l'emploi du prix des biens vendus. C. civ. 132.

61. Après la déclaration d'absence, les droits à exercer contre l'absent ne peuvent être poursuivis que contre les envoyés en possession ou l'administrateur légal. C. civ. 134.

Mais il n'est pas nécessaire de poursuivre tous les envoyés en possession, s'il s'agit d'une chose indivisible. C. civ. 134, 1221-5°, combinés; Rennes, 7 juin 1816.

§ 6. — *Absence des militaires.*

62. L'absence des militaires a été successivement régie par diverses lois des 11 vent., 16 fruct. an 2, 6 brum. an 5, 13 janv. 1817.

63. La loi du 11 vent., étendue par celle du 16 fruct. aux officiers de santé et à tous les citoyens attachés au service des armées, réputait les militaires toujours vivans pour leur faire recueillir les successions ouvertes à leur profit. Cas. 9 mars 1819 (S. 19, 343); Duranton, n° 430. Le juge de paix qui avait mis les scellés sur les effets d'une succession échue à un militaire devait lui en donner avis sur-le-champ, ainsi qu'au ministre de la guerre. A défaut de nouvelles dans le délai d'un mois, un conseil de famille convoqué sans frais nommait un curateur à l'absent. — V. *Curatelle*, § 6.

64. La loi du 6 brum. an 5 prescrivait des mesures pour la conservation des droits et des propriétés des défenseurs de la patrie : aucune prescription ne courait contre eux; ils ne pouvaient être dépossédés de leurs immeubles. On avait prétendu que cette loi devait revivre toutes les fois qu'il y aurait état de guerre; ainsi un militaire qui avait fait la dernière guerre d'Espagne invoquait cette loi pour repousser une exception de prescription, qui aurait couru de 1821 à 1823. Ce système ne fut point admis. Grenoble, 22 déc. 1824 (S. 26, 42).

65. Les lois des 11 vent. et 16 fruct. an 2 n'ont pas été abrogées par le Code civ. Bruxelles, 24 mai 1809 (S. 9, 382); Nîmes, 28 janv. 1828 (S. 28, 81); Toullier, t. 1, n° 407; Biret, p. 346; mais par la loi du 13 janv. 1817. Cas. 9 mars 1819 (S. 19, 343); Duranton, t. 1, n° 432. Les dispositions du Code non contraires à la loi du 13 janv. 1817, et notamment les art. 135 et 136 C. civ., régissent les successions ouvertes au profit des militaires, depuis la promulgation de cette loi. Art. 13; Paris, 27 août 1821 (S. 30, 302); Duranton, *ibid.* Mais le militaire ne commence à être soumis aux effets ordinaires de l'absence déterminée par le Code civil que lorsque l'absence a été déclarée d'après la loi du 13 janv. 1817. Ar. Cas. 9 mars 1824; Orléans, 12 août 1829 (S. 29, 329).

66. La loi de 1817 s'applique à toutes personnes inscrites au bureau des classes de la marine, ou attachées aux services de santé et d'administration des armées de terre ou de mer, ou portées sur le contrôle régulier des administrations militaires; aux domestiques, vivandières, ou autres personnes étant habituellement à la suite des armées, si leur profession et leur sort sont suffisamment constatés par les rôles d'équipage, les pièces produites, les registres de police, permissions, passeports, feuilles de route et autres registres déposés aux ministères de la guerre et de la marine. L. 1817, art. 12.

67. Le militaire continue d'être réputé tel et de jouir du bénéfice de cette loi, encore bien qu'un certificat du ministère de la guerre constate que dans telle ou telle campagne il est resté en arrière de son corps et a été rayé des contrôles du régiment. Cas. 9 mars 1819 (S. 19, 343).

68. Lorsqu'un militaire ou marin en activité pendant les guerres du 21 avr. 1792 au 20 nov. 1815 a cessé de paraître avant cette dernière époque à son corps et au lieu de son domicile ou de sa résidence, ses héritiers présomptifs ou son épouse peuvent *de suite* se pourvoir au tribunal de son dernier domicile pour faire déclarer son absence. Même loi, art. 1er. Les militaires qui ont cessé de donner de leurs nouvelles avant le 21 avr. 1792, et ceux qui en ont donné depuis le 20 nov. 1815, sont soumis au droit commun.

69. Les créanciers ou autres parties intéressées, un mois après avoir interpellé les héritiers ou l'époux présent, peuvent se pourvoir eux-mêmes en déclaration d'absence. Art. 11.

70. La requête et les pièces à l'appui, communiquées au procureur du roi, sur l'ordonnance du président, sont adressées par le procureur du roi au ministre de la justice, qui les transmet, suivant les cas, aux ministres de la guerre ou de la marine, chargés de donner les renseignemens. Même loi, art. 2.

71. Le ministre de la justice rend la *demande* publique par l'insertion au *Moniteur*. Il transmet les pièces et les renseignemens au procureur du roi. Art. 3.

72. Si le procureur du roi obtient l'acte de décès, il le transmet immédiatement. C. civ. 98. Il remet le surplus des pièces au greffe, après avoir prévenu l'avoué de la partie requérante. Art. 3.

73. A défaut d'acte de décès, le procureur du roi donne ses conclusions, et le tribunal statue sur le vu des pièces : elles consistent notamment dans un exemplaire du *Moniteur* où l'insertion a eu lieu, et dans le certificat du ministre de la guerre constatant l'époque de la disparition. Art. 4.

74. On *peut* déclarer l'absence avec ou sans enquête préalable, si l'individu a disparu sans qu'on ait eu de ses nouvelles ; savoir, depuis deux ans, quand le corps dont il faisait partie servait en Europe, ou depuis quatre ans, quand le corps se trouvait hors d'Europe, sans distinguer s'il y a ou non procuration. Art. 4.

75. Le tribunal de Vervins, en avril 1833, a décidé que l'enfant né deux ans après le jugement de déclaration d'absence du militaire époux de sa mère, pouvait obtenir immédiatement l'envoi en possession provisoire des biens de ce militaire. Mais si cet enfant est considéré comme fils légitime de l'absent, c'est que la loi présume, jusqu'à preuve contraire, la cohabitation des époux à l'époque de la conception. Ce n'est donc qu'après l'expiration du délai de deux ou quatre ans, à dater de la conception, que l'enfant peut demander la déclaration d'absence et l'envoi en possession provisoire.

76. Aucune déclaration ne peut intervenir qu'un an après l'annonce officielle. Art. 6.

77. En cas de déclaration d'absence des militaires, les jugemens contiennent uniquement les conclusions, les motifs sommaires, le dispositif et jamais la requête. Art. 7.

78. Les parties peuvent se faire délivrer par simple extrait le dispositif des jugemens interlocutoires, et s'il y a lieu à enquête, ils sont mis en minute sous les yeux des juges. Art. 7.

79. Le procureur du roi, qui dans cette matière agit par voie d'action, et les parties intéressées, sont recevables à appeler des jugemens interlocutoires ou définitifs. Art. 8.

80. L'appel du procureur du roi doit être formé dans le délai d'un mois, à dater du jugement signifié à la partie ou au domicile de son avoué.

81. Les appels sont portés à l'audience sur simple acte, sans aucune procédure. Art. 8.

82. En cas d'absence déclarée, l'envoi en possession provisoire peut être demandé sous caution, sans attendre le délai fixé par les art. 121 et 122 C. civ., mais à la charge de restituer, en cas de retour, sous les déductions de droit, la totalité des fruits perçus pendant les dix premières années de l'absence. Art. 9.

83. Les parties requérantes peuvent se cautionner sur leurs propres immeubles. Art. 9.

§ 7. — *Enregistrement.*

84. Les héritiers, légataires et tous autres appelés à exercer des droits subordonnés au décès d'un individu dont l'absence est déclarée, doivent faire, dans les six mois du jour de l'envoi en possession provisoire, la déclaration à laquelle ils seraient tenus s'ils étaient appelés par l'effet de la mort, et acquitter les droits sur la valeur même des biens ou droits qu'ils recueillent. L. 28 avr. 1816, art. 40.

85. Il en est de même si les héritiers présomptifs se mettent de fait en possession des biens de l'absent, les afferment ou les aliènent, soit en totalité, soit en partie. Déc. min. fin. 17 floréal an 13, 27 déc. 1816; 12 janv. et 14 août 1818; Cas. 27 avr. 1807, 22 juin 1808 (S. 9, 276) et 2 juil. 1823 (S. 23. 401).

86. Peu importe que les héritiers conviennent de rendre les biens à l'absent, dans le cas où il reparaîtrait : cette stipulation ne détruit pas le fait de la prise de possession. Cas. 26 juil. 1814.

87. Mais n'équivalent pas à une mise en possession de fait :

1° La nomination d'experts chargés de procéder au partage des biens de l'absent. Trib. Florac, 19 mars 1817.

2° L'ouverture du testament de l'absent et son enregistrement.

88. Celui qui d'après l'art. 136 C. civ. succède, à défaut du parent dont l'existence n'est pas reconnue, ne doit que le droit de la mutation intermédiaire, s'il est prouvé que l'absent existait au moment de l'ouverture de la succession. Cas. 18 avr. 1809, 17 fév. 1829; délib. Régie 29 juin 1809, inst. gén. n° 1293.

89. Toutefois, si le cohéritier de l'absent lui faisait un lot pour le cas où il reparaîtrait, et jouissait provisoirement de ce lot, il serait réputé s'être mis en possession des biens de l'absent, et, comme tel, passible des droits de mutation.

90. L'héritier présomptif de l'absent, qui cède ses droits dans la succession, même aux risques et périls du cessionnaire, doit également les droits de mutation; seulement il n'est tenu de les payer que sur la portion de la succession qu'il a cédée. Délib. cons. adm. 21 fév. 1821, app. par le min. fin.

91. Le délai pour acquitter les droits de mutation court, soit à compter du jugement d'envoi en possession provisoire, soit à compter de la mise en possession de fait. Inst. gén. Régie 7 juin 1808, n° 386 ; délib. 20 mai 1818; Cas. 9 nov. 1819 et 2 avr. 1823.

92. Si l'absent reparaît, les droits de mutation sont restitués sous la seule déduction du droit auquel a donné lieu la jouissance des héritiers. L. 28 avr. 1816, art. 40.

93. Semblable restitution est faite à l'héritier présomptif qui, après avoir obtenu l'envoi en possession, se trouve évincé par un héritier plus proche, à l'époque du décès, légalement prouvé, de l'absent. Mais alors ce dernier doit passer déclaration et acquitter le droit pour la mutation qui s'opère irrévocablement en sa faveur. Déc. min. fin. 24 fruct. an 12; Inst. gén. Régie, 3 fruct. an 13, n° 290, 72°.

94. Ces restitutions se prescrivent par deux ans, à compter du jour de la remise faite à l'héritier le plus proche ou à l'absent qui a reparu. L. 22 frim. an 7, art. 61; délib. Régie, 26 août 1820.

95. Les actes et procès-verbaux des juges de paix constatant les causes de la disparition des militaires, et le défaut de moyens d'existence de leurs veuves et de leurs enfans, sont exempts du

timbre et de l'enregistrement. Inst. Rég. 6 mars 1824, n° 1124.

96. Les extraits de jugemens relatifs à l'absence (V. *sup.* n° 34) sont donnés sur papier libre. Circ. min. 3 mai 1825.

§ 8. — *Formules.*

FORMULE I.

Requête pour faire pourvoir à l'administration des biens d'un présumé absent.
(C. civ. 112. — C. pr. 850. — Tarif, 78. — Coût, 7 fr. 50 c.)

A M. le président du trib. de 1ʳᵉ instance
du départ. de la Seine.

La dame Julie Benoît, épouse du sieur Paul Lenoir, marchand mercier, à Paris   , ayant pour avoué Me   ,

A l'honneur de vous exposer que son mari est absent depuis le   , sans qu'il ait laissé de procuration; que, depuis ce temps, on n'a point reçu de ses nouvelles, et qu'on ignore même le lieu de sa résidence;

Que ces faits sont constatés par l'acte de notoriété reçu devant Me C et son collègue, notaires à Paris, le   , dûment enregistré et ci-joint;

Que le sieur Lenoir faisait le commerce de mercerie en détail, et qu'il est urgent de pourvoir à ce que ce commerce ne soit pas interrompu, et à ce que d'ailleurs ses biens soient administrés.

(*Les motifs varient suivant les circonstances. Il convient d'indiquer les preuves de l'absence, d'expliquer les causes qui nécessitent des mesures pour l'administration des biens de l'absent.*)

Pourquoi il vous plaira, M. le président, attendu que l'exposante est commune en biens avec ledit sieur Lenoir, ainsi qu'il résulte de son contrat de mariage, passé devant Me C et son collègue, notaires à Paris, le   , dûment enregistré,

Autoriser la requérante à continuer de faire et gérer le commerce de mercerie qu'exerçait ledit sieur Lenoir avant son absence; en conséquence et à cet effet l'autoriser à vendre et débiter des marchandises, signer tous billets et lettres de change, les acquitter, recevoir le montant de ceux qui seraient souscrits, mettre tous les acquits et décharges, ester et paraître en justice, soit en défendant, soit en demandant, pour raison dudit commerce et des affaires personnelles qui surviendraient à son mari ou à elle, et généralement faire tous les actes d'administration que besoin sera, et vous ferez justice.   (*Signature de l'avoué.*)

FORMULE II.

Requête pour faire représenter un présumé absent dans les inventaires, comptes, partages et liquidations.
— V. *Scellés.*

FORMULE III.

Requête afin d'avoir permission de faire enquête pour constater l'absence.
(C. civ. 115. — Tarif, 78. — Coût, 7 fr. 50 c.)

A MM. les président et juges du trib. de 1ʳᵉ instance
du départ. de la Seine.

Les sieurs Charles et Jules Lenoir, demeurant à   ,

Ont l'honneur de vous exposer que le sieur Paul Lenoir leur frère, marchand mercier, à Paris, y demeurant, rue   , et ayant sa résidence à   , est absent depuis le   (*il faut au moins quatre ans*), sans avoir laissé de procuration, et sans avoir donné de ses nouvelles; que déjà la présomption de son absence a été constatée par un acte de notoriété, reçu par C et son collègue, notaires à Paris, le   dûment enregistré et ci-joint, et que, depuis cet acte de notoriété jusqu'à aujourd'hui, on n'a reçu aucunes nouvelles dudit sieur Paul Lenoir.

Pourquoi les exposans concluent à ce qu'il plaise au tribunal, attendu qu'ils sont les seuls présomptifs héritiers dudit sieur Paul Lenoir, ainsi que le constate l'acte de notoriété ci-dessus daté;

Attendu qu'aux termes de l'art. 115 du C. civ., la longue absence du sieur Lenoir donne à ses héritiers présomptifs le droit de faire déclarer son absence, et ensuite de se faire envoyer en possession de ses biens ;

Ordonner que l'absence du sieur Paul Lenoir sera déclarée, et que, pour parvenir à cette déclaration, il sera, avant faire droit, procédé contradictoirement avec M. le procureur du roi aux enquêtes nécessaires pour constater ladite absence, et vous ferez justice.   (*Signature de l'avoué.*)

FORMULE IV.

Requête pour obtenir le jugement de déclaration d'absence.

(C. civ. 119. — Tarif, 78. — Coût, 7 fr. 50 c.)

A MM les président et juges du trib. de 1re instance du départ. de la Seine.

Les sieurs Charles et Jules Lenoir, demeurant à   , ayant pour avoué Me   ,

Ont l'honneur de vous exposer que, par jugement du   il a été ordonné, avant faire droit sur la demande en déclaration d'absence du sieur Paul Lenoir, ayant son domicile à   , et sa résidence à   , que deux enquêtes seraient faites contradictoirement avec M. le procureur du roi, dans l'arrondissement du domicile et dans celui de la résidence, devant M. S.   , juge-commissaire, que le tribunal a nommé à cet effet;

Que ce jugement ci-joint, qui a été rendu public par M. le garde-des-sceaux, ministre de la justice, a plus d'une année de date;

Pourquoi il plaira au tribunal, attendu qu'il résulte des enquêtes faites contradictoirement avec M. le procureur du roi que ledit sieur Lenoir est absent de son domicile depuis le   , sans qu'on ait reçu aucune nouvelle de lui, et qu'on puisse connaître le lieu de sa résidence actuelle ;

Attendu que lesdites enquêtes ont d'ailleurs été faites régulièrement, et dans les formes voulues par la loi, qu'ainsi rien ne peut désormais retarder la déclaration d'absence dudit sieur Paul Lenoir ;

Adjuger aux exposans les conclusions par eux prises en leur précédente requête, dûment enregistrée; en conséquence déclarer l'absence dudit sieur Lenoir, à compter du jour de sa disparition ; en conséquence envoyer les exposans en possession provisoire des biens, droits et actions dudit absent, et vous ferez justice.   (*Signature de l'avoué.*)

FORMULE V.

Requête afin de faire déclarer l'absence d'un militaire.

(L. 13 janv. 1817, art. 1 et 4. — Arg. Tarif, 78. — Coût, 7 fr. 50 c.)

A MM. les président et juges du trib. de 1re instance du départ. de la Seine.

Les sieurs Charles et Jules Lenoir, demeurant à   , présomptifs héritiers du sieur Paul Lenoir leur frère,

Ont l'honneur de vous exposer que ledit sieur Paul Lenoir, demeurant à Paris   , parti en mil huit cent douze, comme lieutenant au 10e régiment de cavalerie, a successivement fait les campagnes dans lesquelles ce régiment a été employé, et notamment celle de Moscow, à la fin de ladite année 1812 ;

Que depuis cette campagne, le sieur Lenoir, qui était dans l'usage de correspondre souvent avec les exposans, a tout à coup cessé de donner de ses nouvelles, soit aux exposans, soit à aucune autre personne de sa famille depuis sa dernière lettre datée de Moscow, du vingt-neuf octobre mil huit cent douze; que dans ces circonstances, il y a lieu de penser que ledit sieur Paul Lenoir est décédé,

Pourquoi, vu 1º la dernière lettre du sieur Lenoir, datée de Moscow, du 29 octobre 1812; 2º la lettre ou certificat du colonel du 10º régiment de cavalerie, en date du quatorze décembre mil huit cent seize, portant que depuis le commencement du mois de novembre mil huit cent douze, ou de la retraite de Moscow, le sieur Lenoir n'a plus reparu à son corps, sans cependant qu'on ait appris ce qu'il était devenu depuis cette époque; lesdites lettres dûment timbrées et enregistrées;

Les exposans concluent à ce qu'il plaise au tribunal,

Attendu qu'il y a plus de deux ans que le 10º régiment, employé en Europe, et dans lequel le sieur Lenoir était alors lieutenant, est de retour en France, ainsi que ce fait sera constaté par les renseignemens à obtenir au ministère de la guerre;

Déclarer, dès à présent, comme reconnue, aux termes de la loi, à compter du jour de ses dernières nouvelles, l'absence du sieur Lenoir, demeurant autrefois à   , et depuis mil huit cent douze lieutenant au 10º régiment de cavalerie; en conséquence envoyer les exposans en possession provisoire des biens, droits et actions dudit absent, et vous ferez justice.   (*Signature de l'avoué.*)

FORMULE VI.

Conclusions du conjoint de l'absent qui s'oppose à l'envoi en possession demandé par les présomptifs héritiers.

(C. civ. 124.—Tarif, 72.—Coût. 2 fr. par rôle, Orig., le quart par chaque copie.)

CONCLUSIONS.

P. M. ⎱
C. M. ⎰ V. *Conclusions.*

Plaise au tribunal,

Attendu qu'il a été établi une communauté de biens entre la requérante et ledit Paul Lenoir, déclaré absent, ainsi que cela résulte de son contrat de mariage;

Attendu qu'en cette qualité, ayant droit de jouir des avantages de ladite communauté jusqu'au décès prouvé du sieur Lenoir, ou jusqu'à l'époque déterminée par la loi, ladite dame a le droit, aux termes de l'art. 124 du Code civil, d'empêcher l'envoi en possession provisoire des biens du sieur Lenoir, demandé aujourd'hui par les défendeurs, en optant pour la continuation de la communauté qui a existé entre elle et ledit sieur Lenoir;

Donner acte à ladite dame Lenoir de ce qu'elle déclare opter pour la continuation de la communauté de biens existante entre elle et le sieur Lenoir son mari, suivant leur contrat de mariage, passé devant   ; ce faisant, déclarer les sieurs Lenoir purement et simplement non-recevables en leur demande, à fin d'envoi en possession provisoire des biens du sieur Paul Lenoir, dont ils ont fait déclarer l'absence, sauf à eux à demander l'envoi en possession définitif desdits biens, de la manière et après les délais prescrits par l'art. 129 du Code civil;

En conséquence, autoriser la requérante à continuer de gérer et d'administrer les biens de la communauté dont il s'agit, passer tous baux, les renouveler, donner congé, vendre, aliéner le mobilier, lorsqu'il en sera besoin, faire tous recouvremens, recevoir les revenus et les capitaux, en donner quittance, faire tous placemens, et généralement faire tous les actes d'administration quelconques que nécessitera la gestion des biens de ladite communauté, aux offres que fait la requérante de faire procéder, contradictoirement avec M. le procureur du roi, ou le juge de paix par lui requis, et en présence des défendeurs, ou eux dûment appelés, à l'inventaire fidèle et exact des meubles, effets, titres, papiers et renseignemens appartenans au sieur Paul Lenoir et à la communauté, et condamner les défendeurs aux dépens.   (*Signature de l'avoué.*)

FORMULE VII.

Procès-verbaux de présentation de caution devant le juge-commissaire, et de soumission de la caution au greffe.

— V. *Caution, Cautionnement.*

Requête pour être autorisé à vendre tout ou partie du mobilier, par suite d'un envoi en possession provisoire.
(C. civ. 126. — Tarif, 78. — Coût, 7 fr. 50 c.)

A MM. les président et juges du trib. de 1re instance
du départ. de la Seine.

Les sieurs Charles et Jules Lenoir,

Ont l'honneur de vous exposer que, par jugement rendu au tribunal sur les conclusions de M. le procureur du roi, le   , dûment enregistré, ils ont été envoyés en possession provisoire des biens du sieur Paul Lenoir leur frère déclaré absent ;

Qu'en exécution dudit jugement, ils ont fait procéder, en présence de M. le procureur du roi, et par le ministère de M..., notaire, et de L..., commissaire-priseur, à l'inventaire, description et prisée des meubles et effets appartenant audit sieur Lenoir ;

Que, parmi ces meubles et effets, il se trouve une grande quantité d'objets de mercerie, dont les requérans ne peuvent se servir, et qui ne peut être conservée en nature, sans se détériorer et perdre de sa valeur.

Pourquoi les exposans requièrent qu'il vous plaise, MM., les autoriser à faire procéder, dans les formes prescrites par le Code de procédure civile, et par le ministère de L..., commissaire-priseur, qui a fait la prisée, à la vente de tous les effets de mercerie trouvés en la maison dudit absent, et décrits en l'inventaire fait par   , le   . Laquelle vente se fera dans les lieux où se trouvent les effets, pour éviter tous frais de déplacement et de dépérissement, pour les deniers à provenir de ladite vente, et ceux provenant des fruits échus des immeubles appartenant audit sieur Lenoir, être placés en rentes sur l'état par l'agent de change qui sera commis à cet effet ; et vous ferez justice.   (*Signature de l'avoué.*)

Requête pour estimer les immeubles dont on est envoyé en possession provisoire.
(C. civ. 126. — Arg. Tarif, 78. — Coût, 7 fr. 50 c.)

A MM. les président et juges du trib. de 1re instance
du départ. de la Seine.

Les sieurs Charles et Jules Lenoir,

Ont l'honneur de vous exposer que parmi les biens du sieur Paul Lenoir, demeurant à   , et dont les exposans, en leur qualité de seuls et uniques présomptifs héritiers dudit sieur Lenoir, ont été autorisés à se mettre en possession provisoire, par jugement rendu en votre tribunal, le   dûment enregistré, dont la grosse est annexée aux présentes, il se trouve une maison sise à Paris, rue Saint-Antoine, n° 7, à laquelle il y a plusieurs réparations à faire.

Pourquoi, et attendu que les exposans ne sont que séquestres des biens du sieur Lenoir, et que, dans le cas où il reparaîtrait ou donnerait de ses nouvelles, les exposans devraient rendre compte à qui de droit ;

Attendu que s'ils ne faisaient pas constater les réparations à faire à ladite maison, ils pourraient être censés l'avoir prise en bon état :

Ordonner qu'il sera procédé, par tel architecte expert qu'il vous plaira nommer, à la visite de ladite maison, rue Saint-Antoine, n° 7 ; lequel, après avoir préalablement prêté serment devant celui de MM. les juges que vous commettrez à cet effet, constatera l'état actuel de ladite maison et dépendances, les réparations qui peuvent être à y faire, et la somme à laquelle pourront s'élever lesdites réparations ; de tout quoi il dressera procès-verbal, qui sera déposé au greffe dudit tribunal, pour ensuite être, par les exposans, conclu comme ils aviseront ; et vous ferez justice.   (*Signature de l'avoué.*)

FORMULE X.

Requête pour être envoyé en possession définitive des biens de l'absent.
(C. civ. 129. — Arg. Tarif 78. — Coût. 7 fr. 50 c.)

A MM. les président et juges du trib. de 1re instance
du départ. de la Seine.

Les sieurs Charles et Jules Lenoir, demeurant à ··

Ont l'honneur de vous exposer qu'il y a plus de 30 ans qu'ils ont été envoyés en possession provisoire des biens du sieur Paul Lenoir, demeurant à en vertu du jugement rendu au tribunal, le   , dûment enregistré et ci-joint.

Pourquoi,
Les exposans concluent à ce qu'il plaise au tribunal,

Attendu que, depuis que ce jugement a été rendu, le sieur Lenoir n'a donné aucunes nouvelles, ainsi que le constatent les actes de notoriété reçus, l'un à Charenton, résidence du sieur Paul Lenoir, par-devant M. le juge de paix du lieu, et l'autre à Paris, domicile dudit sieur Lenoir, par Me V., notaire, le tous deux dûment enregistrés et ci-joints;

Attendu qu'une aussi longue absence ne doit plus faire douter du décès du sieur Lenoir, et que dès-lors rien ne peut empêcher ni retarder l'envoi en possession définitive de ses biens, au profit de ses présomptifs héritiers;

Envoyer les exposans en possession définitive des biens dudit sieur Paul Lenoir au jour de sa disparition, et ordonner que les cautions présentées par les exposans, pour sûreté de leur possession provisoire, seront et demeureront déchargées dudit cautionnement, et que les exposans pourront jouir et disposer deadits biens, comme de chose à eux appartenante, et vous ferez justice.

(*Signature de l'avoué.*)

FORMULE XI.

Demande d'envoi en possession définitive des biens d'un absent, lorsque son conjoint a opté pour la continuation de la communauté.

(C. civ. 129.)

— V. *Ajournement.*

ACCEPTATION DE SUCCESSION. —Elle est ou pure et simple ou bénéficiaire.

Pure et simple, elle est tacite ou expresse, dispensée de toutes formalités.

Quant à l'acceptation bénéficiaire.—V. *Bénéfice d'inventaire.*

ACQUIESCEMENT. C'est l'adhésion donnée par une partie à un acte, à une demande ou à un jugement.

DIVISION.

Section I. — *Caractères de l'acquiescement, ses différentes espèces.*

1. L'acquiescement suit l'acte, la demande, ou le jugement auquel il se réfère.

2. Il emporte aliénation du fonds, du droit, et produit une fin de non-recevoir péremptoire (V. *inf.* n. 130, 131, 132.) proposable en tout état de cause.—V. *Exception.*

3. L'acquiescement est exprès ou tacite. — V. *inf. Sect. IV.*

4. *Exprès*, il peut émaner de la partie ou de son fondé de pouvoir spécial. Arg. C. civ. 1988. — V. *inf. n° 43 et suiv.*

5. *Tacite*, il n'est valablement donné que par la partie elle-même.

Il résulte, soit de son silence, prolongé au-delà du délai accordé pour attaquer les procédures, ou jugemens; soit de tout acte émané d'elle, et exclusif de l'intention de se pourvoir contre une procédure ou jugement. Cas. 15 juil. 1818 (S. 18, 22). —V. *inf. n° 47 et suiv.*

6. L'acquiescement ne peut en général intervenir sur des matières d'ordre public, à moins qu'il ne résulte du silence de la partie. Cette exception se justifie par la nécessité de mettre un terme aux procès.—V. *inf. n° 26.*

7. La demande de l'une des parties consentie par l'autre emporte acquiescement, sans qu'il soit besoin d'autre acceptation. Cas. 13 therm. an 12; Pigeau, t. 1, p. 551; Berriat, p. 363.

Le contrat judiciaire résulte également de la conformité des conclusions respectives des parties. Cas. 30 nov. 1826.

8. L'acquiescement a de l'analogie avec la transaction, l'expédient, le désistement, la prorogation de juridiction; mais il en diffère sous plusieurs rapports.

9. Ainsi, 1° la *transaction* est toujours expresse (C. civ. 2044), et n'a jamais pour objet des matières qui intéressent l'ordre public.

10. 2° L'*expédient* ne peut avoir lieu que par jugement.—V. *Expédient.*

11. 3° Le *désistement* emporte seulement renonciation à la procédure. — V. *Désistement.*

12. 4° Enfin la *prorogation de juridiction* précède nécessairement le jugement. — V. *Prorogation de juridiction.*

13. La déclaration de s'en rapporter à justice constitue-t-elle *prorogation de juridiction ?* — V. ce mot.

Section II. — *Matières susceptibles d'acquiescement.*

14. Toute matière est, en général, susceptible d'acquiescement.

15. Excepté celles qui intéressent l'ordre public ou les bonnes mœurs. C. civ. 6, 1172.

16. Ainsi est nul comme contraire à l'ordre public l'acquiescement, 1° au jugement qui statue sur des questions d'état. Cas. 17 août 1807; Merlin, *Rép.*, V° *Jugem.*, §3, n° 6.

17. Spécialement au jugement qui prononce la séparation de corps. Arg. C. civ, 1443; Caen, 15 déc. 1826 (S. 27, 190); Cas. 2 janv. 1823 (S. 23, 88).

18. La cour de Bordeaux a jugé, le 3 juillet 1829 (S. 29, 298), qu'un interdit se désistait valablement de l'appel par lui interjeté du jugement prononçant son interdiction, parce qu'il pouvait acquiescer à ce jugement. Mais cette décision et ce motif sont inadmissibles; il s'agit ici d'une question d'état qui intéresse l'ordre public. — Ou le jugement attaqué est bien rendu, et alors l'appelant, qui n'a pas sa raison, est incapable de donner un consentement valable; ou l'appel est fondé, et dans ce cas, un individu jouissant de toutes ses facultés ne peut se constituer lui-même en état de minorité.

19. 2° Au jugement qui prononce la contrainte par corps. Arg. C. civ. 2063; Montpellier, 19 juin 1807; Paris, 29 pluv. an 10, 12 juil. 1825; Bordeaux, 21 déc. 1825; Rouen, 15 nov. 1825, 5 nov. 1827 (S. 26, 158, 208 et 28, 160). *Contrà,* — Paris, 2 juin 1827 (S. 28, 124); Toulouse, 28 janvier 1831. — V. *Contrainte par corps.*

20. 3° Au jugement qui refuse de prononcer la destitution d'un officier ministériel : en vain le procureur du roi aurait signifié ce jugement sans réserves. Cas. 15 déc. 1824 (S. 25, 212).

21. 4° Au jugement qui prononce l'adjudication d'un immeuble *dotal.* Autrement des époux parviendraient facilement, par une voie détournée, à valider, contrairement au vœu de la loi, la vente d'un immeuble déclaré inaliénable (C. civ. 1554).

Vainement on objecte que, sous le régime dotal, le mari a le droit d'exercer les actions pétitoires (C. civ. 1549), et qu'en se défendant mal, il peut arriver à l'aliénation de l'immeuble dotal. Dans ce cas, les tribunaux doivent apprécier le mérite de la demande, et ils déjoueront presque toujours la collusion qui leur sera signalée par le ministère public chargé spécialement de veiller aux intérêts de la femme. Pigeau, t. 1, p. 550. *Contrà.* — Riom, 3 avr. 1810 (S. 11, 314).

22. 5° Enfin à la délibération d'un conseil de famille irrégulièrement composé. Par exemple, si des *amis* ont été appelés lorsqu'il y avait des *parens.* C. civ. 407, 449; Angers, 29 mars 1821 (S. 21, 260).

23. Mais serait valable, 1° l'acquiescement du prodigue au jugement qui lui nomme un conseil judiciaire : cette nomination ne constitue pas précisément une question d'état. Turin, 6 janv. 1812.

24. 2° L'adhésion à une sentence d'un juge de paix sur un intérêt excédant les limites de sa compétence : c'est une conséquence du droit qu'avaient les parties de consentir une prorogation de juridiction. Toulouse, 24 fév. 1821. *Contrà.* — Riom, 21 juil. 1824.

25. En serait-il de même de l'acquiescement à un jugement rendu par des juges incompétens?

L'affirmative est évidente, s'il s'agit d'une incompétence *ratione personæ.* Cette solution s'applique au cas où une chambre des vacations a statué sur une affaire qui ne requérait pas célérité : les vacances ne sont instituées que pour le repos des magistrats, et l'ordre public ne s'oppose point à ce qu'une affaire ordinaire soit jugée pendant leur durée. Cas. 22 janv. 1806 (S. 6, 2, 90).

La question est grave, s'il s'agit d'une incompétence *ratione materiæ.* — Pour la négative, on dit : Tout ce qui concerne les juridictions intéresse l'ordre public; il n'y a conséquemment d'acquiescement possible que celui résultant du silence de la partie pendant le temps accordé par la loi pour se pourvoir contre les jugemens; c'est d'ailleurs une conséquence de l'art. 425 C. pr. portant que les dispositions sur la compétence pourront *toujours* être attaquées par la voie d'appel. Toutefois on peut répondre : L'art. 425 signifie seulement que les jugemens relatifs à la compétence ne seront jamais rendus en dernier ressort par les tribunaux de première instance, et non pas que l'appel en sera recevable en tout temps; les délais d'appel une fois expirés, ils seront évidemment inattaquables. D'ailleurs, s'il est vrai que l'ordre public soit intéressé à ce que les différens tribunaux n'empiètent pas sur leurs attributions respectives, la loi remédie à cet inconvénient en donnant au ministère public le droit de faire casser, dans l'intérêt de la loi, les décisions incompétemment rendues; mais rien ne s'oppose à ce que les parties renoncent au bénéfice des juridictions introduites en leur faveur, et qu'elles se soumettent à une sentence émanée de juges incompétens. En effet, l'art. 88, 27 vent. an 8, ne permet le pourvoi dans l'intérêt de la loi que contre les jugemens passés en force de chose jugée. Cas. 13 flor. an 9; Paris, 17 mai 1813; Dijon, 21 juil. 1827; Lyon, 3 avr. 1819. *Contrà,*—Poitiers, 20 mai et 9 juin 1829.

26. L'acquiescement est valable, même en matière d'ordre public, s'il résulte du silence de la partie prolongé au-delà des délais de l'appel. — V. *sup.* n° 6.

27. Ainsi le jugement qui rejette une demande en élargissement produit comme tout autre l'exception de la chose jugée, s'il n'est pas attaqué dans le délai légal. Cas. 16 juil. 1817. (S. 18, 133); Merlin, *Rép.*, V° *Jugem.*, § 3, n° 6.

SECTION III.—*Personnes capables d'acquiescer.*

28. L'acquiescement emporte aliénation. — V. *inf.* n° 130 et suiv. Il n'est donc valablement donné que par les personnes capables de disposer de leurs droits.

29. Ainsi ne peuvent acquiescer, 1° le mineur, à moins qu'il ne soit émancipé et que la demande n'ait pour objet une chose qui rentre dans son administration; par exemple, l'abandon d'un droit à un bail. Arg., C. civ. 481;

2° L'interdit. C. civ. 509.

30. 3° Le tuteur, sans l'autorisation du conseil de famille et l'homologation du tribunal, s'il s'agit d'une demande immobilière. C. civ. 457, 458 et 464; Bruxelles, 23 nov. 1806; Douai, 17 janv. 1821; Pigeau, t. 1, p. 549.

31. Mais il a qualité pour consentir à une demande en partage : les copropriétaires du mineur ou de l'interdit ne sont pas forcés de demeurer dans l'indivision. C. civ. 405, 815.

32. *Quid* s'il s'agit d'une demande mobilière ? l'art. 464 n'exigeant l'autorisation que pour les demandes immobilières, on pourrait en induire que le tuteur a capacité pour consentir à la demande mobilière. Cependant il faut distinguer : L'acquiescement n'emporte-t-il que l'aliénation d'un objet mobilier, le tuteur peut le donner. Au contraire, cet acquiescement est-il de nature à produire une obligation et par suite des hypothèques sur les biens du mineur, l'autorisation du conseil de famille et l'homologation du tribunal sont nécessaires. C. civ. 458; Pigeau, t. 1, p. 549.

33. 4° La *femme mariée.*—V. ce mot.

34. 5° Les envoyés en possession provisoire des biens d'un absent, et les curateurs à des successions vacantes, s'ils n'obtiennent l'autorisation de la justice. C. civ. 125, 128, 813.

35. 6° Les maires et les administrateurs d'établissemens publics. Besançon, 22 déc. 1808, 1er fév. 1828. —V. *Communes*, *établissemens publics*.

36. 7° Les préposés inférieurs de la régie, par exemple, un receveur, à moins d'un pouvoir spécial. Cas. 21 germ. an 12 (S. 8, 135).—Il en est autrement des administrateurs. Cas. 23 déc. 1807 (S. 8, 136).

37. 8° Le ministère public, dans les affaires qui intéressent l'État. Les préfets ont seuls caractère pour le représenter. Bordeaux, 21 août 1829.

38. 9° Le mandataire, s'il n'est porteur d'un pouvoir spécial. C. pr. 352; Berriat, p. 360.

39. Le mandat spécial se présume à l'égard de l'avoué qui acquiesce pour sa partie, sauf le désaveu. C. pr. 352. Cas. 3 oct. 1808; Grenoble, 28 fév. 1812; Bruxelles, 7 juil. 1812; Aix, 14 juin 1825; Merlin, *Rép.*, V° *Signature*.

40. 10° Le mari relativement aux biens personnels de sa femme. Bordeaux, 23 nov. 1829 (S. 30, 220).

41. Au contraire, le consentement donné par le représentant légal de la partie est irrévocable. Ainsi un émigré amnistié ne peut attaquer les jugemens auxquels l'autorité administrative a acquiescé avant l'amnistie. Cas. 24 avr. 1826 (S. 27, 216).

42. L'acquiescement donné par l'un des co-intéressés n'oblige pas les autres, lors même qu'il s'agit de l'exécution d'une condamnation indivisible, spécialement d'enlever des engrais placés sur un terrain. Cas. 13 niv. an 10 (S. 2, 340); Berriat, p. 365.—V. *inf.* n° 141 et *suiv.*

Section IV.—*Forme de l'acquiescement.*

§ 1.—*De l'acquiescement exprès.*

43. L'acquiescement exprès a lieu par acte authentique ou sous seing-privé, même par lettre missive. Cas. 25 prair. an 6 (S. 20, 449); Merlin, *Rép.*, V° *Viduité*, ou par adhésion mise à la suite de l'expédition d'un jugement. Cas. 6 fév. 1816.

44. Toutefois, l'appelant a le droit de demander acte à la Cour de l'acquiescement que donne l'intimé, soit par acte d'avoué à avoué, soit de toute autre manière, que par acte notarié en minute. En effet, s'il venait à perdre la copie signifiée ou le titre original qui lui aurait été remis, il se trouverait exposé à des contestations nouvelles, dans lesquelles il devrait succomber ; le jugement dont il avait appelé ayant acquis force de chose jugée. L'intimé est d'ailleurs non-recevable à se plaindre des frais occasionnés par l'arrêt, puisqu'il reconnaît luimême la justice des prétentions de son adversaire. Bruxelles, 20 avr. 1809; Caen, 19 fév. 1823.

45. Lorsque l'acquiescement a lieu par exploit ou par acte d'avoué à avoué, doit-il, à peine de nullité, être signé de la partie ? Le doute naît de ce que cette formalité est prescrite pour le désistement (C. pr. 402); mais son omission entraînât-elle, dans ce cas, la nullité de l'acte, il ne saurait en être de même à l'égard de l'acquiescement. Aucun texte n'exige qu'il soit signé de la partie, et les nullités ne peuvent pas se suppléer par analogie (C. pr. 1030). La partie au nom et sans le consentement de laquelle un acte d'acquiescement a été signifié, ne peut le faire tomber qu'en désavouant l'officier ministériel qui l'a signé; tant que le désaveu n'est pas formé, foi doit être ajoutée à cet acte comme étant émané d'un fonctionnaire public. Orléans, 2 mai 1823, 2 juin 1824. — V. *Désaveu, Désistement.*

46. Mais l'huissier qui signifie un jugement n'a pas qualité pour constater l'acquiescement de l'adversaire à ce jugement : dans ce cas, il n'est évidemment pas le mandataire de la partie qui acquiesce, et il ne tient d'aucune loi le pouvoir de recevoir sa déclaration verbale. Grenoble, 6 juil. 1826.

§ 2. — *De l'acquiescement tacite.*

Art. 1er. — *Notions générales.*

47. L'acquiescement tacite résulte soit du silence de la partie, soit d'actes émanés d'elle, renfermant un consentement implicite. — V. *sup.* n° 5.

48. Le silence de la partie emporte acquiescement aux actes de procédure et aux jugemens, lorsqu'elle laisse écouler les délais accordés pour les attaquer, par exemple, le délai de huitaine, sans former opposition au jugement par défaut contre avoué (C. pr. 157); celui de trois mois sans appeler du jugement contradictoire (C. pr. 443).

49. Il en est de même si l'on ne propose pas une exception péremptoire de forme avant de poser des conclusions au fond (C. pr. 173), — ou des nullités antérieures à l'adjudication préparatoire avant le jugement d'adjudication sur saisie immobilière (C. pr. 733), etc....

50. L'acquiescement résultant de certains actes est soumis à quelques règles, qu'on peut résumer ainsi :

1° L'acquiescement doit être volontaire;

2° Il faut qu'il émane de la partie;

3° Il résulte de l'exécution par elle consentie;

4° Les réserves et protestations détruisent en général l'effet de l'exécution.

5° Cependant si l'exécution est libre et *spontanée*, les réserves sont inutiles. *La réserve contraire au fait n'opère pas.*

Art. 2. — *De l'acquiescement aux jugemens en premier ressort.*

51. L'acquiescement aux jugemens en premier ressort résulte de tous les actes qui font nécessairement supposer une renonciation à l'appel.

52. Les conclusions subsidiaires, la signification du jugement, la signification d'un exécutoire de dépens par l'avoué, la sommation d'exécuter le jugement, des poursuites faites en conséquence de ce jugement, l'exécution volontaire du jugement, emportent-elles renonciation à l'appel? — Quel est l'effet des réserves ou protestations? — Telles sont les questions que nous aurons à examiner.

53. *Conclusions subsidiaires.* — Ces conclusions, loin d'indiquer une renonciation aux conclusions principales, prouvent que le demandeur insiste sur les premières : ce sont deux demandes distinctes, successives, mais non exclusives l'une de l'autre. L'admission des conclusions subsidiaires n'exclut donc pas l'appel du jugement qui a rejeté les conclusions principales. Cas. 9 niv. an 3, 27 flor. an 11; Gênes, 5 fév. 1812.

54. Mais des conclusions tendantes à la confirmation pure et simple du jugement de première instance, rendent l'intimé non-recevable à appeler incidemment de ce jugement. Si l'art. 443 porte que l'intimé peut appeler incidemment *en tout état de cause*, quand même il aurait signifié ce jugement sans protestation, la loi a voulu seulement le relever de la déchéance qu'on aurait pu faire résulter contre lui d'un acte antérieur à l'appel de son adversaire; elle a considéré l'acquiescement de l'intimé comme conditionnel. L'exécution ne se réalisant pas, le droit réciproque d'appel n'est pour l'intimé que celui d'une légitime défense (Bigot de Préameneu). Mais il n'en résulte pas que l'acquiescement de l'intimé ne soit jamais une fin de non-recevoir contre son appel incident. Cas. 11 fruct. an 9, 16 frim. an 13, 31 oct. 1809, 23 janv. 1810 (S. 7, 2, 763, et 10, 169); Bruxelles, 3 fév. 1813; Amiens, 30 juin 1824; Poitiers, 27 juil. 1824; Aix, 13 janv. 1826; Bourges, 30 janv. 1827; Bordeaux, 28 juil. 1827 (S. 27, 176); Paris, 22 mars 1833; Merlin, *Quest. dr.*, V° *Appel*, § 5; Carré, art. 443; Berriat, p. 419; Favard, *Rép.*, V° *Appel*, sect. 1, § 2. *Contrà*, — Metz, 24 août 1813; Toulouse, 23 nov. 1824.

55. Il en est de même à plus forte raison si l'intimé a obtenu un arrêt confirmatif par défaut; et conclu à ce que les appelans fussent déboutés de leur opposition à cet arrêt. Cas. 23 janv. 1810; Bourges, 8 mars 1812, et 16 juin 1813.

56. Ou si l'exécution du jugement dont est appel a été ordonnée par un second jugement rendu sur la demande de l'appelant. Metz, 9 mai 1820.

57. Mais la seule obtention d'un arrêt par défaut ne rendrait pas l'intimé non-recevable à interjeter appel incidemment sur l'opposition de son adversaire. En prenant un arrêt par défaut, l'intimé n'a fait que poursuivre l'exécution pure et simple du jugement de première instance : du moment que l'opposition de son adversaire remet la chose jugée en question, il doit être relevé de l'acquiescement conditionnel qu'il avait donné. Bourges, 30 janv. 1827 (S. 27, 147); Cas. 5 juil. 1828 (S. 28, 265).

58. *Signification des qualités d'un jugement.* —Elle n'emporte point acquiescement; cette signification est un préalable nécessaire à la levée du jugement. Cas. 20 juil. 1831.

59. *Signification du jugement à* AVOUÉ. — Cette signification ne peut être en général considérée comme un acquiescement au jugement; elle est insuffisante pour rendre le jugement exécutoire (art. 147, C. pr.), et rien n'empêche celui qui l'a faite de changer de volonté tant qu'il n'a pas manifesté son intention par un acte plus formel. Turin, 20 mai 1809 (S. 10, 258); Limoges, 23 juin 1819; Poitiers, 13 juin 1822; Cas. 20 nov. 1826 (S. 27, 170).

Il en est autrement dans le cas où la signification à partie n'est pas nécessaire pour faire courir les délais de l'appel; alors les mêmes motifs de décider n'existent plus. Berriat, p. 360; Liége, 16 janv. 1811.

60. *Signification du jugement à* PARTIE. — Cette signification contient implicitement la soumission de la part de celui qui l'a faite d'exécuter le jugement. Arg. C. pr. 443; Cas. 22 vendém. an 12; C. 13 nov. 1813, 12 août 1817 (S. 17, 359); C. 24 avr. 1833.

61. Peu importerait que la signification à avoué contînt des réserves : la signification faite postérieurement à la partie détruit l'effet de la première. Gênes, 26 juin 1812.

62. Mais l'omission de réserves dans la signification du jugement ne peut être opposée si elles sont énoncées dans les qualités : la signification les renferme alors implicitement. Gênes, 7 mai 1812.

63. Toutefois, l'acquiescement résultant de la signification du jugement est conditionnel; il ne produit effet qu'autant que l'adversaire consent à l'exécution du jugement, et n'en interjette pas appel : autrement l'intimé peut interjeter incidemment appel en tout état de cause, quand même il aurait signifié le jugement sans protestation. C. pr. 443.

64. *Signification d'un exécutoire de dépens.* Cette signification faite par l'avoué, avec commandement de payer, ne suffit pas pour lier la partie ; il n'est même pas nécessaire d'un désaveu : l'avoué agit alors dans son propre intérêt, et ne peut être considéré comme mandataire.—Rouen, 10 mars 1824.

65. De même la taxe, faite par l'avoué, ne lie la partie qu'autant qu'il est prouvé qu'elle a donné un mandat spécial à cet effet. Paris, 17 germ. an 6.

66. *Sommation d'exécuter le jugement signifié.* Cette sommation emporte acquiescement au jugement. Paris, 19 mars 1833.

67. Il en est de même, à plus forte raison, de la sommation suivie de poursuites pour arriver à l'exécution. Paris, 11 mars 1809.

68. *Exécution volontaire.* Nul doute que cette exécution n'emporte acquiescement au jugement. Mais à quels caractères reconnaître que l'exécution est volontaire ?

Elle ne peut s'induire que d'un fait ou d'un acte positif de la partie, et non pas de ce qu'elle aurait subi ou toléré un acte de son adversaire, fait en vertu du jugement qui la condamne. Cas. 24 août 1830 (S. 30, 341).

69. Ainsi l'entrée en jouissance de l'adjudicataire d'un immeuble suivie d'actes de propriété, tolérés par le saisi, n'exclut pas l'appel du jugement d'adjudication. Même arrêt.

Les mesures conservatoires n'emportent pas acquiescement. Cas. 26 juil. 1831.

70. Les héritiers qui laissent un adjudicataire se mettre en possession de biens licités, peuvent appeler du jugement qui ordonne la licitation. *Contrà,* — Cas. 21 mars 1821 (S. 22. 81).

71. Toutefois, la partie qui retire ses meubles de l'immeuble licité, et en donne décharge à l'adjudicataire, est non-recevable à appeler du jugement d'adjudication : le retrait des meubles constitue une exécution qui lui est personnelle ; peu importerait que des réserves eussent été insérées dans la décharge. Poitiers, 10 juin 1821.—V. *sup.* n° 50 *et inf.* n. 96.

72. Le copartageant qui tire les lots est également censé acquiescer au jugement qui ordonne le partage. Agen, 12 avr. 1821.

73. Le failli qui porte un créancier au passif de son bilan, ne peut plus appeler du jugement qui a reconnu les droits du créancier. Paris, 27 frim. an 12 (S. 7, 762).

74. Le mineur qui, après une sentence arbitrale, reçoit le compte de son tuteur, et lui donne décharge des pièces y relatives, est non-recevable à former opposition à l'ordonnance d'*exequatur* de cette sentence. Cas. 1ᵉʳ mars 1814.

75. L'acquiescement résulte encore, 1° du paiement fait, sans réserves, par la partie, des dépens du jugement de première instance. En appelant de ce jugement, elle suspend son exécution : si donc elle satisfait aux condamnations prononcées contre elle, elle doit être réputée y acquiescer. —V. *inf. n°* 88.

76. 2° De la promesse de payer, si on accorde un délai, faite par le débiteur en réponse au commandement qui lui est signifié. Cette réponse indique reconnaissance de la dette, et le besoin de temps pour se libérer. Le débiteur est présumé solliciter une grâce de son créancier, et non pas faire un acquiescement *conditionnel*. Pau, 4 mars 1831 (S. 32, 120).

Il en est de même, à plus forte raison, du paiement des dépens, après avoir demandé des délais et obtenu des réductions. Cas. 8 fév. 1831.

77. 3° De l'offre du débiteur de payer le principal, si on lui fait remise des frais.

Toutefois, cet acquiescement n'est que conditionnel, et n'oblige le débiteur que dans le cas où il est accepté dans son entier. Poitiers, 9 mars 1827.

78. L'exécution doit émaner de la partie elle-même —(V. *sup.* n° 50). En conséquence, la simple présence de l'avoué à la première publication du cahier des charges ne rend pas la partie non-recevable à appeler du jugement qui a ordonné une licitation. Bordeaux, 15 janv. 1831.

79. N'emportent pas non plus acquiescement, 1° la réponse du débiteur qu'il ne peut payer. Cette déclaration ne suppose pas nécessairement reconnaissance de la créance. Toulouse, 24 janv. 1828.

80. 2° La demande faite par le débiteur saisi d'être constitué gardien. On peut objecter que le débiteur a le moyen d'arrêter facilement la saisie, en déclarant qu'il appelle du jugement en vertu duquel elle est pratiquée; que si, loin de s'opposer à cette saisie, il se rend gardien des objets saisis sans aucune protestation, il adhère au jugement. Mais l'art. 159 C. civ. ne fait résulter l'exécution que de la vente des meubles. Le débiteur peut demander à être gardien de ses effets saisis, pour éviter les frais de garde, et surtout le désagrément de voir introduire un étranger dans sa maison. Sa conduite n'implique donc pas un acquiescement au jugement. Poitiers, 9 mars 1827; Cas. 31 janv. 1828 (S. 28, 296). *Contrà*, —Limoges, 22 déc. 1812 (S. 14, 374); Agen, 18 janv. 1828 (S. 28, 213).

81. 3° L'opposition à la taxe formée, même sans réserve pour le principal. Vainement on oppose que celui qui se plaint seulement de la taxe est censé approuver tacitement la condamnation. (Pigeau, t. 2, p. 358.) L'opposition à la taxe, contenue dans un jugement, devant être formée, à peine de déchéance, dans les trois jours, ne peut pas être considérée comme renfermant une exécution volontaire. Paris, 10 juin 1812 (S. 12, 405).

82. 4° La consignation par la partie condamnée, entre les mains du greffier, d'une somme pour l'enregistrement du jugement dont elle demande une expédition. Autrement ce serait lui refuser le moyen d'avoir une connaissance positive du jugement, jusqu'à ce qu'il plût à son adversaire de le lui signifier, ce qui est inadmissible. Cas. 12 nov. 1827 (S. 28, 124).

83. 5° Le paiement fait, sous toutes réserves, à l'avoué de la partie adverse, des dépens dont la distraction a été prononcée à son profit.

Surtout lorsqu'on a été débouté de l'opposition formée à l'exécution de ces dépens. En effet, l'exécution n'est pas volontaire, et d'ailleurs elle n'a eu lieu que vis-à-vis l'avoué, et non à l'égard de la partie, qui ne saurait conséquemment s'en prévaloir. Cas. 15 juil. 1818 (S. 18, 422). — V. inf. n° 141 et suiv.

84. La partie qui ne satisfait que sur poursuites aux condamnations prononcées contre elle par un jugement exécutoire par provision n'acquiesce pas à ce jugement, quand bien même elle n'aurait fait aucunes protestations ni réserves; elle ne fait alors qu'obéir à la justice et céder à la force. Agen, 3 frim. an 12; Paris, 22 fév. 1810; Montpellier, 3 fév. 1816; Metz, 28 avr. 1818; Cas. 4 mai 1818; Poitiers, 25 mai 1824.

85. Celui qui est contraint d'exécuter le principal peut même, sans compromettre ses droits, exécuter l'accessoire; par exemple payer les frais auxquels l'exécution provisoire ne serait pas applicable. Cas. 19 mai 1830.

86. Mais il en est autrement de l'exécution qui précède toutes poursuites. Vainement on objecterait que dans cette circonstance l'appel n'étant pas suspensif, faire ce que l'on serait tenu d'exécuter quelques jours plus tard, c'est un acte de nécessité: si la partie condamnée n'attend pas que son adversaire la contraigne à l'exécution, on doit en conclure qu'elle reconnaît la justice de la sentence et qu'elle renonce à l'attaquer. Bordeaux, 8 mai 1829 (S. 29, 325).

87. Peu importerait que le jugement n'eût pas été signifié. Si l'art. 147 C. pr. prohibe l'exécution du jugement avant

l'intimation à personne ou domicile, c'est uniquement pour empêcher l'exécution contre la partie condamnée avant de lui en avoir donné une connaissance exacte, et non pour lui défendre d'éviter les frais de mise à exécution par une satisfaction immédiate. Cas. 3 fruct. an 13 (S. 7, 763). *Contrà,* — Grenoble, 19 août 1817 et 2 fév. 1818.

88. *Effets des réserves.* Les réserves ou protestations détruisent en général la présomption d'acquiescement, lorsqu'elles indiquent l'intention de la partie de conserver ses droits intacts. Ainsi n'entraînent pas renonciation à l'appel :

89. 1° La quittance énonçant que les dépens ne sont payés que sous la réserve d'appeler et sans porter atteinte aux droits *des uns ni des autres.* Non-seulement l'intention du débiteur de se réserver le droit d'appeler est alors clairement exprimée ; mais le consentement donné à cette réserve par l'adversaire doit produire son effet. Nîmes, 9 déc. 1809.

90. 2° Le paiement des dépens par forme de consignation et sous la réserve expresse de l'appel. Cas. 6 prair. an 2 (S. 20, 450), et 4 mai 1818 (S. 18, 288); Agen, 3 pluv. an 13; Montpellier, 6 fév. 1810 (S. 14, 351).

91. Surtout si le paiement n'a lieu que sur itératif commandement. Cas. 2 janv. 1816. *Contrà,* — Paris, 28 juil. 1812.

92. Ou si la partie qui paie n'a été condamnée qu'en qualité de président d'une administration, et n'acquitte les dépens que pour éviter la saisie de ses biens personnels. Cas. 27 août 1829.

93. Mais la mention insérée dans la quittance que le paiement n'a lieu que pour éviter une saisie serait insuffisante, si l'on ne s'était formellement réservé le droit d'appeler. Montpellier, 24 juil. 1810; Agen, 3 frim. an 12 et 15 juin 1824 (S. 25, 161); Berriat, p. 362.

94. Au contraire, on ne saurait induire l'acquiescement de l'exécution d'un jugement mal à propos qualifié en dernier ressort, si la partie a fait réserve de tous ses droits, notamment de se pourvoir en cassation. Ce jugement, il est vrai, n'est pas définitif, mais la partie condamnée se trouve sous le coup d'une exécution imminente, et la réserve particulière du recours en cassation, loin de nuire aux protestations générales, ne fait que donner une nouvelle preuve de l'intention d'attaquer le jugement. Cas. 22 oct. 1811.

95. Il en serait de même de la demande en sursis à l'exécution provisoire demandée *sous toutes réserves* par la partie condamnée, avec offre de payer le montant des condamnations lorsqu'elles seront liquidées. Dans ce cas, l'appel n'étant pas suspensif, on ne peut pas dire que la demande d'un délai entraîne la reconnaissance de la dette; et l'offre de payer après liquidation de la dette ne doit être considérée que comme un moyen de justifier la demande en sursis, fondée précisément sur ce que la dette n'est pas liquide, Turin, 9 janv. 1808; Cas. 21 janv. 1827 (S. 27, 182).

96. Néanmoins, si l'exécution est *libre* et *spontanée*, l'intention des parties devenant manifeste, toutes les protestations ou réserves cessent d'être exclusives de l'acquiescement. Cas. 27 et 28 juil. 1829.

97. Ainsi seraient inutiles les réserves expresses insérées dans la sommation d'exécuter le jugement. Celui qui poursuit spontanément l'exécution d'un jugement y adhère de la manière la plus formelle. Paris, 11 mars 1813 (S. 14, 378); Nîmes, 7 mai 1813; Cas. 25 juin 1820. *Contrà.* — Rennes, 20 mai 1820.

98. Toutefois, les réserves produiraient effet, si la partie sommée d'exécuter le jugement se refusait à son exécution. L'acquiescement était conditionnel; le refus de l'autre partie fait rentrer la première dans la plénitude de ses droits. Cas. 9 août 1826 (S. 27, 89).

Art. 3. — *De l'acquiescement aux jugemens en dernier ressort.*

99. Les actes d'exécution qui, relatifs à un jugement en premier ressort rendent l'appel non-recevable, suffisent lorsqu'ils s'appliquent à un jugement en dernier ressort, pour empêcher le recours en cassation : par exemple, si l'on paie les dépens sans y être contraint par des poursuites, surtout si l'on exige la remise de toutes les pièces de l'adversaire. Cas. 23 nov. 1829. *Contrà.* — Cas. 31 mars 1819 (S. 19, 352).

100. On peut se pourvoir en cassation contre un jugement en dernier ressort auquel on a acquiescé dans un temps où il n'y avait aucune voie légale pour en poursuivre l'annulation. Ainsi la loi des 7 et 12 prair. an 4, en disposant que le pourvoi en cassation était et avait été permis contre les décisions d'arbitres forcés, a relevé de toutes déchéances de délais échus les citoyens qui se seraient crus fondés à prendre cette voie, et considéré comme non-avenu tout acquiescement donné à ces jugemens, par suite de l'opinion où l'on était antérieurement qu'ils étaient inattaquables. Cas. 9 pluv. an 13, 24 mars 1807 (S. 7, 239); Merlin, *Quest. dr.*, V° *Acquiescement*, § 6.

101. Le recours en cassation n'étant pas suspensif, les règles relatives à l'acquiescement aux jugemens exécutoires par provision s'appliquent aux jugemens en dernier ressort. — V. *sup.* n° 84.

102. Conséquemment ne rendent pas le pourvoi non-recevable : 1° l'exécution sans réserves d'un jugement en dernier ressort, faite sur les poursuites de l'adversaire. Cas. 22 flor.

an 9 (S. 1, 322); 2° l'exécution même postérieure au pourvoi, s'il y a eu des réserves. Cas. 22 vend. an 3; 3° la demande en sursis à la régie pour produire une décision ministérielle qui autorise une perception moins élevée. Cas. 24 janv. 1827 (S. 27, 182).

Art. 4. — *De l'acquiescement aux jugemens interlocutoires.*

103. Les parties peuvent appeler des jugemens interlocutoires avant le jugement définitif (C. pr. 451). Conséquemment elles sont réputées acquiescer à ce jugement lorsqu'elles les exécutent sans réserves, à moins qu'ils ne soient exécutoires par provision. Metz, 5 janv. 1820; Cas. 1er août 1820; Amiens, 24 avr. 1822, et 17 nov. 1829 (S. 29, 405); Angers, 21 août 1821 (S. 24, 360); 27 mars 1829 (S. 29, 336); Agen, 31 août 1821 (S. 28, 236); *Contrà,* — Trèves, 1er août 1810; Bourges, 2 fév. 1824 (S. 24, 362); Cas. 25 nov. 1818 (S. 18, 182); Bordeaux, 29 nov. 1828 (S. 29, 140); Toulouse, 1er fév. 1827 (S. 28, 235). — V. *Appel.*

104. Ainsi la présence, sans protestation, d'une partie à la prestation du serment déféré à son adversaire, le rend non-recevable à appeler du jugement qui a déféré le serment. Agen, 24 frim. an 12; Grenoble, 7 juin et 26 août 1808; Cas. 8 juin 1819 (S. 20, 104). *Contrà,* — Poitiers, 4 mars 1823.

105. Des réserves seraient même inutiles si la partie avait signé le procès-verbal de prestation de serment. Bordeaux, 10 mai 1826 (S. 26, 283).

106. On doit encore considérer comme emportant acquiescement au jugement interlocutoire : 1° la présence d'une partie à une enquête, accompagnée d'interpellation de sa part aux témoins; peu importerait qu'elle eût fait des réserves : en appelant de ce jugement, elle pouvait empêcher provisoirement l'enquête; la réserve contraire au fait ne vaut. Cas. 1er août 1820, 5 avr. 1829 (S. 21, 272).

107. 2° La nomination volontaire d'un expert faite par la partie, en exécution du jugement. Cas. 16 flor. an 5; Agen, 24 frim. an 12.

108. La mention du jugement que les experts désignés ont été agréés par les parties, fait présumer l'acquiescement. Vainement on objecterait que cette énonciation n'a été reproduite dans le jugement que parce qu'elle existait dans les conclusions du demandeur; le choix des experts a pu avoir été convenu entre elles à l'audience. Foi doit rester au jugement jusqu'à inscription de faux. Agen, 23 déc. 1814. *Contrà.* — Agen, 22 mai 1812.

109. Mais la signification du jugement qui admet l'adversaire à faire une preuve, en termes généraux, n'emporte pas consentement à l'admission de la preuve testimoniale. Le jugement qui ordonne une semblable preuve doit nécessairement contenir l'énonciation précise des faits à prouver (C. pr. 255), par conséquent l'admission vague d'une preuve ne peut être considérée comme renfermant l'admission de la preuve testimoniale. Bruxelles, 4 mars 1811 (S. 14, 329).

110. Ne sauraient également entraîner acquiescement au jugement interlocutoire : 1° des conclusions tendantes à l'annulation du jugement interlocutoire, faute d'exécution, par la partie qui l'a obtenu. Demander l'annulation d'un jugement, ce n'est pas l'exécuter, conséquemment ce n'est pas renoncer à l'appel. Montpellier, 8 août 1827.

111. 2° La demande en remise de la cause après un jugement qui rejette des reproches proposés contre des témoins. —Le délai est évidemment demandé pour savoir si l'on interjetera appel. Cas. 17 déc. 1823; Amiens, 26 nov. 1825.

112. 3° La plaidoirie au fond, sous la réserve d'appeler du jugement qui rejette les reproches. Poitiers, 10 mars 1825.

113. Il en serait autrement de la plaidoirie au fond sans réserves, après un jugement ordonnant qu'il serait plaidé au fond. Vainement on dirait que la partie ne pouvait refuser de plaider immédiatement sans compromettre ses intérêts. Elle avait le droit de faire des réserves; si elle n'use pas de cette faculté, il est à présumer qu'elle adhère au jugement interlocutoire. *Contrà*, —Toulouse, 25 janv. 1821.

114. Mais l'acquiescement *tacite* ne pouvant résulter que d'un fait personnel à la partie (V. *sup.* n. 5), on ne saurait induire une adhésion aux jugemens interlocutoires : 1° de la nomination d'un expert par l'avoué, en exécution du jugement interlocutoire. Vainement on opposerait que l'avoué est le mandataire légal de la partie, que tous ses actes lui sont réputés personnels jusqu'à désaveu. Toulouse, 17 août 1808; Bordeaux, 29 nov. 1829 (S. 30, 220). *Contrà*, — Nîmes, 1er juin 1819.

115. 2° De la présence de l'avoué à la prestation de serment. Nîmes, 30 janv. 1819 (S. 19, 224); Cas. 21 therm. an 8; Poitiers, 4 mars 1823.

116. 3° De la déclaration qu'il ne s'y oppose. Rennes, 10 août 1808 et 2 avr. 1810.

117. 4° Des conclusions par lui prises, en l'absence de la partie, et tendantes à l'exécution d'un interlocutoire. Montpellier, 8 août 1827.

Art. 5. — *De l'acquiescement au jugement qui rejette une exception.*

118. Cet acquiescement s'induit de l'exécution volontaire, par exemple, à l'égard d'un jugement relatif à la compétence de la plaidoirie, au fond, sans réserves, soit devant le tribunal qui s'est déclaré compétent. Cas. 13 flor. an 9; Lyon, 3 avr. 1819; Dijon, 21 juil. 1827. *Contrà,* —Poitiers, 20 mai et 9 juin 1829; soit devant le tribunal auquel les premiers juges ont renvoyé l'affaire. Bruxelles, 7 déc. 1807. — V. *sup. n°.*25.

119. Peu importe qu'avant de plaider au fond la partie ait interjeté appel du jugement sur le déclinatoire; en présentant plus tard ses moyens de défense, elle est réputée se désister de son appel. Metz, 12 mai 1818 (S. 19, 103).

120. Il en est de même s'il s'agit du rejet d'un moyen de nullité (Rennes, 24 mai 1812; Grenoble, 27 août 1813; Amiens, 8 et 14 mai 1821), ou de la présentation d'une nouvelle fin de non-recevoir, quoique le jugement qui a repoussé la première ait ordonné de plaider au fond. Cas., 12 frim. an 12.

121. Mais la partie qui plaide au fond, *sous toutes réserves,* est réputé ne plaider que pour obéir à la justice, et non pour renoncer à ses droits. Cas. 1er mai 1811 (S. 11, 217). *Contrà,* —Lyon, 20 juin 1825.

122. A plus forte raison la plaidoirie au fond, *avec des réserves,* n'empêche-t-elle pas le recours en cassation : la partie ne fait alors qu'obéir à une décision exécutoire malgré le pourvoi; son intention, formellement exprimée, de ne pas y acquiescer, doit conserver ses droits, Cas. 4 flor. an 9; 4 brum. an 11; 27 juin 1820.

123. La Cour de cassation, le 4 flor. an 4 (S. 2, 440), a même jugé que les défenses qui indiquaient l'intention évidente de résister au jugement, remplaçaient les réserves.

124. L'acquiescement ne pouvant émaner que de la partie ne résulte pas de la demande en renvoi de la cause, faite par l'avoué, après un jugement qui rejette des moyens de nullité. Cas. 17 déc. 1823 (S. 24, 241).

Art. 6. — *De l'acquiescement en matière d'adjudication, de contribution et d'ordre.*

125. *Adjudication.* —L'acquiescement résulte : 1° à l'égard d'un arrêt qui rejette des moyens de nullité, invoqués contre la procédure antérieure à l'adjudication préparatoire, de la présentation faite ultérieurement et sans réserves de moyens de nullité contre la procédure postérieure à cette adjudication. La procédure se trouvant viciée à dater du premier acte entaché de nullité, attaquer sans protestations des actes postérieurs à l'adjudication, c'est implicitement reconnaître la validité de tous ceux qui l'ont précédée. Cas. 4 fév. 1811 (S. 11, 224).

126. 2° Par rapport au saisi qui a appelé d'un jugement statuant sur des nullités antérieures à l'adjudication préparatoire, de sa présence, sans protestation ni opposition à l'adjudication. Cas. 27 août 1811.

127. 3° Relativement aux jugemens qui servent de titre au créancier poursuivant, de la demande en conversion de la vente sur saisies immobilières en vente sur publications volontaires : en attaquant ces jugemens, le saisi arrêterait les poursuites; demander la conversion, c'est se reconnaître débiteur. Paris, 26 mai 1806.

128. Mais la demande d'un délai, faite par le saisi au jour fixé pour l'adjudication définitive, ne nuit pas au pourvoi formé antérieurement contre un arrêt rejetant des moyens de nullité, le pourvoi n'est pas suspensif, et l'exécution de l'arrêt est poursuivie contre le saisi. Il doit être réputé n'avoir agi que comme contraint et forcé. Cas. 18 nov. 1828.

Cependant l'arrêt qui voit dans une demande de cette nature une renonciation à l'appel d'un jugement exécutoire par provision, ne contient qu'une interprétation de fait. Il échappe à la censure de la Cour de cassation. Cas. 16 nov. 1818.

129. *Contribution, ordre.* — L'acquiescement résulte de la signification faite d'avoué à avoué, sans réserves, du jugement qui statue sur des difficultés relatives à une contribution ou à un ordre, puisque cette signification fait courir les délais d'appel (C. pr., 443, 669, 763; Cas. 24 avr. 1833.) — V. *sup.* n° 59, *Contribution, Ordre.*

Section V. — *Effets de l'acquiescement, sa divisibilité.*

130. Le principal effet de l'acquiescement est de rendre celui qui l'a consenti *non-recevable* à attaquer les actes ou jugemens auxquels il se rapporte. — V. *Exception.*

131. Les effets de l'acquiescement à une demande judiciaire ou à un jugement, sont :

1° D'obliger à satisfaire à l'objet de la demande ou au dispositif du jugement;

2° De soumettre au paiement de tous les frais celui qui acquiesce à une demande ou à un jugement, en reconnaît la légitimité, et par suite il doit supporter les frais qu'il a laissé faire contre lui. (Arg. 130, C. pr.) Paris, 17 mai 1813; Pigeau, t. 1, p. 547;

3° D'emporter abandon de l'objet réclamé. Il opère transaction, et par conséquent extinction complète et irrévocable du procès.

152. Le jugement auquel il a été acquiescé obtient l'autorité de la chose jugée en dernier ressort.

153. En conséquence, le majeur qui a acquiescé à un jugement rendu contre lui en minorité, ne peut plus appeler de ce jugement. Montpellier, 3 janv. 1811.

154. Lors même qu'il alléguerait que le montant des condamnations a été compris dans une obligation souscrite postérieurement à son acquiescement, au profit de son créancier, il doit s'imputer de n'avoir pas inséré dans cette obligation qu'elle contenait une novation de la créance résultant du jugement auquel il avait acquiescé, et ce jugement doit continuer à produire ses effets comme ayant acquis force de chose jugée. Cas. 6 fév. 1816.

155. L'acquiescement à un jugement rend non-recevable à attaquer un autre jugement qui n'est que la conséquence du premier. Spécialement lorsqu'un débiteur poursuivi en vertu de jugemens passés en force de chose jugée, a demandé et obtenu qu'il serait procédé à un compte entre lui et ses adversaires, et qu'en conséquence ces derniers produiraient les pièces justificatives de leurs créances: l'acquiescement donné à l'arrêt qui prescrit cette production de pièces, rend les créanciers poursuivans non-recevables à attaquer plus tard, comme violant la chose jugée par les premières condamnations prononcées à leur profit, un second arrêt par lequel il est enjoint à un tiers de représenter des pièces pouvant servir au réglement du compte ordonné entre les parties. Cas. 4 janv. 1831.

156. L'acquiescement au chef principal d'un jugement emporte acquiescement aux dispositions accessoires de ce jugement. Ainsi la partie qui a payé le montant des condamnations principales est non-recevable à appeler du chef du même jugement qui prononce contre elle des dommages-intérêts. Paris, 17 mai 1813.

157. Mais lorsqu'un jugement contient plusieurs chefs distincts, on peut exécuter l'un de ses chefs et se réserver le droit d'appeler des autres. Amiens, 12 juin 1822; Poitiers, 3 juin 1828; Bruxelles, 7 juil. 1812; Agen, 10 août 1812; Bordeaux, 19 fév. 1830; Cas. 3 juin 1818, 16 déc. 1828, 25 juin 1832.

158. Ainsi la partie qui prête serment sur un chef distinct, peut appeler des autres chefs du jugement. Cas. 22 flor. an 8; Montpellier, 21 déc. 1825; Nancy, 14 déc. 1827.

159. Des réserves expresses ne sont même pas nécessaires pour conserver à la partie qui exécute les dispositions favorables d'un jugement, le droit d'appeler plus tard des dispositions du même jugement qui lui sont contraires : c'est le cas d'appliquer la maxime *tot capita, tot sententiæ.* Cas. 26 prair. an 11 (S. 5, 510) ; 25 fruct. an 12 (S. 7, 764) ; 30 déc. 1818 (S. 19, 205) ; Paris, 29 fév. 1812 (S. 12, 416) ; Limoges, 1er juil. 1817 ; Merlin, *Rép.*, V° *Acquiescement. Contrà,* — Turin, 50 nov. 1811 (S. 14, 42).

140. La partie qui a provoqué l'exécution d'un arrêt dont elle a ensuite demandé l'interprétation, est également recevable à se pourvoir contre les dispositions qu'elle a soutenu n'être pas dans l'arrêt, quoique la Cour ait reconnu l'existence de ces dispositions ; en effet, l'acquiescement doit être volontaire, et il est bien évident que celui qui prétend qu'une disposition n'est pas renfermée dans un arrêt, ne peut être réputé avoir adhéré à cette disposition en exécutant l'arrêt. Cas. 27 janv. 1829.

141. L'acquiescement est divisible à l'égard des personnes qui le donnent et de celles en faveur desquelles il est consenti. Les contrats n'ont de force qu'entre ceux qui les ont faits ; en outre, la considération de la personne peut avoir été une des causes déterminantes de l'acquiescement ; celui à qui il n'a pas été donné n'a donc aucun titre pour s'en prévaloir. Arg. C. civ. 2055. Cas. 15 niv. an 10 ; Grenoble, 15 janv. 1813.

142. L'acquiescement à un jugement ne saurait évidemment s'étendre à ses motifs : on n'exécute pas les motifs d'un jugement, mais seulement son dispositif. Cas. 22 flor. an 10.

143. De même, si un jugement par défaut est qualifié par les juges par défaut contre avoué, tandis qu'en réalité il n'est que par défaut contre partie, les conséquences de cette erreur peuvent être rectifiées nonobstant toute exécution emportant acquiescement. Cas. 18 janv. 1850 (S. 50, 143).

Section VI. — *Enregistrement.*

144. L'acquiescement pur et simple, par acte extrajudiciaire, est passible du droit fixe de 2 fr. L. 28 avr. 1816, art. 43, n° 1. Si l'acte est passé au greffe, il est dû 5 fr. *Ibid* art. 44.

145. Cependant il donne lieu au droit proportionnel, s'il en résulte une transmission mobilière ou immobilière.

146. Lorsque plusieurs personnes acquiescent simultanément soit à un ou plusieurs actes, soit à une ou plusieurs opérations intéressant chacune d'elles, il n'est dû qu'un seul droit. Dir. rég. 22 fév. 1828.

147. Mais si le même acte contient, de la part de deux individus, acquiescement à deux opérations, à l'une desquelles l'un d'eux n'a aucun intérêt, il y a lieu de percevoir deux droits : il y a alors en réalité deux acquiescemens différens.

148. Lorsque la demande donnant lieu à l'acquiescement est fondée sur un titre non enregistré et susceptible de l'être, le droit dont l'objet de cette demande serait passible s'il eût été convenu par acte public, doit être perçu indépendamment du droit dû pour l'acquiescement. L. 22 frim. an 7, art. 62, § 2, 9°.

Section VII. — *Formules.*

FORMULE I.
Acquiescement à une demande judiciaire.

Je, Paul Lefranc, propriétaire demeurant à Paris, rue Bleue, n° 5, soussigné, déclare par ces présentes acquiescer purement et simplement à la demande en paiement de la somme principale de mille francs, formée contre moi pour fourniture de son état, à la requête de M. Pierre Guibert, M^d. tapissier, demeurant à Paris, rue Saint-Martin, n° 53, par exploit de Daune, huissier à Paris, en date du vingt avril dernier, enregistré :

M'obligeant en conséquence à payer ladite somme principale de mille francs, et les intérêts tels que de droit, audit sieur Guibert, à sa première réquisition.

Fait à Paris le   (*Signature*   .)

FORMULE II.
Acquiescement à un jugement.

Je, Claude Galy, négociant, demeurant à Paris place Dauphine, n° 2, soussigné, déclare par ces présentes acquiescer purement et simplement au jugement contradictoirement rendu entre moi et le sieur Louis Picard, banquier, demeurant à Versailles, rue de l'Orangerie, n° 12, par le tribunal de commerce de Paris, le dix janvier mil huit cent trente, enregistré, portant contre moi condamnation au profit dudit sieur Picard, au paiement d'une somme de deux mille francs pour argent prêté, avec les intérêts et les dépens :

Renonçant en conséquence à interjeter appel dudit jugement, que je m'engage à exécuter selon sa forme et teneur.

Fait à Paris, le   etc.

Nota. Pour l'acquiescement extrajudiciaire signifié par huissier, on suit les formes générales de l'*exploit.* — V. ce mot.

Si l'acquiescement est donné par acte d'avoué à avoué, on se conforme aux règles de ces sortes d'actes.

ACTE. Ecrit constatant qu'une chose a été faite ou convenue.

1. *Acte*, dans son sens général, exprime le fait ou la convention même des parties, abstraction faite de l'écrit qui sert à constater ce fait ou cette convention. L. 19, *ff. de verb. sign.*

2. La double acception du mot *acte* produit souvent une confusion que l'on retrouve dans la loi elle-même. C. pén. 175; Cas. 18 avr. 1817.

3. Dans l'usage les mots *contrat* ou convention obligatoire, *titre* ou cause du droit, sont quelquefois synonymes du mot *acte.* Ainsi l'on dit indifféremment un *contrat* de vente ou un

acte de vente, un *titre* de propriété, un *acte* de propriété, un *titre* exécutoire, un *acte* exécutoire. C. civ. 1317, 2263; C. pr. 545, 557 et suiv.

4. Les actes sont ou *publics* ou *privés*. — V. ces mots.

5. Les actes publics sont ou *judiciaires*, ou *extrajudiciaires*, ou simplement *authentiques*. — V. ces mots.

6. On distingue encore les actes en *originaux* et en *copies*. — V. *Copie*.

7. *Timbre et Enregistrement*. Tous les actes, à moins d'une dispense expresse, sont assujétis au timbre et à l'enregistrement.

Le défaut de timbre ou d'enregistrement n'entraîne pas la nullité de l'acte; il donne lieu seulement à des doubles droits ou à des amendes.

V. *Compétence, Enregistrement, Exécution, Exploit, Formalités, Légalisation, Nullité, Timbre, Visa.*

ACTE *d'appel*. — V. *Appel*, sect. 5.

ACTE *authentique*. C'est celui qui a été reçu par un officier public ayant le droit d'instrumenter dans le lieu où l'acte a été rédigé et avec les solennités requises. C. civ. 1317.

Ainsi sont authentiques les jugemens, les actes de procédure faits par le ministère d'huissiers, les extraits délivrés par les greffiers et les officiers de l'état civil, les procès-verbaux des commissaires-priseurs, les actes notariés, etc.

V. *Enregistrement, Exécution, Faux, Légalisation.*

ACTE *d'avoué à avoué*. Se dit de tous les actes que les avoués se signifient réciproquement dans le cours d'une instance, par le ministère d'un huissier audiencier.

On distingue plusieurs espèces d'actes d'avoué à avoué. 1° Les requêtes ou conclusions motivées en matière ordinaire. Elles sont grossoyées. — V. *Conclusions, Requête.*

2° Les écritures non grossoyées, telles que les qualités, les conclusions motivées en matière sommaire. — V. *Qualités.*

3° Les *simples actes*, tels que constitution, avenir, sommation pour se régler sur des qualités, etc. — V. *Avenir, Constitution, Qualités.*

La notification des actes d'avoué à avoué est-elle soumise aux formalités des exploits? — V. *Exploit.*

ACTE *en brevet*. — V. *Brevet.*

ACTES DE COMMERCE. Actes fait dans un but de trafic.

DIVISION.

§ 1. — *Caractères des actes de commerce. Leurs différentes espèces.*
§ 2. — *Actes de commerce par leur nature.*
Art. 1. — *Achats et Ventes.*

§ 3. *Actes de commerce réputés tels à raison de la qualité des contractans.*

---

§ 1. — *Caractères des actes de commerce. Leurs différentes espèces.*

1. Il importe de reconnaître si tel ou tel acte est ou non commercial. En effet, les actes de commerce sont régis par une législation spéciale (V. *Code de commerce*), soumis à des juges d'exception (V. *Compétence*), à une procédure particulière ; les condamnations en cette matière sont exécutoires par corps (V. *Contrainte par corps*) ; les actes de commerce attribuent la qualité de commerçant à celui qui en fait sa profession habituelle (C. com. 1); ils sont incompatibles avec certaines professions. V. *Agent de change, Avocat, Juge.*

2. Le désir d'un bénéfice constitue la *spéculation* et forme le caractère général de l'acte de commerce ; les caractères spéciaux seront indiqués successivement. — V. *inf.*, § 2 et 3.

3. Un acte est commercial par sa nature, ou présumé tel à cause de la qualité des contractans ou de l'un d'eux. — V. *inf.*, § 2 et 3.

4. L'acte commercial par sa nature est régi d'abord par le droit commercial et subsidiairement par le droit civil. L'inverse a lieu pour les actes de commerce de la seconde classe. Pardessus, n° 5.

5. Un acte peut être commercial à l'égard de l'un des contractans, et non commercial à l'égard de l'autre. — V. *inf.*, n° 75.

6. Les actes de commerce faits par les mineurs ou les femmes mariées, sans autorisation, ne sont considérés à leur égard que comme des actes civils. — V. *inf.*, n° 80, et *Femme mariée, Mineur.*

§ 2. — *Actes de commerce par leur nature.*

Art. 1. — *Des Achats et Ventes.*

7. La loi répute acte de commerce « *tout achat de denrées et marchandises pour les revendre, soit en nature, soit après les avoir travaillées et mises en œuvre, ou même pour en louer simplement l'usage.* » C. com. 632.

8. *Tout achat.* Il faut que l'acquisition soit à titre onéreux; celle à titre gratuit n'aurait pas un caractère commercial. Pardessus, n° 11.

9. *De denrées et marchandises.* Ce qui exclut non-seulement les choses immobilières (V. *inf.*, n° 13), mais encore les choses mobilières qui ne sont ni denrées, ni marchandises.

10. En général, on entend par *denrées* les choses destinées à la nourriture des hommes ou des animaux; et par *marchandises* les objets destinés à des besoins moins pressans, et qui ne se consomment pas au premier usage. Pardessus, n° 8.

11. Ainsi, l'on considère comme marchandises, 1° les objets d'ameublement, les outils des ouvriers;

2° Les monnaies métalliques, le papier-monnaie.

3° Certains objets intellectuels, tels que l'achalandage d'un magasin, le droit d'exportation de grains, les créances commerciales. Cas. 5 août 1806. Les factures; elles tiennent lieu des marchandises auxquelles elles donnent droit.

12. Les créances purement civiles ne sont point des marchandises. Ainsi ne constitue point un acte de commerce par sa nature, 1° le prêt d'une somme d'argent, quoiqu'il puisse être considéré comme une sorte de vente de la somme prêtée. Cas. 14 déc. 1819; Pardessus, n° 9;

2° La vente d'obligations sur particuliers, à moins que la négociation qui les transmet ne soit une opération de change ou de banque;

3° L'achat d'effets publics, à moins que l'acheteur ne les ait achetés pour les négocier. Cas. 18 fév. 1806, 19 juin 1808 (S. 8, 428); Paris, 27 août 1831.

13. La qualification de *denrées* et *marchandises* ne s'applique qu'aux choses mobilières; les immeubles ne sont pas susceptibles de négociations commerciales.

Ainsi ne constitue pas un acte de commerce, 1° l'achat d'immeubles, même pour les diviser et les revendre par portion ou pour y placer des établissemens industriels. Cas. 28 brum. an 13; Metz, 18 juin 1812 (S. 12, 417); Paris, 8 déc. 1830; Pardessus, n° 8; Merlin, *Quest. dr.*, V° *Commerce (acte de)*, § 4.

14. 2° A plus forte raison la vente d'immeubles par ceux qui en sont propriétaires, lors même qu'ils auraient formé entre eux une société pour cette vente. Bourges, 4 déc. 1829; Paris, 8 déc. 1830 (S. 31, 282).

15. 3° L'acquisition d'immeubles destinés à être démolis. Vainement on prétendrait que cette acquisition n'est réellement qu'un achat de matériaux. Il faut qu'il s'agisse de denrées et marchandises actuelles, et non pas d'objets susceptibles de le devenir.

16. Il en est autrement de la souscription de billets en paiement du prix d'un immeuble acquis en vue d'opérations de négoce. Paris, 11 mars 1806 (S. 6, 506).

17. *Quid* de l'achat d'un fonds de commerce ? Il constitue pour l'acheteur un acte commercial. En effet, son intention n'est pas seulement d'exploiter ce fonds, mais encore de l'améliorer et de le revendre après un certain temps. Or, la loi n'exige pas que la revente soit immédiate. — En outre, un fonds de commerce peut être considéré comme un établissement d'une nature commerciale, analogue à une entreprise de manufacture, commission, agence d'affaires, etc., qui constituent un acte commercial, sans qu'il y ait achat et revente immédiate. Peu importe que la loi n'ait pas énuméré l'achat d'un fonds de commerce parmi les actes commerciaux; les sociétés d'assurance contre la grêle et l'incendie n'en sont pas moins mises, par la jurisprudence, au nombre des actes de commerce, quoiqu'aucun texte ne leur donne cette qualification. (V. *inf.* n. 111.) Paris, 11 août 1829 (S. 29, 329); 15 juil. 1831. *Contrà*, — Paris, 23 avr. 1828 (S. 28, 188); 12 mars 1829 (S. 29, 164). La vente d'un fonds de commerce est légalement commerciale. — V. *infr.* n. 67.

18. L'achat d'une charge de courtier constitue par les mêmes raisons un acte de commerce. Trib. comm. Paris, 30 janv. 1832. *Contrà*, — C. Paris, 2 août 1832.

19. Il en est de même de l'achat d'une pharmacie. Nîmes, 27 mai 1829. *Contrà*, — Paris, 19 nov. 1830.

20. *Pour les revendre.* Si cette intention ne peut être ni prouvée, ni présumée, soit à cause de la qualité de l'acheteur, soit à raison de la nature de la chose achetée, l'opération n'est pas commerciale. Amiens, 8 avr. 1823.

21. C'est l'intention primitive qu'il faut seule considérer. De là deux conséquences :

1° L'achat fait avec l'intention de revendre ne perd pas son caractère commercial, parce que la revente n'a pas lieu ;

2° Le seul fait de la revente est insuffisant pour rendre commercial l'achat fait avec l'intention de conserver. Ainsi, le non-commerçant qui achète des denrées au-delà de sa consommation ordinaire, à titre de provision, et qui profite d'une occasion favorable pour s'en défaire, ne fait pas un acte de commerce. Pardessus, n° 12.

22. Ne sont point également actes de commerce :

1° La prise à ferme des droits d'octroi. Le fermier n'achète pas ces droits pour les revendre. Merlin. *Ib.* § 7. Toulouse, 5 mars 1825 (S. 26, 75).

23. 2° La prise à bail des droits établis sur les places des marchés d'une ville. Metz, 9 fév. 1816 (S. 19, 56).

24. 3° La location d'une loge par un marchand à un autre marchand pour la durée d'une foire. Caen, 24 mai 1826.

25. 4° La société formée pour la perception et la répartition du péage d'un pont déjà construit. Celui qui achète ce droit de péage n'est pas réputé avoir l'intention de le céder ultérieurement. Cas. 23 août 1820 (S. 21, 372).

26. 5° Le billet à ordre souscrit par un non-négociant, *valeur reçue en marchandises* : on présume qu'elles n'ont pas été achetées pour être revendues. Paris, 10 déc. 1829 (S. 30, 109), 19 mars 1831; Lyon, 26 fév. 1829 (S. 29, 119). A moins que le contraire ne soit prouvé. Angers, 11 juin 1824 (S. 24, 207); Paris, 17 sept. 1828 (S. 29, 26).

27. L'achat d'une chose, même avec intention de la revendre, n'est point un acte de commerce, si l'intérêt public l'a motivé, comme dans le cas où l'Etat, une ville, une commune, achètent, par crainte de la disette, des grains qu'ils se proposent de débiter, et qu'ils revendent quelquefois avec bénéfice.

28. La revente doit être l'objet *principal*. N'est-elle qu'accessoire à des opérations civiles, l'achat reste dans la classe de ces négociations. Au contraire, se rattache-t-elle à une opération de commerce, l'achat est commercial. Cette distinction sert à résoudre un grand nombre de questions.

29. Ainsi ne font pas acte de commerce :

1° L'auteur, sa veuve ou ses héritiers, en achetant le papier et les autres matières nécessaires à l'impression d'un ouvrage. Paris, 4 nov. et 1er déc. 1807 (S. 7, 1552); Vincent, t. 1, p. 133. Pardessus, n° 15; Locré, *Esprit C. com.*, art. 632; Merlin, *Ib.* § 3.

30. A moins toutefois qu'ils n'aient formé une société en nom collectif pour l'impression de cet ouvrage ou qu'ils n'aient joint une agence d'affaires à l'établissement qui l'exploite. Les sociétés en nom collectif et les agences d'affaires constituent des actes éminemment commerciaux. Arg. C. com. 19, 20 et 632 combinés.

31. 2° Le peintre, en achetant les couleurs et la toile de son tableau. Paris, 1 déc. 1809 (S. 7, 1152). *Mêmes auteurs.*

32. 3° L'instituteur, en achetant des marchandises ou denrées pour les besoins de la pension : La nourriture de ses élèves n'est que l'accessoire de l'instruction qu'il leur donne. Douai, 14 fév. 1827 (S. 28, 79); Paris, 11 juil. 1829, 19 mars 1831. Pardessus, *ib.* Vincent, t. 1, p. 133. *Contrà,*— Rouen, 30 mai 1822. V. *inf.* n. 48.

33. 4° L'acteur en achetant individuellement des costumes et des parures. Pardessus, n° 19 V. *inf.* n. 50.

34. 5° Le commis-voyageur en achetant ou en louant un cheval. Bordeaux, 5 mars 1831.

35. 6° Les officiers de santé en achetant les médicamens que la loi du 21 germ. an 11 (art. 27) les autorise à fournir eux-mêmes aux malades. Ce n'est là qu'un accessoire de la profession qu'ils exercent. Limoges, 6 janv. 1827 (S. 28, 27); Bourges, 9 août 1828 (S. 29, 283).

56. 7° L'artisan en achetant les outils et instrumens nécessaires à son industrie.

Les outils qu'il achète ne sont pas destinés à être revendus, et s'il les loue, ce n'est que comme l'accessoire de son industrie. Pardessus, n° 19; Merlin, ib. § 2.

57. 8° Le vigneron en achetant des tonneaux pour les revendre avec les produits de sa vigne.

58. 9° Le propriétaire en achetant les instrumens nécessaires à l'exploitation de son fonds, lors même que les produits du fonds consistent en objets façonnés de main d'hommes tels que les produits des carrières ou mines. Pardessus, ib ; Merlin, ib. § 1 ; L. 21 avr. 1810, art. 32. V. inf. n° 51.

59. 10° Le fermier, dans les mêmes circonstances.

Le droit qu'il achète de recueillir les fruits n'est pas une marchandise qui puisse donner à ses opérations le caractère commercial. Mêmes auteurs. V. inf. n. 53.

40. 11° Le cultivateur qui vend, avec son vin, ou avec les liqueurs qu'il a fabriquées du produit de ses récoltes, des tonneaux achetés. Pardessus, n° 13.

41. 12° Le cultivateur qui achète des animaux maigres pour les revendre, après les avoir engraissés. Cet achat est une dépendance de ses opérations agricoles, et ne constitue pas précisément une spéculation commerciale. Pardessus, n° 14.

42. 13° Le débitant de tabac : bien qu'il achète du tabac de la régie pour le revendre plus cher, son gain est moins un bénéfice mercantile qu'une remise. Il vend plutôt comme délégué de la régie que comme commerçant. Bruxelles, 5 mai 1813; Pardessus, n° 16.

43. 14° Le titulaire d'un bureau de loterie. Les mêmes raisons lui sont applicables. Pardessus, ibid. Contrà, — Paris, 26 août 1811 (S. 11, 369).

44. 15° Les commis facteurs ou préposés qui achètent pour le compte et par ordre de leurs maîtres : ils n'agissent que comme mandataires.

45. 16° Ceux qui achètent pour le gouvernement, lorsqu'ils sont commissionnés par lui ou par une administration qu'il a créée : leurs achats ne sont point actes de commerce. C'est le gouvernement qui achète par eux, et le gouvernement n'est présumé acheter que pour ses besoins. Cas. 13 pluv. an 8, 8 mess. an 11; Pardessus, n° 20. —V. inf. n. 56.

46. Au contraire font acte de commerce : 1° le libraire-éditeur

ou le créancier qui prend en paiement un droit d'édition. Leur but principal est la revente de l'ouvrage. Pardessus, n° 15.

47. 2° Le directeur d'un journal qui se borne à rendre compte d'événemens ou d'objets en quelque sorte du domaine public. Il ne peut être assimilé à celui qui compose un ouvrage; son objet principal est de faire une spéculation. Pardessus, n° 15.

Il en serait autrement d'une feuille établie principalement dans un but scientifique ou littéraire. Le caractère d'auteur prédominerait. V. *sup.* n° 29.

C'est aux tribunaux qu'il appartient de reconnaître dans quel but le journal a été fondé.

48. 3° Le restaurateur, l'aubergiste, le cabaretier, en achetant des marchandises ou denrées pour les besoins de ceux qu'ils reçoivent au mois et à l'année, dans le but unique ou du moins principal de les nourrir ou loger. Cas. 23 avr. 1813. Pardessus, n° 15.

49. 4° Celui qui tient un cercle de lecture et fournit des rafraîchissemens aux abonnés. Il achète les livres pour les louer et les rafraîchissemens pour les revendre. Il ne saurait d'ailleurs être assimilé à l'instituteur, dont le but principal est l'éducation des élèves. *Contrà*, — Grenoble, 12 déc. 1829.

50. 5° Les acteurs associés pour une entreprise de théâtre, qui achètent des décorations et autres objets nécessaires à leur établissement. Pardessus, n° 19.

51. 6° Ceux qui s'associent pour l'exploitation de mines appartenant à autrui. Bruxelles, 5 mai 1801 (S. 7, 1206); Cas. 30 avr. 1828 (S. 28, 418).

52. 7° Le distillateur qui achète des vins ou autres liquides pour composer des liqueurs.

53. 8° Le fermier qui, outre le produit de ses récoltes, achète des grains et autres fruits de cette espèce pour les revendre avec ceux qu'il recueille. Dans ce cas, il ne se borne pas à sa profession d'agriculteur. Cas. 3 flor. an 6; Pardessus, *ib.*

54. 9° Le meunier qui, au lieu de se borner à convertir en farine le blé qui lui est confié, en achète et vend la farine qu'il en retire. Cas. 26 janv. 1818; Pardessus, *ib.*

55. 10° L'artisan qui, indépendamment de son travail, revend fabriquée la marchandise qu'il a achetée; peu importe qu'il ne travaille que pour des commandes journalières en détail, il y a achat pour revendre, et par conséquent acte de commerce. C. com. 632; Vincent, t. 1, p. 126. *Contrà*, — Circ. Min. Just. 7 avr. 1811 (S. 11, 2, 352).

Ainsi font acte de commerce, 1° le maçon qui se charge à l'entreprise de la construction d'une chaudière pour une usine. Toulouse, 15 juil. 1825.

2° Le tailleur de pierres qui achète des pierres pour les travailler. Cas. 15 déc. 1830.

3° Le charron qui achète du bois pour confectionner des voitures. Amiens, 4 avr. 1826.

56. 11° Ceux qui achètent pour le gouvernement, après s'être engagés envers lui à faire les fournitures pour des prix convenus. Ce sont en effet de véritables entrepreneurs; leur assujétissement aux réglemens que l'administration impose à ses employés ne change pas leur qualité. Cas. 13 mess. an 12; Pardessus, n° 20.

57. 12° Le fabricant qui achète les instrumens nécessaires pour mettre sa manufacture en activité : cette acquisition se rattache à l'entreprise principale qui est éminemment commerciale. V. *infra*, n. 91.

58. 13° Le manufacturier qui achète des matières servant à la fabrication des choses qu'il vend, quoique ces matières se détruisent par la fabrication, comme le bois, la houille, etc. Pardessus, n° 17; Merlin, *ib.* § 2.

59. *Soit en nature, soit après les avoir travaillées et mises en œuvre.* Il importe peu que les choses soient revendues en même état qu'elles ont été achetées, ou qu'elles aient été modifiées avant la revente par le travail et la mise en œuvre.

60. *Ou pour en louer simplement l'usage.* La simple location peut, comme la *revente*, constituer un acte de commerce; mais il faut la réunion des mêmes circonstances.

61. En conséquence, il est nécessaire, 1° que la chose ait été *achetée*; 2° qu'elle l'ait été dans l'*intention* principale de la louer; 3° qu'elle soit mobilière.

62. Ainsi serait acte de commerce, 1° l'acquisition de meubles pour l'exploitation d'un hôtel garni, d'une auberge ou d'un café. Pardessus, n° 18.

63. 2° Celle de chevaux et de voitures, faite par un entrepreneur de diligences pour en louer l'usage aux voyageurs. Aix, 6 août 1829.

64. Peu importerait que l'acheteur tînt du gouvernement, comme les maîtres de poste ou les entrepreneurs des pompes funèbres, le droit exclusif de louer au public les objets par lui achetés. Cas. 9 janv. 1810; Caen, 27 mai 1818; Bruxelles, 23 juil. 1819; Paris, 6 oct. 1813 (S. 14, 315); Pardessus, n° 16. *Contrà*, — Bruxelles, 11 janv. 1808.

65. Il en est autrement de l'acquisition d'un troupeau, par le propriétaire d'un immeuble, pour le donner à cheptel au fermier. Il a bien acheté ce troupeau pour en tirer parti au moyen de la location qu'il en fait; mais il n'est qu'un accessoire de la location de l'immeuble qui constitue un acte purement civil. Locré, *Esprit C. com.*, art. 632.

66. Au contraire, celui qui, n'étant pas propriétaire du fonds affermé, donne le troupeau en cheptel au fermier d'autrui, fait un acte de commerce.

67. *Ventes.* On vient de voir que le Code range parmi les actes de commerce l'*achat* pour revendre. En est-il de même de la *revente?* La loi est muette à cet égard. Toutefois, l'affirmative résulte évidemment de ce que vendre est le corrélatif nécessaire d'acheter pour revendre. Pourquoi le marchand ne ferait-il pas acte de commerce aussi bien quand il vend que quand il achète? Toulouse, 24 déc. 1824 (S. 25, 413); Vincent, t. 1, p. 123. *Contrà,* — Nîmes, 19 août 1808 (S. 10, 548); Metz, 19 avr. 1823 (S. 23, 312).

68. Mais il faut que la vente réunisse les conditions exigées pour donner à l'achat le caractère commercial. — V. *sup.*, n° 17 et suiv. — Elle doit être précédée d'un *achat*, ou de l'*intention* d'un achat de *denrées* ou *marchandises;* par exemple, lorsque le vendeur n'a pas encore en sa possession les choses qu'il vend. — Il faut en outre que l'achat, ou l'intention d'achat, ait été accompagné de l'intention de revendre.

69. Ainsi ne ferait pas un acte commercial celui qui vendrait, soit un objet qu'il aurait acquis à titre gratuit, soit les fruits qu'il aurait recueillis comme propriétaire ou fermier. Cas. 14 janv. 1820. — Même après les avoir manufacturés : par exemple, le propriétaire qui vend du sucre fabriqué avec les betteraves qu'il a récoltées. Douai, 22 juil. 1830.

70. Il est cependant certaines circonstances où il n'est pas nécessaire de rechercher si les choses vendues ont été achetées dans cette intention.

Ainsi la loi déclare expressément actes de commerce les entreprises de fournitures (C. com. 632). Elle présume que l'entrepreneur ne tire pas de son propre fonds les objets fournis, et qu'il se livre à une opération commerciale, s'il ne prouve que ces objets sont le produit de sa culture. Pardessus, n° 21.

71. Telles sont encore les entreprises connues sous le nom de souscriptions, lorsqu'elles ne sont pas faites par l'auteur. *Idem,* n° 21.

72. Les entreprises de fournitures peuvent n'avoir pour objet qu'une simple location, par exemple des magasins, ou appartemens loués pour des fêtes ou amusemens. *Ib.*

73. Ces opérations conservent leur caractère commercial, lors même qu'elles ont pour objet un service public, ou que l'exercice en a lieu par concession de l'autorité publique ou municipale. *Ibid.*

74. Par exemple, les entreprises d'arrosage ou d'éclairage d'une ville. *Ib.*

75. La vente peut constituer une opération commerciale de la part du vendeur, sans qu'il y ait acte de commerce à l'égard de l'acheteur; par exemple, lorsqu'un marchand vend des objets de son négoce à un simple particulier.

Et réciproquement : par exemple lorsqu'un propriétaire ou fermier vend les produits de son crû à un marchand qui les achète pour les revendre ; lorsqu'un auteur vend à un libraire les produits de son talent, sur lesquels celui-ci doit spéculer.

Art. 2. — Opérations de change.

76. Toute opération de change de monnaie ou de remise d'argent, de place en place, est un acte de commerce. C. com. 632.

77. On entend par *place* une ville de commerce où se fait le négoce d'argent. C'est aux tribunaux qu'il appartient de décider si une ville mérite cette qualification. Lyon, 21 juin 1826 (S. 27, 256).

78. La remise faite d'une commune rurale sur une place de banque ne constitue pas remise de place en place. Même arrêt.

79. La proximité de deux villes n'empêche pas qu'elles ne soient considérées comme deux *places* différentes. Ainsi jugé pour Paris et la Villette. Paris, 1er mars 1832 (S. 32, 392).

80. Sont actes de commerce : 1° les lettres de change qui servent à opérer remise de place en place, entre toutes personnes. C. com. 632.

Cependant si elles émanent de femmes et filles non négociantes ni marchandes publiques, elles ne sont considérées à leur égard que comme simple promesse. C. com. 113.

Il en est de même des lettres de change contenant supposition, soit de nom, soit de qualité, soit de domicile, soit des lieux d'où elles sont tirées, ou dans lesquels elles sont payables. Elles cessent alors de constituer par elles-mêmes des actes de commerce, et ne conservent plus ce caractère qu'autant qu'elles sont souscrites ou endossées par des commerçans, et à l'égard seulement de ces signataires. C. com. 112, 637.

81. 2° La lettre de change nulle, comme n'exprimant pas la valeur fournie, pourvu qu'elle soit souscrite par un négociant au profit d'un autre. Toulouse, 28 mai 1825 (S. 25, 308).

82. 3° L'endossement de la lettre de change. Cas. 21 fév. 1814 (S. 14, 177). Son irrégularité ne lui enleverait même pas ce caractère. Cas. 21 oct. 1825 (S. 26, 412).

83. Il importe peu qu'une lettre de change ne contienne pas l'indication d'un tireur et d'un payeur distincts l'un de l'autre, et que ces deux qualités soient réunies dans la même personne. Si elle opère remise de place en place elle est acte de commerce. Nîmes, 30 mess. an 13 (S. 5, 629); Paris, 4 nov. 1806 (S. 8, 53); Cas. 1er mai 1809 (S. 9, 194).

84. 4° Le billet à ordre, s'il y a remise de place en place. Bruxelles, 28 nov. 1812 (S. 13, 244), 17 fév. 1807 (S. 7, 2, 702); Lyon, 8 août 1827 (S. 27, 258); Bourges, 4 déc. 1829 (S. 30, 84). Autrement il est simple promesse. Cas. 28 janv. 1827 (S. 28, 37).

85. Le billet souscrit en échange d'une lettre de change n'est pas pour cela un billet de change. Paris, 22 juil. 1827 (S. 27, 2, 187).

86. On ne peut considérer comme opération de change le mandat donné par un non-négociant à un négociant d'une autre ville de fournir à un tiers l'argent nécessaire pour faire un voyage ou le crédit ouvert à ce tiers. Paris, 13 juin 1828 (S. 28, 256).

Art. 3. — *Opérations de banque.*

87. La loi déclare actes de commerce les opérations de banque, soit celles relatives au change de place en place, dont les banquiers font leur profession habituelle, soit les opérations des banques publiques qui mettent en circulation des billets qu'elles remboursent sur leur présentation. C. com. 632.

Art. 4. — *Louage de choses mobilières.*

88. Le louage de choses mobilières pour en sous-louer l'usage constitue un acte de commerce aussi bien que l'acquisition d'objets destinés à être vendus. Pardessus, n° 32; Merlin, *Quest. dr.*, *Commerce (acte de)*, § 6. — V. *sup.*, n° 60.

Art. 5. — *Louage d'industrie.*

89. Le louage d'industrie n'est pas essentiellement commercial par sa nature; mais ses rapports fréquens avec le commerce le font fréquemment ranger parmi les actes commerciaux.

90. De ce nombre sont : 1° les entreprises de manufactures ou de travaux de construction ou de terrassement; 2° les conventions d'apprentissage; 3° les entreprises de transport par terre ou par eau, soit de personne, soit des marchandises; 4° les entreprises de commissions relatives au commerce; 5° les opérations de courtage; 6° les bureaux d'agences d'affaires; 7° les établissemens de ventes à l'encan et spectacles publics. C. com. 632.

91. *Les entreprises de manufactures.* Le but est de revendre travaillées les matières achetées brutes. Lorsqu'on loue des ouvriers pour travailler ces matières on a l'intention de vendre

le produit de leur travail : on fait donc acte de commerce. —
Vincent, t. 1, p. 129 ; Pardessus, n° 35 ; Merlin, *ib.*

92. Peu importe que l'entrepreneur confie directement aux
ouvriers la matière première qui lui appartient, ou qu'il la reçoive de celui qui veut faire fabriquer, et se charge, moyennant
un prix, de cette fabrication, qu'il fait exécuter par des ouvriers
à ses ordres. Pardessus, *ib.*

93. Le caractère de l'opération ne saurait changer, parce
qu'au lieu d'exécuter tous les travaux on n'en fait qu'une partie.
Ainsi, l'engagement de confectionner une partie des travaux de
terrassement d'un chemin de fer, consistant, par exemple, en
transport de terre appartenant à la compagnie concessionnaire
du chemin, constitue un acte commercial. *Contrà*, — Lyon,
5 mars 1832.

94. Il est également indifférent qu'il s'agisse d'une entreprise
de travaux publics ou d'une entreprise de travaux particuliers.
La loi ne fait aucune distinction, et les mêmes motifs de décider existent dans l'un et l'autre cas. Turin, 17 janv. 1807 (S.
8, 52) ; Caen, 17 mai 1818 (S. 18, 350).

95. On doit encore réputer acte de commerce entre les parties contractantes la convention par laquelle le manufacturier
charge une autre personne, soit de gérer son établissement,
soit de faire à la fabrication l'application de certains procédés
chimiques. Liége, 27 déc. 1811 (S. 13, 142) ; Bourges, 4 mars
1825 (S. 25, 359).

96. Mais les réparations qu'un manufacturier fait exécuter à
son usine ne constituent pas de sa part une opération commerciale. Aix, 9 mars 1827 (S. 28, 15).

97. Nous avons parlé du manufacturier qui fait exécuter des
travaux par ses ouvriers. Le simple ouvrier qui se borne à travailler la matière première qu'on lui fournit ne peut être réputé
faire un acte de commerce. — V. *sup.*, n° 55. Rome, 5 sept.
1811 (S. 12, 165) ; Bordeaux, 21 fév. 1826 (S. 27, 64) ; Nancy,
9 juin 1826 ; Pardessus, n° 36.

98. *Les conventions d'apprentissage.* Les rapports immédiats
de ces conventions avec le commerce les font regarder comme
commerciales à l'égard du maître qui, d'ailleurs, se sert de
l'apprenti pour l'exploitation de son négoce. Pardessus, n° 34.

99. *Les entreprises de transport.* Peu importe que le transport
ait lieu par terre ou par eau, et qu'il s'agisse de personnes ou de
marchandises, C. com. 632 ; de transports civils ou militaires.
Lyon, 30 juil. 1827.

100. Ainsi font acte de commerce les bateliers, voituriers,
et ceux qu'on nomme spécialement commissionnaires-char-

geurs ou de roulage. Aix, 6 août 1820 (S. 29, 312); Bordeaux, 29 fév. 1832; Locré, C. com. 632; Vincent, t. 1, p. 130.

101. Mais il en est autrement des fermiers des bacs; ce sont de simples préposés du gouvernement. Nîmes, 13 avr. 1812 (S. 14, 103).

102. *Les entreprises de commission.* Le commissionnaire n'agit que pour le compte d'autrui, et moyennant une certaine rétribution; mais il contracte avec ces tiers en son propre et privé nom : il doit donc être assimilé au négociant proprement dit. C. com. 632; Vincent, t. 1, p. 130; Pardessus, n° 39; Locré, art. 632.

103. *Les opérations de courtage.* Elles consistent à recevoir les propositions de celui qui veut vendre ou acheter, et à les transmettre à une autre personne qui veut également acheter ou vendre, et lorsque les difficultés sont aplanies, à mettre les parties en présence pour exécuter la convention arrêtée. C. com. 632; Pardessus, n° 40.

104. *Les bureaux et agences d'affaires.* Ces établissemens, destinés à prêter la main aux correspondances, traductions, liquidations et recouvremens, achats et ventes de maisons, poursuites d'affaires contentieuses, et autres semblables, exigent fréquemment de leurs gérans des gestions de deniers, des remises d'argent d'un lieu dans un autre, etc. La loi a donc eu raison de les assimiler à des commissionnaires, et par suite à des commerçans. C. com. 632; Vincent, t. 1, p. 134; Pardessus, n° 42.

105. *Les établissemens de ventes à l'encan et spectacles publics.* L'établissement de ventes à l'encan constitue une véritable agence, la spéculation du directeur fût-elle bornée à la disposition du local offert au public. Ce genre d'entreprise est d'ailleurs susceptible de commissions et maniement de fonds. Vincent, t. 1, p. 153.

Quant aux entrepreneurs de spectacle, ils louent l'industrie des acteurs pour la revendre au public; ils font donc acte de commerce. C. com. 632.

106. Les engagemens des acteurs envers les entrepreneurs constituent-ils de leur part des actes de commerce? La cour de Paris a décidé l'affirmative par deux arrêts des 31 mai 1808 (S. 8, 256) et 10 juil. 1825 (S. 26, 96). Mais ces arrêts paraissent peu conformes au texte et à l'esprit de la loi. L'art. 632 n'attribue le caractère commercial qu'aux *entreprises* de spectacle; d'ailleurs, l'acteur, simple gagiste, ne fait que louer son industrie; ce qui ne saurait constituer un acte de commerce. Il n'y a aucune analogie entre son engagement et celui du directeur. Vincent, t. 1, p. 135.

107. Les entreprises de prêt sur gages, même autorisées par le gouvernement, ne sont pas commerciales. Bruxelles, 28 mai 1803 (S. 7, 312).

108. Le louage d'industrie peut, comme la vente, être commercial pour celui qui loue ses services, et civil pour celui qui les emploie. Ainsi, la convention par laquelle un entrepreneur de travaux s'engage à exécuter quelque ouvrage pour le compte d'un propriétaire, est un acte commercial de sa part, mais qui n'a rien que de civil pour l'autre partie. Réciproquement il peut être commercial de la part de celui qui loue les services d'une personne, et civil à l'égard de celle-ci : par exemple, lorsqu'un entrepreneur loue des ouvriers pour exécuter des travaux.

Art. 6. — *Actes relatifs au commerce maritime.*

109. La loi répute actes de commerce toute entreprise de constructions et tous achats, ventes et reventes de bâtimens pour la navigation intérieure ou extérieure, toutes expéditions maritimes, tout traité entre l'armateur et les actionnaires intéressés à l'entreprise, Paris, 1er août 1810 (S. 14, 146); tout achat ou vente d'agrès, apparaux, avitaillement, tout affrétement ou nolissement, emprunt ou prêt à la grosse, toutes assurances et autres contrats concernant le commerce de mer, tous accords et conventions pour salaires et loyers d'équipages, tous engagemens de gens de mer pour le service des bâtimens de commerce. C. com. 633.

110. Mais une entreprise de construction de bâtimens ne constitue un acte de commerce qu'autant qu'elle se rattache à la navigation intérieure ou extérieure. Rouen, 14 mai 1825.

111. Les sociétés d'assurances contre l'incendie et la grêle sont-elles, comme les assurances maritimes, réputées commerciales? Le doute naît de ce que le Code ne parle que des assurances maritimes; mais l'analogie est complète entre ces différentes espèces d'assurances. (*Conseil-d'Etat, comité de l'intérieur et du commerce.*) Ces associations sont essentiellement aléatoires; elles sont formées dans la vue d'un profit. Les tiers ont droit à la protection du droit commercial. Quiconque ouvre au public un bureau de spéculation à son profit, se constitue notoirement commerçant, encore bien que chacun de ses actes ne soit pas commercial de sa nature. Rouen, 24 mai 1825; Paris, 23 juin 1825 (S. 25, 252); Cas. 8 avr. 1828; Vincent, t. 1, p. 348; Malpeyre, *Sociétés commerciales*, p. 8. *Contrà,* — Douai, 4 déc. 1820 (S. 21, 250).

112. Cette solution ne s'applique qu'aux sociétés d'assurances à prime. Les assurances mutuelles ne pouvant, dans aucun cas, procurer de bénéfice aux assureurs, ne sauraient être considérées comme commerciales. Rouen, 9 oct. 1820; Douai, 4 déc. 1820; Cas. 15 juil. 1829.

§ 3. — *Actes de commerce réputés tels à raison de la qualité des contractans.*

113. Certains actes qui, par leur nature, ne sont pas commerciaux, sont réputés tels parce qu'ils émanent de commerçans, et présumés faits pour le commerce, à moins de preuve contraire. C. com. 631; Pardessus, n° 48.

114. Ainsi, tous engagemens et transactions entre négocians, marchands et banquiers, sont considérés comme actes de commerce. C. com. 631. Même s'il ne s'agit que d'un simple cautionnement. Paris, 18 fév. 1830.

115. Il en est de même de l'engagement souscrit par un commerçant au profit d'un simple particulier, et des emprunts par lui contractés, même avec hypothèque. Amiens, 4 avr. 1826 (S. 27, 169); Paris, 6 août 1829 (S. 29, 316); Douai, 11 juil. 1821 (S. 26, 150), 27 fév. 1825 (S. 26, 150); Bourges, 29 mai 1824 (S. 25, 147). *Contrà,* — Poitiers, 22 mai 1829 (S. 29, 194). A moins que ce ne soit un simple cautionnement d'une obligation civile. Bordeaux, 27 janv. 1829.

116. Dans le cas d'un billet à ordre, peu importe que la valeur fournie ne soit pas énoncée. Toute obligation contractée par un négociant est présumée relative à son commerce. C. com. 638; Paris, 23 juin 1807 (S. 72, 671), 18 févr. 1830; (S. 30, 170).

117. Cette règle s'applique aux engagemens verbaux comme aux engagemens écrits, aux obligations synallagmatiques comme aux obligations unilatérales. Aux comptes courans, factures acceptées, arrêtés et réglemens de comptes, en un mot à toutes les obligations, sous quelque forme qu'elles existent. Paris, 6 août 1829; Amiens, 4 avr. 1826. *Contrà,*—Poitiers, 22 mai 1829.

118. Toutefois, certains actes sont tellement étrangers au commerce que la présomption de la loi doit cesser à leur égard. C. com. 638; Pardessus, n° 51; Locré, *Esprit du C. com.* 632; Metz, 9 avr. 1816 (S. 19, 56); Toulouse, 5 mars 1825 (S. 26, 75); Liége, 21 janv. 1813 (S. 14, 312); Toulouse, 15 janv. 1833. De ce nombre sont, 1° les acquisitions faites par un commerçant de denrées et marchandises pour son usage particulier; 2° les arrangemens de famille qui interviennent entre négocians pour partage de successions; 3° les ventes ou locations d'immeubles, à quelque objet qu'ils soient destinés; 4° les transmissions de biens à titre gratuit; 5° l'acte par lequel un syndic emprunte au nom de la masse et promet sa garantie personnelle; 6° les obligations souscrites par un commerçant pour frais, honoraires d'avoués, agréés ou autres mandataires, à l'occasion de contestations, même relatives au commerce. Cas. 9 vend. an 13, 12 juil. 1809; Pardessus, n° 53.

119. Il en est de même de l'action intentée par un commerçant contre un autre commerçant, en réparation du préjudice causé par un délit ou un quasi-délit, bien que ce délit ou quasi-délit ait porté sur des marchandises à livrer. Cas. 13 vend. an 13 (S. 5, 2, 27); Pardessus, n° 53.

120. La cessation de la qualité de commerçant de la part de celui qui l'était, lorsqu'il s'est engagé, ne change pas la qualité de l'acte. Pardessus, n° 50.

121. De même une dette originairement commerciale ne devient pas purement civile par cela seul qu'elle est reconnue par acte notarié et garantie par une hypothèque, encore que le créancier remette au débiteur les titres commerciaux dont il est porteur. Un pareil acte n'opère pas novation de la dette, surtout s'il a été stipulé que les intérêts seraient servis à 6 pour cent comme pour prêt commercial. Cas. 21 fév. 1826 (S. 27, 6).

122. Une obligation n'est pas nécessairement commerciale parce que la partie ou l'une des parties qui l'ont souscrite a pris la qualité de commerçant, si elle ne lui appartient pas en réalité. C'est au tribunal de commerce à vérifier au préalable sa véritable profession. Turin, 20 mai 1807 (S. 7, 672).

123. Les receveurs, payeurs, percepteurs ou autres comptables de deniers publics, sont en partie assimilés aux commerçans. Les billets par eux souscrits ou *endossés* (Poitiers, 24 janv. 1832) sont censés faits pour leur gestion, lorsqu'aucune autre cause n'y est point énoncée, et les rendent justiciables des tribunaux de commerce.—V. *Compétence.*—Même s'il s'agit d'un billet causé pour prêt amiable. Aix, 30 mai 1829.

124. Mais le billet souscrit pour une somme devant former le cautionnement d'une place de receveur des deniers publics à obtenir par l'emprunteur, n'émanant pas d'un receveur, ne constitue pas un acte commercial. Paris, 22 juil. 1826.

125. La déclaration que des billets ont une cause commerciale est souveraine et ne peut donner ouverture à cassation. Cas. 13 janv. 1829.

—V. *Commerçant, Compétence, Effet de commerce.*

ACTE *conservatoire.* Cet acte tend à conserver une chose ou un droit.

1. Les actes conservatoires se divisent en deux classes, selon qu'ils nuisent ou non à la jouissance du débiteur ou détenteur.

2. Ceux qui nuisent à la jouissance du débiteur ou détenteur sont les saisies mobilières et immobilières, etc.

Les saisies, sous certains rapports, rentrent même dans la classe des *actes d'exécution*. — V. ce mot.

3. Les actes conservatoires de la seconde espèce sont l'inscription hypothécaire, les inventaires, l'assignation donnée par le créancier d'une succession à l'héritier pendant les délais pour faire inventaire et délibérer, spécialement à fin de reconnaissance de la signature du défunt, sauf à ne poursuivre qu'après l'expiration des délais. Cas. 10 juin 1807 (S. 7, 291), etc. —V. *inf.*, n. 35.

4. Les actes conservatoires, loin d'entraîner l'aliénation d'un droit, tendent à le conserver. Suivre la procédure établie à cet effet, c'est conserver l'action, ce n'est pas l'intenter. L'exercice des actes conservatoires diffère sous plusieurs rapports de l'exercice de l'*action*. — V. ce mot.

5. Ainsi, pour faire des actes conservatoires, un droit soumis à un terme ou à une condition suffit. Arg. C. civ. 1180. —V. *inf.*, n. 28, 34, 35.

6. Un simple administrateur peut faire des actes conservatoires ; par exemple :

1°. Les pères et les tuteurs dans l'intérêt des enfans mineurs, des pupilles et des interdits. C. civ. 389, 450, 509.

2°. Le mari dans l'intérêt de sa femme. C. civ. 1549.

3°. Les agens et syndics d'une faillite pour la masse des créanciers. C. com. 462 et suiv.

4°. Les directeurs des hospices et autres établissemens publics pour leurs administrés. Ordon. 2 avr. 1817.

5°. Le maire dans l'intérêt de sa *commune*. — V. ce mot.

7. Peuvent encore faire des actes conservatoires :

1°. L'habile à succéder, dans l'intérêt de la succession, et sans qu'on puisse en induire acceptation. C. civ. 779, 796.

Même dans le cas où il y a un légataire universel, tant que ce légataire ne lui a pas notifié son titre, ou même tant que ce titre est attaqué par l'héritier. Amiens, 7 mai 1806 (S. 7. 1057).

8. 2°. L'enfant naturel. Trib. Paris, 14 fruct. an 11 (S. 4, 34).

9. 3°. La femme demanderesse en *séparation de biens*. (C. pr. 869.)—V. ce mot.

10. 4°. Les hospices, avant l'autorisation du gouvernement pour accepter les dons et legs. Ordon. 2 avr. 1817.

11. Les actes faits par un prête-nom profitent au véritable créancier, par exemple, l'inscription hypothécaire. Cas. 7 avr. et 15 juin 1813 (S. 13, 386).

12. Le pouvoir d'exercer des actes conservatoires donne celui de former une saisie-arrêt.

13. Les actes conservatoires ont pour objet des immeubles ou des meubles.

14. Un titre exécutoire est nécessaire pour pratiquer la *saisie immobilière*, la *saisie-brandon*, la *saisie-exécution*, la *saisie des rentes*.—V. ces mots.

15. Pour la saisie-arrêt, il suffit d'un titre sous seing-privé ou de la permission du juge. C. pr. 557, 558.—V. *Saisie-arrêt*.

16. Mais il n'est besoin ni de titre ni de permission du juge pour la *saisie-gagerie*. — V. ce mot.

17. En général, on peut faire les actes conservatoires, soit avant soit pendant l'instance.

18. On exerce des actes conservatoires comme propriétaire ou comme créancier.

19. *Comme propriétaire.* Jusqu'au jugement, les parties doivent rester avec les mêmes avantages qu'avant le procès : il n'est pas permis de se faire justice à soi-même, et le possesseur est présumé propriétaire jusqu'à preuve contraire. Pigeau, t. 1, p. 176.

20. Ainsi s'agit-il d'un immeuble : jusqu'au jugement, le demandeur ne peut faire aucun acte conservatoire nuisible au possesseur. Autrement le défendeur aurait contre lui l'action en complainte. — V. *Action possessoire*.

21. Mais si le détenteur dégrade l'immeuble réclamé ou s'il est à craindre que la réclamation ne soit longue à juger, le réclamant peut demander que l'immeuble soit séquestré. C. civ. 1961; Pigeau, *ib.* ; Favard, V° *Acte conservatoire*. —V. *Séquestre*.

22. Celui qui se dit propriétaire d'un immeuble peut s'opposer à la vente qu'un tiers veut faire de cet immeuble. Cette opposition n'est pas interruptive de la jouissance; mais il est non-recevable à s'opposer au paiement des loyers ou fermages. Merlin, *Rép.*, V° *Acte conservatoire*.

23. S'agit-il d'une chose mobilière, le demandeur peut faire tous actes qui tendent à lui conserver cette chose, quand même ils empêcheraient le détenteur d'en jouir : il est à craindre que la chose ne vienne à disparaître. Pigeau, *ib.* ; Favard, V° *Acte conservatoire*, n. 2.

24. La chose est-elle entre les mains de celui contre qui on veut réclamer, il faut saisir-revendiquer. —V. *Saisie*.

25. Est-elle entre les mains d'un tiers, il faut ou saisir-revendiquer, ou former une saisie-arrêt entre les mains de ce tiers. — V. *Saisie*, *Saisie-arrêt*.

26. *Comme créancier.* L'exigibilité de la créance est nécessaire pour faire les actes conservatoires qui nuisent à la jouissance du débiteur ou détenteur.

27. Mais le créancier, en attendant le jugement définitif, et s'il a privilége ou hypothèque, a le droit de prendre inscription sur les immeubles affectés à sa créance.

S'il n'a qu'un titre privé, il peut demander incidemment la reconnaissance des écriture et signature.

28. Le créancier ou le tribunal peuvent avoir accordé un délai au débiteur.

Pendant le délai conventionnel, le créancier n'a le droit que de faire les actes conservatoires qui n'apportent aucun changement à la convention, aucun trouble à la jouissance du débiteur, comme des inscriptions hypothécaires : il est à présumer que le débiteur remplira son engagement à l'époque fixée.

29. Pendant le délai *de grâce*, le créancier ne peut exercer aucun acte conservatoire de nature à priver le débiteur du bénéfice du terme sur les biens possédés par le débiteur lors du jugement. Arg. C. civ. 1244.

30. Mais seulement sur les biens advenus à ce débiteur depuis le jugement : dans ce cas, il ne change pas l'état des choses, telles qu'elles existaient à l'époque du jugement.

31. Ainsi il peut, avant l'expiration du délai, saisir tous les meubles et immeubles acquis au débiteur depuis le jour où ce délai a été accordé. C. pr. 125; Carré, *L. civ.* 125; Toullier, t. 6, n. 675.

32. Spécialement le créancier peut pratiquer des saisies-arrêts. Vainement on oppose que, dans le Code de procédure, la saisie-arrêt a été placée parmi les voies d'exécution forcée des jugemens, les délais n'ayant été accordés au débiteur que parce qu'il était dans l'impossibilité de payer, le motif cesse dès que la rentrée des fonds qui lui sont dus le met dans une position différente. Carré, art. 126; Demiau, art. 125; Toullier, t. 6, n. 673.

33. Toutefois, si le débiteur vend ou détourne frauduleusement ses biens meubles, s'il aliène les immeubles sur lesquels le créancier n'a pas d'inscription, celui-ci peut évidemment le faire déclarer déchu du bénéfice du terme, et faire en conséquence tous les actes conservatoires qu'il juge utiles. Toullier, t. 6, n° 674.

En un mot, le créancier a le droit d'attaquer en son nom personnel les actes de son débiteur faits en fraude de ses droits. C. civ. 1167.

34. *Quid* du créancier conditionnel? L'art. 1180 lui permet, même avant l'événement de la condition, d'exercer *tous* les actes conservatoires.

N'en concluez pas qu'il puisse faire des actes de nature à nuire à la jouissance du débiteur : ce serait indirectement priver le débiteur du délai qui lui a été accordé.

55. Mais le créancier conditionnel peut stipuler une hypothèque (C. civ. 2132); prendre inscription (2148, 4°); interrompre la prescription par un commandement; produire à l'ordre, sauf à ne toucher la collocation qu'après l'accomplissement de la condition (Toullier, t. 6, n° 528); exercer, à titre d'actes conservatoires, les droits de son débiteur, autres que ceux attachés à sa personne (C. civ. 1166); prendre inscription au nom de ce dernier (C. pr. 778); intervenir dans l'instance en séparation de biens introduite par la femme contre son mari (C. civ. 1446 et 1447); requérir l'apposition ou la levée des scellés après le décès du débiteur (C. pr. 909 et 930) (Besançon, 9 fév. 1827); faire procéder à l'inventaire (941, 930 et 909); intervenir dans les partages (C. civ. 882); demander la séparation des patrimoines de l'héritier débiteur d'avec ceux du défunt (878), etc. —V. *Créancier, Inventaire, Ordre, Partage, Séparation de biens, Scellés.*

ACTE (*donner*). Cette locution s'applique à la constatation des aveux, déclarations et consentemens des parties, faite par le juge ou par un officier public. C. pr. 194.

Le jugement qui se borne à donner acte de la reconnaissance d'un écrit privé, est-il un titre exécutoire en vertu duquel on puisse faire l'exécution de ce titre? — *Vérification d'écriture.*

—V. *Contrat judiciaire, Expédient, Homologation, Jugement.*

ACTES DE L'ÉTAT CIVIL [1]. On appelle ainsi les actes destinés à constater les naissances, adoptions, reconnaissances d'enfans, mariages et décès.

DIVISION.

---

§ 1.—*Notions générales.*

1. L'état des personnes intéresse la société tout entière; des officiers publics le constatent sur des registres cotés par pre-

---

[1] Cet article est de M. Dujarié, procureur du roi à Clermont (Oise).

mière et dernière, et paraphés sur chaque feuille par le président du tribunal civil ou par le juge qui le remplace. C. civ. 41.

2. Dans le mois de la clôture annuelle des registres, l'un des doubles, et les pièces y annexées, sont déposés au greffe du tribunal de première instance de l'arrondissement : l'autre reste aux archives de la commune. C. civ. 43, 44.

3. Le procureur du roi est tenu de vérifier l'état des registres lors du dépôt, de dresser procès-verbal sommaire de la vérification, et de poursuivre les contraventions ou délits commis par les officiers de l'état civil. C. civ. 53; Ordon. 6 nov. 1823.

4. Les registres sont publics; tous les citoyens ont le droit d'en requérir la communication, et de s'en faire délivrer des copies sans aucune formalité de justice (C. civ. 45), à la différence des actes notariés. — V. *Compulsoire.*

5. Les extraits sont délivrés par les dépositaires des registres, c'est-à-dire, soit par le greffier du tribunal civil, soit par le maire ou par un adjoint, et non par les secrétaires des mairies. Av. Cons.-d'Et. 2 juil. 1807.

Quant aux droits à percevoir par les dépositaires des registres pour la délivrance des extraits. — V. *Copie.*

6. Les extraits délivrés conformes aux registres et légalisés par le président du tribunal civil ou par le juge qui le remplace, font foi jusqu'à inscription de faux. C. civ. 45.

Les tribunaux ne peuvent admettre la preuve testimoniale outre et contre ce qui y est contenu. Locré, t. 2, p. 56.

7. Ces actes ne sont pas le seul mode de preuve; l'état civil peut encore, suivant les circonstances, être constaté par la possession (C. civ. 198, 321), par des papiers domestiques et par témoins. *Ib.* 323, 324. — V. *inf.*, § 2.

8. En général, l'irrégularité des actes de l'état civil donne lieu de les rectifier, et non de les annuler : il eût été injuste de faire dépendre l'état des citoyens de la négligence ou de la malveillance des officiers de l'état civil. Tronchet, *procès-verbal,* 6 fruct. an 9, t. 1, p. 145; Locré, p. 29; Toullier, t. 1, n. 311. — V. *inf.,* § 3.

9. Les tribunaux civils sont seuls compétens pour statuer sur les réclamations d'état. C. civ. 326.

L'action criminelle contre un délit de suppression d'état ne peut commencer qu'après le jugement définitif sur la question d'état (*ib.* 327), excepté en matière de mariage. *Ib.* 198.

10. Les questions d'état doivent être communiquées au ministère public. C. pr. 83.

11. Le gouvernement seul peut autoriser les changemens ou additions de noms et surnoms.

§ 2. — *Mode de suppléer aux actes de l'état civil.*

12. En principe, la preuve des naissances, mariages et décès, ne peut résulter que des actes inscrits sur les registres de l'état civil.

13. Toutefois l'art. 46 C. civ. admet la preuve, tant par les registres et papiers émanés des père et mère décédés que par témoins, en cas de non-existence ou de perte des registres.

14. Deux faits sont à constater : 1° la non-existence ou la perte des registres; 2° la naissance, le mariage ou le décès.

15. La première preuve peut se faire par témoins; mais il convient de produire la déclaration du greffier du tribunal et de l'officier de l'état-civil, ou un procès-verbal de recherche, constatant qu'on ne trouve ni au greffe, ni aux archives de la commune, les registres de l'époque.

16. La seconde preuve peut encore avoir lieu par témoins, sans être soutenue de papiers domestiques. L'art. 46 admet la preuve *tant par titres que par témoins.* Duranton, t. 1, n° 294.

Il ne faut pas confondre la preuve de la naissance avec celle de la filiation. C. civ. 323.

17. L'art. 46 C. civ. n'est point limitatif. Cas. 21 juin 1814 (S. 14, 291), 22 déc. 1819. Ainsi, l'irrégularité des registres équivaut à leur absence : l'intention de la loi n'est pas que le mauvais état des registres prive un citoyen de son existence civile; le juge, s'il est régulièrement saisi, peut et doit réparer les omissions des actes de l'état-civil. Arg. arrêt. consuls. 13 niv. an 10 et 12 brum. an 12; Merlin, *Rép.*, V° *Etat civil.* — V. toutefois Duranton, t. 1, n° 297.

La jurisprudence a consacré cette doctrine : 1° pour le cas de filiation. Cas. 23 août 1831; 2° pour le mariage (arg. C. civ. 198, 199), même dans l'intérêt des époux. Agen, 9 germ. an 13 et 19 juin 1821; Riom, 30 janv. 1810; —3° pour le décès. Bordeaux, 29 août 1811 et 9 mars 1812; Caen, 22 fév. 1826; Cas. 2 fév. 1809, 22 août 1831.

Surtout lorsqu'il ne s'agit que d'intérêts purement pécuniaires. Aix, 28 mars 1811; Cas. 12 mars 1807.

18. La loi du 13 janv. 1817, art. 5, autorise la preuve testimoniale du décès des militaires ou autres personnes considérées comme telles (—V. *Absence-Absent,* n° 66), en cas de perte, non tenue ou interruption des registres, prouvée par l'attestation du ministre de la guerre ou de la marine ou par toute autre voie légale.

L'enquête a lieu contradictoirement avec le procureur du roi.

La position fâcheuse de plusieurs femmes de militaires ne suffisait pas pour les relever de l'obligation de rapporter une preuve légale du décès de leurs maris. Av. cons.-d'Ét. 12 germ. an 13 (S. 5, 2, 176).

19. Celui qui veut contracter mariage peut, par un acte de notoriété, suppléer :

1°. A son acte de naissance. C. civ. 70.

2°. A l'acte de décès de ses ascendans;

3°. Au jugement de déclaration de leur absence. *Ib*, 155.

20. Au premier cas, l'acte de notoriété est délivré par le juge de paix du lieu de la naissance ou par celui du domicile. C. civ. 70.

21. Cet acte contient la déclaration faite par sept témoins, de l'un ou l'autre sexe, parens ou non parens, des nom, prénoms, profession et domicile du futur époux, et de ceux de ses père et mère, s'ils sont connus, le lieu, et autant que possible l'époque de la naissance, et les causes qui empêchent d'en rapporter l'acte. C. civ. 71.

22. Les témoins signent l'acte avec le juge de paix. S'il en est qui ne puissent ou ne sachent signer, il en est fait mention. C. civ. 70.

23. Le tribunal civil du lieu où doit se célébrer le mariage, le ministère public entendu, donne ou refuse son homologation, selon les circonstances. C. civ. 72.

24. L'acte de notoriété destiné à suppléer l'acte de décès des ascendans de celui qui veut contracter mariage, contient, 1° la déclaration sous serment du futur qu'il ignore le décès et le domicile de ses ascendans ; 2° déclaration semblable de *quatre* témoins. Av. Cons.-d'Ét. 4 therm. an 13.

25. Enfin, l'acte de notoriété qui doit remplacer les jugemens interlocutoires ou déclaratifs de l'absence de l'ascendant est reçu par le juge de paix du lieu où l'ascendant a eu son dernier domicile connu. C. civ. 155.

26. Cet acte contient la déclaration de quatre témoins appelés d'office.

27. Si le lieu du dernier domicile de l'ascendant est inconnu, la déclaration des témoins produits par les parties est reçue par des notaires ou par d'autres juges de paix. Av. Cons.-d'Ét. 4 therm. an 13.

28. Par une faveur accordée au mariage, l'acte de notoriété, à défaut d'acte de naissance, sert à constater l'âge, mais non la filiation du futur époux. Toullier, t. 1, n° 358.

29. En cas de perte des registres, il faut que l'acte de notoriété soit ordonné par les tribunaux.

30. L'acte de notoriété dressé extrajudiciairement devant le juge de paix, d'après les art. 70 et 72 C. civ. serait insuffisant, spécialement pour établir la parenté d'un individu qui réclame des droits héréditaires. Turin, 19 janv. 1807.

Ou pour prouver l'époque de la naissance, et conséquemment qu'une obligation a été consentie par le débiteur en état de minorité, surtout lorsque l'acte de notoriété n'a pas été homolo gué. Metz, 4 mars 1817.

§. 3. — *Rectification.*

Art. 1. — *Cas où il y a lieu à rectification.*

31. Aucune lacune, omission, erreur dans les registres, ne peut être suppléée ou réparée qu'en vertu d'un jugement. Av. Cons.-d'Et. 13 niv. an 10 (S. 3, 36); 12 brum. an 11.

Par exemple, s'il s'agit, 1° de réparer sur les registres l'omission d'un acte pour l'inscription duquel on n'aurait fait à l'officier de l'état civil qu'une déclaration tardive : s'il était permis à cet officier de recevoir sans aucune formalité des déclarations tardives et de leur donner de l'authenticité, on pourrait introduire des étrangers dans les familles; cette faculté serait la source des plus grands désordres. Av. Cons.-d'Et. 8 et 12 brum. an 11 (S. 3, 2, 38); Colmar, 25 juil. 1828.

2°. De remédier à une omission, addition, transposition de noms; à une énonciation inexacte de circonstances. Pigeau, t. 2, p. 396.

3° Enfin de suppléer au défaut de signature. Av. Cons.-d'Et. non inséré, 30 frim. an 12. Exceptez quelques réglemens transitoires. Décr. 19 flor., 21 fruct., 7 frim. an 2; 18 pluv. an 3; L. 16 frim. an 8. Relativement aux Juifs (Décr. 20 juil. 1806); aux Luthériens (Décr. 22 juil. 1806).—V. d'ailleurs *inf.*, n. 41.

52. En cas de mariage, s'il ne s'agit que de faire corriger quelques erreurs, comme omission de prénoms ou une orthographe différente dans les noms des personnes mentionnées dans l'acte de l'état civil, on n'est pas obligé de se pourvoir en rectification. Av. Cons.-d'Et. 19 et 30 mars 1808 (S. 8, 2, 140). [1]

---

[1] Le conseil
est d'avis que, dans le cas où le nom d'un des futurs ne serait pas orthographié dans son acte de naissance, comme celui de son père, et dans celui où l'on aurait omis quelqu'un des prénoms de ses parens, le témoignage des père, mère ou aïeux, assistant au mariage et attestant l'identité, doit suffire pour procéder à la célébration du mariage ;

Qu'il doit en être de même dans le cas d'absence des père et mère, aïeux, s'ils attestent l'identité dans leur consentement donné en la forme légale ;

Qu'en cas de décès des père et mère, aïeux, l'identité est valablement attestée, pour les mineurs, par le conseil de famille, ou par le tuteur *ad hoc*, et pour les majeurs par les quatre témoins de l'acte de mariage ;

Qu'enfin, dans le cas où les omissions d'une lettre ou d'un prénom, se trouvent

33. Un jugement n'est pas nécessaire si l'acte n'a été omis que sur l'un des registres. Circ. proc. génér. Paris, 14 fév. 1818; Hutteau d'Origny, p. 62.

Art. 2. — *Qui peut demander la rectification.*

34. Il convient de laisser aux parties intéressées le soin de faire rectifier les registres de l'état civil, sauf le droit du ministère public dans certains cas. Av. Cons.-d'Et., 12 brum. an 11.

35. L'intérêt doit être actuel. Celui qui est étranger à une famille n'a pas qualité pour attaquer les actes de l'état civil de cette famille. — V. *inf.*, n° 49.

36. Un tribunal peut rendre, contradictoirement avec les parties intéressées, une décision qui suppose la nécessité de la rectification. Cas. 19 juil. 1809 (S. 10, 110); Carré, art. 856. — Mais ce jugement ne doit pas être transcrit sur les registres de l'état civil, comme dans le cas où la rectification est directement provoquée par les parties intéressées.

37. Le projet de Code autorisait, dans tous les cas, le ministère public à faire rectifier d'office les registres. Cette mesure présentait de graves inconvéniens qui la firent rejeter. Av. Cons.-d'Et., 13 niv. an 10; Décr. 18 juin 1811, art. 122; Bruxelles, 6 frim. an 14; Carré, art. 856.

38. Cependant le procureur du roi a la voie d'action dans les circonstances qui intéressent l'ordre public; par exemple, s'il s'agit, 1° de poursuivre les contraventions commises dans la tenue des registres. Av. Cons.-d'Et. 12 brum. an 11;

2° Du rétablissement en masse d'un grand nombre d'actes de l'état civil. Circ. du chanc. de France, 4 nov. 1814. — Les mesures extraordinaires alors prescrites ont dû cesser avec les circonstances spéciales qui les avaient nécessitées. Etendre ces mesures à toutes les irrégularités ou omissions qui peuvent avoir eu lieu depuis, ce serait donner à cette circulaire une intention qu'elle ne comporte pas. Lettre du garde-des-sceaux au proc. gén. Toulouse, 20 fév. 1822.

---

dans l'acte de décès des père, mère ou aïeux, la déclaration à serment des personnes dont le consentement est nécessaire pour les mineurs, et celles des parties et des témoins pour les majeurs, doivent aussi être suffisantes, sans qu'il soit nécessaire, dans tous les cas, de toucher aux registres de l'état civil, qui ne peuvent être jamais rectifiés qu'en vertu d'un jugement;

En aucun cas, conformément à l'art. 100 du Code civil, les déclarations faites par les parens ou témoins ne peuvent nuire aux parties qui ne les ont point requises, et qui n'y ont point concouru.

Les formalités susdites ne sont exigibles que lors de l'acte de célébration, et non pour les publications qui doivent toujours être faites conformément aux notes remises par les parties aux officiers de l'état civil.

3° Du remplacement de registres perdus, ou de registres qui n'auraient pas été tenus. L. 25 mars 1817, art. 75.

4° D'un individu qui, soumis à la loi du recrutement, tenterait de s'y soustraire, soit parce que son acte n'aurait point été porté sur les registres, soit parce qu'il renfermerait quelques erreurs. Circ. min. just., 22 brum. an 14 (S. 13, 297), et 27 nov. 1821.

5° D'un crime de suppression d'état. C. civ. 198.

6° D'une rectification concernant un indigent. L. 25 mars 1817, art. 75. — V. *Indigent.*

Dans ces diverses circonstances, le procureur du roi ne doit agir qu'avec une extrême circonspection.

39. De ce que les registres de l'état civil dans un département sont infectés d'erreurs, d'omissions et de faux, il ne s'en suit pas que la rectification doive en être prescrite par voie de mesure générale.

40. Mais si des registres entiers sont détruits par un malheur quelconque, ce n'est plus alors une partie intéressée qui réclame; toute la population se trouve privée de documens dont l'utilité ne s'aperçoit que dans l'avenir. Les mesures pour y suppléer par la confection de nouveaux registres sont d'intérêt public; la puissance publique doit les prescrire. Ordon. 9 janv. 1815.

41. Ces mesures ont eu lieu, 1° pour les départemens de l'Ouest. L. 2 flor. an 3; 2° pour la ville et une partie de l'arrondissement de Soissons. Ordon. 9 janv. 1815.

Art. 3. — *Tribunal compétent pour connaître de la rectification.*

42. Plusieurs circonstances peuvent se présenter. La demande en rectification est-elle incidente, comme l'art. 856 veut que les parties soient appelées par acte d'avoué à avoué, c'est évidemment au tribunal saisi de la contestation principale qu'il appartient de connaître de l'incident.

43. S'agit-il d'une rectification sur simple requête et sans contradicteurs, le tribunal compétent est celui du lieu où l'acte a été passé; il a dans son greffe le registre à rectifier : là se trouvent les parens et autres personnes dont le témoignage peut être utile. Tous les auteurs sont d'accord sur ce point.

44. S'agit-il d'une rectification contradictoire, la plupart des auteurs invoquent les mêmes motifs en faveur du tribunal du greffe où sont les registres. Rodier, art. 10, tit. 20; ordon. 1667; Carré, art. 855; Toullier, t. 1, p. 162; Duranton, t. 1, n° 342.

Mais ces considérations, suffisantes pour déterminer la compétence lorsque la loi ne s'explique point, ne sauraient prévaloir sur la règle qu'en matière personnelle le tribunal compétent est celui du domicile du défendeur (C. pr. 59). On ne voit nulle part que l'acte de l'état civil soit attributif de compétence, et d'ailleurs, au moyen d'une commission rogatoire, les regis-tres peuvent être visités et les témoins entendus sans déplace-ment. Lepage, *Questions*, p. 569; Hutteau, p. 416.

45. Néanmoins, la demande en rectification, formée par un Français contre un étranger, est de la compétence des tribu-naux français. Arg. C. civ. 14; Hutteau, p. 419.

46. Peu importe que l'acte ait été reçu en pays étranger : le jugement qui serait rendu par un tribunal étranger ne serait pas exécutoire en France. — V. *Exécution*. Le demandeur doit se borner à lever en pays étranger une expédition de l'acte qu'il a intérêt de faire rectifier, Cas. 10 mars 1813; Merlin, *Rép.*, V° *Emigration*, §. 18, *addition*. — V. toutefois *Lettre Proc. du roi*, Paris, 28 mai 1818.

47. *Quid* de l'individu né Français, devenu Belge, et dont l'acte de naissance n'a pas été inscrit en France à l'époque où la Belgique faisait partie de la France? Il formera une action en réclamation d'état devant les tribunaux belges, ou devant les tribunaux français, selon que les parties intéressées à contredire seront belges ou françaises.

Art. 4. — *Procédure de rectification.*

48. Cette procédure varie suivant les circonstances.

Si l'état du réclamant est contesté, la rectification est pré-cédée d'une question d'état qui est débattue avec les *parties intéressées.*

49. Les parties intéressées sont celles qui auraient intérêt à attaquer ou à défendre l'état de l'individu ou l'acte qu'il rap-porte : par exemple, le père, la mère, le frère, la sœur, ou tout autre parent, en un mot, les contradicteurs légitimes du demandeur. Carré, art. 853. — V. *inf.* n. 90.

50. Si la rectification est l'objet d'une instance principale, la demande est formée contre les parties intéressées par exploit, sans préliminaire de conciliation. C. pr. 856.

51. Si les parties sont en instance, elle a lieu par acte d'a-voué à avoué.

52. S'agit-il seulement de régulariser l'acte qui prouve un état non contesté, par exemple, d'inscrire sur les registres un acte de naissance rédigé sur une feuille volante, il n'y a dans ce cas aucun procès : on procède de la manière suivante. Du-ranton, t. 1, n° 341.

53. Le demandeur en rectification présente requête au pré-sident. C. civ. 99, 100; C. pr. 855.

54. Au bas de cette requête, signée d'un avoué, et contenant les motifs de la demande, le président met son ordonnance de soit-communiqué au procureur du roi, et de nomination du juge qu'il commet pour faire son rapport. Arg. C. pr. 83, 859.

55. Le tribunal, s'il l'estime convenable, ordonne la mise en cause des parties intéressées, et la convocation du conseil de famille. C. pr. 856.

56. Par exemple, lorsqu'un enfant inscrit comme né de père inconnu demande la rectification, il y a lieu d'appeler en cause ceux qui peuvent avoir intérêt à contester la rectification. Bordeaux, 11 juin 1828 (S. 29, 29).

57. Si une enquête est nécessaire, le juge de paix du lieu doit être commis, afin d'éviter les frais de déplacement des témoins, ou d'un juge du tribunal. Circ. minist. Just. 4 nov. 1814.

58. Souvent on a recours en cette matière à des actes de notoriété.

59. Le jugement est rendu sur rapport (C. pr. 856), et sur les conclusions du ministère public, soit qu'il y ait ou qu'il n'y ait pas de contestation. *Exposé des motifs.*

60. Si le demandeur en rectification n'a pas de contradicteur, la cause doit se juger dans la chambre du conseil. Quand le Code de procédure a voulu que les jugemens sur requête non communiquée fussent rendus à l'audience, il l'a dit formellement. Arg. C. pr. 325 et 858; Favard, V° *Rectification d'acte de l'état civil*, §. 3; Duranton, t. 1, n° 544. Tel est d'ailleurs l'usage du tribunal de la Seine.

61. Les erreurs ou omissions concernent le plus souvent la classe peu aisée de la société; pour épargner les frais qu'entraînent la convocation du conseil de famille, l'enquête ou la mise en cause des parties intéressées, on suit dans plusieurs tribunaux une procédure plus simple.

La requête, présentée au président, est répondue par une ordonnance portant permission d'appeler les témoins à l'audience qu'il fixe. Le ministère public entendu, si le tribunal admet la preuve, on procède immédiatement à une enquête sommaire; les parties et le ministère public concluent au fond, et le jugement est prononcé.

Si le ministère public agit d'office, il fait venir, sans permission préalable, les témoins à l'audience.

Cette marche n'est pas indiquée par la loi; mais son but est rempli par la publicité de l'instruction avec une grande économie de temps et de frais. Arg. C. pr. 858. Favard, V° *Rectification des actes de l'état civil*, n° 4; Thomines, n° 1001.

62. Le président pourrait-il dans le même but exiger par ordonnance rendue sur les conclusions du ministère public, la mise en cause des parties intéressées ? La négative est certaine : si l'art. 885 veut que la requête soit présentée au président, ce n'est qu'afin qu'il fasse son rapport ou commette un juge à cet effet; il ne peut rien ordonner auparavant, si ce n'est la communication de la requête au ministère public. La mise en cause des parties intéressées ne saurait être rendue obligatoire qu'en vertu d'un jugement. Demiau, p. 530; Carré, sur 856. *Contrà*, — Commaille, t. 5, p. 95.

63. Les conseils-généraux de plusieurs départemens ont émis le vœu que les jugemens, surtout ceux rendus sur requête, fussent moins prolixes. Au lieu de transcrire en entier la requête, l'ordonnance de soit-communiqué du président, les conclusions par écrit du procureur du roi et le texte des art. 99 et 101 du C. civ., la régie devrait autoriser une simple analyse de ces diverses pièces. Le jugement de rectification n'est, dans le fait, qu'un acte de l'état civil; il devrait participer de leur simplicité. Les transcriptions seraient plus facilement faites et obtenues.

64. *Frais.* Les frais du jugement de rectification sont à la charge des parties qui le provoquent, ou de celles qui succombent dans la contestation.

65. L'officier de l'état civil, remplissant des fonctions gratuites, à moins de faute grave (C. civ. 50, 51, 52), ne doit pas supporter ces frais.

66. Les frais faits sur la poursuite du procureur du roi sont à la charge de l'État, sauf son recours contre ceux dont la fortune ne demande pas une exemption. Circ. min. Just. 4 nov. 1814. — V. *Frais.*

67. *Appel.* Tout jugement qui ordonne ou refuse une rectification est sujet à l'appel par un double motif : la demande est d'une valeur indéterminée; elle tient à l'état des personnes. C. civ. 99, C. pr. 858.

68. L'art. 54 C. civ. dispose que les parties intéressées pourront se pourvoir contre le jugement; il ne s'ensuit pas que les personnes qui n'ont point figuré au jugement aient le droit de l'attaquer par appel. Toullier, t. 1, p. 284, n° 512, *Contrà*, — Berriat, p. 662, note 25.

69. Mais si l'appelant a figuré en première instance, toute partie intéressée ayant le droit de former tierce-opposition au jugement, pourrait intervenir en appel. Arg. C. pr. 466.

70. La procédure d'appel varie suivant les circonstances. S'il n'y a pas d'autre partie que le demandeur en rectification, le délai de l'appel est de trois mois depuis la date du jugement. C. pr. 858.

71. L'appelant présente une requête au président qui indique sur celte requête le jour auquel il sera statué. C. pr. 858.

72. Si au contraire le jugement a été rendu contradictoirement avec des parties intéressées, on suit les règles ordinaires. Le délai de l'appel, qui est toujours de trois mois, ne commence à courir que du jour de la signification du jugement, et l'appel doit être interjeté par exploit. C. pr. 443 et 456.

73. Le jugement est réputé rendu avec des parties intéressées, lorsque le tribunal a ordonné leur mise en cause; peu importe qu'elles n'aient pas comparu. Ceux qui laissent prendre défaut n'en sont pas moins parties, que le jugement soit rendu contre eux ou en leur faveur; ils peuvent l'opposer de même qu'on peut l'exécuter contre eux. Arg. C. civ. 100; Carré, art. 858. *Contrà*, — Thomines, p. 312.

74. Il n'est pas nécessaire de juger en appel comme en première instance sur rapport; l'art. 858 ne l'exige pas.

Ainsi, au jour indiqué, l'avocat de l'appelant expose ses griefs; le ministère public conclut par voie de réquisition et non comme partie principale. Bruxelles, 6 frim. an 14 (S. 7, 2, 766), et la Cour prononce. Carré, art. 858; Pigeau, t. 2, p. 400.

75. L'arrêt est rendu à l'*audience* : cette garantie est exigée en appel, probablement à cause du refus de rectification de la part des premiers juges.

76. La simple demande en rectification ne doit pas être jugée devant la Cour en audience solennelle; il en est autrement si l'état du réclamant est contesté. —V. *Audience solennelle*.

Art. 5. — *Comment s'opère la rectification*.

77. Lorsque la rectification est accordée, on n'ordonne pas que l'acte soit réformé; autrement les registres, comme autrefois dans quelques tribunaux, pourraient être complétement altérés, si plusieurs rectifications en sens opposés venaient à être successivement provoquées. D'ailleurs, les tiers qui n'ont pas été parties dans l'instance ont intérêt à savoir quelles rectifications ont été faites; les rectifications ne peuvent leur être opposées (— V. *inf.* n. 89). L'état primitif des registres fait foi à leur égard jusqu'à inscription de faux.

78. Dans l'usage, on donne connaissance du jugement à l'officier de l'état civil de la commune où l'acte a été reçu, par la remise d'une expédition en forme.

La notification par huissier est plus régulière; elle a pour effet de mettre l'officier de l'état civil en demeure de faire la transcription dans le délai prescrit.

79. L'officier public, sans assistance de témoins, inscrit le jugement sur le registre de l'année à laquelle l'acte se rapporte, ou sur le registre courant, s'il n'y a pas d'espace au premier.

Puis il mentionne ce jugement à la marge de l'acte rectifié, en indiquant le registre et le folio du registre sur lequel le jugement a été transcrit. Cette note marginale est destinée à faciliter la recherche du jugement lors de l'expédition de l'acte.

80. L'expédition du jugement de rectification demeure annexée au registre sur lequel ce jugement a été transcrit.

81. Il n'est dû aucun droit de transcription, pas même pour le timbre. Toute inscription sur les registres de l'état civil est essentiellement gratuite.

82. Le greffier ne peut opérer d'office la mention, puisqu'elle doit énoncer la transcription du jugement, transcription qui ne peut être faite que par l'officier de l'état civil; mais ce dernier en donne avis dans les trois jours au procureur du roi, qui veille à ce que la mention soit faite d'une manière uniforme sur les deux registres. C. civ. 49.

Pour assurer cette uniformité, l'officier adresse une copie entière et littérale de la mention par lui opérée, au procureur du roi.

83. Le jugement porte ordinairement que mention en sera faite sur les registres, en marge de l'acte réformé. C'est un avertissement utile aux parties et aux fonctionnaires.

84. Les mentions du jugement qui serait réformé ultérieurement ne doivent pas être biffées. Arg. C. pr. 857; Hutteau, p. 435.

Art. 6. — *Délivrance de l'acte rectifié.*

85. Doit-on délivrer l'acte comme si les rectifications avaient été opérées sur le registre, ou se borner à délivrer l'acte dans son état primitif, mais avec la mention expresse de sa rectification?

On suivait à cet égard deux marches différentes. Le greffier du tribunal, après avoir fait mention de la rectification en marge de l'acte réformé, le délivrait avec la mention expresse de sa rectification, et sans donner copie du jugement qui l'avait ordonnée.

Au contraire, les maires et le préposé au dépôt de la préfecture se bornaient à indiquer la date du jugement de rectification en marge de l'acte réformé, et délivraient cet acte dans son état primitif, en sorte que les parties n'étaient point dispensées de lever une expédition du jugement de rectification.

Le mode suivi par le greffier a été adopté comme plus expéditif et plus économique. Av. Cons.-d'Ét. 23 fév. 1808.

Ainsi, la mention faite sur les registres doit présenter un extrait assez complet du jugement de rectification pour que les parties

soient exemptes d'en lever une expédition lorsqu'elles demandent la délivrance de l'acte.

L'expédition doit être absolument conforme d'un côté à l'o-
riginal, et de l'autre au registre, en ce qu'elle porte la mention
de sa rectification. Carré, art. 857.

C'est en ce sens que l'on doit entendre ces mots de l'art. 857 :
l'acte ne sera délivré qu'avec les rectifications ordonnées.

86. Si cependant on avait fait dans le corps de l'expédition les
changemens résultant du jugement, cette expédition ferait-elle
foi de son contenu en justice, encore bien qu'elle ne contînt
pas la mention de la rectification ?

Malgré son irrégularité cette expédition serait authentique, et
comme telle formerait un titre suffisant pour fixer l'état de l'individu qui la présenterait, et ferait foi en sa faveur tant qu'elle
ne serait pas attaquée comme fausse. Cas. 19 juil. 1809; Carré, *ib.*

Elle ne pourrait être déclarée telle qu'autant qu'elle contiendrait des rectifications ou changemens qui ne seraient pas autorisés par le jugement.

87. Le greffier qui délivrerait l'acte sans la rectification serait passible de dommages et intérêts.

Art. 7. — *Effets du jugement de rectification.*

88. Le jugement, tant qu'il n'est pas réformé ou au moins
attaqué, suffit pour attribuer à la personne, envers la société,
l'état qui lui a été reconnu.

89. Mais il ne peut dans aucun temps être opposé aux parties
intéressées qui ne l'auraient point requis ou qui n'y auraient pas
été appelées. Elles n'ont pas besoin de l'attaquer par la voie de
la tierce-opposition. C. civ. 100, 1351.

Ainsi, l'enfant dont l'acte de naissance a été rectifié à la requête de celui qui s'en prétend le père, est étranger à cette
rectification, s'il n'y a pas été appelé; elle ne peut le priver
de l'état qui lui est donné par son acte de naissance. Cas.
28 juin 1815.

90. Toutefois, le jugement rendu contre le contradicteur légitime, le seul qui dût alors être mis en cause, parce que seul
il avait qualité pour défendre à la demande, oblige les personnes
mêmes qui n'ont pas figuré personnellement dans l'instance, et
qui auraient intérêt un jour à récuser les conséquences de ce
jugement : elles y ont été représentées.

Ainsi, Paul, dont l'acte de naissance n'a pas été inscrit, prétend
être fils légitime de Pierre; il obtient contre ce dernier un jugement de rectification. Pierre meurt. Une succession collatérale s'ouvre au profit de Paul, en sa qualité de plus proche

parent de Pierre. Les parens de Pierre du degré plus éloigné ne peuvent écarter Paul. Duranton, t. 1, n. 346.

91. Le jugement de rectification ordonnant qu'un acte de naissance omis sur le registre de l'état civil, y sera porté, peut avoir effet, même à l'égard des tiers intéressés qui n'y ont pas été appelés, s'il a été rendu contradictoirement avec le ministère public, quand il n'est produit que pour établir la qualité de Français résultant de sa naissance en France, sans lui attribuer ni famille, ni parens, ni aucuns droits de ce genre. Poitiers, 26 juin 1829 (S. 30, 99).

§ 4. — Formules.

FORMULE I.

Acte de notoriété pour suppléer à un acte de naissance.

(C. civ. 70 et 71. — Au juge de paix. — Tarif, 5. — Coût, 5 fr. Au greffier, Tarif, 16. — Coût, 3 fr. 40 c.)

L'an mil huit cent trente, le   heure   devant nous   , juge de paix du   arrondissement de Paris, assisté de Me   -- notre greffier,

Est comparu Jean Lefebvre, rentier, né à   demeurant à fils majeur de défunts Louis Lefebvre et Marie Lambert, son épouse,

Lequel nous a exposé qu'étant sur le point de contracter mariage, et se trouvant dans l'impossibilité de se procurer son acte de naissance, il a, en conséquence de l'indication par nous verbalement faite de ces jours, lieu et heure, amené par-devant nous les sept témoins ci-après nommés, pour recevoir leurs déclarations et attestations, à l'effet de suppléer à son acte de naissance, le tout conformément à la loi; et a signé.   (*Signature.*)

Et à l'instant sont comparus lesdits témoins, savoir (*on désigne les sept témoins de l'un ou de l'autre sexe par leurs noms, professions et demeures, et on indique leur qualité de parens ou amis*), lesquels, après leur avoir donné connaissance du motif de leur convocation, et fait lecture des art. 70, 71 du Code civil, nous ont déclaré et attesté connaître parfaitement ledit sieur Jean Lefebvre ici présent, ci-devant qualifié et domicilié, et savoir qu'il est né à   le   , et qu'il est fils majeur de défunts Louis Lefebvre et de Marie Lambert, qu'il est impossible audit Lefebvre de fournir l'acte de sa naissance pour le mariage qu'il est sur le point de contracter, parce que les registres de l'état civil de l'année où il est né ont été brûlés lors de l'invasion de 1814, faisant la présente déclaration pour rendre hommage à la vérité.

Desquelles comparution, déclaration et attestation, les comparans nous ont requis acte, que nous leur avons octroyé pour servir et valoir ce que de raison; et avons renvoyé ledit sieur Lefebvre à se pourvoir à fin d'homologation, conformément à l'art. 72 du Code civil.

Fait à Paris, en notre demeure, rue   les jour, mois et an ci-dessus; et avons signé avec les comparans et le greffier, après lecture faite. (*Signatures.*)

FORMULE II.

Requête à fin d'homologation de l'acte de notoriété.

(C. civ. 72. — Tarif, 78. — Coût, 7 fr. 50 c.)

A M. le président du trib. de

Le sieur Jean Lefebvre, rentier, demeurant à   ayant Me pour avoué,

A l'honneur de vous exposer que, se trouvant dans l'impossibilité de se procurer copie de son acte de naissance, il s'est pourvu, conformément à la loi, devant M. le juge de paix du   pour faire constater par un acte de notoriété qu'il était né à   le   , et qu'il était fils du sieur Jean Lefebvre et de la dame Marie Lambert son épouse, lesquels faits ont effectivement été reconnus notoires par un acte reçu par mond. sieur le juge de paix du   le   . Enregistré.

Pourquoi l'exposant requiert qu'il vous plaise, M. le président, faire homologuer ledit acte de notoriété pour qu'il puisse produire son effet ; et vous ferez justice.   (*Signature de l'avoué.*)

FORMULE III.

Requête pour obtenir la rectification d'un acte de l'état civil.

(C. pr. 855; C. civ. 99. — Tarif, 78. — Coût, 7 fr. 50.)

A MM. les prés. et juges du trib. de

Le sieur Charles-Louis Puteaux, négociant, demeurant à Paris, rue   ayant Me   pour avoué,

Expose que ses nom et prénoms sont Charles-Louis Puteaux, ainsi écrit, suivant qu'il résulte de son acte de naissance inscrit sur les registres de la mairie du   , à la date du

Qu'ainsi c'est par erreur que dans l'acte de naissance du sieur Joseph, son fils, encore mineur, inscrit sur les registres de l'état civil de la mairie du   à la date du   , registre   n°   , il a été dénommé *Putot*, et dit fils de Louis Charles Putot, au lieu de Charles-Louis *Puteaux*.

Pourquoi, il plaira, au tribunal,

Attendu que lesdites erreurs sont constantes, et que l'identité des personnes se prouve par l'acte de mariage de l'exposant avec la demoiselle Leblanc, inscrit aux registres des actes de l'état civil de   à la date du   ledit acte annexé aux présentes, ainsi que les deux autres ci-dessus énoncés ;

Ordonner que rectification sera faite de l'acte de naissance du fils mineur de l'exposant ; et, en conséquence, qu'en marge dudit acte inscrit aux registres de la mairie du   à la date du   registre n°   , il sera dit que c'est par erreur que son fils et lui ont été nommés *Putot* au lieu de *Puteaux*, et qu'on l'a désigné sous le prénom de Louis-Charles, au lieu de Charles-Louis.

Et ordonner en outre que le jugement à intervenir sera inscrit sur les registres de l'état civil, conformément à la loi ; que mention en sera faite en marge dudit acte réformé, et que toutes les expéditions ou extraits ne pourront en être délivrés qu'avec les rectifications ordonnées, à peine de tous dépens, dommages et intérêts contre l'officier qui les aurait délivrés ; et vous ferez justice.

                              (*Signature de l'avoué.*)

FORMULE IV.

Assignation aux parties intéressées pour voir ordonner la rectification d'un acte de l'état civil.

(C. pr. 857; C. civ. 101. — Arg. Tarif, 29. — Coût, 2 fr. Orig., le quart par chaque copie.)

Cette assignation est donnée dans la forme des ajournemens. — V. ce mot ; *elle est libellée comme la requête qui précède.*

FORMULE V.

Signification aux officiers de l'état civil du jugement ordonnant la rectification.

(C. pr. 857; C. civ. 101. — Arg. Tarif, 29. — Coût, 1 fr. Orig., le quart par chaque copie.)

Cette signification est faite dans la forme ordinaire des significations de jugemens. — V. *Signification.*

FORMULE VI.

Appel d'un jugement rendu sur une demande en rectification d'acte de l'état civil, quand il n'y a pas d'autre partie que le demandeur en rectification.
(C. pr. 858. — Tarif, 150. — Coût, 15 fr.)

A MM. les premier président, président et conseillers
de la Cour royale de

Le sieur Charles-Louis Puteaux, négociant, demeurant à   rue
, ayant Me   pour avoué,

Expose que ses nom et prénoms sont Charles-Louis *Puteaux*, ainsi qu'il résulte de son acte de naissance inscrit sur les registres de la mairie du
à la date du

Que c'est par erreur que dans l'acte de naissance du sieur Joseph, son fils, encore mineur, inscrit sur les registres de l'état civil de la mairie du
à la date du   registre   n°   , il a été dénommé *Putot*, et dit fils de Louis-Charles Putot au lieu de Charles-Louis Puteaux;

Que pour parvenir à faire rectifier cette erreur, l'exposant s'est pourvu, dans la forme indiquée par la loi, devant le tribunal de première instance de
, qui, par jugement en date du   enregistré, a ordonné qu'en marge dudit acte de naissance, il serait dit que c'est par erreur que le fils de l'exposant et lui ont été nommés Putot au lieu de *Puteaux*, leur véritable nom;

Que les premiers juges se sont trompés en ordonnant que mention serait faite que Putot était le véritable nom de l'exposant et de son fils, puisque c'est au contraire *Puteaux*, ainsi qu'ils se nomment; qu'en outre les premiers juges ont omis d'ordonner que l'exposant serait désigné dans l'acte de naissance de son fils sous les prénoms de Charles-Louis, au lieu de Louis-Charles;

Pourquoi, il plaira, à la Cour,

Attendu que les véritables noms de l'exposant sont Charles-Louis Puteaux, et par conséquent le nom propre de son fils Puteaux;

Attendu d'ailleurs que l'identité des personnes se prouve par l'acte de mariage de l'exposant avec la demoiselle Leblanc, inscrit aux registres de l'état civil du
à la date du   ledit acte ci-joint, avec les deux déjà énoncés, et l'expédition du jugement dont est appel;

Dire et ordonner qu'il a été mal jugé, bien appelé du jugement rendu au tribunal de première instance   de   sur la requête présentée par le requérant au président dudit tribunal; émendant et faisant droit au principal, dire et ordonner que rectification sera faite de l'acte de naissance du fils de l'exposant, et qu'en conséquence, en marge dudit acte, inscrit à la date du   aux registres de l'état civil du   , il sera dit que c'est par erreur que son fils et lui ont été nommés Putot au lieu de Puteaux ainsi écrit, leur véritable nom, et que l'exposant a été désigné sous les prénoms de Louis-Charles au lieu de Charles-Louis;

Et ordonner, en outre, que l'arrêt à intervenir sera transcrit sur les registres de l'état civil, conformément à la loi, et qu'en marge de toutes expéditions et extraits dudit acte, vicié d'erreurs, les mentions spécifiées ci-dessus seront faites; à quoi faire tous officiers, secrétaires et dépositaires des registres de l'état civil, contraints; et vous ferez justice.   (*Signature de l'avoué.*)

Si le jugement attaqué a été rendu sur assignation en présence de tiers, l'appel doit en être interjeté dans la forme ordinaire. — V. Appel.

Il est libellé comme la requête qui précède.

FORMULE VII.

Mention à faire en marge de l'acte réformé.

Acte réformé par jugement du   inscrit le   sur le double registre des actes de   vol.   fol.
(*Formule indiquée. Circ. Préfet Seine*, 4 janv. 1806.)
Il convient d'énoncer en outre sommairement la rectification ordonnée.

Le jugement est signifié à l'officier de l'état civil.

En marge de la transcription du jugement.

Jugement portant réformation de l'acte inscrit le   sur le double registre des actes de   n°   vol.   fol.

— V. *Adoption*, *Greffier.*, *Ministère public.*

ACTE *d'exécution.* Se dit de l'acte par lequel on accomplit les dispositions d'un jugement ou d'une obligation; il désigne plus ordinairement l'acte qui tend à cet accomplissement, et que la loi assimile à l'exécution elle-même.

1. L'acte d'exécution est volontaire ou forcé. *Volontaire*, il émane de la partie condamnée ou obligée; il résulte de tout fait de la partie manifestant nécessairement son intention d'adhérer au jugement ou à l'obligation. — V. *Acquiescement.* *Forcé*, il est provoqué par celui au profit de qui le jugement a été rendu ou l'obligation souscrite.

2. On distingue deux espèces d'actes d'exécution forcée.

3. 1° *Actes d'exécution proprement dits.* Ils ont pour effet de priver le débiteur de la disposition de sa personne, et de le dépouiller de ses biens, pour en attribuer le prix au créancier.

4. Telles sont la *saisie-exécution*, la *saisie des rentes*, la *saisie-brandon*, la *saisie immobilière* (—*V.* ces mots), enfin l'arrestation du débiteur. — V. *Contrainte par corps.*

5. Le procès-verbal de carence rentre dans la même classe; s'il n'y a pas de meubles, le créancier, en le faisant constater, a fait tout ce qui était en son pouvoir pour arriver à l'exécution. Cas. 23 avr. 1816 (S. 16, 408); 1er mai 1823 (S. 23, 369); Orléans, 16 fév. 1830 (S. 30, 219); Toulouse, 28 avr. 1828 (S. 28, 312).

6. Plusieurs conditions sont exigées pour faire des actes d'exécution proprement dits, savoir : un intérêt né et actuel, un titre exécutoire, un commandement préalable, etc. — V. *Exécution.*

7. A quels actes la loi attache-t-elle l'effet de faire réputer le jugement exécuté? — V. *ibid.*

8. 2° *Actes d'exécution improprement dits.* Ils ont pour effet de priver le débiteur de la disposition de ses biens, sans en attribuer immédiatement le prix au créancier. Ce sont des espèces d'*actes conservatoires* (—*V.* ce mot), comme la *saisie-arrêt*, la *saisie-gagerie*, la *saisie-foraine*, la *saisie-revendication*, qui tendent à conserver l'action plutôt qu'à l'exercer; elles empêchent qu'il ne soit porté préjudice au droit de celui qui les fait pratiquer.

9. Ces saisies peuvent se faire sans titre authentique et exécutoire, et en vertu d'une simple permission du juge, même sans permission pour la saisie-gagerie. C. pr. 558, 819, 822, 826.

10. Mais le créancier ne peut faire procéder à la vente ou entrer en possession des objets saisis qu'après avoir fait déclarer la saisie valable. C. proc. 563, 824, 825, 830, 831.

ACTE *exécutoire.* — V. *Exécution*, *Grosse.*

ACTE *extrajudiciaire.* — V. *Acte judiciaire.*

ACTE *fait en personne.* — V. *Formalités*, *Mandat.*

ACTE *en forme exécutoire.* C'est celui qui est revêtu de la formule qui confère l'exécution parée. — V. *Exécution*, *Grosse.*

ACTE *frustratoire.* — V. *Dépens*, *Frais*, *Taxe.*

ACTE *imparfait.* — V. *Copie*, *Enregistrement.*

ACTE *judiciaire*, *extrajudiciaire.* On appelle acte judiciaire celui qui se fait en la présence ou sous la surveillance directe ou indirecte du juge. L'acte *extrajudiciaire* est celui auquel le juge ne participe ni par sa présence ni par sa surveillance.

1. Les actes judiciaires tendent à faire statuer le juge sur une contestation : tels sont l'ajournement, l'acte d'appel, une réquisition d'ordre, etc. — Ils ne se passent pas tous en la présence du juge ; mais le premier acte de toute procédure judiciaire, c'est-à-dire la demande, soumet la contestation au juge, l'en saisit, et tous les actes ultérieurs sont censés faits ou en sa présence ou sous son autorité.

2. Le but principal des actes extrajudiciaires est de prévenir une contestation, de conserver un droit : telles sont les *offres réelles*, la *consignation.* — V. ces mots. — Quelquefois ils exigent l'intervention du juge ; mais ils émanent toujours d'une juridiction gracieuse ou volontaire, comme les nominations de tuteur, les émancipations, les actes des notaires, etc.

3. L'acte extrajudiciaire étant privé de l'intervention directe ou indirecte du juge, ne saurait avoir les mêmes effets que l'acte judiciaire. — V. *Aveu*, *Commandement*, *Sommation.*

4. Par l'acte judiciaire, la partie, indépendamment des droits généraux accordés par la loi, jouit des droits particuliers qu'elle est censée recevoir de l'intervention directe ou indirecte du juge. Berriat, p. 641.

5. En général, ce n'est que sur une interpellation judiciaire que le silence peut être pris pour un aveu (— *faux*, *vérification d'écriture*). Un acte extrajudiciaire n'a point l'autorité de forcer qui que ce soit à s'expliquer sur les interpellations qu'il contient. — *V.* toutefois C. civ. 1139.

6. L'opposition à un jugement par défaut contre partie, formée par acte *extrajudiciaire*, doit être réitérée dans la huitaine par acte *judiciaire*, à peine de nullité. C. pr. 162.

7. La péremption de l'appel n'est pas couverte par un acte extrajudiciaire relatif à l'exécution du premier jugement. Turin, 5 avr. 1811.

8. L'assistance des avoués est nécessaire pour les actes judiciaires et inutile pour les actes extra-judiciaires.—*V.* toutefois *Avoué, Bénéfice d'inventaire.*

9. Quels sont les actes judiciaires contre lesquels on peut se pourvoir par voie d'*appel* ou de *cassation?*—*V.* ces mots.

10. *Enregistrement.* —*V.* ce mot.

ACTE *non enregistré.* — V. *Copie, Enregistrement.*

ACTE *notarié.* — V. *Notaire.*

ACTE *de notoriété.* Attestation d'un fait *notoire* par deux ou plusieurs personnes devant un officier public.—Se dit encore de l'attestation d'un usage ou d'un point de jurisprudence. — V. *inf.*, n. 4 et suiv.

1. Les actes de notoriété suppléent quelquefois aux actes de l'état civil. Ils sont alors reçus par les juges de paix.—*V.* ACTE *de l'état civil,* § 2, *Juge de paix.*

2. Ordinairement ils sont destinés à établir l'identité d'une personne, ou à constater un fait dont il n'existe plus de preuves écrites. — Souvent les qualités et le nombre des héritiers d'un défunt se prouvent par des actes de notoriété. Denisart, V° *Notoriété.* (— V. *Inventaire.*) — Ils sont alors reçus par les notaires. Arg. L. 25 vent. an 11, art. 20.

3. La notoriété est une *croyance publique* (— V. *Enquête par commune renommée*) qu'il ne faut pas confondre avec le témoignage isolé de deux ou plusieurs personnes sur tel fait qui serait à leur connaissance particulière, sans qu'il fût notoire. Ce témoignage vaudrait comme simple certificat, mais ne serait pas aussi imposant que l'acte de notoriété. Cet acte toutefois n'est qu'un renseignement qui peut être détruit par tout autre document qui en ferait reconnaître l'inexactitude.

4. Autrefois les actes de notoriété se donnaient sur des points *de droit* comme sur des points *de fait.* —Les officiers de justice ou les plus anciens avocats d'un siége attestaient un point de coutume ou d'usage. —Les tribunaux de commerce délivraient, sous le nom de *parères,* des actes de notoriété sur des points de jurisprudence et d'usage du commerce. — V. *Parères.*

Ces actes de notoriété avaient lieu, soit en exécution d'un arrêt, soit à la requête des parties intéressées. —*V.* Denisart, V° *Acte de notoriété.*

Ils n'étaient autorisés par aucun texte de loi; mais l'usage les avait rendus très-fréquens.

5. Il ne saurait en être de même aujourd'hui : l'usage des actes de notoriété sur des points de droit a été aboli par l'article 1041, C. pr.; et d'ailleurs « il est défendu aux juges de prononcer par voie de disposition générale et réglementaire sur les causes qui leur sont soumises. » C. civ. 5. Un tribunal

ne peut ouvrir son audience que pour les affaires qui lui sont
expressément dévolues par la loi; il faut qu'il y ait contestation
existante *entre parties*, et soumise au jugement du tribunal.
C. supér. Bruxelles, 10 mai 1816; Merlin, *Rép.*, V° *Acte de
notoriété.*

Ainsi la Cour de cass., le 14 avr. 1824 (S. 24, 131), a
annulé un acte de notoriété délivré par le tribunal de Guéret,
pour attester que, d'après l'ancienne jurisprudence suivie dans
le pays, on exécutait de telle manière l'ancien droit coutumier
en matière de dot.

6. Les juges ne 'pourraient donc délivrer d'actes de notoriété, soit sur la demande des parties, soit en exécution d'un
jugement rendu par un autre tribunal, même s'il s'agissait de
constater l'existence d'un *usage*, dans les cas prévus par les
art. 593, 643, 671, 674, 1648, 1736 et 1757 C. civ. On devrait alors procéder à une enquête dans les formes ordinaires.
Mêmes autorités. *Contrà*, — Bruxelles, 15 fév. et 24 juil. 1810
(S. 10, 87); Favard, V° *Acte de notoriété*; Pigeau, t. 1, p. 440.

7. Néanmoins, lorsque les tribunaux français ont à prononcer
d'après des lois étrangères, spécialement sur la question de savoir
si un mariage contracté en pays étranger a été célébré dans les
formes prescrites dans le pays; ou en matière de lettres de
change tirées de France sur l'étranger, et de l'étranger sur la
France; la législation, la jurisprudence et les usages de ce
pays peuvent être attestés aux juges français par un acte de
notoriété délivré par les autorités locales, et dans les formes
voulues par la loi du pays. Mais cet acte n'est considéré que
comme un simple renseignement qui ne saurait lier les juges.

8. *Enregistrement.* Les actes de notoriété sont soumis à un
droit fixe de 2 fr. L. 28 avr. 1816, art. 43. — Il n'est dû qu'un
seul droit, encore bien que plusieurs faits soient attestés, relativement à la même personne ou au même objet.

— V. *Absence, Acte de l'état civil, Juge de paix.*

9. *Formules.* — V. *Acte de l'état civil, formule* 1.

ACTE *passé en pays étranger.* — V. *Étranger, Exécution.*

ACTE *privé.* Acte passé ou souscrit sans l'intervention d'un
officier public. — V. *Copie, Enregistrement, Exécution, Timbre,
Vérification d'écriture.*

ACTE *de procédure.* Acte fait pour l'instruction d'un
procès.

ACTE *public.* Acte émané d'une autorité publique ou reçu
par un fonctionnaire ayant qualité à cet effet.

ACTE *respectueux.* Acte par lequel un enfant demande, pour
se marier, le conseil de ses père et mère ou autres ascendans.

1. *Enfans tenus de faire des actes respectueux.* Les enfans qui

ont atteint la majorité fixée pour le mariage, c'est-à-dire 25 ans accomplis pour les fils, et 21 ans pour les filles, doivent, avant de se marier, demander le conseil de leur père et de leur mère. Lorsque leurs père et mère sont morts ou dans l'impossibilité de faire connaître leur volonté, ils doivent s'adresser à leurs aïeux et aïeules. C. civ. 151.

2. Jusqu'à trente ans pour les fils et *vingt-cinq ans* pour les filles, l'acte respectueux sur lequel il n'y a pas de consentement au mariage, est renouvelé deux autres fois de mois en mois. Bordeaux, 22 mai 1806 (S. 7, 769); Paris, 19 sept. 1815 (S. 16, 343).—V. *inf.*, n° 51.

3. Un mois après le troisième, il peut être passé outre à la célébration du mariage. Les fils à l'âge de 30 ans et les filles à celui de 25 ans accomplis, n'ont besoin que d'un seul acte, et leur mariage peut avoir lieu un mois après. C. civ. 153; Paris, 21 sept. 1813; Toullier, t. 1, n° 548; Favard, V° *Actes respectueux*; Hutteau, p. 234.

4. Il en est de même de l'enfant naturel légalement reconnu. C. civ. 158.

5. L'enfant adoptif n'ayant besoin pour se marier que du consentement de ses ascendans naturels, est, par cela même, dispensé d'adresser des actes respectueux à ses père et mère adoptifs. Arg. C. civ. 348. Favard, *ib.* n° 7.

6. Lorsque les enfans sont dans l'impossibilité de requérir le conseil de leurs ascendans; par exemple, si les ascendans sont absens ou dans un état d'interdiction judiciaire ou légale, il suffit qu'ils fassent constater cette impossibilité. Circ. Min. Just. 11 mess. an 12.

7. Toutefois, l'omission de l'acte respectueux n'est point une cause de nullité d'un mariage contracté, sauf la responsabilité de l'officier de l'état civil. C. civ. 157.

8. *Forme de l'acte respectueux.* Les notaires seuls peuvent rédiger les actes respectueux. Dépositaires des secrets de famille, leur caractère les appelle naturellement à se faire les interprètes des enfans auprès de leurs ascendans. C. civ. 154.

Autrefois les huissiers faisaient quelquefois ces sortes d'actes. Denisart, V° *Sommations respectueuses.*

9. Doit-on suivre dans la rédaction les formalités indiquées par la loi du notariat de préférence à celles relatives aux exploits des huissiers? La loi du 25 vent. an 11 règle la forme de tous les actes qui sont reçus par les notaires : aucun texte ne déroge à cette loi pour les actes respectueux, et d'ailleurs, « cet acte, porte l'exposé des motifs, *n'aura ni la dénomination ni les formes judiciaires.* »

10. Ainsi les prohibitions de parenté entre les notaires ou

avec les témoins, les qualités de ces derniers, les énonciations que doit renfermer l'acte respectueux, etc., tous ces points sont régis par la loi du notariat.

11. Le notaire n'emploiera que des expressions convenables au but qu'il se propose. Des injonctions déplacées, des termes outrageans, détruiraient l'essence de l'acte : il cesserait d'être respectueux, et serait par cela seul frappé de nullité. *Exposé des motifs*; Merlin, *Rép.*, V° *Sommation respectueuse*; Vazeille, n° 137.

12. Ainsi est nul l'acte par lequel l'enfant a *sommé, requis* ou *interpellé* ses parens de lui donner leur consentement, sans y joindre des expressions portant le caractère du respect. Merlin, *ib.*

Par exemple, s'il a *requis et sommé ses père et mère*, avec tout le respect qui leur est dû, de consentir au mariage *qu'il est dans la ferme résolution* de contracter, ajoutant que, malgré leur refus, *il agira comme s'ils* avaient donné leur consentement : pourquoi il *protestait*. Bordeaux, 12 fruct. an 13.

13. Mais ne suffirait pas pour faire annuler l'acte respectueux :
1°. Le mot *sommation*, s'il était accompagné de termes révérentiels. Cas. 4 nov. 1807 (S. 8, 57); Rouen, 6 mars 1806 (S. 6, 104).

14. 2°. La *protestation* que, sur la réponse négative du père, l'enfant se pourvoira par toutes *voies de droit*, si d'ailleurs le reste de l'acte est rédigé dans des termes convenables. Cas. 24 déc. 1801 (S. 4, 86).

15. Doit-on annuler un acte respectueux, en tête duquel le notaire aurait mentionné la procuration donnée par l'enfant de faire *et réitérer tous actes respectueux requis* alors même que la procuration aurait été renouvelée? Peut on considérer ces expressions comme manifestant l'intention de n'avoir aucun égard aux conseils que donnerait l'ascendant? Cette décision serait bien rigoureuse. De ce que l'enfant prévoit dans la procuration que tous les actes respectueux seront nécessaires, il n'en résulte pas qu'il repousse les conseils qui pourront lui être donnés sur le premier acte respectueux. —V. *inf.*, n° 27.

16. C'est le *conseil* des père et mère qui doit être demandé. C. civ. 151. — Cependant la demande de leur *consentement* serait équivalente. L'une comme l'autre met l'ascendant à même de manifester sa volonté: d'ailleurs, la loi elle-même emploie indifféremment les deux expressions. C. civ. 153; *même arrêt*; Toulouse, 27 juin et 21 juil. 1821 (S. 22, 98 et 99); Amiens, 8 avr. 1825 (S. 25, 425).

Mais le notaire qui a reçu une procuration pour demander le conseil d'un ascendant, ne fait pas un acte respectueux valable, lorsqu'il se borne à notifier une copie de cette déclaration, sans énoncer la demande de conseil. Bruxelles, 30 janv. 1813. — V. d'ailleurs *inf.*, n. 29.

17. L'acte respectueux doit contenir :

1°. Les nom, prénoms, âge, qualité et demeure de l'enfant, sa présence ou celle de son mandataire, lorsqu'elles ont lieu, et l'objet de sa demande, avec les nom, prénoms, âge, qualité et demeure de la personne qu'il a l'intention d'épouser. — V. *infrà*, n° 21.

2°. La notification de la demande aux ascendans et leur réponse.

3°. La remise des copies et les signatures de l'original et des copies.

18. L'acte respectueux et le procès-verbal de sa notification sont deux actes distincts qui doivent, chacun séparément, réunir les caractères essentiels à leur perfection. Aussi il a été jugé que l'acte respectueux reçu par un seul notaire devait, à peine de nullité, être signé par deux témoins. Il ne suffirait pas que leurs signatures fussent apposées à l'acte de notification. Toulouse, 2 fév. 1830 (S. 30, 177).

19. *Notification de l'acte respectueux.* Elle a lieu, à peine de nullité, par deux notaires, ou par un notaire et deux témoins. Un huissier n'aurait pas caractère à cet effet. C. civ. 154; Favard, V° *Acte respectueux*, n° 3.

20. Le notaire en second ou les témoins doivent être présens. Tel est l'usage. Arr. réglem. parl. Paris, 27 août 1692.

21. La présence de l'enfant en personne n'est pas nécessaire : souvent l'éloignement rendrait cette comparution impossible; elle pourrait entraîner de graves inconvéniens : on ne peut d'ailleurs suppléer au silence de la loi. Bordeaux, 22 mai 1806 (S. 7, 768); Cas. 4 nov. 1807 (S. 8, 57); Caen, 27 juil. 1818; Douai, 22 avr. 1819 (S. 20, 116); 8 janv. 1828 (S. 28, 185); Amiens, 10 mai 1821; Rouen, 7 oct. 1824; Malleville, t. 1, p. 174; Merlin, *Rép.*, V° *Sommation respectueuse. Contrà,* — Caen, 1er prair. an 13 (S. 5, 143).

22. Un ascendant ne peut pas non plus exiger que l'enfant qui lui fait notifier l'acte respectueux à son domicile, se transporte en une maison tierce pour y recevoir sa réponse. Bruxelles, 18 juil. 1808 (S. 9. 85).

23. Toutefois, si l'ascendant forme opposition au mariage de sa fille, en prétendant que ce n'est pas librement qu'elle lui a fait adresser des actes respectueux, on peut ordonner qu'elle sera entendue par le magistrat, en la chambre du conseil, à l'effet de savoir si elle persiste dans ses démarches : cette mesure n'a rien de contraire à la loi ni à la liberté. Aix, 6 janv. 1824 (S. 25, 326); Vazeille, n° 140.

Surtout s'il s'agit d'une fille qui, ayant abandonné la maison paternelle pour se retirer avec son amant, aurait requis le notaire de faire notifier les actes respectueux sans l'accompagner. Bruxelles, 4 avr. 1811; Montpellier, 31 déc. 1821 (S. 22, 247).

24. Mais il y a mesure arbitraire si les juges ordonnent que la fille sera tenue de se retirer dans une maison qui lui est indiquée, et d'y rester pendant un temps plus ou moins long, pour pouvoir s'assurer que sa volonté est libre, et sans pouvoir être visitée par l'homme qu'elle veut épouser, ni par aucun membre de la famille de ce dernier. Cas. 21 mai 1809 (S. 9, 199). *Contrà.* —Montpellier, 31 déc. 1821 (S. 22, 247).

25. La notification est valablement faite à la requête du fondé de pouvoir de l'enfant. Paris, 10 mars 1825; Amiens, 17 frim. an 12 (S. 4, 86).

26. Le tribunal ne pourrait, sous ce prétexte, ordonner que l'enfant se présentera à son père devant le président du tribunal pour déclarer qu'il a agi librement, et entendra les remontrances. Bruxelles, 4 avr. 1811.

27. Il suffit d'une seule procuration pour les trois actes respectueux. Caen, 11 avr. 1822 et 24 fév. 1827 (S. 28, 51); Rouen, 7 oct. 1824; Merlin, *Ques. Dr.*, v° *Acte respectueux.* *Contrà.*—Bruxelles, 3 avr. 1823 (S. 25, 375); Rouen, 19 mars 1828 (S. 28, 114). (—V. *sup.* n° 15), s'il est prouvé que l'enfant a connu la réponse de ses père et mère. Douai, 8 janv. 1828.—V. *inf.* n° 52.

28. Les notaires n'ont pas besoin d'un pouvoir spécial : la loi ne l'exige pas. Ces officiers publics sont crus jusqu'à désaveu. Liége, 2 déc. 1812 et 20 janv. 1813; Hutteau, p. 238; Vazeille, p. 141.—Pour prévenir toute difficulté, les notaires sont dans l'usage de rédiger d'abord l'acte respectueux, et de le faire signer par l'enfant.

29. Le notaire constitué *mandataire* de l'enfant, à l'effet de dresser les actes respectueux, ne peut lui-même notifier ces actes. Le mandat qu'il reçoit lui fait perdre la qualité indépendante de fonctionnaire public : il ne peut plus instrumenter comme tel. Douai, 8 janv. 1828.

30. L'acte respectueux doit être notifié *à chacun des ascendans* dont le consentement est nécessaire, parce que ce sont des personnes distinctes, ayant un conseil différent à donner, et qu'il est indispensable de constater leur dissentiment. C. civ. 148, 150 et 151; Bruxelles, 5 mai 1808 (S. 9. 84).

31. La notification serait insuffisante si l'on s'était adressé au mari seulement, *tant* EN SON NOM qu'*en celui de son épouse.* Douai, 25 janv. 1815 (S. 16, 114).

32. Toutefois, il suffit d'un seul original pour deux époux qui habitent ensemble. Bruxelles, 19 janv. 1822 (S. 25, 376).

33. Mais s'ils sont séparés judiciairement, la notification doit se faire au domicile de chacun d'eux.

34. S'il existe une séparation de fait, comme la loi exige d'une manière spéciale que la volonté des ascendans soit recueillie d'une manière distincte, il est mieux de faire notifier l'acte tant au domicile du mari qu'à celui choisi par la femme. Arg. 148, 150, 151.

35. Lorsque la mère est remariée, l'acte doit être notifié à elle seule, et non à son nouveau mari, dont le consentement n'est nullement nécessaire au mariage.

36. L'acte n'a besoin d'être notifié qu'au domicile de l'ascendant et non à sa personne : en s'éloignant, l'ascendant pourrait éluder le but de la loi, et rendre le mariage impossible. Bruxelles, 21 frim. an 13 (S. 5, 52); Caen, 12 déc. 1812; Douai, 22 avr. 1819 (S. 20, 116); Toulouse, 27 juin et 21 juil. 1821 (S. 22, 28, 99); Amiens, 10 mai 1821 et 8 avr. 1825 (S. 25, 425); Pau, 1er mai 1824; Lyon, 28 oct. 1827; Cas. 11 juil. 1827 (S. 27, 473); Toullier, nos 494, 549; Vazeille, n° 136; Delvincourt, t. 1, p. 204; Duranton, t. 1, n° 549.

37. L'enfant n'est pas tenu d'adresser à ses ascendans une sommation pour les constituer en demeure de se trouver chez eux le jour et à l'heure de la notification qu'il se propose de leur faire; ce serait créer une formalité que la loi n'a point prescrite. Angers, 10 mars 1813 (S. 15, 65); Toulouse, 12 juil. 1821; Colmar, 6 avr. 1823.

38. Mais s'il était prouvé que l'enfant a pris des mesures pour que ses ascendans ne fussent pas rencontrés dans leur domicile, les juges seraient fondés à annuler l'acte. Toulouse, 11 juil. 1821.

39. Il est convenable, mais il n'est pas nécessaire, que le notaire fasse ses efforts pour trouver les ascendans et leur adresser personnellement la notification, et qu'il constate les demandes qu'il a pu faire à ce sujet. Cas. 11 juil. 1827 (S. 27, 475. (Contra. — Caen, 12 déc. 1812; Bruxelles, 2 avr. 1823 (S. 25, 374).

40. Quelques notaires sont dans l'usage, s'ils ne trouvent pas l'ascendant, de lui laisser une copie dans laquelle on lui déclare qu'on reviendra tel jour, à telle heure, chercher sa réponse. Si au jour indiqué l'ascendant est encore absent de son domicile, la copie lui est alors laissée, après avoir attendu quelque temps; ce qui est constaté. Ces précautions sont moins nécessaires, lorsque l'acte respectueux doit être renouvelé.

41. Si les ascendans ont changé de domicile, la notification des actes respectueux doit avoir lieu à leur nouveau domicile.

Peu importe qu'ils n'aient pas fait de déclaration de changement de domicile, pourvu que l'enfant en ait eu connaissance. Paris, 10 mars 1825.

42. La notification de l'acte respectueux est constatée par un procès-verbal. C. civ. 154.

Ce procès-verbal doit être rédigé en minute et non en brevet. Hutteau, p. 238.

43. Si l'on trouve chez eux les ascendans, chacun d'eux doit faire sa réponse particulière; il ne suffirait pas que le père, par exemple, répondît *tant en son nom qu'en celui de sa femme*.

Les réponses sont mentionnées séparément. Arg. C. civ. 154; Douai, 25 janv. 1815 (S. 16, 114).

44. Les père et mère dont l'avis serait contraire au mariage ne sont pas obligés d'en donner les motifs. Le refus de répondre suffit; il en est fait mention. Toullier, t. 1, n° 549.

45. La loi n'impose pas l'obligation de laisser aux ascendans copie des actes respectueux; mais la nature même de l'acte exige cette formalité, qui est constamment accomplie dans l'usage, et dont l'omission entraîne, d'après la jurisprudence, la nullité de l'acte. Massé, t. 3, p. 13.

46. Mais est-il nécessaire qu'une copie soit laissée à chacun des ascendans, lorsque ce sont deux époux? L'affirmative semble résulter de la nécessité de la notification de l'acte respectueux à chacun des deux époux : néanmoins, on ne voit pas sous quel rapport une copie pourrait être utile à chacun des deux époux, puisque l'acte respectueux ne peut donner lieu, de la part des ascendans, qu'à une demande en nullité, demande que la femme ne pourrait seule intenter. Bruxelles, 28 janv. 1824. *Contrà.* — Caen, 12 déc. 1812; Paris, 10 mars 1825.

47. Lorsque l'ascendant ne se trouve pas chez lui, la copie doit être remise à ses parens ou domestiques, et, à défaut de ceux-ci, au voisin ou au maire. C. pr. 68; Pau, 20 janv. 1824.

Dans ce dernier cas, le visa du maire, exigé pour les exploits en général (C. pr. 68 et 70), n'est pas nécessaire. Rouen, 7 oct. 1824.

48. La copie laissée aux ascendans doit-elle être signée tant du notaire que des témoins? — Pour l'affirmative, on dit : aux termes de l'art. 154 C. civ., l'acte respectueux doit être notifié par un notaire et *deux témoins*; les témoins sont donc coopérateurs de l'acte, et leur coopération ne peut être prouvée que par leur signature, tant sur l'original que sur la copie. — Mais on répond : les notaires ne sont point assujétis à faire signer les copies de leurs actes par les témoins qui y ont assisté; il faudrait dans l'espèce une disposition expresse. Les huissiers eux-mêmes ne sont assujétis à faire signer par leurs recors les copies qu'ils délivrent, que dans certains cas spéciaux prévus par la loi. Montpellier, 31 déc. 1821 (S. 22, 247); Pau, 1ᵉʳ mai 1824; Caen, 10 déc. 1819; Rouen, 7 octobre 1824; Toulouse, 7 juin 1830 (S. 30, 242). *Contrà.* — Bordeaux, 12 fruct. an 13 (S. 7, 769); Paris, 12 fév. 1811 (S. 11, 471).

49. S'il y a un notaire en second, l'usage est qu'il signe la copie; mais le défaut de signature n'emporte pas nullité. Pau, 1ᵉʳ mai 1824.

50. La remise de la copie doit-elle être constatée par le procès-verbal de notification? Cette formalité n'est pas exigée à peine de nullité. Bruxelles, 18 juil. 1808 (S. 9, 85). *Contrà,* — Hutteau, p. 240.

Toutefois, c'est uniquement de l'acte respectueux et non du procès-verbal de notification qu'il doit être laissé copie. Besançon, mai 1808.

51. *Renouvellement de l'acte respectueux.* Ce renouvellement (V. *sup.*, n° 2) cesse d'être nécessaire toutes les fois que, en cas de dissentiment entre les ascendans, la voix prépondérante est pour le mariage (Arg. C. civ. 148, 150). Alors le dissentiment est suffisamment constaté par un seul acte respectueux fait à l'ascendant ou aux ascendans qui refusent de consentir. Lorsqu'il y a consentement du père, il suffit d'un acte respectueux à la mère. Vazeille, n° 134; Hutteau, p. 234 et 235.

52. Chaque acte doit constater la connaissance que l'enfant a eue de la réponse de ses père et mère, et indiquer que c'est malgré leurs conseils qu'il a persisté dans son projet de mariage. Douai, 8 janv. 1828 (S. 28, 785).

53. Le délai d'un mois, qui doit exister d'un acte respectueux à l'autre, et du dernier acte à la célébration du mariage, s'entend de *quantième à quantième*, c'est-à-dire du jour où le précédent acte a été fait au jour correspondant du mois prochain. Ainsi, les actes seront valablement faits les 15 avril, 15 mai et 15 juin. Ici ne s'applique pas la règle, *dies termini non computantur in termino* (C. pr. 1033). Paris, 19 oct. 1809 (S. 10, 271); Duranton, t. 2, n° 107. *Contrà.* — Hutteau, p. 235.

54. Mais la notification du second ou du troisième acte respectueux est valablement faite plusieurs jours après l'expiration du mois. Les délais exigés entre les différens actes respectueux ont pour but de donner à l'enfant le temps de réfléchir sur la détermination qu'il va prendre. Il n'y a donc aucun inconvénient à le prolonger. Liége, 20 janv. 1813. Cependant, il est dans l'esprit de la loi que les actes ne soient pas trop isolés les uns des autres , afin que, par leur succession non-interrompue, les ascendans reconnaissent que leur enfant persiste dans son projet.

55. La demeure des témoins est ordinairement indiquée dans chaque acte de notification. Néanmoins, lorsque les témoins aux trois actes sont les mêmes, ces actes ayant une certaine relation entre eux, l'énonciation de leur demeure dans un seul a été jugée suffisante. Bruxelles, 11 avr. 1810 (S. 10, 304); Paris, 12 fév. 1811. '

56. Tant que le mariage n'est pas célébré, les ascendans peuvent encore déférer aux tribunaux les motifs de leur refus, en faisant statuer sur leur opposition.

57. La nullité des actes respectueux peut être opposée en tout état de cause sur l'instance en opposition à un mariage; c'est une nullité d'ordre public. Rennes, 2 mars 1825.

58. *Timbre et enregistrement.* L'acte respectueux et sa notification peuvent se faire sur une seule feuille de papier timbré.

59. Mais lorsqu'il y a lieu de réitérer l'acte respectueux, chaque acte doit être fait sur une feuille séparée.

60. La copie laissée aux ascendans peut être sur papier *minute*; tel est l'usage.

61. L'acte respectueux est soumis au droit fixe de 1 fr. L. 22 frim. an 7, art. 68, § 1. Délib. Rég. 10 janv. 1822. — Peu importe qu'il constate le consentement au mariage.

62. L'enregistrement a lieu dans le délai de 10 ou 15 jours, comme pour les actes notariés ordinaires.

63. La copie peut être délivrée avant l'enregistrement. Cette exception à la règle générale résulte nécessairement de ce que la remise doit être constatée par l'acte même.

Formules.

FORMULE 1.

(C. civ. 151 et suiv. — Tarif, 168, 169. — Coût, 9 fr. par vacation de 3 h.)

Acte respectueux.

L'an , le , heure de en l'étude de Me et par-devant ledit Me , et Me , son collègue, notaires à la résidence de , soussignés, est comparu M. Jules Leblanc, âgé de vingt-six ans, né à le demeurant à rue , fils de M. Charles Leblanc, propriétaire, et de dame Marie Gauthier, son épouse, demeurant à , rue

Lequel a, par ces présentes, déclaré qu'il supplie respectueusement lesdits sieur et dame ses père et mère de lui donner leur conseil sur le mariage qu'il se propose de contracter avec mademoiselle Julie Desroches, demeurant à rue , fille de Armand Desroches, propriétaire, et de dame Sophie Lambert, son épouse, demeurant à ;

Requérant qu'il soit procédé incessamment par les notaires soussignés (ou par Me , notaire, en présence de témoins), à la notification du présent acte respecteux, conformément à la loi.

Fait et passé les jour, mois et an, et dans le lieu susdits.
Lecture faite, le comparant a signé avec les notaires. *(Signatures.)*

Notification.

Et le (*mettre la date avec le jour de la semaine, qui ne doit pas être celui d'une fête légale*) heure de
Lesdits M^{es} notaires à la résidence de soussignés,
(*Ou bien ledit M^e notaire à la résidence de soussigné, assisté de M. , demeurant à , et de M. , demeurant à , témoins aussi soussignés*),
A notifié, etc. aux sieur et dame Leblanc, en leur demeure, sise à , rue n^o , en parlant à leurs personnes
(*Ou parlant à une femme trouvée dans l'appartement, qui a dit être domestique des sieur et dame Leblanc, et a refusé de dire son nom;*
Ou au sieur M. , portier de la maison des sieur et dame Leblanc;
Laquelle ou lequel a déclaré que les sieur et dame Leblanc étaient sortis.)
L'acte respectueux en la date du , dont la minute est en tête des présentes (ou du , dont la minute précède, et qui sera soumis à la formalité de l'enregistrement, avant ou en même temps que le présent procès-verbal).
Les sieur et dame Leblanc, engagés à répondre à la demande contenue au même acte, ont dit, savoir : le sieur Leblanc, qu'il avait déjà donné à son fils les conseils qu'il semblait lui demander aujourd'hui, et que, par les motifs qu'il lui a fait connaître, il ne veut point donner son consentement à ce mariage,
Et la dame Leblanc, que son fils sait bien par quelle raison elle ne consent pas à ce mariage, et qu'il est inutile de les déduire ici ;
Et ont, les sieur et dame Leblanc, signé après lecture faite. *(Signatures.)*
Fait et dressé en la demeure desdits sieur et dame Leblanc, le présent procès-verbal, dont copie en forme, précédée de celle de l'acte respectueux, a été à l'instant laissée aux sieur et dame Leblanc, et à chacun séparément, par lesdits notaires (*ou par ledit notaire, en présence des témoins*), lesdits jour et an.
NOTA. *Dans la copie, au lieu des mots, dont copie en forme, on met : dont la présente copie.*
Cette copie est signée des deux notaires ou du notaire, et des témoins qui l'assistent.
Dans le cas où les père et mère sont absens, on termine ainsi : dont copie a été laissée séparément aux sieur et dame Leblanc, entre les mains de ladite domestique ou dudit portier, laquelle ou lequel requis de signer, a répondu ne le savoir.
Si les père et mère ne veulent pas signer, ou ne savent pas signer, on met :
Lesdits sieur et dame Leblanc, requis de signer, ont déclaré ne le vouloir, ou ne le savoir.

FORMULE II.

Acte et notification simultanés.

L'an , le dix heures du matin, sur la réquisition de M. Jules Leblanc, âgé de vingt-six ans, né à le , demeurant etc., fils de M. Charles Leblanc, propriétaire, et de dame Marie Gauthier, son épouse, demeurant à :
M^e et M^e son collègue, notaires à , se sont transportés en la demeure des sieur et dame Leblanc ;
Et là, M. Leblanc, en présence des notaires soussignés, a supplié respectueusement les sieur et dame ses père et mère de lui donner leur conseil sur le mariage qu'il se propose de contracter avec mademoiselle Julie Desroches, demeurant à , fille de M. Armand Desroches, et de dame Sophie Lambert, son épouse, demeurant à ; requérant qu'il lui soit donné acte de

ses dire et comparution, et que notification en soit faite aux sieur et dame ses père et mère; et a signé après lecture faite. (*Signatures.*)

A quoi les sieur et dame Leblanc ont répondu que, etc., et ont signé après lecture faite. (*Signatures.*)

Et à l'instant les notaires soussignés ont clos ce présent procès-verbal, revêtu des signatures des parties, au-dessus de leurs dires respectifs, et qu'ils ont eux-mêmes signé, lecture faite; et duquel, en conséquence de la réquisition de M. Leblanc, ils ont, par la notification de l'acte respectueux qu'il renferme, et sans désemparer, laissé copie aux sieur et dame Leblanc, père et mère.

Nota. *S'il y a un mandataire, on donne copie de la procuration qui est mentionnée et annexée au procès-verbal.*

FORMULE III.

Renouvellemens.

Les renouvellemens ne diffèrent que par quelques légers changemens.

Dans l'acte respectueux, au lieu de cette formule : *lequel a, par ces présentes, déclaré supplier respectueusement*, on emploie celle-ci :

Lequel, renouvelant les dispositions de l'acte respectueux qu'il a fait par le ministère des notaires soussignés, le   et qu'ils ont notifié le lendemain, selon leur procès-verbal enregistré (ou *des actes respectueux qu'il a faits par le ministère des notaires soussignés, le   , et qu'ils ont notifiés les   , selon leurs procès-verbaux enregistrés*), a, par ces présentes, déclaré de nouveau supplier respectueusement, etc.

Dans la notification, à ces mots : *l'acte respectueux en date du*   , on substitue ceux-ci : *l'acte respectueux fait par le renouvellement en date du*   ;

On y remplace la formule : « *Les sieur et dame Leblanc engagés à répondre,* par celle-ci : *les sieur et dame Leblanc engagés à faire une nouvelle réponse,* ont dit, etc. »

ACTE *sous seing-privé.* — V. *Acte privé.*

ACTIF. Désigne la totalité de l'avoir d'un particulier, d'une succession, d'une communauté par opposition avec son passif, c'est-à-dire avec le montant de ses dettes. Dans le même sens on dit dettes actives passives. — V. *Faillite.*

ACTION. Moyen légitime de réclamer en justice ce qui nous appartient ou ce qui nous est dû. *Action* désigne encore le droit de réclamer, *la demande* est l'exercice de ce droit.

1. La cour de cassation, dans ses observations sur le Code de procédure, avait proposé un titre préliminaire qui aurait traité des actions et de la compétence des tribunaux (S. 9, 1).

DIVISION.

§ 1.—*Caractères des actions; leurs différentes espèces.*
   Art. 1. — *Actions personnelles, réelles et mixtes.*
   Art. 2. — *Actions mobilières et immobilières.*
§ 2.—*Exercice des actions.*
   Art. 1. —*Soins à prendre avant d'ester en jugement.*
   Art. 2. — *Demande.*
   Art. 3. — *Instruction.*

§ 1.—*Caractères des actions; leurs différentes espèces.*

2. Le droit précède toujours l'action, qui n'est que le

moyen de l'exercer. Sans droit, il ne peut pas exister d'action, mais l'action ne résulte pas toujours du droit. —V. *inf.* n° 74.

3. *A Rome*, l'action s'entendait exclusivement du *droit* de poursuivre ce qui nous est dû ou ce qui nous appartient. *Actio nihil aliud est quàm jus persequendi in judicio quod tibi debetur.* *Inst. pr. de act.* L. 51, *D. de oblig. et action.* Il convient d'entrer à cet égard dans quelques détails.

4. Trois systèmes de procédure ont été successivement en usage chez les Romains, sous les noms *des actions de la loi, des formules, des jugemens extraordinaires.* Nous parlerons seulement du système des formules.

5. *Office du préteur et du juge.* — Les affaires civiles étaient ordinairement jugées par un simple citoyen, nommé par le préteur. On l'appelait *judex,* juge ou juré. Les parties devaient d'abord se présenter devant le préteur, qui résolvait conditionnellement le point de droit, c'est-à-dire qu'il prescrivait au juge ce qu'il devait décider, selon qu'il trouverait ou non tel ou tel fait constant ; le renvoi des parties par le préteur devant un juge, s'appelait indifféremment *dare actionem* ou *dare judicem.*

6. Le préteur étant juge du droit, on disait que les parties comparaissaient *in jure*, pour indiquer qu'elles comparaissaient devant ce magistrat ; et l'on se servait des mots *in judicio*, pour indiquer qu'elles étaient devant le juge.

7. Cette comparution préliminaire des parties devant le préteur se nommait encore *litis contestatio,* parce que dans l'origine elle était constatée par témoins. L'instance se trouvait engagée entre les parties, à compter de cette comparution. Le mot de *litiscontestation* avait une signification analogue dans notre ancien droit français.

8. *Formule de l'action.* — On sentit plus tard la nécessité de dresser un acte de la décision conditionnelle que rendait le préteur. C'est ce qu'on nomme la formule de l'action.

9. — On distingue quatre parties dans la formule : *demonstratio, intentio, adjudicatio, condemnatio* (Caius, IV, 39).

1° *Condemnatio.* Cette partie de la formule a pour but de montrer ce dont il s'agit. *Quòd Aulus Agerius Humero Regidio hominem vendidit,* parce que Aulus Agerius a vendu un esclave à Humerus Regidius. (Caius, IV, 4.)

2° *Intentio.* Ici le préteur relate les conclusions du demandeur. Ex. *Si paret Humerum Regidium Aulo Agerio sestertium x millia dare oportere,* s'il vous paraît que Humerus Regidius doit donner à Aulus Agerius 10,000 sesterces.

3° *Adjudicatio.* Dans celte partie de la formule, le préteur permet au juge d'adjuger une chose à l'une des deux parties. *Quantùm adjudicari oportet, judex, Titio adjudicato.* Juge, adjugez à Titius tout ce qui est à adjuger (Caius, IV, 42).

4° *Condemnatio.* C'est la partie de la formule dans laquelle le préteur donne au juge pouvoir de condamner ou d'absoudre. Ex. *judex Humerum Regidium Aulo Agerio sestertium x millia condemna, si non paret, absolve.* Juge, condamnez Humerus Regidius, envers Aulus Agerius, à 10,000 sesterces; si le fait ne vous paraît pas tel, absolvez-le.

10. Du reste, toutes ces parties ne sont pas toujours réunies dans la formule; ainsi, dans les questions préjudicielles, comme les questions d'état, il n'y a que l'*intentio.*

L'*adjudicatio* n'a lieu que dans les trois actions de partage, savoir: *finium regundorum* entre voisins, *familiæ erciscundæ* entre cohéritiers, et *communi dividundo* entre co-propriétaires.

La formule se compose ordinairement des deux premières et de la quatrième partie; dans la vente, la formule entière est ainsi conçue: *Quód Aulus Agerius Humero Regidio hominem vendidit, si paret Humerum Regidium Aulo Agerio sestertium x millia dare oportere, judex, Humerum Regidium Aulo Agerio sestertium x millia condemna; si non paret, absolve.*

11. *Exception.* La demande peut être contraire à l'équité, quoiqu'elle soit appuyée sur les dispositions de la loi, *enim accidit ut licet persecutio qua actor experitur justa sit, tamen iniqua sit adversus eum cum quo agitur.* Ainsi le demandeur a un titre de créance, mais l'adversaire allègue qu'il n'a consenti à son obligation que par suite de fraude ou de violence, ou bien que le demandeur lui a, par un pacte, fait la remise de son obligation. Dans ce cas, le préteur insère dans la formule cette exception: à moins qu'il n'y ait eu dol dans cette affaire; à moins que le demandeur ne soit convenu de ne pas demander son argent, *si in ea re nihil dolo malo Auli Agerii factum sit, neque fiat.....* *Si inter Aulum Agerium et Humerium Regidium non convenit, ne ea pecunia peteretur,* si l'allégation du défendeur est justifiée, le juge doit le renvoyer absous (Caius, IV, 16).

12. Si l'exception n'a pas été proposée par le défendeur devant le préteur, et insérée dans la formule, le juge ne peut pas avoir égard à l'allégation du défendeur, à moins qu'il ne s'agisse d'un contrat de bonne foi, cas auquel il a un pouvoir à peu près discrétionnaire.

13. L'exception est dite péremptoire lorsqu'elle peut être opposée à quelque époque que l'action soit formée, telles sont les exceptions de pacte ou de dol dont nous venons de parler. Au contraire l'exception est dilatoire lorsqu'elle ne vaut que pendant un temps. Telle est l'exception résultant du pacte par lequel le créancier s'est obligé à ne pas redemander son argent pendant cinq ans (Caius, IV, 120, 121).

14. *Replicatio.* Le demandeur peut répliquer au défendeur par une seconde exception. Par exemple, il peut alléguer que le pacte *ne pecunia peteretur* a été détruit par un nouveau pacte contraire. Le préteur ajoute alors à la formule les mots suivans : *si non postea convenerit ut eam pecuniam petere liceret.* (Caius, IV, 126).

15. Enfin, cette allégation peut elle-même être repoussée par une autre du défendeur, et ainsi de suite ; il y a lieu alors à autant d'exceptions qu'on nomme dupliques, tripliques, etc. (Caius, IV, 129, inst. IV, tit. XIV).

16. La faculté de poursuivre le droit en justice fait partie de notre patrimoine ; c'est un bien transmissible et divisible.

17. *Transmissible.* L'action passe aux héritiers. Réciproquement l'héritier est tenu de répondre aux actions qui grevaient son auteur. Les titres exécutoires contre le défunt le sont également contre la personne de l'héritier. C. civ. 887.

18. *Divisible.* Chacun des héritiers peut intenter et poursuivre l'action pour sa part héréditaire ; il est tenu personnellement dans la même proportion. C. civ. 873.

19. Toutefois, l'action hypothécaire peut être exercée sans division contre un des héritiers, sauf son recours pour ce qu'il a payé au-delà de sa part comme détenteur. Sous ce rapport, le principe de la divisibilité reçoit son application.

20. Le détenteur, qui n'est d'ailleurs tenu d'aucune obligation personnelle, peut agir en garantie. C. pr. 182.

21. L'action conduit à un *jugement.* — *V.* ce mot.

22. Les actions peuvent être considérées sous plusieurs aspects.

Relativement à leur *origine*, elles se divisent en *civiles* et *criminelles.*

23. L'action *criminelle* ou *publique* appartient à l'Etat ; elle a pour objet l'application de la loi pénale au fait réputé criminel, et la réparation du dommage causé à la société : elle est exercée devant les juges criminels par les officiers du ministère public.

24. L'action *civile* ou *privée* a pour objet l'intérêt civil ou privé du citoyen qui l'exerce ; elle est de la compétence du juge civil.

Toutefois, si l'action est fondée sur un dommage résultant d'un fait punissable, elle peut être poursuivie, soit devant le juge criminel en même temps que l'action publique, soit séparément devant le juge civil. — V. *Dommages-Intérêts.*

25. Sous le rapport des droits que l'on réclame, on distingue les actions en *personnelles*, *réelles* et *mixtes.* — V. *inf.*, § 1.

Sous le rapport de leur objet, en *mobilières* et *immobilières.* — *inf.*, § 2.

Ces distinctions sont importantes à cause de la compétence, de la prescription, et de la capacité d'ester en jugement.

26. En outre, chaque action peut être désignée sous des dénominations particulières, suivant son objet spécial, le but de la demande, les temps et les circonstances dans lesquels on l'exerce, et la procédure plus ou moins étendue qu'elle occasionne.

Ainsi, on distingue les actions en *confessoires*, *négatoires*, *hypothécaires*, *rédhibitoires*, *conservatoires*, *principales*, *incidentes*, *subsidiaires*, *reconventionnelles*, *préjudicielles*, *rescisoires*, *ordinaires*, *sommaires.* — V. ces mots.

Art. 1. — *Des actions personnelles, réelles et mixtes.*

27. L'action est *personnelle*, quand celui contre qui elle est dirigée est obligé personnellement. Peu importe qu'il vienne à cesser de posséder la chose réclamée; autrement il pourrait se jouer de ses obligations.

28. L'action est *réelle* quand le défendeur n'est pas obligé personnellement, et qu'il n'est tenu qu'en sa qualité de détenteur. S'il cesse de posséder avant d'être actionné, l'action passe exclusivement contre le nouveau possesseur.

29. L'action est *mixte* quand le défendeur est obligé personnellement et tenu comme détenteur; mais il faut qu'elle milite tout à la fois comme personnelle et réelle contre la même personne. Elle peut cependant se diviser par la suite, conserver son caractère personnel contre celui qui était obligé primitivement aux deux titres, et devenir réelle contre le tiers nouveau détenteur. Pigeau, t. 1, p. 129.

30. A Rome, l'action était ou *réelle* (*vindicatio*) ou *personnelle* (*condictio*). La conception de la partie de la formule appelée *intentio* servait à reconnaître le caractère de l'action. La formule *si paret Titium sestertium x millia* DARE OPORTERE indiquait une action personnelle. Celle *si paret rem ex jure quiritium Auli Agerii* ESSE, indiquait une action réelle. L. 25, *D. de oblig. et action.* Caius, IV, 1 et suiv. Cela posé, il paraît difficile d'admettre en droit romain la troisième branche de la division des actions connue en droit français sous le nom d'actions *mixtes.*

Cependant certains auteurs attribuaient ce caractère aux qua
tre actions *familiæ erciscundæ, communi dividundo, finium regundorum* et *de petitione hæreditatis*. — V. *Inst. de action.* § 1
et 20; Vinnius, *ibid.*

51. Ces quatre actions sont-elles les seules qu'il faille considérer comme mixtes en droit français?

Pour l'affirmative on dit : Le Code, en désignant le juge qui
doit connaître de ces actions, ne s'est point expliqué sur leur
nature; il n'a donc admis comme telles que celles qui avaient ce
caractère sous l'ancienne législation. D'ailleurs, la Cour de
cassation, en indiquant dans ses observations (n. 18 et 19) sur
le projet de Code, les diverses sortes d'actions mixtes, n'énonce
précisément que ces mêmes quatre espèces.

Mais on répond : Dans le silence de la loi, on doit penser que
les rédacteurs du Code ont suivi les principes en vigueur à
l'époque de la promulgation, de préférence à ceux du droit
romain. Or, les auteurs admettaient alors d'autres actions mixtes
que celles ci-dessus énoncées. « Sont mixtes, dit Loiseau (*Dé-
guerpissement*, ch. 1), les actions qui, dans le droit, sont ap-
» pelées *actiones personales in rem scriptæ*, qui, quant au sujet
» où elles résident, semblent être réelles, parce qu'elles suivent
» la chose et non la personne, et quant à la forme et conclu-
» sion, semblent être personnelles, parce qu'elles sont dirigées
» contre la personne et non contre la chose. Ainsi il faut regar-
» der comme actions mixtes les restitutions en entier, les ac-
» tions révocatoires ou rescisoires, les actions possessoires. » —
Pothier (*Introd. aux Cout.*, n°ˢ 121 et 122), après avoir parlé
des trois actions mixtes, ajoute : « Il y a d'autres actions qu'on
appelle mixtes en un autre sens, lesquelles étant principalement et par leur nature actions personnelles, néanmoins, par
rapport à quelque chose qui leur est accessoire, tiennent de la
nature de l'action réelle. » Il donne pour exemple l'action de
réméré, l'action de retrait lignager, etc. — En outre, dans le
système opposé, la distinction faite par la loi entre les actions
réelles ou personnelles d'une part, et les actions mixtes de
l'autre, deviendrait à peu près inutile. En effet, cette distinction n'a d'autre but que de permettre au demandeur, en matière mixte, d'assigner indifféremment le défendeur, soit devant
le tribunal de son domicile, soit devant celui de la situation
des lieux. Or, l'action en partage d'une succession doit nécessairement être portée devant le tribunal du lieu où cette
succession est ouverte (C. pr. 59, alin. 6); celle en partage de
biens communs, ou en bornage devant le tribunal de la situation : le bon sens s'oppose à ce qu'on demande au tribunal du
domicile une opération qui ne peut se faire que sur les lieux :

l'art. 59 ne saurait donc recevoir d'application que dans le seul cas d'une demande en pétition d'hérédité, ce qui est inadmissible. Henrion, *Compétence*, ch. 2; Carré, art. 59. *Contrà.* —Poncet, p. 188, 194.

32. Toutefois, la demande de prestations personnelles, jointe à une demande de droits réels, ne suffit pas toujours pour rendre mixte l'action réelle. Autrement la disposition du Code qui attribue au juge de la situation la connaissance de l'action réelle, serait illusoire, presque toutes ces actions étant accompagnées d'une demande de prestations personnelles. Ainsi, une action en revendication d'un immeuble, dirigée contre un tiers-détenteur, ne cesserait pas d'être réelle par cela seul que l'on conclurait à la restitution des fruits perçus depuis le jour de la demande : dans ce cas, le défendeur n'est toujours obligé qu'à l'occasion de la chose qu'il détient; il peut se libérer en abandonnant l'immeuble et les fruits qui en sont l'accessoire; mais l'action deviendrait mixte, si, à la demande en revendication, s'en trouvait jointe une en dommages-intérêts pour dégradations faites à l'immeuble par le détenteur. Alors, en effet, il serait personnellement obligé, et ne pourrait plus se soustraire aux poursuites du demandeur au moyen du délaissement : on aurait par conséquent les deux caractères qui constituent l'action mixte.

33. L'action personnelle diffère de l'action réelle sous le triple rapport de l'origine, du sujet, de la réclamation ou des conclusions.

34. L'action personnelle dérive nécessairement d'une obligation à laquelle sont soumis l'actionné ou ceux qu'il représente. Au contraire, l'action réelle peut provenir d'un droit acquis sans la moindre participation de l'actionné ou de ses auteurs.

35. L'action personnelle se dirige toujours contre la personne de l'actionné ou contre celle de ses représentans. Les biens de l'actionné sont, il est vrai, le gage de l'obligation; mais elle continue à être exercée contre la personne, même après l'aliénation des biens.

A l'inverse, l'action réelle se dirige toujours contre la chose. Si l'on s'adresse au possesseur, c'est à cause de sa détention; l'action suit la chose, en quelques mains qu'elle passe.

36. L'action personnelle a lieu dans toute son étendue contre l'héritier qui accepte la succession, lors même que le débiteur a aliéné une partie des biens.

37. De même un légataire d'immeubles, chargé de payer un legs, ne peut s'en dispenser, sous prétexte que ces immeubles n'ont pas été restitués par l'Etat, qui les avait confisqués.

Il suffit qu'avant l'émigration il en eût pris possession, pour qu'il continue à être passible de l'action personnelle que le second légataire avait contre lui en vertu de son legs, et que ce dernier ne soit pas forcé d'agir contre les possesseurs des mêmes immeubles. Cas. 17 mai 1809; Berriat, p. 103, not. 6.

38. L'action réelle n'est recevable contre l'héritier que dans le cas où il est détenteur de l'objet réclamé.

39. Par l'action personnelle, on demande l'exécution d'une obligation.

Par l'action réelle, on demande la reconnaissance d'un droit, que la chose soit déclarée appartenir au réclamant, ou être affectée à son droit réel, tel qu'un droit de servitude. On conclut bien à ce que l'actionné soit tenu de délaisser l'héritage, ou de consentir au droit réel et aux suites de ce droit; mais si le possesseur délaisse, il est affranchi de toute action. C. civ. 656 et 699.

40. L'action *mixte* diffère des deux précédentes en ce qu'on réclame tout à la fois et l'exécution d'une obligation, et la reconnaissance d'un droit. Par exemple, on conclut à ce qu'un individu soit condamné à payer la somme de..., et que tel immeuble, par lui hypothéqué, soit déclaré affecté au paiement de cette somme.

41. De même, l'héritier qui forme une demande en partage conclut non-seulement au partage des biens qui composent la succession, mais encore, 1° à ce que ses cohéritiers soient personnellement condamnés à lui faire part des fruits qu'ils ont perçus dans ces biens; 2° à l'indemniser pour sa portion héréditaire du dommage qu'ils ont pu lui causer; 3° à lui tenir compte des dépenses qu'il a faites pour la conservation de ces mêmes biens.

42. Par suite de ces principes, on doit considérer comme actions personnelles : 1° l'action en exhibition de titres que l'on prétend avoir précédemment remis à la personne à laquelle on en demande la restitution.

Peu importe que cette action soit formée comme base d'une demande en revendication d'immeubles, dont le défendeur est en possession. Cas. 3 fév. 1806 (S. 6, 2, 705).

43. 2° Celle qui a pour objet soit le paiement des arrérages d'une rente hypothéquée sur un immeuble, soit l'obtention d'un titre nouveau de cette rente. On ne peut dire qu'une telle action soit mixte, en ce qu'elle est dirigée autant contre l'immeuble hypothéqué que contre la personne du débiteur de la rente. Paris, 18 janv. 1823 (S. 25, 115).

44. 3° La demande en nullité d'une vente formée par l'acquéreur ou ses représentans. Riom, 30 déc. 1825 (S. 27, 31).

45. 4° Celle exercée par l'acquéreur d'une coupe de bois contre le vendeur, pour être autorisé à faire abattre les arbres qu'il a achetés, et spécialement les baliveaux qu'il prétend avoir laissés au-delà du nombre convenu. Les arbres achetés pour être coupés sont réputés meubles vis-à-vis l'acquéreur. Cas. 5 oct. 1813; Pothier, *Communauté*, n. 70; Merlin, *Rép.*, v° *Biens*, § 1.

46. 5° L'action en délivrance de l'immeuble vendu, dirigée contre le vendeur lui-même ou ses successeurs à titre universel. Ils sont obligés personnellement à effectuer cette délivrance. Poncet, *des Actions*, p. 179.

Cependant, si le vendeur était encore en possession de l'immeuble, l'acquéreur ayant sur lui un droit réel, l'action deviendrait mixte. Cas. 2 fév. 1809 (S. 9, 138). —V. *sup.* n. 29.

47. 6° Celle par laquelle l'héritier du sang forme contre l'héritier testamentaire une demande en délaissement de la succession, motivé sur ce que le testament dont il excipe est nul. Cas. 18 janv. 1820 (S. 20, 127); Orléans, 21 août 1829 (S. 30, 94); Favard, v° *Action*, n. 5.

48. 7° L'action en résiliation de bail : Un locataire n'a aucun droit dans la chose ou à l'occasion de la chose, *jus in re*; il n'a qu'un droit pour obtenir la jouissance de cette chose, *jus ad rem*. Il est détenteur précaire, et ne possède que pour le propriétaire. Celui-ci n'a aucun droit réel à exercer contre le locataire. Il ne peut que lui demander l'exécution de ses engagemens, au nombre desquels se trouve l'obligation de déguerpir quand le bail est expiré, et que le propriétaire lui a donné congé. Poncet, *Actions*, p. 183. *Contrà.* —Paris, 15 fév. 1808 (S. 7, 771).

49. 8° Celle en représentation du prix de vente, intentée par les créanciers du vendeur contre l'acquéreur. Cas. 15 mars 1808.

50. 9° Enfin toutes les actions résultant des voies pour attaquer les jugemens.

Elles sont personnelles par leur nature et par leur objet : —Elles résultent uniquement de l'obligation que la loi impose à celui qui a obtenu le jugement attaqué; c'est une condition du quasi-contrat judiciaire de souffrir que ce jugement soit remis en question devant le tribunal de rétractation ou de réformation. Leur objet est l'accomplissement de cette obligation. Poncet, *Jugemens*, t. 1, p. 265.

51. Au contraire sont réelles, 1° l'action en revendication dirigée contre un tiers-détenteur par un précédent propriétaire.

2° Celle en délaissement, formée par un créancier hypothécaire du vendeur.

3° Celle en révocation de donation, intentée par le donateur.—Elle est mixte à l'égard du donataire.

4° Celle en ouverture d'ordre pour la distribution du prix d'un immeuble vendu soit volontairement, soit par expropriation forcée. Cas. 13 juin 1809 (S. 9; 282); Paris, 31 mai 1826.

52. Enfin sont mixtes, 1° l'action en rescision d'un contrat de vente pour cause de lésion : elle participe de l'action personnelle en ce que l'on demande le paiement du juste prix; et de l'action réelle, en ce que l'on conclut à être réintégré dans l'immeuble en cas de non-paiement de ce juste prix. Cas. 5 nov. 1806 (S. 6, 512), 13 fév. 1832 (S. 32, 681); Paris, 13 mars 1817 (S. 18, 99). *Contrà*. —Riom, 1 déc. 1808 (S. 12, 197); Favard, v° *Action*, § 1, n. 3.

53. 2° La demande tendant à la nullité du contrat, et par suite à la radiation des inscriptions hypothécaires prises en vertu de ce contrat.

Ainsi l'action pourra être intentée soit devant le tribunal du domicile du défendeur. Cas. 29 brum. an 13 (S. 7, 1001), 1er prair. an 12; soit devant celui de la situation des biens. Paris, 9 mars 1813 (S. 14, 136); Thomines, Desmazures, art. 59; Merlin, *Rép.*, v° *Radiation d'hypothèques*, n. 4.

Toutefois, dans le cas où l'on attaque la validité du titre, alors même que l'on conclut simplement à la main-levée de l'inscription, il est plus prudent de porter la demande au tribunal du domicile des créanciers. De quelque manière qu'on la présente, elle prend toujours son fondement dans une nullité de l'obligation, abstraction faite de tous vices de formes. On ne peut venir à la main-levée de l'inscription sans faire prononcer la nullité de l'engagement. Ce qu'il y a de réel est entièrement subordonné à ce qui est personnel. Grenier, *Hypothèques*, t. 1, p. 188 et suiv.

54. 3° L'action intentée par les créanciers, en nullité d'une vente de biens de mineurs, faite en fraude de leurs droits. Elle porte à la fois sur la personne, pour la contraindre à anéantir un acte personnel, et sur une chose pour en obtenir la remise. *Contrà*. —Riom, 1 déc. 1808.

Cette action est personnelle, parce que l'héritier du débiteur, en sa qualité d'héritier, est tenu de la dette, et en même temps réelle, comme conférant un droit sur l'immeuble hypothéqué. Cas. 10 déc. 1806, 24 août 1826; Loiseau, liv. 4, ch. 4.

55. 4° La demande en paiement d'une somme pour prix de la stipulation du droit de retour réservé au profit d'un donateur d'immeubles. Cas. 4 janv. 1820.

56. 5° L'action tendante à obtenir le délaissement d'un im-

meuble et des dommages-intérêts à raison de l'induc-possession du tiers-détenteur.

Vainement on objecterait que la demande en dommages-intérêts n'est que l'accessoire de l'action en délaissement, qui est éminemment réelle. Cette allégation ne serait pas juste : en effet, on aurait pu intenter l'action en dommages-intérêts indépendamment de celle en délaissement. Il aurait fallu, il est vrai, pour y statuer, attendre que la question de propriété fût vidée ; mais l'action en dommages-intérêts n'en serait pas moins restée une action personnelle principale. Grenoble, 29 avr. 1824 (S. 26, 27). *Contrà.* — Amiens, 15 nov. 1824 (S. 25, 211).

Art. 2. — *Actions mobilières et immobilières.*

57. L'action suit la nature de la chose que l'on réclame ; elle est *mobilière* ou *immobilière*, selon que l'objet de la demande est lui-même mobilier ou immobilier. *Actio quæ tendit ad mobile, mobilis est ; ad immobile, immobilis.* Dargentré.

58 Ainsi est purement mobilière, 1° l'action du créancier hypothécaire contre le tiers-détenteur en représentation du prix de l'immeuble, par suite des lettres de ratification obtenues par ce dernier. Cas. 15 mars 1808.

59. 2°. L'action en délivrance d'arbres vendus pour être coupés. Cas. 5 oct. 1813. — V. sup. n° 45.

60. Au contraire, est immobilière, 1° l'action relative aux récoltes, fruits et bois non séparés du fonds, et formée avant la vente de ces objets, à moins qu'ils n'aient été saisis-brandonnés. Cas. 1er juin 1822. Favard, v° *Action*, § 1, n° 2.

61. 2° Celle en revendication d'un immeuble ou d'une servitude, soit contre le vendeur, soit contre des tiers.

62. 3° L'action en rescision d'une vente d'immeuble pour lésion. En effet, le vendeur ne peut demander que la rescision du contrat, et par conséquent la restitution de l'immeuble. L'acquéreur, il est vrai, a la *faculté* de payer le supplément des neuf-dixièmes ; mais, pour déterminer le caractère de l'action, il faut s'attacher exclusivement à l'objet de la demande. Delvincourt, p. 164, note 2. *Contrà.* — Cas. 23 prair. an 12, 14 mai 1806.

§ 2. — *Exercice des actions.*

Art. 1. — *Soins à prendre avant d'ester en jugement.*

63. La prudence veut qu'avant d'intenter une action ou d'y répondre, on consulte ceux dont le ministère est d'éclairer les citoyens sur leurs intérêts et de défendre leurs droits devant les tribunaux. V. *Avocat, Avoué.*

64. Il importe d'être édifié sur les points suivans : A-t-on intérêt? cet intérêt est-il fondé en droit? A-t-on qualité pour l'exercer? des preuves pour le justifier? une action pour le faire valoir? Quelle espèce d'action intenter? devant quel tribunal? contre qui? Est-on capable d'ester soi-même en jugement? Si l'on est incapable, par l'intermédiaire de qui faut-il agir? Est-il nécessaire de subir le préliminaire de conciliation, de se faire assister d'un avoué? Quelle procédure suivre? Peut-on avant la demande ou pendant l'instruction faire des actes conservatoires?

65. *Intérêt. Point d'intérêt, point d'action.* Cette règle est fondée sur l'équité et sur la loi.

66. En général l'intérêt doit être né et actuel (Arg. C. civ. 191), inhérent à la personne qui agit, à moins qu'elle ne représente la partie en qui l'intérêt réside.

67. Il suffit quelquefois d'un intérêt susceptible de se réaliser. Ainsi, l'habile à succéder peut, pendant les délais pour délibérer, exercer une action purement conservatoire. — V. *Absence*, n° 61.

68. *Droit.* Il faut que l'intérêt soit légitime, c'est-à-dire fondé sur le droit.

69. *Qualité.* Il faut avoir qualité, c'est-à-dire agir comme maître ou comme représentant du maître du droit. D'où la règle *point de qualité, point d'action.* Merlin, *Quest. Dr.*, v° *Appel*, § 9.

70. L'héritier ou le créancier a qualité pour exercer les droits et actions de son auteur ou débiteur (C. civ. 1166), à moins qu'il ne s'agisse d'un droit purement personnel (C. civ. 419, 1052, 957, 617 et 625, 1980, 552, 1208, 1294, 2056). Spécialement le créancier ne peut demander les alimens dus à son débiteur mort sans les avoir réclamés. Cas. 17 mars 1819.

71. Nul ne peut exercer en justice les actions d'autrui sans un mandat exprès ou implicite. Merlin, *Quest. Dr.*, v° *Prescription*, § 15.

72. Mais l'assignation donnée par le mandataire en son nom est-elle valable s'il ajoute qu'il n'agit qu'en vertu de la procuration qu'il énonce? — V. *Ajournement*, n° 51.

73. *Preuves.* Souvent le droit périclite faute de preuve ; les parties doivent donc examiner respectivement si elles peuvent justifier de leur qualité et de leurs moyens de défense, savoir : le demandeur, des faits qui servent de base à sa réclamation; le défendeur, des exceptions qu'il oppose. C. civ. 1315. — V. *inf.* art. 3.

Si l'action à exercer a été transmise, soit par succession, soit par donation, vente ou transport, etc., le demandeur doit d'abord justifier de la transmission qui lui a été faite à titre universel ou singulier. Autrement il serait déclaré non-recevable par *défaut de qualité.* — *V.* ce mot.

74. *Action.* Quelquefois la loi refuse le moyen d'agir pour réclamer ce que le droit concède. Par exemple, si le droit résulte d'une obligation purement naturelle. — *V.* C. civ. 1235, 1965, 1967; ou si les parties n'ont pas qualité. — V. *sup.* n° 69.

75. Il n'est pas toujours nécessaire d'exercer une action pour faire valoir son droit. Certains avantages sont acquis *ipso jure*, et sans qu'il soit besoin de les réclamer, tels que la subrogation légale (C. civ. 1251), la saisine d'une succession. *Ib.* 724.

76. Un acte exécutoire peut, en général, s'exécuter sans qu'il soit besoin de jugement. — *V. Exécution.* Il convient néanmoins d'introduire une demande : 1° s'il n'emporte pas hypothèque (C. civ. 2123); 2° si la créance ne produit pas d'intérêts (*ib.* 1153. C. pr. 57); 3° si elle est sur le point de se prescrire.

77. Souvent un avantage n'est acquis qu'autant qu'on le réclame. Par exemple, la saisine, s'il s'agit d'héritiers irréguliers (C. civ. 724, 770, 773); la *péremption.* — *V.* ce mot; la révocation des donations pour ingratitude (C. civ. 956, 957); la rescision des conventions pour erreur, violence ou dol, et pour condition résolutoire sous-entendue (C. civ. 1117, 1184); les intérêts non-accordés par la loi (C. civ. 1153); le droit du créancier d'exercer les droits utiles et de faire révoquer les actes frauduleux de son débiteur. C. civ. 1166, 1167, 1447, 1464.

78. Quelquefois la loi accorde des prérogatives à la partie la plus *diligente* (—*V.* ce mot), et prive le plaideur négligent du bénéfice attaché à certains actes. C. pr. 396, 366. — V. *Récusation, Réglement de juges.*

79. Les juges ne peuvent suppléer les demandes qui ne sont pas formées devant eux, lors même qu'ils ont à juger une contestation qui paraît connexe.

80. Mais ils doivent suppléer d'office les moyens de droit omis par les parties. *L. unic. C. ut quæ desunt advocatis partium judex suppleat.*

81. Ainsi, lorsque le défendeur offre de prouver qu'il a payé un billet causé pour dette de jeu ou pour un commerce illicite, le juge peut suppléer le moyen de droit tiré de la nullité de l'obligation, et déclarer le demandeur sans action.

82. *Choix d'action.* Si le droit d'agir est constant, il importe de choisir l'action qu'il convient d'intenter; autrement on s'expose à une fin de non-recevoir et aux frais de la procédure.

83. On distingue le *cumul* ou le droit d'intenter à la fois plusieurs actions, et le *concours* ou la faculté d'opter entre plusieurs.

84. En général, le choix d'action une fois fait, on ne peut plus varier. Il ne doit pas être permis de traîner, par pur caprice, un citoyen d'un tribunal à un autre, ni d'enlever une affaire au juge qui en est saisi. L. 41, *D. de oblig. et act.*; L. 130. *j. R.* Merlin, *Rép.*, v° *Option*, § 1.

85. Les dommages-intérêts peuvent être réclamés devant le juge civil ou devant le juge criminel; mais la partie lésée doit opter pour l'une de ces deux voies. Merlin, *Rép.*, v° *Conversion.*

86. Le demandeur au pétitoire n'est plus recevable à agir au possessoire. C. pr. 26. — V. *Action possessoire*, n° 195.

87. La règle de *non-variation* reçoit des exceptions : par exemple, si depuis l'instance civile on découvre de nouveaux faits qui donnent à l'affaire un caractère criminel, on peut intenter une action criminelle.

88. Si le demandeur n'obtient pas entière satisfaction par l'exercice d'une seule action, il a le droit d'exercer en même temps toutes celles qui lui sont nécessaires. Toullier, t. 10, n° 170 et suiv.

89. Ainsi, le vendeur d'un immeuble qui d'abord a tenté de se faire payer de son prix, soit par des poursuites, soit par sa comparution dans un ordre, est recevable à intenter ultérieurement l'action en résolution, s'il n'est pas désintéressé. Cas. 24 août 1831 (S. 31, 315).

90. Le créancier, indépendamment de son action pour faire constater la créance et obtenir un jugement de condamnation contre le débiteur, peut former opposition entre les mains du débiteur de son débiteur, et assigner le tiers saisi en déclaration affirmative. — V. *Saisie-arrêt.*

91. Le créancier peut demander en même temps le principal de la peine, si elle a été stipulée pour le simple retard ; autrement il doit opter. C. civ. 1228, 1229.

92. Une chose m'est due à plusieurs titres, par exemple, en vertu d'une convention et d'un testament. Si je succombe dans mon action personnelle, en vertu du testament, je puis agir de nouveau par action personnelle en vertu de la convention. — Au contraire, si j'intente l'action réelle, me bornant à dire que la chose m'appartient, sans indiquer le titre de ma propriété, je suis censé invoquer toutes les causes de ma propriété. Si je succombe, je ne puis plus agir en vertu d'un titre spécial que je prétendrais n'avoir pas invoqué précédemment. — Une fois propriétaire d'une chose, je ne puis le devenir encore en vertu d'un autre titre. Au contraire, celui qui est obligé envers moi peut le devenir de nouveau à d'autres titres pour la même chose.

92. *Tribunal.* Le choix du tribunal est très-important. L'incompétence du juge produit une fin de non-recevoir. —V. *Compétence, Degré de juridiction, Exception, Organisation judiciaire, Ressort.*

94. *Contre qui.* En matière réelle, on s'adresse au possesseur; en matière personnelle, à l'obligé ou à ses représentans.

95. Il est des circonstances où l'on ne peut attaquer les représentans de la même manière que l'auteur.

Ainsi, l'héritier du débiteur n'est en général poursuivi que pour sa part héréditaire. C. civ. 873.

Les cautions ne peuvent pas toujours être actionnées avant le débiteur principal. C. civ. 2021.

96. *Capacité d'ester en jugement.* Celui qui veut intenter une action doit s'assurer de sa capacité et de celle de son adversaire. — V. *inf.* n. 109.

97. *Préliminaires.* En général, la loi exige qu'avant d'introduire une instance, on tente la voie de la *conciliation.* —*V.* ce mot.

Quelquefois il est nécessaire d'obtenir une permission ou autorisation du juge. — V. *Bref délai.*

98. *Avoué.* Dans presque toutes les affaires la loi veut que l'on soit assisté d'un avoué. — V. *Avoué, inf.* n. 119.

99. *Procédure.* Elle varie suivant les circonstances —V. *inf.* art. 3.

100. *Actes conservatoires.* Ils peuvent être faits, soit avant, soit pendant l'instance, si l'on a les titres ou permissions que la loi exige. — V. *Acte conservatoire,* nos 14 et suiv.

101. Si aucun écrit ne prouve le fondement de l'action, on ne peut se procurer des preuves que par les voies d'instruction, et conséquemment après la demande. — V. *inf.* art. 3.

102. Mais lorsque les circonstances du fait sont telles que les preuves pourraient dépérir, le juge a le droit de permettre de les faire avant ou lors de la demande, sans appeler l'adversaire, sauf à ce dernier à plaider ensuite, soit pour faire rejeter la preuve, soit pour faire la preuve contraire.

Ainsi, pendant le délai de la garantie, un cheval est atteint d'un vice rédhibitoire, le juge compétent (— V. *Compétence*), sur une requête qui lui est présentée, commet un artiste vétérinaire, qui en fait la visite et son rapport.

De même un malade se plaint de l'impéritie d'un chirurgien; on peut craindre que le mal, en empirant, ou d'autres circonstances, ne couvrent la vérité du fait; alors le juge nomme des chirurgiens experts pour visiter le malade et faire leur rapport, qui sera produit sur la demande.

103. Il est souvent utile de mettre l'adversaire en demeure par un *commandement* ou par une *sommation*. — V. *Dommages-intérêts.*

Art. 2. — De la Demande.

104. La *demande* est l'acte par lequel on commence une instance.

105. Les demandes sont *principales, introductives d'instance,* ou *incidentes, en garantie, reconventionnelles, nouvelles, préjudicielles* ou *subsidiaires, ordinaires* ou *sommaires, urgentes.* — V. ces mots.

106. Les conditions requises pour exercer l'action peuvent se résumer aux trois suivantes. Il faut que la demande soit recevable, fondée, formée par et contre une personne capable.

107. 1° *Recevable.* La demande est recevable si l'on n'a point de fin de non-recevoir à lui opposer. — V. *Exception.*

108. 2° *Fondée.* La demande est fondée lorsqu'elle repose sur le droit. — V. *sup.* n. 68.

109. 3° *Formée par et contre une personne capable.* La capacité pour ester en jugement varie selon la nature de l'action, et selon qu'il s'agit d'intenter l'action ou d'y défendre.

110. Toute personne peut actionner, à moins d'une exception expresse.

111. Ceux qui n'ont pas le libre exercice de leurs droits, ne peuvent actionner sans l'assistance ou l'intermédiaire d'un défenseur.

Tels sont l'accusé contumace, le condamné par contumace, le condamné contradictoirement aux travaux forcés à temps et à la réclusion, le mort civilement, le mineur non-émancipé, le mineur émancipé pour certaines actions, l'interdit, celui qui est pourvu d'un *conseil judiciaire*, le failli, la femme mariée. Quelles personnes sont chargées d'exercer les droits de ces incapables ? — V. *Condamné, Conseil judiciaire, Contumace, Faillite, Femme mariée, Interdit, Mineur, Mort civilement.*

112. Pour les actions concernant les *communes*, les *établissemens publics*, l'*état*, le *roi*, les *sociétés*, le *trésor.* — V. ces mots.

113. En général, l'incapable d'actionner l'est aussi de se défendre. Toutefois, il existe quelques exceptions. — V. notamment *Mineur*

114. La demande se forme ordinairement par une assignation, quelquefois par une requête.

115. L'acte introductif de la demande est désigné d'une manière plus spéciale, suivant les circonstances, par les mots *Acte d'appel*, *Ajournement*, *Citation*, *Pourvoi*. — V. *Ajournement*, *Appel*, *Cassation*, *Citation*.

116. Plusieurs actes, pour l'introduction d'une instance, sont considérés comme tenant lieu d'une demande : ce sont les appels, les saisies, les réquisitions d'ordres et de contributions, les contraintes pour contributions.

117. La demande renferme nécessairement des *conclusions*. On y expose l'objet précis de la réclamation.

118. La demande se notifie par le ministère d'un *huissier*. — V. ce mot.

La demande incidente ou reconventionnelle a lieu par requête signifiée d'avoué à avoué.

119. Si l'affaire est portée devant un tribunal de première instance, ou devant une Cour royale, les parties doivent constituer avoué. — V. *Avoué*, *Constitution*.

Devant la Cour suprême elles sont assistées d'un *avocat à la Cour de cassation*. — V. ce mot.

120. Pour les formalités de la demande. — V. *Ajournement*, *Appel*, *Cassation*, *Citation*, *Exploit*.

121. Lorsqu'il y a péril en la demeure, la demande peut être formée à des délais plus rapprochés que ceux établis pour les cas ordinaires.

Sous le rapport de l'urgence, on distingue trois espèces d'affaires : 1° celles soumises au juge en son hôtel (—V. *Hôtel du juge*); 2° celles portées à l'audience des *référés* (— *V.* ce mot); 3° enfin celles que l'on porte à l'audience du tribunal à *bref délai*. — *V.* ce mot.

122. Si l'on découvre des vices de forme dans l'assignation, il faut la recommencer, pour éviter les frais de la demande en nullité de la part de l'assigné. On déclare que l'on n'entend pas se servir de la première assignation.

123. Pour les effets de la demande. — V. *Ajournement*.

Art. 3. — *De l'Instruction*.

124. L'instruction embrasse les moyens de défense et les moyens de preuve. Elle désigne plus spécialement la série des actes qui précèdent le jugement. Ces actes sont destinés à éclairer le juge, et à le mettre en état de prononcer sur la contestation. Au nombre de ces actes est la *demande* qui, dans certaines procédures, forme seule une grande partie de l'instruction.

125. La marche de l'instruction est ordinaire ou extraordinaire. La loi a tracé une marche particulière pour plusieurs espèces de causes. — V. *Délibéré*, *Enregistrement*, *Ordinaire*, *Sommaire*.

126. *Moyens de défense.* Ils s'appliquent au demandeur comme au défendeur.

Parmi les moyens particuliers au défendeur, on distingue ceux qui ont pour résultat de faire déclarer la demande non-recevable. —V. *Exception*, et les *moyens du fond* qui tendent à faire déclarer la demande mal fondée.

127. Les moyens, selon la nature de l'affaire, sont présentés par requête, ou par simples écritures, ou verbalement. — V. *Conclusions, Mémoires, Ordinaire, Requête, Sommaire.*

128. *Voies d'instruction.* Si les faits qui servent de base aux divers moyens de défense sont contestés, la preuve doit en être administrée.

La preuve s'administre par le moyen des titres, des aveux, vérification d'écriture, enquêtes, accès de lieu, rapports d'experts et interrogatoires. —V. *Aveu, Communication de pièces, Copie, Comparution de parties, Descente de lieux, Enquête, Interrogatoire sur faits et articles, Titre, Vérification d'écriture.*

La preuve résulte encore d'inductions tirées de points convenus ou constatés entre les parties, et des présomptions légales ou de faits.

129. *Incidens.* La marche de la procédure peut être interrompue par des incidens. — V. *Décès, Désaveu, Démission, Destitution, Incident, Interdiction, Intervention, Interruption, Récusation, Renvoi, Reprise d'instance.*

—V. *Compétence, Exception, Exécution, Jugement.*

ACTION *immobilière.* — V. *Action*, § 1, art. 2, *Compétence.*

ACTION *mixte.* — V. *Action*, § 1, art. 1, *Compétence.*

ACTION *mobilière.* — V. *Action*, § 1, art. 2, *Compétence.*

ACTION *paulienne.* —V. *Créancier.*

ACTION *personnelle.* — V. *Action*, § 1, art. 1, *Compétence.*

ACTION *pétitoire.* Action donnée au propriétaire d'un fonds ou d'un droit réel contre le possesseur, afin de faire reconnaître sa propriété ou son droit réel sur ce fonds. — V. *Action possessoire.*

ACTION *possessoire* [1]. Action donnée au possesseur pour se faire maintenir ou réintégrer dans sa possession, en cas de trouble ou d'éviction.

1. La coutume de Paris (art. 96, 97, 98), et l'ordonnance de 1667, tit. 18, traitent des actions possessoires. Le titre *des jugemens sur les actions possessoires* manquait dans la loi de

---

[1] Cet article est de M. Richomme, avocat à la Cour royale de Paris, docteur en droit.

1790 sur les justices de paix et dans le projet du Code de procédure; il fut ajouté sur le vœu du Tribunat, et adopté sans discussion : son imperfection force souvent de recourir aux anciens principes; ils nous serviront à résoudre de graves difficultés. — V. *inf.* n°s 30, 37, 63, 174.

- DIVISION.

---

§ **1.** — *Nature des actions possessoires; leurs différentes espèces.*

2. Les actions *possessoires* sont uniquement relatives à la possession; celles qui ont trait à la propriété s'appellent *pétitoires.* Il y a entre ces deux espèces d'actions la même différence qu'entre la propriété et la possession. — V. *inf.* n° 68.

3. La nature de l'action se détermine par les conclusions du demandeur. Elle est *pétitoire* s'il réclame un droit de propriété; *possessoire* s'il s'agit uniquement d'un droit de possession.

4. On doit s'attacher plutôt à l'intention du demandeur qu'au sens littéral des mots employés dans l'assignation.

Ainsi, l'action ne cesse pas d'être possessoire par cela seul que le demandeur fournit, à l'appui de ses conclusions en maintenue de possession, des allégations tendantes à établir sa propriété. Cas. 30 nov. 1818 (S. 19, 206), 1er mars 1819 (S. 19, 34).

Spécialement, s'il articule qu'il est non-seulement *possesseur,* mais encore *propriétaire.* Même arrêt.

5. Mais l'action est pétitoire, 1° si le demandeur conclut à ce que le défendeur soit déclaré *non-propriétaire.* Dans ce cas, c'est le droit à la propriété et non le fait de la possession qui forme l'objet du litige. Cas. 3 oct. 1810 (S. 11, 23), 12 avr 1813.

6. 2°. Si le défendeur soutient que le terrain litigieux n'est pas le même que celui énoncé dans le titre du demandeur, qui ne rapporte pas d'autre preuve de sa possession annale que ce titre; l'action possessoire doit reposer sur des faits de possession et non sur des titres de propriété. Cas. 12 avr. 1813.

7. Enfin l'action n'est pas possessoire lorsque l'acquéreur demande que son vendeur soit tenu de vider les lieux; il s'agit alors de l'exécution du contrat de vente. Cas. 5 mai 1808.

8. La nature de l'action ne se modifie pas par les moyens que plaide le défendeur pour repousser la demande. Cas. 23 fév., 13 juin 1814, 1er mars 1819, 9 fév. 1820.

Soutient-il que la propriété du fonds lui appartient, et non pas au demandeur (Cas. 8 brum. an 13); allègue-t-il avoir un droit de servitude (Cas. 19 vend. an 11); être fondé en titre pour exercer l'acte duquel résulte le trouble (Cas. 10 juin 1816); enfin s'appuie-t-il sur un acte administratif (Cas. 28 août 1812 (S. 14, 60), l'action n'en est pas moins possessoire. Le juge de paix, qui, sur la présentation d'une exception de ce genre, ajourne le jugement du possessoire après la décision à intervenir sur le pétitoire, viole la règle qui veut que le possessoire soit jugé avant le pétitoire. Cas. 29 déc. 1828. — V. *inf.* § 7.

9. *La possession fait présumer la propriété.* De là toute l'importance du jugement rendu au possessoire.

Celui qui obtient la possession, poursuivi au *pétitoire*, n'est pas tenu d'établir son droit à la propriété, mais seulement de discuter la prétention de son adversaire. Dans l'intervalle, il est présumé propriétaire; il continue de jouir de la chose possédée, d'en acquérir les fruits. Prolongée pendant un certain nombre d'années, sa possession peut même le rendre propriétaire incommutable. C. civ. 2219.

10. Mais il ne suffit pas d'usurper la possession pendant une courte absence du maître ou du possesseur pour rejeter sur lui le fardeau de la preuve. L'ancien possesseur peut agir contre le nouveau en prouvant l'antériorité de sa possession, s'il forme sa demande dans un certain délai, et si sa possession réunit certains caractères. — V. *inf.* § 3.

11. Comme le propriétaire a le droit de se plaindre des atteintes à sa propriété, et de la revendiquer s'il en a été dépouillé, de même le possesseur peut empêcher qu'on ne trouble sa possession, ou se faire réintégrer s'il a été dépossédé.

12. Dans le premier cas, son action prend, suivant les circonstances, le nom de *complainte* ou de *dénonciation de nouvel œuvre*; dans le second, on l'appelle *réintégrande*. — V. *infrà.*

Art. 1. — *De la Complainte.*

13. La complainte répond, dans notre législation, à l'interdit *retinendæ possessionis*, donné à Rome par le préteur au possesseur, pour se faire maintenir dans une possession qu'il n'aurait pu réclamer par l'action réservée au propriétaire civil. On en trouve des traces dans la loi salique (tit. 47), les établissemens de saint Louis et la coutume de Beaumanoir. Henrion, *Compétence*, ch. 33 et 34.

14. Il y a lieu à complainte toutes les fois que l'on est troublé dans une possession réunissant les caractères exigés par la loi. — V. *inf.* § 3.

15. Peu importe que le trouble ne cause aucun préjudice actuel. Cas. 2 déc. 1829. Il suffit qu'il annonce de la part du défendeur l'intention d'acquérir la possession ou de la rendre équivoque en la personne du demandeur. Pothier, *Possession*, n° 103.

16. Le trouble est l'empêchement causé à la possession. Il est de fait ou de droit : *de fait*, lorsque des entraves réelles sont apportées à la jouissance. Tels seraient l'établissement d'un fossé, d'une haie, d'une clôture, le détournement d'un cours d'eau, etc.

De droit, lorsque dans un acte ou exploit, tel que sommation, citation, saisie, dénonciation, la possession est méconnue ou contestée. Duparc-Poullain, pr. *de Jur. liv.* 10, *tit. de la Compl.*; Rodier *sur l'art.* 1, *tit.* 18 *de l'ordonnance*; Berriat, t. 1, p. 115; Henrion, ch. 37, p. 332 et suiv.; Merlin, *Rép.*, v° *Complainte*, § 4.

17. Toutefois, le trouble de fait ne résulte pas de la simple appréhension de la chose à laquelle il s'applique : la volonté de la posséder doit y être jointe. Pothier, *ib.* n° 39.

18. Par exemple, la coupe d'une certaine quantité de foin faite par un voisin, sans annoncer qu'il a l'*intention de posséder* le terrain sur lequel il l'a faite, ne donne pas lieu à une complainte : dans cette action, on considère le droit, et non le fait de la possession. Elle a pour but d'obtenir une maintenue de possession; si la possession elle-même n'est pas troublée, il n'y a pas de motif pour l'intenter; c'est seulement un cas de *réintégrande*. Cas. 28 déc. 1826. — V. *inf.* art. 3.

19. Néanmoins la complainte est recevable de la part du propriétaire d'un immeuble contre un tiers qui prétend avoir *le droit* de posséder ces immeubles en qualité de fermier, et qui fait acte de jouissance. Vainement on objecte que le fermier n'excipant que d'une possession à titre précaire, il n'y a réellement pas de trouble apporté à la possession du propriétaire. Il existe un trouble *de fait* qui suffit pour motiver la complainte, lorsqu'il ne se borne pas à un acte isolé. Cas. 6 frim. an 14 (S. 7, 772), 19 nov. 1828 (S. 29, 110); Merlin, *Rép.*, v° *Complainte*, n° 5.

20. Il y a également lieu à complainte : 1° Lorsqu'il a été dressé contre le possesseur un procès-verbal de contravention pour avoir ouvert un fossé sur un terrain qu'on prétend dépendre d'un chemin vicinal. Cas. 10 janv. 1827.

21. 2° Quand on exécute sur rapport d'experts, et même sur l'avis d'un arpenteur, une plantation de bornes ou haies de nature à porter atteinte à la possession du voisin. Un pareil acte ne peut être fait sans son consentement qu'en vertu d'un jugement rendu au pétitoire. Cas. 27 août 1829.

22. Il en est de même du cas où l'on est troublé par un individu auquel l'autorité administrative a affermé les biens que l'on possède : en effet, d'un côté, cet objet étant prescriptible, l'action possessoire serait recevable contre l'Etat lui-même ; et d'un autre côté, le bail est un acte de régie, et non un fait de juridiction administrative. Cas. 9 sept. 1806 (S. 14, 409).

23. Au contraire, la complainte est non-recevable : 1° pour le trouble apporté par l'exécution d'un jugement. On doit se pourvoir par les voies établies contre les jugemens. Merlin, *Quest. Dr.*, v° *Complainte*, § 1er; Duparc-Poullain, ch. 10.

24. 2° Pour celui causé par une assignation au pétitoire ; dans ce cas, en effet, on n'empêche pas la possession qui subsiste pendant l'instance au pétitoire. Arr. 12 août 1765; Denisart, v° *Trouble ;* Cas. 20 janv. 1824; Merlin, *ibid.*

25. 3° Pour celui résultant d'un acte administratif, par exemple de l'abornement et de l'apposition d'affiches autorisée par la loi du 9 vent. an 13, dans le but de rechercher les limites des anciens chemins vicinaux. Ces actes ont uniquement pour objet d'avertir les citoyens, et de les engager à présenter leurs réclamations à l'autorité administrative, sauf à faire statuer ensuite par les tribunaux civils sur la propriété qu'ils se croiraient fondés à réclamer, après la fixation définitive du chemin. Cas. 26 déc. 1826 (S. 27, 65); Av. Cons.-d'Et. 22 nov. 1826 (S. 27, 2, 270).

26. Le complaignant peut, outre la maintenue en possession, conclure, selon les circonstances, à des dommages-intérêts.

Art. 2. — *De la Dénonciation de nouvel œuvre.*

27. L'action en dénonciation de nouvel œuvre n'est explicitement reconnue ni par le Code de procédure ni par aucune loi, ordonnance ou coutume antérieure; mais elle a été admise d'après le droit romain, par les anciens auteurs et par la jurisprudence antérieure à la loi du 24 août 1790. Henrion, ch. 38.

28. *D'après l'ancienne jurisprudence*, la dénonciation de nouvel œuvre est une espèce d'action en complainte, par laquelle un voisin déclare à son voisin qu'il s'oppose à la continuation d'une nouvelle construction. Denizart, v° *Dénonciation de nouvel œuvre*. Elle tend à faire-maintenir et réintégrer celui qui l'exerce dans la quasi-possession qu'il a de ne pas souffrir le préjudice que lui causent les travaux faits par le voisin sur son propre terrain.

On peut la diriger non seulement contre le voisin immédiat, mais contre un voisin plus éloigné. L. 8, D. *de oper. nov. nunciat.*

L'action ne peut être exercée après qu'on a laissé achever le nouvel ouvrage sans se plaindre. Henrion, ch. 38.

Son effet se borne à faire défendre la continuation d'un ouvrage commencé, jusqu'à ce que le juge du pétitoire ait décidé si le propriétaire qui a commencé l'ouvrage sur son propre fonds a le droit de l'achever ou s'il doit le détruire.

29. A Rome, la dénonciation de nouvel œuvre obligeait, avant jugement, à suspendre l'œuvre commencé. Il en est autrement en droit français; les juges seuls ont le pouvoir de commander et de se faire obéir. Les parties intéressées ont bien le droit de mettre leurs adversaires en demeure de faire ce qu'elles prétendent exiger d'eux; mais de pareils actes rendent seulement passibles de dommages-intérêts ceux qui n'y ont pas déféré, lorsque la demande se trouve juste et bien vérifiée. Arg. du Cod. pr. 1041; Henrion, ch. 38; Favard, v° *Complainte*, sect. 3, n. 3. Merlin, *Rép.*, v° *Denonciation de nouvel œuvre*, § 3. Berriat, p. 87, not. 31; Cas. 11 juil. 1820.

30. La dénonciation de nouvel œuvre existe-t-elle dans notre droit telle que dans l'ancienne jurisprudence? Cette question est grave et d'un haut intérêt.

Pour la négative, on dit : Bornier, Jousse, Pothier (*Possession*), Pigeau (*Procédure du Châtelet*), ne traitent point de la dénonciation de nouvel œuvre. Ni le Code de procédure, ni aucune loi, ordonnance ou coutume antérieure, n'en ont parlé. Il faut conclure de ce silence que les rédacteurs du Code ont eu pour but de ramener la législation à l'uniformité; ils ont voulu abolir les règles spéciales à la dénonciation de nouvel œuvre, et l'assimiler aux autres actions possessoires. — En conséquence, on décide que l'action possessoire est recevable, même *après l'achèvement* des travaux, et que le juge de paix peut ordonner *la destruction* des travaux, bien qu'ils soient exécutés *sur le terrain du propriétaire*. Ce système, adopté par la chambre civile de la Cour de cassation (13 juin 1814, 13 avr. et 22 août 1819 (S. 19, 449), 11 juil. 1820, 28 avr. 1829 (S. 29,

183); et par MM. Merlin, *Quest. Dr.*, v° *Dénonciation*, § 5,
et Garnier, *Actions possessoires*, p. 28 et suiv.), vient d'être
reproduit par un arrêt de la section civile du 22 mai 1833
(Dalloz, 6ᵉ cah. p. 218), ainsi motivé :

« Attendu qu'il s'agissait, dans l'espèce, d'une véritable action possessoire,
puisque Lautier demandait d'être maintenu et réintégré dans la possession plus
qu'annale qu'il disait avoir du fossé mitoyen dont il s'agit, et du libre cours des
eaux, dans laquelle il prétendait avoir été troublé par Bayle depuis moins d'un an
avant l'action; que le jugement attaqué a en effet reconnu que Lautier avait la
possession du fossé et du libre cours des eaux, et que Bayle l'a troublé en cette
possession en faisant refluer et séjourner les eaux dans le fossé au moyen d'une
vanne qu'il avait adaptée depuis moins d'un an avant l'action, à une martelière
par lui construite précédemment sur son fonds; mais qu'il a reconnu en même
temps que la martelière n'est pas par elle-même un obstacle à l'écoulement des
eaux; qu'il suit de là qu'en maintenant Lautier dans sa possession, et en ordonnant la *suppression* de la vanne sans ordonner celle de la martelière, le jugement
attaqué, loin de violer les règles du pétitoire, n'a fait qu'une juste application des
lois relatives à l'action possessoire ;
    Rejette. »

Malgré ces autorités imposantes, l'opinion contraire nous a
paru préférable. Le Code de procédure traite *des actions possessoires*, mais sans les définir, il est donc nécessaire en cette
matière de recourir aux anciens principes (—V. *sup.* n. 1). Si
l'on veut se renfermer strictement dans les termes du Code de
procédure, il faut alors rejeter la réintégrande, ou du moins
en soumettre l'exercice à la possession annale; et cependant la
chambre civile elle-même n'exige pas cette possession annale.
— V. *inf.* n° 37.

Ainsi, prenant pour guide l'ancienne jurisprudence, nous
admettons les propositions suivantes :

1° Si les travaux commencés par le voisin ne sont pas ache-
vés, on peut demander la *suspension* par l'action en dénonciation de nouvel œuvre.

2° Le juge de paix peut ordonner la suppression des travaux
qui auraient été faits depuis son ordre de suspendre.

3° Si les travaux ont été terminés avant toute réclamation, le voisin ne peut plus agir au possessoire.

Dans les autres actions possessoires, le trouble se fait par une
entreprise quelconque sur le fonds du possesseur; mais ici,
l'action est dirigée contre celui qui a fait sur son propre fonds
quelque ouvrage nuisible au possesseur d'un fonds voisin.

Or, un propriétaire est libre de faire sur son terrain tous les
ouvrages qu'il lui plaît : si le voisin le laisse achever sans se
plaindre, il est à présumer qu'il n'a pas le droit de les empêcher; la demande tendante à les faire *supprimer* ne peut donc
être basée que sur un titre, et intentée au pétitoire; autrement
il y aurait violation du droit de propriété.

Cette doctrine, professée par MM. Henrion, Favard, Carré, Guichard, Dalloz, t. 26, p. 1 et 188, note 2, adoptée par la chambre des requêtes (Arr. 14 mars 1827, 5 mars 1828), se trouve résumée dans l'arrêt du 15 mars 1826 (S. 26, 350), ainsi conçu :

» Considérant qu'il s'agit, dans l'espèce, d'une dénonciation de nouvel œuvre; qu'en thèse générale, cette action est de nature possessoire, en ce qu'elle tend à faire interdire la continuation de l'ouvrage commencé, et à faire ordonner que les choses demeurent provisoirement *in statu quo*; — mais, attendu qu'il ne faut pas la confondre avec les autres actions possessoires, et qu'elle est caractérisée par deux différences qui lui sont propres, déterminées par le droit romain, consacrées par l'ancienne jurisprudence française, et conformes à la saine raison et au véritable esprit des lois nouvelles : 1° en ce que l'interdit de *novi operis nunciatione*, ne peut plus être exercé après qu'on a laissé achever le nouvel ouvrage sans s'en plaindre; 2° en ce que, si l'interdit a été exercé avant la fin de l'ouvrage, son effet se borne à en faire défendre la continuation jusqu'à ce que le juge du pétitoire ait décidé si le propriétaire qui a commencé l'ouvrage sur son propre fonds a le droit de l'achever, ou s'il doit le détruire : question qui tient essentiellement à la propriété, et ne peut devenir l'objet d'une complainte; attendu qu'autoriser, dans ce cas, un juge de paix à faire détruire des ouvrages commencés, et à plus forte raison des ouvrages terminés, ce serait l'investir d'une juridiction exorbitante, qui n'est ni dans la lettre ni dans l'esprit des lois nouvelles.

31. Le seul préjudice causé à un voisin ne suffit pas pour rendre recevable l'action en dénonciation de nouvel œuvre. Il faut en outre que le propriétaire du terrain sur lequel ont lieu les travaux n'ait pas le droit de les faire. Cas. 28 fév. 1814.

32. Ainsi, un voisin ne saurait se plaindre de ce qu'un propriétaire limitrophe élève un bâtiment qui masque sa vue, à moins qu'il n'ait sur son terrain un droit de servitude; ni de ce qu'il ouvre des jours sur son fonds, à moins qu'ils ne soient pas à la distance prescrite par la loi. C. civ. 675.

33. Mais le propriétaire d'un étang peut intenter l'action en dénonciation de nouvel œuvre contre le voisin qui ouvre dans sa propriété une tranchée assez rapprochée de l'étang pour que les eaux filtrent au travers de la terre : ce voisin n'a pas le droit de s'approprier une portion des eaux de l'étang. Cas. 13 avr. 1819.

34. Il en est de même du propriétaire d'un fonds bordant une rivière, à l'égard du propriétaire de l'autre rive, qui établit, sur la partie du lit de la rivière qui lui appartient, une digue dont l'effet est de rétrécir ce lit et de rejeter l'eau sur le bord opposé. Cas. 2 déc. 1829.

35. Lorsque la construction faite sur le terrain d'autrui ne lui cause aucun préjudice, les tribunaux peuvent se refuser à ordonner le rétablissement des lieux. *Malitiis non est indulgendum.* Cas. 27 août 1827.

Art. 3. — *De la Réintégrande.*

36. Cette action a pour but, comme l'indique son nom, de faire réintégrer dans sa possession celui qui en a été spolié.

37. Elle répond à l'interdit *recuperandæ possessionis* des Romains. Admise dans notre législation par les établissemens de Saint-Louis, elle a été définitivement instituée par l'ordonnance de 1667, ainsi conçue : « *Celui qui aura été dépossédé par vio-* » *lence ou voie de fait pourra demander la réintégrande par action* » *civile ordinaire ou extraordinaire, même par action criminelle* ; » *et, s'il a choisi l'une de ces deux actions, il ne pourra se servir* » *de l'autre, si ce n'est qu'en prononçant sur l'extraordinaire on lui* » *réserve l'action civile.* »

Elle a été expressément maintenue par le Code civil, art. 2060; Cas. 28 déc. 1826. Mais le Code de procédure ne renfermant aucune disposition spéciale à cet égard, elle se trouve encore soumise aux anciens principes. Cas. 10 nov. 1819; Favard, v° *Complainte,* sect. 2, n°s 3 et 9; Henrion, ch. 52. — *V.* toutefois *inf.* n° 135.

38. Il y a lieu à réintégrande toutes les fois que l'on a été dépossédé par voie de fait ou violence.

39. La réintégrande diffère de la complainte sous plusieurs rapports.

1° En cas de réintégrande, le demandeur avait le choix entre l'action civile et l'action criminelle. V. *sup.* n° 37, *inf.* n° 133.

40. 2° Il n'est pas nécessaire que la possession réunisse les conditions exigées pour la complainte ou la dénonciation de nouvel œuvre, notamment qu'elle soit la possession annale. Cette différence est motivée sur le principe d'ordre public qui ne permet à personne d'employer la violence et les voies de fait. *Spoliatus ante omnia restituendus.*

41. 3° Pour la complainte, il suffit d'être troublé dans sa possession, tandis que pour la réintégrande il faut qu'il y ait eu *dépossession* par *violence* ou *voie de fait.*

42. La violence suppose la résistance, ce que ne suppose pas la voie de fait. Jousse, *Comm. ord.* 1667.

Il y a violence lorsque l'acte par lequel une partie usurpe sur l'autre l'objet contesté, renferme une voie de fait grave, positive, et telle qu'on ne pourrait la commettre sans blesser la sécurité et la protection que chaque individu a droit d'attendre de la force des lois. Cas. 28 déc. 1826.

La voie de fait existe par cela seul que l'agresseur s'est emparé d'un héritage qu'il savait que le possesseur ne lui aurait pas abandonné sans contestation. Cas. 10 nov. 1819.

43. La voie de fait, commise sans mauvaise foi de la part de celui qui en est l'auteur, ne donne pas lieu à la réintégrande.

Si celui qui s'est emparé d'un héritage a eu l'intention d'user légalement de son droit, s'il n'a pas dû raisonnablement supposer que le possesseur s'opposerait à ce qu'il a cru devoir faire, il n'y a ni voie de fait ni violence dans le sens de la loi; cette action n'a pour objet que la répression d'un délit ou d'un quasi-délit :

Le demandeur n'a rien à démontrer que le fait de sa possession au moment où il a été dépouillé. C'est au défendeur à prouver ensuite sa bonne foi, s'il veut ne pas être condamné. Favard, sect. 2, n° 6.

Ainsi, le cultivateur qui reprend une portion de terre labourée, à son préjudice, par un voisin, peut être condamné à des dommages-intérêts pour s'être fait justice à lui-même; mais l'action en réintégrande est non-recevable contre lui.

44. La réintégrande est-elle recevable contre le demandeur en complainte qui, avant d'exercer son action, s'est permis de réprimer le trouble apporté à sa jouissance en démolissant les ouvrages qu'il soutient avoir été faits à son préjudice? La négative résulte de ce qu'il serait contraire au droit de propriété que le seul fait d'un tiers qui aurait élevé un mur à l'insu du propriétaire, sur son terrain, empêchât celui-ci de le détruire, et qu'il fût contraint d'attendre que le juge ait pu statuer sur son action, sans même avoir l'espoir d'obtenir des dommages-intérêts dans le cas d'insolvabilité de l'adversaire. Berriat, p. 118, note 37; Merlin, *Rép.*, v° *Voie de fait*.

45. 4° Celui qui succombe dans la réintégrande peut à son tour intenter la complainte, s'il avait auparavant le droit de la possession. Cette action ne tranche pas définitivement la question de la possession; elle est préjudicielle à l'action en complainte, comme celle-ci à l'action pétitoire. Cas. 25 mai 1822; Henrion, ch. 52.

46. Si celui qui est dépossédé par violence, au lieu de demander simplement à être réintégré dans la possession de la chose, conclut à ce que le juge reconnaisse sa possession annale, il est censé intenter, non une réintégrande, mais bien une complainte. On applique alors les règles relatives à cette dernière action. Cas. 16 mai 1827.

47. La demande en réintégrande peut être accompagnée d'une demande en dommages-intérêts.

§ 2.—*Choses qui peuvent être l'objet des actions possessoires.*

48. Dans le silence du code et de la loi du 24 août 1790, il faut recourir à l'ordonnance de 1667.

Ainsi, on peut intenter les actions possessoires :

1° Pour immeubles, 2° pour droits réels, 3° pour universalité de meubles. Ordon. 1667, tit. 18, art. 1. — V. *inf.* n. 63 et suiv.

49. *Pour immeubles.* Il s'agit d'immeubles réels, c'est-à-dire d'*héritages*. Cout. Paris, art. 96; Henrion, ch. 42.

Peu importe que les immeubles aient été ameublis.

50. La dénomination d'héritages comprend les accessoires des fonds de terre réputés immeubles par la loi, tant que la destination se conserve. C. civ. 528, 2118; Henrion, ch. 45, § 3 et 4.

51. Exceptez les héritages qui sont hors du commerce. Une possession à titre de propriétaire peut seule fonder des actions possessoires — (V. *inf.* n° 93); et ces sortes de biens ne sont pas susceptibles de cette possession. C. civ. 2256.

52. Ainsi ne peuvent être l'objet d'une action possessoire les chemins publics, les églises et chapelles, tant que dure leur destination. Cas. 1er déc. 1823 (S. 24, 61); Henrion, ch. 44.

53. Mais si le demandeur en complainte ne reconnaît pas que l'héritage par lui possédé soit imprescriptible, l'action possessoire ne peut pas être déclarée non-recevable. Cas. 10 janv. 1827.

A moins qu'il ne soit établi par un acte administratif que cet héritage soit hors du commerce. Av. cons.-d'Et. 22 nov. 1826 (S. 27, 2, 270).

54. L'action en complainte est recevable à raison des taxes que le maître des halles ou marchés prétend être en possession de percevoir des marchands étalagistes. Cas. 1er août 1809 (S. 10, 95).

55. Il en est de même 1° des biens communaux. Ils sont susceptibles de prescription, et conséquemment donnent lieu aux actions possessoires. Favard, t. 1, p. 594, v° *Complainte.* Cas. 1er avr., 12 oct., 10 nov. 1812; 6 juil. 1825 (S. 6, 273-26, 406.)

56. 2° Des haies séparatives de deux héritages. Vainement on objecterait que l'art. 670 C. civ. ne reconnaît que deux espèces de droit, par rapport aux haies, savoir : le droit de propriété pour ceux qui ont terrain clos, titre ou possession suffisante, c'est-à-dire possession trentenaire, et le droit de mitoyenneté, lorsqu'il n'existe point de signe de propriété exclusive. La prescription est admise en cette matière, et la possession susceptible d'opérer la prescription est toujours suffisante pour motiver les actions possessoires. Cas. 1er avr. 1806-8 vend. an 14 (S. 6, 75).

57. 3°. *Des cours d'eau.* Cas. 24 fév. 1808, 16 juin 1810, 1er mars 1815 (S. 8, 493-11, 164-15, 120); Cas. 28 avr. 1829, 5 avr. 1830. Merlin, *Rép.*, v° *Complainte*, § 3, n° 8;

Favard, v° *Just. de paix*, § 3. Peu importe que les eaux soient vives ou mortes. Cas. 4 mai 1813 (S. 13, 337).

58. *Pour droits réels.* On entend par droit réel celui qui existe sur une chose, abstraction faite de la personne qui peut la posséder. Pour qu'il donne lieu à une action possessoire, il faut, 1° qu'il s'applique à un immeuble; 2° qu'il soit réputé immeuble, Cout. Paris, art. 96; 3° qu'il soit susceptible d'une jouissance réelle. Pothier, *Possession*, n° 88.

59. Ainsi une action en revendication, quoique immobilière, ne saurait être l'objet d'une action possessoire, parce qu'elle n'est pas susceptible d'une jouissance réelle.

60. Mais peuvent donner lieu aux actions possessoires les droits de nue-propriété, Arg. C. civ. 614; d'usufruit, de servitude, d'usage, d'emphythéose et de superficie : ils sont l'objet d'une jouissance réelle ; le droit de chasse : c'est un droit réel, réputé immeuble ; puisqu'il résulte d'une modification de la propriété, Pardessus, *Servitudes*, n° 12 ; le droit de pêche, celui de se promener dans un jardin, et autres analogues.

61. La possession indivise d'une propriété commune autorise la complainte contre celui des communistes qui veut s'attribuer une jouissance exclusive. Cas. 27 juin 1827, 19 nov. 1828.

62. Il en est autrement, 1° des obligations : ainsi la complainte ne serait pas recevable pour trouble apporté au droit d'obliger un ou plusieurs particuliers de faire des réparations à des maisons ou usines, d'en réparer les écluses. — Un pareil droit ne constitue qu'une simple obligation de faire, qui se réduit, en cas d'inexécution, à des dommages-intérêts : c'est un droit mobilier. Favard, v° *Complainte*, sect. 1, § 1, n°ˢ 6, 7; Carré, *Just. de paix*, t. 2, p. 344. *Contrà.*—Henrion, ch. 33, § 3.

2° Des droits d'usage dans des bois ou pâturages : ce sont aujourd'hui des servitudes discontinues : ils ne peuvent être l'objet d'une action possessoire (Cas. 22 nov. 1830), à moins qu'ils ne soient fondés sur un titre. —V. *inf.* n° 77.

3° Des rentes foncières : elles ont été converties en simples créances (C. civ. 530), et ne constituent plus un droit réel. Merlin, *Rép.*, v° *Rente fonc.*, § 2, art. 5, n. 2, 3. *Contrà.*— Henrion, ch. 43, § 2.

4°. Des droits de champart ou droit de partager avec le propriétaire, dans une certaine proportion, les fruits d'un héritage : ils ne forment qu'une obligation personnelle. Cas. 29 juil. 1828 et 9 août 1831. Merlin, *Rép.*, v° *Complainte*, § 3, n° 1. *Contrà.*—Henrion, ch. 43, § 2.

63. *Pour universalité de meubles.* Dans l'opinion contraire, on dit, à l'égard des meubles, il ne peut s'élever que des questions de propriété, puisqu'en fait de meubles la possession vaut titre

(C. civ. 2279) : les meubles n'ont point de situation ; mais on répond que le principe de l'art. 2279 doit se restreindre aux meubles corporels, et ne peut s'étendre à une universalité de meubles. Henrion, ch. 45, § 5; Merlin, *Rep.*, v° *Complainte*, § 53 ; Berriat, p. 118. *Contrà.* — Favard, v° *Complainte*, sect. 1, § 1; Carré, *Just. de paix*, t. 2, p. 460. ; Garnier, p. 189 et suiv.

64. Toutefois, ces mots, *pour universalité de meubles*, ne s'appliquent qu'à l'universalité d'une succession mobilière, et non pas, comme le pensait Rodier, à la totalité des meubles d'une maison, ou même à une partie indéfinie de meubles. Telle était la disposition du coutumier général, ch. 21, liv. 2, reproduite dans l'art. 97 Cout. de Paris, qui a servi de texte à l'ordonn. de 1667; Henrion, ch. 45, § 5; Merlin, *Rép.*, v° *Complainte*, n. 3.

65. Les meubles pris isolément ne peuvent, dans aucun cas, faire l'objet d'une action possessoire. Ainsi l'on serait non-recevable à se pourvoir par complainte à l'occasion du trouble à la possession du titre d'un office ou d'une cure. Nîmes, 26 mai 1824 (S. 25, 23).

Il en était autrement dans l'ancien droit, les offices et les bénéfices ayant alors un caractère immobilier.

66. Cette règle ne souffre qu'une seule exception à l'égard des meubles adhérens et cohérens, ou incorporés au fonds, qui sont réputés immeubles, comme les ustensiles tenant à fer et à clous, chevillés ou scellés en plâtre, et mis à perpétuelle demeure, qui ne peuvent être emportés sans fraction ni détérioration. Brodeau, *sur Paris*, art. 97; C. civ. 521 à 532.

67. L'art. 3, n° 2, du Code de proc., contient un exemple d'actions possessoires qui, au premier abord, paraît sortir de la règle que nous venons d'exposer. Cet article parle des déplacemens de bornes, des usurpations de terre, d'arbres, haies, fossés ou autres clôtures, commises dans l'année; des entreprises sur les cours d'eau, commises pareillement dans l'année, et de toutes *autres actions possessoires*. Il est évident, dit M. Henrion, que les usurpations d'arbres ne peuvent donner lieu qu'à une action mobilière, à moins que l'auteur de cette usurpation n'ait en même temps envahi le terrain occupé par cet arbre; ce qui ne paraît pas probable, parce que nous rentrerions dès-lors dans le premier cas prévu, celui d'*usurpation de terres*. C'est donc improprement que l'on s'est servi, à la fin de cet article, des mots : *et autres actions possessoires*. Toutefois, il en conclut que l'action pour usurpation d'arbres doit être soumise aux mêmes règles et à la même compétence que les véritables actions possessoires. Mais ne peut-on pas donner à cet article un sens plus juste, en s'attachant à ses propres termes ? Ces mots, « usurpation *d'arbres,* » sont suivis de ceux-ci : « d'arbres, haies, » fossés *et autres clôtures.* » Il faut donc que ces arbres servent de clôtures; et alors on comprend que leur usurpation pouvant rendre la propriété incertaine, trouble la possession et donne lieu aux actions possessoires. S'il s'agissait d'arbres qui ne servissent pas de clôtures, il semble que l'action possessoire ne saurait être intentée.

§ 3. — *Conditions requises pour l'exercice des actions posses-soires.*

68. La possession est la condition générale indispensable pour exercer utilement l'action possessoire.

69. Posséder une chose, c'est l'avoir en sa puissance, soit qu'on la détienne soi-même, soit qu'on la fasse détenir par autrui. La détention est l'acte corporel par lequel on appréhende ou l'on retient une chose. Dans le langage ordinaire, ce fait est souvent confondu avec la possession; mais la possession exige, outre le fait matériel de la détention, la volonté d'être propriétaire. La possession est donc la détention à titre de maître.

70. L'absence du possesseur ne suffit pas, en général, pour rendre la possession vacante; elle continue à son profit. Ainsi, l'on dit avec raison que la possession ne se perd pas *corpore solo,* qu'elle se conserve *animo solo.*

71. Mais il faut se garder de trop étendre ce principe. *Thémis,* t. 3, p. 224, 445, t. 4, p. 234; Savigny-Warkœnig, 2ᵉ art. En effet, si un étranger usurpe de fait la possession pendant l'absence du possesseur, ce dernier opposerait vainement qu'il avait l'intention de conserver la possession. Cette intention ne suffit pas pour retenir la chose contre ce tiers; il faut qu'il agisse contre lui par l'action possessoire; et notre droit, plus sévère que celui des Romains, fait courir le délai de cette action et la perte de la possession, non pas à compter de la connaissance de l'usurpation (l. 6, § 1; l. 3, § 7, *de acq. vel amitt. poss.*), mais du jour du trouble. Cas. 12 oct. 1814 (S. 15, 124).

72. Au reste, aucune déchéance n'est prononcée contre le possesseur qui s'absenterait pendant plusieurs années. Toutefois, dans la plupart des cas, le juge pourrait conclure de ce long laps de temps qu'il n'a pas persévéré dans la volonté de posséder, et que par conséquent il n'a pas conservé la possession. Ainsi, le juge du possessoire ne connaîtra en général que des faits de jouissance qui ont eu lieu pendant l'année antérieure au trouble, à moins qu'il ne s'agisse de biens non susceptibles d'être possédés chaque année par de nouveaux actes, tels que des bois et des fossés.

73. La possession qui sert de base aux actions possessoires n'exige pas la bonne foi. Cas. 26 juin 1822.

74. Mais si l'on excepte le cas de la réintégrande, la possession doit réunir les conditions requises pour la prescription, la durée exceptée. Locré, *Légis. civ.*, t. 21, p. 558; Merlin, *Rép.*, v° *Complainte*, § 2.

En conséquence, il faut qu'elle soit, 1° *continue et non interrompue; 2° paisible; 3° publique; 4° non équivoque; 5° à titre de propriétaire; 6° annale; 7° qu'elle n'ait pas cessé depuis plus d'une année.* C. civ. 2229; C. pr. 23.

75. 1° *Continue et non interrompue.* Ces mots ne sont pas entièrement synonymes; non-seulement toute possession discontinue n'est pas par cela même interrompue, c'est-à-dire troublée par le fait d'un tiers; mais par *continue* on doit entendre la possession d'un droit qui n'a pas besoin du fait actuel de l'homme pour être exercé. Demante, *Programme*, t. 3, n° 1105. (L. 4, ff. *de serv.*) Par exemple, un droit de vue, de conduite d'eau, et autres du même genre, par opposition aux servitudes discontinues, telles que droit de *passage, puisage, pacage*, qui ne peuvent être ni prescrites ni possédées civilement (C. civ. 688, 691; Cas. 1ᵉʳ brum. an 6 (S. 1, 115), 4 oct. 1807, 23 nov. 1808, 10 sept. 1811, 28 fév. 1814 (S. 8, 37-15, 145).

76. Peu importe que la possession ait commencé avant le Code et sous l'empire du statut local qui autorisait la prescription de cette servitude (à moins que la possession annale ne fût acquise lors de la promulgation) : la possession d'une telle servitude ne peut ni commencer ni continuer pour compléter la prescription. Cas. 11 mars, 12 juin 1810, 17 fév. 1813, 3 oct. 1814; Rennes, 17 fév. 1815 (S. 15, 145).

77. *Quid* s'il existe un titre? Le doute naît de ce que dans ce cas la possession n'en est pas moins interrompue de fait, lorsque le propriétaire n'exerce pas actuellement son droit. Mais il en est de même de toute possession qui peut être interrompue de fait *corpore solo*, pourvu que le possesseur conserve l'intention de posséder *animo domini*. Ces servitudes sont imprescriptibles, parce que les actes isolés qu'elles comportent sont généralement l'effet du précaire et de la *tolérance*; et cette raison ne peut plus être alléguée lorsqu'il y a titre. En outre, l'art. 707 C. civ. reconnaît à celui qui exerce en vertu d'un titre une servitude discontinue, une jouissance et une possession véritables, qui empêchent le propriétaire voisin de prescrire pendant le même temps contre le titre de cette servitude. Cas. 13 juin 1814 (S. 14, 153).

Dans ce cas, le propriétaire du fonds servant serait-il recevable à demander au possessoire la suppression de la servitude, sur le motif qu'il aurait, depuis plus d'un an et jour, fait un acte contraire à cette servitude. La cour de cassation a décidé la négative le 2 fév. 1820, attendu que la libération d'une servitude ne résulte que d'une possession contraire continuée pendant trente ans. — Cependant la possession, susceptible de produire la prescription, donnant lieu à l'action possessoire au bout d'un an et jour, ne serait-il pas juste d'en conclure que cette action est ouverte au propriétaire qui se trouve en possession de la liberté de son fonds depuis ce laps de temps ? Le juge de paix ne peut connaître de l'acte que pour apprécier le caractère de la possession ; or, si le propriétaire a la possession annale de la liberté du fonds servant, il y a présomption devant lui qu'on a renoncé au bénéfice de l'acte.

78. Les servitudes naturelles et légales sont fondées en titre; leur discontinuité n'empêche donc pas qu'elles ne donnent lieu aux actions possessoires. Celui qui possède en vertu des dispositions de la loi possède à aussi juste titre que celui qui possède en vertu d'un acte translatif de propriété. Ainsi peuvent agir au possessoire, 1° le propriétaire d'un fonds inférieur pour demander la suppression d'une digue faite dans l'année, et qui empêche l'écoulement naturel des eaux pluviales sur son héritage. Cas. 18 juin 1814 (S. 15, 239); 1ᵉʳ mars 1815 (S. 15, 120); 2 déc. 1829.

79. 2° Le propriétaire dont le fonds est enclavé et qui est en possession de passer sur le fonds voisin pour l'exploitation de son héritage. Vainement on dirait que cette servitude est imprescriptible comme discontinue; elle est acquise de plein droit à celui qui la réclame, sauf l'action en indemnité; elle doit donc être considérée comme une servitude légale. Cas. 7 mai 1829, 16 mars 1830, et 18 nov. 1832; Pardessus, n° 233. *Contrà.* — Cas. 8 juil. 1812 (S. 12, 298).

80. 3° Le propriétaire riverain d'un canal qui jouit d'un droit d'arrosage fondé entre autres titres sur le réglement des eaux du canal, si le maître du canal fait des constructions qui portent atteinte à sa jouissance. Cas. 3 déc. 1828 (S. 29, 207).

81. Les chemins établis pour l'exploitation des vignes ou des prés sont en général moins des servitudes discontinues qu'une propriété commune pour laquelle on peut se pourvoir au possessoire. C. civ. 29 nov. 1814 (S. 14, 225).

Mais cela dépend des circonstances. Ainsi, le tribunal peut juger en fait que ce chemin constitue une servitude discontinue, ne pouvant donner lieu qu'à une action pétitoire. Cas. 20 mai 1828 (S. 29, 126).

82. La possession annale suffit, quoique dénuée de titres, si le demandeur soutient être propriétaire d'un chemin, au lieu de se borner à *réclamer un droit de passage*. Cas. 26 août 1829.

Ou si le propriétaire demande à être maintenu dans la possession du droit exclusif de passage qu'il prétend avoir sur son propre terrain. Cas. 19 vend. an 11 (S. 20, 456).

83. 2° *Paisible*. Ce qui exclut la possession troublée par des contradictions de fait souvent réitérées, Vazeille, *Prescription*, n° 45, ou fondée sur des actes de violence.

84. En général on se reporte à l'origine de la possession pour en apprécier le caractère. Cependant le possesseur peut exercer l'action en complainte, si la violence a cessé depuis plus d'une année, quand bien même la possession aurait commencé par des voies de fait. Arg. C. civ. 2233.

Si la possession acquise paisiblement dans le principe a été retenue par violence, il faut distinguer : Si c'est contre le véritable propriétaire que la possession a été retenue, elle est censée violente (L. 6, ff. *de acquirendâ vel amittendâ possessione*); il en est autrement si c'est contre un tiers qui ne tenait pas son droit du propriétaire. L. 1, § 28, *de vi et de vi armatâ*.

85. 3° *Publique*, c'est-à-dire non-clandestine, *au vu et su de tous* ceux qui l'ont voulu voir et savoir. Il faut que le possesseur antérieur puisse s'imputer de ne l'avoir pas connue. C'est pour cette raison que les servitudes non-apparentes ne sont pas susceptibles de possession civile.

86. Pour savoir si une possession est publique, il faut se reporter à l'origine de cette possession. Ainsi une possession qui a commencé par être clandestine sera toujours insuffisante pour donner lieu aux actions possessoires; et réciproquement une possession publique dans le principe continuera de produire ses effets, quoiqu'elle soit devenue clandestine. L. 6, ff. *de acq. poss.*; Pothier, *de la Poss.*, ch. 1, n° 18; Favard, v° *Complainte*, sect. 1, § 2, n° 4.

87. Des fouilles souterraines faites dans la propriété du voisin ne sauraient servir de base à une action possessoire: Parlem. Paris, 16 juin 1755. Pothier, *de la Prescription*, n° 37.

Il en est de même des usurpations de terre commises graduellement en labourant. Elles sont presque toujours imperceptibles. Paris, 28 fév. 1811; Cas. 28 avr. 1811 (S. 11, 312).

88. Il en est autrement si le voisin a reconnu le droit de propriété de son voisin ; il ne peut plus opposer la clandestinité de la possession : la présomption de la loi cède à sa reconnaissance.

89. 4° *Non équivoque*. Il doit être certain pour tous que l'on possède pour soi, et avec l'intention de s'approprier la chose détenue.

Des actes de pure faculté et de simple tolérance ne peuvent fonder ni prescription, ni possession. C. civ. 2232.

90. En conséquence, le propriétaire de l'héritage inférieur qui a joui pendant an et jour des eaux qui prennent leur source dans l'héritage supérieur et s'écoulent dans le sien, ne peut intenter une action possessoire à l'effet d'être maintenu dans la jouissance de ces eaux, s'il n'a fait un *ouvrage apparent* sur le *fonds supérieur* pour faciliter l'écoulement de ces eaux sur son héritage. Les travaux faits sur son fonds ne suffiraient pas, parce qu'ils seraient faits *jure dominii* et non pas *jure servitutis.* Cas. 25 août 1812.

91. Celui qui se prétend troublé par le propriétaire d'un étang dans la possession du terrain que l'eau couvre quand elle est à la hauteur de la décharge de l'étang, est encore non-recevable à agir au possessoire. Il peut seulement former une demande tendante à fixer les limites de la propriété. La loi *conserve toujours* ce terrain au propriétaire, quoique le volume de l'eau vienne à diminuer (C. civ. 558); conséquemment la possession du voisin ne saurait être que précaire et de tolérance. Cas. 23 avr. 1811 (S. 11, 312); Favard, v° *Complainte*, sect. 1re, § 2, n° 5; Carré, *Lois de proc. civ.* art. 23.

92. Les servitudes négatives et discontinues ne peuvent, par les mêmes raisons, être l'objet d'une possession civile. —V. *sup.* n° 75.

93. 5° *A titre de propriétaire.* Il faut que l'on ne puisse pas douter que le possesseur jouit de la propriété pour lui-même. (C. civ. 2229; C. pr. 23.) Ainsi le fermier, le dépositaire, l'antichrésiste, n'ont jamais une possession utile. C. civ. 2236. — V. *inf.* n°^s 121 et suiv.

94. La possession est réputée à titre de propriétaire, lorsqu'elle est basée sur un titre translatif de propriété, tel qu'une vente, un échange, une donation, etc. Peu importe que ce titre n'émane pas du véritable propriétaire.

Mais elle n'est que naturelle et ne produit aucun effet, si elle est fondée sur un titre nul en la forme : par exemple, une donation entre-vifs faite par acte sous seing-privé, une vente faite également sous seing-privé et en un seul original.

95. On est toujours présumé posséder pour soi et à titre de propriétaire, s'il n'est prouvé qu'on a commencé à posséder pour un autre. C. civ. 2230.

Quand on a commencé à posséder pour autrui, on est toujours présumé posséder au même titre, s'il n'y a preuve du contraire. C. civ. 2231.

Cette preuve existe lorsque le titre de la possession a été interverti, soit par une cause venant d'un tiers, soit par la contradiction que le possesseur a opposée au droit du propriétaire. C. civ. 2238.

96. Celui qui a plusieurs titres est censé posséder en vertu de celui qui lui est le plus avantageux. A défaut de titre, c'est la qualité que le détenteur a prise dans les actes d'administration qui détermine le caractère de sa possession.

97. La possession qui est précaire entre les mains d'un individu, continue à rester telle entre les mains de ses héritiers ou successeurs à titre universel. C'est une conséquence du principe en vertu duquel ils sont réputés continuer la personne de leur auteur. C. civ. 2237.

98. Mais les mêmes motifs n'existant pas à l'égard des successeurs à titre particulier, tel qu'un acquéreur, un légataire, ils sont libres de joindre leur possession à celle de leur auteur, ou de s'en séparer s'ils le préfèrent. Pothier, *de la Possession,* n° 34. — V. *inf.* n° 104.

99. Celui qui, après avoir été condamné au possessoire par un jugement passé en force de chose jugée, a continué de posséder pendant un an et un jour, ne peut plus se pourvoir au possessoire ; le jugement rendu contre lui a rendu sa possession précaire. Cas. 12 juin 1809, 17 mars 1819. Carré, 23 ; Berriat, t. 1, p. 115.

100. 6° *Annale.* C'est-à-dire qui dure au moins depuis une année. (C. pr. 23.) Toutefois, il n'est pas nécessaire que le possesseur ait joui chaque jour de l'année. L'intervalle pendant lequel la possession a été suspendue par une cause de force majeure, est compté pour en fixer la durée. Carré, *Just. de paix,* t. 2, p. 381.

Il est également indifférent qu'on ait joui par soi-même ou par un tiers, qui possède pour vous et en votre nom comme un fermier.

101. Pour déterminer la durée de la possession, on peut joindre à la jouissance personnelle du demandeur celle de son auteur. C. civ. 2235.

102. Toutefois il n'y a lieu à joindre ces deux possessions que lorsqu'elles sont contiguës entre elles (Pothier, *Prescr.* n° 124), c'est-à dire lorsqu'aucun tiers n'a possédé intermédiairement.

Mais la *détention* de l'héritier, qui précède celle du légataire, ne constitue pas une interruption de la possession (L. 13, § 10. *ff. de acq. vel amitt. poss.*).

De même, en cas de résolution de vente, et de réméré, le vendeur qui rentre dans la chose peut s'aider de la possession intermédiaire de son acheteur. Ce dernier, qui connaissait l'éventualité du contrat, est réputé avoir possédé pour lui. L. 13, § 2, *de acq. vel amitt. poss.* et L. 19 *de usurp. et usuc.*

103. Il est encore indispensable pour joindre la possession de l'auteur à celle du successeur, qu'elles soient toutes deux également justes; l'ayant-cause ne peut s'aider de la possession vicieuse de son auteur; et réciproquement la possession de son auteur, fût-elle juste, ne peut lui servir, s'il n'a par lui-même qu'une possession vicieuse. *Vitiosa non vitiosæ non accedit vel contra non est enim societas virtutis cum vitio.* Cujas, *ad tit. ff. de acq. vel amitt. poss.*

104. Mais si la possession de l'auteur est vicieuse, le successeur à titre singulier peut, en y renonçant, se prévaloir de la sienne propre. La jonction des deux possessions n'est qu'un bénéfice introduit à son profit, dont il peut à son gré user ou ne pas user. Pothier, *Possession*, n° 34.

105. Néanmoins il a été jugé que l'acquéreur qui a joui pendant plus d'une année, ne peut demander, par action possessoire, à être maintenu dans la possession, si le vendeur avait déjà, avant la vente, succombé dans une action semblable. Cas. 17 mars 1819.

106. Au contraire, l'héritier représentant la personne du défunt, continue nécessairement la possession avec ses qualités et ses vices.

107. Quoique ce motif ne soit point applicable aux autres successeurs à titre universel, on décide cependant la même chose à leur égard, parce que, n'ayant pas une cause de possession qui leur soit propre, ils succèdent aux vices du défunt. L. 2. Cod. *de fruct.* Pothier, *Possession*, n° 33. Demante, t., n° 1110.—V. sup. n° 103.

108. Entre deux acquéreurs d'un même immeuble, dont aucun n'a la possession annale, la préférence, quant à la possession, appartient à celui dont le titre a acquis le premier une date certaine, encore que l'autre en ait pris possession le premier. En effet, la jonction des deux possessions de l'acquéreur et du défendeur est une suite du contrat; et en matière d'immeubles l'acte le plus ancien doit toujours prévaloir. Il importe donc peu que le second acquéreur se soit mis en possession de cet immeuble: ce fait ne peut être considéré de sa part que comme un trouble à la possession légale du premier acquéreur. Cas. 19 vend. an 11, 12 fruct. an 10 (S. 2, 428).

109. De ce que le propriétaire troublé et l'auteur du trouble tiennent leur fonds d'un même auteur, on ne peut pas conclure que le premier ne puisse pas se prévaloir de la possession de leur auteur commun, à l'effet de former une action en complainte. En conséquence, si le propriétaire troublé dans l'exercice d'une servitude prescriptible prouve qu'elle existait lors de l'aliénation des deux fonds, et qu'il n'a cessé de l'exercer depuis, son action sera recevable, encore qu'il ait acquis ce fonds depuis moins d'un an. Cas. 15 déc. 1812.

110. Mais le nu-propriétaire ne peut joindre à sa possession celle de l'usufruitier : d'une part, l'usufruitier possède en son nom propre, et non pour le compte du propriétaire ; et d'autre part, il ne possède que l'usufruit, qui est séparé de la propriété. Cas. 6 mars 1822 (S. 22 ; 298) ; Favard, v° *Complainte*, sect. 1re, § 2.

111. La possession *annale* est-elle indispensable dans tous les cas pour former une action possessoire ? L'affirmative semblerait résulter de ce que l'art. 23 , ch. 12 , porte d'une manière générale que les actions possessoires *ne seront recevables qu'autant qu'elles seront intentées par ceux qui étaient en possession depuis une année au moins*. Mais cette règle souffre nécessairement une exception dans le cas où ces contestations s'élèvent entre deux possesseurs dont aucun n'a la possession annale. Il est alors naturel de prononcer en faveur de celui qui a possédé le premier. Il faut donc distinguer si le trouble a été fait par un tiers qui n'avait sur la chose ni droit ni possession , ou si c'est le propriétaire ou le précédent possesseur qui est rentré dans sa possession. L'art. 23 n'est applicable dans toute sa rigueur que dans la dernière hypothèse. Cas. 9 nov. 1825 ; Duparc-Poullain, t. 10, p. 705, Merlin, *Rép.*, v° *Voie de fait* , § 10, art. 2.

112. Il résulte des mêmes principes qu'une possession précaire ou clandestine suffit, malgré ses vices, pour agir au possessoire contre un tiers, qui ne peut même pas invoquer une semblable possession en sa faveur. Pothier, *de la Possession*, n° 96 ; Merlin, *ut suprà*; Carré , *Just. de paix* , t. 2. , p. 385 et 402.

113. 7° *Qu'elle n'ait pas cessé depuis plus d'une année.* La possession civile est prescrite et ne peut pas produire d'effet lorsqu'un tiers s'est mis en possession du même objet, et en a joui paisiblement pendant plus d'un an. En effet, ce tiers a lui-même acquis une possession civile qui ne saurait appartenir à la fois à deux personnes différentes.

Conséquemment, les actions possessoires ne sont en général plus recevables lorsqu'elles ne sont pas formées dans l'année du trouble. C. pr. 23.

114. Cette prescription court contre les mineurs comme contre les majeurs. Jousse , *art.* 18, ord. 1667.

115. Le délai d'un an court, non du moment où le trouble a été connu, mais bien du moment même où le trouble a pris naissance; peu importe qu'il s'agisse d'un trouble de droit résultant d'un acte signifié au fermier, et que celui-ci a négligé de dénoncer en temps utile au propriétaire. Le doute pourrait naître de ce que le droit d'exercer l'action en complainte appartient au propriétaire seul et non au fermier. Mais il est juste que l'on puisse perdre la possession, comme on peut l'acquérir, par le fait de ses préposés. Cela résulte d'ailleurs évidemment des art. 614 et 1768 C. civ., d'après lesquels les usufruitiers et les fermiers sont tenus, sous les peines de droit et dans le délai réglé pour les assignations, d'avertir le propriétaire de toutes les atteintes portées à son droit. Cas. 12 oct. 1814 (S. 15, 124); Merlin, *Quest. Dr.*, v° *Complainte*, § 3; Favard, *ibid*, sect. 1, § 2, n. 6.

116. Néanmoins, si sur la demande formée par l'ancien possesseur contre l'auteur du trouble, celui-ci ne pouvait pas justifier d'une possession civile ayant opéré saisine à son profit, le litige devrait être jugé en faveur du premier; car en perdant de fait la jouissance depuis plus d'une année, il n'aurait pas perdu la possession.

Mais, s'il s'agissait d'un trouble de droit ou d'un trouble de fait qui n'eût pas consisté dans une dépossession effective, le défendeur n'ayant aucune possession, il deviendrait impossible de lui en opposer les vices, et par conséquent l'action au possessoire serait prescrite.

117. Le cours de cette prescription peut être interrompu de la même manière que celui des prescriptions ordinaires; par exemple, par une sommation à l'auteur du trouble, une citation en justice, etc. C. civ. 2244 et suiv.

L'interruption peut également être naturelle. Ainsi, elle résulterait suffisamment de la destruction par le demandeur des travaux faits par le défendeur pour masquer sa possession. Pothier, *de la Possession*, n° 102.

118. Mais une action formée dans l'année du trouble devant le tribunal correctionnel, à raison des faits de trouble, serait inefficace pour interrompre la prescription. Une telle action a, en effet, pour but la répression d'un délit, et non la possession. Cas. 20 janv. 1824.

119. Ces règles ne s'appliquent qu'à la complainte et à la dénonciation de nouvel œuvre.

La *réintégrande* étant fondée sur un principe d'ordre public, —V. sup. n° 40, n'a pas besoin d'avoir pour base une possession civile; il suffit pour l'intenter d'avoir, au moment de la spoliation, une possession paisible, matérielle et de fait. Vainement on argumenterait des termes de l'art. 23 C. pr., qui semblent confondre toutes les actions possessoires et les soumettre aux mêmes règles. Lorsque la violence a dépouillé celui qui jouissait, on doit ordonner préalablement la réintégrande, sauf ensuite à examiner les titres de son adversaire: le maintien de l'harmonie sociale, le respect dû à la possession, et le préjugé qui en résulte, conduisent également à cette conclusion. Quelque vicieuse, dit Pothier (*de la Possession*, n° 114), que soit la

possession dont quelqu'un a été dépossédé par violence, fût-ce
une possession qu'il eût lui-même acquise par violence, il est
reçu à intenter l'action en réintégrande contre un tiers qui l'en
a dépouillé. Cas. 20 nov. 1819 et 28 déc. 1826; Henrion de
Pansey, ch. 52; Favard, v° *Réintégrande*, sect. 2, n°ˢ 4, 7.
Contrà. — Toullier, t. 11, p. 178; Merlin, *Quest. Dr.*, v° *Fermier.* — V. *sup.* n° 41.

§ 4. — *Personnes qui peuvent intenter les actions possessoires ou y défendre.*

120. Les actions possessoires ne peuvent, en général, être
exercées que par ceux qui ont la possession civile ou saisine,
soit par eux-mêmes, soit par des tiers possédant pour eux et
en leur nom.

121. Ainsi sont non-recevables à agir au possessoire, 1° le
dépositaire ou séquestre; 2° l'emprunteur; 3° le fermier ou
locataire; en un mot, tous les détenteurs à titre précaire.

122. Le fermier, lors même qu'il est troublé dans l'exercice
d'un droit nécessaire à son exploitation, ne peut intenter l'action possessoire; il a seulement une action en dommages-intérêts contre l'auteur de ce trouble, et une action en indemnité
contre le propriétaire pour défaut de jouissance. Il n'est qu'un
simple détenteur; c'est le propriétaire qui possède par sa personne. Cas. 7 sept. 1808 (S. 8, 555); 5 pluv. an 11 (S. 3, 275);
16 mai 1820 (S. 20, 430); 17 avr. 1827 (S. 27, 456); Favard,
v° *Complainte*, ch. 40, 9ᵉ édit., sect. 1ʳᵉ, § 3, n° 1, et sect. 3,
n° 7; Merlin, v° *Serv.*, § 35, n° 3; Carré, art. 23; Henrion,
ch. 40.

Toutefois, le propriétaire peut régulariser l'action en complainte intentée par son fermier, en intervenant dans l'instance.
Cas. 8 juil. 1819 (S. 20, 165).

123. Il en est autrement, 1° de l'emphytéote: il a un droit
réel qui tient de celui de propriété, Cas. 26 juin 1822; 2° de
l'usufruitier, relativement à son usufruit; bien qu'il ne soit pas
propriétaire du fonds, il l'est de son usufruit. Cas. 6 mars
1822 (S. 22, 298); Pothier, *Possession*, n° 100; Proudhon,
Usufruit, t. 1, p. 21; Favard, v° *Complainte*, sect. 1ʳᵉ, § 3,
n° 3; Henrion, ch. 40.

124. Le propriétaire et l'usufruitier peuvent agir isolément
par suite du trouble apporté à leur possession; ils ont chacun
un intérêt distinct à le faire réparer, et ces deux actions ne se
confondent pas, puisqu'il s'agit d'une part de la possession de
l'usufruit, et d'autre part de la nue-propriété.

En cas de simultanéité d'action, il n'y a pas lieu de mettre
un propriétaire hors de cause, sous prétexte que l'usufruitier a

plus d'intérêt à conserver la possession. *Contrà*. — Poncet,
n°ˢ 79 et 80.

125. L'action possessoire est-elle admissible entre co-propriétaires et communistes? Il faut distinguer : lorsque la communauté est reconnue, l'action est non-recevable, la possession ne pouvant être considérée que comme abusive et précaire.
Mais si l'un des communistes fait acte de possession exclusive,
l'action est donnée aux autres communistes contre lui, pour
conserver leur possession et prévenir son usurpation. Cas. 10
nov. 1812 (S. 13, 149); 27 juin 1827 (S. 27, 134); 19 nov.
1828 (S. 29, 109).

126. Chaque habitant d'une commune ayant un droit personnel à la jouissance des biens communaux, peut également
agir au possessoire, soit contre un tiers, soit contre la commune qui l'aurait troublé dans un droit qu'il prétend lui appartenir. Cas. 2 fév., 9 juin 1820; Carré, *Justice de paix*, t. 2,
p. 317.

Surtout s'il a possédé *exclusivement* : dans ce cas, sa possession serait de nature à fonder une prescription. Cas. 1ᵉʳ av.
1806 (S. 6, 273).

127. Mais lorsqu'en vertu d'un réglement local les habitans
d'une ville ont droit de jouir d'une chose, tant qu'ils résideront
dans l'enceinte de la ville, celui qui a été privé de ce droit, par
défaut de résidence, ne peut agir au possessoire pour se faire
maintenir dans la jouissance. Cette demande ne pouvant être
motivée sur la possession, mais seulement sur le fait de la résidence, constitue une action personnelle ordinaire. Cas. 7 juin
1820.

128. Ces principes ne s'appliquent pas à la *réintégrande*, la
possession civile n'étant pas nécessaire pour lui donner ouverture. (—V. *sup.* n° 119.) Tout possesseur de fait, tel que le fermier, le séquestre, l'emprunteur, peut l'intenter, lorsqu'il a
été dépossédé violemment ou avec voies de fait. Cas. 10 nov.
1819, 16 mai 1820, 28 déc. 1826; Henrion, ch. 52.

129. L'exercice de l'action possessoire n'est qu'un acte d'administration; elle peut donc être intentée par un administrateur,
sans qu'il ait besoin d'autorisation. — Spécialement : 1° par le
mari, pour les biens de la communauté (C. civ. 1421), et pour
les biens de la femme (*ib.* 1428, 1549). — Mais la femme séparée de biens administre ses biens et exerce l'action possessoire
avec l'autorisation maritale; il en est de même pour les biens
paraphernaux. *Ib.* 1536, 1549, 1576.

2°. Par le tuteur.

Les maires et les administrateurs d'établissemens publics

ont-ils besoin d'une autorisation ? — V. *Commune, Etablissemens publics.*

130. L'action doit être dirigée contre la personne qui prétend à la possession ou qui a le droit d'en profiter, dans le cas
où elle cesserait d'appartenir au demandeur. Ainsi la complainte
pour trouble causé par un maire, un locataire, un fermier,
est formée contre la commune ou le propriétaire. Cas. 10 janv.
1827.

Toutefois, le fermier peut être actionné par voie de complainte,
et il n'est en droit de demander sa mise hors de cause que lorsqu'il a appelé son propriétaire dans l'instance. Arg. C. civ. 1727;
Cas. 19 déc. 1828. — La sentence de maintenue est rendue
contre le fermier, si le propriétaire refuse de prendre son fait
et cause, à moins que la jouissance du fermier n'ait eu lieu
qu'aux termes de son bail.

131. Si le droit dans la possession duquel on est troublé est
divisible comme un droit de passage, le demandeur en complainte n'est pas tenu de mettre en cause tous les co-propriétaires du fonds servant, surtout lorsque l'opposition à l'exercice
de son droit ne provient que du fait de l'un des co-propriétaires.
Rennes, 7 juin 1816.

§ 5. — *Tribunal compétent pour connaître des actions possessoires.*

132. Toutes les actions possessoires sont de la compétence
des juges de paix. L. 24 août 1790, tit. 3, art. 10.

133. Lorsque sur l'action possessoire il s'élève une question
relative à l'interprétation d'un acte administratif, le juge de paix
ne doit pas se déclarer incompétent d'une manière absolue,
mais bien surseoir et renvoyer la question préjudicielle à l'autorité administrative. Cas. 3 nov. 1824. — V. *inf.* n° 163.

134. Mais si le trouble dont on se plaint n'est que l'exécution
d'un acte administratif, le juge de paix est incompétent. Cons.-
d'Ét. 22 nov. 1826.

135. Sous l'ordonnance de 1667 la réintégrande pouvait,
au choix du demandeur, être intentée soit au civil, soit au criminel; mais aujourd'hui elle ne peut plus être portée en qualité d'action possessoire que devant le juge de paix de la situation de l'immeuble. Av. Cons-d'Ét., 4 fév. 1812; Cas. 8 janv.
1813 (S. 27, 75), 1er mai 1828; Merlin, *Quest. Dr.*, v° *Voie
de fait*, § 1er; Favard, v° *Complainte*, sect. 2, n. 5. *Contrà.* —
Henrion, ch. 52; Berriat, p. 116.

136. Si l'usurpation de possession constitue un délit, par
exemple, s'il s'agit d'une destruction de récoltes, d'un déplacement de limites, ou d'une autre atteinte à la propriété, punie

par le code pénal (art. 444 et suiv.), la partie lésée peut se
pourvoir en dommages-intérêts devant le tribunal correctionnel;
mais après le jugement, si la partie condamnée veut rester en
possession, le demandeur ne peut obtenir sa réintégration que
devant le juge de paix.

137. Le juge de paix ne saurait donc refuser de juger, sous
prétexte que le fait dont se plaint le demandeur constitue un
délit : la partie lésée est libre de choisir la voie qu'elle préfère.
Cas. 28 déc. 1826. — Seulement, si le tribunal criminel est
saisi, l'instance devant le juge de paix doit demeurer suspendue
jusqu'à ce qu'il ait prononcé. *C. J. crim.* 3.

138. Les actions possessoires étant réelles doivent être portées devant le juge de la situation de l'objet litigieux. C. pr. 59.
Berriat, t. 1, p. 115, note 31; Henrion, ch. 18.

139. *Quid* si les difficultés sur le possessoire s'élèvent pendant une instance au pétitoire? En faveur de la compétence du
tribunal civil on dit : le trouble pendant le procès au pétitoire
est une atteinte à l'autorité saisie de la contestation; lui seul doit
donc connaître de l'action pour trouble. D'ailleurs, il est contraire aux règles de l'ordre judiciaire de soumettre à deux tribunaux deux procès pour le même objet. Mais on répond qu'on ne
peut assimiler une action possessoire à un incident. Elle constitue une demande distincte qui doit être décidée par d'autres
principes que la première, et dont la connaissance ne saurait
être enlevée à la juridiction spéciale appelée par la loi à la juger. Cas. 7 août 1817, 28 juin 1825, 30 mars 1830 (S. 50, 320);
Merlin, *Quest. Dr.* v° *Dénonc. de nouv. œuvre*, § 4; Favard, *ibid.*
§ 5 ; Carré, *Just. de paix*, t. 2, p, 466. *Contrà.* — Henrion,
ch. 54; Guichard, *Quest. posséss.*, p. 501.

140. Ainsi le juge de paix est seul compétent, 1° pour statuer sur des conclusions prises pendant une instance au pétitoire, et tendantes à être maintenu, dans l'intervalle, en
possession de l'immeuble litigieux. C'est une véritable action
possessoire: le tribunal civil ne peut prononcer sur ces conclusions sans cumuler le pétitoire et le possessoire.

Le jugement qui statue sur cette possession n'est pas simplement préparatoire; il est définitif sur la demande en possession
provisoire, et peut dès-lors être attaqué par voie de cassation
avant le jugement sur le pétitoire. Cas. 4 août 1819.

141. 2° Pour connaître de l'action en suspension des travaux
tendans à obstruer des jours, pendant une instance engagée au
pétitoire, à fin de suppression de ces jours. Cas. 28 juin 1825
(S. 26, 238).

142. Réciproquement, lorsque devant le juge de paix saisi
d'une action possessoire, il s'élève un litige sur la propriété,

ce juge ne cesse pas pour cela d'être compétent; seulement il doit se borner à statuer sur le possessoire. Cas. 23 fév. 1814, 10 juin 1816 (S. 14, 199-17, 51).

143. Le juge de paix statue en premier ressort seulement, sur l'action en complainte, lors même que les dommages demandés à raison du trouble n'excèdent pas 50 fr. Le doute naît de l'art. 10, tit. 3., L. 24 août 1790, portant que les actions possessoires sont jugées en dernier ressort, lorsqu'il s'agit d'une valeur inférieure à 50 fr. Mais la complainte comprend, outre les dommages-intérêts, la possession qui est une chose indéterminée, et qui souvent équivaut à la propriété elle-même. Cas. 14 mess. an 11, 24 prair. an 12, 25 mai 1813, 22 mai 1822, 11 avr. 1825, 14 févr. 1826 (S. 3, 344-7, 781-13, 313-22, 375-26, 144-27, 134), 11 avr. 1827. *Contra.* —2 therm., 23 fruct. an 12, 19 therm. an 13, 6 oct. 1807, 28 oct. 1808, 13 nov. 1811, 1er juil. 1812 (S. 5, 155-7, 781-20, 456-12, 354).

Peu importe que le défendeur ne conteste pas la possession : le demandeur n'en réclame pas moins la maintenue en possession, et ce sont ses conclusions qui déterminent la compétence du tribunal. Cas. 11 avr. 1827 (S. 27, 394).

144. Mais le jugement serait rendu en dernier ressort, si le complaignant avait seulement demandé ou sa maintenue en possession ou une somme moindre de 50 fr.

145. Cette règle s'applique à la dénonciation de nouvel œuvre comme à la complainte. Seulement la demande en dénonciation de nouvel œuvre étant nécessairement indéterminée à cause de la suspension des ouvrages, réclamée par le plaignant, ne peut jamais être jugée en dernier ressort par le juge de paix.

146. Au contraire, la réintégrande n'ayant pas pour objet de faire statuer définitivement sur la possession. — V. *sup.* n° 45, et n'ayant d'autre importance que la condamnation aux dommages-intérêts, c'est la quotité de la somme réclamée qui seule fixe la compétence du juge de paix : le jugement est donc rendu en dernier ressort, si la demande ne dépasse pas 50 fr. Cas. 15 déc. 1824 (S. 25, 215), 31 juil. 1828 (S. 29, 61).

147. Il en est de même si le demandeur n'a point fixé les dommages-intérêts, mais s'en est rapporté au juge de paix qui les évalue à une somme moindre de 50 fr. Cas. 8 oct. 1807; Carré, art. 26.

Peu importe que le défendeur ait formé une demande reconventionnelle excédant 50 fr. *Même arrêt.*

§ 6. — *Instruction et jugement des actions possessoires*.

Art. 1. — *Instruction*.

148. L'action possessoire se forme par citation donnée par l'huissier de la justice de paix du domicile du défendeur. C, pr. 4. — V. *Citation*.

En cas de dénonciation de nouvel œuvre, la citation est quelquefois remise par l'huissier de la justice de paix du lieu des travaux. — V. *inf.* n° 153.

149. A Rome, la dénonciation de nouvel œuvre avait lieu de trois manières : soit par parole du dénonciateur, soit par autorité du préteur, soit même par signe, en jetant une petite pierre sur le terrain.

En France, depuis le quinzième siècle, on n'admet plus que la dénonciation par autorité du juge. Les parties étant ouïes par-devant lui, il ordonne si la dénonciation tiendra ou si les travaux commencés seront continués. Charondas, *Commune rurale*, liv. 2, tit. 32 ; Henrion, ch. 38.

150. Celui qui veut intenter une demande en dénonciation de nouvel œuvre, en prévient l'auteur des travaux par une sommation.

151. Cet acte extrajudiciaire a des effets importans, même quand il n'est pas suivi d'une ordonnance du juge. Ainsi il prolonge le délai pour agir au possessoire, et, constituant le défendeur en demeure, le rend passible de dommages-intérêts plus considérables lorsque, plus tard, la demande se trouve juste et bien vérifiée. Cas. 11 juil. 1820.

Mais il n'emporte pas par lui-même défense de continuer les travaux, comme si cette prohibition avait été prononcée par le juge. *Même arrêt*.

152. A Rome, la dénonciation de nouvel œuvre devait être faite en présence de l'œuvre même ; s'il y avait des travaux commencés en plusieurs endroits, il fallait plusieurs significations. Il n'était pas nécessaire qu'elle fût faite au propriétaire lui-même, elle était valablement signifiée aux personnes qui se trouvaient sur les lieux, aux serviteurs du propriétaire, ou même aux ouvriers employés au nouvel œuvre.

153. Aujourd'hui la suspension des travaux ne pouvant être ordonnée que par le juge, il convient d'appeler le propriétaire du fonds par citation à personne ou domicile.

Toutefois, s'il ne se trouvait pas sur les lieux, et que son domicile fût trop éloigné, l'ordonnance du juge pourrait être rendue sur la sommation faite aux personnes par lui préposées au nouvel œuvre.

Mais dans le cas de continuation des travaux après l'ordonnance du juge qui les prohibe, on ne peut obtenir de jugement que sur citation régulière.

Seulement le juge de paix a le droit de permettre de citer le défendeur à bref délai, même à jour et heure indiqués. C. pr. 6.

Mais une seule citation suffit, bien que les travaux dénoncés aient lieu dans plusieurs endroits différens.

154. C'est au demandeur à prouver la possession et le trouble de son adversaire. Berriat, t. 1, p. 115.

S'il n'établit pas que sa possession est annale et a cessé depuis moins d'un an, son action ne pouvant être fondée que sur un droit de propriété, devient pétitoire. Cas. 6 avr. 1824.

La possession du demandeur une fois justifiée ou reconnue, c'est au défendeur à prouver qu'elle est précaire : on est présumé posséder à titre de propriétaire.

Toutefois, si la possession du demandeur a commencé par être précaire, c'est à lui à prouver l'interversion. V. *sup.* n° 95.

155. La preuve se fait tant par titres que par témoins.

On produit des baux, des actes de vente de récoltes, des cotes et quittances de contributions, des extraits de cadastre, etc.

156. Parmi les actes de jouissance, ceux-là doivent l'emporter, qui sont en plus grand nombre et le plus appropriés à la destination de la chose qui en est l'objet.

Le fait de la moisson prouve plus la possession que celui de la culture.

La propriété d'un canal fait de main d'homme entraîne la présomption de propriété des francs-bords; le riverain qui a planté et abattu des arbres sur ces francs-bords est présumé faire des actes de tolérance. Paris, 12 fév. 1830.

157. Si la possession ou le trouble *sont déniés*, le juge ordonne une enquête. C. pr. 24.

158. On a conclu de ces mots : *si les faits sont déniés*, que si le défendeur ne comparaît pas, il n'y a pas lieu à ordonner l'enquête, et que les conclusions du demandeur doivent lui être adjugées. Mais ce serait une exception au principe consacré par l'art. 150 C. pr., qui exige que le juge vérifie les conclusions du demandeur avant de lui adjuger le profit du défaut, et l'art. 24 n'est pas assez formel pour en tirer cette conséquence; il vaut mieux concilier ces deux articles, et dire que ces mots *si les faits sont déniés* ne s'appliquent qu'au cas où l'affaire est contradictoire, parce qu'alors le défendeur qui ne dénie point les faits les reconnaît tacitement.

159. Toutefois, si le juge de paix se trouve suffisamment éclairé sur la possession, il n'est pas tenu d'ordonner une en-

quête. On a voulu induire le contraire de ces mots : l'enquête *sera ordonnée ;* mais il est évident que le législateur n'a point entendu prescrire une procédure abusive et frustratoire. Cas. 25 juil. 1826, 28 juin 1830.

160. L'enquête ne peut jamais porter sur le fond du droit; elle n'a lieu que sur les faits de possession.

En conséquence, le juge de paix ne saurait ordonner, qu'avant faire droit, le défendeur prouvera que le demandeur n'est pas propriétaire, et qu'il n'exerce qu'un droit d'usage. Cas. 18 juin 1816 (S. 17, 11); C. pr. 24; Favard, v° *Complainte,* sect. 1re, § 5, nos 3 et 10.

161. Lorsque l'action possessoire doit être fondée sur un titre (V. *sup.* n° 77), le juge de paix a évidemment le droit d'exiger la représentation de ce titre et d'en apprécier le contenu. Cas. 10 mai 1813 et 10 mai 1820.

Il ne peut statuer définitivement sur sa validité; mais il peut en ordonner l'exécution sous le rapport de la possession, en réservant les droits des parties au fond. Cas. 6 juil. 1812.

162. Le juge de paix a également le droit, dans tous les cas où les faits de possession sont douteux, d'apprécier les titres de propriété des parties, sous le rapport de la possession, pour savoir si cette possession est précaire et de tolérance. Cas. 12 fruct. an 10, 24 juil. 1810, 23 avr. 1812, 21 déc. 1820, 26 janv. et 19 avr. 1825, 31 juil. 1828 (S. 2, 428-10, 334-11, 287 et 312-21, 135-29, 61); Henrion, ch. 51; Merlin, *Quest. Dr.* v° *Complainte.*

163. Peu importe que le titre qu'il s'agit d'apprécier, quant à la possession, soit émané de l'autorité administrative; la compétence du juge de paix embrasse toutes les actions possessoires, quelle que soit la nature des biens à l'occasion desquels elles sont intentées. Cas. 28 août 1810.

Si la validité des actes administratifs est contestée, ou que les parties ne s'accordent pas sur leur interprétation, le juge de paix renvoie devant l'autorité administrative. — V. *sup.* n° 133.

164. Mais le juge de paix saisi d'une demande en complainte de la part d'un propriétaire de bois contre de prétendus usagers, ne peut examiner que le fait de la possession annale, sans consulter les titres qui autoriseraient l'usager à exercer son droit d'usage nonobstant la possession annale du propriétaire. Cas. 26 fév. 1824 (S. 24, 92).

165. *Garantie.* Il n'y a jamais lieu à garantie en matière de réintégrande. C. civ. 1725, 1726, 1727.

166. En général, la garantie n'a pas lieu en matière possessoire; il ne s'agit que d'un simple fait dont la garantie ne peut être due par celui qui est garant du fond du droit. Mais ce principe souffre exception : 1° en faveur du fermier, qui est même tenu, sous les peines de droit, de mettre en cause le propriétaire ; 2° en faveur de l'acquéreur, pendant l'année de son acquisition : il est présumé avoir dû compter sur la possession de son vendeur ; 3° enfin en faveur de l'acquéreur, lorsqu'il est poursuivi pour le trouble ou la voie de fait de son vendeur. Cas. 11 janv. 1809 (S. 9, 95); Duparc-Poullain, t. 8, p. 91.

167. Dans ces divers cas, le juge de paix saisi de l'action possessoire connaît aussi de l'action en garantie ; elle n'est qu'une suite et un accessoire de l'instance principale. *Même arrêt.*

168. *Intervention.* La possession civile peut appartenir à un tiers ; ce dernier a le droit de prendre part au débat et d'agir par voie d'*intervention* : il serait non-recevable à former une demande principale. *Complainte sur complainte ne vaut.* Berriat, p. 116, note 4; Henrion, ch. 47; Favard, v° *Complainte*, sect. 1, § 5, n° 9.

S'il n'a pas intenté sa demande avant le jugement, il peut former une complainte contre la partie qui obtient gain de cause.

169. Ces mots *complainte sur complainte ne vaut* ont aussi cet autre sens, que celui qui après avoir succombé au possessoire a joui depuis un an et jour, ne peut plus demander à être maintenu dans cette possession qui n'est que précaire. — V. *sup.* n° 99.

Art. 2. — *Jugement.*

170. Au jour indiqué pour l'audience, si le demandeur ne comparaît pas, le juge prononce un défaut-congé contre lui, et le défendeur, sans fournir aucune preuve, est laissé en possession. Favard, v° *Complainte*, § 5, n° 11.

Le défendeur fait-il défaut, les conclusions du demandeur ne lui sont adjugées qu'autant qu'elles paraissent justes et bien vérifiées. C. pr. 150; Favard, *ib.*, § 5, n° 11. *Contrà.* — Garré, art. 24. — V. *sup.* n° 158.

171. *Complainte.* Si la possession est suffisamment prouvée par l'une des parties, elle est maintenue en possession, et défenses sont faites à son adversaire de la troubler.

172. Lorsque la possession n'est prouvée par aucune des parties, le juge doit absoudre le défendeur. *Actore non probante reus absolvitur.* Garré, art. 24.

173. *Quid*, si les deux parties prétendent réciproquement avoir la possession annale, et que le défendeur se porte reconventionnellement demandeur ? Le juge *peut* ordonner le séquestre

et renvoyer les parties à procéder au pétitoire, Poitiers, 29 janv. 1813; Carré, *ib.*; Merlin, *Rép.*, v° *Complainte*, ou les maintenir dans la possession respective du terrain contentieux. Cas. 28 avr. 1813 (S. 13, 392).

174. L'ancienne *recréance* est-elle encore admise? En d'autres termes, lorsqu'il existe en faveur de l'une des parties une notoriété plus imposante, des faits plus vraisemblables, le juge peut-il accorder *à cette partie* la possession provisoire en renvoyant au pétitoire?

Pour la négative, on invoque le silence du Code sur la recréance, l'abrogation des anciens usages en matière de procédure par l'art. 1041 C. pr., d'autant plus que dans l'espèce il s'agit d'attribuer aux juges de paix, juges d'exception, un pouvoir que les anciens usages n'accordaient qu'à la juridiction ordinaire. On insiste sur la maxime *actore non probante absolvitur rèus*, sur les avantages du séquestre, qui, sans léser l'intérêt d'une partie au préjudice de l'autre, ne préjuge rien sur la question de propriété. Chauveau, t. 43, p. 630; Garnier, p. 69.

Toutefois, nous adoptons l'affirmative avec l'ancienne jurisprudence, *in conflictu probationum titulata vel antiquior possessio vincit* (Dumoulin, art. 441, *Cout. Maine*), et les art. 1961 C. civ., 23 C. pr. ne sont pas contraires à cette interprétation : en effet, le premier permet au juge d'ordonner le séquestre, mais ne l'y oblige pas et le second est muet sur la question. Cas. 14 nov. 1832 (S. 32, 816); Henrion, ch. 48.

175. Le juge de paix ne doit accorder la possession provisoire que lorsqu'il est dans l'impossibilité de statuer définitivement; il n'entre pas dans l'esprit de la loi qu'il rende un premier jugement provisoire pour prononcer ensuite sur la possession annale. Cas. 4 août 1819 (S. 19, 395); Favard, v° *Complainte*, § 5, n° 13.

176. Au reste, la possession provisoire accordée à l'une des parties n'a pour effet que de lui donner le droit de jouir de l'immeuble pendant la durée du procès au pétitoire, à la charge d'en rendre compte à l'autre partie, si elle triomphe dans cette instance. Elle ne dispense pas celui qui l'a obtenue de prouver sa propriété : cet avantage n'est attribué qu'à la possession civile. Pothier, *Possession*, n° 105.

177. La partie qui succombe au possessoire doit être condamnée à rendre à l'autre les fruits qu'elle a perçus et ceux qu'elle l'a empêchée de recueillir, sans préjudice des dommages-intérêts, s'il y a lieu. Jousse, *Ord.* 1667.

178. Le juge de paix peut ne pas liquider par son jugement les restitutions et dommages-intérêts prononcés contre la partie condamnée, s'il manque des élémens nécessaires pour opérer

cette liquidation, il ordonne qu'elle sera faite ultérieurement
(Arg. C. pr. 27). Les juges de paix, il est vrai, ne sont pas
compétens pour connaître de l'exécution de leurs décisions;
mais dans l'espèce il s'agit plutôt de compléter le jugement que
de l'exécuter.

179. *Dénonciation de nouvel œuvre.* Le juge de paix peut-il,
en statuant sur la dénonciation de nouvel œuvre, ordonner la
suppression des travaux commencés? Ou doit-il se borner à
prescrire que ces travaux seront suspendus jusqu'au jugement
à rendre sur l'action pétitoire? On distingue :

Le nouvel œuvre a-t-il lieu sur le terrain possédé par le demandeur, il constitue un véritable trouble qui donne ouverture
à la complainte.

Les travaux sont-ils faits sur le fonds du défendeur, il y a lieu
seulement d'ordonner la suspension des travaux. Ce pouvoir,
qui porte déjà atteinte au droit de propriété, ne saurait être
étendu ; le juge de paix doit donc se borner à constater l'état
des lieux et à défendre de continuer les travaux, jusqu'à ce
que les tribunaux compétens aient décidé le fond de la contestation.

Si l'auteur du nouvel œuvre veut obtenir main-levée des défenses du juge de paix, son action devient pétitoire et doit être
portée au tribunal de l'arrondissement. — V. *sup.* n° 30.

180. *Réintégrande.* Le jugement qui ordonne la réintégrande
du possesseur dépouillé condamne en même temps l'auteur de
la spoliation à restituer toutes les choses qui se trouvaient sur
l'héritage au moment où il s'en est emparé, sans préjudice des
dommages-intérêts. Le spolié peut être cru jusqu'à concurrence
d'une certaine somme, dans sa déclaration sous serment sur
l'existence de ces choses. Favard, n° 10.

Le spoliateur doit rembourser le prix de l'héritage spolié et
des choses qu'il renfermait encore, bien qu'elles aient péri ou
aient été perdues même sans sa faute. Il était en demeure de les
restituer par le seul fait de la spoliation.

181. La contrainte par corps peut être prononcée contre le
défendeur qui succombe, tant pour le délaissement que pour
la restitution des fruits perçus pendant son indue possession,
et le paiement des dommages-intérêts. C. civ. 2060. Vainement
on tenterait d'argumenter de ce que cet article se sert du mot
propriétaire. En effet, le possesseur est réputé propriétaire;
d'ailleurs, l'art. 2060 n'aurait plus aucun sens si on l'entendait
d'une autre manière.

182. La partie qui succombe au possessoire est condamnée
aux dépens.

183. Les jugemens rendus au possessoire n'ont aucune in-

fluence sur le pétitoire. En conséquence, des faits déclarés faux par le juge du possessoire peuvent être déclarés vrais par celui du pétitoire. Cas. 17 fév. 1809 (S. 9, 316); Carré, art. 25.

184. Les jugemens sur les actions possessoires peuvent être attaqués par les voies établies contre les jugemens. —V. *Appel*, *Opposition*, etc.

§ 7. — *Cumul du possessoire et du pétitoire. Exécution du jugement sur le possessoire.*

185. Le possessoire et le pétitoire ne peuvent jamais être cumulés (C. pr. 25). La possession affranchit le possesseur de la nécessité d'intenter l'action pétitoire, et de prouver sa propriété. Il faut donc commencer par régler le fait de la possession, pour savoir qui sera demandeur au pétitoire.

186. Non-seulement il est interdit aux juges de prononcer d'office la jonction du pétitoire et du possessoire, mais une partie ne peut ni saisir un juge de paix de l'une et de l'autre tout à la fois par une seule assignation; ni les intenter par des assignations séparées, l'une pour le possessoire devant le juge de paix, l'autre pour le pétitoire devant le tribunal de première instance. Cette disposition a toujours été entendue ainsi dans l'ancien droit. Pigeau, t. 2, p. 477; Carré, t. 1, p. 51.

187. Conséquemment le juge du possessoire ne peut pas : 1° déclarer qu'il existe en faveur de l'une des parties une possession immémoriale. Décider qu'une partie possède une chose depuis un temps immémorial, c'est en effet décider implicitement qu'elle en est propriétaire, puisqu'une possession de cette nature opère la prescription de la propriété à son profit. Cas. 2 juil. 1823 (S. 25, 430).

2° Evoquer le pétitoire sous prétexte que l'appréciation des titres de propriété est nécessaire pour juger la question de possession. Cas. 29 déc. 1828.

3° Faire dépendre le droit de l'une des parties de la validité ou de la nullité des titres de l'autre. Cas. 11 août 1819.

4° Statuer sur des faits antérieurs à l'année du trouble; par exemple, ordonner la suppression d'un fossé établi depuis plus d'un an. De semblables faits ne sauraient fonder qu'une action pétitoire. C. pr. 23; Carré, *Just. de Paix*, t. 2, p. 486.

5° Rejeter une complainte sous prétexte que les faits de trouble sont motivés par un intérêt d'ordre public. Cas. 25 juin 1806.

6° Se fonder sur les dispositions des art. 644, 645 C. civ. pour refuser la maintenue en possession provisoire de la possession d'un cours d'eau. Cas. 20 avr. 1824.

188. Mais le jugement rendu sur le possessoire n'est pas nul, par cela seul que dans quelqu'un de ses motifs le juge a discuté les moyens du fond, si le dispositif ne porte que sur la possession. Cas. 18 mai 1813 (S. 13, 335), 31 juil. 1828, 28 juin 1830.

189. Ni par cela seul que le juge, pour éclairer la possession, apprécie les titres respectivement produits, en déclarant quels droits résultent de ces titres pour chaque partie, si d'ailleurs le dispositif se restreint à une simple maintenue en possession. Ce n'est pas un titre qu'applique le juge, c'est un indicateur qu'il consulte ; ce n'est pas le pétitoire qu'il juge, c'est le possessoire qu'il éclaire. Cas. 19 déc. 1831.

190. Il n'y a pas cumul du possessoire avec le pétitoire : 1° lorsque le juge fait défenses à l'auteur du trouble d'exercer à l'avenir des actes semblables à ceux qui ont donné lieu à l'action en complainte. Cette défense est une condamnation essentiellement provisoire, et elle est une conséquence immédiate de la décision qui maintient le demandeur en possession.

191. 2° Lorsque, se trouvant hors d'état de prononcer sur le mérite de la possession, il renvoie les parties à se pourvoir au pétitoire : le tribunal n'est investi, par ce jugement, que du pétitoire sur lequel les parties doivent procéder par action nouvelle. Cas. 17 mars 1819 (S. 19, 395).

192. 3° Lorsqu'il ordonne une plantation de bornes, en réservant les droits des parties, quant au fait de propriété. La plantation de nouvelles bornes est en effet le seul moyen de réparer le trouble causé par le déplacement des premières. Cas. 27 avr. 1814 (S. 14, 294).

193. 4° Lorsqu'en rejetant la complainte au possessoire d'une partie, il se fonde sur ce qu'elle n'a pas prouvé son droit de co-propriété, lui réservant d'ailleurs son droit d'agir au pétitoire. Cas. 9 nov. 1825.

194. Enfin, dans une instance où l'on ne conteste ni la possession, ni la propriété, il ne peut y avoir cumul du possessoire et du pétitoire. Cas. 27 août 1827.

195. Le demandeur au pétitoire n'est plus recevable à agir au possessoire (C. pr. 26). En intentant l'action pétitoire, il est censé avoir reconnu qu'il n'était pas possesseur.

196. *Quid*, s'il s'est désisté de sa première demande et que le contrat judiciaire n'ait point été formé? Le doute naît de ce que l'art. 26 par ces mots, *le demandeur n'est plus recevable*, semble attacher au seul fait de la demande l'interdiction du droit d'agir au possessoire; mais la réponse à cette objection se trouve dans l'art. 413 Code proc. portant que, par le désistement, les choses sont remises au même état qu'avant la demande. Pigeau, t. 2, p. 507. *Contrà.* — Carré, art. 26.

197. Celui qui, assigné au correctionnel par le ministère public, comme coupable d'anticipation sur un chemin vicinal, se prétend propriétaire du terrain qu'on dit usurpé, et demande le renvoi à fins civiles, n'est point censé, par cette défense, engager le pétitoire, surtout si la commune n'est pas partie dans l'instance. En conséquence, il est recevable à intenter l'action en complainte contre la commune, à raison du procès-verbal qu'elle a fait dresser contre lui. Cas. 10 janv. 1827 (S. 27, 235.)

198. Le demandeur au pétitoire peut également se pourvoir au possessoire, à raison du trouble apporté à sa possession, postérieurement à la demande. On ne peut lui reprocher de n'avoir pas d'abord agi au possessoire, pour faire réparer un trouble qui n'existait pas ; il pouvait d'ailleurs avoir intérêt à faire reconnaître sa propriété, encore que sa possession ne fût pas troublée. Henrion, ch. 54.

199. Il n'est même pas nécessaire qu'il ait payé les frais, ni exécuté entièrement le jugement rendu au possessoire. Il est traité plus favorablement que le défendeur qui serait dans le même cas, parce qu'on ne peut lui reprocher comme à ce dernier d'avoir usurpé ni troublé la possession d'autrui. — V. *inf.* n° 203.

200. Le défendeur au pétitoire peut toujours se pourvoir au possessoire. Il ne peut dépendre du demandeur de se soustraire à cette action en formant lui-même une action pétitoire. Vainement on dirait que le demandeur au pétitoire ayant reconnu, par le fait, la possession du défendeur, celui-ci est sans intérêt à agir au possessoire. Il reste toujours la réclamation de dommages, qui fait partie de l'action possessoire, et que le défendeur a intérêt à faire débattre devant le tribunal compétent. Cas. 8 avr. 1823 (S. 23, 305); Carré, art. 21.

Pendant l'instance au possessoire, on surseoit au jugement du pétitoire. Carré, *loc. cit.*

201. Le défendeur au possessoire ne peut se pourvoir au pétitoire qu'après que l'instance sur le possessoire a été terminée. C. pr. 27.

202. S'il succombe, il doit, avant d'agir au pétitoire, satisfaire pleinement aux condamnations prononcées contre lui ; toutefois lorsque la partie qui les a obtenues est en retard de les faire liquider, le juge du pétitoire peut fixer pour cette liquidation un délai, après lequel l'action au pétitoire sera reçue. C. pr. 27. Il ne peut dépendre de la partie qui a gagné au possessoire de paralyser les droits de propriété de son adversaire, en abandonnant le produit des condamnations prononcées à son profit. Rodier, *sur l'ord.* 1667; Berriat, p. 112, note 24.

203. Cette règle reçoit cependant exception : 1° à l'égard de celui qui a défendu action possessoire, formée et jugée pendant qu'un ancien procès au pétitoire était resté sans poursuites; il peut reprendre ce procès sans être tenu de satisfaire préalablement aux condamnations possessoires. La défense de se pourvoir au pétitoire n'est pas la défense de reprendre les poursuites d'un procès déjà pendant au pétitoire. Riom, 29 juin 1809 (S. 15, 147).

204. 2° Dans le cas où l'action possessoire et l'action pétitoire, quoique relatives au même fonds, n'ont point de rapport entre elles. Toulouse, 25 janv. 1825; Cas. 30 mars 1830.

205. La fin de non-recevoir, résultant de ce que le défendeur au possessoire n'a pas satisfait aux condamnations prononcées contre lui, n'est pas d'ordre public; en conséquence elle est couverte par le silence du défendeur en première instance et en Cour royale; il ne peut s'en prévaloir pour la première fois en cassation. Cas. 5 juil. 1826.

§ 8. — *Formule.*

Citation sur une demande possessoire.

(C. pr. 23. — Tarif, 21. — Coût, 1 fr. 50 c. Orig. le quart par chaque copie.)

L'an   à la requête du sieur   demeurant à
j'ai   , huissier   , soussigné, donné assignation au
sieur Jacques   , à comparaître le   heure de   devant
M. le juge de paix du canton de   département de
au lieu ordinaire de ses séances, pour

Attendu que le requérant est depuis plus d'un an en possession d'une pièce de terre, contenant huit hectares, sise terroir d'Auson, ladite pièce bornée au nord par le sieur B   , au midi par ledit sieur J   , au levant par le sieur D   , et au couchant par la voie publique;

Attendu que le susnommé a entrepris sur ladite pièce de terre en faisant labourer, fumer et ensemencer deux raies de ladite pièce de son côté;

Voir donner acte au requérant de ce qu'il prend pour trouble à sa possession ladite anticipation;

Voir autoriser le requérant à reprendre la possession de ces deux raies de terre dont le susnommé s'est emparé indûment, défense faite à ce dernier de plus l'y troubler à l'avenir;

Comme aussi, attendu le préjudice causé au requérant par défaut de jouissance de ladite portion de terrain,

S'entendre ledit sieur Jacques condamner à payer au requérant la somme de trente francs à titre de dommages-intérêts;

Et pour en outre répondre et procéder comme de raison à fin de dépens;

Et j'ai au susnommé, domicile étant et parlant comme dessus, laissé, sous toutes réserves; copie du présent. Le coût est de   (*Signature de l'huissier.*)

— V. *Action, Citation, Compétence, Juge de Paix.*

Pour le *jugement.* — V. ce mot.

ACTION *réelle.* — V. *Action,* § 1, art. 1, *Compétence.*

ACTION *révocatoire.* — V. *Créancier.*

ADDITION. — V. *Exploit.*

ADIRÉ. Ce qui est perdu, égaré; se dit particulièrement des pièces d'un procès qui ne se trouvent plus.

ADJUDICATION. — V. *Saisies* et *Ventes.*

ADOPTION. Acte par lequel la loi permet de créer des rapports de paternité et de filiation entre deux personnes qui ne sont pas de la même famille.

1. L'adoption est ou *ordinaire*, ou *rémunératoire*, ou *testamentaire.*

2. *Conditions.* Celles requises pour l'adoption ordinaire sont au nombre de neuf.

1° *L'adoptant* doit être âgé de plus de 50 ans; 2° sans postérité légitime; 3° avoir 15 ans au moins de plus que l'adopté (C. civ. 343); 4° avoir donné à l'adopté, pendant sa minorité, des soins et des secours non interrompus pendant six ans au moins (345); 5° jouir d'une bonne réputation (355); 6° enfin, s'il est marié, avoir le consentement de son conjoint (344); 7° *L'adopté* doit être majeur; 8° s'il n'a pas 25 ans accomplis, rapporter le consentement donné à l'adoption par ses père et mère ou par le survivant, et s'il est majeur de 25 ans, requérir leur conseil (346); 9° n'avoir pas été précédemment adopté par une personne autre que le conjoint de l'adoptant (344).

3. *Adoption rémunératoire.* Si l'adopté a sauvé la vie à l'adoptant, soit dans un combat, soit en le retirant des flammes ou des flots, il suffit que l'*adoptant* soit majeur, plus âgé que l'adopté, sans postérité légitime, et, s'il est marié, que son conjoint consente à l'adoption. C. civ. 345. Les conditions pour l'adopté sont les mêmes que dans le premier cas.

4. *Adoption testamentaire.* Le tuteur officieux qui n'a pas de postérité légitime, peut, après cinq ans révolus depuis la tutelle, et dans la prévoyance de son décès, avant la majorité du pupille, lui conférer l'adoption par acte testamentaire. C. civ. 366. Le consentement du conjoint n'est pas nécessaire. C. civ. 344.

5. *Formes.* Elles sont les mêmes pour l'adoption ordinaire et pour l'adoption rémunératoire.

6. La personne qui se propose d'adopter et celle qui veut être adoptée, se présentent devant le juge de paix du domicile de l'adoptant. C. civ. 353. Ce magistrat est plus à portée de juger de l'opportunité de l'adoption, et de transmettre au tribunal les renseignemens nécessaires : le juge de paix du domicile de l'adopté ne peut accepter la mission qui lui serait offerte par les parties. L'ordre public est intéressé à ce que sa compétence ne puisse être prorogée.

7. Les parties peuvent-elles se faire représenter par un mandataire *spécial*? L'importance de l'adoption semblerait exiger une comparution en personne ; mais la loi ne s'est pas expliquée assez formellement, pour qu'on puisse refuser aux parties l'exercice de la faculté du mandat. Bruxelles, 22 avr. 1807. Delvincourt, t. 1, p. 261; note; Favard, v° *Adoption*, sect. 2, § 2; Bousquet, n° 598; Levasseur, n° 299. — *V*. toutefois Grenier, *Adoption*, n° 18.

La procuration, signée du mandataire, est annexée à la minute de l'acte d'adoption, et il faut en délivrer expédition à la suite de l'acte.

8. Si le juge de paix reconnaît que l'une des parties ne réunit pas les conditions requises, peut-il refuser de recevoir l'acte de leurs consentemens respectifs? La négative résulte de ce que sa mission se borne ici à constater le consentement respectif des parties, son ministère est forcé ; c'est aux tribunaux qu'il appartient de vérifier si les conditions exigées se trouvent réunies. (C. civ. 355); Grenier; n° 17. *Contrà*. —Bousquet, n° 596.

Peut-être faudrait-il excepter le cas où l'adopté serait mineur, ou n'aurait pas le consentement de ses père et mère.

9. Si le juge de paix refuse de passer l'acte, *l'adoptant* peut l'assigner devant le tribunal de son domicile, pour déduire les motifs de son refus, et se voir condamner, s'il y a lieu, à délivrer l'acte demandé.

10. Cette action n'appartient pas à celui qui veut se faire adopter. Il n'y a de droit ouvert à son profit qu'après la confection de l'acte d'adoption ; et il peut seulement en poursuivre l'homologation. C. civ. 354.

11. Lorsque le juge de paix reçoit les déclarations des parties. (C. civ. 353.) Le procès-verbal en est écrit par le greffier en présence du juge de paix, qui le signe avec les parties.

12. Dès que l'acte est rédigé, il y a contrat synallagmatique qui ne peut plus être dissous que par la volonté des deux parties, quoiqu'il puisse rester sans effet par le défaut d'accomplissement des formalités ultérieures. Toullier, t. 2, n° 994, 1002, 1004; Delvincourt, t. 1, p. 261, notes ; Proudhon, t. 2, p. 135. V. *infrà*.

13. Le changement d'état des parties, survenu depuis cette époque, ne peut anéantir le contrat. Il n'est pas nécessaire que leur capacité continue d'exister jusqu'à l'inscription de l'adoption sur les registres de l'état civil (V. *inf.* n° 22). Arg. C. civ. 360 ; Delvincourt, p. 261 et suiv., notes ; Toullier, n° 1004; Grenier, n° 26 ; *Contrà*. —Proudhon, p. 136.

14. Mais l'adoption ne pouvant être connue des tiers que par l'inscription, elle ne produit d'effet contre eux qu'à dater de cette époque.

15. *Homologation*. Une expédition de l'acte doit être remise

dans les 10 jours, par la partie la plus diligente, au procureur du roi près le tribunal de première instance, dans le ressort duquel se trouve le domicile de l'adoptant (C. civ. 354).

Le délai n'est pas de rigueur. Favard, v° *Adoption*; Delvincourt, t. 1, p. 262, notes.

16. Le tribunal réuni en la chambre du conseil, et après s'être procuré les renseignemens convenables, vérifie, 1° si toutes les conditions de la loi sont remplies; 2° si la personne qui se propose d'adopter jouit d'une bonne réputation (C. civ. 355). Il a la plus grande latitude quant à la nature des renseignemens qu'il peut demander, et à la source où il les puise. Ainsi, la fortune des parties, et les moyens possibles, pour chacune d'elles, de fournir aux charges qui résulteront de l'adoption, leur position sociale, leur âge, les convenances, doivent être appréciés par le tribunal.

17. Les père et mère, les parens, et toutes autres personnes ont le droit de fournir aux juges tous mémoires et documens, soit en faveur de l'adoption, soit contre l'adoption; ils peuvent même être entendus en la chambre du conseil, et hors la présence du greffier, mais sans prestation de serment, sans écritures, en un mot, sans aucune des formalités de l'enquête. Proudhon, t. 2, p. 132; Toullier, n° 997.

18. Ces formalités accomplies, le tribunal, toujours en la chambre du conseil, après avoir entendu le procureur du roi, et sans aucune autre forme de procédure, prononce sans énoncer de motifs : « *Il y a lieu* ou *il n'y a pas lieu à l'adoption.* » L'énonciation des motifs pourrait en effet gêner la liberté des juges et nuire à la réputation de l'adoptant, par exemple, si le rejet de l'adoption était fondé sur son inconduite. Proudhon, t. 2, p. 131; Toullier, t. 2, n. 997; Delvincourt; t. 1, p. 262, notes.

19. Le jugement doit être secret, même lorsqu'il admet l'adoption, parce qu'il peut être infirmé par la Cour. Delvinc. *ibid.*

20. Si l'adoption est admise, le jugement est, *dans le mois de sa date* (ce délai n'est pas de rigueur), et sur les poursuites de la partie la plus diligente, soit l'adoptant, soit l'adopté, soumis à la Cour royale du ressort, laquelle, après avoir fait les vérifications prescrites en première instance, et sur les conclusions du procureur-général, prononce aussi sans énoncer de motifs : *Le jugement est confirmé*, ou *le jugement est réformé*; *en conséquence il y a lieu*, ou *il n'y a pas lieu à l'adoption*. C. civ. 355, 356, 357.

21. L'arrêt qui rejette l'adoption est, comme le jugement de première instance, prononcé en chambre du conseil; mais si la Cour admet l'adoption, elle rend son arrêt à l'audience, et

en ordonne i'affiche en tels lieux, et en tel nombre d'exemplaires qu'elle le juge convenable (C. civ. 358). Cette solennité, que ne comporte pas le jugement de première instance, est nécessaire pour donner à l'adoption définitivement consommée, toute la publicité que son importance réclame. En effet, c'est un acte qui, par les rapports de paternité et de filiation qu'il établit entre l'adoptant et l'adopté, intéresse éminemment les tiers et la société elle-même. La prononciation de l'arrêt à l'audience est donc une condition essentielle de la validité de l'adoption; mais si la Cour s'était contentée de rendre sa décision dans la chambre du conseil, elle serait toujours à même de réparer cette irrégularité par une prononciation à l'audience, puisqu'elle n'est enchaînée par aucun délai.

22. Dans les trois mois qui suivent l'arrêt de la Cour, l'adoption doit être inscrite, à la réquisition de l'une ou de l'autre des parties, sur les registres de l'état civil du lieu où l'adoptant est domicilié. C. civ. 359.

Cette inscription n'a lieu que sur le vu d'une expédition en forme de l'arrêt de la Cour, et l'adoption reste sans effet si elle n'a été inscrite dans le délai sus-énoncé. C. civ. 359.

23. L'inscription une fois opérée a pour effet de rendre l'adoption irrévocable; les parties ne peuvent plus dès-lors, même d'un consentement mutuel, rompre les rapports de paternité et de filiation civile établis entre elles (Toullier, t. 2, n. 1003; Proudhon, t. 2, p. 136; Delvincourt, t. 1, p. 264, notes.

24. Cependant les héritiers de l'adoptant ont la faculté, dans l'intérêt de leurs droits de succession, d'attaquer par action principale l'adoption *consommée* pendant la vie de leur auteur, et de la faire annuler, s'il y a lieu, par le tribunal qui l'a prononcée. Colmar, 28 juil. 1821 (S. 21, 288); Cas. 22 nov. 1825; Nancy, 13 juin 1826 (S. 26, 142, et 2, 251); Paris, 26 avr. 1830 (S. 30, 217); Delvincourt, t. 1, p. 263, notes; Grenier, *de l'adopt.* n. 22. Mais cette action est toute différente du droit qui leur est accordé de prévenir une adoption qu'ils jugent inadmissible, dans le cas où l'adoptant est décédé pendant l'instruction.—V. *inf.* n. 30 et 31.

25. Si l'adopté meurt avant que l'inscription ait été faite, tout est réputé non-avenu entre les parties; l'adoption est sans résultat; les héritiers de l'adopté ne sont pas habiles à en recueillir le bénéfice. Au contraire, le décès de l'adoptant, à la même époque, ne change rien aux droits de l'adopté, qui peut toujours faire opérer l'inscription. C. civ. 36.

26. Il y a plus : L'adoptant fût-il décédé avant l'arrêt ou avant le jugement de première instance, si déjà l'acte d'adoption avait été porté devant les tribunaux, l'instruction devrait être continuée et l'adoption admise , s'il y avait lieu , sauf le droit, pour les héritiers de l'adoptant, s'ils croyaient l'adoption inadmissible , de remettre au procureur du roi tous mémoires et observations à ce sujet. C. civ. 360.

Peu importe même que l'acte d'adoption n'ait pas encore été porté devant les tribunaux; une fois qu'il a été signé par l'adoptant, l'adopté peut en poursuivre l'exécution, et par conséquent il y a même motif de décider. Delvincourt, t. 1, p. 264, notes. *Contrà.* — Grenier, n° 21.

27. L'art. 360 ne distingue pas entre les héritiers légitimes et les héritiers testamentaires ; on doit donc en conclure que , comme ils ont le même intérêt, ils ont aussi le même droit.— *V.* n° 32.

28. Si l'adoption pouvait préjudicier aux légataires particuliers; par exemple , si l'adoptant avait donné de cette manière au-delà de la quotité disponible , ces légataires pourraient aussi remettre au tribunal telles notes qu'ils aviseraient. Mais ce droit ne saurait, dans aucun cas, être étendu à des personnes qui n'auraient pas un intérêt né et actuel.

29. En cas de rejet de l'adoption , peut-on se pourvoir contre l'arrêt? Le doute naît de ce que les magistrats ont pu prendre pour base de leur décision des raisons de moralité dont ils sont dispensés de rendre compte; il est impossible de savoir s'ils se sont déterminés par des moyens de forme ou de fond , leur jugement n'étant point motivé. Delvincourt, t. 1, p. 262 et 263, notes; Grenier, n° 22.

Cependant, un arrêt de la Cour de cassation, du 14 nov. 1815 (S. 16, 45), semble admettre la possibilité du recours en cassation, en ce qu'il motive le rejet du pourvoi sur ce que le demandeur n'avait proposé aucun moyen tendant à prouver que les formes établies par la loi eussent été violées dans l'espèce.

30. Quand l'adoption est admise, les héritiers de l'adoptant, ou son conjoint, s'il a été passé outre sans son consentement (C. civ. 344), sont seuls intéressés à critiquer l'arrêt; mais n'ayant pas figuré dans l'instance, ils ne sauraient user des voies de réformation réservées aux parties, s'ils n'ont présenté des mémoires ou observations pour faire rejeter l'adoption. Dans ce cas ils pourraient se pourvoir en cassation, s'il y avait des nullités. Grenier, n° 22. En effet, les motifs qui empêchent tout recours contre un arrêt qui rejette l'adoption n'existent plus à l'égard de l'arrêt qui la prononce; et si la loi a été violée, il est juste qu'on puisse le faire réformer.

31. Mais dans toute autre circonstance ils ne peuvent agir que par action principale devant le tribunal qui a prononcé l'adoption. Colmar, 28 juil. 1821 (S. 21, 288); Cas. 22 nov. 1825; Nancy,

13 juin 1826 (S. 26, 1, 142, et 2, 251); Paris, 26 avr. 1830 (S. 30, 217). Les jugemens ou arrêts rendus en cette matière ne sont que des actes de juridiction *volontaire et gracieuse*, qui ne peuvent pas produire l'exception de la chose jugée. Le même motif conduit à décider conformément à l'arrêt de Nancy précité, et contrairement à celui de Colmar, qu'ils n'ont pas l'usage de la tierce opposition. Delvincourt, t. 1, p. 263, notes.

52. Au reste, les héritiers institués et les légataires peuvent, comme les héritiers *ab intestat*, demander la nullité de l'adoption qui préjudicie à leurs intérêts. Colmar, 28 juil. 1821 (S. 21, 288). Ils peuvent agir conjointement, ou l'un à défaut des autres, et lors même que ceux-ci consentiraient à laisser l'adopté jouir de tous les effets de l'adoption. Cas. 22 nov. 1825 (S. 26, 142).

53. *Forme de l'adoption testamentaire.* Elle peut avoir lieu dans un testament olographe ou mystique, comme dans un testament par-devant notaire. Elle n'est soumise qu'à la forme des testamens, et n'a besoin, pour produire ses effets, ni de l'homologation de la justice, ni de l'inscription sur les registres de l'état civil. (Toullier, t. 2, n° 1005; Proudhon, *Dr. Fr.*, t. 2, p. 134.) Quelle que soit en effet la forme du testament, la minute doit rester ou être remise dans l'étude d'un notaire; et ce dépôt est suffisant pour en assurer l'existence. Proudhon, *ibid.*

54. *Enregistrement.* L'acte d'adoption, soit devant le juge de paix, soit devant notaire, par testament, est soumis au droit fixe de 1 fr. L. 22 frim. an 7, art. 68, § 1, n° 9.

55. Le jugement qui admet l'adoption est passible d'un droit fixe de 50 fr.; l'arrêt confirmatif, d'un droit de 100 fr. L. 28 avr. 1816, art. 48, 49.

56. Le jugement qui rejette l'adoption n'est soumis qu'au droit fixe de 5 fr., et l'arrêt au droit de 10 fr. Même loi, art. 45.

57. L'adopté, même lorsque l'adoption est testamentaire, et que l'adoptant meurt avant qu'il ait atteint sa majorité, ne doit, pour les biens qu'il recueille dans la succession de l'adoptant, que les droits établis pour les successions en ligne directe. — La donation ou le legs fait par l'adoptant, au profit de l'adopté, ne donne également ouverture qu'aux droits dus en ligne directe. Cas. 2 déc. 1822.

FORMULE I.

Acte d'adoption.

L'an　　　　　le　　　　　　　, par-devant nous juge de paix du canton de　　　　　　　arrondissement de　　　　　　　département de assisté de Me　　　　　, greffier, sont comparus (*noms, prénoms, profession et domicile de l'adoptant et de l'adopté*).

Lesquels ont fait les déclarations suivantes : 1° M. voulant donner à M. une preuve de l'attachement qu'il a pour lui, a déclaré vouloir l'adopter, et l'a en effet adopté par ces présentes, nous ayant requis de recevoir l'acte de sa déclaration à cette fin.

2° M. a déclaré consentir à ladite adoption, et s'est engagé à remplir envers M. les devoirs qu'elle lui impose.

(*Si l'adoptant a un conjoint et si l'adopté a son père ou sa mère, leur consentement est ainsi exprimé* : est aussi comparu (*désigner les personnes dont le consentement est requis*) lequel a déclaré donner son consentement à l'adoption faite par

On, et M nous a remis l'acte dûment en forme, en date du constatant le consentement de (*indiquer la personne*) à l'adoption faite par

(*Si l'adopté a requis le conseil de ses père et mère, on l'énonce de la même manière.*) — V. *Acte respectueux.*

De tout ce que dessus, il a été dressé le présent acte, dont nous avons donné lecture aux parties, après quoi elles l'ont signé avec nous et le greffier, à les jour, mois et an susdits. (*Signatures.*)

FORMULE II.

Requête à fin d'homologation de l'acte d'adoption.

(C. civ. 354. — Arg. Tarif, 79. — Coût. 15 fr.)

A M. le procureur du roi, près le trib. de première instance de

Le sieur M... demeurant à

A l'honneur de vous exposer que, par procès-verbal reçu par M. le juge de paix du canton de le il a adopté M... de son consentement et de celui de ses père et mère, ainsi que cela résulte du procès-verbal sus-énoncé.

Pourquoi, et attendu que ladite adoption a été faite conformément aux dispositions de la loi, il vous plaira, M. le procureur du roi, soumettre ledit acte d'adoption à l'homologation du tribunal. (*Signatures de la partie et de l'avoué.*)

FORMULE III.

Requête à fin de confirmation du jugement prononçant l'adoption.

(C. civ. 357. — Tarif 79 et 147. — Coût, 22 fr. 50 c.)

A MM. les premier président, présidens et conseillers de la Cour royale de

Le sieur M... demeurant à ,

A l'honneur de vous exposer que, sur la requête par lui présentée à fin d'homologation de l'acte reçu par M. le juge de paix du canton de le , contenant adoption par l'exposant de M...; le tribunal de première instance de a rendu le un jugement portant qu'il y a lieu à l'adoption.

Pourquoi il vous plaira, MM., attendu que ladite adoption a été faite conformément à la loi, ainsi que cela résulte des pièces ci-annexées, confirmer le jugement dont s'agit; et vous ferez justice. (*Signatures de la partie et de l'avoué.*)

AFFAIRE. On distingue les affaires en *ordinaires, sommaires, urgentes.* — *V.* ces mots.

AFFICHE. Placard imprimé ou manuscrit qui s'appose dans un lieu public.

1. On appose des affiches pour annoncer les différentes

ventes judiciaires ayant lieu par suite de saisie ou autrement. — V. *Saisie*, *Ventes judiciaires.*

2. Les jugemens prononçant *adoption*, *séparation de biens*, *interdiction*, doivent également être affichés dans plusieurs lieux désignés par la loi. — *V.* ces mots.

3. *Timbre.* Les affiches sont soumises au timbre de *dimension* ou au timbre *spécial.*

4. Le timbre de *dimension* est celui que la régie fait apposer sur les papiers destinés aux actes publics ; il coûte 35 c., 70 c., 1 fr. 25 c. 1 fr. 50 c. ou 2 fr. la feuille. L. 28 avr. 1816, art. 62.

5. Toutes les affiches apposées aux lieux prescrits par la loi sont soumises au timbre de dimension. Ce sont, en effet, de véritables actes judiciaires. Circ. Régie, 13 brum. an 9, n° 1908 ; Cas. 2 avr. 1818. — Il en est autrement des affiches imprimées, soit en entier, soit par extrait, pour les faire apposer dans d'autres endroits que ceux prescrits par la loi, ou distribuer à la main, afin de donner plus de publicité à l'acte qu'elles annoncent, pourvu qu'elles ne fassent qu'indiquer le nom de l'officier public, sans sa signature. — V. *inf.* n° 13.

6. En général, les affiches qui ne sont pas assujéties au timbre de *dimension* sont soumises au *timbre spécial*, quel que soit leur objet. L. 9 vend. an 6, art. 56 ; L. 28 avr. 1816, art. 50.

Le timbre *spécial* coûte 10 c. pour une feuille de 25 décim. carrés de superficie, et 5 c. pour la demi-feuille. (L. 26 avr. 1816, art. 65, 67.) Il est augmenté d'un centime pour chaque 5 décimètres carrés en sus de 25 décimètres. Le supplément est toujours d'un centime, encore bien que l'excédant soit inférieur à 5 décimètres carrés. Circ. min. Fin., 11 août 1818.

7. La dimension du papier est laissée à la volonté des parties qui doivent le fournir avant l'impression. L. 13 vend. an 6. — La régie n'est chargée que du timbre. L. 15 mai 1818, art. 76. — Toutefois, le papier ne peut être de couleur blanche (L. 28 avr. 1816, art. 65), à peine de 20 fr. d'amende contre l'imprimeur. LL. 25 mars 1817, art. 77 et 16 juin 1824, art. 10.

8. Les affiches lithographiées sont assimilées pour le timbre à celles imprimées en caractères ordinaires. Déc. min. Fin., 20 fév. 1818 et 24 déc. 1819.

9. Il en est de même des affiches *à la brosse* (c'est-à-dire imprimées au moyen de planches en cuivre à jour). Déc. min. Fin., 24 juil. 1820.

10. Toutefois, ces affiches, ainsi que celles *manuscrites*, sont exemptes du timbre, lorsqu'elles sont uniquement apposées sur une maison, pour annoncer qu'elle est à louer ou à vendre, ou

qu'on y exerce tel commerce. Même décis., 18 juil. 1820 et 8 mai 1824.

11. Les affiches pour adjudication des biens des hôpitaux et maisons de charité, et celles pour location des biens de la Légion-d'Honneur, sont soumises, comme les autres, à la nécessité du timbre. Déc. 28 vend. an 9, 24 vend. an 13.

12. Mais sont dispensées du timbre :

1° Les affiches d'actes émanés de l'autorité publique. L. 9 vend. an 6, art. 56;

2° Celles relatives à la location et à la vente des biens de l'Etat;

3° Celles contenant l'extrait d'un jugement annonçant l'ouverture d'une faillite. Déc. 15 mars 1814. — Toutefois, cette exception ne s'étend pas aux affiches ordonnées pour appeler les créanciers à produire. C. com. 471.

13. *Amendes.* L'emploi du timbre spécial, au lieu de celui de dimension, entraîne une amende contre l'officier ministériel signataire de l'affiche.

14. Toutes personnes convaincues d'avoir fait afficher et distribuer des affiches non timbrées, sont condamnées solidairement à une amende de 100 fr. L. 9 vend. an 6, art. 69. — Sans préjudice des peines de simple police contre les afficheurs. C. pén. 474.

15. Mais on ne peut condamner la personne qu'intéressent les affiches non timbrées, qu'en prouvant qu'elles ont été distribuées par son ordre. Cas. 28 mai 1816.

16. Il est défendu aux imprimeurs de tirer des affiches sur papier non timbré, sous prétexte de les faire frapper d'un timbre extraordinaire, à peine de 500 fr. d'amende. L. 28 avr. 1816, art. 68.

17. *Enregistrement.* L'original du procès-verbal de l'huissier, constatant l'apposition des affiches, est sujet à l'enregistrement, au droit fixe de 1 fr.; mais les placards qu'il a apposés en sont dispensés. Déc. min, just. et fin. 5 et 15 déc. 1818.

18. Les certificats des notaires, greffiers, commissaires-priseurs et maires, lorsqu'il s'agit d'affiches apposées dans tout autre intérêt que celui de l'Etat, doivent également être enregistrés. Même décis.

19. Il en est de même des extraits de demandes ou jugemens de séparation de biens que les avoués font et signent pour être affichés dans la chambre de discipline; ils doivent être enregistrés avant d'être remis aux secrétaires des chambres. Délib. Régie, 8 juin 1827.

20. Le visa des maires sur les procès-verbaux des huissiers, constatant l'apposition d'affiches, est exempt de l'enregistrement; il a pour objet l'intérêt public. Inst. Régie, 5 juil. 1809, n° 436.

AFFIRMATION. Attestation de la vérité d'un fait.

1. La simple mention que le rédacteur d'un procès-verbal l'a *déclaré sincère et véritable*, ne satisfait point au vœu de la loi. Cas. 20 et 29 fév., 20 mars 1812.

2. On affirme un inventaire (C. civ. 1456, C. pr. 943-8°), un compte (*ib.* 554), une créance (*ib.* 671, C. com. 507), une dette saisie (C. pr. 571), un jet à la mer (C. com. 413), un voyage (Tarif 146), l'avance des frais (C. pr. 133), etc. — V. *Contribution*, *Dépens*, *Faillite*, *Inventaire*, *Saisie-Arrêt*, etc.

3. Les procès-verbaux auxquels la loi attribue l'effet de faire foi de leur contenu jusqu'à inscription de faux, doivent avoir été affirmés : tels sont les procès-verbaux des préposés des douanes. L. 9 flor. an 7, art. 10, etc.

Les juges de paix et leurs suppléans, dans les lieux où ils résident (L. 28 flor. an 10, art. 11), ont le pouvoir de recevoir et de certifier l'affirmation des procès-verbaux.

FORMULE.

Aujourd'hui, le   le sieur   a affirmé le présent procès-verbal devant nous, et a signé avec nous la présente affirmation.

(*Signatures.*)

— V. *Procès-verbal*, *Serment*.

AGE. Selon qu'il est plus avancé, il donne certaines capacités ; par exemple, celle de disposer de ses biens, d'ester en justice, d'être témoin. — V. *Enquête*, *Mineur*, *Témoin*.

1. L'âge est une des conditions requises pour l'exercice des fonctions publiques. — V. *Agent de change*, *Avocat à la Cour de cassation*, *Avoué*, *Commissaire-priseur*, *Courtier de commerce*, *Greffier*, *Huissier*, *Juge*, *Notaire*, etc.

2. Il confère aussi certains priviléges, comme celui de n'être plus soumis à la contrainte par corps à 70 ans (— V. *Contrainte par corps*), et certaines prérogatives, telles que celles attribuées à l'ancienneté dans une compagnie dont on est membre. — V. *Ancienneté*.

AGENT. — V. *Faillite*.

AGENT D'AFFAIRES. Sa profession consiste à se charger d'affaires litigieuses ou non-litigieuses, et à leur donner les soins qu'elles réclament.

1. Les *Bureaux* et *Agences d'affaires* sont en général consacrés chacun plus spécialement à un genre d'affaires, tel que poursuite des affaires contentieuses près des administrations publiques et particulières, gestion des fortunes, recouvrement des capitaux, placement de fonds, ventes amiables de meubles ou d'immeubles , liquidation et achat des créances, recettes de rentes , etc.

2. Celui-là seul peut être considéré comme agent d'affaires , qui tient un établissement annoncé à la confiance générale par des circulaires ou autres moyens de publicité. Cas. 18 nov. 1813; Pardessus, n° 42.

5. N'est point agent d'affaires le défenseur officieux devant les justices de paix , lorsque d'ailleurs il ne tient ni bureau, ni cabinet d'affaires. Amiens, 10 juin 1823 (S. 26, 245).

4. Sont, au contraire , agences d'affaires : 1° les établissemens où l'on fait habituellement des traductions d'actes , et documens écrits en langues étrangères , et dans lesquels on rédige des notes ou lettres en ces langues. Pardessus , n° 43.

5. 2° Les établissemens connus sous les noms de *Tontines* , *Caisses d'épargnes*. Cas. 15 déc. 1821 ; Pardessus, n° 44.

Il en est autrement si les administrateurs de ces établissemens sont nommés par le Roi ou ses délégués : le choix de l'autorité est une garantie suffisante pour les tiers. — V. *inf.* n° 6.

Ainsi, les tontines, originairement fondées par des individus, sans caractère public, sous les noms de *Caisse Lafarge*, *Caisse des Employés* , *Tontine du pacte social* , qui ont été confiées , par ordonnance du 7 octobre 1818, à trois administrateurs choisis par le préfet de la Seine parmi les membres du conseil municipal de Paris, ne sont pas considérées depuis cette ordonnance comme entreprises commerciales , et leurs administrateurs comme agens d'affaires.

6. Les entreprises d'agences d'affaires sont des *actes de commerce.*—V. ce mot , n° 104.

Le but de la loi est de donner des garanties au public, d'assurer et d'accroître la confiance des cliens dans les agens d'affaires , espèce de dépositaires nécessaires.

7. De là plusieurs conséquences : 1° Les agens d'affaires sont justiciables des tribunaux de commerce, et contraignables par corps pour l'exécution des engagemens relatifs à leur agence. C. com. 632.

2° Les billets qu'ils souscrivent sont censés faits pour leur agence , à moins qu'ils n'énoncent une autre cause. C. com. 638; Paris, 6 déc. 1814 (S. 16, 54).

3° Les règles relatives aux faillites et banqueroutes leur sont applicables. Cas. 18 nov. 1813, 22 juin 1832 (S. 16, 51.— 32, 110).

4° La profession d'agent d'affaires est incompatible avec celle d'*avocat.*—V. ce mot.

8. Les agens d'affaires ne sont jamais présumés s'être chargés gratuitement de la gestion des affaires qui leur sont con-

fiées. L'art. 1986 C. civ., portant que le mandat est gratuit, s'il n'y a convention contraire, ne leur est pas applicable. Cas. 18 mars 1818 (S. 18, 234).

9. L'agent d'affaires qui, par ses soins, a créé ou conservé la somme qui assure le remboursement de la créance de son client, a même un privilége pour ses honoraires sur le montant de cette créance. C. civ. 2102, n° 5; Cas. 4 mai 1824 (S. 25, 58).

10. Mais le salaire, même convenu d'avance avec le client, peut être réduit s'il est exagéré, ou si l'agent d'affaires est révoqué avant la fin de l'opération. Cas. 11 mars 1824 (S. 25, 133).

Cette réduction doit être faite nonobstant la convention qui aurait assuré le salaire entier, malgré toute révocation : le salaire n'est que le prix de la peine.

Une convention de cette nature ne saurait être considérée comme contenant un marché à forfait. *Même arrêt.*

11. La prescription de un et deux ans, établie par les art. 2272 et 2275 C. civ., pour les salaires des huissiers et avoués, n'est pas applicable aux salaires des agens d'affaires ; ils ne se prescrivent que par trente ans. C. civ. 2262; Cas. 18 mars 1818 (S. 18, 234).

12. *Timbre.* Les agens d'affaires sont tenus d'avoir des registres timbrés. L. 13 brum. an 7, art. 13.

15. Ils sont soumis au paiement d'une patente. Même loi. — V. *Patente.*

AGENT *de change.* Agent intermédiaire, préposé à la négociation des effets publics et autres susceptibles d'être cotés.

1. Il y a des agens de change, 1° dans toutes les villes où il existe une bourse de commerce, C. com. 75; et 2° dans d'autres places où le gouvernement a jugé leur ministère nécessaire aux besoins du commerce.

2. Lorsqu'ils sont en nombre suffisant, ils ont une chambre syndicale. Arr. 29 germ. an 9.

3. *Conditions.* Pour être agent de change, il faut, 1° la jouissance des droits de citoyen français; 2° la réhabilitation, si l'on a fait faillite, abandon de ses biens ou atermoiement ; 3° l'exercice antérieur de la profession de banquier ou négociant, ou un travail antérieur de quatre ans au moins dans une maison de banque ou de commerce, ou chez un notaire à Paris. Arrêté, 29 germ. an 9, art. 6 et 7. (Mais le ministère ne tient pas exactement la main à la justification d'un exercice antérieur de profession. Vincent, t. 1, p. 578); 4° la nomination par le Roi. C. com. 75o.

4. D'après les anciens réglemens, les agens de change devaient être majeurs, c'est-à-dire âgés de vingt-cinq ans accomplis. Aucune disposition législative encore en vigueur ne parle

de cette condition; ils pourraient donc être nommés à dix-huit ans, moyennant l'autorisation exigée pour le mineur commerçant. Mais le gouvernement n'institue aucun agent de change mineur (Vincent, t. 1, p. 578), et d'ailleurs on n'est citoyen qu'à 21 ans. — V. *sup.* n° 3.

5. Avant d'entrer en fonctions, l'agent de change prête serment devant le tribunal de commerce du lieu où il doit exercer; il justifie du versement de son cautionnement, qui varie selon les différentes villes depuis 6,000 f. jusqu'à 125,000 f. Arr. 29 germ. an 9; L. 28 avr. 1816, art. 90; ord. 9 janv. 1818. — V. *Cautionnement.*

6. Il a le droit de présenter un successeur à l'agrément du Roi, excepté dans le cas de destitution (L. 28 av. 1816, art. 91); il faut alors un avis motivé sur l'aptitude et la réputation de probité du candidat, délivré par le tribunal de commerce, et accompagné des observations du syndic des agens de change et de l'avis du préfet. Ord. 3 juil. 1816.

7. Lorsqu'une place est vacante sans que la transmission en soit faite par le titulaire ou son représentant, la nomination a lieu en la forme adoptée avant la loi de 1816, savoir, sur une liste double fournie par un jury de commerçans de dix membres, mi-partie de banquiers et de négocians, et à laquelle le préfet peut ajouter un quart en nombre et le ministre un autre quart, pourvu toutefois qu'il y ait au moins deux places vacantes. Arrêté 29 germ. an 9.

8. Par exception, les vacances à Paris sont remplies sur une liste triple, présentée par la compagnie des agens de change. Ord. 29 mai 1816.

9. *Attributions.* Les agens de change ont *exclusivement* le droit, 1° de négocier, comme intermédiaires des parties, les effets publics et autres susceptibles d'être cotés. C. com. 76;

2° De constater le cours des effets et des matières métalliques. C. com. 73 et 76;

3° De certifier le compte de retour qui doit suivre une lettre de change ou un billet à ordre protesté. C. com. 181, 187.— V. *Effet de commerce.*

10. Ils peuvent, *concurremment* avec les courtiers de marchandises, faire les négociations et le courtage des ventes ou achats des matières métalliques. C. com. 76.

11. Le ministère des agens de change est forcé pour la négociation des rentes et autres effets publics, et facultatif pour les négociations de lettre de changes, billets à ordre, etc. Arrêté 27 prair. an 10, art. 4.

12. Celui qui s'immisce dans les fonctions des agens de change est passible d'une amende au moins égale au douzième

du montant de leur cautionnement (L. 28 vent. an 9, art. 8), indépendamment de tous dommages-intérêts. Paris, 20 juin 1828; Mollot, *des Bourses de commerce*, p. 332 et 482.

Il est exclu de la Bourse, et, en cas de récidive, incapable d'être nommé agent de change. Arrêté 27 prair. an 10, art. 5; Av. Cons.-d'Et. 17 mai 1809; Ordon. 29 mai 1816.

13. Les négociations sont en outre déclarées nulles. Arr. du Conseil-d'Etat 26 nov. 1781: Cas. 26 août 1791; Arrêté 27 prair. an 10, art. 7; Mollot, p. 335.

Toutefois, cette nullité s'oppose seulement à la preuve de l'opération par le registre et le témoignage de celui qui s'est indûment constitué intermédiaire; mais elle n'exclut pas toute action et exception. Pardessus, n° 125.

14. Ces prohibitions ne s'étendent pas jusqu'à empêcher les particuliers de négocier entre eux et par eux-mêmes les effets auxquels ils apposent leur signature, par voie d'endossement. Edit de 1599; Arrêté 27 prair. an 10.

15. *Obligations.* L'agent de change doit garder le secret le plus inviolable sur les négociations dont il est chargé (à moins que la partie ne consente à être nommée, ou que la nature de l'opération ne l'exige). Arrêté 27 prair. an 10, art. 19. De là plusieurs conséquences :

1° En réalité, la négociation ne s'établit qu'entre les deux agens de change, acheteur et vendeur, qui stipulent en leur *nom personnel*, non comme de simples mandataires, mais comme des *commissionnaires traitant en leur nom*.

2° Ils ont seuls le droit d'agir pour leurs cliens innommés, afin d'obtenir l'exécution de la négociation.

3° Les *parties* n'ayant entre elles aucune relation, sont sans action l'une contre l'autre; la loi leur assure l'exécution du contrat en leur donnant une garantie contre les agens de change qu'elles ont respectivement chargés. Cas. 19 août 1823; Mollot, p. 140.

16. La loi exige de l'agent de change, 1° un livre timbré, coté et paraphé, sur lequel il doit consigner ou *faire consigner* (Mollot, p. 123) jour par jour, et par ordre de dates, sans ratures, interlignes ni transpositions, et sans abréviations ni chiffres, toutes les opérations faites par son ministère. C. com. 84.

17. 2° Un carnet sur lequel il porte chaque négociation, à mesure qu'elle est faite. Arrêté 27 prair. an 10, art. 12.

Il n'est pas nécessaire que ce carnet soit coté et paraphé. L'agent de change est même dans l'usage de l'écrire au crayon.

18. Les parties peuvent demander à l'agent de change un

extrait de son journal le lendemain de l'opération , ainsi qu'une reconnaissance des effets qu'elles lui confient.

Nul autre n'a ce droit , si l'intéressé n'y consent.

19. Toutefois , les tribunaux et les arbitres-juges (à la différence de l'arbitre-rapporteur , Mollot , p. 130) , peuvent exiger l'exhibition des livres et carnets des agens de change. C. com. 15.

L'altération de ces livres et carnets constitue un faux en écriture publique. Cas. 11 fruct. an 13.

20. L'agent de change doit conserver son carnet et son journal pendant dix ans après la cessation de ses fonctions. Arg. C. comm. art. 11 ; Mollot , p. 130.

21. *Prohibitions*. La loi interdit aux agens de change :

1° Toute opération commerciale pour leur compte , tout intérêt, soit direct, soit indirect, ou par personnes interposées, dans des entreprises de même nature. C. com. 85.

2° Toute société de banque ou en commandite. Arr. 27 prair. an 10 , art. 10.

L'agent de change qui , malgré la défense de l'art. 85. C. com. , aurait contracté une société commerciale, ne saurait être nommé liquidateur de cette société, si la liquidation était susceptible d'entraîner de nouveaux engagemens commerciaux. Bordeaux , 9 juin 1830.

3° Les paiemens ou recettes pour leurs cliens ; c'est-à-dire qu'il ne doit point exister de compte courant entre les agens de change et leurs cliens : ce qui n'exclut pas les paiemens et recettes à chaque opération.

4° La garantie des marchés qu'ils opèrent. C. com. 86 et 87.

5° La négociation des effets appartenant à un failli. Arr. prair. an 10, art. 10.

6° Le prêt de leur nom à des individus non commissionnés. *Ib.*

22. Toutefois , les actes faits en contravention à ces prohibitions ne sont pas nuls , et ceux qui les ont souscrits ne peuvent se soustraire à leur exécution. Cas. 15 mars 1810 (S. 10, 240), 18 déc. 1828.

23. Mais ils entraînent contre l'agent de change la peine de la destitution et une amende de 3,000 fr. au plus, prononcée par le tribunal correctionnel , sans préjudice des dommages-intérêts des parties (C. com. 87) qui peuvent actionner devant le tribunal de commerce. *Ib.* 632.

24. Les délinquans sont passibles de la contrainte par corps pour les amendes et dommages-intérêts encourus. C. pén., art. 52.

25. Ils ne sont affranchis de toutes poursuites qu'après trois ans , leur fait étant un véritable délit et non une simple con-

travention. Arg. C. inst. crim. 638 ; Mollot, p. 332 et 482.

26. Il résulte de ces différentes prohibitions que l'agent de change ne peut tomber en faillite sans avoir forfait à ses devoirs. Aussi, lorsqu'il manque, il est nécessairement poursuivi comme banqueroutier. C. com. 89; C. pén. 404.

27. *Responsabilité.* L'agent de change est soumis en général aux règles du mandat.

Ainsi il ne doit rien faire sans y être autorisé par le client. Cas. 22 juil. 1823; Pardessus, n° 126.

28. Mais il est responsable du paiement du prix des effets publics qu'il achète pour ses cliens, ou de la différence qui résulte des reventes faites sur eux, à défaut de paiement du prix (Paris, 29 mai 1810, S. 11, 25); sauf son recours contre ses commettans, desquels il doit exiger les titres et sommes nécessaires à l'opération. Arr. prair. an 11, art. 13; acte 16 juin 1807, art. 13.

29. L'agent de change doit, dans les cinq jours, consommer les opérations de transfert sur le grand-livre. Décis. chamb. synd., 10 fruct. an 10; approuvée par minist. Intérieur.

Nanti d'effets pour les vendre, il n'est libéré qu'en justifiant de la quittance du propriétaire de l'inscription, qui n'a besoin que du fait matériel de la vente opérée pour former sa demande en reddition de compte; la signature du vendeur au transfert étant nécessaire pour la délivrance d'une nouvelle inscription au profit de l'acheteur, ne prouverait pas la libération de l'agent de change vendeur. Pardessus, n° 129.

30. Si l'agent de change a dû acheter, la remise de l'acte de transfert de la créance inscrite au nom du client opère sa libération envers ce dernier. Pardessus, *ib.*

31. L'agent de change est civilement responsable de la vérité de la dernière signature des lettres de change et autres effets qu'il négocie. Arr. prair. an 10, art. 14.

32. Dans l'usage, l'agent de change atteste cette vérité par sa signature qu'on nomme improprement *aval.* Sa garantie, réduite à cet objet, est licite.

33. S'il s'agit de transfert de rentes sur l'Etat, il doit avoir lieu en présence de l'agent de change, qui est responsable pendant cinq ans, à dater de la déclaration du transfert, 1° de l'identité du propriétaire vendeur; 2° de la vérité de sa signature; 3° de la vérité des pièces produites. Acte 16 juin 1802, et ordonn. 14 avr. 1819.

34. Dans le cas d'un faux transfert de rente, l'agent de change est responsable non-seulement à l'égard du trésor, mais encore à l'égard de la partie. Paris, 25 janv. 1833.

35. L'agent de change répond de l'identité des personnes, mais non de leur incapacité (Cas. 8 août 1827). A moins qu'elle ne lui soit connue.

36. Cependant l'agent de change qui, sans autorisation de justice, négocie des effets appartenant à un interdit, en devient par cela seul responsable, malgré sa bonne foi, comme toute autre personne qui, sans mandat, s'ingère dans l'administration des biens d'un incapable. Cas. 3 brum. an 11 (S. 3, 58).

37. La responsabilité de l'agent de change, pour faits de charge, s'exerce particulièrement sur son *cautionnement.* — V. ce mot.

38. Sont réputés tels ceux qu'il accomplit en sa qualité d'officier public; par exemple, le défaut de livraison des effets qu'il a vendus. Paris, 29 mess. an 12 (S. 7, 774).

Encore qu'il ait contracté non avec son propre client, mais avec un autre agent de change ou avec le client de ce dernier. Paris, 29 mes. an 12 (S. 14, 152).

39. Certaines négociations peuvent exposer l'agent de change à des condamnations qui ne frapperaient pas son *cautionnement* — V. ce mot.

40. *Emolumens.* L'agent de change est un officier public, un mandataire forcé; l'emploi qui est fait de son ministère emporte avec soi, et indépendamment de toute promesse spéciale, l'obligation de payer un salaire. Cas. 16 avr. 1833.

41. Ce salaire doit être fixé par ordonnance du Roi. On suit provisoirement les usages locaux. Arr. 13 prair. an 10.

Il n'appartient pas aux tribunaux d'apprécier l'importance des opérations confiées à l'agent de change, pour lui assigner un salaire en proportion de son travail. Même arrêt.

42. Le tarif est, à Paris, d'un huitième au moins et d'un quart au plus pour cent sur chaque opération au comptant et à terme, et sur les négociations de lettres de change. Décis. chamb. synd. 9 janv. 1819. Dans l'usage, on ne perçoit qu'un huitième.

43. L'émolument se perçoit non pas sur la *valeur nominale* des effets, mais sur le *produit net* de la négociation. Décis. chamb. synd. Paris, 9 nov. 1822 et 8 juil. 1824; Mollot, n° 411.

44. Chaque partie paye l'intermédiaire qu'elle emploie, mais il n'y a qu'un agent intermédiaire.

45. A défaut de loi, d'usage local, ou de convention particulière, chacun des contractans acquitte les droits par moitié. Arg. Décr. 15 déc. 1813, art. 20; Pardessus, n° 127.

46. Pour simplifier ses écritures et sa position avec ses cliens, l'agent de change doit se faire payer immédiatement après chaque opération, ou sur mémoire de 3 en 3 mois. Mais aucune

loi ne le déclare non-recevable après l'expiration de ce délai. Mollot, n° 422.

47. L'agent de change ne peut rien demander au-delà de ce qui lui est accordé par les tarifs ou l'usage des lieux, sous peine de concussion. Arr. 29 germ. an 9, art. 13; et 27 prair. an 10, art. 20.

48. Il n'a pas la faculté de convenir d'un taux moindre que celui du tarif ou l'usage, sous peine de censure, de suspension de ses fonctions, et même de destitution. Décis. chamb. synd. 9 janv. 1819.

49. En conséquence, un client est non-recevable à refuser de payer à l'agent de change ses courtages sur le taux du tarif ou de l'usage, en alléguant une réduction convenue entre eux. Paris, 9 mars 1829.

50. Néanmoins, si la réduction convenue avait pour cause des opérations défendues, telles que les jeux de bourse, l'agent de change qui s'y serait sciemment prêté serait aussi mal fondé à discuter la quotité du courtage qu'à en réclamer le paiement, en cas de refus du client. Mollot, n° 416.

51. *Foi due aux actes de l'agent de change.* Les bordereaux ou arrêtés d'un agent de change, signés par les parties, constatent les ventes et achats (C. com. 109), et en général toutes les négociations qui sont dans ses attributions. Pardessus, n° 126.

52. La vérité des signatures des parties est assurée par l'attestation de l'agent de change; il n'y a donc pas lieu, dans ce cas, à la vérification des écritures. Arg. C. com. 79; Toullier, t. 8, n° 396.

Cependant ces bordereaux ou arrêtés ainsi signés ne sont pas des actes publics qui emportent *exécution parée*, comme les actes passés devant notaires, et sont insuffisans pour conférer hypothèque. *Ibid.*

53. Les énonciations contenues dans le journal ou le carnet peuvent être opposées à l'agent de change.

Mais relativement aux parties, elles ne font foi que jusqu'à preuve contraire. Ce ne sont point des actes authentiques. Mollot, p. 129.

54. Lorsqu'il n'y a pas d'accord entre le journal et le carnet, il convient de donner la préférence au carnet, comme ayant été écrit au moment même de l'opération. Mollot, *ib.*

— V. *Bourse de commerce, Courtier, Effet de commerce.*

AGRÉÉ. Se dit de ceux dont la profession est de défendre les causes commerciales, et qui obtiennent à cet effet *l'agrément* du tribunal de commerce.

On les désigne encore dans plusieurs tribunaux par leur ancien nom de *postulans.*

1. Malgré l'interdiction du ministère des avoués devant les tribunaux de commerce (C. pr. , 414 ; C. com. , 617), ces tribunaux ont conservé la faculté de s'attacher des *particuliers* que leur *agrément* présente d'une manière spéciale à la confiance des justiciables. *Espr. C. com.* , t. 9, p. 118 ; *Espr. C. pr.* , t. 2, p. 102 et 107.—V. *inf.* n° 5.

2. Cet agrément s'obtient, se conserve et se transmet à un successeur sous certaines conditions. Le tribunal qui nomme les agréés a sur eux un droit de réglement et de police ; ils ont une chambre syndicale. —V. *Tribunal de commerce.*

A Paris, le nombre des agréés est de quinze. Délibérations du tribunal, 1809 et 1813. —V. *Ibid.*

Au reste, les agréés n'ont aucun caractère public ; ce ne sont pas des officiers ministériels : de là plusieurs conséquences.

Ils ne fournissent point de cautionnement.

3. Leur ministère n'est pas forcé, et les parties sont toujours libres de choisir leurs défenseurs hors des agréés. Autrement ils deviendraient de véritables avoués, et l'institution qu'on a voulu interdire devant les tribunaux de commerce, se trouverait rétablie sous une autre forme.

4. Ils sont obligés, comme tous autres mandataires, à représenter un pouvoir *spécial* de leurs cliens, ou de se faire autoriser par eux à l'audience. C. com. 627 ; ord. 10 mars 1825.

5. Dans l'usage, on les dispense de faire légaliser la signature de leurs cliens.

6. Il doit être fait mention expresse, dans la minute du jugement qui intervient, de l'autorisation donnée à l'agréé par la partie présente, ou du pouvoir spécial dont il est muni. *Même ordonnance.*

7. Les tribunaux de commerce doivent veiller à la stricte exécution de cette ordonnance, mais sans pouvoir prendre des arrêtés généraux dont l'objet serait de tracer d'avance au greffier, ou à ceux qui se présenteraient munis des pouvoirs des parties, la conduite qu'ils ont à tenir (Cas. 19 juil. 1825). Ce seraient des dispositions par voie de réglement, qui sont interdites aux tribunaux. Cas. 21 août 1812 ; Pardessus, n° 1343.

8. Le pouvoir donné pour *toutes* les affaires de commerce que le client pourrait avoir, est insuffisant. C. civ. 1987 ; Cas. 19 juil. 1825.

9. La remise de l'original, de la copie de l'assignation, et de toute autre pièce, n'équivaut point à un mandat spécial. Ordonn. 10 mars 1825 ; Berriat, p. 380, 381 ; *Praticien français*, t. 2, p. 428 ; Pardessus, n° 1343. *Contrà.* — Favard, v° *Agréé.* Son ouvrage est antérieur à l'ordonnance de 1825.

10. La Cour de Rennes (9 mai 1810) a jugé que, dans le cas où le mari et la femme se trouvent simultanément assi-gnés, l'agréé qui est muni de la copie de l'assignation peut être réputé les représenter tous deux, quoiqu'il ne soit assisté que de la femme, et que celle-ci seule ait signé le pouvoir qui se trouve au bas de l'assignation. Cette décision n'aurait plus lieu depuis l'ordonnance de 1825.

11. Le pouvoir de l'agréé est exhibé au greffier, et visé par lui, sans frais, avant l'appel de la cause. C. com. 627.

Ordinairement le pouvoir est au bas de l'assignation.

12. L'exploit, après le visa, est remis à l'agréé.

Les difficultés qu'entraîne cette remise, dans la révision annuelle des droits d'enregistrement, par l'insuffisance des énonciations du plumitif rédigé par le greffier, ne peuvent être un motif assez grave pour dépouiller les agréés de leur titre. L'administration des domaines s'est plusieurs fois adressée aux tribunaux de commerce, pour qu'ils ordonnassent le dépôt des exploits au greffe, sans remise aucune aux agréés; mais les tribunaux n'ont pas cru pouvoir accueillir ces demandes.

13. Les agréés peuvent, comme *tout mandataire*, être désavoués, s'ils font dans la procédure ou la plaidoirie des offres ou aveux préjudiciables à la partie qu'ils représentent. Paris, 7 fév. 1824; Nîmes, 22 juin 1824.—V. *Désaveu.*

14. Mais n'ayant pas le caractère d'officier ministériel, ils sont non-recevables à porter devant les tribunaux de commerce où ils postulent, les demandes formées pour frais contre leurs cliens. Ils n'ont contre eux qu'une action ordinaire, de la compétence des tribunaux civils. Cas. 5 sept. 1814; Favard, v° *Agréé.* —V. *Compétence, Frais.* Elle dure 30 ans.

Toutefois, le tribunal de commerce de Paris s'est déclaré compétent pour connaître d'une demande en paiement de frais, formée par un agréé en matière de faillite.

15. Le jugement par défaut, rendu contre une partie ayant un agréé, est-il susceptible d'opposition après la huitaine de sa signification?—V. *Jugement par défaut, Opposition.*

16. En tant que mandataires ordinaires, les agréés ne peuvent être ni suspendus, ni interdits par le tribunal de commerce, Pau, 18 août 1818 (S. 19, 193); mais ce tribunal pourrait leur retirer son agrément.

— V. *Tribunal de commerce.*

AJOURNEMENT. ¹ Assignation devant un tribunal civil.

DIVISION.

Section I.— *Caractères de l'Ajournement.*

¹ Cet article est de M. Lesieur, avocat à la Cour royale de Paris, ancien principal clerc d'avoué au tribunal de la Seine.

Section I. — *Caractères de l'ajournement.*

1. L'*ajournement* (*in diem dictio*) est l'acte par lequel un huissier dénonce une demande au défendeur , avec sommation de comparaître à certain délai devant un tribunal civil de première instance. L'ajournement diffère de *l'assignation* et de la *citation.* — *V.* ces mots.

Assignation est le mot générique; il se dit de l'acte introductif de la demande devant un tribunal quelconque , ou lorsqu'il s'agit de faire comparaître un témoin devant le magistrat.

La *citation* est l'espèce d'assignation donnée pour comparaître devant un juge de paix, considéré soit comme juge, soit comme conciliateur, ou devant une chambre de discipline.

2. Les formalités de l'ajournement sont ou intrinsèques ou extrinsèques.

Intrinsèques. Ce sont celles qui font partie intégrante de l'acte; il est comme non-avenu, si l'une d'elles est omise ou non remplie d'une manière équivalente. C. pr. 61, 64, 68.

Ces formalités consistent dans les énonciations suivantes : 1° la date des jour, mois et an; 2° les noms, domicile et profession du demandeur; 3° une élection de domicile faite par ce dernier (—*V.* toutefois, *inf.* n°. 62.); 4° les noms, demeure et immatricule de l'huissier; 5° les noms et demeure du défendeur, et mention de la personne à laquelle copie de l'acte est laissée; 6° la constitution de l'avoué qui doit occuper pour le demandeur; 7° le délai fixé pour la comparution; 8° l'indication du tribunal qui doit connaître de la demande; 9° l'objet de la demande, et l'exposé sommaire des moyens.

3. Les cinq premières énonciations sont communes à tous les exploits; — les quatre dernières sont spéciales aux assignations en général; — la constitution d'avoué est exclusivement propre à l'ajournement.

4. *Extrinsèques.* Ce sont celles qui ne sont prescrites qu'accessoirement; par exemple : 1° l'enregistrement de l'exploit dans les quatre jours de sa date (L. 22 frim. an 7, art. 24); 2° la mention du coût de l'exploit (C. pr. 67); 3° la copie des titres sur lesquels la demande est fondée (C. pr. 65-2°); 4° la copie du procès-verbal de non-conciliation, ou de la mention de non-comparution. C. pr. 65, 1°.

5. Les n°s 1°, 2° et 5° s'appliquent à tous les actes d'huissier; le n° 3° aux assignations; le n° 4° n'a lieu que dans les ajournemens proprement dits, — et encore pour les demandes soumises au préliminaire de conciliation.—V. *Citation, Conciliation.*

6. Ces formalités sont quelquefois exigées à peine de nullité (C. pr. 65, 1°); le plus souvent leur omission ne donne lieu qu'à des amendes ou à la perte des frais.

Les frais sont supportés par l'huissier lorsque l'irrégularité provient de son fait, sans préjudice des dommages-intérêts des parties. C. pr. 71, 1030, 1031.—V. *inf.* n° 262.

7. L'accomplissement des formalités prescrites pour la validité d'un ajournement doit être prouvé par l'acte lui-même : *Non esse et non apparere sunt unum et idem.*

8. C'est par la copie que le défendeur est ajourné, c'est par elle qu'il doit avoir toutes les indications exigées. *La copie tient lieu d'original à celui qui la reçoit.*—V. *inf.* n. 18 et suiv.

Section II. — *Mentions que doit contenir l'ajournement.*

9. Ces mentions ont été indiquées précédemment. — V. *sup.* n° 2.

On ne saurait trop recommander aux officiers ministériels de se conformer scrupuleusement au texte de la loi dans la rédaction des exploits, et de ne pas trop compter sur des équipollences tolérées par l'usage ou admises par une jurisprudence susceptible de varier.

§ 1er. — *Date de l'ajournement.*

10. La mention de la date a pour but de faire connaître : 1° si l'assignation a eu lieu un jour non férié (—V. *Fête*) et en temps utile, avant l'accomplissement d'une prescription, par exemple; 2° si le délai pour comparaître a été observé; 3° depuis quel jour la partie assignée est constituée en demeure; 4° et depuis quelle époque le demandeur fait les fruits siens. C. civ. 549, 550. — V. *inf.* sect. IV et V.

11. La mention de la date comprend l'énonciation des jour, mois et an.

12. L'énonciation de *l'heure* de la signification n'est point exigée ; elle est inutile ; les actes faits le même jour sont réputés l'avoir été concurremment (Arg. C. civ. 2147). Les fruits et la prescription ne peuvent s'acquérir que par jour (C. civ. 586 et 2260) ; la loi accorde, il est vrai, la poursuite de liquidation et licitation à la partie la plus diligente ; mais la préférence est alors déterminée par le visa du greffier, apposé sur les demandes et daté d'heure, de jour, mois et an (C. pr. 967), et non par l'heure qui serait mentionnée sur les ajournemens. — V. *Licitation.*

13. La date peut-elle être exprimée en chiffres ? Lorsque la loi ne veut pas de date en chiffres, elle a soin de l'exprimer (C. civ. 42; L. 25 vent. an 11, art. 13); or, le Code de procédure n'en dit rien, et il défend de déclarer un exploit nul, lorsque la nullité n'est pas formellement prononcée par la loi. C. pr. 1030; Besançon, 12 fév. 1810; Boncenne, t. 2, p. 106.

Toutefois, il convient de mentionner la date en toutes lettres, afin d'éviter toute surcharge ou altération.

14. Le calendrier grégorien doit être suivi, à peine de nullité, dans la date d'un exploit. Rome, 9 mai 1810 (S. 10, 2, 257).

15. L'omission totale ou partielle de la date entraîne la nullité de l'ajournement, spécialement lorsque le jour seul n'a pas été indiqué. Liége, 31 juil. 1811.

16. Des imperfections, des erreurs, des omissions dans l'énoncé de la date, emportent-elles toujours nullité ? il faut distinguer.

Si l'imperfection de la mention rend incertaine l'époque de la véritable signification, il y a nullité.

11.

Mais si le défendeur, à l'aide de la teneur générale de la copie, ou des pièces notifiées avec l'exploit, n'a pas pu se méprendre sur la date, l'ajournement est valable.

Cette distinction est généralement admise par la doctrine et la jurisprudence. Cas. 4 brum. an 10, 8 nov. 1808, 8 fév. 1809 (S. 9, 146, 160, 241); 8 niv. an 11 (S. 3, 553, 20, 492); 30 nov. 1811 (S. 12, 76); Carré, art. 61; Boncenne, t. 2. p. 103.—V. *Appel*.

17. Toutefois, la cour de Lyon, le 28 déc. 1810 (S. 14, 136), a déclaré nul un exploit dont la copie était datée de l'an *dix huit huit*, au lieu de 1808. Mais cet arrêt paraît contraire à l'esprit de la loi : le défendeur dans l'espèce ne pouvait se méprendre sur la véritable date de la signification : or, il n'est pas indispensable que la date d'un exploit soit tellement précise qu'on n'ait besoin pour la connaître de recourir à aucune interprétation de l'acte. Nîmes, 29 déc. 1810.

18. Les mêmes vices de forme qui auraient pu annuler l'exploit, s'ils avaient été dans l'original, l'annulent incontestablement, quoiqu'ils ne se trouvent que dans la copie.—V. *sup.* n° 8. De là plusieurs conséquences.

19. Un exploit est nul, encore que l'original soit régulier, si la copie est mal datée ou si la date est omise. Cas. 4 brum., 21 flor. an 10 (S. 2, 286); Bruxelles, 30 avr. 1807 (S. 7, 2, 284).—V. *Copie*.

20. Aucun délai fatal ne peut courir contre celui qui reçoit la copie d'un exploit de signification de jugement, si cette copie porte une date antérieure à la prononciation du jugement. Cas. 5 août 1807 (S. 7, 2, 127).

21. L'exploit qui porte une date antérieure à l'enregistrement du jugement dont il contient la signification, est également nul, encore bien que cette fausse date ne soit que dans la copie. Cas. 8 fév. 1809.

22. Mais la distinction précédemment posée pour juger de la validité de l'original, s'applique à la copie.

Ainsi un exploit a été déclaré valable (Bourges, 16 mess. an 13), quoique l'huissier eût oublié d'écrire sur la copie le nom du mois, parce que toutes les circonstances de la cause se réunissaient pour établir la date de la signification. Il s'agissait d'une saisie; elle avait eu lieu en parlant à la partie saisie : cette partie avait fourni elle-même le gardien et reçu copie de l'acte : dans les actes postérieurs, la date des jour, mois et an de l'exploit de saisie, lui avait été notifiée. De même, la date d'un exploit d'ajournement, signifié le 29 suivant l'original, et le 19 suivant la copie, a été fixée au 29 et l'exploit jugé valable, parce qu'il faisait mention d'un procès-verbal de non-conciliation dressé le 24 et dont on avait laissé copie. Paris, 24 août 1810 (S. 14, 129); Montpellier, 24 juil. 1816.

Si la copie porte le 20 août lorsque l'original indique le 21 août, l'exploit n'est pas nul pour cette erreur, si au quantième du mois faussement indiqué se trouve joint le jour de la semaine, et que ce jour corresponde à la véritable date énoncée sur l'original. Orléans, 8 juil. 1812.

23. La place de la date n'est pas invariablement fixée dans telle ou telle partie de l'exploit: l'essentiel est qu'elle s'y trouve; dans la pratique, on met la date en tête de l'exploit.

§ 2. — *Noms, profession et domicile du demandeur.*

24. L'énonciation des noms, profession et domicile du demandeur est nécessaire pour que le défendeur sache, 1° quelle est la personne qui forme la demande; 2° si elle a capacité pour la former; 3° pour qu'il puisse lui faire signifier les actes utiles à sa défense, ou lui faire des propositions d'arrangement.

25. Les formalités à remplir, les conditions de capacité pour intenter une demande, varient suivant la nature de *l'action.* — *V.* ce mot, n°ˢ 109 et suiv.

La demande est formée *au nom* de la personne qui a l'action; toutefois le nom du Roi ne doit pas figurer devant les tribunaux. — V. *inf.* n° 31.

Lorsque la demande est intentée pour un incapable, on le désigne; mais l'exploit est donné *à la requête* de la personne qui le représente. —V. *inf. Formule.*

Dans l'ordre civil, les êtres moraux plaident aussi sous le nom de leur représentant.

Pour les sociétés commerciales, il faut distinguer : Dans les *sociétés en nom collectif*, les assignations sont données à la requête des associés.—Pour les *sociétés en commandite*, au nom de l'associé ou des associés responsables et solidaires.—Pour les *sociétés anonymes*, au nom des administrateurs.

Dans les sociétés civiles on suit la règle commune; les noms de tous les associés doivent figurer dans les ajournemens, ils ne sont pas de droit solidaires les uns pour les autres, et l'obligation contractée par l'un d'eux n'engage pas ses co-associés. C. civ. 1862—1864.

Les unions ou *directions de créanciers.* Les assignations qui peuvent les intéresser sont données au nom de tous les syndics ou directeurs, ou par l'un ou plusieurs d'entre eux, selon que l'acte de leur nomination leur permet de gérer ensemble ou séparément, ou à un certain nombre.—V. *Faillite, Cession de biens.*

26. Dans les ajournemens qui concernent le Roi, l'État, le Trésor, les communes, les établissemens et administrations publics, il n'est pas nécessaire d'énoncer les noms des fonctionnaires qui les représentent, et à la requête desquels l'ajournement est signifié; il suffit d'indiquer leur qualité, en énonçant, par exemple, que l'exploit est signifié à la requête de M. le préfet de tel département. Carré, n° 280.

L'assignation donnée au nom d'une commune à la requête *du maire* a été déclarée valable, lors même que ce fonctionnaire étant suspendu de ses fonctions, elles étaient exercées par son adjoint. Cas. 12 sept. 1809 (S. 14, 99); Merlin, *Rép.* v° *Adjoint*, n° 5. — Même décision pour un agent du Trésor. Besançon, 11 janv. 1810.

27. Toutes les fois qu'un particulier ou un administrateur quelconque doit être autorisé à former une demande, il faut que cette autorisation soit mentionnée dans l'exploit d'ajournement, le défendeur ne pouvant être forcé de répondre à celui qui n'a pas qualité pour l'actionner (Cas. 2 mai 1808, 9 mars 1818). Le défaut d'autorisation peut être opposé pour la première fois devant la Cour de cassation. — V. *Exception.*

Art. 1. — *Noms du demandeur.*

28. La loi exige la mention des *noms.* Ce mot écrit au pluriel semblerait indiquer qu'indépendamment du nom de famille on doit énoncer les prénoms et surnoms du demandeur. Toutefois, l'omission des prénoms et surnoms ou leur fausse indication n'est pas en général considérée comme une cause de nullité; il suffit que le demandeur soit désigné de manière qu'on ne puisse s'y méprendre; son nom propre peut même être suppléé par son titre de *comte dc....* : l'indication du domicile et de la profession sert à distinguer les personnes portant le même nom. Bourges, 17 mars 1815, 26 juil. 1826 (S. 27, 254); Pigeau, t. 1, p. 179, note 1; Carré, n° 285; Favard, v° *Ajournement,* § 2, n 1. *Contrà,* — Bruxelles, 27 janv. 1818; Boncenne, t. 2, p. 107 et suiv. — V. *Appel,* et *inf.* n° 80.

29. Mais il y a nullité évidente si plusieurs personnes, des frères par exemple, ayant le même domicile et exerçant la même profession, ne peuvent être distingués les uns des autres que par leurs prénoms. Carré, *ib.*

30. S'il y a plusieurs demandeurs, *les noms* de chacun d'eux doivent être énoncés : la raison est la même que dans le cas du numéro précédent par rapport au défendeur, et d'ailleurs, comme en France *on ne peut plaider par procureur,* il faut que chacun des demandeurs soit en cause. Pigeau, t. 1, p. 179; Carré, n° 287. L'ajournement est donc nul au regard des demandeurs, dont les noms ont été omis, et qui n'ont été désignés que sous la qualification de consorts. Pigeau, t. 1, p. 179, note.

Mais il est valable au regard du demandeur dénommé (Jousse, Merlin, *Rép.* v° *Consorts*; Carré, n° 288; Rennes, 17 juil. 1816. *Contra*, — Delaporte), s'il a dans la chose faisant l'objet de la demande un droit déterminé qui lui permette d'agir isolément. Autrement l'ajournement est nul envers tous les demandeurs.

31. De la maxime *nul en France ne plaide par procureur, si ce n'est le Roi*, faut-il conclure qu'il y ait nullité dans l'ajournement donné *à la requête du mandataire* agissant pour son mandant, dont il indique les noms, la profession et le domicile, *au lieu de l'être à la requête du mandant*, poursuites et diligences du mandataire?

Pour la négative on dit : la maxime, *personne en France, etc.* ne signifie rien autre chose, si ce n'est qu'au Roi seul appartient le droit de ne pas figurer en nom devant la justice, et d'être représenté par un fonctionnaire investi à cet effet d'un mandat légal qui n'a besoin d'être ni formulé ni exhibé. Aucune loi ne défend au demandeur d'agir par l'entremise d'un mandataire. Son nom, sa demeure, sa profession, sont connus, par conséquent, le but de l'art. 61 est rempli ; faire une distinction entre ces expressions : *A la requête de A... mandataire de B...,* et celles-ci : *A la requête de B.., poursuites et diligences de B...* c'est pure subtilité. Cas. 17 déc. 1812, 6 août 1813, 9 juin 1817, 18 juin 1823; Nancy, 28 juin 1829 (S. 29, 346); Carré, n°s 290, 292; Berriat, p. 196, note 9 ; Merlin, *Quest. Dr.* v° *Prescription*, t. 4, p. 96 ; Bonceenne, t. 2, p. 128.

Malgré ces autorités imposantes, nous penchons pour le système contraire, et d'abord la règle, *nul en France, etc.*, repose non-seulement sur l'usage, mais encore sur une loi, sur la déclaration de Henri II, du 30 nov. 1549. Elle a toujours été considérée comme étant d'ordre public, et non pas simplement relative aux formes de procédure ; par conséquent, elle n'a pu être comprise dans l'abrogation générale prononcée par l'art. 1041. C. pr. (Loiseau et Bavoux, *Rép. des arrêts modernes.*)—D'ailleurs, cette maxime nous paraît résulter encore des principes actuels. Nulle part dans nos Codes il n'est question de ces mandataires chargés de représenter une partie dans les procès. La loi a institué des officiers ministériels pour introduire ou pour soutenir les demandes; l'institution même de ces procureurs *ad lites* fait supposer que la loi n'en reconnaît point d'autres. Ils représentent la partie, en ce sens que tous leurs actes, leurs déclarations, leurs aveux, sont réputés faits par la partie elle-même et sont acquis à leurs adversaires. Ces derniers ne peuvent être privés du bénéfice du jugement qui a été la conséquence de ces actes, que par l'action en *désaveu* (—*V.* ce mot), et alors ils ont droit d'être indemnisés du préjudice qu'ils éprouvent de l'annulation du jugement, par l'officier ministériel désavoué. Ces dommages-intérêts contre ces derniers sont la conséquence de la nature spéciale de leur mandat. Dispensés de l'exhiber, ils sont censés avoir pouvoir de faire ce qu'ils font, de reconnaître ce qu'ils reconnaissent. Mais si déjà leurs cliens ont un mandataire, et qu'ils agissent en son nom, ils annoncent par cela même à la partie adverse qu'ils ne représentent plus, à proprement parler, que le mandataire; et cela doit suffire pour mettre à couvert leur responsabilité, puisqu'ils ne sont garans que de la vérité du fait qu'ils avancent. Dans ce cas, il faudrait revenir aux règles ordinaires du mandat, et dire que la partie qui ne se trouverait plus en présence de son adversaire (ce qui a lieu lorsqu'un huissier forme une demande ou qu'un avoué prend des conclusions), devrait exiger la production de la procuration du mandataire; ce qui nous semble contraire aux règles de la procédure, mais résulter nécessairement du système que nous combattons. En vain dirait-on que l'officier ministériel ne se trouve pas déchargé de sa responsabilité, que c'est à lui à vérifier la procuration et à ne rien faire au-delà : le principe une fois admis qu'on peut plaider par procureur, l'huissier et l'avoué devraient prêter, au mandataire, leur ministère; il est forcé. En second lieu, ils ne sont responsables, d'après la loi, que parce qu'elle les suppose en relation directe avec leurs cliens : pourquoi l'adversaire ne serait-il pas obligé de faire ce que l'on fait dans les actes ordinaires de la vie, lorsqu'on traite avec un mandataire? Plaider avec une personne, c'est, en quelque sorte, contracter *judiciis quasi contrahimus*. Ces expressions, *à la requête de* A..., mandataire de B..., ne produisent pas le même effet que celles-ci : *à la requête de* B..., *poursuites et diligences de* A... Ce n'est donc pas une simple querelle de mots. Nous ajoutons que regarder ces expressions comme synonymes, c'est reconnaître l'inutilité du mandataire, et donner un nouvel argument en faveur de notre opinion. En effet, si l'on soutient qu'il est permis de plaider par procureur, il faut bien, sous peine de se contredire, accorder à ce mandataire une qualité sérieuse et efficace; et, dans ce dernier cas, de deux choses l'une : ou admettre le désaveu contre *les procureurs ad lites*, car ils ne peuvent présenter plus de garantie que les officiers ministériels; ou bien permettre au mandant, dans le cas d'un pouvoir faux, d'abus ou d'excès de pouvoir, de demander la nullité du jugement qui reposerait sur des actes indûment faits par le mandataire. (Arg. C. civ. 1989.) Mais les deux parties de ce dilemme sont également contraires aux règles de la procédure : la première de ces deux actions ne peut recevoir aucune application hors des cas précités, et la seconde, n'existant pas dans la loi, serait de nature à porter atteinte à l'ordre public. Aix, 18 fév. 1810 (S. 18, 209); Rennes, 23 av. 1811; Limoges, 30 déc. 1823 (S. 24, 141); Pigeau, t. 1, p. 179; Thomines, art. 61; Favard, v° *Ajournement.*

52. Néanmoins le mandataire judiciaire, l'administrateur provisoire d'une succession indivise, par exemple, peut agir en son nom. Il représente l'hérédité, plutôt qu'il n'est le mandataire des individus qui la composent.

53. De même, le commissionnaire, bien qu'il soit une espèce de mandataire, peut cependant agir en son nom. C. com. 91.

54. L'ajournement est nul s'il est fait à la requête d'une personne décédée antérieurement. Rennes, 20 mai 1813; Cas. 8 mai 1820 (S. 20, 305).

55. Toutefois, 1° l'ajournement signifié le jour même de la mort n'est pas nul : il est possible qu'il ait précédé l'instant du décès. Rennes, 27 fév. 1811; Carré, art. 61.

2° Il en est de même de l'exploit signifié par les soins d'un mandataire, dans l'ignorance du décès du mandant : l'art. 2008 C. civ. s'applique aux actes judiciaires comme à tout autre (Paris, 23 avr. 1807, S. 7, 65). *Nec. obstat* ce qui a été dit n° 51 : car le mandataire peut faire signifier une assignation *au nom de son mandant.*

Dans les deux cas précédens, il y a lieu à *reprise d'instance* et à *constitution de nouvel avoué* (—*V*. ces mots); mais l'ajournement est valable et produit tous ses effets (—V. *inf.* sect. IV).

Art. 2. — *Profession du demandeur.*

56. Elle doit être indiquée à peine de nullité (C. pr. 61), pour distinguer le demandeur des autres personnes qui pourraient porter les mêmes noms et avoir le même domicile.

Il n'y a pas nullité si l'omission se trouve réparée, soit par la signification *faite simultanément* à l'ajournement d'un procès-verbal de non-conciliation, ou de toutes autres pièces contenant l'indication de la profession (Nîmes, 5 août 1810 (S. 14, 133); soit par la rédaction même de l'assignation : par exemple, s'il avait été dit : à la *requête de tel et compagnie*, la profession banquier ou négociant se trouverait implicitement révélée par ces expressions. Rennes, 29 janv. 1817.

Dans ces cas et d'autres semblables, le but de la loi est rempli. L'indication de la profession nous paraît avoir une importance plutôt relative qu'absolue; cependant, dans la pratique, il faut avoir soin d'énoncer clairement et exactement la profession.

57. Il ne faut pas confondre les expressions *profession* et *qualité*; ce dernier mot s'applique à toutes les conditions de la vie sociale. L'article ne prescrit que la mention de la *profession*; il n'o-

blige donc pas le demandeur qui est sans profession à énoncer sa qualité de propriétaire ou de rentier, etc.; le défaut de cette dernière énonciation ne peut point être une cause de nullité. (Arg. C. pr. 1030), mais il est plus prudent de l'indiquer.

38. Si le demandeur a plusieurs professions ou qualités, s'il est marchand ou propriétaire, par exemple, l'indication de l'un ou de l'autre suffit. Paris, 17 août 1810 (S. 14, 128).

39. Outre la profession, il faut, lorsque le demandeur est marchand, et qu'il agit à raison d'un fait de commerce, énoncer sa *patente* par classe, date et numéro, avec indication de la commune où elle a été délivrée, et ce, non pas à peine de nullité de l'ajournement, comme sous l'empire de la loi du 23 août 1796 (6 fruct. an 4), mais de l'amende de 50 fr., prononcée par la loi du 16 juin 1824, art. 10. Cette amende était de 500 fr. sous l'empire de la loi du 21 déc. 1798 (1er brum. an 7).

Art. 3. — *Domicile du demandeur.*

40. L'ajournement doit contenir, *à peine de nullité* (art. 61), la mention du *domicile* du demandeur. Par ce mot, il faut entendre le domicile réel et non le domicile-élu, ni le lieu de la simple résidence.

Cette énonciation a pour but, 1e de donner au défendeur le moyen de s'assurer de l'existence du demandeur; 2° de le mettre à même de provoquer un arrangement, ou de lui faire signifier des actes qui ne peuvent l'être qu'à sa personne ou à son domicile, des offres réelles, par exemple (C. civ. 1258); 3° de déterminer, dans certains cas, la compétence du tribunal qui doit connaître de la demande. — V. *Compétence.*

41. Par suite de la nécessité de l'énonciation du domicile réel, on a déclaré insuffisante l'assignation donnée *à la requête de tel....; militaire actuellement à l'armée*, lors même qu'il y avait un domicile élu indiqué. Bruxelles, 27 mars 1807. *Contrà,*—Paris, 4 fév. 1811. Dans ce cas, il faut désigner le dernier domicile. Le citoyen appelé à des fonctions temporaires ou révocables est présumé le conserver, s'il n'a pas manifesté d'intention contraire. C. civ. 106.

Il en est de même de l'assignation donnée à la requête d'une personne résidant momentanément dans un hôtel garni.

42. Le domicile doit être indiqué en termes clairs et précis. Ainsi, la mention contiendra le nom du village, de la commune et même du canton dont il dépend, si le demandeur habite à la campagne; la rue et même le numéro, s'il habite dans une ville. Cependant le numérotage des maisons n'étant qu'une mesure de police, son omission ne semble pas devoir entraîner la nullité de l'ajournement (Rennes, 5 avr. 1811); mais en pratique il est prudent de ne pas s'arrêter à cette distinction.

43. Ces expressions : *à la requête de* UN TEL , DE TELLE COM-MUNE , n'indiquant pas le domicile du demandeur, entraînent la nullité de l'exploit. Turin, 24 avr. 1812 (S. 14 , 190).

Il en est de même de l'ajournement fait à la requête de dame... veuve du sieur... en son vivant notaire à... la veuve n'étant pas de droit présumée conserver le domicile de son mari. Colmar, 27 juil. 1829 (S. 29, 349.

44. Malgré la rigueur de la loi, l'énonciation du domicile peut être suppléée par des énonciations équipollentes , et de nature à ne laisser aucun doute. Montpellier, 4 mai 1825 (S. 25, 301).

45. Ainsi est valable , encore bien qu'elle ne contienne pas une énonciation positive du domicile du demandeur , l'assignation donnée à la requête d'un fonctionnaire qui , d'après l'article 107 du C. civ. , est domicilié de droit dans le lieu où il exerce des fonctions , un juge par exemple (Gênes , 8 juil. 1809 (S. 12, 265); ou bien encore l'assignation donnée à la requête d'une personne qui a son domicile de droit chez une autre personne, conformément aux articles 108 et 109 C. civ., lorsque le domicile de cette dernière est indiqué.

Il a été décidé, d'après ce principe , que la femme plaidant en séparation de corps contre son mari , peut n'énoncer que le lieu de sa résidence. Paris, 6 germ. an 9 (S. 2 , 285); Cas. 9 frim. an 11.

46. L'indication de la *demeure* équivaut à celle du domicile , s'il est constant que le domicile soit au même lieu. L'expression *demeurant à* , renferme l'idée d'une demeure fixe et habituelle, bien différente d'une simple résidence. Rennes, 1er juin 1811 ; Cas. 28 juil. 1818 (S. 18, 367); Pigeau , t. 1, p. 180, note ; Carré , n° 300. *Contra*, — Gênes , 5 août 1808 ; Berriat, p. 299, n° 21. D'ailleurs , dans la pensée des rédacteurs du Code, les mots *demeure* et *domicile* paraissent avoir eu le même sens. Arg. C. pr. 59, 68, 69, 73, 74 combinés. Boncenne, t. 2, p. 125.

L'expression *demeurant à*... est la plus usitée; mais il est plus prudent d'employer les mots *domicilié à*...

47. De même la mention de l'habitation , *habitant à*... n'est pas une cause de nullité de l'ajournement : le mot habitant exprime l'idée d'un domicile fixe et d'une demeure habituelle. Cas. 23 déc. 1819 (S. 20, 163).

48. L'exploit est valable s'il est donné *à la requête de tel, vivant , négociant* (ou exerçant toute autre profession), *en telle ville.* On ne peut supposer qu'un individu que l'on dit vivre et exercer sa profession dans une ville, ait son domicile dans une autre. Arg. C. civ. 102 ; Carré , n° 299.

49. Dans une assignation donnée *à la requête de tel, poursuites et diligences de tel mandataire*, l'énonciation de la demeure de ce dernier est indifférente pour la validité de l'exploit. — (V. *sup.* n° 31.) Elle n'a d'utilité que pour faciliter au défendeur les moyens de pouvoir traiter avec le mandataire ; mais elle ne peut suppléer l'indication du domicile réel du demandeur.

§ 3. — *Constitution d'un avoué pour le demandeur.*

50. En général, la constitution d'un avoué pour le demandeur doit être mentionnée dans l'ajournement, *à peine de nullité.* (C. pr. 61.) — *V.* toutefois n°s 57 et suiv. Il est indispensable que le défendeur connaisse l'avoué chargé de suivre la demande introduite. L'ajournement une fois signifié, tous les actes d'instruction ordinaire se font par et entre les avoués des parties qu'ils représentent, et au nom desquelles ils ont seuls droit de conclure. L. 27 vent. an 8. — *V. Avoué, Instruction.*

51. La loi n'exige que la constitution d'un avoué. Il n'est pas indispensable d'indiquer ses noms et sa demeure: 1° parce que le demandeur, surtout s'il demeure hors du ressort, peut ne pas les connaître ; 2° parce que cette demande est facilement suppléée par d'autres énonciations, d'après lesquelles l'avoué du défendeur reconnaîtra sans peine celui de ses confrères constitués dans l'ajournement, pourra l'indiquer lui-même à son client, et faire à son égard tous les actes d'instruction.

52. Ainsi est suffisante la constitution faite en ces termes : *le doyen des avoués, le plus ancien des avoués, le successeur de Mᵉ tel* (Carré, art. 61). Cependant il ne faut employer ces désignations vagues que lorsqu'il n'y a pas moyen de faire autrement; il est plus prudent d'indiquer le nom et la demeure.

53. C'est dans l'ajournement même que la constitution doit être faite : c'est une des formalités substantielles de l'acte; elle ne peut l'être utilement par un acte supplétif. — *V.* sect. V.

La nullité n'est pas couverte par le seul fait de la constitution de l'avoué du défendeur, signifié à l'avoué indiqué dans l'acte supplétif : la constitution est toujours faite sans aucune approbation préjudicielle de la part du défendeur. (— *V. Constitution d'avoué.*) Et pour demander la nullité, il faut que celui-ci se fasse représenter par un avoué. Angers, 12 mai 1819. *Contrà.* — Paris, 28 mai 1812; Toulouse, 7 juil. 1823. — *V. Exception.*

54. La constitution d'un avoué qui, même à l'insu du demandeur, aurait cessé ses fonctions, est insuffisante. Vainement on soutient que l'intention du demandeur de se conformer au prescrit de la loi doit le mettre à l'abri des conséquences si graves de la nullité de l'exploit. C'est au demandeur à savoir si la personne qu'il constitue est encore avoué. D'ailleurs, il

peut avoir recours aux indications vagues que nous avons indiquées comme suffisantes.—V. *suprà*, n° 52; Cass. 5 janv. 1815;
Nîmes, 10 et 27 fév. 1819; Riom, 17 avr. 1818 (S. 19, 223).
Contrà.—Trèves, 6 déc. 1809 (S. 10, suppl. 63); Nîmes, 24
août 1810; Carré, Thomines.

55. La simple erreur dans la qualification de la personne
désignée comme devant occuper pour le demandeur, ne vicie
pas l'ajournement; elle peut facilement être relevée par l'avoué
du défendeur. Ainsi ces expressions : « M. N...., *avocat* constitué, » seraient suffisantes, si réellement ce dernier était avoué.
Limoges, 30 déc. 1812 (S. 14, 126).

56. L'élection de domicile chez un avoué ne supplée pas la
constitution. Colmar, 26 janv. 1816 (S. 16, 207); Grenoble,
5 juil. 1826 (S. 29, 8); Lyon, 25 août 1828; Nîmes, 17 nov.
1828 (S. 29, 13, 148); Carré, *ib. Contrà.* — Colmar, 24 mars
1810 (S. 12, 378); Nancy, 16 août 1825 (S. 25, 371).

57. L'obligation de constituer avoué cesse, 1° à l'égard de
l'avoué qui agit en son nom. Les avoués, comme les procureurs
d'autrefois (Pigeau, *Procédure du Châtelet*, t. 1, p. 143), sont
revêtus du droit de postuler (L. 27 vent. an 8), et peuvent en
outre, comme partie, se défendre personnellement (C. pr. 85)
et occuper pour eux-mêmes. Ils sont réputés le faire, à moins
d'une indication contraire.

58. 2° Relativement à quelques administrations publiques.
La régie de l'enregistrement, celle des domaines, l'administra-
tration des domaines et l'Etat plaidant par le ministère des
préfets des départemens, sont dispensés de l'obligation de se
faire représenter par un avoué : elles le sont par leurs préposés.

59. Mais si la régie de l'enregistrement plaide contre un tiers
saisi, et non contre des redevables, elle a besoin d'un avoué.
Cas. 29 avr. 1818. —V. *Avoué.*

§ 4. — *Élection de domicile pour le demandeur.*

60. L'ajournement doit contenir une élection de domicile
pour le demandeur (C. pr. 61) dans le lieu où siége le tribunal qui doit connaître de la demande; faite hors de ce lieu,
elle ne remplirait pas le but de la loi, qui est de mettre le
défendeur à même de signifier à ce domicile *certains actes* avec
plus de rapidité et moins de frais. *Certains actes*, c'est-à-dire les
actes ordinaires qui se rattachent au procès, et non ceux qui
doivent nécessairement être signifiés à la personne ou au domicile de la personne à laquelle ils sont adressés, ou à son mandataire spécial; l'élection de domicile ne confère en effet qu'un
mandat ordinaire.

61. Une demande reconventionnelle peut être formée par

exploit donné au domicile élu dans la demande principale. Paris, 21 fév. 1810.

Elle peut être également formée par acte d'avoué. —V. *Demande reconventionnelle.*

62. Le défaut d'élection de domicile n'entraîne pas la nullité de l'ajournement. Dans ce cas, il y a élection de droit chez l'avoué constitué. C. pr. 61.

§ 5. — *Noms, demeure et immatricule de l'huissier.*

63. L'énonciation des noms, demeure et immatricule de l'huissier est prescrite, *à peine de nullité* (C. pr. 61). Elle est nécessaire pour faire connaître à la partie assignée si le signataire de l'acte est véritablement huissier, et s'il est capable de faire la signification. — V. *Huissier*, et *inf.* sect. III, § 1.

64. Quelle que soit l'importance de l'indication des noms de l'huissier dans le corps de l'acte, leur omission ne rend pas nul l'exploit, s'il est d'ailleurs signé par l'huissier (Rennes, 22 août 1810), sur l'original *et sur la copie* (Besançon, 25 janv. 1810; Poitiers, 13 juin 1819): cette signature indiquant le nom, le vœu de la loi peut être regardé comme rempli. Toutefois, en pratique, il est prudent de mentionner le nom de l'huissier dans le contexte de l'acte, afin d'éviter toute objection tirée des termes de la loi.

65. *La demeure* doit être indiquée, parce que les huissiers sont obligés à résider dans le ressort du tribunal auquel ils sont attachés (art. 16, Décr. 14 juin 1813), et même dans le lieu qui leur a été assigné. Le défendeur a donc intérêt à savoir si l'huissier n'est point, sous ce rapport, en contravention aux lois. — V. *inf.* sect. III, § 1.

66. La demeure de fait de l'huissier dans un autre lieu que celui qui lui a été assigné par le tribunal, mais toujours dans le ressort, ne rend pas l'huissier incapable. L'énonciation de cette demeure suffit à la validité de l'exploit. Seulement l'huissier s'expose aux peines prononcées par l'art. 16, Décr. 14 juin 1813; Nîmes, 20 janv. 1816.

67. L'énonciation de la demeure est encore nécessaire pour que le défendeur puisse aller, s'il le désire, auprès de l'huissier prendre des informations sur la demande, ou faire des propositions que ce dernier transmet à son client.

68. Aussi l'omission de la demeure de l'huissier est-elle une cause de nullité. Cass. 9 pluv. an 13.

69. *L'immatricule.* Ce mot a plusieurs sens :

1° *L'immatricule* est l'inscription du nom de l'huissier au tableau de la corporation des huissiers admis par un tribunal à exercer leurs fonctions dans son ressort.

L'art. 62 exige , *à peine de nullité*, que l'huissier fasse mention de son immatricule. Cette énonciation , rapprochée des noms, donne la preuve que l'huissier a réellement cette qualité ; et en second lieu, que l'ajournement n'a point été signifié hors du ressort du tribunal près lequel il exerce ses fonctions.

70. 2° Dans la pratique , on appelle encore immatricule cette partie de l'exploit dans laquelle l'huissier indique à la fois ses noms , sa demeure, le tribunal auquel il est attaché, et sa patente. —V. *inf. Formules.*

71. La loi ne détermine pas les termes dans lesquels la mention relative à l'immatricule doit être conçue. Ainsi, l'immatricule est suffisamment énoncée lorsque l'huissier indique le tribunal près lequel il exerce ses fonctions, sans dire qu'il y est immatriculé (Cas. 12 mai 1813 ; Rennes , 4 août 1827, S. 27, 250). C'est même la formule généralement adoptée : *Huissier près tel tribunal.*

72. L'exploit dans lequel l'huissier , au lieu d'indiquer cette qualité , se bornerait à se dire audiencier, serait valable ; cette qualification d'audiencier fait supposer nécessairement celle d'huissier. Carré , art. 66.

73. Il a également été jugé que la qualification d'*officier ministériel* près tel tribunal , indique suffisamment la qualité d'huissier, surtout dans un exploit de signification , et à une époque antérieure à la réorganisation des avoués. Cas. 6 flor. an 10.

74. Mais si rien dans l'acte n'annonce que la personne qui a fait et signé l'exploit soit huissier, il y a nullité. Rennes , 7 févr. 1810.

75. Les énonciations relatives à l'immatricule ne doivent pas nécessairement être écrites par l'huissier. Il se les approprie par sa signature. Rennes, 13 mai 1813 ; Carré, *ibid. Contrà.*— Riom, 4 juil. 1829 (S. 30, 225).

76. L'immatricule peut contenir des abréviations (Grenoble, 28 juil. 1817), pourvu qu'elle ne cesse pas d'être claire et bien exacte. Des énonciations fausses équivalent à une omission. Lyon, 16 janv. 1811.

77. L'énonciation de la *patente* est seulement prescrite , à peine d'une amende de 50 fr. contre l'huissier. L. 16 juin 1824, art. 10. — V. *sup.* n° 39.

78. Le défaut même de patente de l'huissier ne rend pas nulle la signification qu'il a faite. L. 1er brum. an 7 ; Cas. 28 mars 1808 (S. 8, 225).

§ 6. — *Noms et demeure du défendeur , mention de la personne à laquelle copie de l'ajournement est laissée ; visa.*

79. La question de savoir contre qui la demande doit être dirigée dépend des circonstances — V. *Action*, n°ˢ 94 et 109, et *inf.* sect. III, § 3.

L'énonciation des noms et demeure du défendeur, et la mention de la personne à laquelle la copie de l'ajournement est laissée, sont prescrites, *à peine de nullité* (C. pr. 61, 2°). Ces mentions sont nécessaires, quant au défendeur, pour qu'il sache si la demande le concerne réellement; quant au tribunal, comme preuve, 1° de la capacité du défendeur pour répondre à l'action dirigée contre lui; 2° de là connaissance que celui-ci a eue ou dû avoir nécessairement de la demande; 3° de la compétence même du tribunal, dans le cas où elle est déterminée par le domicile du défendeur. C. pr. 59.

Art. 1. — *Noms et demeure du défendeur.*

80. *Noms.* Quoique ce mot soit mis au pluriel dans l'art. 61, il ne faut pas en conclure qu'il soit nécessaire d'énoncer les prénoms du défendeur; ils peuvent être ignorés du demandeur, et l'intention de la loi n'est pas de prescrire, à peine de nullité, des formalités dont l'accomplissement soit impossible. Quand les prénoms sont connus, il est bon de les énoncer. Carré, art. 61.

81. *Demeure.* La loi ne se sert pas du mot *domicile*, comme pour le cas du demandeur : c'est que ce dernier pouvant ignorer le lieu où la personne qu'il veut assigner a son domicile légal, ne peut être mis dans l'incapacité d'agir faute d'un renseignement qu'il ne dépend pas toujours de lui de se procurer.

Cependant l'art. 68 exige que la signification de tout exploit soit faite ou à personne ou à domicile. Cette contradiction entre les deux articles n'est qu'apparente. Pour bien comprendre les art. 61 et 68 combinés, il faut se fixer sur le sens attaché aux mots *domicile, demeure, résidence*. Le domicile est le lieu du principal établissement d'un citoyen (C. civ. 102); la demeure est celui de l'habitation fixe et continue, encore bien que le principal établissement ne s'y trouve pas; la résidence est le lieu habité momentanément seulement. — Tel est le sens légal de ces différentes expressions.

Ce n'est pas dans ce sens rigoureux, mais plutôt dans l'acception usuelle, que les expressions *demeure, domicile*, sont employées au titre des ajournemens. La preuve ressort du rapprochement même des art. 61 et 68 C. pr., dont les dispositions sont corrélatives; en effet, c'est évidemment le lieu où la signification est faite qui doit être indiqué dans l'ajournement. Carré, art. 68.

82. Si le domicile du défendeur est connu, ou réputé connu du demandeur, c'est à ce domicile qu'il faut donner l'ajourne-

ment; s'il est inconnu, il est valablement fait au lieu de la demeure, et même au lieu de la résidence, si le demandeur
ignore la demeure du défendeur (Arg. C. pr. 69, 8°). Par
conséquent, il faut reconnaître que le défaut d'*énonciation
du domicile de ce dernier* peut ne pas entraîner toujours la nullité de l'exploit. Mais il est en général indispensable d'indiquer
la demeure du défendeur; ainsi est nul l'ajournement donné à...
maire de la commune de... en son domicile, parlant à sa personne... Cas. 21 fév. 1826 (S. 26. 404); Poitiers, 18 janv. 1830
(S. 50, 217).

Cependant l'énonciation de la demeure peut être suppléée
par l'indication qui s'en trouve dans les copies données avec la
demande. Par exemple, dans l'arrêt d'admission signifié en tête
d'une citation devant la Cour de cassation. Cas. 19 avr. 1826
(S. 26, 596).

Art. 2. — *Mention de la personne à laquelle copie de l'ajournement est laissée.
Visa.*

83. Pour les personnes auxquelles l'huissier doit laisser
copie de l'ajournement. — V. *inf.* n° 155.

Il s'agit ici de l'attestation de l'officier ministériel, qu'il a
remis la copie à telle ou telle personne. Si cette mention n'existait pas, le tribunal saisi de l'affaire, et le défendeur lui-même,
n'auraient aucun moyen de s'assurer de l'exécution de la loi.
Aussi faut-il, *à peine de nullité*, que l'exploit contienne cette
indication (C. pr. 61, 2° et 4°); en termes de pratique, elle
s'appelle le *parlant à*.

84. L'huissier doit mentionner dans l'ajournement la remise
de la copie, et en outre la personne à laquelle il s'est adressé,
et à laquelle il a parlé. L'omission de l'une ou l'autre de ces
énonciations serait, suivant M. Berriat, p. 202, n° 52, un
moyen de nullité.

Cependant il a été jugé, d'une part, que l'exploit dans lequel
l'huissier a fait mention de la personne à laquelle la copie a été
laissée, sans désigner celle à laquelle il a parlé, est valable.
Grenoble, 11 août 1820.

D'autre part, l'ajournement dans lequel l'huissier disait
avoir parlé à la partie assignée, a été jugé valable, quoiqu'il
n'eût pas fait mention de la personne à laquelle il avait remis
la copie (Grenoble, 7 fév. 1822). Nous pensons néanmoins que,
dans l'espèce de ce dernier arrêt, les conditions de l'art. 61
n'étaient pas remplies.

85. La formule du *parlant à* étant intrinsèque et essentielle
dans un exploit d'assignation, il faut, 1° qu'elle soit constatée par
l'acte même; elle ne saurait être suppléée par aucun témoi-

gnage ou aveu (Cas. 24 déc. 1811, S. 12, 47). Seulement, dans ce dernier cas, la partie pourrait, selon les circonstances, être non-recevable à se prévaloir de cette nullité. *Pas de griefs, pas de nullité.*

2° Qu'elle soit écrite au moment même de la remise de la copie, de telle sorte qu'elle ne puisse ultérieurement recevoir aucune altération ou modification. L'écriture au crayon ne présentant pas cette indélébilité, ne peut être employée dans *le parlant à.* Dans ce cas, il y aurait nullité de l'ajournement. Colmar, 25 avr. 1807 (S. 7, 2, 235).

3° Qu'elle soit claire, précise et détaillée : l'huissier ne saurait apporter trop de soin en la rédigeant. Quelques exemples pris dans la jurisprudence prouveront cette nécessité.

Ainsi, il a été jugé que l'énonciation faite dans une assignation, que la copie en a été remise à un domestique, à un commis, à une fille de confiance, n'était pas suffisante pour remplir le vœu de la loi, et que l'ajournement était nul. Cas. 28 août 1810 (S. 10, 384), 15 fév. 1810 (S. 10, 206), 4 nov. 1811 (S. 12, 32); Bourges, 17 nov. 1828 (S. 29, 55). *Contrà,* — Cas. 22 janv. 1810 (S. 10, 117); Rennes, 26 avr. et 18 août 1810; Metz, 13 fév. 1820 (S. 20, 118).

M. Carré, rapportant tous ces arrêts, fait observer que la contradiction qui semble exister entre eux n'est pas réelle, parce que les derniers ont déclaré valables des assignations où il était dit que la copie avait été remise à *une servante-domestique*, et que ces deux mots réunis n'ont point le même sens que chacun pris isolément, et indiquent une domestique faisant partie de la maison : dès-lors les rapports entre la personne qui s'est chargée de la copie et celui qu'elle concerne, sont bien connus. Cette jurisprudence nous paraît bien rigoureuse, et la différence signalée entre les différentes expressions qui viennent d'être indiquées ne nous semble pas aussi frappante qu'au célèbre professeur de Rennes. Lorsque l'huissier annonce qu'il a laissé la copie à un domestique trouvé au domicile de l'ajourné, la qualité et les rapports sont, d'après nous, suffisamment établis. La nullité ne devrait au moins être prononcée qu'à défaut par le demandeur de fournir la preuve que véritablement la copie a été remise au domestique de la partie assignée, et ce, d'autant plus qu'une fausse indication des rapports existant entre cette personne et le défendeur n'est point une nullité, si la copie a été remise à celui qui, en définitive, avait capacité pour la recevoir. Bruxelles, 5 fév. 1820; Cas. 19 déc. 1826 (S. 27. 68).

Néanmoins l'opinion de M. Carré et les arrêts qu'il cite démontrent jusqu'à quel point est importante la désignation de la personne à qui la copie est remise.

86. L'ajournement donné ainsi : à tel et à son épouse, *parlant à sa personne*, est nul, comme n'indiquant pas auquel des deux la copie a été laissée. Liége, 8 déc. 1814; Bourges, 24 sept. 1828.

87. Il en est de même de l'ajournement dont l'original ne contient pas la mention que le domestique auquel la copie a été laissée a été trouvé au domicile de l'ajourné. Bruxelles, 27 juin 1810 et 16 avr. 1813. — V. *inf.* n° 177.

88. Enfin, la formule du *parlant à* doit réunir toutes les énonciations qui la composent, c'est-à-dire le nom et la demeure du défendeur, le nom ou au moins l'indication de la personne à laquelle l'huissier a parlé et laissé la copie.

L'intercalation du nom ou de l'indication de cette personne dans le corps de l'acte, à une partie étrangère au *parlant à*, n'est pas suffisante pour la validité de l'ajournement. Bruxelles, 26 juin 1807 (S. 8, 48). — Cet arrêt a été rendu dans des circonstances particulières. Si l'intercalation ne pouvait être un motif d'erreur pour le défendeur, nous croyons que l'exploit ne devrait pas être annulé.

89. Dans la pratique (et tel est l'usage à Paris et dans beaucoup d'autres lieux), l'huissier mentionne que l'énonciation qu'il fait de la personne qui a reçu la copie, est conforme aux déclarations de cette dernière. — V. *inf. Formules.*

90. Pour les mentions et le visa que doit contenir l'ajournement, dans le cas où la signification n'a lieu ni à personne ni à domicile. — V. *inf.* n°s 200 et suiv.

§. 7. — *Délai fixé pour la comparution.*

91. Le mot *délai* signifie le nombre de jours qui doit s'écouler entre celui de la date de l'ajournement et celui auquel le défendeur est obligé de comparaître.

92. Quel que soit le délai de l'ajournement, il est toujours prescrit dans l'intérêt du défendeur; et par conséquent il doit être indiqué dans l'ajournement, *à peine de nullité.* C. pr. 61, 4°.

Il faut que le défendeur connaisse le jour de la comparution, afin qu'il puisse réunir ses pièces et moyens de défense, et constituer un avoué en temps utile (—V. *Instruction, Constitution d'avoué*), et qu'il sache si on lui a accordé le nombre de jours voulu par la loi.

93. L'indication du délai se fait ordinairement, non pas en désignant le jour de la comparution par son nom et le quantième du mois, mais seulement en faisant connaître le nombre de jours dont il se compose, en ces termes, par exemple : à comparaître d'*aujourd'hui à huit jours, à huitaine.* — V. *inf. Formules.*

94. Le délai doit être franc, c'est-à-dire comporter le nombre de jours voulus, sans compter celui de la signification, ni celui de la comparution (art. 1033). Ainsi, sur une assignation donnée le 1er d'un mois pour comparaître à huitaine franche, le demandeur ne peut prendre défaut que le 10 de ce même mois.

95. Il n'y a qu'une seule exception, c'est lorsque l'ajournement est donné à jour fixe, en vertu de l'autorisation du juge. —Dans ce cas, le jour de la comparution peut compter dans la supputation du délai. — V. *inf.* n° 114.

96. Ce qu'on vient de dire n'empêche pas que l'on ne puisse donner l'ajournement pour un jour déterminé, si d'ailleurs on observe le délai franc. Ainsi, la signification étant du jeudi premier de tel mois, le jour de la comparution peut être fixé par l'ajournement même au samedi dix de ce mois. Cette formule, quoique peu usitée en pratique, n'est autre chose que la mise à exécution de la règle générale.

97. L'ajournement donné à comparaître *dans le délai de la loi* est-il valable? L'affirmative, adoptée aujourd'hui par une jurisprudence constante, se fonde sur ce que personne n'est censé ignorer la loi. Cas. 1er juil. 1809, 21 nov. 1810, 18 mars 1811, 24 juin 1812, 20 avr. 1814 (S. 11, 48 et 160-13, 124, —15-401); Bourges, 12 mai 1821; Poitiers, 18 juin 1830 (S. 30, 217). *Contrà.* — Bruxelles, 3 juin 1809; Besançon, 4 juil. 1809; Turin, 9 avr. 1809; Pigeau, t. 1, p. 186, note.

98. Néanmoins, on a annulé l'ajournement donné pour comparaître *après le délai expiré* (Rennes, 18 janv. 1811). Cette espèce diffère de la précédente en ce que l'exploit dont il s'agit ici n'indique pas que les délais soient ceux donnés par la loi; en sorte que le défendeur est absolument laissé dans l'incertitude sur le jour de la comparution. —D'après ces motifs, M. Carré (art. 61) regarde comme nulle l'assignation donnée pour la première audience utile.

99. Il en est de même de l'ajournement donné pour la première audience après vacations (Limoges, 28 janv. 1812). Dans l'espèce de cet arrêt, la première audience était le lendemain du jour de la signification.

100. L'ajournement est encore nul s'il contient une fausse indication du délai : par exemple, s'il est *à huitaine*, lorsqu'il y a lieu à augmentation de délai à raison des distances. Bruxelles, 12 juil. 1810 (S. 14, 108); Poitiers, 30 nov. 1820; Grenoble, 29 mars 1824 (S. 25, 213); Bourges, 15 mars 1821 (S. 22, 75). *Contrà.*—Rennes, 13 et 26 juin 1812; Limoges, 10 déc. 1812 (S. 14, 417); Carré, art. 456.

101. Mais on a jugé qu'il en était autrement de l'expression *huitaine franche.* L'épithète indique alors que le défendeur

peut profiter de tous les délais de la loi ; et cela suffit à la validité de l'ajournement. Bourges, 21 mars et 12 mai 1821 (S. 22, 157); Nîmes, 28 juin 1824 (S. 25, 213). *Contrà.* —Poitiers, 3 juil. 1821 (S. 25, 212).

102. Au surplus, pour prévenir toute difficulté, il faut avoir le plus grand soin d'indiquer exactement le délai, de mentionner ceux qui peuvent être accordés au défendeur à raison des distances, et, ne fût-ce que par prudence, dans la supputation de ces derniers, comprendre pour un jour une fraction moindre de 3 myriamètres. Mieux vaut certainement donner au défendeur un jour de trop, que de le priver de la moindre partie du délai auquel il a droit. Montpellier, 2 janv. 1811 (S. 14, 21). —V. *inf.* n° 109.

103. Le délai de comparution est ou ordinaire ou extraordinaire. — V. *inf.* art. 1 et 2.

Art. 1. — *Délai ordinaire.*

104. *Le délai ordinaire* est celui fixé par la loi pour toutes les demandes qui ne se trouvent pas rangées dans une classe exceptionnelle.

Il peut être considéré par rapport, 1° aux régnicoles demeurant dans le lieu où siége le tribunal ; 2° aux régnicoles demeurant hors du lieu de ce siége ; 3° aux personnes établies hors du territoire continental de France ou à l'étranger. C. pr. 72.

105. *Par rapport aux régnicoles domiciliés dans le lieu où siége le tribunal.* — Il est de huitaine franche. C. pr. 72.

On a vu déjà (*sup.* n° 81) que le mot *domiciliés* est employé ici dans un sens plus large que celui que semblerait devoir lui attribuer l'art. 101 C. civ., et qu'il peut s'appliquer, suivant le cas, à tous ceux qui ont, soit leur domicile réel, soit leur demeure, soit même leur résidence, dans le lieu où siége le tribunal.

106. Dans le cas de changement de domicile, non légalement constaté, le défendeur est valablement assigné à son ancien domicile, et sans que le demandeur soit tenu d'observer les délais à raison du nouveau domicile. Paris, 24 brum. an 12; Cas. 13 germ. an 12.

107. Le délai de huitaine peut être abrégé dans les cas d'urgence. —V. *inf.* n° 113.

108. *Par rapport aux régnicoles domiciliés hors du lieu où siége le tribunal.* —Le délai est également de huitaine franche. C. pr. 72.

109. *Mais il est augmenté* d'un jour à raison de 3 myriamètres (environ 6 lieues anciennes) de distance entre le lieu où siége le tribunal et celui où demeure la partie (C. pr. 1033).

La rédaction de cet article donnerait à penser que le bénéfice du délai est acquis seulement lorsque le défendeur demeure au-delà d'un rayon de 3 myriamètres; néanmoins, nous pensons qu'il doit être également applicable au cas où le domicile du défendeur est éloigné de moins de 3 myriamètres; sans cela, ce dernier aurait réellement, à cause du déplacement, un espace de temps moindre que celui donné à la partie assignée, et demeurant au lieu même du siége du tribunal. Par la même raison, si le nombre de myriamètres existant entre le domicile du défendeur et le tribunal ne peut pas se diviser exactement par trois, la fraction restante, quelque minime qu'elle puisse être, doit donner lieu à l'augmentation d'un jour. Pigeau, Carré, art. 1033. *Contrà* — Gênes, 29 août 1812 (S. 14, 272).

110. Si le défendeur, demeurant hors du lieu où siége le tribunal, est rencontré dans ce dernier endroit, et que l'huissier lui remette la copie de l'ajournement, parlant à sa personne, il n'en doit pas moins profiter des délais de distance. Vainement on invoquerait l'art. 74 C. pr., qui restreint au temps ordinaire le délai de l'ajournement à la partie demeurant hors du royaume, lorsque l'assignation lui est donnée en France. En effet, cette disposition étant rigoureuse, ne peut s'étendre par voie d'interprétation. En outre, par cela même que le défendeur a un domicile fixe en France, il doit être présumé ne pas être muni de ses papiers d'affaires. Enfin, il y a une différence sensible entre la garantie que présente au demandeur un domicile en France, et celui établi hors du sol continental et même à l'étranger. Poitiers, 3 juil. 1821 (S. 25, 212).

111. Dans le cas où, *en matière civile*, l'ajournement est signifié à un domicile élu, le délai de la comparution doit être calculé à raison de la distance entre le lieu où siége le tribunal et le domicile réel du défendeur. Autrement, le défendeur pourrait être condamné avant d'avoir pu fournir ses moyens de défense; ce qui n'a pu entrer dans l'intention des parties. En effet, l'élection de domicile ne confère pas un mandat réel à la personne chez laquelle elle est faite. Bordeaux, 8 mars 1806; Cas. 4 juin 1806 (S. 6, 942); 7 avr. 1807. *Contrà.* — Cas. 25 prair. an 3; Paris, 26 fév. et 1er mars 1808 (S. 8, 144). — Dans l'espèce de ces trois arrêts, il s'agissait de lettres de change ou billets à ordre.

112. *Par rapport aux personnes établies hors du territoire continental de la France ou à l'étranger.* Des délais particuliers sont alors prescrits (art. 73); ils ne sont plus déterminés en proportion de la distance qui existe réellement entre le tribunal et le lieu habité par le défendeur, mais seulement à raison de l'éloignement de l'État ou du pays en général dans lequel demeure *la partie* assignée ; ils renferment alors et le délai de comparution, et le temps accordé pour faire le voyage.

Le motif de la loi est évident. Il ne faut pas seulement, dans ce cas, calculer le temps strictement nécessaire pour que le demandeur puisse transmettre ses instructions ou même se rendre au lieu où siége le tribunal; il est juste encore de tenir compte du plus ou moins de difficulté des communications, et des préparatifs toujours considérables à faire lorsque l'on quitte soit un pays d'outre-mer, soit un pays étranger.

Ces délais sont : 1° de deux mois pour ceux demeurant en Corse, dans l'île d'Elbe, ou de Grapraja, en Angleterre, ou dans les États limitrophes de la France ; 2° de quatre mois pour ceux demeurant dans les autres États de l'Europe ; 3° de six mois pour ceux demeurant hors de l'Europe, en-deçà du cap de Bonne-Espérance ; 4° et d'un an pour ceux demeurant au-delà. C. pr. 73.

Lorsqu'une assignation à une partie domiciliée hors de France est donnée à sa personne en France, elle n'emporte que les délais ordinaires, sauf au tribunal à les prolonger s'il y a lieu (art. 74).

Art. 2. — *Délai extraordinaire.*

113. Le délai est extraordinaire lorsqu'il n'est pas d'une huitaine franche. Il peut résulter :

1° *De la loi* dans quelques matières spéciales ; par exemple, lorsqu'il s'agit de vérification d'écriture, le défendeur peut être assigné à trois jours. C. pr. 193.

2° *D'une ordonnance du juge.* Dans les cas qui requièrent célérité, le président peut, par ordonnance rendue sur requête, permettre d'assigner à *bref délai.* — *V.* ce mot.

L'ordonnance est donnée par le président du tribunal où la demande est portée, et, en cas d'empêchement, par le juge qui le supplée dans ses fonctions.

Cette abréviation du délai ordinaire est fondée sur ce que la loi ayant accordé un temps plus considérable que celui réellement nécessaire au défendeur pour prendre un parti sur la demande, il ne fallait pas qu'il pût profiter aux gens de mauvaise foi capables d'en abuser.

114. Lorsque l'assignation est donnée à bref délai, il peut arriver, contrairement à la règle posée au n° 94, que le jour de la comparution compte dans la supputation du délai de l'ajournement, mais seulement lorsque le président a autorisé le demandeur à assigner *à jour fixe*, s'il n'a fait qu'abréger le délai en indiquant le nombre de jours entre la signification et la comparution, en disant, par exemple : Permettons *d'assi-*

gner à *trois jours*; ils doivent être francs. Bruxelles, 12 juil.
1809 (S. 12, 39).

115. Les délais de distance doivent toujours être les mêmes;
le président du tribunal n'a pas le droit de les abréger. En
effet, l'art. 72 n'a évidemment rapport qu'au délai de huitaine.
D'ailleurs, il faut bien donner à l'ajourné le temps de se rendre
au lieu du tribunal; les délais accordés à cet effet sont calculés
sur une journée de marche : en priver le défendeur, ce serait
le mettre dans la nécessité d'avoir recours à des moyens de
transport qu'on ne peut le forcer à prendre, et qui peuvent être
pour lui une charge trop lourde, ou même impossible à supporter. En outre, la loi ne mettant aucune limite à la réduction
que le président a le droit d'apporter au délai, il serait possible
qu'il ne laissât même pas au défendeur le temps de venir ou
d'envoyer un pouvoir par la poste.

116. Si devant le tribunal le défendeur prouve que la demande n'a rien d'urgent, il peut obtenir une prorogation de
délai, mais non faire annuler l'ordonnance du président, et par
conséquent l'ajournement. L'abréviation du délai ne provenant
pas alors du fait du défendeur, il ne serait pas juste qu'il pût en
être responsable. Arg. C. pr. 72 et 74. *Contra.*—Rome, 2 mai
1811 (S. 11, 298).

117. Si le délai mentionné dans l'ajournement est trop
court, cet acte est nul. Mais il en est autrement s'il est trop
long; le défendeur ne souffre dans ce cas aucun dommage,
d'autant plus qu'il peut toujours anticiper. Cas. 15 déc. 1808
(S. 9, 225).

§ 8. — *Indication du tribunal qui doit connaître de la
demande.*

118. L'indication du tribunal auquel la demande doit être
portée est prescrite, *à peine de nullité* (C. pr. 61, 4°). Sans
cette indication, il n'y aurait véritablement pas ajournement,
et le défendeur serait dans l'impossibilité de se faire représenter
par un avoué. Il ne suffit pas que le tribunal soit indiqué, il faut
encore qu'il soit compétent pour connaître de la demande.—V.
Compétence.

119. Lorsque dans la même ville il y existe à la fois un tribunal de première instance et un tribunal de commerce, faut-
il, dans l'exploit d'assignation, indiquer devant lequel des deux
le défendeur devra comparaître? Pour la négative, on dit : les
parties ne peuvent ignorer les lois régulatrices de la compétence, et l'objet de la demande étant indiqué, le défendeur doit
par cela seul connaître le tribunal devant lequel il faut qu'il
se présente (Carré). Mais cette opinion nous paraît inadmis-

sible dans des termes aussi généraux. Une demande en paiement
d'un billet, par exemple, sur lequel se trouve une signature
commerciale, doit, en général, être portée au tribunal de
commerce: cependant elle peut aussi l'être devant un tribunal
civil ; il n'y a pas incompétence *ratione materiæ*, et ce tribunal peut juger, à moins que le déclinatoire ne soit opposé
par le défendeur. Dans ce cas, et d'autres semblables, il faut
indiquer positivement le tribunal saisi de l'affaire, puisqu'il
pourrait arriver que le demandeur obtînt défaut à l'un des deux
tribunaux, tandis que le défendeur requerrait et obtiendrait
devant l'autre défaut-congé de la demande.

120. Le défaut d'indication du local et de l'heure auxquels le tribunal tient ses audiences n'entraîne pas la nullité de
l'ajournement; la loi ne prescrit pas leur énonciation (Arg. C.
pr. 61, nᵒˢ 4 et 1030): cependant, en pratique, il est bon de
ne pas l'omettre.

§ 9.—*Objet de la demande ; exposé sommaire des moyens ;*
signification des pièces à l'appui.

121. Le défendeur, pour préparer sa défense, a besoin de
connaître, 1° quel est l'objet de la demande formée contre lui ;
2° quels sont les moyens sur lesquels elle est fondée et s'ils
sont justes; 3° quelles sont les pièces qui peuvent leur servir
de preuve ; 4° et enfin, si la demande peut être produite devant
le tribunal que le demandeur veut saisir de l'affaire.

En conséquence, l'ajournement doit contenir, *à peine de nul-*
lité, l'indication de l'objet de la demande et l'exposé sommaire
des moyens. C. pr. 61, 4°.

122. *L'objet.* Il faut qu'il soit indiqué clairement, de manière que le défendeur ne puisse commettre aucune méprise.

123. S'il s'agit de matières réelles ou mixtes (—V. *Action*),
une indication spéciale est en outre nécessaire pour qu'il n'y
ait pas d'erreur possible sur l'identité de l'objet de la demande.
Il faut alors, *à peine de nullité*, énoncer la nature de l'héritage,
la commune, et, autant que possible, la partie de la commune
où il est situé, et deux au moins des tenans et aboutissans; s'il
s'agit d'un domaine, corps de ferme ou métairie, il suffit d'en
désigner le nom et la situation. C. pr. 64.

124. Néanmoins il n'y a pas nullité de l'ajournement, encore bien qu'il ne contienne pas l'énonciation textuelle des tenans et aboutissans, si l'héritage est d'ailleurs suffisamment
indiqué. Les termes de l'art. 64 ne sont point sacramentels, et
il ne faut point, en matière d'ajournement, pousser trop loin
la rigueur quant aux nullités. Il suffit que le but de la loi soit
rempli par un équivalent. Cas. 10 déc. 1806 (S. 6, 475),

1er janv. 1816; Pigeau, t. 1, p. 187, note; Delaporte, t. 1, p. 72; Carré, art. 65.

Ainsi, l'énonciation des tenans et aboutissans peut être suppléée par l'énonciation de la rue et du numéro d'une maison située dans une ville, ou simplement par l'énonciation du contrat d'acquisition de l'immeuble dont il s'agirait.

Il en est de même pour une demande à fin de partage. Limoges, 24 déc. 1811 (S. 14, 61); Besançon, 21 juin 1809; Liége, 21 juin 1810.

125. *L'exposé sommaire des moyens.* Ces expressions indiquent par elles-mêmes le vœu de la loi. Le demandeur doit faire connaître ses moyens; mais il n'est pas obligé de leur donner, dans l'ajournement même, tout le développement dont ils sont susceptibles; il suffit qu'il mette le défendeur sur la voie.

126. Il n'est pas nécessaire que l'exploit renferme absolument dans une partie les moyens, et dans l'autre l'objet: ce serait une répétition souvent inutile, dans les affaires simples. Ainsi, en assignant une personne en paiement d'une somme de..... montant d'un billet par elle souscrit, à telle date, et payable tel jour, on indique à la fois et l'objet et les moyens de la demande.

127. L'énonciation des moyens est encore valablement suppléée par la signification, soit d'un procès-verbal de non-conciliation renfermant lui-même les moyens, soit d'une requête motivée, au pied de laquelle se trouverait l'ordonnance d'assigner à bref délai. Dans ce dernier cas, l'assignation est valablement donnée en ces termes : *pour procéder aux fins de la requête.* Nîmes, 23 avr. 1812.

128. La même décision est applicable au cas où il s'agit d'une demande déjà débattue devant l'autorité administrative. Limoges, 5 juil. 1816.

129. Mais l'assignation donnée devant un tribunal, *pour voir statuer sur la compétence, n'est pas suffisamment libellée.* Cas. 27 fruct. an 11 (S. 4, 2, 53).

130. *Signification des pièces justificatives.* Le défendeur, pour vérifier si la demande est bien ou mal fondée, a besoin de lire les titres de l'adversaire; il faut qu'il puisse peser les expressions de ces titres, en découvrir les vices qui seraient de nature à les annuler ou à en empêcher l'exécution. Aussi le demandeur doit-il, avec l'ajournement, faire donner copie des pièces ou de la partie des pièces sur lesquelles la demande est fondée. C. pr. 65.

131. Si les pièces sont signifiées par extrait, cet extrait doit contenir toutes les énonciations propres à établir la régularité de l'acte en la forme, telles que le préambule, la date, le nom et la qualité des parties contractantes, les noms des témoins et des notaires, et la mention de l'enregistrement. Carré, art. 65.

152. Lorsque les pièces justificatives à signifier avec la demande sont écrites en langues étrangères, faut-il donner copie du texte original? La négative résulte de ce que, d'après la loi du 22 frim. an 7, il ne peut être fait usage d'une pièce sans que préalablement elle ait été enregistrée. Or, les receveurs de l'enregistrement n'enregistrent que des pièces écrites en langue française : une traduction préalable est donc indispensable. En outre, les officiers ministériels qui signifient des actes certifient, par leur signature, l'exactitude de la copie, et il ne peut en être ainsi que lorsque les actes sont écrits en langue française : d'ailleurs, la copie signifiée dans la langue étrangère serait-elle plus exacte? ne peut-il pas au contraire être commis une foule d'erreurs involontaires. Au surplus, il est bien certain que le défendeur aurait toujours le droit de demander communication de la pièce originale; mais il ne pourrait en exiger la copie aux frais du demandeur, comme si elle n'avait point été signifiée. Arg. C. pr. 65.

153. La signification des pièces à l'appui de la demande n'est pas prescrite à peine de nullité. Le demandeur peut ne pas avoir entre ses mains ces pièces, surtout si ce sont des actes notariés, dont les expéditions n'aient pas été levées, et être à la veille de voir une prescription s'accomplir. La seule peine attachée à l'omission de la signification des pièces justificatives est de ne pouvoir répéter les frais de la signification qu'on serait forcé de faire dans le cours de l'instance, sur la demande du défendeur. Ces frais n'entrent point en taxe. C. pr. 65.

154. Mais il en est autrement de la copie du procès-verbal de non-conciliation *ou de la mention de non-comparution*. Cette copie est exigée, *à peine de nullité* (C. pr. 65) : c'est une conséquence de l'art. 48 C. pr.—V. *Conciliation*.

Cette nullité peut-elle être proposée en tout état de cause, et même par le demandeur?—V. *ibid. Exception.*

155. La copie du procès-verbal de conciliation peut être donnée par extrait (Cas. 27 flor. an 10) : cependant l'usage est de le signifier intégralement. Il est bon de s'y conformer.

156. L'omission faite dans la copie de la date du procès-verbal de non-conciliation ne rend pas nul l'ajournement. Le vœu de la loi est rempli lorsqu'il est prouvé qu'il y a eu préliminaire de conciliation. Rennes, 27 fév. 1811.

§ 10. — *Coût de l'acte.*

157. L'huissier est tenu de mettre à la fin de l'original et de la copie de l'exploit le coût de l'acte. C. pr. 67.

Le coût. Ce mot signifie l'indication de la somme due pour le salaire de l'huissier et pour les droits de timbre et d'enregistrement.—V. *inf.* sect. VI.

138. Dans l'usage on ne mentionne sur la copie que la somme due à raison de cette copie; cependant, comme elle est destinée à servir d'original au défendeur, il est plus exact d'indiquer sur la copie même le coût complet.

139. Le défaut d'énonciation du coût n'entraîne pas la nullité; seulement il soumet l'huissier à une amende de 5 fr., payable au moment de l'enregistrement (C. pr. 67), et l'expose à être interdit de ses fonctions sur la réquisition d'office des procureurs-généraux et du procureur du Roi. Tarif, 66. — V. *Huissier.*

Section III. — *Signification de l'ajournement.*

§ 1. — *Par qui l'ajournement doit être signifié.*

140. L'ajournement est signifié par un huissier immatriculé au tribunal de l'arrondissement dans lequel est situé le domicile du défendeur.—V. *Huissier*, et *sup.* n° 69.

141. Il faut en outre que l'huissier soit capable. Son incapacité peut exister, 1° à raison de la personne même de l'officier ministériel ; 2° à raison de la personne à la requête de laquelle il agit ; 3° et à raison du lieu où la signification est faite.

142. Il faut encore que l'huissier ait prêté serment. Décr. 14 juin 1813, art. 7.

Le défaut de prestation de serment n'entraîne pas nullité, si la personne qui a fait la signification exerce publiquement comme huissier. Besançon, 16 janv. 1811. Le demandeur ne peut être responsable de l'erreur commune.

143. Si l'huissier a sa demeure hors de son arrondissement (—V. *sup.* n° 65), l'exploit qu'il signifie est nul. Il ne peut instrumenter que dans cet arrondissement (art. 2, décr. précité): il est justiciable de ce tribunal.— V. *sup.* n° 66.

144. L'huissier suspendu ou interdit de ses fonctions, ayant perdu momentanément ou définitivement son caractère légal, ne peut instrumenter à dater du jour où le jugement de suspension ou d'interdiction lui a été notifié.

145. L'art. 66 C. pr. défend à l'huissier d'instrumenter, en matière d'ajournement, pour ses parens et alliés et ceux de sa femme, en ligne directe, à l'infini, et pour ses parens et alliés collatéraux, jusqu'au degré de cousin issu de germain inclusivement, le tout *à peine de nullité.*

L'incapacité de l'huissier est moins étendue, s'il s'agit d'une *citation.*—V. ce mot.

146. L'incapacité résultant, soit de la parenté, soit de l'alliance, est fondée sur ce que l'huissier n'étant qu'un officier certificateur, pour ainsi dire, et dont les déclarations font foi en justice jusqu'à inscription de *faux* ou *désaveu* (—.V. *ces mots*), ne peut être admis à témoignage lorsqu'il se trouve dans un état de suspicion légitime de bienveillance pour le demandeur.

147. L'incapacité pour cause de parenté est perpétuelle ; au contraire, l'incapacité qui naît de l'alliance n'est que temporaire, et cesse d'exister lorsque l'alliance est détruite par la mort de la femme sans enfans. *Cessante causâ, cessat effectus.* Quelles que puissent être les relations que l'huissier conserve avec les parens de sa femme, elles seraient insuffisantes pour étendre la prohibition de l'art. 66, et faire donner au mot *alliés* un autre sens que celui qu'il a dans le droit commun.

148. La parenté et l'alliance ne sont pas les seules causes de suspicion légitime : la jurisprudence a appliqué à différens cas analogues les dispositions de l'art. 66 C. pr.

149. Cet article contient implicitement la prohibition à l'huissier d'instrumenter pour la personne dont il est mandataire général ou spécial : par exemple, pour son pupille, pour une succession indivise dont il est administrateur, ou pour une succession vacante dont il est curateur. L'exploit doit, dans ce cas, être déclaré nul pour *défaut de capacité* de l'officier ministériel. Il n'y a pas lieu d'appliquer l'art. 1030 C. pr. Cas. 24 nov. 1817 (S. 18, 119).

150. Évidemment l'huissier ne peut signifier aucun acte qui l'intéresse personnellement.

§ 2. — *Quels jours et à quelles heures l'ajournement peut être signifié.*

151. L'ajournement, comme tout exploit, est valablement signifié tous les jours, excepté ceux de fêtes légales. (— V. *Fête*.) Il ne peut l'être depuis le premier octobre jusqu'au trente-un mars avant six heures du matin et après six heures du soir ; et depuis le premier avril jusqu'au trente septembre avant quatre heures du matin et après neuf heures du soir, si ce n'est en vertu de permission du juge, dans le cas où il y aurait péril en la demeure, C. pr. 1037.

152. Cette permission peut être donnée par le président du tribunal du lieu où l'assignation doit être signifiée ; il n'est pas nécessaire que, pour l'accorder, le magistrat soit saisi de l'affaire. Cas. 7 avr. 1819 (S. 19, 142).

153. La faculté accordée au président d'autoriser une signification un jour férié, n'entraîne pas celle de permettre cette signification aux heures de nuit. Pendant ce temps il n'est pas

permis de s'introduire dans le domicile d'un citoyen. Arg. C.
pr. 587 ; C. pén. 184 ; Berriat , p. 144, n⁰ˢ 2 et 3. *Contrà.*
—Demiau , p. 64 ; Pigeau , t. 1 , p. 178, note 3.

154. La contravention à la règle relative aux jours et aux
heures auxquels les significations ne peuvent être faites sans
ordonnance du président, n'entraîne pas la nullité de l'exploit ;
elle n'est pas prononcée par l'art. 1037, et les nullités ne sauraient se suppléer (C. pr. 1030) : elle donne seulement lieu à
une amende de 5 fr. à 100 fr. (1030) contre l'huissier. Grenoble , 17 mars et 17 mai 1817 ; Bordeaux , 16 juil. 1827 (S.
27, 178) ; Cas. 29 janv. 1819 (S. 20, 55), 25 fév. 1825 (S.
25, 233). *Contrà.* —Bordeaux, 10 fév. 1827 (S. 27, 105) ;
Pigeau , t. 1 , p. 185 ; Carré, t. 1 , n⁰ 330 ; t. 3, n⁰ 3422.

§ 5. — *Signification à personne ou domicile ; cas où l'ajournement n'est signifié ni à personne ni à domicile. Visa.*

Art. 1. — *A quelles personnes l'ajournement doit être signifié, et la copie remise.*

155. L'ajournement doit être notifié au défendeur, s'il est
capable de répondre à la demande, ou , s'il est incapable, à la
personne qui le représente, — V. *Action*, et *inf.* art. 2.

156. Toute personne étant réputée exister tant que son décès
n'est point connu , l'ajournement qui lui est donné avant que
cette connaissance soit acquise est régulier.—Ainsi, on a déclaré
valable l'ajournement signifié à une personne dont le décès
n'avait point été inscrit sur les registres de l'état civil , et dont
la mort n'avait pas été annoncée à l'huissier, qu'on laissa dans
l'ignorance de ces événemens. Cas. 3 sept. 1811 ; Pigeau, t. 1 ,
p. 183, note.

Mais il serait prudent de renouveler l'exploit contre les héritiers, aussitôt que l'on aurait acquis la connaissance du décès
de leur auteur , sans préjudice des effets que produirait à sa
date, pour le passé, le premier ajournement.

157. Si l'on apprend le décès de celui contre lequel on se
propose d'agir , suffit-il , jusqu'au partage , de signifier l'ajournement au domicile du défunt, aux héritiers collectivement ?
Le doute naît de ce que l'on peut considérer la succession comme
un être moral représenté par tous les héritiers , et ayant pour
domicile l'habitation du défunt ; mais le code ne contenant aucune exception pour ce cas à la règle générale qui veut que
l'ajournement soit signifié à la personne ou au domicile de chacun des héritiers du défunt, cette règle doit recevoir son application. Trib. Tulle, 3 fév. 1821 (S. 21, 122).

Cependant la loi , pour des motifs spéciaux, admet quelques
modifications. Ainsi, 1⁰ en matière d'inscription hypothécaire ,
l'ajournement peut être fait au dernier domicile élu du créan-

cier, malgré son décès (C. civ. 2156. — V. *inf.* n° 229); 2° en matière indivisible, pour interrompre une prescription, il suffit d'assigner l'un des héritiers comme représentant toute la succession. Arg. C. civ. 2249.

158. S'il y a plusieurs défendeurs, il doit être laissé à chacun d'eux une copie de la demande (— *V.* toutefois *inf.* n° 222): chacun a un intérêt égal à la connaître, pour être à même de proposer ses moyens de défense.

Il en est de même lorsque plusieurs personnes ont un même domicile élu; peu importe qu'ils soient cohéritiers et procèdent au nom de l'auteur commun. Cas. 15 fév. 1815 (S. 15, 204), 14 mai 1821 (S. 22, 108).

159. Toutefois, sous l'ordonnance de 1667, une signification était valablement faite par une seule copie au domicile élu par deux parties appelantes par le même acte. Paris, 12 avr. 1806.

160. Tous exploits doivent être signifiés *à personne ou domicile, à peine de nullité.* C. pr. 68, 70.

161. *Signification à personne.* On appelle ainsi celle qui est faite par l'huissier, en parlant au défendeur lui-même, auquel est remise directement la copie de l'exploit.

162. Elle peut être faite au défendeur dans son domicile réel ou hors de ce domicile, en quelque lieu que l'huissier le rencontre, même dans une église, un tribunal, une bourse de commerce, etc. — *V inf*, n° 166.

163. *Dans le domicile ou hors du domicile.* Il ne faut cependant pas confondre ces deux cas.

164. Lorsque la signification est faite au domicile, l'huissier peut laisser la copie à toute personne qui lui déclare être le défendeur. Il n'est pas garant de l'identité; la présomption est en effet en sa faveur; il a fait tout ce qui était en son pouvoir. Cette présomption légale tomberait cependant devant un fait évidemment contraire : si, par exemple, ayant à signifier un exploit à un propriétaire, à un homme instruit, il remettait la copie de l'ajournement à une autre personne tout-à-fait illettrée, à un domestique, lors même que celui-ci aurait déclaré faussement être le défendeur, l'ajournement serait nul, l'erreur étant trop grossière; et l'huissier deviendrait responsable.

165. Au contraire, lorsque la signification est faite hors du domicile du défendeur, l'espèce de présomption légale dont nous venons de parler n'existant plus, l'huissier ne doit pas se contenter de la déclaration faite par une personne qu'elle est défenderesse, il faut qu'il la connaisse pour telle, et il est responsable de son identité (Arg. C. pr. 71).

166. Même *dans une église, un tribunal, une bourse de commerce, etc.* L'opinion contraire, adoptée dans l'ancienne légis-

lation , est encore soutenue aujourd'hui par quelques auteurs, comme reposant sur des motifs d'ordre public. (Praticien, t. 1, p. 313; Délaporte , t. 1, p. 76; Pigeau , t. 1., p. 120). Toutefois , Pigeau restreint la prohibition aux significations faites pendant le temps des exercices religieux ou des séances des autorités constituées, et il se fonde sur l'art. 781 C. pr.

Mais on peut répondre, 1° que les anciens usages ont été abrogés par l'art. 1041, et ne sauraient plus être pris en considération; 2° que l'art. 781 est exceptionnel et spécial, et ne peut non plus être étendu d'un cas à un autre ; il ne présente même pas d'analogie avec la question actuelle , puisqu'une tentative d'arrestation donne lieu à des scènes de désordre, qui ne sont point la suite d'une simple signification; 3° enfin, qu'aucune disposition de la loi n'empêche de signifier un ajournement ou tout autre acte dans les lieux déjà indiqués , et que les nullités ne se suppléent pas. C. pr. 1030 ; Merlin , v° *Ajournement*; Carré , art. 68.

Une seule exception pourrait être admise comme ayant sa cause dans un motif d'ordre public : c'est le cas d'une signification faite au ministre d'un culte , à un magistrat , ou autres autorités constituées , pendant l'exercice actuel de leurs fonctions.

167. *Signification à domicile.* Cette expression indique que l'huissier , excepté le seul cas de la signification à personne dans un lieu autre que le domicile, doit se transporter à ce domicile , y laisser la copie de son exploit, soit au défendeur lui-même, soit aux personnes ayant capacité de la recevoir pour lui. Si les parens ou serviteurs sont rencontrés par l'huissier hors du domicile du défendeur, il ne peut leur laisser la copie sans commettre une nullité. C. pr. 68 et 70.

168. Le sens du mot domicile a été expliqué *sup.* n° 81. C'est là qu'en thèse générale la signification doit être faite ; elle ne l'est valablement au lieu de la demeure qu'autant que l'on ignore celui du domicile, et au lieu de la résidence, que si le défendeur n'a ni domicile ni demeure connus. C. pr. 69, 8°.

169. D'où il suit que, si un individu est seulement en résidence dans un endroit, et qu'il ait notoirement un domicile ailleurs , la signification de l'assignation au lieu de sa résidence *ne saurait être faite que parlant à sa personne.* C'est de cette manière seulement que peut être assigné , 1° le fonctionnaire appelé à des fonctions révocables, et qui n'a pas manifesté l'intention d'établir son domicile dans le lieu où il les exerce (C. civ. 106); 2° le marin à bord (—V. *Assignation*); 3° le militaire au lieu où se trouve son régiment.

Il faut alors signifier l'assignation, soit au lieu du domicile que l'ajourné avait avant de partir pour remplir la mission qui lui a été donnée, soit à son domicile d'origine, si l'on ignore celui qu'il a récemment occupé, soit au parquet du procureur du roi — V. inf. nᵒˢ 224, 225.

170. Il en est de même à l'égard du prisonnier ou du banni. Ils ne sont pas réputés avoir changé de domicile, et sont valablement assignés à celui qu'ils avaient au moment de l'incarcération ou du bannissement. Rodier, Ordon. 1667, t. 2, art. 3, quest. 10; Domat, *Droit public*, liv. 1, tit. 16, sect. 3, nᵒ 14; Carré, art. 68.

171. Les vagabonds, les colporteurs, les bateleurs, les comédiens ambulans, etc., étaient autrefois considérés comme n'ayant pas de domicile (Rodier, sur l'Ordon. de 1667). Il peut en être de même aujourd'hui. Nimes, 4 pluv. an 9 (S. 4, 528).

172. La connaissance du domicile auquel une assignation doit être signifiée peut présenter quelques difficultés.

1ᵒ Dans le cas où une personne assignée a deux établissemens également importans, situés dans différens lieux, et où elle demeure alternativement, il faut prendre des renseignemens propres à faire connaître dans quelle commune l'assigné exerce ses droits politiques, fait le service de la garde nationale, etc.; car, d'après la loi, on ne peut avoir qu'un seul domicile (C. civ. 102). Dans le doute, il serait prudent de lui faire la signification de l'ajournement à celui des deux établissemens sur lequel le défendeur se trouverait au moment de l'assignation. — V. *Domicile*.

2ᵒ. Dans le cas d'un changement récent de domicile par le défendeur, sans qu'il ait fait les déclarations prescrites par l'article 104 C. civ., il faut distinguer si l'assignation a été donnée au nouveau domicile, ou bien si, dans l'ignorance du changement, elle l'a été à l'ancien.

173. *Dans la première hypothèse*, on fait encore une distinction. Si le demandeur fait donner une assignation dont l'objet soit postérieur au changement de domicile, il n'y a pas de difficulté. Ayant traité avec une personne demeurant dans un endroit où elle paraissait être établie, il n'a pas dû prendre d'autres informations, et il assigne valablement dans ce lieu. — La question ne naît donc véritablement que si le demandeur a connu ou dû connaître nécessairement le domicile ancien. Il semble que, même dans ce cas, l'assignation est valable, si d'ailleurs il se rencontre des circonstances desquelles puisse résulter la preuve de l'intention du défendeur de changer de domicile. Arg. des art. 103 et 105 C. civ.

Vainement on alléguerait que le changement de domicile n'est pas suffisamment établi par de simples déclarations contenues dans des actes émanés du défendeur; qu'il faut que cette mutation de domicile soit manifeste, *facto et animo*, et que les conditions prescrites par l'art. 104 C. civ. aient été remplies. *Contrà.*—Orléans, 28 avr. 1819.

La seconde hypothèse est la contre-partie de celle qui précède, et suppose de la part du demandeur l'ignorance du changement de domicile du défendeur. Pour soutenir la nullité, on peut dire : l'ajournement doit être donné au domicile, s'il en existe un; c'est au demandeur à s'informer du domicile du défendeur. Si le changement d'habitation n'est pas une preuve du changement de domicile, il est une présomption puissante qui doit porter le demandeur ou l'huissier à prendre des informations : ainsi une erreur excusable ne peut exister de la part de ces derniers, surtout si le changement d'habitation remonte à plus de six mois (Arg. art. 74 C. civ.).—Mais on répond que le changement d'habitation n'entraîne *ipso facto* le changement de domicile que par rapport à la personne qui abandonne un lieu pour aller habiter dans un autre, et non à l'égard des tiers. La preuve de l'intention ne résulte légalement contre eux que de la double déclaration prescrite par l'art. 104 (—V. *Domicile*). Si elle n'a pas été faite, c'est à celui qui a commis cette négligence à se l'imputer et à en supporter les conséquences. S'il était possible que le temps écoulé depuis le changement d'habitation pût être considéré comme une preuve que le demandeur n'a pu ignorer le fait du changement de domicile, il ne faudrait pas le fixer, avec M. Malleville, à un espace de six mois : tout alors dépendrait des circonstances, et devrait être abandonné à la prudence du juge. Ensuite il est bien difficile que la nullité puisse être prononcée; car, de deux choses l'une : ou la maison abandonnée par le demandeur est actuellement habitée, ou elle ne l'est pas. Si elle l'est, et que les personnes qui s'y trouvent reçoivent la copie, en se déclarant parens ou serviteurs de l'ajourné, l'huissier a dû faire la signification. Elle est valable, si la maison est vide, et qu'un voisin, sans avertir l'huissier du changement de domicile du défendeur, reçoive la copie et signe l'original, l'huissier (bien entendu supposé de bonne foi), a fait ce que la loi prescrit, et son acte est régulier. Il en est de même si, à défaut de voisins, l'exploit a été remis au maire sans que celui-ci, soit qu'il y ait ou non de déclaration, lui ait fait connaître le changement de domicile. Un semblable ajournement ne peut pas plus être annulé que celui qui aurait été signifié au parquet du procureur du roi pour être transmis à une personne habitant hors du royaume, et que ce magistrat aurait négligé d'envoyer. — V. *inf.* n° 225.

174. La copie de la signification faite à domicile doit être remise au défendeur. C. pr. 68.

175. Toutefois, si l'huissier ne trouve pas la partie à son domicile, il remet la copie de la signification à ses parens; à défaut de parens, à ses serviteurs; s'il n'y a pas de serviteurs, à un voisin du défendeur, qui signe l'original de l'exploit; s'il n'y a pas de voisin, ou si le voisin ne peut ou ne veut signer l'original, la copie est de suite remise au maire ou adjoint de la commune, lequel vise l'original sans frais. Il est fait mention du tout par l'huissier, tant sur l'original que sur la copie (C. pr. 68), et ce, à peine de nullité. C. pr. 70.

176. *A des parens du défendeur.* Soit par le lien du sang, soit par alliance, pourvu qu'ils demeurent avec la partie assignée. C'est de cette communauté d'habitation que résulte la présomption légale que la copie a été remise au défendeur. Colmar, 4 déc. 1809.

177. *Aux serviteurs du défendeur;* c'est-à-dire à une personne qui soit au service de ce dernier, demeure chez lui, et y soit actuellement.

Le domestique d'un voisin, même habitant la même maison, n'a aucunement qualité pour recevoir la copie de l'ajournement destinée à un autre individu que son maître.

178. Cependant, si deux personnes ont une habitation commune, le domestique de l'une peut recevoir la copie de l'ajournement qui concerne l'autre; il est alors considéré comme étant *ex eâdem familiâ.* Cas. 5 août 1807. — Dans l'espèce de l'arrêt, il s'agissait de deux frères demeurant ensemble.

179. L'expression *serviteur,* employée dans l'art. 68, ne doit pas être restreinte *aux domestiques proprement dits;* elle s'applique encore à d'autres personnes, à cause des rapports intimes, fréquens et nécessaires, qui existent entre elles et la partie assignée, à tout autre titre que celui de domesticité.

Tels sont, 1° le portier : il a qualité pour recevoir la copie des assignations données aux locataires de la maison à la garde et surveillance de laquelle il est préposé.

2° Le maître d'un hôtel garni. Caen, 4 mai; Nancy, 22 juin 1813 (S. 14, 400—17, 90).

3° Le secrétaire, le clerc ou le commis du défendeur. Carré, art. 68.

180. L'exploit n'est pas nul par cela seul que la copie en a été laissée à un domestique ou à une personne réputée telle à cet effet, lorsqu'au moment où l'huissier s'est présenté, le défendeur ou l'un de ses parens était dans la maison : le défendeur et ses parens et serviteurs sont placés sur la même ligne par l'art. 68 C. pr., lorsqu'il s'agit de la signification à faire à domicile. Mais il en est autrement des voisins et du maire. — V. *inf.* n° 182 et 197.

181. *A un voisin du défendeur.* Par cette expression *voisin*, on entend un chef de famille, un maître de maison, en un mot *une personne établie* dans un lieu dépendant du même corps de bâtiment, ou à la distance la moins éloignée possible du domicile du défendeur.

Le domestique, le commis, ou autre employé du voisin n'aurait pas qualité pour recevoir la copie; il ne peut pas être considéré comme voisin lui-même de l'ajourné, car il n'est pas domicilié, et beaucoup de raisons peuvent le forcer de quitter subitement la maison. Bruxelles, 19 fév. 1806 (S. 7, supp. 47); Carré, art. 68.

182. La copie de l'ajournement ne peut être laissée à un voisin que dans le cas où l'huissier ne trouve au domicile du défendeur ni lui, ni aucun de ses parens ou serviteurs; il doit en outre faire mention de cette circonstance dans son exploit, à peine de nullité. C. pr. 68, 70.

La loi veut, en règle générale, dans l'intérêt du défendeur, que toute signification soit faite *à domicile*, lorsqu'elle ne l'est pas *à personne*. Les mesures exceptionnelles autorisées par l'article 68 C. pr. ne doivent donc être employées que dans les cas où l'exécution de la règle générale est impossible.

183. Le voisin qui reçoit la copie doit signer l'original (C. pr. 68). En vain l'huissier déclarerait que le voisin ne sait ou ne peut signer : il y aurait nullité (C. pr. 70). La simple énonciation faite par l'huissier qu'il aurait remis la copie à une personne qui aurait déclaré être voisin de l'ajourné, serait à plus forte raison insuffisante. C'est encore une différence avec le cas où il s'agit d'un membre de la famille ou d'un domestique de la maison. Le voisin peut ne pas être en rapports habituels avec l'ajourné, lui être même tout-à-fait étranger; par conséquent, la loi ne s'en rapporte à lui du soin de remettre la copie que lorsqu'il a pris à cet égard un engagement, de l'inexécution duquel il pourrait supporter les conséquences.

184. La nécessité de la signature du voisin sur l'original de l'ajournement existe également pour la signification faite à un domicile élu. Cas. 29 mai 1811 (S. 11, 264).

185. Outre les rapports de parenté, de domesticité, de service ou de voisinage habituels qui doivent exister entre l'ajourné et la personne à qui la copie est laissée (—V. sup. n° 175), trois conditions sont encore nécessaires à la validité de l'ajournement; il faut :

1° Que cette personne soit capable de discernement;

2° Qu'elle soit trouvée au domicile du défendeur;

3° Qu'elle n'ait pas un intérêt opposé à ce dernier.

186. *Qu'elle soit capable de discernement.* Ainsi l'huissier ne

pourrait remettre la copie soit à une personne notoirement et réellement atteinte d'aliénation mentale, soit à un enfant : il faut qu'il ait atteint l'âge de puberté, ou au moins celui auquel on est admis à témoigner en justice, c'est-à-dire 15 ans révolus (art. 285). En effet, la personne qui reçoit, pour la remettre à une autre, la copie d'un exploit destiné à cette dernière, prend une obligation dont l'inexécution prouvée peut avoir des conséquences plus ou moins graves. Il convient donc qu'elle soit en âge d'agir avec discernement. Arg. C. pr. art. 68, 285; Merlin, v° *Ajournement*; Carré, art. 68.

187. *Qu'elle soit trouvée par l'huissier au domicile du défendeur.* Toute assignation, si elle n'est donnée à personne, doit l'être au domicile (C. pr. 68), et ce, afin d'éviter toute méprise de la part de l'huissier sur l'identité de la personne à laquelle il remet la copie, et tout oubli ou tout retard de cette dernière dans l'obligation que lui impose la remise de la copie. Rodier et Boutain, sur l'Ord. de 1667; Rennes, 27 juin 1810.

188. *Qu'elle n'ait pas un intérêt notoirement opposé au demandeur.* Ce cas ne peut être que très-rare, mais n'est cependant pas impossible.

189. Ainsi serait nulle l'assignation remise au fils du demandeur, alors même qu'il demeurerait ou serait employé chez le défendeur.

190. *Au maire ou à l'adjoint.* La copie de l'ajournement doit être remise d'abord au maire, et, s'il est absent ou empêché au moment de la signification, à l'adjoint.

Si le maire et ses adjoints ne sont pas présens pour recevoir la copie, elle est valablement laissée au membre du conseil municipal le premier sur la liste, c'est-à-dire celui qui a réuni le plus de suffrages (L. 21 mars 1831). Arg. d'une *Décision du ministre de la justice* du 6 juil. 1810, qui prescrit cette marche dans le cas de l'art. 676 C. pr. Il y a évidemment analogie et justice, car le demandeur ne peut souffrir de l'absence du maire et de l'adjoint. Arg. L. 21 mars 1831, art. 5.

191. Le fonctionnaire municipal qui reçoit la copie appose sans frais son visa sur l'original. C. pr. 68.

Ce visa a pour but de constater que la copie a été laissée tel jour au fonctionnaire. — V. *Visa.*

Il est prescrit, à peine de nullité. C. pr. 68 et 70.

192. De plus, l'huissier doit mentionner l'accomplissement de cette formalité, tant sur l'original que sur la copie de l'exploit. C. pr. 68.

Une omission à cet égard vicierait-elle l'ajournement (C. pr. 70)? Il faut distinguer si elle existe sur l'original ou sur la copie.

Le défaut de mention du visa sur la copie seulement n'en

traîne pas la nullité (Rennes, 21 déc. 1820). En effet, il n'est qu'une formalité extrinsèque qu'il ne faut pas confondre avec la remise de la copie au maire, et dont l'observation est suffisamment constatée relativement à la personne assignée, par la représentation de l'original dûment visé. *Contra.* — Lyon, 16 janv. 1811; Cas. 19 mai 1830 (S. 30, 380).

Quant à l'original dans lequel l'huissier a omis de mentionner qu'il a requis et obtenu visa, il nous paraît devoir en être de même. La chose importante, c'est la remise de la copie au maire. Elle est prouvée par la représentation de l'original, sur lequel est apposé le visa; l'énonciation qu'en fait l'huissier est surabondante, et si elle semble ordonnée sous peine de nullité, c'est que l'art. 68 est complexe, ou que l'art. 70 n'a pas fait quelques distinctions que le plus ou le moins d'importance des dispositions de l'article motive cependant suffisamment.

193. Dès que le visa existe, peu importe que la copie ait été laissée à un employé de la mairie. Cette circonstance n'est point un motif de nullité; elle ne compromet effectivement pas les intérêts du défendeur. Metz, 20 nov. 1818.

194. Le refus du maire, de l'adjoint, ou du conseiller municipal qui les remplace, de recevoir la copie ou de donner le visa, n'empêcherait pas l'huissier de faire sa signification : il peut être indispensable pour le demandeur qu'elle ait lieu sur-le-champ; seulement l'huissier devrait remettre la copie au procureur du roi, qui viserait alors l'original. Arg. C. pr. 1039; Carré, art. 68.

Mais le refus du visa par les fonctionnaires ne les soumettrait pas à l'amende prononcée par l'art. 1039, qui n'a d'application que lorsqu'une signification leur est faite comme personnes publiques, et en cette qualité chargées de défendre une commune ou une administration. Carré, *ibid.*

195. Toutefois, comme il faut une sanction à l'art. 68, et que la loi fait aux maires une obligation de recevoir la copie des ajournemens donnés aux habitans de la commune dans certains cas, nous pensons que ces fonctionnaires peuvent être responsables envers le demandeur du tort qui résulterait pour lui du refus de visa (Arg. C. civ. 1382); par exemple, si l'ajournement étant fait au dernier moment utile pour interrompre une prescription, la nécessité de porter la copie au chef-lieu de l'arrondissement empêchait d'effectuer la signification en temps opportun.

196. Dans les mêmes circonstances, et par les mêmes motifs, le maire serait également responsable des frais de transport de l'huissier.

197. La remise de la copie au maire, à l'adjoint ou aux membres du conseil municipal étant la dernière mesure de pré-

caution, pour éviter que cette copie ne s'égare, et pour s'assurer qu'elle sera exactement rendue à la partie qu'elle concerne,
elle ne peut avoir lieu que dans les cas suivans :

1° S'il n'y a pas de voisin à qui remettre la copie de l'ajournement ;

2° Si le voisin auquel l'huissier s'est adressé ne veut pas se
charger de cette copie ;

3° Si, voulant bien s'en charger, il refuse néanmoins de
signer l'original, ou ne peut le faire. C. pr. 68.

L'huissier est obligé, à peine de nullité (C. pr. 70), de faire
mention du tout, tant sur l'original que sur la copie. C. pr. 68.

198. Cependant, si cette mention a été omise dans la copie,
mais qu'elle soit sur l'original, l'exploit est valable. Paris,
30 mars 1813.

Il en est de même, à plus forte raison, de l'assignation dont
la copie porte cette énonciation : *et n'ayant trouvé au domicile
de.... ni aucun voisin qui ait voulu se charger, etc.*, au lieu de
n'ayant trouvé personne. L'omission de ce mot ne peut être une
cause de nullité, surtout s'il se retrouve sur l'original. Montpellier, 21 mai 1813.

199. Au surplus, l'huissier n'est pas obligé d'indiquer le
nom du voisin auquel il se serait adressé, et qui aurait refusé
de recevoir la copie. L'art. 68 ne lui impose pas cette obligation, et c'est avec raison, car l'huissier n'a pas de moyen de
forcer le voisin à dire son nom. Cas. 26 janv. 1816 (S. 16, 198).

Art. 2. — *Cas où la signification n'a lieu ni à personne ni à domicile.*

200. La signification n'a lieu ni à personne ni à domicile :

1° Si le défendeur est un incapable ou une personne publique, l'ajournement est donné à son représentant.

2° S'il n'a ni domicile ni résidence connu en France, l'assignation est remise au parquet du procureur du roi. — V.
inf. n° 224.

201. L'art. 69 C. pr. ne parle pas des incapables, et n'indique
que neuf cas exceptionnels au principe que toute signification doit
être faite à personne ou à domicile; on peut en compter quinze :
ils concernent :

1° *Les absens, accusés et condamnés par contumace.* Dans ce
cas, les demandes doivent être dirigées contre l'administrateur
nommé par justice pendant le temps de la contumace ou de la
présomption d'absence (C. civ. 112); et dans les autres cas,
contre les envoyés en possession provisoire ou définitive, et
signifiées au domicile de ces derniers. C. civ. 120, 140, 129;
C. inst. crim. 471.

202. 2° *Les morts civilement.* Ils sont assignés en la personne et au domicile du curateur spécial qui leur est nommé par le tribunal devant lequel la demande est portée. C. civ. 25, et non par la famille, parce que le mort civilement est considéré comme n'en ayant plus.

203. 3° *Le mineur non émancipé, l'interdit, les condamnés aux travaux forcés à temps, à la détention ou à la réclusion, pendant le temps de leur peine.* L'assignation est donnée en la personne et au domicile de leurs tuteurs. C. civ. 450, 509; C. pén. 29.

L'inobservation de la règle posée dans ce numéro et les deux précédens, est une cause de *nullité* de l'ajournement.

204. 4° *Le mineur émancipé et les personnes pourvues d'un conseil judiciaire.* Ils sont assignés en leur nom ; mais en même temps le demandeur doit également assigner leur curateur ou leur conseil judiciaire, à l'effet de les assister. C. civ. 482, 513.

Toutefois, il n'est pas nécessaire que cette dernière assignation soit signifiée simultanément à la première ; celle-ci n'en serait pas moins valable, quoique faite auparavant; seulement il ne pourrait y être donné suite avant que les curateur ou conseil judiciaire fussent en cause.

Dans tous les cas qui viennent d'être énoncés, si les incapables n'ont pas de tuteur, de curateur ou de conseil judiciaire, le demandeur doit provoquer leur nomination, afin de pouvoir exercer son action. C. civ. 112, 405, 406, 509.

205. 5° *La femme mariée.* Dans les matières à raison desquelles le mari peut seul former une demande, c'est lui qui doit être assigné. —V. *Femme mariée.*

Dans toutes les autres la demande est dirigée contre la femme; mais en même temps il faut assigner le mari, à l'effet par lui de l'assister et autoriser : l'omission de cette formalité entraînerait la nullité de la procédure. C. civ. 215, 225; Cas. 7 oct. 1811 (S. 12, 10).

206. 6° *Le Roi.* Il doit être assigné en la personne de l'administrateur de la dotation de la couronne, ou en celle de l'administrateur du domaine privé, selon que la demande dirigée contre lui est relative à l'une ou à l'autre de ces espèces de biens. L. 2 mars 1832.

L'assignation signifiée contre le Roi, en son nom, et laissée au suisse de ses châteaux, serait nulle. Arg. C. pr. 69 et 70.

207. 7° *L'Etat.* Lorsqu'il s'agit de domaines et droits domaniaux relatifs aux matières qui ne sont pas réservées à la justice administrative, l'ajournement doit être, à peine de nullité (C. pr. 69), donné en la personne et au *domicile* du préfet du département où siége le tribunal qui doit connaître de la demande.

Mais avant de former la demande, il faut présenter un mémoire qui est adressé au sous-préfet, pour qu'il donne son avis, et que le conseil de préfecture prenne une décision. Les sous-préfets et préfets doivent statuer sur ce mémoire dans le mois de la remise qui en aura été faite par le demandeur, avec les pièces justificatives, et dont récépissé doit lui être délivré. Le mois passé sans qu'il ait été pris une décision, le demandeur peut faire signifier l'ajournement. L. 5 nov. 1790, art. 15.

208. 8° *Les communes*. Avant de former contre elles une demande, il faut que le demandeur obtienne la permission par écrit du conseil de préfecture, à peine de nullité de toutes les procédures qui pourraient être faites au préjudice du jugement rendu en conséquence (L. du 9 fév. 1801, 17 vend. an 10, art. 1er). Toutefois, cette autorisation préalable n'est nécessaire que lorsque la demande a pour objet la reconnaissance d'une créance proprement dite, soit hypothécaire soit chirographaire, et non lorsqu'il s'agit de la réclamation d'un droit de propriété (Av. Cons.-d'Et. du 28 juin 1806).—V. *Communes*.

209. Pour ces sortes de demandes, l'ajournement doit être signifié en la personne et au domicile *du maire*; ce fonctionnaire étant le seul contre lequel la demande puisse être formée, il en résulte que l'ajournement serait nul si la copie en était laissée à l'adjoint. C. pr. 70; Cas. 10 juin 1812, 22 nov. 1813, 10 fév. 1817, 17 juil. 1828, 12 mai 1830 (S. 13, 36—14, 104 —17, 391—28, 365—30, 219). *Contrà*.—Poitiers, 13 fév. 1827 (S. 28, 49).

210. A Paris, les assignations de cette espèce doivent être signifiées au préfet, à peine de nullité (C. pr. 69, n° 5). Paris est considéré, au moins quant aux actions judiciaires, comme ne formant qu'une seule commune.

211. Dans le cas des deux numéros précédens, nous ne pensons pas néanmoins que le défaut de mention, dans l'ajournement, des autorisations prescrites par les deux lois relatées ci-dessus, en entraînât la nullité (Arg. C. pr. 1030), si d'ailleurs elles avaient été obtenues; toutefois, le préfet et le maire pourraient ne pas répondre à la demande, et il ne saurait y être statué qu'après que le demandeur aurait justifié avoir rempli cette formalité, qui est d'ordre public.

212. 9° *Le trésor public*. L'assignation doit être donnée en la personne et au bureau de l'agent judiciaire, autrement elle serait nulle. C. pr. 69 et 70, n° 2.

213. 10° *Les administrations et établissemens publics*. Ils sont assignés, à peine de nullité, en leurs bureaux, dans le lieu où est le siége de l'administration; dans les autres lieux, en la personne et *au bureau* de leurs préposés (Art. 69 et 70, n° 3).

Les administrations publiques, telles que la régie des douanes, de l'enregistrement, des contributions directes ou indirectes, sont réputées avoir leur domicile dans tous les bureaux de leurs préposés. — V. *Etablissemens publics.*

214. Les exceptions indiquées dans les cinq numéros qui précèdent, sont fondées sur des motifs d'ordre public.

Plusieurs règles leur sont communes.

D'abord, l'original de l'ajournement est visé par celui auquel la copie en est laissée; en cas d'absence ou de refus, le visa doit être donné, soit par le juge de paix, soit par le procureur du roi près le tribunal de première instance, ou, s'il est empêché, par son substitut. (L. 27 vent. an 8; 20 avr. 1810; Décr. 18 août 1810, art. 20 et 21; Besançon, 18 fév. 1828, (S. 28, 231). La copie est alors laissée au fonctionnaire qui donne le visa (69, n° 5); le tout *à peine de nullité.* C. pr. 70.

Si donc le maire ne veut ou ne peut viser l'original, l'adjoint ne peut, à son défaut, donner le visa (— V. *sup.* n° 209). Le secrétaire-général de la préfecture est également incompétent pour viser l'ajournement signifié au préfet. Pau, 25 janv. 1827 (S. 28, 92).

En tout cas, le refus fait par des personnes publiques de viser les significations qui leur sont faites, les expose à être condamnées, sur les conclusions du ministère public, à une amende qui ne peut être moindre de cinq francs. C. pr. 1039.

215. *En second lieu*, il n'est pas nécessaire que l'ajournement contienne les noms du fonctionnaire auquel il est signifié; il suffit qu'il soit désigné par sa qualité.

216. *Enfin*, l'exploit doit indiquer le domicile du fonctionnaire, c'est-à-dire le lieu où sont situés ses bureaux, et non celui de sa demeure particulière.

217. 11° *Les sociétés commerciales.* Les assignations ne peuvent leur être données qu'en leurs maisons sociales, et s'il n'y en a pas, au nom et au domicile de l'un des associés, et ce, à peine de nullité (Art. 69, n°s 6 et 70). L'exploit doit alors contenir l'énonciation de la raison sociale.

218. Il a été jugé que lorsqu'on assigne une société commerciale ou un établissement public, une entreprise de messageries, par exemple, il n'est pas nécessaire de mentionner les noms des sociétaires (Cas. 21 nov. 1808). Cette décision nous paraît ne pouvoir pas s'appliquer aux sociétés en nom collectif, et à celles en commandite, le demandeur ne pouvant ignorer les noms des personnes qui représentent la société. Arg. C. com. 22, 23 et 24.

219. L'assignation doit être notifiée à l'un des associés et en la maison sociale. Cependant, si la demande à l'occasion de laquelle une assignation est donnée, est incidente à une autre instance dans laquelle les membres d'une société figureraient individuellement, l'assignation serait valablement faite au domicile de chacun des associés. Cas. 27 fév. 1815 (S. 15, 188).

220. Ce qui est dit ici pour les sociétés commerciales n'a point d'application aux sociétés civiles. L'article 69 6° C. pr. ne crée d'exceptions, en règle générale, que pour les premières, et la nature des secondes répugne en outre aux dispositions de cet article. Ainsi, tous les membres de ces sociétés doivent être mis en cause, autrement ils plaideraient par procureur, ce qui ne peut avoir lieu. — V. *sup.* n° 31.

221. 12° *Les unions et directions de créanciers.* Elles sont assignées, *à peine de nullité*, en la personne et au domicile de l'un des syndics et directeurs. C. pr. 69, 70.

222. Dans ce cas et dans celui du n° 217, il n'est pas besoin de délivrer un nombre de copies de l'ajournement égal à celui des associés ou des syndics et directeurs ; ce serait multiplier les frais sans aucune espèce d'utilité.

De même, lorsqu'une demande est formée contre des époux *non séparés de biens*, il suffit d'une seule copie laissée au mari. Cas. 1er avr. 1812 et 10 avr. 1818 (S. 12, 318—18, 356).

223. Les dispositions exceptionnelles, relatives aux sociétés commerciales et aux unions de créanciers, sont fondées sur ce que la loi les considère comme des individualités, auxquelles elle accorde une existence morale.

224. 13° *Les parties assignées, dont le domicile et la résidence sont inconnus.* Elles sont assignées au parquet du procureur du Roi. Il faut alors, à peine de nullité (C. pr. 70), faire deux copies, dont l'une est affichée à la principale porte du tribunal où la demande est portée, et l'autre est remise au procureur du Roi, qui vise l'original. C. pr. 69, 8°. — V. *sup.* n° 214 et *inf. Formules.*

Toutefois, n'est pas considérée comme sans domicile ni résidence connus, la partie qui a indiqué un domicile dans les actes de la procédure antérieure ; peu importe qu'elle ne se trouve pas à ce domicile, et que les voisins déclarent qu'elle n'y demeure plus et qu'ils ignorent le lieu de sa résidence : on doit, dans cette circonstance, se conformer aux règles prescrites pour le cas d'absence du défendeur de son domicile. Amiens, 21 fév. 1828 (S. 29, 349). — V. *sup.* n° 197.

Si l'on veut faire assigner une personne que l'on croit avoir eu son domicile dans une ville autre que celle où siège le tribunal auquel la demande doit être portée, et que l'huissier ne puisse découvrir son domicile, elle doit être assignée par un huissier de l'arrondissement du tribunal saisi de l'affaire, au parquet du procureur du roi près ce siége : le premier huissier n'a pas qualité pour donner l'assignation ; seulement il serait bon qu'il dressât un procès-verbal de perquisition, à l'effet de constater l'intention du demandeur de faire signifier l'assignation au domicile réel du défendeur.

225. 14° *Ceux qui habitent le territoire français, hors du continent, et ceux qui sont établis chez l'étranger.* L'ajournement est donné également, à peine de nullité (C. pr. 60), au domicile du procureur du roi près le tribunal où doit être portée la demande, lequel vise l'original et envoie la copie au ministre de la marine pour les premiers, et pour les seconds à celui des affaires étrangères (C. pr. 69, 9°). C'est le seul moyen praticable pour qu'on puisse avoir la certitude que l'exploit parviendra à celui auquel il est destiné.

Le défaut d'envoi de la copie par le procureur du roi, soit au ministre de la marine, soit à celui des affaires étrangères, n'entraîne pas la nullité de l'ajournement ; ce fait est entièrement étranger au demandeur, et ne peut conséquemment lui préjudicier. Cas. 11 mars 1817.

226. Faut-il, pour les ambassadeurs et ministres étrangers, se conformer à l'art. 69, et signifier au parquet du procureur du roi, ou bien peut-on les assigner en leurs hôtels comme les régnicoles ? Pigeau enseigne que l'ajournement doit être signifié au parquet du procureur du roi, parce que l'hôtel des ambassadeurs étant censé faire partie du territoire de l'Etat qu'ils représentent, on ne peut y signifier aucun ajournement. —Nous avons peine à admettre cette opinion. La fiction qui fait considérer l'hôtel des ambassadeurs comme une fraction d'un territoire étranger, nous paraît être purement politique. Pigeau ne donne aucun développement au principe qu'il pose : s'il était juste, il faudrait dire que les Français qui peuvent être employés chez un ambassadeur doivent également être assignés au parquet, et même en tirer la conséquence extrême, mais logique, qu'il faudrait aussi accorder les délais, à raison de la distance entre le lieu où siégerait le tribunal, et l'Etat représenté par l'ambassadeur. Ainsi, l'ambassadeur ou ses employés, assignés devant la porte de l'hôtel, devraient comparaître à huit jours ; assignés au parquet, ils auraient un délai de deux, quatre, ou six mois, et même d'un an (—V. *sup.* n° 112). Cela nous paraît impossible. La fiction doit cesser devant la réalité. La disposition de l'article 69 est fondée sur un fait matériel, l'impossibilité pour l'huissier de se transporter hors de France pour signifier un ajournement. Lorsque cette impossibilité n'existe plus, l'article devient inapplicable.

227. Quant à l'étranger, il y a des cas où il peut ne pas être assigné au parquet du procureur du roi.

Par exemple, 1° si l'ajournement a été donné au lieu indiqué par lui comme sa résidence, dans des actes non contestés. (Cas. 27 juin 1809, S. 9, 413.) Il n'est pas alors sans domicile ni résidence connus.

2° S'il a été assigné au lieu de sa dernière résidence en France, encore qu'il n'eût pas été autorisé par le gouvernement à y établir son domicile. Cas. 20 av. 1811 (S. 11, 362).

3° S'il l'a été au domicile de son mandataire spécial, en France (Rennes, 13 mars 1818), pourvu toutefois que ce mandataire ait pouvoir de répondre à l'action ; autrement l'ajournement devrait être signifié au parquet du procureur du roi. Carré, art. 69.

228. Mais si une personne établie à l'étranger avait conservé son domicile en France, l'ajournement y serait valablement signifié par un huissier habitant le ressort du tribunal de ce domicile. La disposition de l'art. 69 a pour objet d'assurer aux habitans des îles la remise de la copie des exploits qui les intéressent, et n'exclut pas la signification au domicile réel, qui est un moyen encore plus infaillible de parvenir au but voulu par la loi. Florence, 30 juin 1810. — V. *Exploit.*

229. 15° *Les personnes qui ont un domicile élu.* Lorsqu'il y a élection spéciale de domicile dans un acte, pour son exécution le défendeur peut être assigné à ce domicile. L'exploit n'en doit pas moins contenir ses noms et demeure ; mais l'exploit n'est pas remis à son véritable domicile. C'est la seule exception aux règles générales. — V. *Domicile.*

230. Est valable l'assignation donnée au domicile élu, encore bien que précédemment le demandeur ait fait assigner le défendeur à son domicile réel. Paris, 3 mars 1810.

231. Mais l'élection de domicile n'empêche pas de donner valablement l'assignation au domicile réel (Cas. 23 vent. an 10), à moins toutefois qu'elle n'ait été stipulée dans l'intérêt du défendeur.

232. L'ajournement est encore valablement signifié au *domicile litigieux* du défendeur. Ce domicile peut être différent du domicile réel. C'est une qualification résultant non pas d'une déclaration positive, mais de la notoriété publique et d'actes judiciaires émanés du défendeur et non désavoués par lui. Le demandeur peut établir la preuve de ce domicile, en s'aidant d'actes qui lui sont étrangers ; par exemple, de jugemens rendus entre le défendeur et d'autres personnes (Cas. 28 déc. 1815, S. 16, 199). Toutefois, il faut avoir soin, autant que possible, de signifier l'ajournement au véritable domicile.

Section IV. — *Effets de l'Ajournement.*

233. L'ajournement a plusieurs effets : les uns sont une conséquence naturelle de l'acte; les autres résultent d'une disposition du droit civil.

234. La première classe comprend : 1° l'obligation des parties de comparaître, l'une pour présenter sa demande, l'autre pour y répondre, sous les peines du défaut. — V. *Défaut.*

Le défendeur n'est pas dispensé de se présenter sous le prétexte de l'incompétence du tribunal devant lequel il a été assigné; il faut qu'il vienne pour demander son renvoi : c'est au juge qu'il appartient de prononcer sur sa compétence. L. 5. D. *de Judiciis*; Boncenne, t. 2, p. 244. — V. *Compétence.*

235. 2° La suspension des poursuites du demandeur jusqu'à l'expiration du délai fixé pour la comparution; en outre, les deux parties restent en instance jusqu'au jugement définitif, ou jusqu'au désistement du demandeur, ou l'acquiescement du défendeur. Cas. 2 vend. an 7; Merlin, *Rép.*, v° *Compte*, § 2.

Mais le défendeur peut constituer avoué dans le délai, par conséquent avant l'expiration du délai de l'assignation, et poursuivre aussitôt l'audience. Arg. C. pr. 75, 154; Berriat, p. 208, note 48.

236. 3° L'attribution de la cause au tribunal devant lequel elle est portée, et l'obligation pour le juge de statuer, C. civ. 4, à peine d'être poursuivi comme coupable de déni de justice. C. pén. 185. — V. *Déni de justice.*

237. 4° La fixation de la valeur de la demande principale, laquelle sert à déterminer si les juges doivent statuer en premier ou en dernier ressort. — V. *Degrés de juridiction.*

238. 5° Enfin la preuve (jusqu'à inscription de faux) de l'exactitude des énonciations faites par l'huissier dans l'exploit; par exemple, de celles relatives à la date ou à la remise et à l'exécution de l'acte. Ainsi, il y a présomption légale que le défendeur a reçu la copie; cette présomption ne peut être détruite que par une procédure de faux. — V. *Faux.*

239. Les effets de l'ajournement, d'après le droit civil, sont, 1° l'interruption de la prescription, même lorsqu'il est donné devant un juge incompétent. C. civ. 2246.

L'interruption est réputée non-avenue, s'il y a nullité de forme, désistement, péremption, ou rejet de la demande. C. civ. 2247.

La nullité de l'ajournement, à l'égard d'un débiteur solidaire, ne profite pas au débiteur assigné valablement, lors même que les deux assignations auraient été données par le même exploit. Toulouse, 25 juil. 1829 (S. 30, 167).

240. L'ajournement proroge-t-il l'action temporaire pendant les trois ans de la *péremption?* — *V.* ce mot.

241. 2° La fixation de l'époque à compter de laquelle les intérêts commencent à courir au profit du demandeur. C. civ. 1153, 1155, 1207, 1479, 1682, 1904.

242. Faut-il y avoir conclu? L'affirmative résulte des termes de l'art. 1153 C. civ. : Les intérêts ne courent que *du jour de la demande*, ce qui ne peut évidemment s'entendre que du jour où le créancier a conclu aux intérêts; car le législateur ne dit pas du jour de la demande du *principal;* et comme il ne parle que des intérêts, ce n'est qu'aux intérêts que l'on peut rapporter ces expressions. Arg. 1207 C. civ.; Merlin, *Rép.,* v° *Intérêt*, § 4, n. 16; Berriat, p. 209, note 53.

Mais peu importerait que l'ajournement indiquât un juge incompétent. Paris, 27 juin 1816. — Ou que le capital fût saisi-arrêté. Cas. 17 nov. 1807. — Il en est autrement dans le cas de péremption de l'ajournement. — V. *Péremption.*

243. 3° De la constitution en mauvaise foi du possesseur de l'objet revendiqué : il ne peut plus faire les fruits siens. Arg. C. civ. 549, 550. — V. *Fruits.*

244. Souvent la loi accorde des prérogatives à la partie la plus *diligente.* — *V.* ce mot.

Section V. — *Omission des formalités prescrites, nullités qui en résultent.*

245. Les formalités prescrites pour la confection de tous les exploits en général, et de l'ajournement en particulier, ont un double but : d'abord, de faire connaître au défendeur tout ce qu'il a intérêt à savoir; en second lieu, en cas de défaut de sa part de mettre le tribunal saisi de la demande à même de vérifier si elle est régulière.

246. La *nullité* est la sanction de la loi pour inexécution des formalités. — V. *Nullité.*

247. Les termes du Code ne sont pas sacramentels : souvent ils peuvent être suppléés par des équivalens; mais la prudence exige une scrupuleuse observation du prescrit de la loi.

Pour l'application de ces principes, — V. *sup.* sect. II et III.

248. On distingue deux espèces de nullités : 1° les nullités d'exploits ou d'actes de procédure proprement dites, et les nullités du fond.

249. 1° *Nullités de procédure proprement dites.* Introduites dans l'intérêt privé des plaideurs, elles ne sont point absolues, et doivent être demandées pour être prononcées. Elles ne peuvent l'être d'ailleurs qu'en vertu d'une disposition spéciale et formelle de la loi. C. pr. 1030. — Cependant, en cas de défaut

du défendeur, et si la nullité consiste dans l'omission d'une
mention de laquelle puisse dépendre la preuve que celui-ci a eu
réellement connaissance de l'ajournement, cet acte peut être
annulé d'office par le tribunal saisi de l'affaire. Cas. 2 déc. 1824
(S. 25, 229), 26 déc. 1823 (S. 24, 185).

2° *Nullités du fond.* Ce sont celles qui ne consistent pas dans
un simple moyen de forme, et sont, au contraire, fondées par
un moyen de droit ou sur une considération d'ordre public.
Ainsi est nulle l'assignation donnée devant un tribunal incompétent *ratione materiæ.* — Ou sans que le demandeur ait tenté
le préliminaire de conciliation, dans les cas où il doit avoir
lieu (Pigeau, Berriat; Toulouse, 8 juil. 1820 (S. 25, 95).
Contrà.—Agen, 19 fév. 1824 (S. 25, 93); —ou bien encore
par une personne non revêtue du caractère d'huissier, ou par
un huissier, mais hors du ressort du tribunal auquel il est attaché. Cas. 17 juil. 1811 (S. 12, 29). —V. *Exception.*

Ces nullités sont substantielles et absolues; et, à la différence
des premières, elles peuvent être prononcées, encore bien que
dans aucun article du Code de procédure elles ne soient mentionnées. L'art. 1030 est exclusivement applicable aux nullités
d'exploit et actes de procédure.

250. Les vices de forme peuvent exister sur l'original et sur
la copie.

251. *Copie.* Elle tient lieu d'original au défendeur (—V. *sup.*
n. 8). Conséquemment, si elle n'est pas régulière, l'ajournement est nul, quelle que soit d'ailleurs l'exactitude de l'original. Cas. 8 fév. 1809 (S. 9, 160); Riom, 8 janv. 1824; Merlin, *Quest. Dr.*, v° *Assignation.*

252. La simple erreur de transcription sur la copie n'est pas
une cause de nullité, lorsque surtout, par les circonstances, ou
par le contexte de l'acte dans ses autres parties, le défendeur
a pu la reconnaître facilement et la rectifier. Montpellier, 24
juil. 1816; Orléans, 8 juil. 1812; Nîmes, 29 déc. 1810; Paris,
24 août 1810. *Contrà.* —Cas. 21 flor. an 10, 5 juil. 1808 (S.
9, 160); Bruxelles, 30 av. 1807.

253. Le défaut d'énonciation, dans la copie, de la signification des pièces à l'appui de la demande est sans conséquence.
Les pièces signifiées sont en effet annexées à la copie de l'assignation, et comblent la lacune qui existe dans le corps de ce
dernier acte. Il en est autrement pour l'original. Arg. Cas. 18
mai 1808.

254. *Original.* S'il était inexact, et que la copie fût régulière, le défendeur ne pourrait demander la nullité de l'ajournement; car il aurait été bien et dûment averti de la demande
contre lui formée. Carré, t. 1, p. 166.

255. L'irrégularité commise dans l'original seulement est donc particulièrement dangereuse pour le demandeur, dans le cas où le défendeur fait défaut.

256. Enfin, si des énonciations différentes se rencontrent sur l'original et sur la copie, bien que chacun soit régulier en la forme, les tribunaux ne peuvent faire prévaloir les énonciations de l'original sur celles de la copie, sans donner lieu à cassation. Cas. 7 vend. an 7 (S. 1, 947).

257. Mais il n'y aurait pas nullité, si l'original et la copie portaient des dates différentes, et que cependant, soit qu'on s'attachât à l'un ou à l'autre, il fût constant que la demande eût été formée en temps utile, et que le demandeur n'eût pris aucun avantage avant l'expiration des délais calculés, à partir de la date la plus récente. Caen., 8 avr. 1813.

258. Les nullités peuvent être considérées sous un autre aspect : par rapport au demandeur, ou par rapport au défendeur.

259. *Par rapport au demandeur.* Le principe général est qu'il ne peut réparer la nullité par un acte postérieur; l'ajournement doit se suffire à lui-même. Tout acte rectificatif ne serait qu'un ajournement vicieux, et deux actes nuls ne peuvent faire la base d'une procédure quelconque (Rennes, 1er avr. 1809; Carré, t. 1, p. 166, note 70). Il faut donc faire signifier un nouvel ajournement, qui ne peut être rattaché à celui précédemment donné, et ne produit d'effet que du jour de sa date.

260. La nullité du premier ajournement entraîne pour le demandeur plusieurs conséquences : 1° la nécessité de supporter, dans tous les cas, et sans répétition possible contre le défendeur, les frais de l'acte nul; 2° la perte des intérêts qui auraient dû courir, soit depuis le jour du premier ajournement, s'il eût été régulier (C. civ. 1153), soit depuis la citation en conciliation devant le juge de paix (C. pr. 57), à moins qu'il ne se fût point encore écoulé un mois depuis ce dernier acte, auquel cas le demandeur pourrait réitérer l'assignation, sans éprouver aucune perte d'intérêts (C. pr. 57.—V. *Intérêts; Citation en conciliation*); 3° et enfin l'anéantissement de l'action dans certaines circonstances : si, par exemple, pendant l'espace de temps qui aurait existé entre le premier et le second ajournement, une prescription s'était accomplie au profit du défendeur. En effet, l'exploit d'ajournement, nul en la forme, n'a pas pu interrompre la prescription, excepté toutefois le cas où il n'y a irrégularité que par rapport à la compétence du tribunal indiqué comme devant connaître de l'affaire. Arg. C. civ. 2246, 2247.

261. *Par rapport au défendeur.* La nullité de l'exploit lui est acquise, s'il la requiert avant de répondre au fond de la de-

mande; mais, s'il consent à plaider devant le tribunal, sans l'opposer préalablement, il détruit alors, par son fait, la présomption légale établie en sa faveur, qu'il n'a pas eu une connaissance suffisante de l'action dirigée contre lui. La nullité est couverte. C. pr. 173. — V. *Nullités, Exceptions.*

262. *Responsabilité.* L'huissier est responsable des nullités qui *proviennent de son fait,* et il peut être condamné aux frais de l'exploit et de la procédure annulés, sans préjudice des dommages-intérêts de la partie, suivant les circonstances. (C. pr. 71). Si la nullité n'est pas de son fait, mais bien de celui du demandeur, qui, par exemple, aurait indiqué un faux domicile, l'huissier ne peut être inquiété.

L'effet de cette responsabilité est poursuivi contre l'huissier, soit par son client (C. pr. 71), soit par le défendeur lui-même, s'il a éprouvé un dommage quelconque par suite de cette nullité (C. civ. 1382). Celui-ci peut également actionner le demandeur, d'après la règle *factum procuratoris, factum partis.* Carré, art. 71; Berriat, p. 81, note 58.

263. Enfin, encore bien que l'art. 71 dise que l'huissier qui a commis une nullité *pourra* être condamné, etc., il ne faut pas en conclure qu'il soit laissé à la prudence du juge de prononcer ou de ne pas prononcer une condamnation. Le fait de la nullité par la faute de l'huissier, une fois établi, la condamnation est nécessaire, à moins que la nullité ne préjudicie pas à la partie. Cela résulte de l'art. 1031 C. pr., qui met à la charge des officiers ministériels les frais des actes et procédures nuls par leur fait, les rend en outre passibles des dommages-intérêts envers la partie, et laisse même aux juges la faculté de les suspendre de leurs fonctions. Poitiers, 28 fév. 1825 (S. 26, 334); 18 juin 1830 (S. 30, 217); Carré, *ibid.*—V. *Exploit, Huissier, Nullité.*

Section VI. — *Enregistrement.*

264. *L'enregistrement* de l'exploit doit être fait au bureau de la résidence de l'huissier, ou à celui du lieu où l'acte a été signifié (L. du 22 frim. an 7, art. 26), et dans les quatre jours de la date de l'acte (*Même loi,* art. 20). Ce délai ne comprend ni le jour de la date, ni le dernier jour du délai, s'il se trouve être un dimanche ou un jour férié, art. 25.

265. Le droit d'enregistrement, qui, d'après l'art. 68, § 1, 30°, était de un franc, est maintenant de deux francs. L. 28 avr. 1816, *sur les finances.*

266. Il est dû plusieurs droits s'il y a plusieurs demandeurs ou défendeurs ayant des intérêts distincts.—V. *Pluralité des droits.*

267. Le droit est acquitté par l'huissier (art. 29), sauf son recours contre la partie. Art. 30.

260. La peine contre l'huissier est, pour un exploit non présenté à l'enregistrement dans le délai, d'une somme de cinq francs (L. 16 juin 1824), indépendamment d'une somme équivalente au montant du droit de l'acte non enregistré.

L'exploit est déclaré nul, et l'huissier responsable de cette nullité envers la partie. *Ib.*, art. 34.

SECTION VII. — *Formules.*

FORMULE I.

Modèle d'ajournement ordinaire.

(C. civ. 61. — Tarif, 27. — Coût, 2 fr., orig.; 50 c. chaque copie.)

L'an mil huit cent trente-trois et le premier août, à la requête du sieur Pierre Benoît, employé (1), demeurant à Paris, rue Saint-Denis, n° 350, pour lequel domicile est élu (2) en l'étude de M° François, avoué près le tribunal civil de première instance de la Seine, sise à Paris, rue Saint-Fiacre, n° 2, lequel occupera pour le requérant sur l'assignation ci-après :

J'ai, Claude-Michel, huissier près le tribunal civil de première instance du département de la Seine, séant à Paris, y demeurant, rue Montmartre, n° 15, patenté pour la présente année, le 3 avril dernier, n° 151, 3° classe,

Soussigné, signifié, et avec celle des présentes, laissé copie (3) au sieur Gabriel Montchenu, rentier, demeurant à Paris, rue du Faubourg-Saint-Honoré, n° 310, en son domicile (4), où étant et parlant à (5) une femme à son service ainsi déclarée :

_____

(1) Si le demandeur est marchand ou négociant, et qu'il agisse à raison de son commerce, outre sa profession on énonce ici sa patente. — Patenté à   le de tel mois, n°   , telle classe.

Si le demandeur n'agit pas en son nom personnel, mais seulement comme représentant un incapable, par exemple, un mineur, on ajoute : ledit sieur   agissant au nom et en qualité de tuteur de (*Noms et prénoms du pupille*). — V. sup. n° 25.

(2) Lorsque l'élection de domicile n'est pas faite chez l'avoué, on l'indique, et la constitution est reportée à la fin de l'exploit après la disposition relative aux dépens. — Déclarant audit sieur   que M°   avoué près le tribunal, etc., occupera pour, etc.

(3) Cette formule est la plus usitée, et a l'avantage que dans l'original on ne peut manquer d'insérer et d'apercevoir la mention de la signification des pièces ; mais elle peut être remplacée ainsi :

Soussigné, donné assignation au sieur   à comparaître, etc., pour

Faute par les parties de s'être conciliées, ainsi qu'il résulte du procès-verbal dressé par, etc., dont il est, en tête de celle des présentes, donné copie ;

Et attendu que, suivant acte passé, etc., duquel acte il est également, en tête de celle des présentes, donné copie.

(4) Si la signification est faite dans un lieu distant de la demeure de l'huissier de plus d'un demi-myriamètre, l'huissier le mentionne ainsi : en son domicile distant de ma demeure de   et où je me suis exprès transporté.

(5) Dans le cas où la copie est laissée à un voisin (V. *sup.* n° 181), l'acte est rédigé ainsi : « En son domicile, auquel je n'ai trouvé ni le défendeur ni aucun de ses parens et domestiques ; pour quoi je me suis adressé au sieur   , demeurant dans ladite maison (ou autre lieu), en qualité de voisin, fut chargé de la copie, promettant de la remettre au défendeur, et a signé le présent original. »

Dans le cas de signification au maire (V. *sup.* n° 190).

En son domicile où étant et n'ayant trouvé ni le défendeur ni aucun de ses parens et domestiques, non plus qu'aucun voisin qui voulût se charger de la copie, je me suis transporté auprès de M. le maire de *tel* arrondissement, de *telle* commune, demeurant à   , (ou à l'hôtel de la mairie), et lui ai laissé copie du présent, qu'il a visé sur ma demande.

Si le défendeur n'a pas de domicile ni résidence connus (V. *sup.* n° 224).

En son domicile, où étant et parlant à   , lequel m'a déclaré que le sieur

1º De l'expédition d'un procès-verbal de non-conciliation, dressé par M. le juge du paix du premier arrondissement de Paris, le douze juillet dernier, enregistré (6);

2º De l'expédition en forme exécutoire, dûment signée et scellée, d'un acte passé devant Me Denis, qui en a gardé minute, et son collègue, notaires à Paris, en date du vingt-six janvier mil huit cent vingt, enregistré;

A ce que du contenu auxdits actes, le susnommé n'ignore, et à pareille requête, demeure, élection de domicile et constitution d'avoué que dessus, j'ai, huissier susdit et soussigné, donné assignation audit sieur Montchenu, domicile étant et parlant comme dit est, à comparaître d'hui à huitaine franche, délai de la loi, à l'audience et par-devant MM. les président et juges du tribunal civil de première instance du département de la Seine, séant au Palais-de-Justice à Paris, première chambre, neuf heures et demie du matin, pour

Faute par les parties de s'être conciliées, ainsi qu'il résulte du procès-verbal dressé par M. le juge de paix du premier arrondissement de Paris, le douze juillet dernier, enregistré, et,

Attendu que, par acte passé devant Me Denis, qui en a gardé minute, et son collègue, notaires à Paris, le vingt-six janvier mil huit cent vingt, enregistré, ledit sieur Montchenu s'est reconnu débiteur envers le requérant d'une somme de quinze mille francs, productive d'intérêts à cinq pour cent l'an, et stipulée payable le vingt-six janvier de la présente année;

Attendu que cette somme n'a point été remboursée à son échéance;

Que même depuis quatre ans ledit sieur Montchenu n'a fait aucun paiement d'intérêts;

Attendu qu'aux termes de l'article 1154 du Code civil, les intérêts peuvent être capitalisés lorsqu'ils sont dus pour une année entière:

S'entendre, ledit sieur Montchenu, condamner à payer au demandeur la somme de dix-huit mille francs composée, 1º de celle de quinze mille francs, montant en principal de l'obligation susénoncée; 2º de celle de trois mille francs pour lesdites quatre années d'intérêts, aux intérêts du tout suivant la loi, et aux dépens.

A ce que pareillement ledit sieur Montchenu n'en ignore, je lui ai, domicile étant et parlant comme dessus, laissé copie tant desdites pièces que du présent. Le coût est de   (7).

FORMULE II.

Modèle d'ajournement à bref délai.

Nota. En tête de l'ajournement, il faut donner copie de la requête au pied de laquelle se trouve l'ordonnance d'assigner à bref délai. — V. *Requête*.

La formule de l'ajournement, dans ce cas, est la même que celle donnée plus haut, sauf les modifications suivantes:

Soussigné, donné copie au sieur

---

n'habite plus dans cette maison depuis long-temps, et qu'il ignore le lieu où il demeure; et les informations prises par moi dans le quartier (ou la commune) ayant été infructueuses, de suite j'ai affiché une copie du présent à la principale porte de l'auditoire du tribunal de, etc.; et en ai laissé une seconde, semblable à la première, à M. le procureur du roi près ledit tribunal, en son parquet, sis au Palais-de-Justice, parlant à   et requérant visa, à moi octroyé.

Pour la signification à faire à une personne demeurant hors de France: (V. *sup.* nº 225.)

Au sieur   demeurant à   au domicile de M. le procureur du roi près le tribunal, etc., étant en son parquet; parlant à   et requérant *visa*, à moi octroyé.

(6) Si le défendeur n'a pas comparu sur la citation devant le juge de paix, il faut mettre: de la mention de défaut mise par le greffier de la justice du   arrondissement (ou canton) le   tel mois, telle année, en marge de la citation en conciliation, donnée au sieur   par exploit de   huissier à en date du   enregistré.

(7) V. *sup.* nº 137.

1° D'une requête présentée à M. le président du tribunal civil de
le .

2° De l'ordonnance par lui mise sur ladite requête   enregistrée,
portant permission au requérant d'assigner ledit sieur   à   jours
(ou tel jour),

A ce que le susnommé n'en ignore, et en vertu de ladite ordonnance et à
pareille requête, demeure, etc., (comme à la formule n° 1),

A comparaître d'hui à   jours (ou le   tel jour, le tout dans les
termes de l'ordonnance), à l'audience et par-devant, etc.

Pour procéder sur et aux fins de ladite requête;

En conséquence s'entendre condamner à

Nota. On pourrait reproduire aussi les moyens de la demande, mais ce n'est
pas nécessaire.

— V. *Action*, *Appel*, *Assignation*, *Citation*, *Exploit*.

ALIMENS. Ce mot comprend tout ce qui est nécessaire à la
vie, savoir : la nourriture, le logement, le vêtement.

1. Les alimens sont dus par suite des dispositions de l'homme
ou de la loi.

L'obligation des alimens est *indivisible,* en ce sens que si
plusieurs de ceux qui en sont tenus ne peuvent y satisfaire, elle
retombe entièrement sur les autres.

Mais si les père et mère, par exemple, se contentent d'actionner un seul de leurs enfans solvables, celui-ci ne doit être
condamné qu'à payer la portion dont il peut être tenu, sauf
aux demandeurs à se pourvoir contre les autres enfans, à moins
que leur mise en cause ne soit ordonnée. Paris, 30 frim. an 14;
Riom, 28 juin 1812; Metz, 5 juil. 1823 (S. 24, 11); Lyon,
3 janv. 1832 (S. 32, 12); Duranton, n° 424; Vazeille,
n° 493.

2. *Par la disposition de l'homme.* Ces alimens sont ceux contenus dans les donations ou testamens; ils sont insaisissables
de leur nature, sans qu'il soit besoin de les déclarer tels par
l'acte constitutif : la qualification d'*alimentaire* suffit pour leur
donner ce privilége. C. civ. 1128, 1293; C. pr. 581, 1004.

3. Cependant ils peuvent être saisis en vertu d'une permission du juge, et pour une portion, déterminée par les créanciers
postérieurs à l'ouverture de la donation ou du legs. Toutefois,
si les tribunaux ont ordonné que la saisie serait continuée
d'année en année, tous les droits du saisi doivent être réservés
pour le cas où les revenus du fonds deviendraient insuffisans
pour satisfaire à la fois aux droits des créanciers et aux alimens
du débiteur (Cas. 15 fév. 1825). Ils sont, dans tous les cas,
saisissables pour cause d'alimens. C. pr. 582.

4. *Par la disposition de la loi.* Dans les circonstances où
elle accorde des alimens, elle laisse aux tribunaux la faculté de
déterminer le montant de la pension alimentaire, d'après les

besoins de celui qui la réclame, et les moyens de celui qui est obligé de la fournir.

5. Néanmoins elle fixe elle-même la quotité des alimens que doit fournir le créancier à son débiteur incarcéré. — V. *Contrainte par corps.*

6. Les demandes d'alimens, à cause de l'urgence, sont dispensées du préliminaire de conciliation (C. pr. 49), et instruites sommairement. C. pr. 404. — V. *Conciliation, Saisie, Sommaire.*

ALLIANCE, ALLIÉ. C'est le lien qui unit l'un des époux aux parens de l'autre époux. On appelle *alliés* ceux entre lesquels existe cette union.

1. Ainsi, tous les parens du mari sont les alliés de la femme, et tous les parens de la femme sont alliés du mari; réciproquement on a pour alliés les maris de ses parentes, et les femmes de ses parens. Pothier, *Mariage*, n° 1501.

2. Pour qu'il y ait alliance entre deux personnes, il faut en général qu'il existe ou qu'il ait existé un mariage entre l'une d'elles et un parent de l'autre. Toutefois, il y a alliance, soit entre le fils naturel du mari et la femme de ce dernier, soit entre la sœur naturelle de la femme et le mari de celle-ci. Dans le premier cas, il y a une affinité naturelle, qui a sa source dans le mariage existant ou précédemment contracté entre le père et la femme du père de l'enfant naturel; dans le second cas, il y a également une affinité naturelle, qui a sa source dans le mariage existant ou précédemment contracté entre le mari et la sœur de la fille naturelle du père de l'une ou de l'autre. Merlin, *Rép.*, v° *Affinité.*

Mais il n'y a point d'affinité entre les parens du mari et ceux de la femme : *affinis affinem non generat.* Un frère n'est pas l'allié de la belle-sœur de son frère, ni un père l'allié de la femme dont son fils aura épousé la fille. Cas. 5 prair. an 13.

3. L'alliance continue-t-elle après la mort de l'époux qui l'a produite ? Oui, lorsqu'il existe des enfans issus du mariage dont résulte l'alliance. Delvincourt, t. 1, p. 27-52. — Mais il en est autrement s'il n'y a point eu, ou s'il n'existe plus d'enfans du mariage (L. 3, § 1, *de Postul.*). On doit s'arrêter aux affinités présentes, sans égard à celles qui ne sont plus. AFFINITATES NON EAS *accipere debemus quæ quondam* FUERUNT, SED PRÆSENTES. Arg. C. civ. 206; Carré.

4. Cependant, quelques-uns des effets de l'alliance survivent à sa dissolution : par exemple, les empêchemens au mariage, le droit de faire partie d'un conseil de famille.

5. L'alliance produit, à certains égards, les mêmes effets

que la parenté. Ainsi, elle engendre, 1° les prohibitions de mariage. C. civ. 161 et suiv.

2° Les causes de récusation contre les juges et experts. — V. *Récusation*.

3° De reproches contre les témoins.—V. *Enquête, Reproche.*

4° De renvoi devant un autre tribunal. — V. *Renvoi*.

5° Des prohibitions d'instrumenter, prononcées contre certains officiers publics. Ainsi, l'huissier ne peut notifier d'*ajournement* pour ses alliés et ceux de sa femme en ligne directe à l'infini, et ses alliés collatéraux jusqu'au degré de cousin issu de germain inclusivement, à peine de nullité. C. pr. 66. — V. *Ajournement, Exploit, Huissier.*

La prohibition est moins étendue en matière de *citation*. C. pr. 4. — *V.* ce mot.

De même, le notaire ne peut recevoir d'acte intéressants es proches parens ou alliés. — V. *Notaire.*

ALLOCATION. Se dit de l'approbation que l'on donne aux articles d'un compte. — *Allouer*, en matière de taxe, est synonyme de passer en taxe (—V. *Taxe*).—*Allocation* se dit encore du rang où sont placés les divers créanciers privilégiés, hypothécaires ou chirographaires, dans un ordre ou dans une contribution; mais alors on se sert plutôt du mot *collocation.*

AMBASSADEUR.—V. *Ajournement* n° 226, *Etranger*.

AMENDE. Peine pécuniaire infligée par le juge, pour infraction à la loi.

1. Il existe diverses espèces d'amendes en matière civile. Les unes sont prononcées contre les officiers ministériels, pour contravention aux obligations qui leur sont imposées; par exemple, pour défaut ou tenue inexacte de répertoire, dans les cas déterminés par la loi; omission des formalités exigées pour la rédaction et la remise des exploits.—V. *Avoué, Greffier, Huissier, Notaire, Ajournement, Assignation, Copie de pièces, Exploit, Enregistrement, Timbre.*

2. Les autres sont infligées à la partie qui ne comparaît pas au bureau de conciliation, ou qui succombe dans certaines procédures.—V. *Appel, Cassation, Conciliation, Faux, Prise à partie, Récusation, Requête civile, Tierce opposition, Vérification d'écritures.*

3. Les amendes ne peuvent être appliquées qu'en vertu d'un texte précis; on ne saurait les exiger par induction. Déc. min. fin. 9 nov. 1814.

4. Mais toutes les fois que le Code en prononce, il faut l'exécuter à la rigueur. Cette peine n'est jamais comminatoire.

5. Les tribunaux ne peuvent accorder ni remise ni modéra-

tion des amendes, ni en suspendre le recouvrement. L. 22 frim. an 7, art. 59; Cas. 3 flor., 19 pluv. an 2, 11 nov. 1812.

6. Ce n'est pas le cas d'examiner l'intention des contrevenans, ou de recourir à des motifs d'équité. Cas. 11 nov. 1812.

7. Les tribunaux civils sont seuls compétens pour connaître des amendes qui n'ont aucun caractère de pénalité.

8. Ils ont le droit de prononcer la contrainte par corps, comme moyen d'exécution de leurs jugemens. L. 30 mars 1793.

Excepté dans le cas d'amendes infligées à des officiers ministériels, pour contravention à la loi du 22 frim. an 7. Cette loi n'autorise dans aucune circonstance cette voie rigoureuse.

9. En général, les amendes ne peuvent être recouvrées contre les héritiers de celui qui les a encourues, lorsqu'il n'y a pas été condamné pendant sa vie. Cons. d'Et. 9 fév. 1810.

10. Les amendes prononcées par les tribunaux civils se prescrivent par trente ans.

11. Celles qui ne sont pas encore prononcées, mais seulement encourues, se prescrivent par l'espace de temps déterminé pour la poursuite de la contravention qui les motive.

12. La prescription est suspendue par des demandes signifiées et enregistrées avant l'expiration du délai; mais elle est irrévocablement acquise si les poursuites commencées sont interrompues pendant une année, sans qu'il y ait d'instance devant les juges compétens, quand même le premier délai pour la prescription serait expiré. L. 22 frim. an 7, art. 61.

AMIABLE COMPOSITEUR ou **ARBITRATEUR.** Arbitre dispensé par les parties de se conformer aux règles du droit. — V. *Arbitrage.*

AMOVIBILITÉ. — V. *Organisation judiciaire.*

AN. — V. *Date, Délai, Terme.*

ANCIENNETÉ. — Priorité de réception dans un corps, une compagnie.

1. L'ancienneté procure la qualification honorable de *doyen.* Elle attribue aussi certains avantages aux avoués, dans quelques procédures. — V. *Chambre des avoués, Communication de pièces, Compte, Contribution, Ordre, Saisie-arrêt, Scellés.*

2. L'ancienneté se détermine par l'époque de la prestation de serment. C'est en effet le serment qui confère la qualité d'officier ministériel. Il en résulte que, dans le cas où un officier ministériel passe d'une résidence à une autre, il ne conserve pas, à l'égard de ses nouveaux confrères, le droit d'ancienneté qui lui était acquis par sa première admission.

ANNONCE. — V. *Affiche, Avis imprimé.*

ANTICIPATION. — V. *Action possessoire.*

APPARTENANCES ET DEPENDANCES. — V. *Saisies, Ventes.*

APPEL. Recours à un tribunal supérieur , pour faire réformer le jugement d'un tribunal inférieur.

DIVISION.

Section XI. — *Tribunal auquel appartient l'exécution du jugement, ou de l'arrêt d'appel.*

Section XII. — *Appel incident.*

Section XIII. — *Enregistrement.*

Section XIV. — *Formules.*

Section I. — *Origine de l'appel; ses différentes espèces.*

1. *Historique.* Dans l'ancien droit romain les jugemens n'étaient point sujets à appel.

Le préteur avait établi deux moyens de revenir contre la sentence *inique* du juge : 1° il accordait la *restitutio in integrum* au mineur et même au majeur, s'il n'avait pas été défendu (*L.* 4, *D. de in integr. restit. L.* 1, *quib. ex caus. maj. rest.*); 2° si le jugement était expressément contraire à la loi, ou s'il contenait quelqu'erreur de calcul, il était réputé non-avenu. (*L.* 19, *D. de appell. l.* 1, *et tot tit. quæ sentent. sin appell.*); l'action pouvait être de nouveau intentée; si l'une des parties opposait devant le préteur l'exception de la chose jugée, l'autre pouvait demander la *réplique de dol. L.* 49, § *ult. de re jud. LL.* 9 *et* 25 *de dol. mal.*

2. Les empereurs permirent d'appeler du juge au magistrat qui l'avait nommé (*L.* 1, *pr. quis à quo appell.*), et du magistrat inférieur au magistrat supérieur (*L.* 17, *C. de appell.*), ou même au prince. *L.* 13, *cod. tit.*

Le préfet du prétoire était le seul magistrat qui jugeât en dernier ressort. *L.* 12, *C. appell.*

3. On pouvait appeler non-seulement des jugemens, mais encore de la nomination à la tutelle et autres charges publiques. *L.* 1, *D. de vac et exc. mun.*

4. L'appel était valablement formé de vive voix, pourvu que ce fût à l'audience même et aussitôt après le jugement rendu. S'il avait lieu postérieurement, il devait être rédigé par écrit. *L.* 5, *de appell.*

Il n'était pas permis d'appeler deux fois dans la même cause. *L.* 1. *C. ne liceat in un. ead. caus.*

5. En France, et sous la première race, on appelait au Roi des jugemens rendus par le comte ou par ceux qu'il avait institués à cet effet.

6. Charlemagne, pour rendre la voie de l'appel plus facile, créa des fonctionnaires qui, sous le titre *d'envoyés royaux*, visitaient les provinces de France, et tenaient quatre fois l'an des séances appelées *assises*, dans lesquelles ils révisaient les juge-

mens rendus par les comtes et seigneurs. Boncenne, t. 1, p.
409 et suiv.

7. Sous Charles-le-Chauve, les seigneurs cessèrent de reconnaître la juridiction des envoyés royaux, et leurs sentences
devinrent souveraines; la partie condamnée s'adressait vainement à l'autorité royale pour les faire réformer.

8. Plus tard l'appel fut remplacé par le combat judiciaire,
que saint Louis abolit dans ses domaines. Il ordonna que le
plaideur qui se croirait mal jugé se pourvoirait par appel devant un tribunal supérieur.

9. C'est à cette époque que le parlement commença à devenir
cour de justice, et à s'occuper des appels des jugemens rendus
par les tribunaux inférieurs.

Un seul parlement suffit pour l'expédition des affaires jusqu'à Philippe-le-Bel qui en créa plusieurs. Ord. 23 mars 1302,
art. 62; Boncenne, t. 1, p. 111.

10. L'ordonnance de 1667 sur la procédure civile fixa à 20
années, à compter de la signification du jugement, le délai
d'appel pour les établissemens publics, et à 10 années pour les
particuliers.

Ce dernier délai ne courait pas contre les mineurs.

On pouvait interjeter appel par un simple acte de procureur
à procureur, par lequel la partie qui se plaignait de la sentence
se bornait à déclarer qu'elle en était appelante. Elle devait relever son appel en donnant assignation à son adversaire à comparaître devant le juge supérieur qui devait en connaître.

11. L'Assemblée constituante, par le décret du 1er mai 1790,
a établi en matière civile deux degrés de juridiction, sauf les
exceptions qui pourraient être déterminées. Cette règle a été
consacrée par le Code de procédure.—V. Degrés de juridiction.

12. Différentes espèces d'appel. L'appel est ou principal ou
incident. Principal, il est interjeté le premier par l'une des
parties. Incident, il est dirigé contre le même jugement par
l'autre partie, pendant l'instruction de l'appel principal.

On nomme appelant celui qui demande la réformation du
jugement; intimé, celui contre qui cette réformation est demandée.

Les parties sont en même temps appelantes et intimées, lorsqu'elles demandent respectivement la réformation et la confirmation de certains chefs du jugement attaqué.

13. L'appel est un moyen de remédier à l'injustice d'une
première décision.

Il rentre dans la classe des voies ordinaires contre les jugemens.—V. ce mot, et inf. n° 30.

14. Il est dévolutif et en général suspensif.—V. inf. sect. VI.

Section II. — *Jugemens et ordonnances dont on peut appeler.*

§ 1. — *Jugemens contradictoires.*

15. On peut appeler des jugemens en premier ressort qui n'ont pas acquis force de chose jugée. — V. *Acquiescement, Chose jugée, Degrés de juridiction.*

16. Avant le Code de procédure, le premier et le dernier ressort étaient déterminés par la qualification que le juge donnait à sa sentence; les jugemens mal à propos qualifiés en dernier ressort ne pouvaient être déférés au tribunal supérieur, et ceux mal à propos qualifiés en premier ressort pouvaient être attaqués par la voie de l'appel. L. 11 sept. 1790, art. 2; 22 frim. an 8, art. 65; Cas. 11 brum. an 9 (S. 1, 435); 15 therm. an 10 (S. 2, 337); 15 juil. 1806 (S. 7, 528).

17. Depuis le Code, l'appel est ou n'est pas recevable, selon la nature de la contestation. On n'a point égard à la qualification donnée au jugement par le tribunal. La compétence des tribunaux est d'ordre public: il n'appartient pas au juge d'étendre ou de restreindre les pouvoirs que la loi lui a confiés. C. pr. 453; Cas. 1er et 9 juil. 1812 (S. 12, 551—13, 47).

18. Dans les affaires où les tribunaux statuent en dernier ressort, la disposition du jugement relative à la contrainte par corps est sujette à l'appel. L. 17 avr. 1832, art. 2.

19. Il en est de même de la disposition relative à la compétence. C. pr. 454. — V. *Degrés de juridiction.*

Peu importe de quel tribunal le jugement soit émané; la généralité des termes de l'art. 454 ne permet aucune distinction. Cas. 22 avr. 1811 (S. 11, 162); Cas. 22 juin 1812.

On doit considérer comme statuant sur la compétence la décision par laquelle un juge de paix, après une enquête et des conclusions respectivement prises, renvoie les parties devant le tribunal de première instance pour se faire juger au fond. Il n'y a pas, dans ce cas, déni de justice, mais jugement qui remplit le premier degré de juridiction. Cas. 27 août 1801.

20. Mais on ne saurait appeler d'un jugement sur l'incompétence ou la nullité duquel le tribunal supérieur a déjà statué. Dans ce cas, le second degré de juridiction ayant été épuisé par la sentence rendue, il ne peut en intervenir une seconde. Paris, 14 juil. 1809.

21. L'appel est également non-recevable contre une adjudication préparatoire qui ne statue sur aucune contestation. Ce n'est pas à proprement parler un jugement, mais bien un procès-verbal qui doit être attaqué par voie d'action principale,

et réformé, s'il y a lieu, par le tribunal de première instance. C. pr. 443, 714; Toulouse, 7 déc. 1824 (S. 25, 410); Cas. 22 déc. 1828 (S. 29, 67). *Contra*, —Bourges, 18 juin 1824 (S. 25, 55). — V. *Vente.*

22. On peut appeler de toute espèce de jugemens rendus en premier ressort, quelle que soit d'ailleurs la condamnation ; ne portât-elle que sur les dépens. Cas. 8 août 1808 (S. 8, 505).

23. Mais il faut nécessairement que le dispositif du jugement soit attaqué. On est non-recevable à se pourvoir contre les motifs qui ont déterminé le juge. Cas. 7 mars 1828 (S. 28, 264).

24. Peut-on appeler d'un jugement entaché de nullité ? Il faut distinguer : — Si la nullité affecte un des caractères essentiels au jugement, il n'y a pas lieu à appel, mais à une action en nullité qui doit être portée devant le tribunal de première instance.—Si, au contraire la nullité vicie seulement une des conditions accessoires de la sentence, mais cependant la laisse subsister comme telle, il y a lieu à appel, parce que, dans ce cas, il existe un jugement qui a rempli et épuisé le premier degré de juridiction : circonstance qui ne se rencontre pas dans la première espèce. Paris, 27 août 1816 (S. 17, 171); Berriat, p. 406, note 11.

25. Peu importe, dans ce dernier cas, la valeur de l'objet litigieux. Berriat, p. 406, note 11, n° 2; Carré, art. 443.

26. L'appel des jugemens contradictoires, non exécutoires *par provision*, n'est pas recevable lorsqu'il a été formé dans la huitaine de leur date ; il est rejeté, sauf à l'appelant à le réitérer, s'il est encore dans les délais.

L'exécution de ces jugemens est suspendue pendant ce délai de huitaine. C. pr. 449, 450.

Le législateur a voulu que les parties eussent le temps d'apprécier la décision qui les condamnait, avant de pouvoir la déférer au tribunal supérieur.

27. Le délai de huitaine doit être franc ; on n'y comprend ni le jour du jugement, ni celui de l'échéance. C. pr. 157, 449, 1033; Caen, 6 mai 1825 (S. 26, 207).

28. Toutefois, la défense d'appeler d'un jugement dans la huitaine de sa date, ne s'applique pas au cas où le jugement a été exécuté, malgré la prohibition de la loi; la défense d'interjeter appel avant le délai déterminé par la loi n'a eu lieu qu'à la condition que le jugement ne serait pas exécuté; si cette condition disparaît, elle entraîne avec elle la prohibition de la loi. —D'ailleurs, la partie qui a exécuté son jugement, nonobstant la défense du législateur, est non-recevable à critiquer un acte qui peut être le résultat de l'erreur dans laquelle sa conduite a entraîné son adversaire. C. pr. 449, 450 ; Cas. 19 avr. 1826 (S. 27, 192).

29. La nullité résultant de ce que l'appel a été interjeté dans la huitaine du jugement, non exécutoire par provision, ne constitue pas une nullité d'ordre public : elle peut être couverte par la défense au fond de l'intimé. C. pr. 449; Bordeaux, 21 déc. 1832. — V. *Exception.*

§ 2. — *Jugemens par défaut.*

30. La voie de l'opposition et celle de l'appel ne peuvent exister simultanément : celle-ci n'est ouverte que lorsqu'il n'est plus possible d'obtenir la réformation du jugement par la première (C. pr. 443, 455; Berriat, p. 406, 407). On ne peut donc appeler d'un jugement par défaut, tant que les délais d'opposition ne sont pas écoulés, ou tant qu'il n'a pas été statué sur l'opposition formée. Metz, 30 avr. 1813. — V. *Opposition.*

31. Peu importe qu'il s'agisse d'un jugement exécutoire par provision. L'art. 455 ne fait aucune distinction. On invoquerait vainement dans l'opinion contraire l'art. 449, comme permettant, dans la huitaine, l'appel de toute espèce de jugement exécutoire par provision; il ne s'applique, en effet, qu'aux jugemens contradictoires, ainsi que cela résulte de la disposition du même article, qui n'autorise l'appel du jugement non exécutoire par provision qu'après le délai de huitaine; ce qui ne concerne évidemment que cette sorte de jugemens. Il n'existe, d'ailleurs, aucun motif pour que la loi déroge, dans cette circonstance, au principe que l'appel n'est recevable qu'autant que l'opposition a cessé de l'être, puisque l'on peut obtenir par cette dernière voie le même résultat que par la première. C. pr. 449, 450, 455; Metz, 30 janv. 1811 et 26 mai 1820; Cas. 17 juin 1817 (S. 18. 319). *Contrà,*—Paris, 27 juin 1810 (S. 15, 11); Berriat, p. 412, note 29.

32. L'appel interjeté huit jours après l'opposition est recevable, si cette opposition n'a pas été réitérée par une requête. Dans ce cas, en effet, l'opposition est nulle. C. pr. 162; Paris, 11 nov. 1813. — V. *Opposition.*

33. Les règles qui viennent d'être données s'appliquent-elles aux jugemens par défaut en matière commerciale ? La négative résulte des termes de l'art. 645 C. com., portant : *L'appel pourra être interjeté le jour même du jugement.* Cette disposition n'est pas restreinte aux jugemens contradictoires; l'art. 645 ne distingue pas. On conçoit, d'ailleurs, qu'en matière commerciale, la loi ait voulu épargner aux parties les frais et les longueurs de l'opposition, et leur ait permis de se pourvoir immédiatement par appel. Liége, 20 juil. 1809; Besançon, 14 déc. 1809; Paris, 7 janv.

1812 (S. 12, 148); Cas. 24 juin 1816 (S. 16, 409), 24 déc. 1817 (S. 18, 14), 12 janv. 1830 (S. 30, 213); Metz, 8 déc. 1819; Rennes, 22 mai 1820; Bordeaux, 14 fév. 1817 (S. 17, 272), 5 juin 1829 (S. 29, 260); Poitiers, 24 mai 1832 (S. 32, 362); Berriat, p. 411; Carré, art. 443, 455. *Contrà*. — Colmar, 31 déc. 1808 (S. 14, 387); Paris, 18 mai 1809 (S. 14, 388); Limoges, 15 nov. 1810 (S. 14, 388); 20 juil. 1824; Pardessus, t. 5, p. 86.

34. Peut-on appeler d'un jugement par défaut, sans appeler en même temps du jugement qui a statué sur l'opposition formée à l'exécution du premier? La solution de cette question dépend de la nature du jugement intervenu sur l'opposition. Si ce jugement déclare l'opposition non-recevable, comme n'ayant pas été formée en temps utile, ou nulle, comme contenant un vice de forme, on peut se dispenser d'appeler du second jugement qui ne décide rien au fond, et ne fait qu'ordonner l'exécution du premier. Mais, si l'opposition est déclarée recevable et mal fondée, il est nécessaire d'attaquer ces deux jugemens; car tous deux portent condamnation au fond; et si l'un seulement était infirmé, l'autre n'en subsisterait pas moins; ce qui produirait une contrariété de jugemens, qui ne se rencontre pas dans la première espèce. Cas. 25 juin 1811 (S. 11, 241); Bourges, 3 août 1811. *Contrà*. — Metz, 6 mai 1822.

35. Sous la loi du 26 oct. 1790, on ne pouvait appeler des jugemens rendus par défaut par les juges de paix. Mais les art. 16 et 443 C. pr. ont anéanti cette disposition restrictive. Aujourd'hui les jugemens de cette nature sont susceptibles d'appel comme ceux émanés des tribunaux de première instance. Cas. 8 août 1815 et 7 nov. 1820 (S. 21, 82). Même dans le cas où ils ont été précédés d'un jugement préparatoire contradictoirement rendu. Cas. 9 vent. an 9 et 13 therm. an 11 (S. 4, 2, 41).

36. Les jugemens de défaut-congé sont-ils susceptibles d'appel? Le doute naît de ce que les art. 443 et 455 C. pr. ne font aucune distinction. Il peut d'ailleurs arriver qu'un jugement de défaut-congé cause au demandeur un préjudice irréparable, par exemple, si son action a été prescrite dans l'intervalle de la demande à ce jugement, et il semblerait contraire à l'équité qu'il n'eût aucun moyen de le faire réformer. Mais on répond qu'on ne peut appeler que d'un jugement qui forme le premier degré de juridiction, et ce premier degré n'a pas été épuisé dans le cas dont il s'agit, puisque le jugement de défaut-congé n'est pas un obstacle au renouvellement de la demande devant le même tribunal. Il ne peut donc priver son adversaire d'un droit qu'il possède, et porter de prime-abord

la contestation devant les juges qui doivent en connaître en dernier ressort. Il arrive, du reste, très-rarement que le jugement de défaut-congé entraîne la perte du fond du droit; et, dans ce cas tout spécial, la partie lésée ne fait d'ailleurs que supporter la peine de sa négligence. C. civ. 2247; C. pr. 149, 154; Turin, 23 août 1809; Bruxelles, 26 avr. 1810 (S. 14, 44); Cas. 25 janv. 1832 (S. 32, 53). *Contrà*,—Nîmes, 14 nov. 826 (S. 26, 229).

§ 5. — *Ordonnances.*

37. Dans l'ancienne législation, on pouvait appeler des ordonnances de référé, lors même qu'elles avaient pour objet l'exécution d'un jugement rendu en dernier ressort. Paris, 15 niv. an 13.

38. Depuis le Code, au contraire, l'appel n'est recevable qu'autant que la demande à l'occasion de laquelle l'ordonnance est intervenue a pour objet une chose d'une valeur supérieure à 1,000 fr. C. pr. 809; Turin, 19 août, et 16 oct. 1807; Poitiers, 16 fév. 1817; Cas. 12 avr. 1820; Berriat, p. 343, note 11.

39. Pour qu'il y ait lieu à l'appel est-il nécessaire qu'un jugement ait statué sur le mérite de l'ordonnance de référé? Le doute naît de ce que le mot jugement se trouve répété deux fois dans l'art. 809. Mais il est évident que ce mot s'est glissé par erreur dans la rédaction de l'art. 809, il est donc impossible d'en argumenter pour introduire une procédure qu'aucune disposition de loi n'autorise. En outre, les référés ont été institués pour la plus prompte expédition des affaires, et ce but serait manqué si l'on était forcé de déférer une ordonnance de référé au tribunal de première instance avant d'en interjeter appel. Turin, 19 août 1809.

40. On ne peut appeler que des ordonnances de référé, c'est-à-dire de celles qui ont le caractère de jugement. Les ordonnances rendues sur requête doivent être attaquées par la voie de l'opposition. Ainsi est non-recevable l'appel d'une ordonnance rendue par un juge commis pour le débat d'un compte, qui décerne exécutoire pour l'excédant de la recette sur la dépense. Turin, 5 juin 1812. *Contrà*.—Bruxelles, 4 janv. 1813.

41. Il en est de même d'une ordonnance du président du tribunal de commerce, portant permission de saisir les meubles d'un débiteur. C. pr. 417; Bruxelles, 17 mars 1812.

42. Ces principes s'appliquent aux jugemens obtenus sur requête non communiquée; une décision rendue sur la demande d'une seule partie, et sans contradiction possible, ne remplit pas le premier degré de juridiction; la partie qui veut la faire réformer doit donc y former opposition, afin de mettre le tribunal duquel elle est émanée à portée de se rétracter, s'il y a lieu, et c'est seulement du jugement qui intervient sur cette opposition qu'il peut y avoir appel. Colmar, 15 avr. 1807. (S. 7, 785). *Contrà.* — Bruxelles, 4 janv. 1813.

Section III. — *Personnes qui peuvent appeler.*

43. Le droit d'appeler d'un jugement n'appartient qu'à ceux qui y ont été parties ou qui sont représentans, ou ayant-cause de l'une des parties. C. pr. 466; Berriat, p. 413, 414; Merlin, *Quest. Dr.*, v° *Appel*, § 2; Proudhon, *Usufruit*, t. 3, p. 332; Carré, art. 466.

Toutes autres personnes n'ont que la voie de la *tierce-opposition*, ou de l'*intervention.* — *V.* ces mots.

§ 1. — *Parties.*

44. Les parties qui ont figuré en première instance, soit en leur nom personnel, soit par des représentans, peuvent appeler du jugement qui repousse tout, ou partie de leurs prétentions.

45. L'interdit a le droit d'appeler du jugement qui prononce son interdiction (C. pr. 894). Les faits qui ont motivé l'interdiction peuvent n'avoir pas été bien appréciés par les premiers juges.

46. Les codébiteurs solidaires étant censés s'être réciproquement donné mandat de se représenter, le jugement rendu contre l'un d'eux est applicable aux autres, et conséquemment tous ont le droit d'en appeler, quoiqu'ils n'aient pas été personnellement en cause.

Peu importe même que les délais de l'appel soient écoulés, si l'un des co-intéressés s'est pourvu en temps utile. — *V. inf.* n° 132.

47. Ces règles s'appliquent, 1° aux associés en nom collectif: ils sont débiteurs solidaires des dettes de la société. C. com. 22; Proudhon, t. 3, p. 298.

48. 2° A la caution qui s'est obligée solidairement avec le débiteur principal, ou qui a renoncé au bénéfice de discussion. C. civ. 2021; Proudhon, t. 3, p. 301.

49. Mais lorsque la caution n'est pas solidaire, les jugemens obtenus contre elle sont étrangers au débiteur principal, qui ne peut en conséquence en appeler. C. civ. 2029, 2031; Proudhon, t. 3, p. 301.

50. Il en est de même à l'égard des associés civils ou commanditaires; dans ce cas, il n'y a pas de solidarité, et par conséquent pas de mandat réciproque. Les condamnations qui interviennent sont donc étrangères aux associés qui n'ont pas figuré dans l'instance, et ne sauraient leur être opposées. C. civ. 1862; *ib.*, t. 3, p. 299.

51. Un propriétaire par indivis peut-il appeler d'un jugement qui condamne son co-propriétaire à souffrir l'exercice d'une servitude qui grève le fonds commun ? Pour la négative, on dit qu'un propriétaire par indivis n'est ni le représentant, ni l'ayant-cause de son copropriétaire. Mais on répond qu'en matière indivisible, les co-intéressés sont liés par une communauté d'intérêts qui les rend mandataires les uns des autres. Le propriétaire qui, en première instance, a seul défendu à l'action intentée contre lui, à l'occasion de la chose commune, a agi tant en son nom personnel, qu'en celui de son copropriétaire ; il est donc inexact de dire que celui-ci n'a pas été représenté dans cette instance ; d'ailleurs, la propriété d'une chose ou d'un droit indivisible qui, comme dans l'espèce, n'est pas susceptible d'une jouissance partielle, ne peut exister vis-à-vis d'un individu, et ne pas exister vis-à-vis d'un autre. Dès-lors celui, qui n'a pas nommément figuré en première instance, ne pourrait, par la tierce-opposition, obtenir un second jugement contraire au premier, puisque l'exécution simultanée de ces deux jugemens serait impossible ; or, si la voie de la tierce-opposition lui est refusée, il doit nécessairement avoir celle de l'appel pour faire réformer un jugement qui lui est applicable. — V. *inf.* n° 133.

52. L'héritier qui vient recueillir une succession en possession de laquelle se trouvait un autre héritier, ou qui était gérée, comme vacante, par un curateur nommé à cet effet, peut appeler des jugemens obtenus contre ceux-ci. Les tiers ne doivent pas éprouver de préjudice de ce que le véritable héritier ne s'est présenté que tardivement ; ils sont en conséquence recevables à lui opposer les jugemens qu'ils ont obtenus contre celui qui était en possession de la succession : d'où il suit que celui-ci a le droit d'appeler de ces mêmes jugemens. C. civ. 790, 1240 ; Proudhon, t. 3, p. 394, 395.

53. Ceux qui ont été représentés en première instance, parce qu'ils étaient incapables d'agir : par exemple, le mineur, l'interdit, la femme mariée, l'absent, peuvent attaquer en leur nom personnel les jugemens rendus contre eux, lorsque les motifs qui les rendaient incapables ont cessé. *Ib.*, t. 3, p. 313. — V. *Absent, Femme mariée, Interdit, Mineur.*

§ 2. — *Représentans.*

54. On entend par *représentans* tous ceux qui sont revêtus d'un mandat, soit légal, soit conventionnel, pour agir en justice au nom des individus dont les intérêts leur sont confiés.

55. Les représentans sont recevables à appeler des jugemens qui ont repoussé les prétentions de ceux qu'ils représentent, lors même qu'ils n'ont pas figuré eux-mêmes en première instance.

56. Toutefois, ce droit est, dans certaines circonstances, et pour certains représentans, subordonné à la nécessité de l'autorisation. —V. *Commune, Etablissemens publics.*

57. Ainsi peuvent appeler, 1° le tuteur, dans l'intérêt du pupille. Mais s'il s'agit d'une contestation relative à des droits immobiliers, l'autorisation du conseil de famille est nécessaire. C. civ. 450, 464.

58. 2° Le père tuteur, au défaut du tuteur *ad hoc*, quoique ses intérêts soient contraires à ceux de ses enfans. Paris, 31 août 1810 (S. 17, 397).

59. Le subrogé-tuteur peut-il appeler du jugement rendu contre le mineur, lorsque les intérêts de celui-ci ne sont pas contraires à ceux du tuteur? En faveur de l'appel, on soutient que l'art. 444 C. pr. exigeant que le jugement rendu contre le mineur soit signifié, tant au tuteur, qu'au subrogé-tuteur, on doit en conclure que le législateur a voulu donner au mineur une double garantie que l'appel serait interjeté dans les délais de la loi. Mais on répond que le tuteur est le seul représentant du mineur; que lui seul a le droit d'agir en justice au nom de celui-ci. Les fonctions du subrogé-tuteur sont limitées à la surveillance des actes du tuteur; la loi ne lui donne le droit d'agir au nom du mineur que dans un seul cas, celui où les intérêts de ce dernier sont contraires à ceux de son tuteur. Ce cas excepté, il ne peut donc former aucune demande. Dans l'espèce dont il s'agit, son droit se borne à prendre, auprès du tuteur, et du conseil de famille, toutes les mesures nécessaires pour que l'appel soit interjeté, s'il y a lieu : mais il ne saurait le former lui-même. C. civ. 420; C. pr. 444; Limoges, 30 avr. 1810; Favard, v° *Appel*, sect. 1, § 2, n° 15; Carré, art. 444; *Contrà.* — Montpellier, 19 janv. 1832 (S. 33, 38).

60. 3° Le mari, sans le concours de sa femme, s'il s'agit d'une action mobilière ou possessoire appartenant à celle-ci. —V. *Action possessoire*, n° 129.

61. 4° Les syndics définitifs d'une faillite, dans l'intérêt de la masse des créanciers; l'autorisation des juges-commissaires ne leur est même pas nécessaire. C. com. 494; Paris, 23 avr. 1812; Cas. 18 juin 1823.

62. Le failli peut-il, après que le syndic s'est désisté de son appel, au nom des créanciers, et nonobstant ce désistement, poursuivre l'instance d'appel en son nom personnel ? Le doute naît de ce que, les syndics représentant la masse des créanciers et le failli, leurs actes sont opposables à celui-ci aussi bien qu'à la masse, et par conséquent le désistement dont il s'agit semble rendre le failli non-recevable à poursuivre l'instance d'appel :

d'ailleurs le failli est privé de l'administration de ses biens; il ne peut figurer dans une instance que par l'entremise des syndics ; ce mode de représentation n'étant plus possible après le désistement donné par ceux-ci, l'appel est donc non-recevable. (C. com. 442 , 494,) Mais il faut remarquer que les syndics représentent à la fois deux personnes différentes, le failli et la masse des créanciers ; d'où il résulte que les actes qu'ils déclarent faire au nom de l'un de ces deux intérêts, ne sauraient préjudicier à l'autre : dès-lors le désistement donné au nom des créanciers laisse subsister l'appel par rapport au failli. Si le failli est déchu de l'administration de ses biens, il a cependant un intérêt dans les contestations où figurent les syndics : il est vrai que ces syndics sont ordinairement ses représentans obligés; mais à défaut de ceux-ci il a le droit de défendre lui-même ses intérêts. Cas. 19 avr. 1826 (S. 27 , 198).

63. 5° Les envoyés en possession provisoire des biens de l'absent. C. civ. 125 , 134. — V. ce mot , n° 61.

64. 6° Le maire , s'il est autorisé.—V. Commune.

65. 7° Le préfet , s'il s'agit d'un jugement rendu à l'occasion d'une rente due à l'État , encore bien qu'il n'ait pas été partie dans le jugement. Cas. 22 flor. an 10.

66. 8° Enfin, le ministère public, en matière civile , peut appeler des jugemens qui intéressent l'ordre public.

Spécialement, 1° d'un jugement qui a déclaré valable un mariage dont il a demandé la nullité. Bruxelles, 10 août 1808 (S. 8 , 273).

2° Des décisions rendues en matière de discipline, dans certains cas.—V. Discipline.

67. L'avoué qui a occupé en première instance ne peut appeler au nom de sa partie.—V. Avoué.

§ 5. — Ayans-cause.

68. On appelle ayans-cause ceux qui représentent des tiers , comme tenant d'eux leur droit , et qui , dans leur intérêt personnel , exercent les actions qui appartiennent à ces tiers. C. civ. 820 , 1166, 1446 , 1464 , 2090, 2225, 778.

69. Les ayans-cause ont le droit d'appeler des jugemens rendus contre ceux qu'ils représentent, à moins qu'il ne s'agisse de droits exclusivement attachés à la personne du représenté. C. civ. 1166.

70. Ainsi, le créancier peut demander la réformation de la sentence rendue contre son débiteur. C. civ. 1166; Bordeaux, 7 déc. 1829 (S. 30, 65); Cas. 7 fév. 1832 (S. 32 , 689) ; Lyon , 21 déc. 1832 (S. 32 , 398).

71. L'acquéreur , celle du jugement rendu contre son ven-

deur, sur une contestation antérieure à la vente. C. pr. 185;
Proudhon, t. 3, p. 316.

72. Mais il en est autrement si la contestation est postérieure
à la vente. Dans ce cas, le quasi-contrat judiciaire n'étant pas
formé lors de la vente le vendeur n'a pu défendre régulièrement à une demande relative à un droit de propriété qui ne
lui appartenait plus. Le jugement intervenu sur cette demande
ne saurait donc être opposé au véritable propriétaire, qui, par
conséquent, est non-recevable à en interjeter appel. *Ib.* p. 317.

73. Le donataire a le droit d'appeler, dans les circonstances
où ce droit appartient à l'acquéreur. *Ib.*

74. Il en est de même du cessionnaire, à l'égard du jugement qui condamne son cédant. *Ib.* p. 324.

75. Ceux qui ne tiennent pas leurs droits de l'une des
parties qui ont été en cause en première instance, sont non-
recevables à appeler du jugement dans lequel ils n'ont pas
figuré, bien que ce jugement ait attribué à un tiers la propriété de la chose qui leur était commune avec la partie condamnée, à moins qu'il ne s'agisse d'une chose indivisible ou
d'une dette solidaire. (— V. *sup.* n°s 46 et suiv.) Ce jugement
leur est étranger, et ils peuvent en anéantir l'effet en y formant
tierce-opposition. Merlin, *Quest. Dr.*, v° *Appel*, § 2.—V. *Tierce-
opposition.*

76. Ainsi l'héritier ne peut pas appeler d'un jugement
rendu contre son co-héritier, à l'occasion de la succession qui
leur est échue. Proudhon, t. 3, p. 277.

77. L'usufruitier a-t-il le droit d'appeler du jugement qui attribue à un tiers la propriété de la chose dont l'usufruit lui a
été légué, lorsqu'en première instance l'héritier seul a été en
cause? Pour l'affirmative, on prétend que l'usufruitier est,
quant à son usufruit, créancier de la succession, et que conséquemment il peut appeler du jugement rendu contre cette
succession. Mais on répond avec avantage que l'usufruitier n'est
pas créancier, mais bien propriétaire de l'usufruit qui lui a été
légué. Il ne saurait donc en être dépouillé que par une condamnation personnelle. Le nu-propriétaire est évidemment sans
caractère pour défendre un droit qui ne lui appartient pas, et le
jugement rendu contre lui ne peut être opposé à l'usufruitier,
qui, par conséquent, est non recevable à en interjeter appel.
Proudhon, t. 3, p. 359.

78. Il en est de même du légataire qui n'a pas été partie au
jugement prononçant la nullité du testament qui l'institue. *Ib.*

79. *Contre qui peut-on appeler:* Contre ceux qui ont été parties dans la cause ou contre leurs représentans. —V. *Action,
Ajournement, Reprise d'instance.*

SECTION IV. — *Délai d'appel.*

§ 1. — *Délai ordinaire d'appel.*

80. Le délai ordinaire d'appel pour les jugemens soit contradictoires , soit par défaut , est de trois mois. C. pr. 443 ; C. com. 645.

81. Il s'applique aux jugemens de compétence comme aux autres jugemens. La disposition de l'art. 425, portant que ces jugemens pourront *toujours* être attaqués par la voie de l'appel, doit s'entendre uniquement en ce sens que l'appel interjeté dans les délais de la loi est recevable, bien qu'il s'agisse d'une contestation de nature à être jugée au fond en dernier ressort par les premiers juges. Cas. 25 fév. 1812 (S. 12, 207).

82. Les délais ordinaires d'appel sont abrégés dans quelques matières spéciales à raison du peu d'importance de certains jugemens, ou de la nécessité de terminer promptement certaines contestations. — V. *Contribution , Juge de paix , Ordre , Récusation , Renvoi pour cause de parenté , Saisie immobilière.*

83. Le délai de trois mois est augmenté pour ceux qui demeurent hors de la France continentale., du délai des ajournemens , réglé par l'art. 73 C. pr.—V. *Ajournement,* n° 112.

84. Cette règle s'applique aux étrangers comme aux Français ; la loi ne fait aucune distinction. Carré, art. 445.

85. Ceux qui sont absens du territoire européen , du royaume, pour service de terre ou de mer , ou employés dans les négociations extérieures pour le service de l'État , ont , pour interjeter appel, outre le délai de trois mois, celui d'une année. C. pr. 446, 485.

86. Si la mission est non authentique et contestée , le délai d'une année n'est accordé que dans le cas où le Gouvernement s'explique par la voie du ministre dans le département duquel est placée la mission articulée comme motivant la prolongation de délai. Arg. C. civ. 429 ; Pigeau, t. 1, p. 665.

87. Suffit-il , pour qu'il y ait lieu à prolongation de délai , que les personnes dont parlent les articles 445, 446 C. pr. , soient absentes du territoire au moment de la signification du jugement ? Carré, art. 446, invoque le silence de la loi pour l'affirmative. Cependant si le fonctionnaire est rentré sur le territoire français et a terminé sa mission, il n'existe plus aucun motif pour lui accorder une prolongation de délai ; il est donc plus conforme à l'esprit de la loi de n'accorder qu'un délai de trois mois, à dater de la rentrée en France.

88. Le délai d'appel n'est jamais sujet à augmentation à raison des distances. L'article 444 déclare qu'il emporte dé-

chéance, et les articles 445 et 446 C. pr. , énoncent le seul cas
où il peut être augmenté : on ne saurait donc lui appliquer l'article 1033 relatif aux ajournemens. En effet, aucun des délais,
prorogés par cet article évidemment dans l'intérêt du défen--
deur , n'est prescrit à peine de nullité , tandis que le délai
d'appel est de rigueur, et que son expiration opère, en faveur de
celui au profit duquel le jugement a été rendu , une espèce de
prescription dont le bénéfice ne doit pas lui être enlevé.
Bruxelles , 3 juin 1807; Bordeaux , 16 fév. 1808 (S. 8 , 135);
Cas. 8 août 1809 (S. 9, 406) ; Nancy , 20 nov. 1812; Berriat,
p. 152 , note 18 , n° 3; Carré, art. 443.

89. Doit-on en exclure le jour *à quo* et le jour *ad quem* ?
L'affirmative est constante non-seulement pour le jour *à quo,*
c'est-à-dire pour celui où est intervenu l'acte , mais encore
pour le jour *ad quem* , ou celui de l'échéance. L'art. 1033 C.
pr. porte en effet que le jour de la signification ni celui de l'échéance ne sont jamais comptés pour le délai général fixé pour
les ajournemens, les citations, sommations et autres actes faits
à personne ou domicile; or l'appel devant contenir assignation
à l'intimé, et lui être notifié à personne ou domicile, est évidemment régi par cet article. Pau , 20 mars 1810 (S. 10, 254);
Turin , 2 oct. 1811 (S. 14 , 120); Cas. 22 juin 1813 (S. 14 ,
227) , 15 juin 1814 (S. 14, 232), 20 nov. 1816 (S. 17,
192) , 9 juil. 1817 (S. 17, 334); Berriat, p. 417; Carré ,
art. 443. *Contrà.* — Gênes, 25 juil. 1809 (S. 12 , 74.) —
V. *Ajournement,* n° 94.

90. Le délai de trois mois s'entend de trois mois tels qu'ils
sont déterminés par le calendrier grégorien , et non de trois
fois trente jours. Si telle avait pu être l'intention du législateur,
il aurait fixé le délai par jours et non par mois. Cas. 27 déc.
1811 (S. 12, 199), 12 mars 1816 (S. 16, 331); Carré , art.
443. *Contrà*, — Turin , 19 mai 1806; Colmar, 16 fév. 1810
(S. 14 , 153).—V. *Ajournement.*

Peu importerait que le dernier jour du délai fût férié, l'appel
interjeté le lendemain serait nul. Toulouse, 14 mars 1832 (S.
32, 48).

91. L'appel est régulièrement formé après les délais fixés par
le Code, lorsqu'il s'agit d'un jugement rendu sous l'empire
d'une loi qui déterminait un délai plus long; d'ailleurs il est indifférent que la signification de ce jugement ait eu lieu avant
ou depuis le Code.

92. Ainsi, l'appel d'un jugement rendu par défaut au moment
où l'ordonnance de 1667 était en vigueur, est recevable pendant dix années , à compter de la signification. Ord. 1667 tit.
27, art. 25; C. pr. 443, 1041; Cas. 4 mars 1812 (S. 12, 194),

1er mars 1820 (S. 20, 228); Toulouse, 1er mai 1827 (S. 27, 148).

93. Mais celui qui a été rendu sous le Code de procédure doit être régi par les dispositions de ce Code, lors même que la procédure est antérieure. C. pr. 1041; Bruxelles, 13 mai 1807 (S. 7, 288); Cas. 11 oct. 1809 (S. 10, 72).

94. Les délais d'appel emportent déchéance. La partie qui ne s'est pas pourvue avant leur expiration, est réputée avoir acquiescé au jugement qui la condamne. C. pr. 444. — V. Acquiescement, n° 48.

95. La fin de non-recevoir résultant de cet acquiescement présumé, peut même être suppléée d'office par la Cour, alors que l'intimé, qui l'avait d'abord opposée, a ensuite défendu au fond : c'est une exception péremptoire, fondée sur l'ordre public; on argumenterait donc vainement de ce que les juges ne peuvent suppléer d'office les prescriptions (C. civ. 2223); nul ne peut renoncer à ce qui est d'intérêt général, et, les délais d'appel emportant déchéance, l'appel tardivement émis est censé non avenu et ne saisit pas régulièrement le juge, qui doit se déclarer incompétent, le silence de l'intimé ne pouvant exercer aucune influence sur les règles relatives à l'ordre judiciaire. Nîmes, 12 déc. 1820; Poncet, des Jugemens, t. 1, n°s 281-314. Contrà.—Colmar, 18 nov. 1815; Favard, v° Appel, p. 175.

96. Lorsque l'intimé oppose la fin de non-recevoir résultant de ce que l'appel a été interjeté après les délais, la Cour doit statuer sur cette exception, sans s'appuyer sur aucun moyen du fond pour déclarer l'appel recevable. Cas. 13 janv. 1817 et 26 août 1823.

§ 2. — Epoque à compter de laquelle court le délai d'appel.

Art. 1. — Jugemens contradictoires et définitifs.

97. Le délai d'appel des jugemens contradictoires et définitifs court du jour de la signification de ces jugemens à personne ou domicile. C. pr. 443. C. com. 645.—V. inf. n° 100 et suiv.

98. Néanmoins on ne peut plus appeler après les trente années qui ont suivi l'exécution du jugement, quoique ce jugement n'ait pas été signifié; l'action se trouve alors prescrite. C. civ. 2262; Cas. 14 nov. 1809 (S. 10, 86).

99. La signification est un acte d'exécution étranger à l'appel; elle n'a d'autre but que de faire connaître à la partie condamnée le jugement rendu contre elle, et d'autoriser celle qui l'a obtenu à le faire exécuter. Cas. 1er août 1808; Berriat, p. 405, note 41; Carré, art. 443.

En conséquence, on peut appeler d'un jugement, quoiqu'il n'ait pas encore été signifié. Cas. 17 mars 1806 ; Berriat, *ib* ; Carré, article 443.

100. La signification fait courir les délais d'appel vis-à-vis de la partie à laquelle elle est faite , mais non à l'égard de celle à la requête de qui elle est donnée. Cas. 2 flor. an 7, 4 prair. an 11 (S. 3, 313) ; Nîmes , 13 juil. 1808 ; Paris , 18 fév. 1811 (S. 11 , 244) ; Berriat, Carré, *ib*.

101. Pour que la signification à personne ou domicile puisse faire courir les délais d'appel , est-il nécessaire qu'elle soit précédée de la signification à avoué ? Pour l'affirmative, on dit : l'art. 147 C. pr. porte que le jugement ne peut être exécuté qu'après avoir été signifié à avoué : or, le motif de cette disposition est que l'avoué doit connaître tous les actes du procès, même ceux qui sont signifiés à la partie , afin de l'aider de ses conseils ; le jugement doit donc lui être notifié.

Mais on répond : Si l'art. 147 exige la signification à avoué , c'est principalement pour le mettre à même de faire sur l'exécution tous les actes qu'il juge nécessaires dans l'intérêt de son client. Cette signification n'est donc nécessaire qu'au cas d'exécution , et non pour faire courir les délais d'appel. C. pr. 147, 443 , 1038 ; Liége, 22 déc. 1808 (S. 9, 299) ; Montpellier, 27 mai 1829 (S. 30, 133) ; Berriat, p. 416, note 42 ; Carré, art. 443. *Contrà*.—Metz, 27 juil. 1824 (S. 25 , 334).

102. Une signification régulièrement faite peut seule faire courir les délais d'appel. Si elle était entachée de nullité, elle ne produirait aucun effet. Cas. 5 août 1807 (S. 7, 128) ; Carré, art. 443.

103. Ainsi ne fait pas courir le délai d'appel : 1° l'exploit de signification dont la copie est tronquée et imparfaite : par exemple, si elle ne contient qu'un extrait du jugement, ou si les qualités y ont été omises. Cas. 27 déc. 1811 (S. 12 , 199), 12 mars 1816 (S. 16 , 331) ; Carré, *ib*.

104. 2° La signification faite à la requête d'une personne morte naturellement ou civilement. Cas. 23 nov. 1808 (S. 9, 44) ; Limoges, 9 janv. 1827 (S. 28 , 48). — V. toutefois *Ajournement* , n° 35.

105. 3° La signification faite à la requête d'un individu se disant héritier de la partie qui a obtenu le jugement , sans contenir justification de cette qualité. Bruxelles , 8 juil. 1808 ; Turin , 30 janv. 1812 ; Carré , *ib*.

106. 4° Celle faite à la requête de l'avoué : son mandat finit avec l'instance dans laquelle il occupait. Bruxelles , 4 janv. 1812 (S. 14 , 361) ; Carré, *ib*.—V. *sup.* n° 67.

107. La mention expresse que le jugement a été signifié, et que la copie a été laissée à la partie, à son domicile, est également indispensable pour faire courir le délai d'appel. Cas. 3 nov. 1818 (S. 19, 129); Carré, *ib.*

108. La copie laissée doit être celle de la grosse du jugement; celle d'une copie de cette grosse est insuffisante. Cas. 7 fév. 1832 (S. 32, 689.)

109. La signification fait-elle courir le délai à compter de sa date, lorsque le jugement n'a prononcé de condamnation qu'à la charge d'une prestation de serment, et que cette prestation de serment n'a lieu que postérieurement à la signification?

Pour la négative on dit : La partie condamnée par un jugement de cette nature ne l'est pas d'une manière définitive; elle n'éprouvera aucun préjudice, si son adversaire ne prête pas le serment qui lui est déféré : elle ne doit donc pas être forcée d'appeler de ce jugement tant que la prestation n'a pas eu lieu.

Mais on répond : Bien que l'exécution de ce jugement dépende de la prestation du serment de la partie, il n'en est pas moins définitif, en ce sens que les juges n'ont plus rien à décider, et qu'ils ne peuvent plus revenir sur leur sentence, comme à l'égard d'un interlocutoire; celui qui n'en interjette pas appel doit donc être réputé y acquiescer, c'est-à-dire se soumettre à exécuter les condamnations conditionnelles qu'il prononce. Bruxelles, 8 juil. 1808 (S. 10, 539); Carré, *ib.*

110. La connaissance que peut avoir une partie du jugement rendu contre elle, par toute autre voie que par une signification régulière, est insuffisante pour faire courir les délais d'appel.

Ainsi la partie dont l'appel a été déclaré nul a le droit d'appeler de nouveau, encore bien que le délai de trois mois se soit écoulé, à compter du premier exploit d'appel, lorsque, d'ailleurs, il n'y a pas eu de signification. Cas. 15 avr. 1819 (S. 20, 470).

111. La mention de l'enregistrement de l'exploit de signification ne peut suppléer le défaut de présentation de l'original de cet exploit. En supposant en effet que cette mention suffise pour prouver l'existence de l'exploit, elle ne peut en établir la régularité. Cas. 7 mes. an 13 (S. 5, 31), 1er août 1808.

112. Mais il n'est pas indispensable que le mot *signifié* soit dans l'acte qui donne connaissance du jugement à la partie condamnée. Un commandement fait en vertu de ce jugement, et en contenant copie, produirait le même effet qu'une signification. Cas. 19 niv. an 12 (S. 4, 59); Carré, *ib.*

113. La signification d'un jugement à la requête d'une partie ne peut, dans aucun cas, faire courir contre elle les

délais d'appel. On ne se forclot pas par ses propres diligences. Cas. 2 flor. an 7 , 5 prair. an 11 ; Paris , 18 fév. 1811 ; Merlin , *Quest. Dr.*, v° *Délai* ; Carré , art. 443 ; Berriat , p. 375, note 41.

114. Les délais d'appel ne courent qu'au profit de ceux qui ont fait signifier le jugement , et contre ceux à qui la signification a été faite. —*V.* toutefois *sup.* n°ˢ 46 , 51, et *inf.* n°ˢ 132, 133, 176.

Ainsi les parties au profit desquelles a été rendu un jugement commun , ne sauraient se prévaloir de la signification de ce jugement faite par l'une d'elles. Cas. 17 prair. an 12 (S. 4, 316) ; Carré , art. 443.

De même , la signification au mari seulement d'un jugement portant condamnation contre lui et sa femme , séparée de biens , ne fait pas courir les délais d'appel contre cette dernière. Paris, 13 juin 1807 ; Carré , *ib.*

115. Cette solution s'applique, à plus forte raison, au cas où le mari n'a pas comparu en première instance pour défendre un intérêt à lui personnel, mais seulement pour autoriser et assister sa femme. Cas. 10 janv. 1826 (S. 26, 334).

116. A l'égard des mineurs non émancipés , les délais d'appel ne courent que du jour où le jugement a été signifié , tant au tuteur qu'au subrogé-tuteur, encore que ce dernier n'ait pas été en cause. C. pr. 444.

117. Mais si cette formalité est remplie, le mineur se trouve soumis aux mêmes déchéances qu'un majeur, sauf son recours contre qui de droit , s'il établit que le jugement qui lui préjudicie contenait un mal jugé, et que c'est par dol ou négligence qu'il n'y en a pas eu appel. C. pr. 444 ; Carré , art. 444 ; Pigeau, t. 1, p. 668.

118. Toutefois la décison du conseil de famille, portant qu'il n'y a pas lieu à appel , homologuée par le tribunal , décharge le tuteur et le subrogé-tuteur de toute responsabilité , lors même que le mineur établirait ultérieurement que le défaut d'appel lui a causé un préjudice. Pigeau , *ib.*

119. Le jugement rendu au profit du tuteur contre son mineur doit être signifié non-seulement au subrogé-tuteur, mais encore à un tuteur *ad hoc.* C. pr. 444 ; Angers, 2 août 1822 (S. 23, 22) ; Toulouse, 4 fév. 1825 (S. 25, 147) ; Colmar, 13 janv. 1831 (S. 31 , 181) ; Cas. 1ᵉʳ avr. 1833.

120. Le délai d'appel ne court pas contre un mineur qui n'a pas en même temps un tuteur et un subrogé-tuteur. Alors la signification du jugement ne peut être faite comme l'exige l'art. 444 ; et d'ailleurs le mineur n'est soumis à la déchéance de l'appel que lorsqu'il peut exercer un recours contre ceux chargés de le représenter; ce qui serait impossible dans l'espèce.

Dans ce cas, la partie qui a obtenu le jugement, et qui veut faire courir les délais d'appel, doit prendre les mesures nécessaires pour que le mineur soit pourvu d'un tuteur ou d'un subrogé-tuteur. Rennes, 29 août 1814; Carré, art. 444; Pigeau, t. 1, p. 668.

121. Si la signification n'a pas été faite au tuteur et au subrogé-tuteur, les délais d'appel ne courent pas de plein droit contre le mineur, du moment qu'il a atteint sa majorité; il faut nécessairement, pour produire cet effet, que le jugement lui soit signifié à personne ou domicile. On soutiendrait vainement qu'une seule signification suffit pour faire courir les délais à l'égard de majeurs, et que conséquemment celle faite au tuteur, vicieuse dans l'origine, et tant que le mineur n'a pas atteint sa majorité, devient valable à cette époque. En effet, si la signification faite pendant la minorité de la partie condamnée est nulle, des circonstances ultérieures ne sauraient lui donner une existence qu'elle n'avait pas. En outre, il serait injuste de faire encourir à un individu une déchéance qu'il a pu ignorer. Carré, art. 444; Favard, v° *Appel*, p. 175.

122. L'interdit est soumis aux mêmes règles que le mineur. C. civ. 509; Berriat, 416, note 45; Favard, t. 1, p. 174; Pigeau, t. 1, p. 667.

123. Pour le mineur émancipé, il faut distinguer : s'agit-il d'un jugement relatif à un objet dont il ait la libre disposition, une simple signification à personne ou domicile est suffisante; au contraire, le jugement a-t-il statué sur une action immobilière, ou prononcé des condamnations de nature à emporter hypothèque sur ses biens, la signification doit être faite tout à la fois à lui et à son curateur. Arg. C. civ. 482, 484. —V. *Acquiescement*, n° 32.

124. La même distinction s'applique au jugement rendu contre une personne pourvue d'un conseil judiciaire. Carré, art. 444; Pigeau, t. 1, p. 668. — V. *Conseil judiciaire*.

Art. 2. — *Jugemens par défaut, préparatoires, interlocutoires, et de provision.*

125. *Jugement par défaut.* Les délais d'appel ne courent pour les jugemens par défaut que du jour où l'opposition n'est plus recevable. C. pr. 443. —V. *Jugement, Opposition.*

126. Courent-ils de plein droit à l'égard d'un jugement *par défaut* contre avoué, à compter de l'expiration de la huitaine de la signification à avoué? ou bien une signification à partie est-elle nécessaire pour produire cet effet?

La première opinion semble résulter de la disposition de

l'art. 443, portant que, pour les jugemens par défaut, l'appel court du jour où l'opposition n'est plus recevable, sans exiger d'autre condition.

Mais la signification à personne ou domicile est exigée par le commencement de l'art. 443, pour faire courir le délai d'appel, et par l'art. 147, pour l'exécution des jugemens, dans la prévoyance du cas où la partie ignorerait la signification faite à son avoué. D'ailleurs, la déchéance du droit d'appel étant fondée sur l'acquiescement de la partie, ne peut évidemment être encourue que lorsqu'il est certain que cette partie a eu une connaissance personnelle du jugement. C'est, au surplus, ce qui a été reconnu par la Cour suprême, par arrêt du 18 déc. 1815, ainsi motivé :

« Vu les art. 147 et 443 du Code de procédure, considérant que ces deux articles consacrent le principe général et de tout temps, que les jugemens doivent être signifiés à la partie, soit pour faire courir le délai de l'appel, soit pour leur acquérir le droit d'être mis à exécution ; que si la loi a jugé utile de faire à ce principe quelques exceptions en petit nombre, comme en matière de saisie immobilière et d'ordre, elle les a établies par des dispositions formelles, et elle les a rendues communes aux jugemens contradictoires et aux jugemens par défaut faute de plaider ; qu'admettre entre ces jugemens une distinction que le législateur n'a indiquée d'aucune manière, et prétendre que le délai pour appeler de ceux-ci courra sans signification à personne ou domicile, c'est vouloir ajouter à la loi, rompre l'harmonie qui existe entre les diverses dispositions relatives au droit d'appeler, et contrarier le vœu qu'elle manifeste partout de conserver ce droit aux parties, à l'abri des surprises, des infidélités et même de certaines négligences : d'où résulte que les arrêts attaqués renferment contravention aux art. 147 et 443 du Code de procédure ; — Casse.

Cas. 24 avr. 1816 (S. 16, 385); Poitiers, 20 fév. 1827 (S. 27, 228); Bordeaux, 26 mai 1827 (S. 27, 171); Toulouse, 17 déc. 1832; Berriat, p. 416, note 43, n° 2; Poncet, t. 1, p. 515. *Contrà.* — Cas. Req., 5 août 1813 (S. 13, 446), 22 déc. 1814 (S. 15, 328); Bordeaux, 7 août 1813 (S. 14, 279); Paris, 5 janv. 1825 (S. 26, 66); Nîmes, 7 fév. 1832 (S. 32, 639); Carré, art. 443.

127. *Jugement préparatoire.* L'appel d'un jugement préparatoire ne peut être interjeté qu'après le jugement définitif, et conjointement avec l'appel de ce jugement : le délai d'appel ne court donc que du jour de la signification de ce dernier (C. pr. 451). Cette disposition a pour but d'épargner aux parties des frais inutiles, en les empêchant de déférer aux juges supérieurs des décisions qui ne sauraient leur causer aucun préjudice.

On désigne, en effet, sous le nom de préparatoire les jugemens rendus pour l'instruction de la cause, et qui tendent à mettre le procès en état de recevoir jugement définitif.

128. *Jugemens interlocutoires.* Les mêmes motifs n'existent plus pour les jugemens interlocutoires, c'est-à-dire pour ceux

par lesquels le tribunal ordonne, avant faire droit, une preuve, une vérification, ou une instruction qui préjuge le fond (C. pr. 452). Aussi la loi permet-elle d'en interjeter appel avant le jugement définitif. C. pr. 451. — V. *Jugement.*

129. Le délai d'appel d'un interlocutoire court-il du jour de la signification de ce jugement, ou seulement du jour de celle du jugement définitif?

Dans la première opinion, on soutient que la loi n'a fait exception au principe général qu'en faveur des jugemens préparatoires; que par conséquent les délais d'appel des interlocutoires sont régis par l'art. 443 C. pr., et doivent courir de la signification du premier jugement.

Mais on répond que la première disposition de l'art. 451 C. pr. ne distingue pas, et embrasse les interlocutoires comme les simples préparatoires. D'ailleurs, cet article accorde bien la faculté d'appeler de l'interlocutoire avant le jugement définitif; mais il n'en impose pas l'obligation. D'où il résulte que les délais d'appel de ce jugement ne courent véritablement qu'en même temps que ceux du jugement définitif. — Enfin, un jugement interlocutoire ne lie point irrévocablement le juge; souvent il ne cause aucun préjudice à la partie à laquelle il paraissait défavorable, il serait donc injuste de la forcer d'en appeler, sans attendre le jugement définitif qui peut lui donner gain de cause. On conçoit que le législateur ait permis d'appeler immédiatement des interlocutoires, à raison de l'influence qu'ils exercent sur la décision du fond; mais les parties peuvent toujours renoncer à un droit introduit en leur faveur. C'est ce qu'a décidé formellement la Cour de cassation, par arrêt du 26 juin 1826, ainsi motivé:

Attendu que les juges du tribunal d'Argentières n'étaient pas liés par le jugement interlocutoire du 26 décembre 1819, nonobstant lequel ils pouvaient, en statuant sur le fond, juger, s'il y avait lieu, qu'il n'était pas dû de supplément de légitime; qu'ainsi ce jugement rendu avant faire droit, et sous la réserve des droits et exceptions des parties, ne pouvait pas être rangé, comme la Cour l'a supposé, dans la classe des jugemens définitifs dont on est tenu d'appeler dans les trois mois de la signification à personne ou domicile; qu'à la vérité le demandeur avait la faculté d'interjeter appel du jugement avant le jugement définitif; mais que cette faculté dont il était maître d'user ou de ne pas user à sa volonté, n'a pas changé la nature de ce jugement, qui n'a toujours été qu'un jugement interlocutoire, dont, depuis la publication du Code de procédure, de même que sous l'empire de la loi de brumaire an 2, il lui a été permis de ne pas appeler avant le jugement définitif, qui pouvait en rendre l'appel inutile. D'où il suit qu'en jugeant que la faculté d'appeler du jugement interlocutoire du 26 décembre 1819, avait cessé à l'expiration des trois mois de la signification à personne ou à domicile, avant qu'il fût intervenu jugement définitif, et en déclarant, par ce motif, le demandeur non-recevable dans son appel, la Cour royale a commis un excès de pouvoir, fait une fausse application des art. 443 et 444 C. pr., et expressément violé les art. 451 et 452 du même Code : — Casse.

Rennes, 28 déc. 1808, 8 janv. 1812; Paris, 16 mai 1809; Colmar, 6 avr. 1810 (S. 14, 380); Trèves, 1er août 1810 (S. 11, 325); Nancy, 28 juil. 1817 (S. 18, 89); Bourges, 23 juil. 1823 (S. 24, 360) , et 2 fév. 1824 (S. 24, 362); Grenoble, 6 déc. 1823 (S. 24, 319); Cas. 22 mai 1822 (S. 24, 396); Caen, 2 août 1826 (S. 27, 223); Toulouse, 10 juil. 1827 (S. 28, 236). *Contra.* —Cas. 29 nov. 1818 (S. 18, 182); Angers, 21 août 1821 (S. 24, 360); Berriat, p. 410; Demiau, p. 325; Hautefeuille, p. 255, 256; Carré, art. 451; Pigeau, t. 1, p. 674; Merlin, *Rép.*

130. *Jugement de provision.* L'appel des jugemens qui accordent une provision est recevable avant le jugement définitif: ils ne préjugent pas le fond, mais ils peuvent causer un préjudice irréparable. C. pr. 451.

§ 3. — *Cas où l'appel est recevable après l'expiration des délais ordinaires.*

151. Dans certains cas, l'appel est encore recevable après les délais ordinaires.

152. Ainsi, l'appel interjeté en temps utile par un débiteur solidaire profite à ses codébiteurs, qui peuvent se porter appelans en tout état de cause. C. civ. 1206, 1207, 2249; Colmar, 1er mars 1807 (S. 7, 281); Bourges, 23 déc. 1825 (S. 26, 255); Poitiers, 24 juin 1831 (S. 31, 295); Poncet, *des Jugemens*, etc., t. 1, n° 305; Favard, v° *Appel;* Carré, *Anal. Quest.*, 1433. — V. *sup.* n° 46.

133. Les mêmes principes s'appliquent à l'appel interjeté par les codébiteurs d'une chose indivisible. Montpellier, 27 juil. 1825 (S. 26, 147); Toulouse, 2 fév. 1828 (S. 30, 85); Bordeaux, 4 avr. 1829 (S. 29, 342); Cas. 30 mars 1825 (S. 25. 417), 15 déc. 1829 (S. 30, 64), et 12 juil. 1830 (S. 31, 54), — V. *sup.* n° 51.

154. En matière de garantie formelle, le garanti peut encore se rendre appelant après les délais, lorsque le garant s'est pourvu en temps utile. Il n'est, pour ainsi dire, que présent au procès, et la décision à intervenir en faveur du garant doit nécessairement lui être commune avec lui, lors même qu'il a été mis hors de cause. C. pr. 182; Toulouse, 6 nov. 1825 (S. 26, 277).

135. Mais, en général, l'appel formé par un *litis consort* n'empêche pas la déchéance à l'égard de ses co-intéressés. Vainement oppose-t-on la *L.* 10, *D. de appell.*, qui décide le contraire : cette loi n'a jamais été en vigueur en France. D'ailleurs, les art. 443, et 444 C. pr., par leur généralité, repoussent toute distinction. Le délai d'appel est de rigueur, et le même pour tous; la forclusion encourue ne saurait donc être réparée par l'appel d'un tiers. Cas. 21 brum. an 7; Merlin, *Quest. Dr.*, v° *Nation*, § 2. *Contrà*, — Turin, 28 fév. 1810 (S. 11, 453).

156. Les délais d'appel sont suspendus par la mort de la partie condamnée.

Ils ne reprennent leur cours qu'après la signification du jugement, faite au domicile du défunt, avec les formalités prescrites en l'art. 68, et à compter de l'expiration des délais pour faire inventaire et délibérer, si le jugement a été signifié avant que ces délais soient expirés. C. pr. 447; Berriat, p. 418; Carré, art. 447.

Cette exception à l'art. 2259 C. civ., portant que la prescription court pendant les délais pour faire inventaire et délibérer, est fondée sur ce que le délai d'appel étant fort court, et pouvant s'accomplir pendant ceux accordés pour faire inventaire et délibérer, il serait souvent impossible à l'héritier qui ignore les affaires de la succession qui lui est échue, de profiter du bénéfice de l'appel. Berriat, p. 418, note 52; Pigeau, t. 1, p. 669.

157. La signification peut être faite au domicile du défunt, aux héritiers collectivement, et sans désignation de noms et qualités. C. pr. 447.

Toutefois, cette disposition s'applique seulement au cas où les héritiers n'ont pas figuré personnellement en première instance; autrement, la signification doit être faite à chacun d'eux séparément. Cas. 7 août 1818 (S. 19, 123).

158. Dans l'hypothèse du n° précédent, la signification fait courir les délais d'appel vis-à-vis de tous les héritiers, lorsqu'elle a été faite à l'un d'eux, tant pour lui que pour ses cohéritiers. Bruxelles, 30 août 1810 (S. 14, 378).

159. Elle peut être faite au successeur à titre particulier de la chose litigieuse. Pigeau, t. 1, p. 669.

140. Celle faite à l'héritier apparent est également valable. C. civ. 462, 790, 1240; Carré, art. 447; Pigeau, *ibid.*

141. Si les parties compromettent sur l'appel, les délais sont suspendus pendant la durée du compromis. En conséquence, s'il se trouve anéanti par une cause quelconque, l'appel du jugement de première instance est recevable, à compter du jour où le compromis a pris fin, pendant un espace de temps égal à celui qui restait à courir jusqu'à l'expiration du délai, au moment où le compromis a eu lieu. Riom, 4 août 1818 (S. 19, 272).

142. Dans le cas où le jugement a été rendu sur une pièce fausse, les délais d'appel ne courent que du jour où le faux a été reconnu, ou juridiquement constaté. C. pr. 448.

143. Par le mot *reconnu*, la loi entend l'aveu fait, soit par l'auteur du faux, soit par celui auquel la pièce fausse a profité. Berriat, p. 417, note 46; Carré, art. 448; Pigeau, t. 1, p. 672.

144. Les mots *juridiquement constaté* ne s'appliquent-ils qu'au jugement qui déclare le faux constant?

Pour la négative, on dit : L'esprit de la législation moderne a été de restreindre l'appel à un délai très-court, dont on ne peut excéder les limites. Les délais ordinaires n'ont été augmentés, dans le cas dont il s'agit, que parce qu'on a présumé que l'ignorance du faux avait seule empêché l'appel de la partie condamnée. Lorsque cette ignorance vient à cesser, le motif qui a dicté l'art. 448 disparaît, et le délai d'appel doit par conséquent courir, ainsi que le voulait l'art. 11, tit. 35, ord. 1667, où a été puisé l'art. 443 C. pr. Décider autrement, c'est donner à la partie qui a intenté la procédure en faux le droit d'éterniser les délais d'appel, puisqu'il lui suffira de prolonger l'instance en faux.

Mais on répond que l'intention de la loi, en employant ces expressions, *juridiquement constaté*, ne saurait être équivoque; elles établissent évidemment qu'on n'a pas entendu parler de la découverte du faux, mais bien du jugement déclaratif de son existence. En effet, l'instruction qui précède le jugement peut être insuffisante pour constater le faux. Cette constatation n'a lieu juridiquement que par le jugement qui déclare fausse la pièce attaquée.—Le changement de rédaction qu'a éprouvé l'art. 448 ne laisse aucun doute à cet égard. En effet, le projet énonçait que les délais d'appel courraient du jour où le faux aurait été découvert; et sur les observations du tribunat et de la Cour de Turin, qui pensèrent que ces expressions n'étaient pas assez précises, on y substitua celles qui s'y trouvent aujourd'hui. — D'ailleurs, si l'on pouvait appeler d'un jugement rendu sur pièce, dont la fausseté n'aurait pas encore été déclarée par jugement, la Cour serait nécessairement obligée de surseoir à l'instruction de l'appel jusqu'à ce que l'autorité compétente eût statué sur le faux, et conséquemment on n'obtiendrait aucune économie de temps. C. pr. 448, 480, § 5; Favard, v° *Appel*; Carré, art. 448; Demiau Crouzillac, p. 323; Pigeau, t. 1, p. 672. *Contrà*, — Berriat, p. 417, note 47.

145. Les délais d'appel ne courent même, dans ce cas, du jour où le faux a été constaté par jugement, que si la partie condamnée a figuré dans la procédure de faux; autrement ils ne prennent naissance que du jour où elle a eu connaissance du jugement. Pigeau, *ib.*

146. Si la partie a été condamnée, faute de représenter une pièce décisive qui était retenue par son adversaire, le délai d'appel ne court que du jour où cette pièce a été recouvrée, pourvu qu'il y ait preuve par écrit du jour où la pièce a été recouvrée, et non autrement. C. pr. 488.

147. Ce principe s'applique-t-il au cas où le jugement a été obtenu par suite de manœuvres frauduleuses de l'adversaire? L'affirmative résulte par analogie de la disposition de l'art. 480, § 1, C. pr., qui le décide ainsi pour la requête civile. Ainsi, lorsque, sur une demande en déclaration affirmative, le tiers saisi a déclaré ne rien devoir au saisi, et que jugement est intervenu en conséquence; le saisissant peut appeler de ce jugement dans les trois mois qui suivent la preuve par lui acquise, que le tiers saisi était bien réellement débiteur du saisi au moment où l'opposition a été faite à sa requête. C. pr. 448, 480, § 1; Berriat, p. 417, note. 49; Pigeau, t. 1, p. 872.

SECTION V. — *Acte d'appel.*

§ 1. — *Formalités de l'ajournement communes à l'acte d'appel.*

148. L'acte d'appel doit contenir assignation à comparaître devant le tribunal supérieur (C. pr. 456); il est, par conséquent, soumis en général aux mêmes formalités que *l'ajournement.*—*V.* ce mot, n°s 10 et suiv.

149. *Date.* La copie, comme l'original, doit, *à peine de nullité,* contenir la triple date, du jour, du mois et de l'année auxquels l'acte d'appel a été signifié. C. pr. 61 ; Cas. 4 déc. 1811 (S. 12, 59) ; Colmar, 28 août 1812 (S. 14, 592).—V. *Ajournement.*

150. Il est nul, si l'énonciation du jour ne s'y trouve pas, encore bien qu'il soit constant que l'appel eût été interjeté en temps utile pendant tout le mois indiqué : en admettant que l'énonciation du mois soit suffisante pour établir que l'appel a été interjeté en temps utile, elle ne peut l'être pour constater si l'exploit a été signifié régulièrement, par exemple, un jour non férié. C. pr. 61; Metz, 18 juin 1819 (S. 20, 62); Rennes, 20 fév. 1828 (S. 28, 161).

151. Cependant si la date, quoiqu'énoncée irrégulièrement, pouvait être déterminée d'une manière précise par les énonciations mêmes de l'acte d'appel, cet acte ne serait pas nul. Bourges, 29 avr. 1823 (S. 24, 34).

152. Ainsi, il a été jugé avec raison qu'il n'y avait pas nullité dans un exploit où on lisait : *Appelant du jugement du... signifié le neuf novembre présent mois,* sans indication du mois de la notification de cet exploit. Les mots *présent mois* suppléaient à cette omission, en faisant connaître que l'exploit avait été notifié en novembre. Rennes, 29 janv. 1817.

Arrêts analogues. Cas. 15 janv. 1810, 8 nov. 1820.

153. L'exploit est encore valable si l'original porte la date erronée de 1719 au lieu de 1819, lorsque cette erreur est réparée dans l'acte lui-même par la date du jugement dont est appel, et par le visa du maire intimé, qui l'a daté de 1819. Besançon, 28 déc. 1819.

154. *Noms, profession et domicile de l'appelant.* Ces énonciations sont exigées, *à peine de nullité.* Arg. C. pr. 61; Cas. 9 mars 1825 (S. 26, 34). — V. *Ajournement,* sect. II, § 2.

155. Toutefois, l'erreur dans les noms et qualités de l'appelant ne vicie pas un acte d'appel, s'il a agi en première instance sous les mêmes noms et qualités. Grenoble, 21 déc. 1820.

156. L'acte d'appel est également valable, quoique la copie ne contienne pas le nom de l'appelant, si les énonciations de l'acte l'indiquent de telle manière qu'il soit impossible à l'intimé de se méprendre. Cas. 20 avr. 1810. — V. *Ajournement, ib.*

157. *Constitution d'avoué.* L'acte d'appel doit contenir, *à peine de nullité,* constitution d'un avoué près le tribunal compétent pour connaître de l'appel. C. pr. 61; Turin, 14 juin 1807 (S. 7, 677); Pau, 22 juil. 1809 (S. 10, 52); Lyon, 29 mai 1816 (S. 19, 149) et 25 août 1828 (S. 29, 13); Amiens, 10 nov. 1821 (S. 22, 246). — V. *Ajournement,* sect. II, § 3.

158. L'avoué constitué doit être désigné par son nom (Grenoble, 14 déc. 1832). Néanmoins l'acte d'appel est valable, quoique renfermant une énonciation inexacte à cet égard, si l'intimé a pu connaître d'une manière certaine quel était l'avoué constitué. Bourges, 10 fév. 1826. — V. *Ajournement,* n° 51.

159. Mais l'élection de domicile chez un avoué ne supplée pas au défaut de constitution. C. pr. 61; Bruxelles, 15 juin 1807 (S. 7, 340); Amiens, 10 nov. 1821 (S. 22, 246); Carré, art. 456. *Contrà,* — Colmar, 24 mars 1810 (S. 12, 378). — V. *Ajournement,* n° 56.

160. L'appelant qui a constitué un avocat qui n'exerce pas les fonctions d'avoué, ne peut ultérieurement réparer son erreur par une simple constitution d'avoué. C. pr. 61; Pau, 22 juil. 1809; Cas. 4 sept. 1809 (S. 9, 421); Limoges, 14 avr. 1813; Cas. 5 janv. 1815 (S. 15, 122).

Il en serait de même si l'avoué constitué était décédé ou avait cessé ses fonctions au moment où l'acte d'appel a été signifié. C. pr. 61; Riom, 17 avr. 1818 (S. 19, 223); Bourges, 4 déc. 1809 (S. 10, 62); Metz, 12 juin 1816. *Contrà.* — Bordeaux, 20 mars 1824 (S. 24, 352.) — V. *Ajournement,* n° 54.

161. *Élection de domicile pour l'appelant,* — V. *Ajournement,* section II, § 4.

162. *Noms , demeure , et immatricule de l'huissier.*—V. *Ajournement* , sect. II , § 5.

163. *Noms et demeure de l'intimé.*—V. *Ajournement* , sect. II , § 6 , art. 1.

164. *Personnes à qui l'acte d'appel doit être signifié.* L'acte d'appel doit être signifié à personne ou domicile. C. pr. 61 , 456.—V. *sup.* n° 97.

165. Cependant la mention de l'habitation peut remplacer celle du domicile. Le lieu où l'on habite est ordinairement celui où l'on est domicilié. C. pr. 61, 456 ; Pau , 30 nov. 1809 (S. -12 , 349) ; Cas. 23 déc. 1819 (S. 20, 162).

166. En général , la signification de l'acte d'appel doit avoir lieu au domicile réel de l'intimé. Paris , 11 avr. 1829 (S. 29, 239.)

167. Néanmoins elle est valablement faite au domicile élu pour la contestation sur laquelle le jugement est intervenu.

Ainsi , peut être signifié au domicile élu pour l'exécution d'un acte , le jugement statuant sur des difficultés relatives à cet acte. C. civ. 111 ; C. pr. 449 ; Carré , art. 443 ; Pigeau , t. 1, p. 667.

168. Mais il en serait autrement si l'élection de domicile n'avait été faite que pour la durée du procès de première instance.

En conséquence , l'élection de domicile faite dans l'exploit d'ajournement ne donne pas le droit à la partie qui a obtenu gain de cause , de signifier son jugement à ce domicile. C. pr. 61 , 443 ; Limoges , 28 déc. 1812 (S. 14, 390) ; Carré , art. 443 ; Demiau , p. 320 ; Pigeau , t. 1 , p. 667.

Pas plus que l'élection de domicile faite au greffe du tribunal de commerce par la partie non domiciliée dans le ressort du tribunal. C. pr. 442 , 443 ; Cas. 2 mars 1814 ; Colmar , 5 août 1826 (S. 28, 47) ; Rennes , 20 déc. 1827 (S. 28, 129) ; Lyon , 28 janv. 1828 (S. 28, 236). *Contrà*, —Dijon , 25 mars 1828 (S. 28 , 246) ; Carré , art. 443.

169. L'élection de domicile faite dans la signification du jugement n'autorise pas davantage l'appelant à signifier son appel à ce domicile. L'élection est en effet spéciale pour l'exécution du jugement , et ne concerne pas les actes étrangers à cette exécution. C. pr. 456 ; Cas. 26 vend. an 12 (S. 4, 97) ; Poitiers , 13 niv. an 13 (S. 5, 65) ; Cas. 13 mai 1807 (S. 7, 746) ; Paris , 2 fév. 1808 (S. 7, 784). *Contrà*,—Pau , 30 nov. 1809 (S. 12, 349).

170. Cependant la signification de l'appel d'un jugement a valablement lieu au domicile élu dans le commandement fait en vertu de ce jugement , et tendant à saisie-exécution. C. pr. 584.—V. *Saisie-exécution.*—V. aussi *Contribution , Contrainte par corps , Ordre , Saisie immobilière.*

171. L'acte d'appel signifié à un domicile élu doit, *à peine de nullité*, indiquer le domicile réel de l'intimé. Turin, 11 mai 1811 (S. 14, 137).

172. L'assignation donnée à un étranger devant une Cour d'appel doit être signifiée non pas au parquet du procureur du roi, mais à celui du procureur-général. C. pr. 69, n° 6; Trèves, 30 janv. 1811; Colmar, 25 nov. 1815 (S. 16, 126); Carré, art. 456.—V. *Ajournement* n° 225, et *inf. Formules.*

173. *Cas où l'on peut ne laisser qu'une copie pour plusieurs intimés.*— V. *Ajournement*, n°s 155 et suiv.

174. En général, il doit être laissé copie de l'acte d'appel à chaque partie séparément. Turin, 6 juil. 1808.

175. Cependant, s'il a été signifié par une seule copie à plusieurs, la nullité qui en résulte ne peut plus être opposée lorsque les parties assignées ont constitué un avoué en nom commun et comparu devant la Cour. C. pr. 61; Limoges, 22 déc. 1829 (S. 14, 374)—V. *Exception.*

176. En matière indivisible ou solidaire, l'acte d'appel peut être signifié collectivement.

L'appel signifié à un débiteur solidaire produit son effet à l'égard des autres co-débiteurs. Rennes, 14 juil. 1810 (S. 14, 134); Carré, art. 456.—V. *sup.* n°s 46 et 132.

177. Il en est de même lorsque les parties qui ont signifié le jugement ont déclaré procéder conjointement et solidairement. Caen, 8 janv. 1827 (S. 28, 21).

178. *Mention de la personne à laquelle copie est laissée.* — V. *Ajournement*, sect. II, § 6, art. 2.

179. *Indication du tribunal qui doit connaître de l'appel*, et *du délai de la comparution.*—V. *Ajournement*, sect. II, § 9.

180. L'appel doit être porté devant le tribunal supérieur dont relève celui qui a rendu le jugement attaqué.—V. *Degrés de juridiction.*

L'acte d'appel indique, à peine de nullité, quel est ce tribunal.

181. Il contient également, à peine de nullité, assignation devant lui, dans les délais de la loi. C. pr. 456.—V. *Ajournement*, sect. II, § 7.

182. *Objet de la demande; exposé sommaire des moyens.* L'acte d'appel doit nécessairement désigner le jugement dont on demande la réformation, et indiquer si l'on attaque toutes ses dispositions ou seulement quelques-unes d'elles.—V. *inf.* n° 189.

183. Faut-il qu'il contienne l'énonciation des griefs?

On peut argumenter, pour l'affirmative, de l'analogie qui existe entre l'acte d'appel et l'ajournement, et en conclure que la disposition de l'art. 61 C. pr., qui exige que celui-ci contienne l'exposé sommaire des moyens, est applicable à l'acte d'appel.

Cependant la négative nous semble devoir être adoptée. En effet, en première instance, le défendeur ignorerait l'objet de la réclamation formée contre lui, si l'ajournement ne le lui faisait connaître. L'acte d'appel, au contraire, ne fait que continuer un procès déjà commencé; la demande et les moyens sont nécessairement, devant la Cour, à peu près ce qu'ils ont été devant les premiers juges; il n'y a donc pas même raison de décider. —D'ailleurs, le Code de procédure ne prononce pas la nullité de l'acte d'appel qui ne contient pas les griefs, et les nullités ne peuvent se suppléer (C. pr. 1032); loin de là, on a supprimé dans l'art. 456 l'obligation d'énoncer sommairement les griefs, obligation prescrite par l'art. 450 du projet; et l'art. 462, en disposant que l'appelant fera signifier ses griefs dans la huitaine de la constitution de l'intimé, suppose évidemment que ces griefs peuvent ne pas avoir été énoncés dans l'acte d'appel. Cas. 4 déc. 1809, 1er mars 1810 (S. 10, 76--185), 11 mai 1811; Pigeau, t. 1, p. 597; Favard, v° *Ajournement*, § 2, n° 5; Merlin, *Quest. Dr.*, § 10, art. 1, n° 3; Carré, n° 1648. *Contrà*, — Demiau, p. 327.

184. Peu importe que l'affaire soit sommaire. En vain prétendrait-on que les griefs ne devant pas, dans ce cas, être signifiés dans le cours de l'instance, il est indispensable de les énoncer dans l'acte d'appel. En effet, la loi ne distingue pas; et d'ailleurs, si les moyens de l'appelant ne sont pas signifiés, ils sont présentés à l'audience. C. pr. 460, 463; Cas. 11 mai 1831 (S. 31, 243).

185. En est-il de même en matière d'*ordre*.—*V*. ce mot.

186. Dans tous les cas le vœu de l'art. 61 serait suffisamment rempli si l'on s'en référait aux conclusions de première instance. Bourges, 7 mars 1810; Metz, 10 nov. 1819.

§ 2. — *Formalités particulières à l'acte d'appel.*

187. L'acte d'appel doit être interjeté par un acte exprès et séparé; une déclaration d'appel insérée dans un commandement ne remplacerait pas cet acte, lors même qu'elle contiendrait constitution d'avoué et assignation dans les délais de la loi. C. pr. 456; Bordeaux, 12 fév. 1813 (S. 13, 303); Cas. 5 avr. 1813 (S. 13, 385).

188. Cependant la signification d'un acte notarié, contenant déclaration par la partie condamnée qu'elle se rend appelante du jugement rendu contre elle, vaut comme acte d'appel, si d'ailleurs la copie de cet acte est suivie d'une assignation régulière. C. pr. 456; Pau, 16 août 1809 (S. 14, 390); Carré, art. 456.

189. L'acte d'appel doit énoncer par quel tribunal et à quelle date le jugement dont est appel a été rendu.

Il doit aussi indiquer si l'on appelle de toutes les dispositions de ce jugement, ou seulement de quelques-unes d'entre elles.

190. Mais cette omission n'entraîne pas nullité s'il résulte des circonstances que l'intimé a parfaitement su contre quel jugement l'appel était interjeté. Paris, 28 août 1813 (S. 14, 261); Limoges, 19 août 1818 (S. 18, 339); Amiens, 9 nov. 1823 (S. 23, 52); Colmar, 3 janv. 1826 (S. 26, 212); Carré, art. 456. Contrà,—Rennes, 2 fév. 1811.

191. Le mot *appeler* n'est pas sacramentel; il peut être remplacé par des termes équipollens. Cas. 2 vent. an 9 (S. 1, 295); Merlin, *Quest. Dr.*, v° *Appel*; Carré, art. 456.

Section VI. — *Effets de l'appel ; Cas où l'on peut demander des défenses, ou l'exécution provisoire du jugement de première instance.*

192. L'appel a deux principaux effets : un effet dévolutif, et un effet suspensif.

193. *Effet dévolutif.* Il saisit le juge supérieur, et lui transmet la connaissance de la cause sur laquelle le juge inférieur a statué.

194. *Effet suspensif.* Il suspend l'effet du jugement, soit interlocutoire soit définitif, qu'il attaque, et, jusqu'à ce qu'il y ait été statué, les choses demeurent dans l'état où elles étaient au jour où il a été interjeté. C. pr. 457.

195. Ainsi, le délai accordé par un jugement pour faire une option est suspendu du jour de l'appel, et ne reprend son cours qu'à dater de la signification de l'arrêt confirmatif. C. pr. 457; Cas. 12 juin 1810 (S. 10, 517); Berriat, p. 425, note 81.

196. L'appel suspend l'exécution des condamnations accessoires, aussi bien que celle des condamnations principales.

L'avoué qui a obtenu distraction à son profit des dépens de première instance, ne peut donc en poursuivre le paiement postérieurement à l'appel. S'il le fait, il s'expose à être condamné à des dommages-intérêts envers l'appelant. C. pr. 137, 457; Bourges, 20 avr. 1818 (S. 19, 191). — V. *Distraction de dépens.*

197. Cette suspension a lieu, lors même que l'acte d'appel est nul, soit pour vice de forme, soit pour avoir été interjeté après les délais. Les juges qui ont rendu la sentence attaquée ne peuvent pas, quoique la nullité de l'acte d'appel leur paraisse incontestable, ordonner l'exécution provisoire de leur sentence; l'appréciation de sa validité ne leur appartient

dans aucun cas ; elle est toujours réservée au tribunal auquel la sentence est déférée. C. pr. 457; Cas. 19 janv. 1829 (S. 29, 113); Limoges, 20 juil. 1832 (S. 32, 594). *Contrà*, — Toulouse, 3 fév. 1832 (S. 32, 601). — V. *Contribution*, *Ordre*, *Saisie immobilière*.

198. Ces principes sont-ils applicables aux jugemens rendus en matière commerciale ?

Pour l'affirmative, on invoque les termes de l'art. 457 C. pr., disposant d'une manière générale que l'exécution du jugement attaqué est suspendue toutes les fois qu'elle n'a pas été ordonnée par provision. — L'art. 439 C. pr., ajoute-t-on, confirme cette opinion. En effet, loin d'imposer aux tribunaux de commerce l'obligation de déclarer exécutoires par provision toutes leurs sentences, il dispose qu'ils pourront ordonner cette exécution : d'où il résulte que ce n'est qu'une simple faculté qui leur est départie, et que l'exécution ne saurait avoir lieu nonobstant l'appel, dans le cas où ils ont suffisamment manifesté par leur silence une intention opposée.

Mais on répond qu'il suffit de lire attentivement l'art. 439, pour se convaincre qu'il consacre positivement une exception à l'art. 457. En effet, le mot *pourra*, qu'on invoque dans l'opinion contraire, ne s'applique évidemment qu'au droit qu'a le juge d'ordonner l'exécution, avec ou sans caution. Ce qui le démontre, c'est que ce mot se trouve dans la partie de l'article relative à l'exécution des jugemens rendus sur titre non attaqué, ou condamnation précédente, et que, dans ce cas, il n'est pas facultatif au juge d'accorder ou de refuser l'exécution nonobstant appel, même en matière civile. Il est d'ailleurs impossible d'équivoquer sur les termes de cet article, en présence de l'art. 647 C. com., qui défend, dans tous les cas, aux Cours royales, à peine de nullité, et même de dommages-intérêts, s'il y a lieu, d'accorder des défenses ni de surseoir à l'exécution des jugemens des tribunaux de commerce. — Enfin, l'ancienne législation n'accordait pas d'effet suspensif à l'appel en matière commerciale, et l'on ne peut pas supposer que le Code ait voulu déroger à ces principes, puisqu'il ne l'a pas fait d'une manière expresse. Ord. 1563, 1673; L. 24 août 1790, tit. 12, art. 4; C. pr. 457; C. com. 647; Rouen, 3 nov. 1807 (S. 8, 41); Nîmes, 31 août 1809 (S. 10, 234); Cas. 2 avr. 1817 (S. 17, 280); Aix, 5 mai 1826; Berriat, p. 426, notes 87, 88; Pigeau, t. 1, p. 681. *Contrà*, — Bruxelles, 9 déc. 1809 (S. 14, 154); Poncet, *des Jugemens*, t. 1, p. 438.

199. Il a même été jugé que l'exécution provisoire ne peut être suspendue, encore bien que les tribunaux de commerce l'aient prononcée sans caution, dans des cas où une caution est

exigée par la loi. C. pr. 439, 459; C. com. 647; Paris, 6 fév. 1813. *Contrà*, — Bruxelles, 6 mars 1810.

200. Tous les actes d'exécution faits depuis l'appel sont radicalement nuls, dans le cas où il est suspensif. Berriat, p. 425, note 81, n° 2; Carré, art. 457.

201. Mais il cesse de l'être, et ne produit qu'un effet dévolutif, lorsque la première sentence est exécutoire par provision. C. pr. 457.

Toutefois, il ne suffirait pas qu'elle eût été déclarée seulement exécutoire nonobstant opposition. Bordeaux, 21 août 1832 (S. 33, 68).

202. Il en est de même à l'égard de l'appel de la disposition relative à la contrainte par corps, en cas de jugement rendu en dernier ressort. L. 17 avr. 1832, art. 20. — V. *Contrainte par corps.*

203. *Cas où l'on peut demander des défenses.* L'appel n'est encore que dévolutif, si le jugement attaqué a été mal à propos qualifié en dernier ressort, ou si l'exécution provisoire a été ordonnée hors des cas prévus par la loi. C. pr. 457, 459.

Seulement, dans ces deux circonstances, l'appelant peut obtenir à l'audience de la Cour, sur assignation à bref délai, des défenses à l'exécution provisoire. C. pr. 457, 459.

204. L'assignation n'est donnée qu'en vertu d'une ordonnance rendue par le président du tribunal devant lequel est porté l'appel. Les assignations à bref délai ne sont dispensées d'autorisation que lorsqu'un délai plus court que le délai ordinaire a été déterminé par la loi. C. pr. 72; Pigeau, t. 1, p. 681, 682. —V. *Bref délai.*

205. Si au jour indiqué l'intimé se présente et demande la remise, les juges peuvent, en l'accordant, ordonner que les choses resteront en état jusqu'au jour où il sera statué sur les défenses. Pigeau, t. 1, p. 683.

206. Mais ils ne peuvent renvoyer à prononcer sur la demande à fin de défenses en même temps que sur le fond. Cette manière de procéder serait évidemment contraire au texte et à l'esprit de la loi, qui veut qu'il soit statué provisoirement sur cette demande. C. pr. 457, 458, 459; Carré, art. 459; Pigeau, t. 1, p. 680.

207. Cependant, si la cause sur le fond était en état, il serait inutile de statuer sur la demande, à fin de défenses, puisque la suspension ou la continuation de l'exécution de la sentence des premiers juges doit nécessairement résulter de l'infirmation ou de la confirmation de cette sentence. Carré, art. 459; Berriat, p. 426, note 86.

208. Les défenses peuvent être accordées sur requête communiquée à la partie adverse, pour qu'elle puisse faire valoir ses moyens; mais il n'en est jamais donné sur requête non communiquée. C. pr. 459; Carré, art. 459, Pigeau, t. 1, p. 682; Demiau, p. 529.

209. Il est également interdit, par les mêmes motifs, d'arrêter l'exécution provisoire autrement que par des défenses accordées à l'audience.

Ainsi, l'on ne peut, en permettant d'assigner sur la demande à fin de défenses, ordonner que jusqu'au jour de l'assignation toutes choses demeureront en état. C. pr. 459, 460; Carré, art. 459; Pigeau, t. 1, p. 682.

210. Si le jugement a reçu un commencement d'exécution: par exemple, s'il a été fait des saisies-arrêts ou exécution, le condamné a le droit d'en demander la main-levée, ainsi que la restitution des sommes payées par lui, comme contraint et forcé. Ces mains-levées et restitutions sont ordonnées lorsque la demande est jugée bien fondée. Pigeau, t. 1, p. 683.

211. Hors des cas qui viennent d'être énoncés, il n'est accordé de défenses ni rendu aucun jugement tendant directement ou indirectement à arrêter l'exécution de la sentence attaquée, à peine de nullité. C. pr. 460.

212. Mais, s'il y a urgence, l'autorisation d'assigner à un délai plus court que le délai ordinaire peut être accordée. C. com. 647; Carré, art. 460.

213. *Cas où l'on peut demander l'exécution provisoire.* Lorsque l'exécution provisoire n'a pas été prononcée dans les circonstances où elle est autorisée, l'intimé peut, sur un simple acte, la faire ordonner à l'audience, avant le jugement de l'appel (C. pr. 458), soit contradictoirement, soit par défaut. Bruxelles, 20 janv. 1813; Toulouse, 21 janv. 1821, 21 nov. 1823 (S. 25, 91).

214. Il en est de même, à plus forte raison, à l'égard des jugemens qui devaient être rendus en dernier ressort, et qui n'ont pas été qualifiés ou l'ont été en premier ressort. C. pr. 457, 459.

215. Le juge qui a rendu la sentence est incompétent pour ordonner cette exécution par une décision nouvelle. Pigeau, t. 1, p. 684.

216. On peut demander sur l'appel l'exécution provisoire, lors même qu'on n'y a pas conclu en première instance. — V. *inf.* sect. VIII.

SECTION VII. — *Procédure d'appel; Amende.*

§ 1. — *Procédure d'appel.*

217. Les règles établies pour l'instruction des affaires devant

les tribunaux de première instance s'appliquent à celle de l'appel, sauf les exceptions indiquées ci-après. C. pr. 470. — V. *Audience, Instruction.*

218. Dans le droit ancien, on appointait à informer par écrit tous les appels des jugemens qui avaient été instruits de cette manière en première instance. Cet usage, que le Code a abrogé, entravait la marche des affaires, en contraignant les juges d'appel à adopter un mode de procéder tout-à-fait inutile dans les cas où l'affaire leur paraissait suffisamment éclairée, ou réduite à des points assez simples pour être discutés à l'audience.

219. Aujourd'hui tout appel, même de jugement rendu sur instruction par écrit, est porté à l'audience, sauf au tribunal ou à la Cour à ordonner l'instruction par écrit s'il y a lieu. Carré, art. 461; Pigeau, t. 1, p. 686.

220. L'appel d'un jugement qui a statué sur une demande à fin d'autorisation formée par une femme contre son mari, doit, comme tout autre, être porté à l'audience, et non à la chambre du conseil. C. pr. 86; Nîmes, 18 janv. 1830 (S. 30, 141). — V. *Femme mariée.*

221. Les juges ne peuvent, sur de simples conclusions, mettre la cause en délibéré; ce mode d'instruction ne doit être ordonné que lorsque la nécessité en a été démontrée par des plaidoiries faites à l'audience. Rennes, 15 juil. 1808; Carré, art. 461.

222. Si l'intimé ne constitue pas avoué, l'appel est porté à l'audience sur un simple acte. C. pr. 463.

223. S'il intervient jugement ou arrêt infirmatif, l'intimé peut y former opposition. C. pr. 157, 158, 160, 161, 162. — V. *Opposition.*

224. Si l'intimé constitue avoué, et que l'affaire soit ordinaire, l'appelant fait signifier ses griefs contre le jugement dans la huitaine de la constitution. C. pr. 462.

L'intimé doit répondre dans la huitaine suivante. C. pr. 462.

Toutefois, ces griefs et réponses peuvent être signifiés après le délai de huitaine. Thomine, t. 1, p. 705; Carré, art. 462.

Dans la pratique, ils ne sont signifiés qu'après que les conclusions ont été respectivement prises à l'audience de la chambre à laquelle l'affaire a été distribuée, et la mise au rôle de cette chambre.

225. Les griefs et réponses sont facultatifs. Les parties peuvent, en conséquence, se dispenser d'en signifier. Le Code de procédure a aboli le défaut faute de plaider, qui, aux termes de l'ordonnance de 1667, devait être prononcé contre celui qui ne faisait pas signifier de défense. Ord. 1667, art. 79, 80; C. pr.

470; Pigeau, t. 1, p. 689; Thomine, t. 1, p. 703; Carré, art. 462.

226. Toute pièce d'écriture qui n'est que la répétition des moyens ou exceptions déjà employés par écrit, soit en première instance, soit en appel, ne passe point en *taxe*. C. pr. 465. — *V.* ce mot.

Si la pièce contient à la fois de nouveaux moyens ou exceptions, et la répétition des anciens, on n'alloue que la partie relative aux nouveaux moyens ou exceptions. C. pr. 465.

227. Après la signification des griefs et réponses, l'audience est poursuivie sans autre procédure. C. pr. 462.

228. Si l'affaire est sommaire, elle est portée à l'audience sur un simple acte, sans autre procédure. C. pr. 463.

229. Les appels des jugemens en matière commerciale sont instruits et jugés devant les Cours, comme appels de jugemens en matière sommaire. C. com. 648.

§ 2. — *Nécessité pour l'appelant de consigner une amende.*

230. L'appelant doit consigner *avant le jugement* une amende de cinq francs, s'il s'agit d'un jugement de juge de paix, et de dix francs, s'il s'agit d'un jugement d'un tribunal de première instance ou de commerce.

Le Code de procédure se borne à prononcer cette amende contre l'appelant qui succombe, sans exiger expressément qu'elle soit consignée avant le jugement; mais la nécessité de la consignation préalable résulte de l'art. 90 du tarif, qui alloue une vacation pour consigner l'amende, et une autre pour la retirer, dans le cas d'infirmation du jugement. Pigeau, t. 1, p. 686; Carré, art. 471; déc. min. fin., 12 sept. 1809 (S. 10, 2; 12).

Au reste, dans le silence de la loi, on ne pourrait prononcer de fin de non-recevoir ou de nullité, ni refuser l'audience, sur le fondement de défaut de consignation de l'amende.

La consignation est obligatoire sur l'appel en matière sommaire, aussi bien qu'en matière ordinaire. L'avoué qui n'a pas fait la consignation préalable, et le greffier qui a expédié le jugement sur l'appel, malgré le défaut de consignation, sont nécessairement passibles d'une amende de 500 francs. Cas. 8 mai 1809 (S. 9, 253); Carré, art. 471. *Contrà*,—Pigeau, *ib.*

232. Toutefois, il n'est pas nécessaire de consigner l'amende avant l'appel, comme dans le cas de requête civile. C. pr. 494, 495; Pigeau, Carré, *ib.* — V. *Requête civile.*

233. Dans l'ancien droit, la quittance de l'amende devait être signifiée à la partie adverse de celle qui l'avait consignée; mais le tarif ne parlant pas d'une signification de cette nature, on peut se dispenser de la faire aujourd'hui. Pigeau, *ib.*

254. L'appelant qui succombe est condamné à payer l'amende par lui consignée. — V. *sup.* n° 250.

Peu importe que son appel soit déclaré mal fondé, ou seulement irrégulier, ou non-recevable. L'art. 471 C. pr. ne fait aucune distinction. Pigeau, t. 1, p. 695.

255. Mais il ne doit pas d'amende, si le jugement est réformé dans un seul de ses chefs, bien que tous les autres soient confirmés. Dans ce cas, le premier juge avait en effet mal jugé, et il a eu raison d'appeler de sa décision. Bruxelles, 28 janv. 1808; Berriat, p. 458, note 21; Carré, art. 471; Pigeau, t. 1, p. 697.

256. L'appelant qui se désiste de son appel dans le cours de l'instance ne doit pas l'amende. Cette amende n'est encourue que lorsqu'il succombe. C. pr. 471; Bruxelles, 20 janv. 1808 (S. 8, 209); Rennes, 14 déc. 1809; Carré, art. 471. *Contrà,* — Bruxelles, 9 déc. 1806 (S. 7, 779).

257. *Quid,* si le désistement n'est signifié que postérieurement aux plaidoiries? On peut dire que, lorsque l'appelant se désiste, après avoir présenté et développé ses moyens, il en reconnaît, par cela même, le mal fondé, et que par conséquent il succombe. Mais il est facile de répondre que ce n'est pas seulement à l'audience que l'appelant présente et développe ses moyens, qu'il le fait ordinairement dans le cours de l'instance, en signifiant une requête ou des conclusions, et cependant il est certain qu'avant les plaidoiries le désistement met l'appelant à l'abri de l'amende. D'ailleurs, il ne succombe que lorsqu'il est condamné, et il est impossible de savoir s'il l'aurait été, du moment qu'il se désiste. *Contrà,* — Rennes, 8 janv. 1810; Carré, art. 471.

258. Les juges ne peuvent décharger de l'amende l'appelant qui succombe. Cas. 9 mes. an 5 et 8 mai 1809.

259. Mais l'omission d'avoir condamné à l'amende ne donne pas ouverture à cassation dans l'intérêt des parties. Berriat, *ut suprà.*

Section VIII. — *De ce qui peut être demandé en appel.*

§ 1. — *Conclusions du demandeur.*

240. Les tribunaux d'appel ne sont institués que pour réformer les injustices commises par les juges inférieurs. Leurs fonctions se réduisent donc à examiner si le tribunal de première instance a bien ou mal jugé.

241. De là il résulte que les erreurs de calcul, contenues au jugement de première instance, ne constituant pas un mal jugé, ne sauraient en motiver l'appel. C. pr. 541; Berriat, p. 412, note 3o, n° 3; Carré, art. 443.

242. Une autre conséquence de ce principe, c'est que les premiers juges ne pouvant statuer que sur les demandes qui leur ont été soumises, ou qui se trouvaient implicitement comprises dans celles-ci, les juges d'appel n'ont le droit d'examiner le bien ou le mal jugé que par rapport à ces mêmes demandes, et qu'on est non-recevable à leur en soumettre de nouvelles. Cela résulte en outre de la règle qui veut que toute cause parcoure deux degrés de juridiction. C. pr. 464; Cas. 22 juil. 1809 (S. 9,394); Berriat, p. 427, 428.—V. *Degrés de juridiction*.

243. Ainsi ne peuvent être portées de prime abord devant le tribunal d'appel : 1° les contestations qui s'élèvent à l'occasion d'une transaction survenue après un jugement de première instance. Cas. 16 fév. 1810.

244. 2° La demande en rectification des erreurs commises dans un compte qu'on s'est borné à écarter en première instance, sous prétexte qu'il n'était que provisoire, et qu'on devait en fournir un nouveau. La seconde prétention est évidemment étrangère à la première. Nancy, 2 mai 1826 (S. 26, 249).

245. 3° La demande formée contre la même partie pour le même objet, mais en une autre qualité : par exemple, celui qui a été renvoyé de la demande formée contre lui en son nom personnel, ne peut être assigné en appel en qualité d'héritier. Bruxelles, 9 mars 1811 (S. 11, 321).

246. Mais il en est autrement si celui qui a agi en première instance, dans une double qualité, ne figure plus en appel qu'en l'une d'elles. Ainsi, la partie qui a formé une demande tant en son nom personnel qu'en celui d'un tiers, peut restreindre cette demande dans son seul intérêt : dans ce cas, il n'y a pas, comme dans celui qui précède, substitution d'une qualité à une autre. Cas. 1er sept. 1813 (S. 14, 67).

247. Toutefois, il ne faut pas considérer comme *nouvelle* toute demande qui modifie les conclusions prises en première instance ou même devant le tribunal d'appel, pourvu que les objets réclamés se trouvent compris dans ceux demandés précédemment. Les parties ont le droit de rectifier, augmenter ou diminuer leurs conclusions. Berriat, p. 428, note 95; Pigeau, t. 1, p. 693; Carré, art. 465. —V. *inf.* n°s 263 *et suiv.*

Ainsi est recevable en appel la demande qui n'est que la suite ou la modification *en moins* de la demande principale. Cas. 22 mai 1822 (S. 22, 301).

248. Par exemple, la partie qui, en première instance, a demandé l'exercice d'une servitude de passage à l'effet de faircirculer des voitures, peut conclure en appel à être autorisée à passer sur l'immeuble grevé à pied et à cheval seulement.

Il est évident que ce n'est pas là former une demande nouvelle ; c'est seulement restreindre la première, dans laquelle celle-ci se trouvait comprise. Cas. 14 juil. 1824 (S. 24, 250).

249. L'époux demandeur en divorce pouvait également, sur l'appel, restreindre sa demande à la séparation de corps. Paris, 13 août 1814 (S. 16, 78.)

250. Le créancier d'une succession a de même le droit de demander la séparation des patrimoines en tout état de cause, cette action n'étant que la suite de la demande principale. Liège, 10 fév. 1807 (S. 7, 697) ; Cas. 8 nov. 1815 (S. 16, 157).

251. On ne peut, à plus forte raison, considérer comme demande nouvelle les nouveaux moyens employés par l'appelant ou l'intimé. Cas. 25 juil. 1817 ; Rennes, 11 et 19 août 1817 ; Carré, art. 464 ; Pigeau, t. 1, p. 691 ; Berriat, p. 429.

Ainsi la commune qui, en première instance, a demandé à être autorisée à faire la seconde coupe d'un pré par elle vendu, en alléguant qu'elle avait conservé sur ce pré un droit de propriété, peut, en appel, soutenir qu'elle a ce droit en vertu d'une servitude. Cas. 7 mars 1826 (S. 26, 524).

252. De même, le mariage attaqué en première instance comme contracté par violence, peut l'être en appel, par le motif que l'un des deux conjoints n'avait pas l'âge voulu par la loi. Cas. 4 nov. 1822.

253. L'héritier qui, en première instance, a prétendu nul un legs d'usufruit, en soutenant la nullité du testament qui le constituait, peut encore, en appel, demander cette nullité, par le motif que le testateur n'était pas propriétaire du domaine grevé. Cas. 5 niv. an 13 ; Carré, art. 464.

254. Celui qui a demandé la nullité d'un testament pour vice de forme, peut demander cette même nullité en présentant en appel un testament abrogatif du premier. Cas. 25 janv. 1810.

255. On a le droit d'attaquer comme faux, en appel, le testament dont on avait, en première instance, demandé la nullité, pour cause d'imbécillité du testateur. Montpellier, 28 fév. 1810 ; Paris, 50 août 1810.

256. On peut encore, après avoir demandé en première instance la nullité d'une donation pour défaut d'insinuation, conclure en appel à ce que cette donation soit déclarée nulle, comme caduque. Cas. 22 janv. 1822.

257. Enfin, il est loisible de substituer à la demande en nullité d'une inscription hypothécaire pour défaut de mention

d'exigibilité, celle résultant de la prescription de l'hypothèque.
Toulouse, 22 mars 1821.

258. On ne saurait également considérer comme demande
nouvelle, proscrite en appel, celle tendante à prouver la demande ou la défense produite en première instance. Elle ne
constitue en effet que des moyens nouveaux.

Ainsi, l'on peut demander pour la première fois, en appel, la
preuve testimoniale, un rapport d'experts, un interrogatoire,
ou toute autre voie d'instruction. C. civ. 500; C. pr. 70; Pigeau, t. 1, p. 692; Carré, art. 464. — V. *Interrogatoire,
Enquête, Rapport d'experts.*

259. Il en est de même du rapport à la masse de ce que peut
devoir l'un des co-partageans; il n'y a là qu'un nouveau moyen
d'arriver aux compte, liquidation et partage demandés en première instance. Agen, 8 janv. 1824; Bourges, 3 mai 1824 (S.
24, 210).

260. Mais on n'est, dans aucun cas, recevable à remplacer en
appel une action quelconque par une autre d'une nature différente, quelque analogie qui existe entre elles.

Ainsi, l'action en nullité ne saurait être substituée à l'action
en rescision, et réciproquement. Cas. 5 nov. 1817 (S. 18, 195),
8 pluv. an 13 (S. 7, 890); Montpellier, 22 mai 1813 (S.
14, 391).

261. L'exécution provisoire peut-elle être demandée en appel
lorsqu'elle ne l'a pas été en première instance, dans les cas où
elle est autorisée par la loi?

Le doute naît à cet égard de ce que l'exécution provisoire
n'ayant pas été demandée, il semble qu'on ne saurait se plaindre de ce qu'elle n'a pas été ordonnée; mais l'exécution provisoire des jugemens est d'ordre public : c'est un devoir pour
le juge de l'ordonner, lors même qu'elle n'est pas demandée,
et conséquemment on est recevable à la réclamer en appel. En
outre, l'art. 458 C. pr. permet, d'une manière générale, à l'intimé de faire ordonner l'exécution provisoire sur l'appel, lorsqu'elle n'a pas été prononcée par les premiers juges. Il n'y a
donc pas lieu de distinguer entre le cas où elle a été demandée
en première instance, et celui où elle ne l'a pas été. Toulouse,
21 janv. 1821 et 21 nov. 1823 (S. 25, 91); Limoges, 11 juin
1828 (S. 28, 507); Montpellier, 25 août 1828. *Contra,* —
Bruxelles, 14 déc. 1808 (S. 9, 55), 25 juin 1811 (S. 14,
240); Limoges, 13 mars 1816 (S. 24, 24).

262. La nullité résultant de ce qu'une demande nouvelle a
été formée en appel, n'est pas d'ordre public; elle est créée
uniquement dans l'intérêt de la partie contre laquelle la demande est formée; elle est, en conséquence, couverte par son

consentement exprès, et même par sa défense au fond. Cas. 18 août 1818 (S. 19, 331), 14 juil. 1806 et 16 juin 1824; Carré, art. 464. — V. *Exception.*

263. La règle qui défend de former aucune demande nouvelle en appel, reçoit une exception lorsqu'il s'agit d'accessoires dépendant indirectement de la demande primitive, tels que des intérêts, arrérages, loyers ou fruits échus, et des dommages-intérêts soufferts depuis le premier jugement. C. pr. 464. — V. *Dommages-intérêts.*

Ces dommages-intérêts peuvent même être accordés pour le préjudice causé depuis le jugement sur l'appel. Ainsi, les juges qui liquident les dommages-intérêts adjugés par un arrêt, comprennent valablement dans leur liquidation ceux qui ont couru depuis l'arrêt jusqu'à cette liquidation. Cas. 12 avr. 1817 (S. 17, 262).

Dans ces différentes circonstances, les premiers juges, reconnaissant le mérite de la réclamation principale, ont implicitement statué sur les accessoires de cette réclamation : par exemple, le tribunal qui a déclaré un individu créancier d'une somme d'argent, a par-là même décidé qu'il aurait droit aux intérêts produits postérieurement par cette somme. Il était donc juste, pour économiser le temps et les frais, de permettre de porter de semblables demandes directement en appel. C'est d'ailleurs la conséquence du principe, que l'accessoire suit le sort du principal. Berriat, p. 428, note 95; Pigeau, t. 1, p. 690.

264. On est également recevable à demander en appel une provision qui n'a pas été sollicitée en première instance, *pourvu* qu'elle soit motivée sur des faits postérieurs au premier jugement. Elle constitue en effet un accessoire de la demande principale, dont les premiers juges n'ont pu connaître, et qui rentre comme tel dans la compétence du tribunal saisi du litige. Cas. 5 juil. 1809 (S. 9, 409); Bordeaux, 3 janv. 1826 (S. 26, 202); Carré, art. 464; Berriat, p. 428, note 96.

265. Les juges d'appel peuvent, par les mêmes motifs, tout en confirmant le jugement de première instance, accorder une provision plus forte que celle prononcée par ce jugement, s'ils se fondent sur des circonstances survenues depuis l'appel. Cas. 14 juil. 1806 (S. 6, 563).

266. Mais si les faits sur lesquels la provision est motivée sont antérieurs au premier jugement, la demande ayant pu être formée en première instance, est évidemment non-recevable en appel. Cas. 14 vent. an 6; Rennes, 18 mars 1809; Carré, art. 464.

267. Dans tous les cas, le droit accordé aux parties de réclamer en appel les accessoires de la demande principale, n'est

que facultatif; elles peuvent, si elles le préfèrent; s'adresser d'abord aux tribunaux de première instance. Cas. 18 fév. 1819 (S. 19, 304).

§ 2. — *Conclusions du défendeur.*

268. Le défendeur peut proposer, pour la première fois, en appel, toutes les demandes nouvelles qui ne sont qu'une défense à l'action principale. C. pr. 464.

En conséquence, celui qui, sur une demande à fin d'exécution d'un contrat de vente, a demandé la rescision de ce contrat, peut, en appel, soutenir que la vente est nulle pour défaut de prix. Cas. 2 juil. 1806 (S. 6, 353).

269. On peut également conclure pour la première fois, en appel, à l'annulation d'un acte qui a servi de fondement aux condamnations prononcées en première instance. C. pr. 464; Rennes, 9 août 1817 (S. 26, 143); Paris, 17 juil. 1810; Grenoble, 5 mars 1825; Carré, art. 464.

On peut aussi présenter l'exception de prescription, à moins qu'il ne résulte des circonstances, que la partie qui l'invoque y a renoncé. C. civ. 2224.

270. Il en est de même de toutes les exceptions péremptoires qui ne sont que des moyens de défense. Cas. 12 frim. an 10 (S. 2, 101); Carré, art. 464; Merlin, v° *Exception*—V. *Exception.*

271. Mais s'il s'agit d'une exception fondée sur une nullité de procédure, elle ne peut être présentée en appel qu'autant qu'elle n'a pas été couverte. C. pr. 173; Carré, art. 464.

En conséquence, est non-recevable la demande en nullité d'une enquête ou d'un exploit qui n'a pas été attaqué en première instance. C. pr. 173; Colmar, 20 fév. 1811 (S. 14, 305); Cas. 6 oct. 1806; Bruxelles, 6 déc. 1830 (S. 30, 58). —V. *Exception.*

272. La compensation est proposable en tout état de cause; la partie qui n'a pas opposé ce moyen en première instance est présumée l'avoir fait par oubli, et non à dessein de fraude. D'ailleurs elle ne constitue qu'un moyen de défense. C. pr. 464; Pigeau, t. 1, p. 690; Berriat, p. 429, note 99.

273. Celui qui n'a pas assigné en garantie en première instance peut-il le faire en appel? Le doute naît de ce qu'on pourrait regarder cette action comme une défense à la demande principale, puisqu'elle tend évidemment à procurer une défense et de nouveaux moyens contre cette action. Mais il est évident que l'art. 464 C. pr. n'entend parler que des demandes incidentes que les parties peuvent former les unes contre les autres, et non de celles contre les tiers. En outre, cette demande, qui peut être la défense à l'action dirigée contre le garanti, est principale à l'égard du garant. Elle doit conséquemment subir les deux degrés de juridiction. Cas. 20 germ. an 12 (S. 20¹, 460), 7 mes. an 12 (S. 4, 721), 20 mars 1811 (S. 11, 199), 11 fév. 1819 (S. 19, 505); 27 fév. 1821 (S. 23, 522); Paris, 5 mars 1812 (S. 15, 17); 7 fév. 1824 (S. 25, 196); Berriat, p. 431, note 104; Pigeau, t. 1, p. 690. *Contra*, — Trèves, 15 juil. 1810 (S. 11, 257). —V. *Degré de juridiction.*

Cependant, si le garant est en cause, la demande en garantie peut avoir lieu en appel. Cas. 9 déc. 1829 (S. 30, 8).

274. L'art. 464 du C. pr. ne s'applique pas seulement aux demandes nouvelles formées par le défendeur à l'action principale, mais encore à celles que le demandeur peut lui-même former contre les demandes incidentes de son adversaire. Ainsi Pierre a demandé 1,200 fr. à Paul, qui lui a opposé en première instance une compensation de 300 fr., montant d'un billet; il est recevable à demander, en appel, la nullité de ce billet. Pigeau, t. 1, p. 690.

275. Les nouvelles demandes, soit de l'appelant, soit de l'intimé, ne peuvent être formées que par de simples actes de conclusions motivées. C. pr. 465.

276. Cependant, si elles l'ont été verbalement, elles ne sont pas nulles de plein droit; la nullité peut en être couverte par le silence de l'adversaire. C. pr. 465, 1030; Cas., 1ᵉʳ sept. 1813 (S. 14, 67).

§ 3. — *Intervention.*

277. L'apparition d'une nouvelle partie constitue en général une demande nouvelle, et ne peut conséquemment avoir lieu en appel.

278. Cependant, si cette partie avait dû être appelée en première instance, et avait le droit de former tierce-opposition au jugement, son intervention en appel serait recevable. C. pr. 466. — V. *Intervention, Tierce-opposition.*

Section IX. — *Évocation.*

279. Les juges d'appel sont institués pour réparer l'injustice des décisions rendues en première instance. Ils peuvent donc prononcer sur toutes les demandes présentées devant le juge inférieur, lorsque celui-ci n'y a pas statué, ou qu'il y a statué irrégulièrement; car dans l'un et l'autre cas, il n'a pas été donné une décision juste sur le fond de la cause. Berriat, p. 432.

Ainsi, ils ont le droit, en infirmant un jugement définitif ou interlocutoire, soit pour vice de forme, soit pour toute autre cause, de prononcer sur le fond. C. pr. 473; Cas. 27 août 1806, 20 janv. 1808.

280. Peu importe qu'il s'agisse d'un jugement rendu sur une opposition à un précédent jugement par défaut qui n'est pas annulé. Caen, 4 mai 1813 (S. 14, 400).

281. Deux conditions seulement sont requises pour qu'il y ait lieu à évocation: il faut, 1° que la matière soit disposée à recevoir une décision définitive; 2° que le tribunal d'appel statue en même temps sur le fond par un seul et même jugement. C. pr. 473.

282. La matière est disposée à recevoir une décision définitive, lorsque l'instruction sur le fond a été faite devant les premiers juges, et qu'ils ont été à même de statuer. (Carré, art. 473.) En conséquence, l'évocation est possible dans le cas d'infirmation d'un jugement par lequel les premiers juges se sont déclarés à tort incompétens. Cas. 11 janv. 1809 (S. 9, 95); Nîmes, 28 janv. 1810 (S. 14, 96); Lyon, 8 août 1827 (S. 27, 258).

283. En est-il de même à l'égard d'un jugement nul pour cause d'incompétence ?

D'un côté, l'on soutient qu'un tribunal incompétent, à raison de la matière, ne pouvant juger une affaire, même du consentement des parties, et les juges d'appel n'étant institués que pour faire ce que les premiers juges auraient dû faire, il en résulte qu'ils ne sauraient connaître d'une contestation qui n'a pas pu subir le premier degré de juridiction. — En outre, l'évocation n'est permise que dans le cas d'infirmation, ce qui suppose nécessairement la validité du jugement attaqué, et non dans celui où ce jugement est déclaré nul (Arg. C. pr. 473). Ce système adopté par MM. Berriat, p. 434, note 113, et Merlin, *Quest. Dr.*, v° *Appel*, § 14, n° 4, a été consacré de la manière la plus formelle par plusieurs arrêts de la chambre civile de la Cour suprême, notamment par un arrêt de *cassation* du 30 nov. 1814 (S. 15, 246). Cependant l'opinion contraire, fondée sur ce qu'aucune distinction ne doit être admise là où la loi n'en a pas établi, et sur ce que l'art. 473 exige uniquement pour l'évocation la réunion de deux circonstances, savoir, que le jugement de première instance ait été infirmé, et que l'affaire soit en état de recevoir une décision au fond, a été accueillie par la section des requêtes, qui a constamment décidé, depuis l'arrêt de cassation ci-dessus énoncé, qu'il y avait lieu à évocation toutes les fois que le jugement était, soit infirmé, soit *annulé*. Cas. 5 oct. 1808 (S. 8, 559), 23 janv. 1811 (S. 11, 134), 24 août 1819 (S. 20, 106); — V. *inf.*, n° 284; Nancy, 20 déc. 1826 (S. 26, 185); Poitiers, 26 août 1828 (S. 29, 88); Paris,

25 fév. 1829 (S. 29, 130). *Contrà*, —Cas. 12 prair. an 8 (S. 1, 246), 27 fruct. an 11 (S. 3, 378), 7 frim. an 13 (S. 5, 2; 4-76). — Surtout si la valeur du litige est inférieure à 1,000 fr. Douai, 14 fév. 1827 (S. 28, 79); Lyon, 21 juin 1826 (S. 27, 256); Paris, 26 août 1825 (S. 26, 44); Poitiers, 29 juil. 1824 (S. 26, 69).

284. Les mêmes principes sont applicables au cas où le jugement est déclaré nul, comme rendu par un tribunal irrégulièrement composé.

Ou parce que le ministère public n'a pas été représenté par la personne désignée par la loi.

La possibilité de l'évocation dans ces circonstances a été admise par arrêts, de la section des requêtes du 28 fév. 1828 (S. 28, 190); Colmar, 21 avr. 1825 (S. 25, 363); Riom, 31 janv. 1828 (S. 28, 251). Au contraire, elle a été repoussée par arrêts de Riom, du 20 août 1825 (S. 26, 113), et Montpellier, 22 mars 1824 (S. 24, 209).

285. Il en est encore de même à l'égard d'un jugement qui remet à prononcer jusqu'à une époque déterminée. **Lyon,** 24 janv. 1828 (S. 28, 237).

286. La Cour devant laquelle une affaire a été renvoyée, après cassation, a les mêmes pouvoirs que celle dont l'arrêt a été cassé. Elle peut en conséquence statuer sur le fond, si l'affaire est en état de recevoir une décision. Cas. 4 déc. 1827 (S. 28, 206).

287. Mais l'évocation est impossible toutes les fois que les premiers juges se sont trouvés dans l'impossibilité de juger le fond.

Par exemple, 1° lorsqu'il n'y a eu aucune défense au fond, et que le jugement a statué uniquement sur une demande en nullité d'exploit formée par le défendeur. Cas. 9 oct. 1811 (S. 12, 15).

2° Lorsque la contestation a porté seulement sur le point de savoir si le désaveu formé par l'une des parties était fondé. Cas. 1er fév. 1820 (S. 20, 346).

3° Ou si les premiers juges ont statué sur une question préalable qu'ils ne pouvaient joindre au principal. Cas. 29 niv. an 10; 6 janv. 1806; Carré, art. 473; Berriat, p. 433, note 112.

288. L'évocation ne peut encore avoir lieu, lorsque la contestation est de nature à être jugée en dernier ressort par le tribunal de première instance. Les motifs d'ordre public qui ont fait déclarer les juges d'appel incompétens pour statuer sur des contestations de cette espèce, s'opposent à ce qu'ils puissent en connaître à l'aide de l'évocation. Cas. 22 juin 1812 (S. 12, 368); Poitiers, 29 juil. 1824 (S. 26, 69); Paris, 26 août 1825 (S. 26, 44); Lyon, 21 juin 1826 (S. 27, 256); Douai, 14 fév.

1827 (S. 28, 79); Carré, art. 473. *Contra*,—Lyon, 8 août 1827 (S. 27, 258).

289. L'évocation est facultative pour les juges d'appel ; ils peuvent en conséquence, quoique la cause soit en état et susceptible de recevoir une décision sur le fond, renvoyer les parties devant les premiers juges. Cas. 9 mars 1825 (S. 25, 122); Carré, art. 473.

290. Le jugement d'évocation n'est valable qu'autant qu'il prononce en même temps l'infirmation de la sentence de première instance. Cas. 9 oct. 1811 (S. 12, 15); 25 nov. 1818 (S. 19, 201); 23 avr. 1823 (S. 23, 290), et 2 fév. 1824 (S. 24, 251).—V. *sup.* n° 281.

Ainsi, il ne peut être statué sur l'appel du jugement interlocutoire, et remis à un autre jour pour le jugement du fond. Cas. 12 nov. 1816 (S. 17, 400).

291. Les juges d'appel ont-ils la faculté d'ordonner un avant faire droit?

La négative semble résulter de ce qu'ils sont astreints à statuer par un seul jugement. Cependant l'avant faire droit n'étant qu'un moyen d'éclairer leur décision, ne saurait les empêcher de statuer par un seul et même jugement sur l'appel de l'interlocutoire et sur le fond, seule obligation qui leur soit imposée par la loi. Cas. 22 déc. 1824 (S. 25, 195).

292. Lorsque le jugement de première instance est, non pas infirmé, mais réformé, la décision qui réforme et celle qui statue sur le fond, peuvent intervenir séparément. — L'art. 473 C. pr. n'exige un seul jugement que dans le cas où celui de première instance est infirmé; on ne peut donc étendre cette disposition au cas où il est validé, mais seulement réformé pour défaut d'application ou fausse application de la loi, erreurs de fait, ou injustice qui obligent les juges d'appel à faire un nouveau jugement, soit en totalité, soit en partie. Cas. 25 mai 1807, 7 fév. 1809; Berriat, p. 432, note 111; Carré, art. 473.

293. L'évocation peut être prononcée hors des cas prévus par la loi, du consentement respectif des parties.

Ce consentement résulte suffisamment de la position réciproque de conclusions au fond. Cas. 1er juil. et 8 août 1818 (S. 19, 33 et 258); Poitiers, 2 avr. 1830 (S. 30, 246).

En conséquence, la nullité provenant de ce que les juges d'appel ont statué sur une affaire qui n'a pas subi le premier degré de juridiction est couverte lorsque l'arrêt est passé en force de chose jugée. Cas. 16 juin 1819 (S. 20, 109).

Section X. — *Jugement et arrêt sur l'appel.*

§ 1er. — *Règles à suivre pour le jugement.*

294. Les dispositions de la loi sur les lieu, jour et heure où doit être rendu le jugement de première instance, sont applicables au jugement sur l'appel. Pigeau, t. 1, p. 695. — V. *Jugement.*

295. Il en est de même de celles qui déterminent la manière de procéder au jugement. Pigeau, *ib.* — V. *Ibid.*

296. S'il se forme plus de deux opinions, les juges plus faibles en nombre sont tenus de se réunir à l'une des deux opinions émises par le plus grand nombre. C. pr. 467.

297. Toutefois, la réunion à l'une des deux opinions adoptées par le plus grand nombre n'est exigée que lorsque les voix ont été recueillies deux fois. La loi ne s'explique pas à cet égard au titre de l'appel; mais il y a lieu d'appliquer par analogie l'art. 117 C. pr., qui prescrit cette formalité pour le jugement de première instance. Pigeau, t. 1, p. 695; Carré, art. 467.

298. Les arrêts des Cours d'appel ne peuvent, en matière civile, être rendus par moins de sept conseillers. L. 27 vent. an 8, art. 7.

299. Ce nombre doit, en général, être plus considérable lorsqu'il s'agit d'affaires qui sont jugées en *audience solennelle.* — V. ce mot. Cas. 8 déc. 1813 (S. 14, 121).

300. En cas de partage dans une Cour royale, on appelle pour le vider un ou plusieurs conseillers qui n'ont pas connu de l'affaire, et toujours en nombre impair. C. pr. 468.

301. Cependant, si, par suite du décès ou de l'empêchement de l'un des conseillers, la Cour se trouvait, après le partage, composée d'un nombre impair, les conseillers ou les avocats appelés pour vider le partage devraient l'être en nombre pair; autrement il pourrait y avoir lieu à un nouveau partage : ce que le législateur a voulu éviter. Cas. 12 avr. 1810 (S. 10, 234).

302. Les conseillers sont appelés selon l'ordre du tableau. Si des motifs quelconques empêchent que cet ordre soit suivi, ces motifs doivent, à peine de nullité, être énoncés dans l'arrêt. C. pr. 468; Cas. 4 juin 1822 (S. 22, 254).

303. Lorsque tous les conseillers composant la Cour ont connu de l'affaire, ou que ceux qui n'y ont pas assisté se trouvent empêchés, on appelle trois anciens jurisconsultes. C. pr. 468.

304. L'affaire est de nouveau plaidée, ou de nouveau rapportée, s'il s'agit d'une instruction par écrit. C. pr. 468.

305. Les conseillers peuvent, après les nouvelles plaidoiries et les nouveaux rapports, embrasser une opinion autre que celle qu'ils avaient adoptée lors de l'arrêt de partage. Cas. 12 avr. 1810 (S. 10, 234).

506. La Cour ne peut ordonner que plusieurs conseillers-auditeurs qui ont assisté aux plaidoiries d'une affaire ne participeront pas au jugement, parce qu'en leur absence la Cour eût été en nombre suffisant pour statuer, et que leur vote peut amener un partage. Le vote de tous les juges qui ont assisté aux débats d'une affaire est acquis aux parties, qui ne peuvent être dépouillées de son bénéfice sous aucun prétexte. Cas. 14 avr. 1830 (S. 30, 279).

507. La contestation qui a été l'objet d'un partage ne peut être jugée que selon le mode indiqué par la loi pour cette circonstance. Peu importerait que la chambre qui a rendu l'arrêt de partage eût subi des modifications dans sa composition, soit par le roulement annuel, soit par le décès de l'un des membres qui avaient rendu le premier arrêt. La décision intervenue sans que les formalités exigées aient été remplies est radicalement nulle. Cette nullité pourrait être opposée, quoique les parties eussent plaidé devant la chambre irrégulièrement composée. Cas. 15 juil. 1829 (S. 29, 316).

508. Les juges d'appel ont le droit de refuser de statuer jusqu'à ce qu'on leur ait produit une expédition régulière de la sentence attaquée. Cette expédition ne peut être délivrée régulièrement tant qu'il n'a pas été statué sur l'opposition formée aux *qualités*. (— *V.* ce mot.) Colmar, 27 nov. 1810; Berriat, p. 457, note 118.

509. Ils donnent valablement défaut contre l'appelant qui ne se présente pas pour soutenir son appel, sans examiner le mérite des conclusions de l'intimé. Cet examen ne doit avoir lieu que lorsque le défaut est prononcé contre le défendeur. Arg. C. pr. 150; Cas. 7 fév. 1811, 4 fév. 1819, 18 avr. 1820.

Cependant on ne saurait se faire un moyen de cassation de ce qu'une Cour, avant de prononcer défaut contre l'appelant, aurait vérifié les prétentions de l'intimé. Metz, 27 déc. 1811.

§ 2. — *De ce que prononce le jugement.*

510. Il faut distinguer entre le cas où l'appel est nul ou non-recevable, et celui où il est régulier et recevable.

511. Si l'appel est nul, soit parce que l'assignation contient une nullité, soit pour toute autre cause, le juge d'appel doit se borner à en prononcer la nullité. Pigeau, t. 1, p. 695; Berriat, p. 435.

512. Il ne peut entrer dans l'examen du fond, dont il n'est saisi que par un appel régulier.

En conséquence, si, après avoir prononcé la nullité de l'appel, il ajoute que le jugement de première instance sortira son plein et entier effet, ce n'est que par une formule surabondante et oiseuse. Cas. 10 avr. 1813; Berriat, p. 435, n° 116.

313. Il en est de même lorsque l'appel est non-recevable, soit pour avoir été interjeté dans la huitaine du jugement de première instance, non-exécutoire par provision, soit pour toute autre cause.

314. Au contraire, si l'appel est régulier et recevable, le tribunal doit, pour y faire droit, examiner le jugement attaqué.

315. Dans ce cas, si l'intimé a soutenu que l'appel était nul ou non-recevable, le tribunal commence par déclarer qu'il le reçoit.

Puis ensuite il statue au fond. Si l'appel ne lui paraît pas juste, il confirme purement et simplement le jugement de première instance, dont il ordonne l'exécution.

Dans le cas opposé, il reconnaît que l'appel est bien fondé, en partie ou en totalité.

En conséquence, si le jugement de première instance est mal fondé en partie, il le réforme quant aux chefs mal jugés, décharge l'appelant des condamnations prononcées contre lui par cette partie du jugement, ou admet ses prétentions qui ont été repoussées et confirme les autres dispositions. Si le jugement a mal jugé sur le tout, il statue de la manière suivante :

Lorsque le jugement est irrégulier en la forme et injuste au fond, il prononce son annulation, et statue sur la cause par jugement nouveau.

Quand il est régulier en la forme, mais injuste, il l'infirme, et y substitue de nouvelles dispositions.

316. Par cela seul que les juges d'appel accueillent une demande rejetée par le jugement de première instance, ils prononcent l'infirmation de ce jugement. Il n'est pas nécessaire que l'arrêt porte les expressions d'usage : *met l'appellation et ce dont est appel au néant.* Cas. 18 juil. 1820 (S. 21, 97).

317. Enfin, lorsque le jugement est seulement irrégulier, mais juste au fond, on l'annule encore ; mais on en reproduit les dispositions dans le nouveau jugement.

318. Si le jugement de première instance a bien décidé, mais par de mauvais motifs, on le confirme, en lui substituant des motifs nouveaux. Berriat, p. 437, note 118, n° 1.

319. Lorsque le jugement est interlocutoire, les juges d'appel doivent, en l'infirmant, renvoyer les parties devant le tribunal de première instance pour qu'il y soit statué sur le fond, dans le cas où la matière n'est pas en état. C. pr. 473.

Dans le cas où la matière est en état, ils peuvent évoquer le fond et le juger définitivement. C. pr. 473. — V. *sup.* sect. IX.

520. Si le fond a été décidé par les premiers juges, ils peuvent réformer en même temps le jugement interlocutoire et le jugement définitif.

521. Si l'interlocutoire leur paraît avoir été mal rendu, ils peuvent, après l'avoir réformé, ordonner, avant faire droit, les mesures convenables pour les mettre à même de connaître et d'apprécier le fond. Pigeau, t. 1, p. 699.

522. Si le jugement est provisoire, ils ont le droit de le réformer et de statuer en même temps sur le fond, dans le cas où la contestation a reçu en première instance une décision définitive. Pigeau, t. 1. p. 701.

523. L'appelant ou l'intimé qui succombe est condamné aux dépens. C. pr. 130.

Si le jugement de première instance est confirmé en partie et réformé en partie, les dépens peuvent être compensés. C. pr. 131. — V. *Dépens.*

L'appelant dont l'appel est rejeté est en outre condamné à une amende. — V. *sup.* sect. VII, § 2.

§ 3. — *Effets du jugement.*

524. Lorsque le jugement d'appel infirme celui de première instance, il l'anéantit totalement.

525. Au contraire, s'il déclare l'appel nul ou non-recevable, le jugement de première instance continue d'être exécuté selon sa forme et teneur.

526. Toutefois, l'appel déclaré nul peut être renouvelé, si d'ailleurs on est encore dans les délais. C. pr. 449; Paris, 4 janv. 1812; Pigeau, t. 1, p. 695; Berriat, p. 419, note 60, n° 1; Carré, art. 449.

527. Il en est de même s'il a été déclaré non-recevable pour avoir été interjeté dans la huitaine du jugement de première instance, non exécutoire par provision. *Mêmes auteurs.*

528. Mais s'il l'a été pour toute autre cause, ou si la cause ne se trouve pas énoncée, il ne peut être renouvelé. C. pr. 449; Pigeau, *ib.*

529. Si l'appel est déclaré mal fondé, il est anéanti, et le jugement de première instance reprend toute sa force.

Section XI.—*Tribunal auquel appartient l'exécution du jugement, ou de l'arrêt, d'appel.*

530. Si le jugement dont est appel est confirmé, l'exécution appartient au tribunal qui l'a rendu. C. pr. 472; Carré, art. 472; Berriat, p. 437; Pigeau, t. 1, p. 703.

Même en ce qui concerne les demandes nouvelles accueillies par le tribunal d'appel. En effet, l'exécution d'un jugement est indivisible, et ne saurait appartenir pour partie à un tribunal, et pour partie à un autre : d'ailleurs, si le tribunal de première instance est incompétent pour statuer sur l'exécution d'un jugement infirmé (—V. *inf.* n° 279), c'est uniquement parce que, n'ayant pas partagé l'opinion des juges supérieurs, il serait à craindre qu'il n'interprétât mal leur décision, et ce motif n'existe pas dans l'espèce.

551. Néanmoins les juges d'appel peuvent liquider les dommages-intérêts accordés par le jugement de première instance. Cette liquidation est plutôt le complément que l'exécution de la première condamnation. Rouen, 26 janv. 1811 (S. 14, 422). —V. *Dépens.*

552. Si le jugement émane d'un tribunal de commerce, et que ce jugement soit définitif, l'exécution n'appartient pas à ce tribunal : les juges de commerce sont incompétens pour connaître de l'exécution de leurs jugemens. C. pr. 442; Pigeau, t. 1, p. 705.

La même solution s'applique aux jugemens rendus par les juges de paix. — V. *Compétence.*

555. Il en est autrement s'il s'agit d'un jugement interlocutoire prescrivant une enquête, un rapport, etc. Ce mode d'exécution, que le tribunal de commerce a jugé nécessaire pour statuer définitivement, et qui lui aurait appartenu s'il n'y avait pas eu d'appel, doit rester dans ses attributions lorsque le jugement qui l'ordonnait a été confirmé. Pigeau, *ibid.*

554. Mais dans les cas où le tribunal ne peut connaître de l'exécution de sa sentence, à qui appartient cette exécution lorsque le jugement est confirmé?

D'un côté l'on peut dire qu'elle appartient au tribunal de première instance, et non à la Cour, puisque, aux termes de l'art. 472 du C. de pr., la Cour ne doit retenir l'exécution de ses arrêts qu'autant qu'ils sont infirmatifs. Mais on répond que si la loi n'a pas permis en général aux juges d'appel de retenir l'exécution d'un jugement confirmé, c'est uniquement parce que cette exécution est un droit pour le tribunal qui a rendu le jugement : rien ne s'oppose donc à ce que cette exécution soit retenue lorsqu'elle ne peut appartenir au tribunal dont émane le jugement. C'est par conséquent à tort qu'on invoque les termes de l'art. 472, qui ne statue que pour les cas les plus ordinaires. C. pr. 472; Carré, art. 472. *Contrà,* —Pigeau, *ibid.*

555. Si le jugement est infirmé, l'exécution entre les mêmes parties appartient à la Cour royale qui a prononcé, ou à un autre tribunal qu'elle indique dans son arrêt. C. pr. 472.

556. La Cour peut-elle renvoyer l'exécution au tribunal qui a rendu le jugement infirmé? D'une part, on dit : Le droit donné aux Cours royales de retenir ou de renvoyer à un autre tribunal l'exécution de leurs arrêts infirmatifs, leur a été accordé pour le cas où elles auraient lieu de craindre les préventions du tribunal qui a rendu le jugement ; or, dès qu'elles ne redoutent pas ces préventions, il n'y a aucun motif pour ne pas lui renvoyer l'exécution de l'arrêt infirmatif. Mais on répond que les termes de l'art. 472 sont trop formels pour admettre cette interprétation; la Cour doit renvoyer à un *autre tribunal*; celui qui a rendu le jugement infirmé ne saurait donc être choisi. Carré, art. 472. *Contrà*,—Pigeau, t. 1, p. 704.

557. Dans le cas où le jugement de première instance est confirmé et infirmé pour partie, la Cour peut retenir l'exécution ou la renvoyer à un autre tribunal, et même à celui qui a rendu le jugement. L'exécution des jugemens étant indivisible, elle ne peut appartenir au tribunal qui a rendu le jugement quant à la partie confirmée, et à la Cour quant à celle qui a été infirmée. Bourges, 26 avr. 1824 (S. 25, 103). Bordeaux, 15 avr. 1829 (S. 29, 236). *Contrà*.—Rennes, 1er juil. 1827 (S. 28, 45).

558. Cette règle est même applicable au cas où la Cour, en annulant un jugement pour vice de forme, en adopte le dispositif au fond. Cas. 29 janv. 1818 (S. 19, 133).

Et à celui d'infirmation d'un jugement qui s'est borné à déclarer la partie demanderesse, *quant à présent*, non-recevable en sa demande. Cas. 22 janv. 1828 (S. 28, 262).

559. Lorsqu'une Cour royale, avant de statuer au fond, ordonne une enquête rejetée par le tribunal de première instance, elle peut retenir l'exécution de cet interlocutoire, ou la renvoyer à un tribunal autre que celui qui a rendu le jugement dont est appel. On serait mal fondé à prétendre que par cela seul qu'il n'y a pas infirmation, l'exécution appartient nécessairement au tribunal de première instance : il ne s'agit en effet que d'un acte d'instruction dont la Cour a le droit de connaître. On ne peut d'ailleurs argumenter contre l'arrêt qui a retenu l'exécution de son interlocutoire, de ce que le jugement attaqué a été confirmé ultérieurement. Cas. 18 juil. 1820 (S. 20, 166); 17 janv. 1826 (S. 26, 268).

540. Lorsqu'il est intervenu un arrêt infirmatif, et que la Cour a retenu ou n'a pas renvoyé l'exécution, toutes les demandes relatives à cette exécution doivent être portées devant elle. Telles seraient : 1° la demande en prorogation de délai pour accepter ou répudier la communauté, formée par une femme après un arrêt infirmatif prononçant la séparation de corps. Cas. 29 janv. 1818 (S. 19, 133).

2° La demande en main-levée d'opposition à un divorce. Cas. 5 juil. 1807; Carré, art. 472.

3° La demande en radiation d'hypothèque prise en vertu d'un jugement infirmé. *Contrà,* — Paris, 23 mars 1817 (S. 18, 20).

341. La Cour doit également apprécier la validité des actes dont l'effet est d'entraver l'exécution d'un arrêt infirmatif. Carré, art. 472.

342. Mais on ne peut porter devant elle une demande en restriction d'intérêts accordés par un arrêt infirmatif. C'est en effet demander la modification, et non l'exécution de cet arrêt. Cas. 18 déc. 1815 (S. 15, 205).

343. La Cour qui a statué par arrêt infirmatif sur les droits des parties à une chose commune, est encore incompétente pour connaître de la demande en partage de cette chose. Cette action est tout-à-fait distincte de la première, et ne saurait être considérée comme l'exécution de celle-ci. Carré, art. 472. *Contrà,* — Liége, 27 juil. 1808 (S. 9, 65).

344. La nullité résultant de ce que les contestations qui se sont élevées à l'occasion de l'exécution d'un jugement n'ont pas été portées devant le juge compétent, peut être couverte par le consentement des parties. En conséquence, elle ne doit pas être suppléée d'office par le juge. On ne peut donc, sous prétexte d'incompétence, attaquer un jugement du tribunal de première instance qui a statué sur l'opposition formée à une saisie-exécution pratiquée en vertu d'un arrêt infirmatif, lorsque les parties ont volontairement procédé devant ce tribunal. Rennes, 15 avr. 1816. — V. *Exception.*

345. La retenue ou le renvoi de l'exécution ne peuvent avoir lieu lorsqu'il s'agit de demande en nullité d'emprisonnement ou d'expropriation forcée, et dans tous les cas où la loi attribue juridiction. C. pr. 472. — V. *Contrainte par corps, Saisie immobilière.*

Section XII. — *Appel incident.*

346. L'appel est incident toutes les fois qu'il est interjeté postérieurement à un autre appel du même jugement (— V. *sup.* n° 12). En conséquence, lorsque deux parties ont interjeté appel d'un jugement, le premier de ces appels est principal, et l'autre incident. Rennes, 3 juil. 1813.

Peu importe d'ailleurs que le premier n'attaque qu'une disposition accessoire du jugement : par exemple, celle des dépens; tandis que le second porte sur les chefs principaux. Ce n'est pas l'importance, mais la priorité des appels qui en détermine la nature. Colmar, 20 fév. 1820 (S. 20, 177).

347. *Quels jugemens peuvent être attaqués par appel incident.* L'appel incident ne peut avoir lieu que relativement au jugement dont est appel. L'intimé est non-recevable à appeler incidemment de tous autres jugemens qui lui sont opposés par l'appelant; la condition essentielle, pour interjeter un appel incident, est d'être intimé (—V. *inf.* n° 357). Or, cette condition n'existe pas par rapport aux jugemens dont il n'y a pas appel : si donc l'intimé veut se rendre appelant de ces jugemens, il doit, s'il est encore dans les délais, signifier son acte d'appel à personne ou domicile. Aix, 24 mai 1808; Rennes, 2 juil. et 10 nov. 1810; Carré, art. 443. *Contrà,* — Nîmes, 7 janv. 1812 (S. 14, 371).

348. L'appelant ne peut, par les mêmes motifs, interjeter incidemment appel d'un jugement dont l'intimé argumente contre lui, et dont il n'y a pas appel principal. Rennes, 3 fév. 1808 (S. 8, 107), et 24 fév. 1809; Cas. 13 août 1827 (S. 28, 74).

349. L'intimé a le droit d'appeler incidemment, non-seulement des chefs sur lesquels il y a appel principal, mais de tous ceux contenus aux jugemens attaqués. Il est bien vrai que les jugemens sont divisibles, et qu'il y a autant de jugemens que de dispositions contenues dans la décision qui les renferme, d'où il semblerait résulter que l'intimé n'est relevé de l'acquiescement donné à ces différentes dispositions que par rapport à celles qui sont l'objet de l'appel principal. Mais le texte de l'art. 443 C. pr. ne limite pas le droit de l'intimé à l'appel des dispositions attaquées par l'appelant. Il est d'ailleurs possible que l'intimé ait sacrifié une partie de ses droits pour éviter un nouveau procès; et du moment que le jugement auquel il a acquiescé est attaqué sur un point, il est juste qu'il puisse à son tour le critiquer dans les dispositions qui lui sont contraires. Rennes, 11 mars et 20 août 1817; Amiens, 29 mars et 10 mai 1822 (S. 23, 323 et 324); Cas. 13 janv., 16 juin, 8 juil. 1824 (S. 24, 166), et 22 mars 1826 (S. 26, 369); Agen, 10 juin 1824 (S. 24, 357), et 15 janv. 1825 (S. 26, 129); Thomines-Desmazures, t. 1, p. 676; Berriat, p. 419, note 57, n° 1; Favard, v° *Appel. Contrà,* — Nîmes, 18 mai 1806 (S. 9, 119); Rennes, 1er août 1810 (S. 14, 368); Carré, art. 443.

350. Toutefois, l'appel incident ne peut porter sur les chefs des jugemens relatifs à une partie qui ne s'est pas rendue appelante. A son égard, l'acquiescement donné par l'intimé doit produire tous ses effets. Cas. 27 juin 1820 (S. 21, 4). — V. *sup.* n° 347.

331. On ne saurait également demander, par la voie d'appel incident, la réformation d'un motif du jugement de première instance. En effet, on ne peut appeler que du dispositif des jugemens (—V. *sup.* n° 23). D'ailleurs, l'intimé qui croit avoir un moyen fondé pour faire confirmer le jugement, a le droit de le présenter devant le tribunal supérieur sans être tenu de se rendre appelant incidemment. Bourges, 23 avr. 1825.

332. *Quand l'appel incident est recevable.* L'ordonnance de 1667 disposait formellement qu'on ne pouvait appeler d'un jugement auquel on avait acquiescé. L'art. 443 C. pr. ne pose aucune règle à cet égard; il se borne à déclarer l'intimé recevable à interjeter appel en tout état de cause, quand même il aurait signifié le jugement sans protestation. Cependant on ne doit pas en conclure que le Code de procédure ait complétement abrogé les dispositions de l'ordonnance de 1667, et que l'intimé puisse, nonobstant toute espèce d'acquiescement au jugement de première instance, se rendre incidemment appelant. L'acquiescement donné par l'intimé antérieurement à l'appel, ne doit être considéré que comme conditionnel, et ne produit d'effet qu'autant que la partie adverse se conforme elle-même au jugement. Mais l'appel incident est non-recevable toutes les fois que l'acquiescement est postérieur à l'appel : en effet, l'intimé ne peut prétendre, dans ce cas comme dans le premier, que c'est pour éteindre toute contestation, et à la condition de jouir des avantages que lui accordait le jugement, qu'il a renoncé à attaquer les chefs de ce jugement qui lui sont défavorables. C. pr. 443; Carré, art. 443; Thomines-Desmazures, t. 1, p. 677. — V. *Acquiescement*, n° 63.

333. L'appel incident n'est recevable qu'autant que l'appel principal est lui-même régulier et recevable. Il n'est en effet que l'accessoire de celui-ci, et ne peut par conséquent exister que lorsque le juge d'appel en a été saisi, autrement l'acquiescement conditionnel, donné au jugement par l'intimé, continue de produire son effet. Poitiers, 13 août 1824 (S. 25, 337); Carré, art. 443.

334. Mais le droit d'appeler incidemment est acquis pour l'intimé du moment où l'appel principal est interjeté. Aucune circonstance postérieure à cet appel ne peut l'en dépouiller. Peu importerait que l'appelant se désistât de son appel principal. Ce désistement serait seulement considéré comme non avenu, et l'appelant pourrait demander l'adjudication de ses conclusions. Paris, 8 août 1809; Amiens, 15 déc. 1821 (S. 22, 305).

335. L'appel incident est recevable en tout état de cause, par conséquent après les trois mois de la signification du jugement. C. pr. 443; Cas. 26 oct. 1808; Turin, 9 fév. et 19 mars

1808; Thomines-Desmazures, t. 1, p. 677; Carré, art. 443.

356. Il peut être interjeté par requête d'avoué à avoué. Rennes, 3 fév. 1808; Cas. 12 fév. 1806 (S. 6, 917), et 16 oct. 1808 (S. 9, 98); Turin, 14 août 1809 (S. 10, 16); Thomines-Desmazures, t. 1, p. 678; Carré, art. 443.

Ou par des conclusions prises à l'audience. Pau, 1er avr. 1810; Thomines-Desmazures, t. 1, p. 678; Carré, art. 443.

Mais il ne saurait être formé verbalement à la barre du tribunal. Toutefois, la nullité résultant de l'emploi de ce mode est couverte par le silence de la partie adverse. Cas. 7 fév. 1832 (S. 32, 689.)—V. sup. n° 276.

357. *Personnes qui peuvent interjeter appel incident.* L'intimé seul est admis à interjeter appel incident. L'appelant n'a pas ce droit, quant aux chefs qu'il n'a pas cru devoir attaquer d'abord, et qui l'ont été par l'intimé. Par cela seul qu'il a restreint son appel à une partie du jugement, il est présumé avoir reconnu le bien-jugé du surplus, et y avoir donné son acquiescement. Turin, 1er avr. 1812; Cas. 16 mai 1814 (S. 14, 258), et 13 août 1827 (S. 28, 74); Thomines-Desmazures, t. 1, p. 676. *Contrà,*—Pigeau, t. 1, p. 657. —V. *Acquiescement* n°s 63 et suiv.

358. Est considéré comme intimé le garant qui a été condamné à indemniser le garanti des condamnations prononcées contre lui, lorsque, sur l'appel interjeté par celui-ci contre le demandeur principal, non-seulement il a été mis en cause, mais que, dans l'exploit qui lui a été signifié, la qualité d'intimé lui a été donnée, et qu'il lui a été annoncé qu'il aurait à répondre aux conclusions qui pourraient être prises contre lui. Cas. 11 janv. 1832 (S. 32, 159).

359. La partie qui n'a pas été intimée sur l'appel d'un jugement dans lequel elle a figuré, peut-elle, en intervenant, appeler incidemment de ce jugement? On peut dire, en faveur de cette partie, qu'elle ne saurait souffrir un préjudice de ce qu'elle n'a pas été intimée, et qu'elle ne peut être privée d'un droit qu'elle aurait eu si elle l'avait été. Mais l'appel ne produit d'effet qu'entre l'appelant et l'intimé; par rapport aux autres parties, c'est chose tout-à-fait étrangère, qui ne saurait ni leur préjudicier, ni leur donner aucun droit. La partie intervenante n'a donc, dans ce cas, que la voie de l'appel principal, si elle se trouve encore dans les conditions de la loi pour interjeter cet appel. Cas. 10 juil. 1827 (S. 27, 407), et 15 janv. 1833. *Contrà,*—Cas. 16 oct. 1808 (S. 9, 98); Carré, art. 443.

360. Il en est autrement si l'intervenant a été condamné solidairement avec l'intimé. Dans ce cas, l'appel principal produit son effet contre lui (—V. *sup.* n° 46). Il peut en conséquence interjeter incidemment appel. Amiens, 11 déc. 1821 (S. 22,

3o3). *Contrà,* — Montpellier., 3o avr. 1811 (S. 14, 361).

361. Les mêmes principes sont applicables au cas où l'intervenant est le co-intéressé de l'intimé dans une contestation où il s'agit d'une chose ou d'un droit indivisible.—V. *sup.* n° 51.

362. *Contre qui l'appel incident peut être dirigé.* L'appel incident ne peut être interjeté que contre l'appelant; il ne saurait l'être par un intimé contre un autre intimé. Il est vrai que l'art. 443 paraît ne pas distinguer; d'où l'on serait tenté de conclure que l'intimé a le droit d'appeler incidemment vis-à-vis de toutes les parties en cause. Mais il est facile de se convaincre que la distinction se trouve implicitement dans cet article, puisqu'il exige formellement la qualité d'intimé dans celui qui a le droit d'interjeter un appel incident, et que cette qualité n'existe qu'à l'égard de l'appelant principal. Paris, 9 août 1816; Montpellier, 3o avr. 1811; Gênes, 11 avr. 1812; Rennes, 9 juin 1815; Cas. 26 mai 1814, et 18 juil. 1815; Bourges, 12 fév. 1823 (S. 23, 328); Toulouse, 31 mars 1828 (S. 28, 224); Berriat, p. 405, note 7. *Contrà,*—Colmar, 19 mai 1826 (S. 29, 135); Pigeau, t. 1, p. 657.

363. Ainsi, celui qui a été condamné, sauf son recours contre son garant, est non-recevable à former un appel incident sur l'appel interjeté par celui-ci contre le demandeur principal. Cas. 18 juil. 1815 (S. 15, 383).

364. Il ne peut être interjeté contre l'appelant que dans la qualité qu'il a prise dans son acte d'appel. Conséquemment, lorsqu'un individu a agi en première instance, tant en son nom personnel que comme tuteur, et qu'il s'est borné à interjeter appel en cette dernière qualité, il n'y a pas lieu pour l'intimé à se porter incidemment appelant des dispositions du jugement qui statuent sur des demandes personnelles à l'appelant, et qui n'ont pas été attaquées par lui. Limoges, 4 déc. 1813; Bourges, 12 fév. 1823.

Section XIII. — *Enregistrement.*

365. L'acte d'appel d'un jugement de justice de paix est assujéti à un droit fixe de 5 fr. L. 28 avr. 1816, art. 68, § 4, n° 3.

366. Celui d'une sentence arbitrale, ou d'un jugement des tribunaux civils et de commerce, est passible du droit fixe de 10 fr. *Même loi,* § 5.

367. Il est dû un droit pour chaque demandeur ou défendeur, en quelque nombre qu'ils soient dans le même acte, excepté les copropriétaires, les cohéritiers, les co-intéressés, les débiteurs, ou créanciers associés, ou solidaires, les séquestres, les experts et les témoins, qui ne sont comptés que pour une seule et même personne, soit en demandant, soit en défendant dans le même original d'acte, lorsque leurs qualités y sont exprimées. L. 22 frim. an 7, art. 68, § 2, n° 30; L. 27 vent. an 9, art. 13.

368. L'enregistrement est de 50 cent. pour tous les actes d'avoué à avoué, qui sont signifiés pendant l'instruction de l'appel interjeté devant un tribunal de première instance, et de 1 fr. pour tous ceux qui ont lieu devant une Cour royale. L. 28 avr. 1816, tit. 7, art. 41, n° 1, et art. 42.

369. Il est de 3 fr. pour les ordonnances rendues sur requête par le président du tribunal de première instance. L. 28 avr. 1816, art. 44, tit. 7, n° 10.

370. De 5 fr. pour celles rendues par le président de la Cour royale. *Même loi*, art. 45, tit. 7, n° 6.

371. Et de 3 fr. pour les exploits et autres actes du ministère des huissiers, relatifs aux procédures devant les Cours royales, jusques et y compris la signification des arrêts définitifs. En exceptant toutefois les déclarations d'appel, et les significations d'avoué à avoué. L. 28 avr. 1816, tit. 7, art. 44, n° 7.

SECTION XIV. — *Formules.*

FORMULE I.

Acte d'appel d'un jugement de justice de paix.

(C. pr. 456. — Tarif, 27. — Coût: Orig., 2 fr.; copie, 50 c.)

L'an mil huit cent trente trois, le quatorze août, à la requête du sieur Pierre-Antoine Loisel, propriétaire, demeurant à Paris, rue Saint-Honoré, n° 215, pour lequel domicile est élu en l'étude de Me   , avoué près le tribunal de première instance de la Seine, demeurant en ladite ville, rue Montmartre, n° 13, lequel occupera, pour le requérant, sur les appel et assignation ci-après : j'ai, Joseph-Alphonse   , huissier près le tribunal de première instance de la Seine, séant à Paris, y demeurant, rue Saint-André-des-Arts, n° 15, patenté le 25 janvier dernier, n° 110, 3e classe, soussigné, signifié et déclaré au sieur Joseph-Louis Bernard, maître maçon, demeurant à Paris, rue du Four-Saint-Germain, n° 30; en son domicile, où étant, et parlant à une femme à son service, ainsi déclarée (1).

Que ledit sieur Loisel est appelant, comme par ces présentes il déclare formellement interjeter appel d'un jugement contradictoirement rendu entre les parties (2) par M. le juge de paix du 10e arrondissement de la ville de Paris, le 20 juin 1833; ledit jugement enregistré et signifié le 5 juillet suivant.

A ce que le sieur Bernard n'en ignore, et je lui ai, huissier susdit et soussigné, à mêmes requête, demeure, élection de domicile et constitution d'avoué que dessus, donné assignation en son domicile, et parlant comme ci-dessus.

(1) Pour les différens *parlant à.* — V. *Ajournement, Formule.*
(2) Si le jugement est par défaut non susceptible d'opposition, on met : d'un jugement par défaut, rendu contre le requérant, etc.
S'il y a eu un jugement de débouté d'opposition à un premier jugement par défaut, on met : d'un jugement rendu par défaut contre le requérant, ainsi que d'un second jugement également par défaut (ou contradictoirement rendu entre les parties), lequel déboute ledit requérant de l'opposition par lui formée à celui-ci; lesdits jugemens rendus par M. le juge de paix du dixième arrondissement de la ville de Paris, les et   , enregistrés et signifiés les   et   de la même année. — V. *Sup.* n° 30.

A comparaître d'huy à huitaine franche de la loi (1), à l'audience et par-devant MM. les président et juges du tribunal de première instance de la Seine, séant au Palais-de-Justice de Paris, première chambre, neuf heures du matin, pour : (2)

Attendu que le sieur Loisel a loué au sieur Bernard une maison et dépendances, sise à Paris, rue du Bac, n° 5, que celui-ci, à sa sortie des lieux, n'a pas réparé les dégradations qu'il y avait faites; que le montant de ces réparations, que le sieur Loisel a été dans la nécessité de faire, s'élève à une somme de quatre-vingts francs, ainsi qu'il en sera justifié au besoin; que dès-lors c'est à tort que, par le jugement dont est appel, la valeur desdites réparations a été fixée à trente francs;

Voir dire qu'il a été mal jugé, bien appelé du jugement dudit jour 20 juin 1833; ce faisant, que ledit jugement sera mis au néant;

Emendant et faisant droit au principal, voir ordonner que le sieur Bernard sera (3) condamné à payer au requérant la somme de quatre-vingts francs pour les causes sus-énoncées; et, en outre, en tous les dépens des causes principale, d'appel et demande;

Et je lui ai, en son domicile et parlant comme dessus, laissé copie du présent, dont le coût est de .   (Signature de l'huissier.)

FORMULE II.

Acte d'appel d'un jugement d'un tribunal de première instance, de commerce, ou arbitral.

(C. pr. 456. — Tarif, 29. — Coût : Orig., 2 fr.; copie, 50 c.)

L'an   (la suite comme ci-dessus, Formule 1), en l'étude de M^e avoué près la Cour royale de Paris, demeurant

Soussigné, signifié et déclaré au sieur Antoine Boileau, marchand épicier, demeurant à Paris, rue de Seine, n° 10, en son domicile, parlant à une femme à son service, ainsi déclarée (4).

Que ledit sieur Lambert est appelant comme de fait par ces présentes, il interjette formellement appel du jugement (5) contradictoirement (6) rendu entre les parties par (7) la troisième chambre du tribunal de première instance de la Seine, le

---

(1) *Si le domicile de la partie assignée est éloigné de plus de trois myriamètres du lieu où siège le tribunal saisi de l'appel*, on ajoute : outre un jour pour trois myria-mètres de distance.— V. *Sup.* n° 181.

(2) *Lorsque le défendeur a comparu devant le juge de paix*, les motifs de l'acte d'appel peuvent être remplacés par :
Par les motifs donnés devant M. le juge de paix, et ceux qui seront ultérieurement présentés au tribunal. — V. *Sup.* n° 186.

(3) *Si le défendeur a été condamné à payer ce que lui réclamait le demandeur*, on met : déclaré purement et simplement non-recevable en sa demande, en tous cas mal fondé en icelle, et condamné en tous les dépens.

(4) *Si la partie assignée n'a pas de domicile connu en France*. Au sieur Antoine Boileau, épicier, demeurant ci-devant à Paris, rue de Seine, n° 10, actuellement sans domicile ni résidence connus.
Pourquoi j'ai, conformément à la loi, affiché copie du présent à la principale porte de l'auditoire de la première chambre de la Cour royale de Paris, séant au Palais-de-Justice, et remis une seconde et semblable copie à M. le procureur général du roi près ladite Cour, en son parquet, ou étant et parlant à   requérant *visa*.
— V. *Sup.* n° 172.

(5) *S'il s'agit d'un appel de sentence arbitrale*. De la sentence arbitrale rendue par les sieurs André-Louis Perin, Joseph Dalagny et Victor-André Moreau, constitués en tribunal arbitral en vertu des pouvoirs qui leur ont été donnés à cet effet par les parties, ladite sentence en date du   , enregistrée et revêtue de l'ordonnance d'*exequatur*, délivrée par M. le président du tribunal du commerce de Paris, le   , enregistrée.

(6) *Si le jugement est par défaut, ou de débouté d'opposition.*—V. *sup. Form.* 1, n° 2.

(7) *Si le jugement dont est appel est du tribunal de commerce.* Par le tribunal de commerce de Paris.

Et je lui ai, etc.

A comparaître à huitaine franche, délai de la loi, à l'audience et par-devant MM. les premier président, président et conseillers de la Cour royale, séant à Paris, première chambre, neuf heures du matin.

Pour : attendu

Voir dire que le jugement dudit jour 30 avril 1833 sera mis au néant.

— V. sup. Form. 1.

FORMULE III.

Conclusions de l'intimé en réponse à celles de l'appelant.

A MM., etc.

CONCLUSIONS.

P. M. }
C. M. } — V. Conclusions.

Plaise à la Cour (1)

Attendu.........;

Par ces motifs et autres qu'il plaira à la Cour, suppléer de droit et d'équité.

Statuant sur l'appel interjeté par le sieur Renard, du jugement contradictoirement rendu entre les parties par la deuxième chambre du tribunal civil de première instance de la Seine, en date du   enregistré,

Mettre l'appellation au néant; ordonner que ce dont est appel sortira son plein et entier effet;

Condamner le sieur Renard à l'amende et aux dépens des causes d'appel et demande, dont distraction est requise par Me   , avoué, qui la requiert aux offres de droit, comme en ayant fait l'avance de ses propres deniers :

Sous les réserves (2) les plus expresses de modifier et même changer les présentes conclusions en tout état de cause; et vous ferez justice.   (*Signature de l'avoué.*)

FORMULE IV.

Acte d'appel d'un jugement dont la réformation est demandée pour partie seulement.

(C. pr. 456. — Tarif, 29. — Coût : Orig., 2 fr.; copie, 50 c.)

L'an   (*La suite comme ci-dessus, Formules 1 et 11.*)

Que ledit sieur Garnier est appelant, comme de fait, par ces présentes, il déclare formellement interjeter appel du jugement contradictoirement rendu entre les parties par le tribunal d'Etampe, le   enregistré, mais seulement en ce que par ledit jugement il a été condamné à payer à l'appelant une somme de trois mille francs à titre de dommages-intérêts.

Et j'ai (*comme ci-dessus Form. 1 et 11.*)

Attendu que, si le requérant n'a pas exécuté l'obligation par lui souscrite au profit de l'intimé, c'est uniquement parce qu'il en a été empêché par un événement de force majeure; que par conséquent, aux termes de l'art. 1148 du Code civil, il n'y avait lieu de prononcer contre lui aucuns dommages-intérêts :

Par ces motifs et autres qui seront ultérieurement déduits devant la Cour,

Voir mettre le jugement dudit jour   au chef dont est appel, au néant;

Emendant, quant à ce, voir ordonner que le sieur Garnier sera déchargé de la condamnation de trois mille francs de dommages-intérêts contre lui prononcée

―――――――――――――――――

(1) *Si l'appel est pendant devant un tribunal, on substitue le mot* tribunal *à celui* Cour.

(2) *Lorsque l'intimé veut se réserver le droit d'appeler incidemment de certains chefs du jugement, on ajoute :* de modifier, changer les présentes conclusions, et même d'interjeter incidemment appel des chefs dudit jugement qui font griefs audit sieur Renard.

par ledit jugement, et condamner le sieur   aux dépens, etc.
— V. *sup. Form.* I.

FORMULE V.

Conclusions de l'intimé contenant appel incident.

(C. pr. 443. — Tarif, 72, 147. — Coût, 3 fr. par rôle; copie, 75 c.) (1)

— V. *sup. Form.* III.

Recevoir le sieur Rustan incidemment appelant du jugement contradictoirement rendu entre les parties par la quatrième chambre du tribunal de première instance de la Seine, le 20 juillet 1833, enregistré et signifié, en ce que, par ledit jugement, il a été condamné au paiement de la somme de 3,000 fr. envers le sieur Lanneau; ce faisant,

Attendu, etc.

Par ces motifs et tous autres qu'il plaira à la Cour suppléer de droit et d'équité,

Mettre le jugement dudit jour 20 juillet 1833, aux chefs du présent appel incident, au néant;

Emendant, quant à ce, décharger le sieur Rustan des condamnations contre lui prononcées par ledit jugement;

Statuant au principal; déclarer le sieur Lanneau purement et simplement, non-recevable en sa demande de 3,000 fr., pour les causes sus-énoncées, en tous cas mal fondé en icelle, et l'en débouter;

Dire et ordonner que le surplus du jugement sortira son plein et entier effet: ordonner la restitution de l'amende consignée par l'intimé;

Et condamner, etc.

— V. *Formule* III.

FORMULE VI.

Requête à l'effet d'avoir permission d'assigner pour obtenir des défenses d'exécuter un jugement déclaré exécutoire par provision.

(C. Pr. 457, 459. — Tarif, 77, 147. — Coût, 4 fr. 50 c.) (2)

A M. le premier président de la Cour royale,
séant au Palais-de-Justice à Paris.

Le sieur Jean-Pierre Fleury, propriétaire, demeurant à Paris, rue Saint-Denis, nº 35,

A l'honneur de vous exposer,

Que sur la demande contre lui formée par le sieur Ambroise, il est intervenu, à la date du.... un jugement de la troisième chambre du tribunal de première instance de la Seine, qui l'a condamné au paiement de la somme de 6,000 fr., montant d'une prétendue obligation souscrite par le sieur Antoine Fleury, son père, et que cette condamnation a été déclarée exécutoire par provision et sans caution;

Que cependant il n'y avait pas lieu d'ordonner l'exécution provisoire des condamnations ci-dessus, puisque le requérant ne reconnaissait pas l'existence de la dette, et que le demandeur ne représentait pas le titre de sa prétendue créance;

Que cette exécution provisoire, si elle avait lieu, causerait un préjudice irréparable à l'exposant, l'insolvabilité de son adversaire le mettant à l'abri de toute espèce de recours;

Que dans ces circonstances il y a nécessité pour lui d'obtenir promptement des défenses d'exécuter le jugement dudit jour;

_____

(1) *Si l'acte a lieu devant un tribunal de première instance, le coût est de 2 fr. pour l'orig. et 50 c. pour la copie. Tarif,* 72

(2) *Si la requête est présentée à un tribunal de première instance, le coût n'est que de 3 fr. Tarif,* 77.

Pourquoi il vous supplie, M. le président, de lui permettre, en appelant dudit jugement, de faire assigner au premier jour le sieur Ambroise, pour voir dire que par provision, et en attendant l'arrêt sur ledit appel, défenses provisoires seront faites d'exécuter ledit jugement, à peine de nullité, dommages-intérêts et dépens; et vous ferez justice. *(Signature de l'avoué.)*

Ordonnance du président.

Vu la requête ci-dessus, autorisons le sieur Fleury à faire assigner le sieur Ambroise, aux fins de ladite requête, à l'audience de la première chambre de la Cour pour . . . . .

Fait en notre cabinet, au Palais-de-Justice à Paris, ce

(Signature du président.)

FORMULE VII.

Assignation à l'effet d'obtenir des défenses.

(C. pr. 457, 459. — Tarif, 29. — Coût, Paris, 2 fr.; ailleurs, 1 fr. 50 c.)

L'an , en vertu d'une ordonnance délivrée par M. le premier président de la Cour royale de Paris, en date du enregistré, étant ensuite d'une requête à lui présentée le même jour; desquelles requête et ordonnance copie est donnée en tête de celle des présentes, et à la requête (*La suite comme formules* i *et* ii.)

Voir dire que l'exécution du jugement dudit jour sera suspendue jusqu'à ce qu'il ait été statué sur le présent appel.

En conséquence, faire défense au sieur Ambroise de le mettre à exécution avant que ledit appel soit définitivement jugé, et ce à peine de dommages-intérêts.

Et pour, en outre, répondre et procéder comme de raison à fin de dépens.

Et j'ai, etc.

FORMULE VIII.

Acte pour faire déclarer exécutoire, nonobstant appel, un jugement à tort qualifié en premier ressort.

(C. pr. 457. — Tarif, 77, 147. — Coût, 4 fr. 50 c.) (1).

A la requête du sieur Victor Lemoine, ayant Me pour avoué,

Soit sommé, Me , avoué près la Cour royale de Paris, et du sieur Louis Girard,

De comparaître et se trouver le à l'audience et par-devant MM. les premier président, président et conseillers de la Cour royale de Paris; séant en ladite ville, première chambre, pour

Attendu que les tribunaux de première instance doivent juger en dernier ressort toutes les contestations qui ont pour objet une chose d'une valeur déterminée de 1,000 fr. et au-dessous;

Attendu que la demande formée par le sieur Lemoine contre le sieur Girard était évidemment de nature à être jugée en dernier ressort, puisque le requérant concluait à ce que le sieur Girard fût condamné à lui restituer une partie de récolte qui lui avait été indûment enlevée par celui-ci, sinon et faute par lui de ce faire dans la huitaine du jugement à intervenir, à lui payer 500 fr. à titre de dommages-intérêts;

Attendu que c'est donc par erreur que le jugement du , qui a accueilli la demande du sieur Lemoine, a été déclaré rendu en premier ressort; qu'il appartient à la Cour de réparer cette erreur,

Voir ordonner, conformément à l'art. 457 du Code de procédure civile, que le

_____

(1) *Si l'acte a lieu devant un tribunal de première instance, le coût n'est que de* 3 fr. *Tarif,* 77.

jugement dudit jour
par le sieur Girard.

A ce que ledit M^e

sera-exécuté nonobstant l'appel interjeté

n'en ignore; dont acte sous toutes réserves.
(*Signature de l'avoué.*)

FORMULE IX.

*Acte pour faire déclarer exécutoire par provision, et nonobstant l'appel, un
jugement dont l'exécution provisoire n'a pas été ordonnée.*

(C. pr. 458. — Tarif, 77, 147. — Coût, 4 fr. 50 c.)

La formule de cet acte est la même que la précédente, seulement on énonce
dans le libellé les causes qui permettent d'ordonner l'exécution provisoire.

Le coût doit être réduit, dans le cas où l'affaire est pendante devant un tribunal
de première instance.

Pour les Formules de *Constitution*, *Avenir*, *Sommation*, *Qualités*, *Jugemens*,
Signification, *Exécutoire de dépens.* — *V.* ces mots.

— V. *Action*, *Ajournement*, *Assignation*, *Citation*, *Compétence*, *Distribution par contribution*, *Degrés de juridiction*, *Jugement*, *Ordre*, *Organisation judiciaire*, *Récusation*, *Ressort*, *Saisie immobilière.*

APPEL DE LA CAUSE. Il se fait par l'huissier audiencier sur le rôle de la chambre à laquelle l'affaire a été distribuée, ou sur le placet de la partie poursuivant l'audience.—V. *Placet*, *Rôle*.

APPOINTEMENT. Se disait en général, dans l'ancien droit, des jugemens interlocutoires ordonnant qu'une affaire serait instruite de la manière qu'ils indiquaient.

Comme il y avait différentes manières d'instruire les affaires, les appointemens recevaient différens noms accessoires. Ainsi l'on distinguait les *appointemens à faire preuve*, *à fournir débats*, *au conseil*, *en droit*, etc. Denisart, v^o *Appointement.*

APPORT DE MINUTE AU GREFFE. — V. *Faux*, *Vérification d'écriture.*

APPOSITION DE SCELLÉS. — V. *Scellés.*

ARBITRAGE. Juridiction conférée par les parties ou par la loi à de simples particuliers, pour juger une contestation spéciale.

On nomme *arbitres* les personnes investies de cette juridiction.

On appelle *compromis* la convention par laquelle les parties instituent les arbitres.

On désigne aussi sous ce nom l'acte destiné à constater la convention.

DIVISION.

SECTION I. — *Origine de l'arbitrage; ses différentes
espèces.*

§ 1. — *Arbitrage volontaire.*

Art. 1. — *Choses sur lesquelles on peut compromettre.*

Section I. — *Origine de l'arbitrage; ses différentes espèces.*

1. L'arbitrage est volontaire ou forcé.

2. L'arbitrage volontaire, autorisé par le droit romain (D. lib. 4; tit. 8 *de receptis*; C. lib. 2, tit. 51), et par l'ancien droit français (édits 1535, 1560), fut indiqué aux parties par le législateur de l'an 8, comme la première juridiction à laquelle elles dussent avoir recours. L. 22 frim. an 8, art. 60.

Aujourd'hui les plaideurs peuvent, en général, soumettre à des arbitres de leur choix toutes les contestations qui s'élèvent entre eux. — V. *inf.* § 1, art. 1.

3. L'arbitrage volontaire se divise en arbitrage légal ou ordinaire, et en arbitrage d'équité.

Dans l'arbitrage *légal*, les arbitres remplacent les juges ordinaires, et doivent, comme eux, baser leur décision sur les règles du droit. C. pr. 1019.

Dans l'arbitrage d'*équité*, au contraire, ils peuvent se départir des règles tracées par la loi, et se décider d'après des considérations d'équité.

4. L'arbitrage forcé remonte aux constitutions des empereurs romains, qui établirent les évêques arbitres-nécessaires des causes entre les clercs et les laïques. D'Héricourt, *Lois ecclésiastiques de France.*

5. Il fut introduit dans notre législation, d'abord pour certaines contestations entre parens, par l'édit de 1560 et l'ordonnance de Moulins, ensuite pour toutes les contestations entre associés, et pour cause de société commerciale, par l'ordonnance de 1673, et plus tard pour tous les différens entre conjoints, père et fils, grand-père et petits-fils, frères et sœurs, oncles et neveux, par la loi du 24 août 1790.

Enfin, la Convention l'étendit à une foule de contestations nées de ses lois d'exception, notamment en matière de biens communaux. L. 10 juin 1793.

6. Mais les abus qui résultèrent de ces dispositions amenèrent bientôt sa suppression pour tous les cas, excepté celui prévu par l'ordonnance de 1673. L. du 9 vent. an 4.

7. Aujourd'hui l'arbitrage n'est plus obligatoire que pour les contestations entre associés, et à raison de sociétés commerciales. C. com. 51.

§ 1. — *Arbitrage volontaire.*

Art. 1. — *Choses sur lesquelles on peut compromettre.*

8. Le compromis est un véritable contrat; en conséquence, il produit tous les effets, et est soumis à toutes les règles des contrats en général. Toullier, t. 6, n. 827; Carré, art. 1003.

9. Il a beaucoup d'analogie avec la transaction; cependant il en diffère en ce que, dans la transaction, les parties sont leur propre juge, tandis que dans le compromis elles se soumettent d'avance à ce qui sera décidé par les arbitres. — V. *inf.* section III.

10. Toute matière est en général susceptible de compromis.

11. Cependant il faut excepter celles qui intéressent l'ordre public : c'est une conséquence de la nature du compromis et du principe qui défend d'insérer dans les contrats des stipulations touchant l'ordre public.

12. Ainsi l'on ne peut pas compromettre, 1° sur les questions d'état, les mariages, les divorces, les séparations, soit de corps, soit de biens. C. pr. 1004; Cas. 6 pluv. an 11 (S. 3, 351); Bastia, 22 mars 1831; Berriat, p. 40; Carré, art. 1004.

13. 2° Sur les dons et legs d'alimens, logement et vêtemens: on a craint que le donataire ne se laissât dépouiller avec trop de facilité. C. pr. 1004; L. 8, D. *de Transact.*

14. Toutefois, il en serait autrement si les alimens ne résultaient pas d'un don ou legs. L'art. 1004 ne parle que de ces derniers, et les exceptions ne doivent jamais être étendues. Carré, art. 1004; Berriat, p. 40, note 11.

En conséquence, lorsque des père et mère s'obligent par contrat de mariage, à nourrir gratuitement leur enfant, son conjoint, et leurs enfans à naître du mariage, les contestations nées de cette convention peuvent valablement faire l'objet d'un compromis. Cas. 7 fév. 1826 (S. 27, 161.)

De même, une veuve a le droit de compromettre sur les joyaux, le douaire et le droit d'habitation qui lui ont été assurés par son contrat de mariage. Ces avantages ne sauraient être assimilés à un don d'alimens. Besançon, 18 mars 1828 (S. 28, 255.)

15. La prohibition de compromettre sur les dons d'alimens s'étend-elle aux arrérages échus, ou ne comprend-elle, au contraire, que ceux à échoir? En général, les arrérages échus ayant perdu leur nature d'alimens, il n'existe plus aucun motif pour ne pas les soumettre à un arbitrage. Cependant, si le créancier établissait qu'il a été obligé d'emprunter pour vivre, les arrérages échus devraient conserver leur privilége. Merlin, *Rép.*, v° *Aliment*; Carré, art. 1004.

16. 3° Sur toutes les causes sujettes à communication au ministère public. Permettre l'arbitrage pour les affaires de cette nature, ce serait donner aux parties un moyen facile de se soustraire à l'examen du ministère public, que l'on a cependant jugé nécessaire dans un intérêt d'ordre général. C. pr. 1004.

En conséquence, ne peuvent être soumises à des arbitres les contestations concernant l'ordre public, l'État, le Domaine, les communes, les établissemens publics, les dons et legs au profit des pauvres; celles relatives à l'état des personnes et les tutelles, les déclinatoires sur incompétence, les réglemens de juges, les récusations et renvois pour parenté et alliance, les prises à partie, les causes des femmes non autorisées par leurs maris, ou même autorisées, lorsqu'il s'agit de leur dot, et qu'elles sont mariées sous le régime dotal; les causes où l'une des parties est défendue par un curateur; celles concernant ou intéressant les personnes présumées absentes, etc. C. pr. 83. — V. *Communication au ministère public.*

Cette règle reçoit exception pour le cas de requête civile, où le ministère public doit être entendu, et pour lequel néanmoins l'art. 1010 admet expressément la faculté de compromettre.

17. La Cour de Riom a jugé, le 8 juin 1809 (S. 10, 235), que la nullité du compromis consenti par le mari sur des biens dotaux, ne pouvait jamais être demandée par lui, et qu'elle ne pouvait être exercée par la femme elle-même qu'après la dissolution du mariage. Elle s'est fondée sur ce que le mari ayant l'administration et l'usufruit des biens dotaux de sa femme, pouvait compromettre, sans nuire aux intérêts de cette dernière, qui, à la dissolution du mariage, a le droit d'exercer toutes les actions qu'elle juge convenables contre les actes faits à son préjudice par son mari.

Mais nous ne saurions adopter entièrement cette opinion. En effet, nous concevons parfaitement que le mari puisse compromettre sur les revenus et les objets relatifs à l'administration des biens dotaux, parce que l'art. 1549 C. civ. lui en accorde la disposition; mais, du moment qu'il s'agit du fond du droit, il nous semble sans capacité à cet égard. D'abord, il est très-douteux qu'il ait caractère pour procéder seul en justice sur les actions immobilières de sa femme, la disposition de l'art. 1549, qui lui accorde la faculté de poursuivre les détenteurs des biens dotaux, paraissant devoir être restreinte aux actions possessoires et conservatoires, puisqu'autrement, la femme mariée sous le régime dotal serait dans une position pire que la femme commune, le mari ne pouvant exercer sans elle ses actions immobilières (C. civ. 1428). En outre, compromettre, c'est aliéner, et non-seulement les biens dotaux sont inaliénables pendant le mariage (C. civ. 1554); mais la loi permet expressément au mari de demander la révocation des aliénations qu'il aurait faites (C. civ. 1560). Le compromis consenti par le mari ne peut donc subsister sous ce rapport. Enfin, l'arbitrage est interdit à l'égard des causes sujettes à communication, et celles concernant les dots des femmes mariées sous le régime dotal y sont expressément assujéties par l'art. 83 C. pr. On essaierait en vain de soutenir que la communication n'est exigée que pour le cas où les femmes sont parties dans l'instance, car la loi ne distingue pas, et le mari a beau figurer seul au compromis, il n'en est pas moins vrai qu'il s'agit d'une affaire personnelle à la femme, et par conséquent l'art. 83 est applicable.

Quant au droit incontestable qu'a la femme de demander la nullité du compromis consenti par son mari, nous ne voyons de même aucune raison pour en paralyser l'exercice jusqu'à la dissolution du mariage; car si l'imprescriptibilité des biens dotaux lui assure un moyen efficace à cette époque, nulle disposition de loi ne la force d'attendre jusque-là, et ne l'empêche d'intenter plus tôt, si elle le juge convenable, une action qui lui appartient, et qu'il peut être de son intérêt d'exercer dans un temps plus rapproché, afin d'éviter les pertes qui pourraient résulter d'une mauvaise administration. Carré, lois d'organ., t. 2, p. 242.

18. La prohibition de la loi, qui défend de compromettre sur les questions intéressant l'ordre public ou l'état des personnes, ne s'applique pas aux intérêts pécuniaires nés de ces questions.

Ainsi l'on peut valablement compromettre sur les réparations civiles résultant d'un délit; car, dans ce cas, la sentence arbitrale n'entrave nullement l'action du ministère public, et conséquemment la société ne souffre aucun préjudice. C. civ. 2046.

19. De même, l'ordre public est bien intéressé à ce que les citoyens ne soient pas privés de leur état civil, et l'on conçoit parfaitement que de simples particuliers ne puissent être investis du droit de le fixer. Mais si la question d'état ne se présentait que d'une manière préjudicielle, et que le motif de la contestation ne fût qu'un intérêt pécuniaire, rien n'empêcherait les parties de s'en rapporter à des arbitres.

« Supposons, dit M. Carré, quest. 3267, qu'un individu prétende avoir des droits dans une succession, en qualité d'enfant légitime, et que cette qualité lui soit contestée par des parens du défunt qui soutiennent qu'il ne peut être admis à prendre part qu'en qualité d'enfant naturel reconnu. Il pourra compromettre sur la portion à lui revenir dans la succession, en déclarant que, nonobstant la solution à donner sur la question de savoir s'il est enfant naturel ou légitime, il entend néanmoins

»se soumettre à ne prendre part que suivant la quotité qui sera
»fixée par les arbitres. En effet, dans ce cas, le jugement arbi-
»tral, n'aura statué que sur une question d'argent, et non sur
»la question d'état, qui restera entière, et pourra être discutée
»plus tard devant les tribunaux ordinaires.

20. Par suite de ces principes, des arbitres chargés de décider
à qui appartient la succession d'un enfant, prononceront valablement sur la question de savoir si cet enfant était né viable,
et s'il a survécu à sa mère. On ne doit entendre par *état d'une
personne* que sa condition civile, en tant qu'elle est enfant naturel ou légitime, mariée ou non mariée, vivante ou morte, et
par conséquent il est bien évident que la quetion préjudicielle
que les arbitres ont à décider dans l'espèce, ne présente aucun des caractères d'une question d'état. Bruxelles, 26 fév.
1807 (S. 7, 187); Merlin, *Rép.*, v° *État civil*; Denisart,
v° *État*; Carré, art. 1004.

21. Il est également certain que l'on peut compromettre sur
les difficultés relatives à l'exécution d'un acte administratif,
lorsqu'elles ne concernent que l'intérêt personnel des parties
qui compromettent : ainsi, des arbitres peuvent décider les contestations existantes entre cohéritiers, dont l'un est amnistié, et
relativement à une succession dont le mode de partage a été
fixé par un acte du gouvernement représentant le cohéritier
émigré. Cas. 17 janv. 1811 (S. 14, 125.)

22. Il n'est pas nécessaire, pour la validité du compromis,
que le différend soumis aux arbitres présente des difficultés sé-
rieuses. Cas. 17 janv. 1809.

23. Mais il faut qu'il existe une contestation entre les parties; autrement le compromis serait nul pour défaut de cause.
Turin, 4 août 1806.

Cependant il peut avoir pour objet le simple réglement d'une
opération quelconque : par exemple, la condition d'une vente
ou d'un échange : dans ce cas, en effet, on ne peut pas dire
qu'il est sans cause. Cas. 19 nov. 1829 (S. 30, 56.)

Art. 2. — *Personnes qui peuvent compromettre.*

24. Le compromis étant une renonciation anticipée aux prétentions que les arbitres jugeront mal fondées, il en résulte
que, pour compromettre, il faut avoir la libre disposition de ses
droits. C'est la seule condition imposée par la loi; mais elle est
essentielle. C. pr. 1003.

25. Ainsi ne peuvent jamais compromettre, 1° l'interdit. C.
civ. 509;

2° Le mineur non émancipé. C. civ. 481;

3° La femme commune en biens. C. civ. 217. —V. *Femme mariée*, *Interdit*, *Mineur*.

26. Le mineur émancipé, la femme séparée de biens, l'individu pourvu d'un conseil judiciaire, peuvent, au contraire, compromettre, mais seulement sur les droits dont ils ont la libre disposition. A l'égard des autres, ils sont dans la même position que le mineur non émancipé, l'interdit ou la femme commune en biens. Carré, art. 1003 ; Pigeau, t. 1, p. 37, 56.

27. 4° Le tuteur, même avec l'autorisation du conseil de famille, et en remplissant les formalités prescrites par l'art. 467 C. civ. pour les transactions. Peu importerait qu'il ne s'agît que d'objets mobiliers. Les termes de l'art. 1003 C. pr. sont formels : ils n'accordent la faculté de compromettre qu'à ceux qui ont la libre disposition de leurs droits ; peu importe l'analogie qui existe entre le compromis et la transaction : d'ailleurs cette analogie n'est pas complète, et le compromis ne saurait présenter les mêmes garanties pour le mineur. En effet, dans la transaction, les conditions de l'accommodement sont connues, et le tribunal ne les homologue que sur l'avis de trois jurisconsultes, et sur les conclusions du ministère public ; tandis que la sentence arbitrale n'est soumise qu'à la simple formalité d'une ordonnance d'*exequatur*. Enfin, les causes qui intéressent les mineurs ou les interdits, doivent toujours être soumises au ministère public ; et l'art. 1004 C. pr. prohibe le compromis dans toutes les contestations sujettes à communication.

Les mineurs peuvent jouir des avantages que présente l'arbitrage dans des affaires compliquées, en remettant leurs titres à un ou plusieurs jurisconsultes, qui rédigent leur avis en forme de transaction, et en faisant ensuite homologuer cette transaction par le tribunal, sur les conclusions du ministère public, après avoir consulté le conseil de famille, et pris l'avis de trois jurisconsultes désignés à cet effet. Cas. 4 fruct. an 12 (S. 5, 54) ; Carré, art. 1003 ; Berriat, p. 40, note 9 ; Prat, t. 5, p. 335 et suiv. ; Touiller, t. 2, n° 1242. *Contrà*, — Turin, 19 vent. an 11 ; Demiau, p. 672 ; Boucher, *Man. des arbitres*, p. 483.

28. 5° Le curateur aux biens d'un absent ou à une succession vacante, à moins qu'il ne soit dûment autorisé : il n'est en effet qu'un simple administrateur, et n'a pas qualité pour aliéner les biens dont la gestion lui est confiée. Cas. 5 oct. 1808 ; Carré, art. 1003 ; Berriat, p. 40, note 9 ; Pigeau, t. 1, p. 57 ; Demiau, p. 672.

29. 6° L'associé gérant, et le liquidateur, relativement aux intérêts de la société. Cas. 18 août 1819, 15 fév. 1812 (S. 12,

13). *Contrà.* — Paris, 10 août 1809; Rouen, 26 juin 1806 (S. 7, 1203.)

50. 7° Les syndics à l'égard des intérêts du failli. Cas. 15 fév. 1808, 6 avr. 1818 (S. 18,326); Limoges, 28 avr. 1815; Carré, *Lois d'organis.*, t. 2, p. 248; Boullay-Paty, t. 1, p. 430; Pardessus, t. 5, p. 93.

Cependant les syndics définitifs ont qualité pour compromettre, lorsque, dans les actes dont l'exécution est réclamée, il a été expressément convenu, entre le tiers et le failli, que toutes les difficultés seraient soumises à des arbitres. Dans ce cas en effet le compromis est indispensable. Cas. 6 fév. 1827 (S. 27, 105).

51. 8° L'héritier bénéficiaire, sous peine de perdre sa qualité de bénéficiaire. Mais le compromis est valable, car on peut toujours abdiquer la qualité d'héritier bénéficiaire, pour prendre celle d'héritier pur et simple; et l'héritier qui fait un acte en opposition avec la première qualité, doit être réputé y avoir renoncé. Cas. 20 juil. 1814 (S. 15, 52); Merlin, *Rép.* v° *Bénéfice d'inventaire*, n° 26; Berriat, p. 720; Delvincourt, t. 2, p. 96; Carré, art. 1003.

52. 9° Les maires et les administrateurs des hospices et des établissemens publics. Il leur faut une autorisation. Cas. 22 janv. et 9 déc. 1806; Berriat, p. 669; Carré, art. 1003.—V. *Commune, Etablissement public.*

53. 10° Le condamné par contumace à une peine emportant la mort civile. En effet, s'il n'est pas mort civilement, il est privé de l'exercice de tous les droits civils (C. civ. 28). La loi, dans l'espoir de le forcer à se représenter, lui refuse toute protection, et ce serait évidemment lui accorder celle de l'autorité judiciaire, que de lui permettre de soumettre une contestation à des arbitres dont la sentence serait rendue exécutoire par l'ordonnance du président d'un tribunal. Locré, t. 1, p. 421; Delvincourt, t. 1, p. 24; Carré, art. 1003.

54. En est-il de même du mort civilement? D'un côté l'on dit que, puisqu'il a la faculté de faire des acquisitions, il peut compromettre sur ses droits, sauf à se faire représenter par un curateur, afin d'obtenir l'ordonnance d'*exequatur*. Mais la disposition de l'art. 25 C. civ., qui ne permet au mort civilement de procéder en justice que par le ministère d'un curateur, repousse évidemment cette solution. En effet, les arbitres constituent un véritable tribunal; et d'ailleurs l'ordonnance d'*exequatur* doit être nécessairement demandée par la partie qui a figuré au jugement : le compromis devrait donc être souscrit, et le jugement rendu sous le nom d'un curateur *ad hoc.*

55. 11° Le condamné à une peine afflictive et infamante

pendant la durée de sa peine : c'est une conséquence de l'état d'interdiction dans lequel il est placé par la loi. C. pén. 29.

56. 12° Le mandataire, à moins qu'il ne soit porteur d'un pouvoir spécial (C. civ. 1988). Le pouvoir de transiger ne renferme pas celui de compromettre. C. civ. 1989,

Quand bien même il autoriserait à transiger par médiation d'arbitres; car une transaction ensuite de la médiation d'arbitres, n'est toujours qu'une transaction, et jamais un jugement que les parties ne puissent refuser, tandis qu'une médiation peut être refusée par elles, si les bases ne leur en conviennent pas. Aix, 6 mai 1812 (S. 13, 205).

Toutefois, le compromis passé en vertu d'un mandat ne contenant que le pouvoir de transiger, est valable, s'il résulte, des lettres écrites au mandataire par le mandant, que celui-ci a autorisé le premier à compromettre; dans ce cas, les lettres constituent un véritable mandat spécial. Cas. 15 fév. 1808.

57. La nullité résultant du défaut de mandat spécial est également couverte par la comparution du mandant devant les arbitres, et son adhésion aux opérations de l'arbitrage. (Toulouse, 8 mai 1820). Mais cette adhésion ne peut être constatée que par des actes émanés de la partie; le procès-verbal signé par les arbitres seuls ne saurait l'établir suffisamment : par exemple, d'un curateur aux biens d'un absent ou d'une succession vacante, n'ayant pas été nommés légalement, ils n'ont aucun caractère à cet effet. Toulouse, 29 avr. 1820.

58. Le compromis passé de bonne foi entre un mandataire spécial et des tiers, depuis la révocation du mandat, est valable, et la sentence rendue par les arbitres, en vertu de ce compromis et dans l'ignorance de la révocation, produit tous ses effets. Arg. C. civ. 2005, 2008, 2009, Cas. 15 fév. 1808.

59. La nullité du compromis consenti par un incapable peut-elle être demandée par la partie capable qui a contracté avec lui ?

Il faut distinguer : s'il s'agit d'un compromis passé avec un mineur, un interdit, ou une femme mariée, la nullité n'est que relative, et les personnes capables sont non-recevables à opposer l'incapacité de leurs adversaires; elles doivent s'imputer d'avoir contracté trop légèrement avec eux. C. civ. 1125; Cas. 1er mai 1811 et 28 août 1812; Paris, 6 juil. 1826; Riom, 26 nov. 1828 (S. 29, 174); Nîmes, 17 nov. 1828 (S. 29, 148); Toulouse, 5 juin 1828 et 5 mars 1829 (S. 29, 341, 80, 167); Bordeaux, 22 mai 1832. Contrà, —Grenoble, 5 avr. 1831 (S. 32, 41).

Au contraire, s'il s'agit d'autres incapables, comme ils ne méritent pas la même faveur, le compromis étant un contrat synallagmatique, doit être considéré comme entièrement nul, et toutes les parties peuvent se prévaloir de la nullité. Cas. 5 oct. 1808 (S. 9, 71); Berriat, p. 40; Carré, art. 1003; Prat, t. 5, p. 342.

40. A plus forte raison la partie majeure qui a passé un compromis ne peut-elle en demander la nullité, sous le prétexte qu'un mineur a un intérêt éventuel à la contestation, lorsque ce mineur n'a pas paru au compromis, et n'élève aucune réclamation. Paris, 13 août 1810.

41. La partie capable a-t-elle le droit, tant que la sentence arbitrale n'est pas rendue, de demander que le compromis soit ratifié ou qu'il reste sans effet? D'une part on soutient qu'il est toujours permis de régulariser une procédure, lorsque les choses sont entières. Mais on répond avec raison que les choses ne sont plus entières dans le cas dont il s'agit : par le compromis, la partie capable s'est engagée à se soumettre à la décision des arbitres; son consentement est désormais acquis à son adversaire : le contrat est par conséquent parfait, et il n'existe pas plus de raisons pour le rompre avant qu'après la sentence rendue. *Contrà*,—Carré, art. 1003 : Prat., t. 5, p. 343.

42. L'annulation du compromis entraîne nécessairement la nullité de tous les actes qui en sont la suite, sans néanmoins rien préjuger sur le fond de la contestation. Cas. 4 fév. 1807 (S. 7, 254); Carré, art. 1003.

§ 2. — *Arbitrage forcé.*

Art. 1. — *Cas où l'arbitrage est forcé.*

43. L'arbitrage est forcé en matière commerciale pour toutes les contestations qui peuvent s'élever entre les associés, leurs veuves, héritiers ou ayans-cause, relativement à leur société. C. com. 51, 62.

44. Peu importerait que la société eût été contractée avant la promulgation du Code de commerce et sous l'empire de lois qui n'exigeaient pas l'arbitrage. Il est de principe que les lois sur la compétence *rétroagissent* sur les affaires qui ont précédé leur mise en activité. Turin, 8 juil. 1809 (S. 10, 44).

45. La faillite de l'un des associés ne change rien à la compétence arbitrale. Bordeaux, 4 juil. 1831.

46. Mais si l'existence même de la société était l'objet de la contestation, cette question ne serait point du ressort des arbitres; les parties ne sont leurs justiciables qu'en qualité d'associés, et par conséquent cette qualité doit être préalablement reconnue par les tribunaux ordinaires. Trèves, 5 fév. 1810 (S. 14, 154); Cas. 6 déc. 1821, 30 nov. 1825 (S. 26, 185); Lyon,

21 avr. 1823 (S. 23, 257), 18 mai 1823 (S. 24, 221), 15 fév. 1827 (S. 27, 143), et 30 juil. 1832.

47. Néanmoins la nullité de la société, résultant du défaut de publication de l'acte social dans les délais légaux, ne soustrait pas les parties à l'arbitrage forcé pour les faits antérieurs au jugement qui prononce cette nullité. L'art. 42 C. com. permet bien aux associés de faire rompre la société pour l'avenir; mais il en consacre à leur égard tous les effets pour le passé. Cas. 13 juin 1832.

48. Les arbitres sont également compétens pour connaître d'une demande en dissolution de société, fondée sur l'inexécution des engagemens de l'un des associés, ou sa mauvaise gestion. En effet, par cela même que l'on réclame la dissolution d'une société, on en reconnaît implicitement l'existence. Paris, 28 fév. 1829 (S. 29, 228); Lyon, 6 juil. 1829; Cas. 21 août 1828 (S. 29, 32), 6 juil. 1829 (S. 30, 307), 10 janv. 1831 (S. 32, 207).

49. Toutefois, il en serait autrement à l'égard d'une contestation élevée entre associés, sur la liquidation d'une société, lors de la dissolution de laquelle ils auraient réglé leurs droits respectifs. Lyon, 26 fév. 1828 (S. 29, 111).

50. Les arbitres forcés seraient aussi incompétens pour juger, 1° une contestation relative à un engagement contracté par un associé individuellement envers la société; on ne rencontre pas en effet dans cette circonstance la réunion des deux caractères exigés par la loi pour soustraire les parties à la juridiction ordinaire, c'est-à-dire, une contestation entre associés, et *relative à la société*. Metz, 29 avr. 1817; Bordeaux, 31 août 1831.

51. 2° Une action personnelle intentée par les créanciers d'une société en commandite tombée en faillite, contre le gérant de cette société. Dans ce cas, la contestation n'est pas *entre associés*. Paris, 23 fév. 1833.

52. Ces règles s'appliquent-elles aux associations en participation? Le doute naît de ce que le Code distingue les associations des sociétés ordinaires, qu'il les dispense des formalités prescrites pour les autres sociétés, et qu'il ne nomme que ces dernières lorsqu'il parle de l'arbitrage. En outre, les co-intéressés sont le plus souvent de domiciles différens, et l'association n'ayant pas de siége, il n'existe aucun tribunal compétent pour nommer les arbitres: d'où il résulte qu'il faudrait contraindre l'une des parties à prendre un arbitre hors de son domicile; ce que l'on ne doit pas supposer avoir été dans l'intention du législateur. Cependant les termes de l'art. 51 nous paraissent trop généraux pour permettre une semblable interprétation. En effet, comment soutenir que ces mots, *toutes contestations entre asso-*

ciés, n'embrassent pas les difficultés qui s'élevent entre les associés en participation, comme celles qui divisent tous autres associés? La loi ne fait aucune distinction; et peu importe qu'elle dispense les associations en participation des formalités établies pour les autres sociétés, car la compétence des arbitres ne saurait être considérée comme une *formalité*, et conséquemment la question reste entière. La juridiction arbitrale offre d'ailleurs les mêmes avantages aux associés en participation qu'aux autres associés, et c'est le cas d'appliquer la maxime : *Ubi eadem ratio dicendi ibi idem jus esse debet.* Bruxelles, 27 déc. 1810; Cas. 28 mars 1815 (S. 15, 154), 7 janv. 1818; Toulouse, 5 janv. 1824; Bordeaux, 4 juil. et 7 déc. 1831; Berriat, p. 46, note 31. *Contrà.*—Gênes, 29 déc. 1808; Vincent, t. 1, p. 200.

53. L'incompétence des tribunaux de commerce, à l'égard des contestations déférées aux arbitres, est absolue; les parties peuvent donc la proposer en appel, et les tribunaux ont même le droit de l'ordonner d'office. Les termes de l'art. 51 C. com. sont impératifs, et ne peuvent souffrir aucune distinction. Colmar, 24 août 1807 (S. 7, 1203); Cas. 7 janv. 1818 (S. 18, 129); Toulouse, 5 janv. 1824; Paris, 25 fév. 1829 (S. 29, 130); Bordeaux, 21 mars 1832; Vincent, t. 1, p. 200. *Contrà.* — Cas. 22 therm. an 11 (S. 7, 372).

54. Toutefois, il a été jugé que les tribunaux civils pouvaient prononcer valablement sur des contestations entre associés, lorsque aucune partie ne déclinait leur compétence. Cas. 9 avr. 1827 (S. 27, 328).

55. Mais le consentement des parties serait insuffisant pour conférer aux tribunaux de commerce le droit de restreindre les arbitres aux fonctions de simples rapporteurs, et de se réserver le droit de prononcer sur la contestation. Paris, 5 juil. 1810 (S. 14, 141).

56. L'arbitrage forcé n'est prescrit aux associés commerçans que pour remplacer le tribunal de commerce; ils ne sont pas plus obligés d'employer cette voie, que les autres citoyens ne sont contraints de recourir aux tribunaux ordinaires; ils ont toujours la liberté de soumettre leurs contestations à des arbitres volontaires, qu'ils investissent du pouvoir de décider comme amiables-compositeurs. Il n'est ni dans la lettre ni dans l'esprit de la loi de les priver de ce droit essentiel et primitif, qui appartient à tous les citoyens. Cela résulte évidemment de l'art. 63 C. com., portant que, s'il se trouve des mineurs intéressés dans une contestation entre associés, le tuteur ne pourra renoncer à l'appel : d'où il suit que si les parties sont majeures, elles peuvent étendre les pouvoirs des arbitres. Cas. 16 juil.

1817; 1er mai 1822; 20 avr. 1825 (S. 26, 133); Poitiers, 13 mai 1818.

57. Cependant cette faculté ne peut appartenir qu'aux associés, maîtres de disposer de leurs droits. Ainsi, elle ne saurait être exercée par les syndics de l'un des associés failli. Cas. 6 avr. 1818. — V. *sup.* § 1, art. 2.

58. Mais si les associés majeurs sont convenus, dans l'acte de société, de faire juger par des amiables-compositeurs toutes les contestations qui pourraient s'élever entre eux, cette stipulation aurait son application même au cas où l'un des associés serait tombé en faillite, ou décédé laissant des enfans mineurs. Vainement dirait-on que la prorogation de juridiction donnée aux arbitres ne dérive, dans ce cas, que de la volonté des parties, et nullement de l'arbitrage forcé; que dès lors elle ne peut être considérée que comme une clause compromissoire qui, participant de la nature de l'arbitrage volontaire, prend fin par le décès de l'une des parties qui l'a consentie (C. pr. 1015), et d'ailleurs ne saurait obliger un incapable. — L'amiable-composition a été une des conditions du contrat de société, et par conséquent elle doit recevoir son exécution. Dans ce cas, le compromis n'émane pas de l'incapable, mais bien de son auteur, dont il doit respecter les engagemens. Paris, 6 juil. 1827 (S. 27, 202), 20 juin 1817 (S. 18, 95), 1er mai 1828 (S. 28, 231). *Contrà.*—Lyon, 21 avr. 1823 (S. 23, 257).

Art. 2. — *Nomination des arbitres.*

59. La nomination des arbitres se fait soit par un acte sous signature privée, notarié, ou extrajudiciaire, soit par un consentement donné en justice. C. com. 53.

60. Chaque associé a le droit de nommer son arbitre; mais s'il n'en use pas, le tribunal de commerce lui en nomme un d'office. C. com. 55.

61. Néanmoins, la partie pour laquelle le tribunal a nommé un arbitre, peut faire choix d'un autre, tant que les opérations de l'arbitrage ne sont pas commencées : les parties doivent avoir confiance dans leurs arbitres, et leur volonté est toujours préférée à celle du tribunal, qui ne désigne les arbitres que faute par elles de faire connaître leur choix. Paris, 14 fév. 1819 (S. 9, 67), et 25 mars 1813 (S. 16, 86).

62. Toutefois, il en est autrement dans le cas où la nomination d'office a été faite contradictoirement sur le refus de l'une des parties. Alors cette nomination a les caractères d'un jugement définitif, et ne peut être révoquée que du consentement de toutes les parties. Carré, art. 1008, note 1.

63. Si à défaut de désignation individuelle on était convenu, dans un acte, qu'en cas de contestations les arbitres seraient choisis dans *telle* classe de personnes, cette clause serait obligatoire pour le tribunal chargé de nommer les arbitres d'office. Elle n'a rien d'illicite, et les conventions légalement formées tiennent lieu de loi aux parties qui les ont faites ainsi qu'aux tribunaux appelés à en connaître. Paris, 6 août 1810 (S. 16, 82); Merson, p. 28; Carré, art. 1006.

64. De même, la stipulation par laquelle les parties se sont engagées, dans l'acte de société, à se soumettre à des amiables-compositeurs, doit recevoir son exécution, encore bien que les arbitres soient ultérieurement nommés d'office. Cas. 15 juil. 1818 (S. 19, 1).

65. Le refus, fait par une des parties, d'user du droit de nommer son arbitre, ne saurait préjudicier aux autres parties qui désirent en user; le tribunal ne doit donc en désigner d'office que pour celle qui n'a pas fait connaître son choix. L'art. 53 C. com., qui détermine les différens modes de nomination des arbitres-juges, n'exige point, pour sa validité, qu'elle soit faite d'un commun accord entre les parties, ni acceptée par elles; il résulte au contraire des termes et de l'esprit de cet article, que la nomination peut avoir lieu individuellement de la part de chaque associé, puisqu'elle est valablement constatée par un acte unilatéral; c'est donc un droit appartenant à chacune des parties, et indépendant de la volonté des autres : dès-lors il serait souverainement injuste de décider que le refus de l'une des parties d'user du droit qui lui est accordé, peut priver l'autre partie de l'exercice de ce même droit qui lui est personnel. —Le système contraire aurait d'ailleurs l'inconvénient grave de donner à une partie le moyen d'éloigner de l'arbitrage des arbitres contre lesquels il n'y aurait aucun motif légitime de récusation. — Enfin, on opposerait vainement la disposition de l'art. 429 C. pr. relative à la nomination des arbitres-experts; car cette nomination est régie par des principes tout différens, et ne saurait s'appliquer en aucune façon à celle des arbitres-juges. Cas. 5 juin 1815, 9 et 10 avr. 1816 (S. 15, 384—17, 135); Lyon, 21 avr. 1823 (S. 23, 250) et 28 août 1824; Locré, *Esp. C. com.*, t. 1, p. 213; Delvincourt, t. 2, p. 64; Pardessus, t. 5, n° 1412; Berriat, p. 47, note 31; Carré, art. 1006.

66. Cependant, lorsque l'un de plusieurs associés ayant un intérêt commun, refuse d'accéder à la nomination de l'arbitre choisi par ses co-associés, le tribunal doit nommer l'arbitre pour tous les co-associés, encore bien que le choix ait été fait par la majorité; car les arbitres représentent moins les personnes que les intérêts, et par conséquent il serait injuste que, dans un tribunal d'arbitres, un seul intérêt fût représenté par plusieurs;

et, d'un autre côté, aucun texte ne force la minorité des associés à se soumettre au choix de la majorité. Cas. 10 avr. 1816 (S. 16, 203); Merson, n° 32; Pardessus, n° 1412.

Section II. — *Forme du compromis.*

67. Le compromis a lieu par acte notarié ou sous seing-privé. C. pr. 1005.

68. Il est assujéti aux formes requises pour la validité des actes en général. En conséquence, s'il est rédigé par acte sous seing-privé, il doit être fait en autant d'originaux qu'il existe de parties ayant un intérêt différent, et cette circonstance doit y être mentionnée. C. civ. 1325; Bourges, 23 janv. 1824; Prat, t. 5, p. 358; Carré, art. 1005.

Il n'en est pas de même des renvois mis à la suite du compromis. La mention du *fait double* n'est pas nécessaire, encore bien qu'ils contiennent des clauses nouvelles. Grenoble, 1er juin 1831.

69. Comme l'exécution d'un contrat sous seing-privé couvre la nullité résultant du défaut de mention du nombre d'originaux, ou même de l'insuffisance de ce nombre (C. civ. 1338), la partie qui a comparu devant les arbitres ne peut plus s'en prévaloir. Cas. 12 fév. 1812, 15 fév. 1814 et 4 mars 1830; Toullier, t. 8, n° 338; Carré, *ib.*

70. Toutefois, cette comparution ne saurait être prouvée par le seul témoignage des arbitres irrégulièrement nommés. Trèves, 15 nov. 1811; Cas. 8 frim. an 11 (S. 4, 662).

71. Le compromis peut également être fait, 1° par procès-verbal devant les arbitres choisis. C. pr. 1005.

Mais il faut, dans ce cas, que les parties sachent signer; autrement les arbitres seraient témoins dans leur propre cause. Ils ne peuvent recevoir le compromis qu'en qualité d'arbitres; il est donc indispensable que cette qualité soit prouvée par la signature des parties.

72. 2° Par un procès-verbal de conciliation. La loi, ordonnant au juge de paix d'inviter les parties à compromettre, lui a nécessairement donné caractère pour recevoir leur consentement à cet effet. C. pr. 54; L. 22 frim. an 8; Toulouse, 21 déc. 1813 et 29 avr. 1820; Grenoble, 17 janv. 1822; Cas. 11 fév. 1824 (S. 25, 209); Bordeaux, 5 fév. 1830 (S. 30, 363); Demiau et Carré, 1005.

Le juge de paix ayant capacité suffisante pour constater les conventions faites en sa présence, il n'est même pas nécessaire que le procès-verbal soit signé par les parties. Cas. 11 fév. 1824; Bordeaux, 5 fév. 1830.

73. Les parties qui sont en instance devant les juges ordinaires, peuvent encore compromettre, en se désistant de cette instance, et en obtenant acte, tant de leur désistement que de leur déclaration de soumettre leur différent à des arbitres qu'elles désignent. Le jugement prouve la convention d'une manière authentique ; ce qui suffit pour la validité du compromis. Carré, art. 1005.

74. Sous l'ancienne législation, plusieurs auteurs, dont l'opinion était consacrée par la jurisprudence de certains parlemens, pensaient que les pouvoirs des arbitres pouvaient être constatés par la mention faite, dans la sentence arbitrale, d'un compromis verbal, ou même par la remise des titres. Il semble que l'énonciation des pouvoirs donnés aux arbitres, mise en tête de la sentence, serait encore suffisante aujourd'hui, pourvu qu'elle fût signée des parties ; car elle constituerait un véritable procès-verbal ; mais la simple remise des titres ne saurait jamais équivaloir à un compromis, qui doit nécessairement être rédigé par écrit, aux termes de l'art. 1005 ; Carré, art. 1005.

75. Il a été jugé que l'existence du compromis était suffisamment justifiée entre les parties par l'enregistrement, la comparution des parties devant les arbitres, constatée par leurs signatures. (— V. sup. n° 70), et la transcription du compromis dans la sentence arbitrale. Cas. 3 janv. 1821 (S. 22, 199.)

76. Un notaire est-il compétent pour recevoir un compromis dans lequel une des parties le choisit pour arbitre ?

La négative a été jugée sous l'ancienne législation (Parl. Paris, 2 mai 1687) ; et nous pensons qu'elle doit encore être adoptée aujourd'hui. En effet, le notaire qui est nommé arbitre par l'une des parties devient son mandataire, et perd ainsi son caractère d'officier public désintéressé. — D'ailleurs, la loi du 25 vent. an 11 défend aux notaires de recevoir des actes contenant des dispositions en leur faveur.

Cependant la Cour de Toulouse s'est prononcée pour l'opinion contraire, en se fondant sur ce que les incapacités ne se suppléent pas, qu'aucune loi ne défend aux notaires de recevoir des compromis où ils sont nommés arbitres, et qu'une telle clause ne peut être considérée comme leur étant favorable. Toulouse, 17 juil. 1826 (S. 27, 70). Mais cet arrêt a été déféré, dans l'intérêt de la loi, à la censure de la Cour suprême, qui a admis le pourvoi le 29 nov. 1827. La section civile n'a pas encore prononcé.

La comparution de la partie devant les arbitres suffirait, dans ce cas, pour couvrir la nullité du compromis. Cas. 26 mars 1829. — V. sup. n° 69.

77. Le juge de paix chargé de concilier les parties peut, à la différence du notaire, recevoir le compromis par lequel il est

nommé arbitre. On ne saurait lui opposer les prohibitions de
la loi du 25 vent. an 11. Et d'ailleurs il est indispensable que
toutes les conditions de l'arrangement intervenu entre les parties soient constatées immédiatement par le procès-verbal de
conciliation que le juge de paix seul a caractère pour dresser.
C. pr. 54; Colmar, 21 déc. 1813; Grenoble, 17 janv. 1822.

78. Peut-on compromettre sous forme de procuration, c'est-
à-dire en remettant de part et d'autre à des tierces-personnes
des blancs-seings que celles-ci remplissent d'une transaction?

Cette manière de contracter, autorisée dans l'ancien droit,
comme l'attestent Duparc-Poullain, Rodier et Denisart, serait
encore valable sous le Code. En effet, aucun texte ne la prohibe; et s'il est de l'essence des contrats que chaque partie sache à quoi elle s'engage, il est évident que celui qui souscrit
un blanc-seing sait parfaitement qu'il s'en remet à la libre volonté de celui à qui il en confie l'usage. Rennes, 28 avr. 1825;
Merlin, *Rép.*, v° *Arbitres*; Pigeau, t. 1, p. 76.

Mais un semblable engagement ne constitue en réalité qu'une
véritable transaction, qui doit être régie par les règles spéciales à cette espèce de contrat, et non un compromis, dont il
ne renferme aucun des élémens essentiels (—V. *inf.* sect. III).
Duparc-Poullain, t. 8, p. 443; Rodier, Com. tit. 26, Ord.
1667; Denisart, v° *Transaction*; Carré, art. 1005.

Ainsi, la partie qui a confié un blanc-seing à une tierce-per-
sonne a constamment le droit de le retirer d'entre ses mains,
malgré l'opposition de son adversaire; la remise de ce blanc-
seing n'est autre chose qu'un mandat que le mandant peut toujours révoquer à volonté. C. civ. 2003.

Section III. — *Clauses que doit, ou peut, renfermer le Compromis.*

§ 1. — *Clauses que doit renfermer le compromis.*

79. Le compromis doit désigner, *à peine de nullité*, les objets en litige, et les noms des arbitres. C. pr. 1006. Les arbitres n'étant pas des juges ordinaires, et n'ayant aucun caractère
public, il est nécessaire que le compromis leur donne un titre,
et aux parties une garantie contre tout excès de pouvoir.

80. Cependant le compromis est valable lorsqu'on se borne
à dire qu'on désire faire statuer sur les difficultés qui se sont
élevées, ou qui pourront s'élever à l'occasion d'un contrat, ou
sur celles qui seraient présentées par état signé des parties aux
arbitres, pourvu que cet état leur soit réellement soumis. Bourges, 14 juil. 1830; Turin, 4 avr. 1808 (S. 9, 263); Berriat, *ib.*;
Carré, art. 1006.

On ne saurait, dans ce cas, recourir aux tribunaux ordinaires sous le prétexte d'urgence. Cas. 2 sept. 1812.

81. Cette solution s'appliquerait encore au cas où des parties
déclareraient soumettre à des arbitres un procès pendant devant tel tribunal. Dans cette hypothèse, comme dans la précédente, la contestation sur laquelle intervient le compromis est
désignée d'une manière certaine, et c'est la seule chose qu'exige
l'art. 1006. Rennes, 13 déc. 1809; Paris, 13 avr. 1810; Bordeaux, 22 mai 1832; Carré, *ut suprà*.

82. Peut-on convenir d'une manière générale de s'en rapporter à des arbitres sur toutes les contestations futures qui
pourront s'élever à l'occasion d'un contrat?

D'un côté, l'on argumente de la loi 46, D. *de receptis*; qui ne
permet de soumettre aux arbitres que les contestations nées au
moment du compromis, et des dispositions de l'art. 1006 C.
pr. S'il est vrai, dit-on, que la loi autorise toutes personnes à
compromettre sur les droits dont elles ont la libre disposition,
(C. pr. 1003), ce n'est qu'à la charge de se conformer aux formalités prescrites pour la validité du compromis; or, au nombre
de ces formalités se trouve expressément exigée, à peine de
nullité, la désignation du nom des arbitres et des objets en litige : la stipulation dont il s'agit ne contenant ni le nom des
arbitres, ni l'objet de la contestation, ne doit donc produire
aucun effet.

Mais cette opinion nous semble entièrement contraire au
texte et à l'esprit de la loi. En effet, il ne faut pas confondre
l'engagement éventuel de se faire juger par des arbitres, qui
ne constitue qu'une simple promesse de compromettre, et par
conséquent une convention ordinaire que la loi n'a assujettie
à aucune formalité particulière, avec le compromis lui-même,
dont l'objet est de déterminer la difficulté à décider, et la constitution du tribunal arbitral. L'art. 1006 est donc inapplicable.
— Décider autrement, ce serait enlever aux parties un moyen
facile d'éviter les lenteurs et les frais d'un procès public, et
conséquemment méconnaître la volonté du législateur qui a
favorisé les arbitrages, et désiré les multiplier autant que possible. — Vainement on soutiendrait qu'il dépendra toujours
de l'une des parties d'éluder la stipulation dont il s'agit, en refusant de nommer son arbitre, lorsqu'une contestation sera survenue; car son adversaire aurait, sans aucun doute, le droit de
le faire désigner d'office par le tribunal. On ne saurait objecter
qu'en matière ordinaire les arbitres ne peuvent être choisis que
par les parties; ce qui n'aurait pas lieu dans l'hypothèse. En
effet, les conventions légalement formées tiennent lieu de loi
à ceux qui les ont faites; et d'ailleurs la partie qui a consenti à

se faire juger par des arbitres est toujours maîtresse d'en avoir un de son choix, en ne se refusant pas à exécuter l'engagement qu'elle a pris. Cette doctrine a, du reste, été consacrée implicitement par un arrêt de la Cour de cassation, du 15 juil. 1818 (S. 19, 1), qui a décidé que, lorsque des associés étaient convenus dans l'acte de société de faire juger les contestations qui pourraient s'élever entre eux par des amiables-compositeurs, les arbitres nommés d'office par le tribunal, faute par les parties d'en avoir désigné dans les délais, étaient revêtus de ces pouvoirs, et que leur sentence n'était susceptible d'aucun recours. — V. sup. n° 64. Contrà. — Limoges, 24 nov. 1832 (S. 33, 111.)

82. Néanmoins, si, après être convenues que les contestations qui s'élèveraient sur l'exécution d'un marché seraient décidées par des arbitres-juges, les parties ont, devant le tribunal de commerce, consenti à la nomination d'arbitres-rapporteurs, et ont procédé volontairement devant eux, elles sont présumées avoir renoncé à leur première convention, et sont dès-lors non-recevables à critiquer, pour cause d'incompétence, le jugement intervenu après le rapport des arbitres fait à l'audience. C. pr. 429; Cas. 7 mai 1833.

84. L'insertion du nom des arbitres n'est prescrite que pour les investir du droit de juger la contestation qui leur est soumise. Elle peut donc être suppléée par toute autre désignation de qualité déterminant la personne d'une manière positive. Pigeau, t. 1, p. 59; Carré, art. 1006.

85. Mais dans le cas où l'arbitre est désigné par une qualité qu'il perd après le compromis, la personne qui lui succède en cette qualité lui est-elle nécessairement subrogée ?

Nous croyons, avec Carré, qu'il faut, pour décider cette question, recourir à l'interprétation de l'intention des parties. Par exemple, si l'on désigne aujourd'hui dans une contestation née, le juge de paix de tel canton, c'est évidemment la personne qui exerce actuellement ces fonctions qui remplira celle d'arbitre. Au contraire, si, dans un acte quelconque, l'on convient de soumettre les contestations qui pourront survenir à l'occasion de cet acte, à des arbitres, au nombre desquels seront certains fonctionnaires; par exemple, le bâtonnier de l'ordre des avocats, le président de la chambre des notaires ou des avoués; comme on doit présumer que la confiance des parties a été déterminée par la qualité dont seraient revêtues telles ou telles personnes, ce seront, sans aucun doute, ceux qui exerceront ces fonctions au moment où s'élèvera la contestation, qui concourront à l'arbitrage.

86. Néanmoins, si, dans ce dernier cas, la personne revêtue

de la qualité à laquelle les parties ont attaché leur confiance ne pouvait ou ne voulait pas accepter la fonction d'arbitre, elle ne saurait être remplacée par celui qui, dans l'ordre des fonctions que supposerait sa qualité, viendrait immédiatement après elle. Les parties n'ont, en effet, entendu choisir que tel fonctionnaire, et non tel autre qui ne leur présente pas les mêmes garanties de mérite et de capacité. Rennes, 13 mars 1823; Carré, art. 1006. *Contrà.* — Merson, p. 29.

87. Cependant il en serait autrement, s'il s'agissait du doyen d'une compagnie, ou de toute autre personne dont la qualité n'établit aucune présomption particulière de capacité ou de mérite que l'on pût supposer avoir déterminé le choix des parties. Carré, *ib.*

§ 2. — *Clauses qui peuvent être insérées dans le compromis.*

88. Le compromis peut fixer le délai dans lequel les arbitres sont tenus de juger; mais s'il ne le fait pas, il n'en est pas moins valable : seulement il est limité à trois mois. C. pr. 1007, 1012.

89. Ces délais courent du jour de la date du compromis; peu importe l'époque de l'acceptation des arbitres; peu importe même qu'il y ait eu de nouveaux arbitres nommés par suite du refus d'acceptation des premiers.

Surtout si ces nouveaux arbitres ont été nommés par ceux restans, hors de la présence, de l'appel, ou du concours de toutes les parties. Cas. 11 nov. 1829 (S. 30, 36).

90. Toutefois, cette disposition n'est pas applicable au compromis par lequel des arbitres ont été nommés pour décider sur les difficultés qui pourraient s'élever sur l'exécution d'un contrat. Le délai ne court évidemment, dans ce cas, que du jour où sont nées les difficultés. Lyon, 26 avr. 1826 (S. 28, 14).

91. En matière d'arbitrage forcé, la loi ne détermine pas la durée du compromis. Le délai pour le jugement est fixé par les parties lors de la nomination des arbitres, et si elles ne peuvent tomber d'accord, il est réglé par le tribunal de commerce. C. com. 54.

92. Dans ce cas, le délai ne court que du jour de la remise des mémoires et pièces, parce que jusque-là les arbitres ne peuvent rien faire, et qu'aucun délai ne court contre une personne qui se trouve dans l'impossibilité d'agir. Turin, 8 mars 1811.

Toutefois, il est évident qu'il ne s'agit que de la remise des pièces de l'une des parties; car autrement il dépendrait de la volonté de son adversaire d'empêcher le jugement, en ne produisant jamais ses titres; ce qui est inadmissible.

93. Le tribunal de commerce peut-il proroger les délais de l'arbitrage forcé? — V. *inf.* n° 171.

94. Les parties ont le droit de proroger les délais ou d'autoriser les arbitres à les proroger. Mais si elles ont usé de cette dernière faculté, sans déterminer elles-mêmes le terme de la prorogation, les arbitres ne peuvent, à moins d'une autorisation spéciale, le porter à plus de trois mois. Pigeau, t. 1, p. 60; Carré, art. 1007.

Cette autorisation doit être expresse; les arbitres ne sauraient la faire résulter de l'interprétation du compromis. Cas. 21 fév. 1826 (S. 26, 215); 25 juil. 1827 (S. 27, 491).

Par exemple, de la dispense qui leur aurait été accordée de suivre les formes ordinaires. Rennes, 21 juin 1816.

95. Un mandataire peut, comme les parties, consentir une prorogation de délai; mais il lui faut un pouvoir spécial donné séparément, ou compris dans le mandat à l'effet de compromettre. En effet, c'est pour ainsi dire un nouveau compromis qu'il consent, puisque le premier deviendrait nul pour n'avoir pas été suivi de jugement dans les délais convenus. Boucher, p. 345; Carré, *ut sup.*

96. Le compromis peut encore contenir la renonciation au droit de se pourvoir contre la sentence arbitrale par la voie d'appel. C. pr. 1010.

97. Il n'est même pas nécessaire que cette renonciation soit littéralement exprimée; elle peut s'induire par équipollence des termes du compromis. Nîmes, 3 avr. 1819. — V. *inf.* n° 105.

98. Mais elle ne rend pas non-recevable l'appel des jugemens susceptibles d'être attaqués par cette voie, et rendus sur des incidens élevés pendant le cours de l'arbitrage : elle n'a d'effet qu'à l'égard du jugement arbitral. Cas. 15 juil. 1818 (S. 19, 1).

99. Les parties ont également le droit de renoncer par le compromis à la voie de la requête civile. Cette renonciation, loin d'être prohibée par aucun texte, est implicitement autorisée par l'art. 1010, qui permet de donner toute l'extension possible au pouvoir des arbitres. Cas. 18 juin 1816 (S. 17, 85); Carré, art. 1010. *Contrà.* — Pardessus, n° 1408.

Toutefois, cette règle devrait recevoir une exception, si la requête civile était motivée sur le dol. Dans ce cas, en effet, l'action est fondée sur des causes qui intéressent l'ordre public, et auxquelles on ne peut déroger par des conventions particulières. Malepeyre, *des Sociétés commerciales*, p. 432.

100. Cette renonciation résulte-t-elle suffisamment des mots *renonçant à toutes voies devant les tribunaux?*

Quelques auteurs pensent qu'une semblable clause est trop générale pour exclure la voie de la requête civile, et ils s'appuient sur ce que les motifs qui autorisent l'emploi de cette voie sont de telle nature qu'il n'est pas permis d'en supposer l'abandon sans une convention formelle, et qu'en général les renonciations vagues sont censées faites seulement aux voies ordinaires, c'est-à-dire à l'opposition et à l'appel, et non aux voies extraordinaires; autrement ce serait ouvrir la porte au dol et à la fraude.

Cependant cette opinion ne saurait être adoptée. Du moment que les parties déclarent renoncer à *toutes voies* contre la sentence arbitrale, sans réserve aucune, il est impossible de supposer qu'elles n'ont entendu parler que de l'appel, et l'on doit bien plutôt présumer qu'ayant choisi pour les juger des personnes investies de leur confiance, elles ont voulu s'en rapporter définitivement à leur décision. Cas. 31 déc. 1816 (S. 18, 38); Carré, art. 1010. — *V.* néanmoins *sup.* n° 99.

101. Peut-on renoncer à la voie de l'opposition à l'ordonnance d'exécution ?

D'une part, on dit que la loi laisse la plus grande latitude aux parties, et qu'elles peuvent par conséquent, si elles le jugent convenable, considérer la sentence arbitrale comme une transaction qui ne saurait être attaquée par la voie de l'opposition.

Mais on répond que la renonciation à cette voie extraordinaire n'est autorisée par aucun texte. Les parties peuvent bien donner aux arbitres les pouvoirs les plus étendus ; mais par cela seul qu'elles compromettent, elles annoncent l'intention d'obtenir un jugement arbitral, et il impliquerait contradiction qu'elles fussent obligées à considérer comme tel un acte qui n'en a pas les caractères, lorsqu'il est infecté des vices qui donnent ouverture à l'opposition de nullité ; il s'agit d'ailleurs d'une question de juridiction qui intéresse l'ordre public. — C'est ce qui a été formellement décidé par la Cour de cassation le 21 juin 1831.

« Attendu, porte l'arrêt, que les arbitres choisis par les parties pour statuer
» sur leurs différens, constituent un véritable tribunal reconnu par la loi, et qui
» exerce sa juridiction dans les limites tracées par elle et sous les conditions qu'elle
» a prescrites; que tout ce qui intéresse les juridictions est d'ordre public, que
» lorsque les arbitres ne se conforment pas aux dispositions de l'art. 1028, les
» actes qui émanent d'eux sont improprement qualifiés de sentence arbitrale;
» qu'ils sont frappés d'une nullité absolue que ni l'ordonnance d'exécution du
» président du tribunal, ni le *consentement des parties* ne sauraient effacer
» ou couvrir. Casse. »

Bastia, 22 mars 1831; Toulouse, 23 mai 1832; Pardessus, n° 1408. *Contrà.* — Cas. 10 fév. 1817 (S. 18, 38); Besançon, 18 mars 1828 (S. 28, 255); Montpellier, 8 juil. 1828 (S. 28, 348); Malepeyre, *ut sup.*

102. Dans tous les cas, il est certain que l'action en

nullité, fondée sur ce que les arbitres ont jugé hors des termes du compromis, peut toujours être exercée, quoiqu'il ait été convenu que les arbitres jugeraient comme amiables-compositeurs, sans appel ni recours en cassation. L'art. 1028 pose une règle générale, sans distinguer les jugemens rendus par des arbitres ordinaires, des jugemens rendus par des arbitres amiables-compositeurs; et d'ailleurs il est bien vrai que ces derniers ont reçu des parties les pouvoirs les plus étendus, qui leur permettent de juger, sans aucun recours possible, les contestations qui leur sont soumises; mais ces pouvoirs ne sauraient évidemment s'étendre à des objets qui ne leur sont pas déférés, et sur lesquels les parties n'ont pas voulu compromettre. Cas. 23 juin 1819 (S. 20, 35).

103. Les parties peuvent aussi, sans renoncer à aucun recours, stipuler une peine contre celle qui ne s'en tiendra pas à la décision arbitrale; cette peine, qui se résout toujours en dommages-intérêts, doit être payée par le contrevenant, quoi qu'il puisse arriver. Pigeau, t. 1, p. 61.

104. Elles sont encore maîtresses de donner, par le compromis, pouvoir aux arbitres de les juger comme amiables-compositeurs, en prenant l'équité pour règle. C. pr. 1019.

105. Dans ce cas, la renonciation à l'appel n'a pas besoin d'être énoncée en termes formels; elle résulte implicitement des pouvoirs donnés aux arbitres. Vainement on dirait que la loi ne distingue pas lorsqu'elle accorde le droit d'appeler des sentences arbitrales, et que l'on peut aussi bien faire réformer un jugement motivé sur l'équité, qu'un jugement motivé sur le droit strict. La qualité d'amiables-compositeurs, donnée aux arbitres, annonce l'intention des parties de s'en rapporter à leur conscience pour recevoir d'eux une décision qui a tous les caractères d'une transaction; et cette commune intention, qui doit faire la loi des parties, ne produirait jamais son effet, si l'appel était recevable. Nîmes, 9 janv. 1813 (S. 13, 284); Carré, art. 1010. *Contrà.* — Metz, 22 juin 1818 (S. 19, 21).

106. Il en est autrement de la requête civile. Les moyens qui donnent ouverture à cette voie extraordinaire sont trop graves pour supposer que les parties y aient renoncé, par cela seul qu'elles ont donné aux arbitres le pouvoir de les juger comme amiables-compositeurs. Ce serait encourager le dol et la fraude. —V. *Requête civile.*

107. On peut stipuler que le compromis continuera, malgré le décès, refus, déport ou empêchement d'un des arbitres. Alors on convient, ou qu'il sera passé outre à l'instruction, sans qu'il soit besoin de nommer un nouvel arbitre, ou que son remplacement sera au choix des parties, ou à celui des arbitres restans.

108. On peut encore régler le mode d'instruction devant les arbitres, notamment à quel nombre les arbitres rendront valablement leur sentence (Arg. C. pr. 1028 3°). A défaut de convention à cet égard, on doit suivre les formes prescrites devant les tribunaux. — V. *inf.* sect. VI.

109. Enfin, il est loisible aux parties d'insérer toute autre espèce de clauses qu'elles jugent convenables, pourvu qu'elles ne soient contraires ni à l'ordre public, ni aux lois, ni aux bonnes mœurs.

Section IV. — *Personnes qui peuvent être nommées arbitres.*

110. Toute personne peut en général être choisie par les parties pour arbitre.

111. Néanmoins il en est quelques-unes qui, à raison de leur âge, de leurs infirmités, ou de leur immoralité, sont incapables d'exercer ces fonctions.

112. Ainsi, les mineurs au-dessous de quinze ans, les interdits, les condamnés à une peine infamante, ne pouvant déposer en justice, ne sauraient, à plus forte raison, être arbitres. Berriat, p. 42; Merlin, *Rép.*, v° *Arbitrage*; Carré, art. 1004.

113. Cette incapacité s'étend-elle aux mineurs au-dessus de quinze ans, aux femmes et aux étrangers? Les auteurs s'accordent généralement à regarder comme capables les mineurs qui, à raison de leurs titres, comme les gradués, les avocats, offrent des garanties aux parties. Berriat, p. 42, note 18; Carré, art. 1004.

Au contraire, ils excluent les femmes, par la raison que leur sexe les éloigne des fonctions publiques, et que les arbitres sont de véritables juges. Berriat, *ut sup.*; Merlin, *Rép.*, v° *Arbitrage;* Carré, *ib.*

A l'égard des étrangers, on peut dire également qu'ils sont incapables d'être juges, et par conséquent arbitres.

Quant à nous, nous croyons qu'il faut distinguer entre le cas où les arbitres sont choisis ou agréés par toutes les parties capables, et celui où l'une d'elles s'oppose à leur nomination. Dans la dernière hypothèse, les mineurs, même gradués, les étrangers et les femmes, ne présentant pas toutes les garanties exigées pour les juges, la volonté de l'une des parties doit suffire pour les écarter; mais dans la première, nous ne voyons aucune considération d'ordre public qui puisse empêcher la convention des parties de recevoir son exécution. L'incapacité de ces différentes personnes n'est que relative, et il est par conséquent libre à chacun de renoncer à la présomption de laquelle elle résulte.

114. Le sourd-muet, celui qui ne sait pas écrire ou qui ne connaît pas la langue des parties peut également être choisi pour arbitre avec la distinction précédente. — Seulement il faut que le mandat qui lui est conféré lui donne la possibilité de remplir sa mission : par exemple, qu'il l'autorise, dans le premier cas, à ne juger que sur pièces écrites; dans le second, à s'adjoindre quelqu'un qui écrive sa sentence; dans le troisième, à prononcer sur titres traduits.

115. Le failli conserve la jouissance et l'exercice de ses droits civils; il n'est privé que de la faculté d'être agent de change ou courtier, et de se présenter à la bourse (C. com. 83, 614); il est donc capable d'exercer les fonctions d'arbitre. Les incapacités ne se suppléent pas, et la règle générale est que toute personne peut être arbitre. Rennes, 25 juin 1810; Domat, liv. 1, tit. 14; Carré, art. 1004; Boucher, p. 128.

116. Les juges naturels peuvent-ils être choisis pour arbitres ?

Pigeau, t. 1, p. 59, soutient la négative, parce qu'ils peuvent être dans la suite appelés à connaître de la sentence arbitrale. Il se fonde, en outre, sur la disposition de la loi 9, ff. *de receptis.*

Mais, d'une part, la loi *de receptis,* sur le sens de laquelle les interprètes sont même partagés, ne saurait être aujourd'hui d'aucune influence, puisque le Code a abrogé toutes les lois, coutumes, usages et réglemens, relatifs à la procédure civile (art. 1041) ; et d'autre part, la considération tirée de la possibilité où pourrait se trouver le juge de connaître de sa propre décision, tombe devant la disposition de l'art. 378, §8 C. pr., qui prévoit précisément ce cas, et permet alors la récusation. En outre deux décrets des 20 prairial et 15 messidor an 13, relatifs à l'administration de la justice dans les ci-devant états de Parme et de Plaisance, et dans les départemens réunis de Gênes et de Montenotte, portent que les juges ne pourront demander aucun salaire lorsqu'ils auront été choisis pour arbitres : d'où il résulte évidemment que les juges peuvent accepter des arbitrages. Trèves, 24 juin 1812 (S. 13, 201); Agen, 5 janv. 1825 (S. 26, 258); Carré, art. 1004; Merlin, *Rép.*, v° *Arbitres;* Berriat, p. 42, note 18.

117. Peu importerait que le juge eût déjà commencé à connaître de la contestation en sa qualité de magistrat; il est de l'intérêt des parties d'avoir pour arbitre un homme qui a déjà pris connaissance du différent avec l'impartialité du magistrat. Carré, *ib.*

118. Mais un tribunal ne peut recevoir des parties le droit de prononcer comme amiable-compositeur sur un procès dont il est saisi. Tous les principes de droit public s'opposent à ce que des juges étendent le pouvoir qu'ils tiennent de la loi hors des limites qu'elle leur a fixées, et statuent à la fois comme délégués du prince et mandataires des parties. Cas. 30 août 1813.

119. Néanmoins un juge de paix est valablement choisi pour arbitre d'un différent dont la connaissance lui est déférée comme juge. Dans ce cas, le compromis consenti par les parties le dessaisit en sa qualité de juge, et ne l'institue arbitre que comme homme privé : de telle sorte que la sentence est nécessairement soumise à l'ordonnance d'*exequatur*, tandis que, s'il eût prononcé comme juge, elle aurait été exécutoire par elle-même. Carré, art. 1004. *Contrà.* — Paris, 14 mai 1829 (S. 29, 153).

120. Un juge de paix peut encore, *à fortiori*, connaître comme arbitre d'une contestation portée devant lui en conciliation; car, dans ce cas, ses fonctions se bornent à essayer de rapprocher les parties, et n'ont rien de commun avec celles du juge proprement dit. Colmar, 21 déc. 1813 (S. 14, 290).

Section V. — *Révocation, récusation et déport des arbitres.*

§ 1. — *Révocation des arbitres.*

121. La révocation des arbitres entraîne l'annulation du compromis; elle ne peut donc avoir lieu que du consentement unanime des parties. C. pr. 1008.

Une seule des parties n'aurait conséquemment pas le droit de porter, aux tribunaux ordinaires, une question du différent, pendant la durée de l'arbitrage. Cas. 12 juil. 1809.

122. Les arbitres peuvent être révoqués expressément ou tacitement. *Expressément*, si les parties leur déclarent leur volonté, soit par acte extrajudiciaire signé d'elles, soit par lettre missive. Cas. 23 pluv. an 11 (S. 4, 681).

Tacitement, lorsqu'elles font un acte duquel résulte nécessairement leur intention de révoquer les arbitres; par exemple, si elles transigent sur la contestation qui faisait l'objet de l'arbitrage, si elles la soumettent à de nouveaux arbitres, ou si elles prennent la voie de conciliation au bureau de paix. Bruxelles, 4 fruct. an 12 (S. 5, 535).

123. La révocation opérée de l'une de ces manières produirait même son effet, quoique postérieure au jugement arbitral, si ce jugement était ignoré des parties, et n'avait pas acquis

force de chose jugée au moment de la révocation. Arg. C. civ.
2056; Merson, p. 40; Carré, art. 1008.

124. Les arbitres forcés sont révocables comme les arbitres volontaires : la loi ne distingue pas, et l'on a déjà vu
qu'à défaut d'une dérogation expresse du Code de commerce,
les principes relatifs à l'arbitrage volontaire sont applicables à
l'arbitrage forcé. Cependant les parties ne peuvent user du
droit qui leur appartient qu'autant qu'elles s'accordent sur le
choix des nouveaux arbitres; car le tribunal ne saurait être
contraint d'en désigner d'autres, et la révocation des premiers
n'autorisant pas les parties à porter leur contestation devant le
tribunal de commerce dont l'incompétence est absolue (—
V. *sup.* n° 53), il en résulterait qu'elles se trouveraient dans l'impossibilité d'être jugées. Merson, p. 35; Pardessus, n° 1413;
Locré, art. 64 C. com.

§. 2. — *Récusation des arbitres.*

125. Les arbitres sont de véritables juges; ils peuvent donc
être récusés comme ceux-ci, et pour les mêmes causes. Berriat, p. 45, note 20; Pigeau, Carré, art. 1014; Merlin, *Rép.*,
v° *Récusation.* —V. *Récusation.*

126. Néanmoins, comme les parties les ont choisis librement
et spontanément, elles n'ont le droit de les récuser que pour
causes survenues depuis le compromis. C. pr. 1014.

127. Il a même été jugé que l'arbitre qui était créancier
d'une des parties antérieurement au compromis, ne pouvait
être récusé sous prétexte qu'il était de nouveau devenu créancier de la même partie, pour une autre cause, postérieurement
au compromis. L'accroissement de sa créance ne change pas sa
position; elle ne constitue pas un nouveau motif de récusation,
et les parties sont non-recevables à en invoquer un auquel elles
ont déjà renoncé. Metz, 12 mai 1818 (S. 19, 164).

128. Toutefois, la récusation est possible dans le cas où les
causes qui la motivent, quoiqu'antérieures au compromis,
n'ont pu être connues des parties que depuis : en général,
l'ignorance d'un fait est une cause de rescision des contrats;
et d'ailleurs il serait évidemment contraire à l'équité de forcer
une partie d'accepter pour juge une personne contre laquelle
elle aurait un motif fondé de récusation, auquel elle ne saurait
être réputée avoir volontairement renoncé. Prat, t. 5, p. 363;
Thomines, p. 378. *Contrà.* — Carré, art. 1014.

129. En matière d'arbitrage forcé, les arbitres peuvent
n'être pas choisis par les parties : alors les mêmes motifs n'existant plus, la récusation est toujours admissible pour des causes
antérieures à leur nomination.

Le délai pour l'exercer court du jour où cette nomination a été légalement connue des parties. Carré, art. 1014.

150. Quelle est la durée de ce délai? La loi ne s'explique pas à ce sujet. M. Pardessus, appliquant les règles posées pour les experts, pense (n° 1413) que ce doit être trois jours à compter de celui où la partie a eu connaissance de la nomination de l'arbitre. Au contraire, M. Carré (art. 1014) et M. Merson (p. 47), se fondant sur le décret du 2 oct. 1793, relatif aux causes de récusation des arbitres dans les contestations qui intéressaient les communes, soutiennent que l'on a quinze jours. Cette dernière opinion nous paraît préférable; car, d'une part, il est plus naturel de chercher une analogie dans une loi spéciale à l'arbitrage, que dans une loi faite pour une matière toute différente; et d'autre part, le délai de trois jours nous semble trop court pour donner à la partie le temps nécessaire pour prendre des informations, et se décider à un acte aussi important qu'une récusation. Nous croyons même que le Code ne fixant aucun délai, la récusation est recevable tant que les parties n'ont pas fait un acte dont résulte leur renonciation à ce moyen. — V. n° suiv.

Quoi qu'il en soit, ce point important nous paraît, dans le silence de la loi, entièrement abandonné à la prudence des Cours royales, dont les décisions ne pourraient jamais être cassées, comme ayant violé un texte positif.

151. En matière d'arbitrage ordinaire, la récusation doit être formée dans les délais prescrits pour la récusation des juges. En conséquence, elle peut être proposée tant que les parties n'ont pas respectivement pris leurs conclusions, ou que les délais de l'instruction ne sont pas expirés, et jusqu'au jugement, si les causes de récusation ne sont survenues que postérieurement. C. pr. 382.—V. *Récusation*.

152. Les arbitres n'ayant pas de greffier, l'acte de récusation doit nécessairement leur être notifié à eux-mêmes.

Il doit contenir les motifs et les moyens de récusation (Arg. C. pr. 45, 384). Il est signé sur l'original et sur la copie par la partie ou par son fondé de procuration spéciale et authentique. Copie de la procuration doit rester annexée à l'acte, qui est visé par l'arbitre, ou, à son défaut, par le procureur du roi près le tribunal de son domicile. Arg. C. pr. 1039; Merson, p. 50; Carré, art. 1014.

153. Les arbitres n'ont le droit de prononcer sur la récusation de l'un d'eux qu'autant que le compromis leur en donne expressément le pouvoir; autrement leur décision serait nécessairement annulée comme rendue hors des termes du compromis. Paris, 17 mai 1813 (S. 14, 247); Cas. 1er juin

1812 et 28 juil. 1818 (S. 12, 349—19, 22); Toulouse, 23 mai 1832 : Carré, art. 1014,

154. Les causes de récusation doivent en général être jugées par le tribunal qui aurait connu de la contestation, s'il n'y avait pas eu d'arbitrage. Carré, art. 1014.

155. Cependant il a été décidé que la demande en récusation devait, en matière de commerce comme en matière civile, être portée devant le tribunal civil, excepté dans le cas d'arbitrage forcé. En effet, il résulte évidemment de la combinaison des art. 1020 et 1021 C. pr. avec ceux de la sect. II, tit. III C. com., que l'intention du législateur a été de n'attribuer aux tribunaux de commerce le droit, soit de rendre exécutoires les sentences arbitrales, soit de connaître des incidens et des difficultés de tout genre qui peuvent s'élever entre les parties à l'occasion de l'arbitrage, que dans l'unique cas d'arbitrage forcé; excepté cette seule hypothèse, les tribunaux ordinaires sont seuls compétens pour juger toutes ces contestations. Paris, 30 déc. 1813; Metz, 12 mai 1818 (S. 19, 104).

156. Les arbitres peuvent-ils être pris à partie ?—Il faut distinguer entre les arbitres volontaires et les arbitres forcés. —Les premiers, tenant uniquement leurs pouvoirs des parties, ne sont revêtus que d'un caractère privé, et par conséquent ne sauraient être assimilés aux juges ordinaires, contre lesquels la loi permet la prise à partie (C. pr. 505); les plaideurs auxquels leur conduite a causé un préjudice, n'ont donc contre eux que l'action ordinaire en dommages-intérêts. Mais les arbitres forcés, quoique nommés par les parties, n'en forment pas moins, pour les causes qui leur sont soumises, un véritable tribunal temporaire qui remplace nécessairement le tribunal de commerce, et auquel la loi a attribué une compétence exclusive; ils doivent donc être assimilés aux membres des tribunaux de commerce, et poursuivis comme eux par la voie de prise à partie, dans les cas prévus par la loi. Cas. 7 mai 1817; Prat, t. 5, p. 402; Merson, p. 52. —V. *Prise à partie.*

§ 5. — *Déport des arbitres.*

157. On entend par déport la démission qu'un arbitre donne de ses fonctions.

158. Ces fonctions étant entièrement libres, les arbitres peuvent les refuser ou s'en démettre lorsqu'ils le veulent, pourvu que l'intérêt des parties n'en souffre pas.

159. Mais du moment que les opérations de l'arbitrage sont commencées, leur retraite nuirait aux parties, soit à cause de la connaissance qu'ils ont déjà acquise de leurs affaires, soit à cause du retard que cela apporterait à la reddition du jugement : ils ne peuvent donc plus se déporter à compter de cette époque. C. pr. 1014.

140. A moins toutefois qu'ils n'aient un motif légitime.

Les motifs légitimes de déport sont : 1° toutes les causes qui autorisent une récusation (—V. *sup.* n° 125); 2° celles qui constituent un empêchement : par exemple, l'âge avancé, des maladies, des infirmités, l'acceptation depuis le compromis de fonctions publiques, ou la survenance d'affaires personnelles réclamant tous les soins de l'arbitre. Arg. C. pr. 1012; Pardessus, t. 5; Berriat, p. 43, note 21; Carré, art. 1014.

141. La Cour de Bruxelles a jugé, le 22 août 1810 (S. 14, 43), qu'en matière d'arbitrage forcé, les arbitres nommés par le tribunal devant être considérés comme de véritables juges, non-seulement ne peuvent pas se déporter après leurs opérations commencées, mais n'ont même jamais le droit de refuser leur ministère sans faire agréer leurs motifs par l'autorité judiciaire.

Carré, qui rapporte cet arrêt, art. 1014, en adopte entièrement les motifs. Cependant ils nous semblent contraires aux principes. En effet, s'il est vrai de dire que, dans le cas d'arbitrage forcé, les arbitres sont de véritables juges, c'est uniquement dans ce sens que les parties sont contraintes de leur soumettre leurs différens, et il ne s'ensuit nullement que tous les citoyens soient tenus d'accepter ces fonctions malgré eux. Nous ne voyons nulle part aucun texte de loi qui puisse autoriser une pareille doctrine, et par conséquent nous croyons qu'elle doit être rejetée comme portant atteinte à la liberté de chacun. Vainement dirait-on que, dans le cas où tous les arbitres désignés par le tribunal refuseraient la mission qui leur serait déférée, les parties se trouveraient dans l'impossibilité d'être jugées : le choix des tribunaux n'étant pas limité à une certaine classe de personnes, cette supposition est évidemment inadmissible, et ne peut faire violer le principe en vertu duquel nul n'est tenu d'accepter une fonction malgré lui, hors des cas expressément prévus par la loi. Enfin, personne n'a contesté jusqu'ici que l'on pût refuser les fonctions de membre d'un tribunal de commerce, et cependant il y a évidemment même raison de décider.

142. Il n'existe aucun moyen de forcer un arbitre à exécuter la mission qu'il a acceptée; mais comme dans le cas de refus non motivé, il contrevient à une *obligation de faire* par lui contractée, il doit être condamné à des dommages-intérêts envers les parties. C. civ. 1142.

Section VI. — *Instruction devant les arbitres.*

143. Les parties et les arbitres doivent suivre, dans la procédure, les délais et les formes établis pour les tribunaux qui auraient été compétens pour connaître de la contestation qui leur est soumise, à moins que les parties n'en soient autrement convenues. C. pr, 1009.

144. Toutefois, cette convention n'a pas besoin d'être exprimée en termes formels; elle peut s'induire des stipulations renfermées au compromis. Ainsi, les amiables-compositeurs étant revêtus d'un pouvoir transactionnel, sont par cela seul dispensés de suivre les formalités ordinaires. Besançon, 18 déc. 1811; Colmar, 29 mai 1813. *Contrà.*—Boucher, p. 259.

145. Dans aucun cas le ministère des avoués n'est nécessaire devant les arbitres. Les avoués ne sont établis qu'auprès des tribunaux ordinaires; et d'ailleurs, les habitans de toutes les communes qui ne sont pas chefs-lieux d'arrondissement, se trouveraient privés des bienfaits de l'arbitrage, ou forcés de choisir leurs arbitres aux chefs-lieux où résident les avoués; ce qui gênerait la liberté, et serait évidemment contraire à l'intention du législateur. Gênes, 15 fév. 1811 (S. 11, 139); Berriat, p. 43, note 24; Demiau et Carré, art. 1009.

146. Les arbitres peuvent ordonner tous les actes d'instruction qu'ils croient utiles pour éclairer leur conscience : par exemple, des enquêtes, des expertises, des visites de lieux, des interrogatoires sur faits et articles; seulement leur jugement n'est exécutoire qu'en vertu de l'ordonnance du président du tribunal. C. pr. 1020.

Mais s'ils ont été dispensés de suivre les formes ordinaires, la partie qui a exécuté le jugement interlocutoire avant qu'il fût revêtu de l'ordonnance du président, est non-recevable à en demander la nullité. Aix, 15 juin 1808. —V. *inf.* sect. XII.

147. Ils procèdent tous ensemble à ces différens actes, ainsi qu'à la rédaction des procès-verbaux de leurs opérations, à moins que les parties ne leur aient donné le droit de déléguer l'un d'eux. C. pr. 1011.

Chaque arbitre, quoique nommé séparément par l'une et l'autre des parties, est cependant institué par les deux pour prendre part tant à l'instruction qu'au jugement. Les actes faits par un seul, sans autorisation des parties, doivent donc être annulés comme émanés d'une personne ayant agi sans pouvoir. Les parties se sont soumises à la décision du tribunal arbitral tout entier, et non pas à celle de l'un ou de plusieurs des arbitres. Carré, art. 1011.

148. Néanmoins, la partie qui assisterait, sans protestation à une opération faite par un seul des arbitres, serait non-recevable à en demander plus tard la nullité. Sa présence vaut consentement. Cas. 12 mai 1828 (S. 28, 202).

149. Les arbitres ont-ils le droit de décerner commission rogatoire à un juge, conformément à l'art. 1035?

Pour l'affirmative, on dit qu'ils sont de véritables juges, et que l'art. 1035 ne distingue pas. Vainement on objecterait que les arbitres ne peuvent commettre l'un d'eux; qu'à plus forte raison ils ne peuvent désigner un juge, et qu'il faut qu'ils fassent eux-mêmes tous les actes d'instruction. En effet, les motifs qui s'opposent à la délégation d'un des arbitres n'existent plus lorsqu'il s'agit d'un juge; et, dans ce dernier cas, l'éloignement mettant un obstacle à ce que les arbitres vaquent par eux-mêmes aux actes d'instruction, il est de l'intérêt des parties qu'ils usent de la faculté accordée par l'art. 1035, afin d'économiser les frais; ce qui est un des buts principaux que s'est proposé le législateur en instituant l'arbitrage (Jousse, *de l'Adm. de la Just.*, p. 699; Carré, art. 1011). Cependant cette opinion ne nous semble pas pouvoir être adoptée. Les arbitres, institués par de simples particuliers dans leur intérêt privé, n'ont en effet aucun caractère public, et une commission rogatoire est évidemment un acte de souveraineté.

150. Ils peuvent prononcer définitivement sur quelques points de la contestation en état de recevoir décision, et interloquer sur d'autres. Paris, 26 mai 1814.

Peu importerait qu'ils eussent reçu des parties le droit de terminer par un seul jugement toutes les contestations énoncées au compromis: cette clause ne leur accorderait qu'une faculté, dont ils seraient libres de ne pas user s'ils le jugeaient convenable. Cas. 11 fév. 1806.

Mais il en serait autrement si les parties leur avaient imposé l'obligation de ne statuer que par un seul jugement : dans ce cas, la stipulation formerait en effet une condition *sine quâ non* du compromis, à laquelle ils ne pourraient manquer sans rompre le compromis lui-même. Merlin, *Rép.*, v° *Arbitrage*; Carré, art. 1028.

151. Chacune des parties est tenue de produire ses défense et pièces quinzaine au moins avant l'expiration du délai du compromis. C, pr. 1016.

152. Toutefois, ce délai n'étant pas prescrit à peine de déchéance, les parties peuvent produire tant que la sentence n'est pas rendue. La sanction de l'art. 1016 C, pr. se trouve dans le préjudice qui pourra résulter, pour la partie en retard de produire, de ce que les arbitres auront eu moins de temps pour examiner ses pièces, et peut-être de ce qu'ils refuseront, comme ils en ont le droit, d'en prendre connaissance après les délais fixés par la loi.

153. Lorsque les parties n'ont pas produit, la sentence arbitrale ne peut pas être rendue avant l'expiration des délais accordés pour la production; mais après cette époque, les arbitres jugent valablement sur ce qui a été produit. C. pr. 1016.

154. Les règles précédentes ne sont applicables qu'aux arbitrages volontaires; en matière d'arbitrage forcé, les arbitres ne sont astreints à aucune formalité : les parties leur remettent simplement leurs pièces et mémoires. C. com. 56.

La partie en retard de produire est sommée de le faire dans les dix jours. C. com. 57.

Les arbitres peuvent, suivant l'exigence des cas, proroger le délai pour la production des pièces. C. com. 58; Besançon, 18 déc. 1811.

S'il n'y a renouvellement de délai, ou si le nouveau délai est expiré, les arbitres jugent sur les seules pièces et mémoires remis. C. com. 59.

155. Du moment qu'une pièce a été produite aux arbitres, elle devient commune à toutes les parties : par conséquent, elle ne peut plus être retirée à volonté par celui qui l'a fournie; et elle doit rester au procès pour servir ce que de droit à chacun. Paris, 14 therm. an 10 (S. 7, 1104).

Celui qui se rendrait coupable de la soustraction d'une pièce produite serait passible d'une amende de 25 à 300 fr. (C. pén. 409). Mais cette amende ne pourrait pas être prononcée par les arbitres (—V. *inf.* n° 228). Le délinquant serait, pour ce fait, justiciable des tribunaux de police correctionnelle.

156. Les arbitres peuvent donner communication de toutes les pièces aux parties; mais ils doivent avoir soin d'en exiger des récépissés. Arg. C. pr. 188.

157. D'après l'usage, c'est l'arbitre le plus âgé qui demeure dépositaire des pièces. C'est également chez lui que se tiennent les séances; le plus jeune est chargé du rapport.

Section VII. — *Manières dont finit le compromis.*

158. Les principales causes d'extinction du compromis sont: 1° le décès, refus, déport ou empêchement d'un des arbitres, s'il n'y a clause qu'il sera passé outre, ou que le remplacement sera au choix des parties, ou au choix de l'arbitre ou des arbitres restans; 2° l'expiration du délai stipulé, ou de celui de trois mois, s'il n'en a pas été réglé; 3° le partage, si les arbitres n'ont pas le pouvoir de prendre un tiers-arbitre. C. pr. 1012.

§ 4. — *Décès, refus, déport ou empêchement de l'un des arbitres.*

159. Le compromis finit par le décès, refus, déport ou empêchement d'un des arbitres. En effet, les parties n'ont donné pouvoir de les juger qu'à tous les arbitres réunis. Si donc l'un d'eux
ne peut plus exercer les fonctions qui lui ont été confiées, le
compromis se trouve nécessairement anéanti. Cas. 2 sept. 1811.

160. Peu importe même que le décès, le refus, le déport ou l'empêchement de l'arbitre n'ait été connu que de l'une
des parties. Cas. 24 déc. 1817.

161. Mais les arbitres n'ayant pas le droit de se déporter à
leur volonté, il est clair que l'empêchement doit être légitime.
— V. *sup.* nos 139 et 140.

162. Ce mode d'extinction du compromis a-t-il lieu en matière d'arbitrage forcé?

La Cour de Bruxelles a décidé la négative par arrêt du 30
mai 1810, en se fondant sur ce que l'art. 1012 ne s'occupait
que des arbitrages volontaires : mais cette opinion ne nous
semble pas devoir être adoptée. En effet, il est bien vrai que
les parties ne pourront pas recourir aux tribunaux ordinaires,
et que, d'après la nature de leur contestation, elles seront
contraintes de se soumettre à un nouvel arbitrage. Mais le
compromis qui pouvait renfermer des conventions particulières,
et déroger à la rigueur du droit, se trouvera nécessairement
anéanti. Ainsi, dans l'hypothèse où les parties auraient donné
aux arbitres le pouvoir de les juger comme amiables-compositeurs, cette stipulation ayant pu être motivée par la
confiance inspirée par la personne des arbitres, cesserait,
sans aucun doute, d'être obligatoire, le décès ou le déport de
l'un des arbitres arrivant. Paris, 15 déc. 1807 (S. 7, 788). —
Il est encore certain, et l'arrêt de la Cour de Bruxelles l'a lui-
même reconnu, que, dans le cas où il devient nécessaire de
remplacer un arbitre, les arbitres restans sont soumis à une
nouvelle investiture, parce que le choix de tous les arbitres a
pu être déterminé par la réunion des qualités personnelles des
différentes personnes sur lesquelles la confiance des parties s'est
fixée, et que cette base venant à manquer, il est juste de rendre aux parties le droit de faire un nouveau choix. — Enfin,
une conséquence rigoureuse de ces principes, à laquelle la
Cour de Bruxelles s'est encore rendue, c'est qu'à moins d'une
stipulation formelle insérée dans le compromis, tous les actes
d'instruction faits par les arbitres avant le décès ou le déport
de leur coarbitre, seraient considérés comme non-avenus. — Il
en résulte donc que le compromis ne produit aucun effet, et qu'il
est annulé, comme dans le cas d'arbitrage volontaire ; seule-

ment les parties continuent d'être soumises à la juridiction arbitrale, et doivent constituer un nouveau tribunal qui, à leur défaut, est nommé par les juges consulaires, — V. *sup*. sect. I, § 2, art. 2.

163. Toutefois, il est loisible aux parties de convenir que le décès, refus, déport ou empêchement de l'un des arbitres, ne mettra pas fin au compromis. Dans ce cas, elles peuvent stipuler, ou qu'il sera passé outre, c'est-à-dire que l'instruction sera continuée, et la sentence rendue par les arbitres restans; ou que l'arbitre empêché sera remplacé, soit par elles, soit par les autres arbitres.

164. Dans ce dernier cas, si les arbitres restans ne pouvaient s'accorder sur le choix du nouvel arbitre, il devrait être nommé par le président du tribunal compétent pour ordonner l'exécution de la décision arbitrale. En effet, l'art. 1017 lui attribue expressément le droit de désigner le tiers-arbitre, lorsque les arbitres autorisés à le choisir ne peuvent tomber d'accord, et il y a évidemment mêmes raisons de décider dans l'une et dans l'autre circonstance.

165. Si les parties s'étaient réservé personnellement la nomination de l'arbitre, la question présenterait plus de difficultés; car l'on pourrait dire qu'elles ont manifesté l'intention de ne s'en rapporter qu'à elles-mêmes, et que l'on n'a pas le droit de leur imposer un arbitre qui ne soit pas de leur choix. Cependant nous pensons que le président serait compétent dans cette hypothèse, comme dans la précédente, pour nommer l'arbitre dont les parties ne pourraient pas convenir. La stipulation par laquelle elles sont convenues que le compromis ne finirait pas par l'empêchement d'un arbitre, doit produire son effet, et elle deviendrait purement illusoire, s'il dépendait de l'une d'elles de se refuser à la nomination d'un nouvel arbitre.

166. Néanmoins, il a été jugé que, lorsque les parties étaient convenues que, dans le cas de retraite ou de refus de l'un des arbitres pour une cause quelconque, il serait procédé à son remplacement, cette clause ne devait s'entendre que d'une démission donnée en temps utile, et que par conséquent le compromis était nul, si un arbitre donnait sa démission après le commencement des opérations. Paris, 8 mai 1824 (S. 25, 170).

Mais cette décision nous paraît peu conforme au droit; car, du moment que les parties sont convenues que, dans le cas de retraite de l'un des arbitres pour *une cause quelconque*, il serait procédé à son remplacement, il semble que l'on ne peut, sans violer la convention qui fait la loi des parties, créer une distinction que cette convention n'a pas établie. Nous pensons donc que la Cour se sera décidée par des circonstances de fait qui ne sont pas rapportées, et d'où elle aura conclu que l'intention des parties avait été de n'autoriser le remplacement de l'arbitre qu'avant le commencement des opérations.

§ 2. — *Expiration du délai du compromis.*

167. L'expiration du délai stipulé par les parties, ou fixé par la loi (— V. *inf.* sect. III, § 2), est une cause d'extinction du compromis.

Les arbitres, ne tenant leur autorité que de la volonté des parties, ne peuvent la prolonger au-delà du terme fixé par le compromis. La sentence qu'ils rendraient après l'expiration de ces délais, serait donc considérée comme non-avenue, et ne produirait aucun effet.

168. Mais elle ne saurait invalider celle rendue antérieurement sur une partie du litige, à moins que le compromis ne portât que les parties voulaient être jugées sur toutes leurs contestations dans un délai déterminé. Cas. 6 nov. 1815 (S. 16, 113).

169. Il a même été jugé que le serment ordonné par une sentence arbitrale devait être prêté devant le tribunal chargé de l'exécution de cette sentence, si à l'époque de la prestation le compromis était expiré. En effet, il serait injuste de faire tourner au préjudice de la partie qui a gagné son procès, une circonstance qu'il était difficile de prévoir, et de la priver ainsi du bénéfice du jugement. Pau, 24 avr. 1823.

170. Les pouvoirs des arbitres forcés cessent-ils, comme ceux des arbitres volontaires, à l'expiration des délais fixés pour le jugement ?

D'un côté, l'on dit : les lois spéciales dérogent aux lois générales ; d'ailleurs, le Code de commerce est postérieur au Code de procédure ; c'est donc dans le Code de commerce qu'il faut puiser les raisons de décider. Or, on n'y rencontre aucun texte qui défende aux arbitres de prononcer après les délais fixés par les parties ou le tribunal. En matière d'arbitrage volontaire, les parties n'ayant renoncé que momentanément à leurs juges naturels pour se donner des juges de leur choix, il est juste que les pouvoirs des arbitres expirent avec les délais du compromis. Mais dans le cas d'arbitrage forcé, les mêmes motifs de décider n'existent plus ; les parties seront toujours forcées de recourir à un arbitrage; et le seul avantage qu'elles retireront sera d'augmenter les frais, et de prolonger les contestations qui les divisent.

Mais on répond avec raison que, si les dispositions de l'art.

1012 ne se trouvent pas textuellement reproduites au Code de commerce, il ne faut pas en conclure qu'elles sont inapplicables en matière d'arbitrage forcé. Non-seulement l'art. 18 porte que le contrat de société se règle par le *droit civil*, par les lois particulières au commerce, et par les conventions des parties, mais encore on lit dans l'exposé des motifs, approuvé par le Conseil-d'État, et présenté au corps-législasif le 1er sept. 1817, que si, dans les sociétés de commerce, il survient des contestations, la loi en ordonne le jugement par arbitres, et qu'*indépendamment des dispositions sur l'arbitrage, portées au Code de procédure, elle établit un mode particulier.* Il faudrait donc une exception formelle pour que l'art. 1012 ne régît par les arbitrages forcés comme les arbitrages volontaires ; et, loin qu'il en soit ainsi, l'obligation de circonscrire les pouvoirs des arbitres dans un délai fixé, à l'expiration duquel ils cessent d'être juges, est prescrite en termes aussi absolus dans l'art. 54 C. com., que dans l'art. 1007 C. pr. Dès-lors rien ne peut conduire à penser qu'il ait été dans l'intention du législateur de vouloir que le délai soit de rigueur dans un cas, et simplement comminatoire dans l'autre. Peu importe que les parties soient contraintes de se faire juger par des arbitres : il ne faut pas confondre cette obligation avec le compromis. Il est certain que l'expiration des pouvoirs des arbitres ne sera pas une raison pour qu'on porte la cause devant les tribunaux ordinaires ; au contraire, la nomination de nouveaux arbitres sera indispensable ; et, par cela même, il est évident qu'à moins de motifs particuliers, les parties s'empresseront de proroger les pouvoirs des arbitres ; mais, si elles ne l'ont pas fait, ils perdront le caractère de juges, qui ne leur était conféré que pour un temps limité, et ne pourront plus rendre de sentence obligatoire. — Cette doctrine a été consacrée de la manière la plus formelle par un arrêt de la Cour de cassation du 22 avr. 1823 (S. 23, 228), dont les motifs sont féconds en conséquences :

« Attendu, porte-t-il, que les dispositions du Code de procédure civile sont » applicables aux tribunaux de commerce lorsqu'il n'y a pas été dérogé par le » Code commercial ; qu'ainsi les art. 1012 et 1028 du Code de procédure, » portant que le *compromis finit par l'expiration du délai fixé, et qu'on peut » demander la nullité des jugemens rendus sur compromis expiré*, doivent être » appliqués aux arbitrages forcés comme aux arbitrages volontaires.

» Qu'on peut d'autant moins en douter, que l'obligation de circonscrire les » pouvoirs des arbitres dans un délai fixé à l'expiration duquel ils cesseraient » d'être jugés, est prescrite en termes aussi absolus dans l'art. 54 C. com. que » dans l'art. 1007 C. pr., et que dès-lors rien ne peut conduire à penser qu'il ait » été dans l'intention du législateur de vouloir que le délai soit de rigueur dans » un cas, et simplement comminatoire dans l'autre ;

» Qu'au surplus, si comme l'ont dit les défendeurs, il y a quelque différence » entre les arbitres nommés dans un compromis forcé, et ceux qui l'ont été dans

» un compromis volontaire, notamment en ce qu'au cas où les pouvoirs des
» premiers sont expirés, les parties sont encore obligées de se laisser juger par
» des arbitres. Cette considération, dont le législateur n'a pas été frappé, serait
» toujours insuffisante pour autoriser les tribunaux soit à créer entre les arbitres
» dont les pouvoirs sont conçus dans les mêmes termes, une distinction qui
» n'a pas été faite par la loi, soit à imposer aux parties, comme l'a fait la Cour
» royale, l'obligation que la loi ne leur a pas imposée, de provoquer la nomi-
» nation de nouveaux arbitres, pour faire cesser les pouvoirs de ceux auxquels
» elles n'en ont donné et dû donner que pour un temps expressément limité.
» Casse. »

Bordeaux, 28 juin 1818 (S. 18, 243); Toulouse, 12 avr.
1823 (S. 23, 213); Pardessus (Cons. S. 18, 2, 243); Angers,
23 juin 1823. *Contrà*. — Paris, 8 avr. 1809; Riom, 25 avr.
1820; Rennes, 13 mai 1820; Locré (Cons. S. 18, 2, 243); Carré,
art. 1012.

171. Il résulte de ces principes que le tribunal de commerce
ne saurait, sans le consentement de toutes les parties, proroger les délais de l'arbitrage après leur expiration ; il pourrait
seulement renommer les mêmes arbitres. Cas. 14 juin 1831.
Mais en serait-il de même avant cette expiration?

D'un côté, l'on peut soutenir qu'en établissant l'arbitrage
forcé, le législateur a créé une juridiction spéciale, parallèle au
tribunal de commerce, n'ayant, comme lui, de supérieur que la
Cour royale et la Cour de cassation ; que conséquemment le
tribunal de commerce concourt bien à organiser le tribunal
arbitral; mais, du moment que celui-ci a commencé ses opérations, il est entièrement indépendant du premier, et son existence ne saurait être ni modifiée, ni prorogée par lui. Vainement dirait-on que la mauvaise foi d'une partie pourra éterniser
les procès ; car tout le temps écoulé pendant les incidens mal
fondés, ne compte pas pour les délais du compromis(—V. *inf.*
n° 177); et d'ailleurs, les tribunaux étant libres de fixer la durée
de l'arbitrage, auront toujours soin d'accorder un espace de
temps suffisant pour décider les contestations sur lesquelles les
arbitres auront à statuer.

Mais on réfute facilement cette argumentation. En effet, si les
parties ne sont pas d'accord pour la fixation du délai de l'arbitrage, il est réglé par le tribunal (C. com. 54), qui se trouve ainsi
appelé à déterminer ce délai, sans connaître les difficultés que
pourra présenter la contestation dont les arbitres sont saisis, et
par conséquent sans pouvoir déterminer l'espace de temps nécessaire pour l'instruire et la juger. Il répugnerait donc que le
premier délai fixé fût définitif, et que le tribunal n'eût pas le
droit d'accorder une prorogation demandée par l'une des parties, lorsqu'il reconnaît qu'elle est dans l'intérêt de la justice.
Cette faculté, loin d'être prohibée par aucun texte, semble,
au contraire, s'induire de l'art. 58 C. com., qui permet for-

mellement d'étendre les délais de production de pièces ; et elle
résulte d'ailleurs suffisamment du droit qu'a le tribunal de fixer
le délai primitif, puisqu'il y a évidemment même raison de décider, et que la prorogation ne peut, au surplus, avoir d'autre
but que d'économiser le temps et les frais. Lyon, 11 mars 1826
(S. 27, 144) ; Cas. 28 mars 1827 (S. 27, 241). *Contrà*. —
Bordeaux, 28 juin 1818 (S. 18, 243) ; Toulouse, 12 avr. 1823 ;
Malepeyre, *des Sociétés commerciales*, p. 411.

172. Les parties peuvent, en matière d'arbitrage forcé,
comme en matière d'arbitrage volontaire, proroger les délais
de l'arbitrage, même après leur expiration. Dans ce cas, il y a
transaction pour tout ce qui s'est fait pendant les délais du
compromis primitif.

173. Leur intention s'induit suffisamment d'un fait émané
d'elles ; par exemple, de leur comparution et de leur plaidoirie
devant les arbitres, après l'expiration du compromis. C'est une
conséquence de l'art. 1338 C. civ., portant qu'un acte nul est
validé par l'exécution volontaire qui en est consentie par les
parties. Mais il faut que ce fait soit constaté par écrit, et de nature à opérer un lien réciproque de droit entre les parties.
Leur consentement respectif est, en effet, indispensable pour
donner naissance au compromis tacite qui succède au premier.
Bordeaux, 9 fév. 1827 (S. 27, 290) ; Cas. 17 janv. 1826 (S.
26, 380) , et 12 mai 1828 (S. 28, 202) ; Pardessus , n° 1414.
Contrà. — Bourges, 19 fév. 1825 (S. 26, 72) ; Cas. 3 fév.
1823 (S. 23, 228).

174. De même il est évident que lorsqu'avant l'expiration
du délai accordé aux arbitres pour rendre leur jugement, ils
ont nommé, en vertu des pouvoirs qui leur étaient conférés,
un tiers-arbitre auquel ils ont fixé un délai, leurs pouvoirs se
trouvent par-là prorogés pour tout le temps accordé au tiers-
arbitre, puisque celui-ci doit conférer avec eux avant de rendre sa sentence. Cas. 17 mars 1824 (S. 24, 421).

175. Lorsqu'un des arbitres est empêché, et que les délais
de l'arbitrage sont expirés au moment où l'on demande à un
tribunal qu'il nomme un autre arbitre à sa place, le tribunal
peut-il faire droit à cette demande sur le motif que, pendant ce
délai, l'arbitre restant l'avait prorogé ? — Il faut distinguer : si
le compromis donne à l'arbitre restant le pouvoir de proroger
seul des délais, l'affirmative n'est pas douteuse. Au contraire,
si ce droit n'est délégué qu'à tous les arbitres, le tribunal arbitral ayant cessé d'exister du jour où les délais fixés pour le compromis sont expirés, il est évident que la demande doit être déclarée non-recevable. Cas. 6 nov. 1809 (S. 10, 39).

176. Toutes les fois qu'il s'élève un incident qui force les

arbitres à renvoyer les parties devant les tribunaux ordinaires, les délais du compromis sont suspendus, et ne recommencent à courir qu'à dater du jour du jugement de l'incident. C. pr. 1015.

177. Il a même été jugé que la partie qui, par son fait, empêchait les arbitres de prononcer dans le délai du compromis, en faisant naître des incidens mal fondés, était non-recevable à exciper de l'expiration des pouvoirs des arbitres, et qu'elle ne pouvait compter, dans les délais du compromis, le temps qui s'était écoulé pendant la durée de cet incident. Metz, 12 mai 1818 (S. 19, 103).

178. Les actes faits pour l'instruction d'un arbitrage non terminé dans les délais du compromis, peuvent-ils produire leur effet, lorsqu'ils constatent un aveu de l'une des parties ou la preuve d'un fait?

On argumente vainement pour la négative, de l'art. 401, d'après lequel la péremption emporte extinction de la procédure, sans qu'on puisse jamais opposer aucun des actes de la procédure éteinte ni s'en prévaloir; en effet, il n'y a pas analogie entre ces deux cas : l'art. 401 annule tous les actes de la procédure première, parce qu'il serait contradictoire qu'une procédure anéantie pût produire quelque effet. Mais l'art. 1012 ne déclare point périmée la procédure faite devant les arbitres; il se borne à prononcer l'extinction du compromis; et si cette extinction entraîne l'annulation de la sentence rendue par des arbitres qui se trouvent alors sans pouvoirs, il n'en est évidemment pas de même des actes d'instruction faits antérieurement à une époque où le compromis avait toute sa force, et où les arbitres étaient compétens pour les recevoir. Jousse, p. 707; Merlin, *Rép.*, v° *Arbitrage*; Boucher, p. 140; Carré, art. 1012.

§ 5. — *Partage et autres manières dont finit le compromis.*

179. Le compromis finit encore par le partage, si les arbitres n'ont pas le pouvoir de prendre un tiers-arbitre. En effet, dans ce cas, il n'y a pas de jugement possible, puisque les parties ne sauraient être jugées que par les arbitres qu'elles ont choisis, et que ceux-ci ne peuvent tomber d'accord.

180. La récusation et la révocation des arbitres sont des causes d'extinction du compromis. — V. *sup.* n°s 121, 125.

181. Il en est de même du décès de l'une des parties, lorsqu'elle laisse un ou plusieurs héritiers mineurs. En effet, les causes intéressant les mineurs sont sujettes à communication au ministère public, et ne peuvent par conséquent faire la matière d'un arbitrage. C. pr. 1013. — V. *sup.* n° 16.

182. L'interdiction de l'une des parties, prononcée depuis le compromis, entraîne également la nullité par les mêmes motifs.

183. Néanmoins cette règle souffre une exception pour le cas d'arbitrage forcé ; car alors les arbitres sont, à proprement parler, les juges naturels des parties. Seulement le tuteur du mineur ou de l'interdit ne peut renoncer à la faculté d'appeler du jugement arbitral. C. com. 63.—V. *sup.* n°s 56, 57, 58.

184. Mais que faudrait-il décider dans le cas où l'une des parties serait tombée en faillite depuis la signature du compromis?

M. Berriat, qui se borne à énoncer la question, cite, comme l'ayant résolue négativement, un arrêt de la Cour de Nîmes du 17 août 1806 ; mais c'est évidemment par erreur : cet arrêt ne s'est pas occupé de cette difficulté, et a seulement jugé, en s'appuyant sur les art. 2005, 2008 et 2009 C. civ., que les arbitres nommés par le mandataire du failli avaient pu valablement statuer sur la contestation qui leur était soumise, s'ils avaient ignoré, ainsi que le mandataire, l'existence de la faillite.

Quant à nous, nous pensons que la faillite enlevant au failli *le droit* d'aliéner et de transiger, le compromis se trouve annulé comme dans le cas d'interdiction. Il ne pourrait en être autrement que s'il s'agissait d'une contestation qui, d'après sa nature, dût nécessairement être soumise à des arbitres.

185. Enfin, le compromis est encore éteint par toutes les causes qui anéantissent les contrats en général : par exemple, par le consentement mutuel des parties, par la perte de la chose qui fait l'objet du compromis, ou par l'extinction de l'obligation pour laquelle on s'est soumis à l'arbitrage. Pigeau, t. 1er, p. 66.

Section VIII. — *Tiers-arbitre et sur-arbitre.*

186. On appelle tiers-arbitre ou sur-arbitre celui qui est nommé pour départager des arbitres divisés d'opinion.

Le plus ordinairement on désigne par la qualification de *tiers-arbitre* celui qui est appelé à départager des arbitres volontaires, et par celle de *sur-arbitre* celui qui est choisi pour départager des arbitres forcés.

187. En cas de partage, les arbitres autorisés à nommer un tiers sont tenus de le faire par la décision qui prononce le partage. S'ils ne peuvent en convenir, ils le déclarent sur le procès-verbal, et le tiers est nommé, sur requête présentée par la partie la plus diligente, par le président du tribunal qui doit ordonner l'exécution de la décision arbitrale (—V. *inf.* sect, XII). Il n'est pas permis aux arbitres de s'en remettre au sort. Aix, 2 août 1826 (S. 27, 205).

Dans les deux cas, les arbitres divisés sont tenus de rédiger leur avis distinct et motivé, soit dans le même procès-verbal, soit dans des procès-verbaux séparés. C. pr. 1017.

188. En matière d'arbitrage forcé, les arbitres divisés nomment d'office un sur-arbitre; s'ils ne peuvent tomber d'accord sur le choix, ce sur-arbitre est désigné par le tribunal de commerce. C. com. 60.

189. Pour qu'il y ait partage susceptible d'autoriser la nomination d'un tiers-arbitre, il ne suffit pas qu'un des arbitres déclare qu'il ne peut avoir d'avis sur l'affaire : il est indispensable qu'il se prononce sur la contestation; le tiers devant adopter l'opinion de l'un des deux arbitres, il faut nécessairement que tous aient émis la leur. — Vainement dirait-on qu'il dépendra d'un arbitre d'anéantir l'arbitrage et d'en ravir les bienfaits aux parties : il a toujours cette faculté en se déportant, et son refus de juger constitue un véritable déport; d'ailleurs, les parties trouvent une garantie contre cet inconvénient dans l'action en dommages-intérêts qu'elles peuvent exercer contre l'arbitre qui se déporte, sans motif légitime, depuis que les opérations de l'arbitrage sont commencées. (— V. sup. n° 142) Poitiers, 13 mai 1818 (S. 18, 201); Toulouse, 15 mars 1829 (S. 30, 167).

190. Lorsqu'il n'y a que deux arbitres, il est nécessaire que chacun d'eux signe le procès-verbal qui contient son avis. Le procès-verbal dressé par un seul arbitre ne fait foi que des faits qui lui sont personnels, et par conséquent est insuffisant pour constater le partage. Cela résulte évidemment de la combinaison des art. 1016 et 1017 C. pr., portant que, dans le cas de partage, les arbitres divisés rédigent leur avis distinct et motivé, et que *s'il y a plus de deux arbitres*, et que la minorité refuse de signer le jugement, les autres arbitres en font mention, et qu'alors le jugement a la même force que s'il était signé par tous.

Un arrêt de la Cour de cassation, du 18 mai 1814 (S. 15, 28), a bien jugé que le désaccord des arbitres était suffisamment constaté par le rapport rédigé par l'un d'eux; mais, dans l'espèce, les parties étaient convenues qu'en cas de discord le tiers pourrait prononcer, sans être tenu de se réunir à l'avis de l'un des arbitres, et par conséquent il n'y avait pas lieu à appliquer les principes que nous venons de rappeler.

191. Toutefois le dissentiment des arbitres peut être valablement constaté autrement que par un procès-verbal : par exemple, 1° par la remise au tiers-arbitre de conclusions signées d'eux. Turin, 11 janv. 1806 (S. 6, 907);

2° Par la comparution ultérieure des parties devant les trois arbitres réunis. Bordeaux, 9 mars 1830 (S. 30, 372);

3° Par le jugement rendu par le tiers, après en avoir conféré avec les arbitres : la rédaction d'un procès-verbal contenant l'avis distinct des arbitres n'a pour but que de faire connaître au tiers l'opinion des deux arbitres, et de le mettre à portée d'adopter celle qu'il juge la meilleure, dans le cas où les arbitres refuseraient de se réunir à lui, pour développer les motifs de leur décision; du moment que tous les arbitres ont conféré ensemble, elle devient donc superflue. Cas. 5 déc. 1810 (S. 11, 135); Grenoble, 1er juin 1831.

Peu importerait même que, sur le refus de l'un des arbitres, la sentence ne fût signée que de l'arbitre qui a obtenu gain de cause, et du tiers : la loi accorde foi aux arbitres sur les faits constatés par la majorité dans le jugement. Cas. 3 janv. 1826 (S. 26, 281).

192. Mais si l'un des arbitres n'avait pas conféré avec le tiers-arbitre, le défaut de rédaction d'un procès-verbal contenant son avis motivé entraînerait la nullité de la sentence rendue par le tiers. Dans ce cas, celui-ci n'a pu apprécier les raisons qui ont déterminé le défaillant, et par conséquent il s'est trouvé dans l'impossibilité de choisir avec connaissance de cause l'avis de l'un des arbitres.

193. Il devrait en être ainsi, encore bien que l'arbitre absent eût été sommé de se réunir avec les autres arbitres. Sa négligence ne saurait nuire aux parties, et le tiers-arbitre ne peut jamais juger sans avoir entendu les arbitres, ou avoir eu sous les yeux leur avis motivé, puisque, dans ce cas, il est dépourvu de tout élément pour former sa conviction. *Contrà.* — Carré, art. 1018.

194. Si les arbitres sont quatre, ou un plus grand nombre, et qu'il se forme plus de deux opinions, il faut, avant de déclarer partage, que les arbitres plus faibles en nombre se joignent à l'une des deux opinions qui a réuni le plus de voix : aux termes de l'art. 1009, les arbitres doivent suivre les formes établies pour les tribunaux, et la loi ne reconnaît de partage que lorsque les juges sont divisés également entre deux opinions (C. pr. 117) : d'ailleurs, les motifs de cette disposition s'appliquent aux arbitres comme aux juges ordinaires. En effet, elle est fondée sur ce que tout jugement doit être le résultat de la majorité absolue des voix; et si le tiers-arbitre pouvait adopter l'une ou l'autre des opinions manifestées par moins de la moitié des arbitres, son opinion ne formerait pas une majorité, et par conséquent ne pourrait pas constituer un jugement. Berriat, p. 44; Carré, art. 1017. *Contrà.* — Malepeyre, p. 416.

195. L'intervention du tiers-arbitre n'ayant pour but que de départager les arbitres, il ne peut, sans l'autorisation des parties, concourir dès le principe, et avant qu'il y ait partage, au jugement de leurs contestations. Vainement dirait-on que cette décision contrarie la jurisprudence, d'après laquelle il n'est pas indispensable que les arbitres dressent un procès-verbal constatant leur partage (—V. sup. n° 191), parce que, s'il n'y a pas de procès-verbal, et si le tiers est nommé par les arbitres eux-mêmes, on ne pourra pas savoir s'il y a eu réellement partage, et si le tiers-arbitre n'a point été admis dès l'origine à leurs délibérations. En effet, un principe ne cesse pas d'exister parce que son application est quelquefois difficile ; et d'ailleurs il peut se rencontrer des circonstances telles, qu'il soit évident ou que le tiers n'a été appelé qu'après le partage, ou au contraire qu'il a participé dès le principe aux opérations des arbitres. Les tribunaux doivent donc apprécier ces circonstances, et lorsqu'une fois ils ont constaté le fait, lui appliquer les règles qui viennent d'être posées. Rennes, 7 avr. 1810 ; Carré, art. 1018.

196. En matière d'arbitrage forcé, lorsqu'il y a eu partage entre les arbitres, mais que, depuis la déclaration de partage, un des arbitres a cessé ses fonctions et a été remplacé par un autre, il n'y a pas lieu de recourir au sur-arbitre : l'arbitre remplacé ne peut plus conférer avec le tiers pour soutenir son opinion ; et d'ailleurs les choses ne se trouvent plus dans le même état, puisqu'on ignore quelle serait l'opinion du nouvel arbitre. Paris, 14 janv. 1808 (S. 8, 71).

197. En serait-il de même en matière d'arbitrage volontaire, dans le cas de décès de l'un des arbitres ?

Le doute naît des termes de l'art. 1018, portant que le tiers-arbitre décide seul si les arbitres ne se réunissent pas : d'où l'on conclut qu'il n'est pas nécessaire que les arbitres concourent avec le tiers, et que, s'il en était autrement, on priverait les parties du bénéfice du partage qui leur est acquis. Mais cette difficulté disparaît devant le premier § de l'art. 1018, qui veut que le tiers-arbitre confère avec les arbitres divisés, ce qui est impossible dans l'espèce, et devant l'art. 1012, qui décide que le compromis finit par le décès de l'un des arbitres : la nomination du tiers-arbitre est une suite du compromis dont il tient tous ses pouvoirs ; il serait donc contradictoire qu'il pût agir lorsque le compromis n'existe plus. En outre, le partage n'attribue aucun droit aux parties, et il est beaucoup plus juste de dire qu'elles ne sauraient être privées de l'avantage qui peut résulter pour elles d'une conférence du tiers avec les arbitres. Carré, art. 1018.

198. Le tiers-arbitre est tenu de juger dans le mois du jour de son acceptation, à moins que ce délai n'ait été prolongé par l'acte de nomination. C. pr. 1018.

199. La loi ne limite pas la faculté qui peut être exercée par l'acte de nomination. Les parties, ou même les arbitres, autorisés à choisir un tiers pour les départager, peuvent donc accorder à ce tiers le délai qu'ils jugent convenable, encore bien qu'il dépasse celui de leurs propres pouvoirs.

Dans ce cas, l'arbitrage se continue jusqu'à l'expiration des pouvoirs du tiers-arbitre. Cas. 17 mars 1824.—V. *sup.* n° 174.

200. A défaut d'une semblable prolongation, le tiers-arbitre ne peut-il, sous peine de nullité, prononcer sa sentence après le mois de son acceptation?

D'un côté, l'art. 1018 ne déclare pas le tiers-arbitre déchu de plein droit de toute mission après le mois de son acceptation : d'où l'on conclut que les parties qui ne le révoquent pas sont censées lui accorder une prolongation de délai (Rouen, 21 déc. 1808 (S. 9, 64). Mais les termes impératifs de l'art. 1018 repoussent une semblable interprétation; la nomination du tiers-arbitre constitue en quelque sorte un second compromis, et le délai qui lui est fixé doit être aussi fatal que celui du premier compromis. Nîmes, 30 janv. 1812; Pigeau, t. 1, p. 69; Carré, art. 1018; Berriat, p. 44, note 25.

201. Il a même été jugé que, à moins de stipulations particulières, le délai d'un mois, accordé au tiers-arbitre, faisait partie de celui fixé pour le compromis; qu'ainsi la décision donnée par le tiers-arbitre après l'expiration de ce dernier délai, était nulle, encore bien qu'il ne se fût pas écoulé un mois depuis son acceptation. Nîmes, 29 mars 1816.

202. Cependant, si les parties avaient déterminé, pour la durée de l'arbitrage, un délai spécial plus court que celui établi par la loi, ce délai ne serait pas applicable à la durée des pouvoirs du tiers-arbitre; car le cas de partage ayant été prévu dans le compromis, mais sans fixation de délai pour le tiers-arbitre, on doit revenir au délai légal. Riom, 8 juin 1809; Carré, art. 1008.

203. Le délai d'un mois, accordé par la loi au tiers-arbitre pour rendre sa sentence, est applicable en matière d'arbitrage forcé, comme en matière d'arbitrage volontaire. C'est une conséquence du principe, que toutes les règles prescrites pour les arbitrages ordinaires régissent les arbitrages forcés, à moins d'une dérogation formelle du Code de commerce (—V. *sup.* n° 170). Seulement le défaut de prononciation de la sentence dans le délai légal n'entraîne pas la nullité de l'arbitrage; les parties n'ont que le droit de demander le remplacement du sur-arbitre. Paris, 30 nov. 1811 (S. 14, 21). *Contrà.*—Paris, 19 janv. 1825 (S. 25, 345).

204. Le tiers-arbitre, avant de prononcer sur la contestation, doit sommer les arbitres divisés de se réunir à lui pour en conférer. C. pr. 1018.

205. Si les arbitres partagés se réunissent au tiers, ils rendent tous un jugement à la pluralité des voix ; chacun d'eux peut abandonner son premier avis pour en adopter un nouveau.—Vainement essayerait-on de prétendre que leur mission comme juges est expirée ; que s'ils doivent conférer avec le tiers-arbitre, c'est uniquement pour éclairer sa religion, et que lui seul a le droit de statuer définitivement en adoptant l'opinion de l'un d'eux. —En·effet, l'art. 1018 porte que le tiers-arbitre ne peut prononcer qu'après avoir conféré avec les arbitres divisés ; ce qui suppose nécessairement un délibéré et une décision commune entre tous ; autrement la réunion des arbitres au tiers ne serait d'aucune utilité. La loi ne leur a évidemment ordonné de conférer ensemble que parce qu'elle a pensé que le nouvel examen qu'ils feraient du litige pourrait les amener à modifier leur première opinion.—C'est, au surplus, ce qui résulte de la manière la plus positive des observations du Tribunat : « Lorsque les arbitres confèrent avec le
» tiers, y est-il dit, il est raisonnable qu'ils ne soient pas liés
» par leurs avis précédens. Il est possible, et l'expérience le
» prouve, que les observations du tiers-arbitre ramènent les
» arbitres à un nouvel avis ; il est possible aussi que le tiers
» ramène un des arbitres à un parti mitoyen : il faut donc,
» dans ce cas, que les arbitres puissent changer d'avis, et
» c'est surtout lorsqu'il s'agit de toute autre chose que d'un
» point de droit simple, et que les arbitres sont autorisés à pro-
» noncer comme amiables-compositeurs, qu'il est important
» de leur laisser cette latitude. »—Cette interprétation ressort encore des derniers termes de l'art. 1018 relatifs à l'absence des arbitres : et *néanmoins il sera tenu de se conformer à l'un des avis des autres arbitres* ; expressions dont la loi se sert, dit M. Berriat, parce qu'on considère le tribunal comme formé de la réunion des arbitres, et que l'on obtient *la majorité des suffrages* par son adhésion à l'un des avis ; autrement il deviendrait arbitre unique, tandis que les parties doivent être jugées par une pluralité. Mais cette disposition n'a plus de motifs dans l'hypothèse où il y a réunion des arbitres divisés avec le tiers, car alors il y a nécessairement une majorité.—Enfin le système contraire serait opposé à ce qui se pratiquait avant le Code en matière d'arbitrage, et à ce qui a encore lieu aujourd'hui dans le cas de partage devant les tribunaux ordinaires ; et il ne tombe pas sous le sens que le législateur ait voulu déroger, sans une disposition expresse, à tous les principes généraux et spéciaux relatifs à la matière. Trib. Paris,

10 juin 1823; Lyon, 14 juil. 1828 (S. 29, 83); Grenoble, 1er juin 1831; Carré, art. 1018; Berriat, p. 44 note 25; Pigeau, t. 1, p. 69; Pardessus, t. 4, p. 95; Favard, v° *Arbitrage*, sect. I, § 3, n° 4. *Contrà*. — Metz, 12 mai 1819 (S. 20, 62); Merson, Locré, *Esp. C. com.* art. 60; Vincent, t. 1, p. 188. — *V.* n° suiv.

206. Si tous les arbitres ne se réunissent pas pour conférer avec le tiers, celui-ci prononce seul; mais il est tenu de se conformer à l'un des avis des autres arbitres : le partage a acquis aux parties un droit éventuel qui doit être irrévocablement fixé par la décision du tiers; le pouvoir de juger ayant été donné aux premiers arbitres, le jugement réside dans l'une de leurs opinions; la fonction du tiers ne consiste qu'à démêler laquelle de ces deux opinions est la plus conforme aux règles : il ne peut concourir à une autre décision qu'autant qu'elle est l'ouvrage de tous les arbitres sans exception. Paris, 2 déc. 1829 (S. 30, 116); Grenoble, 12 août 1826 (S. 30, 126).

207. Néanmoins le tiers-arbitre n'est pas forcé d'adopter dans son intégrité l'avis de l'un des arbitres; il est libre de prendre de chaque opinion ce qui lui semble devoir former sa décision: il y a autant de jugemens que d'objets distincts, et il est impossible de penser que l'intention du législateur ait été de contraindre le tiers-arbitre à sanctionner des erreurs ou des injustices. Cas. 11 fév. 1824, 1er août 1825, 17 nov. 1830 (S. 25, 209, 418); Toulouse, 6 août 1827 (S. 28, 197); Paris, 5 déc. 1831; Carré, art. 1018.

208. Il n'est pas non plus contraint de se servir des mêmes expressions que l'arbitre dont il adopte l'avis, pourvu qu'il y ait identité dans sa décision. Paris, 19 nov. 1817.

209. Cette décision est suffisamment motivée par les mots: *adoptant l'avis de tel arbitre*, lorsqu'il y a eu procès-verbal motivé de cet avis. Cas. 21 juin 1831.

210. Il a été jugé qu'il n'était pas nécessaire que le tiers-arbitre conférât simultanément avec les arbitres divisés, et qu'il suffisait qu'il les entendît tous deux, quoique séparément. Paris, 15 nov. 1814. (S. 15, 107).

Cette décision nous paraît juste en ce sens, que l'on ne pourrait pas annuler une sentence arbitrale, sous prétexte que le tiers-arbitre n'aurait pas entendu simultanément les deux arbitres : cela résulte nécessairement de la disposition de l'art. 1018, qui lui permet de statuer sur le procès-verbal contenant leur opinion motivée.

Mais il nous semble qu'on ne saurait en induire que le tiers-arbitre peut se dispenser de sommer les arbitres divisés de se réunir à un jour et une heure indiqués ; autrement il serait impossible qu'ils *délibérassent en commun et à la pluralité.*

En tout cas, il est certain que dans l'hypothèse dont il s'agit, la sentence ne serait valable qu'autant que le tiers aurait adopté l'opinion de l'un des arbitres. — V. *sup.* n° 206.

211. Toutefois, les parties peuvent valablement convenir que le tiers-arbitre jugera sur le vu des opinions écrites des arbitres divisés, sans pouvoir conférer avec eux ; cette clause n'a même pas besoin d'être exprimée en termes formels : ainsi, elle s'induirait suffisamment de la stipulation que le tiers-arbitre statuera sur les opinions écrites des arbitres, et les pièces produites par les parties qui dérogent à cet égard à toutes les lois à ce contraires. Paris, 10 août 1809.

212. Comment doit-on constater la présence des arbitres aux conférences ?

La manière la plus naturelle est de faire signer les procès-verbaux des séances par tous les arbitres ; cependant, comme la loi n'exige pas cette formalité, on ne pourrait pas attaquer la sentence rendue par le tiers-arbitre, sous le prétexte que la réunion des arbitres ne serait attestée que par sa seule signature. Un procès-verbal de cette nature ne pourrait même pas être contredit par un acte extrajudiciaire donné par un des arbitres long-temps après le dépôt du jugement ; l'arbitre ne serait recevable à le critiquer qu'en rédigeant et déposant, à l'époque du jugement, un procès-verbal contraire. Rennes, 12 déc. 1809 ; Carré, art. 1018.

213. Lorsque tous les arbitres ont conféré ensemble, le tiers-arbitre peut prononcer, sans être obligé de conférer de nouveau avec les autres arbitres, bien que les parties se soient depuis rendues chez lui, si elles ne l'ont fait que dans le dessein de s'y concilier, et non pour s'y livrer à des discussions sur leurs intérêts. Cas. 21 fév. 1824.

214. Les dispositions des art. 1017 et 1018 sont-elles applicables aux arbitrages forcés comme aux arbitrages volontaires ?

La négative a été jugée par deux arrêts de la Cour de Paris des 8 avr. 1809 et 22 mai 1813 (S. 14, 118, 152), qui ont décidé : le premier, que la nomination du tiers-arbitre n'était pas nulle, faute par les arbitres d'avoir dressé procès-verbal de leur dissentiment ; et le second, que les arbitres divisés devaient se réunir pour procéder, délibérer et décider en commun avec le sur-arbitre.

Mais ces deux décisions, qui sont justes au fond (— V. *sup.* n° 305), nous semblent pécher doublement par leurs motifs, en ce qu'elles donnent à entendre qu'elles ne seraient pas applicables en matière d'arbitrage volontaire, et en ce qu'elles se fondent sur ce que les dispositions des art. 1017 et 1018 ne régissent pas les arbitrages forcés.

En effet, si l'art. 60 du C. de com. ne prescrit pas textuellement l'observation des règles contenues au C. pr., il n'en autorise pas l'omission; la seule modification qu'il y apporte, c'est que les arbitres forcés peuvent nommer d'office le surarbitre, s'il n'est nommé par l'acte de leur institution; tandis que les arbitres ordinaires n'ont ce droit que lorsqu'il leur est accordé par le compromis; et l'on a déjà vu (n° 170) qu'à moins d'une dérogation expresse, les art. du C. pr. sont applicables aux arbitrages forcés. Carré, art. 1018.

Section IX. — *Pouvoirs des arbitres.*

215. Les arbitres, ne tenant leurs pouvoirs que de la volonté des parties, ne peuvent, en général, statuer que sur les contestations qui leur sont expressément soumises par le compromis.

216. Ils n'ont donc pas le droit de prononcer sur des demandes incidentes susceptibles d'être détachées de la contestation qui fait l'objet de l'arbitrage, et de nature à recevoir un jugement séparé: par exemple, une demande en garantie ou en intervention. Carré, art. 1009.

A plus forte raison, des arbitres investis du droit de juger des contestations relatives à l'exécution d'un traité, seraient incompétens pour connaître de la demande en nullité de ce traité. Cas. 2 mai 1832 (S. 32, 346).

217. Ils sont également sans caractère pour juger tout incident criminel, ou même une demande en inscription de faux purement civile. Dans ces différens cas, l'ordre public se trouve intéressé, et le ministère public doit être entendu. Ils doivent donc délaisser les parties à se pourvoir, et les délais du compromis ne continuent à courir que du jour du jugement de l'incident. C. pr. 1015.

218. Toutefois, il faut qu'il y ait déclaration formelle de s'inscrire en faux de la part d'une des parties; une simple allégation serait insuffisante pour empêcher les arbitres de statuer. En effet, l'art. 1015 ne les dessaisit que dans le cas d'une *inscription formée*, et non dans celui d'une énonciation qui ne doit être considérée que comme un doute. En vain on prétendrait que décider ainsi ce serait fournir aux parties le moyen de soustraire leur crime au ministère public, ce que le législateur a voulu éviter en prescrivant la communication de toute transaction sur la poursuite d'un faux; car on peut transiger sur l'intérêt civil résultant d'un délit, et la transaction n'a besoin d'être soumise au ministère public que lorsqu'il existe une inscription de faux faite, conformément à l'art. 218 C. pr.; ce qui n'existe pas, lorsque des parties soumettent, comme simple exception, aux arbitres, la question de savoir si une pièce doit être admise ou rejetée. Cas. 18 juin 1816 (S. 17, 85.); M. Boucher, p. 202; Carré, art. 1015.

219. Mais les arbitres peuvent connaître des incidens qui se trouvent nécessairement liés à la cause principale, et sans lesquels elle ne pourrait pas recevoir de décision : par exemple, une vérification d'écriture, une compensation, une prescription. En se soumettant à leur juridiction, les parties sont réputées leur avoir donné les pouvoirs suffisans pour décider les contestations qu'elles leur déféraient. Aix, 3 fév. 1817 (S. 17, 415).

Ils seraient encore compétens pour statuer sur la question de savoir si l'une des parties a contrevenu à une clause pénale stipulée dans le compromis, contre celle qui retarderait par sa faute la sentence arbitrale. Cas. 12 juil. 1809 (S. 9, 394).

220. Peuvent-ils connaître d'une demande en renvoi devant les tribunaux ordinaires, fondés sur ce que la question agitée devant eux sort des limites tracées par le compromis ?

D'un côté, l'on dit que les arbitres ne peuvent juger que les contestations énoncées dans le compromis; que d'ailleurs le ministère public doit être entendu dans les questions de compétence (C. pr. 83), et que par conséquent elles ne sauraient leur être soumises. C. pr. 1004.

Mais on répond que, dans l'espèce, les parties n'ont pas compromis sur une question de compétence sujette à communication au ministère public; il s'agit uniquement d'interpréter le compromis, et de savoir si elles ont entendu soumettre aux arbitres le point en litige; ce qui rentre essentiellement dans leurs attributions, puisqu'ils sont des juges pour ceux qui les ont nommés, et que tout juge, même d'exception, peut statuer sur sa compétence. S'il en était autrement, il dépendrait de l'une des parties liées dans un arbitrage, de s'y soustraire à son gré, en déclinant la juridiction des arbitres, qui, au surplus, ne peut entraîner aucun inconvénient, puisque les parties ont le droit de demander, par voie d'opposition à l'ordonnance d'exécution (C. pr. 1028), l'annulation de toute sentence arbitrale rendue hors des termes du compromis. Cas. 28 juil. 1818 (S. 19, 22); Carré, Quest. 3281.

Plusieurs arrêts de Cours royales ont décidé d'une manière opposée dans le cas d'arbitrage forcé; mais ils sont tous antérieurs à l'arrêt de cassation que nous venons de citer; et, comme nous ne voyons aucune raison de distinguer, nous n'hésitons pas à penser que la Cour suprême adopterait, en matière d'ar-

bitrage forcé, la même solution qu'en matière d'arbitrage volontaire. *Contrà.*— Paris, 25 mars et 13 déc. 1808 (S. 9, 188,
189); Turin, 25 janv. 1813 (S. 14, 24); Vincent, t. 1, p. 185.

221. Les arbitres ont, sans aucun doute, capacité pour prononcer sur les dépens; à défaut de conventions spéciales des
parties, ils doivent suivre à cet égard les règles tracées par le
Code de procédure, 130, 131. —V. *Dépens.*

222. Mais peuvent-ils les liquider eux-mêmes ?

Dans le cas où l'affaire soumise à l'arbitrage est sommaire,
l'affirmative ne saurait souffrir aucune difficulté, puisqu'aux
termes de l'art. 543 C. pr., la liquidation doit être faite par le
jugement qui adjuge les dépens.

Au contraire, si l'affaire est ordinaire, et que les parties
n'aient pas dispensé les arbitres de suivre les formes prescrites
par la loi, nous pensons que l'art. 543 devient inapplicable,
et que la taxe doit être faite par le président du tribunal qui
rend l'ordonnance d'*exequatur.* Ce moyen, indiqué par Rodier,
sur l'art. 2 du tit. 31 de l'ordonnance, nous semble le seul qui
puisse concilier le principe, que les arbitres ne connaissent pas
de l'exécution de leur jugement, avec la nécessité de taxer les
dépens auxquels ils auraient condamné, sans en faire la liquidation.

Pour éviter toute contestation, il est utile que les parties aient
soin d'autoriser, dans le compromis, les arbitres à liquider les
dépens. Carré, art. 1016.

223. Doit-on, dans les dépens, comprendre des honoraires
pour les arbitres ?

D'un côté, l'on dit : si les juges ne sont pas payés par
les parties, c'est qu'ils reçoivent un traitement de l'État. Il y a
bien une exception pour les membres des tribunaux de commerce; mais cette exception ne saurait être étendue. D'ailleurs,
les arbitres ne sont pas, à proprement parler, des juges, surtout en matière d'arbitrage volontaire. Il y a donc lieu de leur
appliquer le principe, que toute peine mérite un salaire.

Mais on repousse facilement cette argumentation. En effet,
en matière d'arbitrage forcé, les arbitres sont de véritables
juges; les parties ne peuvent se soustraire à leur juridiction
pour les contestations qui leur sont déférées par la loi ; ils sont
donc, en réalité, des annexes des tribunaux de commerce, et
leurs fonctions doivent être gratuites, comme celles des membres de ces tribunaux; autrement, les associés commerçans se
trouveraient placés hors du droit commun, et eux seuls, en
France, seraient contraints de payer leurs juges.

Quant aux arbitres volontaires, s'ils ne peuvent être assimilés
aux juges, ainsi que les arbitres forcés, il ne sauraient être

considérés que comme les mandataires des parties; et le mandat étant essentiellement gratuit, à défaut de conventions contraires, ils seraient également non-recevables à réclamer des honoraires. D'ailleurs, il y aurait une inconvenance morale à ce que des arbitres se taxassent eux-mêmes, et fussent ainsi juges et parties dans leur propre cause : c'est cependant ce qui aurait nécessairement lieu, du moins dans toutes les affaires sommaires. Parlem. Besançon, 27 fév, 1698; Toulouse, 12 avr. 1650 et 4 août 1749; Bruxelles, 22 août 1810; Montpellier, 30 juin 1827; Cas. 17 nov. 1830 (S. 32, 28). *Contrà.* — Grenoble, 8 mars 1824; Bordeaux, 14 janv. 1826 (S. 26, 217).

224. Toutefois, si l'arbitrage a donné lieu à des frais et des déboursés de la part des arbitres, il est hors de doute qu'ils ont une action pour se faire rembourser de leurs avances.

Ils peuvent même l'exercer solidairement contre toutes les parties. C. civ. 2002; Cas. 11 août 1813 et 17 nov. 1830 (S. 32, 28).

225. Les arbitres ont-ils le droit de prononcer la contrainte par corps dans les cas où la loi permet aux juges de l'ordonner ?

A l'égard des arbitres forcés, l'affirmative n'est susceptible d'aucun doute sérieux. En effet, ils tiennent leur investiture de la loi, et jouissent par conséquent des mêmes pouvoirs que les juges ordinaires. Cas. 5 nov. 1811 (S. 12, 18); Paris, 20 mars 1812.

Mais relativement aux arbitres volontaires, la question présente plus de gravité. D'un côté, l'on dit que, même dans les cas où elle est formellement autorisée, la contrainte par corps ne peut jamais être appliquée qu'en vertu d'un jugement (C. civ. 1067), et que, par ces mots *juge* ou *jugement*, sans autre désignation, la loi n'entend parler que des tribunaux proprement dits. D'ailleurs, les arbitres ne reçoivent leur autorité que des parties, et celles-ci ne peuvent, en général, se soumettre à la contrainte par corps. Les arbitres ne sauraient donc l'ordonner que dans les cas très-rares où elle peut être l'effet d'une convention.

Mais on répond que les arbitres sont de véritables juges des différens qui leur sont soumis, et que, bien qu'ils ne tiennent leur autorité que des parties, leur décision n'en produit pas moins tous les effets d'un jugement ordinaire, lorsqu'elle est revêtue de l'ordonnance d'exécution; la qualification de *jugement* lui est même donnée par le législateur, dans les différentes dispositions du titre des arbitrages : on ne saurait donc tirer aucun argument de l'art. 2067 C. civ. D'ailleurs, l'ancienne législation accordait aux arbitres le droit de prononcer la contrainte par corps; et si les rédacteurs du Code avaient eu l'intention d'introduire une nouvelle jurisprudence à cet égard, ils n'auraient pas manqué de la consacrer par un texte positif. Le mot *jugement* n'a évidemment été employé dans l'art. 2067 que pour établir que la contrainte par corps n'aurait lieu qu'en vertu d'un acte ayant le caractère de jugement, contrairement à ce qui se passait sous l'ancienne jurisprudence, et non pas pour signifier exclusivement les décisions rendues par les tribunaux. Et que l'on ne dise point que les parties ne pouvant se soumettre à la contrainte par corps, n'ont pas la faculté de conférer aux arbitres le droit de les y condamner; car elles ne donnent pas aux arbitres le droit de prononcer la contrainte par corps, s'ils le jugent convenable, et quand bien même la loi n'aurait pas attaché ce mode d'exécution à la condamnation qu'ils prononceront; mais elles les investissent du droit de statuer sur le différent qui les divise, comme auraient pu le faire les juges ordinaires; si la nature en est telle que la condamnation à intervenir contre l'une d'elles soit, d'après un texte formel, exécutoire par voie de contrainte, il est donc juste de dire que le droit de la prononcer est donné aux arbitres par la loi, et non par les parties. S'il en était autrement, il en résulterait que l'arbitrage présenterait moins de garantie que la juridiction ordinaire, et par conséquent, le législateur qui a voulu l'entourer de la plus grande faveur, et en multiplier les occasions, en aurait cependant détourné les parties dans une foule de circonstances : ce qui ne saurait être admis. Paris, 20 mars 1812 (S. 12, 322); Rennes, 24 août et 28 oct. 1816; Pau, 4 juil. 1821 (S. 24, 12); Cas. 5 nov. 1811 (S. 12, 18); 1er juil. 1823 (S. 24, 5); Carré, art. 1016. *Contrà.* — Toulouse, 9 janv. 1809 (S. 9, 239); Prat, t. 5, p. 393; Boucher, p. 176; Berriat, t. 1, p. 45; Delvincourt, t. 2, p. 255.

226. Les arbitres peuvent prononcer l'exécution provisoire de leur sentence dans les cas où la loi accorde cette faculté aux juges ordinaires. C. pr. 1024. — V. *Exécution, Jugement.*

227. En matière de commerce, les sentences arbitrales sont même susceptibles d'exécution provisoire, quoique cette exécution n'ait pas été prononcée par la sentence; car, dans ce cas, les jugemens sont de plein droit exécutoires par provision, en donnant caution (C. pr. 439), et par conséquent, le juge n'a aucune autorisation à prononcer sur cette exécution. Rouen, 3 nov. 1807.

228. Mais, dans aucune circonstance, ils n'ont le droit de condamner les parties à des amendes. En effet, une amende est une espèce de peine; et il n'appartient qu'à la puissance publique de la prononcer. D'ailleurs, elle ne profite qu'au fisc, et les arbitres ne peuvent connaître que des intérêts privés des parties.

229. Ils sont incompétens pour interpréter leur sentence, sur la demande d'une partie, après l'expiration du délai du compromis. Cela résulte évidemment de ce que leurs pouvoirs ayant cessé, ils n'ont plus aucune autorité pour juger les parties, à moins qu'un nouveau compromis ne leur en donne le droit. Merlin, *Rép.*, v° *Arbitrage*; Carré, art. 1012.

230. Néanmoins, dans le cas d'arbitrage forcé, l'action en redressement d'erreurs qui se seraient glissées dans le jugement, doit être nécessairement portée devant les arbitres qui l'ont rendue, ou devant d'autres, si ceux-ci sont empêchés; car il s'agit de statuer sur une contestation entre associés, et le tribunal de commerce est toujours incompétent pour en connaître. Cas. 25 mai 1818.

Section X. — *Règles que doivent suivre les arbitres relativement au jugement; Formalités du jugement.*

231. *Règles que doivent suivre les arbitres.* Les arbitres remplacent les juges ordinaires : ils doivent donc en général se décider d'après les règles du droit. C. pr. 1019.

232. Cependant, lorsque les parties leur ont donné par le compromis la faculté de prononcer comme amiables-compositeurs, ils peuvent se départir des règles du droit pour ne suivre que l'équité naturelle. C. pr. 1019.

233. Dans tous les cas, les arbitres ne doivent jamais oublier qu'ils ne sont point les représentans d'une partie plutôt que d'une autre, et qu'ils manqueraient à leur premier devoir s'ils ne jugeaient pas d'après leur conscience, et qu'ils favorisassent celui qui les a nommés.

234. Le jugement est rendu à la majorité des voix.

Lorsqu'il y a plusieurs arbitres en nombre impair, la majorité décide, sans distinguer si les parties qui ont nommé un arbitre ont des intérêts communs ou différens. C'est une conséquence du principe, que les arbitres sont les juges, et non les défenseurs de ceux qui les ont choisis. Cas. 23 nov. 1824 (S. 25, 170); Pardessus, n° 1412.

Pour les règles à suivre en cas de partage. — V. *sup.* sect. VIII.

235. *Formalités du jugement.* Les sentences arbitrales sont de véritables jugemens : les formalités prescrites pour ceux-ci leur sont donc en général applicables.

236. Ainsi, elles doivent contenir les qualités des parties, leurs conclusions, l'exposition sommaire des points de fait et de droit, les motifs et le dispositif des décisions. C. pr. 141; Pigeau, t. 1, p. 69.

257. Mais si les arbitres ont été dispensés de suivre les formes de la procédure, le jugement n'est pas nul faute de contenir les conclusions des parties. Bordeaux, 22 mai 1832.

258. Il n'est pas indispensable que les sentences portent une condamnation expresse. Par exemple, l'acte par lequel des arbitres arrêtent le reliquat d'un compte social à une certaine somme, ne perd pas son caractère de jugement, parce qu'il se termine par ces mots *fait et jugé*, sans condamner formellement l'associé débiteur à payer le reliquat. Colmar, 24 juil. 1810.

259. Les arbitres peuvent aussi, au lieu d'établir eux-mêmes le compte, et de donner le motif de leur décision, se référer à un jugement par défaut intervenu précédemment entre les parties, et en ordonner l'exécution.

Surtout si la partie condamnée par ce jugement n'a produit aucune pièce. Bourges, 4 août 1831.

240. Les sentences doivent être signées par chacun des arbitres. C. pr. 1016.

Toutefois, s'il y a plus de deux arbitres, et que la minorité refuse de signer, les autres arbitres en font mention, et la sentence a le même effet que si elle avait été signée par tous les arbitres. C. pr. 1016.

241. Il est indispensable, dans ce cas, qu'il soit constaté que les arbitres qui n'ont pas signé ont cependant assisté et concouru à toutes les délibérations, à moins que le compromis n'autorise la majorité à juger en l'absence des autres. Autrement il suffirait qu'un seul des arbitres n'eût pas été présent pour que la décision fût nulle, et la sentence doit nécessairement relater l'accomplissement de toutes les formalités nécessaires à sa validité. Cas. 4 mai 1809.

242. Mais l'attestation des arbitres, que l'un d'eux a été empêché de signer par une paralysie à la main, ou toute autre cause, fait foi jusqu'à inscription de faux. Elle ne saurait être détruite par un acte notarié dressé postérieurement, et par lequel l'arbitre déclarerait n'avoir pas participé aux délibérations. Cas. 5 juil. 1832.

243. Cependant il a été jugé que, lorsqu'après un partage entre deux arbitres, un tiers a été appelé, sa réunion aux arbitres divisés, et sa présence à la rédaction et à la prononciation de la sentence, ne peuvent être légalement constatées que par sa signature. Paris, 17 fév. 1808 (S. 8, 189).

244. S'il n'y a que deux arbitres, dont l'un refuse de signer, ou si, étant en plus grand nombre, ceux qui refusent de signer, forment la moitié, il est indispensable, pour obtenir l'exécution du compromis, de se reporter aux motifs du refus des arbitres. Si ce refus provient d'une division d'opinion, il faut nommer un tiers-arbitre, ou le compromis se trouve anéanti; s'il vient, au contraire, de ce que les arbitres ne veulent plus remplir leur mission, il constitue un déport, et par conséquent le compromis prend encore fin, sauf l'action des parties en dommages-intérêts contre l'arbitre qui n'aurait pas de motifs légitimes pour se déporter. Enfin, si les arbitres refusent de signer sans donner aucun motif, il faut nécessairement les assigner devant le tribunal pour les forcer à s'expliquer, et agir ultérieurement suivant leur réponse. Carré, art. 1016.

245. Il est convenable que les arbitres visent toutes les pièces sur lesquelles ils basent leur décision; cependant cette obligation ne leur est pas imposée à peine de nullité. Colmar, 14 prair. an 11 (S. 3, 585).

246. Le jugement arbitral doit-il nécessairement être daté?

Aucun texte ne prescrit l'accomplissement de cette formalité : elle n'est donc pas indispensable, pourvu qu'il soit constaté d'une autre manière, par exemple, par l'enregistrement, ou le dépôt du jugement, ou le décès d'un de ceux qui l'ont signé, qu'il a été rendu avant l'expiration du compromis. Néanmoins les arbitres doivent avoir soin de toujours apposer la date à leur sentence, car l'omission de cette date peut souvent entraîner les résultats les plus fâcheux.

247. Sous l'ancienne législation, les commentateurs étaient divisés sur la question de savoir si la sentence arbitrale devait être prononcée en présence des parties; mais aujourd'hui le Code n'exigeant pas cette formalité, et les nullités ne pouvant se suppléer, il est certain qu'elle n'est pas indispensable. Merlin, *Rép.*, v° *Arbitrage*; Carré, art. 1016.

Section XI. — *Effets du jugement arbitral.*

248. Les sentences arbitrales font foi de leur date par elles-mêmes, et indépendamment de l'enregistrement, vis-à-vis des parties. Cela résulte de ce que les arbitres, quoique nommés par les parties, sont revêtus à leur égard d'une espèce de caractère public. Cas. 1er niv. an 9, 14 therm. an 11, 6 frim. an 14, 31 mai 1809 (S. 9, 353), et 15 juil. 1812; Paris, 11 juil. 1809 (S. 12, 174); Lyon, 20 août 1828; Bordeaux, 13 juil. 1830 (S. 30, 363).

249. Ainsi, une sentence dont la date remonte à une époque antérieure à l'expiration du compromis, est valable; bien que le dépôt au greffe et l'enregistrement n'aient lieu

qu'après cette expiration. Cas. 31 mai 1809 et 15 juil. 1812;
Lyon, 5 avr. 1820.

250. La sentence n'est réputée rendue que lorsqu'elle a été
signée par les arbitres. En conséquence, le jugement arbitral
qui n'a été daté et signé que postérieurement à la révocation
des arbitres, est nul, encore bien qu'il ait été rédigé auparavant. Cas. 17 mars 1806 (S. 6, 918).

251. Cependant la lecture du jugement, faite par les arbitres aux parties, lui acquiert une date certaine, quoiqu'il n'ait
pas encore été signé. Cas. 8 vend. an 8 (S. 2, 526).

252. Les arbitres ne peuvent, dans aucun cas, changer
la date d'une sentence par un acte extrajudiciaire postérieur.
Cas. 1er niv. an 9 (S. 1, 517).

253. Le jugement arbitral fait encore foi, à l'égard des parties, de toutes les mentions et déclarations qui y sont insérées.
Ainsi, la déclaration consignée par des arbitres dans leur sentence, que les parties ont transigé devant eux, fait foi de la
transaction, quoique les parties ne l'aient pas signée. Bruxelles,
12 déc. 1809 (S. 10, 216); Trèves, 5 juil. 1813; Pardessus,
n° 1404.

254. Le jugement arbitral a, entre les parties qui ont figuré
au compromis, la même force que s'il émanait des tribunaux
ordinaires, et il produit les mêmes effets.

255. Ainsi, l'individu qui a été condamné par une sentence
arbitrale à exécuter une obligation, n'est plus recevable à déférer le serment décisoire à son adversaire sur l'existence de
cette obligation. Turin, 5 avr. 1809.

256. Les jugemens arbitraux confèrent une hypothèque générale sur tous les biens de la partie condamnée. — Seulement,
comme ils n'acquièrent d'autorité que par l'ordonnance d'exécution, on ne peut prendre inscription avant qu'elle ait été
rendue. C. civ. 2123; Cas. 25 prair. an 11.

257. Mais ils ne peuvent, dans aucun cas, être opposés aux
tiers, qui n'ont même pas besoin de se pourvoir par tierce-
opposition pour les faire tomber (C. pr. 1022). Les arbitres
n'étant investis d'aucun caractère public, et leur sentence n'é-
tant que le résultat de conventions privées, on doit leur appliquer le principe, que les conventions n'ont d'effet qu'entre les
parties contractantes, et ne peuvent jamais nuire aux tiers (C.
civ. 1165). D'ailleurs, la tierce-opposition principale est nécessairement portée devant les juges qui ont rendu le jugement
attaqué (C. pr. 475), et l'on ne saurait forcer des tiers à se
faire juger par des arbitres qui n'auraient pas leur confiance.
Carré, art. 1022; Pigeau, t. 1, p. 72; Berriat, p. 46.

258. En conséquence, un jugement arbitral qui déclare une vente simulée, ne peut être regardé comme un commencement de preuve suffisant pour faire admettre la preuve testimoniale de la simulation à l'égard des tiers qui n'ont pas été parties dans ce jugement. Cas. 8 janv. 1817 (S. 17, 151).

259. Par suite des mêmes principes, le tiers qui n'était point partie dans l'instance portée devant les arbitres, est non-recevable à former opposition à l'ordonnance d'exécution du jugement arbitral, et à en demander la nullité. Aix, 3 fév. 1817 (S. 17, 415).

260. Ces règles s'appliquent aux sentences rendues en matière d'arbitrage forcé. Les arbitres ont bien, dans ce cas, une juridiction légale; mais elle n'est que momentanée, et cesse avec l'affaire qui lui a donné naissance. Carré, art. 1022; Merson, p. 103. *Contrà.* — Vincens, t. 1, p. 185.

261. Le jugement arbitral n'ayant pas plus de force qu'une convention privée, il est encore évident qu'à la différence des jugemens ordinaires, il ne saurait être opposé à la caution, ou même au codébiteur solidaire qui n'y aurait pas été partie. Carré, *ib.*; Prat, t. 5, p. 400.

262. Néanmoins il suffirait pour interrompre la prescription à leur égard; car il constitue une véritable poursuite de la part du créancier, et doit être assimilé à une interpellation judiciaire. C. civ. 1206, 2249, 2250.

263. Mais si le jugement déclarait la dette acquittée, il profiterait aux codébiteurs et à la caution, parce qu'ils ont le droit d'opposer toutes les exceptions qui résultent de la nature de l'obligation, ainsi que celles communes à tous les co-débiteurs. C. civ. 1208, 2036.

264. Les différens effets attachés au jugement arbitral ne peuvent être produits que par la représentation de la minute ou de l'expédition de ce jugement. Un extrait d'enregistrement ne suffirait pas pour en prouver l'existence. En effet, les receveurs de l'enregistrement sont institués pour percevoir des droits purement fiscaux, et non pour donner aux actes qui leur sont présentés un caractère de vérité qu'ils n'ont pas : d'ailleurs, les certificats qu'ils délivrent, prouvent bien l'existence d'un acte; mais ils n'en établissent pas la sincérité et la régularité. Besançon, 1er août 1809.

265. Un jugement arbitral rendu à l'étranger contre un étranger, au profit d'un Français, par des arbitres volontaires étrangers, peut être exécuté en France, pourvu qu'il soit revêtu de l'ordonnance d'exécution par un juge français, et sans qu'il soit nécessaire de remettre en question ce qui a été décidé par les arbitres étrangers; il suffit de constater que la sentence ne contient aucune disposition contraire à ce qui est d'ordre public en France. En effet, une semblable décision n'étant que la conséquence et le résultat d'une convention libre des parties, appartient entièrement au droit des gens, et par conséquent, ne saurait être régie par les principes relatifs aux sentences prononcées par des tribunaux étrangers. Paris, 16 déc. 1809. — V. *Exécution.*

La même solution s'applique évidemment à une sentence rendue à l'étranger entre deux étrangers. Paris, 7 janv. 1833.

266. Mais il en est autrement s'il s'agit d'un jugement rendu par des arbitres forcés. Tenant alors leurs pouvoirs de la loi étrangère, et non de la volonté des parties, ils sont en effet de véritables juges. Paris, 27 juil. 1807.

Section XII. — *Exécution du jugement arbitral.*

§ 1. — *Exécution des jugemens rendus par des arbitres volontaires.*

267. Les arbitres, n'étant revêtus d'aucun caractère public, ne sauraient donner à leurs décisions une force exécutoire, qui ne peut émaner que des délégués du souverain. Il faut nécessairement que leur exécution soit ordonnée par le président du tribunal de première instance dans le ressort duquel elles ont été rendues. C. pr. 1020.

268. Aucun jugement arbitral, même préparatoire, ne peut être exécuté avant l'accomplissement de cette formalité. C. pr. 1021.

269. Cependant la partie qui aurait exécuté un interlocutoire non revêtu de l'ordonnance du président, serait non-recevable à demander la nullité des opérations faites en vertu de cet interlocutoire. Arg. C. civ. 1338; Aix, 15 juin 1818.

270. Mais si l'une des parties se refusait à l'exécution de l'interlocutoire, elle ne pourrait pas y être contrainte, car aucune exécution ne peut être forcée sans l'autorité du magistrat. Carré, art. 1021.

271. Pour obtenir l'ordonnance d'exécution, la minute du jugement arbitral doit être déposée dans les trois jours au greffe du tribunal. C. pr. 1020.

272. L'art. 1020 C. pr. dit que ce dépôt sera fait par l'un des arbitres; cependant, comme il ne prescrit pas cette formalité à peine de nullité, et que les nullités ne se suppléent pas, il peut valablement être effectué par un tiers. C. pr. 1030; Turin, 1er mai 1812.

273. Il résulte également du même motif que le dépôt peut avoir lieu après les trois jours. —*Même arrêt,* Cas. 22 mai 1813 (S. 14; 118); Grenoble, 1er juin 1831.

Mais si un long retard était préjudiciable aux parties, il y aurait lieu à une action en dommages-intérêts contre les arbitres, même solidairement, car il s'agirait d'un fait indivisible dont ils seraient tous tenus, sauf à eux à justifier que le retard ne provient que du fait d'un seul qui était chargé de faire le dépôt.

274. Le délai de trois jours est en dehors du compromis; le dépôt est valablement fait après son expiration.

275. Il a lieu au greffe du tribunal de première instance dans le ressort duquel le jugement a été rendu; peu importe que ce tribunal ne soit pas celui du domicile des parties. Cas. 26 janv. 1824, 17 nov. 1830.

Toutefois, l'incompétence de ce dernier tribunal n'est pas d'ordre public; elle est en conséquence couverte par le consentement des parties. Cas. 17 nov. 1830. — V. *Exception*.

Au contraire, l'incompétence du tribunal de commerce étant *ratione materiæ*, ne saurait, dans cette circonstance, être couverte par le même consentement. Cas. 14 juin 1831.—V. *Exception*.

276. Il est encore indifférent que l'arbitrage ait pour objet une contestation commerciale; la loi ne distingue pas, et il n'y a d'exception que dans le cas d'arbitrage forcé. Rennes, 9 mars et 19 nov. 1810, 4 juil. 1811; Riom, 26 janv. 1810 (S. 12, 88); Paris, 6 mars 181 (S. 12, 321); Cas. 14 juin 1831; Merlin, *Rép.*, v° *Arbitrage*; Carré, art. 1020.

277. Mais s'il a été compromis sur l'appel d'un jugement ou sur requête civile dirigée contre un arrêt, le dépôt est fait au greffe de la Cour royale dans le ressort de laquelle la sentence a été prononcée, et l'ordonnance d'exécution est rendue par le président de cette Cour. C. pr. 1020.

278. Néanmoins, si, en appel, les parties renoncent à l'effet du jugement de première instance et soumettent la contestation à des arbitres, le compromis est réputé avoir lieu sur le fond de l'affaire, et non sur l'existence d'appel. En conséquence, c'est le président du tribunal de première instance qui devient compétent pour rendre l'ordonnance d'exécution. Cas. 3 août 1813 (S. 15, 178) et 17 juil. 1817.

279. Lorsqu'il a été compromis tout à la fois sur une affaire susceptible d'être portée en première instance, et sur l'appel d'un jugement, quel est le président compétent pour apposer l'ordonnance d'*exequatur?*

Comme l'art. 1020, dit avec raison M. Carré, ne donne pouvoir au président d'appel qu'en ce qui concerne la sentence arbitrale rendue sur l'appel d'un jugement, nous croyons qu'il est conforme au vœu de la loi de faire deux originaux de la sentence, et de les déposer, l'un au greffe de première instance, et l'autre au greffe de la Cour, afin que chaque président y appose l'ordonnance pour la partie qui le concerne. Nous pensons même qu'il y aurait nullité de l'ordonnance apposée par un président d'appel, à la décision rendue sur une affaire qui n'aurait subi que le premier degré de juridiction; car il résulterait de là que la Cour aurait à prononcer sur l'opposition à l'ordonnance; et comme le jugement sur une telle opposition est sujet à l'appel, il arriverait que la Cour statuerait tout à la fois en premier et en dernier ressort; ce qui est contraire aux règles de l'administration de la justice.

280. S'il s'agit d'une contestation qui aurait été de la compétence du juge de paix, la sentence arbitrale doit-elle être déposée au greffe de la justice de paix? La négative est évidente. En effet, l'art. 1020 n'accorde le droit d'apposer l'ordonnance d'*exequatur* qu'aux présidens des tribunaux de première instance et des Cours royales; et, en outre, l'art. 1023 dispose que l'appel des jugemens arbitraux sera porté devant les tribunaux de première instance pour les matières qui auraient été, soit en premier, soit en dernier ressort, de la compétence des juges de paix : d'où il résulte que ces magistrats sont incompétens pour tout ce qui est relatif aux arbitrages. Carré, art. 1020.

281. L'ordonnance du président est mise au bas ou en marge de la minute de la sentence arbitrale, sans qu'il soit besoin d'en communiquer au ministère public. Elle est expédiée ensuite de l'expédition de la décision. C. pr. 1021.

282. En cas d'absence ou d'empêchement du président, l'ordonnance peut être délivrée par le juge le plus ancien, et, à son défaut, par un autre juge, même par un suppléant. Mais le soin de rendre de telles ordonnances étant spécialement confié au président, son empêchement et celui des juges titulaires doivent être mentionnés dans l'ordonnance, qui peut seule faire preuve de la compétence de celui qui l'a signée. La nullité résultant de l'omission de cette mention est d'ordre public, et proposable en tout état de cause. Poitiers, 9 mars 1830 (S. 30, 145).

283. La minute de l'ordonnance doit-elle nécessairement être signée par le greffier? D'un côté, l'on dit : cette ordonnance est évidemment comprise dans la disposition générale de l'art. 1040 C. pr., portant que tous les actes du ministère du juge seront faits au lieu où siége le tribunal, et que le juge y *sera toujours assisté du greffier*, qui gardera les minutes et délivrera les expéditions. Or, la signature du greffier est la seule garantie légale de l'observation de ces formalités. Mais on répond qu'aucune loi n'exige, à peine de nullité, la signature

du greffier sur la minute de l'ordonnance, et que la signature du président constate suffisamment que la sentence a reçu la sanction qui la rend exécutoire. Bourges, 4 août 1831; Limoges, 14 juin 1832. *Contrà.* — Poitiers, 9 mars 1830 (S. 30, 145).

284. Le président du tribunal ou de la Cour peut-il refuser l'ordonnance d'*exequatur?* Le doute naît de ce que les arbitres ne sont pas institués pour donner un simple avis, et que l'autorité judiciaire n'est pas appelée à approuver ou réformer leur décision. Cependant on peut dire que si, en général, le président ne doit pas s'immiscer dans le bien ou le mal jugé de la sentence arbitrale, il ne doit pas néanmoins être contraint de rendre exécutoire une décision contraire à l'ordre public ou aux bonnes mœurs. Il semble donc que, dans ce cas, il a le droit de refuser l'ordonnance qu'on lui demande. Cas. 6 pluv. an 11; Rennes, 13 et 31 mai 1813; Paris, 14 mai 1829 (S. 29, 153); Prat, t. 5, p. 397; Pigeau, t. 1, p. 71; Carré, art. 1020.

Pigeau et Carré (*ut suprà*) pensent que le président doit encore refuser l'ordonnance d'*exequatur*, lorsque le compromis a été consenti par des personnes qui n'étaient pas maîtresses de disposer de leurs droits. Mais nous ne saurions adopter cette solution; dans ce cas, la sentence n'est entachée que d'une nullité relative que l'incapable seul peut proposer, s'il le juge convenable (— V. *sup.* n° 39), et par conséquent, loin de lui être utile, le refus du président pourrait lui causer le plus grand préjudice.

285. En cas de refus du président d'apposer l'ordonnance d'exécution, nous pensons qu'il y a lieu de se pourvoir devant la Cour par la voie d'appel. En effet, la loi étant muette à cet égard, il est indispensable de suppléer à son silence par l'analogie, la raison et les convenances. Or, l'analogie prescrit l'emploi du moyen autorisé contre les ordonnances de référé qui sont, comme celles d'exécution, rendues par le président du tribunal de première instance; et la raison, ainsi que les convenances, ne permettent pas d'admettre la voie de l'opposition devant le tribunal de première instance, puisque le président, auteur de l'ordonnance, qui, dans la circonstance dont il s'agit, a tous les caractères d'une décision judiciaire, serait nécessairement forcé de s'abstenir. Rennes, 13 et 21 mai 1813; Paris, 14 mai 1829 (S. 29, 153); Carré, art. 1020.

286. Mais si l'ordonnance d'exécution a été apposée par un juge incompétent, on doit, pour la faire réformer, se pourvoir par la voie d'opposition à cette ordonnance devant le tribunal. En effet, une semblable ordonnance, à la différence de celle dont on parle dans le numéro précédent, n'est que de pure

forme, et ne contient aucune décision ; elle n'est donc pas, à proprement parler, un jugement, et ne saurait conséquemment être susceptible d'appel. Vainement on objecterait que ni l'art. 1028 C. pr. , ni aucun autre texte, n'autorise l'opposition à l'ordonnance d'exécution pour le cas dont il s'agit ; seulement, dans cette hypothèse, le tribunal doit se borner à prononcer la nullité de l'ordonnance, sans annuler l'acte qualifié jugement arbitral, qui peut encore être attaqué par la voie de l'opposition. Poitiers, 9 mars 1830; Bourges, 20 mars 1830 (S. 30, 132, 145); Carré, *ib.*

287. La connaissance de l'exécution du jugement appartient au tribunal dont le président a rendu l'ordonnance. C. pr. 1021.

288. Néanmoins, en matière d'arbitrage forcé, c'est le tribunal civil qui est seul compétent pour connaître de l'exécution du jugement arbitral. Les tribunaux de commerce ne pouvant statuer sur l'exécution de leurs propres jugemens, ne sauraient, à plus forte raison, s'occuper de celle des jugemens arbitraux. Rennes, 13 déc. 1809.

§ 2. — *Exécution des jugemens rendus par des arbitres forcés.*

289. On a vu que les arbitres forcés pouvaient être considérés comme de véritables juges. Cependant, comme ils ne tiennent pas leur investiture directement du souverain, ils n'ont pas caractère suffisant pour rendre leur sentence exécutoire, et ils sont contraints, comme les arbitres volontaires, d'avoir recours au président du tribunal.

290. En conséquence, ils doivent déposer la minute de leur décision au greffe du tribunal de commerce dans le ressort duquel ils ont procédé. C. com. 61 ; C. pr. 1020.

291. Peu importerait qu'un autre tribunal leur eût donné acte de leur nomination. L'art. 1020 ne distingue pas, et le Code de commerce, n'y faisant aucune exception, il y a lieu de l'appliquer. Pardessus, Carré, 1020.

292. A défaut de tribunal de commerce, le dépôt est effectué au greffe du tribunal de première instance, qui en remplit les fonctions. C. com. 640.

293. Ces règles sont applicables, encore bien que les parties aient renoncé à l'appel, à la requête civile et au recours en cassation. L'art. 61 C. com. ne fait pas de distinction : le jugement arbitral rendu sur les contestations élevées entre associés doit donc être déposé au greffe du tribunal de commerce, quels que soient les termes du compromis par lequel les arbitres ont été nommés. Cas. 28 avr. 1829 (S. 29, 185), 22 août et 21 nov. 1832 (S. 33, 65).

294. Mais il en est autrement, si les parties ont donné aux arbitres le droit de les juger comme amiables-compositeurs. Dans ce cas, en effet, l'arbitrage change de nature; il devient volontaire, et se trouve régi par le Code de procédure. Riom, 26 janv. 1810; Paris, 6 mars 1811; Poitiers, 13 mars 1818 (S. 18, 201); Montpellier, 25 avr. 1831 (S. 32, 65).

295. Le président est tenu, dans les trois jours du dépôt du jugement arbitral, d'y apposer une ordonnance pure et simple d'exécution. C. com. 61.

296. Le jugement est ensuite transcrit, sans aucune modification, sur les registres du tribunal, et reste annéxé aux minutes des jugemens ordinaires. C. com. 61.

297. Le président peut-il refuser l'ordonnance d'exécution, comme dans le cas d'arbitrage volontaire? La négative résulte des termes mêmes de l'art. 61 C. com. : le président *est tenu* d'apposer une ordonnance *pure* et *simple*. Ce n'est donc qu'une formalité qu'il doit remplir, sans s'enquérir du mérite de la décision. D'ailleurs, les arbitres forcés forment un tribunal que la loi met sur la même ligne que le tribunal de commerce. Il ne doit donc pas dépendre du président de paralyser leurs décisions. Merson, n° 110; Pardessus, n° 1405.

Section XIII. — *Voies pour faire réformer le jugement arbitral.*

§ 1. — *Voies contre les jugemens rendus par des arbitres volontaires.*

298. Il y a trois moyens de se pourvoir contre les jugemens arbitraux : savoir, l'appel, la requête civile, et l'opposition à l'ordonnance d'exécution.

299. La simple opposition n'est recevable dans aucun cas (C. pr. 1016); la partie qui signe le compromis s'engage implicitement à être jugée, sans avoir été entendue, à défaut de production de ses pièces et mémoires, dans les délais déterminés. Poncet, *des Jugemens*, n° 171.

300. Peu importe que le jugement ait été ou non déposé au moment où l'on forme l'opposition. La loi est formelle, et ne contient aucune exception. Carré, art. 1016. *Contrà.* — Delaporte, t. 2, p. 483.

301. Le recours en cassation est également interdit contre les sentences arbitrales; il ne peut avoir lieu que contre les jugemens des tribunaux rendus, soit sur requête civile, soit sur appel d'un jugement arbitral. C. pr. 1028; Cas. 18 déc. 1810, 20 mars 1817.

Cette voie est suppléée par celle de l'opposition à l'ordonnance d'exécution. — V. *inf.* art. 3.

Art. 1. — *Appel.*

302. Les parties peuvent appeler des sentences arbitrales toutes les fois qu'elles n'ont pas renoncé à cette voie, lors ou depuis le compromis. — A moins, toutefois, que l'arbitrage ne soit sur appel ou sur requête civile. C. pr. 1010. — V. *sup.* sect. III, § 2.

303. Mais lorsqu'elles ont renoncé à l'appel, cette voie leur est interdite, même dans le cas où le tiers-arbitre aurait excédé ses pouvoirs. Il ne leur reste alors que celle de l'opposition à l'ordonnance d'*exequatur*. Cas. 5 janv. 1833.

304. L'appel est-il recevable avant que la sentence arbitrale ait été revêtue de l'ordonnance d'exécution ? Pour la négative, on dit : la sentence arbitrale n'est complète que lorsqu'elle a été rendue exécutoire par le président du tribunal. — Mais la sentence arbitrale constitue un véritable jugement; elle est complète du moment qu'elle est signée des arbitres; et si l'ordonnance du président est exigée pour la rendre exécutoire, c'est uniquement parce que la force publique ne peut être contrainte d'obéir à de simples particuliers, qui ne tiennent aucun pouvoir du chef du gouvernement. C. pr. 1016, 1020; Aix, 22 mai 1828 (S. 28, 269). — V. *sup.* n° 267 et suiv.

305. L'appel est porté devant les tribunaux de première instance pour les matières qui, s'il n'y eût point eu d'arbitrage, eussent été, soit en premier, soit en dernier ressort, de la compétence des juges de paix et devant les Cours royales, pour les matières qui eussent été soit en premier, soit en dernier ressort, de la compétence des tribunaux de première instance. C. pr. 1023.

306. Il doit être jugé par le tribunal, ou la Cour, dans le ressort duquel la sentence a été rendue. Arg. C. pr. 1020.

307. Néanmoins, les parties ont le droit de stipuler qu'il sera porté à tel tribunal qu'elles jugent convenable de choisir, pourvu qu'il soit compétent comme juge d'appel, à raison de la matière et de la valeur litigieuse. Turin, 9 juil. 1808 (S. 12, 413).

308. Elles peuvent même convenir, soit dans le compromis, soit depuis, que l'appel sera jugé par d'autres arbitres. Cela a lieu très-souvent dans la pratique.

309. L'appelant qui succombe est condamné à une amende de cinq francs, lorsque l'appel est rejeté par un tribunal de première instance, et de dix francs, lorsqu'il l'est par une Cour royale. C. pr. 471, 1025. — V. *Appel*, n°s 230 et suiv.

310. Le tribunal arbitral remplace le tribunal de première instance, et remplit le premier degré de juridiction; en conséquence, la Cour royale, saisie de l'appel d'un jugement arbitral, peut évoquer le fond dans tous les cas où ce droit lui est accordé, à l'égard des jugemens rendus par les tribunaux ordinaires. Cas. 6 déc. 1821. — V. *Appel*, sect. IX.

Art. 2. — *Requête civile.*

311. La requête civile est recevable contre les jugemens arbitraux dans les délais, formes et cas désignés pour les jugemens des tribunaux ordinaires. C. pr. 1026. — V. *Requête civile.*

312. Cependant ne peuvent être proposés pour ouverture :

1° L'inobservation des formes ordinaires, si les parties n'en sont autrement convenues;

2° Le moyen résultant de ce qu'il aurait été prononcé sur choses non demandées. C. pr. 1027.

313. La requête civile serait encore inadmissible contre un jugement que les parties seraient convenues de considérer comme transaction sur procès : les parties qui ont fait une telle stipulation sont nécessairement présumées avoir renoncé à cette voie, la requête civile ne pouvant jamais être admise contre une transaction. Cas. 15 therm. an 11 (S. 4, 26). *Contrà.* — Carré, art. 1027. — V. *sup.* sect. III, § 2.

314. La requête civile est portée devant le tribunal qui eût été compétent pour connaître de l'appel. C. pr. 1026.

Art. 3. — *Opposition à l'ordonnance d'exécution.*

315. Il y a lieu de se pourvoir par opposition à l'ordonnance d'exécution dans les cas suivans :

1° Si le jugement a été rendu sans compromis;

2° S'il l'a été hors des termes du compromis;

3° S'il l'a été sur compromis nul;

4° S'il l'a été sur compromis expiré;

5° S'il n'a été rendu que par quelques arbitres non autorisés à juger en l'absence des autres;

6° Si le tiers-arbitre a statué sans en avoir conféré avec les arbitres partagés, et sans les avoir sommés de se réunir à cet effet. C. pr. 1018;

7° Enfin, s'il a été prononcé sur chose non demandée. C. pr. 1028.

En effet, dans ces différentes circonstances, les arbitres ont évidemment excédé les pouvoirs qui leur avaient été donnés par les parties, et leur juridiction toute spéciale n'étant jamais susceptible de s'étendre au-delà des limites fixées par le compromis qui lui a donné naissance, il en résulte que leur décision n'est pas un jugement, mais uniquement une violation du contrat intervenu entre eux et les parties, et qu'en conséquence elle doit être annulée, sans qu'il soit besoin de recourir aux formalités établies pour la réformation des jugemens. Cas. 30 avr. 1806, 14 août 1811, 12 fév. 1813.

316. La partie qui serait non-recevable à interjeter appel d'une sentence arbitrale, pourrait donc néanmoins en demander la nullité par opposition à l'ordonnance d'exécution. Cas. 27 mai 1818 (S. 19, 121).

317. Peu importerait que les parties eussent donné aux arbitres le pouvoir de les juger comme amiables-compositeurs. — V. sup., n° 102.

Et même qu'elles eussent formellement renoncé à se pourvoir par opposition à l'ordonnance d'exécution. — V. sup. n° 101.

318. Mais l'opposition à l'ordonnance d'exécution, étant une voie extraordinaire, ne peut être employée que dans les cas prévus par l'art. 1028. Ainsi elle ne serait pas ouverte pour inobservation des formes ordinaires. Cela résulte évidemment de ce que l'art. 1027, portant que, dans ce cas, la requête civile ne peut être admise, ne renvoie cependant pas à l'art. 1028, comme pour celui où il a été prononcé sur choses non demandées. Cas. 1810; Carré, art. 1027.

319. L'opposition ne saurait, par les mêmes raisons, être admise, 1° sur le motif que les parties n'ont pas été entendues, ou qu'elles n'ont pas été mises à portée de fournir leurs pièces et mémoires. Cas. 17 oct. 1810 (S. 11, 57); Carré, art. 1028.

2° Sur celui que les arbitres ont indûement prononcé la contrainte par corps. Une semblable décision ne constituerait qu'un mal jugé, et non un excès de pouvoir. Toulouse, 17 mai 1825 (S. 25, 420).

320. Néanmoins il en serait autrement à l'égard de l'inobservation de formes prescrites par les parties; car alors les arbitres auraient jugé hors des termes du compromis. Pigeau, t. 1, p. 75.

321. La même solution s'appliquerait encore, 1° au cas où le tiers-arbitre ne se serait pas conformé à l'avis des autres arbitres : en effet, lorsque les parties nomment un tiers-arbitre, elles ne lui donnent pouvoir que de départager les arbitres divisés, en adoptant l'une ou l'autre de leurs opinions; s'il en choisit une troisième, il juge donc hors des termes du compromis. Pigeau, ib.; Carré, art. 1028.

2° A celui où les arbitres auraient jugé, sans s'arrêter à la récusation de l'un d'eux, sans en attendre le jugement. Cas. 1er juin 1812.

522. L'action en nullité serait-elle recevable contre une sentence mal à propos qualifiée en dernier ressort?

Le doute naît de ce qu'on pourrait prétendre que les arbitres, ayant excédé leurs pouvoirs, ont jugé hors des termes du compromis. Mais les arbitres ont moins commis un excès de pouvoir qu'une erreur, en donnant à tort à leur décision la qualification de dernier ressort; d'ailleurs, les parties n'ont aucun intérêt à en demander la nullité sur ce motif, puisqu'elles peuvent la faire réformer par la voie de l'appel; l'action en nullité ne pourrait donc être admise. C. pr. 453, 454; Rennes, 19 nov. 1810; Prat, t. 5, p. 413; Carré, art. 1028.

523. La décision qui annule une sentence arbitrale, comme rendue hors des termes du compromis, ne contient qu'une appréciation de faits, qui ne peut donner ouverture à cassation. Cas. 23 juin 1819 (S. 20, 35).

524. La demande en nullité, par voie d'opposition à l'ordonnance d'exécution, est portée devant le tribunal dont le président a rendu la sentence arbitrale exécutoire. C. pr. 1028.

525. Elle peut se former avant l'exécution : alors on assigne l'autre partie pour voir dire que, attendu que la décision arbitrale est nulle par tel motif, on y sera reçu opposant, et qu'elle sera déclarée nulle. Pigeau, t. 1, p. 75.

526. Elle peut également avoir lieu lors de l'exécution, par déclaration sur l'acte d'exécution, comme l'art. 62 le permet pour l'opposition aux jugemens par défaut rendus contre partie, sauf à assigner ensuite pour être reçu opposant, ainsi que le prescrit le même article.

Toutefois, on n'est pas forcé, à peine de nullité, de le faire dans la huitaine. Cette disposition n'est pas reproduite pour le cas qui nous occupe, et les nullités ne peuvent pas se suppléer. Turin, 7 fév. 1810; Colmar, 22 janv. 1813; Paris, 17 mai 1813; Pigeau, ib.

527. Enfin, on se rend valablement opposant après l'exécution commencée, pourvu qu'on ne l'ait pas laissé consommer sans faire de réserves; car on serait alors présumé y avoir acquiescé. Pigeau, ut suprà.—V. Acquiescement.

528. Mais l'opposition ne saurait, dans aucun cas, avoir lieu par acte d'avoué à avoué. On ne peut assimiler l'ordonnance d'exécution à un jugement par défaut; et d'ailleurs, nulle instance n'existant, la partie adverse n'a pas d'avoué qui la représente, et à qui la signification puisse être faite. Rennes, 13 mai 1812; Carré, art. 1028.

529. Peu importerait qu'on déclarât s'opposer au jugement arbitral, au lieu d'énoncer que c'est à l'ordonnance. La loi ne prescrit aucuns termes sacramentels, et s'opposer à la sentence, c'est évidemment s'opposer à l'ordonnance qui ne fait qu'un seul et même acte avec elle. Rome, 5 oct. 1810 (S. 11, 465).

550. Carré (*Anal. Quest.* 296) énonce, sans donner aucun motif à l'appui de son opinion, que le ministère public doit nécessairement être entendu sur la demande en nullité de l'acte qualifié jugement arbitral. Cependant aucun texte ne prescrit la communication de ces sortes d'affaires, et il ne semble pas qu'on puisse les considérer comme intéressant l'ordre public. — V. *Ministère public.*

551. L'opposition à l'ordonnance d'exécution d'un jugement arbitral rendu en dernier ressort, suspend-elle son exécution ?

Pour la négative, on dit que la demande en nullité, s'identifiant avec l'opposition à l'ordonnance d'*exequatur*, est, comme la requête civile, une voie extraordinaire qui ne peut suspendre l'exécution d'un jugement rendu en dernier ressort. Toutefois on répond qu'en général toute opposition est suspensive de sa nature ; que s'il en est autrement de la requête civile, c'est que la loi l'a décidé d'une manière positive. Mais le principe n'en subsiste pas moins, et il est applicable à l'espèce qui nous occupe, puisqu'elle ne se trouve rangée dans aucune exception. —D'ailleurs, le législateur a formellement exprimé son intention que l'action en nullité fût suspensive, en la qualifiant, *opposition à l'ordonnance d'exécution.* Que serait, en effet, une *opposition* à une ordonnance d'*exécution* qui ne pourrait ni prévenir, ni arrêter cette exécution? Bruxelles, 4 mai 1809 (S. 9, 257); Rome, 5 oct. 1810 (S. 11, 465); Paris, 9 nov. 1812 (S. 13, 515); Pigeau, t. 1, p. 75; Carré, art. 1028. *Contrà,*—Paris, 14 sept. 1808 (S. 8, 285).

552. L'opposition à l'ordonnance d'exécution suspend-elle les délais de l'appel ?

Le doute naît des termes de l'art. 1028. Dans sa première disposition, cet article porte qu'il *ne sera besoin de se pourvoir par appel* dans les cas qu'il détermine; puis, dans la seconde disposition, il ajoute que les parties se *pourvoiront* par *opposition*, et demanderont la nullité de l'acte qualifié jugement arbitral. Or, appeler de la décision arbitrale avant d'avoir formé l'opposition à l'ordonnance d'exécution, c'est reconnaître implicitement que cette décision a le caractère d'un jugement, et se rendre non-recevable à l'attaquer sous se rapport. D'un autre côté, se pourvoir par appel après avoir formé l'opposition, c'est évidemment renoncer à cette voie. Les délais d'appel ne peuvent donc courir que du jour où il est définitivement jugé que la décision arbitrale a véritablement la force d'un jugement. Vainement dirait-on que l'on peut présenter cumulativement en appel tous les moyens que l'on a à faire valoir contre la sentence. L'action en nullité est une action principale qui doit nécessairement subir deux degrés de juridiction; et d'ailleurs il y aurait une contradiction choquante à soutenir en même temps qu'un acte arbitral n'est pas jugement, et à l'attaquer néanmoins comme jugement.

Toutefois, ces argumens ne paraissent pas sans réplique. Il est bien vrai, en effet, qu'une partie qui interjette purement et simplement appel d'une décision arbitrale peut être considérée, par cela seul, comme renonçant à se pourvoir contre cette sentence par voie d'opposition, ou même comme se désistant de l'opposition qu'elle y aurait précédemment formée. Mais rien ne l'empêche de faire des réserves dans son appel, et alors il est évident que ses droits se trouvent conservés. Il n'est donc pas indispensable d'attendre le jugement à intervenir sur l'opposition, pour interjeter appel, et il n'existe par conséquent aucun motif pour apporter une exception à l'art. 443 C. pr. qui fixe les délais de l'appel d'une manière générale, sans faire de distinction pour l'hypothèse qui nous occupe. Seulement il est certain que, dans le cas où un jugement arbitral a été attaqué simultanément par les deux voies de l'opposition et de l'appel, la question de savoir s'il y a réellement un jugement arbitral est préjudicielle, et doit nécessairement être jugée avant que l'on statue sur l'appel; mais ce n'est pas une raison pour proroger les délais pendant lesquels cet appel peut être formé, et donner ainsi aux parties de mauvaise foi un moyen d'éterniser les contestations. Carré, art. 1028.

333. Lorsque les arbitres ont jugé hors des termes du compromis, leur sentence est annulée pour le tout. Peu importerait qu'à l'égard de certains chefs de la contestation, ils n'eussent pas excédé les pouvoirs qui leur avaient été conférés par les parties. En effet, l'art. 1028 porte que, dans les cas qu'il détermine, les parties demanderont la nullité de l'*acte* qualifié jugement arbitral; ce qui embrasse évidemment la décision dans son entier, et ne permet aucune exception. Gênes, 2 juil. 1810 (S. 11, 209); Rennes, 14 avr. 1812; Carré, art. 1028.

Un arrêt de la Cour de cassation, du 31 mai 1809 (S. 9, 353), a bien adopté l'opinion contraire à celle que nous venons d'énoncer; mais il s'agissait, dans l'espèce, d'un jugement rendu sous l'empire de la loi du 24 août 1790, et l'on peut conclure des motifs de cet arrêt que la Cour aurait décidé différemment si la contestation avait pris naissance sous le Code de procédure.

§ 2. — *Voies contre les jugemens rendus par des arbitres forcés.*

554. Les arbitres forcés sont considérés par la loi comme de véritables juges, et forment, pour les contestations entre associés, une espèce de tribunal de commerce spécial : il résulte de ce principe que leurs décisions peuvent être attaquées par les voies ouvertes pour la réformation des jugemens ordinaires, excepté toutefois l'opposition. En effet, si le jugement a été rendu après les délais accordés pour produire, il est juste que la partie négligente ne soit pas reçue à s'en plaindre, et s'il l'a été avant l'expiration de ces délais, la nullité peut être invoquée, sans recourir à la voie d'opposition. Pardessus, n° 1405.

A défaut de stipulation contraire, leurs décisions sont soumises à l'appel et au recours en cassation. C. com. 52.

555. Néanmoins, les arbitres forcés, ayant la même compétence que les tribunaux de commerce, prononcent en dernier ressort sur toutes les contestations qui n'excèdent pas mille francs. Lyon, 21 mai 1825 (S. 25, 247).

556. La renonciation à l'appel ne se présume pas, et ne saurait s'étendre d'un cas à un autre. En conséquence, s'il s'élève une contestation relative à la formation du tribunal arbitral, le jugement qui intervient sur cet incident est susceptible d'appel, encore bien que les parties y aient renoncé dans le compromis. Cas. 15 juil. 1818 (S. 19, 1).

557. A plus forte raison, la renonciation à l'appel n'emporte pas renonciation au recours en cassation.

558. L'appel, lorsqu'il est recevable, est porté devant la Cour royale, à moins que les parties n'en soient autrement convenues. — V. sup. nos 307, 308.

559. La Cour compétente est celle dans le ressort de laquelle se trouve le tribunal qui a nommé les arbitres, ou qui les aurait nommés, si les parties ne les avaient choisis elles-mêmes. Il est indifférent que la sentence arbitrale ait été déposée au greffe d'un tribunal ressortissant d'une autre Cour. En effet, les arbitres forcés ne sont que les auxiliaires des tribunaux chargés de présider à leur choix ; ils forment une émanation de ces tribunaux, et s'identifient avec eux ; l'instance, quoique renvoyée à des arbitres, est toujours véritablement existante devant le tribunal à qui elle a été portée d'abord, et qui seul est compétent pour statuer sur tous les incidens qui peuvent s'élever pendant la durée de l'arbitrage. La Cour appelée à prononcer sur le jugement est donc celle dans le ressort de laquelle se trouve ce tribunal, et il ne saurait dépendre de la volonté des arbitres de changer sa juridiction, en allant rendre leur sentence dans un lieu ressortissant d'une autre Cour. Caen, 21 mai 1827 (S. 28, 129).

340. La requête civile est-elle admissible contre les jugemens d'arbitres forcés ?

D'un côté, l'on dit : ce recours serait impraticable dans les contestations relatives aux comptes et liquidation d'une société commerciale. Le législateur, en soumettant les affaires de cette nature à des arbitres, a eu en vue d'éviter aux parties les longueurs et les frais d'un procès ordinaire; or l'admission de la requête civile entraînerait nécessairement ces deux inconvéniens. D'ailleurs, la requête civile doit être portée devant les juges qui ont rendu la décision attaquée, et les arbitres ayant perdu tout pouvoir, du moment qu'ils ont prononcé leur sentence, sont évidemment sans caractère pour en connaître. Enfin, l'art. 52 C. com. est limitatif, et l'on ne saurait admettre, contre les jugemens arbitraux, d'autres voies de réformation que celles qu'il énonce positivement.

Mais on réfute facilement ces différens argumens. En effet, le législateur ne s'est pas montré plus jaloux d'économiser les frais pour les contestations entre associés, que pour celles de toute autre nature entre négocians; et du reste, l'instruction devant les arbitres n'est pas moins coûteuse que celle devant les tribunaux de commerce ordinaires; cependant il est hors de doute que leurs décisions peuvent être attaquées par la voie de la *requête civile* (— *V*. ce mot); cette considération n'est donc d'aucune importance pour la décision de la question. — Peu importe de même que la mission des arbitres se trouve terminée par la reddition de leur sentence; car, lorsque la loi exige que la requête civile soit portée devant le tribunal qui l'a rendu, elle n'entend pas dire qu'il faudra nécessairement qu'elle soit jugée par les mêmes individus, puisque le plus souvent cela serait impossible, surtout pour les membres des tribunaux de commerce qui ne siégent que temporairement. L'on remplirait donc suffisamment son vœu en renvoyant les parties devant un tribunal composé, soit des mêmes arbitres, soit d'autres désignés à leur défaut par les parties ou le tribunal. En outre, l'art. 1026 a prévu cette difficulté, en décidant que, par exception à la règle générale, la requête civile contre un jugement arbitral serait portée devant le tribunal qui eût été compétent pour connaître de l'appel. — Enfin, il n'est pas juste de dire que l'art. 52 C. com. est limitatif des voies à prendre contre les jugemens arbitraux; il ne s'occupe que des voies ordinaires de réformation, et l'on a déjà vu qu'on ne saurait en induire qu'il proscrit toute voie extraordinaire, puisqu'il est reconnu par la Cour de cassation que la prise à partie peut avoir lieu contre les arbitres forcés, comme à l'égard des membres des autres tribunaux. Il est donc beaucoup plus naturel d'appliquer les règles ordinaires, et de conclure que les arbitres forcés constituant un véritable tribunal, leurs sentence peuvent, dans les cas établis par la loi, être attaquées par toutes les voies permises contre les jugemens ordinaires. Lyon, 31 août 1825 (S. 26, 198); Carré, art. 1027. *Contra*. — Merson, p. 106.

341. L'opposition à l'ordonnance d'exécution est-elle recevable ?

D'un côté, l'on soutient qu'à moins d'une dérogation expresse, les règles relatives aux arbitrages volontaires sont applicables à l'arbitrage forcé, et que le Code de commerce n'exclut pas la demande en nullité du jugement arbitral. D'ailleurs, les mêmes motifs existent pour admettre cette action dans les deux espèces d'arbitrages; et si l'on se reporte aux discussions préparatoires du Code, on acquiert la conviction que telle a été l'intention du législateur. Locré, C. com., t. 1, p. 222, 266.

Mais on répond que, s'il était utile d'admettre l'opposition à l'ordonnance d'exécution dans le cas d'arbitrage volontaire, parce que les arbitres ne tenant leurs pouvoirs que des parties, ne pouvaient pas les dépasser sans perdre immédiatement tout caractère de juge, il n'en est pas de même à l'égard des arbitres forcés, qui constituent un tribunal, et dont la décision ne peut en conséquence être attaquée que par les voies ouvertes contre les jugemens.—Il n'y aurait en outre aucune utilité à autoriser l'opposition à l'ordonnance d'exécution ; car les parties arrivent facilement au même résultat par la voie de l'appel ou de la cassation. Rennes, 7 avr. et 25 juil. 1810 (S. 12, 404); Turin, 8 mars 1811 (S. 11, 409); Cas. 30 déc. 1812 (S. 13, 415); Bourges, 19 fév. 1825 (S. 26, 72). *Contra*, — Paris, 6 août 1832 (S. 32, 545).

342. Peu importerait que les parties eussent renoncé à l'appel : cette renonciation ne change pas la nature de l'arbitrage, et elles peuvent d'ailleurs se pourvoir en cassation dans le cas d'excès de pouvoirs de la part des arbitres. Cas. 26 mai 1813 (S. 14, 4), 28 avr. 1829 (S. 29, 185); Carré, art. 1028; Pardessus, n° 1417.

343. En serait-il de même dans le cas de renonciation à l'appel et au recours en cassation ?

Le doute naît de ce qu'alors les parties sembleraient n'avoir aucun moyen de faire réformer une sentence qui contiendrait un excès de pouvoirs manifeste des arbitres.

Cependant un examen attentif prouve que, même dans cette hypothèse, la voie de l'opposition à l'ordonnance d'exécution est inutile, et peut être suppléée par d'autres moyens légaux.

En effet, 1° en matière de société commerciale, le compromis étant écrit dans la loi, le jugement ne peut jamais être rendu sans compromis ni sur compromis nul, et les deux premières ouvertures de nullité établies par l'art. 1028 se trouvent ainsi sans application. 2° Les arbitres étant compétens pour statuer sur toutes les difficultés relatives à la société, ne peuvent juger hors des termes du compromis, que s'ils prononcent sur une affaire étrangère à la société; mais, dans ce cas, leur incompétence devient évidente, et par conséquent on peut appeler de leur décision, nonobstant toute renonciation (Arg. C. pr. 454); les parties ont bien, en effet, le droit de *proroger*, mais non de *changer* la juridiction. 4° Elles ont encore un moyen d'empêcher les arbitres de prononcer après les délais fixés par le jugement, en provoquant la nomination de nouveaux arbitres; et si elles n'usent pas de cette faculté, elles doivent subir les conséquences de leur négligence. 5° Quant à l'hypothèse où la décision a été rendue par quelques arbitres en l'absence des autres, ou par un sur-arbitre, sans en avoir conféré avec les arbitres partagés, l'*infraction à la règle* qui veut que les arbitres délibèrent en commun, constitue un déni de justice, et il y a lieu à la prise à partie (C. pr. 505). 6° Enfin, s'il a été prononcé sur chose non demandée, ou si les formes prescrites n'ont pas été observées, la requête civile est évidemment admissible (C. pr. 480, n° 2 et 3). Il n'existe donc aucun motif pour admettre l'action en nullité dans l'espèce dont il s'agit, plus que dans celle du numéro précédent. C'est ce qui a été décidé par une foule d'arrêts, notamment par un arrêt de la Cour de cassation, du 7 mars 1852 (S. 32, 242), ainsi conçu :

« Attendu que l'action en nullité, par voie d'opposition à l'ordonnance d'*exequatur* des sentences arbitrales, admise pour excès de pouvoir en arbitrage volontaire par l'art. 1028 C. pr., n'est applicable à l'arbitrage forcé qu'autant que les parties ont valablement renoncé à toutes les voies légales établies pour se pourvoir contre les jugemens des tribunaux ordinaires; que dans l'espèce les parties ont bien renoncé à la voie ordinaire de l'appel et du recours en cassation, mais qu'elles ne se sont pas interdit expressément aucune des autres voies légales. — Rejette.

Aix, 6 mars 1829 (S. 29, 303); Paris, 4 déc. 1828 (S. 29, 76); Cas. 7 mai 1828 (S. 28, 301); 28 avr. 1829 (S. 29, 185); Carré, art. 1028; Thomine-Desmazures, t. 2, p. 686. *Contrà.* —Paris, 16 août 1852 (S. 32, 545); Pardessus, n° 1417.

544. Les considérans de l'arrêt de cassation que l'on vient de citer semblent décider qu'il en serait autrement si les parties avaient non-seulement renoncé à l'appel et au recours en cassation, mais en outre à toutes les voies légales établies pour se pourvoir contre les jugemens.

Cependant on peut dire que, dans ce cas, les parties se trouvent dans la même position que si elles étaient convenues devant un tribunal ordinaire de s'en rapporter au jugement à intervenir, et que l'arbitrage n'a pas perdu son caractère de *forcé*, puisque les arbitres n'ont pas reçu les pouvoirs plus étendus d'amiables-compositeurs. Cas. 28 avr. 1829 (S. 29, 185). Il est donc permis de penser que, si la question se présentait devant la Cour suprême, elle déciderait peut-être dans un sens opposé à celui que pourrait faire présumer l'arrêt ci-dessus rapporté.

545. Mais si les parties avaient donné aux arbitres le pouvoir de les juger comme amiables-compositeurs, leur caractère se trouvant entièrement changé, les principes relatifs à l'arbitrage volontaire deviendraient applicables, et par conséquent l'opposition à l'ordonnance d'exécution serait recevable, sans aucun doute. Cas. 16 juil. 1817(S. 17, 305); 6 avr. 1818 (S. 18, 326); 23 juin 1819 (S. 20, 55); 28 avr. 1829 (S. 29, 185); Carré, art. 1028.

Section XIV. — *Timbre et enregistrement.*

546. Le compromis doit, ainsi que tous les actes faits par les arbitres, être rédigé sur papier timbré, à peine de 20 fr. d'amende pour chaque contravention. L. 13 brum. an 7, art. 12, 17, 26, etc. ; L. 16 juin 1824, art. 10.

547. Les arbitres ne peuvent, sous la même peine, prononcer sur un acte ou registre non timbré, ou visé pour timbre. En cas d'inobservation de cette règle, ils seraient même passibles des droits de timbre. L. 13 brum. an 7, art. 24, 26.

548. Le compromis qui ne contient aucune obligation de sommes et valeurs donnant lieu à un droit proportionnel, est sujet à un droit fixe de 5 fr. L. 28 avr. 1816, art. 44, n° 2.

549. Mais la convention par laquelle des parties qui font un contrat quelconque, s'engagent, en cas de contestation, à se faire juger par un arbitre qu'elles désignent, ne doit être considérée que comme une condition du contrat, et par conséquent ne donne ouverture à aucun droit particulier.

Il n'est rien dû pour les nominations d'arbitres faites par procès-verbal de conciliation devant un juge de paix. Décis. min. fin. 10 sep. 1823.

550. La sentence arbitrale doit être enregistrée, et faire mention de l'enregistrement des pièces qu'elle relate (L. 22 frim. an 7, art. 48). Cette mention doit contenir le montant du droit payé, la date du paiement, et le nom du bureau où il a été acquitté; autrement le receveur a la faculté d'exiger le droit, si l'acte n'a pas été enregistré à son bureau, sauf restitution, si l'on justifie de l'enregistrement de l'acte. *Même loi*, art. 48.

551. Toute infraction à cette règle rend les arbitres personnellement responsables des droits. L. 22 frim. an 7, art. 47; Décis. min. fin. 2 mars 1816.

552. La sentence arbitrale doit être enregistrée sur minute, et non sur expédition, alors même que les condamnations qu'elle prononce ne sont pas fondées sur des conventions enregistrées. L. 22 frim. an 7. art. 43, 44 et 47; Cas. 3 août 1813.

553. Cependant elle peut être déposée avant d'être enregistrée. C. pr. 1020; Cas. 3 août 1813.

554. Mais elle ne saurait être revêtue de l'ordonnance d'*exequatur* avant l'accomplissement de cette formalité. C. pr. *ib.*; L. 22 frim. an 7, art. 42, 47; *même arrêt.*

555. L'enregistrement devient exigible dans les vingt jours à compter de l'acte de dépôt, qui doit lui-même être enregistré avec la sentence. L. 22 frim. an 7, art. 20.

556. Quant au montant des droits d'enregistrement des actes et jugemens des arbitres, il est le même que celui des actes et jugemens des tribunaux ordinaires. L. 22 frim. an 7, art. 69; L. 28 août 1816, art. 44 et 45. — V. *Jugement.*

557. L'acte de dépôt des sentences arbitrales au greffe du tribunal, et l'ordonnance d'exécution délivrée par le président, sont soumis chacun au droit fixe de 3 fr. L. 22 frim. an 7, art. 68, § 2, nᵒˢ 6 et 7.

L'opposition à l'ordonnance d'exécution est passible du droit fixe de 2 fr., établi pour tous les exploits en général. L. 22 frim. an 7, art. 68, § 2, nᵒ 1.

Section XV. — *Formules.*

FORMULE 1.

Modèle de compromis sous signatures privées.

Entre les soussignés,

1ᵒ M. Jean Gauthier, propriétaire, demeurant à Paris, rue de Bussy, nᵒ 5,

d'une part;

2ᵒ Et M. Louis-Joseph Leblanc, négociant, demeurant à Paris, rue Louis-le-Grand, nᵒ 14,

d'autre part;

A été fait et convenu ce qui suit :

M. Charles Leblanc, frère de M. Louis-Joseph Leblanc, est mort à Paris, le quinze février dernier, laissant un testament olographe ainsi conçu : *J'institue M. Jean Gauthier, propriétaire, demeurant à Paris, rue de Bussy, nᵒ 5, mon légataire universel. Paris, ce douze décembre mil huit cent trente et.*

Ce testament, ouvert par M. le président du tribunal de première instance de la Seine, a été enregistré et déposé chez Mᵉ Desprez, notaire à Paris, pour être mis au rang de ses minutes. Mais M. Louis-Joseph Leblanc, héritier naturel de feu M. Leblanc, son frère, a prétendu que ce testament était nul, comme n'étant pas suffisamment daté, et une instance allait s'engager, lorsque les soussignés, pour éviter les frais et les longueurs d'un procès ordinaire, se sont déterminés à s'en rapporter au jugement d'arbitres de leur choix. En conséquence, ils nomment par ces présentes, pour leurs arbitres, M. J. , avocat à la Cour royale de Paris, y demeurant rue , et M. F, , aussi avocat, demeurant , à l'effet de prononcer sur la contestation qui s'est élevée entre eux sur la validité du testament, par lequel M. Charles Leblanc a institué M. Jean Gauthier son légataire universel.

Fait double, à Paris, le premier décembre mil huit cent trente-deux.

Nota. Si les parties veulent modifier les pouvoirs accordés aux arbitres par la loi, elles font suivre leur nomination des clauses qu'elles jugent convenables. V. *sup.* n° 88 et suiv.

Alors il est d'usage de les diviser par articles.

FORMULE II.

Modèle de compromis devant les arbitres.

L'an mil huit cent trente-deux, le dix avril, par-devant nous Jean-Michel B., avocat, demeurant à Paris, rue Montmartre, n° 15, et Louis C. , avocat, demeurant également à Paris, rue Bossuet, n° 2, réunis dans le cabinet de mondit sieur B. , sont comparus, 1° M. (*noms, demeure et qualités*), et 2° M. (*noms, demeure et qualités*).

Lesquels nous ont dit (*désigner l'objet de la contestation, la nomination des arbitres faite par les parties, et les clauses dont elles sont convenues, comme dans la formule précédente*).

Desquels comparution, dire et réquisition, nous avons donné acte aux parties, et après avoir accepté les pouvoirs qui nous sont par elles conférés, nous nous sommes constitués en tribunal arbitral, à l'effet de juger la contestation qui nous est soumise conformément auxdits pouvoirs; et avons signé avec les parties après lecture faite. (*Signature des arbitres et des parties.*)

FORMULE III.

Modèle d'un jugement arbitral.

Vu par nous (*noms et qualités des arbitres*) soussignés: 1° l'acte sous seing-privé du (ou l'expédition dûment en forme de l'acte reçu le par M° et son collègue, notaires à , ou le procès-verbal par nous dressé le , ou le jugement du tribunal de commerce du , ou l'acte extrajudiciaire du du ministère de H. huissier, enregistré à Paris le par M qui a perçu), ledit acte, ou procès-verbal, contenant, de la part de (*noms et qualités des parties*) pouvoir, à nous arbitres soussignés, 1° de statuer (*énoncer l'objet en litige*); 2° ou (*énoncer toutes les pièces, avec mention de l'enregistrement, du bureau d'enregistrement, du droit perçu et de la date.*) — V. *sup.* n° 350.

Tout vu et considéré (*et si les parties ont été entendues de vive voix*), après avoir entendu en leurs observations respectives M. pour le sieur et M. pour le sieur

Considérant qu'en fait il s'agit (*poser le point de fait*);

Considérant qu'en droit il s'agit (*établir le point de droit*).

Attendu que (*énoncer les motifs*).

Nous, arbitres susdits, prononçant (*dire si c'est en premier ou en dernier ressort*) conformément aux pouvoirs sus-énoncés qui nous ont été donnés par les parties,

Disons (*mettre le jugement*)

Condamnons M aux dépens liquidés à la somme de ou dépens compensés.

Fait et jugé à le . (*Signature des arbitres.*)

FORMULE IV.

Demande en nullité d'un acte qualifié jugement arbitral.

(C pr. 1028. — Tarif, 27. — Coût: Orig., 2 fr.; copie, 50 c.)

L'an , etc. à la requête de M. , demeurant à pour

lequel domicile est élu à   , en l'étude de Me   , avoué près le tribunal de première instance de   , lequel occupera sur l'assignation ci-après , j'ai   , soussigné, donné assignation à   , à comparaître (etc. — *V. Ajournement, Formule.*)

Pour, attendu (*déduire les motifs*).

Voir donner acte au requérant de ce qu'il est opposant comme par ces présentes il s'oppose formellement à l'ordonnance d'exécution apposée par M. le président du tribunal de première instance de   , le   , ensuite de l'acte qualifié jugement arbitral, rendu par MM.   le   par suite du compromis fait sous seing-privé le   entre le requérant et ledit sieur   , enregistré;

En conséquence, voir dire et ordonner que ledit acte sera déclaré nul et de nul effet, et que les parties seront remises au même et semblable état où elles étaient avant ledit acte, et pour, en outre, procéder comme de raison à fin de dépens : à ce qu'il n'en ignore, etc,

NOTA. *La requête à fin de nomination d'un tiers-arbitre, a lieu dans la forme ordinaire. — V. Requête au président.*

Il en est de même de la sommation faite aux arbitres de se réunir au tiers-arbitre ;

Et de celle faite à la partie de produire ses mémoires dans le délai fixé. — V. Sommation.

V. *Appel, Cassation , Compétence, Jugement, Opposition, Requête civile, Prise à partie.*

ARBITRATEUR. — V. *Amiable-compositeur.*

ARBITRE-RAPPORTEUR. On appelle ainsi des tiers devant lesquels les tribunaux de commerce peuvent renvoyer les parties pour examiner des comptes , pièces ou registres.

1. Ces arbitres sont nommés d'office par le tribunal , à moins que les parties n'en conviennent à l'audience.

On doit en désigner un ou trois, C. pr. 429.

2. L'arbitre-rapporteur entend les parties , essaie de les concilier , et , s'il ne peut y parvenir , donne son avis dans un rapport qu'il dépose au greffe du tribunal. C. pr. 429, 431.

3. Toutefois, le moyen de nullité, tiré de ce que l'arbitre aurait fait son rapport verbalement à l'audience , au lieu de le déposer au greffe du tribunal, ne saurait être présenté pour la première fois devant la Cour de cassation. Cette irrégularité n'intéresse nullement l'ordre public. Cas. 7 mai 1833.

4. Dans aucun cas, ce rapport ne lie le tribunal qui doit y avoir tel égard que de raison.

5. C'est un simple avis, semblable à celui d'un expert. Le Code ne donne la qualification d'*arbitre* au tiers-rapporteur que pour le distinguer des hommes de l'art , chargés d'une visite ou estimation, qu'il désigne sous le nom d'expert. Mais leurs attributions sont essentiellement les mêmes , et n'ont aucune analogie avec celle des arbitres-juges. —V. *Arbitrage.*

6. La récusation des arbitres-rapporteurs ne peut , comme celle des experts , être proposée que dans les trois jours de leur nomination. C. pr. 430. — V. *Expertise, Récusation.*

7. *Enregistrement.* Les rapports des arbitres ne sont sujets à l'enregistrement que quand on veut en faire usage. Inst. gén. 4 juil. 1809.

8. Mais il a été jugé qu'ils donnaient ouverture au droit proportionnel de 5o c. par 100 fr., lorsqu'ils portaient réglement des *jouissances* dues par l'une des parties à l'autre, d'après la soumission faite par les parties de s'en rapporter à la décision des arbitres-experts. Cas. 10 mai 1819.

ARRÊT. Se dit des jugemens rendus par la Cour de cassation, la Cour des comptes et les Cours royales. — V. *Appel, Cassation, Cour, Jugement.*

ARRÊTÉ DE COMPTE. — V. *Reddition de compte.*

ARRÊT DE DENIERS. — V. *Saisie-arrêt.*

ARRÊT DE RÉGLEMENT. — V. *Organisation judiciaire.*

ARRONDISSEMENS. — V. *Compétence, Ressort.*

ASSEMBLÉE DE FAMILLE. — V. *Conseil de famille.*

ASSEMBLÉE DE PARENS. — V. *Ib.*

ASSESSEURS. — V. *Juge de paix, Organisation judiciaire, Suppléant.*

ASSIGNATION. Acte par lequel un huissier dénonce une demande au défendeur, avec sommation de comparaître, dans un certain délai, devant le juge compétent. — Se dit aussi de la sommation faite à un témoin de venir déposer en justice.

1. Nul ne doit être condamné s'il n'a pu se défendre ; d'où la nécessité d'un avertissement préalable, donné au défendeur par le demandeur.

2. A Rome, dans l'origine, rien de plus simple que l'assignation, *in jus vocatio.* Le demandeur avait le droit, lorsqu'il rencontrait son adversaire, de le sommer de comparaître devant le préteur, *ambula in jus ;* en cas de résistance, le défendeur pouvait y être contraint par la force, *obtorto collo.* L. xii Tabl.

3. Cette faculté fut modifiée pour des motifs de convenance et d'humanité. Pothier, *Pandect., lib.* 2, *tit.* IV, n° 2.

Le défendeur devait être relâché s'il trouvait une caution, *vadimonium,* pour répondre de la comparution dans un délai fixé. L. 5, 22, § 1, D. *de in jus voc.*— S'il était infirme, on lui fournissait des moyens de transport.

4. Les édits des préteurs et les interprétations des prudens firent plusieurs classes de personnes.

Il n'était pas permis d'appeler en jugement les magistrats supérieurs durant l'exercice de leurs charges, les consuls, les préfets, les préteurs, les proconsuls, et tous ceux qui avaient le droit de donner des ordres d'arrestation ; L. 2, D. *de in jus voc.* (Toutefois les édiles et les questeurs pouvaient être ajournés.

Aulugelle, liv. 13, chap. 13); les pontifes durant les sacrifices, le juge siégeant sur son tribunal, les plaideurs devant le préteur, ceux qui suivaient un convoi funèbre, ceux qui voyageaient aux frais de l'Etat, les époux qui célébraient leurs noces. L. 2 et 3, *ib.*

Il était défendu d'ajourner, sans la permission du préteur, les ascendans, les patrons, les enfans et les parens du patron. L. 4, §. 1 et 2, L. 6, *ib.*

Pouvaient être ajournées, mais sans violence, les mères de famille, c'est-à-dire toutes les femmes d'honnête condition, mariées ou non, ingénues ou affranchies. L. 46, *D, de verb. signif.*

On ne pouvait arracher un citoyen de son foyer et de l'autel de ses dieux domestiques pour le traîner au tribunal (L. 21, *D, de in jus voc*). Mais si le défendeur ouvrait sa porte, ou se faisait voir du dehors, on pouvait lui crier : *In jus te voco.* L, 19, *ib.*

5. Sous Justinien, tout demandeur devait rédiger ou faire rédiger ses prétentions, les faire notifier au défendeur, avec sommation de comparaître en jugement. Les officiers chargés de cette notification s'appelaient *executores.* Le défendeur signait le libelle, en faisant mention du jour où il lui était remis. Un délai de vingt jours lui était accordé pour préparer ses moyens de défense, ou tenter des voies de transaction. *Novell.* 112, *cap.* 2; 53, *cap.* 3. —

6. En France, l'assignation fut successivement appelée *mannition, bannition, semonce.* Elle se faisait de vive voix, en présence de deux témoins ou recors. Bonceune, t. 2, p. 75 et suiv.

En Normandie, la clameur de *haro* obligeait le *clamé* de suivre le *clamant*, et de comparaître de suite devant le juge.

7. Plus tard, les assignations cessèrent d'être verbales. L'ordonnance de 1539 porte, art. 22 : « Que de toutes commissions et ajournemens, seront tenus les sergens de laisser copie aux ajournés ou à leurs gens et serviteurs, ou de les attacher à la porte de leurs domiciles, et en faire mention par l'exploit. »

8. Tous les priviléges qui modifiaient jadis le droit de faire assigner, ou la forme de l'assignation, ont été abolis. On a seulement conservé aujourd'hui quelques restrictions fondées sur des motifs d'ordre public.—V. *Ajournement*, n° 166.

9. *L'assignation* se dit en général de l'acte introductif de la demande devant un tribunal quelconque; — et spécialement de la demande soumise, soit au tribunal de commerce, soit au président du tribunal civil en référé, soit à la Cour de cassation, —V. *Cassation*, *Référé*, *Tribunal de commerce,*

Elle prend le nom de *citation*, d'*ajournement* ou d'*acté d'appel*, selon que la demande est portée devant un juge de paix, devant un tribunal civil de première instance, ou devant un tribunal d'appel.—V. *Appel*, *Ajournement*, *Citation*.

10. L'assignation, quelle qu'elle soit, est soumise, quant à la forme, aux règles générales des *exploits* (—V. ce mot); elle est en outre soumise, suivant son espèce, à des formes spéciales.—V. *Appel*, *Ajournement*, *Cassation*, *Citation*, *Référé*, *Tribunal de commerce*.

11. Les effets de l'assignation, considérée comme acte introductif d'une demande, sont en général les mêmes que ceux de l'ajournement.—V. ce mot, sect. IV.

12. Envisagée comme sommation faite, soit à un témoin de venir déposer en justice sur un fait dont il a connaissance, soit à la partie que ce témoignage intéresse, à l'effet d'être présent à la déposition, l'assignation est soumise à des règles spéciales, et produit des effets particuliers.—V. *Enquête*.

ASSISTANCE. — V. *Avocat à la Cour de cassation*, *Avoué*.

AUDIENCE, AUDITOIRE. Le mot *audience* signifie l'assistance des juges au tribunal, à l'effet d'entendre les plaidoiries et prononcer les jugemens.

Il se dit aussi du lieu même où la justice se rend. En ce sens, l'*audience* se nomme aussi l'*auditoire*. Deniz., v° *Audience*.

DIVISION.

§ 1. — *Publicité des audiences*.
§ 2. — *Formalités pour faire venir une cause à l'audience*.
§ 3. — *Police des audiences*.

§ 1. — *Publicité des audiences*.

1. La justice doit, en général, se rendre dans les bâtimens publics consacrés à cet usage. Il est défendu aux juges de prononcer leurs sentences dans leurs habitations particulières (Ord. d'Ys-sur-Thille, art. 12; chap. XII, art. 94), ni d'y faire aucun acte de leur ministère. C. pr. 1040.

2. Cependant cette règle n'est pas applicable aux jugemens rendus par les juges de paix, aux référés urgens, aux requêtes, et aux actes d'instruction qui exigent un déplacement. C. pr. 8, 808, 1040.

3. En principe, toute audience et toute plaidoirie doivent être publiques. C. pr. 8, 87, 111, 470.

Existe-t-il exception à cette règle lorsqu'une femme plaide contre son mari qui a refusé de l'autoriser? C. pr. 876; C. civ. 219.—V. *Femme mariée*.

4. Néanmoins le tribunal peut ordonner que les plaidoiries se feront à huis-clos, dans le cas où la discussion publique serait susceptible d'entraîner du scandale ou des inconvenances graves. Alors il doit en délibérer, et transmettre sa délibération au procureur-général près la Cour royale; et si la cause est pendante en Cour royale, au ministre de la justice. C. pr. 87.

Sans toutefois être forcé d'attendre le consentement du procureur-général ou du ministre. Carré, art. 87.

Mais il faut qu'il déclare, à peine de nullité, par un jugement, que la publicité serait dangereuse pour l'ordre ou les mœurs. Cas. 17 mars 1827 (S. 27, 479).

5. La distribution de billets de faveur aux audiences n'est pas considérée comme une atteinte à la publicité, mais comme une mesure d'ordre et de police. Cas. 6 fév. 1812 (S. 12, 108).

6. Les jugemens peuvent être délibérés en chambre du conseil; mais ils doivent être prononcés publiquement dans la salle d'audience, même lorsque l'affaire a été plaidée à huis-clos. L. 24 août 1790, tit. II, art. 14; L. 20 avr. 1810; C. pr. 116; Carré, art. 87.

Ils doivent faire mention de la publicité de l'audience dans les causes ordinaires, et dans celles instruites à huis-clos, énoncer qu'ils ont été rendus publiquement. Cas. 19 mars 1813 (S. 14, 112).Cas. 3 nov. 1806.—V. *Jugement.*

7. Sont cependant dispensés d'être prononcés en public, 1° les jugemens d'adoption rendus par les tribunaux de première instance.—V. *Adoption*, n° 18.

2° Ceux relatifs aux fautes de discipline des officiers ministériels.—V. *Discipline.*

Pour ceux d'autorisation de *femme mariée.—V.* ce mot.

L'art. 779 C. pr. semble encore dispenser de la publicité les jugemens rendus sur subrogation en matière d'ordre; mais il est permis de penser que ce n'est que par l'effet d'une précipitation dans la rédaction de la loi.—V. *Ordre.*

8. Les audiences des différens tribunaux ont lieu aux jours et heures fixés par les lois et réglemens. —V. *Organisation judiciaire.*

§ 2. — *Formalités pour faire venir une affaire à l'audience.*

9. Avant d'être appelées à l'audience, toutes les affaires civiles doivent être inscrites au greffe, dans l'ordre de leur présentation, sur un registre, ou rôle général, coté et paraphé par le président du tribunal. Décr. 30 mars 1808, art. 55.

10. Néanmoins, dans les tribunaux composés de plusieurs chambres, il est tenu un rôle particulier pour les causes relatives. aux droits d'enregistrement, aux loteries, aux droits d'hypothèque, de greffe, et en général aux contributions.

Ces causes sont portées, par ordre de numéros, à la chambre indiquée par le président pour ces sortes d'affaires. *Id*. art. 56.

11. L'inscription au rôle est faite par les avoués la veille au plus tard du jour où l'on se présente.

Elle contient les noms des parties et ceux des avoués; en marge est la distribution faite par le président. *Id*. 55.

12. Au jour où l'on se présente, si le défendeur n'a pas constitué avoué, l'huissier-audiencier fait successivement, à l'ouverture de l'audience tenue par le président, l'appel des causes dans l'ordre de leur placement au rôle général.

Sur cet appel, et à la même audience, sont donnés les défauts sur les conclusions signées de l'avoué qui le requiert, et déposées sur le bureau. *Id*. 59.

13. Si le défendeur a constitué avoué, le président distribue l'affaire à une des chambres du tribunal.—V. *Distribution des causes*.

Cette affaire est inscrite sur un rôle particulier, extrait pour chaque chambre du rôle général, et où sont portées toutes les causes distribuées ou renvoyées à cette chambre. *Id*. 62.

14. Le jour auquel l'avoué poursuivant a donné *avenir* (—V. ce mot) à son adversaire, elle est appelée par l'huissier-audiencier à l'ouverture de l'audience, sur le rôle de la chambre à laquelle elle a été distribuée, et dans l'ordre de son placement.

15. A Paris, l'inscription au rôle général se fait sur la présentation d'une *réquisition d'audience* appelée *placet* (—V. ce mot), signée de l'avoué, et contenant, 1° les noms et demeures des parties; 2° celles de leurs avoués, quand il y a eu constitution de la part du défendeur; 3° l'objet de la demande; 4° enfin les conclusions de celle des parties qui poursuit l'audience.

16. S'il n'y a pas eu constitution d'avoué, ce placet est appelé de droit à la première chambre du tribunal, où se prennent tous les jugemens par défaut contre partie. —V. *sup*. n° 12, et *Jugement par défaut*.

17. S'il y a eu constitution d'avoué de la part du défendeur, le placet est distribué, et renvoyé à une des chambres ou sections du tribunal.

18. En cet état, le *placet* distribué est appelé à l'audience de cette chambre par l'huissier-audiencier de service, le jour où il a été donné *avenir* à l'avoué constitué.

19. Les affaires ou *placets* distribués, et qui sont appelés journellement dans chaque chambre, se divisent ordinairement en trois classes :

20. 1° Les *placets nouveaux*, c'est-à-dire ceux qui n'ont pas encore été appelés, et sur lesquels on demande défaut contre l'avoué, dans le cas où il ne poserait pas de conclusions pour sa partie.

Lorsque l'on pose sur ces *placets* des conclusions portant sur le fond de l'affaire, ils sont mis au *rôle particulier* de la chambre, où ils restent, sans venir à l'audience, jusqu'à l'épuisement des causes qui les ont précédées, à moins d'un cas d'urgence.

21. 2° Les *placets* appelés *d'exception.* Ce sont aussi des *placets* nouveaux, sur lesquels le défendeur a posé des conclusions qui ne portent pas sur le fond, mais qui tendent soit à empêcher, soit à retarder l'effet de l'action dirigée contre lui; par exemple, en opposant un déclinatoire, ou en demandant une communication de pièces. —V. *Exception.*

Ces causes sont ordinairement ou retenues par *observation* jusqu'à ce qu'il ait été statué sur l'incident, ou remises, pour donner le temps de satisfaire aux communications demandées.

22. 3° Enfin, les *placets du rôle*, c'est-à-dire des affaires dans lesquelles on a posé des conclusions portant sur le fond, et qui, étant sorties du rôle, sont retenues par le tribunal pour être plaidées à l'audience du jour, sauf le cas de remise.

—*V.* d'ailleurs *Appel, Cassation, Tribunal de commerce.*

§ 3. — *Police de l'audience.*

23. La police des audiences appartient au juge qui les préside. Il a le droit de prendre des mesures contre ceux qui ne se tiennent pas découverts, dans le respect et le silence (C. pr. 88); et contre ceux qui se permettent des voies de fait, des marques d'approbation ou d'improbation, ou qui excitent au tumulte, de quelque manière que ce soit. C. pr. 89.

24. Dans chaque tribunal ou Cour royale, il doit être fait, sur le nombre et la durée des audiences, un réglement particulier soumis à l'approbation du gouvernement. L. 27 vent. an 8, art. 16; Décr. 8 mars 1810.

25. Les parties, assistées de leurs avoués, peuvent se défendre elles-mêmes; cependant le tribunal a la faculté de leur interdire ce droit s'il reconnaît que la passion ou l'inexpérience les empêche de discuter leur cause avec la décence convenable ou la clarté nécessaire pour l'instruction des juges. C. pr. 85.

26. Les femmes, comme les hommes, jouissent de la faculté de plaider leurs causes personnelles : la loi ne fait aucune exception à leur égard. Cas. 31 mars 1807 (S. 72, 68); Carré, art. 85.

27. Les parties qui n'usent pas de la faculté qui leur est accordée de se défendre elles-mêmes, ne peuvent se faire représenter que par des *avocats*, ou, dans certains cas, par des *avoués*. — *V*. ces mots.

Les tribunaux civils doivent les empêcher de se faire défendre par un ami ou un parent. Cas. 22 août 1822 (S. 23, 66).

28. Elles ne peuvent charger de leur défense, soit verbale, soit par écrit, même à titre de consultation, les juges en activité de service, procureurs-généraux, avocats-généraux, procureurs du roi, substituts des procureurs-généraux et du roi, même dans les tribunaux autres que ceux près desquels ils exercent leurs fonctions. C. pr. 86.

Cependant il n'y aurait pas nullité du jugement rendu sur leur plaidoirie : la loi ne la prononce pas, et les nullités ne se suppléent point. C. pr. 1030; Rennes, 31 août 1810.

29. Ces différens magistrats ont néanmoins le droit de plaider, dans tous les tribunaux, leurs causes personnelles et celles de leurs femmes, parens ou alliés en ligne directe, et de leurs pupilles. C. pr. 86.

30. Le président peut faire cesser les plaidoiries, lorsque les juges trouvent la cause suffisamment entendue. Régl. 30 mars 1808, art. 34.

Les décisions des juges à cet égard ne sont jamais susceptibles de cassation ; mais il en serait autrement s'ils refusaient la parole à l'avocat. Merlin, *Rép.*, v° *Défense* et *Chose jugée*.

31. Tout ce que le président ordonne pour le maintien de l'ordre est exécuté ponctuellement et à l'instant.

La même disposition est observée dans les lieux où, soit les juges, soit les procureurs du roi, exercent des fonctions de leur état. C. pr. 88.

32. Si un ou plusieurs individus, quels qu'ils soient, interrompent le silence, donnent des signes d'approbation ou d'improbation, soit à la défense des parties, soit aux discours des juges ou du ministère public, soit aux interpellations, avertissemens, ou ordres du président, juge-commissaire ou procureur du roi, soit aux jugemens ou ordonnances, causent ou excitent du tumulte, de quelque manière que ce soit, et si, après l'avertissement des huissiers, ils ne rentrent pas dans l'ordre sur-le-champ, il leur est enjoint de se retirer, et les résistans sont saisis et déposés à l'instant dans la maison d'arrêt pour vingt-quatre heures : ils y sont reçus sur l'exhibition de l'ordre du président, qui est mentionné au procès-verbal de l'audience. C. pr. 89.

Dans le cas de tumulte, le délinquant peut être expulsé sans avertissement préalable (C. inst. crim. 504).

Si le fait qui donne lieu au dépôt d'un individu dans la maison d'arrêt s'est passé dans un lieu où la police appartenait à un juge-commissaire ou un procureur du roi, l'ordre d'arrestation est signé par ce magistrat, au lieu de l'être par le président. Pigeau, t. 1, p. 352; Carré, art. 89.

53. Si le trouble est causé par un individu remplissant une fonction près le tribunal, par exemple, un avoué, un greffier, un huissier, il peut, outre la peine énoncée au numéro précédent, être suspendu de ses fonctions. La suspension, pour la première fois, ne peut excéder le terme de trois mois.

Le jugement est exécutoire par provision, ainsi que dans le cas du numéro précédent. C. pr. 90.

Cette disposition est applicable aux avocats chargés par les parties de défendre leurs intérêts. Quoique leurs fonctions diffèrent de celles des officiers ministériels, ils n'en exercent pas moins une près le tribunal. Décr. 14 déc. 1810, art. 38 39; Carré, art. 90—V. *Avocat*, n° 63.

54. Les juges ont le droit, dans cette circonstance, d'appliquer cumulativement l'emprisonnement et la suspension, ou seulement une de ces deux peines. Orléans, 25 fév. 1829 (S. 29, 227).

55. Ceux qui outragent par gestes ou menaces les juges ou officiers de justice dans l'exercice de leurs fonctions, sont, sur l'ordonnance du président, du juge-commissaire ou du procureur du roi, chacun dans le lieu dont la police lui appartient, saisis et déposés à l'instant dans la maison d'arrêt, interrogés dans les vingt-quatre heures, et condamnés, sur le vu du procès-verbal constatant le délit, à une détention d'un mois à deux ans, si l'outrage a eu lieu à l'audience d'une cour ou d'un tribunal, et d'un mois à six mois s'il a eu lieu partout ailleurs.

Si l'outrage résulte de paroles tendantes à inculper l'honneur ou la délicatesse des magistrats, la durée de l'emprisonnement est de deux à cinq ans, si l'outrage a eu lieu à l'audience d'une cour ou d'un tribunal; et d'un mois à deux ans, s'il a été commis dans un autre endroit. C. pr. 91; C. pén. 222, 223.

56. Lorsque les peines encourues par le délinquant sont correctionnelles ou de simple police, elles peuvent être, séance tenante, et immédiatement après que les faits sont constatés, prononcées, savoir:

Celles de simple police, sans appel, de quelque tribunal ou juge qu'elles émanent;

Et celles de police correctionnelle, à la charge de l'appel, si la condamnation a été portée par un tribunal sujet à appel, ou par un juge seul. C. inst. crim. 505.

57. Quand il s'agit d'un crime commis à l'audience d'un juge seul, ou d'un tribunal sujet à appel, le juge ou le tribunal, après avoir fait arrêter le délinquant et dressé procès-verbal

des faits, envoie les pièces et le prévenu devant les juges compétens. C. inst. crim. 506.

58. A l'égard des voies de fait qui auraient dégénéré en crimes, ou de tous autres crimes flagrans, et commis à l'audience de la Cour de cassation, d'une Cour royale ou d'une Cour d'assises, la Cour procède au jugement, de suite et sans désemparer.

Elle entend les témoins, le délinquant et le conseil qu'il a choisi ou qui lui a été désigné par le président, et, après avoir constaté les faits et ouï le procureur-général ou son substitut, le tout publiquement, elle applique la peine par un arrêt qui est motivé. C. inst. crim. 507.

59. Les injures proférées à l'audience contre un avocat donnent lieu, comme celles proférées contre un magistrat, à une action incidente qui doit être soumise au tribunal même devant qui les injures sont proférées. Cas. 6 avr. 1806. (S. 7, 2, 71).

Il en est de même des injures proférées contre l'une des parties. Cas. 3 brum. an 10. (S. 21, 79).

AUDIENCE SOLENNELLE. On nomme ainsi les audiences des Cours royales et de cassation qui, à raison de l'importance des causes qu'on y débat, appellent ordinairement l'assistance et le concours d'un plus grand nombre de juges.

Dans l'ancien droit, on désignait sous le nom de *solennelles* toutes les audiences publiques, par opposition à celles tenues à *huis-clos.* — *V.* ce mot.

1. Les contestations débattues en audiences solennelles des Cours royales sont principalement :

1° Celles sur l'état civil des citoyens. Décr. 30 mars 1808.

A moins qu'elles ne doivent être décidées à bref délai ou avec des formes particulières que ne comporte pas une instruction solennelle. *Ib.* Telles sont les affaires à l'égard desquelles le huis-clos a été ordonné. En effet, la publicité est un des élémens constitutifs des audiences solennelles, et elle est exclue par le huis-clos. Cas. 16 nov. 1825 (S. 26, 453).

Lorsqu'une question d'état ne s'élève dans une cause qu'incidemment à une instance principale, telle qu'une demande en pétition d'hérédité, et toutes les fois que l'état des parties litigantes n'est pas contesté, il n'y a pas lieu à audience solennelle. Cas. 23 mars 1825.

2. Les causes de séparation de corps doivent-elles être jugées en audience solennelle ? La négative résulte de ce que la séparation de corps, ne dissolvant pas le mariage, ne change pas l'état civil des époux; ce n'est qu'une mesure d'ordre établie pour empêcher que l'un des époux ne devienne victime des empor-

temens ou de l'inconduite de l'autre. Rouen, 9 mai 1808 (S. 15, 208); Cas. 28 mai 1828 (S. 28, 234). *Contrà.*—Angers 1818 (S. 15, 201).

Sous l'empire de la loi du divorce, la demande en divorce était jugée en audience ordinaire (C. civ. 262); mais c'était une exception au décret de 1808.

3. 2° Les prises à partie. C. pr. 509.

4. 3° Les renvois après cassation d'un arrêt. Décr. 31 mars 1800, art. 22.

5. Il y a nullité, lorsqu'une affaire de nature à être jugée en audience solennelle est portée à une audience ordinaire; et réciproquement, lorsqu'une affaire que la loi ordonne de juger en audience ordinaire est portée en audience solennelle.

Cette nullité est d'ordre public, et peut être proposée devant la Cour de cassation, encore bien que les parties aient plaidé à l'audience solennelle, sans protestations ni réserves. Cas. 10 nov. 1830 (S. 30 383); 13 mars 1833.

6. Les audiences solennelles des Cours royales se tiennent à la chambre que préside habituellement le premier président, en y appelant la deuxième chambre dans les Cours composées de deux chambres, et alternativement la deuxième et la troisième chambre dans les Cours qui se divisent en trois chambres. Décr. 30 mars 1808, art. 22.

7. Dans les Cours où il n'existe qu'une chambre civile, les audiences solennelles sont régulièrement tenues par cette seule chambre. Le président peut se dispenser d'y appeler la chambre des appels en matière de police correctionnelle. Arg. décr. 6 juil. 1810, art. 7; Cas. 26 fév. 1816 (S. 16, 373); 27 déc. 1819 (S. 20, 177); 13 mai 1824 (S. 25, 59).

Peu importerait de même qu'il existât une chambre temporaire jugeant les affaires civiles. Cas. 4 déc. 1827 (S. 28, 206).

8. Dans ce cas, il suffit que le nombre de conseillers prescrit pour une audience ordinaire assiste à l'audience solennelle. Il n'est pas nécessaire que tous les conseillers composant la chambre civile soient présens ou remplacés. Cas. 23 fév. 1825 (S. 25, 272).

9. Mais si le président juge convenable d'adjoindre à la chambre civile celle des appels en matière de police correctionnelle, il faut qu'il s'adjoigne cette chambre tout entière, et non pas seulement quelques-uns des membres qui la composent. Le mot *chambre*, employé par la loi, est un terme collectif qui exprime le nombre de juges nécessaires pour qu'une chambre puisse juger, c'est-à-dire sept, s'il s'agit d'une chambre civile, et cinq, s'il s'agit d'une chambre d'appel en matière de police

correctionnelle. Cas. 21 juin 1820 (S. 20, 374); 19 août 1822 (S. 22, 441); 20 janv. 1826; 19 août 1822 (S. 22, 440).

10. Lorsque, dans une audience solennelle, deux chambres sont réunies, la présence de deux frères n'annule pas l'arrêt, si le nombre des magistrats excède d'un le nombre voulu par la loi. Cas. 20 janvier 1826.

11. En matière civile, la Cour de cassation statue en audience solennelle :

1° Sur les prises à partie contre les Cours d'assises, les Cours royales, ou l'un de leurs membres. Décr. 8 mai 1804.

2° Sur toute espèce d'affaires, lorsqu'après la cassation d'un premier arrêt ou jugement en dernier ressort, le deuxième arrêt ou jugement rendu dans la même cause, entre les mêmes parties, est attaqué par les mêmes moyens que le premier. L. 30 juil. 1828.

12. Les audiences solennelles de la Cour de cassation se composent des trois chambres réunies.

Elles sont présidées par le premier président.—V. *Cassation,* nos 40, 41.

AUDITION. — V. *Comparation des parties, Enquête.*

AUTEUR. — V. *Brevet d'invention.*

AUTHENTICITÉ —V. *Acte authentique, Exécution.*

AUTORISATION. — V. *Commune, Établissement public, Femme mariée.*

AUTORITÉ JUDICIAIRE. — V. *Organisation judicaire.*

AVANT FAIRE DROIT. — V. *Jugement.*

AVENIR. Se dit de l'acte par lequel un avoué somme son confrère de se présenter à une audience qu'il lui indique pour poser des conclusions, ou plaider l'affaire dans laquelle il est constitué.

1. Il n'est admis en taxe qu'un avenir pour chaque partie sur chaque demande. C. pr. 82.

2. Lorsque les conclusions prises par le défendeur sont exceptionnelles, quand il a été statué sur l'exception, on donne un nouvel avenir pour plaider au fond, s'il y a lieu.

3. Mais il n'est pas nécessaire de donner un nouvel avenir dans le cas où il y a jugement de remise à un jour indiqué. Paris, 20 août 1814.

4. L'avenir est, comme tous les actes d'avoué à avoué, signifié par un huissier audiencier.

5. Il doit y avoir un jour franc entre celui de la signification de l'avenir, et celui indiqué pour la comparution.

FORMULE.

(C. pr. 79 et 80. — Tarif, 70. — Coût, 1 fr.)

A la requête de M.
    ayant Me   pour avoué.

Soit sommé Me   avoué de M.
de comparaître et se trouver le mardi dix juillet présent mois, en l'audience et
par devant Messieurs les président et juges composant le tribunal de première
instance de   chambre, pour y plaider la cause d'entre les parties, lui déclarant
que faute par lui de comparaître, il sera pris avantage. A ce qu'il n'en ignore,
dont acte.   (Signature de l'avoué.)

Signification.

L'an 1833, le sept juillet, signifié laissé copie à Me   , avoué,
en son domicile, par moi huissier audiencier soussigné. (*Signature de l'huissier.*)

AVERTISSEMENT. —V. *Conciliation, Discipline.*

AVEU. Reconnaissance par une partie de la vérité d'un fait
ou d'une obligation.

1. L'aveu est judiciaire ou extrajudiciaire.

Il est *judiciaire*, lorsqu'il a lieu en présence des magistrats,
pendant le cours du procès, soit que les parties aient provoqué
un interrogatoire sur faits et articles, soit que le tribunal leur
ait ordonné de comparaître à l'audience pour y être interrogées. — V. *Comparution de parties, Interrogatoire sur faits et
articles.*

Il peut aussi être fait spontanément par la partie dans les
écritures ou dans les plaidoiries.

Il est *extrajudiciaire*, lorsqu'il résulte d'une lettre missive,
ou d'un acte n'ayant pas pour objet de prouver l'obligation,
ou enfin d'une déclaration verbale de la partie, faite hors de la
présence du juge.

2. Une lettre missive, contenant un aveu, fait pleine foi
contre le débiteur, si elle a été adressée au créancier, ou à un
tiers chargé de la lui communiquer. —Adressée à un tiers non
chargé de la communiquer, elle aurait moins de force aux yeux
des magistrats; mais elle pourrait également être invoquée par
le créancier.

L'aveu verbal ne peut être prouvé que par témoins. En conséquence, l'allégation d'un semblable aveu est tout-à-fait inutile,
lorsqu'il s'agit de plus de 150 fr., à moins qu'il n'y ait un commencement de preuve par écrit. C. civ. 1341, 1347.

3. Mais ne serait point réputé aveu le silence d'une partie, ou
son refus de répondre aux interpellations qui lui sont adressées
par l'adversaire; elle n'est pas tenue d'y répondre. Il en serait
autrement des interpellations adressées par le magistrat. Toullier, t. 10, n° 299; Merlin, *Quest. Dr.* v° *Faux.*

4. L'aveu fait devant un tribunal incompétent est-il judiciaire? Il faut distinguer : si le tribunal est incompétent, seulement à raison des personnes, l'affirmative est évidente. La partie qui avoue consent, par cela même, à suivre la juridiction du tribunal saisi de la contestation. — Il en est autrement dans le cas d'incompétence, à raison de la matière. Les juges sont alors sans caractère pour connaître du litige, et par conséquent l'aveu fait devant eux ne peut être considéré que comme extrajudiciaire. Merlin, *Rép.*, v° *Confession*; Duranton, t. 13, n° 562.

5. L'aveu ne peut être fait que par la partie capable, ou par son fondé de pouvoir spécial. (C. civ. 1356.) Cependant, les reconnaissances faites par les avoués, qui, aux yeux de la loi, représentent les parties, sont valables, quoique faites sans mandat spécial, et pour en arrêter l'effet, la partie est obligée de prendre la voie du *désaveu*. — *V.* ce mot.

6. L'aveu peut-il être rétracté, tant que l'adversaire ne l'a pas accepté, ou n'en a pas demandé acte? La négative résulte de ce que l'aveu n'a pas pour effet de former ou de résoudre le contrat, mais bien de fournir la preuve de son existence ou de sa dissolution. On ne saurait donc lui appliquer les principes relatifs à la formation des obligations; du moment qu'une partie a reconnu librement la vérité d'un fait, il demeure acquis au procès, et rien ne peut plus le soustraire à l'appréciation des magistrats. *Contrà.* — Merlin, *Quest. Dr.*, v° *Confession.*

Toutefois, lorsqu'il s'agit d'un simple aveu verbal, qui peut avoir été fait à la légère, les tribunaux doivent se montrer moins rigoureux sur les raisons susceptibles de motiver sa révocation.

7. L'aveu forme, contre la partie dont il émane, la preuve la plus complète; il lie irrévocablement la décision des juges, qui ne peuvent s'empêcher de reconnaître le fait avoué comme constant.

8. La preuve qui résulte de l'aveu n'est pourtant pas telle qu'on ne puisse la détruire, s'il y a erreur; mais c'est alors à celui qui a fait l'aveu de prouver l'erreur, d'une manière évidente. Dans le doute, il succomberait : *in dubio, error nocet erranti.* L'erreur de fait seule autorise la révocation de l'aveu. En vain on alléguerait une erreur de droit (C. civ. 1356). Il n'y a que l'erreur sur le motif déterminant qui annule l'aveu, et il est impossible de prouver qu'il n'y a eu d'autre motif déterminant que l'erreur de droit. Toullier, t. 10, n° 310.

9. Toutefois, l'erreur de droit suffirait pour faire révoquer l'aveu, si cette erreur avait été produite par le dol de l'autre partie. Le dol pourrait être prouvé par témoins. *Ibid.*, n° 311.

10. L'aveu ne fait pleine foi que du fait, et non de la validité

de la convention. La partie qui a fait l'aveu peut encore prouver la nullité de la convention : par exemple, s'il s'agit d'une dette de jeu, elle serait recevable, après l'avoir avouée, à soutenir que cette dette n'est pas obligatoire.

11. L'aveu est indivisible. L'adversaire ne saurait se prévaloir d'une partie de l'aveu, et en rejeter une autre. Il faut qu'il l'accepte ou le repousse en son entier. C. civ. 1356 ; Montpellier, 6 mars 1828 (S. 29, 18) : Riom, 25 juil. 1827 (S. 30, 12) ; Cas. 4 déc. 1827 (S. 28, 42).

Peu importe qu'il soit extrajudiciaire. Il y a, en effet, même raison de décider. Cas. 17 mai 1808 ; Toullier, t. 10, n° 340.

12. Néanmoins, il a été jugé que l'aveu n'est pas tellement indivisible, que les magistrats ne puissent, sur deux faits reconnus, tenir pour constant l'un de ces faits, et écarter l'autre, lorsque les deux faits ne sont aucunement connexes, et que le fait écarté se trouve détruit, soit par les contradictions de la partie, soit par des présomptions graves précises et concordantes. Cas. 20 juin et 8 août 1826 (S. 26, 430, 27, 47) ; Paris, 6 avr. 1829 (S. 29, 154).

AVIS DE PARENS. — V. *Conseil de famille.*

AVIS DU CONSEIL-D'ÉTAT [1].

1. Les avis émis depuis l'an 8 jusqu'en 1814, par les comités réunis du Conseil-d'État, sur la provocation des consuls ou de l'empereur, et approuvés par le chef de l'État, forment un complément essentiel de la législation.

Ces avis, insérés au *Bulletin des Lois,* comme les lois et décrets, ont cet avantage sur les dispositions législatives proprement dites, qu'ils sont ordinairement précédés de considérans qui en font connaître les motifs et l'esprit.

2. Le Conseil-d'État, créé par la Constitution de l'an 8, n'avait d'abord d'autres attributions que celles de rédiger les projets de lois et les réglemens d'administration publique, art. 52.

Le droit de rendre des avis interprétatifs de la loi lui fut dévolu par l'art. 11 d'un arrêté des consuls, du 5 niv. an 8, portant qu'il développerait le sens des lois sur le renvoi, qui lui serait fait par les consuls, des questions qui leur auraient été présentées.

3. Il est difficile de ne pas voir dans cette disposition une atteinte portée à la Constitution de l'an 8. En effet, le Conseil-d'État se trouvait investi, par un simple arrêté, d'un pouvoir vraiment législatif, puisqu'il était appelé à développer le sens des lois par des décisions générales, qui, pour offrir quelque

_____

[1] Cet article est de M. Coppeaux, avocat à la Cour royale de Paris.

utilité réelle, devaient être revêtues, non pas d'une autorité
purement doctrinale, mais d'une force obligatoire pour les tribunaux. Cependant, le Conseil-d'État dépassa encore ces limites, non-seulement il interpréta plusieurs articles de nos
Codes : par exemple, l'art. 696 du C. pr., par un avis du
18 juin 1809 (— V. *Saisie immobilière*), et l'art. 1041 du même
Code, par deux avis, des 16 fév. et 1er juin 1807 [1]. Mais encore,
dans plus d'une circonstance, il étendit l'application d'une loi,
ou combla les lacunes que présentait la législation. C'est ainsi
qu'un avis du 25 janvier 1808 appliqua au Trésor de la couronne les art. 2098 et 2121 du Code civil, et la loi du 5 sept.
1807, et qu'un autre avis du 20 mars 1810 décida que le
1er janvier de chaque année serait désormais un jour férié, dans
lequel on ne pourrait faire aucun protêt. Toutefois, il est juste
de reconnaître que ces empiétemens du Conseil-d'État, quelque répréhensibles qu'ils puissent paraître en principe, ont
produit les résultats les plus avantageux, en prévenant une
foule de contestations.

4. Au reste, l'illégalité originelle des avis du Conseil-d'État
a été couverte, et ne peut plus être invoquée aujourd'hui.
D'abord, l'art. 5 de l'arrêté de l'an 8 s'est trouvé pleinement
légitimé par le silence du Tribunat et du Sénat-Conservateur, en
vertu des art. 21 et 28 de la Constitution. Il a donc imprimé
force de loi à tous les avis purement interprétatifs. Quant à
ceux qui se sont écartés de ce but, et qui dès-lors ne trouvent
plus leur appui dans l'arrêté du 5 niv., ils doivent être rangés
dans la même catégorie que les décrets impériaux, dont ils ne
diffèrent que par la forme, puisqu'ils sont tous revêtus de l'approbation de l'empereur; et, comme tels, ils sont encore pro-
tégés par les articles précités de la Constitution de l'an 8.

Enfin, ceux qui, postérieurs à la suppression du tribunat,
n'ont pu puiser leur autorité dans le silence approbateur de
cette assemblée, ont reçu leur sanction de cette espèce d'amnistie générale pour le passé, prononcée par l'art. 68 de la
Charte de 1814, évidemment applicable à toutes les dispositions qui, d'une manière ou d'une autre, avaient emprunté le
caractère de la loi. Cas. 1er flor. an 10; Merlin, *Rép.*, v° *Divorce*,
sect. IV, § 10; Cormenin, *Quest. Dr., adm.*, t. 1, p. 8.

5. On a vu que le Conseil-d'État était chargé, par la Constitution de l'an 8, de rédiger les réglemens d'administration pu-

---

[1] Ces dates, et toutes celles qu'on verra citées dans la suite de cet article, se
rapportent à l'approbation donnée aux avis par le chef de l'état. Ce sont celles
qui servent à désigner tous les avis du Conseil-d'État dans la table chronologique
du *Bulletin des lois*.

blique. C'est ainsi qu'il se trouva investi, par la loi du 16 sept. 1807, d'un nouveau droit d'interprétation des lois, qui consista, non plus à prévenir les doutes par l'explication des dispositions ambiguës, mais à terminer des contestations déjà jugées diversement par les tribunaux. En exécution de cette loi, les art. 386, 484 et 62 du Code pénal, furent interprétés par trois avis en date des 10 oct. 1811, 8 fév. 1812 et 18 déc. 1813.

6. La Charte de 1814, en posant de nouveau les bornes du pouvoir exécutif, avait implicitement abrogé ce droit d'interprétation générale et réglementaire, qui résultait, pour le Conseil-d'État, de l'arrêté du 5 niv. an 8; mais elle n'était point incompatible avec la loi du 16 sept. 1807, restreinte dans ses effets à la décision des contestations judiciaires qui pouvaient motiver son application. Av. Cons.-d'État, 17 déc. 1823.

Aussi la loi de 1807 a continué, depuis 1814, de recevoir son exécution. Elle a donné lieu à plusieurs décisions interprétatives, et notamment à une ordonnance du 23 janvier 1828, relative à une disposition du Code pénal militaire de 1793.

7. Mais elle a été remplacée par la loi du 30 juillet 1828, qui, laissant désormais à l'autorité judiciaire le soin de résoudre en dernier ressort les questions diversement jugées, se borne à appeler un nouvel examen de la puissance législative sur la loi que les incertitudes de la jurisprudence ont signalée comme obscure, et par conséquent susceptible de réformation.

8. Les différens comités du Conseil-d'État émettent souvent des avis dans le seul but d'éclairer le ministre qui les a provoquées. Ces avis n'ont aucune autorité officielle jusqu'à ce que le ministre se les soit appropriées par son approbation. Ils deviennent alors de véritables décisions ministérielles.

9. Tout projet de loi ou d'ordonnance, portant règlement d'administration publique, qui a été préparé dans l'un des comités du Conseil-d'État, doit ensuite être délibéré en assemblée générale, tous les comités réunis et tous les ministres secrétaires-d'état ayant été convoqués. Les ordonnances, ainsi délibérées, peuvent seules porter dans leur préambule ces mots : *Notre Conseil-d'État entendu.* Ordon. 5 nov. 1828, art. 14.

AVOCAT[1]. C'est le titre donné aux Licenciés en droit, qui, après avoir satisfait aux conditions prescrites par les lois et ordonnances, se consacrent à défendre les citoyens devant les tribunaux, de vive voix ou par écrit, et à les éclairer de leurs conseils.

---

[1] Cet article est de M. Lauras, avocat à la Cour royale de Paris.

DIVISION.

---

§ 1. — *Historique.*

1. L'ordre des avocats est aussi ancien que la magistrature; sa discipline, ses droits, ses devoirs et ses prérogatives ont été souvent réglés par les édits et ordonnances qui statuaient sur l'administration de la justice (Fournel, *Hist. des avocats,* t. 1 *et* 2). Une même loi, celle du 11 sept. 1790, prononça la suppression des corps de magistrature et de l'ordre des avocats.

2. Depuis cette époque, les parties furent défendues devant les tribunaux par des *défenseurs officieux*, dont le ministère ne ressemblait en rien à celui des avocats. L. 6, 27 mars 1791, art. 36.

3. La loi du 22 vent. an 12, sur les écoles de droit, mit fin à cet état de choses. Elle prépara la réorganisation de l'ordre des avocats, qui fut achevée par le décret du 14 déc. 1810.

4. Enfin, ce décret a été abrogé par l'ord. du 20 nov. 1822, qui est encore en vigueur, sauf les modifications qu'elle a reçues de celle du 27 août 1830.

La révision définitive des lois et réglemens concernant l'exercice de la profession d'avocat, promise par l'art. 5 de l'ord. du 27 août 1830, est encore attendue.

5. La profession d'avocat n'est pas seulement régie par les dispositions écrites dans la loi. L'ordre des avocats est dépositaire d'une antique tradition sur ses droits, ses devoirs et sa discipline. C'est le droit *non écrit* de la profession, reconnu d'ailleurs par l'ord. de 1822, qui l'a continué dans sa force et vigueur (art. 45).

6. Il résulte de cette disposition de l'ordonnance, que le décret de 1810, quoique abrogé (art. 45), subsiste encore, mais seulement comme raison écrite, dans celles de ses dispositions qui consacrent des usages toujours observés et maintenus. C'est en ce sens que nous citerons quelquefois le décret dans le cours de cet article.

§ 2. — *Conditions d'admission.*

7. Pour être avocat, et jouir de la plénitude des droits et prérogatives attachés à ce titre, il faut, 1° *être reçu avocat par une Cour royale*; 2° *avoir fait un stage*; 3° *être inscrit au tableau.*

Art. 1. —. *Réception des avocats par les Cours royales.*

8. Pour être reçu avocat par une Cour royale, il faut, 1° être né ou naturalisé Français; c'était une doctrine constante sous l'ancien droit. Les degrés que prenaient les étrangers dans les universités du royaume, ne pouvaient leur servir en France. Décl. 26 janv. 1680; Merlin, *Rép.*, v° *Étranger*, § 1, n° 3.

Cette condition est encore plus de rigueur aujourd'hui que les licenciés en droit pour être reçus avocats, sont tenus de prêter serment de fidélité au roi et d'obéissance à la charte constitutionnelle, serment incompatible avec la qualité de sujet d'un gouvernement étranger. Les avocats étant appelés, dans certains cas, à suppléer les juges et les officiers du ministère public (—V. *Organisation judiciaire*), il répugne qu'un étranger puisse concourir en France à l'administration de la justice, qui se rend au nom du roi, soit comme juge, soit comme remplaçant les officiers du ministère public. — *Arrêt du Cons. de discipl. de Grenoble, cité par Dupin*; *Lettre sur la profession d'avocat*, t. 1, p. 694 et suiv., éd. 1832.

Le barreau de Paris refuse d'admettre au stage les étrangers. Cependant l'accomplissement de cette première condition n'est ordinairement exigé que par les Conseils de discipline pour l'admission au stage ou l'inscription au tableau. Il devrait l'être par le ministère public, sur les conclusions duquel ont lieu la réception, la prestation de serment et l'enregistrement du diplôme. — V. *inf.* n° 12.

9. 2° Etre licencié en droit. L. 22 vent. an 12, art. 24.

10. 3° Présenter au procureur-général près la Cour royale devant laquelle se fait la réception, le diplôme de licencié. L. 22 vent. an 12, art. 24; Décr. 14 décembre 1810, art. 13.

11. 4° Prêter le serment prescrit par l'ord. de 1822, art. 38. La *formule* aujourd'hui en usage est celle-ci:

« Je jure d'être fidèle au roi des Français, et d'obéir à la
» Charte constitutionnelle et aux lois du royaume, de ne rien
» dire ou publier, comme défenseur ou conseil, de contraire
» aux lois, aux réglemens, à la sûreté de l'État et à la paix

» publique, et de ne jamais m'écarter du respect dû aux tribunaux et aux autorités publiques. »

12. La réception a lieu à l'audience publique de la Cour royale, sur la présentation d'un ancien avocat, et sur les conclusions du ministère public. Décr. 14 déc. 1810, art. 14.

13. Le greffier dresse du tout procès-verbal sommaire su^r un registre tenu à cet effet; et il certifie au dos du diplôme la réception, ainsi que la prestation de serment. Décr. 14 déc. 1810, art. 14.

14. En l'absence de texte précis, l'usage est que la présentation et l'enregistrement du diplôme, et la prestation du serment, se fassent devant la Cour royale du domicile ou de la résidence du licencié, ou devant la Cour près de laquelle ou dans le ressort de laquelle il veut exercer.

15. Il est perçu un droit de 25 fr. sur chaque prestation de serment des avocats reçus à la Cour de Paris (Décr. 3 oct. 1811). Des décrets successifs ont étendu cette disposition aux Cours royales ci-après: Nancy, 7 août 1812; Montpellier, 7 fév. 1813; Colmar, 2 oct. 1813; Nîmes et Agen, 6 nov. 1813; Bordeaux, 5 mars 1814. — Le produit de cette somme est spécialement affecté, 1° aux dépenses de la bibliothèque des avocats et du bureau de consultation gratuite; 2° aux secours que l'ordre des avocats juge convenable d'accorder à d'anciens confrères qui seraient dans le besoin, ainsi qu'à leurs veuves et orphelins. Décr. 3 oct. 1811.

16. Un mineur peut être reçu avocat. Cela résulte de la combinaison des articles 12 de l'ord. du 27 fév. 1821, qui fixe à 16 ans l'âge auquel on peut être admis au grade de bachelier-ès-lettres, et 3 de la loi du 22 vent. an 12, suivant lequel le cours ordinaire des études de droit est de trois ans. Il en était de même lorsque la majorité était fixée à 25 ans. Merlin, *Rép.*, *hoc verbo*, § 9, n° 4.

Art. 2. — *Stage.*

17. On appelle stage le temps d'épreuve auquel sont soumis : 1° les licenciés en droit reçus avocats par une Cour royale avant leur inscription au tableau.

2° Les avoués licenciés en droit qui, après avoir donné leur démission, se présentent pour être admis dans l'ordre des avocats (Ord. 20 nov. 1822, art. 37); même ceux qui, après avoir quitté la profession d'avocat pour être avoués, demandent ensuite à être inscrits au tableau. Cas. 1er mars 1827 (S. 27, 333).

18. Pour être admis au stage, il faut, 1° justifier du titre de licencié en droit, et de la prestation de serment devant une Cour royale ;

2° Etre né ou naturalisé Français. — V. *sup.* n° 8.

19. La durée du stage est de trois ans (Ord. 1822, art. 30); mais elle peut être prolongée par les Conseils de discipline. *Ib.* 32. — V. *inf.* n° 37.

20. Le stage peut être fait en diverses Cours; mais il ne peut être interrompu pendant plus de trois mois. Ord. 20 nov. 1822, art. 31.

21. Le stage se fait en suivant exactement les audiences des Cours et tribunaux, les conférences tenues par le bâtonnier pour l'instruction des stagiaires, et les assemblées du bureau gratuit de consultation. Décr. 14 déc. 1810, art. 15, 24.

22. L'admission au stage confère le droit de plaider, d'écrire et de consulter dans toutes les affaires, sauf les cas où la loi exige spécialement le ministère d'avocats inscrits au tableau. — V. *inf.* n°^s 90, 91.

Les art. 33 *in fin.* 34, 35, 36, de l'ord. de 1822, tit. 3, sur l'inscription des avocats stagiaires à la suite des colonnes, et sur leur droit de plaider ou d'écrire, déjà abrogés par l'usage, l'ont été depuis implicitement par l'ord. du 27 août 1830.

Art. 3. — *Tableau.*

23. On nomme tableau la liste dressée par le Conseil de discipline des avocats qui, ayant accompli le stage et satisfait aux conditions voulues par la loi, exercent, près d'une Cour ou d'un tribunal, la profession d'avocat avec la plénitude des droits et prérogatives qui y sont attachés.

24. Pour être inscrit au tableau, il faut, 1° avoir fait un stage (— V. *sup.* n° 7); 2° satisfaire aux conditions d'honneur et de délicatesse qui doivent distinguer la profession d'avocat; 3° résider dans le lieu où siége la Cour ou le tribunal devant lequel on veut exercer la profession d'avocat, et y occuper une habitation convenable et décente. Dalloz, *Jurisp. gén.*, v° *Défense*, sect. III, art. 1er, n° 4.

25. Le tableau doit être dressé tous les ans par le Conseil de discipline au commencement de chaque année judiciaire, et déposé au greffe de la Cour ou du tribunal auquel les avocats inscrits sont attachés (Ord. 1822, art. 6). Les art. 1, 2, 3, 4, de l'ord. de 1822, relatifs à la répartition de l'ordre des avocats en colonnes sont implicitement abrogés par l'ord. du 27 août 1830. En effet, dans le système de l'ord. de 1822, la répartition des avocats inscrits au tableau en colonnes ou sections avait pour but principal la composition des Conseils de discipline (D., Ord., art 7). Aujourd'hui ces Conseils étant renouvelés par voie d'élection, on ne peut considérer comme maintenue celte répartition qui se trouve sans objet.—V. *inf.* n⁰ˢ 29, 30.

26. L'inscription au tableau après l'expiration du stage donne rang à l'avocat inscrit, à la date du jour auquel le stage a commencé. *Lettres sur la profession d'avocat,* Dupin, Ed. 1833, t. 2, p. 719.

27. Le tableau des avocats près une Cour ou un tribunal a un caractère légal, en ce que la date de l'inscription établit entre les avocats le rang d'ancienneté qui confère certaines prérogatives.—V. *inf.* n⁰ˢ 81, 82, 86, 89.

§ 3. — *Discipline.*

Art. 1. — *Conseil de discipline, ses attributions.*

28. Le Conseil de discipline est la réunion d'un certain nombre d'avocats qui exercent dans l'intérêt de l'ordre, et pour le maintien de sa considération, de ses droits et de ses prérogatives, les attributions déterminées par les réglemens.

Il y a un Conseil de discipline partout où il existe un ordre d'avocats.

29. Sous l'empire de l'ord. de 1822, le Conseil de discipline se composait, 1° des avocats qui avaient déjà exercé les fonctions de bâtonnier; 2° des deux plus anciens de chaque colonne, suivant l'ordre du tableau; 3° d'un secrétaire choisi indistinctement parmi les avocats âgés de trente ans accomplis, et qui avaient au moins dix ans d'exercice (D. Ord. art. 7). Le bâtonnier et le secrétaire étaient nommés par le Conseil de discipline à la majorité absolue des suffrages. Id. art. 8.

Lorsque le nombre des avocats portés sur le tableau était inférieur à vingt, les fonctions des Conseils de discipline étaient remplies, pour les avocats exerçant près d'une Cour royale, par le tribunal de première instance de la ville où siégeait la Cour; dans les autres cas par le tribunal auquel étaient attachés les avocats inscrits au tableau (D. Ord. art 10). Les tribunaux ainsi chargés des fonctions de Conseils de discipline nommaient annuellement, le jour de la rentrée, un bâtonnier qui devait être choisi parmi les avocats compris dans les deux premiers tiers du tableau, suivant l'ordre de leur inscription. — *Ibid*, art. 11.

30. Ce mode de composition du Conseil de discipline a été changé par l'ord. du 27 août 1830. Aujourd'hui les Conseils de discipline sont élus directement par l'assemblée de l'ordre, composée de tous les avocats inscrits au tableau. Art. 1, Ord. 27 août 1830.

31. Les Conseils de discipline sont composés de 5 mem-

bres dans les siéges où le nombre des avocats inscrits est inférieur à 3o, y compris ceux où les fonctions des Conseils de
discipline ont été jusqu'à ce jour exercées par les tribunaux;
de 7, si le nombre des avocats inscrits est de 3o à 5o; de
9, si ce nombre est de 5o à 1oo; de 15, s'il est de 1oo et au-
dessus; de 21 à Paris (*ibid*, art. 2), le tout y compris le bâtonnier. La disposition de cet article n'est que provisoire.

32. Les art. 1 et 2 de l'ord. du 27 août 183o abrogent
donc virtuellement les art. 7, 8, 10, 11 et 20 de l'ord. de 1822,
relatifs à la formation des Conseils de discipline, et aux cas
où leurs fonctions sont remplies par les tribunaux de première
instance.

33. Cependant les dispositions de l'art. 2 de l'ord. du 27
août 183o laissent subsister une lacune que nous devons faire
remarquer. Cet article est formel, il ne veut plus que les fonctions des Conseils de discipline soient remplies par les tribunaux, comme elles l'étaient sous l'ord. de 1822, dans le cas
où le nombre des avocats était inférieur à 20 (Ord. 1822, art.
10). Mais quelle sera, sous le régime actuel, la composition des
Conseils de discipline dans les tribunaux où se trouvent cinq
avocats, et quelquefois moins? Les exemples en sont fréquens.
Cependant il est évident que l'art. 10 de l'ord. de 1822 ne
peut plus recevoir d'exécution en présence de l'art. 2 de l'ord.
du 27 août 183o, rédigée peut-être à la hâte, mais qui n'en
doit pas moins être exécutée. Dans cet état, la difficulté ne
peut être résolue que par une nouvelle ordonnance.

34. L'élection a lieu par scrutin de liste et à la majorité
relative des membres présens. Ord. 27 août 183o, art. 1.

35. Le bâtonnier de l'ordre est élu par la même assemblée
et par scrutin séparé, à la majorité absolue, avant l'élection
du Conseil de discipline (*ibid*, art. 3). Le secrétaire est choisi
par le Conseil parmi ses membres.

36. Le bâtonnier est chef de l'ordre; il préside le Conseil
de discipline (Ord. 20 nov. 1822, art. 9), les conférences établies pour l'instruction des avocats stagiaires, et les séances
du bureau gratuit de consultation en faveur des indigens.

37. Les attributions des Conseils de discipline consistent : 1° à
statuer sur l'admission au stage des licenciés en droit qui ont
prêté le serment d'avocat. (Ord. 20 nov. 1822, art. 13), et sur
l'inscription au tableau des avocats stagiaires après l'expiration
de leur stage (*ibid*); le Conseil peut, selon les cas, prolonger
la durée du stage, *ibid*, 32;

38. 2° A surveiller les mœurs et la conduite des stagiaires,
ibid, 14;

39. 3° A dresser tous les ans le tableau de l'ordre, et, par

suite, statuer sur les difficultés relatives au rang d'inscription, *ibid*, 6, 12, 13;

40. 4° A exercer la surveillance que l'honneur et les intérêts de l'ordre rendent nécessaire, et à maintenir les sentimens de fidélité à la monarchie et aux institutions constitutionnelles, et les principes de modération, de désintéressement et de probité, sur lesquels repose l'honneur de l'ordre des avocats, *ibid*, 12-2°, 14;

41. 5° A réprimer d'office, ou sur les plaintes qui leur sont adressées, les infractions commises par les avocats inscrits au tableau ou admis au stage, *ibid*, 15;

42. 6° A appliquer, lorsqu'il y a lieu, les mesures de discipline autorisées par les réglemens, *ibid*, 12-3°;

43. Les peines de discipline sont : l'avertissement, la réprimande, l'interdiction temporaire, la radiation du tableau, *ibid*, 18.

L'interdiction temporaire ne peut excéder le terme d'une année. *Ibid.*

44. Aucune peine de discipline ne peut être prononcée sans que l'avocat inculpé ait été entendu ou appelé, avec délai de huitaine. *Ibid*, 19.

45. A Paris, dans l'usage, la citation de l'avocat devant le conseil de discipline se fait par lettre du bâtonnier ou du secrétaire.

46. Toute décision emportant interdiction temporaire ou radiation, doit être transmise, dans les trois jours, au procureur-général, qui en assure et en surveille l'exécution. *Ibid*, 21.

47. Le procureur-général peut, quand il le juge nécessaire, 1° requérir qu'il lui soit délivré une expédition des décisions emportant avertissement ou réprimande, *ibid*, 22;

2° Demander expédition de toute décision par laquelle le conseil de discipline aurait prononcé l'absolution de l'avocat inculpé. *Ibid*, 23.

48. L'exercice du droit de discipline ne met point obstacle aux poursuites que le ministère public ou les parties civiles se croiraient fondés à intenter dans les tribunaux, pour la répression des actes qui constitueraient des délits ou des crimes. Ord. 1822, art. 17.

49. Les tribunaux ont en outre le droit de réprimer les fautes commises à leur audience par les avocats (Ord. 1822, art. 16; C. pr. 90). Les juges saisis de la cause peuvent, en statuant sur le fond, prononcer la suppression des écrits injurieux ou diffamatoires produits devant eux, et condamner qui il appartient à des dommages-intérêts. Ils peuvent aussi, dans le même cas, faire des injonctions aux avocats, ou même les suspendre

de leurs fonctions. La durée de cette suspension ne peut excéder six mois ; en cas de récidive, elle est d'un an au moins, et de cinq ans au plus. L. 17 mai 1819, art. 23.

50. Les avocats, comme tous autres individus, sont, pour fait de postulation, justiciables des tribunaux ordinaires, et non du conseil de discipline de leur ordre. Bordeaux, 4 janv. 1830 (S. 30, 2, 118).—V. *Avoué*, n° 56.

Art. 2. — *Recours contre les décisions du conseil de discipline.*

51. Le droit d'appeler des décisions rendues par les conseils de discipline appartient à l'avocat condamné et au procureur-général ; mais avec une distinction.

52. Le droit d'appeler appartient à l'avocat condamné, seulement dans les cas d'interdiction à temps ou de radiation (Ord. 1822, art. 24), et au procureur-général, dans les cas d'infraction et de fautes commises par les avocats inscrits au tableau (*Ibid*, art. 25) ; d'où il résulte que le droit d'appel, limité pour l'avocat, ne l'est pas pour le procureur-général. Cette distinction, et les dispositions des art. 22 et 23 de l'Ord. du 20 nov. 1822, ont été l'objet de justes critiques, en ce qu'elles semblent placer les conseils de discipline dans un état de suspicion légale.

53. L'appel, soit du procureur général, soit de l'avocat condamné, n'est recevable qu'autant qu'il a été formé dans les dix jours de la communication qui leur a été donnée par le bâtonnier, de la décision du conseil de discipline. *Ibid*, 26.

54. Celui de l'avocat, pour être recevable, doit en outre être notifié par exploit au procureur-général, qui est le contradicteur légitime. La fin de non-recevoir, résultant du défaut de cette notification, est d'ordre public. La déclaration d'appel, dans une lettre au bâtonnier, n'est pas suffisante. Nîmes, 30 juil. 1825 (S. 2, 68).

55. L'appel des décisions du conseil de discipline est porté devant la Cour auprès ou dans le ressort de laquelle l'avocat inculpé exerce ses fonctions.

56. Les Cours statuent sur cet appel en assemblée générale et dans la chambre du conseil, ainsi qu'il est prescrit par l'art. 52 de la loi du 20 avr. 1810, pour les mesures de discipline qui sont prises à l'égard des membres des Cours et tribunaux. *Ibid*, 27.

57. Sur l'appel interjeté par l'avocat condamné, les Cours peuvent, quand il y a lieu, prononcer une peine plus forte, quoique le procureur-général n'ait pas lui-même appelé. Ord. nov. 1822, art. 28.

Cette disposition exorbitante du droit commun est une de

celles dont la réforme est urgente. Nous ne doutons pas qu'elle ne soit effacée dans le réglement qui a été promis.

58. Les décisions prises par le conseil sur les difficultés relatives à l'admission d'un avocat sur le tableau, sont souveraines. Tout appel contre ces décisions, soit de la part de l'avocat, soit du ministère public, est non-recevable.

Plusieurs arrêts établissent cette doctrine : ils consacrent en principe que la composition de l'ordre des avocats n'appartient qu'à lui seul : l'ordre cesserait d'exister si une autorité quelconque pouvait lui imposer ou lui contester l'admission de ses membres. D'ailleurs, le droit d'appeler des décisions du conseil de discipline est limité, pour le ministère public, par l'art. 25, et pour les avocats, par l'art. 24 de l'Ord. précitée. Grenoble, 17 juil. 1823 (S. 23, 266); Cas. 23 juin 1828 (S. 28, 333).

59. C'est en vertu du même principe que le ministère public ne peut intervenir sur les difficultés relatives à la formation du tableau. Cas. 3 fév. 1829.

60. Il n'y a pas lieu non plus à appeler de la décision du conseil qui prolonge le stage : une décision de ce genre est souveraine, comme celle qui refuse l'admission au tableau.

61. La répartition de l'ordre des avocats en colonnes n'ayant plus lieu, par suite de l'abrogation implicite des art. 1, 2, 3, 4, de l'Ord. du 20 nov. 1822, l'art. 29 de ladite Ord., d'après lequel l'avocat qui avait encouru la peine de la réprimande ou de l'interdiction devait être inscrit au dernier rang de la colonne, se trouve sans application. *Ibid*, 29.

62. Le recours en cassation est-il ouvert contre les arrêts de Cours royales rendus sur appel des décisions des conseils de discipline?

L'affirmative nous semble évidente. En effet, le pourvoi est de droit commun : il ne peut être interdit que par une dérogation spéciale. Or, cette dérogation n'est écrite nulle part.

Cependant la Cour de cassation a jugé le contraire (20 avr. 1830, S. 30, 197), par des motifs puisés dans la loi du 20 avr. 1810, à laquelle se réfère l'art. 27 de l'ordonnance, et en assimilant les décisions par forme de discipline, concernant des magistrats, aux arrêts rendus sur l'appel des décisions des conseils de discipline.

Toutefois, ces motifs ne nous paraissent pas solidement établis. Il existe une notable différence entre les décisions rendues, en matière disciplinaire, par les Cours royales, aux termes des art. 50 et suiv. de la loi du 20 avr. 1810, et les arrêts des Cours royales rendus sur appel des décisions des conseils de discipline, dans les termes des art. 24, 25, 26, 27 et 28 de l'ordonnance de 1822.

Il suffit, pour s'en convaincre, d'examiner la loi du 20 avr. 1810 : elle exige (art. 56) que, dans tous les cas, il soit rendu compte au ministre de la justice, par les procureurs-généraux, de la décision prise par les Cours royales, et que, quand elles auront prononcé ou confirmé la censure avec réprimande, ou la suspension provisoire, la décision ne soit mise à exécution qu'après avoir été approuvée par le ministre de la justice. Or, dans ce dernier cas, le pouvoir conféré au ministre, d'annuler ou de confirmer, ne peut se trouver en concours avec celui de la Cour suprême : autrement ce serait élever, entre deux autorités supérieures, un conflit que rien ne pourrait vider. Aussi la Cour de cassation a-t-elle, par ce motif, rejeté le pourvoi d'un magistrat condamné à des peines de discipline par décision d'une Cour royale. Cas. 26 janv. 1830 (S. 30, 69).

Mais il n'y a rien de semblable en ce qui concerne l'ordre des avocats. Ce n'est pas en vertu de la loi du 20 avr. 1810, qui a pour objet spécial l'organisation de l'ordre judiciaire et l'administration de la justice, que les Cours royales statuent sur les matières disciplinaires concernant les avocats; c'est en vertu du droit commun, que l'ordonnance de 1822 n'a fait qu'appliquer. Ce ne sont pas seulement des *décisions* qu'elles rendent, ce sont des jugemens sur l'appel, soit du procureur-général, soit de l'avocat; et si l'art. 27 de l'ord. de 1822 se réfère à l'art. 52 de la loi du 20 avr. 1810, le texte de cet art. 27 indique assez qu'il ne s'agit que de la réunion de la Cour en assemblée générale.

63. Lorsqu'un tribunal réprime par son jugement une faute commise à son audience par un avocat, ce jugement est-il susceptible d'appel, quand même il n'y aurait eu contre l'avocat qu'un simple avertissement ou une réprimande?

La Cour de cassation a jugé la négative, en se fondant sur l'art. 24 de l'ord. du 20 nov. 1822 (17 mai 1828, S. 28, 331). Cependant il n'y a pas de parité à établir entre les tribunaux usant du droit créé par les art. 103 Décr. 3 mars 1808, 90 C. pr., 16 Ord. de 1822, et les conseils de discipline, dont les décisions ne sont susceptibles d'appel que quand elles prononcent l'interdiction à temps ou la radiation.

Ici encore notre doctrine se fortifie du droit commun, contre lequel on ne peut opposer qu'une assimilation qui n'est pas exacte. En effet, la position de l'avocat est loin d'être la même dans les deux cas. Les décisions du Conseil de discipline n'ont pas la publicité, le retentissement d'une audience publique; elles ne portent pas à l'avocat condamné le préjudice qui résulte pour lui de la solennité du jugement.

64. C'est par suite de ce principe que la Cour de Rouen a

reçu l'intervention d'un avocat à la Cour de cassation, dont une consultation produite devant les premiers juges avait été par eux censurée et supprimée. Rouen, 11 juil. 1827.

§ 4. — *Droits, Devoirs et Prérogatives des avocats.*

65. Tout avocat inscrit au tableau ou admis au stage peut plaider devant toutes les Cours royales et tous les tribunaux du royaume, sans avoir besoin d'aucune autorisation, sauf les dispositions de l'art. 295 C. inst. crim., ordon. 27 août 1830, art. 4. Sont abrogés par cet article les art. 39 *in fine* et 40 de l'ordon. du 20 nov. 1822.

66. Ils ont le droit de défendre les accusés traduits devant les Conseils de guerre. Cas. 13 juil. 1825 (S. 25, 418).

67. Les avocats inscrits au tableau ou admis au stage ont seuls le droit de plaider les causes portées à l'audience des Cours royales ou tribunaux de première instance (Décr. 2 juil. 1812, art. 1, 3; Pr. de l'ordon. du 27 fév. 1822); même les causes sommaires. — V. *inf.* n° 75, et *Avoué*, n°s 36 et suiv.

68. Cette règle souffre cependant plusieurs exceptions :

1° Les avoués qui, en vertu de la loi du 22 vent. an 12, jusqu'à la publication du décret du 2 juil. 1812, ont obtenu le grade de licencié, peuvent, devant le tribunal auquel ils sont attachés, et dans les affaires où ils occupent, plaider et écrire dans toute espèce d'affaires, concurremment et contradictoirement avec les avocats. L. 22 vent. an 12, art. 32; décr. 2 juil. 1812, art. 9; ordon. 27 fév. 1822, art. 1.

69. 2° Les avoués non licenciés, et ceux qui ne l'ont été que depuis la publication du décret du 2 juil. 1812, peuvent plaider les causes dans lesquelles ils occupent, dans les tribunaux où le nombre des avocats inscrits sur le tableau, ou stagiaires exerçant et résidant dans le chef-lieu, est jugé insuffisant pour la plaidoirie et l'expédition des affaires. Ord. 27 fév. 1822, art. 2.

A cet effet, les Cours royales arrêtent, chaque année, dans la première quinzaine du mois de novembre, l'état des tribunaux de première instance de leur ressort où les avoués peuvent jouir de la faculté énoncée en l'art. 2 de l'ord. du 27 fév. 1822, Dite Ord., art. 3.

70. Hors ces cas, les avoués non licenciés ont le droit, 1° de plaider, dans les affaires où ils occupent, devant les Cours ou tribunaux, les demandes incidentes qui sont de nature à être jugées sommairement, et tous les incidens relatifs à la procédure. Ord. 27 fév. 1822, art. 5;

2° De plaider tant en Cour royale qu'en première instance, et sur l'autorisation de la Cour ou du tribunal, en l'absence ou sur le refus des avocats de plaider. Décr. 2 juil. 1812, art. 5.

71. Les avoués non licenciés ont encore le droit de plaider, dans les affaires où ils occupent, 1° lorsqu'au moment de l'appel de la cause, l'avocat est engagé à l'audience d'une autre chambre du tribunal (ou de la Cour dans les lieux où sont réunis le tribunal de première instance et la Cour), séant dans le même temps, *ibid*, 7 ;

2° Lorsque l'avocat chargé de l'affaire ne peut, pour cause de maladie, se présenter le jour où elle doit être plaidée, et lorsque l'affaire n'a pas été remise au plus prochain jour. Décr. 2 juil. 1812, art. 6.

72. Quand l'avocat chargé d'une affaire, et saisi des pièces, ne peut, pour cause de maladie, se présenter le jour où elle doit être plaidée, il doit en instruire le président par écrit avant l'audience, et renvoyer les pièces à l'avoué. Décr. 2 juil. 1812, art. 6.

L'obligation de l'avocat est la même, lorsqu'au moment de l'appel de la cause, il est engagé à l'audience d'une autre chambre du même tribunal (ou de la Cour royale suivant les lieux) séant dans le même temps. *Ibid.*

73. Hors ces deux cas, lorsque par la faute de l'avocat chargé et saisi des pièces qui ne se sera pas trouvé à l'appel, l'affaire a été retirée du rôle, et n'a pu être plaidée au jour indiqué, l'avocat peut être condamné personnellement aux frais de la remise, et aux dommages et intérêts du retard envers la partie, s'il y a lieu. *Ibid*, 8.

74. Toutefois, l'usage a prévalu sur les art. 6, 7 et 8 du décret du 2 juil. 1812, que l'expérience avait déjà démontrés impraticables. Le plus souvent les Cours et tribunaux accordent la remise que sollicite l'avocat empêché par une des causes énoncées aux art. 6 et 7.

75. Depuis l'ordonnance du 27 fév. 1822, les avoués exerçant près les tribunaux de première instance séant aux chefs-lieux des Cours royales, des Cours d'assises et des départemens, ont perdu le droit de plaider les causes sommaires que leur accordait l'art. 3 du décr. du 2 juil. 1812.—V. *Avoué*.

76. Les avocats plaident debout et couverts; mais ils se découvrent lorsqu'ils prennent des conclusions ou lisent des pièces du procès. Décr. 14 déc. 1810, art. 35, implicitement maintenu par l'art. 45 de l'ordon. du 20 nov. 1822. —Lorsque l'avocat prend des conclusions ou lit des pièces du procès, il remplit les fonctions d'avoué.

77. Les parties ont le droit de se faire assister par leurs avocats dans les enquêtes qui se font devant un juge-commissaire. Rouen, 26 déc. 1827 (S. 28, 136.)

78. L'avocat nommé d'office pour la défense d'un accusé ne peut refuser son ministère, sans faire approuver ses motifs d'excuse ou d'empêchement par les Cours d'assises, qui prononcent, en cas de résistance, l'une des peines déterminées par l'art. 18. Ord. 20 nov. 1822, art. 41.

Il est impossible de concilier la prescription de cet article avec les devoirs qu'impose à l'avocat la confiance de son client. Les motifs qui portent l'avocat à s'abstenir peuvent être tels que les révéler serait compromettre la défense de l'accusé.

Toutefois, l'art. 41 de l'ord. de 1822 n'est pas applicable aux avocats nommés d'office pour défendre un accusé traduit devant un tribunal militaire. Cas. 13 juil. 1825 (S. 25, 418.)

79. Il est enjoint aux Cours royales de se conformer exactement à l'art. 9 de la loi du 20 avr. 1810, d'après lequel la Cour doit faire connaître, chaque année, au garde-des-sceaux, ministre de la justice, ceux des avocats qui se seront fait remarquer par leurs lumières, leurs talens, et surtout par la délicatesse et le désintéressement qui doivent caractériser cette profession. Cette disposition doit être exécutée le premier mercredi après la rentrée, ou dans une autre séance indiquée dans la même semaine. (Ord. 20 nov. 1822, art. 44; L. 20 avr. 1810, art. 9.) Il est à remarquer que cette injonction n'est pas exécutée.

80. Tous les ans, les avocats présens à l'audience solennelle de rentrée des Cours royales renouvellent le serment prêté par les licenciés au moment de leur réception. Décr. 6 juil. 1810, art. 35. A Paris, ce serment est prêté seulement par les membres du Conseil de discipline présens à l'audience.

81. Les avocats sont appelés, selon l'ordre du tableau, en l'absence des suppléans, à suppléer les juges et les officiers du ministère public, tant en Cour royale qu'en première instance, et ils ne peuvent s'y refuser sans motifs d'excuse ou d'empêchement. —V. *Organisation judiciaire.*

82. Le droit qu'ont les avocats de suppléer les officiers du ministère public, à défaut de suppléans, n'est pas reconnu par tous les auteurs. Il y a même un arrêt de la Cour d'Aix (S. 25, 306), qui leur dénie ce droit, en s'appuyant de l'art. 84 C. pr. civ.

Cependant cet article, qui n'exclut pas d'ailleurs les avocats, ne nous paraît pas avoir abrogé la disposition formelle de la loi de vent. an 12. Ce droit des avocats était également reconnu par le décr. du 14 déc. 1810, postérieur au Code de procédure. L'art. 84 de ce Code, seul, et dans les termes où il est conçu, ne suffit pas pour déposséder les avocats du droit de remplacer, dans les cas prévus par la loi, les officiers du ministère public, droit qui leur a toujours été reconnu. Carré, art. 84.

83. En cas de partage dans une Cour royale, et dans le cas où les juges qui devraient être appelés auraient connu de l'affaire, il est appelé pour le jugement trois anciens jurisconsultes (C. pr. 468). L'ancienneté doit être au moins de dix ans de tableau. Arg. C. pr. 495.

84. En cas de partage dans un tribunal de première instance, à défaut de suppléant, on appelle, pour le vider, un avocat attaché au barreau, selon l'ordre du tableau. L'affaire est alors de nouveau plaidée. C. pr. 118.

85. Lorsque les avocats sont appelés à remplacer les juges, le jugement doit constater : 1° l'absence ou l'empêchement des juges et des juges suppléans (Cas. 19 janv. 1825 (S. 25, 280); et 2° que l'avocat appelé est le plus ancien des avocats inscrits au tableau, présens à l'audience (Cas. 17 mai 1851). Si le tribunal avait appelé un avoué, le jugement devrait constater l'absence ou l'empêchement des avocats. Cas. 16 juin 1824 (S. 24, 284).

86. Les avocats appelés à siéger, tant au civil qu'au criminel, ne peuvent être en plus grand nombre que les juges. Arg. L. 30 germ. an 5, art. 16; Merlin, *Quest. Dr.*, h. v° § 2; Cas. 12 pluv. an 13, 7 janv. 1806, 30 oct. et 27 déc. 1811. — V. *Organisation judiciaire.*

87. Une Cour royale peut appeler des avocats pour se compléter, lorsqu'elle tient une audience solennelle. Cas. 8 déc. 1813; Merlin, *Quest. Dr.*, h. v° § 5.

88. Les avocats appelés à siéger comme juges doivent prêter le serment exigé des magistrats par la loi du 31 août 1830, à peine de nullité des jugemens auxquels ils concourent. Cas. 22 mars 1831 (S. 31, 113.)

89. Le ministère des avocats est spécialement requis dans plusieurs cas déterminés par la loi :

1° La demande en requête civile est non-recevable, s'il n'est signifié en tête une consultation de trois avocats exerçant depuis dix ans au moins près un des tribunaux du ressort de la Cour royale dans lequel le jugement a été rendu. C. pr. 495. — V. *Requête civile.*

2° Le tuteur ne peut transiger au nom du mineur ou de l'interdit qu'après y avoir été autorisé par le conseil de famille, et de l'avis de trois jurisconsultes désignés par le procureur du roi près le tribunal de première instance. C. civ. 467, 2045.

3° Les communes ne peuvent transiger avec des particuliers sur des droits de propriété, qu'après une délibération du conseil municipal prise sur la consultation de trois jurisconsultes désignés par le préfet du département. Arr. 21 frim. an 12, art. 1.

90. Les avocats ont une action contre leurs cliens pour le paiement de leurs honoraires ; ce point est constant aujourd'hui comme sous l'ancien droit ; mais aussi il était de règle au Parlement de Paris, que tout avocat qui demandait ses honoraires en justice, encourait *ipso facto* la radiation du tableau (Merlin, *h.* v° § 13 ; *id.*, v° *Honoraires*, § 1 ; Nouv. Deniz., *h.* v° § 3, n° 13). Cette tradition s'est invariablement maintenue au Barreau de Paris.

91. L'art. 80 du tarif, sur les honoraires de l'avocat, ne fixe pas les honoraires dus à l'avocat par son propre client. Cet article détermine seulement la somme que la partie qui a gagné peut répéter pour les plaidoiries de son avocat. Grenoble, 30 juil. 1821.

92. L'avocat plaidant, assisté de l'avoué de sa partie, la représente, et les aveux qu'il peut faire dans la plaidoirie sont censés faits par la partie elle-même. Il peut être désavoué. Cas. 16 mars 1814 (S. 14, 296). — V. *Désaveu.*

Mais il faut que ce désaveu se forme sur-le-champ et verbalement par la partie ou par l'avoué qui sont censés présens à l'audience, sans quoi l'avocat est présumé n'avoir rien avancé que de leur consentement. Merlin, *Rép.*, *h.* v° § 8, n° 2.

93. L'avocat appelé comme témoin en justice est fondé à refuser de prêter serment et de déposer, lorsque les faits sur lesquels il est interpellé ne lui ont été révélés qu'en sa qualité d'avocat. C. pr. 378 ; Cas. 20 janv. 1826.

94. Les avocats ne donnent jamais de *recepisse* des pièces qui leur sont remises par les cliens, ou communiquées par leurs confrères : aussi a-t-il été jugé qu'un avocat doit être cru sur sa déclaration à l'égard de la remise des pièces qui lui ont été confiées. Arr. Parl. Paris, 28 déc. 1782 ; Merlin, *h.* v° § 11, n° 5.

§ 5. — *Professions incompatibles avec celle d'avocat.*

95. D'après l'art. 42 de l'ord. de 1822, la profession d'avocat est incompatible, 1° avec toutes les fonctions de l'ordre judiciaire, à l'exception de celles de suppléant. Cependant les magistrats peuvent plaider dans tous les tribunaux leurs causes personnelles, et celles de leurs femmes, parens ou alliés en ligne directe, et de leurs pupilles, C. pr. 86 ;

2° Avec les fonctions de préfet, de sous-préfet et de secrétaire-général de préfecture ;

3° Avec celles de greffier, de notaire et d'avoué ;

4° Avec les emplois à gages et ceux d'agent comptable ;

5° Avec toute espèce de négoce.

6° Enfin, sont exclues de la profession d'avocat, toutes personnes exerçant la profession d'agent d'affaires.

96. Ces incompatibilités sont les seules énoncées dans l'ord. de 1822, art. 42; mais cet article n'est pas limitatif, et les Conseils de discipline l'ont toujours interprété en ce sens. Sous l'ancien droit, il était de principe que la profession d'avocat est, en général, incompatible avec toute profession qui peut faire l'occupation capitale d'un homme, avec les charges érigées en titre d'office, avec les places qui rendent subalterne, et auxquelles il y a des gages attachés. Nouv. Denizart, h. v° § 8, n° 1.

Les raisons de ces incompatibilités sont que l'avocat doit donner à ses concitoyens tout le temps que la défense de leurs droits exige, que les devoirs forcés qu'il s'imposerait ont quelque chose de contraire à la liberté qui est l'âme de la profession d'avocat, et que les fonctions salariées dérogent à sa noblesse.

Ces motifs toujours subsistans ont dicté l'article 42 de l'ordonnance; ils indiquent la règle pour déterminer les incompatibilités que cet article n'a pas énumérées. Nous citerons pour exemple plusieurs fonctions reconnues incompatibles avec la profession d'avocat; telles sont, 1° les fonctions de conseiller d'état;

2° Celles de maître des requêtes;

3° Celles de conseiller de préfecture.

En effet les conseillers d'état et les conseillers de préfecture sont de véritables juges dans l'ordre administratif. Les maîtres des requêtes préparent par leurs rapports les arrêtés du Conseil-d'État. Ces arrêtés et ceux des Conseils de préfecture ont le caractère et les effets des jugemens (Av. Conseil-d'État 16 therm. an 12, 4° série; B. 429, n° 7899). Les uns et les autres reçoivent un traitement. Les fonctions de conseiller de préfecture sont d'ailleurs incompatibles avec celles d'avoué. Av. du Cons.-d'Ét. du 8 juil. 1809, app. le 5 août 1809.

4° Celles d'auditeur au Conseil-d'État. En effet, le temps pendant lequel les auditeurs sont attachés au Conseil-d'État est un temps d'épreuve et de stage (Ord. 26 août 1824, art. 23). Or ce stage ne peut concourir ni avec le stage exigé pour être inscrit au tableau, ni avec l'exercice de la profession d'avocat.

97. La profession d'avocat n'est pas incompatible avec celle de professeur en droit. Parlem. Paris, 6 sep. 1777.

§ 6. — *Timbre et Enregistrement.*

98. Les consultations d'avocat sont par elles-mêmes, et

indépendamment de leur production en justice, soumises à la formalité du timbre. L. 13 brum. an 7, art. 12; Cas. 8 janv. 1822 (S. 22, 208), *id.* 23 nov. 1824 (S. 25, 119).

99. L'acte de prestation du serment d'avocat est soumis à un droit d'enregistrement de 15 fr. Décr. 31 mai 1807.

AVOCAT *aux Conseils du roi et à la Cour de cassation*[1].

DIVISION.

§ 1. — *Historique.*
§ 2. — *Conditions d'admission.*
§ 3. — *Fonctions.*
§ 4. — *Conseil de l'ordre, Réglemens.*
§ 5. — *Droit de présenter un successeur.*
§ 6. — *Timbre et Enregistrement.*

§ 1. — *Historique.*

1. Avant 1790, les conseils du roi avaient la connaissance des affaires administratives, et le droit de prononcer la cassation. Les avocats qui y étaient attachés portaient le titre d'avocats aux conseils, et étaient chargés de la défense des parties dans ces deux sortes d'affaires. Merlin, *Rép.*, v° *Avocat aux conseils.*

Ces conseils furent supprimés, ainsi que les charges d'avocats aux conseils par la loi du 14-27 avr. 1791, art. 5.

2. La partie judiciaire dont connaissait la section des conseils du roi appelée *conseil privé*, ou *conseil des parties*, ayant été dévolue *à la Cour de cassation*, la loi du 27 vent. an 8, art. 93, établit près de cette Cour, sous le titre d'avoué, des officiers chargés d'y remplir les fonctions que les avocats aux conseils exerçaient près du conseil privé.

La dénomination d'avoué leur fut donnée parce qu'à cette époque l'ordre des avocats était supprimé dans toute la France.

Mais le titre d'avocat leur fut rendu par le décret du 25 juin 1806.

3. La partie administrative dont étaient chargés les conseils du roi ayant été attribuée au Conseil-d'État, le décret du 11 juin 1806 (art. 33) créa un ordre d'avocats près ce conseil.

Ces avocats reprirent le titre d'avocat aux conseils du roi. Ord. 9 juin 1814.

4. Enfin, les avocats à la Cour de cassation, et les avocats

---

[1] Cet article est de M. Legé, avocat aux Conseils du roi et à la Cour de cassation.

aux conseils du roi ont été réunis en un seul ordre sous le titre d'*Ordre des avocats* aux conseils du roi et à la Cour de cassation, par ord. du 10 sept. 1817.

5. La diversité et la gravité des matières que ces avocats ont à traiter, l'obligation dans laquelle ils sont de posséder des connaissances toutes spéciales, ont forcé de limiter le nombre des membres de cet ordre, qui a été fixé à 60. Ord. 10 sept. 1817.

§ 2. — *Conditions d'admission.*

6. Plusieurs conditions d'admission sont exigées : 1° la qualité de Français ; — V. *Avocat*, n° 8.

7. 2° L'âge de 25 ans ;

8. 3° Le titre d'avocat exerçant au barreau depuis deux ans, justifié par un certificat de stage pendant ce temps. Réglem. 28 juin 1738, tit. 17, art. 1 et 2; arrêté Cour cas., 1er mai 1817.

La durée du stage a même été portée à trois ans par arrêté du Conseil de l'ordre, du 15 fév. 1827.

Un simple licencié en droit, reçu au serment d'avocat depuis deux ans, ne peut être admis. Délib. Cons. de l'ordre 12 mars 1818.

Il n'y a eu qu'une seule exception à cette règle, mais c'était pour pourvoir à une place restée vacante à l'époque de l'organisation. Ord. 10 avr. 1818.

9. 4° L'absence d'une profession incompatible.

Il y a incompatibilité avec toutes les fonctions de l'ordre judiciaire, à l'exception de celle de suppléant, avec celle de greffier, de notaire et d'avoué, avec les emplois à gages, et ceux d'agent comptable, avec toute espèce de négoce, avec la profession d'agent d'affaires. Arg. ord. 20 déc. 1822, art. 42.

10. 5° La réception par le conseil de l'ordre, après examen sur les diverses matières dont la connaissance est nécessaire. Réglem. 28 juin 1738, tit. 17, art. 3.

11. 6° L'avis favorable de la Cour de cassation. L. 27 vent. an 8, art. 93.

La réception du candidat par le conseil de l'ordre, et l'avis favorable de la Cour de cassation, bien qu'ils ne soient exigés qu'à titre consultatif, ont cependant un tel poids que l'on ne peut citer aucun exemple d'une nomination faite malgré un avis défavorable de la Cour, et une opposition de la part du conseil.

12. 7° La nomination par le roi. L. 27 vent. an 8, art. 95 ; Décr. 11 juin 1806, art. 34.

13. 8° Un cautionnement de 7,000 fr. L. 28 avr. 1816, art. 88., état n° 8. — V. *Cautionnement.*

Il y a lieu à remplacement du titulaire, s'il ne fournit pas le cautionnement. L. 1816, art. 95.

14. 9° Enfin, la prestation du serment devant le Conseil-d'État siégeant en audience publique, et devant la Cour de cassation, les sections réunies. Godart de Saponnay, *Manuel de la Cour de cassation*, p. 145.

15. Les nouveaux titulaires ne peuvent être admis au serment qu'en produisant l'expédition de leur ordonnance de nomination, revêtue de la formalité de l'enregistrement. L. fin. 21 avr. 1832, art. 34.

§ 3. — *Fonctions.*

16. Les fonctions des avocats à la Cour de cassation et aux Conseils du roi embrassent toutes les parties du droit civil, commercial et criminel, du ressort de la Cour de cassation, et toutes les parties du droit administratif du ressort du Conseil-d'État et des différens ministères, régies et administrations. — Isambert, *Notes sur l'ord. du* 10 sept. 1817; Merlin, *Rép.*, v° *Avocat aux Conseils.*

Nous ne nous occuperons ici que des fonctions qui leur sont dévolues comme avocats à la Cour de cassation.

17. Devant cette Cour, leur ministère est obligatoire pour les parties en matière civile ou de petit criminel; il est facultatif en matière de grand criminel. Godard, p. 20 et 145.

18. Ils ont seuls le droit, 1° de postuler et de conclure devant la Cour de cassation. L. 27 vent. an 8, art. 94.

Les moyens et conclusions sont pris et développés d'abord par écrit, et ensuite par plaidoirie en audience publique. Ord. 15 janv. 1826, art. 25 et 37.

19. 2° De signer et faire imprimer des requêtes ou mémoires dans les affaires portées à la Cour. Arr. du Cons. rapportés par Isambert; *Notes sur l'ord. du* 10 sept. 1817.

En conséquence, il est défendu d'imprimer et de distribuer aucun mémoire ou consultation non signés d'eux, dans les affaires de leur ressort. Arr. du Conseil 25 fév. 1758, 18 mars 1774.

20. 3° De *surveiller* les affaires dans lesquelles le pourvoi a été introduit, et dont l'instruction se poursuit devant la chambre des requêtes.

Ce droit de *surveillance* ne leur donne pas cependant la faculté de présenter aux conseillers des mémoires signés d'eux, avant que l'arrêt de soit-communiqué ait été signifié au défendeur; ils peuvent seulement faire et signer des consultations, que la partie fait imprimer et distribuer. Arr. du Cons.

du 18 déc. 1775, 29 août et 4 nov. 1769; Déc. du 5 fév. 1810.

21. Ils ont le droit, concurremment avec les autres avocats :
1° De faire des consultations sur quelque matière de droit que ce soit;

22. 2° De plaider devant toutes les Cours et tous les tribunaux de France. Arr. du Cons. des 22 fév. et 24 juil. 1771; Argum. de l'ord. du 20 nov. 1822; Dalloz, *Jurisp. gén.*, v° *Défense*, t. 4, p. 608.

Cependant ils s'abstiennent de plaider devant la Cour royale de Paris; et une délibération prise en 1826, par le Conseil de discipline de l'ordre, leur recommande de ne point se présenter devant les tribunaux de première instance, et devant les juridictions inférieures. Dalloz, *Jurisp. gén.*, v° *Défense*, t. 4, p. 608.

§ 4. — *Conseil de l'ordre, Réglemens.*

23. *Conseil de l'ordre.* Il y a, pour la discipline intérieure de l'ordre, un conseil composé de neuf membres nommés par l'assemblée générale de l'ordre, à la majorité absolue des suffrages, et d'un président nommé par le garde-des-sceaux sur la présentation de trois membres élus comme les membres du conseil. Ord. 10 sept. 1817.

Les fonctions du président et des membres du conseil, durent trois ans. *Même ord.*, art. 9.

24. Le conseil prononce définitivement lorsqu'il s'agit de police et de discipline intérieure. *Ibid*, art. 13.

Il émet seulement un avis dans tous les autres cas. Cet avis est soumis à l'homologation du garde-des-sceaux, quand les faits ont rapport aux fonctions d'avocat aux Conseils, et à l'homologation de la Cour, quand il s'agit de faits relatifs aux fonctions d'avocat à la Cour de cassation. Ces décisions ne sont pas susceptibles d'appel. *Ibid*, art. 13.

25. La juridiction du conseil de discipline n'est pas encore définie. Par analogie avec ce qui était prescrit par l'art. 25 du décret du 14 déc. 1810, le conseil avertit, censure, réprimande; il a même prononcé l'interdiction de paraître aux assemblées générales et de faire partie du conseil pour un temps limité. Isambert, *Notes sur l'ord.* 1817, art. 17.

26. Quant à l'interdiction perpétuelle et à la radiation du tableau, elles sont hors de la compétence du conseil, qui ne peut qu'émettre un avis à ce sujet. Isambert, *ibid.*

27. La destitution ne peut être prononcée que par le roi, et seulement dans les cas prévus par la loi, après jugement. Isambert, *Notes sur l'art.* 91 *de la loi du* 28 *avril* 1816, et *Notes sur l'ord. du* 18 août 1829; Arg., art. 13, ord. 1817.

28. *Réglemens.* La plupart des règles tracées pour les avo-

cats près des Cours royales, sont applicables aux avocats aux
Conseils du roi et à la Cour de cassation : même délicatesse,
même désintéressement, même liberté et même indépendance
doivent les distinguer. Dalloz, *Jurisp. gén.*, t. 4, p. 607.

29. Les réglemens et ordonnances actuellement existans, et
concernant l'ordre des avocats près les Cours royales, et les
fonctions des conseils de discipline, sont observés par l'ordre
des avocats aux Conseils et à la Cour de cassation, en tout ce
qui n'est pas contraire aux anciens réglemens remis en vigueur
par l'ordonnance de 1817, c'est-à-dire au réglement de 1738,
2° part., tit. 17, et autres analogues. Isambert, *Notes sur
l'ord.* 1817.

30. Ces anciens réglemens, dont un grand nombre de dispositions ne sont plus en harmonie avec les lois nouvelles, font dé-
sirer le nouveau réglement promis par l'art. 14 de l'ordonnance
de 1817.

31. Cette ordonnance, combinée avec celle du 10 juil. 1814,
a abrogé, à l'égard des avocats aux Conseils et à la Cour de
cassation, le réglement du 13 frim. an 9, relatif aux avoués.

32. Les avocats à la Cour de cassation ne peuvent être contraints de se charger d'un pourvoi qu'ils jugent mauvais. Vainement on objecterait qu'ils sont officiers ministériels ; avant
toute autre qualité, ils ont celle d'avocat, et comme tels,
ils ne peuvent rien faire de contraire à leur honneur et à leur
indépendance. Cas. sect. réun. 6 juil. 1813 ; Merlin, *R. add.*,
v° *Avocat à la Cour de cassation.*

Ils ont même le droit, comme les autres avocats, d'abandonner la cause, si un examen plus approfondi la leur fait trouver insoutenable. *Ibid.*

33. Cependant si, par l'effet d'une négligence ou d'un refus
tardif de se charger du pourvoi, les intérêts de leurs cliens se
trouvaient compromis, et si ceux-ci en éprouvaient quelque
préjudice, ils pourraient être condamnés à des dommages-intérêts. *Ibid.*; C. civ. 1382, 1383.

34. Ils sont déchargés des pièces envers les parties, dans les
instances jugées, après cinq ans, à compter du jour où ils les
ont retirées du greffe. Rég. 1738, tit. 14, art. 4.

35. Ils peuvent, pendant cinq ans, intenter action en paiement de frais, honoraires et déboursés. Rég. 1738, tit. 16,
art. 32; Arr. du Cons. 22 sept. 1770.

36. Toutefois, un réglement de discipline leur défend d'user
du bénéfice de cet arrêt quant aux honoraires ; et quant aux
frais et déboursés ne le permet qu'après avoir épuisé tous les
moyens de conciliation, et en cas de préjudice notable. Dalloz,
Jurisp. gén., t. 4, p. 600.

57. Ils ne peuvent être assignés, pour faits de leur profession, que devant la Cour de cassation. Arr. cons., 19 mai 1719, 11 août 1742; Cas. 15 juil. 1812.

58. En cas d'assignation devant les tribunaux civils et de rejet du déclinatoire, l'avocat doit se pourvoir devant la Cour de cassation en réglement de juges. Cas. *Même arrêt.*

59. La Cour conserve la connaissance de l'affaire, mais au préalable renvoie les parties devant le conseil de l'ordre pour s'y concilier, sinon pour que le conseil donne son avis. *Même arrêt.*

40. Cet avis est soumis à la Cour de cassation, qui l'homologue ou refuse l'homologation. Sa décision n'est pas susceptible d'appel. Ord. 10 sept. 1817; Cas. 6 juillet 1813.

§ 5. — *Droit de présenter un successeur.*

41. Les avocats aux Conseils et à la Cour de cassation peuvent présenter des successeurs, pourvu qu'ils réunissent les qualités exigées par la loi. L. 28 avr. 1816, art. 91.

42. Il en est de même de leurs héritiers ou ayans-cause. *Ib.* Isambert, *Notes sur cet art.* 91.

45. Toutefois, le titulaire destitué est privé de la faculté de présenter un successeur. *Même loi,* art. 91. —V. *Office.*

§ 6. — *Timbre et Enregistrement.*

44. Les ordonnances de nomination sont assujéties à un droit d'enregistrement de dix pour cent sur le montant du cautionnement. L. fin. 21 avr. 1832, art. 34.

Ce droit est augmenté du dixième, qui est perçu en même temps que le principal. L. 6 prair. an 7.

45. Il est perçu sur la première expédition de l'ordonnance dans le mois de sa délivrance, à peine de double droit. L. 21 avr. 1832, art. 34.

46. Les expéditions et ordonnances de nomination destinées aux parties sont assujéties au timbre. *Ibid.*

47. Les consultations des avocats à la Cour de cassation, requêtes et mémoires, sont aussi sujets au timbre. L. 13. brum. an 7, art. 12.

AVOUÉ. Officier ministériel chargé de représenter les parties devant les Cours et tribunaux.

DIVISION.

§ 1. — *Institution et organisation des avoués.*

§ 2. — *Admission aux fonctions d'avoué.*

§ 5. — *Fonctions des avoués; cas où leur ministère est nécessaire, facultatif et prohibé.*

---

§ 1. — *Institution et organisation des avoués.*

1. Les avoués ont été institués par les décrets des 29 janv., 11 fév. et 20 mars 1791, qui supprimèrent la vénalité et l'hérédité de tous les offices ministériels auprès des tribunaux. Leurs attributions furent les mêmes que celles des anciens procureurs.

2. L'abolition de toute procédure prononcée, par le décret du 3 brum. an 2, entraîna celle des avoués. L'art. 12 du décret est ainsi conçu : « Les fonctions d'avoués sont supprimées, sauf » aux parties à se faire représenter par de simples fondés de » pouvoirs, qui seront tenus de justifier de certificats de civisme; » ils ne pourront former aucune répétition pour leurs soins ou » salaire contre les citoyens dont ils auront accepté la con- » fiance. »

3. Mais on sentit bientôt la nécessité de rendre à la justice une marche régulière, et de replacer auprès de chaque tribunal des personnes chargées de faire les actes indispensables à l'instruction des affaires. En conséquence, les avoués furent rétablis par la loi du 27 vent. an 8. — V. *Organisation judiciaire.*

4. L'institution des avoués est aujourd'hui réglée par la loi du 27 vent. an 8, les arrêtés des 13 frim. an 9 et 2 niv. an 11, la loi du 22 vent. an 12, les Codes de pr. civ. et d'inst. crim., les décrets des 16 fév. et 31 mai 1807, 6 juil. et 14 déc. 1810, la loi du 28 avr. 1816, et enfin par les ord. des 23 déc. 1814, 27 fév. 1822 et 12-14 août 1831.

5. D'après ces divers actes, il est établi près chaque Cour royale, et près chaque tribunal civil de première instance, un nombre fixe d'avoués, réglé par ordonnances royales rendues sur le rapport du garde-des-sceaux, après avoir pris l'avis des Cours royales. Ce nombre est augmenté ou diminué selon les besoins du service. L. 27 vent. an 8, art. 93; décr. 6 juil. 1810, art. 114.

6. Les avoués sont nommés par le roi.

7. Ils ont le droit, ainsi que leurs veuves ou héritiers, de présenter à l'agrément du roi leurs successeurs, s'ils réunissent les conditions requises. Les titulaires destitués sont seuls déchus de cette faculté. L. 28 avr. 1816, art. 91. —V. *Office.*

8. Il y a près chaque Cour, ou tribunal, une chambre des avoués pour leur discipline intérieure; elle est composée de membres pris dans leur sein, et nommés par eux. Arr. 15 frim. an 9; décr. 17 juil. 1806; ord. 12-14 août 1832.—V. *Chambre des avoués, Discipline.*

9. Les avoués sont assujétis à un *cautionnement*—*V.* ce mot.

10. Ils doivent avoir leur domicile dans la ville où siége le tribunal auquel ils sont attachés. Ils ne peuvent postuler auprès de deux tribunaux différens. L. 20 mars 1791, art. 9.

11. Ils sont tenus de porter dans toutes leurs fonctions, soit à l'audience, soit au parquet, soit aux comparutions et aux séances particulières, devant les commissaires, le costume prescrit. Décr. 30 mars 1808, art. 105.

Ce costume consiste en une toge de laine, à manches larges, avec la toque et la cravate pareilles à celles des juges. Les avocats seuls portent la chausse. Décr. 2 janv. 1812, art. 12; Arrêt. 2 niv. an 11, art. 6.

12. Quel est le rang des avoués dans les cérémonies publiques? — V. *Préséance.*

13. Les avoués n'exerçant aucune portion de l'autorité publique, ne peuvent être rangés parmi les fonctionnaires publics. Conséquemment, les tribunaux correctionnels sont seuls compétens pour connaître des diffamations commises à leur égard. Cas. 14 avr. 1831.

14. Peuvent-ils être révoqués par le gouvernement sans aucune condamnation préalable?

L'affirmative résulte implicitement d'une ordon. du 3 juil. 1822, qui a destitué un avoué de Joigny, impliqué dans une accusation de complot, mais contre lequel la Cour de Paris avait décidé qu'il n'y avait lieu à suivre.

Cette solution nous semble contraire à la loi et à l'équité. En effet, la loi du 27 vent. an 8, porte : Art. 92. *Les greffiers seront nommés par le premier consul, qui pourra les révoquer à volonté; et art. 95 : Les avoués seront nommés par le premier consul sur la présentation du tribunal dans lequel ils devront exercer leur ministère.* Conséquemment les avoués n'étaient

pas révocables comme les greffiers. Cette différence est en
outre fondée, 1° sur le mode de nomination, et 2° sur la nature des fonctions respectives : les greffiers occupent un emploi,
les avoués exercent une profession indépendante, placée comme
tous les états privés, hors des atteintes du pouvoir. — Enfin,
le décret du 30 mars 1808 établit, art. 102 et 103, des peines
contre les avoués qui se rendent coupables de contraventions
aux lois et réglemens, et détermine les formes que les tribunaux doivent suivre pour les appliquer; or, si les peines disciplinaires ne peuvent être prononcées que sur une décision
judiciaire, et après que l'avoué a été entendu, sa révocation ne
saurait être arbitraire. Elle ne peut être prononcée par le garde-des-
sceaux que lorsque les tribunaux ont reconnu l'existence d'un fait
suffisant pour la motiver. Il y a plus, et quand on admettrait la révo-
cabilité des avoués sans une condamnation préalable, sous la
loi du 27 vent. an 8, il est certain qu'elle aurait cessé depuis la
loi du 28 avr. 1816. En effet, en accordant aux avoués le droit
de présenter leurs successeurs, cette loi leur a donné la libre
disposition de leurs offices; aussi, son art. 91, § 2 porte-t-il :
Il sera statué par une loi particulière sur l'exécution de cette
disposition et sur les moyens d'en faire jouir les héritiers, ou
ayans-cause desdits officiers. L'art. 95 prévoit un seul cas de
remplacement, celui où les fonctionnaires ne paieraient pas
exactement leur cautionnement; hors ce cas, ils ne peuvent
donc pas être remplacés. L'art. 91 dit bien que le droit de présentation n'aura pas lieu au profit des officiers ministériels destitués; mais il ne doit s'entendre que des cas où la destitution
aura été prononcée dans les formes établies par la loi : autrement il suffirait, pour rendre la loi de 1816 inapplicable, de
destituer d'abord un fonctionnaire pour refuser ensuite le successeur qu'il présenterait. Enfin, la révocation arbitraire ne
serait autre chose qu'une véritable confiscation prohibée par
la Charte, et aurait pour effet de répandre l'alarme parmi
tous les fonctionnaires, et de leur enlever l'indépendance nécessaire à l'exercice de leur profession. *Cons. Avoc. de Paris*, 24
juil. 1822.

§ 2. — *Admission aux fonctions d'avoué.*

15. Pour être admis aux fonctions d'avoué, il faut :
1° Jouir de l'exercice des droits civils et de citoyen. Aujour-
d'hui, il peut être suppléé aux anciennes cartes civiques *par un
certificat du maire du domicile* constatant que celui qui en est porteur n'est dans aucun cas de suspension ou de privation totale
des droits civils ou politiques qui l'empêcheraient d'exercer une
fonction publique. Décis. du garde-des-sceaux.

16. 2° Avoir satisfait aux lois sur le recrutement. Décr. 17 therm. an 12.

17. 3° Etre âgé de 25 ans accomplis (L. 25 vent. an 8, art. 95). La loi n'autorise pas de dispenses; son silence met le gouvernement dans l'impossibilité d'en accorder.

18. 4° Représenter un certificat de capacité délivré dans une Faculté de droit. L. 22 vent. an 12, art. 25.

Le diplôme de bachelier en droit n'équivaut pas au certificat de capacité. Mais il en est autrement de celui de licencié. Carré, *Lois d'organ.* t. 1, p. 320.

A Paris, le diplôme de licencié est exigé par la Chambre des avoués, soit en première instance, soit à la Cour.

19. 5° Justifier d'un stage de cinq ans de cléricature chez un avoué (Décr. 6 juil. 1810, art 115). — Ce stage est réduit à trois ans pour les licenciés en droit. (Décr. du garde-des-sceaux, 20 déc. 1827.) — Toutefois, la chambre des avoués près le tribunal de la Seine exige, même des licenciés en droit, cinq ans de cléricature, dont un an en qualité de principal clerc.

Le défaut de continuité du stage jusqu'à l'admission n'est point considéré comme un obstacle à la nomination du candidat. Tel est l'usage au ministère de la justice. — A plus forte raison, l'avoué qui a cessé ses fonctions depuis plusieurs années, peut il aspirer de nouveau aux mêmes fonctions sans un nouveau stage.

20. 6° Rapporter un certificat de moralité et de capacité donné par la chambre des avoués du tribunal près lequel on veut occuper. L. 27 vent. an 8, art. 95.

Dans les tribunaux où il n'existe que trois ou quatre avoués, le certificat est délivré par la compagnie tout entière, qui remplit les fonctions de la chambre.

Dans l'usage on exige un certificat de bonnes vie et mœurs délivré, tant par le maire du domicile du postulant, que par le maire du domicile de ses père et mère, s'ils sont distincts.

Ces divers certificats doivent être timbrés et légalisés.

21. 7° Etre présenté par un titulaire, sa veuve ou ses héritiers. L. 28 avr. 1816, art. 91. — A moins qu'il n'y ait une vacance : alors, la présentation est faite par le tribunal devant lequel l'avoué doit exercer et adressée au garde-des-sceaux par le procureur-général près la Cour royale du ressort qui donne en même temps son avis. L. 27 vent. an 8, art. 93; Décr. 13 fruct. an 9, art. 2.

22. 8° Etre nommé par ordonnance du roi. L. 27 vent. an 8, art. 93.

23. 9° Justifier du versement d'un cautionnement (L. 28 avr.

1816, art 92, 96), et de l'acquit des droits d'enregistrement sur le cautionnement, fixés au dixième. — V. *Cautionnement.*

Toutes les pièces justificatives soumises au procureur du roi, qui donne son avis, sont transmises au ministre de la justice par l'intermédiaire du procureur-général.

24. 10° Enfin, prêter serment de fidélité au roi des Français, à la Charte constitutionnelle et aux lois du royaume, devant le tribunal près lequel on occupe. LL. 22 vent. an 12, art. 31, 3 août, 2 sept. 1830.

§ 3. — *Fonctions des avoués; cas où leur ministère est nécessaire, facultatif et prohibé.*

25. Les fonctions d'avoués près les tribunaux civils, et celles d'avoués près les tribunaux criminels ont été, pendant quelque temps, séparées, et exercées par des individus différens.

Cette distinction a été abolie par une loi du 29 pluv. an 9°, qui admet les avoués de première instance et d'appel à exercer leur ministère près des tribunaux criminels, et permet aux avoués des tribunaux criminels d'exercer près d'un tribunal d'appel ou de première instance, en fournissant un supplément de cautionnement.

Aujourd'hui, il n'y a plus d'avoués spécialement attachés aux tribunaux criminels; ce sont les avoués des tribunaux de première instance et des Cours royales qui en remplissent les fonctions. Décr. 6 juil. 1810, art. 112 et suiv.

Art. 1. — *Matières civiles.*

26. Les avoués exercent en matière civile deux espèces de fonctions :

1° Ils *représentent* les parties dans les affaires contentieuses, et peuvent les défendre dans certaines circonstances (— V. *inf.* n° 36). — 2° Ils poursuivent les ventes qui ont lieu en justice, et font tous les actes nécessaires pour arriver à l'adjudication; tels que rédaction et dépôt du cahier des charges, rédaction des affiches et insertion dans les journaux des annonces destinées à donner de la publicité aux ventes ; ils ont seuls le droit d'enchérir lors des adjudications préparatoires et définitives, aux audiences des criées.

27. Ils peuvent, en cas d'absence des juges titulaires et suppléans, et des avocats inscrits au tableau, être appelés à compléter le tribunal près lequel ils exercent leurs fonctions. — V. *Jugement, Organisation judiciaire.*

28. La *représentation* comprend le droit de postuler et de conclure. L. 27 vent. an 8, art. 94; 20 mars 1791, art. 3.

29. *Postuler.* C'est faire tout ce qui est nécessaire à l'instruction d'un procès, rédiger et faire signifier les actes et requêtes; enfin, remplir les formalités prescrites par la loi pour éclairer le juge et le mettre en état de prononcer en connaissance de cause. Les avoués ont *seuls* caractère pour signer les requêtes signifiées pendant le cours des instances dans lesquelles ils occupent.

30. *Conclure.* C'est présenter au tribunal le résumé des réclamations d'une partie.

Les avoués doivent poser les conclusions que leur indique la partie, quoiqu'elles leur paraissent dénuées de fondement.
— A moins, cependant qu'elles ne soient ouvertement mal fondées, comme réprouvées par une loi précise ou par des pièces non attaquées. Pigeau, t. 1, p. 134.

31. L'avoué représente tellement sa partie, que les actes qui lui sont signifiés ou communiqués sont censés l'être à son client. Ainsi, la signification d'un jugement par défaut (C. pr. 155), l'opposition à un jugement de cette nature (*ib.* 160), l'appel d'un jugement en matière de contribution et d'ordre (*ib.* 669, 763), l'assignation pour assister à une enquête (*ib.* 261), n'ont besoin d'être signifiés qu'à l'avoué. La constitution d'avoué emporte élection de domicile chez l'avoué constitué (*ib.* 61).

Lorsque la loi exige la communication directe à la partie, par exemple, pour la signification des jugemens contradictoires, elle ordonne en même temps qu'elle soit faite préalablement à l'avoué.

32. Réciproquement, les actes faits par l'avoué sont réputés l'être par la partie. Ainsi, en matière de vérification d'écriture, il a caractère, 1° pour signer la pièce contestée, et constater son état (C. pr. 196, 198); — 2° pour convenir des pièces de comparaison. Bordeaux, 31 juil. 1829.

33. Il est réputé, par la loi, maître du procès pour tout ce qui concerne l'instruction de l'affaire. L. 22 et 23. *C. de procurat.* Rodier, *tit.* 31 ord., art. 12.

34. Les aveux et concessions faits par lui sont même acquis à l'adversaire, et lient sa partie jusqu'à *désaveu.* — *V.* ce mot.

35. Enfin, le décès ou la cessation de fonctions de l'avoué interrompent l'instance. —V. *Reprise d'instance.*

36. *Plaidoirie.* La loi du 27 vent. an 8 avait concédé aux avoués le droit de plaider concurremment avec les avocats dans toutes les causes où ils occupaient (art. 12), parce que les tableaux d'avocats n'étaient pas encore formés.

Mais ce droit a été successivement restreint par les décr. des 14 déc. 1810 et 2 juil. 1812, et l'ordon. du 27 fév. 1822.

37. Cette ordonnance doit-elle être exécutée, ou au contraire réputée inconstitutionnelle? En faveur de la dernière opinion, on dit que d'après la Charte de 1814, sous l'empire de laquelle a été rendue l'ordonn. de 1822, les réglemens et ordonnances émanés de la puissance exécutive ne pouvaient avoir pour objet que l'exécution des lois, et que, loin de se borner à régler la faculté de plaider, l'ordonnance dont il s'agit, abroge plusieurs dispositions des lois antérieures qui attribuaient des droits plus étendus aux avoués. — Mais on répond que l'art. 93 de la loi du 27 vent. an 8, ne garantit aux avoués que le droit exclusif de postuler et de prendre des conclusions devant les tribunaux, droit auquel l'ordonnance de 1822 n'a porté aucune atteinte; l'incompatibilité entre la profession d'avocat et les fonctions d'avoué, consacrée par les principes les plus anciens du droit français, a été reconnue par l'art. 18 du décret du 14 déc. 1810, et, à cet égard, l'ordonnance de 1822 s'est bornée à assurer l'exécution des principes anciens de l'art. 93 de la loi du 27 vent. an 8, et des art. 38 de la loi du 22 vent. an 12, et 1042 C. pr., qui délèguent au gouvernement le soin de faire les réglemens sur la discipline du barreau et des tribunaux. Nancy, 26 juil. 1827, 15 janv. 1829. *Contrà.* — Trib. Apt, 5 juin 1832.

38. Aujourd'hui, les avoués ne peuvent plus plaider dans les affaires où ils occupent devant les Cours et tribunaux, que *les incidens de procédure,* et *les demandes incidentes* susceptibles d'être jugées sommairement. Ord. 27 fév. 1822, art. 5.

Il ne faut pas confondre les *affaires sommaires* avec les *incidens de procédure* et les *demandes incidentes*, qui doivent être jugés *sommairement*.—V. *Sommaire.*

39. La prohibition de plaider ne s'applique pas aux avoués qui, en vertu de la loi du 22 vent. an 12, ont obtenu le grade de licencié en droit avant la publication du décret du 2 juil. 1812. Ord. 1822, art. 1er.

40. Elle souffre encore exception à l'égard de tous les avoués, 1° dans le cas de maladie, absence ou refus de plaider, de la part des avocats, ou lorsqu'ils sont engagés à l'audience d'une autre chambre séant en même temps. Le tribunal peut alors autoriser l'avoué à plaider en toute espèce de cause. Décr. 2 juil. 1812, art. 5.

41. 2° Lorsque le nombre des avocats inscrits au tableau ou stagiaires, exerçant et résidant dans le chef-lieu, est jugé insuffisant pour la plaidoirie et l'expédition des affaires. Les avoués, même non licenciés, peuvent, dans ce cas, plaider toutes les affaires dans lesquelles ils occupent. Ord. 27 fév. 1822, art. 2.

42. Chaque année, dans la première quinzaine du mois de

novembre, les Cours royales arrêtent l'état des tribunaux de première instance de leur ressort, où les avoués peuvent jouir de cette faculté. *Ibid*, art. 3.

43. Les délibérations des Cours, en exécution de cette disposition, sont prises à la diligence des procureurs-généraux, sur l'avis motivé des tribunaux de première instance; elles sont soumises à l'approbation du garde-des-sceaux, et reçoivent provisoirement leur exécution. *Ib.*, art. 4.

Mais une fois que la délibération de la Cour a reçu la sanction du ministre de la justice, les tribunaux sont forcés de s'y conformer. Nîmes, 20 juil. 1832.

44. Le droit de plaider les causes sommaires dans lesquelles ils occupent, accordé aux avoués des tribunaux des chefs-lieux de département, par l'art. 3 du décr. du 2 juil. 1812, a-t-il été abrogé par l'art. 5 de l'ordonn. du 27 avr. 1822?

D'un côté, l'on soutient qu'il n'existe pas de contrariété formelle entre ces deux textes. Indépendamment du droit conféré, tant aux avoués des Cours qu'aux autres avoués, par l'ordonn. de 1822, de plaider les incidens relatifs à la procédure, et les demandes incidentes sommaires (—V. *sup.* n° 58), l'art 3 du décr. de 1812 avait attribué aux avoués des tribunaux des chefs-lieux de département le droit de plaider les causes sommaires. Or, avoir conservé à ces divers avoués un droit qui leur était commun, n'est pas avoir prononcé sur un autre droit particulier aux avoués des chefs-lieux qui ne sont nommés ni dans le préambule, ni dans les art. de l'ordon. de 1822; ce n'est pas avoir implicitement dérogé à la disposition spéciale, de laquelle le droit particulier résulte en leur faveur. Il n'a pas d'ailleurs été dérogé à l'art. 67 du tarif, qui n'alloue aucun honoraire dans les affaires sommaires : d'où il suit qu'une partie est autorisée à se contenter du ministère de son avoué, et n'est pas tenue, dans ces sortes de causes, de payer à un avocat des honoraires qu'elle n'aurait pas le droit, en cas de succès, de répéter de sa partie adverse. — Mais ce système a été repoussé plusieurs fois par la Cour suprême, notamment par un arrêt rendu dans l'intérêt de la loi, le 18 juil. 1827, ainsi motivé :

Considérant que, par l'ordon. du 27 avril 1822, formant un réglement d'administration publique, la plaidoirie a été exclusivement conférée aux avocats; que cette ordonnance n'a établi, quant au droit de plaider, que deux exceptions en faveur des avoués; que l'une de ces exceptions s'applique aux avoués qui ont obtenu des lettres de licence depuis la loi du 22 vent. an 12 jusqu'à la publication du décret du 2 juillet 1812; que l'autre exception concerne les avoués même non licenciés qui postulent près les tribunaux, dans lesquels le nombre des avocats est reconnu insuffisant;

Considérant que l'ordon. de 1822 n'a conservé aux avoués des chefs-lieux de département, hors ces deux exceptions, que le droit de plaider, dans les affaires où ils occupent, les demandes incidentes de nature à être jugées sommairement, et les incidens de procédure ; qu'il a été évidemment dérogé par cette ordon. à l'art. 3 du décret du 2 juil. 1812 ; que la Cour royale s'est vainement fondée sur l'art. 67 du tarif, qui défend d'allouer des honoraires aux avocats dans les affaires sommaires, qu'en effet cette défense, utile aux parties et honorable pour le barreau, se concilie très-bien avec le droit exclusif de plaider, accordé aux avocats par cette ordonnance. — Casse.

Cas. 11 déc. 1826, 11 janv. 1827 (S. 27, 79, 225); Aix, 31 mai 1826; Montpellier, 7 mars 1826; Nancy, 26 juil. 1827; Metz, 26 nov. 1823 (S. 26, 28). *Contrà.*—Amiens, 31 déc. 1824, 24 avr. 1825; Aix, 2 août 1825 (S. 26, 235).

45. Les contestations entre le ministère public et les avoués, sur l'exercice du droit de plaidoirie conféré à ces derniers, doivent être jugées en audience publique, et par la juridiction ordinaire; on ne peut procéder par voie réglementaire en la chambre du conseil. Amiens, 31 déc. 1824.

46. Les avoués n'ont point qualité pour intervenir dans un débat où l'on conteste à l'un d'eux le droit de plaider certaines causes. Aix, 2 août 1825 (S. 26, 235).

47. *Cas où le ministère des avoués est nécessaire, facultatif, ou prohibé.* Le ministère des avoués est, suivant les circonstances, nécessaire, facultatif ou prohibé.

48. *Nécessaire.* Les avoués ont *exclusivement* le droit de postuler et de prendre des conclusions devant le tribunal près lequel ils sont établis (L. 27 vent. an 8, art. 94). Conséquemment, les parties sont en général obligées de se faire assister par eux dans toutes les affaires portées devant les tribunaux civils de première instance et les cours royales. Peu importe qu'elles plaident elles-mêmes leur cause. C. pr. 85.

49. Tous les actes exigés, pour arriver à l'adjudication, sont également de la compétence *exclusive* des avoués, en matière de ventes de rentes sur particuliers, et de toute espèce de ventes ou mutations d'immeubles adjugés à l'audience du tribunal.—V. *inf.* n° 71.

50. L'assistance des avoués est encore indispensable pour les acceptations sous bénéfice d'inventaire, et les renonciations, soit de succession, soit de communauté, faites au greffe. Leur présence est en effet nécessaire pour certifier au greffier l'identité des parties. Arg. tar. 91.

51. Tout individu convaincu de se livrer à la postulation est condamné, par corps, pour la première fois, à une amende qui ne peut être au-dessous de 200 fr., ni au-dessus de 500 fr., et pour la deuxième fois, à une amende qui ne peut être au-dessous de 500 fr., ni excéder 1000 fr. Il est de plus déclaré incapable d'être nommé aux fonctions d'avoué.

Dans tous les cas, le produit de l'instruction faite en contravention est confisqué au profit de la chambre des avoués, et applicable aux actes de bienfaisance exercés par cette chambre. Décr. 19 juil. 1810, art. 1er.

52. Ces peines ne peuvent être prononcées que contre celui qui s'approprie les produits des actes au préjudice des avoués. Ainsi, elles sont inapplicables à l'avocat qui a rédigé les qualités d'un jugement, s'il ne s'en est pas attribué le produit, et s'il a enjoint à l'huissier de ne les signifier qu'après les avoir fait signer par l'avoué. Bruxelles, 21 avr. 1813 (S. 15, 43).

53. L'avoué convaincu de complicité du délit de postulation est, pour la première fois, puni d'une amende qui ne peut être au-dessous de 500 fr. ni excéder 1,000 fr., applicable comme il est dit au n° 51, et pour la deuxième fois, d'une amende de 1,500 fr., et de destitution de ses fonctions. *Ib.*, art. 2.

54. Mais un avoué peut, sans encourir de reproches, signer des actes de son ministère rédigés par d'autres personnes. En effet, il se les approprie par sa signature et s'en rend responsable. Bruxelles, 21 avr. 1813 (S. 15, 43); Carré, L. de pr., t. 3, p. 705.

55. Les peines prononcées contre les postulans et leurs complices, le sont sans préjudice des dommages-intérêts et autres droits des parties qui se trouvent lésées par l'effet de ces contraventions. *Même décr.*, art. 3.

56. C'est aux tribunaux civils, et non aux tribunaux correctionnels qu'appartient la connaissance du délit de postulation. Arg. décr. du 19 juil. 1810; Cas. 20 juil. 1821.

57. La contravention peut être poursuivie, soit d'office par les procureurs-généraux et leurs substituts, soit sur la plainte de la chambre des avoués. *Même décr.* art. 4 et 5.

58. Elle est constatée par voie de perquisitions faites en présence d'un juge de paix ou d'un commissaire de police, par saisie de papiers (*Ib.*, art. 4 et 6.), et par la preuve testimoniale. Montpellier, 6 mars 1826 (S. 27, 52).

59. Le jugement qui intervient est toujours susceptible d'appel. *Même décr.*, art 7.

60. Le ministère des avoués est-il nécessaire en matière de référé, et d'expropriation, en cas d'urgence, des propriétés nécessaires aux travaux des fortifications? — V. *Expropriation, Référé*.

61. *Facultatif.* Certaines parties sont dispensées de la nécessité de se faire représenter par des avoués devant les tribunaux de première instance et les Cours royales. — V. *Ajournement*, n° 57 et suiv.

62. Tels sont : 1° les préfets agissant au nom de l'État, dans les affaires domaniales. La loi du 27 vent. an 8 ne s'applique

en effet qu'aux procès entre particuliers, et nullement à celles
qui intéressent l'Etat. Dans ces sortes de causes, ce sont les
membres du parquet qui sont considérés comme les défenseurs
de l'Etat, et qui doivent remplir les fonctions attribuées aux
avoués dans les matières ordinaires (LL. 19 niv. an 4, et 17
frim. an 6). Vainement, on prétendrait que ces lois spéciales
ont été abrogées par l'art. 83. C. pr. portant que les causes intéressant l'Etat seront communiquées au ministère public, ce
qui impliquerait contradiction, si les procureurs du roi étaient
parties principales dans ces instances; en effet, on pourrait
répliquer que par ces mots : *seront communiquées*, le législateur
a seulement voulu ordonner que le ministère public serait entendu; mais il y a une réponse encore plus péremptoire :
quoique chargés de défendre l'Etat, les membres du parquet ne sont pas ses représentans, puisqu'ils sont uniquement
astreints à remettre à l'audience les mémoires qui leur sont
adressés par les préfets, et à prendre *telles conclusions* que la
nature de l'affaire leur paraît devoir exiger (Arr. Cons. 10
therm. an 4, art. 2); il est donc juste de dire que les causes
leur sont communiquées, et les lois spéciales ci-dessus relatives
n'ayant été abrogées par aucun texte spécial, il faut en conclure qu'elles sont encore en vigueur comme celles relatives à
la procédure en matière de douanes et d'enregistrement.— V.
inf. n°ˢ 65 et suiv. Arr. 10 therm. an 4, art. 2 ; Av. Cons.-
d'Et. 1ᵉʳ mai et 12 juin 1807; Cas. 3 mes. an 10; 29 therm. an
10; 7 janv. 1818; 29 août 1828 (S. 2, 383—18, 199—20, 502
et 489—29, 25); Pau, 25 janv. 1827 (S. 28, 91); Merlin,
Quest. Dr. v° *Avoué*, § 4. *Contrà.*—Toulouse, 24 janv. 1827 (S.
27, 123); Montpellier, 11 déc. 1826 (S. 28, 90).

63. Cependant, les préfets peuvent, lorsqu'ils le jugent convenable, renoncer à l'exception introduite en faveur de l'Etat,
et se faire assister par des avoués : aucune loi ne leur interdit
cette faculté, et ils doivent en faire usage toutes les fois que la
nature de l'affaire l'exige, notamment en matière de saisie immobilière et d'ordre. Nancy, 28 mars 1831 (S. 31, 158); Bourges,
7 fév. 1828; Poitiers, 5 fév. 1829 (S. 29, 256); Colmar, 12
mars 1831; Toulouse, 29 juin 1831 (S. 31, 327); Décis. min.
just. et fin. 25 fév. et 8 mars 1822; *Contrà.* — Nancy, 11
et 15 juin 1830.

64. 2° La régie des contributions indirectes, et la partie plaidant contre elle : les frais extraordinaires qui peuvent être la
conséquence de la constitution d'un avoué dans ces sortes d'affaires, n'étant pas nécessaires et forcés, demeurent à la charge
de ceux qui les ont faits. L. 22 frim. an 7, art. 65; 5 vent. an
12, art. 88; 27 vent. an 9, art. 17; Cas. 26 mars 1827.

65. 3° La régie du timbre et de l'enregistrement. Elle est soumise aux mêmes règles que la régie des douanes. L. 25 vent. an 9, art. 17; 22 frim. an 7, art. 65; 27 vent. an 9, art. 17; Rennes, 11 avr. 1814; Cas. 20 mars 1826; 26 mars 1827. — V. *inf.* n° 69.

66. Peu importe qu'il s'agisse d'une contestation élevée à l'occasion de la taxe des salaires dus à un gardien établi lors d'une saisie pratiquée par la régie pour le paiement d'une contrainte décernée contre un redevable. Cas. 23 août 1830 (S. 30, 376), ou d'une demande en validité d'une saisie-arrêt, si la déclaration du tiers saisi n'est pas contestée. Cas. 7 janv. 1818, 27 juin 1823 (S. 23, 342).

67. Mais il en est autrement dans le cas où la déclaration du tiers est contestée. Les règles spéciales tracées par la loi du 22 frim. an 7, ne s'appliquent qu'aux instances entre la régie et le redevable; lorsque des tiers s'y trouvent engagés, il faut nécessairement recourir aux formes ordinaires. L. 27 vent. an 9, art. 17; Ar. Cons.-d'État, 12 mai 1807; Cas. 29 avr. 1818. — V. *Ajournement*, n° 59.

68. Les mêmes raisons existent à l'égard des contestations élevées à un ordre ou à une contribution, aussi la régie est-elle, dans ces circonstances, forcée de constituer avoué. Bruxelles, 11 avr. 1810 (S. 11, 449). — V. *Enregistrement*.

69. 4° La régie des douanes. Elle est dispensée d'employer le ministère des avoués lorsqu'elle se borne à une instruction sur simple mémoire. Cas. 1er germ. an 10 (S. 7, 2, 801), 16 mes. an 13 (S. 20, 489). Au contraire, il en est autrement, lorsqu'elle veut faire présenter ses agens à la barre, prendre des conclusions et plaider. Cas. 10 déc. 1821 (S. 22, 267). — V. *Douanes*.

70. Mais aucune loi spéciale n'ayant soustrait la caisse des invalides à l'obligation générale de constituer avoué, elle ne saurait se passer du ministère de ces officiers ministériels dans les instances relatives aux droits dont la perception lui est confiée. Cas. 12 août 1818 (S. 19, 225).

71. Le ministère des avoués est facultatif à l'égard de toutes les parties : 1° en matière de vente renvoyée devant notaire.

Dans ce cas, la rédaction du cahier des charges et les autres actes qui précèdent la vente, peuvent être faits, soit par les parties elles-mêmes, soit par le notaire délégué, ou toutes autres personnes de confiance que les parties voudraient charger de cette mission. L. 27 vent. an 8, art. 94; C. pr. 957, 962. Cas. 25 juin 1828 (S. 28, 305).

Les enchères sont reçues de la part de toutes personnes, à moins qu'une clause contraire n'ait été insérée dans le cahier des charges.—V. *Licitation*, *Saisie de rentes*, *Saisie immobilière*, *Ventes judiciaires.*

2° S'il s'agit de demandes en restitution de pièces produites. C. pr. 107. — V. *Communication de pièces.*

72. *Prohibé.* Le ministère des avoués est prohibé : 1° dans toutes les affaires de la compétence des tribunaux de paix, des tribunaux de commerce, et des tribunaux de première instance jugeant commercialement. Les avoués ne peuvent se présenter dans ces sortes d'affaires que comme simples mandataires et en vertu d'un pouvoir spécial. C. com., art. 627, 640, 642; Rennes, 3 mai 1810.

2° Dans le cas d'interrogatoire sur faits et articles, la partie interrogée ne peut répondre avec l'assistance d'un conseil. C. pr. 333.

3° En matière de séparation de corps, lors de la comparution des époux en personne devant le président. C. pr. 877. —V. *Interrogatoire*, *Séparation de corps.*

Art. 2. — Matières criminelles.

73. Les avoués remplissent, en matière criminelle, la double fonction de *conclure* et de *plaider* pour les parties.

74. Dans les affaires relatives à des délits n'entraînant pas la peine d'emprisonnement, ils peuvent même représenter les prévenus; néanmoins le tribunal a le droit d'ordonner la comparution de ceux-ci en personne. C. instr. crim., art. 185.

75. Les avoués n'ont-ils le droit de plaider devant les tribunaux correctionnels et la Cour d'assises, que dans les circonstances où il leur est permis de plaider devant les tribunaux civils ?

La négative résulte des termes de l'art. 295 C. inst. crim. «Le conseil de l'accusé ne pourra être choisi par lui, ou désigné par le juge, que parmi les avocats ou *avoués* de la Cour royale ou de son ressort.» Cet article, attributif du droit de plaidoirie aux avoués, ne contient aucune des restrictions établies pour les matières civiles; et les ordonnances des 27 fév. et 20 nov. 1822 ne lui ont apporté aucune modification; on ne saurait donc, sans porter atteinte au droit sacré de la défense, et aux prérogatives des avoués, leur interdire, dans aucun cas, la plaidoirie devant les tribunaux criminels. Paris, 21 juil. 1826. (S. 26, 239); Cas. 23 juin 1827, 12 et 25 janv. 1828 (S. 28, 231); Riom, 15 nov. 1827 (S. 28, 6).

76. Néanmoins il ne faut pas induire des termes généraux de l'art. 295 C. instr. crim., que les avoués puissent plaider devant tous les tribunaux dépendant de la Cour dans le ressort de laquelle ils occupent; ils n'ont le droit de se présenter que devant la Cour ou le tribunal près lequel ils exercent leurs fonctions. Arg. L. 27 vent. an 8, art. 93, 94; Décr. 29 pluv. an 9, art. 1, 2; Cas. 3 oct. 1822 (S. 22, 394); 7 mars 1828 (S. 28, 264).

77. Toutefois, dans les lieux où il n'y a pas de Cour royale, les avoués près le tribunal de première instance peuvent exercer leur ministère devant la Cour d'assises. Décr. 6 juil. 1810, art. 113.

78. Le ministère des avoués est nécessaire pour les prévenus d'un délit n'entraînant pas la peine de l'emprisonnement, qui ne comparaissent pas en personne. L'art. 185 C. inst. crim. ne leur permet pas de se faire représenter par d'autres mandataires.

79. En est-il de même lorsque le prévenu comparaît en personne, soit devant un tribunal correctionnel, soit devant une Cour d'assises? La négative est évidente, quand le prévenu, se renfermant dans sa défense, qui est de droit naturel, se borne à repousser l'accusation dirigée contre lui. —Mais s'il réclame des dommages-intérêts contre une partie civile, la question devient plus délicate. On peut dire en effet que dans ce cas il devient demandeur à fins civiles, et que, par assimilation à ce qui se pratique devant les tribunaux de première instance, il doit être astreint à constituer avoué. Cependant on répond, avec raison, qu'aucune disposition législative n'oblige à rédiger par écrit et à déposer sur le bureau les conclusions prises devant les tribunaux criminels; que, par conséquent, il est impossible, dans le silence de la loi, d'exiger la présence d'un avoué, surtout lorsque les art. 185, 295, 417 et 468 C. inst. crim., les seuls où il soit fait mention de ces officiers ministériels, ne prescrivent en aucune façon aux parties la nécessité d'employer leur ministère. Cas. 14 août 1823 (S. 25, 5); 17 fév. 1826 (S. 26, 316); 25 nov. 1831 (S. 32, 681). *Contrà.* — Circ. min. just. 10 avr. 1815; Legraverend, t. 2, p. 389, note 3.

80. La partie civile peut, par les mêmes motifs, se dispenser de l'assistance d'un avoué, soit devant les tribunaux correctionnels, soit devant les Cours d'assises.

81. Dans tous les cas, la partie civile, l'accusé ou le prévenu, peuvent faire présenter leur demande ou défense par un avocat. Seulement, le prévenu qui ne comparaît pas en personne, doit en outre être représenté par un avoué. —V. *sup.* n° 78.

§ 4. — *Fonctions et opérations incompatibles avec la qualité d'avoué.*

82. Les fonctions d'avoué sont incompatibles avec celles d'avocat (Ord. 20 nov. 1822 , art. 42). — De receveur des finances (Angers , 8 déc. 1850, S. 31 , 87).—De conseiller de préfecture (Av. Cons.-d'Etat, 8 juil. 1808). —De préfet , ou sous-préfet. —De greffier , notaire et huissier. — Avec toutes les fonctions de l'ordre judiciaire autres que celles de juge-suppléant. Arg. Ord. 20 nov. 1822 , art. 42.

85. Les avoués ne peuvent devenir cessionnaires des procès, droits et actions litigieux de la compétence du tribunal dans le ressort duquel ils exercent leurs fonctions, à peine de nullité, et des dépens, dommages et intérêts (C. civ. 1597). Leur institution a pour but de faciliter la dispensation de la justice : il ne doit donc pas leur être permis de trafiquer des procès; leur position pourrait d'ailleurs faire craindre qu'ils n'exerçassent une certaine influence sur l'esprit des magistrats. — V. *Droits litigieux.*

84. La loi ne prohibe la cession que des droits litigieux de la compétence du tribunal dans le ressort duquel l'avoué exerce ses fonctions ; il peut donc acquérir ceux qui sont de la compétence d'un autre tribunal.

85. Peu importe que ce tribunal soit du ressort de la même Cour : la loi ne fait aucune distinction; d'ailleurs, les mêmes motifs de décider n'existent plus : un avoué exerçant près d'un tribunal de première instance, ne peut avoir aucune influence sur les magistrats composant la Cour dont ce tribunal ressortit. Ord. 1629; Colmar, 11 mars 1807; Trèves, 24 juin 1807; *Contrà.* — Amiens, 11 prair. an 13.

86. Dans aucun cas, le ministère public n'a d'action pour demander la nullité d'une cession de droits litigieux consentie à un avoué. Cas. 29 fév. 1832 (S. 32 , 364).

§ 5. — *Constitution de l'avoué.*

Art. 1. — *Nécessité d'un pouvoir pour l'avoué.*

87. *Nécessité d'un pouvoir.* Les avoués ne peuvent, sous peine de désaveu , occuper pour les parties que lorsqu'ils ont reçu d'elles le pouvoir de conclure en leur nom.

88. Ce pouvoir peut être limité à certains actes: ainsi , un avoué peut être constitué seulement pour opposer un déclinatoire , et n'avoir aucun pouvoir de plaider au fond. Cas. 18 janv. 1850.

89. Quelque général que soit le pouvoir donné à un avoué, il ne renferme, à moins d'une stipulation précise, que la faculté de faire les actes qui dépendent de son ministère. Bordeaux, 30 juil. 1829 (S. 30, 7). Quand même il serait autorisé à faire tout ce que le client pourrait faire lui-même. Grenoble, 23 fév. 1827 (S. 27, 157).

90. Il n'a pas qualité pour recevoir le paiement du créancier dont il est chargé de poursuivre le recouvrement. Colmar, 18 avr. 1806 (S. 6, 979).

Ainsi, la remise d'un bordereau de collocation, et la quittance donnée au débiteur par l'avoué du créancier, n'établissent pas suffisamment sa libération, lorsque le créancier nie avoir profité du paiement fait à son avoué, et que le contraire n'est pas établi. Dans ce cas, l'avoué ne peut être réputé le mandataire de son client. Cas. 23 juil. 1828 (S. 28, 308).

91. L'avoué mandataire de la partie, tant à l'effet de gérer ses affaires, que de la représenter en justice, ne peut recevoir les actes qui doivent être signifiés à partie, à moins d'une élection expresse de domicile chez lui par son client. Turin, 6 fruct. an 15 (S. 7, 2, 910); Cas. 22 et 24 juin 1806 (S. 7, 2, 910—14, 39).

92. L'avoué peut-il interjeter appel? M. Merlin (*Quest. de Dr.*, v° *Appel*, § 3) pense qu'il a ce droit, s'il a reçu mandat de poursuivre l'affaire jusqu'à jugement définitif. Mais il ne faut pas confondre un jugement *définitif* avec un jugement *en dernier ressort*; et, à moins d'une clause expresse, la partie est présumée ne s'en rapporter à l'avoué que pour les actes qui précèdent le jugement qui termine l'instance devant les premiers juges. Bruxelles, 14 janv. 1812 (S. 14, 361). Au surplus, dans la pratique, les avoués près le tribunal de la Seine ont toujours soin d'exiger un pouvoir spécial pour interjeter appel: la prudence exige qu'ils prennent cette précaution.

93. Aucune offre, aucun aveu ou consentement, ne peuvent être faits ou acceptés par l'avoué sans un pouvoir spécial (C. pr. 352). Celui qui dépasse les bornes du mandat qui lui est donné, s'expose à être désavoué par la partie. — V. *Désaveu.*

94. Les avoués peuvent exercer pour toutes personnes, même pour eux, leur femme, leurs enfans, leurs parens les plus proches. Pigeau, t. 1, p. 133.

95. *Durée des pouvoirs.* Les fonctions de l'avoué finissent comme celles de tout mandataire: 1° Par sa révocation; 2° par sa renonciation au mandat; 3° par la mort naturelle ou civile, l'interdiction ou la déconfiture, soit du client, soit de l'avoué; 4° par le jugement, ou la transaction, qui termine le procès. C. civ., 2003.

96. 1° *Par sa révocation.* Toutefois, cette révocation n'a

d'effet à l'égard des tiers, que si elle est accompagnée de la constitution d'un nouvel avoué. Les procédures faites, et les jugemens obtenus contre l'avoué non remplacé, sont valables. C. pr., 75.

Ainsi, l'avoué peut, malgré la révocation, occuper sur l'opposition formée contre l'arrêt de défaut qu'il a obtenu (Cas. 1er août 1810); mais il n'est plus tenu que d'avertir son client des poursuites. Berriat, p. 74, note 25, n° 1.

La révocation est valable, quoique non enregistrée. Toulouse, 13 mai 1826.

97. Lorsque la révocation n'a pas eu lieu avant la prononciation du jugement définitif, elle ne peut plus être faite que postérieurement à la signification du jugement. Il suffit que le jugement soit définitif à l'égard de l'une des parties; peu importe qu'il ne soit que préparatoire à l'égard des autres. Riom, 19 août 1826; Cas. 24 mai 1830 (S. 30, 226).

98. 2° *Par sa renonciation au mandat.* Le droit romain n'accordait pas cette faculté au représentant de la partie après la litis-contestation; mais il exceptait le cas d'empêchement légitime, que le préteur devait apprécier selon les circonstances, et il refusait la même faculté au client. Cette réciprocité n'existant pas dans le Code, il semble qu'en l'absence d'un texte précis, il n'y a aucun motif pour empêcher l'avoué de répudier le mandat, surtout pour motif légitime, pourvu cependant que ce soit en temps opportun, et que cela ne puisse pas nuire au client. Berriat, p. 74, note 25, n° 2. *Contrà.* —Pothier, *du Mandat*, n° 142.

99. Si son refus est mal fondé, le président du tribunal à qui l'on s'en plaint peut lui enjoindre de prêter son ministère. Pigeau, t. 1, p. 134.

100. 3° *Par la mort naturelle ou civile.* La mort naturelle ou civile, soit de la partie, soit de l'avoué, ou leur changement d'état, entraîne nécessairement la révocation des pouvoirs donnés à l'avoué.

Cependant il ne faut pas confondre le décès de la partie, et celui de son avoué à l'égard des tiers. En effet, l'adversaire pouvant ignorer le décès de la partie, continue valablement ses poursuites tant qu'il ne lui a pas été signifié; tandis que le décès de l'avoué, étant nécessairement connu de son confrère, n'a pas besoin d'être notifié à l'adversaire. Nîmes, 2 fév. 1825 (S. 25, 294); Montpellier, 17 janv. 1831 (S. 31, 271).—V. *Reprise d'instance.*

101. Le décès du client ne rend pas nuls les actes que l'avoué a faits de bonne foi en son nom: ainsi est valable la re-

prise d'instance faite au nom d'un client décédé. Arg. C. civ.
2008, pr. 345; Nîmes, 5 janv. 1825 (S. 25, 135).

102. La démission ou destitution de l'avoué a le même
effet que son interdiction ou son décès. Rodier, art. 26; Ord.
1667; Merlin, *Quest. de Dr.*, v° *Avoué.*

103. Il n'est pas nécessaire de la signifier; elle est réputée
connue quand le successeur a présenté sa requête à fin de réception, et qu'il est intervenu sur icelle une ordonnance de soit-
montré au ministère public. Pigeau, t. 1, p. 431.

104. Mais la mort ni le changement d'état des parties
n'empêchent le jugement d'une cause lorsqu'elle est en état.
Pigeau, *ib.*

105. 4° *Par le jugement ou la transaction qui termine le
procès.* Le mandat donné à l'avoué étant spécial pour le procès,
il est naturel qu'il finisse avec lui; l'appel interjeté de ce jugement ne saurait le faire revivre. Grenoble, 20 août 1825 (S.
26, 165).

Toutefois, si le procès est terminé par un jugement définitif,
l'avoué qui a occupé pour une partie, est tenu d'occuper sur
l'exécution de ce jugement, sans nouveau pouvoir, pourvu
qu'elle ait lieu dans l'année de la prononciation du jugement.
C. pr. 1038.

106. Peu importe qu'il ait remis les pièces à son client:
l'obligation qui lui est imposée ne cesse qu'après l'année de
la prononciation du jugement. Paris, 31 déc. 1807; Cas. 1er
août 1810 (S. 14, 81).

107. Mais cette obligation n'est relative qu'aux actes de
procédure de son ministère, et non à des commandemens et
autres actes, qui doivent se faire à la diligence de la partie elle-
même. Orléans, 26 juil. 1827.

Elle n'existe pas, lorsque l'instance est terminée par une
transaction, un acquiescement, un désistement, ou de toute
autre manière que par un jugement. La loi ne parle que de ce
dernier cas, et d'ailleurs les mêmes motifs ne subsistent plus
dans les autres circonstances. Cas. 28 juil 1824; Berriat, p.
74, note 26.

108. Sous l'ordonnance de 1667, l'avoué était constitué de
droit, sans nouveau pouvoir, sur la liquidation des dommages-
intérêts. Ord. tit. 27, art. 2, et tit. 32, art. 4.

Aujourd'hui on peut admettre cette constitution, en considérant la liquidation comme une exécution du jugement; mais il
faut la restreindre à un an. Berriat, p. 495.—V. *sup.* n° 105.

109. Lorsque le jugement définitif est par défaut, le mandat
de l'avoué ne cesse qu'après le délai de huitaine passé sans
que la partie condamnée ait formé opposition à ce jugement;

jusqu'à cette époque, on peut dire que l'instance n'est pas irrévocablement terminée. Cas. 9 mars 1825 (S. 25, 122).

Art. 2. — *De quels actes résulte le pouvoir tant à l'égard du client qu'à l'égard de l'adversaire.*

110. *A l'égard du client*, le mandat d'occuper est exprès, tacite, ou légal.

Exprès, il résulte d'un acte notarié ou sous seing-privé, même d'une lettre missive, ou de la signature de la partie, apposée au bas des actes de procédure signifiés par l'avoué. Grenoble, 9 déc. 1815; Pigeau, t. 1, p. 133.

111. Le mandat exprès peut encore être donné verbalement. Dans ce cas, la preuve testimoniale est admissible, s'il ne s'agit pas d'une valeur au-dessus de 150 fr., ou s'il y a un commencement de preuve par écrit. Arg. C. civ. 1985; C. pr., 76; Berriat, p. 70. *Contrà.* — Orléans, 2 déc. 1813.

112. *Tacite*, lorsque le client fait un acte dont s'induit nécessairement son intention de constituer l'avoué : par exemple, lorsqu'il remet à l'avoué, ou lui fait remettre par son fondé de pouvoir spécial, soit les titres nécessaires à l'instruction de l'affaire (Pigeau, t. 1, p. 126; Berriat, p. 70, note 16), soit la copie de l'assignation qu'il a reçue. Grenoble, 9 déc. 1815. *Mêmes auteurs.*

113. La remise des pièces formant titre commun, faite par une partie, emporte même pouvoir d'occuper pour les autres parties ayant un intérêt identique, si chacune d'elle n'a pu faire une remise séparée et particulière. Parlem. Paris, 9 fév. 1743.

114. Le pouvoir résultant de la remise des pièces n'a pas seulement pour objet tous les actes de la procédure, mais encore les demandes susceptibles d'être formées incidemment dans le cours de l'instance. Orléans, 7 avr. 1813.

115. Néanmoins la présomption de constitution, tirée de la remise des pièces, peut être détruite par une preuve contraire, établissant que cette remise a eu lieu dans un autre but : tel que celui de prendre conseil. Rennes, 15 avr. 1816; Nîmes, 22 janv. 1822; Lyon, 30 août 1824 (S. 25, 106); Caen, 28 mai 1828 (S. 30, 320).

Toutefois, l'avoué, ayant un caractère public, semble mériter plus de confiance que sa partie, et devoir, dans le doute, en être cru sur son affirmation, surtout si les délais de constituer et de fournir les défenses sont passés. Il n'est pas présumable, en effet, que la partie eût laissé expirer les délais, sans retirer ses pièces, si elle ne les avait confiées à l'avoué que pour le consulter. Berriat, p. 70, note 16.

116. Quoi qu'il en soit, la simple remise du dossier à un avoué, dans une affaire dans laquelle un autre avoué est constitué, n'autorise pas le premier à révoquer celui-ci, s'il n'a pas un pouvoir spécial. Riom, 19 août 1826.

117. Le seul fait de la présence de l'avoué à l'affirmation d'un compte par une partie, suffit pour établir sa constitution. Pigeau, t. 2, p. 399.

118. L'élection de domicile chez l'avoué vaut-elle constitution?

La négative est certaine à l'égard des tiers : une jurisprudence, aujourd'hui constante, annule les ajournemens et actes d'appel qui ne contiennent qu'une élection de domicile chez un avoué, sans énoncer que cet avoué a pouvoir d'occuper. — V. *Ajournement*, n° 56, *Appel*, n° 159.

Mais en est il de même à l'égard de l'avoué? L'affirmative ne nous paraît pas douteuse. En effet, de ce qu'une partie consent à ce que l'on signifie à un avoué les actes qui devraient lui être remis à domicile, il n'en résulte aucunement qu'elle l'autorise à ester en jugement pour elle, et à prendre telles conclusions qu'il juge convenables.

119. Lorsque la constitution est simplement tacite, l'avoué doit être réputé l'avoir acceptée, par cela seul qu'il a fait quelque acte en conséquence de cette constitution. Arg. C. civ. 1985.

120. Le mandat est *légal*, lorsque la loi désigne l'avoué, ou indique ceux parmi lesquels les parties le choisiront. Berriat, p. 71.

C'est ce qui a lieu en général, 1° dans les affaires où plusieurs parties ont un même intérêt, telles que les contestations agitées dans les *ordres* et les *contributions*; et lors des levées de *scellés*. — *V.* ces mots.

2° Dans celles qui ne sont qu'une suite des causes primitives. Ainsi, l'avoué de la partie qui a obtenu le jugement attaqué dans les six mois de sa date, par voie de requête civile, est constitué de droit, sans nouveau pouvoir. Ord. 1667, art. 6; C. pr. 1038.

De même, lorsque la requête civile est admise, la nouvelle instance sur le fond est suivie par les mêmes avoués, sans nouvelle constitution. Toulouse, 29 nov. 1808.

Enfin, l'avoué qui a occupé sur une expropriation forcée est constitué de plein droit sur l'ordre qui en est la suite. C. pr. 1030. — V. *Ordre*.

121. A l'égard de l'adversaire, l'avoué qui s'est constitué est toujours présumé avoir pouvoir de sa partie. Cette présomption ne peut être détruite que par une demande en désaveu, èt le jugement déclarant le désaveu valable. Pigeau, t. 1, p. 133.

Jusqué-là l'avoué n'est point tenu de produire à l'adversaire le titre sur lequel il fonde sa constitution. Bruxelles, 27 avr. 1812; Grenoble, 9 déc. 1815; Pothier, n° 1271; Berriat, p. 71.

122. La constitution est faite pour le demandeur par l'assignation, et pour le défendeur par acte d'avoué à avoué.

Pour les délais dans lesquels elle doit avoir lieu, et les effets qu'elle produit. — V. *Ajournement*, *Appel*, *Constitution d'avoué*.

§ 6. — *Devoirs et Responsabilité des avoués*.

123. *Devoirs*. Les avoués sont en général tenus de prêter leur ministère aux parties qui le réclament : c'est une conséquence du principe qui veut que personne ne puisse se présenter devant les tribunaux sans leur asistance. — V. *sup*. n° 48.

124. Cette règle reçoit cependant quelques exceptions : par exemple, 1° s'il s'agit d'une demande que la loi défende de former, telle qu'une prise à partie intentée sans permission préalable. C. pr. 510. — V. *Prise à partie*.

2° Si la demande est dirigée contre un des proches parens de l'avoué. Pigeau, t. 1, p. 134.

125. En cas de difficulté à cet égard entre l'avoué et la partie, on s'adresse à la *chambre des avoués* (— *V*. ce mot), ou au président du tribunal près lequel exerce l'avoué.

126. La constitution de l'avoué produit, en général, les obligations et actions propres au mandat. Cas. 2 août 1813, 20 mars 1817; Berriat, p. 72.

127. Ainsi, elle oblige l'avoué à restituer tout ce qu'il a perçu à l'occasion de la cause, et le client à lui rembourser tout ce qu'il a avancé pour lui, et à lui payer ses honoraires. Le mandat n'est pas gratuit, bien qu'il n'y ait pas de convention expresse : une convention tacite résulte du tarif.

128. La constitution rend l'avoué responsable des titres du client. L. 20 mars 1791, art. 3.

Il n'en est déchargé que cinq ans après le jugement du procès. C. civ. 2276.

129. Elle l'assujétit à diverses peines, s'il ne fait pas ce qui lui est prescrit par la loi pour l'instruction : par exemple, s'il n'effectue pas les remises, restitutions, ou communications de pièces ordonnées; s'il ne paraît pas à l'audience lorsqu'il la poursuit (C. pr. 107, 191, 192, 536; décr. 30 mars 1808, art. 28, 69; Tar. 75); s'il ne réitère pas par écrit une constitution verbale (C. pr. 76); s'il présente une seconde requête civile. C. pr. 503.

150. Les avoués sont tenus d'avoir un registre timbré, coté et paraphé par le président du tribunal auquel ils sont attachés, ou l'un des juges par lui commis, sur lequel ils inscrivent de leur main, par ordre de date, et sans aucun blanc, toutes les sommes qu'ils reçoivent de leurs cliens. Décr. 16 fév. 1807, art. 151.

151. Ils sont forcés de produire ce registre à la réquisition, soit de leur client, soit de l'adversaire, lorsque le client prétend leur avoir payé des frais qu'ils réclament. Cas. 23 vent. an 9; Pigeau, t. 1, p. 519.

152. Ce registre peut être opposé en justice, quoiqu'il ne soit pas sur papier timbré, surtout lorsqu'il est relié, écrit de suite, et visé par un juge du tribunal. Pau, 19 nov. 1821.

153. Mais, en général, il ne fait pas foi contre les tiers, surtout dans le cas où les mentions qu'il contient deviendraient un titre en faveur du client de l'avoué contre ces tiers. Paris, 22 juil. 1815 (S. 16, 332).

154. *Responsabilité.* L'avoué doit agir en homme de bien, et comme le ferait le client lui-même, s'il estait en personne. L. 35, § 5, 77 et 78 *de procurat.*

155. Toutefois, sa responsabilité n'est engagée que pour ses fautes grossières ou son dol: la loi ayant eu soin de déterminer, dans une foule d'occasions, les effets de cette responsabilité, on doit être très-réservé, lorsqu'il s'agit de l'appliquer par inter-prétation à des cas non prévus. Paris, 1er août 1820; Cas. 13 juil. 1824. — V. *Responsabilité des officiers ministériels.*

156. L'avoué qui est en contravention aux lois et réglemens peut, indépendamment de la condamnation aux *dépens*, en son nom personnel, et aux *dommages-intérêts* envers la partie (— *V.* ces mots), être puni, suivant la gravité des circonstances, 1° par des injonctions d'être plus exact et plus circonspect à l'avenir, et par des défenses de récidiver; 2° par la suspension de ses fonctions pendant un temps déterminé. Dans ces deux cas, l'impression, et même l'affiche du jugement peuvent être ordonnées à ses frais; 3° enfin, par la destitution de ses fonctions, s'il y a lieu. Décr. 30 mars 1808, art. 102. — V. *Discipline*, *Responsabilité des officiers ministériels.*

§ 7. — *Émolumens et frais dus aux avoués.*

Art. 1. — *Action des avoués en paiement de leurs frais et émolumens.*

157. Les avoués ne peuvent, en général, exiger, soit de la partie condamnée aux dépens, soit de leurs cliens, que le rem-boursement de leurs avances, et les émolumens fixés par le *Tarif.* — *V.* ce mot.

1.   27

Ainsi, dans le cas de saisie immobilière, poursuivie à la requête du Trésor, ils sont non-recevables à exiger une gratification en sus des honoraires fixés par le Tarif. Circ. minist. (S. 9, 2, 191).

158. Les tribunaux n'ont pas qualité pour leur accorder des droits, à titre de vacations extraordinaires, indemnités, peines ou soins, lors même que la partie ne conteste pas la réalité des vacations. Ord. 1667, tit. 31, art. 12; décr. 16 fév. 1807, art. 67 et 151; Cas. 25 janv. 1813 (S. 13, 319) : à moins cependant qu'elle ne se soit formellement engagée à leur en payer. Paris, 9 juin 1831 (S. 31, 242); Cas. 10 août 1831 (S. 32, 374).

159. Les avoués n'ont aucune action pour le remboursement des frais frustratoires. — V. *sup.* n° 137.

Mais les actes signifiés sur la réquisition expresse des parties, ne peuvent être considérés comme tels, par cela seul qu'ils ne sont pas exigés par les lois ou réglemens; il suffit qu'ils ne soient pas prohibés, pour que le client qui les a requis soit obligé d'en payer les frais. Cas. 7 mai 1823 (S. 23, 375).

140. L'avoué qui a payé à l'avocat des honoraires excédant ceux réglés par le tarif, peut les répéter de son client. La fixation des honoraires de l'avocat par le tarif n'a été faite que pour empêcher la partie qui a gagné son procès de réclamer des sommes trop fortes de son adversaire. Dans la pratique, ces honoraires se règlent à l'amiable, et d'après l'importance de l'affaire. Or, l'avoué, comme mandataire de son client, a le pouvoir de faire tout ce qui est nécessaire pour l'exécution de son mandat, conséquemment de choisir l'avocat, lorsque la partie n'en indique pas un elle-même. Il a donc le droit de lui payer les honoraires qui lui sont dus, et dont il est même personnellement responsable envers lui, par cela seul qu'il lui a remis le dossier (Cas. 6 avr. 1830, *affaire Lefebvre C. Pierrot*), et de les répéter, comme les autres avances qu'il a faites pour son client. Il est seulement tenu de rapporter les pièces du procès, afin que le tribunal soit à même de modérer les honoraires, s'ils sont excessifs. Pau, 7 août 1828, Rouen, 17 mai 1828 (S. 29, 30—31, 85); Limoges, 10 août 1829 (S. 29, 286); Bourges, 26 avr. 1830 (S. 30, 159); Toulouse, 11 mai 1831 (S. 32, 581). *Contrà.* — Bordeaux, 8 mars 1826 (S. 26, 272).

141. Tous les frais, salaires, vacations et déboursés dus aux avoués, sont susceptibles d'être taxés sur la représentation des pièces justificatives, à la réquisition des parties intéressées (— V. *Taxe*). Ils ne peuvent même rien toucher du tiers-saisi sans la participation de leur client, et sans avoir requis la taxe, et fait ordonner le paiement en justice. Paris, 9 mai 1810,

142. La partie a le droit de réclamer contre toutes erreurs, dol ou fraude, encore bien qu'elle ait payé les frais, après les avoir réglés à l'amiable. Arg. C. civ. 1377; Amiens, 9 mai 1823 (S. 25, 165).

L'énonciation portée dans la quittance, que le paiement est fait sans garantie de restitution, et que les pièces ont été remises, ne dispense pas l'avoué de représenter la procédure, pour qu'il soit statué sur la taxe des frais. Paris, 9 mai 1810.

143. Les avoués n'ont un caractère public et droit à des *émolumens,* qu'autant qu'ils représentent les parties devant le tribunal, soit aux audiences, soit au greffe; autrement ils ne sont que de simples mandataires. L. 20 mars 1791; L. 27 vent. an 8; décr. 16 fév. 1807; Metz, 23 nov. 1830.

Toutefois, ils ont, en cette qualité, une action pour obtenir un salaire à raison des soins qu'ils ont donnés aux affaires qui leur ont été confiées. Ainsi, ils peuvent réclamer des honoraires pour avoir défendu une partie devant le tribunal de commerce: leur qualité d'officiers ministériels fait présumer qu'ils n'ont accepté le mandat qui leur a été confié, que moyennant un salaire. On ne saurait leur opposer l'art. 12 de la loi du 3 brum. an 2, qui, après avoir supprimé les avoués devant les tribunaux civils, interdisait toute réclamation de salaires aux simples fondés de pouvoirs.

Ils sont dispensés, dans ce cas, de représenter le registre de recettes, dont la tenue ne leur est imposée qu'en qualité d'avoué. Ord. 1667, tit. 31, art. 12; décr. 16 fév. 1807, art. 67, 151; Cas. 16 déc. 1818, 13 janv. 1819 (S. 19, 72, 379). — V. *Agent d'affaires.*

144. Les sommes dues aux avoués pour avances faites en qualité de mandataires ordinaires, portent intérêt du jour où elles ont été déboursées. C. civ. 2001.

Mais celles qui leur sont dues pour avances des frais de procédure, et pour émolumens, n'en produisent que du jour de la demande en justice. Cas. 23 mars 1819; Berriat, p. 162.

145. En matière criminelle, les avoués peuvent réclamer des honoraires des parties qui les ont employés; mais comme leur ministère n'est que facultatif—(V. *sup.* n° 79), leurs honoraires ne sont pas considérés comme frais de justice, et par conséquent ne sont pas mis à la charge du Trésor, ni des administrations publiques qui poursuivent, dans l'intérêt de l'État, des contraventions ou délits, quoiqu'elles soient, sous d'autres rapports, assimilées aux parties civiles, à moins toutefois que ces administrations n'emploient elles-mêmes le ministère des avoués.

Quant aux demandes à fin de réparations civiles formées

réciproquement par l'accusé et la partie civile, les tribunaux peuvent, comme en matière civile, compenser les dépens, ou les adjuger en tout ou en partie, et y comprendre les honoraires des avoués, sauf à en faire la distraction dans l'état de liquidation des frais de justice proprement dits. Décr. 16 fév. 1807, art. 3, n° 1; Réglem. 18 juin 1811; Circ. min. just. 10 avr. 1813 (S. 17, 2, 274).

Ces honoraires sont taxés conformément au tarif du 16 fév. 1807, et suivant les règles et distinctions établies par le Code de procédure entre les matières sommaires et ordinaires. *Même circ.*; Orléans, 5 mai 1829.

146. *Priviléges.* En matière ordinaire, les avoués jouissent, pour le paiement de leurs frais et émolumens, du privilége accordé en général aux frais faits pour la conservation d'une chose; ils ont en conséquence un droit de préférence sur *l'objet* de la condamnation. C. civ., 2102, n° 3; Pigeau, t. 1, p. 519.

147. Dans quelques matières spéciales, la loi leur confère en outre un privilége particulier. Ainsi, dans le cas de distribution par contribution, les frais de poursuites sont acquittés avant toute créance, autre que celle pour loyers dus au propriétaire. C. pr. 662. — V. *Distribution par contribution.*

En matière de saisie immobilière, les juges peuvent ordonner le paiement des frais extraordinaires de poursuite par privilége sur le prix de l'adjudication. C. pr. 716. — V. *Saisie immobilière.*

En matière d'ordre, s'il n'y a pas de contestation, les frais de poursuites sont colloqués par préférence à toutes autres créances. C. pr. 759.

En cas de contestation, l'avoué qui a représenté les créanciers contestans, a un privilége sur les deniers qui restent à distribuer, déduction faite de ceux qui ont été employés à acquitter les créances antérieures à celles contestées. C. pr. 768.

En matière de séparation de corps, l'avoué répète les frais contre la femme qui succombe, même sur ses biens paraphernaux. C. civ., 1426; C. pr. 130; Cas. 8 mai 1821 (S. 22, 263); Paris, 8 nov. 1827 (S. 28, 247).

148. Toutefois, les avoués ne peuvent, dans aucune circonstance, acquérir hypothèque pour les dépens, que par une inscription prise en vertu d'une reconnaissance spéciale du client, ou d'un jugement. Berriat, p. 73.

149. En toute matière, ils ont le droit de retenir, jusqu'au paiement de leurs honoraires et déboursés, les actes de procédure qu'ils ont faits.

Mais ils ne peuvent retenir les titres de la partie que jusqu'au paiement des déboursés relatifs à ces titres. Pothier, *Mandat*, n° 133; L. 3 brum. an 2, art. 17; Berriat, p. 73.

Art. 2. — *Contre qui l'action doit être dirigée.*

150. En toute matière, l'avoué, soit qu'il ait gagné ou perdu le procès dans lequel il occupait, a une action en paiement de ses frais contre son client.

151. Une partie qui a donné pouvoir à un avoué d'occuper pour elle, ne peut lui contester ses frais, sur le motif qu'il a été chargé par une autre personne d'intérêts à peu près analogues, et qu'il n'aurait dû faire qu'un seul dossier pour les deux. Cas. 28 août 1825.

152. L'avoué constitué par plusieurs parties, ayant un intérêt identique, et ayant procédé collectivement, a même contre chacune d'elles une action solidaire en remboursement de ses frais. Arg. C. civ. 2001; Paris, 28 déc. 1826; Liége, 2 avr. 1810; Rennes, 25 août 1812, 2 août 1803, 20 mars 1817; Orléans, 26 juil. 1827 (S. 28, 159); Grenoble, 23 mars 1829 (S. 29, 296); Berriat, p. 73. *Contrà.*—Besançon, 20 nov. 1809.

153. Ainsi, l'avoué qui a été chargé, par le syndic d'une faillite, d'occuper dans une instance concernant la faillite, a une action personnelle contre ce dernier pour le paiement de ses frais et travaux. Paris, 25 sept. 1820, et 12 août 1830 (S. 31, 356); Cas. 27 juin 1821 (S. 22, 8).

154. L'avoué a également une action contre le tiers qui l'a chargé d'une affaire concernant une autre personne, si ce tiers n'a pas fait connaître le domicile réel de son mandant, en lui déclarant qu'il ne répondait pas des frais : on doit présumer que l'avoué n'a consenti à faire les avances que parce qu'il connaissait la solvabilité de celui qui lui remettait les pièces. Paris, 18 nov. 1809.

155. Lorsque, pendant le cours d'une instance, une partie a cédé ses droits à un tiers, l'avoué a recours, pour le paiement de ses frais, contre le cessionnaire dans l'intérêt duquel les poursuites ont continué, bien que le cédant soit resté en nom dans l'instance ; il conserve, en outre, son action contre le cédant, pour la portion des frais antérieurs à la cession, et même pour la totalité, si la cession ne lui était pas connue. Toulouse, 15 nov. 1831 (S. 32, 393).

156. L'avoué qui a gagné le procès dans lequel il occupait, peut encore demander au tribunal de prononcer à son profit la distraction des dépens qu'il a avancés de ses deniers. Alors il a une action contre l'adversaire pour recouvrer le montant de ses frais. Si la distraction n'est pas prononcée, il est obligé d'agir contre son client. — V. *Distraction de dépens.*

157. Dans tous les cas, il conserve son action directe contre son client, s'il n'est pas payé par l'adversaire ; il a même la faculté de l'exercer contre lui, sans s'adresser à celui-ci. Pigeau, t. 1, p. 546.

158. Néanmoins il peut être déclaré non-recevable dans son recours contre son client, si l'adversaire est devenu insolvable, par suite de la négligence qu'il a mise à le poursuivre ; l'exécutoire des dépens étant délivré au nom de l'avoué, la partie s'est trouvée dans l'impossibilité de se faire payer de son adversaire, et elle ne doit pas porter la peine d'une faute qui n'est pas la sienne.

159. En matière de contributions indirectes et d'enregistrement, le ministère des avoués étant facultatif (— V. *sup.* n° 64) leurs honoraires demeurent à la charge personnelle de la partie qui a cru devoir en constituer un, que ce soit la régie ou le particulier ; ils ne peuvent, en aucun cas, être répétés contre celui qui succombe. L. 22 frim. an 7, art. 65 ; 27 vent. an 9, art. 17 ; 25 vent. an 12, art. 188 ; Cas. 26 mars 1827 et 8 juin 1827 (S. 27, 474).

Art. 3. — *Devant quel tribunal l'action doit être portée.*

160. La demande est portée devant le tribunal où les frais ont été faits. — Même lorsque ces frais ont été déjà fixés par une reconnaissance de la partie : la loi ne fait aucune distinction. Carré, art. 60. — V. *Compétence.*

Peu importe que l'avoué ait cessé ses fonctions au moment où l'assignation est donnée. L. 6 mars 1791, art. 14 ; Paris, 3 oct. 1810.

161. Lorsqu'un avoué, en vertu d'un seul et même mandat, a fait des actes de son ministère et a fait faire à ses frais d'autres actes en dehors de son ministère, sa double créance engendre, à cause de sa connexité, une seule et même action, dont peut connaître le tribunal près lequel il exerça. Bourges, 18 déc. 1824 (S. 25. 209).

162. A plus forte raison l'avoué d'appel peut-il porter directement devant la Cour la demande en remboursement d'honoraires payés à un avocat, avec celle de ses frais et salaires. La première n'est que l'accessoire de la seconde. Pau, 7 juin 1828 ; Toulouse, 11 mai 1831 (S. 32, 581).

163. Néanmoins, si l'avoué fait une saisie-arrêt au préjudice du client qui lui doit des frais, la demande en validité de cette saisie ne peut être portée qu'au tribunal du domicile du débiteur saisi : l'art. 567 C. pr. n'admet point d'exception pour

les cas prévus par l'art. 60. Gas. 17 fév. 1817 (S. 17, 184).
— V. *Saisie-arrêt.*

164. La demande en paiement de frais, dirigée par l'avoué contre son client, est formée par simple assignation, sans préliminaire de conciliation. C. pr. 49, n° 5.

165. Sous la loi du 3 brum. an 2, un ancien procureur ne pouvait pas porter directement devant les tribunaux, sans préliminaire de conciliation, une action en paiement de frais faits pour affaires terminées sous l'ancien régime.

La dispense de la tentative de conciliation ne concernait que les actions intentées pour affaires pendantes lors de la suppression des fonctions d'avoué. L. 3 brum. an 2, art. 13; L. 20 mars 1791; Const. an 3, art. 215; Gas. 27 fruct. an 7.

166. L'assignation doit contenir copie du mémoire des frais réclamés.

Toutefois, l'omission de cette formalité n'entraîne pas la nullité de l'assignation. L'avoué peut toujours la réparer dans le cours de l'instance, sauf à supporter les frais de l'assignation tardive.

Ces frais devraient même rester à la charge du client, si l'avoué prouvait qu'il l'a mis dans l'impossibilité de signifier son mémoire, en retenant les pièces du dossier, qui lui étaient nécessaires pour l'établir. Décr. 16 fév. 1807, art 9; Amiens, 11 mars et 29 juin 1826 (S. 27, 19 et 20); Lyon, 17 juil. 1826 (S. 27, 27).

Art. 5. — *Fins de non-recevoir.*

167. Les trois principales fins de non-recevoir contre l'action des avoués en paiement de leurs frais, résultent, 1° de la remise par eux faite des pièces de procédure à leur client; 2° de leur silence prolongé pendant le temps requis pour la prescription; 3° du défaut ou de la tenue irrégulière du registre prescrit par les réglemens. —V. *sup.* n° 130.

168. *Remise des titres.* Les avoués ayant le droit de retenir les pièces de procédure jusqu'au paiement de leurs déboursés et honoraires (—V. *sup.* n° 146), il est naturel de présumer que la partie qui les a en sa possession s'est libérée envers eux, et que si elle ne peut pas représenter une quittance, c'est parce qu'elle l'a égarée. Pothier, *Mandat*, n° 138; Berriat, p. 162, note 10, n° 4; Amiens, 1er mars 1825.

169. Mais pour entraîner cette présomption, il faut que la remise soit volontaire. L'avoué est recevable à prouver, par tous les moyens de droit, que les titres lui ont été soustraits par le client, ou qu'il les lui a confiés pour un motif quelconque.

Ainsi la remise, faite sur récépissé, par le dépositaire des dossiers d'un avoué décédé, ne peut être considérée que comme un dépôt, et l'on ne saurait en induire le paiement des frais. Cas. 26 juil. 1820.

170. *Prescription.* L'action des avoués pour le paiement de leurs honoraires et déboursés se prescrit par cinq ans à l'égard des procès non terminés ; et à l'égard des autres, par deux ans à compter du *jugement*, ou de la *conciliation* des parties, ou de la *révocation* desdits avoués.

171. *Du jugement*, c'est-à-dire du jugement définitif; lui seul termine le procès, et tant que le procès n'est pas fini, la prescription ne peut s'acquérir que par cinq ans. *Ib.*

172. *De la conciliation des parties.* Le texte de la loi n'exige pas que la conciliation ait été connue des avoués ; cependant l'équité ne permet pas de faire courir la prescription avant cette époque. Tant que l'avoué a cru que l'affaire n'était pas arrangée, il n'a pu réclamer le paiement de ses frais ; il serait injuste de lui opposer une déchéance, lorsqu'il n'y a aucune négligence à lui reprocher: il doit donc être admis à prouver son ignorance. Carré, *Organisation*, t. 1, p. 338; Vazeille, *Prescription*, n° 630.

173. *De la révocation des avoués.* La cessation des fonctions de l'avoué par suppression de son office, démission ou destitution, doit être assimilée à la révocation; il y a même raison de décider. Cas. 19 août 1816 (S. 17, 378); Delvincourt, t. 2, p. 850; Carré, *ib.*

174. La prescription ne cesse de courir que lorsqu'il y a eu compte arrêté, cédule ou obligation, ou citation en justice non périmée. C. civ. 2274.

175. Par *compte arrêté*, il faut entendre un compte réglé par la partie elle-même; celui fixé par la chambre des avoués à laquelle il serait renvoyé conformément à l'art. 2, § 4, du Décr. 13 frim. an 9, n'interromprait pas la prescription. Cas. 19 août 1816 (S. 17, 378); Vazeille, p. 491, n° 638.

176. Mais la prescription cesse de courir à dater de la déclaration faite par le client, qu'il a payé plusieurs à-comptes sur les pièces remises par l'avoué à son mandataire, et qu'il entend terminer tout compte à cet égard. Amiens, 11 mars 1826 (S. 27, 19).

177. De même, lorsqu'un individu, au lieu de se borner à opposer la prescription de deux ans, dont il pourrait exciper, propose cette fin de non-recevoir, et soutient en même temps s'être libéré, et offre d'en rapporter la preuve, les juges peuvent écarter les exceptions de prescription , si la preuve offerte de la libération n'est pas rapportée. C. civ. 2224, 2275; Cas. 9 déc. 1828 (S. 29, 78).

178. Les prescriptions de deux et de cinq ans ont lieu, quoique l'avoué n'ait pas cessé d'occuper pour le même client dans d'autres affaires ou dans la même affaire, s'il s'agit d'un procès non terminé dans les cinq ans.

Mais la seule prescription de cinq ans, court à l'égard de tous les frais faits dans une affaire embrassant plusieurs chefs, et dont les uns ont été jugés définitivement, tandis qu'il n'a été prononcé que des interlocutoires sur les autres; dans ce cas, en effet, le procès n'est pas terminé. Parlem. Paris, 6 sept. 1700.

179. L'avoué contre lequel on se prévaut de la prescription de cinq ou de deux ans, peut toujours déférer le serment à celui qui la lui oppose, sur la question de savoir si les frais ont été réellement payés.

Le serment peut également être déféré aux veuves et héritiers, ou aux tuteurs de ces derniers, s'ils sont mineurs, pour qu'ils aient à déclarer s'ils ne savent pas que les frais sont encore dus. C. civ. 2275.

180. Ces prescriptions ne courent contre l'avoué, qu'au profit de ses cliens; son action directe contre l'adversaire, en paiement des frais dont il a obtenu la distraction , est seulement prescriptible par trente ans. Grenoble , 22 juil. 1814.

181. Elles ne concernent que les frais que l'avoué peut réclamer en sa qualité d'officier ministériel. L'action qu'il a le droit d'intenter comme simple mandataire, n'est également soumise qu'à la prescription trentenaire; il a en conséquence trente ans pour réclamer le remboursement des honoraires par lui payés à l'avocat. Grenoble , 30 juil. 1821 (S. 22 , 145).

182. Sous l'ancienne législation, le terme requis pour la prescription de l'action des procureurs, en paiement de leurs honoraires, variait suivant la jurisprudence des différens parlemens. — Il était de trente ans dans le ressort du parlement de Toulouse. Pau, 19 nov. 1821; Nîmes, 28 avr. 1813 (S. 16, 127). — De deux ou trois ans dans le ressort du parlement de Paris et dans le reste du royaume. Ord. 1446, art. 45; 1453, art. 44; 1507, art. 115; 1553, art. 32; Réglem. 28 mars 1692 , art. 1 et 2.

183. *Défaut de registre.* Faute de représentation ou de tenue régulière du registre dont il est parlé n° 130, l'avoué est déclaré non-recevable dans sa demande en remboursement de frais. Décr. 17 fév. 1817.

184. L'héritier d'un ancien procureur est également non-recevable à actionner un client de son auteur, en paiement de frais faits pour lui, s'il ne représente un livre tenu par ce dernier dans les formes prescrites par les lois anciennes. Cas. 25 vent. an 10 (S. 2, 2, 433).

. 185. Néanmoins, la simple omission par l'avoué sur son registre, de quelques sommes reçues, ne suffit pas pour le rendre non-recevable à réclamer le paiement de ses frais, lorsqu'il est de bonne foi. Grenoble, 13 vent. an 9.

§ 8.—*Timbre et Enregistrement.*

186. Les certificats de capacité ne sont pas sujets au timbre. Décis. min. fin. 10 juin 1828.

187. Il en est autrement des expéditions des ordonnances de nomination, destinées aux avoués. L. 21 avr. 1832, art. 34.

188. Elles sont soumises au droit d'enregistrement de 10 pour cent sur le montant du cautionnement.

Ce droit est perçu sur la première expédition de l'ordonnance dans le mois de sa délivrance, sous peine d'un double droit.

Le nouveau titulaire ne peut être admis au serment qu'en produisant cette expédition revêtue de la formule de l'enregistrement. —En cas de délivrance d'une seconde ou de subséquentes expéditions, la relation de l'enregistrement est mentionnée sans frais par le receveur du bureau où la formalité a été remplie et les droits acquittés. *Même loi.*

189. Les actes de prestation de serment des avoués sont soumis à l'enregistrement.

190. Les avoués ne peuvent rédiger un acte, en vertu d'un autre acte non enregistré, à peine d'une amende de 10 fr., et sous la responsabilité des droits, s'il s'agit d'un acte sous seing-privé, ou passé soit en pays étranger, soit dans les colonies. L. 22 frim. an 7, art. 41, 42; L. 16 juin 1824, art. 11.

191. Les extraits de demandes ou de jugemens en séparation de corps ou de biens, que les avoués font et signent, pour être affichés conformément à la loi, sont soumis au droit fixe de 1 fr. Délib. gén. 8 juin 1827.

192. L'ordon. du 23 déc. 1814 exige des avoués, sous peine de 500 fr. d'amende, de mentionner la patente des particuliers qui y sont soumis, dans tous les actes et exploits. Mais la Cour de cassation a décidé, depuis 1830, que cette ordonnance n'avait pu prononcer une amende dans d'autres cas que ceux prévus par la loi du 1er brum. an 7, art. 37. Or, la loi de l'an 7, sur les patentes, ne parle que des actes relatifs au commerce.

—V. *Chambre des Avoués, Discipline, Office, Organisation judiciaire, Responsabilité des officiers ministériels.*

AYANT-CAUSE. —V. *Créancier.*

B.

BARREAU. — V. *Avocat*.

BATONNIER. Chef de l'ordre des avocats.—V. *ib.* n° 35.

BÉNÉFICE D'INVENTAIRE. — Avantage accordé par la loi à un héritier, de recueillir une succession, sans être tenu des dettes au-delà des biens dont elle se compose.

1. *Personnes.* — En général, tout héritier, soit naturel, soit contractuel ou testamentaire, a le droit de n'accepter une succession qui lui est échue, que sous bénéfice d'inventaire seulement. C. civ. 774; Turin, 11 août 1809; Denizart, v° *Bénéfice d'inventaire*; Toullier, t. 4, n° 395; Merlin, *Rep.* v° *Légataire.* § 1, n° 3, Chabot, art. 774, n° 14.

2. Cependant sont déchus de cette faculté : 1° Celui qui s'est rendu coupable de recélé ou qui a omis, sciemment et de mauvaise foi, de comprendre dans l'inventaire des effets de la succession. C. civ. 801.

2° L'héritier institué auquel le testateur l'a interdite : Le droit de n'accepter que sous bénéfice d'inventaire, est en effet un privilége auquel on peut renoncer; et chacun est libre de mettre à sa libéralité les conditions qu'il lui plaît. Delvincourt, t. 2, p. 31, note 8; Duranton, t. 7, n° 15; *Contrà.* — Chabot, art. 774, n° 15.

3. Certaines successions ne peuvent jamais être acceptées que sous bénéfice d'inventaire.

Telles sont 1° les successions échues à des mineurs ou à des interdits. C. civ. 461, 484, 509, 776. Peu importerait qu'ils eussent diverti à leur profit des objets dépendans de la succession : sauf à rendre compte des objets divertis ou recélés. Limoges, 30 juil. 1827.

4. 2° Celles échues à des condamnés aux travaux forcés, à la détention ou à la réclusion. C. pén. 29; Duranton, t. 6, n° 421.

5. 3° Celles acceptées par des créanciers du chef de leur débiteur. La loi ne permet aux créanciers d'accepter que jusqu'à concurrence de leurs créances; l'inventaire est donc nécessaire pour connaître d'une manière exacte les forces de la succession. Arg. C. civ. 788. — V. *Créancier*.

6. Le successible pourvu d'un conseil judiciaire, peut accepter purement et simplement sans l'assistance d'un conseil. Mais il est du devoir de ce dernier de n'autoriser qu'une acceptation bénéficiaire. Duranton, t. 6, n° 420.

7. *Formalités.*— Autrefois les acceptations bénéficiaires pouvaient avoir lieu devant notaire.

Aujourd'hui, la déclaration d'un héritier qu'il entend ne prendre cette qualité que sous bénéfice d'inventaire, doit être faite au greffe du tribunal de première instance dans l'arrondissement duquel la succession s'est ouverte. Elle doit être inscrite sur le registre destiné à recevoir les actes de renonciation (C. civ. 793). La loi veut que cet acte soit public et d'une recherche facile : toute personne peut exiger du greffier la représentation du registre. Chabot, art. 784, n° 3.

8. Si, sur la poursuite d'un créancier, l'héritier a fait sa déclaration à un autre tribunal, il doit la renouveler au greffe du tribunal compétent. Paris, 9 nov. 1813.

9. Elle est faite avec l'assistance d'un avoué. — V. *Avoué*, n° 50.

10. L'héritier peut se faire représenter par un mandataire.

La procuration doit être spéciale; mais il n'est pas nécessaire qu'elle soit authentique. La loi n'ayant prescrit aucune forme particulière, il suffit qu'elle soit légalisée par le maire et le souspréfet. Av. Cons.-d'Etat, 26 nov. 1809; Favard, v° *Renonciation*, § 1, n° 3; Duranton, t. 6, n° 472. *Contrà.* — Chabot, art. 793, n° 4.

11. Si la procuration est en brevet, elle demeure annexée au registre contenant l'acceptation; si elle est en expédition, l'annexe n'en est pas exigée.

12. L'acte d'acceptation bénéficiaire n'a d'effet qu'autant qu'il est précédé ou suivi d'un inventaire fidèle et exact des biens de la succession dans les formes et les délais prescrits par la loi. C. civ. 794. — V. *Inventaire*.

13. En conséquence, deux actes sont nécessaires pour conférer à l'héritier le privilége de n'être pas tenu des dettes *ultrà vires*, savoir : 1° la déclaration au greffe qu'il n'entend prendre la qualité d'héritier que sous bénéfice d'inventaire; 2° la confection de cet inventaire.

Peu importerait que le défunt eût expressément dispensé l'héritier de l'accomplissement de ces formalités: elles sont prescrites dans l'intérêt des créanciers, et il ne peut dépendre d'un testateur de fournir à son héritier le moyen de les frauder. Chabot, art. 794, n° 8.

14. Cependant s'il existe un inventaire fait à la requête d'un autre héritier, il est superflu de procéder à un second; il suffit d'un procès-verbal de récolement dans lequel on comprend les objets omis dans le premier, et l'on constate le déficit de ceux qui ne se trouvent pas. Chabot, *id*.

15. Mais si l'inventaire déjà existant n'est pas fidèle, l'héritier qui n'en purge pas les vices en partage la responsabilité avec celui qui en est l'auteur. Chabot, *ib*.

16. Il n'est pas nécessaire que l'inventaire soit précédé d'une apposition de scellés; cela résulte de l'art. 810 C. civ., portant

que les frais d'apposition des scellés, *s'il en*,*a été apposé*, seront à la charge de la succession. Néanmoins, l'héritier qui désire se mettre à l'abri de tout soupçon agit prudemment en provoquant l'apposition des scellés.

17. Les délais accordés pour faire inventaire sont de trois mois, à compter du jour de l'ouverture de la succession.

Ils peuvent être prolongés par les tribunaux selon les circonstances, et l'héritier conserve, même après leur expiration, la faculté de faire inventaire, s'il n'a pas d'ailleurs fait acte d'héritier, et s'il n'existe pas contre lui de jugement passé en force de chose jugée, qui le condamne comme héritier pur et simple. C. civ. 795, 798.

18. L'héritier a de plus, pour délibérer sur son acceptation ou sur sa renonciation, un délai de quarante jours, qui commence à courir du jour de l'expiration du temps donné pour faire l'inventaire, ou du jour de la clôture de cet inventaire, s'il a été fini avant l'époque fixée. C. civ. 795; C. pr. 174.—V. *Exception.*

19. Le choix du notaire appartient à l'héritier; le tribunal n'a pas le droit de le désigner d'office. Turin, 14 août 1809 (S. 10, 229).

20. Les héritiers présomptifs, directs ou collatéraux, doivent être appelés à l'inventaire, à peine par l'héritier qui y fait procéder, d'être déchu du bénéfice d'inventaire. Limoges, 3 janv. 1820.

Il en est de même des créanciers de la succession qui ont formé opposition aux scellés. — V. *Inventaires, Scellés.*

21. L'inobservation des formalités prescrites par la loi rend l'inventaire irrégulier, et par conséquent entraîne contre l'héritier la déchéance du bénéfice d'inventaire. — A moins que les irrégularités ne proviennent des officiers instrumentaires; par exemple, si le notaire oublie d'y apposer sa signature. Toullier, t. 4, n° 365; Delvincourt, t. 2, p. 92. *Note.*

22. S'il existe dans la succession des objets susceptibles de dépérir, ou dispendieux à conserver, l'héritier peut, pendant les délais accordés pour faire inventaire ou délibérer, en sa qualité d'habile à succéder, et sans qu'on puisse en induire de sa part une acceptation, se faire autoriser par justice à procéder à la vente de ces effets. — V. *Ventes.*

23. L'héritier bénéficiaire peut être tenu, si les créanciers ou autres personnes intéressées l'exigent, de donner caution de la valeur du mobilier compris dans l'inventaire, et de la portion du prix des immeubles non délégués aux créanciers hypothécaires.

Par *mobilier*, il faut entendre toutes les actions et obligations qui ont pour objet des choses exigibles, quelle qu'en soit l'origine. Bordeaux, 6 juin 1828 (S. 28, 318).

Faute par lui de fournir cette caution, les meubles sont vendus, et le prix en est déposé, à Paris, à la caisse des dépôts et consignations, et dans les départemens, chez les préposés de cette caisse. C. civ. 807; C. pr. 992; Ordon. 3 juil. 1816.

24. Il est mis en demeure de fournir caution par une sommation faite par acte extrajudiciaire, signifié à personne ou à domicile. C. pr. 992.

Dans les trois jours de cette sommation, outre un jour par trois myriamètres de distance entre le domicile de l'héritier et la commune où siége le tribunal, il est tenu de présenter caution au greffe du tribunal de l'ouverture de la succession dans la forme prescrite pour les réceptions de *caution*. C. pr. 993. — *V.* ce mot.

S'il s'élève des difficultés relativement à la réception de la caution, les créanciers provoquans sont représentés par l'avoué le plus ancien. C. pr. 994.

25. Dans le cas où le premier cautionnement donné par l'héritier devient insuffisant, il peut être admis à en fournir un supplémentaire. Paris, 15 avr. 1820 (S. 20, 201).

S'il ne trouve pas de caution, il est reçu à donner à sa place un gage en nantissement. C. civ. 2041.

Mais il ne peut pas se dispenser d'en fournir une, en alléguant qu'il possède des immeubles plus que suffisans pour la garantie des objets dépendans de la succession, s'il n'offre pas en même temps les hypothèques. Paris, 28 janv. 1812 (S. 12, 445).

26. Néanmoins il n'est pas forcé de consigner; la loi ne lui impose que l'obligation de donner caution. Aix, 28 nov. 1831 (S. 31, 152).

27. *Effet.* — L'effet du bénéfice d'inventaire est de donner à l'héritier l'avantage,

1° De n'être tenu du paiement des dettes de la succession que jusqu'à concurrence de la valeur des biens qu'il a recueillis, même de pouvoir se décharger du paiement des dettes, en abandonnant tous les biens de la succession aux créanciers et aux légataires.

2° De ne pas confondre ses biens personnels avec ceux de la succession, et de conserver contre elle le droit de réclamer le paiement de ses créances. C. civ. 802.

La prescription ne court pas contre lui à l'égard de ses créances. C. civ. 2258.

Les actions dirigées par l'héritier bénéficiaire contre la succession, sont intentées contre les autres héritiers, et s'il n'y en a pas ou qu'elles soient formées par tous, contre un curateur au bénéfice d'inventaire nommé en la même forme que le curateur à la succession vacante. C. pr. 996. — V. *Curateur*.

28. *Gestion de l'héritier.* — L'héritier bénéficiaire est chargé d'administrer les biens de la succession.

Peu importe qu'il y ait un donataire universel de l'usufruit des biens du défunt. Paris, 25 juil. 1826 (S. 27, 104).

Il doit rendre compte de son administration aux créanciers et aux légataires, dans les formes prescrites pour les *redditions de comptes* en général. C. civ. 803; C. pr. 995. — *V.* ce mot.

29. Il ne peut être contraint sur ses biens personnels qu'après avoir été mis en demeure de présenter son compte, et faute d'avoir satisfait à cette obligation.

Après l'apurement du compte, il n'est tenu sur ses biens personnels que jusqu'à concurrence seulement des sommes dont il se trouve reliquataire. C. civ. 803.

30. Cependant il a été jugé qu'il peut être forcé de payer immédiatement, et sans qu'il soit besoin d'attendre son compte de bénéfice d'inventaire, une provision accordée à un créancier dans une instance dirigée contre lui. — Surtout s'il est réputé nanti de sommes suffisantes provenant de la succession. Paris, 7 mai 1829 (S. 29, 269).

31. Les créanciers de la succession bénéficiaire ont-ils le droit de former des oppositions entre les mains des tiers débiteurs de cette succession? — V. *Saisie-arrêt*.

32. Peuvent-ils, en cas de négligence de l'héritier bénéficiaire, saisir les meubles et les immeubles de la succession? — V. *Saisie-exécution*, *Saisie-immobilière*.

33. L'héritier bénéficiaire n'est tenu que de ses fautes graves dans l'administration dont il est chargé. C. civ. 804.

34. Il ne peut vendre les meubles de la succession que par le ministère d'un officier public aux enchères, et après les affiches et publications accoutumées. — V. *Ventes*.

S'il les représente en nature, il n'est tenu que de la dépréciation ou de la détérioration causée par sa négligence. C. civ. 805.

35. Il ne peut vendre les immeubles que dans les formes prescrites par la loi sur la procédure, et il doit en déléguer le prix aux créanciers hypothécaires qui se sont fait connaître. C. civ. 806.

36. S'il y a des créanciers opposans, il ne peut payer que dans l'ordre et de la manière réglés par le juge. — V. *Distribution par contribution*.

Néanmoins, l'infraction à cette disposition n'entraîne pas contre lui la déchéance du bénéfice d'inventaire; elle le rend seulement passible de dommages-intérêts envers les créanciers qui n'ont pas été payés dans l'ordre légal, et d'après la quotité de leurs créances. Cas. 27 déc. 1820 (S. 21, 585).

57. S'il n'y a pas de créanciers opposans, il paie les créanciers et les légataires à mesure qu'ils se présentent. C. civ. 808.

Le paiement fait sans fraude, avant toute opposition, par l'héritier bénéficiaire, à un créancier de la succession, est valable, définitif et irrévocable. Cas. 4 avr. 1832 (S. 32, 309).

58. Les créanciers non opposans qui ne se présentent qu'après l'apurement du compte et le paiement du reliquat, n'ont de recours à exercer que contre les légataires.

Ce recours se prescrit par trois ans, à compter de l'apurement du compte et du paiement du reliquat. C. civ. 809.

59. Les frais de scellés, s'il en a été apposé, d'inventaire et de compte, sont à la charge de la succession. C. civ. 810.

40. *Enregistrement.* Les acceptations de succession sous bénéfice d'inventaire sont assujéties au droit fixe de 1 fr. L. 22 frim. an 7, art. 68, § 1, n° 2.

Mais une décision du ministre des finances, du 13 juin 1823, les soumet à un droit fixe de 3 fr.

41. Il est dû un droit par chaque héritier acceptant, et pour chaque succession. L. 22 frim. an 7, *ib.*

42. Si la succession est échue à des négocians faillis et acceptée par les syndics de leurs créanciers, il est dû autant de droits qu'il y a d'héritiers représentés par les créanciers.

43. L'acte d'abandon fait par l'héritier de tous les biens de la succession est passible du droit fixe de 1 fr. Cela résulte de ce qu'il ne s'opère, dans ce cas, aucune mutation.

Formules.

FORMULE I.

Acte d'acceptation d'une succession sous bénéfice d'inventaire.

(C. civ. 793. — Tarif, 91. — Vacation 3 fr.)

Aujourd'hui deux juin   au greffe du tribunal de première instance du départ. de la Seine,

Est comparu le sieur   , propriétaire, demeurant à Paris, rue

(*Ou le sieur*   , *étudiant en droit, demeurant   ,*
mandataire spécial du sieur   , *suivant procuration reçue par Me*
et son collègue, notaires à   le   , laquelle est demeurée
annexée aux présentes.)

Lequel, assisté de Me D.   , avoué près ce tribunal, a déclaré que, connaissance par lui prise des forces et charges de la succession du sieur Paul Benoît, demeurant à Paris, rue   , où il est décédé le   , et dont le comparant est présomptif héritier pour un quart, il n'entendait accepter, comme en effet il n'accepte ladite succession que sous bénéfice d'inventaire et non autrement; jurant et affirmant qu'il n'a rien pris, ni su qu'il ait été rien pris, ni détourné des biens et effets de ladite succession.

De tout quoi le comparant a requis acte, à lui octroyé; et a signé avec ledit

Me D. , son avoué, et nous, greffier, après lecture faite.
(*Signatures de la partie, de l'avoué et du greffier.*)

FORMULE II.

Acte d'acceptation bénéficiaire par un tuteur à substitution.

(C. civ. 793, 1058. — Tarif, 91 par anal. — Vacation, 3 fr.)

Et ledit jour au greffe, est comparue madame , veuve de M.

Au nom et comme tutrice à la substitution dont va être parlé, suivant le testament ci-après, daté et énoncé, assistée de M° avoué près ce tribunal.

Agissant ladite dame ; en vertu des autorisations à elle conférées, suivant délibération du conseil de famille, aussi ci-après énoncée et datée.

Laquelle nous a dit que, suivant le testament olographe de mondit sieur en date à Paris du , enregistré et déposé pour minute à Me notaire à , département de , suivant ordonnance de M. le président du tribunal de , en date du , aussi enregistrée, mondit sieur a substitué au profit de tous les enfans nés et à naître de M. son fils, tout ce dont la loi lui permettait de disposer, et a nommé pour tutrice à ladite substitution ladite dame comparante.

Que par la délibération des parens et amis desdits mineurs, réunis en conseil de famille, sous la présidence de M. S. , juge de paix de , en date du enregistrée (de laquelle délibération l'expédition nous a été représentée et à l'instant rendue), ladite dame comparante a été autorisée à accepter pour lesdits enfans nés et à naître dudit sieur fils, la substitution faite à leur profit par mondit feu sieur , leur aïeul, mais sous bénéfice d'inventaire seulement, et nous a déclaré que le seul enfant existant du sieur , est la mineure

Pourquoi ladite comparante nous a déclaré accepter, comme de fait elle accepte par ces présentes, mais sous bénéfice d'inventaire seulement, tant en sa qualité de tutrice qu'en vertu des autorisations ci-dessus énoncées, la substitution contenue audit testament; et a signé avec ledit Me et nous greffier, après lecture faite. (*Signatures de la tutrice, de l'avoué et du greffier.*)

FORMULE III.

Acceptation par un créancier au nom de son débiteur.

(C. civ. 788, 793. — Tarif, 91 par anal. — Vacation, 3 fr.)

Et ledit jour, au greffe du tribunal de première instance de , est comparu le sieur , assisté de Me , avoué près ce tribunal, lequel, au nom et comme créancier sérieux et légitime du sieur , ainsi qu'il résulte d'un acte , et en vertu d'un jugement du tribunal de , en date du , enregistré, l'autorisant à cet effet, a déclaré que connaissance par lui prise des forces et charges de la succession du sieur , demeurant à , où il est décédé le et dont ledit sieur , débiteur du comparant, est présomptif héritier pour , il accepte ladite succession sous bénéfice d'inventaire et jusqu'à concurrence de sa créance, aux termes de l'art. 788 du Code civil; affirmant.

(*La suite comme à la Formule n° 1.*)

BILLETS *d'avertissement.* —V. *Conciliation.*

BLANC, LACUNE, INTERVALLE. Se dit de l'espace laissé dans un acte sans être couvert d'écriture.

En général, tous les actes authentiques doivent être écrits sans aucun blanc, afin de rendre impossibles les additions frauduleuses, qui pourraient y être faites après leur rédaction.

Cependant, l'usage des *alinéas* n'est pas interdit; mais il est prudent de tirer des traits de plume à la fin de chaque *alinéa*.— V. *Exploit*.

BORDEREAU *de collocation.*—V. *Ordre*.

BORDEREAU *d'inscription.*—V. *Inscription hypothécaire*.

BORNAGE (Action en). — V. *Compétence*.

BOURSE DE COMMERCE. Réunion qui a lieu sous l'autorité du roi, des commerçans, capitaines de navire, agens de change et courtiers. C. com. 71.

On appelle aussi *Bourse*, le bâtiment où se tient cette réunion. — V. *Agent de change*, *Courtier*.

BREF DÉLAI. Délai moindre que celui ordinairement accordé à une partie pour comparaître en justice.

1. La faculté pour le demandeur, d'assigner à bref délai, résulte, soit de la loi, soit d'une ordonnance accordée sur requête, par le président du tribunal où la demande est portée.

2. La loi, lorsqu'il s'agit de vérification d'écriture, permet expressément d'assigner à trois jours. C. pr. 193.

3. Quelquefois, elle se borne à autoriser une réduction des délais ordinaires, sans déterminer les limites de cette réduction. Par exemple, l'art. 457 C. pr. permet, dans certaines circonstances, d'assigner *à bref délai*, pour obtenir des défenses sur l'appel, sans fixer le laps de temps qu'aura l'intimé pour comparaître.

Alors une ordonnance du président du tribunal où l'appel est pendant, devient nécessaire pour indiquer le délai de la comparution. — V. *Appel*, nᵒˢ 203, 204.

4. Le président du tribunal peut, dans tous les cas qui requièrent célérité, abréger, par ordonnance rendue sur requête, les délais ordinaires de comparution. C. pr. 72.

5. Il permet d'assigner, soit à jour fixe, soit à un nombre de jours moindre que celui accordé pour les circonstances ordinaires.

Dans l'usage, il autorise habituellement à assigner à trois jours, à moins que l'affaire ne soit connexe à une autre, pendante à l'audience, auquel cas, l'assignation est donnée à jour fixe.

—V. *Ajournement*, nᵒˢ 113 et suiv., et formule *II*, *Cédule*.

BREVET (Actes en). Actes dont il ne reste pas de minute, et qu'on délivre en original.

BREVETS D'INVENTION, DE PERFECTIONNEMENT ET D'IMPORTATION (Compétence et procédure en matière de)[1].

---

[1] Cet article est de M. Lauras, avocat à la Cour royale de Paris.

1. Les conditions auxquelles s'obtiennent ces brevets, le mode de leur exercice et leur durée, sont déterminés par le droit administratif.

DIVISION.

---

§ 1. — *Action en contrefaçon.*

2. La loi du 25 mai 1791, tit. 2, art. 10, est ainsi conçue : «Lorsque le propriétaire d'un brevet sera troublé dans l'exercice de son droit privatif, il se pourvoira, dans les formes prescrites pour les autres procédures civiles, devant le juge de paix, pour faire condamner le contrefacteur aux peines prononcées par la loi. »

5. Ce texte a sans doute donné lieu à l'opinion généralement adoptée, que l'action du breveté en contrefaçon est une *action possessoire.* M. Henrion de Pansey, p. 559, va même jusqu'à dire que c'est par ce motif que la loi du 25 mai 1791 en attribue la connaissance aux juges de paix. Mais quelque grave que soit l'autorité de ce savant jurisconsulte, nous ne saurions l'admettre sur ce point.

L'action en contrefaçon du breveté ne peut, en effet, sous aucun rapport, être rangée parmi les actions possessoires. Le brevet n'est autre chose qu'une propriété mobilière (L. 7 janv. 1791, art. 14). Or, il est reconnu que la complainte n'a pas lieu pour meubles. — V. *Action possessoire,* n°s 64 et suiv.

L'action du breveté en contrefaçon est une action purement mobilière que la loi soumet à une juridiction spéciale.

4. La contrefaçon d'une industrie brevetée ne donne lieu qu'à l'action civile, et jamais à l'action publique.

§ 2. — *Tribunal compétent pour connaître de l'action en contrefaçon.*

5. L'action en contrefaçon est de la compétence du juge de paix. L. 25 mai 1791, tit. 2, art. 10.

6. Cette disposition a été l'objet de plusieurs critiques. L'intention du législateur a-t-elle été de diminuer les procès, de rendre la procédure plus simple, plus économique, plus rapide? N'a-t-il pas plutôt cédé à une sorte d'entraînement et de prédilection pour l'institution des juges de paix? Pourquoi soumettre des questions si délicates à un seul juge qui est le plus souvent étranger aux connaissances variées, nécessaires pour les résoudre, tandis que l'on réserve à des tribunaux composés de plusieurs juges les procès en contrefaçon d'écrits, de dessins, de musique, etc., dont le jugement présente, la plupart du temps, beaucoup moins de difficultés?

L'insuffisance des garanties que donne aux parties la juridiction créée par la loi de 1791, est l'objection la plus sérieuse. Sans doute, les juges de première instance ne sont pas, ne peuvent pas être plus versés que les juges de paix dans les sciences dont l'application est souvent nécessaire aux questions qui naissent des procès en contrefaçon. Cependant il faut reconnaître que le nombre des juges dont se composent les tribunaux ordinaires, l'habitude qu'ils ont des affaires les plus graves et qui soulèvent des difficultés et des questions de divers genres, offriraient aux parties des garanties qui leur manquent dans l'état actuel de la législation.

Sans doute aussi l'intérêt public et privé veut que les procès en contrefaçon soient soustraits à la lenteur des formes ordinaires de la procédure; mais la juridiction des juges de paix n'est pas la seule qui épargne ces lenteurs; et d'ailleurs l'action en contrefaçon pouvait conserver les avantages d'une procédure expéditive, sans perdre les garanties qu'elle aurait trouvées dans le droit commun.

7. Des termes de la loi du 25 mai 1791, et de la nature exceptionnelle de la juridiction des juges de paix, il résulte que le juge de paix n'est compétent que pour connaître de l'action en contrefaçon, et de ce qui en est la suite. Henrion, p. 545. V. *inf.*, § 6.

§ 5. — *Exceptions contre l'action en contrefaçon.*

8. Indépendamment des exceptions de fait et de droit que le défendeur à l'action en contrefaçon peut puiser dans le droit commun (—V. *Exception*), plusieurs exceptions spéciales aux procès en contrefaçon sont établies par les lois de 1791.

9. Ainsi, aux termes de l'art. 16 L. 7 janv. 1791, la description de la découverte énoncée dans une patente, est rendue publique, et l'usage des moyens et procédés relatifs à cette découverte est déclaré libre dans tout le royaume, lorsque le propriétaire de la patente (ou breveté) en est déchu.

Le même article déclare déchu de sa patente : 1° tout inventeur convaincu d'avoir, en donnant sa description, recélé ses véritables moyens d'exécution;

2° Tout inventeur convaincu de s'être servi dans ses fabrications de moyens secrets qui n'auraient point été détaillés dans sa description, ou dont il n'aurait pas donné sa déclaration pour les faire ajouter à ceux énoncés dans sa description ;

3° Tout inventeur, ou se disant tel, convaincu d'avoir obtenu une patente pour des découvertes déjà consignées et décrites dans des ouvrages imprimés et publiés ;

4° Tout inventeur qui, dans l'espace de deux ans, à compter de la date de sa patente, n'a pas mis sa découverte en activité, et qui n'a point justifié des raisons de son inaction ;

5° Tout inventeur qui, après avoir obtenu une patente en France, est convaincu d'en avoir pris une pour le même objet en pays étranger.

À ces causes de déchéance, il convient d'ajouter celles que prononcent les art. 4 et 9, tit. 2 de la loi du 25 mai 1791. Savoir : l'art. 4 contre le breveté qui n'a pas acquitté la totalité de la taxe, et l'art. 9 contre tout concessionnaire du brevet obtenu pour un objet que les tribunaux auront jugé contraire aux lois du royaume, à la sûreté publique, ou aux réglemens de police, sans pouvoir, par le breveté, prétendre d'indemnité, sauf au ministère public à prendre, suivant l'importance des circonstances, telles conclusions qu'il appartiendra.

10. On voit, en lisant ces articles, que la déchéance prononcée contre le breveté dans les cas déterminés, entraîne contre lui la perte de la qualité sur laquelle son action est fondée, et que chacune de ces causes de déchéance, ou au moins le plus grand nombre, fournit autant de moyens à l'exception de déchéance qui peut être opposée à l'action en contrefaçon.

11. Les cas de déchéance énumérés dans les lois des 7 janv. et 25 mai 1791 ne sont pas précisément les seuls qui puissent être opposés à l'action en contrefaçon. Il en est un admis par la jurisprudence, conforme d'ailleurs à l'esprit de la loi du 7 janv. 1791, et que l'on doit considérer comme une extension du § 3 de l'art. 16 de cette loi : c'est celui qui se fonde sur le défaut de nouveauté de l'objet pour lequel il a été concédé un brevet, lorsque la prétendue découverte est connue et rendue publique par toute autre voie que celle des ouvrages imprimés et publiés. En effet, le vœu de la loi est de garantir la pleine et entière jouissance d'une découverte ou *inventio nouvelle* (L. 7 janv. 1791, art. 1), et non d'une invention déjà connue et publiée.

12. Parmi les divers cas de déchéance ci-dessus énumérés, il en est un qui évidemment ne peut être opposé comme exception : c'est celui qui se fonde sur le motif que l'objet, pour

lequel le brevet aurait été concédé, serait contraire aux lois du royaume, à la sûreté publique, ou aux réglemens de police. En effet, nul ne pourrait être admis à revendiquer la garantie d'une industrie de cette nature.

La demande en déchéance d'un brevet, fondée sur ce motif, ne peut être formée que par action principale du ministère public, qui prend, suivant l'importance du cas, telles conclusions qu'il appartient. L. 25 mai 1791, tit. 2, art. 9.

13. Le juge de paix est-il compétent pour connaître de l'action en déchéance, formée par exception? On avait induit la négative du silence de la loi sur les demandes en déchéance; mais cette doctrine, contraire au principe que le tribunal compétent pour statuer sur l'action, l'est également pour connaître de l'exception, est repoussée par M. Henrion, p. 545, et l'a été récemment par la Cour royale de Paris, qui a déclaré non-recevable l'appel d'un breveté motivé sur l'incompétence du juge de paix, pour prononcer sur l'exception de déchéance. Paris, 10 août 1833.

14. La preuve testimoniale est de droit, et son admission ne peut faire difficulté dans les procès en contrefaçon. L. 25 mai 1791, tit. 2, art. 11.

15. Quelques tribunaux ont pensé que la loi du 7 janv. 1791, art. 16, § 3, avait établi, pour le cas de déchéance provenant du défaut de nouveauté, un seul genre de preuve, et qu'elle écartait, par cela même, toutes les preuves autres que celle qui s'y trouve formellement désignée.

Mais cette doctrine a été constamment repoussée par la Cour de cassation qui, dans plusieurs arrêts, distingue entre l'action principale en déchéance, et l'exception de déchéance.

Il résulte de cette jurisprudence que le demandeur en déchéance par action principale ne peut justifier l'action qu'il puise dans le § 3 de l'art. 16, que par le genre de preuve qui y est indiqué, tandis que le défendeur peut en outre invoquer l'exception de déchéance pour défaut de nouveauté, sans être circonscrit dans le genre de preuve déterminé par la loi. Le défendeur qui oppose le moyen de déchéance tiré du défaut de nouveauté, peut donc être admis à prouver, par témoins, que le brevet sur lequel se fonde son adversaire est nul, et n'a été requis par lui que pour un procédé antérieurement acquis, soit au domaine public, soit à quelque fabricant, ou enfin que le procédé était connu et pratiqué avant le brevet. Cas. 29 mes. an 11 (S. 4, 2, 44), 20 déc. 1808 (S. 9, 1, 209), 30 avr. 1810 (S. 10, 1, 229), 19 mai 1821 (S. 21, 298), 8 fév. 1827 (S. 27, 107).

§ 4. — *Procédure.*

16. A l'époque de la promulgation de la loi du 25 mai 1791, la procédure était celle tracée par la loi du 26 oct. 1790. Aujourd'hui elle est réglée par le livre 1er de la 1re partie du Code de procédure. La loi de 1791, en disposant que le breveté se pourvoirait *dans les formes prescrites* POUR LES AUTRES PROCÉDURES CIVILES, *devant le juge de paix,* se réfère évidemment aux formes des actions civiles de la compétence du juge de paix, et non pas, comme on l'a prétendu, à la procédure suivie dans les affaires ordinaires de la compétence des tribunaux de première instance. On ne peut supposer que le législateur ait attribué au juge de paix l'action en contrefaçon, dans le but de simplifier les formes et d'accélérer la solution des procès, et qu'en même temps il ait prescrit une procédure dont le résultat serait contraire. Cependant M. Théodore Regnault (*de la Législation et de la Jurisprudence concernant les Brevets d'invention,* p. 180) atteste que la jurisprudence des juges de paix varie à cet égard.

17. Quel est le mode de constater les faits qui, selon le breveté, constituent la contrefaçon?

La loi du 7 janv. 1791 (art. 12, 13) permettait au propriétaire d'une patente, ou breveté, en donnant bonne et suffisante caution de *requérir la saisie des objets contrefaits.* Mais un décret sans date, promulgué toutefois avec celui du 25 mai 1791, et qui doit avoir force de loi, a supprimé dans les art. 12 et 13 de la loi du 7 janvier 1791, tout ce qui était relatif à la saisie.

On ne prit pas garde alors que l'art. 12, tit. 2 de la loi même du 25 mai 1791, se référait au texte primitif des art. 12 et 13 de la loi du 7 janv. 1791, puisqu'il commençait par ces mots : « Dans le cas où *une saisie juridique* n'aurait pu faire découvrir aucun objet; etc., » et on les laissa subsister. Cette omission a donné lieu par la suite à quelques difficultés; plusieurs années après, au Conseil des Cinq-Cents, lorsqu'on songea à réviser la législation de 1791, on proposa de rétablir le texte primitif de la loi du 7 janv. 1791, et le rapporteur de la Commission s'appuya de l'art. de la loi du 25 mai 1791, dans lequel on avait omis de supprimer les termes relatifs à la saisie, pour soutenir que le législateur avait entendu seulement dispenser le saisissant de la nécessité de fournir caution, et non lui interdire la faculté de saisir. Le projet qui fut alors proposé rétablissait le droit de saisie : mais il n'eut pas de suite, et la législation est restée dans l'état où elle se trouvait, à cette époque.

Cependant la nécessité et l'usage, plus forts que les prohibitions de la loi, introduisirent la saisie dans la pratique, et
c'est aujourd'hui encore, dans le plus grand nombre des cas,
le premier acte de procédure du breveté qui est troublé par
une contrefaçon dans l'exercice de son droit privatif. — *V.* les
nombreuses espèces citées par M. Regnault, p. 152 et suiv.

Le droit de saisir les objets argués de contrefaçon ne repose
donc sur aucune base solide, car les termes dans lesquels la
loi du 25 mai supprime le droit de saisie sont trop précis pour
qu'on puisse tirer avantage de la rédaction de l'art. 12, tit. 2,
de la loi du même jour.

18. Les faits de contrefaçon peuvent encore être établis par
un procès-verbal descriptif des objets; mais ce moyen est souvent insuffisant, car la description la plus exacte ne supplée
pas toujours à la représentation des objets mêmes, surtout
lorsque la question s'élève à l'occasion d'un mécanisme quelquefois très compliqué.

19. En quelle forme la saisie doit-elle être pratiquée ? Il faut
encore ici interroger l'usage à défaut de la loi.

Le brevet n'est pas un titre exécutoire, en vertu duquel on
puisse de plein droit pratiquer une saisie : le breveté doit donc
obtenir l'autorisation du juge pour y procéder.

20. Quel est le juge compétent pour autoriser cette saisie?

Pendant long-temps à Paris, où il se juge le plus grand nombre de procès en contrefaçon, l'autorisation s'accordait tantôt
par le juge de paix, tantôt par le Président du tribunal. Mais
ce dernier magistrat, depuis 1823, se déclara incompétent,
par le motif que les art. 10 et 11, tit. 2, de la loi du 25 mai
1791, investissent les juges de paix de la connaissance des
actions en contrefaçon (—*V.* espèces citées par M. Regnault, p.
153). Cette jurisprudence, conforme au véritable sens de la loi,
est aujourd'hui constante.

21. Le juge de paix, sur la requête à lui présentée par le breveté, peut procéder suivant les cas, et ainsi qu'il l'avise. Ainsi,
à Paris, les uns autorisent la saisie des objets par l'huissier
commis, leur mise sous le scellé, et leur dépôt au greffe ou
entre les mains du saisi constitué gardien judiciaire; d'autres
se transportent eux-mêmes pour constater l'état des objets
argués de contrefaçon, d'autres enfin nomment des experts qui
ont mission de les décrire, ou chargent le commissaire de police
de dresser le procès-verbal. Regnault, p. 154.

L'absence de lois sur la matière autorise ces diverses manières d'agir.

22. Il peut être procédé à la saisie, non-seulement chez le fabricant des objets argués de contrefaçon, mais aussi chez tout

marchand, débitant, recéleur ou gardien de ces objets, quand même ces détenteurs ignoreraient qu'il y a contrefaçon. Renouard, *Brevets d'inv.*, ch. X, sect. 1, § 1.

23. Le juge de paix, non plus que le président du tribunal, dans les cas analogues, où les parties sollicitent de lui une autorisation, n'est pas tenu de faire droit à la requête; il peut refuser l'autorisation demandée, s'il résulte, pour lui, de l'examen qu'il a fait des circonstances de la cause, qu'il n'y a pas présomption suffisante de contrefaçon.

24. L'usage qui a introduit la saisie, l'a modifiée dans ses effets. Ordinairement elle ne s'étend pas à la totalité des objets argués de contrefaçon, mais se borne à ceux qu'il peut être nécessaire de soumettre soit au juge, soit aux experts, pour la manifestation de la vérité.

C'est ainsi du moins qu'il est pratiqué à Paris. Ces restrictions apportées à la saisie telle que l'autorisait le texte primitif de la loi de 1791, expliquent peut-être l'établissement de l'usage sur lequel on se fonde. L'équité de cette procédure n'a pas peu contribué sans doute à laisser la coutume prendre force de loi, et à faire considérer la saisie comme un acte de simple instruction, et un avant faire droit indispensable. Au reste, la jurisprudence n'offre pas trace de réclamation contre les saisies fréquemment pratiquées à l'occasion des procès en contrefaçon.

25. Il a été jugé, et avec raison, par M. le juge de paix du troisième arrondissement de Paris (3 juil. 1824, *affaire Frossard et Margéridon*, Renouard, p. 341), qu'il n'y avait pas lieu d'empêcher le voyage d'un bateau, dont le genre de construction avait soulevé un procès de contrefaçon, par le motif qu'une description faite sur le moment par des gens de l'art, remplaçait suffisamment le but de la saisie provisoire. M. le juge de paix ordonna en même temps que, par un mécanicien commis d'office à cet effet, le bateau saisi serait le jour même et sans désemparer, vu et visité, et autorisa les propriétaires du bateau, aussitôt après la description, à le faire naviguer.

26. Il importe que le procès-verbal constate le nombre des objets trouvés dans les lieux, et qui sont semblables aux objets saisis ou décrits. Cette constatation a de l'importance à raison de la confiscation qui est prononcée contre les contrefacteurs. L. 7 janv. 1791, art. 12. — V. *inf.* n° 28.

27. La saisie ainsi pratiquée, il est procédé devant le juge de paix suivant les règles tracées pour les matières de sa compétence ordinaire; on suit également celles qui concernent l'appel et le pourvoi en cassation. — V. *Juge de paix.*

§ 5. — *Jugement, Condamnations.*

28. Si la contrefaçon est déclarée constante, le contrefacteur est condamné : 1° à la confiscation des objets contrefaits; 2° à des dommages-intérêts, proportionnés à l'importance de la contrefaçon; 3° et en outre à verser dans la caisse des pauvres de l'arrondissement, une amende fixée au quart du montant des dommages-intérêts, sans toutefois que cette amende puisse excéder la somme de 3,000 fr., et au double en cas de récidive. L. 7 janv. 1791, art. 12.

29. Au contraire, dans le cas où la dénonciation pour contrefaçon se trouve dénuée de preuves, l'inventeur doit être condamné envers la partie adverse, à des dommages-intérêts proportionnés au trouble et au préjudice qu'elle a pu en éprouver, et, en outre, à verser dans la caisse des pauvres de l'arrondissement, une amende fixée au quart du montant des dommages-intérêts, sans toutefois que l'amende puisse excéder la somme de 3,000 fr., et au double en cas de récidive. *Ibid*, art. 13.

30. Si les objets contrefaits sont réunis à des objets non contrefaits, dont ils soient inséparables, la confiscation du tout doit être prononcée. Cas. 2 mai 1812 (S. 23, 45), 31 déc. 1822 (S. 23, 223).

31. Le juge de paix peut ordonner l'affiche du jugement, soit sur les conclusions formelles de l'une des parties, soit même d'office. C. pr. 1036; Cas. 31 déc. 1822 (S. 23, 245).

32 Il a été jugé que le débitant d'objets contrefaits peut, suivant les cas, être considéré comme complice du contrefacteur, et condamné solidairement avec lui aux dommages-intérêts. Trib. Paris, 5e chamb., 26 août 1820; Regnault, p. 329.

33. Le juge de paix peut-il prononcer la contrainte par corps pour les dommages-intérêts qu'il adjuge à l'une ou à l'autre des parties?

Un jugement de la justice de paix du 3e arrondissement de Paris a résolu cette question affirmativement (Regnault, p. 355). Nous ne partageons pas cette doctrine. L'art. 126, C. pr., sur lequel s'appuie le jugement, ne doit pas être appliqué dans une matière soumise à une législation spéciale et à une procédure qui a ses lois et ses règles distinctes; le moyen rigoureux de la contrainte par corps, ne peut pas, dans le silence de la loi, être suppléé par analogie.

34. L'art. 12, tit. 2, L. 25 mai est ainsi conçu : « Dans » le cas où *une saisie juridique* n'aurait pu faire découvrir » aucun objet fabriqué, ou débité en fraude, le dénonciateur » supportera les peines énoncées dans l'art. 13 de la loi (—

» V. n° 29), à moins qu'il ne légitime sa dénonciation par des
» preuves légales; auquel cas il sera exempt desdites peines,
» sans pouvoir néanmoins prétendre aucuns dommages-inté-
» rêts. »

Cet article ne nous paraît pas aujourd'hui susceptible d'application. Il se référait évidemment au texte primitif de la loi
du 7 janv. 1791, et devait balancer les effets de la saisie que le
breveté avait la faculté de pratiquer sans autorisation de juge.

La saisie se trouvant maintenant restreinte et modifiée dans
ses effets (—V. n° 24), on doit regarder cet article comme incompatible avec la législation actuelle : les peines qu'il prononce ne pourraient donc, en aucun cas, être appliquées
au poursuivant en contrefaçon qui aurait fait saisir sur autorisation du juge de paix, sauf au défendeur à demander, et au
juge à accorder des dommages-intérêts pour le préjudice qu'aurait pu causer la saisie telle qu'elle aurait été pratiquée. Le
juge de paix devrait aussi, en ce qui concerne le saisissant,
tenir compte soit des circonstances, soit de son plus ou moins
de bonne foi; enfin, selon nous, ces questions doivent, dans
l'état actuel de la législation, être résolues par les principes du
droit commun. Il faut regarder l'art. 12, tit. 2, de la loi du
25 mai 1791, comme virtuellement abrogé par le décret promulgué avec cette loi, d'autant plus que cet article se réfère
au droit de saisie que le décret a voulu proscrire.

§ 6. — *Action principale en déchéance, etc.*

55. La déchéance d'un brevet peut être demandée par
action principale.

56. Cette action peut être intentée par tous ceux qui y ont
intérêt, sans qu'il soit nécessaire pour cela d'être poursuivi en
contrefaçon au moment où l'action en déchéance est exercée.
Renouard, p. 391.

57. Elle repose sur l'intérêt que chacun a de connaître, avant
de se livrer à une industrie, ou à l'exploitation d'un procédé,
si un privilége en garantit la jouissance exclusive.

58. Le demandeur en déchéance peut, comme le défendeur,
fonder son action sur une ou plusieurs des causes de déchéance
indiquées dans l'art. 16 L. 7 janv. 1791, à l'exception toutefois du moyen de déchéance fondé sur ce que l'objet du
brevet serait contraire à la sûreté publique, aux lois de l'État,
aux bonnes mœurs, ou aux réglemens de police. Cette action
ne peut appartenir qu'au ministère public. C. inst. crim., art. 1.
—V. *sup.* n° 12.

59. L'action principale en déchéance fondée sur le défaut
de paiement de la taxe n'appartient pas non plus aux parties,

Cette action ne peut appartenir qu'à l'administration, qui seule a intérêt et qualité pour exiger le paiement. Renouard, p. 390.

40. L'action principale en déchéance est de la compétence des tribunaux ordinaires auxquels sont portées toutes les actions qu'une loi expresse n'a pas réservées à des juges particuliers.

41. On avait pensé que cette action tendant à l'annulation du brevet qui est un acte administratif, devait être portée au Conseil-d'État, « Mais, » dit M. Henrion de Pansey, p. 545, « cet » acte (le brevet) est d'une nature toute particulière; rendu sans » examen, ce n'est ni une décision, ni un jugement; ne pouvant » pas être refusé, ce n'est pas un acte libre ; par conséquent, on » peut le juger et l'anéantir sans contrevenir à la volonté du » gouvernement, sans attenter à l'autorité du pouvoir exécutif.»

Ces raisons doivent prévaloir sur la doctrine émise dans une instruction ministérielle, citée par Renouard, p. 405, et d'après laquelle le ministre de l'intérieur doit prononcer la déchéance, non-seulement lorsque le breveté n'a pas acquitté la taxe dans les délais prescrits, mais aussi lorsque l'inventeur, sans avoir justifié des causes de son retard, n'a pas mis la découverte en activité dans l'espace de deux ans. Cette dernière cause de déchéance a été précisément invoquée dans une espèce citée par M. Henrion de Pansey, p. 546, sans que l'on ait fait la plus légère réclamation en faveur de l'administration, soit de la part du défendeur à l'action principale en déchéance, soit de la part du ministère public.

42. Si pendant l'instance en contrefaçon devant le juge de paix, le défendeur introduit devant les juges ordinaires une action principale en déchéance, le juge de paix doit surseoir à statuer jusqu'au jugement définitif de cette action. Trib. de paix du. arrondis. de Paris, cité par Regnault, p. 339; Renouard, p. 387.

43. Les tribunaux ordinaires sont aussi compétens pour juger les contestations qui pourraient s'élever entre deux brevetés, sur la propriété d'un brevet, sans qu'il fût, de part ou d'autre, question de contrefaçon.

44. Parmi les divers cas de déchéance, il en est un dont le jugement appartient à l'administration : c'est celui qui résulte du défaut d'acquittement de la taxe. Dans ce cas la déchéance est déclarée par ordonnance royale. Ord. 24 nov. 1824.

BULLETIN des Lois. Recueil officiel des lois et actes du gouvernement. Il a été créé par la loi du 14 frim. an 2, et maintenu par celle du 12 vend. an 4. Un cahier des lois rendues est envoyé chaque trimestre au greffier de chaque tribunal, et déposé au greffe.

C.

CAHIER DES CHARGES. Acte énonçant les clauses et conditions de la vente, et la mise à prix d'un objet mis aux enchères.

CAISSE DES DÉPOTS ET CONSIGNATIONS. Établissement public et permanent, destiné à recevoir les dépôts et consignations de sommes d'argent.

1. L'administration de la caisse des dépôts et consignations, est réglée par ordon. du 22 mai 1816. Elle est placée sous la surveillance de commissaires, et soumise à un contrôle annuel des chambres législatives. L. 28 avr. 1826, art. 111, 112, 114.

2. Cette caisse a un préposé dans toutes les villes où siége un tribunal de première instance. Ord. 3 juil. 1816, art. 11.

Dans les chefs-lieux de département, le directeur-général de la caisse est autorisé à se servir de l'intermédiaire des receveurs-généraux, qui sont alors comptables et responsables des recettes et dépenses qui leur sont confiées. Ord. 22 mai 1816, art. 28 et 29.

3. Toutes les attributions de l'ancienne caisse d'amortissement (l'amortissement excepté) lui ont été dévolues. L. 28 avr. 1816, art. 110.

Ainsi, elle doit seule recevoir toutes les consignations judiciaires (Ord. 3 juil. 1816, art. 1), et toutes les consignations ordonnées par des lois, soit que lesdites lois n'indiquent pas le lieu de la consignation, soit qu'elles désignent une autre caisse. Toutes consignations faites en d'autres caisses ou dépôts publics, ou particuliers, sont nulles et non libératoires. *Ibid*, art. 2, n° 14 et 3.

4. Il ne peut être ouvert aucune contribution de deniers provenant de ventes, recouvremens mobiliers, saisies-arrêts ou autres, que l'acte de réquisition, rédigé suivant l'art. 658 C. pr. ne contienne mention de la date et du numéro de la consignation qui en a été faite. La même ordonnance, art. 4, défend aux présidens des tribunaux de commettre des commissaires pour procéder aux distributions ainsi requises, sans ladite mention, et, au cas où une nomination leur serait surprise, défend à tous les commissaires nommés d'y procéder, sauf aux parties, qui seraient lésées, leur recours contre les avoués par la faute desquels la distribution n'aurait pas lieu. Il est pareillement défendu à tous greffiers de délivrer les mandemens énoncés en l'art. 671 C. pr. sur autres que sur les préposés de la caisse des dépôts et consignations. Il en est de même relativement aux

ordres, lorsque le prix a dû être versé en vertu de jugement rendu sur la demande d'un ou de plusieurs créanciers.

5. La caisse des dépôts et consignations est aussi autorisée à recevoir les dépôts volontaires des particuliers. Ord. 3 juil. 1816.

Les dépôts volontaires ne peuvent être faits qu'à Paris, et seulement en monnaie ayant cours, d'après les lois et ordonnances, ou en billets de la Banque de France. 2e Ord. 3 juil. 1816, art. 2.

6. Tous les frais et risques relatifs à la garde, à la conservation et au mouvement des fonds consignés, sont à la charge de la caisse ; les préposés, leurs commis ou employés, ne peuvent exiger aucun droit de garde, prompte expédition, travail extraordinaire, ou autre, à quelque titre que ce soit, à peine de destitution, et d'être poursuivis comme concussionnaires. Ord. 3 juil. 1816, art. 13 ; 2e ord. 3 juil. 1816, art. 3.

Si, dans l'intervalle de la consignation à la remise des sommes consignées, ces sommes ont diminué ou augmenté de valeur, la perte ou le gain est pour le compte de la caisse ; elle fait valoir les fonds à son profit, et sous sa responsabilité. Ord. 3 juil. 1816, art. 13.

7. La caisse n'est pas, comme autrefois, simple dépositaire ; elle devient, comme l'emprunteur, propriétaire des fonds qui lui sont confiés, à la charge de restituer une valeur équivalente : d'où il suit que les paiemens partiels qu'elle fait doivent, conformément aux dispositions de l'art. 1254 C. civ., être imputés d'abord sur les intérêts de la somme par elle due, puis sur le capital. Paris, 20 mars 1830 (S. 30, 2, 212); 7 janv 1831 (S. 31, 2, 219).

8. La caisse des dépôts et consignations paie l'intérêt de toute somme consignée, à raison de trois pour cent, à compter du soixante-unième jour de la consignation jusqu'à celui du remboursement exclusivement.

Les sommes qui restent moins de soixante jours en état de consignation ne produisent aucun intérêt. Lorsque les sommes consignées sont retirées partiellement, l'intérêt des portions restantes continue de courir sans interruption. L. 18 janv. 1805 (28 niv. an 13), art. 2 ; ord. 3 juil. 1816, art. 14.

9. Lorsqu'il s'agit d'un *dépôt volontaire*, les sommes portent intérêt à partir du trente-unième jour ; elles ne sont passibles d'aucun intérêt, si on en exige la restitution avant cette époque. 2e Ord. 3 juil. 1816, art. 5.

10. Le caissier ou préposé de la caisse signe et délivre des récépissés contenant, 1° de la part du consignateur ou déposant, élection de domicile, attributive de juridiction. 2e Ord. 3 juil. 1816.

2° L'énonciation sommaire des arrêts, jugemens, actes ou causes qui donnent lieu à la consignation; et, dans le cas où les deniers consignés proviennent d'un emprunt, et qu'il y a lieu à opérer une subrogation en faveur du prêteur, mention expresse de la déclaration faite par le déposant, conformément à l'art. 1250 C. civ.; cette déclaration produit alors le même effet de subrogation que si elle était passée devant notaires. Ord. 3 juil. 1816, art. 12.

11. Ces récépissés ne sont valables et ne donnent droit contre l'administration qu'autant qu'ils sont visés par le directeur-général, et enregistrés dans les cinq jours du versement. Ord. 22 mai 1816, art. 19; L. 28 niv. an 13, art. 3; Ord. 3 juil. 1816, art. 11; 2° ord. *ibid*, art. 4.

Le caissier reste personnellement responsable envers les ayans-droit, pour raison des accusés de réception ou récépissés qui ne seraient revêtus que de sa signature. Ord. 22 mai 1816, art. 19.

12. Lorsqu'il s'élève de la part de la caisse des difficultés pour la remise des sommes consignées, il est nécessaire, soit qu'il s'agisse d'un dépôt ou d'une consignation volontaire, ou autre, de mettre la caisse en demeure, par une réquisition ou sommation faite dans les formes voulues par l'art. 4, L. 28 niv. an 13, et l'art. 15, Ord. 3 juil. 1816. —*V. Consignation.*

13. Si la caisse ou ses préposés refusent d'obtempérer à la réquisition dans les dix jours de sa date, ils doivent donner connaissance des motifs de leur refus par notification au domicile élu dans ladite réquisition; faute de quoi, et ledit délai passé, lesdits préposés sont contraignables par corps, et la caisse responsable des sommes par eux reçues, ainsi que des intérêts. Ord. 3 juil. 1816, art. 15. —*V.* toutefois *sup.* n° 11.

14. Ne peuvent lesdits préposés refuser les remises réclamées que dans les deux cas suivans : 1° sur le fondement d'opposition dans leurs mains, soit sur la généralité de la consignation, soit sur la portion réclamée, soit sur la personne requérante; 2° sur le défaut de régularité des pièces produites à l'appui de la réquisition.

15. Si la partie réclamante fait juger que le refus du préposé était mal fondé, il est condamné aux frais et dépens de la contestation, et il les supporte personnellement, à moins que son refus n'ait été approuvé par le directeur-général.

Si, au contraire, il est jugé que le préposé était fondé dans son refus de payer, ou que la partie réclamante en apprécie les causes, c'est elle qui supporte les frais de la dénonciation, et tous autres qui ont pu en être la suite.

Les préposés ont alors un nouveau délai de dix jours, à partir de la signification qui leur est faite des main-levées ou du rapport des pièces régularisées. Ord. 3 juil. 1816, art. 16.

16. Le caissier, et autres préposés, qui, sans motifs fondés, ont refusé de faire un remboursement, sont condamnés personnellement, et par corps, à payer la somme consignée et les intérêts courus jusqu'au jour du remboursement.

Lorsqu'il s'agit d'un dépôt volontaire, les préposés qui ont retardé le remboursement sans motifs, sont condamnés, à titre de dommages-intérêts, à bonifier à la partie prenante les intérêts sur le pied de cinq pour cent. Les mêmes dommages-intérêts sont applicables au cas de la consignation ordonnée : la caisse, ou ses préposés, ne doivent pas être traités alors plus favorablement qu'un débiteur ordinaire en retard de payer.

17. La caisse peut-elle opposer la prescription pour les sommes dont elle est dépositaire? La négative résulte de l'art. 36 de l'édit de 1689, non abrogé par aucune loi postérieure, et portant que les sommes consignées peuvent être perpétuellement réclamées.

18. Il a même été décidé, par suite de ce principe, que les déchéances prononcées par les lois, sur l'arriéré des divers ministères, ne sont point applicables aux dépôts et consignations nécessaires effectués dans les caisses du Trésor postérieurement aux lois des 24 frim. an 6 et 9 frim. an 7. Ord. en Cons. d'État, 9 nov. 1832 (S. 33, 2, 167.) — V. *Consignation*.

CARENCE. — V. *Procès-verbal de carence*.

CASSATION [1]. Voie ouverte contre un jugement non susceptible d'être rétracté ou réformé.

DIVISION.

---

[1] Cet article est de M. Legé, avocat aux conseils du roi à la Cour de cassation.

---

§ 1. — *De la Cassation en général.*

1. La cassation est, en général, l'action d'anéantir un acte quelconque. Les mots *cassation* et *annulation* indiquent la même idée; mais le premier s'applique plus spécialement au jugement, le second à la procédure.

2. La cassation est la dernière des voies extraordinaires par lesquelles on peut attaquer les jugemens. De là plusieurs conséquences.

3. On ne peut se pourvoir contre un jugement en premier ressort. Cas. 16 mars 1825, 16 mai 1825;

Ni contre un jugement de défaut, tant que la voie d'opposition est ouverte (Cas. 28 niv. an 8; Merlin, *Rép.* v° *Cassation*, § 4, n° 8). Ou lorsque, sur l'opposition, l'exécution de ce jugement a été ordonnée par un autre jugement non attaqué en temps utile (Cas. 21 avr. 1807). Quand même il serait qualifié en dernier ressort. C. pr. 443, 454; Cas. 26 nov. 1812. — V. *Appel*, n° 16, et *inf.* n° 54.

4. Le même moyen ne peut servir à la fois d'ouverture de requête civile et de cassation. — V. *inf.* § 5, art. 3, 4 et 5.

5. Les ouvertures de cassation ne sauraient être étendues par analogie. Merlin, *Rép.* v° *Cassation*, § 3, n° 8.

6. Le recours en cassation constitue une instance nouvelle, indépendante de celles qui l'ont précédée. Conséquemment cette instance ne peut être introduite au nom du défunt, mais bien au nom de ceux qui le représentent. Cas. 8 mai 1820.

7. Ce recours ne forme point un troisième degré de juridiction : la cassation est un acte de surveillance, et non un acte de juridiction.

Il diffère de l'appel, en ce qu'il n'a pas pour but l'examen du *bien* ou *du mal jugé* au fond.

La Cour de cassation doit tenir pour constans les faits de la cause reconnus comme tels par le jugement attaqué, et les admettre avec le caractère et l'influence qu'il leur a donnés.

Les formes prescrites par la loi ont-elles été observées? Aux faits déclarés constans par le jugement attaqué, ce même jugement a-t-il fait une juste application des dispositions de la loi? Telles sont les seules questions à l'examen desquelles la Cour puisse se livrer.

Toutefois, pour le développement et l'application de ces principes. — V. *inf.* § 5, art. 1.

§ 2. *De la Cour de cassation.*

8. La Cour de cassation est établie pour maintenir l'unité dans la jurisprudence, et empêcher que les tribunaux n'étendent ou ne restreignent leurs attributions au-delà ou en-deçà du cercle que la loi leur a tracé.

9. Elle a succédé au conseil-privé des parties, qui connaissait des recours en cassation dirigés contre les sentences en dernier ressort des juridictions inférieures, et les arrêts des parlemens.

10. Elle a été instituée par la loi du 1er déc. 1790, qui règle son organisation et ses attributions. — D'abord appelée *tribunal de cassation*, elle a reçu du Sénat-Cons., 28 flor. an 12, art. 136, le titre de *Cour de cassation.*

Diverses modifications ont été apportées à la loi de 1790 par les actes législatifs des 1er vend. et 2 brum. an 4, 22 brum. et 27 vent. an 8, 16-17 therm. an-10, 28 flor. an 12, C. proc., C. inst. crim., Décr. 16-sept. 1807, 15 fév. 1815; enfin par l'ordonnance du 15 janv. 1826, qui coordonne toutes les dispositions législatives antérieures, et par la loi du 30 juil. 1828.

Art. 1. — *Organisation de la Cour de cassation.*

11. La cour de cassation est unique et *sédentaire.* Décr. 12 août et 1er déc. 1790. — Elle siége à Paris. Const. 1791, an 3, an 8.

12. Elle est composée d'un premier président, de trois présidens et de quarante-cinq conseillers, tous nommés par le roi et inamovibles. L. 27 vent. an 8; sén. cons. 28 flor. an 12; décr. 19 mars 1810, 28 janv. 1811; ord. 15-17 fév. 1815; Charte, art. 48 et 49.

13. Elle se divise en trois sections, savoir : la *chambre des requêtes* et la *chambre civile* pour les affaires civiles, et la *chambre criminelle* pour les affaires criminelles. L. 27 vent. an 8.

Ces trois chambres se réunissent en audience solennelle dans certaines circonstances. L. 27 vent. an 8, art. 78; 30 juil. 1828. — V. *Audience solennelle,* et *inf.* n° 278.

Dans ce cas, elles étaient toujours présidées autrefois par le garde-des-sceaux (ord. 15 janv. 1826, art. 6) ; de sorte que l'on voyait un fonctionnaire essentiellement révocable participer à des arrêts qui ne peuvent être rendus que par des juges inamovibles ; cette incohérence a cessé depuis la loi du 30 juil. 1828, relative à l'interprétation des lois. La présidence du garde-des-sceaux n'a plus lieu qu'en matière de discipline.

14. Chaque chambre est composée d'un président et de quinze conseillers. Le premier président siége à la chambre qu'il juge convenable. L. 27 vent. an 8, art. 60 et 65 ; décr. 28 janv. 1811, art. 1, 2, 3.

15. Il faut onze membres au moins dans chaque section pour rendre un arrêt. Ord. 15 janv. 1826, art. 3 ; et trente-quatre au moins s'il s'agit d'audience solennelle, toutes les chambres réunies. *Ibid*, art. 6.

16. Les arrêts sont rendus à la majorité absolue des suffrages. L. 27 vent. an 8, art. 63.

En cas de partage, on adjoint cinq membres, pris d'abord dans la section qui a rendu l'arrêt de partage ; puis, en cas d'impossibilité, dans les autres sections. L'affaire est de nouveau rapportée et discutée. *Ib.*, art. 64 ; ord. 15 janv. 1826, art. 5.

17. Lorsque les arrêts ont été prononcés, les rapporteurs remettent au greffe, chaque semaine, la rédaction des motifs et du dispositif des arrêts rendus sur leur rapport dans la semaine précédente. Ces motifs et ce dispositif sont écrits de leur main dans la minute des arrêts. Ord. 15 janv. 1826, art. 41. — La minute est signée du président, du rapporteur et du greffier. *Ib.*

18. Il y a près de la Cour de cassation, 1° un procureur-général, six avocats-généraux amovibles, et un greffier, nommés par le roi. L. 27 vent. an 8, art. 70. — V. *Greffier*.

Nul ne peut être greffier à la Cour de cassation s'il n'est licencié en droit, et s'il n'a vingt-sept ans accomplis. Ord. 15 janv. 1826, art. 73.

19. 2° Quatre commis-greffiers nommés par la Cour, sur la présentation du greffier qui peut les révoquer, et en est responsable. *Ib.*, art. 68.

Nul ne peut être commis-greffier s'il n'est licencié en droit, et s'il n'est âgé de vingt-cinq ans. *Ibid*, art. 75.

20. 3° Huit huissiers nommés par la Cour, qui peut les révoquer de leurs fonctions d'audienciers. Pour les procédures devant la Cour de cassation, ils instrumentent exclusivement à Paris, et concurremment avec les autres huissiers dans le département de la Seine. L. 27 vent. an 8, art. 70.

21. 4° La Cour a près d'elle un ordre d'avocats chargés de représenter et défendre les parties. — V. *Avocat à la Cour de cassation.*

22. Les audiences sont publiques. Ord. 15 janv. 1826, art. 25.

23. Il y a dans chaque chambre trois audiences par semaine; les jour et heure d'ouverture en sont fixés par une délibération de la Cour. *Ib.*, art. 26.

Les chambres peuvent, en outre, accorder des audiences extraordinaires. *Ib.*, art. 27.

24. Il n'y a pas d'audience du 1er septembre au 1er novembré de chaque année, temps des vacances. *Ib.*, art. 63.

Toutefois, d'après les art. 64, 66, 67 de l'ordonnance, les affaires *urgentes* (— *V.* ce mot) doivent être jugées par la chambre des vacations, dont le service est attribué à la chambre criminelle qui n'a pas de vacances.

Art. 2. — *Attributions de la Cour de cassation.*

25. La Cour de cassation prononce, 1° sur les demandes en cassation contre les jugemens et arrêts en dernier ressort. Régl. 28 juin 1738, part. 1, tit. 5, art. 1; L. 1er déc. 1790, art. 1; Const. 1791, art. 19; 22 frim. an 8, art. 65.

26. 2° Sur les prises à partie contre un tribunal entier. L. 1790; Const. 1791, 22 frim. an 8. — Ou contre un juge ou un tribunal inférieur, lorsque la prise à partie est incidente à une affaire pendante à la Cour. Godart de Saponay, *Manuel de la Cour de cassation*, p. 77. — V. *Prise à partie.*

27. 3° Sur les réglemens de juges. L. 1790; Const. 1791, 22 frim. an 8. — V. *Réglement de juges.*

28. 4° Sur les demandes en renvoi d'un tribunal à un autre, pour cause de suspicion légitime ou de sûreté publique. *Ib.*

29. La Cour de cassation, en matière civile, ne connaît point du fond des affaires; mais elle casse les jugemens rendus sur des procédures dans lesquelles les formes ont été violées, ou qui contiennent quelque violation de la loi, et renvoie le fond du procès au tribunal qui doit en connaître. *Ib.* — V. *inf.* § 5.

30. La Cour de cassation a seule le droit, 1° de déclarer le pourvoi non-recevable. Cas. 26 avr. 1811.

Ainsi, dans le cas où le pourvoi est suspensif, un tribunal ne peut ordonner l'exécution, en déclarant que le pourvoi n'ayant pas été formé dans le délai et de la manière déterminée par la loi, n'est pas recevable. *Ib.*

2° De prononcer la cassation d'un arrêt. Cas. 13 avr. 1809. — V. toutefois *Colonies*, n° 26.

3° De statuer sur les dépens des instances qui sont poursuivies devant elle. Cas. 12 mai 1812.

31. La *chambre des requêtes* : 1° statue sur l'admission ou le rejet des demandes en cassation dans les matières civiles ou en prise à partie. L. 2 brum. an 4, art. 3; 27 vent. an 7, art. 60.

32. 2° Elle prononce définitivement sur les demandes, soit en réglement de juges, soit en renvoi d'un tribunal à un autre. *Ib.*

33. 3° Elle connaît des crimes que les tribunaux de première instance en corps et les membres de Cours royales individuellement commettent dans l'exercice de leurs fonctions, lorsqu'ils lui sont dénoncés par le procureur-général, d'après l'ordre qu'il en reçoit du gouvernement; mais elle ne statue pas définitivement : elle ne fait que dénoncer les juges prévenus à la section civile, qui remplit à leur égard les fonctions de jury d'accusation, et, en cas d'accusation admise, les renvoie devant une Cour d'assises. L. 27 vent. an 8, art. 80 et 81 ; C. inst. crim., art. 485 et suiv.; Merlin, *Rép.* v° *Cour de cassation.*

34. 4° Elle prononce encore dans le cas où la section civile ou la section criminelle lui ont dénoncé des délits résultant, contre les juges, des procédures dont elles sont saisies. L. 27 vent. an 8, art. 82; C. inst. crim. 494; Merlin, *ib.*

35. 5° Enfin, elle prononce définitivement, sans préjudice des droits des parties, sur les réquisitoires qui lui sont présentés par le procureur-général, de l'ordre exprès du gouvernement, pour faire *annuler*, soit les arrêts des Cours royales, soit les jugemens en dernier ressort des tribunaux de première instance, soit les jugemens des mêmes tribunaux, rendus à la charge de l'appel, soit les actes judiciaires quelconques qui, en matière civile, contiennent un excès de pouvoir. L. 27 vent. an 8, art. 80.

36. La *chambre civile* juge définitivement, 1° les demandes en cassation et en prise à partie qui ont été admises par la chambre des requêtes. L. 27 vent. an 8, art. 60, et celles en expropriation pour cause d'utilité publique, sans qu'il soit besoin d'arrêt d'admission. L. 7 et 9 juil. 1833, art. 20 et 42.

37. 2° Les demandes en cassation que le procureur-général lui défère d'office en matière civile, à l'effet d'annuler les jugemens en dernier ressort qui violent les formes, ou renferment, soit un excès de pouvoir, soit une violation des lois sur le fond des affaires, le tout seulement dans l'intérêt de la loi. L. 1er déc. 1790, art. 88; Merlin, *Rép., Ib.,* n° 4.

38. Le droit de casser dans l'intérêt de la loi, n'appartient qu'à la Cour de cassation; une Cour royale ou autre tribunal d'appel n'en est jamais investi. Cas. 13 avr. 1809; — V. toutefois *Colonies*, n° 26.

Il ne peut être exercé que quand les parties qui avaient la faculté d'attaquer l'arrêt y ont acquiescé, ou ont laissé expirer les délais sans se pourvoir. L. 27 vent. an 8, art. 88; Cas. 29 août 1827.

Si un jugement est cassé dans cet intérêt, c'est uniquement pour maintenir l'observation de la loi. Il conserve sa force à l'égard des parties, et les oblige comme une transaction. L. 27 vent. an 8, art. 88; Cas. 16 therm. an 11.

39. La *chambre criminelle* prononce définitivement sur les demandes en cassation en matières criminelle, correctionnelle et de police, sans qu'il soit besoin d'arrêt préalable d'admission. L. 27 vent. an 8, art. 60.

40. Les *chambres réunies* prononcent sur toute espèce de pourvoi, lorsque, après la cassation d'un arrêt ou jugement en dernier ressort, le deuxième arrêt ou jugement rendu dans la même affaire, entre les mêmes parties, est attaqué par les mêmes moyens que le premier. L. 30 juil. 1828, art. 1er.

41. Elles ont, en outre, lorsqu'elles sont présidées par le garde-des-sceaux, le droit de censure et de discipline sur les Cours royales, les Cours d'assises et les magistrats. Sén.-cons. 16 therm. an 10; L. 20 avr. 1810, art. 56.

42. Chaque année la Cour de cassation doit envoyer une députation au gouvernement pour lui indiquer les points sur lesquels l'expérience lui a fait connaître les vices ou l'insuffisance de la législation. L. 27 vent. an 8, art. 87.

§ 5. — *Personnes qui peuvent se pourvoir en cassation.*

43. Le droit de se pourvoir en cassation appartient, 1° aux parties dans leur intérêt; 2° au procureur-général près la Cour de cassation, dans l'intérêt de la loi.

Art. 1. — *Des parties.*

44. Ceux qui ont été parties dans un jugement, leurs représentans ou ayans-cause, peuvent seuls en demander la cassation. Poncet, *Jugemens*, n° 344.

Toutes autres personnes n'ont que la voie de la *tierce-opposition*. Cas. 21 brum. an 9, 4 vent. an 11; Merlin, *Rép.* v° *Cassation*, § 4, ou de l'*Intervention.* — V. ces mots, et *inf.* § 12.

45. Quelles personnes peuvent être considérées comme parties, représentans ou ayans-cause ?—V. *Appel*, sect. III.

46. Plusieurs conditions sont, en outre, nécessaires. Il faut, 1° que la partie ait *intérêt* à la cassation. Cas. 30 mai 1826, 29 mars 1807. — V. *Action*, n°s 65 et suiv.

Elle est sans intérêt si le dispositif du jugement lui est favorable, bien que parmi les motifs il s'en trouve de contraires à son honneur, et que l'affiche de l'arrêt ait été ordonnée. On ne peut, en effet, casser que le dispositif, et non les motifs d'un jugement. Cas. 29 janv. 1824.

47. 2° Qu'elle soit *capable* d'agir par elle-même, ou dûment autorisée.

Peuvent néanmoins se pourvoir sans autorisation spéciale, lorsque la demande primitive a été autorisée, les communes. Edit d'août 1764, art. 44; Merlin, *Quest.* v° *Commune*, § 6; Cas. 1er flor. an 9, 4 fruct. an 11, 12 sept. 1809. — V. *Commune.* — Les hospices, fabriques et établissemens publics.

Quid de la *femme mariée?* du *mineur?* — *V.* ces mots.

48. 3° Qu'elle n'ait *pas acquiescé* au jugement. — V. *Acquiescement*, n°s 99 et suiv.

49. 4° Qu'elle n'ait *pas déjà recouru.* Ainsi, la partie dont un premier pourvoi a été rejeté ne peut plus en présenter un second, quoique le jugement qu'elle avait attaqué ne lui ait pas encore été signifié(Cas. 25 therm. an 12); qu'elle soit dans le délai (Cas. 19 fruct. an 11), et qu'elle présente des moyens autres que ceux qui appuyaient le premier pourvoi. *Ib.*

50. Toutefois cette règle reçoit exception: 1° lorsqu'on ne s'est pourvu que contre une partie d'un jugement, se réservant d'attaquer les autres, si l'on est encore dans le délai utile. Cas. 22 brum. an 13; Merlin, *Quest.* v° *Triage*, § 1.

2° Lorsque les pourvois rejetés ont été formés par des personnes qui ne représentaient pas précisément le second demandeur. Ainsi, le rejet du recours fait par le créancier n'empêche pas le débiteur ou ses héritiers de recourir. Cas. 15 avr. 1806; Merlin, *Rép.*, v° *Cassation*, § 8, n° 3.

De même, le rejet du recours, présenté au nom de tous les héritiers *collectivement*, n'empêche pas un héritier de présenter un nouveau pourvoi personnellement et en son nom. Cas. 25 therm. an 12.

51. Si la partie est décédée, même pendant l'instance d'appel, le pourvoi ne peut être fait en son nom : il doit l'être en celui des héritiers; — surtout si c'est à eux que la signification de l'arrêt a été faite. Cas. 8 mai 1820. — V. *sup.* n° 4.

Art. 2. — *Du procureur-général.*

52. Le procureur-général près la Cour de cassation peut attaquer en tout temps les jugemens de tout genre qui contiennent un excès de pouvoir. L. 27 vent. an 8, art. 80 et 88; Cas. 6 prair. an 10, 7 juil. 1817; Merlin, *Rép.* v° *Cassation*, §3.

Peu importe qu'il ne s'agisse que d'un jugement rendu en *premier ressort*, ou même d'un simple acte du premier juge. Mais ses poursuites n'ont lieu que d'après les ordres du gouvernement, et dans l'intérêt de la loi. L. 27 vent. an 8, art. 80.

53. Après l'expiration du délai légal sans recours des parties, il peut également attaquer, mais seulement *dans l'intérêt de la loi*, les jugemens en dernier ressort, tant pour excès de pouvoir que pour violation des lois. L. 27 vent. an 8, art. 88 ; Cas. 11 juin 1810.

Les procureurs du roi près les autres Cours et tribunaux n'ont ce droit que lorsqu'ils ont agi comme *parties* dans l'intérêt de l'ordre public. Cas. 3 nov. 1806, 27 mars 1817.

§ **4.** — *Jugemens contre lesquels on peut se pourvoir.*

54. On peut en général se pourvoir contre les jugemens *définitifs*, rendus *en dernier ressort par les tribunaux de tout genre*. L. 1er déc. 1790, art. 2; 14 sept. 1791, art. 19.

55. *Définitifs.* Le pourvoi en cassation étant une voie extraordinaire, ne peut être admis contre des décisions de nature à être réformées par les tribunaux ordinaires.

56. En conséquence, les jugemens préparatoires et d'instruction ne sont susceptibles d'être déférés à la Cour de cassation qu'après le jugement définitif; mais l'exécution, même volontaire, de ces jugemens, ne peut en aucun cas être opposée comme fin de non-recevoir. L. 2 brum. an 4, art. 14; Godart, p. 37; Merlin, *Rép.* v° *Cass.* § 3, n° 7.—V. *Acquiescement.*

57. Il en est de même des jugemens interlocutoires qui ne causent aucun préjudice irréparable à la partie condamnée; ils ne sont en effet, à proprement parler, que préparatoires. Cas. 12 avr. 1810, 13 janv. 1818.

Mais s'ils contiennent un grief irréparable en définitive : par exemple, s'il s'agit de jugemens qui défèrent un serment à une partie, ou qui prononcent dans d'autres cas semblables, ils peuvent être attaqués par la voie de la cassation, avant le jugement définitif. Cas. 9 mars et 16 mai 1809, 17 mai 1810, 25 nov. 1817, 28 déc. 1818; Godart, p. 27.

Si même on les a exécutés sans protestations ni réserve, on n'est plus recevable à se pourvoir contre eux après l'arrêt définitif. Cas. 11 janv. 1808.

58. Lorsqu'un arrêt interlocutoire contient une disposition définitive, et une autre purement interlocutoire, on a le droit de se pourvoir contre cet arrêt, mais seulement à l'égard de la disposition définitive. Cas. 28 mai 1827.

59. On est toujours recevable à se pourvoir contre un arrêt rendu en matière de taxe de dépens. Cas. 12 mai 1812.

60. *Rendus en dernier ressort.* Du moment que la voie ordinaire de l'appel est possible, on ne doit pas permettre celle extraordinaire de la cassation.

61. Le procureur-général près la Cour de cassation peut

seul déférer à la censure de cette Cour, dans l'intérêt de la loi, et pour excès de pouvoir, des jugemens rendus en premier ressort. — V. *sup.* n° 52.

Cependant si les tribunaux sont évidemment incompétens, la partie elle-même peut faire prononcer la cassation des jugemens en premier ressort, en saisissant la Cour de cassation (chambre des requêtes. — V. *sup.* n° 32), par voie de *réglement de juges.* Cas. 26 vend. an 12. — *V.* ce mot.

Il serait indifférent qu'elle eût conclu dans le sens du jugement attaqué: il n'existe, dans ce cas, de fin de non-recevoir contre le pourvoi que celle résultant de l'expiration des délais accordés pour le former. Cas. 20 nov. 1811, 25 fév. 1813.

62. Peu importe que les jugemens soient contradictoires ou par défaut, pourvu que, dans ce dernier cas, l'opposition ne soit plus recevable. Réglem. 1738, part. 1, tit. 4, art. 5; Cas. 1er frim. an 12; Merlin, *Rép.* v° *Cassation*, § 3, n° 8.

63. *Par les tribunaux de tout genre.* Ainsi peuvent être attaqués par la voie de cassation les jugemens émanés, 1° des Cours royales. Godart, p. 36; Merlin, *ibid;*

64. 2° Des tribunaux civils de première instance, statuant soit en dernier ressort, soit comme juges d'appel des jugemens rendus par les juges de paix, ou remplissant les fonctions de juges consulaires, statuant soit en dernier ressort, soit comme juges d'appel des jugemens rendus par les conseils des prud-hommes en premier ressort, *ib.;*

65. 3° Des tribunaux de commerce statuant soit en dernier ressort, soit comme juges d'appel des jugemens rendus par les Conseils de prudhommes en premier ressort, *ib.* ;

66. 4° Des Conseils de prudhommes statuant en dernier ressort, *Ib.* ;

67. 5° Des juges de paix, mais seulement dans le cas d'excès de pouvoir (L. vent. an 8, art. 77; C. pr., 454; Godart, p. 39; Merlin, *Rép.* v° *Cassation*, § 3, n° 3), ou de contrariété de jugement. — V. *inf.* n° 111.

68. 6° Des arbitres forcés, statuant en dernier ressort sur des contestations entre associés commerçans. *Ib.;* C. com., 51 et 52.

69. 7° Des tribunaux étrangers situés dans des pays réunis depuis à la France, si la voie de la cassation existait dans ces pays. Cas. 21 fruct. an 9, 2 juin 1808; Merlin, *Rép.* v° *Pays réunis*, n° 4.

70. Mais ne sont pas susceptibles de recours en cassation, 1° les arrêts de la Cour de cassation. (Avis du Cons.-d'État, 18 janv. 1806; régl. 1738, p. 1, tit. 4, art. 25). — Même en se fondant sur des moyens de *requête civile*. Cas. 29 déc. 1832 (S. 33, 8.). — V. ce mot.

71. 2° Les arrêts de la Cour des pairs. Favard, v° *Cour de cassation.* Ceux de la Chambre des députés.

Le greffier de la Cour s'est refusé le 19 avr. 1833, à recevoir le pourvoi du journal la *Tribune.*

§ 5. — *Ouvertures de cassation.*

72. Les ouvertures de cassation contre les jugemens et arrêts en général, sont tirées : 1° de la violation de la loi; 2° de l'incompétence ou de l'excès de pouvoir; 3° de la violation des formes; 4° de l'*ultrà petita* ; 5° de la contrariété des jugemens.

73. Il ne faut pas confondre la violation de la loi avec la violation des formes. La première n'est qu'un moyen de cassation, tandis que la seconde est tantôt une ouverture de cassation et tantôt une ouverture de requête civile. — V. *inf.* n° 103.

Art. 1. — *Violation de la loi.*

74. La violation de la loi motive la cassation des jugemens et arrêts; mais, pour produire cet effet, il faut qu'elle réunisse plusieurs conditions. L. 1ᵉʳ déc. 1790, art. 3; 27 vent. an 8, art. 76; 20 avr. 1810, art. 7.

Ainsi, 1° elle doit être *expresse*; 2° *s'appliquer à une loi, au texte*, et non pas aux motifs de cette loi; 3° enfin se trouver dans le *dispositif* du jugement ou de l'arrêt attaqué.

75. Pour juger s'il y a ou non violation de la loi, la Cour de cassation doit prendre comme constans, les faits attestés par le jugement attaqué, et voir si ce jugement leur a fait une juste application de la loi. Elle n'est pas instituée pour connaître du fond des affaires, mais seulement pour rectifier les erreurs de droit des différens tribunaux, et les ramener à une saine interprétation de la législation. Av. Cons.-d'Et., 18 janv. 1806, art. 31. — V. *inf.* n°ˢ 91, 92.

76. Ce principe s'applique tant au pourvoi formé par les parties, qu'à celui interjeté dans l'intérêt de la loi, par le procureur-général. Cas. 26 août 1830 (S. 30, 401).

77. Toutefois, lorsqu'un tribunal décide que des faits qu'il reconnaît constans, constituent tel contrat, ou doivent produire tel effet légal, le mérite de sa décision peut être apprécié par la Cour de cassation; il ne s'agit plus de savoir si ces faits se sont ou non passés d'une manière quelconque, mais bien s'ils produisent telle ou telle obligation, et si le juge erre sur ce point, il viole ouvertement la loi, en appliquant à un contrat les règles qui ont été posées pour un autre. — V. *inf.* n° 87.

78. Le jugement portant que tel fait existe, peut même être cassé, si la preuve contraire résulte d'un acte authentique non argué de faux, et produit devant les juges du fond. En effet, aux termes de l'art. 1319 C. civ., foi doit être ajoutée aux actes de cette nature, et le tribunal qui contrevient à cette règle viole ouvertement la loi. Arg. L. 7 niv. an 5; Cas. 16 fév. 1813 (S. 13, 313); 4 avr. 1821.

Mais il en est autrement si l'acte authentique n'a pas été produit devant le tribunal, le jugement alors ne contient aucune violation de loi, et ne renferme qu'un mal jugé. 21 fév. 1814 (S. 14, 177), 29 juin 1825. —V. *inf.* n° 123.

79. La Cour de cassation peut, dans ce cas, recourir aux actes de la procédure pour se fixer sur les faits des procès portés devant elle, même en ce qui touche les conclusions des parties; il n'y a pas obligation pour elle de se renfermer dans les faits et les conclusions rapportés dans les jugemens attaqués. Cas. 13 nov. 1820, 29 déc. 1828, (S. 21, 116, 70).

80. Ainsi, il y a lieu de casser, 1° l'arrêt qui décide en fait, qu'une femme mariée n'avait point d'autorisation du mari, pour ester en jugement lorsque les actes de la procédure attestent l'existence de l'autorisation. Cas. 2 mai 1815 (S. 15, 281).

2° Celui qui déclare qu'un acte d'appel n'a pas été signifié à la personne ni au domicile de l'intimé, quand on représente l'original de l'exploit de signification, portant la preuve que cette signification a été faite à personne et à domicile. Cas. 3 avr. 1820 (S. 21, 40).

3° Celui qui annule un testament, comme ne contenant pas une mention exigée par la loi, si cette mention se trouve réellement dans le testament. Cas. 15 déc. 1819.

81. Il en est à plus forte raison de même de l'arrêt qui rejette un moyen d'incompétence personnelle, sur le fondement que ce moyen n'a pas été proposé *in limine litis*, lorsqu'il est prouvé, par les actes relatés dans les qualités de l'arrêt, que cette déclaration est une erreur évidente et matérielle. Cas. 21 mars 1825.

82. Le principe, que la Cour de cassation ne connaît pas du fond des affaires, reçoit exception, suivant plusieurs auteurs ; 1° dans les causes qui intéressent l'État, comme en matière d'enregistrement, de douanes ou de contributions indirectes ; 2° dans les questions relatives à l'interprétation des lois abolitives des droits féodaux. Merlin, *Rép.* v° *Enregistrement*, § 14; Godart, p. 61 et suiv. — On invoque en faveur de cette opinion plusieurs arrêts. Cas. 27 juil. 1810, 1er avr. 1822 (S. 23, 73), 27 nov. 1832 (S. 33, 21), 2 août 1814 (S. 23, 105),

5 janv. 1825, 14 août 1821 (S. 22, 106), 1er juil. 1828 (S. 28, 265), 9 août 1827 (S. 28, 32.)

83. Mais parmi les arrêts cités, les uns laissent encore du doute sur la question, les autres ne font que consacrer la distinction précédemment posée. — V. *sup.* n° 78.

84. *Il faut que la violation de la loi soit expresse.* L'application trop rigoureuse de la loi, ou le défaut d'extension de son texte, même par identité de raison, ne donne pas ouverture à cassation (Berriat, p. 476, note 18). — Il en est de même de la fausse application de la loi, à moins qu'il n'en résulte une violation de la loi. Cas. 14 nov. 1826.

85. *Il faut qu'il y ait violation d'une loi*, ou d'une coutume en vigueur à l'époque des faits appréciés par les premiers juges. Cas. 11 juin 1825 (S, 25, 246); — ou d'une loi romaine non abrogée à la même époque. Merlin, *Rép.* v° *Cassation*, § 2.

Serait insuffisante la violation 1° d'une décision consacrée par la jurisprudence et par l'usage (Cas. 28 fév. 1825, 13 juil. 1830, S. 31, 54).—Même par un usage de commerce. Cas. 14 août 1817, — 2° celle d'un ancien arrêt de réglement, à moins qu'il n'eût été approuvé par le souverain, ou qu'il n'eût pour objet l'exécution d'une loi. Cas. 23 janv. 1816, 29 juin 1817; — 3° celle d'une décision ministérielle. Cas. 11 janv. 1816.

86. Dans le cas où un jugement a interprété un article de loi dans un sens, et que postérieurement une loi interprétative est venue donner un autre sens à cet article, il y a lieu à cassation du jugement, si le recours est encore ouvert contre lui. Cas. 2 therm. an 9, 22 vend. an 12; Merlin, *Rép.* v° *Divorce*, sect. IV, § 10.

87. La violation du *contrat* doit-elle être considérée comme une contravention à la loi?

L'affirmative a d'abord été jugée d'une manière générale, par le motif que les conventions légalement formées tiennent lieu de loi à ceux qui les ont faites. Arg. C. civ 1134; Cas. 30 prair., 5 therm. an 13.

Mais on a admis depuis une distinction. Si le jugement attaqué décide qu'une convention, reconnue pour avoir été légalement formée, n'oblige pas les contractans, il y a contravention expresse à l'art. 1134 C. civ. : ce n'est pas seulement la loi particulière du contrat, mais bien la loi commune, qui est violée, et par conséquent il y a lieu à cassation. Boncenne, t. 1, p. 488.

Il en est encore de même si le jugement, après avoir reconnu en fait l'existence de tous les élémens constitutifs d'un contrat, a refusé de lui donner la qualification et les effets voulus par la

loi (Cas. aud. solen. 23 juil. 1823; Boncenne, t. 1, p. 490;
Toullier, t. 6, n° 194). Par exemple, si, après avoir constaté
que l'une des parties s'était engagée à livrer à l'autre qui l'avait
acceptée, une chose déterminée pour un prix convenu, il a
qualifié cette convention de louage. Cas. 20 juin 1813 (S. 13,
382).

Au contraire si le jugement s'est borné à interpréter la convention, ou bien à apprécier les actes d'après les circonstances,
il a pu commettre une erreur qui lèse l'intérêt de l'une des parties;
mais il n'y a pas là violation de la loi. Il existe tout au plus un mal-
jugé qui échappe à la censure de la Cour de cassation. En effet,
si les conventions sont des lois, ce ne sont que des lois privées,
et le recours en cassation n'a été introduit que pour le maintien des lois générales. D'ailleurs la Cour suprême est forcée
de prendre les faits tels qu'ils lui sont attestés par le jugement;
et si ce jugement a justement appliqué la loi à ces faits ainsi
posés, il est nécessairement à l'abri de toute réformation. Cas.
aud. solen. 2 fév. 1808, 23 fév. 1825; Merlin, *Rép.* v°
Société, sect. III, § 3, art. 2, n° 3; Poncet, t. 2, n° 527.

88. Il en est de même de la violation du contrat judiciaire;
conséquemment l'erreur des juges dans l'interprétation de leurs
jugemens ne peut donner ouverture à cassation. Cas. 13 fév.
1827 (S. 27, 153).

89. D'après ces principes, il y a lieu à cassation, 1° lorsqu'un
arrêt, au lieu de reconnaître dans un acte une transaction sur
procès relatif à une rente féodale, le qualifie acte récognitif du
titre féodal. — Dans l'espèce il résultait de l'arrêt attaqué que
les parties avaient plaidé sur la question de savoir si la rente
était ou n'était pas féodale, qu'elles s'étaient rapprochées, que
le débiteur avait promis de servir la rente ; que, de plus, il s'é-
tait soumis au paiement des frais du procès. C. civ. 2044 et 2052;
Cas., 15 fév. 1815. (S. 15, 183), 26 juil. 1823 (S. 23, 378).

2° Lorsqu'un jugement convertit une donation entre-vifs en
testament (Cas. 6 août 1827 S. 27, 488); — une servitude
en propriété commune (Cas. 13 juin 1814 S. 14, 153); —
un droit de retour en une substitution. Cas. 22 juin 1812
(S. 13, 24).

3° Lorsqu'un tribunal décide à tort, que la désignation du
débiteur dans le bordereau d'inscription était suffisante, et que,
par suite, le conservateur des hypothèques était responsable
du préjudice résultant de son erreur; la Cour suprême peut,
d'après les circonstances de la cause, décider que la désignation n'était pas suffisante. Cas. 25 juin 1821 (S. 21, 344).

4° Enfin, dans le cas où une Cour royale valide une obligation souscrite, sans autorisation, par une femme séparée de

biens , quoique cette obligation ne concerne pas l'administration de ses biens. Cas. 3 janv. 1831 (S. 31, 22).

90. Peuvent encore être soumises, selon les circonstances, à l'appréciation de la Cour de cassation, les questions de savoir,

1° si un acte a opéré ou non une novation. C. civ. 1271; Cas. 21 fév. 1826 (S. 27, 6).

2° Si tels ou tels faits d'exécution emportent acquiescement. Cas. 22 oct. 1811 (S. 11, 364).

3° Si les énonciations d'un testament constatent suffisamment l'accomplissement des formalités voulues par la loi, et notamment si elles renferment une mention suffisante de la lecture en présence de témoins. Cas. 24 mai 1814; 22 juil. 1829 (S. 29, 343).

4° Si un notaire s'est rendu responsable envers ses cliens, d'un droit d'enregistrement frustratoire, en ce qu'il aurait pu rédiger leurs conventions de manière à éviter ce droit. Cas. 24 août 1825 (S. 26, 2).

5° Si un désistement donné par l'une des parties, est relatif au fond de l'action, ou seulement aux poursuites. C. pr. 102; Cas. 16 mai 1821 (S. 22, 6).

91. Au contraire, sont considérées comme des questions de fait et d'appréciation de circonstances, entièrement abandonnées à l'examen des tribunaux et des Cours royales, les questions de savoir :

1° Si des présomptions sont graves, précises et concordantes. Cas. 27 avr. 1830 (S. 30, 186).

2° Si tels ou tels faits présentent des caractères de dol ou de fraude capables de faire annuler une convention. Cas. 2 fruct. an 15, 28 brum. an 14 (S. 7, 2, 814. — 6, 2, 614.) — Ou de constituer un stellionat. Cas. 21 fév. 1827 (S. 27, 337).

Mais dans la déclaration d'un arrêt portant qu'un acte a été fait en fraude des droits d'un tiers sans énonciation d'aucuns faits de dol à l'appui de cette déclaration, le mot fraude peut n'avoir d'autre sens que celui de préjudice, résultant pour ce tiers, de l'acte dont la validité est mise en question. En conséquence, si l'acte a été déclaré nul, on est fondé à soutenir que la nullité n'a été prononcée que par des motifs de droit, étrangers à la fraude, et que l'arrêt attaqué ne contient pas, sous ce rapport, une simple appréciation de faits échappant à la censure de la Cour de cassation. C. civ. 1116 et 1167; Cas. 8 fév. 1832 (S. 32, 184).

3° S'il y a possession de bonne foi, dans le sens de l'art. 550 C. civ. Cas. 23 mars 1824 (S. 25, 79). — Ou possession à titre de propriétaire. Cas. 1er juin 1824 (S. 32, 312).

4° Si tel fait constitue un trouble autorisant une action en complainte. Cas. 19 juil. 1825 (S. 26, 166).

5° Si la prescription est accomplie en faveur de la partie qui l'invoque, ou si elle a été suspendue ou interrompue; en tant que la solution de cette question dépend uniquement d'une appréciation des faits et circonstances de la cause ou de l'interprétation des actes produits au procès. Cas. 13 nov. 1827 (S. 28, 96).

6° Si une femme ne fait que détailler les marchandises du commerce de son mari, ou si elle se livre à un commerce séparé. Cas. 27 mars 1832 (S. 32, 365).

7° Si un second testament renferme des dispositions incompatibles avec celles d'un premier, et susceptibles d'en opérer la révocation. Cas. 18 janv. 1825; 29 mai 1832 (S. 32, 436).

8° Si un legs est à titre universel ou particulier, et quelle est son étendue. Cas. 13 août 1817 (S. 18, 44); 24 juin 1828 (S. 28, 434).

92. Sont également à l'abri de toute censure de la Cour suprême les arrêts qui décident,

1° Que la désignation, dans un procès-verbal de saisie, de bâtimens situés à la campagne, est suffisante, bien que le procès-verbal ne désigne pas l'extérieur de ces bâtimens. Cas. 8 fév. 1832 (S. 32, 596).—Arrêt analogue. Cas. 24. janv. 1825.

2° Que d'après les faits et circonstances du procès, un acte conventionnel a eu pour objet de remplir une obligation naturelle; que la charge imposée n'est pas sans cause, et que ce n'est pas une pure libéralité. Cas. 22 août 1826 (S. 27, 152).

3° Qu'un chargé d'affaires a géré en qualité d'agent d'affaires, et non comme mandataire gratuit. Cas. 18 mars 1818 (S. 18, 234).

4° Que des lettres patentes contenant abandon ou concession par l'Etat à une compagnie, d'un canal et de ses rives, n'ont pas enlevé à ces objets leur caractère de domaine public. Cas. 29 fév. 1832 (S. 32, 521).

5° Qu'il résulte des faits de la cause qu'une procuration donnée à un mandataire, emportait pouvoir de constituer avoué pour le mandant; que le mandataire a en effet usé de ce pouvoir; que le mandant a lui-même adhéré aux actes de procédure faits en son nom, et que, par suite, il est non recevable dans son action en désaveu contre l'avoué qui a occupé pour lui. Cas. 13 août 1827 (S. 28, 74).

6° Que les faits articulés par le demandeur pour prouver la démence du testateur, ne sont pas pertinens et admissibles; il importe peu que l'arrêt suppose d'ailleurs en droit, que la preuve de la démence devrait résulter des dispositions du testament. Cas. 6 avr. 1824 (S. 25, 31).

Mais la Cour peut examiner les conséquences légales des faits sur lesquels les juges se sont fondés pour prononcer une interdiction, et décider si ces faits constituent ou non l'état habituel d'imbécillité. Cas. 6 déc. 1831 (S. 32, 210).

93. Sont encore inattaquables : 1.° l'arrêt qui ne reconnaît pas une substitution dans la *prière* de conserver et de rendre. Cas. 5 janv. 1809 (S. 9, 329).

2° Celui qui voit une novation dans le cas où des billets à ordre souscrits par le débiteur sont substitués à une première créance, résultant d'un arrêté de compte, avec remise de quittance du titre primitif. Cas. 16 janv. 1828 (S. 28, 294).— V. *toutefois* n° 90.

3° Celui qui erre dans l'application de l'art. 131 C. pr., relatif à la compensation des dépens. Cas. 18 mai 1808 (S. 8, 313). — Ou dans l'appréciation de ce qui constitue les excès, sévices ou injures graves. Cas. 12 fév. 1806 (S. 6, 2, 769). — Ou bien dans la détermination du mode et de la quotité des prestations d'alimens. Cas. 14 germ. an 13 (S. 5, 285). — Et dans la qualification de laboureur, au cas de l'art. 1326 C. civ. Cas. 25 fév. 1818 (S. 19, 135).

94. *Il faut qu'il y ait violation du texte, et non pas seulement des motifs de la loi.* En effet, les motifs de la loi sont toujours plus ou moins incertains, et l'on ne peut dire qu'un jugement qui en fait une fausse application, viole *expressément* la loi.

93. *La violation doit se trouver dans le dispositif du jugement.* L'erreur dans les motifs du jugement ne donne point ouverture à cassation si le dispositif est conforme à la loi. Le dispositif est en effet tout le jugement, et c'est seulement contre le jugement que l'on peut se pourvoir. Merlin, *R.* v° *Société*, sect. II, § 3, art. 2, n° 3; Cas. 2 fév. 1808; 15 mai 1816 (S. 17, 226).

96. Si le dispositif est régulier, l'incohérence ou la contradiction des motifs ne donne pas non plus ouverture à cassation Cas. 2 déc. 1824.

97. Néanmoins, quoique le dispositif d'un jugement soit littéralement conforme au texte de la loi, il y a lieu à cassation, si ce dispositif est le résultat d'une fausse interprétation de la loi exprimée dans les motifs mêmes du jugement. Cas. 1er août 1825.

Art. 2. — *Incompétence et excès de pouvoir.*

98. L'incompétence et l'excès de pouvoir donnent, dans tous les cas, ouverture à la cassation. L. 27 vent. an 8, art. 80, 88.

99. Le juge commet un excès de pouvoir, lorsqu'il sort du cercle de ses attributions, et fait ce que la loi lui défend ou ne lui permet pas de faire.

On distingue deux sortes d'excès de pouvoir, l'incompétence et l'excès de pouvoir proprement dit.

100. Il y a excès de pouvoir *proprement dit*, lorsque dans les causes de sa compétence, le juge a statué au-delà des valeurs auxquelles la loi restreignait sa juridiction de dernier ressort, ou bien a créé des nullités, et admis des fins de non-recevoir non-établies par la loi. Cas. 15 déc. 1806; Berriat, p. 477, note 20.

101. Il en est de même, lorsque le juge ne se contente pas de décider les causes qui lui sont soumises, et se permet en outre de faire des réglemens généraux, ou d'intimer des ordres aux agens du pouvoir administratif. Henrion, *Compétence*, ch. 9.

102. Il y a incompétence, lorsque le juge connaît d'une affaire que la loi attribue à un autre tribunal.

Art. 3. — Violation des formes.

103. La violation des formes prescrites à peine de nullité, rangée parmi les moyens de requête civile, par l'ord. de 1667, constituait en outre, depuis la loi du 1er déc. 1790 (art. 3) et la loi du 4 germ. an 2 (art. 2 et 3), une ouverture de cassation. Mais le Code de procédure l'ayant mise au nombre des ouvertures de requête civile, a implicitement abrogé les dispositions des lois de 1790 et de l'an 2. Aujourd'hui elle ne motive donc plus en général que la *requête civile* (—*V.* ce mot). Cas. 16 avr. 1808, 22 mai 1816 (S. 16, 280); Berriat, p. 478, note 23, n° 2.

104. Cependant elle donne encore lieu à la cassation, 1° lorsqu'elle *provient du fait des juges*, et qu'elle s'applique à des formes prescrites à peine de nullité, ou tellement essentielles que sans elles le jugement n'existe pas. Cas. 19 déc. 1831. Merlin, *Quest.* v° *Cassation*, § 38, *et Rép.* v° *Cassation*, § 2, n° 9. — V. *Jugement et nullités.* — Par exemple, s'il y a défaut de publicité, de nombre compétent de juges, de motifs, de point de fait et de point de droit. Merlin, *ib.* — Si le jugement a été rendu par des juges qui n'ont pas assisté à toutes les séances, ou qui n'ont pas la capacité légale. Godart, p. 58.

105. 2° Lors même que provenant *du fait d'une partie*, cette violation a été relevée et opposée par l'autre partie, mais écartée par les juges (Cas. 19 juil. 1809, S. 15, 160). Par exemple, lorsqu'un arrêt a débouté une partie de la demande en nullité d'un exploit d'assignation qui violait réellement des formes prescrites à peine de nullité. La requête civile n'est instituée que pour réparer les erreurs involontaires des juges, et ne doit être employée que quand la violation a eu lieu sans aucune réclamation des parties; les juges alors n'ont pas été avertis, et ont pu commettre un oubli; mais lorsqu'il y a eu réclamation, ce n'est plus par oubli, c'est par une volonté bien exprimée qu'ils n'y ont pas eu égard; on ne peut donc pas se présenter de nouveau devant eux, pour qu'ils réforment leur décision; le recours en cassation est seul ouvert. Merlin, *ib.*

106. Pour que la violation soit véritablement relevée et opposée, il est nécessaire qu'elle ait été articulée en termes exprès, il ne suffit pas que le demandeur ait seulement conclu devant le tribunal à ce que l'exploit et les pièces de la procédure soient déclarés nuls. L. 4 germ. an 2; Cas. 24 août 1829; Merlin, v° *Cassation*, § 37.

Art. 4. — ULTRA PETITA.

107. La condamnation *ultra petita* est en général, comme la violation des formes, un moyen de *requête civile.* — *V.* ce mot.

108. Mais elle devient une ouverture de cassation, lorsque la loi s'opposait à la condamnation, quand bien même il y aurait été conclu par les parties. Cas. 12 juin 1810 (S. 10, 293).

Art. 5. — *Contrariété de jugemens.*

109. La contrariété de jugemens donne ouverture à cassation,

1° Lorsque les deux jugemens, directement opposés l'un à l'autre, ont été rendus entre les mêmes parties par deux *tribunaux différens.* C. pr. 504; Cas. 14 août 1811; Merlin, *R.* v° *Cassation*, § 2, n° 6; Poncet, *Jugemens*, n° 537; Carré, art. 504.

110. 2° Lorsque les jugemens ont été rendus par le même tribunal, si lors du dernier, l'exception tirée de la chose jugée a été expressément opposée devant le tribunal. Cas. 8 avr. 1812, 18 déc. 1815 (S. 16, 205), 19 janv. 1821.

Dans les autres cas, elle ne constitue qu'un moyen de *requête civile.* — *V.* ce mot.

111. Le jugement du juge-de-paix qui rétracte expressément un jugement définitif par lui précédemment rendu donne ouverture à cassation pour contrariété. Cas. 21 avr. 1813 (S. 15, 135).

§ 6. — *Fins de non-recevoir.*

112. Les principales fins de non-recevoir contre le pourvoi sont :

1° L'expiration du délai, soit pour le dépôt du pourvoi, devant la chambre des requêtes, soit pour la signification de l'arrêt d'admission, devant la chambre civile.

113. Lorsque, sur la signification d'un arrêt par défaut et d'un arrêt confirmatif contradictoire, la partie condamnée se pourvoit en cassation, seulement contre l'arrêt par défaut, et laisse acquérir à l'arrêt contradictoire la force de chose jugée sans l'attaquer, son pourvoi doit être déclaré non-recevable. Cas. 22 therm. an 9, 24 nov. 1823; Merlin, *Quest.* v° *Cassation*, § 8.

114. Mais si l'on attaque le jugement contradictoire qui, en déboutant d'une opposition, a confirmé le jugement par défaut, le pourvoi est recevable, bien qu'il n'ait pas été dirigé aussi contre le jugement par défaut. Si le jugement contradictoire est cassé, l'opposition au jugement par défaut subsiste, et le tribunal auquel la connaissance du fond est renvoyée statue sur cette opposition. Cas. 22 therm. an 9; Merlin, *ib.*

115. La partie peut se pourvoir, quand même le jugement attaqué, en rejetant sa demande principale, lui aurait accordé une garantie qu'elle aurait exercée subsidiairement: ces deux actions n'ont rien d'incompatible. Cas. 25 janv. 1814.

116. 2° L'inobservation des formalités prescrites, par exemple, le défaut de consignation d'amende, de mention de la loi violée, de signature par un avocat à la Cour de cassation, etc.

117. 3° L'existence d'un autre recours ouvert contre le jugement attaqué;

118. 4° L'incompétence de la Cour de cassation;

119. 5° La présentation d'un moyen nouveau.

On n'est pas recevable à proposer pour la première fois, devant la Cour de cassation, un moyen dont il n'a été parlé ni en première instance ni en appel. Cas. 19 juil., 24 août 1809, 28 juin 1815, 21 fév. 1826.—V. toutefois *inf.* n° 124.

120. Ainsi, un mari qui a plaidé au fond, sans opposer à sa femme le défaut d'autorisation, n'est pas recevable à présenter ce moyen devant la Cour de cassation. Cas. 16 nov. 1825.

121. On ne peut se prévaloir pour la première fois, devant cette Cour, du désistement donné par l'adversaire. Cas. 5 avr. 1825.—Ni de l'autorité de la chose jugée. Cas. 25 janv. 1825, 9 août, 24 déc. 1827. — Ni de la prescription. Cas. 5 mars 1827.

122. La Cour de cassation ne peut consulter d'autres documens que les qualités de l'arrêt attaqué, ou les pièces produites pendant l'instruction devant les premiers juges.—V. *sup.* n° 79.

Il s'ensuit que si elles ne constatent pas qu'un moyen, quoique respectivement invoqué par les parties dans des mémoires imprimés, a été proposé aux juges d'appel, on n'est pas recevable à se fonder sur ce moyen pour obtenir la cassation de l'arrêt. Cas. 5 avr. 1827, 20 fév., 24 mars 1828.

123. Mais les pièces qui n'ont pas été produites devant une Cour royale, ou qui sont d'une date postérieure à l'arrêt attaqué, ne peuvent être prises en considération par la Cour de cassation. Cas. 29 juin 1825.

124. La règle que les moyens nouveaux ne sont pas proposables devant la Cour de cassation, reçoit exception :

1° Lorsque le moyen a été apprécié d'office par les premiers juges. Cas. 28 nov. 1826.

2° Lorsqu'il intéresse l'ordre public : par exemple, l'exception d'incompétence *ratione materiæ*. Cas. 26 août 1825.

§ 7. — *Délai du pourvoi.*

125. Le délai ordinaire en matière civile est, 1° de trois mois pour tous ceux qui habitent en France. L. 1er déc. 1790, art. 14.

2° De six mois pour ceux qui habitent en Corse (L. 11 fév. 1793); — et pour ceux qui habitent hors de la France continentale (Arg. régl. 1738, p. 1, tit. 4, art. 13, décr. 11 fév. 1793; Godart, p. 22), et qui ne sont pas compris dans les exceptions ci-après.

3° D'une année pour ceux qui habitent dans l'étendue des ressorts des anciens Conseils supérieurs de la Martinique, de la Guadeloupe (Régl.1738, p. 1, tit. 4, art. 12);

Et généralement pour les colons d'Amérique;

Ainsi que pour ceux qui habitent dans l'établissement du Sénégal et la Guiane française. Arrêté 19 vend. an 12.

Il est encore d'une année pour ceux qui sont absens de France pour cause d'utilité publique. Régl. 1738, p. 1, tit. 4, art. 11.

4° De deux années pour ceux qui habitent dans les établissemens de Pondichéry, l'île Bourbon (*ibid.*, art. 12);

Et généralement pour ceux qui demeurent au-delà du cap de Bonne-Espérance.

126. Ces délais s'entendent de mois tels qu'ils sont déterminés par le calendrier grégorien, et non d'un certain nombre de fois trente jours. — V. *Appel*, n° 90.

127. Ils sont francs, c'est-à-dire qu'on ne doit y comprendre ni le jour de la signification, ni celui de l'échéance. L. 1er frim. an 2; régl. 1738, p. 2, tit. 4, art. 5; Cas. 7 août 1811; Merlin, *Rép. add.*, v° *Cassation*, § 5, n° 7 *bis*.

Ainsi, le pourvoi contre l'arrêt signifié le quatre juin est valablement formé le cinq septembre suivant; mais il serait tardif, s'il n'était interjeté que le six. Cas. 24 nov. 1823.

128. Ils ne sont jamais sujets à augmentation à raison des distances. — V. *Appel*, n° 88.

129. Après le délai expiré, les greffiers ne peuvent plus recevoir aucune requête. Régl. 1738, p. 1, tit. 4, art. 15; arr. du Cons. 9 nov. 1769; L. 27 nov. 1790, art. 14; Merlin, v° *Cassation*, §-5, n° 11.

130. Il n'est donné de lettres de relief sous aucun prétexte. (L. 1er déc. 1790, art. 14; L. 2 brum. an 2, art. 4); — pas même pour les agens du gouvernement. Cas. 8 fév. 1827.

131. Le délai pour se pourvoir court, contre ceux qui habitent le territoire français, du jour de la signification du jugement ou de l'arrêt à personne ou à domicile (L. 1er déc. 1790, art. 14. — V. *Appel*, sect. XIV, § 2, art. 1); — et pour les absens de France pour cause d'utilité publique, à compter du jour de la signification à leur dernier domicile. Régl. 1738, p. 1, tit. 4, art. 11. — V. *sup.* n° 125.

Il court à partir de cette signification, quoiqu'on ait pris mal à propos la voie de l'appel pour faire réformer la sentence attaquée (Cas. 2 therm. an 8); — quand bien même les juges l'auraient à tort qualifiée de jugement en premier ressort. Arg. C. pr. 453. — V. *Appel*, n° 16.

132. Mais pour faire courir le délai, il faut que la signification soit régulière. Cas. 22 therm. an 10, 12 frim. an 14, 8 déc. 1806; Merlin, *Rép.* v° *Cassation*, § 5, n° 10.

Est réputée irrégulière, la signification faite au domicile élu pour la procédure d'appel (Cas. 2 flor. an 6); — quand même la partie habiterait hors de France: dans ce cas, la signification doit être faite au domicile du procureur-général près la Cour de cassation. — V. *inf.* n° 223. C. pr. 69; Cas. 3 août 1818.

133. Si la signification est nulle, elle doit être recommencée, et ce n'est qu'après les délais à partir de cette nouvelle signification, si elle est valable, qu'on est déchu de se pourvoir.

Tant que le jugement n'a pas été régulièrement signifié, la partie condamnée est recevable à l'attaquer par la voie de la cassation. *Même arrêt*; et Cas. 31 janv. 1816.

134. Mais équivaut à la signification le commandement fait en vertu du jugement dont copie est en même temps laissée à la partie condamnée. Cas. 19 niv. an 12.

135. Les délais du pourvoi ne courent qu'au profit de ceux qui ont fait signifier le jugement, et contre ceux à qui la signification en a été faite.

Ainsi, celui qui s'est pourvu en cassation d'un arrêt rendu dans l'intérêt commun de plusieurs individus, et qui n'a d'abord dirigé son pourvoi que contre quelques-uns de ses adversaires, peut, par une requête postérieure, appeler les autres en déclaration d'arrêt commun, sans qu'on puisse lui opposer l'expiration du délai du pourvoi, si ceux-ci ne lui ont pas fait signifier l'arrêt attaqué. Cas. 14 mars 1821. — V. *Appel*, n° 114.

136. Ces délais courent contre toute personne (L. 1ᵉʳ déc. 1790, art. 14; 2 brum. an 4, art. 15), même contre les mineurs, les communes, le domaine de l'État. Cas. 23 brum. an 10; Merlin, *Rép.* v° *Cassation*, § 5, n° 10; Favard, v° *Cour de cassation*, sect. IV, n° 1.

Mais si l'arrêt a été rendu avant la loi du 1ᵉʳ déc. 1790, le mineur n'est déchu que s'il a laissé passer trois mois à compter de la nouvelle signification qui doit lui être faite depuis sa majorité, d'après le régl. 1738, p. 1, tit. 4, art. 13; Merlin, *Quest. Dr.* v° *Cassation*, § 21.

Les délais du pourvoi se règlent d'après les lois en vigueur à l'époque où les jugemens ont été rendus. Merlin, *Rép.* v° *Cassation*, § 5, n° 10.

137. Dans quelques cas particuliers, les délais du recours en cassation sont prolongés à l'égard de certaines personnes.

138. Ainsi, les héritiers, successeurs et ayans-cause (majeurs ou mineurs), de ceux qui décèdent étant encore dans le délai, sans avoir formé le pourvoi, ont un nouveau délai de trois mois, ou plus, selon l'endroit qu'ils habitent (—V. sup. n° 123), à compter de la nouvelle signification, qui doit leur être faite à personne ou à domicile. Régl. 1738, p. 1, tit. 4, art. 14, modifié par la L. 1ᵉʳ déc. 1790, art. 14; Berriat, p. 480, note 28, n° 1.

139. Les gens de mer absens du territoire français, en Europe, pour cause de navigation, sans avoir acquis ou fixé leur domicile, soit dans les colonies françaises, soit en pays étranger, ont trois mois, à compter de leur retour en France, pour se pourvoir en cassation des jugemens rendus contre eux pendant leur absence. La durée de l'absence et l'époque du retour en France sont justifiés par des extraits en bonne forme des rôles des bureaux des classes. L. 2 sept. 1793, art. 1 et 3.

Il est bien entendu, quoique la loi ne le dise pas, qu'il faut que la signification ait été faite; autrement, ils se trouveraient moins favorisés que toute autre personne, puisqu'il pourrait arriver qu'ils n'eussent pas connaissance de l'arrêt rendu contre eux.

140. Les défenseurs de la patrie, et autres citoyens attachés au service de terre et de mer, pendant la guerre, ont, pour se pourvoir, le délai de trois mois, qui ne commence à courir qu'un mois après la publication de la paix générale, ou après la

signature du congé absolu , qui peut leur être délivré avant cette époque.

Le délai d'un mois est étendu à trois pour les citoyens faisant leur service hors du royaume, mais en Europe , à huit pour ceux qui le font dans les colonies en deçà du cap de Bonne-Espérance , et à deux ans au-delà. L. 6 brum. an 5 , art. 2.

141. Cette disposition n'avait été portée que pour la guerre alors existante; mais elle doit être appliquée pour tous les cas de guerre : il y a même raison de décider. Merlin, *Rép.* v° *Cassation* , § 5 , n° 10.

142. La suspension de délai accordée aux militaires en activité de service en temps de guerre, a lieu , même dans le cas où , par événement , le militaire se trouvant dans son domicile, la signification du jugement à attaquer lui est faite en personne audit domicile. Cas. 26 pluv. an 11.

143. Cette décision s'applique aussi aux *gens de mer* employés dans les armées maritimes. L. 6 brum. an 5; Merlin, *Rép.* v° *Cassation*, § 5, n° 10.

144. Les personnes qui sont dans le cas de se pourvoir contre des jugemens rendus par des tribunaux situés dans les départemens en révolte, ont trois mois, qui ne commencent à courir que quinze jours après la cessation des troubles , et l'entier rétablissement de l'ordre. L. 22 août 1793. — V. *Appel*, sect. IV, § 3.

145. Quel est le délai pour se pourvoir contre une décision rendue par un tribunal d'un pays étranger réuni à la France? Ce doit être le délai du pays étranger. En effet, il peut se présenter deux cas : ou le délai de la loi étrangère était expiré au moment de la réunion, ou il ne l'était pas.

Dans la première hypothèse , la partie ayant laissé passer le délai fixé par la loi qui la régissait, sans faire de pourvoi, le jugement avait acquis l'autorité de la chose jugée avant que la loi française pût être mise en vigueur. Il n'y a donc plus possibilité de former le pourvoi. Deux arrêts de la Cour de cassation des 18 fév. et 15 avr. 1819 l'ont décidé ainsi dans deux espèces plus favorables, puisque c'était à l'occasion d'habitans de colonies françaises, qui, par suite de l'occupation des Anglais , avaient été régies momentanément par la loi anglaise.

Dans la seconde hypothèse, il faut se rappeler ce que nous avons dit plus haut (n°136), que les délais du pourvoi se règlent d'après les lois en vigueur à l'époque où les jugemens ont été rendus. Or, à cette époque, la loi en vigueur était la loi étrangère : c'est donc le délai qu'elle fixe, qui doit être suivi. La partie n'a pas à se plaindre; car au moment où le jugement a été rendu , elle connaissait la loi qui la régissait , et ne pouvait compter sur ce qui serait ordonné par une autre loi. Il y a d'ailleurs chance égale pour elle; car si le délai peut être augmenté par la loi nouvelle, il peut aussi être diminué.

§ 8. — Du Pourvoi.

146. Le *pourvoi* est l'acte par lequel on défère un jugement ou un arrêt à la censure de la Cour de cassation.

Il importe de transmettre promptement, et d'une manière complète, à l'avocat les pièces et renseignemens relatifs au pourvoi.

Art. 1. — Forme du pourvoi.

147. Le pourvoi contient, 1° les *noms*, professions et demeures du *demandeur* et du *défendeur*: on les prend textuellement dans l'arrêt ou dans les pièces; 2° l'indication de l'arrêt attaqué; 3° les *moyens* de cassation; 4° les conclusions; et 5° l'énonciation qu'il a été joint au pourvoi la copie signifiée ou l'expédition de la décision attaquée, et la quittance de consignation de l'amende, lorsqu'il y a lieu à en déposer une. Régl. 1738, p. 1, tit. 4, art. 1, 4, 5; L. 2 brum. an 4, art. 17; Poncet, *Jugement*, n° 551.

148. Il est, à peine de nullité, signé et présenté par un avocat à la Cour de cassation. Régl. 1738, p. 1, tit. 4, art. 2.

149. Le pourvoi fait au nom de plusieurs héritiers dénommés avec cette addition: *et autres*, ou *et consorts*, ne s'applique qu'aux héritiers dénommés. Cas. 25 therm. an 12.

150. Il n'est pas nécessaire que le pourvoi désigne par leur *nom* toutes les parties contre lesquelles il est dirigé; il suffit que cette désignation soit assez précise pour qu'on ne puisse s'y méprendre, comme si, après avoir indiqué les noms de quelques-uns des adversaires, on ajoute: *Et autres dénommés dans l'arrêt attaqué*. Cas. 31 janv. 1827.

Bien plus, lors même que la femme est le principal intéressé, l'omission de son nom n'entraîne pas la nullité du pourvoi, si son mari, maître de ses droits et actions, est dénommé dans la requête. Cas. 2 vent. an 12.

151. Le pourvoi doit être rejeté, s'il ne *cite aucune loi* qui ait été violée. Cas. 17 juil. 1827.

152. Il doit l'être s'il ne contient aucun *moyen* articulé, et ne fait que dénoncer l'arrêt pour contravention aux lois de la matière. Cas. 11 pluv. an 11.

Mais l'indication des moyens, sans développement, suffit. Cas. 15 déc. 1809; Merlin, *Quest.* v° *Inscrip. hypoth.* § 3.

153. Ces *moyens* doivent être présentés dans un mémoire; on ne pourrait, quand même on reproduirait comme *moyens* les griefs qu'on avait proposés devant les juges d'appel, se conten-ter de produire les écritures signifiées en appel, et contenant ces griefs. Cas. 15 déc. 1818.

154. Quand les *moyens* ne sont pas contenus au pourvoi, cette irrégularité peut être réparée par une requête d'amplia-tion présentée dans le délai fixé pour le recours en cassation. Cas. 7 pluv. an 11.

155. S'ils sont indiqués sans être développés, ils le sont vala-blement dans un mémoire ampliatif présenté *après le délai du recours.* Ce mémoire peut même contenir des moyens qui n'au-raient pas été indiqués dans le pourvoi, pourvu qu'on se soit réservé le droit de les présenter par la requête sommaire. Cas. 4 août 1818.

On y joint une copie lisible et correcte de l'arrêt ou du ju-gement attaqué, certifiée par l'avocat (Ord. 15 janv. 1826, art. 11), si déjà cette copie n'a été remise avec le pourvoi.

156. Le délai, pour présenter ce mémoire ampliatif, est d'un mois pour les affaires urgentes, et de deux mois pour les affaires ordinaires, à dater de leur inscription sur le registre général des dépôts. Mais il peut être prorogé par le président sur la demande écrite et motivée de l'avocat du demandeur. *Ib.*

157. Le défaut d'énonciation des *pièces jointes* ne peut, quand elles le sont véritablement, faire rejeter le pourvoi. Cas. 27 pluv. an 11; Merlin, *Rép.* v° *Cassation*, § 4, n° 9.

158. Le pourvoi contre un arrêt en matière de discipline de l'ordre des avocats, doit être fait dans la forme prescrite pour les matières civiles, c'est-à-dire présenté par un avocat à la Cour de cassation, déposé à son greffe civil; et la requête ac-compagnée d'une quittance de consignation d'amende. Cas. 1er déc. 1829.—V. *Avocat,* n° 62.

159. Lorsqu'après un pourvoi formé valablement contre un arrêt, il est rendu plusieurs arrêts qui sont la suite et la consé-quence du premier, la circonstance que ces arrêts n'ont point été attaqués en cassation dans le délai, ne doit pas faire rejeter le pourvoi formé contre le premier arrêt.

160. Si le pourvoi est déposé, la partie qui ne s'est pas pour-vue peut y faire une *adhésion* qui est valable, comme un pour-voi; si elle a été formée dans les délais. Cas. 21 janv. 1811.

161. L'obligation de joindre au pourvoi l'*expédition* ou la *copie signifiée* de l'arrêt attaqué, existe quand même l'arrêt se-rait de compétence. Cas. 31 avr. 1830.

162. Elle a lieu même à l'égard des *agens du gouvernement*, spécialement d'un préfet agissant dans l'intérêt de l'Etat. Cas. 25 brum. an 10.

163. Lorsque le demandeur a produit une *expédition irrégu-*

lière., il n'est pas déchu, si dans le délai, il en produit une autre revêtue de toutes les formalités. Cas. 22 mess. an 12.

164. La production d'une *signification nulle* n'en couvre pas la nullité, quand même il n'a été ni soutenu, ni même indiqué dans le pourvoi que cette signification fût nulle. Cas. 22 brum. an 13, 12 frim. an 14; Merlin, *Rep.* v° *Acquiescement,* § 6.

165. Est nulle la *copie jointe* qui n'est revêtue d'aucune signature. Cas. 13 germ. an 12.

166. Il est nécessaire, à peine de nullité, que la *quittance de consignation* d'amende soit jointe au pourvoi quand on le dépose; si cette quittance n'est pas jointe, le greffier peut même refuser la requête. Régl., 1738, p. 1, tit. 4. *Contrà.*—Merlin, *Rep.* v° *Cassation,* § 5, n° 12; Argum. Cas. 6 fruct. an 8, et v° *Certificat d'indigence,* n° 7; Argum. Cas. 1er fruct. an 9.

Mais le premier arrêt est rendu en matière correctionnelle, et le second ne se rapporte qu'au certificat d'indigence.

167. Dans le cas où le pourvoi aurait été rejeté pour n'avoir pas produit la quittance de consignation d'amende, on ne peut se faire restituer contre l'arrêt, même en justifiant que ette consignation avait eu lieu en temps utile. Cas. 29 mess. an 8; Merlin, *ib.*

168. Lorsque le pourvoi est en règle, on le dépose avec les pièces jointes au greffe de la Cour de cassation. Il en est donné un récépissé par le greffier. — V. *inf.* n° 102 et 184.

Art. 2. — *Amende.*

169. Le demandeur en cassation doit, en matière civile, avant de déposer son pourvoi, consigner une amende de 150 fr. pour les arrêts ou jugemens contradictoires, et de 75 fr. pour ceux par défaut ou par forclusion. Régl. 1738, p. 1, tit. 4, art. 5.

Cette amende est augmentée du dixième, que l'on consigne en même temps : ainsi, pour les décisions contradictoires, l'amende s'élève à 165 fr.; pour celles par défaut, à 85 fr. 50 c. LL. 6 prair. an 7; 28 avr. 1816, art. 66.

170. On doit consigner autant d'amendes qu'il y a de demandeurs agissant dans un intérêt séparé, quoique le pourvoi soit formé collectivement. Cas. 11 janv. 1808 (S. 8, 128).

En conséquence, quand deux parties, l'une demanderesse principale, l'autre intervenante, se pourvoient en cassation contre le même arrêt, elles doivent consigner deux amendes, si l'intervenant attaque l'arrêt par des motifs qui lui sont particuliers. Cas. 21 nov. 1826.

171. Mais une seule amende suffit, si les demandeurs agissent dans un intérêt commun, comme des héritiers, des co-associés, des co-acquéreurs (Cas. 11 janv. 1808, S. 8, 128; 20 nov. 1816, S. 17, 61; 31 janv. 1827), des assureurs d'un chargement de marchandises engagés par une même police d'assurances, et n'ayant qu'un même intérêt (Cas. 3 août 1825);— des créanciers chirographaires ayant un intérêt commun à faire rejeter la collocation d'un autre créancier, et recourant par un même pourvoi (Cas. 20 germ. an 12); — ou si, *quoiqu'ils agissent dans un intérêt distinct*, cependant leurs demandes n'ont qu'un seul et même objet, et ne présentent qu'une seule et même question, pourvu que le pourvoi contre l'arrêt qui les condamne ait été formé en nom collectif.

Ainsi, dans le cas où divers individus à qui des domaines ont été donnés à cens, opposent à la demande en paiement des redevances, que ces redevances sont abolies, comme entachées de féodalité, si un arrêt a rejeté cette prétention, le pourvoi collectif formé par eux contre cet arrêt, est recevable, quoiqu'il n'ait été consigné qu'une seule amende pour tous. Cas. 10 fév. 1813.

172. On doit consigner autant d'amendes qu'il y a de jugemens attaqués, concernant des contestations distinctes et indépendantes. Godart, p. 48.

173. Mais une seule suffit si ces jugemens dépendent les uns des autres, et sont relatifs à la même contestation, comme des jugemens préparatoires et des jugemens définitifs, *ib.* p. 47.

174. S'il a été consigné plusieurs amendes quand on pouvait n'en consigner qu'une, il n'y a lieu, au cas de rejet du pourvoi, qu'à la condamnation d'une seule amende; les autres doivent être restituées. Cas. 3 août 1825 (S. 26, 136).

175. Il y a lieu à restitution de l'amende consignée, lorsque la partie s'est désistée de son pourvoi contre un arrêt de Cour royale qui, sur le conflit élevé par l'autorité administrative, a été annulé par ordonnance royale. Cas. 4 juil. 1826.—V. *inf.*

176. Sont exempts de la consignation et du paiement de l'amende, les agens publics pour affaires qui concernent directement l'administration des domaines ou des revenus de l'Etat. Régl. 1738, part. 1. tit. 4, art. 16 (2 brum. an 4, art. 17).

177. Les indigens sont également dispensés de la consignation de l'amende, en joignant à leur requête, 1° un certificat d'indigence; 2° un extrait de leurs impositions (14 brum. an 5, art. 2, et 28 pluv. an 8); — mais ils doivent la payer s'ils succombent. Cas. 28 déc. 1812 (S. 13, 184). Pour la forme du certificat. — V. *Indigens.*

178. Il n'y a pas d'amende à consigner en matière électorale. L. 2 juil. 1828, art. 18; 19 avr. 1831, art. 33.

179. La consignation d'amende n'est requise que dans le cas où la requête est formée contre une décision pour en obtenir la cassation : la loi a voulu assurer à l'avance la punition de celui qui inconsidérément attaque une décision définitive, et en faveur de laquelle il existe une présomption qu'elle est conforme à la loi.

180. Mais dans tous les cas où la requête se rapporte aux autres attributions de la Cour de cassation, il n'y a pas lieu à consignation d'amende : par exemple, pour les requêtes en prise à partie, en réglemens de juges, en renvoi d'un tribunal à un autre ; dans ces différens cas, il n'y a pas attaque dirigée contre une décision judiciaire, mais bien contre des personnes ou contre des tribunaux.

181. Il y a à Paris un receveur chargé spécialement de percevoir l'amende exigée pour la validité du pourvoi : cependant tous les receveurs ont capacité pour le faire. Cas. 12 août 1831.

182. Le refus de recevoir l'amende dûment constaté, équivaut à consignation. *Même arrêt.*

Ce refus peut être constaté par huissier.

183. En cas de non consignation d'amende, le rejet de la demande a lieu, non quant à présent, mais purement et simplement, lors même que le jugement attaqué n'aurait pas encore été signifié. Régl. 1738, part. 1, t. 4, art. 5 ; Cas. 11 frim. an 9.

184. En cas de refus du greffier de recevoir la déclaration de recours, le refus peut être constaté, et le pourvoi valablement formé par la signification que l'on peut en faire au greffier.

Art. 3. — *Effets du pourvoi.*

185. En matière civile, le pourvoi ne suspend pas en général l'exécution de l'arrêt attaqué. Dans aucun cas et sous aucun prétexte, il ne peut être accordé de surséance (L. 1 déc. 1790, art. 16) ; —*V.* toutefois n° 187) ;— pas même à l'égard d'un arrêt qui a prononcé une séparation de corps (Bordeaux, 17 mess. an 13, S. 6, 815) ;—ou qui a fait main-levée d'une opposition au mariage. Merlin, *Rép. add.,* v° *Cassation,* t. 17. —V. *inf.* n° 131.

186. En conséquence, la partie condamnée ne peut, sous le prétexte qu'elle va se pourvoir ou qu'elle s'est pourvue en cassation, exiger qu'avant d'exécuter le jugement qui la condamne, son adversaire lui donne caution (Cas. 4 prair. an 7) ;— même lorsque cet adversaire est un étranger. *Ib.*

187. Toutefois, le pourvoi est suspensif dans plusieurs cas : ainsi, 1° les jugemens et arrêts rendus en matière de faux incident civil ne peuvent être mis à exécution tant que le délai pour se pourvoir en cassation n'est pas expiré. C. pr. art. 241, 242, 243.

188. 2° Ceux rendus contre l'Etat à fin de paiement de sommes d'argent, ne peuvent, s'il y a pourvoi, être mis à exécution tant que les personnes au profit desquelles ils ont été rendus n'ont pas, au préalable, donné caution pour sûreté des sommes à elles adjugées. L. 16 juil. 1793.

189. 3° Ceux qui ordonnent la main-levée d'objets saisis pour contravention aux lois sur les douanes, ne peuvent aussi être exécutés que s'il est donné caution de la valeur des objets saisis. L. 9 flor. an 8, tit. 4, art. 15 ; Godart, p. 65 et 66.

190. Le pourvoi était encore suspensif quand il s'appliquait à un arrêt rendu en matière de divorce. C. civ. art. 63.

191. *Quid* à l'égard d'un arrêt qui prononce la nullité d'un mariage ? La loi ne contenant pas d'exception pour ce cas, comme pour celui du divorce, à la règle générale, qui refuse au pourvoi tout effet suspensif, il faut, malgré l'identité des motifs, appliquer le droit commun. *Contra.* — Godart, n° 65.

192. Le pourvoi ne peut produire d'effet qu'à dater du dépôt. —V. *sup.* n° 168.

§ 9. — *Instruction devant la chambre des requêtes.*

193. La procédure devant la Cour de cassation est indiquée par le réglement du 28 juin 1738 et autres anciens réglemens, sauf les modifications que les lois postérieures y ont apportées. L. 1er déc. 1790, art. 18; L. 2 brum. an 4, art. 25; L. 27 vent. an 8, art. 27 ; ord. 10 sept. 1817.

194. Lorsque le pourvoi a été déposé au greffe, le président de la chambre des requêtes nomme, dans le mois, un conseiller pour en faire le rapport. Ord. 13 janv. 1826, art. 13.

195. Le rapporteur est tenu de remettre les pièces au greffe avec son rapport écrit, savoir : pour les affaires urgentes, dans le mois; et, pour les affaires ordinaires, dans les deux mois à dater du jour de la distribution. *Ib.* art. 14.

196. Dès le moment de la remise des pièces au greffe, les affaires sont inscrites sur le rôle d'audience par ordre de date et de numéro. *Ib.* art. 18.

197. Le jour même de cette remise, les pièces sont envoyées au procureur-général, qui les distribue aux avocats-généraux pour préparer leurs conclusions. *Ib.* art. 22.

Aussitôt ces conclusions préparées, les pièces sont rétablies au greffe trois jours au moins avant celui où l'affaire doit être portée à l'audience. *Ib.* 23 et 24.

Dans l'usage, l'un des commis-greffiers avertit par lettre, les avocats, du jour auquel l'affaire doit venir,

198. A l'audience, le conseiller fait son rapport ; ensuite les avocats sont entendus, s'ils le requièrent. Les parties peuvent l'être aussi, après en avoir obtenu la permission de la Cour. *Ib.* art. 36, 37.

199. Le ministère public est entendu dans toutes les affaires. Les avocats et les parties ne peuvent obtenir la parole après lui; l'ord. excepte le cas où il est partie poursuivante et principale. *Ib.* art. 44 et 38. Mais cette disposition est tombée en désuétude : le ministère public est exclusivement l'homme de la loi.

200. Après les conclusions du ministère public, et après en avoir délibéré, la Cour rend son arrêt, qui rejette ou admet la requête.

201. L'inscription de faux peut être nécessaire dans différens cas, afin d'arriver à un moyen de cassation : par exemple, si un arrêt énonce faussement qu'il a été rendu par le nombre de juges voulus par la loi, qu'il a été rendu publiquement, ou s'il contient des motifs, quoiqu'il ait été prononcé publiquement sans motifs.

La procédure est alors déterminée par le titre 10, p. 2, Régl. 1738, qui se réfère à plusieurs articles du titre du faux incident de l'ordonnance de juil. 1737.

§ 10. — *Arrêt de la chambre des requêtes; ses suites.*

202. Dans le cas où la chambre des requêtes rejette, l'arrêt est motivé. L. 4 germ. an 2, art. 6.

Mais il a dans la jurisprudence beaucoup moins de poids qu'un arrêt rendu par la chambre civile, parce que cette dernière statue toujours après avoir envisagé l'affaire sur tous les points, tandis que la chambre des requêtes n'entend jamais que le demandeur.

203. Le demandeur, par suite du rejet, est condamné à l'amende qu'il avait consignée. Régl. 1738, p. 1, tit. 4, art. 25.

L'arrêt de rejet n'est susceptible d'aucun recours. *Ib.*

204. S'il s'agit du rejet d'une requête en prise à partie, le demandeur est condamné à 300 fr. d'amende, sans préjudice des dommages-intérêts envers les parties, s'il y a lieu. C. pr. 513, Cas. 2 fév. 1825.

205. Si la chambre des requêtes admet, l'arrêt n'est pas motivé. Régl. 1738, p. 1, tit. 4, art. 28.

Il ordonne que la requête soit signifiée au défendeur, avec assignation à comparaître devant la chambre civile dans les délais du réglement. *Ib.* — V. *inf.* nᵒˢ 23 et suiv.

C'est ce qui fait donner aussi à cet arrêt le nom d'arrêt de *soit communiqué.*

206. L'arrêt d'admission n'est pas suspensif. *Ib.* art. 29.

§ 11. — *Signification de l'arrêt d'admission.*

Art. 1. — *Délai de la signification.*

207. L'arrêt d'admission, dans le contexte duquel est insérée en entier la requête en pourvoi, doit être signifié dans les mêmes délais que ceux accordés pour former le pourvoi. Régl. 1738, art. 1, tit. 4, art. 30 ; Merlin, *Rép.* v° *Cassation*, § 6, n° 7.—V. *sup.* § 7.

Ces délais sont francs, comme ceux du pourvoi. Régl. 1738, art. 2, tit. 1er, art. 5.

208. Faute par le demandeur d'avoir fait la signification dans les délais, il est déchu de sa demande. *Ib.* art. 30.

Sans que cette exception ait besoin d'être proposée par le défendeur. Arg. de cet art.

Quand même il aurait obtenu un arrêt par défaut contre les défendeurs, si ceux-ci se sont fait restituer contre cet arrêt. Cas. 25 janv. 1816.

209. S'il y a plusieurs défendeurs, cette déchéance ne profite pas aux défendeurs auxquels la signification a été faite en temps utile. Merlin, *Rép.* v° *Cassation*, § 6, n° 7.

210. Le délai accordé pour la signification de l'arrêt d'admission n'est même pas prorogé par cette circonstance, que les héritiers à qui la signification doit être faite, sont mineurs, et n'ont point encore de tuteurs. Cas. 2 fév. 1813.

211. Mais il est suspendu en cas de force majeure, notamment par suite de l'occupation de l'ennemi. Cette suspension a lieu tant que dure la force majeure : néanmoins la portion de temps qui s'est écoulée depuis la signification jusqu'au moment où a commencé la force majeure, doit être comptée dans le délai. Cas. 24 janv. et 14 fév. 1815.—V. *sup.* n° 144.

212. Si la signification est nulle, elle doit être réitérée avant l'expiration du délai fatal ; autrement, le demandeur est irrévocablement déchu. Merlin, *Rép.* v° *Cassation*, § 5, n° 7.

Art. 2. — *Forme de la signification.*

213. La signification de l'arrêt d'admission est assujétie aux règles générales des *exploits* (—V. ce mot) ; et en outre à quelques règles spéciales.

214. Ainsi, 1° aucun arrêt d'admission ne peut, *à peine de nullité et d'amende*, être signifié, s'il n'est signé d'un avocat à la Cour de cassation. Régl. 1738, art. 2, tit. 1, art. 17 ; Arrêt du Conseil 16 juin 1746, rapporté par Isambert, note 1, sur l'ord. du 10 sept. 1817.

215. 2° L'exploit de signification doit contenir également, *à peine de nullité, et d'amende* contre l'huissier, le nom de l'avocat dont la partie demanderesse entend se servir. Régl. 1738, part. 2, tit. 1, art. 2; Cas. 17 brum. an 12; Poncet, *Jugemens*, t. 2, n° 552.

Cependant la signature de l'avocat, mise au bas de la requête signifiée et de l'arrêt, peut être considérée comme remplissant le vœu de la loi. Cas. 8 niv. an 13, 11 mars 1811, 16 mai 1815; Merlin, *Rép.* v° *Constitution de procureur.*

216. Cette obligation n'est pas imposée aux préfets agissant dans l'intérêt de l'État; ils sont dispensés de l'assistance d'un avocat à la Cour de cassation. (Régl. 1738, part. 2, tit. 1, art. 2; Cas. 22 therm. an 10. — V. *Avoué*, n° 62.) Mais dans l'usage ils y ont toujours recours. — V. *sup.* n° 199.

217. La signification n'est pas nulle, quoiqu'elle n'énonce pas le domicile du demandeur, si d'ailleurs elle contient l'indication du domicile élu chez l'avocat à la Cour de cassation, chargé de sa défense. Cas. 10 avr. 1811.

218. 3° Si le demandeur décède après avoir formé le pourvoi, l'arrêt d'admission ou de rejet est rendu en son nom; mais la signification doit être faite au nom des héritiers. Arg. Cas. 8 mai 1820.

219. 4° La signification ne peut être faite qu'aux parties expressément dénommées dans l'arrêt d'admission (Merlin, *Rép.* v° *Cassation*, § 6, n° 7), et non à une personne qui n'a pas figuré dans le jugement attaqué, quand même elle aurait dû y être appelée. Cas. 4 vent. an 11. *Ibid.*

220. Dans le cas où un pourvoi dirigé contre une partie principale, et d'autres appelées seulement en garantie, a été admis, l'arrêt d'admission doit nécessairement être signifié à la partie principale; si la signification n'a été faite qu'au garant, le pourvoi est inadmissible (Cas. 11 juin 1833), quand même on prétendrait que la partie principale est décédée, car dans ce cas, elle est représentée soit par les parens qui n'ont pas renoncé à sa succession, soit par un curateur à la vacance. Cas. 11 juin 1833.

221. 5° La signification doit être faite à la personne ou au domicile réel du défendeur (Régl. 1738, part. 1, tit. 4, art. 30). En conséquence, elle est nulle si elle a été faite au domicile qu'il avait élu pendant l'instruction qui a précédé le jugement attaqué. Cas. 28 octobre 1811.

222. Cependant sont valables la signification faite par le débiteur incarcéré, à ses créanciers, au domicile élu par eux dans l'acte d'écrou ou de recommandation (Cas. 14 mars 1821), et celle faite à la résidence momentanée, lorsque, dans l'instance, la partie qui a obtenu l'arrêt attaqué n'a jamais indiqué son vrai domicile, mais seulement cette résidence. Cas. 7 juin 1809, Merlin, *Quest. Dr.*, v° *Inscript. hypoth.* § 1.

223. 6° Quant aux significations à faire dans les colonies françaises et hors de France, l'usage est de les faire au procureur-général près la Cour de cassation, en son parquet, lequel se charge de les remettre aux parties par la voie des ministres de la marine et des affaires étrangères. **C. pr.** 69 : Godart, p. 50.

224. 7° La signification, quoique faite au domicile du défendeur que l'arrêt permet d'assigner, est nulle, si ce défendeur est décédé (Ord. 1667, tit. 2, art. 3; Cas. 14 niv. an 11); — quand même le décès n'aurait pas été notifié à celui au nom duquel est faite la signification; — pourvu que le décès soit légalement constaté. Cas. 2 fév. 1813.

Autrement, la signification quoique faite au domicile de la personne décédée, serait valable. Cas. 3 sept. 1811.

225. 8° Dans le cas où le défendeur est décédé avant la signification, et où son décès est valablement constaté, on doit signifier l'arrêt d'admission à ses héritiers. Cas. 13 therm. an 12; Merlin, *Rép.* v° *Cassation*, § 5; n° 10, § 6, n° 7.

On peut le faire sans nouvelle permission de signifier. *Ibid;* Cas. 25 juin 1810.

226. 9° La signification doit, en général, être faite par copie séparée, quand il y a plusieurs défendeurs. — V. *Société, Succession*, et *inf. Formule.*

227. *Quid* si les défendeurs sont deux époux? — V. *Femme mariée*, et *inf. Formule.*

228. Mais il n'est pas nécessaire de signifier l'arrêt séparément à toutes les parties, lorsqu'il s'agit d'une action solidaire (Cas. 29 germ. an 11) ou indivisible. Cas. 31 janv. 1827.

229. La signification de l'arrêt d'admission vaut assignation devant la chambre civile. Régl. 1738, p. 2, tit. 1, art. 6; Cas. 30 nov. 1807; Dalloz, *Jurisp. gén.*, t. 2, p. 298.

Il faut justifier de cette signification, en produisant l'original de l'exploit qui la contient. Cas. 13 fév. 1822.

230. Le défendeur doit comparaître devant la chambre civile dans les délais suivans : quinze jours pour les assignations données dans l'étendue de la ville de Paris, et de dix lieues à la ronde. Régl. 1738, part. 2, tit. 1, art. 3.

Un mois pour les lieux compris dans les ressorts des anciens parlemens de Paris, Rouen, Dijon, Metz et Flandre ou du conseil d'Artois. *Ib.*

Deux mois pour ceux compris dans les ressorts des anciens parlemens et Cours de Languedoc, Guyenne, Grenoble, Aix,

Pau, Besançon et Bretagne, et les conseils supérieurs d'Alsace et de Roussillon. *Ib.*

Un an pour la Martinique, la Guadeloupe. *Ib.* art. 4.

Quant aux anciens ressorts de Bourbon, et de Pondichéry, le délai d'assignation est réglé par l'arrêt d'admission, *Ib.*

Le réglement ne parlant pas du délai des assignations pour Cayenne et le Sénégal, on doit, par analogie, suivre les règles qu'il prescrit d'après la comparaison des distances (Godart, p. 30), ou le faire fixer lors de l'arrêt d'admission.

251. En matière électorale, la Cour de cassation permet d'assigner à trois jours. Cas. 21 juin 1830.

§ 12. — *Instruction devant la Chambre civile ; Intervention.*

252. Le défendeur ne peut comparaître que par le ministère d'un avocat à la Cour de cassation, qui rédige et signe un mémoire en défense, le signifie à l'avocat du demandeur, et le dépose ensuite au greffe avec les pièces justificatives. L. 2 brum. an 4, art. 16; Godart, *Ib.*

La simple remise de la signification de l'arrêt d'admission, faite à l'avocat, vaut pouvoir d'occuper pour le défendeur. Régl. 1738, p. 2, tit. 1, art. 12.—V. *Avoué*, n° 112.

253. Lorsque la production du défendeur, signifiée à l'avocat du demandeur, est faite au greffe, ce dernier peut répliquer, et déposer à son tour au greffe, la grosse de l'arrêt d'admission et son mémoire en réplique. L'affaire est alors en état. Ord. 15 janv. 1826, art. 10.

254. Dès que l'affaire est en état, la procédure est la même que pour arriver à l'arrêt de la chambre des requêtes. — V. *sup.* § 9.

255. Si le défendeur ne produit pas de défense dans la huitaine du délai, qui lui est accordé pour comparaître (—V *Sup.* n° 230), il peut être donné défaut contre lui. Régl. 1738, p. 2, tit. 2, art. 1er.

256. Pour obtenir l'arrêt par défaut, le demandeur lève au greffe un certificat de non production qu'il joint à la grosse de l'arrêt d'admission, et produit le tout au greffe. L'affaire suit alors la marche ordinaire. *Ib.*

257. Le défaut n'est cependant pas prononcé par cela seul, que le défendeur ne comparaît pas; l'affaire est examinée comme les autres, et même, si la chambre civile n'estime pas le pourvoi fondé, elle le rejette. Dans ce cas, le demandeur est condamné à l'amende de 300 fr. *Ib.* art. 8.

Si elle estime qu'il est fondé, elle prononce la cassation de l'arrêt attaqué.

Tant que cet arrêt n'est pas rendu, le défendeur a encore le droit de produire ses défenses. Godart, p. 33.

238. *Intervention.* Le droit d'intervention n'est ouvert qu'à celui qui serait recevable à se pourvoir par tierce-opposition contre l'arrêt de la Cour de cassation. Régl. 1738. C. pr. 466; Cas. 19 fév. 1830 (S. 30,237); 14 nov. 1832 (S. 33, 297).

239. Toutefois, peut intervenir celui dont les droits ont été exercés par une autre personne qui était en son lieu et place. Ainsi, un émigré amnistié a pu, en vertu de l'arrêté qui le réintégrait dans ses anciennes propriétés, intervenir dans une instance en cassation d'un jugement rendu avec la république pendant qu'elle exerçait ses droits. Cas. 19 prair. an 11; Merlin, *Quest.* v° *Nation*, §. 2. —V. *Intervention.*

240. Au contraire, est non-recevable, 1° l'intervention de celui qui n'a été partie ni en première instance ni en appel, et qui à cette époque n'avait pas intérêt à y être appelé. *Ib.*

2° Celle de l'individu qui, ayant été partie dans le jugement attaqué, a été renvoyé de la demande. Il est alors sans intérêt. Cas. *sect. réunies*, 15 juin 1833.

241. Il n'y a plus lieu, de la part de la Cour, à statuer sur une requête en intervention présentée après que le ministère public a été entendu. Cas. 17 janv. 1826.

§ 13. — *Arrêt de la chambre civile; ses effets.*

242. La chambre civile, après avoir entendu le rapport de l'un de ses membres, les plaidoiries des avocats et les conclusions du ministère public, et en avoir délibéré, rejette le pourvoi, ou casse l'arrêt attaqué.

243. En cas de rejet, le demandeur est condamné, 1° à 300 fr. d'*amende*, dans lesquels sont compris les 150 fr. d'amende consignés avant le dépôt du pourvoi; 2° à 150 fr. d'indemnité envers le défendeur, le tout si l'arrêt attaqué est contradictoire, et à moitié de ces sommes s'il est par défaut ou par forclusion; 3° et en outre aux dépens de l'instance. Régl. 1738, p. 1, tit. 4, art. 35.

L'*amende* ne peut être remise ni modérée; mais elle peut être augmentée. Régl. 1738, p. 1, tit. 4, art. 36. La Cour n'use jamais de ce dernier droit.

244. Quel est l'effet du désistement? Il faut distinguer.

L'*indemnité* n'est pas due si le désistement précède la production du défendeur, et à plus forte raison, la signification de l'arrêt d'admission. —Il en est autrement dans le cas contraire. Cas. 26 mai 1830.

245. Quant à *l'amende*, l'usage est de la regarder comme perdue dans tous les cas. On pourrait cependant opposer que

le Réglement de 1738 ne condamne à l'amende que le demandeur qui succombe; se désister n'est pas la même chose que
succomber (au cas de transaction, par exemple); d'ailleurs,
en matière criminelle, le désistement n'entraîne jamais la
perte de l'amende. C. d'ins. crim. 436; Cas. 31 déc. 1824.—
V. *sup.* n° 175.

246. Le demandeur ne peut attaquer l'arrêt de rejet ni par
requête en cassation, ni par requête civile. Régl. 1738, *ib.* art.
39; Cas. 2 frim. an 10. — V. *Requête civile.*

247. Il ne peut pas non plus former un nouveau pourvoi,
même en présentant de nouveaux moyens. Régl. 1738, tit. 4,
art. 39.

248. Lorsque l'arrêt attaqué contient tout à la fois des dispositions préparatoires et des dispositions définitives, l'arrêt de rejet s'applique aux unes comme aux autres. Cas. 19 juin 1816.

249. Lorsque deux parties se sont pourvues en cassation, le
consentement que l'une d'elles donne à la cassation demandée
par son adversaire, ne produit aucun effet à l'égard de l'autre.
Cas. 25 juil. 1806; Merlin, *Rép.* v° *Cassation*, § 6, n° 11.

250. Si la chambre civile casse l'arrêt attaqué, elle ordonne
la restitution de l'amende consignée et des sommes qui peuvent avoir été perçues en exécution de cet arrêt; elle remet les
parties dans l'état où elles étaient avant l'arrêt cassé, et renvoie l'affaire devant un des trois tribunaux du même ordre le
plus voisin de celui dont la décision a été annulée, pour être
procédé sur les derniers erremens qui n'ont pas été atteints par
la Cour de cassation. L'indication du tribunal auquel l'affaire
est renvoyée a lieu en la chambre du conseil après la prononciation de l'arrêt de cassation en audience publique. Régl. 1738,
part. 1, tit. 4, art. 38; L. 1er déc. 1790, art. 21; L. 2 brum.
an 4, art. 24; L. vent. an 8, art. 87.

251. La cassation ne profite qu'à ceux qui se sont pourvus :
ainsi, lorsque sur six héritiers deux seulement ont formé le
pourvoi, la cassation ne profite qu'à ces derniers. Cas. 24 pluv.
an 7.

Mais elle leur profite même lorsqu'elle a été motivée sur un
moyen qu'ils n'avaient fait valoir ni devant les premiers juges
ni devant la Cour de cassation. Merlin, *Rép.* v° *Cassation*, § 7,
n° 4.

252. La restitution de l'amende et des sommes perçues doit
avoir lieu, quand même elle ne serait pas formellement exprimée
dans l'arrêt de cassation. La grosse de cet arrêt suffit pour la
poursuivre. Cas. 16 janv. 1812, 22 janv. 1822.

253. La restitution ordonnée par l'arrêt ne donne droit qu'au
capital des sommes payées, et non aux intérêts (Cas. 15 janv.

1812); — à moins que la partie condamnée n'ait, lors du paie-ment, déclaré ne le faire que comme forcée et contrainte, et sous la réserve de se pourvoir en cassation. Elle reçoit alors avec le capital les intérêts du jour du versement. Cas. 11 nov. 1828.

254. Cependant le principe d'après lequel la cassation d'un arrêt entraîne la restitution de ce qui a été payé, est modifié par l'art. 1238, n° 2 C. civ. Ainsi ne sont pas restituables les som-mes saisies sur un tiers, et reçues de bonne foi par les créan-ciers d'un individu au profit duquel a été rendu un arrêt qui lui a alloué ces sommes, bien que cet arrêt soit ultérieurement cassé. Cas. 13 mai 1823.

De même l'avoué qui s'est fait payer par la partie condam-née les dépens, dont la distraction a été ordonnée à son profit par un jugement, n'est point tenu, en cas de cassation de ce ju-gement, de restituer ces frais à cette partie. Cas. 16 mars 1807.

255. Les parties sont remises *au même état* qu'avant le juge-ment cassé; de là plusieurs conséquences :

1° Tout acte d'exécution est rétracté de droit.

2° Tous droits de propriété qui reposeraient sur une qualité résultant du jugement cassé sont anéantis.

3° Toute inscription hypothécaire prise depuis cet arrêt est non-avenue.

4° Non-seulement le jugement attaqué est annulé, mais en-core tous ceux qui en ont été la suite et la conséquence, soit que l'arrêt de cassation ait ajouté ou non ces mots : *et tout ce qui s'en est suivi*. Cas. 25 oct. 1813; Merlin, *Rép*, v° *Cassation*, § 7, n° 4.

256. Ainsi la cassation d'un arrêt entraîne celle de l'arrêt intervenu sur son exécution. Cas. 13 fév. 1828.

257. La cassation d'un arrêt qui a validé une enquête entraîne celle de l'arrêt rendu sur le fond, en conséquence de l'enquête, sans qu'on puisse opposer devant la Cour suprême que l'arrêt se justifie par d'autres motifs que ceux tirés de l'enquête. Cas. 13 oct. 1812.

258. Lorsqu'un arrêt a été cassé sans que la Cour ait établi aucune distinction entre les diverses dispositions qu'il renferme, il se trouve annulé dans toutes ses dispositions, quoique les mo-tifs de l'arrêt de cassation paraissent ne se rattacher qu'à l'une d'elles. Cas. 15 janv. 1818.

259. Il arrive même que, dans le cas où la Cour casse spécia-lement une disposition principale d'un arrêt, cette cassation en-traîne celle d'une disposition secondaire dont il n'a pas été parlé.

260. Ainsi la cassation d'un arrêt, quant à l'action principale, emporte la cassation de la disposition du même arrêt relative à une demande en garantie. Cas. 5 juin 1810.

261. Enfin, le jugement cassé pour défaut de motifs sur un chef, ne peut plus être invoqué sur d'autres chefs. Cas. 15 mars 1828.

262. Le renvoi ne peut être fait à la Cour qui a rendu l'arrêt cassé. Cette Cour est formellement dessaisie de toute connaissance ultérieure de l'affaire. Cas. 12 nov. 1816.

Jugé cependant qu'elle peut en connaître du consentement des parties. Cas. 8 niv. an 7.

263. Bien que le renvoi doive être fait à un tribunal du même ordre que celui qui a rendu le jugement, cependant, lorsque la Cour de cassation casse un jugement d'un tribunal de première instance, en ce qu'il a mal à propos connu d'une action qui aurait dû être déférée à une Cour royale, elle peut renvoyer elle-même l'affaire devant cette Cour. Cas. 18 avr. 1827.

264. En cas de renvoi en interprétation législative, la Cour de cassation n'est pas obligée de désigner l'autorité qui devra donner l'interprétation, elle renvoie devant qui de droit. Cas. 19 mai 1827.

265. Il n'y a pas lieu au renvoi : 1° lorsque l'arrêt cassé avait mal-à-propos reçu l'appel d'un jugement en dernier ressort. Dans ce cas l'arrêt de cassation ordonne l'exécution du jugement dont l'appel a été illégalement reçu. Régl. 1738, p. 1, tit. 5, art. 19.

266. 2° Lorsque la cassation est prononcée pour contrariété d'arrêts ou de jugemens en dernier ressort, rendus par des Cours ou des tribunaux différens, l'arrêt qui casse dans ce cas ordonne que, sans s'arrêter ni avoir égard au second arrêt ou jugement, le premier sera exécuté selon sa forme et teneur. *Ib.* tit. 6, art. 6.

267. Les arrêts de cassation sont imprimés et transcrits sur le registre du tribunal dont la décision a été cassée (L. 1er déc. 1790, art. 22), et la notice, ainsi que le dispositif, en sont insérés chaque mois dans le bulletin des audiences de la Cour. L. 27 vent. an 8, art. 85.

268. Si l'arrêt de cassation est contradictoire, il ne peut être mis à exécution avant d'avoir été *signifié* à l'avocat de la partie, *à peine de nullité* de toutes procédures et exécutions antérieures à cette signification (Régl. 1738, part. 1, tit. 13, art. 9, et arrêt du Conseil, 12 mars 1759), — quand même il aurait été signifié à la partie elle-même. *Ib.*

269. Lorsque l'arrêt est par défaut, le défaillant peut se faire restituer, en présentant à ce sujet une requête, à laquelle est

jointe une quittance constatant qu'il a payé 100 f. à l'avocat adverse pour *refusion* des frais, ou un procès-verbal constatant qu'il les a offerts, et qu'ils ont été refusés. Régl. 1738, part. 2, it. 2, art. 10.

270. Le délai pour obtenir et faire signifier l'arrêt de restitution est d'un mois quand l'assignation a été donnée à quinze jours, de deux mois quand elle a été donnée à un mois, de trois mois quand elle l'a été à deux mois.

Il court du jour de la signification de l'arrêt par défaut faite à personne ou domicile. *Ib.* art. 11.

A l'égard des parties domiciliées dans les colonies et hors de France, le délai est de six mois après l'expiration de ceux ordinaires pour comparaître. *Ib.*

271. L'arrêt de restitution étant obtenu et signifié, l'instance se suit comme à l'ordinaire, sans que, même en cas de gain du procès, le défendeur puisse recouvrer les 100 fr. payés à l'avocat du demandeur. *Ib.* art. 15.

272. La partie qui a obtenu un arrêt de restitution contre un arrêt de cassation, peut, sur la demande de son adversaire, être déclarée forclose, si dans les trois ans elle n'a pas produit de défense au pourvoi. *Ib.* art. 2, Cas. 11 juil. 1827.

273. Le demandeur ne peut être déclaré déchu de son pourvoi par cela seul qu'il a laissé passer plus d'une année depuis la signification de l'arrêt d'admission sans lever défaut contre le défendeur qui ne s'est pas présenté. Cas. 8 frim. an 11; régl. 1738, p. 2, tit. 2, art. 8.

274. L'arrêt de cassation peut avoir annulé la procédure ou la décision.

Si la procédure est annulée, elle est recommencée devant la nouvelle Cour à partir du premier acte cassé.

Si c'est la décision, l'affaire est portée sans nouvelle procédure à l'audience, et l'on procède au jugement sans nouvelle instruction. L. 2 brum. an 4, art. 24.

Dans ce dernier cas, l'arrêt de cassation fait revivre les procédures ou instances sur lesquelles la décision était intervenue : ainsi elles sont désormais susceptibles de péremption par le laps de temps ordinaire, encore bien qu'il n'y ait pas eu assignation devant les tribunaux ou cours qui doivent juger de nouveau. Cas. 12 juin 1827 (S. 27, 338).

275. La nouvelle Cour peut ordonner tout ce qui était dans les attributions de la première, dont l'arrêt a été cassé. Cas. 24 janv. 1826.

Toutefois, elle ne peut faire porter sa décision que sur la disposition cassée (Cas. 8 mars 1826), et non sur des points jugés par l'arrêt cassé, et qui n'ont point été l'objet du pourvoi.

Agen, aud. solenn. 12 juil. 1825, non réformé par la C. de cas., aud. solenn. 8 juil. 1826.

276. Si la cassation a été prononcée contre un arrêt de débouté d'opposition, l'opposition se trouvant maintenue, c'est sur elle que le nouvel arrêt doit statuer. Cas. 22 therm. an 9; Merlin, *Quest.* v° *Cassation*, § 8.

277. Devant la nouvelle Cour, les parties peuvent modifier les conclusions qu'elles avaient prises devant la première. Merlin, *Rép.* v° *Cassation*, § 7, n° 4, et *Quest.* v° *Tribunal d'appel*, § 5.

278. Lorsqu'après la cassation d'un premier arrêt ou jugement en dernier ressort, le deuxième arrêt ou jugement rendu dans la même affaire entre les mêmes parties est attaqué par les mêmes moyens que le premier, la Cour de cassation prononce toutes les chambres réunies. L. 30 juil. 1828, art. 1.

279. Pour attaquer ce second arrêt, il faut, comme pour le premier, présenter un pourvoi, consigner l'amende, obtenir un nouvel arrêt d'admission, le faire signifier, et le déposer avec l'arrêt cassé et l'arrêt de cassation au greffe de la Cour.

Le nouveau pourvoi peut contenir un moyen qui aurait été improuvé dans les motifs de l'arrêt de cassation, si ce moyen n'a pas été rejeté par une disposition formelle. Merlin, *Rép.* v° *Cassation*, § 7, n° 4; *Quest. dr.*, v° *Biens nationaux*, § 1.

280. La chambre civile seule rend ensuite un arrêt qui renvoie devant toutes les sections réunies. Cas. 2 av. 1833.

Cet arrêt est rendu, soit sur les plaidoiries des avocats, si l'une des parties s'oppose au renvoi, soit sans plaidoiries, s'il y a consentement des deux parties.

Il n'a pas besoin d'être signifié.

281. Si la chambre civile déclare qu'il y a lieu à renvoyer aux chambres réunies, celles-ci sont saisies par le fait seul de cet arrêt sans procédure.

Si elle déclare qu'il n'y a pas lieu à renvoyer devant les sections réunies, elle garde la connaissance de l'affaire, et peut juger de suite, après avoir entendu les plaidoiries.

282. Il n'y a pas lieu à renvoyer devant les chambres réunies 1° lorsque, la nouvelle Cour ayant rendu un arrêt semblable à celui qui a déjà été cassé, il est proposé contre ce second arrêt, outre le moyen de cassation déjà accueilli par la Cour suprême, un nouveau moyen non encore agité devant elle. Cas. 8 nov. 1825.

2° Lorsque le second arrêt dénoncé, mettant à l'écart la question résolue par le premier, s'est occupé d'une question différente, et dont la solution n'avait point été déférée à la Cour de cassation. Cas. 7 août 1813,

283. Devant les chambres réunies, les formalités sont les mêmes que devant la chambre civile. A moins d'empêchement, le procureur-général y porte toujours la parole. L'audience est présidée par le premier président.

284. Après le second arrêt de la Cour suprême, s'il porte cassation, le jugement de l'affaire est renvoyé à une autre Cour royale, qui prononce toutes les chambres assemblées. L'arrêt de cette Cour ne peut être attaqué sur le même point et par les mêmes moyens par le recours en cassation. Toutefois, il en est référé au roi, pour être ultérieurement procédé à l'interprétation de la loi. L. 30 juil. 1828, art. 2.

Dans la session législative qui suit le référé, une loi interprétative est proposée aux chambres. *Id.* art. 3.

§ 14. — *Timbre et enregistrement.*

285. Les originaux des pourvois et mémoires à produire sont écrits sur papier timbré à 1 f. 50 c., les copies sur papier à 35 ou à 70 c.

286. Le pourvoi en cassation est passible d'un droit fixe d'enregistrement de 25 fr. L. 28 av. 1816, art. 47, § 1.

287. Il est dû autant de droits qu'il y a de demandeurs, à moins qu'ils ne soient co-intéressés dans la cause. L. 22 frim. an 7, art. 68, § 1, n° 30 ; délib. 19 juin 1824.

288. La requête tendante à ce qu'un arrêt soit déclaré commun avec plusieurs parties contre lesquelles le pourvoi n'avait pas d'abord été dirigé, doit être regardée comme une ampliation de la première requête, et dès lors dispensée de l'enregistrement. Cas. 14 mars 1821.

289. Les arrêts de la Cour de cassation n'étaient assujétis à l'enregistrement par la loi du 22 frim. an 7, que sur l'expédition; maintenant ils doivent être enregistrés sur minute au droit de 10 fr. pour les arrêts d'admission et ceux qui sont simplement préparatoires ou interlocutoires, et de 25 fr. pour les arrêts définitifs. L. 28 avr. 1816, art. 46 et 47, n° 3.

290. Chacun de ces droits d'enregistrement est augmenté du dixième, qui est perçu en même temps que le principal. L. 6 prair. an 7.

291. Les pourvois et arrêts en matière électorale sont enregistrés *gratis*. L. 19 avr. 1831, art. 33.

292. Le *délai* pour faire enregistrer les arrêts de la Cour de cassation est de 20 jours, non compris celui de la date de l'acte.

Si le dernier jour se trouve être un dimanche ou un jour de fête, il ne compte pas dans le délai.

Le délai passé, le droit est double. L. 22 frim. an 7, art. 20 et 25.

§ 15. — Formules.

FORMULE I.

Pourvoi.

Cour de cassation. — Chambre des requêtes.

Pourvoi —pour le sieur N. —contre le sieur L.

Le sieur N. demande la cassation d'un arrêt rendu entre lui et le sieur L. par la Cour royale de le Cet arrêt a fait une fausse application de l'art. de la loi du et violé l'art. du Code civil.

En ce que (énoncer en quoi la fausse application ou la violation a eu lieu.)

(*Si l'on développe les moyens dans le pourvoi même, on le fait après avoir donné une analyse des faits. Les seuls faits reconnus vrais par la Cour sont ceux qui sont énoncés dans les qualités de l'arrêt. On termine l'énoncé des faits par la copie de l'arrêt.*)

(*Si au contraire on ne développe pas les moyens dans le pourvoi même, on ajoute :*)

L'exposant se réserve de développer ses moyens de cassation dans un mémoire ampliatif, et d'en ajouter d'autres s'il y a lieu.

(*Dans tous les cas, on termine par :*) Il conclut à ce qu'il plaise à la Cour casser et annuler l'arrêt susdaté de la Cour de ; renvoyer les parties devant une autre Cour; ordonner la restitution des sommes qui pourraient avoir été payées en vertu dudit arrêt, et celle de l'amende consignée, avec dépens.

Production.

1° La copie signifiée dudit arrêt attaqué;
2° La quittance de la consignation d'amende. (*Signature de l'avocat.*)

FORMULE II.

Signification d'arrêt d'admission.

L'an mil huit cent (*jour, mois et an*), à la requête de (*énoncer les noms, prénoms, profession et domicile du ou des requérans; et s'il y a plusieurs demandeurs ayant un intérêt commun, l'exprimer*), pour lequel domicile est élu à Paris, dans le cabinet de Me son avocat à la Cour de cassation, demeurant à Paris, rue , qui continuera de le défendre.

Je (*nom, prénoms, immatricule et domicile de l'huissier*), huissier susdit et soussigné, ai signifié et laissé copie au sieur (*nom, prénoms, profession et domicile du défendeur*), en son domicile, parlant à de l'arrêt d'admission rendu par la section des requêtes, sur le pourvoi du requérant, le

Et, en vertu dudit arrêt dûment en forme et enregistré, j'ai assigné ledit sieur à comparaître, dans les délais du réglement, devant la Cour de cassation, section civile, séante au Palais-de-Justice, à Paris, pour s'y défendre et voir adjuger au requérant ses conclusions, et je lui ai, audit domicile, parlant comme dessus, laissé copie tant dudit arrêt et des mémoires y insérés, que de mon présent exploit, dont le coût est de

Observations. Il importe de vérifier avec soin les changemens de qualités qui auraient pu survenir depuis l'arrêt attaqué, soit dans la personne des demandeurs, soit dans celle des défendeurs.

1° Si le défendeur a été interdit, c'est son tuteur qu'il faut assigner; s'il lui a été donné un conseil judiciaire, on doit l'assigner conjointement avec ce conseil et par des copies distinctes;

2° Si un mineur est devenu majeur, si un interdit a été relevé de l'interdiction, c'est à lui-même que l'assignation doit être donnée;

3° Si une fille s'est mariée, il faut assigner la femme et le mari, ce dernier pour la validité de la procédure, et par deux copies distinctes;

4° En cas de décès du défendeur, chacun de ses héritiers doit être assigné personnellement;

5° Les communes doivent être assignées dans la personne de leur maire, et, en cas d'absence, ce n'est point à l'adjoint que la copie doit être laissée, mais au juge de paix, et, à son défaut, au procureur du roi. L'original doit être visé;

6° Les compagnies, les établissemens publics et particuliers sont assignés conformément à l'art. 69 du Code de procédure; l'Etat en la personne des préfets.

V. *Ajournement, Appel, Avocat à la Cour de cassation. Expropriation, Jugement, Organisation judiciaire, Réglement de juges.*

CAUTION, CAUTIONNEMENT (RÉCEPTION DE). Le *cautionnement* est l'acte par lequel une personne s'engage à satisfaire à une obligation, si le débiteur n'y satisfait pas lui-même. Celui qui contracte cet engagement se nomme *caution*.

1. La caution est conventionnelle, légale, ou judiciaire. *Conventionnelle*, lorsqu'elle résulte d'une stipulation des parties; *légale*, quand la loi oblige de la fournir; *judiciaire*, lorsqu'elle est ordonnée par le juge.

2. Toute caution doit : 1° être capable de contracter (C. civ. 2018); 2° avoir des biens suffisans pour répondre de l'obligation : sa solvabilité ne s'estime que d'après ses propriétés foncières, excepté en matière de commerce, ou lorsque la dette est modique; on n'a point égard aux immeubles litigieux, ou dont la discussion deviendrait trop difficile par l'éloignement de leur situation (C. civ. 2019); 3° être domicilié dans le ressort de la Cour royale où elle est donnée. C. civ. 2018.

La caution judiciaire doit être en outre susceptible de la contrainte par corps. C. civ. 2040.

3. Un avoué peut-il être caution de son client? Le doute naissait autrefois de la crainte des procès dans lesquels le créancier pouvait se trouver entraîné. Mais aujourd'hui on ne saurait suppléer une incapacité qui n'est pas écrite dans la loi. Merlin, *Quest. Dr.*, v° *Caution.*

4. Les cautions conventionnelles ou légales donnent leur cautionnement par acte sous seing-privé, ou devant notaires, comme il convient aux parties.

Les cautions judiciaires ne peuvent, au contraire, être reçues qu'en justice, dans la forme déterminée par la loi.

5. Le jugement qui ordonne de fournir une caution fixe le délai dans lequel elle sera présentée, et celui dans lequel elle sera acceptée ou contestée. C. pr. 517.

Ce délai court du jour du jugement, s'il est contradictoire, et de celui de la signification, s'il est par défaut. *Ib.* 123.

6. Mais si le juge ne fait qu'autoriser l'exécution d'un jugement nonobstant appel, à la charge de donner caution, il n'y a pas lieu à déterminer de délai : l'intérêt de la partie suffit pour la faire agir. Le délai ne doit être fixé que dans les cas où le juge *condamne* à fournir caution. Carré et Thomines, art. 517; Favard, v° *Caution* (*récep. de*).

7. Il y a des délais particuliers en matière de *bénéfice d'inventaire*, de *surenchère* (—*V*. ces mots), et en matière de commerce.—V. *Tribunal de commerce.*

8. Dans le délai fixé, les titres constatant la solvabilité de la caution sont déposés au greffe du tribunal, et la caution est présentée par exploit signifié à la partie, si elle n'a pas d'avoué, et, si elle en a constitué, par acte d'avoué à avoué, avec copie de l'acte de dépôt. C. pr. 518.

Le dépôt des titres n'est pas nécessaire lorsque l'affaire est commerciale, ou d'un modique intérêt. C. pr. 518; C. civ. 2019.

9. L'acte ou l'exploit par lequel la caution est présentée, doit-il contenir sommation de paraître à l'audience, pour voir prononcer sur l'admission en cas de contestation? En matière commerciale (— V. *Tribunal de commerce*), l'affirmative résulte des termes de l'art. 440 C. pr. Mais il en est autrement en matière civile : la sommation n'est exigée, dans ce cas, par aucun texte; et d'ailleurs l'art. 520 C. pr. porte que, si la caution est contestée, l'audience sera poursuivie sur un simple acte. Carré, art. 518; Pigeau, t. 2, p. 341; Favard, v° *Caution*; *Contra.* — Berriat, p. 490.

10. La partie peut prendre au greffe communication des titres déposés; elle est tenue d'accepter ou de contester la caution dans le délai fixé par le jugement. C. pr. 519.

11. L'acceptation se fait expressément par un simple acte d'avoué à avoué (Tar. 71: Pigeau, t. 2, p. 341), ou tacitement, en laissant passer le délai fixé par le jugement pour la contestation.

12. Si la partie conteste la caution dans le délai fixé, l'audience est poursuivie sur un simple acte. C. pr. 520.

L'instance est jugée sommairement, sans requête ni écriture, et le jugement est exécutoire nonobstant l'appel. C. pr. 521.

13. La caution offerte n'est pas appelée à l'instance qui s'engage sur sa solvabilité; elle n'a pas même le droit d'intervenir, et ne peut agir que par production au greffe. Paris, 15 avr. 1820 (S. 20, 201).

14. Le tribunal évalue les immeubles offerts pour la caution d'après les bases qu'il juge convenables. Il n'est pas astreint à suivre celles déterminées par l'art. 2165 C. civ., *spécial* à la réduction des hypothèques. Si, pour ce cas, la loi a fixé un taux inférieur à celui auquel les biens sont communément ap-

préciés, d'un autre côté le montant des créances est comparé au prix des immeubles augmenté d'un tiers en sus, ce qui n'a pas lieu en matière de cautionnement. Carré, art. 518 (S. 7, 2, 217).

15. La caution, acceptée par la partie, ou admise par la justice, fait sa soumission au greffe du tribunal où s'est suivie l'instance (C. pr. 519, 522); elle doit être assistée d'un avoué. Tar. 91; Pigeau, t. 2, p. 340.

16. La soumission est exécutoire sans jugement, même pour la contrainte par corps, s'il y a lieu à contrainte. C. pr. 519.

Faut-il conclure de ces mots : *s'il y a lieu*, que la contrainte n'est possible que dans le cas où la caution s'y est expressément soumise? Pour l'affirmative, on dit : L'art. 2060, § 5, C. civ., exige la soumission, non-seulement pour les cautions des contraignables, mais aussi pour les cautions judiciaires; dans le doute, on doit se décider contre la contrainte. —Mais l'esprit des art. 2040 et 2060 repousse cette interprétation : l'art. 2060 ne devait embrasser que les cas où la contrainte par corps a lieu de plein droit : aussi n'avait-on compris dans le projet que les cautions judiciaires contre lesquelles la contrainte était prononcée, sans qu'il fût besoin de soumission de leur part. Lors de la discussion, on ajouta : *les cautions des contraignables par corps, quand elles se sont soumises*, etc. Mais la première partie de l'art. ne fut pas modifiée. —D'ailleurs, si la caution judiciaire n'était soumise à la contrainte que par une stipulation expresse, l'art. 2040 C. civ. portant qu'on *ne peut présenter* en justice que des cautions susceptibles de contrainte, deviendrait tout-à-fait inutile.—Dans l'ancien droit, toute caution judiciaire était de plein droit contraignable par corps; l'exposé des motifs indique qu'on n'a point voulu changer cette jurisprudence. M. Goupil-Préfeln (éd. Didot, p. 31), Thomines, Carré, art. 519; Demiau, p. 320. *Contrà.* —Pigeau, t. 2, p. 341; Delvincourt, t. 3, p. 629 : Favard, v° *Caution*.

17. La soumission de la caution confère également sans jugement une hypothèque judiciaire sur ses biens. Arg. C. civ. 2117.

18. Dans le cas où la caution est rejetée, la partie doit être admise à en présenter une nouvelle, à moins que le jugement ne l'ait déclarée déchue du bénéfice qui lui était accordé, faute par elle d'avoir fourni une caution solvable dans le délai déterminé : la déchéance ne saurait se suppléer, et la loi n'en ayant pas prononcé pour l'espèce, le juge ne peut se montrer plus rigoureux qu'elle en la regardant comme opérée de plein droit. Carré, art. 522; Pigeau, t. 2, p. 343.

19. Toutefois, faute par l'héritier bénéficiaire d'avoir fourni la caution ordonnée, les meubles dépendant de la succession sont vendus, ainsi que la portion des immeubles non déléguée aux créanciers hypothécaires (C. civ. 807). Il en résulte qu'il, ne peut être admis à présenter une seconde caution. Carré, *ib.*

20. Le décès ou le changement de domicile de la caution oblige-t-il d'en fournir une nouvelle? Le doute naît de ce que, par le changement de domicile, la discussion de la caution devient plus difficile, et que, par son décès, celui à qui elle a été donnée se trouve privé de la garantie résultant de la contrainte par corps. Mais celui qui a fourni une caution remplissant toutes les conditions légales, ne doit pas être contraint d'en fournir une nouvelle, pour de légers préjudices causés à son adversaire. La loi n'impose l'obligation de donner une seconde caution que dans le cas d'insolvabilité de la première (C. civ. 2020), et ses dispositions ne sauraient être étendues. Thomines, Carré, art. 521.

21. *Enregistrement.* L'acte de dépôt au greffe, des pièces justificatives de la solvabilité de la caution, est soumis au droit fixe de 3 fr. L. 22 frim. an 7, art 68, § 2, n° 6.

22. L'acte de cautionnement est passible du droit proportionnel de 50 cent. par 100 fr. *Ibid*, art. 69, § 2, n° 8.

Formules.

FORMULE I.

Acte de dépôt des titres justificatifs de la solvabilité de la caution.

(C. pr. 518. — Tarif, 91. — Vacation, 3 fr.)

L'an   , le   , au greffe du tribunal de est comparu le sieur L   , assisté de Me   , avoué près le du tribunal

Lequel nous a dit que, par jugement rendu entre les sieurs   par le tribunal de   le   , enregistré, il a été ordonné que ledit sieur   serait tenu de fournir caution;

Qu'il est dans l'intention de se porter caution dudit sieur   ; pourquoi il nous a déposé, conformément à la loi, les titres destinés à justifier de sa solvabilité, lesquels consistent en (*énumérer les titres déposés*).

Desquels comparution, déclaration et dépôt, le comparant a requis acte, à lui octroyé; et a signé avec son avoué, et nous greffier, après lecture faite.

(*Signatures de la partie, de l'avoué et du greffier.*)

FORMULE II.

Présentation de caution par exploit.

(C. pr. 518. — Tarif, 29. — Coût, 2 fr. Orig., 50 c. copie.)

L'an   (— V. *Exploit.*)

Que pour satisfaire au jugement rendu contradictoirement entre les parties le   ; par le tribunal de   , enregistré, le requérant offre pour la caution, dont la présentation est ordonnée par ledit jugement, M.

propriétaire, demeurant à , et que les pièces et titres justificatifs de la solvabilité dudit M , ont été hier par lui déposés au greffe du tribunal de , ainsi qu'il résulte de l'acte de dépôt délivré par le greffier dudit tribunal, dont il est, avec celle des présentes, laissé copie à ce que le sieur n'en ignore, le sommant en conséquence, et en exécution du jugement susénoncé, de prendre, dans le délai de trois jours, communication desdites pièces sans déplacement, et de déclarer s'il accepte ou refuse ladite caution; lui déclarant que, faute par lui de ce faire dans ledit délai et icelui passé, ou, en cas d'acceptation de ladite caution, il fera sa soumission au susdit greffe, conformément à la loi. A ce que du tout il n'ignore, je lui ai, audit domicile et parlant comme ci-dessus, laissé, sous toutes réserves, copie tant de l'acte de dépôt susénoncé, que du présent, dont le coût est de

FORMULE III.

Présentation de caution par acte d'avoué à avoué.

(C. pr. 518. — Tarif, 71. — Coût, 5 fr. Orig.)

Cet acte est fait dans la forme des *actes d'avoué à avoué* en général. (— *V.* ce mot) et libellé comme le précédent.

FORMULE IV.

Acte d'acceptation de caution.

(C. pr. 519. — Tarif, 71. — Coût, 5 fr. Orig.)

A la requête de M

Soit signifié et déclaré à Me , avoué du sieur L
Qu'il accepte par ces présentes la personne de M. , propriétaire
à , caution présentée par le sieur , par acte du
:; pour satisfaire au jugement rendu contradictoirement entre les
parties le , par le tribunal de , à la charge par ladite
caution de faire dans le plus bref délai, sa soumission au greffe dudit tribunal.
A ce qu'il n'en ignore, dont acte. (*Signature de l'avoué.*)
Nota. *Si les parties n'ont pas d'avoué, l'acceptation peut-être faite par acte extrajudiciaire; alors elle a lieu dans la forme des* exploits (*V.* ce mot) *et est libellée de la même manière que l'acte précédent.*

FORMULE V.

Acte pour contester une caution.

(C. pr. 520. — Tarif, 71. — Coût, 5 fr.)

A la requête de M.

Soit signifié et déclaré à Me , avoué de L , que M.
entend contester, comme par ces présentes il conteste la personne de
présentée comme caution par L. , par acte du en
exécution du jugement du du tribunal de , à ce qu'il
n'en ignore.
Et en conséquence soit sommé Me , avoué de L. , de
comparaître vendredi prochain, 10 mars 1833, à l'audience du tribunal de
, pour, attendu que l'immeuble appartenant à
dont il a déposé les titres au greffe, est grevé d'une inscription hypothécaire,
dont les causes excèdent la valeur de l'immeuble; que par conséquent la solvabilité de ladite caution n'est pas établie d'une manière suffisante, voir rejeter
ladite caution, et se voir, ledit M. , condamner aux dépens de
l'incident. A ce que le susnommé n'en ignore, dont acte.
(*Signature de l'avoué.*)

Nota. *Dans le cas où la partie qui a présenté la caution n'a pas d'avoué* ;

l'acte de contestation peut être fait par exploit avec constitution d'avoué. Il est libellé de la même manière que le précédent.

FORMULE VI.

Acte de soumission de la caution au greffe.

(C. pr. 519, 522, — Tarif, 91. — Vacation, 3 fr.

L'an   , le   , au greffe du tribunal de

Est comparu le sieur   , assisté de Mᵉ   , avoué près ledit tribunal ;

Lequel nous a dit que, par jugement rendu contradictoirement entre   , en la première chambre du tribunal de   , le enregistré, il a été ordonné que ledit   serait tenu de fournir caution.

Que, par acte d'avoué à avoué (ou par exploit) en date du   le sieur   a présenté pour caution le comparant, et que cette caution a été acceptée par ledit sieur   par acte d'avoué à avoué (ou par exploit (1)) du   , et qu'en conséquence desdites présentation et acceptation, le comparant déclare se rendre et constituer caution dudit sieur   dans les termes du jugement susénoncé du   , faisant à cet effet toutes les soumissions de droit.

Desquelles comparution, déclaration et soumission, le comparant a requis acte, à lui octroyé; et a signé avec ledit Mᵉ   , son avoué, et nous greffier, après lecture faite, les jour, etc.

(Signatures de la caution, de l'avoué et du greffier.)

CAUTION *judicatum solvi.*—V. *Exception.*

CAUTIONNEMENT *des officiers ministériels*[1].

Somme que certains officiers ministériels sont tenus de verser au Trésor pour la garantie des abus et prévarications qu'ils peuvent commettre dans l'exercice de leurs fonctions.

DIVISION.

§ 1. — *Personnes soumises au cautionnement; sa quotité.*
§ 2. — *Versement du cautionnement.*
§ 3. — *Priviléges et actions auxquels le cautionnement est soumis.*
§ 4. — *Remboursement du cautionnement.*
§ 5. — *Timbre et-Enregistrement.*
§ 6. — *Formules et tableaux.*

§ 1. — *Personnes soumises au cautionnement; sa quotité.*

1. Les officiers ministériels appartenant à l'ordre judiciaire, que la loi assujétit au cautionnement, sont : 1° les avocats à la Cour de cassation; 2° les notaires; 3° les avoués; 4° les greffiers;

---

(1) *Si la caution a été contestée, et qu'elle ait été admise par jugement, on met :* que cette caution a été contestée par ledit sieur   , par acte d'avoué à avoué (ou par exploit) du   , mais qu'elle a été déclarée bonne et valable par jugement rendu contradictoirement entre les parties, le   par le tribunal de

[1] Cet article est de M. Royer, avocat à la Cour royale de Paris.

5° les huissiers; 6° les commissaires-priseurs; 7° les gardes du commerce.

2. Les conservateurs des hypothèques, agens de change et courtiers de commerce, sont également assujétis à un cautionnement. Les règles relatives au cautionnement des officiers ministériels appartenant à l'ordre judiciaire, leur sont applicables. — *V. Agent de change, Courtier, Conservateur des hypothèques.*

3. La *quotité* des cautionnemens des différens officiers ministériels, après avoir éprouvé plusieurs variations, a été définitivement fixée par la loi du 28 avr. 1816.

4. *Avocats à la Cour de cassation.* Ils sont soumis à un cautionnement de 7,000 fr.

5. *Notaires.* La quotité du cautionnement qu'ils sont obligés de fournir varie d'après la résidence qu'ils occupent. — *V. inf. Tableau*, n° 3.

6. *Avoués.* Leur cautionnement est plus ou moins élevé, selon qu'ils sont attachés à un tribunal de première instance, ou à une Cour royale, et selon que le tribunal ou la Cour est composé d'un plus ou moins grand nombre de sections. — *V. inf. Tableau*, n° 1.

7. *Greffiers.* La quotité de leur cautionnement varie comme celle du cautionnement des avoués, d'après l'importance du tribunal auquel ils sont attachés. — *V. inf. Tableaux*, n°s 1 et 2.

8. *Huissiers.* Le montant de leur cautionnement est également proportionné à l'importance du tribunal près lequel ils exercent. — *V. inf. Tableau*, n° 1.

9. *Commissaires-priseurs* Il en est de leur cautionnement comme de celui des huissiers. — *V. inf. Tableau*, n° 4.

10. *Gardes du commerce.* Ils sont soumis à un cautionnement de 6,000 fr. Décr. 14 mars 1808. — *V. Gardes du commerce.*

§ 2. — *Versement du cautionnement.*

11. Le cautionnement est versé en numéraire. Il ne peut plus, comme autrefois, être fourni, soit en totalité, soit en partie, en rentes sur l'État, ou en immeubles. L. 28 avr. 1816, art. 97.

12. Il doit être remis au Trésor public, dans les caisses des receveurs de département ou d'arrondissement. *Même loi;* ord. 8 mai 1816.

13. Le versement du cautionnement précède la prestation de serment, et l'installation de l'officier ministériel. Nul ne peut être admis à prêter serment et à être installé dans les fonctions auxquelles il a été nommé, s'il ne justifie préalablement de la quittance de son cautionnement. L. 28 avr. 1816, art. 96.

14. Un nouveau titulaire ne peut pas profiter du cautionnement de son prédécesseur; le transfert qui lui en serait fait ne lui donnerait que le droit d'en recevoir le remboursement. Cette règle a été adoptée par le Trésor, pour simplifier sa comptabilité.

15. Mais lorsqu'un titulaire, déjà en exercice, change de résidence, il n'est pas tenu de fournir un nouveau cautionnement; sa gestion est garantie suffisamment par celui versé lors de sa première installation. (Ord. 14 fév. 1816.) — A moins, toutefois, qu'il ne se trouve soumis, d'après sa nouvelle résidence, à un cautionnement plus élevé; auquel cas il est obligé de fournir le supplément exigé avant d'entrer en fonctions.

16. Lorsque, par suite des condamnations prononcées contre un *notaire* pour fait de charge, le montant du cautionnement a été employé en tout ou en partie, cet officier doit être suspendu de ses fonctions jusqu'à ce que le cautionnement ait été complété; et faute par lui de le rétablir dans son intégrité dans le délai de six mois, il est considéré comme démissionnaire, et remplacé. L. 25 vent. an 11, art. 33.

17. Cette suspension doit être prononcée sur la poursuite du procureur du roi par le tribunal civil de l'arrondissement. Arg. art. 53, *même loi.*

18. Le remplacement est effectué par le gouvernement dès qu'il est constaté que le cautionnement n'a pas été complété dans les six mois.

19. Du reste, tant que le notaire n'a pas été remplacé, il est admissible à rétablir ou à compléter son cautionnement.

20. Ces règles sont applicables à tous les officiers ministériels par voie disciplinaire. — V. *Discipline.*

21. L'intérêt des cautionnemens est fixé à quatre pour cent par an, sans retenue. L. 28 avr. 1816, art. 94.

Il se paie aux titulaires, ou aux bailleurs de fonds, sur la quittance fournie par eux, et dont la formule imprimée leur est remise de la part des payeurs du Trésor, par l'intermédiaire des maires de leurs communes.

Les titulaires des cautionnemens sont soumis pour les intérêts à la prescription de cinq ans. Av. Cons.-d'Etat 24 déc. 1808, approuvé 24 mars 1809.

§ 3. — *Priviléges et actions auxquels le cautionnement est soumis.*

22. L'affectation du cautionnement à la garantie des condamnations prononcées contre le titulaire pour faits relatifs à ses fonctions, constitue un privilége de premier ordre, un véritable gage au profit de la personne lésée par l'officier ministériel. C. civ. 2102; L. 25 vent. an 11, art. 35; L. 25 niv. an 13, art. 1. — V. *Responsabilité des officiers ministériels.*

23. Le cautionnement est affecté, par second privilége, au remboursement des fonds prêtés au titulaire, pour le fournir en tout ou en partie, et subsidiairement au paiement, dans l'ordre ordinaire, de toutes les créances exigibles contre lui. L. 25 niv. an 13.

24. Quant aux créanciers ayant un privilége de premier ordre, on ne distingue pas entre le capital et les intérêts du cautionnement; l'art. 1 de la loi du 25 niv. an 13 affecte, en effet, d'une manière spéciale le capital, et non pas seulement les intérêts du cautionnement. Cas. 1er juin 1814 (S. 15, 236), 26 mars 1821 (S. 21, 346).

25. Les créanciers, pour faits de charge, peuvent même faire saisir le cautionnement du titulaire pendant son exercice, et sans attendre la vacance de son office. La loi autorise le versement dans les mains de la partie saisissante, sauf au titulaire à remplacer lesdits deniers dans le délai, et sous la peine prescrite par la loi. Cas. 26 mars 1821 (S. 21, 346), 4 fév. 1822 (S. 22, 341).

26. En est-il de même des créanciers ordinaires? La négative a été jugée par arrêt de la Cour de Grenoble, du 15 fév. 1823 (S. 23, 76), fondé sur ce que le cautionnement étant spécialement affecté à la garantie des condamnations qui peuvent être prononcées contre le titulaire par suite de l'exercice de ses fonctions, ne saurait être distrait de cette destination. Mais aucune loi ne prononce l'insaisissabilité du cautionnement à l'égard de cette classe de créanciers. L'art. 2093 C. civ. déclare, au contraire, que les biens du débiteur sont le gage commun de tous ses créanciers; et la loi du 25 niv. an 13 dispose qu'après le privilége des créanciers pour faits de charge et du bailleur de fonds, le cautionnement est affecté au paiement des créanciers ordinaires. Vainement on prétend que, permettre à ces derniers de saisir le cautionnement, ce serait le distraire de sa destination spéciale; car, du moment que cette saisie aura lieu, l'officier ministériel se trouvera dans la nécessité de verser un nouveau cautionnement, ou de cesser ses fonctions, et par conséquent les créanciers, pour faits de charge, auront toujours la même garantie. Cas. 26 mars 1821 (S. 21, 346).

27. La saisie du cautionnement se fait par voie d'opposition motivée et signifiée, soit directement au Trésor, soit au greffe du tribunal de première instance, ou de commerce, s'il s'agit du cautionnement des agens de change et des courtiers, dans le ressort duquel l'officier ministériel exerce ses fonctions. L. 25 niv. an 13, art. 2.

28. L'original de l'opposition signifiée, soit au Trésor, soit au greffe des tribunaux, doit y rester déposé pendant vingt-quatre heures pour y être visé. On suit, au surplus, pour ces oppositions et leurs suites, les formalités prescrites pour la *saisie-arrêt.* — *V.* ce mot.

29. Le bailleur de fonds composant tout ou partie du cautionnement, conserve son privilége de second ordre par la déclaration émanée du titulaire, que les fonds lui ont été fournis par le prêteur. L. 25 niv. an 13, art. 4.

30. Cette déclaration doit être faite par acte notarié dans la forme tracée par le décret du 22 déc. 1812, et légalisée par le président du tribunal de l'arrondissement (— V. *inf. Formule*). Elle est, en outre, à peine de nullité, inscrite sur les registres du Trésor. Décr. 28 août 1808, art. 3; décr. 4 déc. 1812, art. 4.

31. Si le versement au Trésor est antérieur de plus de huit jours à la date de la déclaration, elle n'est valable qu'autant qu'elle est accompagnée d'un certificat de non-opposition délivré par le greffier du tribunal du domicile des parties, dont il doit être fait mention dans la déclaration. Décr. 22 déc. 1812, art. 2.

32. S'il n'existe pas d'opposition au greffe du tribunal, mais qu'il en ait été formé au Trésor, au moment de la présentation de la déclaration du titulaire, cette déclaration n'est admise que sous la réserve des oppositions existantes. *Même décr. Ibid.*

33. A défaut de ces formalités, le bailleur de fonds conserve encore son privilége par une opposition formée au Trésor, et consignée au registre des oppositions. Décr. 28 août 1808.

Mais l'opposition par lui formée au greffe du tribunal, comme il est dit ci-dessus, ne lui donnerait que les droits d'un créancier ordinaire. Décr. 8 août 1808, art 3; décr. 22 déc. 1812, art. 4.

34. Le Trésor est valablement libéré des intérêts du cautionnement payés au titulaire d'après ses ordonnances ou mandats, bien qu'il soit survenu à sa connaissance des oppositions dans l'intervalle de la délivrance de l'ordonnance ou mandat à celui où le paiement a été effectué. Av. Cons.-d'Ét. 12 août 1807.

35. Les oppositions formées au Trésor affectent le capital et les intérêts échus et à échoir, à moins que mention expresse ne soit faite pour les restreindre au capital seulement; mais les oppositions signifiées aux greffes des tribunaux ne peuvent valoir que pour les capitaux, et n'empêchent pas le Trésor de payer les intérêts des cautionnemens, tant qu'elles ne lui ont pas été dénoncées. *Même avis.*

§ 4. — Remboursement du cautionnement.

- 56. Lorsque les fonctions d'un titulaire viennent à cesser, par quelque cause que ce soit, lui, ou ses héritiers, sont obligés, avant de demander le remboursement du cautionnement au Trésor, de déclarer la cessation des fonctions au greffe du tribunal de première instance, ou de la Cour royale de sa résidence, s'il s'agit d'un fonctionnaire de l'ordre judiciaire, ou au greffier du tribunal de commerce, s'il s'agit d'un agent de change ou courtier. Cette déclaration est affichée dans le lieu des séances de la Cour ou du tribunal pendant trois mois. L. 25 niv. an 13, art. 5.

Les agens de change et courtiers sont, en outre, tenus de faire afficher la déclaration de la cessation de leurs fonctions à la bourse près de laquelle ils les exercent. L'accomplissement de cette formalité est constaté par le certificat du syndic de la bourse. *Même loi*, art. 6.

57. Si la demande en remboursement est formée par le titulaire lui-même, il doit produire, 1° le certificat d'inscription du cautionnement, ou le récépissé définitif, délivré autrefois par la caisse d'amortissement, aujourd'hui par le Trésor; à leur défaut, une déclaration faite sur papier timbré, et dûment légalisée, portant qu'il est adiré, que l'on renonce à s'en prévaloir, et qu'on s'engage à le renvoyer à l'administration des cautionnemens, dans le cas où il viendrait à être retrouvé.

S'il n'y a pas eu de certificat d'inscription ou de récépissé définitif, on produit les quittances délivrées au titulaire, pour constater la nature et l'époque de ses versemens, plus les obligations déclarées en avoir fait partie, s'il est reconnu n'avoir pas eu lieu totalement en numéraire. — V. *sup*. n° 11.

Ces pièces peuvent être remplacées, soit par un certificat du receveur-général du département, constatant le montant et la date des paiemens; soit par une déclaration dûment légalisée du titulaire ou ayant-cause, par laquelle ils affirment que les obligations ont été acquittées. On joint, en outre, à cette déclaration, un certificat du receveur-général du département, constatant qu'il n'a pas connaissance que ces obligations soient revenues protestées. Arr. 24 germ. an 8; Favard, v° *Cautionnement*, sect. III, § 1.

58. 2° Un certificat du greffier de la Cour ou du tribunal dans le ressort duquel le titulaire exerçait ses fonctions : ledit certificat visé par le président de la Cour ou du tribunal, et constatant que la déclaration prescrite a été affichée durant le délai fixé; que pendant cet intervalle il n'a été prononcé contre le titulaire aucune condamnation pour fait de charge, et qu'il n'a

été formé, aucune opposition au greffe du tribunal, ou bien qu'elles ont été levées. L. 25 niv. an 13, art. 5, 6, 7.

39. 3° Un certificat de non-opposition du greffier du tribunal de première instance de la résidence, à moins qu'il ne s'agisse d'un officier exerçant près ce tribunal; auquel cas le certificat d'affiche, délivré par le greffier, rend le second inutile.

40. Il faut en outre joindre à ces pièces une lettre de demande en remboursement adressée à l'administrateur du Trésor royal, chargé du service des cautionnemens. Cette lettre doit énoncer les pièces produites, et indiquer le département et l'arrondissement de sous-préfecture où s'effectuera le remboursement. Favard, v° *Cautionnement.*

41. Les commissaires-priseurs et huissiers doivent en outre rapporter un certificat de *quitus*, ou libération du produit des ventes dont ils ont été chargés : ce certificat est délivré par leur chambre, sur le vu des quittances des produits de leurs ventes ou du récépissé de la caisse des consignations pour les sommes par eux versées à cette caisse, et visé par le procureur du roi du tribunal dans le ressort duquel ils exercent. Décr. 24 mars 1809.

Si les huissiers et commissaires-priseurs, ou leurs héritiers, sont dans l'impossibilité de produire les pièces nécessaires pour obtenir leur certificat de *quitus*, ils peuvent y suppléer en faisant constater cette impossibilité par une délibération motivée de leur chambre de discipline, visée par le procureur du roi. Ord. 22 août 1821.

Mais, dans ce cas, la déclaration de cessation de fonctions, outre l'affiche ci-dessus prescrite (— V. n° 56), doit être insérée pendant trois mois dans un des journaux imprimés au chef-lieu de l'arrondissement du tribunal ou au chef-lieu du département. *Ibid*, art 2.

La même ordonnance (art. 4) permet, en outre, pour l'avenir, aux huissiers et commissaires-priseurs, de faire régler, chaque année, par leurs chambres de discipline, et à défaut de chambre de disipline, par le procureur du roi du ressort, le compte de leur gestion antérieure, et de suppléer, par ce réglement annuel, au certificat de *quitus*.

A défaut de chambre de discipline près le tribunal de l'arrondissement, le certificat de *quitus* est délivré par les huissiers-audienciers de ce tribunal, qui font mention de la non-existence de la chambre. Décis. min. fin. 12 mai 1809.

42. Lorsque le cautionnement est devenu remboursable par suite du décès du titulaire, ses héritiers sont tenus, outre les justifications ci-dessus prescrites, de fournir un acte de notoriété contenant leurs noms, prénoms et domiciles, la qualité en laquelle ils procèdent et possèdent, l'indication de leurs portions dans le cautionnement à rembourser, et l'époque de leur jouissance. Décr. 18 sept. 1806, art. 1.

Ce certificat est délivré par le notaire détenteur de la minute, lorsqu'il y a inventaire, partage par acte public, ou transmission à titre gratuit par acte entre-vifs ou testamentaire.

Il l'est par le juge de paix du domicile du défunt, sur l'attestation de deux témoins, lorsqu'il n'existe aucun de ces actes en forme authentique.

Quand la propriété de tout ou partie du cautionnement est constatée par un jugement, le certificat est délivré par le greffier dépositaire de la minute du jugement. *Ibid.*

§ 5. — *Timbre et enregistrement.*

43. Tous les officiers ministériels doivent, avant d'entrer en fonctions, payer un droit de dix pour cent de leur cautionnement. L. 21 avr. 1832, art. 34.

44. Le droit d'enregistrement de la déclaration faite par le titulaire (son héritier ou son légataire universel. Délib. rég. 30 juin 1824) du cautionnement, que les fonds lui ont été fournis par un tiers, est de 1 fr. Décr. 22 déc. 1812, art. 3.

45. Peu importe que la déclaration ait ou n'ait pas été précédée d'un acte d'emprunt enregistré; elle n'est, dans aucun cas, sujette au droit proportionnel. Cas. 4 déc. 1821; décl. min. fin. 23 mars 1822.

46. Les certificats, délivrés par les greffiers, constatant qu'il n'existe pas d'opposition sur les cautionnemens, doivent être écrits sur papier au timbre de 35 cent. Ils sont passibles du droit d'enregistrement de 2 fr.

§ 6. — *Formule et Tableaux.*

FORMULE.

Modèle de déclaration par les titulaires en faveur de leurs bailleurs de fonds.

Par-devant, etc.,   présent Louis Laroche, nommé avoué à demeurant à

Lequel a déclaré par ces présentes que la somme de   qu'il a versée à la caisse   pour la (*totalité ou partie*) du cautionnement auquel il est assujéti en sadite qualité, appartient, en capital et intérêts, à M. (*noms, qualités et demeure*), ou à MM.   , savoir : à M. jusqu'à la concurrence de la somme de   , et à M   jusqu'à la concurrence de celle de   Pourquoi il requiert et consent que la présente déclaration soit inscrite sur les registres de la caisse de l'administration des cautionnemens, afin que ledit sieur   ait le privilége du second ordre sur ledit cautionnement, conformément à la loi du 25 niv. an 8 et du décr. du 28 août 1808. Dont acte, etc.

Nota. *Cette déclaration doit être légalisée par le président du tribunal.* — V. *sup.* n° 30.

TABLEAU N° I.

Cautionnement des avoués, greffiers des tribunaux, et huissiers, d'après les lois du 27 vent. an 8, 2 vent. an 13, et 28 avr. 1816.

| | FIXATION. | | | | | |
| | AVOUÉS. | | GREFFIERS. | | HUISSIERS | |
	Ancien.	Nouveau.	Ancien.	Nouveau.	Ancien.	Nouveau.
Tribunaux de première instance, antérieurement à l'année 1810, où il y avait trois juges et deux suppléans..........	800	1,800	1,067	4,000	267	600
Idem, quatre juges et trois suppléans............	1,200	2,600	1,600	5,000	400	900
Idem, sept juges et quatre suppléans	1,600	3,000	2,133	5,500	552	1,200
Idem, dix juges et cinq suppléans.................	2,000	5,000	2,667	6,500	667	1,600
A Paris	3,600	8,000	4,800	10,000	1,200	5,000
Cours royales, antérieurement à l'année 1810, où il y avait douze, treize ou quatorze juges......	2,400	4,000	3,200	12.000	800	»
Idem, vingt, vingt-un ou vingt-deux juges..........	2,800	5,000	3,733	14,000	933	»
Idem, trente-un juges......................	3,200	6,000	4,267	16,000	1,067	»
A Paris	6,000	10,000	8,000	20,000	2,000	»
Tribunaux de commerce, dans tous les départemens...	»	»	1,333	3,000	333	»
A Paris	»	»	3,333	8,000	1,333	»
	Avocats.					
Cour de cassation.........................	4,000	7000	3,333	8,000	1,333	»

TABLEAU N° 2.

Cautionnement des greffiers des justices de paix.

| | FIXATION | |
	Ancienne.	Nouvelle.
A Paris....................................	6,400	10,000
A Bordeaux, Lyon et Marseille	4,800	6,000
Dans les communes de 50,001 à 100,000 habitans......	3,200	4,000
Idem 30,001 à 50,000	2,400	3,000
Idem 10,001 à 30,000	1,600	2,400
Idem 3,001 à 10,000	1,067	1,800
Idem 3,000 et au-dessous.	533	1,200

TABLEAU N° 3.

Cautionnemens des Notaires, d'après les lois des 25 ventôse an 11, 2 ventôse an 13, et 28 avril 1816.

RÉSIDENCE DES COURS ROYALES.

Population.	Ancien.	Nouveau.
5000 habitans et au-dessus..	2667f.	4000f.
5001 à 6000	2800	4500
6001 à 7000	2933	5000
7001 à 8000	3067	5500
8001 à 9000	3200	6000
9001 à 10000	3333	6500
10001 à 12000	3467	7000
12001 à 14000	3600	7500
14001 à 16000	3733	8000
16001 à 18000	3867	8500
18001 à 20000	4000	9000
20001 à 22000	4067	9500
22001 à 24000	4133	10000
24001 à 26000	4200	10500
26001 à 28000	4267	11000
28001 à 30000	4400	11500
30001 à 32000	4533	12000
32001 à 34000	4667	12500
34001 à 36000	4800	13000
36001 à 38000	4933	13500
38001 à 42000	5067	14000
42001 à 46000	5200	14500
46001 à 50000	5333	15000
50001 à 55000	5467	15500
55001 à 60000	5600	16000
60001 à 65000	5733	16500
65001 à 70000	5867	17000
70001 à 75000	6067	17500
75001 à 80000	6133	18000
80001 à 85000	6267	18500
85001 à 90000	6400	19000
90001 à 95000	6533	19500
95001 à 100000	6667	20000
100001 et au-dessus	8000	22500
A Paris	24000	50000

RÉSIDENCE DES TRIBUNAUX DE 1re INSTANCE.

Population.	Ancien.	Nouveau.
2000 habitans et au-dessus..	1333f.	3000f
2001 à 2500	1467	3200
2501 à 3000	1600	3400
3001 à 3500	1733	3600
3501 à 4000	1867	3800
4001 à 4500	1867	4000
4501 à 5000	2000	4200
5001 à 5500	2000	4400
5501 à 6000	2000	4600
6001 à 6500	2133	4800
6501 à 7000	2133	5000
7001 à 7500	2133	5200
7501 à 8000	2267	5400
8001 à 8500	2267	5600
8501 à 9000	2266	5800
9001 à 9500	2267	6000
9501 à 10000	2400	6200
10001 à 11000	2400	6400
11001 à 12000	2400	6600
12001 à 13000	2400	6800
13001 à 14000	2333	7000
14001 à 15000	2533	7200
15001 à 16000	2533	7400
16001 à 17000	2667	7600
17001 à 18000	2667	7800
18001 à 19000	2667	8000
19001 à 20000	2800	8200
20001 à 25000	3933	8400
25001 à 30000	3067	8600
30001 à 35000	3333	8800
35001 à 40000	3467	9000
40001 à 50000	3733	9200
50001 à 60000	4000	9400
60001 à 70000	4267	9600
70001 et au-dessus	5333	12000

RÉSIDENCE DES JUSTICES DE PAIX.

Population.	Ancien.	Nouveau.
2000 habitans et au-dessus..	667f.	1800f.
2001 à 2500	733	1900
2501 à 3000	800	2000
3001 à 3500	867	2100
3501 à 4000	933	2200
4001 à 4500	1067	2300
4501 à 5000	1067	2400
5001 à 5500	1067	2500
5501 à 6000	1067	2600
6001 à 6500	1067	2700
6501 à 7000	1067	2800
7001 à 7500	1200	2900
7501 à 8000	1200	3000
8001 à 8500	1200	3100
8501 à 9000	1200	3200
9001 à 9500	1200	3300
9501 à 10000	1333	3400
10001 à 11000	1333	3500
11001 à 12000	1333	3600
12001 à 13000	1467	3700
13001 à 14000	1467	3800
14001 à 15000	1467	3900
15001 à 16000	1467	4000
16001 à 17000	1600	4100
17001 à 18000	1600	4200
18001 à 19000	1600	4300
19001 à 20000	1600	4400
20001 à 25000	1733	4500
25001 à 30000	2000	4600
30001 à 35000	2267	4700
35001 à 40000	2400	4800
40001 à 50000	2685	4900
50001 à 60000	2685	5000
60001 à 70000	2685	5100
70001 et au-dessus	2685	5200

TABLEAU N° 4.

Cautionnement des commissaires-priseurs.

POPULATION.	CAUTIONNEMENT.
2,500 habitans et au-dessous...............	4,000 fr.
2,501 à 3,000............................	4,200
Nota. Suivre la même progression jusqu'à 6,501 inclusivement à 7,000.......................	5,800
7,001, à 8,000..........................	6,000
Nota. Suivre la même progression jusqu'à 19,001, inclusivement à 20,000..................	8,400
20,001, à 25,000.........................	8,600
Nota. Suivre la même progression jusqu'à 35,001, inclusivement à 40,000.................	9,200
40,001, à 50,000.........................	9,400
Nota. Suivre la même progression jusqu'à 70,001, inclusivement à 80,000	10,000
80,001, à 100,000........................	12,000
100,001 et au-dessus.....................	15,000
A Paris.................................	20,000

CÉDULE. Permission accordée par le juge de paix, à l'effet de citer à bref délai, ou d'exécuter un jugement préparatoire ou interlocutoire.

1. La nécessité d'une cédule, pour citer devant le juge de paix en matière civile (L. 14 oct. 1790, art. 2), et en conciliation (L. 26 vent. an 4, art. 4), a été abrogée pour les cas ordinaires par le Code de procédure.

2. Mais s'il y a urgence, le juge de paix donne, pour abréger les délais, une cédule en vertu de laquelle, le demandeur peut citer aux jour et heure indiqués. C. pr. 6.

3. Le juge de paix compétent pour délivrer la cédule est celui devant qui la contestation doit être portée. Les motifs d'abréviation du délai dépendent uniquement de la nature de la demande, et par conséquent lui seul est à portée de les apprécier. Carré, art. 7.

4. Il n'est pas nécessaire que la cédule soit écrite par le juge de paix : la loi n'exige que sa signature; peu importe qu'elle soit de la main du greffier, ou de toute autre personne, même de la partie qui la requiert. Carré, *ibid.*

5. La cédule délivrée par le juge de paix, pour citer à bref délai un individu alors existant, ou dont le décès est ignoré, s'applique de droit à ses héritiers, et leur est valablement notifiée. Paris, 27 août 1807; Carré, *ibid.*

6. Doit-on laisser copie de la cédule au défendeur? Pour

l'affirmative, on soutient qu'à défaut de cette copie, le défendeur est fondé à considérer la citation comme donnée à bref délai, sans permission, et par conséquent comme nulle. Mais la loi n'exige pas cette formalité, et les nullités ne peuvent se suppléer. Au reste, il est suffisamment donné connaissance de la cédule lorsque la citation est à comparaître sur les lieux contentieux, et qu'il y est énoncé que le juge de paix se trouvera sur ces lieux à l'heure indiquée. Cas. 4 fév. 1829.

7. Toutes les fois qu'une expertise a été ordonnée, la délivrance d'une cédule est nécessaire pour citer les experts commis par le jugement.

8. Cette cédule, remise à la partie qui la requiert, mentionne le lieu, le jour et l'heure auxquels doit avoir lieu l'expertise, les faits, les motifs, et la disposition du jugement relative à l'opération ordonnée. C. pr. 29; *Même arrêt.*

Ces dernières énonciations, qui font connaître les principales dispositions du jugement, évitent la levée de ce jugement, par conséquent des frais, et accélèrent l'exécution. Elles sont indispensables pour faire connaître aux experts l'objet de leur mission, qu'ils ignorent, puisqu'ils ont été étrangers au jugement qui la leur a confiée.

9. Si le jugement ordonne une enquête, la cédule énonce seulement la date de ce jugement, le lieu, le jour et l'heure auxquels les témoins cités devront comparaître. C. pr. 29, § 2. —V. *Enquête.*

Formules.

FORMULE I.

Cédule pour citer devant le juge de paix les membres d'un conseil de famille.

(C. civ. 405, 406, 409, 410. — Tarif, 7. — Coût, il n'est rien alloué.)

Nous   , juge de paix du canton de   arrondissement de   département de   , autorisons le sieur Joseph Perin, marchand papetier, demeurant à   ce requérant, à faire citer par le ministère de   , huissier près notre tribunal,

1º M.   (*Noms, prénoms, profession, domicile.*)

2º M.   3º M.

Les susnommés, comme étant les plus proches parens du côté paternel du sieur   , mineur;

4º M.   5º M.

Ces deux derniers étant avec le sieur Perin, requérant et susnommé, les plus proches parens du côté maternel dudit mineur;

A comparaître et se trouver le   heure de   en notre cabinet, à

Pour

Attendu que, par suite du décès de la dame   sa mère, arrivé le ledit mineur se trouve orphelin, et sans tuteur légal;

Se constituer sous notre présidence en conseil de famille, à l'effet de procéder à la nomination d'un tuteur et d'un subrogé-tuteur audit mineur.

Fait et délivré en notre hôtel, le   (*Signature du juge de paix.*)

Nota. Si la cédule est donnée à l'effet de citer un expert ou des témoins, elle est rédigée dans la même forme et doit contenir les énonciations prescrites, *sup.* nos 8 et 9.

FORMULE II.

Signification de la cédule et sommation de comparaître.

(Tarif, 21. — Coût, 1 fr. 50 c.)

L'an   le   , en vertu d'une cédule délivrée par M. le juge de paix du   en date du   , enregistrée, dont copie est donnée en tête de celles des présentes; et à la requête du sieur j'ai   (immatricule.)

Soussigné, fait sommation, 1° au sieur   , en son domicile, parlant à

2° etc.,

A comparaître et se trouver aux jour, lieu et heure indiqués dans la cédule qui précède.

Leur déclarant que faute par eux de comparaître en personne, ou par un fondé de pouvoir spécial, ils encourront l'amende prononcée par la loi (C. civ. 413, 414.)

FORMULE III.

Cédule pour abréger les délais.

(C. pr. 6. — Tarif, 7. — Coût, *nihil.*)

Nous,   , juge de paix du
Sur ce qui nous a été exposé par le sieur Marchand ,
Mandons à l'huissier-audiencier de notre justice de paix,
De, à la requête dudit sieur Marchand, citer le sieur Renard,
A comparaître aujourd'hui à midi, par-devant nous, en notre demeure, sise à   ,

Pour, et attendu que le sieur Renard étant sur le point de partir, il est urgent d'obtenir contre lui la condamnation du dommage par lui causé, se voir condamner à payer audit sieur Marchand la somme de cinquante francs, à laquelle le demandeur évalue le dégât causé par le sieur Renard, et pour, en outre, répondre et procéder, comme de raison, à fin d'intérêts et de dépens.

Fait et délivré en notre demeure, le   (*Signature du juge de paix.*)

Nota. La citation donnée en vertu de la cédule est rédigée dans la forme ordinaire, elle doit seulement énoncer la cédule en vertu de laquelle elle est donnée, être datée de l'heure : la copie de la cédule doit être remise à la personne citée. Toutefois , l'omission de cette formalité n'entraîne pas la nullité de la citation. —V. sup. n° 6, *Citation.*

CÉLÉRITÉ. — V. *Bref délai, Urgence.*

CESSATION DE FONCTIONS. — V. *Reprise d'instance.*

CESSION DE BIENS. — Abandon qu'un débiteur fait de tous ses biens à ses créanciers, lorsqu'il est hors d'état de payer ses dettes.

DIVISION.

§ 1. — *De la cession de biens en général.*
§ 2. — *Procédure en matière civile.*

§ 3. — *Procédure en matière commerciale.*
§ 4. — *Formules.*

---

§ 1. *De la cession de biens en général.*

1. La cession de biens est volontaire ou judiciaire.

Volontaire, elle est acceptée par les créanciers. Elle n'a d'autres modes et d'autres effets que ceux qui sont réglés par la convention.

2. *Judiciaire* ou forcée, elle a lieu en justice. Elle procure au débiteur l'avantage d'être affranchi de la contrainte par corps. C. civ. 1270.

3. La loi ne l'accorde qu'au débiteur malheureux et de bonne foi. C. civ. 1268.

4. C'est au demandeur en cession à faire la preuve requise. Ainsi, le bénéfice de cession doit être refusé à tout débiteur qui ne justifie point *de ses malheurs et de sa bonne foi*. Aix , 30 déc. 1817 (S. 17, 356); Bordeaux , 30 août 1821 (S. 22, 60).

5. L'art. 905 C. pr. exclut du bénéfice de cession les-étrangers, les stellionnataires, les banqueroutiers frauduleux, les personnes condamnées pour vol ou escroquerie, les personnes comptables, tuteurs, administrateurs ou dépositaires.

6. Ainsi, ne peuvent y être admis :

1° Le saisi, gardien volontaire de ses meubles et effets, qui ne représente pas les objets confiés à sa garde. C'est un dépositaire judiciaire. Pau, 16 avr. 1810 (S. 10, 336).

2° L'agent de change : sa faillite a toujours le caractère de banqueroute frauduleuse. Pardessus, t. 4, p. 637.

3° Le mort civilement. Arg. C. civ. 25; Proudhon, t. 1, p. 79; Toullier, t. 1, p. 252.

7. Mais sont admis au bénéfice de cession, s'ils justifient de leurs malheurs et de leur bonne foi :

1° L'étranger autorisé à jouir en France des droits civils. Arg. C. civ. 13; Pigeau, t. 2, p. 359; Pardessus , t. 4 , p. 537. — Ou qui a eu un établissement de commerce et des propriétés en France. Arg. C. civ. 11 et 13; Trèves, 24 fév. 1808 (S. 8, 110); Pardessus, n° 1328; Carré, art. 905.

2° Le Français à l'égard de ses créanciers étrangers. Cas. 19 fév. 1806 (S. 7, 773).

3° Le banqueroutier simple. Pau, 8 août 1812 (S. 13, 57).

4° Celui qui s'est livré à des opérations de contrebande. Caen, 23 janv. 1826 (S. 26, 235).

5° Le commerçant, quoiqu'il n'ait pas tenu de livres (Cas. 15 mai 1816 (S. 22, 105), s'il donne des éclaircissemens qui prouvent sa bonne foi. Angers, 21 nov. 1817 (S. 19, 150); Cas. 15 mai 1816.

6° Celui qui, par suite d'une instruction criminelle, a été condamné à des réparations civiles pour voies de fait. Colmar, 17 janv. 1812.

8. Le créancier ne peut opposer au débiteur qui demande la cession de biens sa qualité de stellionnataire qu'autant que le débiteur l'a été à son égard. Turin, 21 déc. 1812 (S. 14, 4); Montpellier, 21 mai 1827 (S. 28, 213); Pardessus, t. 4, p. 338 et 339; Carré, art. 905.

9. Le créancier qui, appelé sur une demande en cession de biens, ne s'y oppose point, ne peut plus, lorsque cette demande est accueillie par le tribunal, exercer la contrainte par corps pour cause d'un stellionnat que le débiteur aurait antérieurement commis à son préjudice. Arg. C. civ. 1270; Cas. 15 avr. 1819 (S. 20, 30); Pardessus, n° 1329.

10. Le débiteur admis au bénéfice de cession est privé du droit de cité. Constit. 22 frim. an 8, art. 5.

§ 2. — Procédure en matière civile.

11. Le débiteur est tenu de déposer au greffe du tribunal où la demande est portée, son bilan, ses livres et titres actifs. C. pr. 898. — A peine de nullité : le dépôt est une des conditions imposées par la loi pour autoriser la cession. Biret, t. 1, p. 347; Perrin, des Nullités, p. 200.

12. Le dépôt du bilan est fait par avoué. Arg. Tar. 92.

13. La demande est portée devant le tribunal civil du domicile du débiteur. C. pr. 899.

14. Doit-elle être formée par requête ou par assignation sans requête ? On argumente avec raison, contre la première opinion, du silence du Code et du Tarif à l'égard de la requête. Grenoble, 11 juil. 1829 (S. 30, 306); Demiau, p. 606.

C'est seulement lorsque le demandeur assigne à bref délai pour demander la suspension des poursuites à diriger contre lui (—V. inf. n° 19) qu'il doit s'adresser au président pour en obtenir une ordonnance.

15. Le débiteur doit-il, à peine de nullité du jugement d'admission de la cession de biens, mettre en cause ses créanciers ?

Pour la négative on dit : Les créanciers n'ont, à cette époque, aucun intérêt à se trouver en cause; le Code n'exige pas leur présence. La demande en cession ne suspend pas l'effet de leurs poursuites : elle n'est définitivement accueillie que lorsque la cession est réitérée par le débiteur en personne à l'audience. C'est alors que les créanciers, qui doivent être présens, peuvent s'opposer à l'admission de la cession de biens.

Mais on répond que la nécessité de mettre les créanciers en cause pour obtenir le jugement qui admet la cession, résulte des principes généraux, et de l'obligation de déposer le bilan et les titres au greffe, à fin de mettre les créanciers, véritables contradicteurs, à portée de discuter la bonne-foi et les malheurs du débiteur. Colmar, 24 nov. 1807 (S. 15, 208). *Contrà*, —Toulouse, 30 avr. 1821 (S. 22, 105). — A supposer que la demande ne dût pas être nécessairement formée contre *tous* les créanciers, sauf à ceux qui ne seraient pas appelés à se pourvoir par tierce-opposition contre le jugement qui admettrait la cession de biens. Grenoble, 11 juil. 1829 (S. 30, 306). —Du moins doit-on appeler, à peine de nullité, tous les créanciers qui ont fait incarcérer le débiteur. Toulouse, 17 nov. 1808.

16. Il faut donner aux créanciers un temps suffisant pour venir du lieu où chacun reçoit la sommation à celui où doit se faire la déclaration du débiteur.

17. L'assignation contient sommation de venir prendre communication du bilan déposé au greffe. Dans l'usage, on donne en tête de cette assignation copie de l'acte de dépôt.

18. La demande est communiquée au ministère public. C. pr. 900.

19. Elle ne suspend l'effet d'aucune poursuite, sauf au tribunal à ordonner, parties appelées, qu'il y sera sursis provisoirement. C. pr. 900.

Mais si le débiteur est déjà détenu, il ne peut être mis provisoirement en liberté avant le jugement définitif sur la demande en cession de biens. Toulouse, 7 nov. 1808 (S. 9, 240); Paris, 11 août 1807 (S. 15, 207); Carré, art. 900.

Avant le Code, les juges ne pouvaient surseoir à l'exécution de la contrainte par corps pendant l'instance en cession de biens. Cas. 23 fév. 1807 (S. 7, 170).

20. L'affaire doit être jugée à la première audience, sans remise, ni tour de rôle. Carré, art. 900.

21. Le jugement qui admet à la cession de biens, vaut pouvoir aux créanciers, à l'effet de faire vendre, jusqu'à concurrence de leurs créances, les biens, meubles et immeubles du débiteur.

On suit les formes prescrites aux héritiers bénéficiaires. C. civ. 1269; C. pr. 904. — V. *Vente.*

22. Les biens échus au débiteur pendant l'instance en cession, doivent être compris dans la masse abandonnée aux créanciers, et vendus devant le même tribunal. Cas. 2 déc. 1806 (S. 7, 42).

23. Le débiteur est tenu de réitérer sa cession en personne, et non par procureur (même s'il est détenu); ses créan-

ciers appelés, à l'audience du tribunal de Commerce de son domicile, et s'il n'y en a pas, à la maison commune un jour de séance. Dans ce dernier cas, la déclaration du débiteur est constatée par procès-verbal de l'huissier, signé du maire. C. pr. 901.

24. Si le débiteur est détenu, le jugement ordonne son extraction avec les précautions en tel cas requises et accoutumées, à l'effet de faire sa déclaration. C. pr. 902.

25. L'extraction a lieu par l'entremise d'un huissier, qui dresse procès-verbal de la sortie de prison, de l'acte de réitération et de la rentrée. Tar. 65.

L'huissier doit être commis par le tribunal; il offre alors plus de garantie. Arg. Tar. 65.

26. Le jugement qui admet au bénéfice de cession n'est pas nul pour n'avoir pas ordonné la comparution du débiteur à l'audience, afin d'y réitérer sa cession en personne, alors surtout que le débiteur offre de remplir cette formalité. Colmar, 17 janv. 1812 (S. 14, 22).

27. On peut appeler du jugement qui, en donnant au demandeur en cession un délai pour produire ses registres au greffe, lui accorde un sauf-conduit pour se présenter en personne à l'audience. En effet, un jugement préparatoire sur l'objet principal de la contestation, est susceptible d'appel dans les dispositions définitives qu'il renferme. Et, dans l'espèce, le jugement est définitif, en ce qu'il met provisoirement le débiteur à l'abri de la contrainte par corps. Trèves, 24 fév. 1808. — V. *Appel*, nos 127 et 128.

28. Le débiteur en retard de réitérer sa cession peut-il être emprisonné par ses créanciers, nonobstant le jugement? Le bénéfice du contrat judiciaire ne peut lui être enlevé que par un nouveau jugement. Les créanciers devraient donc le sommer de faire sa réitération dans un certain délai, et l'attaquer devant le tribunal, pour voir dire qu'il a perdu le bénéfice du jugement qui admettait la cession. —*Contrà*. Demiau, p. 607.

29. Les noms, prénoms, profession et demeure du débiteur sont insérés dans un tableau public à ce destiné, placé dans l'auditoire du tribunal de commerce de son domicile, ou du tribunal de première instance, qui en fait les fonctions, et dans le lieu des séances de la maison commune. C. pr. 905.

30. Cet extrait est rédigé par un avoué. Tar. 92.

31. Il est inséré dans un journal (Tar. 92). L'insertion peut être réitérée au bout d'un an. Carré, art. 905; Pigeau, t. 2, p. 364.

32. Ce n'est pas au débiteur à faire opérer l'insertion; l'inobservation de cette formalité ne doit point préjudicier à ses droits;

ce soin appartient aux créanciers, ou au greffier du tribunal de commerce, ou au ministère public.

53. Lorsque les créanciers n'ont pas assisté à la réitération de la cession de biens, faite par leur débiteur, on ne peut prétendre qu'ils aient acquiescé au jugement qui l'autorisait, surtout s'ils en ont appelé le jour de la réitération. Nîmes, 12 janv. 1811.

54. Il n'y a pas lieu à nommer un curateur aux biens du débiteur admis à la cession; c'est aux créanciers eux-mêmes que la loi donne le pouvoir de vendre et administrer les biens; ils peuvent, au reste, nommer un mandataire, des actes duquel ils répondent envers le débiteur. Carré, t. 5, p. 471.

55. La cession de biens faite par un Français à l'étranger, où il a formé un établissement de commerce, est nulle à l'égard des créanciers français, si elle n'est réitérée en France dans les formes légales. Bruxelles, 8 mai 1810.

§ 5. — *Procédure en matière commerciale.*

56. On suit, en général, les mêmes formes qu'en matière civile. — V. *sup.* § 2.

57. Aucune loi n'oblige le débiteur failli à passer par tous les degrés de la faillite, avant de réclamer le bénéfice de cession. (Rouen, 13 déc. 1816.) — Spécialement à faire la déclaration de la cessation de ses paiemens. Bruxelles, 7 fév. 1810 (S. 10, 206).

58. En cas de faillite, comment doit s'effectuer le dépôt exigé par l'art. 898 C. pr. ? Les tribunaux peuvent ordonner aux agens de la faillite, ou de déposer au greffe les livres et titres du failli, eu de les leur soumettre dans la chambre du conseil; ils peuvent même se dispenser de tout examen, si les malheurs et la bonne foi du demandeur sont notoires. Demiau, art. 898.

59. Si le débiteur avait déjà déposé son bilan au greffe du tribunal de commerce du lieu de son domicile, il lui suffirait d'en déposer un extrait à celui du tribunal civil devant lequel il demande à faire cession de biens, en déclarant que ses titres actifs et ses papiers sont déposés au greffe du tribunal de commerce. Carré, art. 898.

A plus forte raison, quand le débiteur justifie qu'il n'a en sa possession ni titres actifs, ni livres, on ne peut refuser d'admettre sa demande, sur le motif qu'il n'a pas effectué le dépôt de ces objets au greffe du tribunal où sa demande est portée.

40. Le débiteur commerçant doit, de même que le non-commerçant, porter sa demande en cession devant le tribunal civil de son domicile. C. com. 571; Carré, art. 899; Pardessus, n° 2803.

41. La demande en cession de biens, formée par le failli, doit être insérée dans les papiers publics et à la Bourse. C. com. 573.

42. En exécution du jugement qui admet la cession, il est procédé à la vente des biens, meubles et immeubles du débiteur, dans les formes prescrites pour les ventes faites par union de créanciers. C. com. 574.

43. Le jugement qui admet un commerçant au bénéfice de cession ne peut être méconnu, et rendu sans effet, au moyen d'un jugement ultérieur, prononçant la faillite du même commerçant. Il n'appartient pas au tribunal de commerce, juge du fait de faillite, de critiquer le jugement civil qui autorise la cession de biens. — Ce jugement, comme tout autre, a l'effet de la chose jugée, tant qu'il n'y a pas rétractation. Cas. 4 oct. 1823 (S. 24, 76).

44. Le bénéfice de cession n'empêche pas celui qui y a été admis de faire ensuite un contrat d'union avec ses créanciers.

45. Mais le débiteur est censé se désister du bénéfice du jugement qui homologue un contrat d'atermoiement, lorsque, pendant l'appel de ce jugement, il forme une instance à fin de cession de biens. Paris, 22 janv. 1808 (S. 8, 57).

46. *Enregistrement.* La cession de biens ne transfère pas la propriété aux créanciers; elle ne dispense donc pas les héritiers du cédant de payer, après sa mort, le droit de mutation, si les biens cédés n'ont pas encore été vendus au profit des créanciers. C. civ. 1269; Cas. 27 juin 1809 (S. 10, 254).

§ 4. — *Formules.*

FORMULE I.

Demande en cession.

(C. pr. 899, 900. — Arg. Tarif, 29. — Coût, 2 fr. : orig. 50 c., copie.)

L'an　　　　　le　　　　　　.　(— V. *Ajournement, formule* 11).

Pour, attendu que le sieur M.　　　　, afin de satisfaire à la loi sur la cession, a déposé au greffe du tribunal de première instance du　　　　et par acte du　　　　, dont est, avec celle des présentes, donné copie, son bilan et ses titres actifs, ensemble le livre-journal de son commerce;

Attendu que les opérations de commerce dudit sieur M.　　　　, prouvées par son livre, démontrent ses malheurs et sa bonne foi; qu'ainsi il doit être admis au bénéfice de cession;

Voir dire et ordonner qu'il sera admis au bénéfice de cession, et qu'en conséquence il lui sera donné acte de la cession et de l'abandon qu'il entend faire à ses créanciers de tous ses biens, meubles et immeubles, le tout détaillé dans son bilan; lequel bilan il offre d'affirmer sincère et véritable, comme aussi qu'il n'a détourné ni fait détourner directement ou indirectement aucun de ses biens ni effets, aux offres que fait ledit sieur M.　　　　de réitérer ses cessions et abandon, en présence de ses créanciers, ou eux dûment appelés, au tribunal de commerce de

Et voir dire et ordonner pareillement qu'après l'observation de ces formalités, ledit sieur M　　　　sera et demeurera déchargé de toutes poursuites et contraintes par corps prononcées ou à prononcer contre lui, au profit de qui que ce soit, pour raison des dettes passives énoncées audit bilan;

Ordonner que le jugement à intervenir sera exécuté par provision, nonobstant opposition et appel, et sans y préjudicier;

Et pour, en outre, répondre et procéder, comme de raison, à fin de dépens; et j'ai, à chacun des susnommés, domiciles et parlant comme dessus, laissé copie certifiée, etc., de l'acte de dépôt sus-énoncé, et du présent exploit, dont le coût est de

FORMULE II.

Extrait de la demande en cession.

(C. com. 569. — Arg. Tarif, 92. — Coût, 6 fr.)

D'un exploit de B.   , huissier à Paris, en date du   enregistré,
Il appert que le sieur M.   , chapelier, patenté pour l'an 1830, le sous le n°   troisième classe, demeurant à   , rue

A formé contre ses créanciers demande à fin d'être admis au bénéfice de cession, et que Me D.   , avoué au tribunal de   , demeurant à   rue   , a été constitué pour occuper sur cette demande;

Pour extrait certifié sincère et véritable par moi soussigné, avoué près le tribunal de première instance du département de la Seine, et du sieur M.

(_Signature de l'avoué._)

FORMULE III.

Sommation aux créanciers d'être présens à la réitération de cession du débiteur au tribunal de commerce.

(C. pr. 901. — Arg. Tarif, 29. — Coût, 2 fr. orig., 50 c. copie.)

L'an   le   , à la requête du sieur M demeurant à   etc., j'ai (_immatricule de l'huissier_), soussigné, signifié, et avec celle des présentes donné copie (_aux créanciers_),

D'un jugement rendu en la deuxième chambre du tribunal de enregistré, scellé, signé, collationné et signifié à avoué, le   par lequel l'exposant a été admis au bénéfice de cession, à la charge de réitérer cette cession à l'audience du tribunal de commerce. A ce que du contenu audit jugement les susnommés n'ignorent, et à pareille requête, demeure et élection de domicile que dessus, j'ai, huissier susdit et soussigné, fait sommation aux susnommés, en leurs domiciles et parlant comme dessus, de comparaître le heure de   à l'audience du tribunal de commerce de séant à   pour, si bon leur semble, être présens à la déclaration que ledit sieur M.   fera en personne, à l'audience dudit tribunal, qu'il réitère la cession de ses biens, à laquelle il a été admis par le jugement sus-énoncé; à ce que pareillement les sus-nommés n'en ignorent, leur déclarant qu'il sera procédé à tout ce que dessus, tant en absence que présence; et j'ai, à chacun des sus-nommés, en son domicile, et parlant comme dessus, laissé copie certifiée du jugement sus-énoncé et du présent exploit, dont le coût est de

FORMULE IV.

Procès-verbal d'extraction du débiteur pour venir faire sa réitération de cession.

(C. pr. 901. — Tarif 85. — Coût, 6 fr.)

L'an   heure   , à la requête du sieur M.
(_profession_), demeurant à   , et actuellement détenu pour dettes, et non pour autres causes, en la maison d'arrêt de   , sise à lequel sieur M   fait élection de domicile, etc. (_immatricule de l'huissier_

soussigné, commis à cet effet par le jugement ci-après énoncé, me suis transporté au greffe de la maison d'arrêt de   , où étant et parlant au sieur B.   , concierge de ladite maison, je lui ai signifié et remis copie d'un jugement du tribunal de   en date du   , rendu entre le sieur M. et ses créanciers, par lequel il a été admis au bénéfice de cession, et ordonné qu'il serait mis en liberté, à la charge de satisfaire aux formalités en tel cas requises; ledit jugement dûment enregistré, et signifié aux créanciers, avec sommation de comparaître aujourd'hui, heure de   , à l'audience du tribunal de commerce de   , pour être présens, si bon leur semble, à la réitération de ladite cession qu'entend faire le sieur M.   aux termes du jugement susdaté. A ce que du tout ledit sieur B.   n'ignore, et en vertu du jugement, j'ai, huissier susdit et soussigné, sommé ledit sieur B.   de laisser présentement sortir de ladite maison d'arrêt le sieur M.   , à l'effet de satisfaire aux formalités sus-mentionnées, aux offres que j'ai faites de m'en charger sur les registres d'écrou de ladite maison d'arrêt, et en décharger lesdits registres, après que ledit sieur M.   aura satisfait auxdites formalités; à quoi ledit sieur B.   obtempérant, a présentement remis sous ma garde la personne dudit sieur (prénoms), après que je m'en suis chargé sur les registres par une mention mise en marge de l'écrou du détenu.

Ce fait, j'ai conduit ledit sieur M.   sous bonne et sûre garde, au tribunal de commerce de   , séant à   , où, étant à l'audience publique dudit tribunal, heure de   , il a été procédé à la réitération de la cession dudit sieur M.   dans les formes voulues par la loi, ainsi que le constate le certificat délivré à l'instant par le greffier du tribunal de commerce: et aussitôt j'ai, huissier susdit et soussigné, conduit et ramené ledit sieur M.   au greffe de la maison d'arrêt de   , où étant, j'ai remis audit sieur B.   , concierge de ladite maison, le certificat ci-dessus énoncé du greffier du tribunal de commerce, constatant que ledit sieur M. a satisfait aux formalités du jugement qui l'admet au bénéfice de cession, et je lui ai déclaré qu'en conséquence j'étais prêt et offrais de le décharger définitivement de la personne dudit sieur M.   ; pourquoi je l'ai sommé de me représenter les registres de la maison d'arrêt : ce qu'il a fait; et en marge de l'écrou du sieur M.   , j'ai fait une mention de ce que dessus, et déchargé le sieur B   , concierge, de la personne du sus-nommé, lequel j'ai, en vertu du jugement sus-énoncé, remis en pleine et entière liberté,   .

Et j'ai vaqué à tout ce que dessus, depuis ladite heure de   jusqu'à celle de   , où je me suis retiré. Le coût du présent est de

FORMULE V.

Procès-verbal de réitération de cession à la maison commune.

(C. pr. 901. — Tarif, 64. — Coût, 4 fr.)

L'an mil huit cent trente, le   , heure de   , à la requête du sieur (prénoms, profession), demeurant à   , lequel fait élection de domicile en sa demeure,   .

Je, soussigné, commis à cet effet par le jugement ci-après énoncé, me suis transporté avec le sieur M.   à la maison commune de   , lieu ordinaire des séances de la mairie, et par-devant monsieur le maire de ladite commune, pour, par le sieur M.   , réitérer, aux termes de la loi, la cession de biens à laquelle il a été admis par jugement du tribunal de   en date du   , rendu entre ledit sieur M.   et ses créanciers; ledit jugement dûment enregistré et signifié aux créanciers qui y sont parties, avec sommation de comparaître à ces jours, lieu et heure, pour être présens, si bon leur semblait, à la réitération de la cession qu'entendait faire le sieur M.   aux termes du jugement susdaté, avec déclaration qu'il y serait procédé tant en absence qu'en présence.

Et après avoir entendu depuis   heure jusqu'à   heure sonnée, sans
qu'aucun des créanciers dudit sieur M.   se soit présenté, le sieur M.
m'a requis de donner défaut contre eux, ce que j'ai fait; et il a ensuite déclaré
à haute et intelligible voix : ses nom, prénoms, qualités et demeure, et qu'il
réitérait la cession de biens à laquelle il avait été admis par jugement du
        . Ce fait, j'ai dressé du tout le présent procès-verbal, qui a été
signé par M. le maire, ledit sieur M.   et moi, huissier. Le coût du
présent est de

FORMULE VI.

Extrait du jugement qui admet au bénéfice de cession.

(C. pr. 903.— Tarif, 92. — Coût pour toutes les insertions, 6 fr.)

D'un jugement contradictoirement rendu par le tribunal de
le   , dûment enregistré, scellé, collationné et signifié,
   Il appert que le sieur Pierre-Alexandre M.   , marchand chapelier,
demeurant à   , patenté sous le n°   , troisième classe, le
a été admis au bénéfice de cession, et qu'il a réitéré cette cession au tribunal de
commerce de   le
   Pour extrait certifié sincère et véritable par moi, soussigné, avoué près le
tribunal de première instance de   , et du sieur M.
                        (*Signature de l'avoué.*)

— V. *Faillite.*

CHAMBRE DES AVOUÉS. Réunion d'un certain nombre
d'avoués nommés par leurs confrères pour représenter la corporation.

1. *Organisation.* — Il est établi près de chaque Cour royale
et près de chaque tribunal de première instance une chambre
des avoués, composée de membres pris dans leur sein et nommés par eux. Arrêté 13 frim. an 9, art. 1er.

2. La chambre des avoués est composée de quinze membres
dans les tribunaux où le nombre des avoués est de deux cents
et au-dessus; de onze, lorsque les avoués sont au nombre de
cent et plus jusqu'à deux cents exclusivement; de neuf, lorsque
les avoués sont au nombre de cinquante et plus jusqu'à cent exclusivement; de sept, lorsque les avoués sont au nombre de
trente et plus jusqu'à cinquante exclusivement; de cinq, lorsque les avoués sont au nombre de vingt et plus jusqu'à trente
exclusivement; de quatre, lorsque le nombre des avoués est
inférieur à vingt. *Ib.* art. 4.

Le nombre des avoués ne s'élève à deux cents dans aucun
tribunal; il n'est que de cent cinquante à Paris.

3. Les membres de la chambre sont nommés par l'assemblée générale des avoués.

La nomination se fait au scrutin secret par bulletin de liste,
contenant un nombre de noms qui ne peut excéder celui des
membres à nommer. La majorité absolue des voix est nécessaire
pour la nomination. *Ib.* art. 14.

4. Lorsque le nombre des avoués près les Cours royales et les tribunaux de première instance est de vingt et au-dessus, les membres des chambres de discipline ne peuvent être élus que parmi les avoués les plus anciens en exercice, formant la moitié du nombre total. — Lorsque le nombre des avoués est au-dessous de vingt, tout avoué est éligible à la chambre de discipline. Ordon. 12 et 14 août 1832.

5. Les membres de la chambre sont renouvelés tous les ans par tiers. — Les membres sortans ne peuvent être réélus qu'après une année d'intervalle. Arr. 13 frim. an 9, art. 15.

6. Parmi les membres dont la chambre se compose, il y a, lorsque le nombre de ces membres le permet, un président, un syndic, un rapporteur, un secrétaire et un trésorier. *Ib.* art. 5, n°s 1, 2, 3, 4 et 5.

7. La chambre peut valablement délibérer lorsque les membres présens et votans forment au moins les deux tiers de ceux dont elle est composée. *Ib.*

8. Il y a une bourse commune pour les dépenses du bureau de la chambre.

Chaque membre de la chambre verse dans cette bourse commune la moitié des droits de présence à la taxe des droits de tiers qui lui sont attribués par les ordonnances.

Pour le surplus des fonds à fournir, chaque avoué, même chacun des membres de la chambre, contribue de ses deniers, et suivant ses facultés, de la manière réglée par la chambre, sans qu'il puisse néanmoins être exigé d'aucun d'eux, pour chaque année, au-delà d'une somme égale à l'intérêt annuel de son cautionnement. *Ib.* art. 18.

9. *Attributions.* — Les attributions de la chambre consistent : 1° à maintenir la discipline intérieure entre les avoués, et à prononcer l'application des censures de discipline. *Ib.* — V. *Discipline.*

2° A prévenir ou concilier tous différends entre les avoués sur les communications, remises, poursuites, etc., et, en cas de non-conciliation, à émettre son opinion par forme de simple avis sur les différends. *Même arrêté*, art. 18, n° 2.

3° A donner son avis sur les réparations civiles que des tiers seraient en droit de réclamer contre les avoués. *Ib.* n° 3.

4° A émettre son opinion, comme tiers, sur les difficultés qui peuvent s'élever lors de la taxe de tous frais et dépens. (*Ib.* n° 4.) — L'opinion émise, dans ce cas, par la chambre n'est qu'un avis, et non un jugement. Les parties peuvent, en conséquence, exiger la taxe du juge. Cas. 21 vend. an 12 (S. 4, 2, 31).

5° A former dans son sein un bureau de consultations gratuites pour les indigens, dont la chambre distribue les affaires aux divers avoués, pour les suivre quand il y a lieu. Arr. 13 frim. an 9, art. 1er, § 2, n° 5.

6° A représenter tous les avoués du tribunal collectivement, sous le rapport de leurs droits et intérêts communs. *Ib.* n° 7.

7° Enfin, à donner son avis sur l'admission des aspirans aux fonctions d'avoués. Les motifs consignés dans l'avis de la chambre pour justifier son refus de délivrer à un aspirant le certificat de moralité voulu par la loi, ne peuvent donner lieu, de la part de celui-ci, à une poursuite en calomnie ou diffamation, ni même à une demande en radiation de cet avis.

10. A Paris, il existe à la chambre des avoués un registre sur lequel les clercs sont tenus de se faire inscrire pour justifier de leur stage.

Leur inscription a lieu sur la représentation d'un certificat délivré sur papier timbré par l'avoué chez lequel ils travaillent, et constatant le rang qu'ils occupent dans son étude.

Cette inscription doit être renouvelée chaque année.—V. *Stage.*

11. Un extrait de toutes les demandes en séparation de biens, et des jugemens prononçant une séparation de corps ou de biens, doit être affiché dans un tableau placé dans le local de la chambre des avoués près les tribunaux de première instance. — V. *Séparation de biens.*

12. *Mode de procéder.* Lorsqu'il existe entre avoués des différends sur lesquels la chambre est appelée à donner son avis, les avoués peuvent se présenter contradictoirement, et sans citation préalable, aux séances de la chambre.

Ils peuvent également y être cités, soit par simples lettres indicatives des objets, signées des avoués provoquans, et envoyées par le secrétaire, auquel il en est laissé un double, soit par des citations ordinaires, dont les originaux sont déposés au secrétariat.

Ces lettres ou citations officielles sont données pour comparaître devant la chambre dans un délai de cinq jours au moins, et doivent être soumises préalablement au visa du président de la chambre. Arr. art. 12.

13. La chambre prend ses délibérations dans les affaires particulières, après avoir entendu, ou dûment appelé dans la forme ci-dessus prescrite, les avoués intéressés.

Les délibérations sont motivées et signées sur la minute par la majorité des membres présens. Les expéditions ne le sont que par le président et le secrétaire.

Elles sont notifiées, quand il y a lieu, dans la même forme que les citations, et il en est fait mention par le secrétaire en marge de la délibération même. *Ib.* art. 13.

14. Le jugement qui condamne un avoué à rendre compte

à ses confrères des sommes qu'il a reçues en sa qualité de secrétaire de la chambre, n'est pas nul par ce motif que le délai pendant lequel le compte devra être rendu, n'a pas été déterminé; l'article 530 C. pr. n'exige pas la fixation d'un délai à peine de nullité; d'ailleurs, cet article ne s'applique qu'au cas où le compte est rendu en justice devant un des membres du tribunal, et non à celui où il doit l'être à un simple individu ou à une corporation. Cas. 11 nov. 1828 (S. 30, 80).

15. *Timbre et enregistrement.* Sont soumis au timbre : 1° le registre tenu dans la chambre des avoués, sur lequel sont inscrits les actes de la nature de ceux que l'art. 78 L. 15 mai 1818 déclare sujets à l'enregistrement; 2° le registre de recettes et dépenses du trésorier de la chambre.

16. Sont exempts du timbre tous les autres registres tenus dans la chambre des avoués, soit en exécution des lois et réglemens, soit pour l'ordre intérieur.

Les délibérations de la chambre ne sont sujettes à aucun droit d'enregistrement, non plus que les pièces y relatives.

17. Sont encore assujétis au timbre tous extraits ou expéditions des registres, et tous certificats délivrés par le président, le trésorier ou le secrétaire de la chambre, soit aux parties intéressées, soit aux officiers ministériels, soit aux avoués eux mêmes individuellement dans leur intérêt privé ou dans celui de leurs fonctions.

18. Sont exempts du timbre les extraits ou expéditions requis par le procureur du roi ou autres autorités constituées, pourvu qu'il y soit fait mention de cette destination. Décis. min. fin. 27 décembre 1830. — V. *Avoué, Discipline, Officier ministériel.*

CHAMBRE DU CONSEIL. Lieu où les juges se retirent pour délibérer sur les causes plaidées à l'audience (C. pr. 116), ou sur celles qui sont instruites et jugées à huis-clos (*ib.* 87, 93, 380, 861, 876), ou pour s'occuper de matières réglementaires ou disciplinaires. — V. *Discipline, Femme mariée, Récusation.*

En général, tous les jugemens sur requête sont prononcés en la chambre du conseil. —V. *Actes de l'état-civil*, n° 60; *Audience*, n° 6 et 7.

CHAMBRE DE DISCIPLINE. — V. *Discipline.*

CHAMBRE DES VACATIONS. C'est une portion de la Cour ou du tribunal qui siége pendant les vacances pour l'expédition des affaires *sommaires*, et de celles qui requièrent célérité. Décr. 30 mars 1808, art. 44, 78. — V. *Acquiescement*, n° 25, *Organisation judiciaire,*

CHANGEMENT D'ÉTAT, — V. *Reprise d'instance.*

CHOSE JUGÉE. C'est ce qui est décidé par un jugement qui ne peut plus être attaqué par aucune voie ordinaire.

L'autorité de la chose jugée n'a lieu qu'à l'égard de ce qui fait l'objet du jugement. Il faut que la chose demandée soit la même, que la demande soit fondée sur la même cause, que la demande soit entre les mêmes parties, et formée par elles et contre elles en la même qualité. C. civ. 1351.—V. *Jugement.*

CIRCONSTANCES ET DÉPENDANCES. Accessoires de la chose. Se dit surtout de ce qui fait partie d'un immeuble, et dispense des détails d'intérieur, s'il s'agit de la vente d'une maison. — V. *Vente.*

CIRCUIT D'ACTIONS. Cette expression indique le recours que dirigent successivement l'une contre l'autre des parties tenues conjointement ou solidairement.

CIRCULAIRE. Les circulaires, comme les avis imprimés, sont soumises au timbre; mais celles qu'un officier ministériel adresse pour donner connaissance de sa nomination, de la prestation de son serment, et de sa demeure, en sont exemptes. Délib. rég. 7 avr. 1824.

CIRCULAIRE MINISTÉRIELLE. Instruction en forme de lettre, adressée par les ministres aux divers fonctionnaires de leur département.

Ces circulaires, expression de l'opinion particulière du ministre de qui elles émanent, n'ont point de caractère légal : c'est ce qui a été reconnu, notamment à l'égard d'une circulaire du 21 fév. 1817, relative aux ventes d'offices. Cas. 11 juin 1816, 20 juin 1820, et 28 fév. 1828. — V. *Office.*

CITATION [1]. Assignation à comparaître devant un juge de paix, ou devant une chambre de discipline.

DIVISION.

§ 1. — *Des différentes espèces de citations.*

1. On distingue plusieurs espèces de citations; elles sont soumises à des règles particulières, selon qu'elles sont données

---

[1] Cet article est de M. Lesieur, avocat à la Cour royale de Paris.

pour comparaître devant un juge de paix, considéré comme
juge des parties (— V. *inf.* § 2), ou devant un juge de paix,
considéré comme conciliateur (— V. *Conciliation*), ou devant
une chambre de *discipline*. — *V.* ce mot.

§ 2. — *Citation au tribunal de paix.*

2. La citation devant le juge de paix, dans les causes de sa
compétence, est, en général, soumise aux mêmes règles que
l'ajournement ; les mêmes motifs les ont fait établir, sauf quelques modifications qui tiennent à la nature spéciale de l'institution des justices de paix. Ainsi, la modicité des intérêts, le peu
de difficultés des questions qui s'agitent en général devant cette
juridiction, réclamaient des formes plus simples, plus rapides,
moins dispendieuses, que celles qui sont exigées devant les tribunaux ordinaires. — V. *inf.* n°s 10, 11, 13, 22.

3. L'omission des formalités prescrites pour la citation en-
traîne-t-elle nullité? Il faut distinguer : 1° entre les formalités
spéciales à la citation et celles communes à tous les exploits ;
2° entre le cas où le défendeur comparaît et celui où il ne se
présente pas.

L'omission des formalités spéciales à la citation ne vicie point
cet acte ; la nullité n'ayant pas été prononcée par le Code de
procédure, pour ce cas comme pour celui d'*ajournement* (—*V.*
ce mot, n° 2), le juge de paix ne peut pas la suppléer. Arg.
C. pr. 5, 1030 ; Carré, art. 1, 5.

Mais la citation n'est pas valable, si l'omision est de nature
à faire perdre à l'acte son caractère légal. Si, par exemple,
elle n'est pas signée de l'huissier ; dans ce cas, en effet, il
n'y aurait pas de citation. La citation est un exploit, et, comme
telle, est soumise aux formalités générales prescrites pour cette
sorte d'actes. Thomine, art. 1.

Toutefois, si le défendeur comparaît, il ne peut demander la
nullité de la citation ; le fait de sa comparution prouve qu'il a
été averti : en cette matière, *point de nullités sans griefs.*

Dans le cas de non-comparution, le juge de paix doit se
borner à ordonner que le défendeur soit réassigné. Le demandeur supporte les frais de la première citation. Arg. C. pr. 5 ;
Carré, art. 4, 5.—V. *inf.* n°s 19, 20. — Mais si, à la date de la
seconde, une prescription ou une déchéance est encourue par
le demandeur, le défendeur peut avec succès en tirer avantage.
C. pr. 5.

Art. 1. — *Mentions que la citation doit contenir.*

4. L'art. 1 C. pr. détermine les différentes mentions que la
citation doit spécialement contenir : ce sont, 1° *la date des jour,*

mois et an (—V. *Ajournement*, n° 10). — L'indication de l'heure de la signification est inutile. — V. *ibid*, n° 12.

5. 2° *Les noms, profession et domicile du demandeur.* Appliquez ici ce qui a été dit au mot *Ajournement*, sur la nécessité de cette triple mention, n° 24; relativement aux noms, n°s 28, 30, 31, 35; pour la profession, n°s 36, 39; pour le domicile, 40, 49.

6. 3° *Les noms, demeure et immatricule de l'huissier* (— V. *Ajournement*, n°s 63, 64, 65, 66, 67, 69 à 73, 75 à 78). Les règles sur la capacité de l'huissier chargé de faire la citation, ne sont pas absolument les mêmes que pour l'ajournement. — V. *inf.* n°s 23 et 27.

7. 4° *Les noms et demeure du défendeur.* — V. *Action*, n° 107 à 113; *Ajournement*, n° 78.

L'énonciation des prénoms du défendeur n'est point exigée (— V. *Ajournement*, n° 80), non plus que celle du domicile. Lorsqu'il est ignoré du demandeur, la citation est régulièrement faite au lieu de la demeure de la partie citée. *Ib.* n°s 81 et 82.

8. L'art. 1 C. pr. ne prescrit pas, comme l'art. 61, n° 2, la mention du nom de la personne à laquelle la copie est laissée, il ne faut pas en conclure que cette mention ne doive pas avoir lieu: c'est une partie intégrante de tout exploit; sans elle, rien ne prouverait que le défendeur a reçu la citation. Carré, art. 1; Levasseur, *Manuel des Justices de paix*, n° 76.

A défaut de cette mention, le juge de paix devrait ordonner la réassignation.

9. 5° *L'énonciation sommaire de l'objet et des moyens de la demande.* — V. *Ajournement*, n°s 121 et 122.

10. La signification des pièces à l'appui de la demande ordonnée en matière d'ajournement par l'art. 65, n'est pas exigée pour les citations : l'économie dans les frais, qui est de l'essence de la procédure en justice de paix, rendait cette disposition inutile. D'ailleurs, les causes à porter devant ce tribunal sont ordinairement simples; les parties peuvent prendre, à l'audience même, communication des pièces dont le demandeur veut faire usage; et souvent aussi la contestation n'est appuyée sur aucun document écrit.

11. 6° *L'indication du juge de paix qui doit connaître de la demande.* C. pr. 2. — V. *Ajournement*, n° 118; *Compétence, Juge de paix.*

12. 7° *Enfin, l'indication du jour et de l'heure de la comparution.* La mention corrélative dans l'ajournement n'a pas besoin d'être aussi positive; il suffit d'indiquer, dans ce dernier cas, le délai fixé pour comparaître (C. pr. 61-4°). Un double motif justifie cette différence : d'abord les juges de paix peuvent in-

diquer pour leurs audiences tel jour et telle heure que bon leur semble (C. pr. 8) ; ces audiences ne sont pas invariablement fixées, comme le sont ordinairement celles des tribunaux. En second lieu, les parties pouvant ignorer facilement le jour d'audience, et n'étant pas dans la nécessité de se faire représenter par un officier public, comme dans le cas d'une demande devant un tribunal de première instance, pourraient être exposées, soit à ne pas se présenter, soit à se déranger inutilement. Il faut donc avoir soin de mentionner dans la citation le jour de la comparution, et même l'heure, encore bien qu'elle soit donnée pour comparaître à l'audience ordinaire. L'art. 1 ne fait aucune distinction. Carré, art 1. *Contrà.* — Delaporte, *Comm.* t. 1, p. 3.

L'expression vague : *à comparaître dans les délais de la loi,* suffisante pour l'ajournement (*V.* ce mot, n° 97), serait une irrégularité dans une citation. Carré, *ib.*

13. Le délai de la citation est ordinaire ou extraordinaire.

Ordinaire. C'est celui qui s'observe dans la presque totalité des affaires. Il est d'un jour *franc* (C. pr. 1033) (—V. *Ajournement,* n° 94), c'est-à-dire qu'il doit y avoir un jour au moins entre celui de la citation et celui indiqué pour la comparution. C. pr. 5-1°.

14. Le délai est le même, soit que la partie citée demeure au lieu de la comparution, soit qu'elle habite à une distance n'excédant pas trois myriamètres (C. pr. 5-1°). Il en est autrement pour l'*ajournement*. (— *V.* ce mot, n° 109.) La brièveté des délais de la citation s'explique par le peu d'importance qu'ont, en général, les affaires portées devant les juges de paix, par le peu de recherches qu'exige la défense, et par la nécessité de juger promptement.

15. Cependant il y a augmentation de délai, lorsque le défendeur demeure au-delà de trois myriamètres de distance du lieu de la comparution (C. pr. 5-2°, 1033) (—V. *Ajournement,* n° 109), quand même l'huissier remettrait la copie au défendeur lui-même, qu'il rencontrerait, soit au lieu où il doit comparaître, soit dans un rayon de trois myriamètres. —V. *ib.* n° 110.

16. A plus forte raison, la même augmentation aurait-elle lieu, si la partie citée demeurait hors de France. On suivrait alors l'art. 73 C. pr. —V. *ib.* n° 113.

17. En cas d'augmentation de délai à raison de la distance, si le nombre de myriamètres, divisé par trois, donne une fraction restante, cette fraction doit motiver l'allocation d'un jour supplémentaire. —V. *ib.* n° 102 et 109.

18. Un délai plus long que celui fixé par l'art. 5 C. pr. peut

être indiqué dans la citation; le demandeur y est autorisé par les expressions de l'article : *il y aura un jour au moins*; et d'ailleurs le défendeur ne peut s'en plaindre. — V. *ib.*

19. Mais si les délais n'ont point été observés, et que le défendeur ne comparaisse pas, le juge ordonne qu'il sera réassigné, et les frais de la première citation sont à la charge du demandeur. C. pr. 5.

20. L'irrégularité de la citation est couverte par la comparution du défendeur; seulement il peut demander une remise en justifiant que le temps lui a manqué pour préparer ses moyens de défense, et se procurer les pièces nécessaires.

21. *Le délai extraordinaire* a lieu dans les cas urgens. Le juge donne une *cédule* (—V. ce mot), pour abréger les délais, et il peut permettre de citer même dans le jour et à l'heure indiqués (C. pr. 6), encore bien que ce jour soit férié, ou que la signification doive se faire à une heure de nuit. C. pr. 8, 1037.

Quel juge de paix doit délivrer la *cédule?* — V. ce mot, n° 3, et *Ajournement*, n° 113.

22. L'art. 1er C. pr. n'énonce pas quelques formalités prescrites pour les ajournemens : ainsi, 1° la constitution d'avoué : elle est tout-à-fait inutile (—V. *sup.* n° 12); 2° l'élection de domicile pour le demandeur : elle n'est pas nécessaire (Carré, art. 1. —V. *Ajournement*, § 4, art. 2) : elle serait, en effet, sans importance, à cause de la rapidité et de la simplicité de la marche de la procédure en justice de paix, d'autant plus que les parties sont toujours en présence, et agissent personnellement; toutefois dans la pratique on fait cette élection de domicile; 3° le coût de la citation : cependant il faut l'énoncer, cette mention devant être faite dans tous les exploits (Arg. C. pr. 67), à peine de 5 fr. d'amende contre l'huissier, payables en même temps que l'enregistrement. —V. *Ajournement*, n°ˢ 137, 138, 139, *Exploit*.

Art. 2. — *Signification de la citation.*

23. La citation est signifiée par l'huissier de la justice de paix du domicile du défendeur; en cas d'empêchement, par un autre que commet le juge. C. pr. 4.

24. *Par l'huissier de la justice de paix*, lequel doit résider dans le canton (art. 5 et 7; L. 28 flor. an 10), afin qu'il y ait plus grande certitude que la signification sera faite régulièrement et exactement. Cette mesure de précaution a remplacé la cédule qu'il fallait obtenir (L. 26 oct. 1791, art. 1) avant de former une demande devant le juge de paix.

25. La citation notifiée par un huissier autre que celui attaché à la justice de paix, est-elle valable, ou au moins tout

huissier ne peut-il pas signifier la cédule dans les cas où elle est requise?

Pour la négative, on dit que l'incompétence d'un officier ministériel est toujours une cause de nullité. L'art. 4 C. pr. investissant les huissiers de la justice de paix du droit exclusif de signifier les citations, tous autres sont incompétens; on invoque l'art. 27 L. 19 vend. an 4, qui dispose que les huissiers près chaque tribunal ou chaque section de tribunal signifieront tous exploits de justice, hormis pour les justices de paix et de conciliation (Rennes, 2 sept. 1808, 16 août 1811; Carré, art. 4). — Mais on répond qu'il n'y a de nullités qu'autant qu'elles sont formellement prononcées par la loi; or, cette peine n'est pas indiquée dans l'art. 4 C. pr. Rennes, 14 juil. 1813; Cas. 6 juil. 1814 (S. 15, 41); Thomine, art. 4.—V. *Huissier*.

26. *En cas d'empêchement.* Il peut avoir pour cause : 1° la suspension ou l'interdiction de l'huissier (— V. *Ajournement*, n° 144), ou même son décès non suivi immédiatement de la nomination d'un autre huissier.

27. 2° La parenté à certain degré, ou l'alliance avec le demandeur (— V. *Ajournement*, n° 146). L'huissier ne peut instrumenter pour ses parens et alliés en ligne directe à l'infini, comme lorsqu'il s'agit d'ajournement (—V. *ib.* n° 145; C. pr. 4-2°). En ligne collatérale, la prohibition est moins étendue que celle faite aux huissiers ordinaires(—V. *ib.* n° 145); elle est restreinte aux frères, sœurs et alliés au même degré. Cette différence vient de ce que les affaires de la compétence des juges de paix étant généralement peu importantes, il y a moins à redouter que la bienveillance de l'huissier pour le demandeur le porte à manquer à ses devoirs. En outre, dans beaucoup de circonstances, il serait réduit à ne pas pouvoir exercer ses fonctions, à cause du grand nombre de parens qu'il pourrait avoir dans le canton, et l'obligation de faire commettre un autre huissier donnerait lieu à des retards et à des dépenses inutiles.

28. L'alliance détruite, l'incapacité qu'elle avait produite lui survit-elle? Peut-il exister d'autres espèces d'incapacité, pour cause de suspicion légitime de bienveillance envers le demandeur? — V. *Alliance*, *Ajournement*, n°ˢ 147 à 150.

La solution de la dernière question pourrait dépendre des circonstances, les prohibitions étant moins étendues pour les huissiers des justices de paix que pour les huissiers ordinaires.

29. *Par un huissier commis par le juge.* C'est au juge de paix du domicile de la partie citée qu'appartient le droit de commettre un huissier. Lui seul peut permettre d'exploiter dans le ressort de sa justice. Le juge, qui doit connaître de la difficulté est d'ailleurs réputé ignorer les noms des huissiers étrangers à son canton.

C'est par écrit que le juge doit donner commission à l'huissier qu'il charge de la citation. Carré, art. 6; Demiau, n° 16.

50. Quant aux jour et heure auxquels peut se faire la signification, il faut suivre les règles générales. — V. *Ajournement*, n°ˢ 151 et suiv.

Le juge peut néaumoins autoriser l'huissier à notifier sa citation un jour férié, ou pendant la nuit. C. pr. 6, 1037.

51. *A qui doit être faite la signification?* Elle doit l'être au défendeur, s'il a capacité pour répondre à la demande, ou, s'il est incapable, à son représentant. —V. *Action*, n° 113; *Ajournement*, n°ˢ 155 et 200 à 205.

52. Copie en est laissée à la partie citée (C. pr, 4), ou à chacune d'elles, si elles sont plusieurs.—V. *Ajournement*, n° 158.

53. La signification est faite à personne (— V. *ib.*, n°ˢ 160, 161 et suiv. à 166), ou à domicile.—V. *ib.* n° 167 à 187; C. pr. 68.

54. Si l'huissier ne trouve au domicile de la partie citée aucune des personnes ayant caractère ou capacité pour recevoir la copie (— V. *ib.*, n°ˢ 176, 177, 178, 179, 180, 185, 186, 188, 189), il la remet au maire ou à l'adjoint de la commune, qui vise l'original sans frais. C. pr. 4.

L'art. 5 L. 1790 ordonnait, dans ce cas, d'afficher copie de la citation à la porte de la maison du défendeur; mais l'expérience a démontré le peu d'efficacité de cette mesure.

La remise de la copie à l'adjoint n'a lieu qu'en cas d'absence ou d'empêchement du maire (—V. *ib.* n° 190). Cette copie peut, dans certaines circonstances, être laissée à un membre du conseil municipal. *Ib.* 190.

55. Si le maire, l'adjoint ou le membre du conseil municipal, auquel la copie est présentée refuse de viser l'original, l'huissier la remet au procureur du roi, qui appose alors son visa. — V. *ib.* n°ˢ 194, 195, 196; Carré, art. 4.

L'art. 4 diffère de l'art. 68 C. pr., en ce que l'huissier, avant de faire la remise au maire ou à l'adjoint, n'est pas obligé de la présenter à un voisin.

56. Le titre -1 C. pr., *des Citations*, ne s'occupe pas du cas où le défendeur aurait à diriger une demande de la compétence du juge de paix contre l'État, le Trésor royal, les administrations ou établissemens publics, les communes, les sociétés de commerce, les unions de créanciers, les personnes n'ayant ni domicile ni résidence connus en France, habitant le territoire français hors du continent, ou établies chez l'étranger. Dans ces différens cas, il faut faire la citation de la

manière indiquée au titre de l'ajournement : c'est là que sont
tracées les régles générales applicables à tous les exploits (—
V. *Ajournement*, sect. III, § 5, art. 2). Le juge de paix ne
pourrait donner défaut au demandeur, et lui adjuger ses conclusions, si une pareille citation était faite d'une autre manière
que celle prescrite par l'art. 69. C. pr.; elle devrait être réputée n'exister pas. La loi, par un motif d'ordre public exige,
dans ces différentes circonstances, une forme spéciale.

Art. 3. — *Effets de la citation.*

57. Les effets de la citation sont les mêmes que ceux de
l'ajournement. Ces deux actes sont effectivement de même nature, et doivent par conséquent avoir les mêmes conséquences
(— V. *Ajournement*, sect. IV), sauf quelques légères différences auxquelles donne naissance le caractère particulier de
chacun de ces actes.

§ 5. — *Enregistrement.*

58. Le droit d'enregistrement des citations est d'un franc.
Il est dû plusieurs droits s'il y a plusieurs demandeurs ou défendeurs ayant des intérêts distincts. LL. 22 frim. an 7, 28 avr.
1816, art 43, n° 13. — V. *Appel*, n° 367 ; *Ajournement*,
sect. VI.

§ 5. — *Formules.*

FORMULE I.

Citation devant le juge de paix.

(C. pr. 1. — Tarif, 21. — Coût, 1 fr. 50 c. Orig.: le quart pour chaque copie.)
L'an   le
A la requête du sieur
Lequel fait élection de domicile   (— V. *sup.* n° 22)
J'ai   (*immatricule de l'huissier.*)
soussigné, cité le sieur   domicilié à   en son domicile (1),
où étant (2) et parlant à
A comparaître le   onze heures du matin, devant M. le juge de
paix du   dans le local ordinaire de ses audiences, sis à
Pour, attendu que le requérant est créancier du sieur   , d'une somme
principale de soixante-quinze francs, ainsi qu'il en sera justifié en cas de déni,
s'entendre condamner, mondit sieur   , à payer au requérant ladite
somme de soixante-quinze francs, plus les intérêts d'icelle à compter de ce jour,

---

(1) *Si le domicile de la partie citée est éloigné de la demeure de l'huissier de plus
d'un demi-myriamètre, il le mentionne ainsi :* En son domicile, distant de ma demeure
de   myriamètres, où je me suis exprès transporté, et où étant, etc.

(2) *En cas d'absence du défendeur, ou de ses parens et serviteurs, on met :* Où étant,
et n'ayant trouvé ni ledit sieur   ni aucun de ses parens et serviteurs, j'ai de
suite remis la copie à M. le maire (adjoint ou membre du conseil municipal — V. *sup.*
n°s 34 et 35), etc.   parlant à   et requérant visa qui a été apposé sur
l'original.

et se voir en outre condamner en tous les dépens. A ce qu'il n'en ignore, je lui ai, en son domicile susdit, étant et parlant comme ci-dessus, laissé, sous toutes réserves, copie du présent. Le coût est de (*Signature de l'huissier.*)

— V. *Ajournement, formules.*

FORMULE II.

Citation par huissier commis en vertu de la cédule.

(Tarif 21, coût 1 fr. 50 c.)

L'an   le   en conséquence de la cédule délivrée ce jourd'hui par M. le juge de paix du   , etc., dont il est, avec celle des présentes donné copie.

Et à la requête, etc.

J'ai, soussigné, commis à cet effet par la cédule sus-énoncée, etc.

Pour répondre et procéder sur et aux fins des conclusions contenues en la cédule sus-énoncée; et j'ai, au susnommé, en son domicile et parlant comme dessus, laissé copie de ladite cédule et du présent, dont le coût est de

— V. *Cédule.*

CLERC. On nomme ainsi celui qui travaille habituellement dans l'étude d'un officier ministériel. — V. *Stage.*

CLIENT, CLIENTELLE. Le mot *client* se disait, chez les Romains, de ceux qui se plaçaient sous le patronage des patriciens. Aujourd'hui l'on donne le nom de *client* aux parties qui confient leurs intérêts aux avocats, avoués et autres officiers ministériels. On appelle *clientelle* l'ensemble des cliens.—V. *Office.*

CODE DE COMMERCE. Recueil de lois sur le commerce.

1. Le Code de commerce, décrété et promulgué du 10 au 24 sept. 1807, n'a été déclaré exécutoire qu'à compter du 1er janvier 1808. Décr. 25 sept. 1807, art. 1.

2. Depuis cette époque, toutes les anciennes lois touchant les matières commerciales, et sur lesquelles il est statué par ce Code, ont été abrogées. *Ibid*, art. 2.

3. Le Code de commerce se divise en quatre livres. Le dernier, intitulé : *De la Juridiction commerciale*, se rattache surtout à la procédure. —V. *Actes de commerce, Colonies, Compétence, Tribunal de commerce.*

CODE DE PROCÉDURE CIVILE. Recueil des lois sur l'instruction judiciaire des affaires civiles et commerciales.

1. L'origine de notre procédure se trouve dans les Capitulaires, les établissemens de Saint-Louis, les écrits des anciens praticiens, et surtout dans les règles ecclésiastiques ; mais elle ne prit une véritable consistance qu'à compter des édits de 1539, 1560, 1570, 1629. Elle fut à peu près fixée par l'ordonnance de 1667, complétée elle-même par les ordonnances antérieures, et les arrêts des Cours souveraines.

3. L'Assemblée constituante décréta que « cette ordonnance serait incessamment réformée, qu'elle serait rendue plus simple, plus expéditive et moins coûteuse. » L. 24 août 1790, tit. 2, art. 20.

Les formes de l'ancienne procédure furent provisoirement maintenues (LL. 19 oct. 1790, art. 3; 27 mars 1791, art. 34); seulement les procureurs furent remplacés par les avoués. L. 11 fév 1791, art. 34; Locré, t. 1, p. 142.

3. La Convention conserva les juges, supprima les avoués, et avec eux toute la procédure, par le décr. du 3 brum. an 2.

4. Ce décret introduisit un désordre général dans l'administration de la justice; et bientôt le rétablissement de l'ordonnance fut provisoirement ordonné, d'après de vives sollicitations. L. 18 fruct. an 8. —V. *Avoué*, n° 3.

5. Enfin, après la promulgation du Code civil, un projet de Code, rédigé par MM. Treilhard, conseiller-d'état; Séguier, premier président; Try, commissaire du gouvernement; Berthereau, ancien président; Pigeau, professeur de procédure, fut successivement proposé à l'examen des Cours souveraines, et discuté par la section de législation, l'assemblée générale du Conseil-d'État, le Tribunat et le Corps Législatif.

6. Les divers livres du Code de procédure furent successivement décrétés par le Corps-Législatif, et promulgués par l'empereur, dans le mois d'avril et dans les premiers jours de mai 1806, pour être exécutoires le 1er janv. suivant. C. pr. 1041.

7. Toutes les lois, coutumes, usages et réglemens relatifs à la procédure civile, ont été abrogés à compter de cette époque. C. pr. 1041.

8. Tous les procès intentés depuis la promulgation du Code, doivent être instruits conformément à la loi nouvelle, encore que l'action dont ils sont nés soit plus ancienne. Il est de principe que tout ce qui touche à l'instruction des affaires, tant qu'elles ne sont pas terminées, se règle d'après les formes nouvelles, sans blesser la non-rétroactivité, que l'on n'a jamais appliquée qu'au fond du droit. Arr. 6 fruct. an 9; C. pr. 1041. —V. *Effet rétroactif.*

9. Toutefois, l'abrogation prononcée par le Code ne s'applique pas aux lois spéciales; elles doivent être préférées à la loi générale, lorsque celle-ci n'y a pas formellement dérogé. L. 80, D. R. J.; av. Cons.-d'Ét., 1er juin 1807 (S. 7, 111).

Ainsi les actions introduites par la régie de l'enregistrement et des domaines doivent être jugées sur simples mémoires et sans plaidoiries, conformément à l'art. 65 L. 22 frim. an 7. Av. Cons. d'Ét. 1er juin 1807; Cas. 10 août 1814, 17 juil. 1827 (S. 7, 111-15, 17—28, 75). —V. *Enregistrement.*

10. Le Code se divise en deux parties : la première partie est relative à la procédure proprement dite, ou procédure judiciaire. Elle comprend, 1° toutes les voies d'instruction nécessaires pour arriver au jugement, tant devant les justices de paix

que devant les tribunaux ordinaires; 2° l'exécution des jugemens, liquidations de fruits, dommages, dépens, les saisies pratiquées sur les biens de toute nature d'un débiteur, même sur sa personne, etc. — Un titre particulier (p. 1, liv. 2, tit. 25) détermine la manière de procéder devant les tribunaux de commerce. — *V. Code de commerce*, n°. 3.

La deuxième partie a pour objet les procédures particulières, la forme de certains actes extrajudiciaires, tels que la consignation, la saisie-gagerie, l'envoi en possession des biens d'un absent, l'autorisation de la femme mariée, les séparations de biens et de corps, l'interdiction, la cession de biens (liv. 1), les formalités relatives à l'ouverture des successions (liv. 2), et enfin les arbitrages (liv. 3). Ce livre contient aussi quelques dispositions générales sur toute la procédure.

11. La Cour de cassation et quelques Cours d'appel auraient désiré qu'on ajoutât un premier livre, intitulé: *de l'Administration de la justice en général*, dans lequel on aurait trouvé l'énumération et la définition des actions les plus usuelles, l'indication des juges devant lesquels elles devaient être portées, et quelques règles générales sur les attributions des divers tribunaux; mais le législateur a pensé que la partie théorique de la procédure ne devait pas faire partie du Code.

12. La direction des faillites est traitée au Code de commerce, art. 457 et suiv. On attend une loi nouvelle sur cette importante matière. — V. *Faillite*.

13. Certaines dispositions du Code de procédure complètent ou modifient le Code civil. — *V.* art. 126, 800, 834.

14. Plusieurs articles, notamment les art. 878 (—V. *Séparation de corps*), 965 (—V. *Vente*), 1027 (—V. *Requête civile*), renferment évidemment des erreurs de rédaction.

15. L'administration de la justice est de droit public; les particuliers ne peuvent y déroger que dans les cas où la loi leur en a laissé la faculté: tels sont ceux où il s'agit de l'incompétence *ratione personæ*, des délais pour l'exercice des actions, pour la confection de certains actes. Merlin, *R.* v° *Droit public*.

16. L'étranger qui plaide devant les tribunaux français est soumis, comme le Français, aux lois de la procédure.

17. Dans le Code civil, il suffit d'exprimer le principe pour en déduire toutes les conséquences. Au contraire, le Code de procédure doit tout prévoir, tout prescrire. Un acte de procédure n'est pas toujours la suite nécessaire d'un autre acte; la forme de chacun d'eux doit être indiquée (Treilhard, *Observ. sur le projet*); et ces actes ne peuvent être déclarés nuls, si la nullité n'en est pas formellement prononcée par la loi. C. pr. 1030.

18. Il y a lieu de suppléer au Code de procédure par les lois postérieures, ou les décrets interprétatifs. Le Tarif du 16 fév. 1807 est souvent d'une très-grande utilité, sous ce rapport.

19. Aujourd'hui la loi ne prescrit aucune formule ni expression sacramentelle. On peut se servir, dans les actes de procédure, de tous les termes qui expriment également les formalités exigées par le Code.

Toutefois, il convient d'employer les termes mêmes de la loi, ou du moins des termes *équivalens*, dans toutes les circonstances où elle attribue à certaines expressions un sens particulier, autre que celui que leur donne l'usage.

COLLATION DE PIÈCES. Action de comparer les copies de pièces avec *leurs originaux*.

C'est aux notaires qu'il appartient de collationner les copies ou expéditions qu'ils délivrent. Toutefois, dans le cas de *collation judiciaire*, ou de compulsoire, la collation peut être faite par un juge ou par un autre notaire que le dépositaire de la minute. C. pr. 852. — V. *Compulsoire*.

COLLOCATION. — V. *Distribution par contribution*, *Ordre*.

COLONIES FRANÇAISES[1]. Elles comprennent la Martinique, la Guadeloupe, Bourbon, Cayenne, le Sénégal, les établissemens français dans l'Inde, et les îles de Saint-Pierre et Miquelon.

La colonie d'Alger n'a pas reçu d'organisation judiciaire définitive; toutes les autorités ressortissent du ministère de la guerre.

DIVISION.

§ 1. — *Législation*.
§ 2. — *Organisation judiciaire*.
§ 3. — *Procédure*.
§ 4. — *Timbre et enregistrement*.

---

§ 1. — *Législation*.

1. Les colonies, régies par des *ordonnances* avant la Charte du 7 août 1830, le sont aujourd'hui par des *lois* particulières, art. 64.

2. La loi du 24 avr. 1832 a remis au pouvoir royal le droit d'administrer par ordonnances le Sénégal, les établissemens de l'Inde, et les îles de Saint-Pierre et Miquelon.

3. Les gouverneurs peuvent prendre des arrêtés en exécution des lois et ordonnances, sauf l'approbation royale, et sans

---

[1] Cet article est de M. Adolphe Juston, conseiller-auditeur à la Cour royale de la Guadeloupe.

modifier en aucune manière la législation civile. Ordon. 9 fév. 1827.

4. Le Code civil régit toutes les colonies. Il y a été promulgué avec diverses modifications. — V. *inf.* nᵒˢ 35, 65, 67.

Au Sénégal notamment, par arrêté local du 5 nov. 1830.

5. Le Code de procédure est en vigueur dans toutes les colonies : les diverses ordonnances modificatives du Code de procédure ne sont que transitoires.

Un projet de code complet a été imprimé en 1829 par ordre du ministre de la marine, et a été soumis aux cours et tribunaux des colonies ; — Parmi les nombreux changemens proposés, on remarque les suivans :

Le ministère public doit donner des conclusions dans toutes les affaires.

Lorsqu'une saisie – brandon aura été pratiquée, le juge pourra décider en référé, si la vente de la récolte aura lieu sur pied, ou si elle sera manipulée sur l'habitation ou ailleurs. — Le saisi ou son gardien sera tenu de faire la récolte en temps opportun, et de mettre les fruits en état de préparation convenable pour être livrés au commerce. — Le saisi fera connaître par acte extra-judiciaire au saisissant le jour où il procédera à la récolte : ce dernier aura le droit d'établir sur l'habitation un surveillant, qui ne pourra cependant exercer aucune autorité sur l'atelier. — Un registre sera tenu par le saisi, sur lequel il inscrira jour par jour la nature et la quantité des produits récoltés ou fabriqués. Ce registre sera chaque jour arrêté par lui, le surveillant devra y apposer son visa journalier. — La récolte terminée, le propriétaire fera notifier par huissier au saisissant l'état du produit de la récolte. Procès-verbal de la vérification sera dressé par huissier dans les huit jours. — Si la manipulation a eu lieu sur l'habitation du saisi, le juge lui allouera un quart, un sixième ou un dixième sur les deniers de la vente, déduction faite des créances privilégiées, suivant la nature de la récolte.

Dans toutes les ventes de rentes constituées, de biens de mineurs, et par expropriation forcée, les adjudications préparatoires seront supprimées, ainsi que la lecture du cahier des charges. — Le saisissant, à peine de nullité, fera à la partie saisie notification du cahier des charges, avec sommation de proposer à l'audience ses moyens de nullité, dans les huit jours.

Toutes les formalités prescrites par le Code de procédure, à peine de nullité, ne seront pas étendues aux colonies, notamment pour les articles 677, 680, 681, 683, 684, 687, 695 et 696. Mais l'inobservation des délais prescrits par ces articles entraînera contre les huissiers, greffiers et avoués, une amende de 15, 25 et 30 fr. par jour de retard.

Le propriétaire de l'immeuble saisi immobilièrement qui, en présence des créanciers inscrits, justifiera que le revenu net et libre de l'immeuble pendant cinq, quatre, trois ou deux ans, suivant que la poursuite aura lieu dans l'une des périodes indiquées, suffit pour payer; savoir : 1° les frais de poursuites; 2° le capital et les intérêts des créances hypothécaires échues ou à échoir pendant le délai demandé, obtiendra une suspension de poursuites. — L'expropriation forcée n'ayant jamais été en vigueur dans les colonies, cette disposition transitoire était nécessaire.

L'art. 709 *bis* autorise l'acquéreur d'une propriété urbaine à ne payer la dernière moitié du prix de son acquisition, en donnant caution, qu'un an après l'adjudication.

Si c'est une propriété rurale, l'acquéreur ne sera tenu à payer comptant que le quart du montant de l'adjudication. Il aura, en fournissant caution, terme et délai de trois ans, en payant par égales portions, d'année en année, à partir de l'adjudication.

Les capitaux étant rares aux colonies, on est porté à croire qu'il sera accordé des délais plus longs que ceux dont le projet de code fait mention.

Le procureur-général, par une disposition formelle, est tenu de surveiller toutes les procédures d'ordre ; en cas de négligence du juge commissaire, il aura le droit de lui donner un avertissement, en le consignant sur un registre spécial. Si le juge donne lieu à de nouvelles observations de la part du ministère public, le procureur-général le citera par voie de discipline devant la cour. — Le procureur du roi près chaque tribunal sera tenu de prendre connaissance tous les deux mois, de l'état dans lequel se trouveront les instances d'ordre, et fera toutes les réquisitions pour la prompte expédition de ces affaires.

6. Le Code de commerce n'a pas été promulgué dans toutes les colonies, mais seulement, et avec des modifications, à la Guadeloupe, le 1er janv. 1809; — à Bourbon, le 14 juil. 1809; — dans l'Inde, le 6 janv. 1819; — à la Guiane, le 21 oct. 1818; — au Sénégal, le 1er juil. 1819; — à Saint-Pierre et Miquelon, le 26 juil. 1833.

La Martinique est privée du Code de commerce : elle est régie par l'Ordon. de 1673 sur le commerce.

§ 2. — *Organisation judiciaire.*

7. L'administration de la justice ressortit exclusivement du ministère de la marine.

8. Les tribunaux ont été définitivement organisés par différentes ordonnances, savoir : à la Martinique et à la Guadeloupe, Ordon. 24 sep. 1828; — à Bourbon, Ordon. 30 sep. 1827; — dans l'Inde, Ordon. 23 déc. 1827; — à Cayenne, Ordon. 21 nov. 1828; — Au Sénégal, Ordon. 7 janv. 1822 et 1er nov. 1831; — aux îles Saint-Pierre et Miquelon, Ordon. 26 juil. 1833.

9. Tous les magistrats sont amovibles.

10. *Justices de paix.* Elles ont été l'objet d'une heureuse innovation : leur compétence a été étendue. Les juges de ces juridictions reçoivent un traitement fixe, et n'ont rien à prétendre pour apposition de scellés, vacations, etc. Ordon. 24 sept. 1828, art. 159.

11. Les greffiers, indépendamment de leur traitement, touchent des droits de greffe.

12. Les suppléans des juges de paix ont le droit d'assister aux audiences : ils ont voix consultative.

13. Les tribunaux de paix connaissent des actions civiles et commerciales, — en premier et en dernier ressort, lorsque la valeur principale n'excède pas 150 fr.; — en premier ressort seulement, lorsque la valeur principale dépasse 150 fr., et n'excède pas 300 fr.

En matière civile et commerciale, les jugemens des tribunaux de paix sont exécutoires jusqu'à concurrence de 300 fr., nonobstant appel. *Ib.* art. 17.

14. Dans les matières qui excèdent leur compétence, les juges de paix remplissent les fonctions de conciliateurs.

15. *Tribunaux de première instance.* Ils ne sont composés, à proprement parler, que d'un seul juge, qui porte le nom de juge royal; il est assisté de deux juges auditeurs, qui n'ont jamais, quel que soit leur âge, voix délibérative.

16. Un procureur du roi, un substitut, un lieutenant de juge remplissant les fonctions de juge d'instruction pouvant suppléer le juge royal, et un greffier, complètent le tribunal.

17. Les tribunaux de première instance jugent en dernier ressort jusqu'à la somme de 1,000 fr.

18. Ils jugent toutes les matières commerciales.

19. *Cours royales.* Une Cour royale a été créée dans chaque colonie. Le Sénégal a une commission spéciale d'appel (—V. *inf.* n° 36), ainsi que les îles Saint-Pierre et Miquelon.

20. Chaque Cour, dont le personnel est très-limité, n'est composée que d'une seule chambre.

Les arrêts doivent être rendus au moins par cinq membres.

21. L'institution des conseillers-auditeurs a été conservée : ils ont voix délibérative à 27 ans.

22. Les Cours royales n'ont point de présidens titulaires : un conseiller est chargé spécialement de la présidence; il n'exerce ces fonctions que pendant trois années; néanmoins il peut être renommé. Il n'a aucune des attributions données dans la métropole aux premiers présidens : les présentations aux emplois supérieurs se font sans sa participation. Il ne peut convoquer la Cour extraordinairement sans l'autorisation du gouverneur.

23. Le procureur-général est chef de la justice et membre du gouvernement. Il a l'action publique.

24. Les Cours ne sont pas permanentes : elles se réunissent chaque mois à une époque fixe, et toutes les affaires portées au rôle épuisées, elles déclarent leurs sessions closes. Les magistrats, autres que les membres du ministère public, ne sont pas tenus à la résidence dans la ville où siége la Cour royale. Ordon. 24 sept. 1828 sur les Antilles, art. 127, 128, 129.

25. Dans l'intervalle des sessions, la chambre d'accusation, composée de trois membres, est chargée de connaître des affaires qui réclament urgence : par exemple, de suspendre l'exécution des jugemens mal-à-propos qualifiés en dernier ressort, de statuer sur la récusation des magistrats de première instance. Ordon. 24 sept. 1828, art. 54; Ordon. 19 oct. 1828, sur le mode de procéder en matière civile, art. 20, 21, 23.

26. Les Cours royales ont les attributions de la Cour de cassation dans un cas : ce sont elles qui connaissent, sur les réquisitions des procureurs-généraux dans l'intérêt de la loi, de l'annulation des jugemens des tribunaux de paix en matière civile et de simple police, pour incompétence, excès de pouvoir, ou contravention à la loi, lorsque ces jugemens ont acquis force de chose jugée. Ordon. 24 sept. 1828, art. 20 et 51.

27. *Greffiers.* Un greffier en chef et un commis-greffier sont attachés à chaque Cour et à chaque tribunal de première instance.

Les greffiers des Cours et tribunaux sont nommés par ordonnance royale.

Les greffiers des juges de paix et les suppléans sont nommés par le ministre de la marine. Ordon. 24 sept. 1828, art. 115, 116.

Les commis-greffiers sont agréés sur la présentation du greffier, par les Cours ou tribunaux.

28. *Avocats.* Depuis l'ordonnance du 9 fév. 1831, la profession d'avocat est libre dans toutes les colonies : l'art. 14 de l'ord. du 19 oct. 1828 supprime les art. 117, 118 C. pr. pour les tribunaux de première instance ; et déclare les avocats incapables de suppléer les juges de première instance. Le motif en est sensible : les tribunaux n'étant composés que d'un seul juge, si les avocats étaient appelés, ils formeraient et ne compléteraient pas le tribunal, contrairement à ce qui a lieu dans la métropole.

29. *Avoués.* Ils sont nommés par le ministre de la marine. Ils peuvent instrumenter en première instance, et cumulativement en appel. A Bourbon, ils sont immatriculés près la Cour ou les tribunaux exclusivement.

La faculté de présenter un successeur ne leur est pas reconnue ; le ministre s'est réservé le droit de nommer directement.

Nul ne peut être reçu avoué s'il n'est âgé de 25 ans, s'il n'est licencié en droit, et s'il ne justifie de deux années de cléricature.

Cependant sont dispensés du diplôme ceux qui justifient de cinq années de cléricature chez un avoué, dont trois en qualité de premier clerc ; mais ils sont alors soumis à un examen public devant un membre de la Cour et en présence d'un officier du ministère public ; cet examen porte sur les cinq Codes.

Après diverses formalités remplies, conformément aux ordonnances constitutives de l'administration de la justice aux colonies, la Cour, le procureur-général entendu, émet son avis ; le gouverneur délivre, s'il y a lieu, une commission provisoire, qui ne devient définitive qu'après approbation du ministre.

Les avoués sont soumis à un cautionnement de 12,000 à 15,000 fr. en immeubles.

30. *Huissiers.* Ils sont à la nomination des gouverneurs, sur la proposition des procureurs-généraux.

Ils doivent être âgés de 25 ans, avoir travaillé deux ans soit dans les greffes, soit chez des officiers ministériels, et être porteurs d'un certificat de capacité délivré par le juge royal et le procureur du roi.

Ils sont soumis à un cautionnement de 4,000 fr. en immeubles.

31. Au Sénégal et à Saint-Pierre et Miquelon, il n'existe ni huissiers ni avoués.

Au Sénégal, le greffier remplit les fonctions de notaire.

32. *Notaires.* Le notariat n'est point organisé d'une manière définitive aux colonies : la loi du 25 vent. an 11 n'y a pas été promulguée. — V. *inf.* n° 53.

33. Les notaires sont à la nomination du ministre ; ils ne peu-

vent présenter un successeur; à leur décès ou démission, leurs minutes sont remises au greffe du tribunal; le gouverneur, sur le rapport du procureur-général, désigne un notaire pour les conserver dans son étude.

54. L'organisation judiciaire dans les établissemens de l'Inde offre peu de modifications.

Les tribunaux de première instance connaissent par appel des jugemens émanés des juges de paix ;

En premier et dernier ressort, de toutes actions, lorsque la demande est de 48 fr., ou 20 roupies, et n'excède pas 420 francs, ou 200 roupies;

Et en premier ressort seulement : 1° des actions réelles ou mixtes; 2° des actions personnelles ou mobilières et des actions commerciales, si la valeur de la demande en principal excéde 420 francs.

Une chambre de consultation est créée parmi les habitans notables. Les tribunaux lui renvoient les questions du droit indien.

Les conseillers ou conseillers-auditeurs peuvent être remplacés, en cas d'empêchement, par des notables. Le gouverneur dresse une liste de huit notables, qui sont appelés à faire le service par semaine dans l'ordre de leur nomination. Extrait de l'ordon. 23 déc. 1827.

55. Au Sénégal, il n'y a qu'un seul tribunal. Il est composé d'un président gradué et de quatre notables habitans : deux européens, deux indigènes. Ces quatre juges sont nommés par le gouverneur pour deux ans. Le président réunit les fonctions de juge de paix et de conciliateur. Le tribunal juge en dernier ressort jusqu'à la somme de 1,000 fr.

Les affaires sont instruites sans procédure, comme en justice de paix. Il n'existe pas d'avoués.

Par dérogation à l'art. 1341 C. civ., les juges peuvent ordonner la preuve testimoniale, à quelque somme que la demande puisse monter, s'il y a parmi les contractans des gens qu'ils estiment illettrés.

Le terme de rachat ou de réméré, fixé par acte ou convention, peut être prolongé par le juge, et n'est considéré comme définitif qu'en vertu d'un jugement.

56. Au Sénégal, le Code de procédure modifié porte qu'en matière de société, tant qu'elle existe, et en matière de succession entre héritiers, jusqu'au partage inclusivement, les parties seront citées en conciliation. Ces citations sont délivrées sans frais par le greffier. Ordon. pour le Sénégal.

Lorsqu'une partie veut interjeter appel, elle en fait la déclaration au greffe du tribunal dans les quinze jours de la prononciation du jugement, s'il est contradictoire; et dans les quinze jours de la signification, s'il est par défaut. L'appel est suspensif. L'exécution provisoire peut cependant être ordonnée à charge de caution.

Un conseil d'appel est institué. Il est composé du gouverneur, de trois officiers civils et militaires, et de deux notables habitans. Le contrôleur de la marine remplit les fonctions du ministère public.

Les affaires sont instruites sommairement sans ministère d'avoués. Le greffier du tribunal continue ses fonctions au conseil d'appel.

57. Les îles Saint-Pierre et Miquelon sont divisées en deux cantons de justice de paix.

Chaque juge de paix rend seul la justice dans les matières de sa compétence sans assistance de greffier.

Il connaît en premier et dernier ressort de toutes les actions quelconques, lorsque la valeur principale de la demande n'excède pas 50 fr.

Dans les matières civiles qui excèdent sa compétence, il remplit les fonctions de conciliateur.

Un tribunal de première instance existe pour les colonies de Saint-Pierre et Miquelon. Il est composé d'un seul juge, qui prononce sans intervention du ministère public. Il connaît, en premier et dernier ressort, de toute action au-dessus de 50 fr. jusqu'à 300 fr.; et en dernier ressort, de celles qui excèdent 300 fr.

Le Code de procédure y est promulgué avec de nombreuses modifications : il ne s'y fait aucun acte d'instruction.

Un conseil d'appel est composé : 1° Du commandant de la colonie; 2° Du chirurgien chargé du service de santé; 3° Du capitaine de port. Un officier d'administration remplit les fonctions du ministère public. Le commis-greffier du tribunal de première instance tient la plume.

Le conseil d'appel connaît de l'appel des jugemens de première instance.

Il procède par voie d'annulation contre les jugemens rendus par les tribunaux de paix, ainsi que cela se pratique dans les Cours royales des colonies.

Les formalités pour se pourvoir et procéder devant le conseil d'appel, sont communes au Sénégal et aux îles Saint-Pierre et Miquelon.

§ 5. — Procédure.

58. Pour toutes les colonies où il existe une Cour royale, un

titre supplémentaire a été ajouté à l'ordonnance sur le mode de procéder en matière civile.

Diverses dispositions règlent l'instruction des affaires en ce qui touche la formation des rôles, leur expédition, etc.

39. L'art. 5 modifie l'art. 51 C. pr. Il autorise le juge à appeler à son hôtel et séparément les parties pour les concilier pendant les trois jours accordés par la citation pour se présenter. Les parties peuvent être accompagnées d'un ami, s'il n'est pas officier ministériel.

40. L'art. 8 modifie l'art. 73 C. pr. Il accorde pour les ajournemens un délai :

1° De deux mois pour ceux qui demeurent dans les Iles-du-Vent ;

2° De six mois pour ceux demeurant dans les pays situés à l'ouest du cap de Bonne-Espérance et à l'est du cap Horn ;

3° D'un an pour ceux demeurant à l'est du cap de Bonne-Espérance et à l'ouest du cap Horn.

Le délai des ajournemens prescrits par l'art. 72 est de huitaine pour tous ceux domiciliés dans la colonie.

L'art. 10 déclare communicables toutes demandes principales précédées d'une instance en référé.

41. Le ministère des avoués n'est pas nécessaire pour les affaires commerciales.

42. Ces affaires ne sont l'objet d'aucune procédure.

43. L'art. 16 déclare que les esclaves ne seront entendus dans les enquêtes sommaires ou ordinaires que comme témoins nécessaires. Ils ne sont jamais entendus pour ou contre leurs maîtres, si ce n'est en matière de séparation de corps.

44. L'art. 17 modifie l'art. 292 C. pr., en ne mettant plus à la charge du juge les frais d'enquête, lorsqu'elle est déclarée nulle par sa faute.

45. L'art. 18 autorise la demande en renvoi à un autre tribunal lorsqu'il se trouve parmi les juges de première instance un parent ou allié au degré de cousin germain, et le renvoi à une autre Cour s'il s'y trouve deux parens ou alliés.

46. L'art. 25 autorise la requête civile sur consultation de deux avocats, sous condition d'exercice.

47. L'art. 27 renvoie le jugement de la prise à partie devant une cour autre que celle qui l'a autorisée.

48. Le chapitre IV contient la procédure à suivre devant la Cour royale pour faire annuler, à la demande des parties, le jugement rendu en dernier ressort par les juges de paix, soit en matière civile, soit en matière commerciale, mais pour cause seulement d'incompétence ou d'excès de pouvoir.

49. Le délai du recours en annulation est de dix jours francs,

à dater de celui de la signification des jugemens définitifs, ou de la prononciation des jugemens interlocutoires.

Les parties sont tenues de consigner, à peine de déchéance, une amende de 100 fr., si le recours est formé contre un jugement contradictoire, et de la moitié si le jugement est rendu par défaut.

50. Après la mise en état de l'affaire, un conseiller est nommé rapporteur. Le rapport doit être écrit et déposé au greffe.

Les conclusions du procureur-général sont obligées.

Les motifs et dispositifs des arrêts rédigés par les rapporteurs, sont écrits de leur main sur la minute de chaque arrêt.

51. Les jugemens rendus en dernier ressort par les tribunaux de première instance, peuvent être déférés à la Cour de cassation.

Les Cours royales des colonies relèvent également de la Cour de cassation.

52. Le délai du pourvoi est d'un an pour les colonies occidentales, et de deux ans pour les colonies orientales. La procédure devant la Cour de cassation est la même que pour les affaires jugées sur le continent. — V. *Cassation*.

53. Les actes des notaires ne sont pas revêtus de l'*exequatur*; il faut pour les mettre à exécution l'intervention des tribunaux.

Les actes reçus en France par les notaires ne sont exécutoires qu'autant que les signatures ont été légalisées par les ministres de la justice, de la marine, et les gouverneurs.

54. Les minutes des jugemens, des actes notariés, et les registres de l'état civil, sont tenus en double. Tous les ans ces actes sont, conformément à l'édit du mois de juin 1776, transmis par les gouverneurs au dépôt des chartes coloniales établi à Versailles. Cet édit a eu pour but de remédier aux accidens nombreux qui causent fréquemment aux colonies la perte ou la destruction des actes. Art. 98, même ordonnance.

55. L'art. 29 déclare insaisissable l'esclave attaché à la personne du saisi, sans préjudice toutefois de l'exception portée en l'art. 593 C. pr.

56. L'art. 30 déclare non applicables aux saisies-exécutions faites sur une propriété rurale les art. 596, 597, 598 C. pr.

57. Le propriétaire, ou à son défaut, son gérant ou économe, est gardien de droit.

Le gardien est tenu de transporter, au lieu indiqué par le procès-verbal, les objets saisis. En cas de refus, il est contraint par ordonnance du juge.

Tout gardien qui détourne ou fait détourner des objets saisis, est puni conformément aux dispositions de l'art 379 C. pén.

L'ordon. du 19 oct. art. 30, déclare l'art. 408 C. pén. applicable au propriétaire des objets saisis ou à son gérant, pour détournement de ces objets, au profit du maître.

58. L'art. 32 modifie l'art. 621 C. pr.; et ne prescrit les formalités énoncées en cet article pour la vente des objets y mentionnés, qu'autant que la valeur de ces objets s'élève à 600 fr. au moins.

59. L'art. 45 modifie l'art. 1037 C. pr., et n'autorise les significations exécutoires qu'après six heures du matin et avant six heures du soir pendant toute l'année.

60. A Bourbon, à Cayenne, à la Martinique et à la Guadeloupe, les titres 12 et 13 C. pr., relatifs à la saisie immobilière et aux incidens sur ces poursuites, sont suspendus.

61. L'exécution du titre 14, intitulé de l'Ordre, est également suspendue, excepté dans les dispositions relatives au cas où l'ordre serait introduit par suite d'aliénation autre que l'expropriation forcée. Art. 36, ordon. du 19 oct. 1828, sur le mode de procéder en matière civile.

62. L'art. 30 ordon. 19 oct. suspend l'exécution de la contrainte par corps prononcée par les tribunaux de paix, en matière civile ou commerciale, lorsqu'il y a appel.

63. La loi sur la contrainte par corps a été étendue à toutes les colonies par ordon. 12 juin 1833, avec une seule modification relative à la consignation mensuelle pour les alimens des détenus, consignation dont elle a élevé le taux.

64. L'édit de 1726 sur les déguerpissemens et les partages n'a pas été rapporté par le C. civ.; les habitations, et sucreries, sont déclarées impartageables par leur nature.

Les esclaves, considérés en général comme meubles, sont immeubles lorsqu'ils se trouvent attachés à une exploitation rurale.

Les esclaves, bien qu'immeubles par destination, ne peuvent être revendiqués par le créancier hypothécaire, quand ils ont été distraits du gage.

65. Les art. 811 à 814, en ce qui concerne les successions vacantes, ont été suspendus; l'édit de 1781 les régit.

66. L'administration de l'enregistrement est chargée, par ordonnance du 16 juin 1832, de gérer les biens des individus morts sans testamens, lorsqu'il n'y a pas d'héritiers sur les lieux. Autrefois un curateur ad hoc était nommé par le gouvernement, et se trouvait chargé d'administrer la succession, sans avoir besoin d'être envoyé en possession par le juge, conformément à l'édit de mars 1781.

67. L'art. 412 C. civ. est modifié. Un seul fondé de pouvoir

peut représenter plusieurs personnes dans les conseils de famille.

68. A la Guadeloupe, le titre des faillites est supprimé; elles sont régies par l'édit de 1673.

69. Les tarifs de 1807 et 1809 sont en vigueur, avec une augmentation qui varie de la moitié au tiers en sus de celui de Paris.

§ 4. — Timbre et Enregistrement.

70. Le timbre existe à Bourbon; il est inconnu dans les autres colonies.

71. La conservation des hypothèques et l'enregistrement ont été mis en vigueur aux Indes occidentales, par ordonnance du 31 déc. 1828; les receveurs de l'enregistrement sont en même temps conservateurs des hypothèques. La conservation était bien antérieure aux colonies à cette dernière promulgation.

A Bourbon, l'enregistrement est introduit depuis 1818.

72. Les tarifs sont entièrement modifiés. L'ord, 31 déc. 1828 a réuni en un seul corps toutes les dispositions éparses dans de nombreux décrets et ordonnances; les arrêts rendus sur cette matière, et les avis du Conseil-d'État ont été formulés en texte d'ordonnance.

73. Les actes enregistrés en France sont soumis de nouveau à cette formalité dans la colonie, avant qu'il puisse en être fait usage public; il n'est perçu qu'un droit fixe.

74. Les délais pour faire enregistrer les actes publics sont :

1° De quatre jours pour ceux des huissiers et autres ayant pouvoir de faire des exploits et procès-verbaux.

S'il n'existe pas de bureau dans les lieux de la résidence des fonctionnaires, le délai est de six jours.

2° De dix jours pour les actes des notaires qui résident dans la commune où le bureau de l'enregistrement est établi.

3° De quinze jours pour ceux qui n'y résident pas.

4° De vingt jours pour les actes judiciaires en minute.

Les actes faits sous signature privée portant transmission de propriété, ou d'usufruit de biens immeubles, et les baux à ferme et à loyer, cessions et autres, doivent être enregistrés dans les trois mois de leur date.

Il n'y a pas de délai de rigueur pour l'enregistrement des autres actes.

75. Les actes notariés qui ne sont pas enregistrés dans les délais voulus, emportent contre le notaire une amende de 10 fr.

76. L'huissier qui omet de faire enregistrer un acte dans les

délais est responsable envers la partie ; ses exploits sont *déclarés nuls* ; il est passible d'une amende de 5 fr.

77. Les significations d'avoué à avoué, les originaux de placards judiciaires, requêtes de production et autres, sont soumis au droit fixe de 25 cent.

78. Les répudiations de succession, actes de notoriété, cahiers de charges, désistemens purs et simples, commandemens, citations, etc., sont soumis au droit fixe de 50 cent.

79. Il existe d'autres droits fixes de 75 cent. et de 1 fr. à 5 fr.

80. Les droits proportionnels les plus élevés sont de 1 fr. par 100 fr. aux Indes occidentales.

COMMAND. — V. *Déclaration de command.*

COMMANDEMENT. Exploit signifié par un huissier en vertu d'un jugement, ou autre titre portant exécution parée, par lequel il enjoint, au nom de l'autorité publique, de satisfaire aux condamnations ou engagemens énoncés dans le titre.

1. En général, tout acte d'exécution doit être précédé d'un commandement. — V. *Acte d'exécution*, nos 3, 4 et 6 ; *Exécution, Saisie.*

2. Mais le commandement n'est plus nécessaire, s'il s'agit d'une saisie foraine, ou d'une saisie gagerie, faite en vertu de l'ordonnance du juge. C. pr. 819-2°, 822.

3. Un seul commandement de payer, sous peine d'y être contrait par les voies de droit, suffit pour faire successivement plusieurs saisies de différentes espèces, pourvu qu'elles aient toutes le même objet, et que le produit des premières n'ait pas acquitté la créance. Turin, 7 août 1809 (S. 15, 15) ; Cas. 27 mars 1821 ; Pigeau, t. 2, p. 81, note ; Carré, art. 583 ; — ou lorsque d'autres objets ont été substiués aux anciens dans l'intervalle du commandement et de la saisie, Orléans, 24 janv. 1817.

4. Le commandement fait à l'héritier du débiteur peut être signifié avant l'expiration du délai de huit jours prescrit par l'art. 877 C. civ., entre la signification des titres de créance à l'héritier et leur mise à exécution : le commandement n'est pas précisément un acte d'exécution. On peut même, en signifiant à la fois le commandement et les titres de créance, faire courir le délai. Cas. 12 mai 1813 ; Carré, art. 673. — *Contrà.* Bruxelles, 10 mai 1810 (S. 15, 170).

5. Quant au délai qui doit s'écouler entre le commandement et la saisie. — V. *Contrainte par corps*, *Saisie.*

6. Le commandement contient les formes ordinaires des exploits. — *V.* ce mot.

7. Il est soumis à des formalités particulières, selon l'espèce de saisie qu'il précède. — V. *Saisie-brandon*, *Saisie-exécution*, *Saisie immobilière*, etc.

8. Le commandement mentionne pour quelle cause il est fait; il ne peut l'être que pour une créance certaine et liquide. C. pr. 551; Merlin, *Rép.*, v° *Commandement*, n° 4.

9. Cependant il n'est pas nécessaire de signifier un nouveau commandement pour les intérêts échus depuis le premier; il suffit qu'il ait été signifié avec réserve de répéter les intérêts à échoir. Orléans, 29 août 1816.

10. Le commandement qui demande au-delà de ce qui est dû n'est pas, par cela seul, entaché de nullité.

11. Le commandement n'est plus signifié, comme dans l'ancienne jurisprudence, avec assistance de témoins. Dans aucun cas, la loi n'exige aujourd'hui leur présence. L. 11 brum. an 7, art. 2; C. pr. 673.

12. Dans le commandement, on donne au débiteur l'alternative de payer entre les mains du créancier ou entre celles de l'huissier.

13. Le titre *exécutoire*, dont l'huissier est porteur, forme entre ses mains un mandat tacite, suffisant pour recevoir le paiement; il est juste que le débiteur puisse immédiatement arrêter les poursuites dirigées contre lui. Delvincourt, t. 2, p. 753; Duranton, t. 12, n° 50; Toullier, t. 7, n° 20.

14. Ce pouvoir ne s'étend pas au-delà du moment où il instrumente, et il faut que le paiement soit fait selon la teneur de l'acte ou du jugement; l'huissier ne peut faire ni une transaction, ni une novation; il ne peut agir que comme exécutant. Colmar, 25 janv. 1820.

15. Le paiement serait nul, s'il avait eu lieu dans un temps où les poursuites étaient suspendues par une opposition. Colmar, 25 janv. 1820.

16. Une fois dessaisi des pièces, l'huissier n'a plus pouvoir de recevoir et donner quittance. Merlin, *ib.* n° 3.

17. Le débiteur doit, pour sa sûreté, faire mentionner par l'huissier, dans son commandement, qu'il a payé, et se faire remettre le titre; ou, s'il ne paye qu'une partie de la somme due, y faire constater le paiement partiel. Pigeau, t. 2, p. 83, note 1.

18. Le commandement est interruptif de prescription (C. civ. 2244), dans les cas prévus par les art. 674 et 784. Merlin, *Rép.*, v° *Commandement*, n° 18; Cas. 27 mars 1821; *Quest. dr.*, v° *Saisie-exécution*.

19. Mais le simple commandement de payer une dette ou des intérêts échus ne fait pas courir de nouveaux intérêts. Cet acte n'est point la demande judiciaire voulue par l'art. 1154 C. civ. Grenoble, 9 mars 1825; Cas. 16 nov. 1826.

1.   35

20. Le commandement fait en vertu d'un jugement, dont copie est en même temps délivrée à la partie condamnée, équivaut à un exploit de signification de ce jugement. Berriat, p. 508, note 8, 4°. — V. *Appel*, n° 112, *Cassation*, n° 134.

La demande en nullité du commandement peut être également portée devant le tribunal qui a rendu le jugement que le commandement tend à faire exécuter, ou devant le tribunal du lieu dans le ressort duquel la saisie doit être pratiquée. Merlin, *Quest. dr.*, v° *Saisie-immobilière*.

21. *Enregistrement.* Le commandement est passible du droit fixé pour les *exploits.*—V. ce mot.

Formule.

Commandement qui précède une saisie-exécution.

(C. pr. 583 et 584. — Arg. tarif, 29. — Coût, 2 fr.)

L'an   , le   , en vertu de la grosse en forme exécutoire d'un jugement rendu par le tribunal de première instance de le   , dûment signé, scellé, enregistré et signifié tant à avoué qu'à partie, dont il est avec celle des présentes laissé copie (*ou précédemment signifié*), et à la requête du sieur   , pour lequel domicile est élu, jusqu'à la fin de la poursuite, en la demeure de

J'ai (*immatricule de l'huissier*), soussigné, fait commandement, de par le roi, la loi et justice, au sieur   , en son domicile, en parlant à

De, dans vingt-quatre heures pour tout délai, payer au requérant, ou actuellement à moi huissier pour lui porteur de pièces et titres, la somme totale de   , composée, savoir, de 1° celle de   de capital, et 2° celle de   pour intérêts et frais, liquidés par ledit jugement, sans préjudice de tous autres droits, actions, intérêts, frais, dépens et mises à exécution.

Déclarant que, faute par lui de ce faire, dans ledit délai et icelui passé, il y sera contraint par toutes voies de droit, et notamment par la saisie-exécution de ses meubles et effets. A ce que le susnommé n'en ignore, je lui ai, en son domicile où étant et parlant comme dessus, laissé, sous toutes réserves, copie du présent exploit, dont le coût est de

Nota. Pour les formules des commandemens qui doivent précéder les autres saisies. — V. *Contrainte par corps*, *Saisie-immobilière*, etc.

COMMERÇANT. C'est celui qui fait des actes de commerce sa profession habituelle. Cette qualification s'applique aux négocians, marchands, fabricans et banquiers.

1. Quels sont les *actes de commerce?* —V. ce mot.

2. La qualité de commerçant soumet, dans certains cas, à une législation spéciale et à des juges d'exception (—V. *Compétence*); à des procédures et à des voies d'exécution particulières (—V. *Contrainte par corps*, *Faillite*); elle est incompatible avec certaines professions.—V. *Agent de change*, *Avocat*, *Juge.*

3. L'exploit fait à la requête d'un commerçant doit énoncer sa patente, à peine d'amende.—V. *Ajournement*, n° 39.

COMMERCE (Tribunal de)—V. *Tribunal de commerce.*

COMMINATOIRE (Peine). Se dit de la peine établie par une loi ou par un jugement, mais qui n'est point exécutée rigoureusement.

1. L'art. 1039 C. pr. a enlevé aux juges la faculté qu'un long usage leur avait acquis, de considérer dans beaucoup de cas comme seulement comminatoires les nullités, amendes et déchéances prononcées par la loi.

2. Toutefois, sont encore réputées comminatoires les amendes laissées à la prudence du juge, comme celles dont il est question dans les art. 71, 268, 1030 et 1039 C. pr.

5. Il en est autrement de celles qui sont prononcées d'une manière absolue, comme dans les art. 67, 264, 390, 471 et 513.

4. On ne peut réputer comminatoires les dispositions d'un jugement qui déclare une partie déchue d'un droit, faute par elle d'avoir fait un acte quelconque dans un délai fixé: il y aurait violation de la chose jugée à relever la partie de cette peine. Carré, art. 1039.

COMMISSAIRE-PRISEUR. Officier public dont les fonctions consistent à priser, et à vendre aux enchères les meubles et effets mobiliers.

1. Les commissaires-priseurs ont été institués par la loi du 27 vent. an 9, et leur organisation a été déterminée par un réglement du 29 germ. an 9; ils remplacent les huissiers-priseurs, supprimés par la loi du 26 juil. 1790.

2. Ils sont nommés par le roi; ils ont le droit, ainsi que leurs veuves et héritiers, de présenter un successeur à l'agrément de Sa Majesté.

Les titulaires destitués sont seuls privés de cette faculté. L. 28 avr. 1816, art. 90, 91.—V. Office.

Ils doivent, comme tous les officiers ministériels, fournir un cautionnement dont la quotité varie suivant la population des lieux où ils exercent leurs fonctions. — V. Cautionnement des officiers ministériels, tableau n° 4.

Ils sont de plus assujétis à une patente (Ord. 16 janv. 1822); mais ils ne doivent pas néanmoins être réputés commerçans.

Les conditions de nomination aux fonctions de commissaire-priseur, l'incompatibilité de ces fonctions avec d'autres, les obligations particulières aux déclarations de vente, à la tenue des procès-verbaux de ventes de meubles, et des répertoires, ainsi que le réglement de la discipline intérieure de ces officiers publics, sont déterminés par les lois des 22 pluv. an 7, 27 vent. an 9, 16 juin 1824, et les Ord. des 26 et 29 juin 1816, 21 juil. 1822.

5. Il existe des commissaires-priseurs dans les villes où sié-

gent les tribunaux de première instance, et dans celles qui, n'ayant ni sous-préfecture ni tribunaux, renferment une population de 5,000 âmes et au-dessus. Ord. 28 juin 1816, art. 1.

Leur nombre est fixé par ordonnance du roi : il est de 80 pour le département de la Seine.

4. Les commissaires-priseurs ont, dans le chef-lieu de leur établissement, le droit exclusif de procéder aux prisées de meubles et aux ventes publiques aux enchères d'effets mobiliers; mais à l'égard des autres parties de la circonscription dans laquelle ils exercent, ils n'ont qu'un droit de concurrence avec les notaires, les greffiers et les huissiers. LL. 27 vent. an 9, art. 1, 8; 28 avr. 1816, art. 89; Arg. L. 17 sept. 1793.

Les commissaires-priseurs résidant au chef-lieu du département ont le droit exclusif d'exercer dans ce chef-lieu, et de plus la concurrence dans toute l'étendue de l'arrondissement, excepté dans les villes où réside un commissaire-priseur. La concurrence, pour les commissaires-priseurs établis dans les villes qui ne sont pas chefs-lieux d'arrondissement, se borne à l'étendue de leur canton. Les justices de paix des faubourgs, et les villes désignées sous le nom d'*extrà-muros*, sont considérées comme faisant partie de celles dont ils dépendent. Ord. 28 juin 1816, art. 1, 3.

5. Le droit attribué aux commissaires-priseurs ne doit pas être étendu aux prisées des fonds de commerce ou d'achalandage, ni aux choses fongibles. — Leur caractère d'officiers publics ne les dispense pas de prêter serment pour l'estimation de ces objets, dans le cas de l'art. 453 C. civ.

6. Ils sont incompétens pour procéder aux adjudications de récoltes ou coupes de bois sur pied, de matériaux provenant de démolition ou d'extraction à faire lors de la vente, et de tous objets réputés immeubles à cette époque, ainsi que de tous les droits mobiliers incorporels.

Il en est de même des ventes publiques de meubles susceptibles de tradition manuelle, lorsque la vente n'en est pas faite au comptant, ou qu'il en résulte une convention quelconque. —V. *Saisies*, *Ventes*.

7. Néanmoins, si un commissaire-priseur a effectué une vente en stipulant un terme pour le paiement, les parties seules sont recevables à s'en plaindre. Ce droit n'appartiendrait pas à un notaire de la même résidence, sous prétexte qu'il aurait été porté atteinte à ses attributions. Paris, 26 avr. 1830.

8. Les commissaires-priseurs sont encore sans qualité pour procéder aux ventes faites aux enchères, à la Bourse, des marchandises comprises dans le tableau dressé par le tribunal de commerce, conformément au Décr. du 17 avr. 1812. Elles

ne peuvent être faites que par les courtiers de commerce judi-ciairement autorisés. Cas. 10 juin 1823.—V. *Courtier, Vente.*.

9. Mais les courtiers de commerce peuvent se trouver en concurrence avec les commissaires-priseurs, ou, à leur défaut, avec les notaires, greffiers et huissiers pour la vente des mar-chandises et effets mobiliers appartenant à des faillis : ils n'ont pas le droit exclusif de vendre ces objets; il appartient aux syndics de choisir le lieu où les marchandises seront vendues. Cas. 26 fév. 1828.

10. Les honoraires des commissaires-priseurs sont à Paris, pour frais de prisée, 6 fr. par vacation de trois heures. L. 27 vent. an 9, art. 6.—Dans les départemens, par vacation de trois heures 1 fr., et pour visa d'opposition 15 cent. LL. 17 sept. 1793, 28 avr. 1816, art. 89; Cas. 13 juin 1825.

11. A Paris, il leur est en outre alloué, pour tous frais de vente, vacations à la vente, rédaction de minute et première expédition du procès-verbal, droits de clercs et tous autres droits, non compris les déboursés faits pour annoncer la vente et en acquitter les droits : 8 p. o/o si le produit de la vente s'élève jusqu'à 1000 fr., 7 pour o/o quand le produit s'élève à 4000 fr., et 5 p. o/o si le produit dépasse 4000 fr. *Même loi*, art. 7.

12. Dans les départemens, les commissaires-priseurs ne peuvent percevoir que 2 sous 6 deniers par chaque rôle de grosse des procès-verbaux de vente (Décr. 26 juil. 1790, art. 3). Néan-moins, rien ne s'oppose à ce que les parties leur accordent un droit proportionnel sur le prix des ventes. Décis. min. fin. 14 sept. 1828.—V. *Inventaire, Saisie, Vente.*

COMMISSION *de justice*. Mandat qu'un tribunal ou même un juge confère à un officier public.

COMMISSION *rogatoire*. Commission donnée par un tribu-nal à d'autres juges.

COMMISSION (*Nomination*). Acte ou brevet de nomination à des fonctions publiques. Les officiers ministériels obtiennent du roi leur commission. Ils ne sont admis à prêter serment qu'en la représentant avec la quittance de leur cautionnement.

COMMUNE. C'est le corps des habitans d'une ville ou d'un village, considérés collectivement sous le rapport de leurs in-térêts communs.

DIVISION.

§ 1. — *Des actions des communes en général.*
§ 2. — *De l'autorisation des communes.*
Art. 1. — *Nécessité de l'autorisation.*
Art. 2. — *Ses formes.*
Art. 3. — *A quels objets elle s'étend.*
Art. 4. — *A quelle juridiction.*
Art. 5. — *Défaut d'autorisation.*

§ 1. — *Des actions des communes en général.*

1. L'exercice des actions des communes appartient aux maires (L. 29 vent. an 5), sauf la nécessité de l'autorisation dans certains cas. — V. *inf.* § 2.

Il n'est pas régulier d'assigner le maire sans parler de la commune : il faut citer la commune ou ses habitans en la personne ou au domicile du maire. Merlin, *Rép.*, v° *Assignation*, § 11 et 12. — V. *Ajournement*, n°ˢ 209 et suiv.

Pour la remise et le visa de l'exploit. —V. *ib.* n°ˢ 175, 190.

2. Les causes qui concernent les communes sont dispensées du préliminaire de *conciliation* (—*V.* ce mot, n° 19), et doivent être communiquées au *ministère public.* —*V.* ce mot.

Les communes qui n'ont pas été valablement défendues sont recevables à se pourvoir par *requête civile.*—*V.* ce mot.

3. Quant aux formes de l'expropriation d'un bien communal pour cause d'utilité publique, — V. *Expropriation.*

§ 2. — *De l'autorisation des communes.*

Art 1. — *Nécessité de l'autorisation.*

4. L'autorisation du gouvernement est nécessaire à la commune, soit pour intenter elle-même une action, soit pour y défendre (LL. 14 déc. 1789 et 29 vend. an 5), que la commune agisse contre des particuliers d'une autre commune ou contre une section de la même commune. LL. 14 déc. 1789, art. 54 et 56; 29 vend. an 5; 24 germ. an 11; Cas. 19 therm. an 6.

5. Le créancier d'une commune ne peut agir contre elle, soit en demandant, soit en défendant, sans autorisation. Arr. 17 vend. an 10, Av. Cons.-d'Ét. 3 juil. 1808.

Il en est de même de celui qui veut exercer un recours contre une commune. Rennes, 22 août 1820.

6. Le créancier doit s'adresser d'abord à l'administration : la commune ne peut faire aucune dépense sans y être autorisée; il serait donc forcé, en définitive, de se retirer devant l'administration pour obtenir le paiement de sa créance, s'il lui était permis de s'adresser directement aux tribunaux ordinaires. Ce circuit occasionnerait des frais frustratoires. La créance réclamée contre la commune résulte-t-elle d'un titre exécutoire et inattaquable, le conseil de préfecture renvoie le demandeur devant le préfet pour qu'il en ordonne le paiement. Si la créance paraît contestable, le conseil de préfecture renvoie le créancier à se pourvoir devant les tribunaux, et autorise la commune à s'y défendre. Décr. 19 août 1808.

Mais en matière *réelle* l'administration ne s'immisce point dans l'exécution du jugement à intervenir. Il est donc alors inutile de solliciter son autorisation.

7. Ainsi, l'autorisation n'est pas nécessaire pour intenter contre une commune une action réelle, soit au pétitoire, soit au possessoire. (Av. Cons.-d'Et. 3 juil. 1806, 4 juin 1816 et 6 nov. 1817, 18 nov. 1818, 23 janv. et 23 fév. 1820; Toulouse, 29 avr. 1833.)—Ni pour l'actionner en exécution d'un bail. Av. Cons.-d'Et. 21 mars 1809, 20 janv. et 6 sept. 1820; et 24 oct. 1821; Berriat, p. 668, note 15, n° 1.

8. Toutefois, dans ces circonstances, la commune n'est pas dispensée d'être elle-même autorisée à suivre le procès. Dalloz, v° *Commune*, sect. II, p. 15.

9. L'autorisation n'est pas non plus nécessaire pour intenter contre une commune une action en dommages-intérêts dans les cas de responsabilité prévus par la loi du 10 vend. an 4. (Cas. 17 juin 1817, 19 nov. 1821, 28 janv. 1826.) — Ni afin de poursuivre une commune correctionnellement. (Cas. 3 août 1820; Grenoble, 3 avr. 1824; Av. Cons.-d'Et. 22 fév. 1821.)— La commune peut même se défendre sans autorisation. Cas. 14 juin 1819, 28 janv. 1826.

Art. 2. — *Formes de l'autorisation.*

10. Ces formes varient selon que l'autorisation est demandée par la commune, par une section de commune ou par des particuliers.

11. *Par la commune* : Le conseil municipal délibère sur l'opportunité de l'action, et donne son avis motivé. (LL. 14 déc. 1789, art. 54; 29 vend. an 5, art. 3; 28 pluv. an 8, art. 15.) — Une délibération de la généralité des habitans ne suffirait pas. Cas. 24 pluv. an 5, 19 juin 1815 (S. 16, 104).

12. Le maire, ou, à son défaut, un adjoint (Arg. L. 29 vend. an 5, art. 1 et 2; Av. Cons.-d'Et. 9 juin 1830; Macarel, 1830, p. 295) envoie la délibération au sous-préfet, qui joint son avis à celui de la commune, après avoir consulté trois jurisconsultes.

13. Le conseil de préfecture examine le tout, et accorde ou refuse l'autorisation. LL. 14 déc. 1789, art. 56; 29 vend. an 5, art. 3; 28 pluv. an 8, art. 4.

14. Il doit toujours la refuser lorsque le conseil municipal a, par trois délibérations successives, déclaré à l'unanimité que la commune était dépourvue de titres pour intervenir dans une instance. Arr. Cons. 9 juin 1830; Macarel, *ib.*

15. L'arrêté qui accorde l'autorisation n'est qu'un acte de forme, tendant à régulariser l'action de la commune. L'adversaire de celle-ci ne peut donc pas s'en plaindre ni l'attaquer au

fond. Décr. 2 juil. 1807, 26 nov. 1808, 24 déc. 1810, 23 déc. 1813; ordon. 6 nov. 1817 et 11 fév. 1820.

16. Le conseil de préfecture ne peut, par un arrêté postérieur, révoquer l'autorisation accordée. Arr. Cons. 12 fév. 1823; Macarel, 1823, p. 54.

17. Il n'a pas le droit d'autoriser une commune sans délibération préalable du conseil municipal.

18. A plus forte raison serait insuffisante la délibération du conseil de la commune sans l'approbation du conseil de préfecture. Cas. 24 pluv. an 5, 19 juin 1815 (S. 16, 104).

19. Tout refus d'autorisation prononcé par le conseil de préfecture peut être attaqué administrativement par la commune devant le Conseil-d'État, qui décide souverainement sur l'avis de trois jurisconsultes, nommés par le ministre de l'intérieur, et choisis dans le ressort de la Cour royale où l'action doit être exercée. Décr. et ord. 7 fév. 1809, 15 mai 1813, 13 juil. 1813, 8 mai 1822.

20. Lorsque les trois jurisconsultes légalement choisis sont d'avis de l'autorisation, le Conseil-d'État ne peut pas la refuser. Arr. Cons. 14 janv. 1824, 10 juin 1829, 21 avr. 1832. *et vice versa*; Arr. Cons. 6 juin 1830, 10 janv. 1832.

Le Conseil-d'État peut directement autoriser une commune sans délibération du conseil municipal ni décision du conseil de préfecture préalables. Ainsi est valable l'autorisation qu'il donne dans un arrêt qui annule un arrêté d'un conseil de préfecture pour incompétence. Cas. 24 juil. 1822.

21. L'arrêté du Conseil-d'État qui renvoie purement et simplement une commune à se pourvoir devant les tribunaux, ne l'autorise point par cela même à plaider. Av. Cons.-d'Et. 12 fév. et 23 juil. 1823.

22. L'autorité administrative est seule compétente pour juger, si l'autorisation existe dans les formes légales. Les tribunaux civils ne peuvent en connaître; il doit leur suffire que les actes d'autorisation en présentent les élémens constitutifs. Cas. 29 juil. 1823 (S. 24, 89).

23. Ces règles s'appliquent aux villages ou hameaux faisant partie d'un certain nombre de villages ou hameaux réunis en une même commune, lorsqu'ils veulent intenter ou soutenir un procès relatif à des biens ou à des droits d'usage qui leur appartiennent en particulier. Ord. 24 mars 1819.

24. *Par des sections.* Lorsqu'une contestation s'élève entre deux sections de la même commune, le sous-préfet désigne dix personnes des plus imposées de la commune, dont cinq prises dans une section et cinq dans l'autre. Elles délibèrent en son

hôtel sur la contestation, et essayent de concilier les parties. Arr. 24 germ. an 11, art. 1 et 2.

25. A défaut de conciliation, le procès-verbal de l'assemblée, tendant à obtenir l'autorisation de plaider, est adressé au conseil de préfecture, qui prononce. *Ib*. art. 3.

26. Si l'autorisation est accordée, les membres élus par le sous-préfet nomment chacun pour la section qu'ils représentent un d'entre eux, qui est chargé de suivre l'action devant les tribunaux. Ce choix ne peut tomber ni sur le maire ni sur l'adjoint de la commune. *Ib.* art. 4.

Les autres formalités sont applicables. — V. *sup.*

27. *Les particuliers.* — Ils doivent demander directement au conseil de préfecture l'autorisation d'attaquer une commune, dans le cas où elle leur est nécessaire. Arr. vend. an 10, art. 1er.

Par le même arrêté, le conseil autorise la commune à se défendre.

28. Cette autorisation n'est qu'un acte de formalité administrative, et non de justice. Elle ne saurait avoir les effets de la chose jugée à l'égard du fond du droit. Cas. 25 mai 1819, Av. Cons.-d'Et. 17 janv. 1831.

29. Le conseil de préfecture ne peut refuser l'autorisation sous prétexte que la demande est mal fondée. Ce serait juger le fond, et commettre un excès de pouvoir. Arr. Cons.-d'Et. 21 mars 1809, 20 janv., 6 sept. 1820, et 24 oct. 1821; Berriat, p. 668, note 15. n° 1; Favard, t. 1, p. 660, v° *Cons. préf.*, n° 19.

Le refus d'autorisation fait à un particulier par le conseil de préfecture, n'a pas pour effet de le débouter de son droit, ni d'entraver son action, mais d'ordonner à la commune de passer condamnation. Av. Cons.-d'Et. 20 janv. 1819.

30. Des habitans qui ont des droits distincts de ceux de la commune dont ils font partie, n'ont pas besoin d'autorisation pour l'exercice de ces droits, *ut singuli*. Cas. 20 août 1833.

Art. 3. — *A quels objets s'étend l'autorisation.*

31. L'autorisation doit, *à peine de nullité*, désigner les parties contre lesquelles la commune plaide, et les biens qui sont l'objet de la contestation. Cas. 8 déc. 1806.

32. Celle accordée à une commune pour intenter une action lui donne pouvoir de défendre dans la même affaire à une demande en péremption. Merlin, *Quest. Dr.*, v° *Commune*, § 5, n° 3; Cas. 10 janv. 1810 (S. 10, 122).

33. L'autorisation de plaider dans une instance permet à la commune d'exercer contre son adversaire, sans autorisation nouvelle, l'action en retrait ou subrogation, dont parle l'art.

1699 C. civ. (Grenoble, 19 mai 1828 (S. 29, 203). — De défendre à une demande incidente même postérieure au jugement de la contestation principale. Amiens, 12 janv. 1821; Cas. 17 nov. 1824; Bourges, 6 mars 1826.

34. Mais celle tendante à la revendication d'un terrain qu'elle a vendu, ne permet pas à la commune de réclamer la reconstruction, ou le prix d'un bâtiment élevé sur ce terrain depuis la vente, et démoli depuis l'autorisation. Liége, 31 janv. 1811.

35. Celle à fin de défendre sur une question de propriété exclusive, ne suffit pas pour provoquer le partage de cette propriété. Colmar, 10 fév. 1824.

36. Le maire d'une commune, autorisé par elle à revendiquer une propriété communale, ne peut plaider au nom de la commune sur une voie de fait qu'il a commise personnellement contre la propriété, et pour laquelle on l'a condamné à des dommages-intérêts. Cas. 21 août 1809.

Art. 4. — *A quelle juridiction s'étend l'autorisation.*

37. En général, la commune a besoin d'une nouvelle autorisation pour suivre sur l'appel qu'elle a elle-même interjeté. Arg. édit août 1794, art. 44.

38. Il est des cas où l'autorisation donnée en première instance suffit à la commune pour appeler : ainsi, l'autorisation donnée par le Conseil-d'État vaut pour tous les degrés de juridictions; émanée d'un tribunal aussi élevé, elle est une présomption favorable aux droits de la commune devant tous les autres tribunaux. Ord. 26 mars 1823; Cas. 24 juil. 1822.

39. L'autorisation, même implicite, pour parcourir tous les degrés de juridiction, donnée à la commune par le conseil de préfecture, dispense de la nécessité d'une autorisation nouvelle pendant tout le procès. Henrion, § 10, p. 230; ord. 12 fév. et 23 juil. 1823; Cas. 14 nov. 1825. *Contrà.* — Bourges, 7 mars 1822.

40. Celle de plaider jusqu'à jugement définitif, sauf, en cas d'appel, à se pourvoir, s'il y échoit, pour obtenir une autorisation nouvelle, n'impose la nécessité de cette autorisation qu'autant que la commune a succombé en première instance. Merlin, *Quest. Dr.*, v° *Usage* § 2; Paris, 9 déc. 1825.

41. Une nouvelle autorisation n'est pas nécessaire : 1° pour défendre en appel, lors même que l'autorisation donnée en première instance serait restreinte aux premiers juges. Le gain du procès justifie alors cette première autorisation. La commune ne peut donc pas invoquer en cassation son défaut d'autorisation pour défendre en appel, quand le jugement rendu à son profit a été infirmé par la Cour royale. Cas. 2 mars 1815.

2° Pour interjeter appel : c'est un acte purement conservatoire. Henrion, § 10, p. 250; Cas. 28 brum. an 14, 7 déc. 1819; Paris, 20 mars 1827; Cas. 10 mars 1829; Bordeaux, 25 juil. 1830; Grenoble, 7 janv. 1830.

3° Pour défendre au fond, évoqué sur l'appel d'un jugement provisoire. Cas. 1er juil. 1828.

4° Pour former opposition à un arrêt de défaut. Colmar, 10 fév. 1824.

5° Pour se pourvoir en *cassation.* — *V.* ce mot, n° 47.

42. L'autorisation donnée à une commune pour plaider devant un tribunal ne lui permet pas de plaider devant un autre où est renvoyé le procès, parce qu'elle a changé l'objet de sa demande : par exemple, lorsqu'elle réclame la propriété, au lieu d'un droit d'usage qu'elle avait d'abord demandé. Cas. 19 pluv. an 7.

Art. 5. — *Défaut d'autorisation.*

43. L'autorisation ne se présume pas : elle est censée ne pas exister, par cela seul qu'elle n'est pas mentionnée dans le jugement ni dans les pièces. Cas. 28 brum. an 6, 2 mai 1808, 3 juin 1813 et 28 janv. 1824.

44. La nullité du jugement arbitral, pour défaut d'autorisation, entraîne la nullité de l'acquiescement donné par l'adversaire de la commune, à la suite de ce jugement, et homologué par les arbitres. Cas. 27 mess. an 13.

45. L'acquiescement qu'une commune non-autorisée donne à la demande de son adversaire, dans le cours d'un procès, n'est pas valable, alors même que l'autorisation de plaider lui est ensuite accordée avant le jugement. Cas. 11 janv. 1809.

46. Lorsqu'une commune n'a eu l'autorisation qu'en appel, la procédure de première instance et le jugement qui l'a suivi, sont radicalement nuls. Le maire ne peut, par aucun acquiescement, couvir cette nullité. Merlin, *Rép.*, v° *Commun. d'habit.*, § 7; Besançon, 22 déc. 1808.

De même le défaut d'autorisation en première instance et en appel, n'est pas couvert par l'autorisation de défendre en cassation. Cas. 12 frim. an 14.

Cependant l'autorisation donnée dans le cours du procès valide les actes de procédure antérieurs, qui sont purement de forme.

47. Quand c'est l'adversaire qui n'était point autorisé à attaquer la commune, la défense de celle-ci ne peut-être valable, et faire acquérir à la décision intervenue les effets de la chose jugée.

48. Le défaut d'autorisation peut être opposé en tout état de cause, même en cassation, aussi bien par la commune que par ses adversaires qui ont succombé. Telle est la jurisprudence de la chambre civile. Cas. 24 avr. 1809, 16 mai 1810, 18 juin 1823; Berriat, p. 668, note 15, n° 2.

Cependant il paraîtrait plus juste de décider que l'adversaire de la commune, qui n'a point opposé le défaut d'autorisation en première instance, ne doit pas pouvoir l'invoquer en appel. Il a renoncé tacitement à l'observation d'une formalité qu'il pouvait exiger à l'ouverture du débat. Merlin, *Quest. Dr.*, v· *Commune*, § 5; Henrion, § 12, p. 234 et suiv.; Cas. sect. crim. 27 mess. an 8.

49. Le maire qui a plaidé sans autorisation, et qui a succombé, est personnellement passible des dépens, quoique le procès intéressât la commune. Cas. 21 août 1809; arr. Cons. 2 mars 1852.

COMMUNE (femme). — V. *Femme mariée*

COMMUNE *renommée*. Espèce d'enquête où les témoins sont appelés pour déposer sur la valeur des biens que quelqu'un possédait à une certaine époque, d'après ce qu'ils ont vu par eux-mêmes ou entendu dire.—V. *Enquête, Inventaire.*

COMMUNICATION AU MINISTÈRE PUBLIC. — V. *Ministère public.*

COMMUNICATION DE PIÈCES. — V. *Exception.*

COMPARAISON D'ÉCRITURES. —V. *Faux, Vérification d'écritures.*

COMPARUTION DE PARTIES. 1. La comparution des parties a lieu le plus ordinairement dans les affaires qui consistent en faits, et lorsque le juge ne peut s'éclairer par l'instruction ordinaire.

2. Tout tribunal peut l'ordonner, soit d'office, soit sur la demande des parties. C. pr. 119, 428.

Ce moyen d'instruction est abandonné à l'arbitrage du juge, qui l'admet ou le rejette, sans que sa décision à cet égard donne ouverture à cassation. Cas. 3 janv. 1832 (S. 32, 352).

3. Les parties qui comparaissent doivent avoir la libre dispositions de leurs droits; l'interrogatoire qui suit la comparution peut amener des explications ou des aveux de nature à entraîner une condamnation. —V. *Interrogatoire sur faits et articles.*

4. Le jugement indique le jour de la comparution (C. pr. 119). — Il peut être prorogé, en cas d'empêchement légitime. Bruxelles, 11 fév. 1809 (S. 14, 41.)

5. Dans l'usage, on se dispense de lever le jugement et de le signifier (Arg. C. pr. 28; Pigeau, t. 1, p. 314. *Contrà.* — Carré, art. 119). Les avoués se chargent respectivement de prévenir leurs cliens par lettres.

Si le jugement est par défaut, la partie poursuivante se contente de sommer l'adversaire en vertu du jugement enregistré, et dont elle indique l'objet, mais sans en donner copie. *Contrà.* —Pigeau, *ib.*

6. Quelquefois, lorsque les parties sont présentes à l'audience, la comparution est ordonnée et a lieu immédiatement.

7. Le jugement qui ordonne la comparution des parties est simplement préparatoire ; il ne préjuge rien, même sur des exceptions relatives, comme serait celle d'incompétence en raison du domicile contesté, puisque les réponses des parties, lors de la comparution, peuvent fournir des instructions sur ce fait même. Carré, art. 119.

Mais le jugement qui ordonne que des tiers seront entendus à l'audience sur l'objet de la contestation, doit être réputé interlocutoire, dans le sens de l'art. 451 C. pr. Amiens, 26 janv. 1822 (S. 23, 19). — V. *Appel*, n° 128.

8. La comparution a lieu à l'audience ou à la chambre du conseil, et, en cas d'empêchement, devant un juge commis, ou devant un juge de paix, qui dresse procès-verbal des déclarations. C. pr. 428.

9. Si celui dont on a ordonné la comparution fait défaut, le tribunal peut tenir les faits allégués contre lui pour avérés. Arg. C. pr. 330; Cas. 19 fév. 1812; Pigeau, t. 1, p. 515; Berriat, t. 1, p. 319.

10. Lorsque les parties comparaissent, le président les interroge en présence l'une de l'autre, ou chacune séparément, selon qu'il le juge plus convenable.

11. Cet interrogatoire diffère de l'interrogatoire sur faits et articles, notamment en ce que les questions sont abandonnées à la sagesse du juge.

12. Les parties doivent répondre en personne, sans pouvoir lire aucun projet de réponse par écrit.

13. Il n'est point dressé procès-verbal de l'interrogatoire.— *V.* toutefois *sup.* n° 8.

14. L'interrogatoire terminé ou lu aux parties, l'audience continue, et la discussion s'engage sur les inductions et les preuves qui ont pu sortir de l'interrogatoire.

15. Quelle est la force de ces inductions? — V. *Interrogatoire sur faits et articles.*

16. Si le jugement qui intervient est fondé sur quelques éclaircissemens fournis par l'interrogatoire, il en est fait mention dans les motifs.

Cette énonciation était exigée, même sous l'ancienne législation, où l'insertion des motifs n'était pas obligatoire, afin qu'en cas d'appel on pût opposer à la partie ce qu'elle avait déclaré à l'audience. Pigeau, t. 1, p. 314.

17. *Enregistrement.* — V. *Jugement.*

Formule.

Jugement qui ordonne la comparution.

Attendu que les parties sont divisées sur les faits de la cause, et qu'il est nécessaire de les entendre ;

Le tribunal ordonne que les parties comparaîtront en personne à l'audience du   pour répondre sur les faits sur lesquels elles seront interrogées : dépens réservés.

—V. *Interrogatoire sur faits et articles*, *Jugement.*

COMPÉTENCE. Ce mot a plusieurs acceptions.

Il signifie, en général, la mesure du pouvoir attribué par la loi à chaque fonctionnaire public (—V. *Greffier, Huissier, Juge de paix, Notaire*). Dans un sens moins étendu, c'est le droit que la loi défère au juge d'exercer sa juridiction sur certaines matières spécifiées par elle.—V. *inf.*

La *juridiction* est le pouvoir donné au juge d'exercer ses fonctions. Les règles qui déterminent à quelles conditions, envers quelles personnes, sur quelles matières il doit les exercer, fixent la compétence du juge. En d'autres termes, la juridiction est le pouvoir de juger ; la compétence est la mesure de la juridiction. Carré, *Compétence*, t. 1, p. 465.

DIVISION.

§ 1. — *De la compétence des tribunaux en général.*

Art. 1. — *Des tribunaux dans leurs rapports avec l'autorité législative et administrative.*

Art. 2. — *Règles de compétence communes à tous les tribunaux.*

§ 2. — *Tribunaux de première instance.*

§ 3. — *Cours royales.*

§ 4. — *Cour de cassation.*

§ 5. — *Juges de paix.*

§ 6. — *Tribunaux de commerce.*

§ 7. — *Conseils de prud'hommes.*

—————

§ 1. — *Compétence des tribunaux en général.*

Art. 1. — *Des tribunaux dans leurs rapports avec l'autorité législative et administrative.*

1. Les usurpations des parlemens avaient confondu le pouvoir législatif et le pouvoir judiciaire ; mais la séparation de ces deux autorités, posée en principe par l'Assemblée constituante (L. 24 août 1790, tit. 2, art. 3), a été consacrée par l'art. 5 C. civ. :
« Il est défendu aux juges de prononcer par voie de disposition

générale et réglementaire sur les causes qui leur sont soumises. »
— Cette défense est sanctionnée par l'art. 127 C. pén. qui déclare coupables de forfaiture les juges qui se seraient immiscés
dans l'exercice du pouvoir législatif.

2. Ainsi, un tribunal excède ses pouvoirs :

1° En délivrant des arrêtés en forme d'actes interprétatifs du
sens de quelque article de coutume ou de loi. Cas. 14 avr. 1824;
Bruxelles, 9 mai 1832. — V. *Acte de notoriété*, n° 5.

2° En faisant, dans un arrêté pris en la chambre du conseil,
des injonctions à ses justiciables. Cas. 12 août 1791, 14 pluv.
an 12.

3° En faisant un réglement sur la procédure civile à suivre
dans l'étendue de son ressort. Cas. 24 prair. an 9.

4° En décidant, par voie générale et réglementaire, qu'en matière de faillite le ministère public ne pourra à l'avenir assister
aux assemblées des créanciers du failli, ni déplacer ses livres et
papiers. Cas. 20 août 1812.

5° En prescrivant à des maires des actes étrangers à leurs attributions : par exemple, en leur ordonnant de fournir à un particulier l'état des redevables d'une rente. Cas. 23 oct. 1809.

3. Un juge de paix ne peut également faire défense aux huissiers qui exercent près son tribunal, de délivrer aucunes citations
avant de les lui avoir communiquées. Cas. 7 juil. 1817 (S. 17,
347).

L'huissier qui, pour se conformer à une pareille défense, a
refusé de donner une citation sans autorisation préalable du
juge de paix, est passible de dommages-intérêts envers la partie
qui a requis son ministère. Décr. 18 juin 1811, art. 85; 14
juin 1813, art. 42. *Même arrêt.*

4. De même un tribunal de commerce est incompétent pour
prendre un arrêté qui ordonne la transcription d'un ouvrage
sur ses registres, l'impression d'un certain nombre d'exemplaires, et l'envoi à tous les tribunaux de commerce, ainsi qu'à
la Cour de cassation. Cas. 4 pluv. an 12.

5. Les tribunaux n'ont le droit de prendre des arrêtés que sur
la police de leurs audiences. *Même arrêt.*

6. L'autorité judiciaire ne doit pas seulement s'abstenir de
tout empiètement sur le pouvoir législatif; elle doit encore respecter les actes de l'autorité administrative ; il lui est défendu
expressément de s'en attribuer la connaissance sous aucun prétexte. Les fonctions judiciaires, porte la loi du 24 août 1790, art.
13, sont distinctes, et demeureront toujours séparées des fonctions administratives. Les juges ne pourront, à peine de forfaiture, troubler de quelque manière que ce soit les opérations du

corps administratif, ni citer devant eux les administrateurs pour raison de leurs fonctions.

7. Mais la difficulté consistait à déterminer d'une manière précise les limites entre l'autorité et le pouvoir judiciaire. La ligne de démarcation, imparfaitement tracée par la loi du 16 septembre 1790, disparut au milieu des orages de la révolution, et l'administration usurpa une partie des attributions des tribunaux.

8. Toutefois la jurisprudence a posé quelques règles.

Ainsi, 1° les tribunaux civils sont forcés de s'abstenir de statuer sur toute contestation précédemment réglée par des actes ou arrêtés administratifs, alors même que ces arrêtés auraient été incompétemment rendus. Ils doivent surseoir, même d'*office*, jusqu'à ce qu'ils aient été infirmés par l'autorité supérieure.

2° Lorsque la décision du procès est subordonnée à l'interprétation d'un acte émané de l'autorité administrative, ils sont tenus de renvoyer les parties devant cette autorité, afin de faire éclaircir le sens de l'acte.

3° Les tribunaux sont encore obligés de suspendre toute délibération, lorsqu'un arrêté de conflit leur est légalement notifié. — V. *Conflit*.

4° Enfin, lorsqu'une plainte est portée contre un fonctionnaire public, la partie poursuivante doit, avant de requérir qu'il soit procédé à l'interrogatoire de l'agent inculpé, et qu'il soit décerné contre lui un mandat de dépôt ou d'arrêt, demander au Conseil-d'Etat, par l'organe du procureur-général, l'autorisation nécessaire pour la mise en jugement. Const. 22 frim. an 8, art. 75; Cormenin, *Quest. Dr. adm.* v° *Tribunaux*. — V. *Tribunal de première instance.*

Art 2. — *Règles de compétence communes à tous les tribunaux.*

9. La juridiction peut être envisagée sous quatre aspects principaux. Elle est : 1° propre ou déléguée; 2° ordinaire ou extraordinaire; 3° naturelle ou prorogée; 4° enfin de premier ou de dernier ressort.

10. *Propre* ou *déléguée*. La juridiction est *propre* lorsqu'elle est exercée par le souverain, à qui seul elle appartient ; *déléguée*, lorsqu'elle est confiée par lui à des juges chargés de le représenter.

Toute justice émane du roi; elle s'administre en son nom par des juges qu'il nomme et qu'il institue. Charte, art. 48.

Les juges, n'étant investis que d'une juridiction déléguée, ne peuvent pas transférer le droit de juger à des individus sans caractère. Ils n'ont que la faculté de déférer à d'autres juges les actes d'instruction qui exigeraient un déplacement considérable. Henrion, *Aut. jud.*, ch. 15.

11. *Ordinaire* ou *extraordinaire*. La juridiction *ordinaire* est celle qui embrasse dans une circonscription déterminée toutes les affaires pour lesquelles la loi n'a pas formellement établi des juges spéciaux.

La juridiction *extraordinaire* ou *d'exception* est celle qui n'est investie que de la connaissance de certaines affaires spéciales. A cette distinction se rattache la division de l'incompétence en *personnelle* et *matérielle*. — V. *Exception*.

12. Les tribunaux qui exercent la juridiction ordinaire connaissent : 1° de toutes les affaires civiles qui n'ont pas été spécialement attribuées à d'autres juges ; 2° des contestations relatives aux injonctions ou défenses contenues dans leurs jugemens, et de l'exécution des décisions rendues par les tribunaux d'exception. —V. *inf.* n° 14.

Toutefois, dans le cas où le jugement de première instance a été réformé en appel, la connaissance des contestations qui s'élèvent sur l'exécution de l'arrêt, appartient à la Cour qui l'a rendu, ou au tribunal de première instance qu'elle charge de cette exécution. C. pr. 472. —V. *Appel*, section XI.

13. Les tribunaux qui n'ont qu'une juridiction extraordinaire ne peuvent statuer que sur les matières qui leur sont expressément attribuées par la loi, et doivent se déclarer d'office incompétens, nonobstant le consentement exprès ou tacite des parties, impuissantes pour leur conférer une juridiction que la loi leur a refusée dans l'intérêt de l'ordre public. Henrion, *ib.* ch. 16 et 17.

14. Les tribunaux d'exception n'ont pas le droit de connaître de l'exécution de leurs jugemens. —V. *sup.* n° 12.

Mais interpréter un jugement n'est pas connaître de son exécution. Si un jugement rendu par un tribunal d'exception présente quelque ambiguité, c'est à ce tribunal qu'il appartient de l'expliquer. Caen, 17 mai 1826 ; Horson, n° 209.

Il peut de même statuer sur les oppositions ou tierces-oppositions formées à son jugement. *Ibid.*

Ainsi que sur la régularité d'opérations d'expertises, comptes, etc., faits en vertu de ses jugemens interlocutoires. *Ibid.*

15. La juridiction ordinaire appartient, pour les matières civiles, aux tribunaux de première instance et aux Cours royales ; la juridiction extraordinaire aux tribunaux de commerce, aux juges de paix, aux conseils de prud'hommes, à tous les tribunaux administratifs.

16. Les tribunaux correctionnels, et en général tous les tribunaux d'exception, n'ont le pouvoir de prononcer une condamnation civile, qu'autant qu'ils appliquent une peine, et accessoirement à l'exercice de leur juridiction répressive.

Néanmoins les Cours d'assises connaissent des dommages-intérêts respectivement demandés, même en cas d'acquittement de l'accusé. C. inst. crim. 366.

17. Dans le doute, la règle générale domine l'exception : la juridiction ordinaire l'emporte sur la juridiction exceptionnelle.

18. *Naturelle* ou *prorogée*. La juridiction *naturelle* est celle attribuée par la loi ; la juridiction *prorogée* est celle conférée par les parties, dans les cas où la loi le permet, à un tribunal qui, à défaut de conventions particulières, aurait été incompétent, soit en raison du domicile des parties, soit en raison de la situation ou de la valeur de l'objet litigieux : la loi elle-même proroge, dans certaines circonstances, la compétence ordinaire des tribunaux. — V. *Prorogation de juridiction*.

19. *De premier ou de dernier ressort*. Le juge de premier ressort ou de première instance est celui qui statue le premier sur une contestation.

En général, cette première décision peut être soumise par les parties à un tribunal supérieur qui prononce en dernier ressort ; mais, dans certains cas, le premier juge prononce en dernier ressort, c'est-à-dire que sa décision est inattaquable, si ce n'est pour vices de forme ou pour violation expresse de la loi — V. *Cassation*.

Le premier et le dernier ressort forment les deux *degrés de juridiction.*—*V*. ces mots.

La Cour de cassation ne forme point un troisième degré de juridiction. — V. *Cassation*.

20. Chaque tribunal a son territoire circonscrit, au-delà duquel il est incompétent.

21. Toute demande accessoire doit être portée au juge saisi de la demande principale. Cas. 2 déc. 1807, 24 mars 1812 ; Berriat, p. 36 ; Carré, art. 274. — V. *Exception*.

Mais l'application de cette règle cesse lorsque les faits d'exception proposés contre l'action principale ne peuvent être appréciés que par des élémens d'instruction étrangers à la compétence du tribunal saisi de l'action. Berriat, Carré, *ib*.

Il en est de même dans les cas incidens : 1.° si la demande incidente est de telle nature que l'on puisse, sans la juger, statuer définitivement sur la question principale ;

2° Lorsque cette demande n'est pas une suite ou une dépendance de l'action principale ;

3° Quand elle n'a pas le caractère de demande reconventionnelle. Carré, art. 274.

22. Si un même titre donne naissance à plusieurs actions, dont quelques-unes seulement sont dévolues à un tribunal d'exception, l'action doit être portée devant le tribunal ordinaire, qui ne peut scinder la demande, et doit prononcer sur tous les chefs. Paris, 8 août 1807 (S. 14, 109).

23. Un magistrat appelé par le caractère que lui a conféré la loi à exercer alternativement deux juridictions différentes, ne peut les exercer simultanément sur une même citation. — V. *Juge de paix.*

24. Tout tribunal est compétent pour ordonner les mesures autorisées par la loi et qu'il juge nécessaires pour l'instruction de l'affaire. L. 2, D. de *juridiction*; L. 2, tit. 1.

25. Néanmoins les tribunaux de paix et de commerce sont tenus de renvoyer aux juges ordinaires l'instruction et le jugement de tout incident en vérification d'écriture ou inscription de faux. C. pr. 11, 14, 427.

Ainsi que de toute demande à raison de laquelle ils ne seraient pas compétens à raison de la matière : en ce cas, il est sursis au jugement de la cause principale. En effet, les demandes de cette nature ne pourraient être attribuées aux tribunaux d'exception que par une prorogation légale de juridiction, et cette prorogation ne peut avoir lieu lorsque l'incompétence est absolue. — V. *Prorogation de juridiction.*

Toutefois, il faut excepter le cas où il s'agit d'une demande reconventionnelle formée par le défendeur comme exception à la demande principale; car autrement il dépendrait du caprice d'une partie de se soustraire à la juridiction exceptionnelle établie par la loi.—V. *Ib.*

26. Lorsque le fait de la cause donne lieu à une action civile et à une action criminelle, et que l'on poursuit séparément ces actions, il ne peut être statué sur la première avant le jugement de la seconde. C. pr. 240, 250; C. inst. crim. 3; C. civ. 235; Cas. 22 mess. an 7. — Si ce n'est lorsqu'il s'agit d'une question d'État : alors la question civile est *préjudicielle* à l'action criminelle. C. civ. 527.

27. Un tribunal incompétent pour statuer au principal ne peut ordonner aucune mesure provisoire. Cas. 19 fév. 1800.

Il ne peut pas davantage statuer sur les frais. Arrêté des consuls, 13 brum. an 11.

28. Tout tribunal régulièrement saisi d'une affaire, ne peut refuser d'en connaître, à moins qu'il ne soit autorisé à déclarer son incompétence, soit d'office, soit sur la demande du défendeur. C. civ. 4; Carré, *Compétence*, art. 251.—V. *Exception.*

29. Nul événement postérieur à l'assignation n'a pour effet de dépouiller de la connaissance d'une affaire le tribunal qui en a été régulièrement saisi; pas même le changement arrivé, soit dans la condition ou le domicile des parties, soit dans les lois relatives à la compétence et aux formes de procéder, à moins d'une disposition formelle de ces lois. Carré, art. 255; L. 30, D. *de judiciis.* — Autrement il y aurait un double préjudice pour les parties, savoir : la perte des frais déjà faits, et le retard du jugement. Cas. 4 mess. an 12, 29 mars 1808 (S. 8, 318), 14 août 1811 (S. 11, 553); Merlin, *Rép.*, v° *Compétence.*

50. Le juge est saisi lorsque les parties lui ont régulièrement soumis la contestation. —V. *Ajournement, Audience.*

51. Ainsi, le décès d'une partie survenu après l'assignation qui lui a été donnée, ne peut attribuer juridiction au tribunal de l'ouverture de sa succession. Cas. 27 août 1807; Berriat, p. 35.

52. Quand la même cause, ou une autre cause connexe a été portée devant deux tribunaux différens, il y a lieu à *règlement de juges.* —V. ce mot.

55. Aucun tribunal n'a le droit d'annuler sa première décision, lors même qu'elle aurait été surprise (Cas. 10 janv. 1806); si ce n'est dans le cas de recours légal (—V. *Requête civile*), ou lorsqu'elle aurait été incompétemment rendue. Cas. 21 avr. 1813.

Du moment qu'il est prononcé, le jugement appartient aux parties, et ne peut plus être réformé ou rétracté que par les voies légales.

54. Tout tribunal a la police de ses *audiences.* —V. ce mot.

55. L'incompétence du tribunal produit une exception. Mais à quelle époque et par qui peut-elle être proposée? qui peut la prononcer? La solution de ces questions varie selon que l'incompétence est à raison de la personne ou de la matière. —V. *Exception.*

§ 2. — *Compétence des tribunaux de première instance.*

56. Les tribunaux de première instance, également appelés tribunaux civils ou d'arrondissement, ont la juridiction *ordinaire* en matière civile : les cas où ils sont compétens forment la règle; ceux où ils sont incompétens, l'exception.

57. Ainsi, leur compétence embrasse : 1° toutes les affaires civiles, autres que celles attribuées par la loi aux justices de paix. L. 24 août 1790.—V. *inf.* § 5.

2° Les appels des jugemens des tribunaux de paix, sur lesquels ils statuent en dernier ressort. L. 27 vent. an 8, art. 1.

3° Les demandes en réglement de juges, lorsqu'un même différent est porté devant deux ou plusieurs tribunaux de paix du ressort. C. pr. 565,—V. *Réglement de juges.*

4° Les affaires commerciales, tant de terre que de mer, lorsqu'il n'existe pas de tribunal de commerce dans le ressort. C. com. 640.

5° Les contestations dévolues par leur nature à des juridictions exceptionnelles, mais connexes à des affaires ressortissant de la juridiction ordinaire. Ainsi, lorsqu'une seule action embrasse une question de propriété de la compétence du tribunal de première instance, et une question de dommages aux champs de la compétence du juge de paix, si les deux questions sont connexes, elles sont régulièrement jugées par les tribunaux civils. Cas. 29 juin 1820.

6° Les contestations qui, par leur nature, devraient être jugées par des tribunaux d'exception, mais que les parties sont convenues de déférer aux tribunaux ordinaires (—V. *Prorogation de juridiction*). Ainsi, lorsque des associés entre lesquels existent plusieurs procès connexes, tant civils que commerciaux, conviennent de les porter tous devant les tribunaux civils, cette stipulation est valable. Cas. 20 avr. 1825 (S. 26, 33).

7° Les actions civiles relatives à la perception des contributions indirectes, quelle qu'en soit la valeur. L. 11 sept. 1790, tit. 4, art. 2.

8° Les difficultés d'exécution de leurs jugemens et des jugemens rendus par les tribunaux d'exception, tels que les tribunaux de commerce (C. pr. 442 et 553), les arbitres (C. pr. 1020, 1021. — V. *Arbitrage*, sect. XII) et les tribunaux criminels en ce qui concerne les condamnations civiles. Cas. 23 frim. an 14, 5 déc. 1806, 2 janv. et 28 mars 1807; Berriat, p. 54.

38. La répartition des affaires civiles entre les différens tribunaux civils constitue la *compétence territoriale*.

39. L'attribution d'une affaire à tel tribunal civil, plutôt qu'à tel autre, est déterminée tantôt par la situation des biens litigieux, tantôt par le domicile de l'une des parties, selon que l'action est réelle ou personnelle.—V. *Action*, § 1, art. 1.

40. Le législateur paraît s'être décidé d'après les considérations suivantes :

1° En matière personnelle, le débiteur mérite plus de faveur que celui envers lequel il s'est obligé;

2° En matière réelle, on doit préférer à tout autre le juge qui se trouve à portée d'instruire le mieux la cause, à raison des localités ou de diverses circonstances;

3° Il faut en toute matière prévenir la multiplicité des instances.

41. Ainsi, les actions personnelles ou mobilières doivent être intentées devant le tribunal du domicile du défendeur; s'il n'y

a pas de domicile, devant le tribunal de sa résidence. *Actor sequitur forum rei.* C. pr. 59.—V. *Action*, § 1, n° 25.

42. S'il y a plusieurs défendeurs, même non solidairement obligés, domiciliés dans le ressort de divers tribunaux, l'action est intentée devant le juge de l'un d'eux, au choix du demandeur. C. pr. 59.

Pourvu toutefois que les défendeurs soient obligés d'une manière égale et semblable; car si l'obligation de l'un n'était qu'accessoire à l'obligation de l'autre, le domicile du principal obligé devrait déterminer la compétence. Carré, art 59.

43. Peut-on considérer comme co-défendeurs plusieurs individus qui ont contracté ensemble, sans solidarité, une dette divisible?—Pour la négative, on argumente de ce que, dans ce cas, il y a autant d'actions que d'obligés, quoiqu'il n'existe qu'un seul titre; conséquemment, chaque débiteur doit être appelé devant le tribunal de son domicile. Mais ce système aurait pour résultat de multiplier inutilement les frais; et c'est précisément pour éviter cet inconvénient que la loi a permis d'assigner les co-débiteurs devant un seul tribunal; le créancier se trouverait d'ailleurs dans l'impossibilité de former toutes les demandes à la fois, puisqu'il ne pourrait pas produire en même temps le titre de sa créance devant les différens tribunaux appelés à connaître du litige. —Les débiteurs qui ont consenti à s'obliger par un seul et même acte, doivent être réputés avoir consenti à plaider devant le tribunal du domicile de l'un d'eux, au choix du créancier. Carré, art. 59.

44. La règle qui attribue la connaissance des actions personnelles et mobilières au tribunal du domicile de l'un des défendeurs, souffre quelques modifications.

Ainsi, 1° en matière de commerce, le défendeur peut être assigné au choix du demandeur, soit devant le tribunal de son domicile, soit devant celui dans l'arrondissement duquel le paiement devait être effectué, soit enfin devant celui dans l'arrondissement duquel la promesse a été faite et la marchandise livrée. C. pr. 420.—V. *inf.* n° 78.

2° Les comptables judiciaires doivent être poursuivis devant le juge qui les a commis, et les tuteurs devant le juge du lieu où la tutelle a été déférée. C. pr. 527.—V. *Reddition de compte.*

3° Le désaveu est soumis au tribunal devant lequel la procédure désavouée a été instruite. C. pr. 356.

4° La demande en nullité d'emprisonnement, ou en élargissement, formée par un débiteur incarcéré, est portée devant le tribunal du lieu où il est détenu. C. pr. 794 et 805.

Mais si la demande en nullité de l'emprisonnement est basée, non sur des moyens de forme, mais sur des moyens tirés du fond de la cause, la demande doit être portée devant le tribunal auquel appartient l'exécution du jugement qui a prononcé la contrainte. C. pr. 794.—V. *Contrainte par corps.*

5° En matière de droits d'enregistrement, l'action s'intente devant le tribunal de l'arrondissement où est situé le bureau de perception. L. 22 frim. an 7, art. 64.—V. *Enregistrement.*

6° Les contestations relatives à l'exécution d'un jugement sont portées devant le tribunal qui l'a rendu, sans avoir égard au domicile du défendeur. C. pr. 472.

7° En matière de saisie-exécution, la demande à fin de décharge de la part du gardien, celle en revendication des effets saisis, et en général toutes les contestations relatives à la saisie, appartiennent au juge du lieu où elle a été pratiquée. C. pr. 606, 608.—V. *Saisie-exécution.*

Il en est de même de la *saisie-gagerie* (—*V.* ce mot), lors même que le locataire n'habite pas les lieux.

8° En matière de saisie foraine, c'est le juge du lieu où se trouvent les objets qui autorise la saisie. Arg. C. pr. 822.—V. *Saisie foraine.*

9° L'étranger, même non résidant en France, peut être cité devant les tribunaux français, pour l'exécution des obligations par lui contractées, soit en France, soit en pays étranger, avec un Français. C. civ. 14.

10° En cas d'élection de domicile pour l'exécution d'un acte, le défendeur est valablement assigné devant le tribunal du domicile élu. C. pr. 59.

11° L'action des officiers ministériels, en paiement de leurs frais, s'intente devant le tribunal où ils ont été faits. C. pr. 59.

12° En matière d'opposition à mariage, la demande en mainlevée doit être portée devant le tribunal de l'arrondissement où doit se faire la célébration. C. civ. 176, 177; Paris, 19 oct. 1809; Berriat, p. 124. —Jugé, au contraire, que ce devait être au domicile des opposans. Paris, 23 mars 1829.

13° En matière de tierce-opposition et de requête civile, l'action est soumise au juge qui a rendu le jugement. C. pr. 475, 490.

45. Les demandes incidentes ou accessoires suivent le sort de la demande principale.—Ainsi, en matière de garantie, on doit procéder devant le tribunal où la demande originaire et principale est pendante (C. pr. 59-8°),—bien que le garant ait été assigné comme débiteur solidaire. Cas. 26 juil. 1809 (S. 9, 412).—V. *Exception.*

46. De même, en matière de faillite, toutes les demandes doivent, en général, être portées devant le tribunal du domicile du failli. C. pr. 59.—V. *Faillite, Tribunal de commerce.*

47. En matière de succession, le défunt est censé vivre jusqu'au partage inclusivement : en conséquence, c'est à son domicile que doivent être portées : 1° les demandes entre héritiers ; 2° celles intentées par des créanciers de la succession ; 3° celles relatives à l'exécution des dispositions à cause de mort, jusqu'au jugement définitif. C. pr. 59.

48. En matière de société, tant qu'elle existe, les actions dirigées contre la société, soit par un tiers, soit par un des associés, sont intentées devant le tribunal du lieu où elle est établie : elle constitue en effet un être fictif qui a son domicile particulier. C. pr. 59 ; Thomine, art. 59.

49. Les actions réelles doivent être portées devant le tribunal de la situation de l'objet litigieux. C. pr. 59.

50. *Quid* lorsque plusieurs immeubles, situés dans différens arrondissemens, sont l'objet d'une seule action ? S'ils font partie d'une seule et même exploitation, l'action doit être portée devant le tribunal du chef-lieu de l'exploitation ; à défaut de chef-lieu, ou si les biens sont absolument distincts, devant le tribunal du lieu où se trouve la partie des biens qui présente le plus grand revenu, d'après la matrice du rôle. Arg. C. civ. 2210 ; C. pr. 628, 676 ; L. 15 nov. 1808 ; Carré, *L. org.*, art. 235.

51. En matière mixte, l'action est portée, au choix du demandeur, devant le juge de la situation, ou devant celui du domicile du défendeur. C. pr. 59. —V. *Action*, § 1, art. 1, 2.

—V. *Tribunal de première instance.*

§ 5. — Compétence des Cours royales.

52. Les Cours royales statuent sur les appels, 1° des jugemens des tribunaux civils et de commerce. L. 27 vent. an 8, art. 27 ; C. com. 644.

2° Des sentences rendues par des arbitres forcés ou ordinaires.—V. *Arbitrage*, sect. XIII.

3° Des ordonnances de *référé.*- *V.* ce mot.

4° Des jugemens des consuls les plus voisins de leur ressort. Ordon. 1651, liv. 1, tit. 9, art. 18.

5° Des décisions rendues par les préfets en conseil de préfecture, en matière électorale. L. 2 juil. 1828, art. 18.

53. Elles connaissent encore : 1° de l'exécution des jugemens, soit en premier, soit en dernier ressort, dans certaines circonstances.—V. *Appel*, sect. XI.

2° De la réhabilitation des faillis.—V. *Faillite.*

3° Des *prises à partie.*—*V.* ce mot.

4° Des fautes de *discipline.*—*V.* ce mot.

5° Des réglemens de juges, dans certains cas.—V. *Réglement de juges.*

54. La Cour royale compétente est celle dans le ressort de laquelle se trouve placé le tribunal dont la décision est attaquée. —V. *Organisation judiciaire.*

§ 4. — *Compétence de la Cour de cassation.*

55. A la différence des autres tribunaux, la Cour de cassation ne connaît pas du fond des affaires; elle n'est instituée que pour ramener les cours et tribunaux à une saine interprétation des lois.

56. Elle statue : 1° sur la cassation des jugemens et arrêts en dernier ressort ; 2° sur les renvois et réglemens de tribunaux ; 3° sur l'annulation des actes où les juges se sont rendus coupables de forfaiture ; 4° sur le renvoi de ces juges aux Cours criminelles. L. 27 vent. an 8, art. 76.—V. *Cassation.*

§ 5. — *Compétence des juges de paix.*

57. La juridiction des juges de paix est *contentieuse* ou *gracieuse.*

Contentieuse. Lorsque la loi les appelle à terminer une contestation, soit comme conciliateurs, soit comme juges proprement dits.

Gracieuse. Lorsqu'il ne s'agit pas de terminer une contestation, mais seulement d'accomplir certaines formalités prescrites par la loi.

58. *Juridiction contentieuse.* La loi n'attribue aux juges de paix que la connaissance de certaines affaires d'une nature spéciale; leur juridiction est donc extraordinaire et d'exception. Henrion, p. 35.—V. *sup.* n° 11.

Cependant elle peut être prorogée par la volonté des parties (Paris, 5 août 1809; Henrion, p. 43). Elle l'est aussi dans certaines circonstances par l'autorité même de la loi. — V. *Prorogation de juridiction.*

59. Les juges de paix connaissent sans appel jusqu'à la valeur de 50 fr., et à la charge de l'appel, jusqu'à la valeur de 100 fr., des causes purement personnelles et mobilières. LL. 24 août 1790, tit. 3, art. 9; 29 vent. an 9, art. 2.

60. Ils connaissent également sans appel jusqu'à la valeur de 50 fr., et à la charge de l'appel, à quelque valeur que la demande puisse monter : 1° des dommages faits aux champs, fruits et récoltes, par les hommes ou les animaux. L. 24 août 1790, tit. 3, art. 10, n° 1.

2° Des réparations locatives des maisons et fermes. *Id.* n° 3.

3° Des indemnités réclamées par le fermier ou locataire pour non-jouissance, et par le propriétaire pour dégradation aux lieux loués, lorsque le fond du droit n'est pas contesté. *Id.* n° 4.

4° Du paiement des salaires des gens de travail, gages des domestiques et gens de travail, et de l'exécution des engagemens respectifs des maîtres et de leurs domestiques ou gens de travail. *Id.* n° 5.

5° Des injures verbales, rixes et voies de fait, pour lesquelles on ne s'est pas pourvu par la voie criminelle. *Id.* n° 6.

61. Les juges de paix sont encore compétens pour statuer en première instance :

1° Sur les actions possessoires, et, entre autres, sur les déplacemens de bornes, usurpations de terre, arbres, haies, fossés et clôtures, et entreprises sur les arrosages des prés commises dans l'année. — V. *Action possessoire.*

2° Sur les actions en contrefaçon de *brevets d'invention.* — *V.* ce mot.

3° Sur les contraventions en matière de *douanes.* — *V.* ce mot.

62. En matière purement personnelle ou mobilière, le défendeur doit être cité devant le juge de son domicile; s'il n'a pas de domicile connu, devant le juge de sa résidence. C. pr. 2.

Toutefois, dans ce dernier cas, il peut faire connaître son domicile, et demander son renvoi devant le juge compétent, en comparaissant sur la citation. Carré, art. 2.

63. La citation doit être donnée devant le juge de la situation de l'objet litigieux, lorsqu'il s'agit :

1° Des actions pour dommages aux champs, fruits et récoltes. C. pr. 3-1°.

2° Des déplacemens de bornes, des usurpations de terres, arbres, haies, fossés et autres clôtures, commis dans l'année; des entreprises sur les cours d'eau commises pareillement dans l'année, et de toutes autres actions possessoires. C. pr. 3-2°. — V. *Action possessoire.*

3° Des réparations locatives. C. pr. 3-3°.

4° Des indemnités prétendues par le fermier ou locataire pour non-jouissance, lorsque le droit n'est pas contesté, et des dégradations alléguées par le propriétaire. C. pr. 3-4°.

64. En matière de société et autres cas prévus par l'art. 59 C. pr., on doit, pour déterminer la compétence du juge de paix, suivre les règles tracées pour fixer celle du *tribunal de première instance.* — *V.* ce mot.

65. Quel est le juge de paix compétent en matière de *conciliation ?* — *V.* ce mot, § 3.

66. *Juridiction gracieuse.* Elle comprend la convocation des conseils de famille (—*V.* ce mot).—L'apposition et la levée des

scellés (—*V.* ce mot).—L'assistance à l'inventaire du mobilier et des titres de l'*absent.* (V. ce mot et *Inventaire.*) —La vérification des registres de l'état civil dans certains cas. (Ord. 26 nov. 1823.)—La délivrance d'actes de notoriété dans certains cas. (C. civ. 70, 71, 155.) (—V *Acte de notoriété*).—La réception des actes d'adoption et d'émancipation (—V. *Adoption*).—L'intervention à l'exécution forcée des jugemens (—V. *Contrainte par corps, Saisie,* etc.)

67. Quel est le juge de paix compétent en matière de juridiction gracieuse? — *V.* les mêmes mots.

—V. *Juge de paix.*

§ 6. — *Compétence des tribunaux de commerce.*

68. Les tribunaux de commerce sont une juridiction exceptionnelle : ils ne peuvent prononcer que sur les affaires que la loi leur défère expressément. Cas. 5 sept. 1814 (S. 14, 266); Locré, C. com., liv. 4, tit. 2.

69. Ils connaissent, soit en premier, soit en dernier ressort, suivant les distinctions établies par la loi (—V. *Ressort*) :

1° De toutes contestations relatives aux actes réputés commerciaux, soit à raison de leur *nature*, soit à raison de la *qualité* des contractans. — V. *Actes de commerce.*

70. 2° Des actions contre les facteurs, commis des marchands et leurs serviteurs, mais seulement pour le fait du trafic du marchand auquel ils sont attachés. C. com. 634.

71. Peu importe que l'action soit intentée par le marchand lui-même. Vincens, t. 1, p. 140; Pardessus, n° 37. —*Contrà.* Amiens, 21 déc. 1824 (S. 25, 200). — Ou par un tiers qui a contracté avec le facteur ou commis. La loi ne fait aucune distinction. Cas. 3 janv. 1828 (S. 28, 189); Carré, *Lois d'organ.* n° 387.

72. Est relative au trafic du marchand l'action intentée par celui-ci contre son commis en restitution de valeurs prétendues détournées. Paris, 14 déc. 1829 (S. 30, 140).

73. Le tribunal de commerce est-il compétent pour statuer sur l'action formée par le facteur ou commis contre son maître en paiement de son salaire?

D'un côté, l'on dit : L'ordonnance de 1681 attribuait la connaissance de cette action aux tribunaux consulaires par une disposition expresse; en ne la reproduisant pas, le législateur du Code a suffisamment indiqué que son intention était de changer l'ancienne jurisprudence, et conséquemment on doit décider aujourd'hui contrairement à ce qui se passait autrefois. L'art. 633 parle bien de salaires; mais il ne s'applique évidemment qu'au commerce maritime.

Toutefois, on répond que, lors des discussions du Code, il n'a nullement été question d'abroger la disposition de l'ordonnance, mais seulement d'étendre la compétence des tribunaux de commerce à l'action formée contre les commis et facteurs. On a uniquement voulu établir une réciprocité d'actions que réclamait la nature des relations qui existent entre le maître et son commis. D'ailleurs, le négociant qui loue les services d'un facteur pour l'employer à son commerce, fait évidemment un acte commercial, et par conséquent la demande intentée par son commis contre lui doit nécessairement être portée devant les tribunaux de commerce. Paris, 29 nov. 1825 (S. 27, 204); 24 août 1829 (S. 30, 15); Herson, *Quest. sur C. com.*, n° 204; Pardessus. — *Contrà.* Metz, 21 avr. et 13 juil. 1818 (S. 19, 81); Rouen, 19 juin 1813 (S. 14, 75); 26 mai 1828 (S. 29, 19); Poitiers, 27 janv. 1830 (S. 30, 238); Aix, 23 janv. 1830 (S. 30, 85); Montpellier, 10 juil. 1830 (S. 30, 237); Carré, art. 587.

Un arrêt de cassation du 5 sept. 1810 (S. 11, 32) a reconnu la compétence des tribunaux de commerce, mais a refusé d'appliquer la contrainte par corps.

74. 3° Des effets de commerce souscrits par des négocians et des non-négocians, bien qu'à l'égard de ceux-ci l'acte ne soit pas commercial. C. com. 637.

Ainsi les billets à ordre et les lettres de change, réputés simples promesses, dans les cas prévus par les art. 112 et 113 C. com., revêtus de signatures de négocians et de non-négocians, ne forment obligation commerciale qu'à l'égard des premiers; ils restent, à l'égard des seconds, dans les termes d'un engagement purement civil. Cependant c'est au tribunal de commerce seul qu'il appartient de connaître des actions relatives à ces billets et lettres de change. Mais aucune contrainte par corps ne peut être prononcée contre les non-commerçans. C. com. 637; Limoges, 19 mai 1813 (S. 16, 69;) Bordeaux, 11 août 1826 (S. 27, 121); Bruxelles, 6 fév. 1812 (S. 13, 240); Pardessus, n° 1344; Locré, *Esprit du Code de com.* 636, 637. — V. *Contrainte par corps.*

75. 4° Des actions dirigées contre les veuves communes en biens, et les héritiers des *justiciables des tribunaux de commerce*, du chef de leurs maris ou de leurs auteurs. Quoique non-commerçans, ils peuvent être assignés devant le tribunal de commerce, soit en reprise d'instance, soit par action nouvelle, sauf, si les qualités sont contestées, à être renvoyés devant les tribunaux ordinaires, pour y être réglés et ensuite jugés sur le fond, s'il y a lieu, par le tribunal de commerce. C. pr. 426.

76. 5° Des billets faits par les receveurs, payeurs, percepteurs, ou autres comptables des deniers publics. C. com. 634.

Les billets souscrits par ces fonctionnaires sont censés faits pour leur gestion, comme ceux des commerçans sont réputés faits pour leur commerce, lorsqu'une autre cause n'y est pas énoncée. C. com. 638. — V. *Acte de commerce*, n° 116.

77. Les tribunaux de commerce connaissent encore du dépôt du bilan et des registres du commerçant failli (C. com. 453); et de la déclaration de la faillite, dont ils fixent l'époque; ils ordonnent l'apposition des scellés; ils nomment le juge-commissaire et les agens provisoires; ordonnent le dépôt de la personne du failli dans la maison d'arrêt pour dettes, ou la garde de sa personne à domicile par un agent de la force publique (C. com. 441, 449, 454, 455); ils reçoivent le rapport du juge-commissaire sur toutes les contestations élevées à l'occasion de la faillite, et qui sont de leur compétence; prolongent, s'ils le jugent nécessaire, la gestion provisoire des agens; les révoquent, si bon leur semble (C. com. 458, 459, 460); ils autorisent, s'il y a lieu, la vente des marchandises sujettes à dépérissement, la mise en liberté du failli, avec sauf-conduit, en l'obligeant ou non à fournir caution de se représenter (C. com. 464, 466, 467); ils choisissent les syndics provisoires sur une liste de trois candidats, présentée au juge-commissaire par les créanciers réunis; ils connaissent, sur le rapport du juge-commissaire, des plaintes portées contre les syndics provisoires (C. com. 480, 495); des contestations sur la validité des créances (508); fixent les délais pour la vérification (511); homologuent ou rejettent le concordat (524, 526); à défaut de concordat, fixent le secours alimentaire à prendre sur les biens du failli (530); déclarent si le failli est ou non excusable et susceptible d'être réhabilité (531); ils prononcent aussi sur les contestations relatives aux droits des créanciers entre eux (533); peuvent autoriser l'union de ces mêmes créanciers, et traiter à forfait des droits et actions dont le recouvrement n'a point été opéré (565); reçoivent les déclarations de cession (C. com. 571, C. pr. 901); jugent les contestations qui s'élèvent en matière de revendication (585); instruisent sur les requêtes en réhabilitation, et si elles sont accueillies, font lire les arrêts à leur audience et en ordonnent la transcription sur leurs registres (606, 611). Sont-ils compétens pour connaître de la demande en *cession de biens* ?—*V.* ce mot et *Faillite*.

78. En matière commerciale le défendeur peut être cité au choix des demandeurs:

1° Devant le tribunal de son domicile comme en matière ordinaire; 2° devant celui dans l'arrondissement duquel la promesse a été faite et la marchandise livrée; 3° devant celui dans l'arrondissement duquel le paiement devait être effectué. C. pr. 420.

—V. *Tribunal de commerce.*

§ 7. — *Compétence des conseils de prud'hommes.*

79. On appelle *conseil de prud'hommes* un tribunal composé en partie de manufacturiers faisant fabriquer, et de chefs d'ateliers, contre-maîtres, et ouvriers patentés.

80. Dans les villes où il en existe, les conseils de prud'hommes connaissent des différends entre les fabricans ou manufacturiers, et ceux qu'ils font travailler, sans appel jusqu'à 100 fr., et à la charge de l'appel devant le tribunal de commerce, à quelque valeur que la demande puisse monter. Décr. 3 août 1810.

81. Ils connaissent en outre, comme arbitres, des difficultés entre les fabricans et leurs ouvriers contre-maîtres, relatives aux *opérations* de la fabrique, et entre plusieurs fabricans pour leurs marques. Vincens, t. 3, p. 40. —V. *Prud'hommes.*

—V. *Organisation judiciaire, Tribunaux.*

COMPLAINTE. — V. *Action possessoire*, § 1, art. 1.

COMPROMIS. — V. *Arbitrage.*

COMPTE (*Reddition de*). — V. *Reddition de compte.*

COMPULSOIRE. Voie prise par un tiers, dans le cours d'une instance pour se faire délivrer, par un notaire ou autre dépositaire, public expédition ou copie d'un acte dans lequel il n'a pas été partie, mais qui peut conduire à la décision de l'instance engagée.

1. *Cas dans lesquels il a lieu.* Parmi les actes authentiques, les uns sont la propriété de la société entière, tels que les actes de l'état civil, les inscriptions hypothécaires, les jugemens ou autres actes judiciaires : leurs dépositaires sont tenus d'en délivrer expédition, copie ou extrait à tout requérant, à la charge de leurs droits, à peine de tous dommages-intérêts. Ce n'est pas le cas du compulsoire. C. pr. 853; C. civ. 2196.

Les autres actes, tels que ceux reçus par les notaires, sont la propriété privée des parties qui les ont souscrits : elles seules, en général, peuvent s'en faire délivrer des grosses, expéditions ou copies, dans les formes indiquées par la loi (—V. *Copie*). L'art. 23 L. 25 vent. an 11 défend aux notaires de délivrer expédition, et même de donner connaissance des actes qu'ils reçoivent, à d'autres qu'aux parties intéressées en nom direct, leurs héritiers ou ayans-cause, à peine de dommages-intérêts, d'une amende de 100 fr., et, en cas de récidive, de suspension de leurs fonctions pendant trois mois.

Par le même motif, l'art. 8 L. 22 frim. an 7 défend aux receveurs de l'enregistrement de délivrer des extraits des registres, bien que ces registres ne contiennent qu'une mention sommaire des actes, à d'autres qu'aux parties contractantes ou leurs ayant-cause, à moins d'une ordonnance du juge de paix.

2. Toutefois, la règle qui interdit aux tiers la connaissance des actes notariés admet une exception : la partie qui, dans le cours d'une instance, a besoin d'un acte dans lequel elle n'a pas figuré, a le droit de s'en faire délivrer une expédition ou extrait. C. pr. 846.

3. Si l'acte est produit au procès par la partie adverse, il n'est pas nécessaire d'agir par la voie de compulsoire : il suffit d'en demander communication. — V. *Exception*.

4. Peut-on former une demande à fin de compulsoire par action principale? Pour l'affirmative, on invoque l'ancienne jurisprudence, qui autorisait cette procédure, et l'art. 23 L. 25 vent. an 11, portant que les notaires ne pourront délivrer, *sans l'ordonnance du président*, expédition des actes à d'autres qu'aux personnes intéressées, etc. : d'où l'on conclut que le président a le droit d'ordonner cette délivrance. — Mais on répond : l'art. 846 C. pr. introduit un droit nouveau : le titre où il se trouve placé renfermant un système complet sur les compulsoires, a remplacé toutes les dispositions antérieures sur la matière, et par conséquent le compulsoire par voie de demande incidente est le seul admissible aujourd'hui. L'art. 846 C. pr. dérogeant au droit commun, doit être restreint dans les termes et la convenance du compulsoire, et ne peut être appliqué qu'à l'occasion et pendant le cours de l'instance principale. Paris, 4 juil. 1809 et 8 fév. 1810; Pigeau; Carré, art. 846. — *Contra.* Berriat, p. 659, note 14.

Mais le juge peut, en tout état de cause, ordonner un compulsoire incidemment demandé : la loi n'a point assigné de terme fatal. Rennes, 6 janv. 1814.

5. La voie du compulsoire ne saurait être employée qu'à l'égard des actes existant entre les mains de dépositaires publics. Elle ne peut l'être à l'égard des actes sous seing-privé appartenant à des particuliers : ces actes sont une propriété sacrée, à laquelle il n'est pas permis d'attenter, à moins que la société tout entière ne soit intéressée à en prendre connaissance pour la découverte d'un crime ou d'un délit. Paris, 28 août 1813 (S. 14, 261); Rennes, 21 juin 1811; Carré, art. 846.

6. Cette règle s'applique aux actes notariés passés en brevet et en la possession d'un simple particulier. Le Code n'autorise en effet la voie du compulsoire que pour les actes en minute, et cette mesure ne saurait être étendue à des cas non prévus. D'ailleurs si le dépositaire se refusait au compulsoire, il faudrait

procéder contre lui par la voie de la contrainte personnelle et des perquisitions domiciliaires, moyens odieux qui ne peuvent être employés qu'en vertu d'une loi formelle.

7. Le compulsoire ayant pour, effet de porter à la connaissance des tiers les secrets des familles, et étant par conséquent une mesure exorbitante du droit commun, ne peut être ordonné qu'autant que le titre dont on demande la communication a un rapport direct à l'objet du litige, et peut influer essentiellement dans la cause. Rennes, 27 juil. 1809; Carré, art. 846.

Il faut que le demandeur établisse le mérite et la nécessité du compulsoire par de fortes présomptions.

Toutefois, la loi n'exige pas, pour être admis à compulser, que l'on spécifie précisément le jour où l'acte a été passé et l'officier public qui l'a reçu. Paris, 1er mars 1809.

8. *Forme.* La demande à fin de compulsoire est formée par requête d'avoué à avoué. C. pr. 847.

Cette requête peut être grossoyée; mais elle ne doit pas excéder six rôles. Tar. 75.

Il n'est pas nécessaire qu'elle énonce la date du titre recherché et le nom du notaire qui l'a reçu. Paris, 1er mars 1809 (S. 12, 299).

9. L'avoué de la partie adverse peut signifier en réponse une requête de la même étendue (Tar. 75), pour prouver qu'elle est tardive ou qu'elle n'est point fondée. Carré, art. 847.

10. La demande en compulsoire ne doit point, en général, retarder le jugement du procès, parce que la partie doit s'imputer de l'avoir sollicité trop tard.

Mais si le compulsoire a été ordonné par un jugement contradictoire comme une mesure d'instruction préalable, il suspend nécessairement le jugement. Ordon. 1535, art. 2, chap. 15; Berriat, p. 661, note 20; Carré, art. 847.

11. L'affaire est portée à l'audience sur un simple acte, et jugée sommairement sans aucune procédure et sans préliminaire de conciliation. C. pr. 847.

12. Le jugement est exécutoire par provision, nonobstant opposition ou appel. C. pr. 848.

Toutefois, le dépositaire peut toujours se refuser à délivrer l'expédition, s'il n'a pas été payé des frais et déboursés de la minute de l'acte, outre ceux d'expédition. C. pr. 851.

13. Le jugement doit être signifié, non-seulement à la partie adverse et à son avoué, mais encore au dépositaire de l'acte. Pigeau; Carré, art. 848.

14. Faut-il qu'il le soit en outre à toutes les personnes intéressées dans l'acte dont on demande communication, encore bien qu'elles ne soient pas en cause? La loi ne l'exige point; on

n'est tenu de signifier un jugement qu'aux parties en cause, et à celles contre lesquelles on veut l'exécuter; et il est impossible de soutenir, dans l'espèce, qu'on exécute le jugement contre les tiers intéressés à l'acte qui ne sont pas en cause. Dalloz, *Jurisp. gén.* v° *Compulsoire*, p. 701, note 3.

15. Le procès verbal de compulsoire est dressé, et l'expédition, la copie ou l'extrait est délivré par le notaire ou autre dépositaire de l'acte, à moins que le tribunal, par crainte de refus ou d'inexactitude de ce dépositaire, ne juge convenable de commettre à cet effet un de ses membres, ou tout autre juge du tribunal de première instance, où un autre notaire. C. pr. 849; L. 25 vent. an 11, art. 24.

16. Si le compulsoire est fait par un juge, on ne peut le provoquer qu'en vertu de son ordonnance, rendue sur requête à lui présentée, et indicative des jour et heure de la comparution.

17. Cette requête et cette ordonnance sont signifiées par la partie poursuivante aux parties intéressées, avec sommation de se trouver aux jour et heure indiqués par l'ordonnance dans le cabinet du juge, pour y être présentes à la rédaction du procès-verbal auquel elles ont droit d'assister.

La bienséance exige que le juge ne soit pas obligé de se transporter dans l'étude du notaire. Arg. C. pr. 1040; Favard, v° *Expédition*, n° 5; Carré, t. 3, n° 2885.

18. Si c'est un notaire qui doit procéder au compulsoire, on lui fait sommation, ainsi qu'aux parties qui doivent comparaître, de se trouver en l'étude aux jour et heure indiqués par le poursuivant.

19. Les parties comparaissent assistées de leurs avoués. Tar. 92; Pigeau, t. 2, p. 395; Carré, art. 850.

Elles peuvent faire insérer au procès-verbal tels dires qu'elles jugent convenables.

Les parties intéressées à l'acte, qui n'ont pas figuré au jugement ordonnant le compulsoire, ne peuvent s'opposer à ce qu'il y soit procédé. La demande est exclusivement dirigée contre les parties présentes à l'instance principale; elles seules sont admises à en contester la convenance et l'utilité. Dalloz, *Juris. gén.*, v° *Compulsoire*, note 3. — *Contrà.* Pigeau, *ib.*; Carré, art. 850.

20. Le notaire ou dépositaire de l'acte peut se refuser au compulsoire, si les frais et les déboursés de la minute lui sont dus, et qu'on ne veuille pas les lui acquitter avec ceux d'expédition. C. pr. 851; Pigeau, *ib.*; Carré, art. 851.

21. Les parties ont le droit de collationner l'expédition ou copie délivrée avec la minute, dont lecture doit être faite par le dépositaire. Si elles prétendent qu'elle n'est pas conforme, il en est référé, à jour et heure indiqués par le procès-verbal, au président du tribunal, lequel fait lui-même la collation. C. pr. 852.

22. Le procès-verbal de collation en référé doit être dressé par le juge, et non par le dépositaire de la minute; parce qu'étant accusé de ne pas avoir délivré une expédition ou copie conforme à la minute, il n'est pas présumé avoir l'impartialité nécessaire pour la rédaction de cet acte. Pigeau, *ib.*; Carré, art. 852.

23. Si le défendeur ne comparaît pas aux jour et heure indiqués pour le compulsoire, il est procédé en son absence dans les formes ordinaires. Mais dans l'usage on surseoit pendant une heure au moins après l'échéance de l'heure fixée pour la comparation; il en est fait mention dans le procès-verbal. Ord. 1667, art. 2, tit. 12; Carré, art. 850.

24. Les frais du procès-verbal, ainsi que ceux du transport du dépositaire de la minute devant le juge en référé, doivent être avancés par le requérant. C. pr. 852.

25. *Timbre.* Le procès-verbal de compulsoire, fait en brevet, doit être sur papier à expédition.

S'il est fait en minute, il peut être sur tout papier de dimension.

26. *Enregistrement.* Le procès-verbal de compulsoire est passible du droit fixe de 2 fr. L. 28 avr. 1816, art. 43, n° 16.

L'expédition ou la copie de la pièce compulsée, délivrée séparément du procès-verbal de compulsoire, n'est pas soumise à l'enregistrement.

27. Lorsque la collation a lieu par le président, il n'est dû aucun droit particulier d'enregistrement, si la collation est constatée par le procès-verbal du dépositaire. Mais s'il est rédigé une ordonnance de collation, elle est passible du droit fixe de 3 fr. Le 22 frim. an 7, tit. 7, art. 68, § 2, n°⁵ 6 et 7; L. 28 avr. 1816, art. 44, n° 10.

Formules.

FORMULE I.

Requête à fin de compulsoire.

(C. pr. 846, 847. — Tarif, 75. — Coût 2 fr. par rôle.)

A MM. les président et juges du tribunal de

Le sieur C   , demeurant à   défendeur au principal, demandeur aux fins des présentes, ayant Me   ,,pour avoué;

Contre le sieur P   , demeurant à   , demandeur au principal, défendeur aux fins des présentes, ayant Me   pour avoué.

A l'honneur de vous exposer (*rapporter les faits et les moyens.*)

Par tous ces motifs et autres, à suppléer de droit et d'équité, plaise au tribunal recevoir l'exposant incidemment demandeur aux fins de la présente requête, et statuant sur icelle, avant faire droit à la demande principale, l'autoriser à faire compulser par-devant tel de MM. qu'il plaira au tribunal commettre à cet effet, ou par-devant M^e , notaire à , l'acte de vente fait entre les sieurs , le , et reçu par M^e notaire à , qui en a la minute; en conséquence, ordonner que ledit M^e , notaire, sera tenu d'en délivrer une expédition en bonne forme au requérant, aux offres par lui faites de payer audit notaire tous frais et honoraires qui lui seraient légitimement dus; et vous ferez justice. (*Signature de l'avoué.*)

FORMULE II.

Procès-verbal de compulsoire.

(C. pr. 849. — Tarif, 168. — Coût par vacation de trois heures, 9 fr.)

L'an , le , heures du matin, en l'étude de M^e , notaire à , et devant son collègue et lui, Est comparu M , assisté de M^e , son avoué.

Lequel a dit que, par le jugement du tribunal civil de première instance de l'arrondissement de , en date du , rendu contradictoirement entre lui et M , enregistré et signifié, il a été autorisé à se faire délivrer par compulsoire extrait d'un contrat passé devant M^e ; l'un des notaires soussignés, qui en a minute, et son collègue, le , portant vente par M à M , d'une maison sise à , à la charge notamment de servir au comparant une rente annuelle et perpétuelle de , franche et exempte de la retenue de toutes contributions, et originairement constituée par hypothèque sur cette maison par le sieur l'un des anciens propriétaires, aux termes d'un contrat passé devant M^e , etc.

Qu'en conséquence de ce jugement, il a fait sommation par exploit de , huissier à , en date du , au sieur de se trouver en l'étude, à ces jour et heure, pour être présent à la délivrance qui lui serait faite de l'extrait dont il s'agit.

Qu'il représente la grosse du jugement et l'original de l'exploit de sommation, pour demeurer annexés au présent procès-verbal; et qu'il requiert que, dans le cas où le sieur ne comparaîtrait pas, ni personne pour lui, il soit donné défaut, et passé aussitôt à la délivrance de l'extrait du contrat sus-énoncé.

Et le comparant a signé, après lecture faite, avec M^e son avoué.
(*Signatures de la partie et de l'avoué.*)

Est à l'instant comparu M ci-devant prénommé, qualifié et domicilié.

Lequel a dit qu'il comparaît pour satisfaire à la sommation qui lui a été donnée, comme il est dit ci-dessus, et assister à la délivrance demandée; se réservant de faire tels dires et réquisitions qu'il avisera; et il a signé après lecture faite.
(*Signature.*)

Sur quoi les notaires soussignés ont donné acte aux sieurs de leurs comparution et dires; il a été annexé au présent procès-verbal la grosse du jugement et l'original de l'exploit sus-énoncé, après que dessus mention de leur annexe a été faite par les notaires soussignés.

M^e , l'un des notaires soussignés, a immédiatement produit la minute du contrat du , ci-dessus relaté, et fait sur cette minute, l'extrait littéral de la stipulation par laquelle M. a été chargé du service d'une rente de , due à M.

Cet extrait achevé, M^e l'a mis sous les yeux des comparans, et assisté de son collègue, il a fait, sur la minute étant en ses mains, lecture de la stipulation extraite, dont la teneur a été écoutée et collationnée mot à mot par les sieurs , qui en ont reconnu la transcription exacte et conforme, au moyen de quoi les notaires soussignés, après avoir procédé entre eux à une nouvelle collation du même extrait, ont mis au pied le certificat de collation par

compulsoire et de conformité; délivrance en a été ensuite faite au sieur
qui l'a reconnu (1).

De tout ce que dessus, les notaires soussignés ont dressé le présent procès-
verbal, auquel il a été vaqué depuis l'heure de   , jusqu'à celle de
par vacation; et les comparans et leurs avoués ont signé après lecture faite.

Cas où la partie sommée ne comparaît pas.

Et, après avoir attendu jusqu'à   , sans que le sieur
soit comparu, ni personne pour lui, les notaires soussignés ont donné défaut
contre lui; et, obtempérant à la réquisition du sieur   , il ont, en
vertu du jugement précité, fait et collationné sur la minute du contrat du
ci-dessus relaté, l'extrait littéral de la stipulation, par laquelle le
sieur   a été chargé du service d'une rente de   envers le
sieur   , et de suite délivré cet extrait, après l'avoir certifié conforme,
au sieur   , qui l'a reconnu.

De tout ce que dessus, les notaires et leurs avoués ont dressé le présent
procès-verbal, auquel il a été vaqué, etc., et le sieur   et son avoué,
ont signé avec les notaires, après lecture faite.   (*Signatures.*)

— V. *Copie.*

CONCILIATION. Procédure préliminaire qui a lieu devant
le juge de paix, dans le but de prévenir un procès.

DIVISION.

§ 1. — *Caractères de la conciliation.*
§ 2. — *Affaires soumises au préliminaire de conciliation.*
§ 3. — *Juge de paix compétent.*
§ 4. — *Procédure de conciliation.*
   Art. 1. — *Formes de la citation.*
   Art. 2. — *Cas où les parties comparaissent; procès-verbal de conci-*
      liation ou de non-conciliation.
   Art. 3. — *Cas où les parties font défaut.*
§ 5. — *Effets du préliminaire de conciliation.*
§ 6. — *Enregistrement.*
§ 7. — *Formules.*

§ 1. — *Caractères de la conciliation.*

1. Le préliminaire de conciliation, introduit par la loi du 24
août 1790, modifié par les lois du 27 mars 1791 et 14 ventôse

(1) *On* A cet instant M   a dit qu'il protestait du défaut de conformité entre
l'extrait et la minute, attendu que le mot *francs*, placé dans l'extrait à la suite des mots
trois cents, ne se trouve pas en entier dans la minute; qu'après le mot trois on voit
seulement les lettres *frns*, ou à peu près, et s'opposoit à la délivrance de l'extrait avec ces
mots; et a signé, lecture faite.   (*Signature.*)
Par M   , a été dit qu'il reconnaît l'exactitude de l'extrait, le mot *francs*
existan dans la minute, quoique tracé en caractères peu nets; en a requis la délivrance
et a signé, lecture faite.   (*Signature.*)
Attendu le reproche de non conformité, nous avons annoncé aux parties qu'il en serait
référé par nous à M. le président du tribunal civil de l'arrondissement, en son cabinet,
au Palais-de-Justice, demain à midi, heure, jour et lieu, auxquels les parties ont promis
de comparaître, sans qu'il soit besoin de sommation; et de tout ce que dessus lecture
faite, les comparans et leurs avoués ont signé avec les notaires.

an 4, a été conservé par le Code de procédure pour les cas où l'espoir raisonnable d'un arrangement compense l'augmentation des frais et les retards qu'il occasionne.

2. L'épreuve de la conciliation n'est qu'une procédure préparatoire. Elle ne forme point un degré de juridiction. L'instance n'est réellement entamée que par l'exploit de demande, et le juge de paix n'est qu'un conciliateur qui ne peut, sans excès de pouvoirs, rendre un jugement sur l'objet du litige. Cas. 21 mess. an 5 (S. 20,474), 20 mai 1806.

3. Toute demande qui n'en est pas dispensée par la loi doit, à peine de nullité, subir le préliminaire de conciliation. — V. *inf.* § 2.

4. Cette nullité se couvre par la procédure du défendeur qui a négligé de l'opposer; le juge ne peut suppléer ce moyen d'office. — V. *inf.* n° 62.

5. Lorsqu'une affaire a subi le préliminaire de la conciliation dont elle était dispensée, il n'y a pas nullité : la loi prononce des *dispenses*, mais non des prohibitions. Montpellier, 5 août 1807; Carré, p. 92; Boncenne, t. 2, p. 23.

§ 2. — *Affaires soumises au préliminaire de conciliation.*

6. La loi soumet au préliminaire de conciliation toutes les demandes qui sont : 1° principales ; 2° introductives d'instance ; 3° entre parties capables de transiger ; 4° sur des objets susceptibles d'une transaction ; 5° de la compétence des tribunaux de première instance (C. pr. 48) ; 6° et qui ne requièrent pas célérité. C. pr. 49 - 2° n° 4.

L'absence d'une de ces conditions suffit pour dispenser de la tentative de conciliation.

Dans le doute, il faut se décider pour la nécessité de la conciliation. Rennes, 30 déc. 1819; Carré, p. 93.

7. *Principale.* Une demande principale est celle qui ne tient, ni quant à son objet, ni quant à ses motifs, à aucune autre action déjà formée, soit contre le défendeur, soit contre un autre. Carré, art 48.

8. *Introductive d'instance*, c'est-à-dire commençant le procès. Cette condition semble d'abord se confondre avec la précédente ; cependant toute demande principale n'est pas introductive d'instance. Ainsi l'intervention est bien une demande principale, puisque l'intervenant n'a encore formé aucune demande contre les parties en procès ; mais elle n'est pas introductive d'instance, puisqu'il existe un procès entre ces derniers.

9. Une demande *additionnelle* est aussi sujette à la conciliation : elle est, au fond, *principale* et *introductive* d'instance

pour le point sur lequel il n'y a pas eu tentative de conciliation. Grenoble, 8 frim. an 11; Besançon, 8 janv. 1818; Berriat, p. 187, note 9.

10. Mais cette formalité n'est pas nécessaire :

1° Pour une demande restrictive ou accessoire de la demande principale. — V. *Appel*, n° 242 et suiv.

2° Pour les demandes reconventionnelles qui ne servent que d'exception ou de défense à la demande principale. Cas. 17 août 1814.

11. Elle est au contraire indispensable pour toutes les demandes *nouvelles*, encore bien qu'elles tendent au même but qu'une autre déjà formée, parce qu'elles sont en réalité *principales* et *introductives* d'instance. Peu importe qu'elles soient intentées par le défendeur; car si elles n'ont aucun rapport à la demande principale, elles constituent une instance différente. Agen, 31 mars 1824; Berriat, *ib.*; Merlin, *Rép.*, v° *Reconvention*.

12. D'après ces principes, sont dispensées du préliminaire de conciliation :

1° La demande en liquidation de droits matrimoniaux, formée par la femme en vertu du jugement qui l'ordonne. Cas. 14 août 1811 (S. 11, 353).

2° Celle en continuation d'une jouissance qui avait fait l'objet d'une action précédente. Bourges, 16 prair. an 9.

3° Celle en nullité d'un rapport d'experts, quand elle se lie à une instance déjà existante. Florence, 23 juin 1810.

4° Celle en rescision pour cause de *lésion*, formée subsidiairement à une demande en partage. Besançon, 13 fév. 1817.

5° Celle en supplément de légitime, lorsqu'elle n'est qu'un corollaire de la demande des droits légitimaires. Grenoble, 28 août 1820. — Ou qu'elle est substituée à une demande en partage. Grenoble, 9 août 1806.

6° Celle formée après renvoi de la Cour de cassation devant le tribunal qui doit en connaître. Cas. 26 pluv. an 11; Berriat, p. 188.

13. Il en est autrement quand la seconde demande est *distincte* de la première; par exemple, à l'égard :

1° De la demande en nullité d'un acte de vente, *substituée* à une demande en rescision. (Cas 22 fév. 1809 S. 9, 551; Carré, art. 48), — ou à une demande en paiement du prix de la vente. Riom, 27 mars 1827 (S. 28, 240); Boncenne, t. 2, p. 4.

— Quand bien même dans la seconde on conclurait *subsidiairement* aux fins de la première. *Même arrêt.*

2° De celle formée au pétitoire devant les tribunaux ordinaires, après renvoi prononcé en justice de paix sur une action possessoire. Dijon, 2 déc. 1826.

5° De celle intentée à *fins* civiles, sur renvoi prononcé par la juridiction criminelle. Grenoble, 23 mars 1830.

4° De celle en paiement d'une créance jointe à une autre demande précédemment formée contre le même défendeur pour une cause différente. Grenoble, 8 frim. an 11.

5° De celle à fin de déclaration d'hypothèque, quoiqu'il y ait eu tentative de conciliation sur la demande en paiement de la somme pour laquelle on réclame l'hypothèque. Aix, 27 mai 1808.

6° De celle tendante à ce que l'adversaire soit obligé de se désister d'une instance pendante devant d'autres juges. Cas. 11 déc. 1809 (S. 10, 241).

14. *Entre parties capables de transiger, et sur des objets qui peuvent être la matière d'une transaction.* —*V.* cependant n° 15.

Le but de la loi est d'amener les parties à une transaction. Or, ce résultat étant impossible toutes les fois que la conciliation est engagée entre personnes incapables ou sur des matières non susceptibles de transaction, le préliminaire de conciliation devenait absolument inutile.

Les incapables peuvent, il est vrai, transiger par l'intermédiaire de leurs administrateurs, mais avec des formalités si longues, et si dispendieuses, que le Code ne prescrit la tentative de conciliation qu'aux personnes capables par elles-mêmes de transiger.

15. Toutefois, la femme mariée est soumise au préliminaire de conciliation : l'art. 49 ne l'en dispense point; et elle n'a besoin pour transiger que de l'autorisation maritale. Carré, art. 48; Berriat, *ib.*—*Contrà.* Boncenne, t. 2, p. 17.

Il en est de même de l'individu pourvu d'un conseil judiciaire.

16. Le majeur qui actionne conjointement avec un mineur n'est pas dispensé de la conciliation. Cas. 30 mai 1814; Berriat, *ib.*

17. *De la compétence des tribunaux de première instance.* Les causes soumises aux tribunaux de paix ou de commerce, ou aux prud'hommes, sont dispensées du préliminaire de conciliation : les unes, parce que les juges de paix, par la nature de leurs fonctions, doivent tenter de rapprocher les parties; les autres, parce qu'elles requièrent célérité. C. pr. 49-4°.

18. *Qui ne requièrent pas célérité.* — Autrement l'urgence doit l'emporter sur l'espoir incertain d'un arrangement; par exemple, dans le cas d'une demande en pension alimentaire. Arg. C. pr. 49-4°.

19. L'art. 49 C. pr. dispense du préliminaire de conciliation :

1° Les demandes qui intéressent l'État, le domaine, les communes, les établissemens publics, les mineurs, les interdits, les curateurs aux successions vacantes ; 2° les demandes qui requièrent célérité; 3° les demandes en intervention ou en garantie; 4° les demandes en matière de commerce; 5° les demandes de mise en liberté; celles en main-levée de saisie ou opposition, en paiement de loyers, fermages ou arrérages de rentes ou pensions ; celles des avoués en paiement de frais; 6° les demandes formées contre plus de deux parties, encore qu'elles aient le même intérêt; 7° les demandes en vérification d'écriture, en désaveu, en réglement de juges, en renvoi, en prise à partie; les demandes contre un tiers saisi, et en général sur les saisies, sur les offres réelles, sur la remise des titres, sur leur communication, sur la séparation de biens, sur les tutelles et curatelles, et enfin toutes les causes exceptées par les lois.

20. Ces exceptions sont motivées, soit par l'incapacité des parties, qui ne leur permet pas de transiger, soit par la nature des affaires qui exigent un prompt jugement, ou la communication au ministère public, dans l'intérêt de l'ordre et des lois.

21. La dispense établie en faveur du mineur en général ne s'applique point au mineur émancipé, pour les choses dont il a la disposition. Delvincourt, t. 1, p. 500; Pigeau, t. 1, p. 35.
Mais il en est autrement de l'action en rejet d'un compte rendu à un mineur pendant sa minorité, et intentée par lui à sa majorité: cette action étant relative à une tutelle. Rennes, 30 mai 1811. — *Contrà.* Carré, art. 49.

22. Sont également exemptées de la conciliation : 1° la demande dirigée par ou contre un héritier bénéficiaire; il n'est qu'administrateur de la succession, et ne peut transiger. Pigeau, t. 1, p. 35; Carré, art 49.—Mais il faut que l'affaire concerne l'hérédité. Si elle n'intéresse que l'héritier; par exemple s'il s'agit de la délivrance d'un legs, il y a lieu à conciliation. Les créanciers doivent, dans tous les cas, être payés avant le légataire; la contestation leur est donc étrangère, et l'héritier peut transiger sans perdre sa qualité de bénéficiaire. Pigeau, *ib.*
2° Celle en main-levée d'opposition à mariage. Douai, 22 avr. 1819 (S. 20, 117).
3° Celle en nullité ou radiation d'inscription hypothécaire. Montpellier, 3 fév. 1816.
4° Celle en résiliation de bail faute de paiement des fermages; elle requiert célérité. Rennes, 10 mars 1818; Carré, art. 49.
5° Celle de la femme séparée de biens contre le détenteur d'un immeuble indûment vendu par le mari seul, afin d'être payée des arrérages. Rennes, 20 juin 1812; Carré, art. 49.

6° Celle intentée pour obtenir l'exécution des conventions intervenues au bureau de paix. Il y a déjà eu en effet une tentative de conciliation.

7° Celle en paiement d'un billet à ordre dirigée contre un débiteur non commerçant. La forme et les poursuites auxquelles ces effets peuvent donner lieu sont réglées par le Code de commerce, qui ne parle pas du préliminaire de conciliation; et d'ailleurs les actions qui les concernent doivent être considérées comme requérant célérité. Pigeau, t. 1, p. 36; Carré, art. 49.

8° Celle en séparation de corps : les fonctions du juge de paix sont dans ce cas attribuées au président du tribunal de première instance. Cas. 17 janv. 1822 (S. 22, 196). — V. *Séparation de corps.*

9° Celle en paiement de frais, formée par un officier ministériel quelconque. Décr. 16 fév. 1807, art. 9.

10° Celle intentée contre plusieurs défendeurs, bien qu'ils ne représentent qu'un seul être moral, comme des associés ou des héritiers. L'exception relative à ce cas est en effet fondée sur la difficulté de concilier plusieurs personnes, et a pour but d'éviter les frais de déplacement. Pigeau, t. 1, p. 36; Carré, art. 49. — *Contrà.* Delaporte, t. 1, p. 48.

Peu importe que chacun des défendeurs ait un intérêt particulier et distinct, à raison duquel il pourrait transiger pour ce qui le concerne, sans craindre aucune contradiction des autres parties. Riom, 27 mars 1817; (S. 18, 240); — ou que le demandeur ait à tort assigné plus de deux défendeurs. Cas. 20 fév. 1810 (S. 10, 188).

23. Mais sont soumises à la conciliation :

1° La demande en paiement d'arrérages d'une rente, lorsque l'on réclame en même temps la résiliation du contrat de rente à défaut de paiement des arrérages. Paris, 8 janv. 1828.

2° Celle en dommages-intérêts formée devant un tribunal civil par un accusé absous contre son dénonciateur. Nîmes, 19 juin 1819. — *Contrà.* Pigeau, t. 1, p. 139; — ou par la partie lésée contre l'accusé condamné. (Paris, 30 janv. 1817.) Elle est en effet principale et introductive d'instance, et ne peut être rangée dans aucune des exceptions établies par la loi.

3° Celle en garantie introduite après le jugement de l'instance principale, ou pendant l'instance, mais distincte de la première demande. Elle forme en effet une véritable action principale introductive d'instance. Bourges, 5 therm. an 8; Carré, art. 48. — V. *sup.* n° 6.

4° Celle en condamnation d'une somme pour sûreté de laquelle on a formé une saisie-arrêt. La loi dispense, il est vrai, du préliminaire de conciliation la demande en *validité*; mais la demande en *condamnation*, qui est tout-à-fait distincte, reste soumise à la règle générale.

5° Celle dirigée contre un étranger. La loi ne fait aucune distinction. Cas. 22 avr. 1818, 19 fév. 1819 (S. 19, 144); Favard, v° *Conciliation*. — *Contrà*. Metz, 26 fév. 1819.

§ 5. — *Juge de paix compétent.*

24. Il faut distinguer entre la comparution volontaire et la comparution forcée.

25. *Comparution volontaire.* Les parties peuvent se présenter devant le juge de paix qu'elles préfèrent, encore bien qu'il ne soit pas leur juge naturel. Les règles de compétence fixées par l'art. 50 C. pr. pour le cas où le *défendeur est cité*, ne sont point obligatoires, lorsque les parties comparaissent volontairement. Arg. C. pr. 7, 48; Turin, 14 frim. an 12.

26. *Comparution forcée.* Le défendeur doit être cité devant le juge de paix de son domicile. (C. pr. 50);—même en matière réelle. Sous ce rapport, l'art. 50 déroge à la règle fixée par l'art 59 : tout dépend de la volonté des parties, et non de l'état des choses. Le juge de paix ne peut faire aucun acte d'instruction ; il n'a point à visiter le lieu contentieux ; et d'ailleurs, il est probable que les parties auront plus de confiance dans le magistrat de leur domicile que dans tout autre qui peut leur être inconnu.

S'il y a deux défendeurs, le demandeur peut citer à son choix devant le juge de paix du domicile de l'un d'eux. *Ib.*

27. Toutefois, en matière de société, autre que celle de commerce, tant qu'elle existe, le juge compétent est celui du lieu où elle est établie (C. pr. 50-2°). Ce juge se trouve plus à portée de connaître le véritable état des choses, et d'avoir les documens qui peuvent servir de base à un arrangement.

La loi ne parle que des sociétés civiles ; à l'égard des sociétés de commerce, il n'y a pas lieu au préliminaire de conciliation. —V. *sup.* n° 19.

Une fois la société détruite, la règle générale devient applicable.

Si les objets compris dans la société n'ont pas de siége principal, les mots, *où elle est établie*, s'entendent du lieu où elle a été contractée. Carré, art. 50.

28. En cas de succession, le juge de paix du lieu de l'ouverture est compétent 1° sur les demandes entre héritiers jusqu'au partage inclusivement; 2° sur les demandes intentées par les créanciers du défunt avant le partage; 3° sur les demandes relatives à l'exécution des dispositions à cause de mort, jusqu'au jugement définitif. C. pr. 50 - 3°

On entend ici par *créanciers*, non-seulement ceux auxquels il serait dû une somme d'argent, mais encore tous ceux qui auraient à réclamer quoi que ce soit contre la succession. Carré, art. 50.

S'il n'existe qu'un héritier, on suit les règles générales en matière de compétence.

Jusqu'au jugement définitif. Ou mieux jusqu'au partage définitif. On a employé le mot jugement dans l'article, parce que le partage doit se faire en justice, du moins dans le plus grand nombre de cas.

Les demandes entre héritiers en rescision, ou en garantie de partage, se portent, même après le partage définitif, devant le tribunal de l'ouverture de la succession : l'existence légale du partage est remise en question ; c'est comme s'il n'y en avait pas eu ; l'art. 50 C. pr. n'a point dérogé à l'art 822 C. civ.

29. La loi ne parle point ici des faillites : elles sont de la compétence commerciale, et par conséquent dispensées du préliminaire de conciliation.

30. L'incompétence du juge de paix est couverte, si la partie citée a comparu, et n'a fait aucune réclamation. Arg. C. pr. 7 et 48. Rennes, 9 fév. 1813. — V. *sup.* n° 25.

§ 4. — *Procédure de conciliation.*

Art. 1. — *Forme de la Citation.*

31. La comparution volontaire est plus conforme au vœu de la loi ; elle épargne les frais, et laisse plus d'espoir d'arrangement. Mais quand le défendeur refuse de se rendre au bureau de paix, il devient nécessaire d'employer les voies judiciaires.

A Paris et à Lyon, les juges de paix sont dans l'usage de ne permettre de citer en conciliation, par huissier, que lorsque le défendeur a fait défaut sur un billet d'avertissement qui lui est adressé par le secrétaire de la justice de paix.

Cet usage peut produire d'heureux résultats dans certaines localités ; mais il n'est pas légal. — V. *Compétence*, n° 3.

Les huissiers ne sont pas obligés de remettre ces billets d'avertissement. Aucun émolument n'est alloué pour cet objet.

32. La citation en conciliation est, en général, soumise aux mêmes formalités que les citations en matière de compétence : cela résulte implicitement de l'art. 51 C. pr. qui n'indique aucune forme spéciale pour cette sorte d'acte. Carré, art. 52. — V. *Citation*, *Ajournement*, n°° 5 et 134.

33. Néanmoins l'énonciation de *l'objet* de la demande suffit dans la citation au bureau de paix; l'indication des moyens utiles pour éclairer le défendeur et le disposer à un arrangement, n'est pas indispensable.

Cette différence vient de ce que, dans la citation en conciliation, on se borne à faire connaître une demande qui n'est pas encore *formée*; tandis que dans la citation en justice de paix, l'on conclut positivement à une *condamnation* sur une demande que l'on forme en même temps. Carré, art. 51.

54. La citation doit être donnée par l'huissier de la justice de paix du défendeur, et, en cas d'empêchement, par celui commis par le juge de paix du canton de ce domicile. C. pr. art. 4, 52.

55. Le délai de la citation est de trois jours au moins. Ce délai est plus long que celui de la citation en justice de paix. L'importance des affaires et l'objet de la conciliation exigent plus de réflexion de la part du défendeur.

Si la demeure du défendeur est éloignée de plus de trois myriamètres du lieu de la comparution, le délai est augmenté d'un jour par trois myriamètres. C. pr. 1033. — V. *Citation*.

Art. 2. — *Cas où les parties comparaissent; procès-verbal de conciliation, ou de non-conciliation.*

36. Les parties doivent comparaître en personne, et, en cas d'empêchement, par un fondé de pouvoir. C. pr. 53.

37. Elles sont seules juges de l'empêchement. La loi ne les oblige même pas d'alléguer les motifs de cet empêchement. Elle ne pouvait en effet attribuer à un juge, qui n'a aucune compétence sur le fond de la demande, le droit de contraindre une des parties à comparaître en personne. Carré, art. 53.

38. La plus grande latitude est laissée aux parties pour le choix de leur mandataire. Elles peuvent, contrairement à la loi du 27 mars 1791, les prendre parmi les personnes attachées à quelque titre que ce soit à l'ordre judiciaire. Berriat, p. 189.

Jugé qu'un greffier de justice de paix, bien qu'il parût peu convenable qu'il s'abstînt de ses fonctions pour remplir celle de mandataire d'une partie près le tribunal auquel il était attaché, pouvait valablement accomplir ce mandat, aucune loi n'en prononçant la nullité. Rennes, 16 août 1817; Carré, art. 53.

39. La procuration doit-elle être authentique ? La loi ne s'en explique pas, et dans l'usage, on admet généralement la procuration sous seing-privé, pourvu qu'elle soit sur papier timbré et enregistrée.

40. Il n'est pas nécessaire que la procuration contienne pouvoir spécial de transiger. On conçoit que la loi force les parties à comparaître devant le juge de paix, à peine d'une amende; mais lorsqu'elles sont empêchées de se présenter elles-

mêmes, exiger qu'elles remettent entre les mains d'un tiers la disposition de leur fortune, c'est ce que la raison et la justice ne sauraient admettre. Les parties peuvent donner des pouvoirs à l'effet de transiger, mais elles n'y sont pas obligées. C'est pour ce motif que l'on n'a pas répété dans l'art. 53, C. pr. la disposition de la loi de 1791, qui exigeait cette condition. Locré t. 1, p. 128; Berriat, p. 189, note 21; Carré, art. 53.

41. Le mari peut-il représenter sa femme au bureau de paix sans procuration? Il faut distinguer: S'il s'agit d'action mobilière et possessoire, la procuration est superflue. (Arg. C. civ. 1428). — S'il s'agit d'action immobilière, elle est indispensable. Carré, art. 53.

Mais la femme qui, après la comparution de son mari, non muni de ses pouvoirs, au bureau de paix, procède, conjointement avec lui, sans réclamer, n'est plus recevable ensuite à argumenter du défaut de procuration. Carré, *ib.*

Dans aucun cas, la partie adverse ne peut se prévaloir du défaut de procuration du mari. La femme est seule intéressée à s'en plaindre. Carré, *ib.*

42. C'est devant le juge de paix que toutes réclamations sur la qualité de mandataire doivent être faites, et cette qualité une fois reconnue au bureau de paix, ne peut plus être contestée devant les tribunaux. Rennes, 16 août 1817; Carré, art. 53.

43. La publicité de la comparution n'est point une condition nécessaire de la conciliation: il ne s'agit point ici d'une *audience*. La présence du public pouvant gêner les parties dans leurs explications, il est libre au juge de paix de se déterminer pour la publicité ou le huis-clos, selon qu'il le juge convenable, pour atteindre plus efficacement le résultat de la conciliation. Carré, art. 53, — *Contrà.* Chauveau, v° *Conciliation.*

Le huis-clos est d'usage.

44. Le juge de paix n'étant qu'un simple conciliateur, et n'ayant aucune juridiction sur les parties, ne peut les interroger ni les interpeller. Cas. 2 mars 1807; Carré, art. 53.

Cependant des explications propres à amener la conciliation entre les parties ne lui sont pas interdites.

45. Le demandeur a le droit d'expliquer sa demande, de la restreindre ou de *l'augmenter* (C. pr. 54), c'est-à-dire de réclamer les objets qui tiennent essentiellement à sa demande: par exemple, les intérêts d'un capital. Carré, art. 54.

Mais il ne peut former une demande nouvelle distincte de celle qui est l'objet de la citation. C. pr. art. 52; Carré, *ib.*

46. Le défendeur a le droit de repousser les prétentions du demandeur, en formant contre lui telle demande *qu'il juge convenable.* C. pr. 54, 464.

Toutefois, celle qui ne servirait pas de défense à la demande formée contre lui, ne pourrait être proposée sans une citation préalable; en effet, le défendeur se trouverait demandeur à l'égard de cette nouvelle demande. Cas. 17 août 1814.

47. Le serment peut être un moyen de soutenir une demande et d'y répondre. Chacune des parties peut le déférer à son adversaire : le juge de paix le reçoit, ou fait mention du refus de le prêter. C. pr. 55.

48. Mais le serment étant une espèce d'aliénation, ne peut être déféré par un mandataire sans un pouvoir spécial.

La même raison fait que le juge de paix ne peut le déférer d'office : ce serait d'ailleurs prononcer une sorte d'interlocutoire; et le juge de paix, qui n'est compétent que pour la conciliation, ne peut rien ordonner qui se rattache au fond. — V. sup. n° 2.

49. La partie à qui le serment est déféré peut-elle le référer à l'autre? L'affirmative n'est pas douteuse. La Cour de cassation a décidé, il est vrai, par un arrêt du 17 juil. 1810, que les dispositions du Code civil, relatives au serment judiciaire, ne sont pas applicables au serment déféré en bureau de paix; mais il est inutile de recourir à l'analogie que présentent les art. 1361 et suiv. du C. civ. : il suffit de considérer que celui qui défère le serment est demandeur en son exception, et qu'il doit en cette qualité faire la preuve; or, lui référer le serment, ce n'est que le mettre en demeure de fournir une preuve qui est à sa charge. Carré, art. 55.

50. Quels sont les effets du serment devant le bureau de paix?

Il faut distinguer entre le cas où il a été déféré et refusé, et celui où il a été déféré et prêté. Dans le premier cas, aucun résultat n'est produit : il y a eu inutile essai de conciliation; celui qui a déféré le serment peut le rétracter devant le tribunal, de même qu'il ne peut être élevé aucune *fin de non-recevoir* contre la partie qui a refusé de le prêter : ce n'est de sa part qu'*un refus de se concilier*. Cas. 17 juil. 1810; Carré, art. 55.

Dans le second cas, le serment produit tous les effets du serment décisoire. C. civ. 1358 et suiv.; Pigeau, t. 1, p. 44; Carré, *ib*.

51. La conciliation ou la non-conciliation des parties est constatée par un procès-verbal.

S'il y a conciliation, ce procès-verbal doit contenir *toutes les conditions* de l'arrangement; dans le cas contraire, il suffit qu'il indique *sommairement* que les parties n'ont pu s'accorder. C. pr. 54.

Le procès-verbal du juge de paix doit contenir *sommairement*, comme sous la loi du 24 août 1790, les dires, aveux et dénégations des parties. On argumenterait en vain du caractère restrictif des expressions de l'art. 54 : « *Il fera sommairement mention que les parties n'ont pu s'accorder.* » Elles ne renferment en effet aucune abrogation expresse de la loi de 1790 ; et d'ailleurs cette loi est une loi de compétence, à laquelle le Code de procédure n'a pu déroger. Toullier, t. 8, p. 120 ; Carré, art. 54.

52. Quel est le caractère des procès-verbaux de conciliation, et quels en sont les effets ?

Le juge de paix étant un officier public, les conventions insérées dans ses procès-verbaux auraient dû avoir force d'actes authentiques (C. civ. 1317) ; mais l'art. 54 C. pr., dans la crainte que les parties, sous prétexte de se concilier, ne se présentassent devant le juge de paix pour obtenir, sans le ministère des notaires, un acte authentique (Treilhard, p. 25), ce qui eût fait manquer aux justices de paix le but de leur institution, n'accorde à ces conventions que *la force d'obligations privées.* Ainsi la convention n'est pas exécutoire comme les actes passés devant notaire ; elle n'emporte pas hypothèque, etc. ; mais l'acte n'en est pas moins authentique, en ce sens qu'il est reçu par un officier public, et qu'il doit faire foi jusqu'à inscription de faux. C. civ. 1319 ; Carré, art. 54 ; Berriat, p. 190, note 25.

La cause qui empêche une partie de signer est valablement constatée par le juge de paix, et suppléé à la signature, sans laquelle les conventions seraient nulles. Levasseur, n° 217 ; Carré, *ib.*

Le procès-verbal peut être rédigé en un seul original, quoiqu'il y ait plusieurs parties. Carré, *ib.*

S'il y a des aveux consignés au procès-verbal, ils peuvent être opposés devant le tribunal à la partie qui les a faits. Carré, *ib.*

Mais ces aveux ne peuvent être considérés comme judiciaires, l'essai de conciliation n'étant point une instance. Carré, *ib.*

Art. 3. — *Cas où les parties font défaut.*

53. En cas de non-comparution de l'une des parties, il en est fait mention sur le registre du greffe de la justice de paix, et sur l'original ou la copie de la citation, sans qu'il soit besoin de dresser procès-verbal. C. pr. 58.

Le procès-verbal n'est utile que pour constater les déclarations des parties ; il serait frustratoire lorsque l'une d'elles ne comparaît pas. Carré, art. 58.

54. Celle des parties qui ne comparaît pas est condamnée

à une amende de 10 fr., et toute audience lui est refusée jusqu'à ce qu'elle ait justifié de la quittance. C. pr. 58.

55. La partie qui n'a pas comparu peut obtenir la remise de l'amende, en justifiant d'une maladie ou d'un événement de force majeure, qui l'a mise dans l'impossibilité d'obéir à la citation. Carré, art. 56.

56. Mais seraient insuffisans pour produire cet effet, 1° un certificat d'indigence. Locré, t. 1, p, 235.

2° L'irrégularité de la citation, le défendeur devant en effet comparaître pour opposer les vices de la citation et demander son annulation. Carré, art. 56.

57. La remise de l'amende entraîne celle du refus d'audience. Carré, *ibid.*

58. C'est au tribunal, et non au juge de paix, qu'il appartient de prononcer les amendes encourues par défaut de comparution. Décis. du grand-juge, 31 juil. 1810.

Il en résulte que si le demandeur abandonne la demande, dont la citation en conciliation annonçait le projet, l'amende n'est pas perçue, aucun tribunal ne pouvant la prononcer. *Même décret.*

59. L'amende ne se prescrit que par trente ans; on ne peut lui appliquer la prescription de deux ans établie par l'art. 61. L. 22 frim. an 7; Cas. 11 nov. 1806 (S. 7, 2, 1009).

60. Elle n'est pas encourue quand la comparution devant le juge de paix est volontaire.

§ 5. — *Effets du préliminaire de conciliation.*

61. Le préliminaire de conciliation a trois principaux effets. 1° Il autorise à poursuivre l'action : on est obligé, à peine de nullité, de produire avec l'ajournement le certificat de non-conciliation ou de non-comparution. C. pr. 48.

62. Le défaut de citation en conciliation peut-il être opposé en tout état de cause par les parties, et suppléé d'office par le tribunal ?

La Cour de cassation s'était d'abord prononcée pour l'affirmative, en considérant le préliminaire de conciliation comme intéressant l'ordre public. Mais elle est revenue sur cette jurisprudence, et a décidé qu'il ne constituait qu'une simple exception, dont le défendeur ne pouvait plus se prévaloir lorsqu'il avait conclu au fond. Cas. 22 therm. et 11 fruct. an 11, 26 mess. an 13, 19 janv. 1825; Nîmes, 26 flor. an 13; Orléans, 8 prair. an 12; Bruxelles, 3 juil. 1812; Limoges, 30 janv. 1816; Agen, 19 fév. 1824; Pigeau, t. 1, p. 50; Carré, art. 57. —*Contrà.*Cas. 27 vent. an 8, 17 therm. an 8; Toulouse, 8 juil. 1820; Merlin, *Qu. Dr.* v° *Appel,* § 9; Boncenne, t. 2, p. 47.

63. 2° Il interrompt la prescription du jour de la citation.

Deux conditions sont toutefois nécessaires : il faut, 1° que la demande soit *formée*; 2° qu'elle le soit dans le mois, à partir du jour de la comparution ou de la non-conciliation. C. pr. art. 57.

Mais il n'est pas nécessaire que la demande ait été suivie de jugement. Cas. 17 nov. 1807 (S. 8, 1.); Carré, art. 57.

64. Le délai d'un mois, à partir de la comparution ou de la non-conciliation, n'est point susceptible de l'augmentation d'un jour par trois myriamètres de distance, cette augmentation n'étant établie, en général, qu'en faveur du défendeur. Paris, 4 juil. 1809; Carré, art. 57.

65. La prescription est interrompue dans le cas même où l'action à intenter ne serait pas sujette au préliminaire de la conciliation. Cas. 9 nov. 1809. (S. 10, 77.)

66. La comparution volontaire des parties au bureau de paix n'interrompt pas la prescription : la loi n'attache cet effet qu'à la citation. C. civ. 2244; C. pr. 54. Colmar, 15 juil. 1809 (S. 14, 89.); Carré, art. 57. *Contrà.* —Favard.

67. 3° La citation en conciliation fait courir les intérêts, pourvu qu'elle soit suivie d'une assignation régulière dans le mois de la non-conciliation. C. pr. 57.

Néanmoins, ces intérêts ne courent pas de plein droit; il faut qu'ils soient *expressément* demandés. Carré, art. 57. — V. *Ajournement*, n° 242.

68. Le préliminaire de conciliation tombe-t-il en péremption ? La négative résulte de ce qu'il ne peut être assimilé à une instance, et de ce que la durée du procès-verbal de non-conciliation ou des certificats de non-comparution n'est limitée par aucune disposition législative particulière. Ces deux actes durent donc trente ans, pendant lesquels on peut assigner. — *Coutrà.* Boncenne, t. 2, p. 63. Mais une fois l'instance entamée par l'assignation, ils en suivent le sort et s'éteignent avec elle. Carré, art. 57; Demiau, *ib.*; Pigeau, t. 1, p. 93.

69. Néanmoins la citation en conciliation ne saurait étendre le délai fixé à moins de trente ans pour certaines actions : par exemple, pour celle en nullité que l'art. 1304 C. civ. limite à dix ans. Cas. 22 mess. an 11 (S. 13, 467).

§ 6. — *Enregistrement.*

70. La mention de non-comparution de l'une des parties sur le registre du greffe et sur l'original ou la copie de la citation, est dispensée de l'enregistrement. Déc. min. fin. 7 juin 1808.

71. Le procès-verbal de non-conciliation est assujéti à l'enregistrement sur minute, et passible du droit fixe de 1 fr. L.

22 frim. an 7, art. 68, § 1, n° 47; déc. min. fin. 10 sept. 1823.

72. Le procès-verbal de conciliation est passible des droits auxquels auraient donné lieu les conventions qu'il renferme, si elles avaient été passées par-devant notaire, ou par acte sous seing-privé.

S'il ne contient aucune convention donnant ouverture au droit proportionnel, il est assujéti au droit fixe de 1 fr.

On ne peut exiger à la fois le droit fixe et le droit proportionnel.

Les droits sont les mêmes dans le cas de comparution volontaire que dans le cas de comparution sur citation. Délib. 12 juil. 1817.

§ 7. — *Formules.*

FORMULE I.

Citation en conciliation.

(C. pr. 52. — Tarif, 21. — Coût, 1 fr. 50 c.)

L'an   , à la requête de M.   (*noms, qualités et demeure.*)
Je (*immatricule de l'huissier.*)
Ai cité,   le sieur, etc.

A comparaître le   , heure de   , au bureau de conciliation établi près la justice de paix de   , lieu ordinaire de ses séances, rue   , pour se concilier, si faire se peut, sur la demande que le requérant est dans l'intention de former contre lui pour, attendu que ledit sieur   est débiteur du requérant d'une somme principale de mille francs, ainsi que cela résulte d'un billet souscrit par lui, le   , enregistré, s'entendre condamner, mondit sieur   , à payer au requérant ladite somme de mille francs, plus les intérêts à compter du jour de la demande, et en outre à tous les dépens. Lui déclarant en outre que, faute par lui de comparaître, il sera condamné à l'amende de dix francs prononcée par la loi. A ce qu'il n'en ignore, je lui ai, audit domicile et parlant comme ci-dessus, laissé, sous toutes réserves, copie du présent, dont le coût est de   (*Signature de l'huissier.*)

FORMULE II.

Pouvoir pour comparaître en conciliation.

(Arg. C. pr. 53. — Coût; il n'est rien alloué.)

Je soussigné (*noms, demeure et profession*) donne pouvoir à (*noms, demeure et profession*) de, pour moi et en mon nom, comparaître au bureau de paix de   sur la demande formée contre moi par (*ou à ma requête contre*) le sieur   , par exploit du ministère de   , huissier, en date du   , enregistré, se concilier, si faire se peut, sur ladite demande, traiter (1), transiger, compromettre, et généralement faire tout ce qu'il croira utile à mes intérêts, promettant l'agréer.

Fait à   le   (*Signature du mandant.*)
Certifié véritable.
(*Signature du mandataire.*)

---

(1) Il n'est pas indispensable que l'acte contienne pouvoir de transiger et compromettre. — V. *sup.* n° 40.

FORMULE III.

Mention de défaut.

Le sieur (*noms, qualité et demeure*) cité pour aujourd'hui, heure de en conciliation devant nous, à la requête du sieur   , par exploit du ministère de   , huissier, en date du   , enregistré, n'est point comparu.

FORMULE IV.

Procès-verbal de non-conciliation.

L'an   devant nous (*noms, qualités et demeure du juge de paix*) s'est présenté le sieur (*noms, demeure et profession*), lequel nous a dit que par exploit du ministère de   , en date du   , enregistré, il a fait citer à comparaître cejourd'hui, par-devant nous, le sieur (*noms, demeure et qualités*), pour se concilier, si faire se peut, sur la demande qu'il est dans l'intention de former contre lui pour (*rappeler les conclusions de la citation*); et a signé.   (*Signature de la partie.*)

Est aussi comparu le sieur (*noms, demeure et profession*)

Lequel nous a dit qu'il ne pouvait se concilier sur la demande dont il s'agit, et a signé (*Signature de la partie*). Pourquoi, après avoir entendu les parties, et tenté inutilement de les concilier, nous les avons renvoyées à se pourvoir, et avons signé avec notre greffier.   (*Signatures du juge et du greffier.*)

FORMULE V.

Procès-verbal de conciliation.

L'an, etc. (*comme à la formule précédente.*)

Est aussi comparu le sieur   etc.

Et après que les parties se sont expliquées, elles sont convenues de ce qui suit : (*conventions des parties*).

Et ont les parties signé avec nous et notre greffier ;

       (*Signatures du juge, du greffier et des parties.*)

CONCLUSIONS. Exposé sommaire des prétentions des parties.

1. Les conclusions forment la partie la plus importante de la procédure. On ne saurait apporter trop de soins à la rédaction des actes dans lesquels elles sont consignées : on doit y trouver en résumé l'objet de la demande et de la défense.

2. Les conclusions sont ou principales ou subsidiaires.

Principales, elles contiennent dans toute leur latitude les prétentions des parties, quant au fond des droits contestés. *Subsidiaires*, elles indiquent, soit les prétentions auxquelles on se réduit pour le cas où le juge ne voudrait pas adjuger les conclusions principales, soit des preuves que l'on demande à faire à l'appui des conclusions principales qui ne sont pas suffisamment justifiées. Ainsi, un créancier conclut *principalement* au paiement d'une obligation, et *subsidiairement* à être admis à la preuve de cette obligation.

3. Les conclusions se divisent encore en conclusions *exceptionnelles* et conclusions *au fond*. Les premières, sans s'occuper du fond des affaires, tendent à obtenir une mesure préjudicielle

par exemple, un renvoi devant un autre tribunal, une communication de pièces, la mise en cause d'un garant, etc. (— V. *Exception*). Les dernières, au contraire, sont relatives à la demande en elle-même, et tendent, soit à la faire admettre, soit à la faire déclarer mal fondée.

A Paris, la cause n'est mise au *rôle particulier* de la chambre à laquelle l'affaire est distribuée, que lorsque les parties ont posé respectivement des conclusions au fond. — V. *Audience*, nᵒˢ 20, 21.

4. Enfin on distingue les conclusions *écrites* et les conclusions *verbales*. Les premières sont prises dans les exploits d'assignation, et les actes signifiés d'avoué à avoué; les secondes le sont à l'audience.

5. En matière criminelle, des conclusions verbales sont suffisantes. — V. *Avoué*, n° 79.

Il en est autrement en matière civile. Les avoués doivent déposer des conclusions signées par eux sur le bureau.

6. On appelle *conclusions motivées* celles que les avoués se signifient dans le cours d'une instance, et auxquelles on joint des moyens sommaires. C. pr. 406, 465, 972.

La loi les prescrit, au lieu de *requête*, dans certaines affaires dont l'instruction demande peu de développemens. Elles sont grossoyées.

7. Les avoués seuls ont le droit de conclure pour les parties qu'ils représentent (— V. *Avoué*, n° 48). L'avocat ne peut changer ou modifier les conclusions déjà prises qu'autant qu'il est assisté de l'avoué à l'audience.

8. Les conclusions définitives des parties doivent être signifiées trois jours au moins avant l'audience où l'on doit se présenter pour plaider, ou même pour poser les qualités, c'est-à-dire prendre verbalement les conclusions. Décr. 30 mars 1808, art. 70.

A Paris, ce délai est peu observé; dans l'usage, on signifie souvent des conclusions *avant l'audience*: quelquefois l'adversaire sollicite par ce motif une remise.

9. Au jour de l'audience, il faut, avant de réitérer de vive voix les conclusions, les remettre signées au greffier. Ces formalités sont exigées pour bien déterminer l'état du différent. Les parties sont réputées s'en tenir aux conclusions prises dans cette forme et renoncer aux précédentes. Décr. 30 mars 1808, art. 68, 73; Berriat, p. 240.

10. Il n'y a de conclusions dans un procès que celles qui ont été signifiées de partie à partie, ou celles prises sur la barre par l'avocat ou la partie assistée de l'avoué, et dont il a été demandé et donné acte. Paris, 12 avr, 1813.

11. On peut considérer les conclusions par rapport au demandeur, et par rapport au défendeur.

12. *Demandeur.* Il doit prendre littéralement des conclusions dans l'exploit introductif d'instance : ce sont en effet les conclusions qui précisent le point en litige. — V. *Ajournement, Assignation, Citation, Conciliation.*

13. Toutefois, le demandeur peut expliquer et modifier par la suite les conclusions contenues dans l'exploit introductif d'instance ; mais il faut que celles qu'il prend se trouvent implicitement contenues dans les conclusions primitives, ou qu'elles en soient l'accessoire. Sont considérées comme telles celles tendantes à être admis à une preuve. Toute demande *nouvelle* lui est interdite. — V. *Appel*, nᵒˢ 242 et suiv.

14. Les conclusions peuvent être modifiées en tout état de cause, même après les plaidoiries. Cela résulte de l'art. 72 décr. 30 mars 1808, qui autorise à les prendre à la barre, sauf à les signer et à les remettre au greffier. Rennes, 28 mai 1817 ; Carré, art. 142.

15. Mais il en est autrement lorsque le ministère public a été entendu (Décr. 30 mars 1808, art. 87 ; Toulouse, 31 déc. 1819 ; Poitiers, 9 janv. 1823 ; Paris, 25 juin 1825) ; — ou lorsque le tribunal a clos les débats (Grenoble, 3 juin 1825 ; Rennes, 3 août 1825) : — spécialement s'il s'est retiré en la chambre du conseil. — On a seulement la faculté de remettre sur-le-champ de simples notes. *Même décret* ; C. pr. 111.

16. Peut-on signifier de nouvelles conclusions entre le jugement qui ordonne un délibéré et celui qui le vide ? — V. *Délibéré.*

17. *Défendeur.* Il n'était pas autrefois tenu de prendre des conclusions expresses, et il lui suffisait de présenter ses moyens de défense pour faire déclarer le demandeur non-recevable. Ord. 1667, tit. 2, art. 1 ; tit. 5, art 5 ; tit. 14, art. 4 ; L. 3 brum. an 2, art. 1 ; Cas. 8 niv. an 11 ; Berriat, p. 240.

Aujourd'hui il doit, comme le demandeur, prendre des conclusions avant et pendant l'audience. Décr. 30 déc. 1808, art. 68, 73.

Les règles précédentes lui sont applicables.

18. La rédaction du jugement doit contenir les conclusions des parties. — V. *Jugement, Qualités.*

19. Les conclusions produisent trois effets principaux :

1° Elles servent à déterminer la compétence du tribunal. — V. *Compétence, Ressort.*

2° Lorsqu'elles ont été prises respectivement à l'audience, la cause est réputée *en état*, et le jugement *contradictoire*. — V. *Jugement, Reprise d'instance.*

Cet effet ne s'applique pas aux conclusions sur exception. Le défaut contre avoué peut être prononcé, si le défendeur ne pose pas des conclusions au fond, lorsque le demandeur a satisfait aux exceptions. — V. *sup.* n° 3, *Exception.*

3° Le juge doit statuer sur tous les points de la contestation, et ne peut statuer sur d'autres. — Autrement il y aurait ouverture à *requête civile* (—V. ce mot). On conçoit dès-lors combien il importe de ne rien omettre dans les conclusions.

Toutefois, le juge a le droit de prononcer sur les réclamations qui se trouvent comprises d'une manière implicite dans les conclusions. Berriat, p. 241.

20. Pour l'effet de la déclaration des parties de s'en rapporter à justice. — V. *Prorogation de juridiction.*

21. Une partie peut-elle se pourvoir en appel ou en cassation contre un jugement ou arrêt qui lui a adjugé ses conclusions subsidiaires ? — V. *Acquiescement*, n° 53.

22. *Timbre.* Toutes les conclusions signifiées doivent être écrites sur papier timbré.

Celles déposées sur le bureau pour être jointes au placet, sont seules dispensées de cette formalité.

23. *Enregistrement.* L'acte de signification des conclusions est soumis au même droit d'enregistrement que tous les autres actes d'avoué à avoué, c'est-à-dire au droit fixe de 50 c. devant les tribunaux de première instance, et de 1 fr. devant les Cours royales. L. 28 avr. 1816, art 41, 42.

Formules.

FORMULE I.

Conclusions à joindre au placet.

(Décr. 30 mars 1808, art. 69, 71. — Coût d'après l'usage 3 fr. en matière ordinaire, 2 fr. en matière sommaire.)

Conclusions.

| 2e ch. | Pour le sieur D | défendeur. | *Nom de l'avoué.* |
| N° du rôle. | Contre le sieur L | demandeur. | *id.* |

Plaise au tribunal,

Attendu (*énoncer succinctement les moyens.*)

Déclarer le sieur L. purement et simplement non-recevable en sa demande, ou tout au moins mal fondé en icelle et l'en débouter, et le condamner en outre aux dépens, dont distraction à Me avoué, qui la requiert, aux offres de droit comme les ayant avancés de ses deniers sous toutes réserves ; et vous ferez justice. (*Signature de l'avoué.*)

NOTA. *Si les conclusions tendent seulement à communication de pièces*, on met :

Attendu que tout demandeur est tenu de justifier sa demande, ordonner que le sieur sera tenu de communiquer à l'amiable et sur récépissé d'avoué à avoué, ou par la voie du greffe, tous les titres et pièces à l'appui de ses prétentions et notamment , et que toute audience lui sera refusée jusqu'après ladite communication. Dépens réservés.

Quelquefois l'on ajoute : Et très-subsidiairement pour le cas où, par impossible, le tribunal ordonnerait qu'il sera passé outre,

Attendu que ledit sieur , ne justifie d'aucunes pièces à l'appui de ses prétentions.

(*Ou encore*) Attendu que ladite demande du sieur n'est point justifiée. Le déclarer purement et simplement non-recevable, etc.

FORMULE II.

Conclusions motivées.

(C. pr. 77, anal. — Tarif, 72. — Coût, 2 fr. par rôle orig., 5o c. copie.)

A Messieurs les président et juges composant le tribunal de première instance de chambre.

Conclusions motivées.

Pour M. propriétaire, demeurant à
Défendeur aux fins de l'assignation à lui donnée par exploit du ministère de , huissier à , en date du
Demandeur aux fins des présentes, ayant Me pour avoué.
Contre M. , employé, demeurant à
Demandeur aux fins de l'assignation sus-énoncée
Défendeur aux fins des présentes, ayant Me pour avoué,
Elles tendent à ce qu'il plaise au tribunal,
Attendu en fait (*rapporter les faits.*)
Attendu en droit (*énoncer les moyens.*)
Par tous ces motifs et autres à suppléer de droit et d'équité,
Déclarer, etc. (*comme à la formule précédente.*) (*Signature de l'avoué.*)

CONCLUSIONS DU MINISTÈRE PUBLIC. — V. *Ministère public.*

CONCORDAT. — V. *Faillite.*

CONCOURS D'ACTIONS. — V. *Action*, nos 83. et suiv.

CONCUSSION. Crime que commet un fonctionnaire ou officier public, en exigeant des droits plus forts que ceux que les réglemens lui ont attribués.

1. Le fonctionnaire ou officier public concussionnaire est puni de la réclusion, et d'une amende dont le *maximum* est le quart des restitutions et des dommages-intérêts, le *minimum*, le douzième. C. pén. 174.

2. Cette disposition s'applique-t-elle aux officiers ministériels ? — V. *Responsabilité des officiers ministériels.*

3. La concussion est une cause de *prise à partie.* C. pr. 5o5. — V. ce mot.

CONDAMNATION, CONDAMNÉ. Le mot *condamnation* se dit du jugement qui condamne, et de la chose à laquelle on est condamné. Le *condamné* est celui contre lequel il a été prononcé une condamnation en matière civile ou criminelle.

1. Les condamnations sont définitives ou provisoires, contradictoires ou par défaut (— V. *Jugement*); pécuniaires ou par corps — V. *Contrainte par corps.*

2. On appelle *condamnations civiles* les dommages et inté--

rêts ou autres réparations auxquelles l'accusé est condamné envers la partie plaignante.

3. Les condamnés à une peine afflictive ou infamante ne peuvent ester en jugement que par l'intermédiaire de leurs tuteurs ou curateurs. — V. *Action*, n° 111; *Ajournement*, n° 201; *Curateur*.

4. Les condamnés à une simple peine correctionnelle pour vol peuvent être reprochés comme témoins (C. pr. 283), et récusés comme experts. *Ib.* 310.— V. *Enquête*, *Expertise*.

A plus forte raison ne sauraient-ils être choisis pour arbitres. — V. *Arbitrage*, n° 112.

Ils sont incapables d'exercer aucune fonction publique. — V. *Office*.

CONFESSOIRE (Action). Action par laquelle on veut faire reconnaître un droit réel : par exemple, une servitude, un usufruit, par opposition à l'action *négatoire* que l'on intente pour faire déclarer que son adversaire n'a pas tel ou tel droit réel.

CONFINS. — V. *Aboutissans (tenans et)*.

CONFLIT. Espèce de contestation sur la compétence.

1. Le conflit est positif ou négatif : *positif*, lorsque deux tribunaux veulent retenir la connaissance d'une cause; *négatif*, lorsqu'ils refusent de la juger.

2. Le conflit qui s'élève entre deux tribunaux civils s'appelle conflit de *juridiction*; il doit être porté devant le tribunal supérieur. — V. *Règlement de juges*.

3. Quand il existe entre un tribunal civil et un tribunal administratif, on lui donne le nom de conflit d'*attribution*. Il est jugé au Conseil-d'Etat sur le rapport d'un ministre. La décision du Conseil est convertie en ordonnance. L. 14 oct. 1790, art. 3; L. 21 frim. an 3. art. 27. — V. Merlin, *Rép,* v° *Conflit d'attribution*.

4. Autrefois le conflit d'attribution pouvait être élevé par les préfets, même après le jugement définitif rendu par l'autorité judiciaire; mais cet abus a été réformé.

Aujourd'hui il ne peut plus être élevé après des jugemens en dernier ressort, ou acquiescés, ni après des arrêts définitifs.— Ordon. 1er juin 1828, art. 4.

5. Dans les autres cas, si le préfet estime qu'une question portée devant un tribunal est du ressort de l'administration, il peut, lors même que celle-ci ne serait pas en cause, demander le renvoi devant l'autorité compétente ; mais il faut qu'il adresse au procureur du roi un mémoire dans lequel est rapportée la *disposition législative qui attribue à l'administration la*

connaissance du litige. Le procureur du roi requiert le renvoi, si la revendication lui paraît fondée. *Ibid*, art. 6.

6. Lorsque le tribunal a statué sur le déclinatoire, le procureur du roi adresse au préfet, dans les cinq jours qui suivent le jugement, copie des conclusions et du jugement rendu sur la compétence. *Ibid*, art. 7.

7. En cas de rejet du déclinatoire, dans la quinzaine de cet envoi, pour tout délai, le préfet peut élever le conflit, s'il estime qu'il y a lieu. Quand le déclinatoire est admis, il est de même autorisé à élever le conflit dans la quinzaine qui suit la signification de l'acte d'appel, si la partie interjette appel du jugement.

Le conflit peut être élevé dans ce délai, quand bien même le tribunal aurait, avant son expiration, passé outre au jugement du fond. *Ibid*, art. 8.

8. Dans tous les cas, l'arrêté par lequel le préfet élève le conflit et revendique la cause, doit viser le jugement intervenu, et l'acte d'appel, s'il y a lieu; *la disposition législative qui attribue à l'administration la connaissance du point litigieux, doit y être textuellement insérée. Ibid*, art. 9.

9. Quand le préfet a élevé le conflit, il est tenu, dans le délai de quinzaine, de faire déposer au greffe du tribunal, son arrêté et les pièces qui y sont visées; ce délai passé, le conflit ne peut plus être élevé devant les juges saisis de l'affaire. *Ibid*, art. 10, 11.

10. Lorsque le dépôt de l'arrêté a été fait au greffe en temps utile, le greffier le remet au procureur du roi, qui le communique au tribunal réuni dans la chambre du conseil, et requiert qu'il soit sursis à toute procédure judiciaire. *Ibid*, art. 12.

11. L'arrêté du préfet et les pièces sont rétablis au greffe, et y restent déposés pendant quinze jours. Le procureur du roi en prévient de suite les parties ou leurs avoués, lesquels peuvent en prendre communication sans déplacement, et remettre, pendant le même délai de quinzaine, au parquet du procureur du roi, leurs observations sur la question de compétence, avec tous les documens à l'appui. *Ibid*, art. 13.

12. Ce magistrat informe immédiatement le garde-des-sceaux de l'accomplissement des formalités précédentes, transmet en même temps l'arrêté du préfet, ses propres observations, et celles des parties, s'il y a lieu, avec les pièces jointes. La date de cet envoi est consignée sur un registre. *Ibid*, art. 14.

13. Dans les vingt-quatre heures de leur réception, le garde-des-sceaux transmet ces pièces au Conseil-d'État, qui doit statuer sur le conflit dans le délai de quarante jours.

Ce délai peut cependant être prorogé à deux mois par le

garde-des-sceaux, sur l'avis du Conseil-d'État et la demande des parties. *Ibid*, art. 15.

14. Si ces délais sont expirés sans que le Conseil-d'État ait statué définitivement sur le conflit, l'arrêté du préfet est considéré comme non-avenu, et l'instance peut être reprise devant les tribunaux. *Ibid*, art. 16.

15. Les revendications formées et les déclinatoires proposés par les préfets, doivent être, tant en première instance qu'en appel, examinés et jugés comme affaires urgentes, et requérant célérité. Cir. min. just. 5 juil. 1828.

16. Néanmoins, les délais pour interjeter appel du jugement sur le déclinatoire ou le renvoi requis ou proposé, sont régis par le droit commun.

17. Le tribunal qui est saisi d'une affaire dont la connaissance appartient à l'autorité administrative, doit se déclarer d'office incompétent, encore bien que ni les parties ni le préfet ne présentent l'exception ; dans ce cas, en effet, son incompétence est absolue, et à raison de la matière. — V. *Exception*.

CONGÉ. (*Défaut.*) C'est le jugement qui renvoie le défendeur de la demande lorsque le demandeur ne s'est pas présenté pour la justifier. — V. *Jugement*.

CONGÉ. (*Louage.*) Acte par lequel l'une des parties déclare à l'autre qu'elle entend faire cesser le louage.

1. *Délais du congé*. Ils sont réglés par l'usage des lieux ; la loi n'en détermine aucun. C. civ. 1736.

2. La déclaration de l'usage local appartient exclusivement au tribunal du lieu : sa décision est à l'abri de la cassation. *Même arrêt*.

3. A Paris, le délai est de six semaines pour les logemens au-dessous de 400 fr. ; de trois mois pour ceux de 400 fr. et au-dessus, à quelque somme que le loyer s'élève ; et de six mois pour une maison, un corps-de-logis entier ou une boutique. Cas. 23 fév. 1814 ; Delvincourt, t. 3, p. 195 ; Denizart, v° *Congé* ; Pigeau, t. 2, p. 444.

4. Le congé ne peut être donné que pour un terme d'usage ; d'où il suit que le délai ne court que du jour qui précède ce terme de six semaines, de trois mois ou de six mois. Ainsi, s'agit-il d'un logement de 300 fr., à Paris, les termes d'usage étant dans cette ville les 1er janv., avr., juil. et oct., si le congé n'a été donné que le 1er déc., le délai de six semaines ne courra toujours que du 15 fév., et le bail ne cessera qu'au 1er avr. Pigeau, t. 2, p. 445.

5. Le locataire a un délai de huit jours s'il s'agit d'un logement au-dessous de 400 fr., et de quinze jours s'il paie un loyer plus élevé, après l'échéance du terme de sortie, pour rendre

les clefs, parce qu'il est réputé faire faire les réparations locatives pendant ce temps. Denizart, v° *Congé*.

Si le huitième ou le quinzième jour est férié, le locataire doit déménager la veille. Pigeau, t. 2, p. 447.

6. Ces principes ne s'appliquent qu'aux baux à loyer; les baux à ferme sont soumis à des règles spéciales. C. civ. 1774, 1775.

7. *Forme du congé*. Le congé peut être donné verbalement ou par écrit.

8. *Verbalement*. Ce mode est sujet à des inconvéniens : l'une des parties pouvant nier le congé, et la preuve testimoniale n'étant pas admissible en cette matière, même lorsque le loyer annuel n'excède pas 150 fr. Arg. C. civ. 1715; Pigeau, t. 2, p. 449; Toullier, t. 9, n° 36.

9. *Par écrit*. Il est valablement donné, soit par acte notarié, ou sous seing-privé, soit par exploit d'huissier.

10. Lorsqu'il a lieu par acte sous seing-privé, il doit être fait double : il a, en effet, le même caractère que le bail qu'il tend à dissoudre. Il constitue une convention synallagmatique qui ne peut être valable qu'autant qu'il y a un original pour chaque partie ayant un intérêt distinct. C. civ. 1325; Pigeau, *ibid*.

Néanmoins, dans l'usage, l'on se contente le plus souvent de donner le congé sur la quittance du loyer du précédent terme; mais ce mode présente des dangers pour le propriétaire, qui ne se fait pas remettre un double de la quittance; elle peut en effet être égarée ou supprimée par le locataire.

11. Quand il est donné par huissier, il est soumis aux règles prescrites pour les *exploits* en général.—*V*. ce mot.

12. Il doit être signifié, soit au locataire, soit au propriétaire, à personne ou à domicile, lors même que ce domicile n'est pas aux lieux dont on veut faire cesser la location. La loi ne contient pour ce cas aucune exception au principe général. Le système contraire entraînerait d'ailleurs des inconvéniens, la partie qui ne serait pas à sa résidence pouvant n'avoir pas connaissance du congé; vainement on argumenterait d'une prétendue élection de domicile tacite; la loi ne la reconnaît que lorsqu'elle est expresse, et l'on ne saurait l'induire du seul fait de la location. — *V. inf*. n° 15.

13. Il n'est pas nécessaire que le congé contienne assignation pour en voir prononcer la validité, et ordonner l'expulsion du locataire. Ce n'est que dans le cas où le bailleur prévoit l'opposition de la part de celui-ci à la fin du bail, qu'il devient utile pour lui de former cette demande. Le plus souvent elle a lieu à l'occasion d'une action en paiement de loyers. Pigeau, t. 2, p. 447.

14. S'il s'élève entre le propriétaire et le locataire des contestations qui ne soient pas terminées au terme pour lequel le congé est donné, le juge, en les décidant, déclare le congé pour tel terme bon pour tel autre. Pigeau, *ibid.*

15. La demande en validité de congé est purement personnelle et mobilière, et, comme telle, de la compétence du juge de paix, si le loyer n'excède pas les valeurs auxquelles est limitée la juridiction du juge de paix.

Le tribunal compétent pour statuer sur la demande en validité de congé, est celui du domicile du défendeur. — V. *sup.* n° 12.

16. Il n'est pas besoin d'obtenir de jugement quand le congé a été convenu entre les parties, ou accepté par celle à laquelle il a été donné. Pigeau, t. 2, p. 449.

17. Quant au mode d'exécution du congé, il diffère suivant que le congé a été prononcé par jugement, ou convenu entre les parties.

Lorsque le congé a été prononcé par jugement, le jour où le locataire doit quitter les lieux étant arrivé, s'il s'y refuse, ou si le bailleur l'empêche de sortir, chacune des parties peut faire mettre le jugement à exécution. — Denizart, v° *Congé.*

18. Au contraire, quand le congé a été convenu entre les parties, ou accepté par celle à laquelle il a été donné, si, le jour arrivé, l'une d'elles refuse de tenir la promesse, on ne peut l'y contraindre en vertu de cette seule convention ; mais, comme c'est un cas qui requiert célérité, l'adversaire a le droit de l'assigner en référé devant le juge de la situation du lieu, qui, sur le vu de l'acte contenant acceptation du congé, ordonne par provision qu'il sera exécuté. Denizart, *ib.* ; Pigeau, *ib.* — V. *Référé.*

19. Est-ce le propriétaire qui refuse d'exécuter le congé ? le juge ordonne de laisser sortir le locataire avec tous les meubles garnissant les lieux.

Est-ce le locataire ? il ordonne son expulsion, et permet, en cas de refus d'ouverture des portes, de les faire ouvrir par un serrurier, en présence du juge de paix, du commissaire de police ou du maire, en la manière accoutumée. Pigeau, t. 2, p. 445.

Lorsque les portes sont ouvertes, l'huissier fait commandement au locataire d'exécuter l'ordonnance, et, en cas de refus, il l'exécute en l'expulsant, et en mettant ses meubles sur le carreau. Pigeau, *ib.*

20. Si le locataire ne paie pas, on fait saisir et séquestrer ses meubles ; s'il paie, et ne fait point faire les réparations locatives, l'huissier dresse un état de ces réparations, et le somme de les faire faire sur-le-champ, ou de laisser somme suffisante à cet effet; et, s'il refuse, on l'assigne en référé devant le juge, qui l'y condamne par provision, et ordonne que, faute par lui d'obéir, ses meubles seront séquestrés, comme étant le gage de l'exécution du bail. Pigeau, *ib.*

L'ordonnance de référé lui est signifiée avec sommation de l'exécuter, et, en cas de refus, l'huissier séquestre les meubles, après en avoir dressé un état. Pigeau, *ib.*

21. *Enregistrement.* Le congé est soumis au droit fixe de 1 fr. lorsqu'il est fait par acte notarié ou sous signature privée. L. 22 frim. an 7, art. 58, n° 51.

Il est passible du droit de 2 fr. quand il a lieu par exploit d'huissier. L. 28 avr. 1816, art. 43.

22. Si le congé, convenu à l'amiable, fait cesser la jouissance avant l'époque fixée par le bail, il produit l'effet d'une rétrocession : le droit proportionnel est dû sur les années restant à courir.

Formules.

FORMULE I.

Exploit de congé.

(C. civ. 1736. — Tarif, 29. — Coût, 2 fr. orig., 50 cent. copie)

L'an   , j'ai   signifié et déclaré à   (— V. *Exploit.*) Que le requérant donne congé audit sieur   des lieux qu'il occupe en ladite maison, sise à   , pour le terme du

A ce qu'il n'en ignore, et ait en conséquence à vider les lieux à lui loués pour ladite époque, faire place nette, les réparations locatives, justifier du paiement de ses impositions, payer les loyers par lui dus, remettre les clés, et satisfaire généralement à toutes les obligations d'un locataire sortant : et je lui ai, en son domicile susdit, en parlant comme dit est, laissé sous toutes réserves, copie du présent, dont le coût est de   (*Signature de l'huissier.*)

FORMULE II.

Procès-verbal d'expulsion du locataire.

(Tarif, 31 par anal. — Coût, 8 fr. 1re vacation de 3 heures, y compris 1 fr. 50 c. pour chaque témoin; 5 fr. les autres.)

L'an   , en vertu d'une ordonnance rendue sur référé par M. le président du tribunal de   le   enregistrée et signifiée, et à la requête de   , etc.

J'ai   fait sommation à

De présentement payer au requérant, ou à moi, huissier, pour lui, porteur de pièces, la somme de   , pour le terme de loyer échu le et de me justifier du paiement de ses impositions; comme aussi, et après avoir satisfait à la présente sommation, d'évacuer les lieux à lui loués, mettre ses meubles dehors, faire place nette, remettre les clés et satisfaire aux obligations du locataire sortant; si non, et faute de ce faire, je lui ai déclaré qu'en exécution de l'ordonnance sur référé sus-énoncée, il serait expulsé, et ses meubles et effets mis sur le carreau, et ensuite séquestrés pour sûreté, conservation, et avoir paiement de ladite somme de   et encore de la justification du paiement des impositions et des réparations locatives.

Pour quoi le sieur   ayant refusé de satisfaire à tout ce que dessus, je lui ai déclaré que nous allions procéder auxdites expulsion et séquestre; et pour y parvenir, nous avons, en présence des témoins ci-après nommés, décrit tout ce qui s'est trouvé dans les lieux loués audit sieur   et qui consiste, savoir: dans la première pièce en entrant, etc. (*désigner tous les objets trouvés*), qui sont tous les meubles et effets qui se sont trouvés dans les lieux occupés par   , et ensuite nous avons fait appeler des hommes de peine, à l'aide desquels lesdits meubles et effets ont été descendus dans la cour de ladite maison en présence desdits témoins et de   , et nous avons pareillement expulsé ledit   des lieux dont il s'agit, dans lesquels nous avons constaté qu'il y avait (*énoncer les réparations locatives à faire*); et ensuite tous lesdits meubles et effets sont restés comme séquestrés pour sûreté des créances et répétitions ci-dessus énoncées, dans une pièce au rez-de-chaussée de la maison à la garde de M   qui s'est chargé d'eux, pour en faire la représentation quand et à qui il appartiendra; et le sieur   nous a remis les clés au nombre de des lieux qu'il occupait: et il a été vaqué à tout ce que dessus depuis l'heure de de   jusqu'à celle de   , en présence de   tous deux témoins qui ont signé avec M   gardien, tant le présent procès-verbal que les copies d'icelles remises à l'instant, l'une à   , et l'autre à M   , gardien. Le coût est de

NOTA. *Dans le cas de refus d'ouverture des portes, on se pourvoit comme en matière de* SAISIE-EXÉCUTION,—*V. ce mot,* Formule
Les assignations en validité de congé et en référé, à fin d'expulsion des lieux, ne sont soumises à aucune formalité particulière. — V. *Ajournement,* Référé.

FORMULE III.

Congé par acte sous seing-privé.

Entre les soussignés
M.   (*noms, prénoms, qualité et demeure*)   d'une part.
Et M.   (*id.*)   d'autre part,
A été fait et arrêté ce qui suit :
M.   donne par ces présentes congé à M.   , qui l'accepte pour le terme de   , de l'appartement par lui occupé dans la maison dudit   rue   s'engageant, M.   , à sortir des lieux loués à l'époque ci-dessus énoncée, à justifier du paiement de ses contributions, à faire les réparations locatives à sa charge, et à remplir toutes les obligations d'un locataire sortant.
Fait double entre les parties, le   (*Signatures des parties.*)

CONNEXITÉ. État de deux affaires qui, par leurs rapports, nécessitent un jugement commun.—V. *Exception.*

CONSEIL DE DISCIPLINE. — V. *Discipline.*

CONSEIL DE FAMILLE [1]. Assemblée de parens ou d'amis réunis sous la présidence du juge de paix, pour délibérer sur ce qui intéresse la personne ou les biens d'un mineur, d'un interdit ou d'un absent.

On appelle *avis de parens* la délibération du conseil de famille.

---

[1] Cet article est de M. Martin Saint-Ange, avocat à la Cour royale de Paris.

DIVISION.

§ 1. — *Composition, convocation et délibération du conseil de famille.*
§ 2. — *Attributions du conseil de famille, responsabilité de ses membres.*
§ 3. — *Mode de se pourvoir contre les délibérations.*
§ 4. — *Homologation des délibérations.*
§ 5. — *Timbre et Enregistrement.*
§ 6. — *Formules.*

---

§ 1. — *Composition, convocation et délibération du conseil de famille.*

1. *Composition du conseil de famille.* Le conseil de famille se compose du juge de paix et de six personnes prises, moitié parmi les parens ou alliés du côté paternel, moitié parmi les parens ou alliés du côté maternel, en suivant l'ordre de proximité, pour empêcher l'influence d'une ligne sur l'autre. C. civ. 407.

2. Lorsque le conseil de famille n'a pas été composé des parens les plus proches en degrés, la délibération est nulle. Lyon, 15 fév. 1812; Colmar, 27 avr. 1813; Angers, 29 mars 1821; Rouen, 7 avr. 1827; Toulouse, 5 juin 1829.—*Contrà.* Riom, 25 nov. 1828 (S. 29, 118); Turin, 10 avr. 1811; — à moins que le parent plus proche n'ait été inconnu lors de la convocation du conseil. Bruxelles, 15 mars 1806 (S. 7, 866).

3. Le nombre des membres du conseil ne peut, en général, excéder celui de six, sans compter le juge de paix. Arg. C. civ. 407; Amiens, 11 fruct. an 13 (S. 7, 863).

4. Les frères germains du mineur ou de l'interdit, et les maris des sœurs germaines, sont seuls exceptés de cette limitation. S'ils sont six ou au-delà, ils sont tous membres du conseil de famille, qu'ils composent seuls avec les veuves d'ascendans et les ascendans valablement excusés, s'il y en a. C. civ. 408; Cas. 16 juil. 1810 (S. 10, 355).

5. Si le nombre des frères germains est au-dessous de six, on appelle, pour compléter le conseil, d'autres parens, indépendamment des ascendantes et des ascendans excusés. Lorsqu'on appelle des parens en nombre pair, il convient d'en prendre un nombre égal dans chaque ligne; si c'est en nombre impair, on peut en choisir deux dans une ligne, et un dans l'autre. (Toullier, t. 2, n° 1111.) Les frères germains appartiennent également aux deux lignes. Cas. 10 août 1815 (S. 15, 411).

6. Un frère ne doit pas être exclu du conseil de famille, quoiqu'il ait des motifs de voter contre l'interdiction de son frère. Caen, 15 janv. 1811 (S. 12, 206).

7. Les ascendans non valablement excusés font partie du nombre de six parens appelés pour composer le conseil de famille. La délibération à laquelle ils n'auraient pas été appelés devrait être déclarée nulle. Arg. C. civ. 407, 408; Colmar, 27 avr. 1813.

8. Les parens appelés au conseil de famille doivent être pris tant dans la commune où la tutelle est ouverte, que dans la distance de deux myriamètres, afin que les intérêts du pupille ne souffrent pas du retard que pourrait occasionner l'éloignement des autres parens. C. civ. 407; Toullier, n° 1112; Besançon, 26 août 1808 (S. 7, 865).

9. Lorsqu'il ne se trouve pas sur les lieux, ou dans la distance de deux myriamètres, un nombre suffisant de parens ou alliés de l'une des deux lignes, le juge de paix appelle, soit des parens ou alliés domiciliés à de plus grandes distances, soit dans la commune même, des citoyens connus pour avoir eu des relations habituelles d'amitié avec le père ou la mère du mineur. C. civ. 409; Besançon, 9 avr. 1808 (S. 9, 156).

Les amis qui ne résident pas dans la commune où s'assemble le conseil, ne sont pas forcés de s'y rendre.

10. Le juge de paix peut, lors même qu'il y a sur les lieux un nombre suffisant de parens ou alliés, permettre de citer, à quelque distance qu'ils soient domiciliés, des parens ou alliés plus proches en degrés, ou de même degré que les parens ou alliés présens; de manière toutefois que cela s'opère en retranchant quelques-uns de ces derniers, et sans excéder le nombre de six. C. civ. 410.

Mais les parens plus proches, domiciliés hors du rayon de deux myriamètres, ne peuvent le forcer à les admettre au conseil de famille. Rouen, 29 nov. 1816 (S, 17, 166). — *Contrà*. Besançon, 26 août 1808 (S. 7, 865).

11. Les membres du conseil de famille, autres que la mère et les ascendantes, doivent être mâles et majeurs. (C. civ. 442.) Ils comparaissent en personne ou par un mandataire spécial, qui ne peut représenter plus d'une personne (412), afin qu'il y ait toujours six votans. Le membre qui se fait représenter n'est pas obligé d'émettre son vœu par sa procuration. Metz, 24 brum. an 13.

Un membre du conseil ne peut assister à la fois comme membre et comme représentant d'un autre membre. Turin, 20 fév. 1807 (S, 7, 852).

Lorsqu'un conseil de famille a été formé d'un nombre suffisant de parens, la délibération n'est pas nulle, parce qu'un membre a été illégalement représenté. Arg. C. civ. 412, 415, même arrêt.

12. Tout individu qui a été exclu ou destitué d'une tutelle, ne peut être nommé membre d'un conseil de famille (C. civ. 445) dans cette tutelle ; mais il peut l'être en certains cas dans une autre : par exemple s'il n'a été exclu qu'à l'occasion d'un procès avec le mineur. Toullier, t. 2, n° 1168.

13. La renonciation à une tutelle légale, ou l'inconduite, ne sont pas des motifs d'exclusion. Besançon, 26 août 1808.

14. Peuvent également être appelés à composer le conseil :

1° L'époux remarié qui a des enfans de sa première femme (Cas. 16 juil. 1810). Peu importe qu'il n'existe pas d'enfant issu du premier mariage. Bruxelles, 11 juin 1812.

2° Ceux qui ont donné précédemment leur avis sur l'objet de la délibération. Paris, 27 janv. 1820 (S. 20, 293).

3° Le subrogé-tuteur, lorsque les intérêts du pupille ne sont pas en opposition avec ceux du tuteur. Cas. 3 sept. 1806.

4° Le parent qui provoque la destitution du tuteur. Cas. 12 mai 1830 (S. 30, 326).

15. Le juge de paix et les membres qui ont pris part aux délibérations d'un premier conseil de famille dont les opérations ont été annulées, ne sont point exclus du conseil de famille convoqué pour procéder à des opérations ayant pour objet de réparer les irrégularités du premier conseil de famille. Cas. 13 oct. 1807 ; Paris, 27 janv. 1820 ; Toullier, n° 1169.

16. De même la veuve peut faire partie du conseil de famille assemblé pour délibérer si la tutelle doit lui être conservée en cas de convol. Bordeaux, 17 août 1825.

17. Il est peu convenable qu'un fils fasse partie du conseil appelé à décider si son père doit être exclu, pour cause d'incapacité, de la tutelle de ses enfans mineurs ; mais ce n'est pas là une cause de nullité de la délibération. Cas. 16 déc. 1829.

18. Le conseil de famille appelé à délibérer sur les intérêts d'un enfant naturel, ne peut être composé que des amis et du subrogé-tuteur. On ne saurait convoquer la famille paternelle ou la famille maternelle, puisque les parens du père ou de la mère ne le sont point de l'enfant. Cas. 3 sept. 1806 (S. 6, 474), 7 juin 1820 ; Toullier, t. 2, p. 326.

19. Les enfans admis dans les hospices, à quelque titre et sous quelque dénomination que ce soit, sont sous la tutelle des commissions administratives de ces maisons, lesquelles désignent un de leurs membres pour exercer, le cas advenant, les fonctions de tuteur, les autres membres forment le conseil de tutelle. L. 5 pluv. an 13, art. 1; Décr. 19 janv. 1811.

20. La loi ne prononce pas expressément de nullité pour les contraventions aux règles établies pour la composition ou la convocation des conseils de famille; elle laisse en général aux tribunaux la faculté de décider si les circonstances impriment à ces contraventions un caractère de gravité suffisant pour entraîner la nullité des actes où elles ont été commises (Toullier, n° 1119). Ainsi, la délibération d'un conseil de famille, dans la composition duquel le parent n'a pas été préféré à l'allié du même degré, peut n'être pas annulée. Cas. 22 juil. 1807.

21. *Mode de convocation du conseil de famille; lieu où il s'assemble.* Le conseil de famille est convoqué, soit sur la réquisition et à la diligence des parens du mineur, de ses créanciers ou autres intéressés, soit même d'office, et à la poursuite du juge de paix compétent (—V. *inf.* n° 22). Toute personne peut dénoncer au juge de paix le fait qui donne lieu à la nomination du tuteur. C. civ. 406.

Le ministère public n'a pas le droit de requérir d'office la convocation du conseil de famille. Cas. 27 frim. an 13.

22. Le domicile du mineur au moment de l'ouverture de la première tutelle, détermine la compétence du juge de paix pendant la tutelle, ainsi que pour remplacer le premier tuteur décédé, ou pour toute autre cause. Cas. 29 nov. 1809, 23 mars 1819; Toullier, t. 2, n° 1114; Duranton, t. 3, n° 453.

23. Toutefois, le conseil de famille d'un mineur peut être régulièrement convoqué au lieu du domicile du dernier décédé de ses père et mère. Cas. 10 août 1825 (S. 26, 139).

24. Mais si le conseil de famille ne s'était assemblé une première fois que pour nommer un subrogé-tuteur au survivant des père ou mère, et que celui-ci vînt à mourir, avant la majorité des enfans, sans avoir indiqué un tuteur, le nouveau conseil de famille devrait s'assembler devant le juge de paix du dernier domicile du défunt, pour nommer le tuteur pendant tout le temps de la minorité. Toullier, *ib.*

25. Lorsqu'un jugement, commettant un juge de paix étranger au domicile du mineur pour présider le conseil de famille, a été exécuté sans contestation, on ne peut plus demander l'annulation de la délibération de ce conseil, sur le motif qu'il aurait dû être présidé par le juge de paix du domicile du mineur. Metz, 20 avr. 1820.

26. C'est chez le juge de paix, ou dans le lieu par lui indiqué, que le conseil de famille doit s'assembler.

27. Le jour et le lieu de l'assemblée sont fixés par le juge de paix; et si les parens ne sont pas sur les lieux, ou ne veulent pas comparaître volontairement, ils sont assignés, de manière qu'il y ait toujours, entre la citation notifiée et le jour indiqué pour la réunion du conseil, un délai de trois jours au moins, quand toutes les parties citées résident dans la commune, ou dans la distance de deux myriamètres. Lorsque, parmi les parens cités, il s'en trouve de domiciliés au-delà de cette distance, le délai doit être augmenté d'un jour par trois myriamètres. C. civ. 411.

28. Tout parent, allié ou ami, convoqué en conseil de famille, et qui, sans excuse légitime, ne comparaît point, encourt une amende qui ne peut excéder 5o fr., et qui est prononcée sans appel par le juge de paix.

En cas d'excuse suffisante, s'il convient d'attendre ou de remplacer le membre absent, le juge de paix peut ajourner l'assemblée ou la proroger. C. civ. 413, 414.

29. *Délibération du conseil de famille.* Le conseil de famille est présidé par le juge de paix, qui a voix délibérative et prépondérante en cas de partage. C. civ. 416.

30. La présence des trois quarts au moins des membres convoqués est nécessaire pour la délibération. C. civ. 415.

Toutefois, il n'est pas nécessaire que les trois quarts des membres délibèrent. Il suffit qu'ils soient présens. Bruxelles, 15 mars 1806.

31. Le vœu de la loi est rempli lorsqu'il a été convoqué trois parens de chaque ligne devant le juge de paix, quoique l'un des parens réunis n'ait pu prendre part à la délibération. Rennes, 14 fév. 1810; Rouen, 17 nov. 1810.

Mais il en est autrement, si l'un des membres convoqués a été dispensé à l'avance. Agen, 12 mars 1810; Duranton, t. 3, p. 457, note.

32. La majorité absolue des suffrages est indispensable pour former la délibération. Bruxelles, 15 mars 1806; Metz, 16 fév. 1812; Delvincourt, t. 1, p. 435, note 1; Duranton, t. 3, n° 466. — *Contrà*, Toullier, t. 2, n° 1121.

33. La délibération est nulle, si le juge de paix n'y a pas concouru. Bordeaux, 21 juil. 1808; Pigeau, t. 2, p. 403, note.

34. L'amende que l'art. 413 C. civ. autorise le juge de paix à prononcer contre le parent, allié ou ami, qui, convoqué à un conseil de famille, ne comparaît point, ne peut être appliquée au parent, allié ou ami, qui a comparu, mais qui a refusé de délibérer, sous prétexte de l'irrégularité de la composition du conseil de famille. Cas. 10 déc. 1828 (S. 29, 320).

Toutes les fois que les délibérations ne sont pas unanimes, l'avis de chacun des membres doit être mentionné dans le procès-verbal (C. pr. 883), excepté lorsque la délibération n'est pas sujette à l'homologation. Metz, 16 fév. 1812 (S. 12, 389); Paris, 6 oct. 1814.

Cette formalité a en effet pour but de mettre le tribunal à portée de connaître l'avis le plus utile au mineur, et elle se trouve par conséquent sans objet lorsqu'il n'y a pas lieu à homologation.

35. Mais il n'est pas, en général, nécessaire d'exprimer au procès-verbal les motifs des différens avis émis par les membres du conseil.

Lors même qu'il s'agit d'enlever la tutelle à la mère qui se remarie (Cas. 17 nov. 1813), ou de confier à la mère la garde des enfans, par suite de séparation de corps. Paris, 11 déc. 1821.

Il n'y a d'exception à cette règle que dans le cas où la délibération a pour objet la destitution du tuteur. C. civ. 447.

36. La nomination d'un tuteur faite en son absence lui est notifiée, à la diligence du membre de l'assemblée désigné par elle, dans les trois jours de la délibération, outre un jour par trois myriamètres de distance entre le lieu où s'est tenue l'assemblée et le domicile du tuteur. C. pr. 882.

Cette notification fait courir les délais dans lesquels le tuteur peut proposer ses excuses. C. civ. 439.

37. Elle est nécessaire lors même que le tuteur a été représenté par un mandataire au conseil de famille qui l'a nommé, si le mandat ne contient pouvoir de proposer ses excuses dans le cas où il serait nommé tuteur. Carré, art. 882; Locré, C. civ., t. 1, p. 200. — *Contrà*. Demiau, art. 882.

38. Le membre du conseil qui néglige de faire la notification dont il a été chargé, peut être condamné à des dommages-intérêts, s'il en résulte un préjudice pour le mineur. Carré, *ib.*

39. Toute partie intéressée peut, à défaut de celui qui a été désigné par le conseil, faire faire cette notification. Arg. C. civ. 406; Carré, *ib.*

§ 2. — *Attributions du conseil de famille, et responsabilité de ses membres.*

40. Le conseil de famille délibère sur la nomination des tuteurs, subrogés-tuteurs, co-tuteurs et curateurs (C. civ. 395, 405, 480); sur leur destitution ou leur exclusion (*id.* 446): sur la tutelle officieuse (*id.* 361); sur la confirmation du tuteur élu par la mère remariée qui a été maintenue dans la tutelle (*id.* 400); sur la fixation des dépenses du mineur et les frais d'administration (*id.* 454); sur l'obligation d'employer l'excédant des revenus (*id.* 455); sur l'autorisation à donner au tuteur pour prendre à ferme ou acheter les biens du mineur (*id.* 460); alié-

ner ou hypothéquer les mêmes biens (*id.* 467); accepter ou répudier les successions et donations (*id.* 461 ; 463); introduire une action relative aux droits immobiliers du mineur, ou y acquiescer (*id.* 464); provoquer un partage (*id.* 465, 817); transiger (*id.* 467); faire détenir le mineur par voie de correction (*id.* 468); sur l'émancipation (*id.* 478); sur la révocation de l'émancipation (*id.* 485); sur la réduction de l'hypothèque légale du mineur (*id.* 2141, 2143); sur les consentement, avis ou autorisation pour le mariage des mineurs (*id.* 160); sur l'opposition à y former (*id.* 175); sur l'interdiction (*id.* 494); sur la nomination d'un conseil judiciaire (*id.* 514); sur la manière de régler les conventions matrimoniales des enfans d'un interdit (*id.* 511); enfin sur tous les actes qui ne sont pas d'une administration ordinaire. — V. *Absence, Emancipation, Interdiction, Licitation, Partage, Vente.*

41. Mais il commet un excès de pouvoir, lorsqu'il statue sur les contestations élevées entre le tuteur et le subrogé tuteur, relativement aux comptes de tutelle. C. civ. 473; Turin, 5 mai 1810.

42. Les parens sont quelquefois appelés à donner leur avis, sans être constitués en conseil de famille : ainsi la mère survivante et non remariée ne peut faire détenir son enfant que sur l'avis des deux plus proches parens paternels. L'hypothèque générale de la femme sur les immeubles de son mari ne peut être réduite qu'après avoir pris l'avis de ses quatre plus proches parens. C. civ. 381, 2144.

43. Les membres du conseil de famille ne sont point responsables de la gestion du tuteur qu'ils ont nommé de bonne foi. Leroy, *Rapport au tribunat*; Toullier, t. 2, n° 1119.

§ 5. — *Mode de se pourvoir contre les délibérations du conseil de famille.*

44. Les tuteur, subrogé tuteur ou curateur, même les membres de l'assemblée, peuvent se pourvoir contre la délibération. C. pr. 883.

Ce droit appartient, en outre, aux personnes qui n'ont point été appelées à la délibération, mais qui auraient dû l'être; quand même l'avis aurait été unanime. Carré, art. 883; Pigeau, t. 2, p.407; Delvincourt, t. 1, p. 481.

45. L'annulation de la délibération, motivée sur la composition irrégulière du conseil, est valablement demandée par un des membres de l'assemblée qui n'aurait pas fait rédiger séparément son avis, ni insérer au procès-verbal aucune protestation. Liége, 4 janv. 1811.

46. Si le tuteur, qui doit toujours être appelé à la délibération ayant pour objet de prononcer sur son exclusion ou sa destitution (C. civ. 447), adhère à la délibération, il en est fait mention, et le nouveau tuteur entre de suite en fonctions (C. civ. 448). — Son silence est considéré comme une adhésion, et le rend non-recevable à se pourvoir contre la délibération. Bruxelles, 18 juil. 1810; Colmar, 27 avr. 1813.

47. La demande est intentée contre les membres qui ont été de l'avis de la majorité, sans préliminaire de conciliation. C. pr. 883.

48. Toutefois, le tuteur exclu ou destitué, et qui n'a point adhéré à la délibération (—V. sup. n° 46), doit former sa demande contre le subrogé-tuteur, et non contre les membres du conseil qui ont été d'avis de lui enlever la tutelle. (—V. inf. n° 64). — L'art. 883 C. pr. ne statue que pour les cas ordinaires, et ne déroge pas à l'art. 448 C. civ. Ceux qui ont requis la convocation du conseil de famille, ont seulement le droit d'intervenir dans l'instance. C. civ. 449; Carré, art. 883; Berriat, p. 679, note 3; Demiau, art. 883; Arg. Paris, 6 oct. 1814 (S. 15, 215). — Contrà. Toullier, t. 2, p. 419.

M. Proudhon approuve l'une et l'autre marche.

49. La demande ne peut être dirigée contre le juge de paix : il n'agit qu'à raison de ses fonctions, et la loi ne rend le juge responsable que lorsqu'il est coupable de fraude ou de dol. Cas. 29 juil. 1812. —V. *Prise à partie.*

50. Le tribunal civil compétent est celui dans l'arrondissement duquel l'assemblée a eu lieu : il ne s'agit que de l'exécution du procès-verbal émané du juge de paix qui a présidé cette assemblée.

51. L'ajournement est donné en la forme ordinaire, avec copie de la délibération attaquée. — V. *Ajournement.*

La cause est jugée sommairement. C. pr. 884.

52. Les délibérations du conseil de famille peuvent être réformées ou modifiées par le tribunal de première instance. Angers, 6 août 1819.

Mais elles ne peuvent jamais être attaquées *de plano* par la voie de l'appel. Le juge de paix qui préside le conseil de famille, ne fait pas un acte de juridiction, et ce conseil ne saurait être considéré comme un tribunal. Cas. 15 vent. an 13; Merlin, *Rép.* v° *Conseil de famille;* Carré, art. 882.

53. Si le demandeur succombe, le tribunal peut le condamner personnellement aux dépens, ou ordonner que les frais seront employés en dépenses d'administration. Carré, *ib.*; Toullier, t. 2, p. 419; Locré, C. pr., t. 2, p. 207.

§ 4. — *Homologation des délibérations du conseil de famille.*

54. Certaines délibérations du conseil de famille ne peuvent, à raison de leur importance, être exécutées qu'après avoir été approuvées par le tribunal. Ainsi, l'homologation est indispensable lorsqu'il s'agit d'aliéner et d'hypothéquer les immeubles d'un incapable, ou d'emprunter pour lui. C. civ. 448, 457, 458, 467, 509.

55. Les délibérations d'un intérêt moins grave, par exemple, celles contenant nomination de tuteur, co-tuteur ou curateur, ou autorisation d'accepter une succession sous bénéfice d'inventaire, sont dispensées de cette formalité. Metz, 24 brum. an 12; Paris, 6 oct. 1814; Toulouse, 11 juin 1829 (S. 30, 15).

56. Mais l'homologation est nécessaire, même pour les délibérations de cette nature, toutes les fois qu'un membre du conseil y forme opposition. C. civ, 448; Amiens et Angers, 6 août 1819.

57. Quand il y a lieu à homologation, l'expédition de la délibération est présentée au président, qui met au bas une ordonnance de soit-communiqué au ministère public, et commet un juge pour en faire le rapport au jour indiqué. Le procureur du roi donne ses conclusions au bas de l'ordonnance; la minute du jugement d'homologation est mise à la suite des conclusions sur le même cahier. C. pr. 885, 886.

58. En cas de contestation, soit entre les différens membres du conseil, soit entre les membres et le tuteur, le jugement doit être rendu à l'audience. S'il s'agit d'un procès ordinaire, il faut suivre le droit commun. — V. *Audience.*

59. S'il s'agit seulement d'homologuer une délibération relative à un emprunt ou bien à une aliénation, et contre laquelle il n'existe aucune opposition, le tribunal statue en la chambre du conseil : la publicité n'est d'aucune utilité dans une affaire qui n'entraîne pas de discussion entre les parties. C. civ. 458; Carré, art. 886; Demiau, p. 589. —*Contra.* Pigeau, t. 2, p. 406.

60. Si le tuteur ou autre chargé de poursuivre l'homologation ne le fait pas dans le délai fixé par la délibération, ou, à défaut de fixation, dans le délai de quinzaine, l'un des membres du conseil de famille peut poursuivre l'homologation contre lui et à ses frais sans répétition. C. pr. 887.

Ce délai de quinzaine n'est pas sujet à augmentation en raison de la distance du domicile de la personne chargée de poursuivre l'homologation au lieu où siége le tribunal, il ne rentre pas dans les cas prévus par l'art. 1033 C. pr., et le délai de quinzaine suffit d'ailleurs pour présenter la délibération du conseil à la sanction du tribunal. Carré, art. 887.

61. Le membre en retard d'agir doit être assigné sur cette poursuite : il peut faire valoir des excuses.

La cause, étant de nature à faire naître une discussion, est portée à l'audience publique. Carré, art. 887. — *Contrà.* Demiau, art. 887.

62. Les membres du conseil de famille qui croient devoir s'opposer à l'homologation, le déclarent par acte extrajudiciaire à celui qui est chargé de la poursuite, et s'ils n'ont pas été appelés, ils peuvent former opposition au jugement. C. pr. 888.

63. Cette opposition est recevable, tant que la délibération n'a pas été exécutée, la loi ne détermine aucun délai. Carré, art. 889; Delvincourt, t. 1, p. 437.

64. Les jugemens rendus sur délibération du conseil de famille sont sujets à l'appel. (C. pr, 889; C. civ. 445, 446, 448.) Peu importe que l'objet de la délibération soit d'une valeur inférieure à 1000 fr., la loi ne distingue pas. Carré, art. 889.

Cette voie ne peut pas être refusée aux membres d'un conseil de famille qui n'ont point formé opposition au jugement d'homologation, ou qui n'ont point comparu sur l'assignation à eux donnée par suite de leur opposition : les termes généraux de la loi ne permettent pas de distinction. Colmar, 27 avr. 1813. — *Contrà.* Carré, art. 889.

65. Toutefois, l'appel n'est recevable qu'autant que, par suite de réclamations de la part des intéressés, l'homologation est devenue contentieuse; autrement, elle constitue un acte de juridiction volontaire que les tiers doivent attaquer devant les premiers juges. Turin, 29 juil. 1809 (S. 10, 227); Carré, 889.

66. Le ministère public ne peut appeler du jugement qui a homologué : il n'a pas la voie d'action. Turin, 26 août 1807; Carré, art. 889.

§ 5. — *Timbre et enregistrement.*

67. *Timbre.* Le procès-verbal de la nomination d'un tuteur doit être écrit sur papier timbré. LL. 18 fév. 1791, art 3; 17 juin 1794, art. 1er; Cas. 16 août 1809.

68. *Enregistrement.* Les avis de parens sont soumis au droit fixe de 2 fr. L. 28 avr. 1816, art. 43 n° 4.

Il n'est dû qu'un seul droit, encore bien que l'avis soit relatif à plusieurs objets; mais il en est autrement, s'il constate l'accomplissement d'une opération pour laquelle il est dû un droit distinct, par exemple, la prestation de serment d'un expert nommé par le conseil de famille. *Inst. gén.* 29 juin 1825, n° 1166, § 4.

69. L'avis contenant émancipation est passible du droit fixe de 5 fr. par chaque émancipé. L. 22 frim. an 7, art. 68, § 4, n° 1.

70. Il n'est dû aucun droit proportionnel : 1° pour la fixation des honoraires du tuteur. (Cas. 3 janv. 1827; *Inst. gén.* 30 juin 1827, n° 1210, § 3). — 2° Pour l'autorisation de vendre des immeubles, afin de payer les dettes portées dans l'inventaire. (*Délib. Rég.* 20 mars 1820, 21 avr. 1821). — Peu importe que l'on ait énoncé les noms des créanciers et les sommes dues à chacun d'eux. Cas. 16 mars 1825, 7 nov. 1826, 26 avr. 1827.

71. Mais il en est autrement : 1° dans le cas où le tuteur est autorisé à garder une certaine somme appartenant au mineur, à la charge d'en servir les intérêts (*Inst. gén.* 31 août 1809, n° 449); — 2° dans celui où le tuteur, qui conserve le reliquat de son compte entre ses mains, affecte spécialement des immeubles à la garantie de ce reliquat. Cas. 13 nov. 1820.

§ 6. — *Formules.*

FORMULE I.

Citation aux membres qui doivent composer un conseil de famille.

(C. civ. 406 et 411. — Tarif, 21. — Coût, 1 fr. 50 c.)

— V. *Cédule, Citation.*

FORMULE II.

Avis du conseil de famille.

(C. civ. 406. — Tarif, 4. — Coût, 5 fr., le juge de paix ne peut jamais prendre plus de deux vacations.

L'an   le   , en l'hôtel de la justice de paix, sis à
et par-devant nous   juge de paix du   , assisté de M° greffier,
Est comparue madame   veuve de   décédé à   , ainsi que
le constate un acte étant aux registres de l'état civil de   en date du
          dont expédition nous a été représentée et a été par nous immédiatement rendue à la susdite dame.

Du mariage desdits sieur et dame est issu Paul   , né à   le
          lequel est aujourd'hui mineur,

Laquelle comparante a dit qu'en conséquence de notre indication verbale à ces jour, lieu et heure, elle a convoqué par-devant nous les parens les plus proches en degré dudit mineur dans les lignes paternelles et maternelles en nombre suffisant à   , pour compléter le nombre de six, dont trois pour la ligne paternelle et trois pour la ligne maternelle, à l'effet de se réunir en conseil de famille avec nous et sous notre présidence, et donner leur avis sur la nomination d'un subrogé-tuteur.

Et attendu la présence de toutes les personnes appelées à concourir à la formation dudit conseil de famille, ladite comparante nous a requis de le constituer de suite, nous affirmant qu'il n'existe à   , ni dans la distance voulue par la loi, d'autres plus proches parens ni alliés du mineur que les personnes ci-après nommées, et elle a signé après lecture faite. *(Signature.)*

Desquels comparution, dire, réquisition et affirmation, nous, juge de paix, avons donné acte à madame veuve , qui s'est à l'instant retirée pour ne pas prendre part à la délibération; et obtempérant à sa réquisition, nous avons procédé à la formation dudit conseil de famille.

En effet, étaient présens et sont comparus, savoir :

Du côté paternel — 1°. 2° 3°
Du côté maternel — 1° 2° 3°

Lesquels parens se sont réunis en conseil de famille avec nous, sous notre présidence, après nous avoir affirmé qu'à leur connaissance personnelle il n'existe à , ni dans la distance de deux myriamètres de cette ville, d'autres plus proches parens ni alliés que les susnommés.

Le conseil de famille ainsi constitué, après avoir mûrement réfléchi avec nous sur l'objet de sa convocation, contenu en l'exposé qui précède et dont il a été donné lecture par le greffier, et la matière mise en délibération.

Considérant que dans toute tutelle il doit y avoir un subrogé-tuteur nommé par le conseil de famille aux termes de l'art. 480 du C. civ.; que ce subrogé-tuteur doit être pris, hors le cas de frère germain, dans celle des deux lignes à laquelle le tuteur n'appartient point.

Le conseil a été unanimement d'avis de nommer, comme de fait il nomme par ces présentes, M. subrogé-tuteur dudit mineur, à l'effet d'agir et de le représenter dans tous les cas où il se trouverait en opposition d'intérêts avec ceux de la dame sa tutrice.

Comme aussi pour faire tous actes conservatoires et de procédure prescrits par la loi, assister notamment à toutes opérations d'inventaire et autres.

Et ledit sieur , ayant déclaré accepter ladite qualité de subrogé-tuteur dudit mineur, que vient de lui déférer le conseil de famille, a de suite prêté entre nos mains le serment de bien et fidèlement en remplir les fonctions, et a signé après lecture faite. *(Signature.)*

Madame veuve étant rentrée dans l'assemblée, il lui a été donnée connaissance de la présente délibération;

Dont acte et de tout que dessus, nous avons fait et rédigé le présent procès-verbal, que les membres du conseil de famille et madame veuve ont signé avec nous et le greffier, après lecture faite. *(Signatures.)*

FORMULE III.

Notification de l'avis du conseil de famille au tuteur nommé, qui n'était pas présent à la délibération.

(C. pr. 882. — Tarif, 21. — Coût, 1 fr. 50 c.)

L'an le , à la requête du sieur , désigné par la délibération du conseil de famille ci-après énoncée, pour faire la présente notification, et pour lequel domicile est élu en sa demeure, j'ai *(immatricule de l'huissier-audiencier de la justice de paix)*, soussigné, notifié et, avec celle des présentes, donné copie

D'une délibération du conseil de famille du mineur , reçu par M. le juge de paix de le , dûment enregistrée, par laquelle ledit sieur est nommé tuteur dudit mineur. A ce que du contenu en ladite délibération le susnommé n'ignore, et ait en conséquence, à entrer en exercice de la tutelle à lui déférée; je lui ai, etc.

(Signature de l'huissier

FORMULE IV.

Assignation pour faire réformer une délibération du conseil de famille qui n'a pas été unanime.

(C. pr. 888. — Tarif, 29. — Coût, 2 fr.)

L'an   le   à la requête du sieur
frère-germain de   , fils mineur de   , et de   ,
tous deux décédés, demeurant ledit sieur   à
lequel fait élection de domicile en la demeure de Me B   , avoué au
tribunal de première instance de   sise à
lequel occupera sur la présente assignation, j'ai (*immatricule de l'huissier*),
soussigné, donné assignation : 1° au sieur   , au nom et comme tuteur
dudit mineur   ; demeurant à
2° Au sieur   , beau-frère dudit mineur, etc.
3° Et au sieur   , appelé à défaut de parens, et connu pour
avoir eu des relations habituelles d'amitié avec le père et la mère dudit mineur
A comparaître, etc. (— V. *Ajournement*, Formule I.)

Pour, attendu que les susnommés qui ont fait partie du conseil de famille, convoqué à la requête du tuteur, sous la présidence de M. le juge de paix de   le   , à l'effet de vendre une maison appartenant audit mineur   , sise à   rue   , pour payer avec les deniers provenant de ladite vente les créanciers de la succession du sieur   , père dudit mineur, ont été d'avis de la vente de ladite maison, tandis que le requérant et son frère ont été d'un avis contraire, mentionné dans ladite délibération;

Attendu, au fond, qu'il est de l'intérêt du mineur   de conserver l'immeuble dont il s'agit, et que les dettes de la succession de son père ne s'élevant qu'à une somme de   , il sera plus avantageux pour lui de faire l'emprunt de cette somme, avec hypothèque sur la maison, que de la vendre;

Attendu aussi qu'il est constaté par le compte sommaire présenté par le tuteur du mineur   à l'assemblée de famille, que ledit mineur n'a aucune somme disponible, et que ses revenus sont insuffisans pour le paiement des dettes de la succession de son père;

Voir dire et ordonner que la délibération du conseil de famille dudit mineur   , reçue par M. le juge de paix de   le   enregistrée, sera rejetée purement et simplement, et que le tuteur du mineur sera autorisé, par le jugement à intervenir, et sans qu'il en soit besoin d'autre, à emprunter à un intérêt qui ne pourra excéder cinq pour cent par an, et pour le terme de quatre ans, la somme de   pour son mineur, et à affecter et hypothéquer, à la garantie et au paiement de la somme empruntée, ladite maison sise à   , rue   , appartenant audit mineur; pour, avec les deniers ainsi empruntés, payer les créanciers sérieux et légitimes de la succession dudit sieur   , chacun suivant ses droits;

Et pour, en outre, répondre et procéder, comme de raison, à fin de dépens; et j'ai, aux susnommés, en leurs domiciles, et parlant comme dessus, laissé à chacun séparément copie du présent, dont le coût est de. (*Signature de l'huissier.*)

FORMULE V.

Requête à fin d'homologation d'une délibération.

(C. pr. 885. — Tarif, 78. — Coût, 7 fr. 50 c.)

À M. le président du tribunal de première instance de

Le sieur   , demeurant à   , au nom et comme tuteur de   ,
fils mineur de   et de   , son épouse, tous deux décédés, ayant Me   pour avoué;

Requiert qu'il vous plaise, M. le président, faire homologuer pour être exécutée, suivant sa forme et teneur, la délibération ci-jointe des parens et amis dudit mineur, reçue par M. le juge de paix de ⋅ le ⋅ dûment enregistrée; et vous ferez justice. (*Signature de l'avoué.*)

FORMULE VI.

Demande en homologation d'une délibération du conseil de famille, contre le tuteur.

(-C. pr. 887. — Tarif, 29. — Coût, 2 fr.)

L'an , le ,à la requête de demeurant à , ayant fait partie du conseil de famille du mineur ci-après nommé, lequel sieur fait élection de domicile en la demeure de Me B , avoué, etc., lequel occupera sur la présente assignation, j'ai, etc.

Pour, attendu que, par délibération des parens et amis dudit mineur , reçue par M le juge de paix de le , dûment enregistrée, laquelle autorise à provoquer la licitation d'une maison dont le mineur est propriétaire pour moitié; il a été dit que le sieur , en sa qualité de tuteur dudit mineur, poursuivrait l'homologation de cette délibération dans la huitaine;

Attendu que plus de quinze jours se sont écoulés, et que le sieur ne se met pas en devoir de faire prononcer cette homologation,

Voir dire et ordonner que la délibération susénoncée sera homologuée, pour être exécutée selon sa forme et teneur; et pour, en outre, répondre et procéder comme de raison, à fin de dépens, auxquels ledit sieur sera personnellement condamné, et que sous aucun prétexte il ne pourra employer en compte de tutelle; et je lui ai, en son domicile et parlant comme dessus, laissé copie du présent exploit, dont le coût est de (*Signature de l'huissier.*)

FORMULE VII.

Opposition à l'homologation d'une délibération du conseil de famille.

L'an le , à la requête du sieur ayant fait partie du conseil de famille dont sera ci-après parlé, demeurant j'ai, etc. , soussigné, signifié et déclaré au sieur , au nom et comme tuteur du sieur en cette qualité, désigné par la délibération du conseil de famille, ci-après énoncée, pour en poursuivre l'homologation, ledit sieur , demeurant à , en son domicile, parlant à

Que le requérant entend contester la délibération du conseil de famille dudit mineur , reçue par M. le juge de paix de le , par laquelle le sieur , en sa qualité, a été autorisé à provoquer la vente par licitation, d'une maison appartenant pour moitié audit mineur , et en conséquence qu'il est opposant, comme par ces présentes il s'oppose, à ce qu'autrement qu'en sa présence, ou lui dûment appelé, le sieur en poursuive l'homologation; déclarant au susnommé que ledit requérant proteste de nullité de tout ce qui serait fait au préjudice de ladite opposition; et je lui ai, etc. (*Signature de l'huissier.*)

CONSEIL JUDICIAIRE. Conseil que la justice nomme à une personne dont la faiblesse d'esprit ou la prodigalité inspire des craintes pour sa fortune, et sans l'assistance duquel elle ne peut plaider, ni aliéner ses biens.

1. *Nomination du conseil judiciaire.* Elle peut être provoquée, 1° pour faiblesse d'esprit; 2° pour prodigalité. C. civ. 499, 513.

2. L'admissibilité des faits de prodigalité est abandonnée à l'appréciation des tribunaux. — V. *Cassation*, n° 92 - 6°.

3. Par qui la nomination d'un conseil judiciaire peut-elle être provoquée ? Par ceux qui ont droit de demander *l'interdiction*. C. civ. 514. — *V.* ce mot.

Excepté par le ministère public, qui se trouve sans intérêt pour agir. Merlin, *Rép.* v° *Interdiction*; Toullier, t. 2, n° 1572; Duranton, t. 3, n° 803. — *Contrà*. Besançon, 25 août 1810; Delvincourt, t. 1, p. 321; Arg. C. civ. 491.

4. *Quid* si le prodigue lui-même demande qu'il lui soit nommé un conseil ? — V. *Interdiction*.

5. La nomination d'un conseil judiciaire peut être faite d'office par le juge, sur une demande en interdiction non suffisamment justifiée. C. civ. 499.

6. La demande subsidiaire d'un conseil pour la personne dont on poursuit l'interdiction, est valablement faite pour la première fois en appel : ce n'est point une demande nouvelle. Paris, 26 therm. an 12 (S. 7, 864).

7. *Forme de la demande.* La demande est instruite et jugée de la même manière que celle en interdiction. C. civ. 514. — V. *ib.*

8. Le conseil judiciaire est choisi par le tribunal (C. civ. 513); le plus souvent d'après l'indication de la famille.

9. On nomme ordinairement des magistrats, des avocats, des notaires ou des avoués.

10. Peut-on nommer plusieurs conseils à la même personne ? Ce serait compliquer outre mesure sa position; cependant M. Toullier, t. 2, n° 1377, adopte l'affirmative.

11. Le jugement qui nomme un conseil est soumis à la même publicité que le jugement d'interdiction; il ne peut être révoqué qu'en suivant les formalités prescrites pour la main-levée de *l'interdiction*. — *V.* ce mot.

12. L'acquiescement donné par un prodigue au jugement qui lui a nommé un conseil, le rend non-recevable à en appeler. — V. *Acquiescement*, n° 23.

13. Dans le cas de l'art. 499 du C. civ., l'appel du jugement doit être dirigé contre celui qui a provoqué l'interdiction. C. pr. 894.

14. L'appel interjeté par le provoquant ou par un des membres de l'assemblée, est dirigé contre celui à qui l'on veut faire nommer un conseil. *Ib.*

15. *Effets de la nomination d'un conseil judiciaire.* Elle n'opère pas un changement d'état, comme l'interdiction.

Seulement, l'individu qui a reçu un conseil, ne peut, sans l'assistance de ce conseil, plaider, transiger, emprunter, recevoir un capital mobilier, en donner décharge, aliéner, grever ses biens d'hypothèque (C. civ. 499, 513). — Il doit attendre, pour faire valablement ces actes, la nomination d'un nouveau conseil, si le premier vient à cesser ses fonctions. Parlem. Paris, 7 juin 1760, 29 juil. 1762.

16. Au reste, ses actions doivent être intentées par lui directement; le conseil ne fait que l'assister. Trèves, 4 et 13 mars 1808; Cas. 20 mars 1816; Toullier, t. 2, n° 1382.

Il doit être assigné conjointement avec ce conseil par des copies distinctes. — V. *Ajournement*, n° 204; *Appel*, n⁰ˢ 123 et 124.

17. Il autorise valablement sa femme.

18. La contrainte par corps peut être prononcée contre un prodigue pourvu de conseil (Trèves, 4 et 13 avr. 1808), pour des effets souscrits avant la dation du conseil. Bruxelles, 13 avr. 1808 (S. 8, 209).

19. Quand le jugement portant nomination du conseil a été rendu public, conformément à l'art. 501 C. civ., l'interdiction est légalement notoire; elle opère nullité de tout engagement postérieur, en quelque lieu qu'il soit passé. Cas. 29 juin 1819 (S. 20, 8).

20. Si le jugement n'a pas reçu de publicité, les actes faits postérieurement sans l'assistance du conseil sont-ils valables? — V. *Interdiction*.

CONSEIL DE PRUD'HOMMES. — V. *Prud'hommes*.

CONSERVATEUR DES HYPOTHÈQUES. — V. *Exécution forcée*, *Inscription hypothécaire*.

CONSERVATOIRE (ACTE). — V. *Acte conservatoire*.

CONSERVATOIRE (ACTION). Action tendante à la conservation d'une chose ou d'un droit. — V. *Ib*.

CONSIGNATION [1]. Dépôt fait entre les mains d'un officier public désigné à cet effet par la loi, du prix des biens meubles et immeubles distribués par justice, des deniers et revenus saisis qui donnent lieu à des difficultés; enfin, des sommes ou effets dont le débiteur fait offre, en justice, de se libérer, nonobstant les refus ou empêchemens qui arrêtent la libération.

DIVISION.

[1] Cet article est de M. Allenet, avocat, ancien principal clerc d'avoué à Paris.

§ 1. — *Des diverses espèces de consignations.*

1. La consignation est *volontaire* ou *forcée.*

Volontaire, toutes les fois qu'elle n'est ni ordonnée par la justice, ni prescrite par la loi.

Forcée, quand elle est ordonnée par la justice, ou prescrite par la loi.

2. La consignation volontaire diffère du dépôt. La consignation suppose une difficulté, née ou à naître, entre deux ou plusieurs parties, au sujet de l'objet consigné. Le consignataire se dessaisit de la chose consignée. — Le dépôt, au contraire, a lieu le plus ordinairement, lorsque l'on donne une somme ou un objet non litigieux en garde à quelqu'un, sous la réserve de le reprendre à volonté.

L'ordonnance du 3 juil. 1816, spéciale aux dépôts volontaires des particuliers, se réfère cependant à l'art. 7, L. 28 niv. an 13, relatif aux consignations volontaires (Av. Cons. - d'Et. , 16 mai 1810). Mais cette confusion autorisée par l'ancien droit (Cir. min. 24 therm. an 4, S. 2, 1, 314), est repoussée par nos lois. C. civ. 1259; C. pr. 817.

Ainsi sont inapplicables aux consignations volontaires, 1° l'art. 2, portant que les dépôts ne peuvent être faits qu'à Paris; et 2° l'art. 5, d'après lequel les intérêts à 3 pour 100, que doit la caisse pour toutes les sommes qui lui sont versées, doivent courir à partir du trente-et-unième jour du dépôt. — V. *Caisse des dépôts et consignations*, nos 3, 4, 5, 8 et 9.

3. La consignation forcée doit être effectuée dans le délai fixé par la loi ou par le jugement qui l'a prescrite.

Toutefois, ce délai n'est pas de rigueur; la consignation, bien que tardive, a toujours pour effet de mettre les fonds en sûreté.

Ainsi, la consignation que l'adjudicataire fait de son prix après l'expiration du délai fixé par le jugement d'adjudication n'est point nulle; elle ne doit pas même être considérée comme consignation volontaire, et, à ce titre, assujétie à la formalité préalable d'offres réelles et de sommation. Toulouse, 22 nov. 1820 (S. 21, 255).

4. Les consignations de sommes d'argent ne peuvent être faites qu'à la *Caisse des dépôts et consignations.*—*V.* ce mot.

Les consignations d'effets mobiliers se font dans le lieu désigné par la justice.—V. *inf.* art. 4.

Art 1. — Cas où il y a lieu à consignation volontaire.

5. Toutes les fois qu'un débiteur ou détenteur de deniers veut se libérer, ou se décharger de la responsabilité d'une somme d'argent, il peut la consigner, en se conformant à la loi qui l'y autorise.

Le plus souvent il est forcé de faire précéder la consignation par des offres réelles. — V. *inf.* art. 3.

6. Tout débiteur de billet à ordre, lettre de change, billet au porteur, ou autre effet négociable, dont le porteur ne s'est pas présenté dans les trois jours de l'échéance, est autorisé à consigner la somme portée au billet. L. 6 therm. an 3.

Cette disposition s'applique à tous les particuliers signataires de billets à ordre. Cas. 12 mess. an 9 (S. 2, 247).

L'abrogation des anciennes lois touchant les matières commerciales régies par le Code de commerce, prononcée par le décr. 15 sept. 1807, a fait douter de la validité de cette consignation; mais le Code ne s'est nullement occupé du cas prévu par la loi du 6 therm. an 3, et l'ordon. du 3 juil. 1816, art. 2-1°, suppose la loi dont il s'agit en pleine vigueur.

7. L'acte de dépôt doit contenir la date du billet, celle de l'échéance, et le nom du propriétaire dépositaire. L. 6 therm. an 3, art. 2.

Le dépôt consommé, le débiteur n'est tenu qu'à remettre l'acte de dépôt en échange du billet. *Ibid.*

Le débiteur ne peut valablement consigner que trois jours après l'échéance; mais il n'est pas astreint à consigner immédiatement après ces trois jours. Cas. 3 brum. an 8 (S. 1, 252).

8. Toute personne obligée par la loi ou par jugement à fournir caution, a la faculté de donner en place un nantissement en argent : elle consigne alors à la Caisse somme suffisante. C. civ. 2041; C. pr. 167; C. inst. crim. 117.

9. Cette option appartient, 1° au rendant compte (autre qu'un tuteur) qui se reconnaît reliquataire. C. pr. 542.

2° A l'adjudicataire d'un immeuble vendu judiciairement;

3° A l'acquéreur, dans le cas d'une vente volontaire, et à tout autre débiteur qui n'est pas tenu de consigner, lorsque les sommes qu'ils doivent sont saisies ou arrêtées entre leurs mains, ou lorsqu'il se trouve plusieurs créanciers inscrits, notamment dans le cas prévu par l'art. 2186 C. civ. Toullier, t. 7, n° 215. —V. *inf.* n° 43.

10. Le récépissé constatant la consignation est déposé au greffe et notifié à la partie adverse. Arg. C. pr. 518.

11. L'aliénation des immeubles saisis est nulle lorsqu'elle n'a pas de date certaine, antérieure à la dénonciation de la saisie, à moins que l'acquéreur ne consigne, avant l'adjudication, somme suffisante pour acquitter, en principal, intérêts et frais, les créances inscrites, et ne signifie le procès-verbal de consignation aux créanciers inscrits.—V. *Saisie immobilière.*

12. Un adjudicataire peut également éviter la vente poursuivie sur folle-enchère contre lui, en justifiant, avant le jour indiqué pour cette vente, de l'acquit des conditions de son adjudication, et en consignant la somme réglée par le tribunal pour le paiement des frais de folle-enchère. C. pr. 743. —V. *Folle-enchère.*

Art. 2. — *Cas où il y a lieu à consignation forcée.*

13. *Débiteurs, tiers-saisis, acquéreurs* ou *adjudicataires.* La consignation n'est obligatoire, pour l'adjudicataire de biens immeubles, que lorsqu'elle est prescrite par le cahier des charges : en effet, l'art. 771 C. pr. déclare *exécutoires* contre lui les bordereaux de collocation qui, par suite de la clôture de l'ordre, sont délivrés aux créanciers; ce qui ne peut avoir lieu si l'adjudicataire a dû préalablement se libérer par la voie de la consignation. Merlin, *Rép.*, v° *Consignation*, n° 52.

14. Lors même que la consignation est prescrite par le cahier des charges, l'adjudicataire peut en être dispensé si tous les créanciers présens y consentent; d'un côté, les créanciers qui n'ont pas encore produit ne peuvent se plaindre : ils conservent leurs hypothèques sur le bien vendu; et d'un autre côté, la Caisse, d'après la loi du 28 niv. an 13, n'a aucune action pour l'exécution des jugemens qui ordonnent des consignations. Merlin, *ibid*, n° 10. — V. *inf.* n°s 36 et 37.

15. La consignation peut être ordonnée, 1° lorsque l'adjudicataire de biens immeubles vendus sur saisie immobilière ou autrement, n'est pas autorisé par le cahier des charges à conserver le prix entre ses mains, et ce sur la demande d'un ou de plusieurs créanciers. Ordon. 3 juil. 1816, art. 2, n° 10.

2° Sur la demande de l'adjudicataire lui-même, ou de tout autre acquéreur ou débiteur qui ne peut se libérer immédiatement que par cette voie, et qui craint qu'une consignation volontaire ne soit contestée.

16. Lorsqu'il y a des oppositions sur les sommes provenant de ventes de biens meubles de toute espèce, par suite de saisies ou même de ventes volontaires (Ord. 3 juil. 1816, art. 2, n° 8), et que le débiteur et ses créanciers ne s'accordent pas dans le délai d'un mois, sur la distribution par contribution, l'officier public qui a fait la vente doit consigner dans la huitaine suivante les sommes provenant de ladite vente, à la charge de toutes les oppositions. C. pr. 657.—V. *inf.* n°ˢ 28 et suiv.

Ce délai d'un mois court du jour de la dernière séance du procès-verbal de vente; et s'il s'agit des deniers provenant de ventes de rentes, du jour du jugement d'adjudication. Ordon. 3 juil. 1816, art. 8.

17. Quand un tiers-saisi est frappé de plusieurs oppositions, et que les opposans ne peuvent pas s'entendre dans le délai d'un mois, il consigne dans la huitaine suivante les sommes dont il s'est reconnu débiteur. Ordon. 3 juil. 1816, art. 2, n° 8; C. pr. 657.

Ce délai d'un mois, court du jour de la signification qui lui est faite du jugement qui fixe ce qu'il doit rapporter. *Même ordon.* art. 8.

Toutefois, il n'est tenu de consigner qu'autant que le jugement l'a expressément ordonné : l'art. 657 C. pr. n'impose cette obligation qu'à l'officier ministériel détenteur de deniers provenant d'une vente. Tel est le sens de l'ordon. du 3 juil. 1816, qui a placé cette consignation au nombre des consignations *judiciaires*, c'est-à-dire qui doivent être ordonnées par jugement. Bordeaux, 4 mai 1832 (S. 32, 2, 426).

18. Le jugement qui fixerait ce que le tiers saisi doit rapporter, sans en ordonner la consignation, ne suffirait pas pour que l'on pût le contraindre à consigner. La consignation n'est *forcée* que lorsqu'elle est expressément ordonnée.

19. Toutefois, il suffirait que l'un des créanciers fît au tiers-saisi sommation de consigner; pour faire courir les intérêts dans le cas où ils ne courraient pas déjà. Le tiers-saisi serait dès-lors assimilé au débiteur en retard de remplir son obligation, et les art. 1146 et 1153 lui seraient applicables. Peu importe que les ayans-droit ne soient pas en mesure de recevoir, puisque la consignation est un paiement fictif, et qu'on l'a mis en demeure de se libérer par cette voie.—V. *inf.* n° 29-2°.

20. L'ordon. du 3 juil. 1816, art. 2, n° 9, prescrit la consignation des fruits produits par l'immeuble saisi depuis la dénonciation de la saisie au débiteur, et qui, aux termes de l'art. 689 C. pr., doivent être immobilisés. — V. *inf.* n°ˢ 29-2°; 33 et suiv.

21. Lorsque l'adjudicataire d'un navire ne paie pas aux ayans-droit, dans les 24 heures, le prix de son adjudication, ce prix doit être consigné sans frais, à peine de contrainte par corps. C. com. 209; ord. 3 juil. 1816, art. 2, n° 4.

22. *Matière de succession ou de faillite.* Lorsque, à une apposition de scellés, ou à un inventaire, il se trouve des deniers comptans, le président, sur le référé provoqué par le juge de paix, ordonne la consignation des deniers. Ord. 3 juil. 1816, art. 2, n° 7. — V. *Scellés.*

Le juge de paix doit suivre cette marche en cas de difficultés au sujet de ces deniers comptans (C. pr. 921), ou lorsque les circonstances l'exigent.

Le récépissé délivré par la caisse est alors inventorié avec les autres titres de la succession ou de la faillite.

23. Quand des sommes existent ou ont été recouvrées dans une succession bénéficiaire, le tribunal, sur la demande des créanciers ou de l'un d'eux, en ordonne la consignation. Ord. art. 2, n° 12.

Toutefois, l'ordon. du 3 juil. 1816 ne déroge point au Code civil, qui dispense l'héritier bénéficiaire de consigner les sommes de la succession en donnant caution. Aix, 28 nov. 1831 (S. 32, 131). — V. *Bénéfice d'inventaire.*

24. Le curateur à une succession vacante est également tenu de consigner les sommes trouvées dans cette succession, ou provenant du prix de vente des biens d'icelle. C. civ. 813; même ord., art. 2, n° 13; avis Cons.-d'Et. 13 oct. 1809.

25. La même obligation est imposée à l'officier ministériel qui a procédé à la vente d'objets appartenant à cette succession. À défaut de consignation, il est tenu des intérêts, qui courent, même sans qu'il soit nécessaire de le mettre en demeure. Cas. 21 juin 1825 (S. 27, 83).

26. Les sommes qu'un notaire est chargé de recouvrer, en cas de séquestre d'une succession litigieuse, doivent encore être versées à la caisse des consignations au fur et à mesure des recouvremens. Un tribunal ne peut ordonner que ces sommes restent en dépôt entre les mains de ce notaire. Montpellier, 19 juin 1827 (S. 27, 2, 217).

27. Sur la demande des syndics d'une faillite, le juge-commissaire peut ordonner la consignation des deniers provenant des ventes des meubles et marchandises des faillis, et du recouvrement de leurs dettes actives. C. com. 496 et 497; Ord. 3 juil. 1816, art. 2, n° 11.

28. *Officiers ministériels.* Tout officier ministériel qui a fait des offres réelles, extra-judiciaires ou judiciaires, est tenu, si elles ne sont pas acceptées, d'en effectuer le versement, dans les vingt-quatre heures, à la caisse des dépôts et consignations, à moins qu'il n'en ait été dispensé par ordre écrit de celui qui l'a chargé de faire les offres.

Cette consignation est faite, comme toutes les autres, à la charge des oppositions existantes entre les mains du saisissant ou de l'officier ministériel. C. pr. 660, 657 ; Berriat, p. 555 , note 11.

29. Il doit également consigner 1° toutes les sommes par lui trouvées chez le débiteur saisi, à moins que le saisissant, la partie saisie, et les opposans, s'il y en a (ayant tous la capacité de transiger), ne conviennent d'un autre dépositaire dans les trois jours du procès-verbal de saisie. C. pr. 590 ; Ord. 3 juil. 1816, art. 2, n° 7.

2° Celles provenant des ventes auxquelles il a procédé. *Ib.*

Si, du consentement des parties intéressées, il est resté dépositaire de cette somme, il est tenu de consigner sur la réquisition d'un des ayans-droit. Faute par lui de le faire, il devient passible des intérêts, à compter du jour de la mise en demeure. Cas. 12 déc. 1826 (S. 27, 79).—V. *sup.* n° 19.

30. Mais il en est autrement lorsque le propriétaire se réserve de recevoir directement le prix de la vente ; aucune consignation n'est alors nécessaire. Cas. 26 juil. 1827 (S. 27, 506).

31. Le geôlier, auquel le débiteur incarcéré a remis les sommes nécessaires pour obtenir son élargissement, est tenu de les consigner dans les vingt-quatre heures, si elles ne sont pas acceptées par les créanciers.

32. La même obligation est imposée au garde du commerce où à l'huissier auquel le débiteur a payé le montant des condamnations prononcées contre lui, afin de se soustraire à la contrainte par corps.

33. *Voies ouvertes contre ceux qui sont en retard de consigner.* Toute personne tenue d'effectuer une consignation forcée peut y être contrainte, à la requête des parties intéressées, par toutes voies d'exécution, et même par corps, dans certains cas déterminés. — V. *sup.* n°s 21, 28 et suiv.

Mais ces voies d'exécution ne peuvent être exercées qu'en vertu du jugement qui a ordonné la consignation, et s'il s'agit d'un prix d'adjudication, en vertu d'une clause formelle du cahier des charges, rendue exécutoire par le jugement d'adjudication.

34. Ainsi un créancier fondé en titre exécutoire ou en jugement ne pourrait, en cas d'opposition sur son débiteur, mettre à exécution ce titre ou jugement, pour contraindre le débiteur à consigner sa dette. Une pareille exécution ne peut avoir pour but qu'un paiement effectif ; elle est donc nécessairement suspendue par la dénonciation des oppositions, qui rendent ce paiement effectif actuellement impossible.

Le créancier doit alors, par une sommation, mettre son débiteur en demeure de consigner; et en cas de refus, il n'a pas d'autre moyen que d'obtenir contre lui un jugement qui le condamne à consigner le principal de sa dette, et les intérêts courus depuis la mise en demeure.

Hors ce cas, il n'y a plus de consignation forcée, et par conséquent plus lieu de contraindre un débiteur à l'effectuer.

Toutefois on a jugé quel'exécution d'un arrêt portant condamnation de sommes n'était pas suspendue par la dénonciation des saisies-arrêts formées entre les mains du débiteur, et que ce dernier, pour éviter la saisie de ses meubles, devait se libérer par la consignation , *après avoir fait des offres réelles* (aux termes de l'art. 1257 du C. civ.; Cas. 19 mars 1827. (S. 27, 277).—Mais cette doctrine est inconciliable avec les principes consacrés par la Cour de cassation elle-même, qui n'applique les art. 1257 et suiv. que lorsqu'il s'agit d'une *consignation volontaire*) —V. *inf.* n° 57); car ce serait un contre-sens de prétendre qu'un débiteur pût être contraint, même par voie de saisie-exécution, à effectuer une consignation volontaire. Il y a donc lieu de penser que la Cour suprême ne confirmera pas la nouvelle doctrine que son arrêt tendrait à établir.

35. Tout officier ministériel, notaire, courtier, commissaire-priseur, huissier ou geôlier, qui, ayant reçu des sommes dont il doit faire le versement à la caisse des consignations, est en retard d'effectuer ce versement, peut être révoqué; il encourt de plus les peines prononcées par les lois contre les rétentionnaires de deniers publics. Ord. 3 juil. 1816, art. 6 et 10.

36. Le directeur-général de la caisse des consignations peut décerner, ou, si c'est dans les départemens, faire décerner par les préposés de la caisse, des contraintes contre les officiers ministériels, pour les obliger à effectuer les consignations dont ils sont tenus. Il est procédé, pour l'exécution desdites contraintes, comme pour celles qui sont décernées en matière d'enregistrement , et la procédure est communiquée au ministère public. Ord. 3 juil. 1816, art. 9.

37. Dans tous les autres cas, le directeur de la caisse des consignations et ses préposés ne peuvent exercer aucune action pour l'exécution des jugemens ou décisions qui ont ordonné des consignations. L. 28 niv. an 13, art. 6.

Art. 3. — *Cas où la consignation doit être précédée d'offres réelles.*

38. La consignation volontaire doit, en général, être précédée d'offres réelles, afin de constater le refus du créancier de recevoir la somme que le débiteur prétend lui devoir. — V. *Offres réelles*, et *inf.* n⁰ˢ 45 et 46.

39. Cette règle souffre exception lorsque les offres réelles seraient impossibles ou inutiles.

40. Ainsi elles sont inutiles lorsque le créancier ne peut pas valablement accepter: par exemple, lorsqu'il y a des opposans à la délivrance de la somme due, ou que cette somme étant un prix de vente d'immeuble, il y a sur cet immeuble des créanciers inscrits: dans ce cas, les créanciers ou opposans ne sont pas plus en mesure de recevoir que le créancier primitif, et le débiteur n'a point à juger du mérite de leurs droits respectifs, qui ne sont connus que par la distribution ou par l'ordre.

Il en est de même lorsque, en exécution de l'art. 693 C. pr., l'acquéreur d'un immeuble saisi consigne somme suffisante pour valider son acquisition et prévenir l'adjudication, ou lorsque l'acquéreur ou donataire veut payer les priviléges et hypothèques, conformément aux art. 2183, 2184 et 2186 C. civ. (—V. *Purge*); ou bien encore lorsque l'adjudicataire veut éviter l'adjudication sur folle-enchère poursuivie contre lui, en se conformant à l'art. 743 du C. pr. Riom, 19 janv. 1820 (S. 24, 524); Paris, 5 janv. 1824 (S. 25, 10); Berriat, p. 594, note. — V. *Folle-enchère*.

41. Les offres sont impossibles lorsque le créancier envers lequel on veut se libérer est inconnu ou indéterminé: par exemple, lorsque le porteur d'un effet de commerce ne s'est pas présenté dans les trois jours de l'échéance. — V. *sup.* n° 6.

42. Il a été jugé que les offres réelles avant consignation ne sont nécessaires qu'à l'égard du créancier direct, qui peut recevoir et libérer. Cas. 4 juin 1812 (S. 12, 289).

43. Si le débiteur d'un prix de vente d'un immeuble grevé ou de toute autre somme frappée de saisies-arrêts entre ses mains, veut se libérer en consignant, hors des cas où la loi l'y autorise spécialement, la consignation est-elle dispensée d'offres réelles préalables?

M. Toullier, sous l'influence de l'ancienne législation, exige que la consignation soit autorisée par jugement, et que ce débiteur appelle son créancier, ainsi que les tiers intéressés, toutes les fois qu'il y a des opposans ou des créanciers inscrits. t. 7, n° 215.

Mais il résulte de l'art. 817 C. pr. que, dans le cas d'oppositions, la consignation peut être ou *volontaire* ou ordonnée. Si le débiteur veut consigner immédiatement, il doit donc pouvoir le faire sans recourir à une autorisation judiciaire; il y aurait de l'injustice à l'astreindre à une formalité qui entraîne souvent de longs retards, car il est des circonstances où il a intérêt à consigner le plus promptement possible, pour ne pas garder dans ses mains des deniers oisifs dont il serait tenu de servir les intérêts. La consignation peut donc être volontaire; mais il faut la faire précéder d'offres réelles. En effet, si cette formalité est inutile, en ce sens que le créancier ne peut pas accepter la somme offerte, elle devient nécessaire pour valider la consignation par l'application de l'art. 1257 C. civ., puisque, autrement, n'étant autorisée par aucun texte de loi, elle serait un simple *dépôt*, qui ne libérerait pas le débiteur.

44. Mais faut-il, dans ce cas, appeler à la consignation les créanciers opposans ou hypothécaires inscrits ? Nous ne le pensons pas. Vainement on objecte que la consignation est une espèce de paiement, et qu'ainsi elle ne peut être valablement faite qu'en présence de tous les ayans-droit. Leur présence est inutile lorsqu'il est démontré qu'ils ne sont pas en mesure de recevoir. D'ailleurs, le débiteur n'a pas cessé d'avoir pour créancier direct celui contre lequel il consigne; ce n'est donc que lui que ce débiteur peut légalement connaître. Pigeau, t. 2, p. 534. — *Contrà*, Berriat, 594, note.

45. Les consignations forcées soit par jugement, soit par la loi, sont toujours dispensées du préliminaire d'offres réelles; dans ce cas, en effet, la mise en demeure résulte du jugement ou de la loi qui prescrit la consignation.

46. Les formalités introduites par les lois, en matière de consignation, ne sont applicables qu'aux consignations volontaires; pour les consignations forcées, il suffit que les deniers déposés soient en sûreté jusqu'à ce qu'ils aient été remis à qui de droit.

47. Lorsqu'il y a des opposans, ou lorsque, s'agissant d'un prix d'immeuble, il y a des créanciers inscrits, il y a même raison de décider; en conséquence, il n'est pas nécessaire d'appeler les créanciers inscrits ou opposans. Cas. 18 germ. an 13 (S. 5, 2, 139); 12 frim. an 10 (S. 2, 1, 101); Toulouse, 22 nov. 1820 (S. 21, 2, 255); Dalloz, v° *Obligation*, chap. 5, sec. Ire art. 4, § 2, n° 10; Toullier, t. 7, n° 216.

48. Il n'est pas non plus nécessaire qu'un officier ministériel dresse un procès-verbal de la consignation. Cette formalité n'est requise que lorsque la consignation doit être accompagnée de dires contradictoires, et qu'il y a lieu de faire mention de la présence ou de la non-comparution des parties appelées : or, c'est ce qui ne peut exister dans l'espèce, puisqu'il n'y a pas de sommation préalable. Le caissier à Paris, et dans les départemens les préposés de la caisse, ont alors qualité pour dresser un acte régulier de la consignation. — V. *Caisse des dépôts et consignations*, n° 6.

Enfin, il n'est pas nécessaire de notifier le procès-verbal de consignation, ou la quittance du receveur, au créancier et à ses créanciers opposans ou inscrits. Toullier, t. 7, n° 217.

Art. 4. — *Consignation d'objets mobiliers autres que des sommes d'argent.*

49. Le débiteur d'un corps certain ou d'une quotité de choses fongibles, qui veut se libérer, doit faire sommation au créancier de l'enlever, par acte notifié à sa personne ou à son domicile, ou au domicile élu pour l'exécution de la convention. C. civ. 1264.

50. Si la chose est livrable au domicile du créancier, le débiteur doit s'y transporter avec cette chose, et faire dresser procès-verbal du refus du créancier de l'accepter. *Ib.* 1247.

51. Si le créancier n'enlève pas la chose ou refuse de la recevoir, le débiteur peut obtenir de la justice l'autorisation de la déposer dans un lieu qu'elle détermine. C. civ. 1264.

Il fait alors notifier le jugement au créancier, en lui indiquant le jour et l'heure où il le fera exécuter; et s'il persiste à ne pas recevoir ou enlever la chose, elle est transportée dans le lieu désigné, où elle demeure à ses risques et périls.

52. Du moment que le débiteur a fait au créancier sommation d'enlever ou de recevoir la chose, il est déchargé de la responsabilité des cas fortuits, s'il les avait pris à sa charge; s'il était en demeure, la demeure est purgée.

S'il a continué à garder la chose chez lui, il ne peut, dans aucun cas, être tenu que de sa faute grave. Duranton, t. 12, n° 220; Toullier, t. 7, n° 212.

§ 2. — *Conditions requises pour la validité de la consignation.*

Art. 1. — *Conditions communes à toutes les consignations.*

53. Pour être valable, la consignation doit réunir plusieurs conditions: il faut, 1° qu'il y ait dessaisissement réel des deniers. C. civ. 1259, 2°

2° Que la somme déposée soit exigible au moment de la consignation. — Ainsi, jugé que la consignation faite pour raison d'un *rapport* d'héritier avant partage des droits successifs, était nulle: l'obligation de rapporter et la fixation des rapports ne dérivent que de la liquidation des droits de chacun des héritiers. Cas. 18 prair. an 7 (S. 1, 217).

3° Que la consignation soit de la totalité de la somme exigible en principal, intérêts et frais. Des paiemens à-compte ne rempliraient ni le but de la loi, ni l'intention de la justice; ils ne libéreraient pas le débiteur. C. civ. 1258-3°. — Mais lorsque la somme consignée surpasse la *totalité de la dette*, la consignation est valable et libératoire : le moins est contenu dans le plus. Toullier, t. 7, n° 193. — V. *Offres réelles.*

4° Que les intérêts consignés comprennent la totalité de ceux courus jusqu'au jour du dépôt (C. civ. 1259 2°), ou de réalisation. C. pr. 816.

54. Doit-on entendre par ce mot *réalisation* la réalisation du dépôt, ou seulement celle des offres réelles ?

En faveur de la dernière opinion, l'on dit : Aux termes de l'art. 1257 C. civ., le débiteur est libéré par les *offres réelles suivies de consignation.* C'est donc du jour même des offres que date la libération, et par conséquent la cessation des intérêts. L'art. 816 C. pr. déroge évidemment, et avec raison, à l'art. 1259 C. civ.

Ce système nous paraît contraire aux principes : en effet, la libération ne peut résulter que du paiement, et la consignation seule en tient lieu. Les offres réelles ne sauraient produire un pareil résultat. — Vainement on prétend trouver dans l'art. 816 C. pr. une dérogation à l'art. 1259 C. civ. L'art. 816 ne s'applique qu'à la consignation forcée ; ainsi, quelque sens que l'on attribue au mot *réalisation,* l'art. 1259 C. civ., qui est relatif aux consignations *volontaires,* n'en doit pas être-modifié (Pigeau, t. 2, p. 556). — En second lieu, le mot *réalisation* doit nécessairement s'entendre de la réalisation du dépôt, et non des offres réelles. C'est ainsi que l'a expliqué M. Tarrible, lors de la présentation du Code de procédure au Tribunat. Les offres, quoique déclarées valables, dit cet orateur, n'éteignent pas la dette. Comment, en effet, cela pourrait-il être, tant que le débiteur a les deniers dans sa main ? Il a un moyen tout simple de prouver que la somme lui est inutile, et qu'il ne s'en sert pas ; c'est de la consigner aussitôt. Bordeaux, 16 janv. 1833 (S. 33, 2, 181); Duranton, t. 12, nos 222 et 223; Favard, v° *Offres réelles,* n° 10; Carré, art. 816; Dalloz, v° *Obligations;* Thomine, t. 2, n° 954; — *Contrà.* Toullier, t. 9, nos 221-231; Pigeau, *ib.*

55. La mention de la nature des espèces consignées n'est pas nécessaire; aucun texte ne l'exige. D'ailleurs, la caisse devient propriétaire des objets consignés; elle n'est pas tenue de remettre les *mêmes espèces,* mais seulement la même valeur. Il en était ainsi dans l'ancien droit. Cas. 15 vent. an 12 (S. 4, 288).

56. Une consignation insuffisante ne libère pas le consignateur; elle est nulle à l'égard de son créancier; mais elle est valable vis-à-vis des créanciers de ce dernier, soit opposans, soit hypothécaires inscrits, qui ne sont pas recevables à en demander la nullité.

En effet, les créanciers n'exercent les droits de leur débiteur que jusqu'à concurrence de ce qui leur est dû. Si donc les sommes consignées sont suffisantes pour couvrir la masse des créances, ils n'ont aucun intérêt à critiquer la consignation; et si le montant de ces créances est inconnu, ou supérieur à la somme consignée, comme les frais, dans aucun cas, ne doivent retomber à la charge des créanciers, ils ont tout au plus le droit de demander que le consignateur soit tenu de compléter sa consignation, en y ajoutant le supplément nécessaire. Cas. 17 niv. an 7 (S. 1, 192).

Art. 2 — Conditions spéciales à la consignation précédée d'offres réelles.

57. Des formalités spéciales sont en outre prescrites dans le cas où la consignation doit être précédée d'offres réelles.

58. Ainsi, 1° sur le refus du créancier d'accepter les offres à lui faites, le débiteur doit lui faire signifier une sommation contenant l'indication du jour, de l'heure et lu lieu où la chose offerte sera consignée. C. civ. 1259.

Il n'est pas nécessaire que cette sommation soit faite par un nouvel acte séparé. Pigeau, t. 2, p. 529.

59. La caisse où la somme offerte doit être consignée, est celle désignée pour le paiement, c'est-à-dire celle du domicile du créancier, s'il n'en a été autrement convenu. C. civ. 1247; Caen, 6 fév. 1826 (S. 27, 222).

60. 2° Un officier ministériel dresse procès-verbal de la consignation, et mentionne le refus du créancier de recevoir, ou sa non-comparution, et le dépôt (C. civ. 1259). Il en est fait deux copies, dont une pour le créancier, s'il est présent, et l'autre pour la caisse. Tarif, 60.

61. Le procès-verbal fait par le receveur des consignations, dans le cas où la loi prescrit l'intervention d'un officier ministériel, est nul, et emporte la nullité de la consignation. Nîmes, 22 août 1809; Delvincourt, t. 2, p. 45, note 3.

62. Quel est l'officier ministériel compétent pour dresser *valablement* ce procès-verbal?

On pourrait induire de l'usage et de l'opinion de plusieurs auteurs, que les huissiers ont seuls caractère pour ces actes.

Cependant nous pensons que les notaires sont également compétens. Il en était ainsi sous l'ancien droit; et les lois nouvelles ne contiennent aucune disposition contraire : on voit même que le Code de commerce, art. 173, est conforme à l'ordonnance de 1673, qui donnait aux notaires, comme aux huissiers, le droit de faire des protêts. Il s'agit d'un procès-verbal purement extra-judiciaire. Le but des art. 1258 et 1259 est uniquement de faire constater les offres ou la consignation

par acte authentique; or, les notaires sont des officiers minis·
tériels qui confèrent à tous les actes qu'ils reçoivent le plus
grand caractère d'authenticité. Dalloz, v° *Obligations*, chap. 5,
sect. 1re, art. 4, § 1er-3°; Toullier, t. 7, p. 2, n° 201.— V.
Offres réelles.

63. La consignation qui suit les offres réelles, doit-elle être
faite dans un délai déterminé ? La négative résulte de ce que la
loi n'en a fixé aucun. Il s'agit d'une consignation volontaire,
que le débiteur est libre d'effectuer ou de ne pas effectuer :
c'est dans son intérêt qu'elle est autorisée; c'est donc à lui à
profiter quand bon lui semble du moyen qui lui est offert de se
libérer de sa dette, et d'arrêter le cours des intérêts.

64. 3° Enfin, en cas de non-comparution du créancier lors
de la consignation, le procès-verbal qui en est dressé, doit lui
être signifié, avec sommation de retirer la chose déposée. C.
civ. 1259.

65. Cette dernière condition n'est pas indispensable pour la
validité de la consignation. La loi n'a même pas déterminé le
délai dans lequel cet acte devait être fait.—On oppose que la
consignation n'est parfaite à l'égard du créancier, et qu'elle ne
doit avoir d'effet contre lui, que du jour où il en a eu connaissance;—mais n'a-t il pas déjà été mis en demeure par les offres
réelles et la sommation d'être présent au dépôt ? Après cette
sommation, il n'a pu ignorer la consignation; il n'a donc dé-
pendu que de lui d'en éviter les conséquences, en acceptant la
somme offerte.

Conséquemment, si la consignation est déclarée valable, les
intérêts ont définitivement cessé de courir du jour du dépôt;
on ne pourrait les exiger pour l'intervalle écoulé entre le jour
du dépôt et le jour de la notification au créancier non comparant. L'art. 1259 est formel, et ne permet pas le doute. Pigeau,
t. 2, p. 530; *Contrà.* — Delvincourt, t. 2, p. 45, note 4.

Il suffit cependant que la question soit controversée, pour
que la prudence prescrive de faire immédiatement la notification.

66. La consignation, ainsi que les offres qui l'ont précédée,
peut, si elle n'a pas été acceptée, être contestée tant en la forme
qu'au fond.

Il est donc nécessaire qu'il soit statué par un jugement sur sa
validité. Dans ce cas, où c'est le créancier qui en demande la
nullité, ou c'est le débiteur qui appelle le créancier devant le
tribunal pour voir prononcer la validité de la consignation.

67. La demande, soit en validité, soit en nullité, est principale ou incidente.

Incidente, elle se forme par requête d'avoué (C. pr. 815),

qui peut être grossoyée. (Tarif 75.) *Principale*, elle est introduite comme toutes les demandes de cette nature, c'est-à-dire
par exploit. C. pr. 815. — V. *Offres réelles.*

68. Le débiteur n'est point obligé de faire statuer, dans un
délai déterminé, sur la validité de sa consignation; mais il est
de son intérêt de provoquer ce jugement le plus tôt possible,
afin de justifier des à-comptes qu'il a pu payer. Duranton, t. 12,
n° 227.

69. Bien que la consignation libère le débiteur du jour de
sa date, cependant cet effet libératoire n'est réellement définitif,
à l'égard de la consignation dont il s'agit, que lorsqu'elle a été
validée, ou par l'acceptation du créancier, ou par un jugement
passé en force de chose jugée. Jusque-là le dessaisissement des
deniers n'est que conditionnel, ils sont encore *in bonis* du débiteur.

Tous les créanciers indistinctement peuvent donc les frapper
d'oppositions.

Le créancier auquel ces deniers avaient été offerts n'y peut
prétendre exclusivement à tous autres, que lorsqu'il a notifié
son acceptation, ou qu'un jugement passé en force de chose
jugée les lui a adjugés.

70. L'acceptation du créancier serait même inefficace, si le
débiteur était tombé en faillite : cette acceptation n'aurait point
pour effet de rendre ce créancier propriétaire exclusif de la
somme consignée. Vainement alléguerait-il que, depuis la consignation, il avait un droit acquis à cette somme. Le paiement
n'était point parfait, puisque le créancier avait refusé de recevoir; et si les risques étaient devenus à sa charge, c'est uniquement parce que cet injuste refus ne devait pas tourner au détri-
ment du débiteur. Duranton, t. 12, n° 240.

§ 5. — *Effets de la consignation.*

71. La consignation volontaire ou forcée, faite régulièrement, libère définitivement du montant des sommes consignées
celui qui en était débiteur, dépositaire ou responsable. C. civ.
1257. — V. toutefois, n° 69.

Les espèces consignées cessent d'être aux risques de celui
qui a consigné, et les ayans-droit deviennent alors créanciers
directs de la caisse des consignations, laquelle est obligée envers eux par quasi-contrat. — V. *Caisse des dépôts et consignations.*

Toutefois, si la perte provient du fait de celui qui a consigné,
par exemple, de l'oubli de l'enregistrement dans les cinq jours
du récépissé constatant la consignation, il est responsable par
application des principes généraux. — V. *Ib.* n° 11.

72. Mais si la consignation, lorsqu'elle est valable, libère définitivement le consignateur envers son créancier, il n'est pas également vrai qu'elle libère celui-ci envers ses propres créanciers, saisissans ou opposans, jusqu'à concurrence de la somme consignée; en conséquence, la perte ou la diminution de cette somme ne doit pas retomber sur ces créanciers : en effet, ils n'en sont pas devenus propriétaires; ils y ont seulement un droit acquis, chacun en déduction ou jusqu'à concurrence de sa créance. Cas. 17 niv. an 7 (S. 1, 1, 192); Rouen, 18 germ. an 13 (S. 5, 2, 138); Cas. 16 juin 1813 (S. 15, 300), —*Contrà.* Merlin, *Rép.*, v° *Consignation*, n° 4.

73. Les frais de la consignation par suite d'offres réelles, sont, ainsi que les frais desdites offres, à la charge du créancier (C. civ. 1260), lors même qu'il a déclaré accepter la somme consignée: il dépendait de lui d'éviter ces frais, en acceptant avant la consignation.

Quant aux frais de paiement, tels que les droits et enregistrement de quittance, ils restent à la charge du débiteur, qui, dans tous les cas, aurait dû les payer. C. civ. 1248.

§ 4. — *Oppositions sur les sommes consignées.*

74. Toute consignation, soit volontaire, soit ordonnée, est toujours à la charge des oppositions, s'il en existe.

Celui qui consigne est, en conséquence, tenu de dénoncer aux créanciers ou ayans-droit celles qui ont été formées entre ses mains. C. pr. 817.

75. Mais dans quel délai doit-il faire cette dénonciation? La loi, n'en ayant fixé aucun, lui laisse à cet égard toute latitude. Cependant un commentateur pense que si la dénonciation est trop différée, celui qui a consigné doit tenir compte de la perte d'intérêts résultant de ce retard. Mais comment concevoir que des intérêts puissent courir, lorsque l'obligation a été éteinte par la consignation? Le créancier n'est-il pas d'ailleurs en faute de n'avoir pas accepté? Favard, v° *Offres réelles*, n° 8; Berriat, p. 646, note 9.

76. Les sommes déposées ou consignées ne peuvent être saisies-arrêtées que dans les cas, dans les formes et sous les conditions prévus par les art. 557 et suiv. C. pr.—Le décr. du 18 août 1807 assujétit de plus à quelques formalités spéciales les saisies-arrêts ou oppositions entre les mains des receveurs ou administrateurs de caisses ou deniers publics.—V. *Saisie-arrêt.*

77. Sont dispensées des formes légales les oppositions faites, 1° par le déposant qui déclare avoir perdu son récépissé; 2° par les agens ou syndics d'un failli, comme il est dit dans l'art. 149 C. com.; 2° ord. 3 juil. 1816, art. 7.

78. L'opposition fondée sur la perte d'un récépissé doit être insérée par extrait dans le journal officiel, aux frais et diligence du réclamant; un mois après ladite insertion, la caisse est valablement libérée, en lui remboursant le montant du dépôt sur sa quittance motivée. *Ib.* art. 11.

79. Hors de ces deux cas, lorsqu'il est formé des oppositions sur les sommes consignées, la caisse ne peut rembourser que sur l'apport des mains-levées prononcées par la justice ou consenties par acte notarié. (Av. Cons.-d'Ét. 16 mai 1810.)

Toutefois il est des cas où ces oppositions sont tardives et ne peuvent pas arrêter le remboursement.

Ainsi, lorsque la somme consignée est l'objet d'une distribution par contribution ou d'un ordre, vainement un créancier formerait opposition à la caisse, s'il avait encouru la forclusion ou la déchéance prononcées par les art. 660 et 759 C. pr. On conçoit, en effet, qu'une pareille opposition frapperait à faux, puisque la somme consignée n'est plus alors la propriété de la partie saisie, mais celle des différens créanciers admis à se la partager suivant leurs droits.

80. Il en est de même toutes les fois que la justice a ordonné que la somme serait versée entre les mains d'un ou de plusieurs créanciers, ou lorsque, par suite de la consignation de sommes offertes, le créancier a notifié son acceptation: le jugement ou l'acceptation ayant eu pour effet de dessaisir définitivement le propriétaire primitif de la somme, les oppositions postérieures formées par les autres créanciers seraient sans effet.

On ne peut pas saisir-arrêter une somme qui, au moment de la saisie-arrêt, a cessé d'appartenir à la partie saisie. C. pr. 557.

D'où il résulte que si la somme consignée volontairement par le débiteur, par suite d'offres réelles, était déléguée par lui avant l'acceptation du créancier, le délégataire aurait le droit d'exiger le remboursement de la somme, nonobstant toute acceptation ou opposition postérieure à la signification de sa délégation.

81. Ainsi, tant qu'il n'existe ni acceptation, ni délégation, ni jugement passé en force de chose jugée qui attribue spécialement à une ou plusieurs personnes la somme consignée, tout créancier du débiteur qui a consigné, est recevable à se porter opposant.

Les créanciers de celui auquel la somme consignée a été offerte, peuvent aussi, bien que celui-ci n'ait pas accepté, former des oppositions sur cette somme: et si leurs oppositions sont d'une date antérieure à celles des créanciers du débiteur, ils doivent être payés par préférence à ceux-ci: en effet, leurs oppositions valent acceptation partielle, puisqu'ils exercent les droits du créancier qui avait le pouvoir d'accepter intégralement. C. civ. 1166; Duranton, t. 12, n° 239.

82. Mais si elles sont postérieures à celles formées par des créanciers du débiteur, elles viennent par concurrence avec elles; et, quel que soit leur montant, elles ne peuvent représenter, dans la distribution des deniers, que celui de la créance pour laquelle les offres ont été faites, puisque ce n'est que du chef des créanciers que ces mêmes oppositions ont eu lieu, et en exercice de ses droits. Id.—Ibid.

83. Si dans ces oppositions formées concurremment par les créanciers du créancier les unes étaient antérieures et les autres postérieures à celles formées par les créanciers du débiteur, le montant des premières serait prélevé sur celui de la consignation, pour être joint à ce qui reviendrait, dans la distribution du surplus, aux autres opposans du chef du créancier, et la somme provenant de ces deux opérations serait distribuée entre les divers créanciers du créancier, selon les règles ordinaires. Duranton, ib., n° 239.

84. L'opposition formée postérieurement à la délivrance des mandats de la caisse aux ayant-droit est-elle tardive ?

La caisse d'amortissement est libérée des intérêts des cautionnemens des fonctionnaires publics, du moment qu'elle a délivré ses mandats. (Av. Cons.-d'Et. 12 août 1807.—V. Bull. 155, n° 2661.) Il y a même raison de décider ainsi à l'égard des mandats de la caisse des consignations. Ces mandats sont une sorte de papier-monnaie dont il ne faut pas qu'on puisse retarder le paiement.

§ 5. — Remise des sommes consignées.

Art. 1. — Remise à celui qui a consigné.

85. L'effet libératoire de toute consignation volontaire étant contestable, et le dessaisissement de la somme, conditionnel jusqu'à l'acceptation du créancier ou du jugement qui en tient lieu (—V. sup.), tant qu'il n'y a ni acceptation ni jugement, le débiteur peut retirer le montant de sa consignation (C. civ. 1261 et 1262), alors même que la chose consignée aurait augmenté de valeur. Dalloz, v° Obligations, chap. 5, section 1re, art. 5, § 1, n° 17.

86. Le jugement qui doit valider la consignation ne libère définitivement le débiteur, et n'équivaut à l'acceptation du créancier, qu'autant qu'il a acquis l'autorité de la chose jugée (C. civ. 1262). Ainsi, bien que le débiteur ait lui-même sollicité ce jugement, et qu'il ne doive avoir aucun motif de l'attaquer, il suffit que la voie de l'opposition ou de l'appel soit encore ou-

verte, pour qu'il puisse retirer sa consignation. Le créancier n'étant pas lié par un jugement qu'il peut faire réformer, le débiteur ne doit pas l'être davantage : le contrat judiciaire n'est pas encore complétement formé.

La caisse peut donc payer nonobstant la notification d'un pareil jugement; en effet, ou cette notification a eu lieu à la requête du débiteur, et, dans ce cas, on ne peut la lui opposer ; ou elle a été faite à la requête du créancier, mais alors elle ne saurait ni suppléer à une acceptation, ni valoir comme opposition. Duranton, t. 12, n° 236.—M. Toullier, t. 7, n° 234, semble exprimer une opinion contraire; toutefois il reconnaît qu'il n'y a lieu de recourir aux formes prescrites par l'art. 4, L. 28 niv. an 13, que *lorsque la consignation a été faite en vertu d'un jugement.*

87. Une autre conséquence du même principe, c'est que si la consignation est déclarée, par jugement, nulle ou insuffisante, le débiteur n'est pas libéré, et les intérêts n'ont pas cessé de courir en faveur du créancier.

Le débiteur peut alors retirer la somme consignée, à moins que le créancier n'ait fait ordonner par le jugement que ladite somme serait versée entre ses mains en déduction de sa créance.

88. Les co-débiteurs ou cautions ne pourraient, en cette seule qualité, s'opposer à ce que le débiteur retirât sa consignation; cette consignation ne les libère qu'autant qu'elle libère le débiteur lui-même. Tant que la libération n'est pas acquise, la chose consignée appartient au débiteur; or, une caution, encore moins un co-débiteur, ne peut, de sa propre autorité, employer telle ou telle chose du débiteur pour payer la dette.—D'ailleurs on ne peut former opposition que lorsqu'on est créancier; et la caution n'est pas créancière tant qu'elle n'a pas payé. Il en est de même du co-débiteur. Duranton, t. 12, n° 2;—*Contrà*, Pigeau, t. 2, p. 531.

89. La caisse rembourse valablement au débiteur le montant de sa consignation, même depuis le jugement passé en force de chose jugée qui a déclaré ladite consignation valable et libératoire, ou depuis que le créancier a consenti à l'accepter, tant qu'elle n'a pas reçu notification légale de ce jugement ou de cette acceptation. Il importe donc aux co-débiteurs et cautions de faire des diligences pour que cette notification ait lieu sans retard, afin de prévenir un remboursement qui leur serait préjudiciable.

90. Lorsqu'il y a jugement passé en force de chose jugée ou acceptation, et que cette acceptation ou ce jugement ont été notifiés à la caisse, le débiteur peut encore retirer la somme par lui consignée, en produisant un consentement en forme du créancier.

Mais ce consentement ne saurait avoir pour effet de faire revivre la dette primitive; s'il y avait des co-débiteurs et cautions ils sont irrévocablement libérés; et si le débiteur continue à être obligé, ce ne peut être qu'en vertu d'un nouveau contrat qui intervient entre lui et son créancier. C. civ. 1262, 1263.

En conséquence, celui-ci ne peut plus exercer les priviléges et hypothèques qui étaient attachés à sa créance : il n'a d'hypothèque qu'autant qu'il en est créé par la nouvelle convention, en remplissant les formalités ordinaires. C. civ. 1263.

91. Quant au privilége, s'il en existait, il n'est pas au pouvoir des parties contractantes de le faire revivre; le privilége ne dépend point, comme l'hypothèque, de la convention; il tient à la nature de la créance; il est donc irrévocablement éteint par la novation.

92. Dans les cas ci-dessus déterminés, comme dans tous ceux où la consignation volontaire n'est arrêtée par aucune opposition, celui qui a consigné peut, sur une simple réquisition verbale, obtenir la remise de la consignation; et le préposé de la caisse ne peut exiger autre chose que son propre récépissé revêtu de la décharge de celui qui a consigné. Av. Cons. -d'Et. 16 mai 1810; 2e ord. 3 juil. 1816, art. 6.

En cas de perte de ce récépissé, il peut toucher, en remplissant les formalités ci-dessus prescrites, c'est-à-dire un mois après l'insertion de son opposition dans le journal officiel. — V. sup. n° 78.

Si le préposé de la caisse refuse de rembourser, il est procédé contre lui ainsi qu'il est dit au mot *Caisse des dépots et consignations*, n° 12.

93. Lorsque le consignateur qui réclame la remise a transporté valablement à un tiers une portion de la somme consignée, il peut également retirer le surplus sans autres formalités que celles qui viennent d'être indiquées; et le cessionnaire touche alors directement, et sur sa simple quittance, la somme qui lui a été transportée.

L'usage de la caisse est de ne délivrer ses mandats de paiement que lorsque le transport a été fait par acte authentique; si ce transport est sous seing-privé, quoique enregistré, il ne vaut, aux yeux de la caisse, que comme opposition. Cette doctrine est susceptible d'une critique sérieuse. L'acte sous seing-privé, qui a acquis une date certaine, a contre les tiers la même valeur que l'acte authentique (C. civ. 1328). Le transport peut, comme la vente, être fait sous seing-privé, et il suffit de sa signification au débiteur, pour que le cessionnaire soit saisi même à l'égard des tiers (C. civ. 1690). — Vainement on objecte que la caisse ne peut payer que sur la représentation

d'un jugement *ou d'un acte authentique*; cela n'est vrai que lorsqu'il y a des oppositions, ou qu'il s'agit d'une consignation
forcée (—*V*. les n°ˢ 95, 96 et 99). Mais en admettant que le cessionnaire ne puisse pas obtenir le paiement sur un transport sous
seing-privé, la signification de ce transport n'aurait pas moins
été suffisante pour le saisir, et par conséquent, pour placer la
somme à lui transportée hors des atteintes des oppositions qui
pourraient survenir du chef du cédant.

95. Lorsqu'il s'agit d'une consignation forcée, celui qui a
consigné ne peut la retirer qu'en vertu d'un jugement, ou de
l'acte (main-levée, consentement ou désistement) qui autorise
le remboursement, et dix jours après la notification desdits
jugement ou acte. L. 28 niv. an 13, art. 4.

96. Il en est de même de la consignation volontaire, en cas
d'opposition ou d'acceptation notifiée. Av. Cons.-d'Ét. approuvé
16 mai 1810.

Dans l'un ou l'autre cas, si c'est en vertu d'un jugement que
la remise de la consignation est requise, ce jugement doit être
passé en force de chose jugée; il faut en conséquence qu'il soit
appuyé d'une pièce constatant sa signification au domicile de
la partie condamnée, et d'un certificat du greffier, attestant
qu'il n'a été formé dans les délais ni opposition ni appel. C.
pr. 548.

97. Pour que ce jugement soit obligatoire pour la caisse, il
faut, en outre, qu'il ait été rendu avec toutes les parties qui
peuvent y avoir intérêt; de simples jugemens rendus sur requête ne remplissent pas le vœu de la loi, et l'administration
n'est pas tenue de les exécuter. Circ. grand-juge, 1ᵉʳ sep. 1812
(S. 14, 2. 111).

98. Le directeur ou préposé de la caisse des dépôts et consignations ne doit pas nécessairement être appelé au jugement
qui ordonne la délivrance, au profit d'un individu, d'une somme
déposée à la caisse. En conséquence, lorsque ce jugement a été
rendu entre tous les prétendans droit, et qu'il a acquis l'autorité
de la chose jugée, il ne peut se refuser à en exécuter les dispositions; si son refus donne lieu à une instance dans laquelle il
succombe, il doit être condamné aux dépens. Bordeaux, 6
sept. 1831 (S. 31, 597).

99. Si la remise est requise en vertu d'un acte, ce ne peut
être qu'un acte authentique : l'art. 4. L. 28 niv. an 13, ne s'en
explique pas; mais l'avis du Conseil-d'État du 16 mai 1810
dit positivement que, pour pouvoir retirer une consignation volontaire après opposition ou acceptation, il faut y être
autorisé par *acte authentique*, portant consentement des tiers-

acceptans ou opposans : il y a même raison de décider à l'é-
gard de la consignation forcée.

100. Lorsque le montant des oppositions qui font obstacle à
la remise est inférieur à celui de la consignation, le consignateur ou déposant peut obtenir un jugement qui, sans rien
préjuger sur le mérite des oppositions, ordonne qu'en en laissant le montant provisoirement déposé à la caisse, plus une
somme suffisante pour subvenir aux frais imprévus auxquels des
discussions sur la validité desdites oppositions pourraient donner lieu, il retirera immédiatement le surplus de sa consignation, en attendant un réglement sur le reste à l'amiable ou en
justice.

Cette autorisation peut être accordée par une ordonnance
de référé : il ne s'agit ici que d'une mesure provisoire et de
justice, d'une levée d'obstacles, qui, tout en profitant au consignateur, conserve aux créanciers la plénitude de leurs droits.
C'est ainsi que l'on procède tous les jours dans l'intérêt des
colons de Saint-Domingue, lorsqu'il existe des oppositions au
paiement de leur indemnité.

Art. 2. — Remise aux tiers.

101. Les créanciers ou opposans qui prétendent obtenir la
remise d'une somme consignée, doivent signifier une réquisition de paiement au directeur de la caisse, à Paris, en la personne du chef du bureau du contentieux, et dans les départemens, en la personne et au bureau du préposé de la caisse.

Cette réquisition doit contenir élection de domicile dans le
lieu où demeure le préposé de la caisse des consignations, et
être accompagnée de l'offre de remettre les pièces à l'appui de
la demande, de laquelle remise mention est faite dans le visa
que donne le préposé, conformément à l'art. 69 C. pr. — C.
pr. 1039 ; L. 28 niv. an 13, art. 4 ; Ord. 3 juil. 1816, art. 15.

102. S'ils produisent des pièces qui justifient de leurs droits,
ils obtiennent la remise des sommes consignées dix jours après
la réquisition de paiement.—V. *sup.* n°s 95 et suiv.

Le remboursement est effectué dans le même lieu que la
consignation.

Il est constaté par acte ou quittance authentique reçu par le
notaire de la caisse.

103. Les créanciers qui requièrent paiement, par suite d'ordre ou de contribution, justifient de leurs droits par la représentation des mandemens ou bordereaux de collocation qui leur
sont délivrés par le greffier, conformément aux art. 671 et
771 C. pr.

104. Toutefois, la caisse ne peut être tenue de payer avant la remise d'un extrait du procès-verbal d'ordre ou de contribution, certifié par le greffier, et contenant : 1° les noms et pré- -noms des créanciers colloqués ; 2° les sommes qui leur sont allouées ; 3° mention de l'ordonnance du juge, qui, à l'égard des ordres, ordonne la radiation des inscriptions, et, à l'égard des contributions, fait main-levée des oppositions des créanciers forclos ou rejetés.

Cet extrait, dont le coût est compris dans les frais de poursuites, doit être remis, dans les dix jours de la clôture du procès-verbal d'ordre ou de contribution, à la caisse ou à ses préposés, par l'avoué poursuivant, à peine de dommages-intérêts envers les créanciers à qui ce retard serait préjudiciable. Ord. 3 juil. 1816, art. 17. —V. *Distribution par contribution, Ordre.*

105. Le défaut de cette formalité ne peut cependant pas être opposé par la caisse aux créanciers qui présentent des bordereaux délivrés en vertu de l'art. 758 C. pr. Ord. 3 juil. 1816, art. 17.

Dans ce cas, le procès-verbal d'ordre n'est pas encore terminé, et ce serait multiplier les frais sans utilité, que d'exiger plusieurs extraits dans la même affaire.

§ 6. — *Timbre et enregistrement.*

106. Les récépissés de dépôt délivrés par les préposés de la caisse des consignations, doivent être sur papier timbré.

107. Ils sont passibles du droit fixe de 1 fr. ; le délai pour l'enregistrement n'est pas déterminé. Inst. gén. 22 pluv. an 13, n° 272. —V. toutefois, *Caisse des consignations*, n° 11.

§ 7. — *Formules.*

— V. *Offres réelles.*

— V. *Caisse des consignations, Offres réelles.*

CONSIGNATION D'AMENDES. — V. *Appel, Cassation, Requête civile.*

CONSIGNATION d'*alimens.* — V. *Contrainte par corps*, § 5, art. 4.

CONSIGNATION des *frais présumés de poursuites en matière criminelle.* — V. *Partie civile.*

CONSORTS. Personnes qui ont le même intérêt dans une affaire : tels sont les créanciers et les débiteurs solidaires, les co-partageans, etc.

1. Les consorts doivent être assignés par copies séparées. —V. *Ajournement*, n° 158, et toutefois *ib.* n° 222), et désignés dans l'assignation et dans le jugement. —V. *Cassation*, n° 149, *Exploit, Jugement.*

2. Quel est l'effet de l'appel interjeté et de l'acquiescement donné par l'un des consorts?—V. *Acquiescement*, n° 42 ; *Appel*, n°ˢ 46, 132, 135.

CONSTITUTION D'AVOUÉ. C'est la désignation de l'avoué qui doit occuper pour une partie dans une instance.

1. Les parties sont en général obligées de se faire représenter par un avoué dans les affaires soumises aux tribunaux civils de première instance et aux Cours royales. — V. *Avoué*, n°ˢ 48 et suiv.

2. La constitution d'avoué a lieu pour le demandeur par l'*ajournement* ou l'*acte d'appel*.—*V.* ces mots.

Pour le défendeur, par un simple acte signifié d'avoué à avoué. C. pr. 75.

3. La constitution est quelquefois légale; c'est-à-dire, que la loi désigne elle-même l'avoué qui devra occuper pour une partie. Ainsi l'avoué de celui qui a obtenu le jugement attaqué, par requête civile, dans les six mois de sa date, est constitué de droit sans nouveau pouvoir. C. pr. 1038. — V. *Avoué*, n° 120 et suiv.

4. Le défendeur doit constituer avoué dans les délais de l'*ajournement*. — V. ce mot, sect. II, § 7.

5. Néanmoins, la constitution est valablement faite après l'expiration de ces délais, tant que le jugement par défaut n'a pas été obtenu. Carré, art. 75.

6. Mais elle est nulle lorsqu'elle a lieu après qu'un jugement par défaut a statué sur la demande, et avant qu'une opposition y ait été formée. Orléans, 16 mars 1809.

7. Lorsque la demande a été intentée à bref délai, le défendeur peut, au jour de l'échéance, faire présenter à l'audience un avoué auquel il est donné acte de sa constitution.

Dans ce cas, l'avoué est tenu de réitérer sa constitution dans le jour par acte signifié à l'avoué du demandeur. Faute par lui de le faire, le jugement qui lui a donné acte de sa constitution est levé à ses frais. C. pr. 76.

8. Ce mode de constitution n'est pas permis quand l'assignation a été donnée dans le délai ordinaire : il n'est en effet accordé à la partie qu'en·raison du peu de temps qu'elle a eu pour se choisir un mandataire. Orléans, 2 déc. 1813.

9. En matière de saisie immobilière, la partie saisie défaillante peut-elle constituer avoué au moment de l'adjudication préparatoire ? — V. *Saisie immobilière.*

10. Le défendeur ni le demandeur ne peuvent révoquer leur avoué sans en constituer un autre. Les procédures faites et les jugemens obtenus contre l'avoué révoqué et non remplacé sont valables. C. pr. 75. — V. *Avoué*, n° 95.

11. Entre l'avoué et son client, la constitution produit en général les effets du mandat. — V. *Avoué*, n° 126 et suiv. Toutefois, elle n'est pas gratuite. — V. *ib.* § 7.

12. A l'égard de la partie adverse, la constitution a pour résultat de la forcer à signifier à l'avoué tous les actes d'instruction. Il est le représentant légal de son client; c'est contre lui que l'on doit procéder. Du moment qu'il y a constitution, aucun jugement par défaut ne peut plus être rendu contre la partie. Il ne peut intervenir qu'un jugement contradictoire, ou par défaut contre avoué, s'il n'y a pas de conclusions au fond. — V. *Jugement.*

13. Bien que l'avoué constitué dans un exploit déclare n'avoir ni pièces ni instructions, et n'avoir pas même agréé la constitution, le jugement qui intervient doit être réputé rendu contre partie ayant avoué. Rome, 3 août 1811 (S. 12, 11).

14. L'avoué ne peut, sous peine de désaveu, occuper pour une personne, que lorsqu'il a reçu pouvoir de conclure en son nom. — V. *Avoué*, § 5.

15. Mais à l'égard de l'adversaire, il est réputé avoir pouvoir de la partie du moment qu'il s'est constitué pour elle. — Cette présomption ne peut être détruite que par un jugement de désaveu. — V. *ib.*, n° 121.

16. *Enregistrement.* L'acte de signification d'une constitution d'avoué est soumis au même droit d'enregistrement que tous les autres actes d'avoué à avoué, c'est-à-dire au droit fixe de 5o c. devant les tribunaux de première instance, et de 1 fr. devant les Cours royales. L. 28 avr. 1816, art. 41, 42.

FORMULE.

(C. pr. 75. — Tarif, 70. — Coût, 1 fr. orig.; le quart pour chaque copie.)

Mᵉ   , avoué près le tribunal de

Déclare à Mᵉ   , avoué près le même tribunal, et du sieur -

Qu'il a charge et pouvoir d'occuper, et qu'il occupera pour le sieur sur l'assignation à lui donnée à la requête dudit sieur   , par exploit du ministère de   ; huissier à   , en date du

Sans aucune approbation de ladite demande, sous la réserve, au contraire, la plus expresse de toutes fins de non-recevoir, nullités et autres moyens de fait et de droit.

A ce qu'il n'en ignore. D. A.   (*Signature de l'avoué.*)

— V. *Ajournement, Appel, Avoué, Jugement, Reprise d'instance.*

CONSTITUTION DE NOUVEL AVOUÉ. Il y a lieu de constituer un nouvel avoué, soit de la part du demandeur, soit de la part du défendeur, toutes les fois que les pouvoirs de l'avoué qui occupait dans une affaire viennent à cesser avant que cette affaire soit en état. — V. *Avoué*, n°⁵ 95 et suiv.; *Reprise d'instance.*

CONSUL. Officier choisi par le roi pour résider dans une ville de commerce ou dans un port d'une nation en paix avec la France, afin d'assurer aide et protection aux commerçans et aux voyageurs français.—V. *Compétence*, n° 52.

CONSULS *des marchands* ou *juridiction consulaire*. On désignait ainsi autrefois les juges en matière commerciale. — V. *Tribunal de commerce*.

CONSULTATION. Avis qu'un avocat, un jurisconsulte, donne dans une affaire ou sur une question qui lui est soumise.

1. Une consultation de trois avocats est nécessaire : 1° au mineur pour transiger (C. civ. 467); — 2° aux établissemens publics pour ester en jugement (— V. *Commune*); à toute personne pour former une *requête civile*. C. pr. 495. —*V.* ce mot.

2. Les consultations sont soumises au timbre. L. 13 brum. an 7, art. 12. — V. *Avocat*, n° 98 ; *Avocat à la Cour de cassation*, n° 47.

Cette disposition a été appliquée, 1° à une consultation trouvée jointe à un dossier déposé au greffe d'un tribunal (Cas. 6 fév. 1815); 2° à un avis signé d'un avocat contenant un modèle de conclusions à prendre dans une affaire ; il en est de même de tout écrit signé par un avocat, s'il a pour objet d'éclairer un client sur la nature et l'étendue de ses droits, et peut être produit pour la défense du client. Cas. 23 nov. 1824.

Dans toutes ces espèces, ce fut contre l'avocat lui-même que les poursuites furent dirigées.

CONTESTATION EN CAUSE. Se dit d'un procès dans lequel les parties ont réciproquement contesté, et qui est en état de recevoir un jugement.

CONTRADICTOIRE. Ce qui se fait en présence des parties intéressées. Le jugement contradictoire est celui qui a été rendu lorsque toutes les parties ont posé des conclusions relatives au fond. — V. *Jugement*.

CONTRAINTE. — V. *Contributions publiques*.

CONTRAINTE PAR CORPS. Voie d'exécution par laquelle un créancier prive son débiteur de sa liberté pour le forcer à remplir ses engagemens. Ce mot désigne encore le droit de faire emprisonner son débiteur.

DIVISION.

§ 1. — *Notions générales.*

§ 2. — *De la contrainte par corps en matière civile.*

Art. 1. — *Dans quels cas elle doit ou peut être prononcée.*

Art. 2. — *Pour quelle somme.*

Art. 3. — *Contre quelles personnes.*

Art. 4. — *Durée de l'emprisonnement.*

§ 3. — *De la contrainte par corps en matière commerciale.*

§ 1. — *Notions générales.*

1. La loi des douze-tables permettait aux créanciers, après certains délais, de vendre leur débiteur, ou même de le mettre à mort, et de faire entre eux la répartition de ses membres : tel est le sens de ce passage conservé par Aulu-Gelle (*Noct. att.* xx, 1) : *Tertiis nundinis parteis recanto.* — Mais bientôt à cette législation barbare on substitua l'emprisonnement pur et simple du débiteur, et le partage de ses biens entre ses créanciers. Tite-Live, VIII, 28. — Plus tard, on lui accorda même le bénéfice de la cession de biens. L. 4, *C. qui bon. ced. pos.*

2. En France, la contrainte par corps, exercée d'abord pour toute espèce de dettes, — restreinte par Philippe-le-Bel à ceux qui s'y seraient expressément soumis (Ord. 1304), — fut étendue de nouveau à tous les cas par l'Ordon. de Moulins, 1566. Chancelier L'Hôpital.

Louis XIV distingua les dettes civiles et les dettes commerciales. L'ordon. de 1667 détermine les cas où la contrainte par corps peut avoir lieu, et la prohibe dans tous les autres; elle règle les formes et le mode d'exécution. L'ordon. de 1673 indique les actes commerciaux qui doivent nécessairement entraîner cette contrainte.

3. La Convention, le 9 mars 1793, prohiba la contrainte par corps, qu'elle rétablit contre les comptables de deniers publics, 21 jours après. — Son rétablissement pur et simple fut ordonné par la loi du 24 vent. an 5, et réglé par la loi du 15 germ. an 6.

Cette dernière loi était divisée en trois titres : le premier, relatif aux matières civiles, se trouve abrogé par le Code civil; le second, concernant les matières commerciales, fut maintenu par le Code de commerce; le troisième réglait le mode d'exécution des jugemens. Le Code de procédure, qui contient plusieurs dispositions nouvelles sur le fond du droit, laisse subsister quelques règles de ce titre sur la procédure.

Deux autres lois, l'une du 4 flor. an 6, l'autre du 10 sept. 1807, assujétirent à la contrainte par corps les étrangers non domiciliés en France et débiteurs de Français, quelles que fussent la nature et l'origine de la dette.

4. Enfin, la loi du 17 avr. 1832 fait cesser de graves dissentimens de jurisprudence, remplit de nombreuses lacunes, supprime plusieurs dispositions d'une rigueur inutile, adoucit le sort des détenus, et diminue leur nombre.

Par son art. 46 elle abroge les lois du 15 germ., du 4 flor. an 6, et du 10 sept. 1807; toutes les dispositions des lois antérieures relatives aux cas où la contrainte par corps peut être prononcée contre les débiteurs de l'État, des communes et des établissemens publics; mais elle maintient celles de ces dispositions qui concernent le mode de poursuites à exercer contre ces mêmes débiteurs, celles du tit. 13 du Code forestier, celles de la loi sur la pêche fluviale, ainsi que les dispositions relatives au bénéfice de cession.

5. La loi préfère la liberté d'un citoyen à l'avantage individuel d'un autre; mais lorsque l'intérêt public se lie à l'intérêt du créancier, ou lorsque la conduite du débiteur a le caractère d'une faute grave, elle autorise tout ce qui tend à assurer l'exécution des engagemens. Gary, Rapport au Tribunat.

Elle se réserve de fixer les cas où la contrainte par corps peut ou doit avoir lieu, et d'en régler l'exécution.

6. La contrainte par corps ne doit jamais être prononcée contre le débiteur, au profit, 1° de son mari ou de sa femme; 2° de ses ascendans, descendans, frères ou sœurs, ou alliés au même degré. L. 17 avr. 1832, art. 19.

7. Elle ne peut jamais être exécutée contre le mari et contre la femme, simultanément pour la même dette. *Id.* art. 21.

8. Mais l'étranger peut obtenir la contrainte par corps contre son débiteur français, lorsque, soit par la nature de l'obligation, soit par suite de la convention des parties, cette contrainte doit être prononcée d'après la loi française. Besançon, 9 nov. 1808.

9. La liberté est de droit naturel; tout ce qui favorise le retour à ce droit naturel doit incontinent recevoir son application. Il s'agit d'ailleurs d'un mode d'exécution tout spécial qui ne peut se pratiquer sans le concours de l'autorité publique; ce concours n'ayant pas été promis à toujours, l'autorité reconnaît valablement qu'elle ne doit pas l'accorder plus long-temps.

10. Ainsi la contrainte par corps ayant été abolie en 1793, les prisons furent immédiatement ouvertes aux détenus pour

dettes, et nulle condamnation ne fut prononcée en faveur de titres antérieurs.

11. De même, le créancier serait mal fondé à prétendre que la loi nouvelle, qui lui interdit d'exercer la contrainte par corps contre les septuagénaires, a un effet rétroactif.

12. L'art. 2063 C. civ., hors des cas déterminés par la loi, défend à tous juges de prononcer la contrainte par corps; à tous notaires et greffiers de recevoir des actes dans lesquels elle serait stipulée, et à tous Français de consentir de pareils actes, encore qu'ils soient passés en pays étrangers : le tout à peine de nullité, dépens, dommages et intérêts. De là plusieurs conséquences.

13. L'acquiescement donné à un jugement portant condamnation par corps, dans un cas autre que ceux autorisés par la loi, ne lie pas la partie.

Lors même que, condamnée en qualité de commerçant, elle aurait accepté cette qualification avant et après le jugement. Paris, 12 juil. 1825; Bordeaux, 21 déc. 1825; Rouen, 15 nov. 1825; Paris, 2 juin 1827 (S. 26, 158; -25, 208; -26, 124).

14. L'adhésion à une condamnation principale n'est point un obstacle à l'appel de cette condamnation, quant au chef qui prononce la contrainte par corps. Florence, 9 janv. 1810; Rouen, 15 nov. 1825 (S. 26, 208).—V. *Acquiescement*, n° 19.

15. L'acquiescement tacite ne serait pas en général plus efficace que l'acquiescement exprès.

Toutefois, celui résultant de l'expiration des délais d'opposition et d'appel, fait acquérir au jugement force de chose jugée, même quant au chef relatif à la contrainte par corps. Toulouse, 28 janv. 1831. — V. *Acquiescement*, n°⁸ 6 et 26. — *Contrà*, Paris, 29 pluv. an 10.

Ainsi l'opposition à un jugement par défaut, qui prononce la contrainte par corps, n'est plus recevable après l'emprisonnement. Arg. C. pr. 159; Pigeau, t. 2, p. 326.

16. Le désistement de l'opposition formée, ou de l'appel interjeté, contre le jugement qui prononce la contrainte par corps, ne fait pas obstacle à ce que l'on attaque de nouveau ce jugement par les mêmes moyens, pourvu que l'on soit encore dans les délais—V. *sup*. n°⁸ 13 et 14.

17. Le jugement ou l'acte portant indûment contrainte par corps, n'est pas nul en totalité; il peut être utile aux parties sous d'autres rapports : par exemple, au créancier, pour donner date à son hypothèque. Le juge supérieur doit se borner à annuler la disposition prononçant la contrainte, le surplus sortissant son plein effet. Fournel, *Contrainte par corps*, p. 75.

18. La voie à prendre contre les juges qui ont illégalement condamné par corps est la *prise à partie*. L. 15 germ. an 6, art. 6; Arg. C. pr. 505-3°, 2063. — V. ce mot.

Mais cette voie ne donnant lieu qu'à des indemnités, laisse le jugement dans toute sa force : d'où il résulte que si la partie n'en interjette pas appel dans le délai légal, elle peut être contrainte par corps.

19. Les dommages sont dus à la partie contre laquelle on voudrait exercer la contrainte illégalement stipulée. L'autre partie est présumée connaître la nullité de la clause, et elle ne saurait se plaindre de son inexécution.

20. Mais dans les cas même où la contrainte par corps peut être stipulée, le débiteur peut, soit au moment du contrat, soit depuis, stipuler qu'il n'y sera pas soumis, et le créancier consentir à cette clause, puisqu'il est libre à chacun d'eux de renoncer à un droit introduit en sa faveur. Locré, *Espr. du Cod. comm.* t. 8, p. 141; Carré, *L. org.* t. 2, p. 685.

21. A la différence de l'ancien droit, la contrainte par corps dans le cas même où elle est autorisée, ne doit aujourd'hui être exécutée qu'en vertu d'un jugement. C. civ. 2067.

De telle sorte, que si les juges avaient omis de la prononcer, le débiteur en serait exempt, et le tribunal ne pourrait l'ordonner par une seconde décision. Paris, 28 germ. an 13; Trèves, 24 mars 1809; Pigeau, t. 1, p. 610; Fournel; p. 23; Pardessus, n° 1512. — *Contrà.* Turin, 22 pluv. an 13 (S. 5, 514).

La partie qui l'aurait vainement demandée ne pourrait plus l'obtenir que sur l'appel, ou après la cassation de l'arrêt qui l'aurait refusée.

22. La contrainte par corps est valablement prononcée par des arbitres : ils constituent en effet un véritable tribunal.—V. *Arbitrage,* n° 225.

23. Mais elle ne saurait être décernée par simple ordonnance du juge. Montpellier, 19 juin 1807 (S. 15, 48).

24. Toutefois, la contrainte par corps peut être exercée sans jugement dans le cas des art. 191 et 519 C. pr.

En matière de deniers et effets mobiliers publics, la contrainte par corps peut avoir lieu sans jugement préalable, et en vertu de simples contraintes décernées par l'autorité administrative, mais d'après les formes tracées par le Code de procédure. L. 17 avr. 1832, art. 32; M. Fœlix, *Comment. sur l'art.* 8, L. 17 avr. 1832; L. 17 brum. an 5; 3 frim. an 7, art. 145, 148, 153; 13 frim. an 8; arrêté du gouvern. 13 therm. an 8; décr. 13 janv. 1806.

Le jugement rendu contre l'étranger emporte de plein droit

la contrainte par corps, bien qu'il ne la prononce pas expressément. Bordeaux, 16 fév. 1830 (S. 30, 212).

25. Dans le cas même où la contrainte par corps est ordonnée par la loi, les tribunaux ne peuvent la prononcer lorsque le demandeur n'y a pas conclu. Bruxelles, 30 nov. 1818.

26. Mais le jugement qui l'ordonne ne serait pas nul pour l'avoir motivée sur d'autres dispositions de loi que celles invoquées dans les conclusions des parties. Paris, 6 janv. 1832 (D. 32, 120).

27. S'il s'agit de la contrainte par corps pour *dommages-intérêts*, M. Carré pense que la partie qui les a obtenus peut, en vertu de l'art. 126, réclamer par une seconde action l'exercice de la contrainte par corps. Mais cette distinction ne s'appuie sur aucune base solide; en réclamant des dommages-intérêts, le demandeur a dû savoir qu'il avait droit de réclamer l'exercice de la contrainte par corps, et s'il ne l'a pas fait, il est censé y avoir renoncé.

28. Les juges, lorsque la contrainte est prononcée pour dommages-intérêts ou reliquat de compte, peuvent ordonner qu'il sera sursis à l'exécution pendant le temps qu'ils fixent, et après lequel elle sera exercée sans nouveau jugement. Ce sursis ne peut être accordé que par le jugement qui statue sur la contestation, et qui doit énoncer les motifs du délai. C. pr. 127.

29. Le tribunal a-t-il le droit d'ordonner d'office le sursis? Oui. Puisqu'il peut refuser la contrainte par corps, il peut, à plus forte raison, en modifier ou en suspendre l'exécution. C. pr. 126.

30. Dans les affaires où les tribunaux civils ou de commerce statuent en dernier ressort, la disposition de leur jugement, relative à la contrainte par corps, est sujette à appel; mais cet appel n'est point suspensif. L. 17 avr. 1832, art. 20.

31. La contrainte par corps est supendue par l'appel, à moins que l'exécution provisoire n'en soit ordonnée (Pigeau, t. 2, p. 326; Favard, t. 1, p. 687, § 4), ou que le fond de la contestation n'ait été jugé en dernier ressort. *Id.* art. 20.

L'appel interjeté après l'emprisonnement a pour effet d'annuler le jugement et de faire remettre le débiteur en liberté. Vainement dirait-on que l'appel *suspend* l'exécution, mais n'anéantit pas une exécution terminée : car l'emprisonnement n'est qu'une exécution permanente et continue du jugement (Pigeau, t. 2, p. 326). Dans ce cas, le tribunal du lieu de la détention peut, sur le vu de l'acte d'appel, et en attendant l'arrêt, ordonner l'élargissement provisoire du détenu. Carré, art. 794.

32. On peut ordonner l'exécution provisoire d'un jugement qui prononce la contrainte par corps, s'il y a péril en la demeure. L'art. 135 C. pr. ne fait aucune distinction. Montpellier, 22 août 1827 (S. 28, 40).

33. La contrainte par corps prononcée pour objet susceptible de liquidation, ne peut être exécutée qu'après que la liquidation a été faite en argent. C. pr. 552.

74. Celle ordonnée contre un prodigue avant la nomination d'un conseil judiciaire, peut être exécutée contre lui postérieurement à cette nomination. Le jugement subsiste en effet dans toute sa force, la contrainte par corps n'est qu'un simple mode d'exécution de ce jugement. Bruxelles, 13 avr. 1808 (S. 8, 209).

35. Lorsque le débiteur a demandé d'être admis au bénéfice de cession, les juges peuvent surseoir à l'exécution de la contrainte par corps, pendant l'instance en cession de biens. —V. *Cession de biens*, n° 19.

36. L'exécution ne peut être suspendue par l'allégation d'une compensation non justifiée. Paris, 7 juin 1810 (S. 7, 876).

37. La contrainte par corps est assujétie aux formalités prescrites par le Code de procédure, bien qu'elle procède d'un jugement antérieur à la publication de ce Code. Paris, 7 avril 1807 (S. 7, 650); Bruxelles, 13 et 27 juin 1807 (S. 7, 869).

38. La contrainte par corps n'est qu'un mode d'exécution, et non une peine; conséquemment elle n'exclut pas l'application des lois pénales dans les circonstances où il y a délit. Locré, *Lég. civ. et comm.* t. 22, p. 526, 574, 394; C. pr. 690.

Elle n'empêche ni ne suspend les poursuites et les exécutions sur les biens. C. civ. 2069.

§ 2. — De la Contrainte par corps en matière civile.

Art. 1. — *Dans quels cas elle doit ou peut être prononcée.*

39. La contrainte par corps est légale ou conventionnelle : *légale*, lorsqu'elle résulte de la nature même de certaines obligations déterminées par la loi; *conventionnelle*, quand elle a besoin d'être expressément stipulée par le créancier.

40. La contrainte par corps légale a lieu :

1° Dans le cas de stellionat. C. civ. 2059

2° Dans celui de dépôt nécessaire (C. civ. 2060 1°) ou de représentation des choses déposées aux séquestres, commissaires et autres gardiens. *Ibid.* n° 4.

Ainsi, sont contraignables par corps :

1° Le saisi laissé en possession de son immeuble, pour le paiement des dommages-intérêts résultant des coupes ou dégradations par lui faites sur cet immeuble (C. pr. 690), et pour la restitution des fruits; il est, en effet, considéré à cet égard comme séquestre. Locré, *Lég. civ.*, t. 22, p. 522.; Carré, art. 688; Berriat, p. 579; Pigeau, t. 2, p. 214.

Mais le séquestre n'existe qu'à compter de la dénonciation de la saisie au débiteur, Jusque-là il est réputé l'ignorer.

2.° Le gardien d'une saisie-exécution, non-seulement pour la représentation des objets saisis, mais encore pour le paiement des dommages-intérêts prononcés contre lui, lorsqu'il s'est servi de ces objets, et qu'il les a loués ou prêtés. C. pr. 603.

3.° Le gardien d'une saisie-gagerie ou d'une saisie-arrêt sur débiteur forain, pour la représentation des effets saisis. C. pr. 824. — V. *Saisie.*

3° Pour répétition de deniers consignés entre les mains de personnes publiques établies à cet effet. C. civ. 2060-3°.

4° En cas de réintégrande, pour le délaissement ordonné par justice d'un fonds dont le propriétaire a été dépouillé par voie de fait, pour la restitution des fruits qui en ont été perçus pendant l'indue-possession, et pour le paiement des dommages-intérêts adjugés au propriétaire. C. civ. 2060-2°.

L'art. 714 C. pr. applique le même principe au saisi qui refuse de délaisser l'immeuble après la signification du jugement d'adjudication.

Celui qui, par un jugement rendu au pétitoire, et passé en force de chose jugée, a été condamné à désemparer un fonds, et qui refuse d'obéir, peut également, par un second jugement, être contraint par corps, quinzaine après la signification du jugement à personne ou à domicile.

Si le fonds ou l'héritage est éloigné de plus de cinq myriamètres du domicile de la partie condamnée, il doit être ajouté au délai de quinzaine un jour par cinq myriamètres. C. civ. 2061.

5° Contre tous officiers publics pour la représentation de leurs minutes, quand elle est ordonnée. C. civ. 2060-6°.

Le notaire ou autre dépositaire qui refuse de délivrer expédition ou copie d'un acte aux parties intéressées en nom direct, héritiers ou ayans-droit, doit y être condamné par corps. C. pr. 839. — V. *Copie.*

6° Contre les notaires, les avoués et les huissiers, pour la restitution des titres à eux confiés, et des deniers par eux reçus pour leurs cliens, par suite de leurs fonctions. C. civ. 2060-7°. — V. *Responsabilité des officiers ministériels.*

7.° Contre le fol-enchérisseur d'un immeuble pour la différence existant entre son prix et celui de la revente sur folle-enchère. C. pr. 712-744.

8° Contre les témoins défaillans pour l'amende prononcée

contre eux par le juge-commissaire : ici la contrainte par corps résulte d'une sorte de délit. C. pr. 264.

41. Quelquefois la contrainte par corps est seulement facultative. Ainsi, il est laissé à la prudence des juges de la prononcer :

1° Pour dommages-intérêts en matière civile au-dessus de la somme de 300 fr. (C. pr. 126.—V. *Dommages-intérêts*.)—Mais jamais pour les dépens (Cas. 14 nov. 1809, 14 avr. 1817), lors même qu'ils seraient adjugés à titre de dommages-intérêts. Toulouse, 20 fév. 1832 (S. 32, 289).

2° Pour reliquats de comptes de tutelle, curatelle, d'administration de corps et communautés, établissemens publics ou de toute administration confiée par justice, et pour toutes restitutions à faire par suite desdits comptes. C. pr. 126. — V. *Reddition de comptes*.

3° Contre les fermiers et colons partiaires, faute par eux de représenter à la fin du bail le cheptel de bétail, les semences et les instrumens aratoires qui leur ont été confiés, à moins qu'ils ne justifient que le déficit de ces objets ne procède point de leur fait. C. civ. 2062; L. 17 avr. 1832, art. 7.

Lors de la discussion au Conseil-d'Etat la proposition de comprendre les engrais dans la même catégorie, paraît avoir été adopté; cependant cet amendement ne se trouve pas dans l'art. actuel, où l'on ne saurait le suppléer. Malleville, t. 4, p. 148.

42. La contrainte par corps *conventionnelle* ne peut être prononcée qu'en vertu d'une stipulation expresse des parties et dans la circonstance où elle est autorisée par la loi. — V. *sup*. n° 12.

Elle a lieu : 1° contre les cautions judiciaires et contre les cautions des contraignables par corps. C. civ. 2060-5°.

2° Contre les fermiers pour le paiement des fermages des biens ruraux, lorsque ces fermages sont de 300 fr. C. civ. 2062.

Mais non pas pour les intérêts des fermages accumulés et capitalisés. Tronchet, *Disc. Cons.-d'Ét.*; Locré, *ut sup*. p. 555.

Ainsi, les intérêts courus depuis la demande en condamnation jusqu'au jugement qui prononce la contrainte, ne doivent pas être compris dans le calcul des 300 fr., quoique le jugement condamne au paiement de ces intérêts.

Art. 2. — *Pour quelle somme la contrainte par corps peut être prononcée.*

43. La contrainte par corps ne peut être prononcée en matière civile pour une somme moindre de 300 fr. C. civ. 2065.

Mais elle a lieu pour des intérêts échus, comme pour un capital (—V. toutefois *sup*. n° 42). Peu importerait même que le capital eût été remboursé. En effet, le débiteur détenu n'obtient son élargissement qu'en payant les sommes dues et les intérêts échus. (C. pr. 800.—V. *inf.* § 5, art. 8.) Il en résulte évidemment qu'il peut être incarcéré pour les seuls intérêts, puisqu'ils suffisent pour le faire retenir en prison. Pigeau, t, 1, p. 641.

Art. 3. — *Contre quelles personnes la contrainte par corps n'a pas lieu.*

44. Certaines personnes sont, à raison de leur âge ou de leur sexe, exemptes de la contrainte par corps.

Ainsi, elle ne peut pas être prononcée contre les mineurs. C. civ. 2064.

Elle n'est applicable aux septuagénaires, aux femmes et aux filles que dans le cas de stellionat.

Il suffit que la soixante-dixième année soit commencée pour jouir de la faveur accordée aux septuagénaires. C. civ. 2066; C. pr. 800.

45. Mais une femme n'est pas recevable à faire valoir dans son intérêt personnel un moyen de cassation tiré de ce que la contrainte par corps aurait été illégalement prononcée contre son mari par un arrêt portant contre eux des condamnations solidaires. Cas. 27 mars 1832.

46. La contrainte par corps pour cause de stellionat pendant le mariage n'a lieu contre les femmes que lorsqu'elles sont séparées de biens, ou lorsqu'elles ont des biens dont elles se sont réservé le libre administration, et à raison des engagemens qui concernent ces biens. C. civ. 2066.

47. La femme constituée gardienne judiciaire des meubles saisis sur son mari, n'est pas contraignable par corps pour leur représentation. Paris, 21 prair. an 13 (S. 5, 573); Paris, 14 août 1829.

48. Ces exceptions ont lieu même dans les cas prévus par les art. 126, 712 et 744 C. pr.; Cas. 6 oct. 1813 (S. 13, 416); 26 déc. 1827 (S. 28, 166); Paris, 26 fév. 1829 (S. 29, 136).

Et dans celui de réintégrande. Cas. 20 mai 1818 (S. 18, 335).

49. La contrainte par corps n'est jamais prononcée contre le débiteur au profit, 1° de son mari ni de sa femme; 2° de ses ascendans, descendans, frères ou sœurs et alliés au même degré. L. 17 avr. 1832, art. 19.—V. *sup.* n° 6.

Il avait été déjà jugé qu'un père ne pouvait être contraint par corps à réintégrer dans le domicile de son épouse les enfans qu'il en avait soustraits, bien qu'ils eussent été confiés à cette dernière pendant une instance en divorce. Paris, 27 juin 1810 (S. 11, 486).

50. La contrainte par corps ne peut être exécutée contre les militaires en activité de service, même pour dettes antérieures au service : ils appartiennent à l'État, et l'intérêt public ne permet pas qu'on puisse les arracher au drapeau. Pardessus, t. 5, n° 1514; Favard, v° *Contrainte par corps*; Pigeau, t. 2, p. 307; Caen, 22 juin 1829 (S. 29, 218). — *Contra.* Chauveau, n° 3.

51. Un pair de France ne peut être emprisonné sans l'autorisation de la chambre. Charte, art. 29; Décis. chamb. des pairs 25 avr. 1822 (*Moniteur*). — V. *inf.* n° 137.

Les membres de la chambre des députés ne peuvent être arrêtés pendant la session, ni durant les six semaines qui la précèdent ou la suivent. Charte, art. 43.

Art. 4. — *Durée de l'emprisonnement.*

52. Dans tous les cas où la contrainte par corps a lieu en matière civile, la durée doit en être fixée par le jugement de condamnation. L. 17 avr. 1832, art. 7.

53. Elle est d'un an au moins et de dix ans au plus. *Ib.*

Avant la loi de 1832, le débiteur incarcéré pour dettes civiles ne pouvait se prévaloir des dispositions de la loi du 15 germ. an 6, et son créancier avait le droit de le détenir à perpétuité. Paris, 29 mai 1815 (S. 16, 336).

54. S'il s'agit de fermages de biens ruraux, aux cas prévus par l'art. 2062 C. civ., ou de l'exécution de condamnations intervenues, dans le cas où la contrainte par corps n'est pas obligée, et où la loi attribue seulement aux juges la faculté de la prononcer, la durée de la contrainte n'est que d'un an au moins et de cinq ans au plus. L. 17 avr. 1832, art. 7.

55. Le détenu pour dettes qui, se trouvant en même temps sous le poids d'une instruction criminelle, est transféré de sa prison à la maison d'arrêt en vertu d'un mandat de dépôt décerné contre lui, mais à la charge des écrous civils, peut, si l'action publique est jugée mal fondée, imputer sur le temps fixé pour son emprisonnement civil, celui qu'il a passé dans la maison d'arrêt pendant l'instruction criminelle. Ainsi jugé par arrêt de la Cour de Paris du 22 déc. 1829 (J. P. 1830, 1, 38) :

« Considérant que le mandat de dépôt contre un prisonnier détenu pour dettes n'est qu'une recommandation dans l'intérêt d'une instruction criminelle, et que le mandat décerné dans l'espèce l'a été expressément à la charge des écrous pour dettes civiles. «

56. L'emprisonnement cesse de plein droit du jour où le débiteur a atteint sa soixante-dixième année. L. 17 avr. 1832, art. 6.

Les débiteurs incarcérés avant cette loi peuvent obtenir leur élargissement lorsqu'ils ont commencé leur soixante-dixième année, à l'exception toutefois des stellionataires, à l'égard desquels il n'a pas été dérogé au Code civil. *Id.* art. 42.

57. Des règles particulières régissent la contrainte par corps en matière de deniers et effets mobiliers publics. L. 17 avr. 1832, tit. 2, section II.

§ 5. — *De la Contrainte par corps en matière commerciale.*

58. La contrainte par corps doit être prononcée contre toute personne condamnée pour dette commerciale au paiement d'une somme principale de 200 fr. et au-dessus. L. 17 avr. 1832, art. 1er.—*V.* toutefois *inf.* nos 60 et suiv.

Cette disposition a introduit deux innovations importantes dans la législation sur la matière : 1° elle détruit la distinction qui existait autrefois entre diverses natures de dettes commerciales ; 2° elle exige que le montant de la condamnation s'élève à 200 fr. au moins de principal.

59. Les obligations commerciales contractées avant la loi du 17 avr. 1832 doivent-elles entraîner la contrainte par corps lorsqu'elles ne s'élèvent pas à une somme principale de 200 fr. ? « Autrefois les tribunaux de commerce étaient dans l'usage de » refuser de la prononcer toutes les fois qu'il s'agissait d'une » dette qui ne s'élevait pas à 100 fr. » (M. Portalis, Ch. des Pairs, 50 déc. 1831.) La loi de 1832, qui est venue consacrer cet usage, doit être appliquée même aux actes antérieurs.—*V.* *sup.* n° 9.

60. Ne sont point soumis à la contrainte par corps : 1° les femmes et les filles non légalement réputées marchandes publiques ;

2° Les mineurs non commerçans, ou qui ne sont point réputés majeurs pour fait de leur commerce ;

3° Les veuves et héritiers des justiciables des tribunaux de commerce, assignés devant ces tribunaux en reprise d'instance, ou par action nouvelle en raison de leur qualité. L. 17 avr. 1832, art. 2 ;

4° Les capitaines de navire et les gens de l'équipage qui sont à bord, ou qui, sur les chaloupes, se rendent à bord pour faire voile, excepté pour dettes contractées par eux pour le voyage ; et même, dans ce cas, ils ne peuvent être arrêtés s'ils donnent caution. C. com. 231.

61. Les condamnations prononcées par les tribunaux de commerce contre les individus non négocians, pour signatures apposées soit à des lettres de change réputées simples promesses, aux termes de l'art. 112 C. com., soit à des billets à ordre, n'emportent point contrainte par corps, à moins que ces engagemens n'aient eu pour cause des opérations de commerce, trafic, change, banque ou courtage. *Même loi*, art. 3.

62. La contrainte par corps ne peut jamais être exercée au profit, 1° du mari ou de la femme du débiteur; 2° de ses ascendans, descendans, frères ou sœurs ou alliés au même degré. L. 17 avr. 1832, art. 19.

63. Les associés entre eux sont soumis à la règle générale : la loi ne fait aucune exception. Cas. 22 mars 1813.

64. La contrainte par corps peut-elle être prononcée tout à la fois contre le mari et la femme marchande publique, pour obligations commerciales de la femme ? La loi défend de l'*exercer* simultanément contre eux (—V. *sup.* n° 62); mais elle ne préjuge en rien la question de savoir si le créancier peut avoir l'action contre le mari et la femme. Pour l'affirmative, on invoque l'art. 5 C. com., qui porte que, « Si la femme est marchande publique, elle peut, sans l'autorisation de son mari, s'obliger pour ce qui concerne son négoce, et audit cas elle oblige aussi son mari. »—Mais on répond que cette disposition n'est applicable qu'aux condamnations qui s'exercent sur les biens, et non aux condamnations personnelles, telles que la contrainte par corps, qui ne passent point d'une personne à une autre. Lyon, 26 juin 1822 (S; 23. 288); Toullier, t. 2, n° 639; Duranton, t. 2, n° 482.—*Contrà*. Pardessus, t. 5, n° 1510.

65. Le débiteur qui a commencé sa soixante-dixième année ne peut plus être incarcéré. L. 17 avr. 1832, art. 4.—V. *sup* n° 44.

Il en était autrement avant cette loi. Av. Cons.-d'État, 6 brum. an 12 (S. 7, 871); Cas. 12 frim. an 14 (S. 6, 159), 10 juin 1807 (S. 7, 315), 3 fév. 1813 (S. 13, 201), 15 juin 1813 (S. 13, 373); Bruxelles, 7 avr. 1811 (S. 10, 287).

66. L'emprisonnement cesse de plein droit après un an, lorsque le montant de la condamnation principale ne s'élève pas à 500 fr.; après deux ans, lorsqu'il ne s'élève pas à 1,000 fr.; après trois ans, lorsqu'il ne s'élève pas à 3,000 fr.; après quatre ans, lorsqu'il ne s'élève pas à 5,000 fr.; après cinq ans, lorsqu'il est de 5,000 fr. et au-dessus. *Id.* art. 5.

Autrefois le débiteur incarcéré pour dettes commerciales ne pouvait, dans aucun cas, obtenir son élargissement qu'après cinq ans.

§ 4. — *De la Contrainte par corps contre les étrangers.*

67. Par la loi du 4 flor. an 6, l'étranger résidant en France était soumis à la contrainte par corps: 1° pour tous engagemens par lui contractés en France avec des Français, s'il ne possédait pas en France des propriétés foncières ou un établissement de

commerce (art. 1er); 2° pour tous engagemens contractés par lui en pays étranger, et dont l'exécution, réclamée en France, emportait la contrainte par corps dans le lieu où ils avaient été formés (art. 3). La loi du 10 sept. 1807 permettait en outre au tribunal de première instance, dans le ressort duquel se trouvait cet étranger, d'ordonner son arrestation provisoire sur la requête du créancier français.

Ces dispositions ont été modifiées par la loi du 17 avr. 1832.

68. Tout jugement qui intervient au profit d'un Français contre un étranger non domicilié en France, n'emporte la contrainte par corps qu'autant que la somme principale de condamnation n'est pas inférieure à 150 fr., sans distinction entre les dettes civiles et commerciales. L. 17 avr. 1832, art. 14.

Sous la loi du 4 flor. an 6, la contrainte pouvait être prononcée pour simples dépens. Metz, 11 fév. 1820.

69. Avant le jugement de condamnation, mais après l'échéance ou l'exigibilité de la dette, le président du tribunal de première instance, dans l'arrondissement duquel se trouve l'étranger non domicilié, peut, s'il y a de suffisans motifs, ordonner son arrestation provisoire sur la requête du créancier français. L. 17 avr. 1832, art. 15.

70. Dans ce cas, le créancier est tenu de se pourvoir en condamnation dans la huitaine de l'arrestation du débiteur, autrement, celui-ci peut demander son élargissement (Id.). — Le créancier qui a fait emprisonner provisoirement son débiteur ne peut plus, comme autrefois, prolonger indéfiniment sa détention, en ne formant pas sa demande en condamnation.

Aujourd'hui, faute par le créancier de s'être pourvu dans la huitaine, la mise en liberté du débiteur est prononcée par ordonnance de référé, sur une assignation donnée au créancier par l'huissier que le président a commis dans l'ordonnance même qui autorisait l'arrestation, et, à défaut de cet huissier, par tel autre qui est commis spécialement. Id.

Le créancier ne peut empêcher cette mise en liberté par une demande tardive en condamnation; autrement, le délai fixé par la loi serait illusoire. Il doit subir la peine de sa négligence.

71. La huitaine accordée au créancier pour assigner le débiteur en condamnation, n'est pas franche. La loi exige que l'assignation soit donnée dans la huitaine; ce délai est prescrit en faveur du débiteur; il établit une prescription, et dès qu'elle est accomplie, on ne peut lui en ravir le bénéfice.

Mais le jour de l'arrestation ne doit pas compter dans la huitaine : ainsi, le débiteur incarcéré le 17 est valablement assigné en condamnation le 25 du même mois : vainement on prétendrait que l'emprisonnement provisoire est une mesure exorbitante du droit commun, et que, d'ailleurs, le créancier doit être en mesure de justifier immédiatement de sa créance; en effet, il est de jurisprudence que toutes les fois que la loi ordonne de faire un acte dans un délai quelconque, le jour *à quo* ne compte pas dans ce délai, et il n'existe aucun motif de décider autrement dans l'espèce. Arg C. pr. 563, 723, 763; Turin, 14 mai 1808 (S. 9, 107); Toulouse, 22 mars 1827 (S. 27, 208); Besançon, 27 déc. 1807; Cas. 8 août 1809; Limoges, 15 nov. 1811 (S. 14, 83).—Trib. Paris, 28 sept. 1833.

72. L'arrestation provisoire de l'étranger peut être ordonnée, lors même que le titre de créance est attaqué par la voie de l'inscription de faux principal, et qu'il a été sursis par ce motif à faire droit sur la demande en condamnation. Cas. 28 oct. 1809 (S. 9, 462).

73. L'ordonnance du président, en vertu de laquelle a lieu l'arrestation, ne peut pas être attaquée par action principale devant le tribunal. Paris, 27 mai 1830 (S. 31, 54).

74. L'assignation ayant pour l'étranger détenu, le même intérêt qu'une demande en élargissement de sa part, doit, par analogie, s'il le requiert, être jugée, sans instruction, à la première audience, préférablement à toutes les autres causes, sans remise ni tour de rôle. Arg. C. pr. 800. — V. *inf.* n° 267.

75. Le créancier n'est pas tenu de se conformer pour la condamnation provisoire à l'art. 780 C. pr., qui prescrit une signification et un commandement préalables. L. 17 avr 1832, art. 32.

76. Mais cette arrestation est soumise aux formalités générales sur l'exécution des actes. Conséquemment elle est nulle, si elle est pratiquée à une heure à laquelle il est défendu aux officiers ministériels d'instrumenter. Metz, 11 fév. 1820 (S. 21, 187).

77. L'arrestation provisoire n'a pas lieu, ou cesse, si l'étranger justifie qu'il possède sur le territoire français un établissement de commerce ou des immeubles d'une valeur suffisante pour assurer le paiement de la dette, ou s'il fournit pour caution une personne domiciliée en France et reconnue solvable. L. 17 avr. 1832, art. 16.

La caution doit être acceptée ou constituée dans les délais fixés pour les cautions judiciaires en général. —V. *Caution.*

78. L'étranger domicilié en France ne jouit pas comme le Français du droit d'exercer la contrainte par corps contre les étrangers non domiciliés. Les art. 15 et 16 L. 17 août 1832, exigent formellement que le créancier soit Français. La jurisprudence s'était déjà prononcée dans ce sens sous l'empire de la loi de 1807. Douai, 7 mai 1828 (S. 29, 79).

79. L'étranger peut être recommandé en vertu d'une ordonnance du président : la loi met toujours sur la même ligne l'incarcération et la recommandation. Il y a d'ailleurs même raison de décider dans les deux cas ; en effet, l'étranger s'il obtenait son élargissement, pourrait disparaître dans l'intervalle des nouvelles poursuites. Nancy, 22 juin 1815 (S. 14, 95).

80. *Durée de l'emprisonnement.* La contrainte par corps exercée contre un étranger, en vertu de jugement, pour dette civile ordinaire ou pour dette commerciale, cesse de plein droit après deux ans, lorsque le montant de la condamnation principale ne s'élève pas à 500 fr.; après quatre ans, lorsqu'il ne s'élève pas à 1,000 fr.; après six ans, lorsqu'il ne s'élève pas à 3,000 fr.; enfin après dix ans, lorsqu'il est de 5,000 fr. et au-dessus.

S'il s'agit d'une dette civile pour laquelle un Français serait soumis à la contrainte par corps, la durée de l'emprisonnement est de deux, cinq ou dix ans au plus, suivant les distinctions établies par l'art. 7 de la loi du 17 avr. 1832. — V. *supr.* § 2, art. 4; *Id.* art. 17.

Avant la loi du 17 avr. 1832, l'étranger, condamné pour dette commerciale, ne pouvait, après cinq ans, et en vertu de l'art. 18, tit. 3, L. 15 germ. an 6, obtenir sa mise en liberté. Nancy, 31 déc. 1819 (S. 19, 258).

81. La contrainte par corps ne peut plus être prononcée contre l'étranger pour dette commerciale, si elle a été antérieurement appliquée; elle cesse dès qu'il a commencé sa soixante-dixième année.

Il en est de même à l'égard de l'étranger condamné pour dette civile, le cas de stellionnat excepté.

La contrainte par corps n'a pas lieu contre les étrangères pour dette civile, sauf aussi le cas de stellionnat, conformément à l'art. 2066 C. civ. L. 17 avr. 1832, art. 18.

82. Elle n'est jamais prononcée contre l'étranger au profit :

1° De son mari ou de sa femme ;

2° De ses ascendans, descendans, frères ou sœurs, ou alliés au même degré. L. 17 avr. 1832, art. 19.

§ 5. — *Mode d'exécution de la contrainte par corps.*

Art. 1.— *Signification et commandement qui précèdent l'arrestation du débiteur.*

83. Aucune contrainte par corps ne peut être mise à exécution qu'un jour après la signification, avec commandement, du jugement qui l'a prononcée. C. pr. 780.

84. Le mot *jour* doit s'entendre d'un jour franc, et non pas seulement de vingt-quatre heures, à compter du moment où le commandement est signifié : toutes les fois que la loi ne fixe pas un délai par heure, mais par jour, ce délai ne commence qu'à l'instant où finit le jour qui sert de point de départ.

La date de l'heure n'est donc pas nécessaire. Rouen, 17 juin 1818 (S. 19, 136); Carré, art. 780; Berriat, p. 630.—*Contrà*: Rouen, 27 juil. 1813 (S. 14, 155); Paris, 17 déc. 1817 (S. 18, 22).

85. Si l'on procède en vertu d'un jugement de débouté d'opposition, on doit, à peine de nullité, signifier ce dernier jugement: la signification du premier jugement par défaut serait insuffisante. Un jugement par défaut, frappé d'opposition, n'a d'effet que par le jugement qui statue sur l'opposition, et qui ne forme avec lui qu'un seul tout indivisible. Limoges, 26 mars 1823 (S. 23, 272).—Il faut donc que ces deux jugemens, ou au moins le dernier, dans lequel le premier se trouve relaté, soient signifiés. Caen, 14 déc. 1824; Rouen, 9 janv. 1826 (S. 27, 30); Limoges, 26 mai 1823 (S. 23, 272).

86. Si la contrainte par corps s'exerce en vertu d'un arrêt confirmatif d'un jugement qui l'a ordonnée, on doit observer un jour de délai entre la signification de l'arrêt et l'exécution de la contrainte. Colmar, 20 août 1808 (S. 9, 166).

Mais le commandement n'a pas besoin d'être réitéré.

87. On peut se dispenser de signifier l'arrêt, s'il n'a fait que déclarer l'appel tardif, et qu'il ait été précédé d'un commandement. Bruxelles, 22 juil. 1809.

88. Le jugement doit être signifié en entier, et non pas seulement par extrait : ainsi, l'omission d'une partie de ce jugement, notamment de son dispositif, vicie essentiellement la signification. Nîmes, 22 mars 1813 (S. 14, 278).

89. La signification du jugement prononçant la contrainte doit-elle avoir lieu par le même acte que le commandement?

Pour l'affirmative, on dit : Avant de procéder à la voie d'exécution la plus rigoureuse, il faut nécessairement mettre le débiteur à portée de prendre une connaissance certaine du jugement qui le condamne, sans l'obliger de recourir à une signification antérieure qui, ne contenant pas de commandement, et ne lui faisant pas voir l'imminence de l'emprisonnement, a pu être négligée et égarée par lui : tel est le but de l'art. 780 C. pr.

D'après ces raisons, il est plus prudent de signifier simultanément le jugement et le commandement; cependant la loi n'ayant pas prescrit expressément cette formalité, nous pensons que l'omission qui en serait commise ne saurait entraîner la nullité du commandement. Limoges, 18 janv. 1811 (S. 15, 42); Rennes, 18 août 1810; Toulouse, 11 fév. 1808 (S. 15, 191);

Favard, v° *Contrainte par corps*, §.4.—*Contrà.* Caen, 14 déc. 1824; Pigeau, t. 2, p. 512.

90. La Cour de Nancy a jugé qu'une signification simple devait, à peine de nullité, précéder celle avec commandement. 23 juil. 1813 (S. 16, 167).—Mais aucun texte n'ordonne cette signification préalable; et l'art. 51 du Tarif ne taxe qu'un seul acte pour la signification et le commandement : d'où il résulte que la signification de deux actes n'est pas indispensable.

91. Le commandement est valablement signifié au dernier domicile connu du débiteur, encore bien qu'il en ait acquis un nouveau depuis plusieurs années. Paris, 25 janv. 1808; Carré, art. 780.

92. Peu importe qu'il ait déclaré changer de domicile, s'il n'a pas indiqué le lieu de son nouvel établissement. Bruxelles, 29 janv. 1808 (S. 9, 153).

Toutefois, il a été jugé qu'il en était différemment lorsque trente ans s'étaient écoulés depuis le changement de domicile. Cas. 20 mars 1810 (S. 10, 191).

93. Une seconde signification, faite au dernier domicile du débiteur, ne prouve pas toujours que le créancier avait connaissance de l'insuffisance de la première. Paris, 25 janv. 1808; Carré, art. 780.

94. Quand le débiteur n'a pas de domicile connu, le commandement peut également lui être signifié au parquet du procureur du roi : cette circonstance ne saurait en effet priver le créancier de l'exercice de ses droits. C. pr. 69; Metz, 30 déc. 1817.

95. Mais n'est pas valable le commandement signifié au débiteur, et remis à sa femme, dans un hôtel garni où il ne réside que passagèrement. Bruxelles, 24 oct. 1808 (S. 10, 550).

96. La signification du jugement doit être faite par un huissier commis par le jugement ou par le président du tribunal de première instance du lieu où se trouve le débiteur. C. pr. 780.

97. Par ces mots : *du lieu où se trouve le débiteur*, il faut entendre son domicile ou sa résidence habituelle, et non pas le lieu où il ne se trouve que momentanément et sans intention d'y résider. Toulouse, 11 août 1828 (J. P. 1829, 3, 128).

98. Il n'est pas nécessaire, à peine de nullité, que l'ordonnance du président soit contresignée par le greffier du tribunal. Aix, 15 nov. 1824. — Surtout lorsqu'il y a urgence. C. pr. 1040; Nîmes, 4 mai 1824.

99. L'huissier commis pour signifier le jugement par défaut, rendu par un tribunal de commerce, est-il compétent pour faire un commandement tendant à contrainte par corps, en vertu de ce jugement ?

Pour la négative, on dit : Quand bien même le jugement se-rait émané d'un tribunal civil, l'huissier n'aurait pas caractère pour signifier le commandement, parce que l'art. 780 C. pr. exige une commission spéciale. — En outre, les tribunaux de commerce ne peuvent connaître de l'exécution de leurs juge-mens, et le commandement est un commencement d'exécution.

Mais on répond : Le seul but de la loi, en exigeant que le commandement soit signifié par un huissier commis, a été de prévenir la fraude, et de s'assurer que le débiteur recevrait réellement la copie de l'acte qui lui était notifié; dès que le tribunal a désigné un huissier investi de sa confiance pour si-gnifier le jugement, peu importe qu'il n'ait pas ajouté qu'il le commettait également pour faire le commandement tendant à contrainte par corps : on doit présumer que telle a été son intention; d'ailleurs, puisqu'il est légalement certain que le débiteur a reçu la signification du jugement, et que le comman-dement ne fait avec cette signification qu'un seul et même acte, il n'existe aucun motif pour en contester la validité. — On ne peut tirer aucun argument de l'art. 442 C. pr.; en effet le commandement n'est pas un commencement d'exécution du jugement, mais seulement un préliminaire indispensable. Bruxelles, 18 juin 1807 (S. 7, 2, 869); Cas. 5 fév. 1811 (S. 11, 98); Rouen, 20 juil. 1814; Lyon, 25 mai 1827 (S. 27, 163); Aix, 23 août 1826 (S. 27, 78); Toulouse, 28 juil. 1824 (S. 26, 210); Favard, v° *Contrainte par corps*, § 4, n° 2. — *Contra*. Orléans, 26 déc. 1810; Toulouse, 2 mai 1824 (S. 26, 24); Lyon, 10 avr. 1826 (S. 26, 211); Carré, art. 780.

100. Si la signification sans commandement a été faite par un huissier commis, et qu'ensuite une autre signification avec commandement soit faite par huissier non commis, l'emprison-nement est nul : la loi exige un huissier commis, non-seule-ment pour la signification du jugement, mais encore pour le commandement. Colmar, 31 mars 1808.

101. L'huissier commis a qualité pour recommencer la signi-fication, lorsqu'elle se trouve entachée de quelque nullité. Cas. 26 nov. 1810 (S. 12, 83).

102. La signification doit contenir élection de domicile dans la commune où siége le tribunal qui a rendu le jugement, si le créancier n'y demeure pas. C. pr. 780.

103. Cette règle s'applique-t-elle au cas où le jugement est émané d'un tribunal de commerce?

D'un côté, l'on prétend que le but de la loi est de mettre le débiteur à portée de poursuivre immédiatement la nullité des actes en vertu desquels on procède à son incarcération : or, le tribunal de commerce ne connaissant pas de l'exécution de ses jugemens, l'élection de domicile, faite dans la commune où il est situé, ne produirait aucun effet : elle doit donc, pour remplir le vœu de la loi, avoir lieu dans la commune où siége le tribunal qui connaît de l'exécution du jugement.

Mais on répond : En matière civile, le tribunal qui a prononcé le jugement n'est pas toujours celui qui connaît des difficultés élevées sur l'arrestation, puisque la demande en nullité de l'emprisonnement est portée tantôt devant le tribunal du lieu de la détention, et tantôt devant celui de l'exécution du jugement, et que souvent le débiteur est arrêté hors de son domicile. L'intention du législateur n'est donc pas celle qu'on lui prête : tout ce qu'il a voulu, c'est que l'élection de domicile eût lieu dans un endroit rapproché du domicile du débiteur. Quand cette élection est faite dans le lieu où siége le tribunal de commerce, elle peut, il est vrai, être plus éloignée, à cause de la faculté laissée au créancier d'assigner devant un tribunal autre que celui du domicile du débiteur (C. pr. 426); mais ce n'est pas un motif suffisant pour distinguer là où la loi ne l'a pas fait, et surtout pour créer une nullité qu'elle n'a pas prononcée. Nîmes, 4 mai 1824; Montpellier, 24 août 1827 (S. 28, 40). — *Contrà.* Carré, art. 780; Favard, v° *Contrainte*, § 4, n° 7.

404. Il a été jugé que le commandement, précédé d'une signification contenant l'élection de domicile voulue par la loi, n'était pas nul faute de renouveler cette élection. Toulouse, 11 fév. 1808 (S. 15, 191); Rennes, 18 août 1810. — Cependant il est plus prudent de mentionner de nouveau l'élection de domicile dans le commandement, toutes les fois qu'il a lieu par acte séparé. — V. *sup.* n° 89.

405. S'il s'est écoulé une année entière depuis le commandement, il ne peut être procédé à l'arrestation du débiteur qu'en vertu d'un nouveau commandement fait par un huissier commis à cet effet. C. pr. 784.

406. L'huissier qui a signifié le premier commandement n'est compétent pour faire le second qu'autant qu'il est désigné de nouveau par le président du tribunal. L'art. 784 exige en effet qu'il soit *commis à cet effet.* C'est une garantie de plus offerte au débiteur qui a bien eu connaissance du jugement, mais qui peut penser, en voyant l'inaction de son créancier pendant une année, qu'il a renoncé à exercer la contrainte par corps contre lui. Rennes, 28 sept. 1814; Carré, art. 784; Pigeau, t. 2, p. 313.

407. Ce second commandement ne doit pas, à peine de nullité, être précédé de la signification du jugement (—V. *sup.* n° 86); quand bien même le premier commandement se trouverait périmé. Rennes, 18 août 1810; Toulouse, 11 fév. 1808 (S.

15, 191); Limoges, 18 janv. 1811 (S. 15, 42): Carré, art. 784.

108. Le débiteur peut, avant l'arrestation et sur le commandement qui lui est fait par le créancier, se pourvoir en référé pour voir proroger le délai dans lequel le jugement qui prononce la contrainte sera exécuté, s'il allègue que son créancier est convenu de lui accorder un sursis. Bruxelles, 20 déc. 1810 (S. 15, 194).

Art. 2. — *Arrestation du débiteur.*

109. Aucun huissier ne peut procéder à l'arrestation d'un débiteur, s'il n'est muni d'un pouvoir spécial. La simple remise du jugement est insuffisante pour lui donner ce droit. C. pr. 556.

Il en est autrement d'un garde du commerce.—V. *inf.* n° 207.

110. Le pouvoir spécial peut être donné par acte authentique ou sous seing-privé. Bruxelles, 13 juin 1807.

111. Mais l'huissier ne peut, à peine de nullité, y substituer son nom à celui d'un autre huissier, postérieurement à l'enregistrement. Rouen, 4 fév. 1819.

112. L'emprisonnement opéré en vertu du pouvoir spécial donné par une personne décédée, n'est pas nul, si son décès n'a pas été notifié à l'huissier, et que celui-ci ait agi de bonne foi. Paris. 13 février 1826 (D. 26, 154).

113. Le débiteur ne peut être arrêté, 1° avant le lever et après le coucher du soleil. C. pr. 781.

L'arrestation faite entre le coucher et le lever du soleil est nulle, quoiqu'elle ait eu lieu à un moment très-rapproché de l'une de ces deux époques. Colmar, 16 therm. an 12 (S. 5, 42); 31 août 1810 (S. 11, 78).

Toutefois l'emprisonnement est valablement effectué après le coucher du soleil, si l'arrestation a été faite auparavant. Grenoble, 9 nov. 1825. (D. 26, 97).

114. Ces mots, *lever* et *coucher* du soleil, doivent-ils être pris dans le sens astronomique, ou s'entendent du temps fixé par l'art. 1037 pour les exécutions en général ?

En faveur de la seconde opinion, on soutient que l'art. 1037 a expliqué l'art. 781; cela résulte de ce que les dispositions générales du Code ont pour objet de fixer le véritable sens des articles susceptibles d'interprétations diverses.

Mais on répond que l'art. 1037, fait pour les cas ordinaires, n'a pu abroger implicitement la disposition formelle de l'art. 781 pour le cas particulier de la contrainte par corps. On conçoit qu'il suffise que les autres exécutions aient lieu durant le jour; mais celle de la contrainte doit être faite pendant que le soleil est sur l'horizon. Telle a été évidemment l'intention du législateur, car l'art. 794 du projet, correspondant à l'art. 781

du Code, avait déterminé, comme l'art. 1037, les heures avant et après lesquelles la contrainte ne pourrait être mise à exécution, et l'on a substitué à cette fixation d'heures la disposition relative au lever et au coucher du soleil sur les observations du Tribunat et des Cours d'Agen, Bourges et Toulouse, qui firent remarquer que, dans un grand nombre de départemens, l'arrestation pourrait s'effectuer avant le commencement et après la fin du jour pendant une partie de l'hiver, ce qui ne devait pas avoir lieu. Bruxelles, 1er mars 1813 (S. 14, 183); Pardessus, t. 5, n° 1514; Carré, art. 781; Pigeau, t. 2, p. 314; Thomine, art. 781.—*Contrà*, Berriat, p. 628; Demiau, art. 781.

115. Pour savoir si l'arrestation a été faite en temps utile, il faut s'en rapporter au fait réel plutôt qu'à une erreur d'expressions qui se rencontrerait dans le procès-verbal.

Ainsi la cour de Riom (14 oct. 1808, S. 12, 193) a déclaré valable un emprisonnement que le procès-verbal de l'huissier annonçait avoir été fait à 11 heures de relevée, attendu qu'il était prouvé par l'écrou et par un acte postérieur que l'arrestation avait eu lieu à 11 heures du matin.

116. 2° Les jours de *fête légale*. C. pr. 781.—*V.* ce mot.

Si ce n'est en vertu d'une permission du président du tribunal, qui ne doit l'accorder que pour des motifs graves, et lorsqu'il y a péril en la demeure (Arg. C. pr. 1037).—L'exception introduite par l'art. 1037 était admise dans l'ancien droit en matière de contrainte par corps, et dans certains cas elle est réclamée par l'équité; par exemple, pour empêcher un débiteur de mauvaise foi d'échapper aux poursuites de son créancier, en passant la frontière. La disposition de l'art. 781, qui défend l'arrestation les jours de fête légale, est conçue dans les mêmes termes que celle de l'art. 1037, qui prohibe toute exécution en général, et par conséquent on ne peut, comme dans le paragraphe relatif au lever et au coucher du soleil, argumenter d'une différence de rédaction. Carré, art. 781; Berriat, p. 144, note 3; Favard, v° *Contrainte par corps*, § 4. — *Contrà*, Demiau, art. 781.—V. *sup.* n° 114.

117. 3° Dans les édifices consacrés au culte pendant les exercices religieux seulement. C. pr. 781.

Ces mots *exercices religieux* ne doivent pas être restreints à ceux qui se font publiquement et au milieu d'un concours de fidèles : il suffit qu'un exercice religieux quelconque ait lieu dans l'intérieur de l'église pour empêcher l'arrestation du débiteur. Ainsi, il a été jugé que la confession constitue un exercice religieux dans le sens de la loi. Cas. 7 oct. 1824; Carré, art. 781.

117. 4° Dans le lieu et pendant la tenue des séances des autorités constituées. C. pr. 781.

Ces mots *lieu des séances* ont été substitués au mot *enceinte* de l'art. 4, tit. 3 L. 15 germ. an 6. On a voulu exclure de la prohibition toute la partie de l'enceinte qui n'est pas lieu des séances (Pigeau, t. 2, p. 314). —Ainsi, l'arrestation serait valablement effectuée dans les cours et lieux environnans. Le seul but de la loi est d'empêcher qu'on ne trouble les autorités dans leurs fonctions. Carré, art. 781; Pardessus, t. 5, n° 1514.

118. Par *autorité constituée*, il faut entendre tout délégué de l'autorité souveraine.—V. *sup.* n°s 50 et 51.

Ces expressions ne peuvent s'appliquer à un professeur faisant un cours dans un établissement public. — *Contrà.* Carré, art. 781.

119. Autrefois on ne pouvait arrêter un négociant dans le lieu et pendant les heures de la bourse; mais la disposition analogue qui se trouvait dans le projet du Code a été rejetée lors de la discussion. Il en serait donc autrement aujourd'hui. Carré, art. 781.

120. 5° Dans une maison quelconque, même dans son domicile, à moins que le juge de paix du lieu ne l'ait ordonné, et ne se transporte dans la maison avec l'officier ministériel. C. pr. 781-5°.

121. Le mot *maison* comprend non-seulement le corps-de-logis, mais encore toutes les dépendances, que l'art. 390 C. pén. considère comme maison habitée. En conséquence, un débiteur ne peut être arrêté dans une cour close dépendant de son domicile. Douai, 26 janv. 1824 (S. 25, 54).

122. Les édifices consacrés au culte ou aux séances des autorités publiques sont également assimilés aux maisons, en ce sens que l'on ne peut y exécuter d'arrestation, même après les exercices religieux ou la tenue des séances, qu'avec l'assistance du juge de paix. Carré, art. 781, n° 2648; Pigeau, t. 2, p. 314; Berriat, p. 630, note 9.

123. Mais il en est autrement d'un navire entré dans le port. L'arrestation du débiteur y est valablement effectuée sans l'intervention du juge de paix. Bastia, 26 août 1826 (D. 27, 79).

124. D'après un réglement de police, les bouchers de Paris ne peuvent être arrêtés dans le marché, par un garde du commerce, qu'autant qu'il est accompagné de l'inspecteur de police du marché. Carré, *ib.*

125. L'huissier ne viole pas l'art. 781 en entrant, sans assistance du juge de paix, dans la maison du débiteur pour y faire la perquisition de ce dernier, s'il manifeste l'intention de ne l'arrêter qu'après avoir requis la présence du juge. Rennes, 27 janv. 1808 (S. 15, 204).

126. Dans le cas où la présence du juge de paix est indispensable, il n'est pas nécessaire que l'huissier obtienne, avant de se transporter au domicile du débiteur, une ordonnance spéciale qui l'autorise à cet effet. Il suffit qu'il requiert verbalement l'assistance de ce magistrat, que celui-ci défère à sa réquisition, qu'il se transporte dans la maison, qu'il ordonne à l'huissier de faire l'arrestation, et que le procès-verbal constate l'accomplissement de ces formalités. Lyon, 7 mai 1825; Colmar, 10 déc. 1819 (S. 21, 22); Pigeau, t. 2, p. 315; Pardessus, t. 5, n° 1514; Carré, art. 781.

Mais si l'autorisation du juge n'avait pas précédé l'arrestation du débiteur dans son domicile, et n'était intervenue que pour régulariser en quelque sorte l'exécution, l'emprisonnement devrait être déclaré nul. L'huissier, dans ce cas, s'exposerait même aux peines prononcées par l'art. 1031 C. pr. Paris, 22 juin 1809 (S. 10, 375).

Le juge de paix n'a pas besoin de signer le procès-verbal. Paris, 25 fév. 1808 (S. 8, 107); Pigeau, t. 2, p. 315; Carré, art. 781; Pardessus, ib.

127. Mais l'emprisonnement est nul, si l'huissier, après avoir mentionné dans son procès-verbal les noms, prénoms des créancier et débiteur, sa réquisition au juge de paix, et l'ordonnance de ce dernier, interrompt cet acte, et procède le lendemain, en présence du juge de paix, à l'arrestation du débiteur dans son domicile, sans répéter ces mêmes formalités. En effet, le véritable procès-verbal est l'acte dressé le second jour, et celui de la veille ne peut être considéré que comme une requête au juge de paix. Riom, 21 sept. 1831.

128. Lorsque le juge de paix refuse d'assister l'huissier et d'autoriser l'emprisonnement, celui-ci peut, le considérer comme absent, et requérir son suppléant, et, à leur défaut, le juge de paix le plus voisin. Ceux de ces magistrats dont le refus aurait empêché l'exécution de la contrainte par corps doivent être condamnés à tous dommages-intérêts envers la partie. C. pr. 506; Carré, art. 781, n° 2652; Pardessus, t. 5, n° 1514.

129. L'absence ou l'empêchement du juge de paix est suffisamment constatée par l'ordonnance du suppléant, sa signature, et son transport en la demeure du débiteur. Colmar, 12 mars 1828.

Le tribunal de Paris a même décidé, en juin 1833, que l'arrestation faite en présence d'un juge de paix autre que celui du domicile du débiteur, était valable, quoique l'empêchement de ce dernier et de son suppléant ne fût constaté ni par le procès-verbal de l'huissier, ni par l'ordonnance du juge de paix requis.

150. 6° Enfin, le débiteur ne peut être arrêté, lorsqu'appelé comme témoin devant un juge d'instruction, ou devant un tribunal de première instance, ou une Cour royale ou d'assises, il est porteur d'un sauf-conduit. C. pr. 782; I. crim. 55 et suiv.

Le sauf-conduit est un acte par lequel on garantit conduite sauve, c'est-à-dire que le porteur peut se rendre dans tel lieu, sans risque d'être arrêté. Berriat, 629, note 6-1°.

151. Il peut être accordé, soit par le juge d'instruction, soit par le président du tribunal, ou de la Cour où les témoins doivent être entendus. Les conclusions du ministère public sont nécessaires. C. pr. 782.

Les juges de paix et les tribunaux de commerce ne peuvent accorder de sauf conduit : d'une part, ils ne sont pas nommés dans l'art. 782 C. pr.; et d'autre part, comme il n'existe pas de ministère public près de ces tribunaux, la condition prescrite par cet article ne saurait être accomplie : il faut donc, dans ce cas, recourir au président du tribunal de première instance, qui délivre le sauf-conduit, le ministère public entendu. Av. Cons.-d'Ét. 30 avr. 1807, approuvé le 30 mai (S. 8, 1, 30).

Toutefois, le juge-commissaire peut accorder au failli un sauf-conduit provisoire, dans le cas des art. 466 et suiv. C. com.

152. Le sauf-conduit doit régler la durée de son effet à peine de nullité. C. pr. 782.

L'emprisonnement fait nonobstant un sauf-conduit qui n'exprime pas sa durée, est valable. On ne pourrait en effet déclarer nul l'emprisonnement, sans reconnaître la validité du sauf-conduit. Le débiteur qui aurait été trompé pourrait seulement exercer une action contre l'huissier ou même contre le juge, s'il y avait dol ou connivence de leur part. Pardessus, t. 5, n° 1515. — *Contrà*. Carré, art. 781.

153. Le juge excède ses pouvoirs en accordant au débiteur cité en justice comme témoin, un sauf-conduit qui s'applique, non-seulement à tel jour ou à telle audience déterminée, mais encore à tout le temps que doit durer l'instruction et le jugement de l'affaire, en y comprenant l'intervalle des renvois et des remises d'une huitaine à une autre huitaine. Cas. 5 vend. an 11.

154. Il résulte également des termes restrictifs de l'art. 782, que le débiteur ne peut obtenir de sauf-conduit pour toute autre cause qu'une citation en témoignage, par exemple, pour assister à l'instruction de sa propre cause. Si sa présence est nécessaire, elle peut avoir lieu dans l'état même d'arrestation.

Carré, n° 2058; Merlin, *Rép.* v° *Sauf-conduit*, n° 3; Berriat, p. 629, note 6; Pigeau, t. 2, p. 308; Favard, v° *Contrainte par corps*, § 4; Cas. 17 fév. 1807, 5 vend. an 11; Lett. min. just. 15 mess. an 8 (S. 1, 255).

136. En vertu du sauf-conduit, le débiteur ne peut être arrêté ni le jour fixé pour sa comparution, ni pendant le temps nécessaire pour aller et revenir. C. pr. 782.

134. Le tribunal de police correctionnelle qui annule un emprisonnement exécuté au mépris d'un sauf-conduit accordé par son président, entreprend sur la juridiction des tribunaux civils. Cas. 5 vend. an 8 (S. 3, 26).

137. Aucun pair de France condamné par corps au paiement d'une dette civile ou commerciale, ne peut être arrêté qu'avec l'autorisation de la chambre. Charte, art. 29.

Cette autorisation est nécessaire dans le cas même où le débiteur n'a été nommé pair que postérieurement au jugement de condamnation. Paris, 19 juin 1826.

Le mode de se pourvoir pour obtenir l'autorisation de la chambre a été déterminé par la résolution du 29 janv. 1831, ainsi conçue :

Art. 1. Toute personne qui aura obtenu contre un pair de France un jugement ou un arrêt prononçant la contrainte par corps, et qui voudra requérir de la chambre des pairs l'autorisation nécessaire pour en procurer l'exécution, adressera sa demande au président de la chambre. Cette demande sera exposée dans un mémoire.

Art. 2. Ce mémoire contiendra l'énonciation du fait, les causes de la condamnation, les noms, qualités et domiciles du demandeur et du pair condamné, et la demande de son arrestation.

Art. 3. Devront être joints au mémoire, 1° expédition authentique du jugement ou de l'arrêt; 2° copie de la signification, avec commandement, du jugement ou arrêt qui a prononcé la contrainte par corps.

Art. 4. Le président fera connaître à la chambre les conclusions du mémoire, et il sera formé, par la voie du sort, une commission spéciale de sept membres pour l'examiner.

Art. 5. Sur le rapport de la commission, l'autorisation demandée sera accordée par la chambre, s'il y a lieu.

Art. 6. Si, dans l'intervalle des sessions législatives, le président reçoit un mémoire aux fins ci-dessus indiquées, il convoquera immédiatement le grand-référendaire, et les cinq pairs de France les plus anciens, suivant l'ordre de réception, alors présens à Paris. Sur le rapport du grand référendaire, l'autorisation demandée sera, par lesdits président et pairs de France réunis, accordée, s'il y a lieu; la Chambre les investissant à cet effet de toute son autorité.

158. Aucune contrainte par corps ne peut être exercée contre un membre de la chambre des députés durant la session et dans les six semaines qui la précèdent ou la suivent. Charte, art. 43.

159. Le débiteur dont l'emprisonnement est déclaré nul ne peut être arrêté pour la même dette qu'un jour au moins après sa sortie. C. pr. 797.—V. *inf.* n° 233.

140. Dans le cas où le débiteur est incarcéré hors du lieu de son domicile, il faut ajouter au délai fixé par le Code celui d'un jour par trois myriamètres entre le lieu de la détention et celui du domicile. Autrement, le délai qui lui est accordé lui deviendrait inutile, et il se trouverait traité plus rigoureusement que le débiteur emprisonné dans le lieu de son domicile. Cette interprétation se fonde, en outre, par analogie, sur l'art. 782 C. pr., qui accorde au détenu porteur d'un sauf-conduit le temps nécessaire pour retourner à son domicile. Pigeau, Carré, art. 797.

141. Mais si le débiteur n'est pas sorti de prison, parce qu'il était retenu pour d'autres causes, le créancier peut le faire recommander sans observer le délai d'un jour : cela résulte des termes mêmes de l'art. 797, qui d'ailleurs ne s'occupe que de l'arrestation, et non de la recommandation. Demiau et Carré, art. 797.

142. En cas de rébellion, l'huissier peut établir garnison aux portes pour empêcher l'évasion, et requérir la force armée. C. pr. 785.

Le débiteur est alors poursuivi, conformément aux dispositions du Code d'instruction criminelle. C. pr. 785; Inst. crim. 554; Pén. 188, 209.

143. Il y a rébellion lorsqu'on résiste avec violence à l'exécution d'un jugement, encore que l'arrestation soit illégale et nulle pour défaut d'assistance du juge de paix. La violation des formes prescrites pour l'emprisonnement, donne seulement au débiteur le droit d'en faire prononcer la nullité; mais il ne peut provisoirement se constituer juge de ces formes. Cas. 14 avr. 1820.

144. Le simple refus d'obéir, sans voies de fait, ne saurait constituer une rébellion. Dans ce cas, un huissier peut facilement, avec l'aide de ses recors s'emparer de la personne du débiteur; et ce n'est que dans le cas où le débiteur résiste avec violence, qu'il s'expose à être poursuivi criminellement. Carré, art. 785.

145. Si le débiteur requiert qu'il en soit référé, il doit être conduit sur-le-champ devant le président du tribunal de première instance du lieu où l'arrestation a été faite, lequel statue en état de référé. Si l'arrestation est faite hors des heures de l'audience, le débiteur doit être conduit chez le président. C. pr. 786.

Tout huissier, gardé du commerce ou exécuteur des mandemens de justice, qui refuse d'obtempérer à cette réquisition, est condamné à 1,000 fr. d'amende, sans préjudice des dommages-intérêts. L. 17 avr. 1832, art. 22.

L'emprisonnement doit, en outre, être déclaré nul. Toulouse, 30 avr. 1825.

146. Le débiteur peut se pourvoir en référé, même lorsqu'il est déjà entre deux guichets : ce droit ne lui est enlevé que lorsque le procès-verbal d'écrou est entièrement clos et terminé. *Même arrêt.*

147. Il doit requérir qu'il en soit référé, lorsqu'il soutient, 1° que l'arrestation est nulle au fond, que le jugement qui prononce la contrainte a été infirmé, ou que la créance est éteinte, etc.; 2° que l'arrestation est nulle en la forme, que la signification est irrégulière, que l'huissier ne s'est pas fait assister du juge de paix lorsqu'il le devait, etc.

Le président peut statuer provisoirement sur ces deux sortes de nullités. Il accorde la mise en liberté provisoire avec ou sans caution, ou la refuse.

Il est juge nécessaire de la régularité des pièces en vertu desquelles il est procédé à l'emprisonnement. Ainsi il est compétent pour statuer sur la validité du commandement qui a précédé l'arrestation. Paris, 17 déc. 1817 (S. 18, 227).

Mais pour obtenir une décision définitive, il faut s'adresser au tribunal du lieu de la détention pour les nullités de forme, et à celui de l'exécution, pour les nullités du fond.—V. *inf.* n° 216.

148. Le débiteur comparaît en référé sans ministère d'avoué: le créancier est représenté par l'huissier. Carré, art. 787.

149. L'ordonnance sur référé est consignée sur le procès-verbal de l'huissier. Elle doit être exécutée sur-le-champ. C. pr. 787.

150. Si le débiteur ne requiert pas qu'il en soit référé, ou si, en cas de référé, le président ordonne qu'il soit passé outre, le débiteur est conduit dans la prison du lieu, et s'il n'y en a pas, dans celle du lieu le plus voisin. C. pr. 788.

Toutefois, si le débiteur était conduit dans une maison d'arrêt autre que la plus voisine, l'emprisonnement n'en serait pas moins valable, la loi ne prononçant pas la nullité; mais l'huissier serait passible de dommages-intérêts. Toulouse, 9 janv. 1809 (S. 9, 239); Carré, art. 788.

151. L'huissier et tous autres qui conduisent, reçoivent ou retiennent le débiteur dans un lieu de détention non légalement désigné comme tel, doivent être poursuivis comme coupables du crime de détention arbitraire. C. pr. 788; C. pén. 122,

152. Lorsqu'il n'y a pas de prison prochaine, l'huissier ne peut pas, de sa propre autorité, séquester le débiteur dans une maison particulière. Il doit se retirer devant l'autorité locale pour se faire désigner le lieu où sera déposé momentanément et gardé à vue le débiteur; le tout à peine de nullité. Toulouse,

1ᵉʳ sep. 1824 (D. 25, 133); Pardessus, t. 5, n° 1517; Carré, art. 788.

153. Le débiteur qui a été détenu en charte privée dans un lieu non légalement désigné comme lieu de détention , peut faire annuler son emprisonnement, encore qu'il ait consenti à être détenu dans ce lieu. Bordeaux, 17 juil. 1811 (S. 11, 482); Carré, art. 788 , n°ˢ 2682 et 2685; Berriat, p. 633, note 23; Pardessus, t. 5, n° 1517.

154. Mais l'auberge où l'on fait stationner momentanément le débiteur pour faire reposer quelques instans le cheval qui conduit la voiture sur laquelle se trouvent l'huissier, ses recors et le débiteur arrêté , ne peut point être considérée comme un lieu de détention arbitraire. Colmar, 10 déc. 1819 (S. 21, 22); Pardessus, ib. ; Carré, art. 788.

155. De même l'huissier ne se rend pas coupable de détention arbitraire, lorsque, sur la demande du débiteur, il consent, avant de le mener en prison , à le conduire dans une maison particulière, pour y proposer un arrangement à ses créanciers. Grenoble, 9 nov. 1825 (J. P. 1826, 3, 97).

Art. 3. — *Procès-verbal d'emprisonnement.*

156. Le procès-verbal d'emprisonnement doit contenir, outre les formalités ordinaires des *exploits* (— *V.* ce mot) : 1° itératif commandement; 2° élection de domicile dans la commune où le débiteur est détenu, si le créancier n'y demeure pas. L'huissier doit être assisté de deux recors. C. pr. 783.

157. *Itératif commandement.* L'huissier énonce exactement le montant de la créance, à fin d'instruire le débiteur des sommes qu'il est obligé de consigner pour éviter son emprisonnement. Arg. C. pr. 798; Carré, art. 783. — V. *inf.* n° 255.

Toutefois, il exprime suffisamment le montant des sommes dues, s'il indique la somme principale, le jour où les intérêts ont commencé à courir, et le taux de ces intérêts : il n'est pas nécessaire d'exprimer littéralement le montant des intérêts. Aix, 15 nov. 1824.

158. Le procès-verbal doit contenir la réponse du débiteur : c'est ce qui résulte de l'obligation de faire itératif commandement; mais l'omission de cette formalité n'entraîne cependant pas la nullité de l'emprisonnement : l'arrestation suffit pour faire présumer, jusqu'à preuve contraire, que le débiteur n'a pas obéi au commandement. Carré, art. 783.

159. L'huissier a pouvoir pour recevoir le paiement des sommes dues par le débiteur, et en donner quittance.

Il doit remettre, dans les vingt-quatre heures, la somme par lui reçue, au créancier qui l'a chargé de l'arrestation; et faute par ce dernier de l'accepter, par quelque motif que ce soit, il doit la déposer à la caisse des consignations. Ord. 3 juil. 1816, art. 2 ; Carré, art. 785. — V. *Consignation*, n° 52.

160. Le créancier n'est pas obligé d'attendre un jour franc (—V. *sup*. n° 84) après l'itératif commandement pour faire procéder à l'arrestation du débiteur, si déjà ce délai s'est écoulé depuis le premier commandement fait avec la signification du jugement : dans ce cas, en effet, la prescription de l'art. 780 est suffisamment remplie. Bruxelles, 29 juin 1808 (S. 9, 153).

161. *Élection de domicile*. Elle ne peut pas être suppléée par une constitution d'avoué indiquée dans le procès-verbal. Lyon, 9 mai 1828 (S, 28, 260).

162. Mais lorsque la commune où le débiteur sera détenu est la même que celle où siège le tribunal qui a rendu le jugement portant la condamnation par corps, le premier commandement contenant déjà une élection de domicile dans cette commune, on peut, à la rigueur, se dispenser de la réitérer dans le procès-verbal d'emprisonnement.

Cependant il est plus prudent de la renouveler. Carré, art. 875 ; Pigeau, t. 2, p. 516. — V. *inf*. n° 175.

163. Dans les autres cas, la nouvelle élection de domicile contenue dans le procès-verbal d'emprisonnement fait-elle cesser celle indiquée dans le commandement ?

Pigeau (t, 2, *ib*.) soutient la négative, attendu qu'il peut être utile au débiteur de faire des notifications à l'un et à l'autre domiciles.

Nous ne partageons pas cette opinion : il n'y a aucune raison de forcer le créancier d'avoir deux domiciles d'élection pour l'exécution du même acte ; et ce qui prouve que telle n'a pas été l'intention du législateur, c'est que l'art. 795 C. pr. exige que la demande en nullité de l'emprisonnement soit formée au domicile élu par l'écrou, et qui est le même que celui indiqué dans le procès-verbal d'emprisonnement. Delvincourt, *Inst. com.*, t. 2, p. 515 ; Carré, art. 785, n° 2665.

164. L'élection de domicile ne profite qu'au débiteur incarcéré : nul autre que lui ne peut assigner le créancier au domicile élu. Cas. 17 juil. 1810 (S. 10, 570), 3 juin 1812 (S. 12, 362) ; Paris, 26 juin 1811 (S. 15, 14).

165. Outre l'élection spéciale dont on vient de parler, le procès-verbal d'emprisonnement doit contenir, à peine de nullité, l'indication du domicile réel du créancier ; cette formalité est prescrite pour la validité de tous les exploits en général. Arg. C. pr. 785 ; Aix, 23 août 1826 (S. 27, 78). — V. *Exploit*.

Néanmoins la mention de la demeure du poursuivant remplace suffisamment celle de son domicile. Pau, 27 mai 1830 (J. P. 1830, 3, 546).

166. *Recors.* Ils doivent être Français, majeurs, non parens, ni alliés des parties ou de l'huissier jusqu'au degré de cousin issu de germain, ni ses domestiques. Arg. C. pr. 585; Delvincourt, t. 2, p. 515; Pardessus, t. 5, n° 1516; Carré, art. 783.

Des gendarmes peuvent être employés comme recors pour l'exécution des emprisonnemens en matière civile. Nîmes, 12 juil. 1826; (J. P. 1827, 2, 271).

Le procès-verbal d'arrestation d'un débiteur, dans lequel figure comme témoin un étranger non naturalisé, n'est point nul, lorsque l'huissier a pu croire que cet étranger, long-temps domicilié et marié en France, et y exerçant les fonctions de garde-champêtre, était Français. Grenoble, 9 nov. 1825 (J. P. 1826, 2, 97).

167. Le procès-verbal devant, à peine de nullité, mentionner les noms des recors qui ont assisté l'huissier, il ne suffit pas qu'ils aient signé et que la mention de leurs noms se retrouve dans la copie de l'acte d'écrou délivrée au débiteur, il faut que le procès-verbal constate l'accomplissement de toutes les formalités prescrites par la loi; et sans les indications dont il s'agit, il serait impossible de vérifier si les recors ont les qualités requises par la loi. Arg. C. pr. 585; Paris, 6 mai 1819.

168. L'huissier ne peut pas se faire accompagner de plus de deux recors : la loi a, en effet, fixé ce nombre, et elle n'autorise à requérir la force armée que dans le cas de rébellion,

Cependant si, d'après la réputation du débiteur, on était fondé à craindre des excès de sa part, l'huissier pourrait se faire autoriser à l'avance, par le président, à requérir la force armée; et le juge de paix pourrait lui-même accorder cette permission, s'il s'agissait d'opérer l'arrestation dans une maison. Carré et Demiau, art. 783.

169. Il n'est pas nécessaire que l'huissier soit revêtu de son costume. L'art. 8 L. 2 niv. an 11 assigne bien un costume aux huissiers; mais aucune loi n'exige qu'ils en soient revêtus, à peine de nullité; et, dans l'usage, ils ne le portent jamais qu'aux audiences. Carré, art. 783.

170. Le procès-verbal d'emprisonnement peut ne pas contenir l'heure de l'arrestation ; aucune loi n'exige cette formalité. Carré, art. 781.—V. *sup.* n° 84.

171. Il doit, à peine de nullité, être dressé et notifié le jour même de l'arrestation. Bastia, 26 août 1820 (S. 27, 201).

172. Dans le cas où l'arrestation ne peut être effectuée, l'huissier ou le garde du commerce doivent dresser un procès-verbal de perquisition. Décr. 14 mars 1808, art. 20; Tarif, art. 53; Berriat, p. 632, notes 18 et 19.

Art. 4. — *Procès-verbal d'écrou.*

173. L'écrou du débiteur doit énoncer : 1° le jugement qui prononce la contrainte par corps.

Faute par l'huissier de représenter le jugement, le geôlier doit refuser de recevoir le débiteur et de l'écrouer. C. pr. 790.

Lorsqu'il lui est présenté, il le transcrit sur son registre. *Id.*

Toutefois, il suffit de transcrire sur le registre les parties constitutives du *jugement* (— *V.* ce mot) : le but de la loi est d'en faire connaître le contenu à la partie et au geôlier, afin que l'un puisse payer, et l'autre recevoir le montant des condamnations, conformément à l'art. 788 C. pr., et il se trouve par-là suffisamment rempli. Toulouse, 11 août 1828 (S. 30, 103).

174. 2° Les noms et domicile du créancier, C. pr. 789.

175. 3° L'élection de domicile, s'il ne demeure pas dans la commune. C. pr. 789.

Cette élection ne peut être suppléée par une simple constitution d'avoué. Lyon, 9 mars 1828 (D. 28, 133).

Ni par l'élection précédemment faite dans le commandement, encore bien que le domicile élu se trouve dans la commune où le débiteur est détenu. Ce dernier peut, en effet, demander à tout instant la nullité de l'emprisonnement, et par conséquent avoir besoin de recourir à l'élection de domicile, qu'il est certain de trouver sur l'écrou, tandis qu'il peut avoir égaré la copie du commandement. Il n'y a donc pas lieu d'appliquer à l'élection de domicile exigée dans l'écrou la solution adoptée pour celle prescrite dans le procès-verbal d'emprisonnement. Aix, 23 août 1826 (D. 27, 145); Nîmes, 15 juin 1829 (D. 29, 290). — V. *sup.* n° 162.

176. 4° Les noms, demeure et profession du débiteur C. pr. 789.

C'est-à-dire son nom de famille et ses prénoms. L'omission des prénoms peut, dans certains cas, entraîner la nullité de l'emprisonnement : par exemple, lorsque de deux frères, tenus solidairement de la même dette, l'un seulement est emprisonné, et qu'il n'est désigné que par ces mots : *l'un des deux frères.* Bordeaux, 20 mars 1829 (S. 30, 41).

177. 5° La consignation de trente jours au moins d'alimens. C. pr. 789; L. 17 avr. 1832, art. 28.

Les consignations pour plus de trente jours ne valent qu'autant qu'elles sont d'une seconde ou de plusieurs périodes de trente jours. *Id.*

178. La somme destinée aux alimens est de 30 fr. à Paris,

et de 25 fr. dans les autres villes pour chaque période de trente
jours. *Id.* art. 29.

179. La consignation des alimens doit être faite d'avance
(*id.* art. 28; C. pr. 791); toutefois, elle a valablement lieu le
jour même de l'emprisonnement, avant toute distribution aux
prisonniers. Dans ce cas, elle suffit pour empêcher que le détenu manque un seul instant de nourriture et de geôlage; et
c'est tout ce qu'exige la loi, qui n'a point désigné de terme
pour la consignation. Rouen, 10 vend. an 4 (S. 7, 869).

180. L'État et les établissemens publics qui exercent la contrainte par corps contre les comptables et fournisseurs, sont
dispensés de la consignation des alimens; les détenus sont alors
nourris sur les fonds généraux des prisons, de la même manière
que les prisonniers arrêtés à la requête du ministère public.
Décr. 4 mars 1808.

181. Le créancier n'est pas tenu des frais de maladie de son
débiteur incarcéré. Cas. 17 juil. 1810 (S. 10, 370); Merlin,
Rép. v° *Alimens*, n° 4; Berriat, p. 633, notes 5 et 6, n° 2.

182. Lorsque le tribunal ordonne le dépôt du failli dans la
maison d'arrêt pour dettes, conformément à l'art. 455 C. com.,
celui-ci peut-il demander son élargissement, faute par les
agens ou les syndics de la faillite de consigner des alimens?
Nous ne le pensons pas. En effet, l'arrestation du failli est ordonnée bien moins dans l'intérêt privé des créanciers, qu'à raison des soupçons de délit et de banqueroute frauduleuse élevés
contre le failli. Aussi cette arrestation est décrétée d'office par
le tribunal, et n'a pas lieu, s'il ne croit pas devoir recourir à
cette mesure rigoureuse.

183. Les alimens consignés ne peuvent être retirés, lorsqu'il
y a recommandation, que du consentement des recommandans.
C. pr. 791.

184. Mais les alimens consignés par le recommandant
peuvent être retirés à l'insu ou sans le consentement du créancier qui a procédé à l'emprisonnement (Colmar, 27 mars 1817,
S. 18, 106), à moins qu'ils n'aient été consignés par le recommandant, contradictoirement avec ce créancier, auquel
cas ils sont devenus communs entre eux. Favard, v° *Contrainte
par corps*, § 4; Carré, art. 781.

Lorsqu'un détenu pour dettes s'est évadé par l'effet de circonstances extraordinaires, et qu'ensuite il est arrêté de nouveau à la requête d'autres créanciers, ceux-ci ne peuvent pas
être considérés comme des recommandans. Par suite, leur consentement n'est pas nécessaire pour que les premiers incarcéra-
teurs ou recommandans puissent retirer les alimens qu'ils avaient
originairement déposés. Paris, 9 janv. 1832 (J. P. 1832, 3, 326).

185. 6° Mention de la copie qui doit être laissée au débiteur, parlant à sa personne, tant du procès-verbal d'emprisonnement, que de l'écrou. C. pr. 789.

Si cette mention avait été omise dans l'écrou, elle pourrait être réparée par une signification faite après la détention. Nîmes, 27 juil. 1829; Pau, 16 fév. 1813, 27 juil. 1814; Riom, 28 avr. 1808 (S. 15, 194).

186. Il n'est pas nécessaire que l'écrou contienne la mention du *parlant à* : la loi ne l'exige pas, et d'ailleurs, l'indication que la copie a été remise au débiteur, la remplace suffisamment. Riom, 14 oct. 1808; Carré, art. 789.

187. Si la copie de l'écrou laissée au débiteur constate une omission qui ne se trouve pas dans l'acte d'écrou, l'emprisonnement est-il nul ? L'affirmative semble résulter du principe que la copie tient lieu d'original à la partie. — Mais ce principe n'est appliqué par la loi qu'aux ajournemens et aux autres exploits qui imposent à la partie l'obligation de faire quelque chose. S'il s'agit de la copie d'un acte inscrit sur un registre qui puisse être vérifié sans déplacement par celui qui a intérêt à le faire, il doit en être différemment; il faut appliquer la règle relative aux actes dont il reste minute : la minute sert à vérifier la copie. Carré, art. 789, n° 2692. — *Contrà.* Paris, 9 germ. an 13.

188. 7° Il doit être signé par l'huissier. C. pr. 789.

Il est convenable qu'il soit également signé par le geôlier; mais la loi ne prescrivant pas cette formalité d'une manière expresse, son inobservation ne saurait entraîner la nullité de l'emprisonnement. Riom, 14 oct. 1808; Carré, art. 789.

188. A plus forte raison, n'est-il pas nécessaire que le procès-verbal d'écrou fasse mention de la signature du geôlier. Toulouse, 11 fév. 1808 (S. 15, 191).

La signature des recors est tout-à-fait inutile. Carré, *id.*

189. Le procès-verbal peut être rédigé et transcrit sur les registres, soit par l'huissier, soit par le geôlier. La qualité du geôlier pour rédiger le procès-verbal s'induit des termes mêmes de l'art. 790 : *le gardien refusera d'écrouer* (— *Contrà.* Besançon, 23 juil. 1812).

Quelques auteurs ont même conclu de cet article que le geôlier avait un droit exclusif à rédiger le procès-verbal. Mais la compétence de l'huissier résulte, 1° de ce que l'art. 790 ne détermine pas de compétence exclusive, et qu'il ne peut y avoir aucun inconvénient à ce que l'huissier fasse lui-même cette rédaction et cette transcription; 2° de ce qu'il doit figurer dans le procès verbal d'écrou qu'il est tenu de signer;

3° enfin de ce que l'article 55 du Tarif lui alloue un droit d'écrou ; ce qui indique évidemment que la rédaction de cet acte est de son ministère : tel est au surplus l'usage constant. Paris, 14 déc. 1807 (S. 10, 512); 27 janv. 1808; Merlin, *Rép.* v° *Écrou*; Berriat, p. 634, note 29; Pigeau, t. 2, p. 521; Chauveau, n° 52. — *Contrà*. Toulouse, 11 janv. 1825.

190. Le procès verbal d'écrou peut-il ne faire qu'un seul acte avec le procès-verbal d'emprisonnement ?

L'affirmative résulte de ce que la loi se borne à prescrire les énonciations que l'écrou doit contenir, sans en indiquer la forme; d'où il suit qu'il est régulier s'il renferme les énonciations ; d'ailleurs l'intérêt du débiteur n'exige pas deux actes séparés. Paris, 25 janv. 1808; Dalloz, v° *Contrainte par corps* ; trib. Seine, 19 oct. 1852; Paris, 12 déc. 1852; Arg. Tar. 55.

Art. 5. — *Recommandation*.

191. Le débiteur incarcéré peut être recommandé par ceux qui auraient le droit d'exercer contre lui la contrainte par corps. Celui qui est arrêté comme prévenu d'un délit peut aussi être recommandé : il est retenu par l'effet de la recommandation, encore qu'il ait été acquitté du délit, et que son élargissement ait été prononcé. C. pr. 792.

192. A plus forte raison, les créanciers qui ont recommandé leur débiteur, prévenu d'un délit, ne sont-ils pas forcés de consentir à une mise en liberté provisoire, autorisée, sous caution, par ordonnance de la chambre du Conseil. Paris, 1er juin 1810 (S. 15, 195).

193. Le créancier qui a dénoncé son débiteur comme auteur d'un crime ou d'un délit, peut le recommander, après qu'il a été arrêté à la requête du ministère public. Toulouse, 16 avr. 1825 (J. P. 1826, 2, 180).

A moins qu'il n'y ait eu mauvaise foi de la part du créancier. Cas. 15 juin 1815 (S. 20, 123).

194. Mais un failli condamné pour banqueroute simple ne peut, après la durée de sa peine, être retenu par ses créanciers, s'ils n'ont obtenu, avant sa faillite, un jugement qui prononce contre lui la contrainte par corps, quand même le failli aurait été déposé dans une maison d'arrêt, à raison de ses dettes : ce dépôt est établi dans le seul intérêt de la vindicte publique. Cas. 9 mai 1814 (S. 14, 245).

195. La recommandation est valablement faite, même après l'obtention par le débiteur d'un jugement qui ordonne son élargissement, tant qu'il n'a pas mis le geôlier en demeure de lui ouvrir les portes. Caen, 16 juil. 1827 (D. 51, 4).

196. On doit observer, pour les recommandations, les mêmes formalités que pour l'emprisonnement ; néanmoins l'huissier n'est pas assisté de ses recors ; et le recommandant est dispensé de consigner les alimens, s'ils ont été consignés. C. pr. 792.

197. La recommandation est un véritable emprisonnement ; il était donc naturel de la soumettre aux mêmes formalités.

Ainsi, l'on ne peut procéder à une recommandation en vertu d'un acte notarié. Il faut un jugement. — V. *supr.* n° 21.

Elle doit contenir élection de domicile dans le lieu où siége le tribunal qui a rendu le jugement, si le créancier n'y demeure pas (—V. *supr.* n° 102), et être précédée d'un commandement *préalable* fait par un huissier-commis (—V. *supr.* n° 100), avec signification du jugement qui prononce la contrainte par corps ; l'huissier doit être porteur d'un pouvoir spécial du créancier. Lyon, 4 sept. 1810 (S. 11, 229).

198. Est-il nécessaire de mettre un jour d'intervalle entre le commandement et la recommadation ? L'affirmative semblerait résulter de ce que l'on doit observer pour la recommandation les mêmes formalités que pour l'emprisonnement.

Cependant on peut dire pour la négative que la loi n'a sans doute pas voulu procurer au débiteur un moyen de se soustraire à un emprisonnement légal, et que l'on ne voit pas dans l'espèce la nécessité d'accorder le délai prescrit pour le cas d'emprisonnement. Cas. 8 pluv. an 13 (S. 20, 502). — *Contra.* Carré, art. 793 et 794 ; Chauveau, n° 20.

199. Toutes les formalités exigées pour le procès-verbal d'emprisonnement et d'écrou doivent être remplies à peine de nullité. Carré, *ib.*

200. Il y a lieu à référé, si le débiteur le requiert, pour faire valoir les moyens d'opposition contre la recommandation : il a intérêt à faire cette opposition, afin que rien ne l'empêche de jouir à l'instant de la liberté quand viendra le moment de l'obtenir. Il doit être présent à l'ordonnance, à peine de nullité. Paris, 17 sept. 1829 (D. 30, 42) ; Carré, *ib.*

201. Le créancier qui a fait emprisonner peut se pourvoir contre le recommandant devant le tribunal du lieu où le débiteur est détenu, à l'effet de le faire contribuer au paiement des alimens par portion égale. C. pr. 795.

Peu importe que les créances soient inégales. La loi ne fait aucune distinction, afin d'éviter les embarras et les difficultés d'une contribution.

202. Si le recommandant se refuse à contribuer, il peut être assigné à bref délai, en vertu d'une ordonnance du président : le cas requiert célérité. Carré, art. 793.

L'assignation est valablement donnée au domicile élu dans le procès-verbal de recommandation. Carré, *ib.*

203. Si le créancier qui a fait incarcérer le débiteur consent à son élargissement, il peut obtenir du recommandant le remboursement des alimens qu'il a consignés pour le temps qui suivra son consentement : dans ce cas, en effet, les frais d'alimens doivent rester uniquement à la charge de ceux qui retiennent le débiteur en prison. Carré, *id.* n° 2704; Prat. t. 5, p. 31.

Art. 6 — *Gardes du commerce.*

204. A Paris, les huissiers ne peuvent mettre à exécution les jugemens emportant contrainte par corps.

Ce droit appartient exclusivement à des officiers spéciaux, institués à cet effet sous le nom de *gardes du commerce.* — *V.* ce mot.

205. Les gardes du commerce ont une marque distinctive en forme de baguette, qu'ils sont tenus d'exhiber aux débiteurs condamnés lors de l'exécution de la contrainte. Décr. 14 mars 1808, art. 8.

206. Il n'ont pas besoin de se faire autoriser et assister du juge de paix pour arrêter le débiteur dans son propre domicile, si l'entrée ne leur en est pas refusée. Décr. 14 mars 1808, art. 13; Paris, 4 janv. 1810 (S. 15, 193).

Par le mot *domicile*, il faut entendre la simple *résidence.* Ainsi le débiteur peut être arrêté dans un hôtel garni comme dans son propre domicile. Paris, 4 janv. 1810.

Mais l'art. 14 du décr. de 1808 ne s'appliquant qu'aux arrestations faites au domicile ou à la résidence du débiteur, l'observation des formalités prescrites par l'art. 781-5° C. pr., devient nécessaire toutes les fois que l'arrestation doit être faite dans une maison tierce.

207. Les gardes du commerce sont, à la différence des huissiers, dispensés d'être munis d'un pouvoir spécial pour arrêter et écrouer les débiteurs; lorsqu'ils en ont reçu un du créancier, ils ne doivent pas en faire mention, à peine de nullité, dans les procè-verbaux d'arrestation et d'écrou. Paris, 6 juil. 1826 (J. P. 1827, 2, 261).

Cette distinction est fondée sur ce qu'il est possible que le créancier remette ses titres à un huissier dans un autre but que celui de faire incarcérer son débiteur, tandis qu'il ne peut les confier au garde du commerce que dans cette intention.

208. Les gardes du commerce doivent, au surplus, se conformer aux formalités prescrites aux huissiers pour l'emprisonnement du débiteur.

209. Avant de procéder à la contrainte par corps, les titres et pièces sont remis au vérificateur du bureau des gardes du commerce, qui en donne récépissé (Décr. 14 mars 1808, art. 9). Il ne doit les remettre au garde du commerce, que s'il n'est survenu aucun empêchement à la contrainte ; ce qu'il constate par un certificat délivré au garde, et annexé aux pièces (art. 12). Le débiteur dans le cas d'être arrêté peut notifier au bureau des gardes du commerce les oppositions ou appels, ou tous autres actes par lesquels il entend s'opposer à la contrainte prononcée contre lui. Le vérificateur vise l'original des significations (art. 10). S'il ne justifie pas du récépissé des pièces et du visa des significations, le garde du commerce doit passer outre à l'exécution de la sentence, malgré l'opposition du débiteur, sauf toutefois le cas prévu par l'art. 786 C. pr. (art. 17).—Auquel cas il doit préalablement en être référé au président du tribunal de première instance.

210. Néanmoins, un débiteur ne peut pas arrêter l'exercice de la contrainte par corps, en signifiant au bureau des gardes du commerce une opposition motivée sur ce qu'il a des compensations à faire valoir. Le mot *opposition*, employé dans l'art. 10 précité du décret de 1808, ne doit, en effet, s'entendre que d'un acte légal et actuellement existant, tel qu'opposition à jugement par défaut, appel, ou autre semblable, qui, par sa nature, pourrait faire obstacle à l'exécution de la contrainte. Paris, 7 juin 1810 (S. 7, 876).

211. Les gardes du commerce ont le droit de faire les recommandations, comme les emprisonnemens. Décr. 14 mai 1808, art. 19.

212. Peuvent-ils seuls y procéder à l'exclusion des huissiers ?

Pour l'affirmative, on invoque les termes de l'art. 7 décr. 14 mai 1808, portant qu'ils sont chargés de *l'exécution de la contrainte par corps*; ce qui, dit-on, comprend aussi bien les recommandations que les emprisonnemens.

Toutefois l'art. 19 du décret, qui seul s'occupe des recommandations, décide bien qu'elles seront faites d'après les mêmes formalités que l'emprisonnement; mais il n'explique pas par qui elles devront être faites; il ne déroge donc pas à cet égard au droit commun, et les huissiers peuvent y procéder concurremment avec les gardes du commerce. Pigeau, t. 2, p. 324; Carré, art. 792, n° 2699. — V. *Gardes du commerce.*

Art. 7. — *Demande en nullité de l'emprisonnement.*

213. A défaut d'observation des formalités prescrites pour l'emprisonnement ou les recommandations, le débiteur a le droit d'en demander la nullité. C. pr. 794.

Le juge ne peut se dispenser de la prononcer. Lyon, 9 mai 1828 (S. 28, 260).

214. Cette demande ne saurait être repoussée par une fin de non-recevoir tirée de l'acquiescement du débiteur (Montpellier, 29 juin 1807 (S. 15, 42)—V. *sup.* n° 13); ni par le motif qu'il aurait consigné, pour obtenir sa liberté, le montant des condamnations prononcées contre lui, surtout s'il avait déclaré ne le faire que comme contraint et sous la réserve de ses droits. Cas. 4 mai 1818 (S. 18, 188). —V. *Acquiescement,* n° 19.

Peu importe que le débiteur n'ait fait aucune protestation dans le procès-verbal d'emprisonnement, et qu'il ne se soit pas fait conduire en référé. Rennes, 28 déc. 1814; Metz, 30 déc. 1817.

215. Le rejet des moyens du fond n'empêche pas de faire valoir les moyens de forme. L'art. 794 C. pr. accorde pour les moyens de forme et ceux du fond deux actions distinctes, qui doivent être portées devant des tribunaux différens (— V. *inf.* n° 216); d'où il suit que le jugement rendu sur l'un des deux points ne saurait avoir aucune influence sur l'autre. Montpellier, 19 juin 1807 (S. 15, 42).

216. La demande en nullité de l'emprisonnement, fondée sur des moyens de forme, doit être portée devant le tribunal du lieu où le débiteur est détenu.

Au contraire, si elle repose sur des moyens du fond, elle est de la compétence exclusive du tribunal de l'exécution du jugement. C. pr. 794; Bruxelles, 27 juin 1808 (S. 9, 153).

217. Si la contrainte a été exercée en vertu d'un arrêt infirmatif d'un jugement qui ne l'avait pas prononcé, est-ce devant la Cour qu'il faut porter la demande en nullité relative au fond? La négative résulte de ce que l'art. 472 C. pr., qui confère à la Cour le droit de se réserver l'exécution de ses arrêts infirmatifs, fait une exception expresse pour les demandes en nullité d'emprisonnement. Le tribunal qui a rendu le jugement infirmé est donc seul compétent : lorsque le législateur a attribué juridiction spéciale au tribunal de l'exécution, il n'a évidemment eu en vue que le tribunal auquel l'exécution appartient dans le cas le plus ordinaire. Carré, art. 794, n° 2708.

218. Lorsque le jugement est émané d'un tribunal de commerce, la demande en nullité doit être portée devant le tribunal civil du lieu où le débiteur est détenu. C'est, en effet, ce tribunal qui doit être considéré comme celui de l'exécution. — V. *sup.* n° 216.

219. Le renvoi pour connexité ne peut être demandé, si ce renvoi doit avoir pour effet de faire juger la validité de l'emprisonnement par un tribunal autre que celui du lieu où le débiteur est détenu. Cas. 20 mars 1810 (S. 10, 191).

220. Lorsqu'un débiteur incarcéré demande sa translation d'une maison d'arrêt dans une autre, le tribunal, s'il y a des motifs particuliers d'autoriser cette translation, peut l'ordonner, quoique les créanciers s'y opposent, et quoiqu'il ne soit pas prouvé que le débiteur ait son domicile dans la commune où il demande à être transféré. Paris, 20 janv. 1813.

221. Dans tous les cas, la demande peut être formée à bref délai en vertu de permission du juge, et l'assignation donnée par huissier-commis au domicile élu par l'écrou. C. pr. 795.

Toutefois, cette disposition n'est que facultative : le débiteur peut, s'il le préfère, se dispenser de présenter requête, et faire assigner par un huissier de son choix dans les délais ordinaires. Carré, art. 795.

222. Dans le cas où l'assignation est donnée à bref délai, peut-elle être donnée au domicile élu dans l'écrou sans augmentation, à raison de la distance du domicile réel? L'affirmative résulte de la disposition de la loi qui exige l'élection de domicile. Elle n'a, en effet, d'autre but que de mettre le débiteur à portée de faire statuer immédiatement sur les réclamations relatives à la régularité et à la validité de l'emprisonnement, et elle deviendrait illusoire si le débiteur ne pouvait pas citer le créancier à ce même domicile, ou était forcé d'observer d'autres délais que ceux qu'il comporte. Cas. 20 mars 1810 (S. 10, 191); Carré, art. 795, n° 2715.

223. Mais si le débiteur préfère assigner son créancier à son domicile réel et aux délais ordinaires, il faut alors augmenter ces délais en raison de la distance du domicile au tribunal compétent. Carré, *ib.*

224. La demande en nullité d'emprisonnement ne peut être portée en référé devant le président : l'art. 794 C. pr. attribue compétence au tribunal civil. Le président n'est juge, en matière de référé, que des difficultés qui s'élèvent au moment de l'emprisonnement. Bruxelles, 27 juin 1807; Carré, art. 794.

225. Mais on peut obtenir l'élargissement provisoire du tribunal du lieu de la détention, en attendant le jugement définitif que le tribunal du lieu de l'exécution doit rendre sur le fond. Cela résulte des termes généraux de l'art. 554 C. pr., portant que, si les difficultés élevées sur l'exécution du jugement requièrent célérité, le tribunal du lieu y statue provisoirement, et renvoie la connaissance du fond au tribunal de l'exécution. L'emprisonnement est, en effet, une exécution journalière du jugement. Pigeau, t. 2, p. 328; Carré, art. 794, n° 2711.

226. La cause doit être jugée sommairement sur les conclusions du ministère public. C. pr. 795.

Le défaut de conclusions du ministère public donne ouverture à requête civile contre le jugement, qu'il s'agisse d'un Français ou d'un étranger. Cas. 22 mars 1809 (S. 9, 202); Carré, art. 795.

227. En déclarant nul l'emprisonnement d'un individu pour violation des formes prescrites par la loi, le tribunal doit ordonner son élargissement immédiat, sans l'assujétir à donner caution. Autrement ce serait imposer une condition à la mise en liberté d'un citoyen qui n'avait pas été légalement arrêté, et reconnaître la validité d'un acte déclaré nul. Nîmes, 3 fév. 1818.

228. Si l'emprisonnement est déclaré nul, le créancier peut être condamné à des dommages-intérêts envers le débiteur (C. pr. 799); encore bien que la nullité ne soit prononcée que pour vice de forme, la loi ne fait aucune distinction. Montpellier, 19 juin 1807 (S. 15, 42); Colmar, 20 août 1808 (S. 9, 166); Nîmes, 22 mars 1813 (S. 14, 278).

Mais cette disposition n'est que facultative : les tribunaux doivent, selon la nature des circonstances, accorder ou refuser les dommages-intérêts qui leur sont demandés. Rennes, 28 déc. 1814; Florence 12 août 1809 (S. 12, 379); Nancy, 23 juil. 1813 (S. 16, 167); Limoges, 26 mai 1823 (S. 23, 272).

229. Celui qui a été incarcéré par erreur de nom n'est pas recevable à réclamer des dommages-intérêts, s'il a lui-même contribué à entretenir dans l'erreur l'huissier qui a opéré l'emprisonnement, et s'il n'a pas requis un référé. Berriat, p. 784, note 52; Carré, art. 799; Pigeau, t. 2, p. 329; Paris, 19 janv. 1808 (S. 8, 55); 26 nov. 1807 (S. 8, 55).

230. La nullité de l'emprisonnement, pour quelque cause qu'elle soit prononcée, n'entraîne point la nullité des recommandations. C. pr. 796.

Peu importe qu'elles n'aient eu lieu que depuis la demande en nullité de l'emprisonnement : la loi ne fait aucune distinction. Pigeau, t. 2, p. 350; Carré, art. 796, n. 2718.

231. Il en est autrement s'il ne se trouve d'alimens consignés ni par le créancier qui a fait emprisonner le débiteur, ni par celui qui l'a fait recommander. — V. sup. n° 179, et inf. n° 232.

232. Le principe que la nullité de l'emprisonnement n'entraîne pas celle des recommandations s'applique-t-il aux recommandations faites par le même créancier en vertu d'un nouveau jugement ?

L'affirmative semble résulter des termes généraux de la loi ; mais son esprit repousse cette interprétation : on a voulu empêcher le recommandant d'être victime de la nullité d'un emprisonnement qui n'était pas son ouvrage; or, ce motif n'existe plus lorsque l'emprisonnement et la recommandation ont été faits à la requête du même individu. Il impliquerait, dans ce cas, contradiction que les recommandations ne suivissent pas le sort de l'emprisonnement. Ce serait permettre à un créancier de faire arrêter illégalement un débiteur, sauf à le faire recommander ensuite d'une manière régulière. Colmar, 31 août 1810 (S. 11, 78); Toulouse, 12 janv. 1825 (D. 25, 134); Limoges, 26 mai 1832 ; Carré, art. 796.—V. *inf.* n° 233.

253. Le débiteur dont l'emprisonnement est déclaré nul ne peut être arrêté pour la même dette qu'un jour au moins après sa sortie. C. pr. 797.

Mais, s'il est détenu pour d'autres causes, le créancier peut le recommander sans attendre l'expiration du délai. —V. *sup.* n.° 232.

254. La signification de l'appel interjeté par le débiteur du jugement qui l'a débouté de sa demande en nullité de l'emprisonnement, est, comme l'assignation devant le tribunal de première instance, valablement faite au domicile élu par le créancier dans la commune où le débiteur est détenu. Il y a même raison de décider. Bordeaux, 1er déc. 1831 (D. 32, 14).—V. *sup.* n° 222.

Art, 8. — *De l'élargissement du débiteur.*

255. Le débiteur peut obtenir son élargissement avant de se pourvoir en nullité de l'emprisonnement, ou au moment même où il forme sa demande, et durant l'intervalle qui s'écoule jusqu'au jugement, en consignant entre les mains du geôlier de la prison les causes de son emprisonnement et les frais de capture. C. pr. 798.

256. Les causes de l'emprisonnement et frais de capture comprennent le principal de la créance, les intérêts échus, les frais de l'instance, ceux de l'expédition et de la signification du jugement et des arrêts, s'il y a lieu, enfin ceux de l'exécution relative à la contrainte par corps seulement. Arg. C. civ. 800 ; L. 17 avril 1832, art. 23.

257. Cette consignation n'est indispensable que pour obtenir l'élargissement avant qu'il ait été statué sur la demande en nullité. Si cette demande est admise, le débiteur doit être mis en liberté, quoiqu'il n'ait fait aucune consignation. Dans l'opinion contraire, on pourrait argumenter de la place qu'occupe l'art. 798; mais ce serait autoriser le débiteur à former une demande dont il ne tirerait aucun avantage, puisqu'en consignant le montant de la dette et des frais il obtiendrait sa liberté, sans courir les risques d'une instance en nullité : d'ailleurs, l'art. 797 décide que le débiteur dont l'incarcération a été annulée, ne peut être arrêté de nouveau qu'un jour après sa sortie. Berriat, p. 635, note 35; Pigeau, t. 2, p. 331; Carré. art. 798.

238. Si l'emprisonnement est annulé, la consignation doit-elle être restituée au débiteur? L'art. 812 du projet contenait une disposition dans ce sens; mais il fut supprimé lors de la discussion, et remplacé par l'art. 799, sur les observations des Cours de Dijon et d'Agen, conformes à la doctrine de Faber, qu'il serait trop dur de forcer un créancier à rendre une somme à laquelle il a un droit légitime, et qu'il valait mieux réserver au débiteur des dommages-intérêts à raison de la nullité de l'exécution. Il est donc certain que le débiteur ne serait admis à retirer sa consignation qu'autant que la nullité de l'emprisonnement aurait été prononcée pour extinction de la créance. Berriat, *ib.*; Carré, art. 798.—*Contrà.* Pigeau, *ib.*

239. Le tribunal a le droit d'accorder au débiteur qui demande la nullité de son emprisonnement, l'autorisation de prendre au greffe communication des pièces, et d'assister personnellement à l'audience, sous la garde d'un huissier. Bruxelles, 25 août 1807 (S. 7, 677); Carré, art. 798.

Dans ce cas, l'extraction du débiteur doit être constatée par un procès-verbal, ainsi que son séjour hors de la prison et s réintégration.

240. Une maladie que le séjour de la prison peut rendre assez grave pour mettre la vie du détenu en danger, autorise le tribunal à ordonner son élargissement moyennant caution, et la translation dans une maison de santé. Cette mesure concilie tout à la fois l'humanité et l'intérêt du créancier, qui a le droit d'exercer la contrainte par corps contre la caution, faute par elle de représenter le débiteur. Paris, 4 mai 1812, et 7 janv. 1814 (S. 14, 303); Pigeau, t. 2, p. 334; Carré, art. 798, n°2723). Toutefois, il ne doit pas être permis au débiteur de se retirer dans sa propre maison. Paris, 7 janv. 1814.

Les créanciers peuvent, dans ce cas, préposer à la garde du débiteur, mais à leurs frais, telle personne qu'ils avisent. Paris, 4 mai 1812.

241. Le débiteur incarcéré a-t-il le droit, en interjetant appel du jugement qui a prononcé la contrainte par corps, d'obtenir son élargissement jusqu'à ce qu'il ait été statué par la Cour? L'affirmative doit être adoptée dans tous les cas où le débiteur aurait pu, en représentant un acte d'appel signifié, empêcher son emprisonnement : en effet, la continuation de l'emprisonnement après l'appel est chaque jour une exécu-

tion du jugement, et cette exécution ne saurait se continuer après l'appel interjeté. Pigeau , t. 2, p. 526; Carré, art. 794. — *Contra*, Lepage, *ques.* 530.

242. Si la contrainte par corps n'a pas été prononcée pour dette commerciale, le débiteur obtient son élargissement pro-visoire, en payant ou consignant le tiers du principal de la dette et de ses accessoires, et en donnant pour le surplus une caution acceptée par le créancier, ou reçue par le tribunal civil dans le ressort duquel le débiteur est détenu. L. 17 avr. 1832, art. 24.

243. La caution est tenue de s'obliger solidairement avec le débiteur à payer, dans un délai qui ne peut excéder une année, les deux tiers qui restent dus. *Ib.*, art. 25.

244. A l'expiration de ce délai, le créancier, s'il n'est pas intégralement payé, exerce de nouveau la contrainte par corps contre le débiteur principal, sans préjudice de ses droits contre la caution. *Ib.* art 26.

245. Le tribunal qui annule l'emprisonnement peut-il or-donner l'exécution provisoire de son jugement nonobstant appel? Le doute naît de ce que l'art. 787 C. pr. accorde l'exé-cution provisoire aux ordonnances de référé qui prononcent la mise en liberté; d'où l'on conclut qu'il en doit être de même, à plus forte raison, du jugement du tribunal; mais aucune loi n'autorise une pareille disposition, et les jugemens de première instance ne peuvent être exécutés provisoirement que dans les cas spécifiés par l'art. 135 C. pr. D'ailleurs, ce système cons-tituerait par le fait le tribunal juge souverain, en rendant il-lusoire l'appel réservé aux parties, et causerait ainsi au créan-cier un préjudice irréparable. Paris, 14 sept. et 9 janv. 1808 (S. 8, 289,—7, 878); Pigeau, t. 2, p. 527; Carré, art. 800, n° 2739.

Peu importe que le tribunal n'autorise l'exécution provisoire qu'à la charge de donner caution : l'art. 135 ne lui accorde pas ce droit. Carré, *ib.*; Pardessus, t. 5, n° 1522. — *Contra.* Rennes, 5 fév. 1818.

246. Le débiteur légalement incarcéré obtient son élargis-sement, 1° par le consentement du créancier qui l'a fait incarcé-rer, et des recommandans, s'il y en a. C. pr. 800.

Ce consentement peut être donné, soit devant notaire, soit sur le registre d'écrou. C. pr. 801.

Celui donné par acte sous seing-privé, ou par lettre missive, est également valable ; mais il n'autorise pas le geôlier à relaxer immédiatement le débiteur. Ce dernier doit se pourvoir devant les tribunaux compétens pour faire ordonner son élargissement, contradictoirement avec le créancier. Carré, art. 801.

247. Le créancier qui a mis en liberté son débiteur, ne peut le faire emprisonner de nouveau, encore qu'il s'en soit réservé le droit dans la main-levée de l'écrou. Paris, 6 juil. 1826 (S. 27, 194); Toulouse, 3 mars 1830 (D. 30, 225).

248. 2° Par le paiement ou la consignation des sommes dues, tant au créancier qui a fait emprisonner, qu'au recommandant, des intérêts échus, des frais liquidés, et de la restitution des alimens consignés. C. pr. 800. — V. sup. n° 235 242.

249. La consignation faite par ce débiteur, au cas de refus de la part du créancier, doit être intégrale, pure, simple, et sans condition. Cas. 27 fév. 1807 (S. 8, 273); Berriat, p. 637, note 41.

Elle n'a pas besoin d'être précédée d'offres réelles; cette formalité n'est exigée que pour les offres destinées à opérer la libération du débiteur, et non pour celles qui ont pour but son élargissement. Carré, art. 802.

250. La consignation a lieu entre les mains du geôlier, sans qu'il soit besoin de la faire ordonner. Si le geôlier refuse, il est assigné à bref délai devant le tribunal du lieu de la détention, en vertu de permission.

L'assignation est donnée par huissier-commis, C. pr. 802.

251. La loi n'impose pas au débiteur l'obligation d'appeler son créancier sur cette assignation; mais comme le geôlier ne peut avoir d'autre motif de refuser la consignation que la crainte de s'exposer à une action de la part du créancier, au cas où la consignation ne serait pas suffisante, il est plus prudent de le mettre en cause. Carré, art. 802.

252. Si le geôlier ne conteste pas la consignation, il peut élargir de suite le débiteur, sans attendre le consentement du créancier. Thomine, p. 298; Demiau, Carré, art. 800.

253. La consignation faite par le débiteur n'emporte pas de sa part reconnaissance de la dette; ce n'est qu'une condition qui lui est imposée pour obtenir sa liberté : le geôlier ne peut donc, sans son consentement, la remettre au créancier; il doit la déposer à la caisse des consignations. Cas. 4 mai 1818; Carré, art. 802.

254. 3° Par le bénéfice de la *cession de biens*. C. pr. 800. — *V.* ce mot.

Mais il ne suffit pas que le débiteur ait offert la cession, il faut qu'elle ait été admise par le tribunal. Cas. 23 fév. 1807; Berriat, p. 638, note 42; Carré, art. 800, n° 2733.

255. 4° A défaut par les créanciers d'avoir consigné d'avance les alimens. C. pr. 800.

L'élargissement doit être prononcé lorsque la consignation faite par le créancier ne comprend pas tout à la fois le déficit antérieur et le mois nouveau. Douai, 1er sept. 1824 (S. 25,177).

Le détenu dont la consignation mensuelle d'alimens a été opérée d'après la quotité fixée par la loi du 15 germ. an 6, et dans le mois de la promulgation de la loi du 17 avr. 1832, doit être élargi pour cause d'insuffisance d'alimens, si cette consignation n'a point été complétée à l'expiration de ce mois d'avril, d'après le taux fixé par les art. 28 et 29 de cette même loi. Paris, 13 sept. 1832 (J. P. 1832, 3, 217).

256. Le créancier incarcérateur qui transporte sa créance peut, jusqu'à la signification du transport au débiteur emprisonné, faire la consignation des alimens. Paris, 15 oct. 1829 (J. P. 1829, 3, 459).

257. L'élargissement faute de consignation d'alimens est ordonné sur le certificat de non-consignation délivré par le geôlier, et annexé à la requête présentée au président du tribunal, sans sommation préalable. C. pr. 803.

258. Il peut être prononcé sur-le-champ par le président, sur le vu du certificat du geôlier, et hors la présence des créanciers. La dispense d'assigner les créanciers résulte de ce que l'ordonnance du président est rendue sur requête. Carré, art. 803, n° 2745; Pigeau, t. 2, p. 333; Berriat, t. 2, p. 640; Thomine, art. 803. — *Contrà*. Demiau, art. 803.

259. Il suffit que la requête soit signée par le débiteur détenu et par le gardien de la maison d'arrêt pour dettes, ou même certifiée véritable par le gardien, si le détenu ne sait pas signer. L. 17 avr. 1832, art. 30.

Elle doit être présentée en duplicata : l'ordonnance du président, aussi rendue en duplicata, est exécutée sur l'une des minutes qui reste entre les mains du gardien; l'autre minute est déposée au greffe du tribunal, et enregistrée gratis. *Même art.*

Cet article dispense le détenu du ministère d'un avoué; mais, du reste, il ne déroge pas à l'art. 803 du C. pr., qui prescrit la production d'un certificat de non-consignation. *Rapport de M. Portalis, séance du 22 déc. 1831.*

260. Cependant, si le créancier en retard de consigner les alimens, fait la consignation avant que le débiteur ait formé sa demande en élargissement, cette demande n'est plus recevable (C. pr. 803); quand même il aurait requis et obtenu le certificat du geôlier constatant le défaut de consignation. Cas. 28 août 1821; Carré, art. 803; Berriat, p. 640, note 53.

261. Mais, dès que la requête a été présentée au président, le droit d'être élargi est acquis au détenu, et le créancier ne peut y mettre obstacle en consignant des alimens avant la délivrance de l'ordonnance du président. Peu importe que cette requête ne lui ait pas été notifiée. Douai, 1er sept. 1824 (S. 25, 177); Rouen, 7 avr. 1827.

Si la requête et la consignation sont du même jour, c'est au créancier à prouver l'antériorité de la consignation. Toulouse, 15 mars 1828 (S. 28, 209).

262. Le débiteur élargi faute de consignation d'alimens ne peut plus être incarcéré pour la même dette. L. 17 avr. 1832, art. 31.

Cet article déroge à l'art. 804 C. pr., qui autorisait dans ce cas le créancier à faire emprisonner son débiteur, en lui remboursant les frais par lui faits pour obtenir son élargissement, ou en les consignant, à son refus, entre les mains du greffier, et en consignant aussi d'avance six mois d'alimens, sans être tenu de recommencer les formalités préalables à l'emprisonnement, s'il avait lieu dans l'année du commandement.

263. Les créanciers recommandans n'ont aucune action en dommages-intérêts contre le créancier incarcérateur qui a laissé prononcer l'élargissement du débiteur, faute d'avoir consigné des alimens suffisans.

Aucune loi, en effet, n'oblige ce créancier à faire l'incarcération dans tout autre intérêt que le sien propre; et, s'il peut renoncer à l'emprisonnement par un acte exprès, il peut également le faire tacitement, en cessant de consigner. Carré, Demiau, art. 804.

264. 5° Si le débiteur a commencé sa 70e année, et si, dans ce dernier cas, il n'est pas stellionataire. C. pr. 800.

Il doit faire signifier son acte de naissance ou autre preuve de son âge aux créanciers, et, si ceux-ci refusent l'élargissement, les assigner. — V. inf. n° 267.

Le geôlier n'est pas juge de la validité de l'acte qui lui est présenté par le débiteur : il ne peut l'élargir qu'en vertu d'un jugement ou du consentement de ses créanciers. Carré, art. 800, n° 2736.

265. 6° Par l'expiration du temps fixé par le jugement pour la durée de l'emprisonnement. — V. sup. n° 52.

Cet élargissement a lieu de plein droit : le gardien doit relaxer le débiteur sur le vu du jugement.

Le débiteur ne peut plus être arrêté ni détenu pour dettes contractées antérieurement à son arrestation, et échues au moment de son élargissement, à moins que ces dettes n'entraînent, par leur nature et leur quotité, une contrainte plus longue que celle qu'il a subie, et qui, dans ce dernier cas, lui est toujours comptée pour la durée de la nouvelle incarcération. L. 17 avr. 1832; art. 27.—V. sup. n° 55.

266. Un mois après la promulgation de la loi de 1832,

tous débiteurs, autres que les stellionataires, détenus pour dettes civiles ou commerciales, ont pu obtenir leur élargissement, s'ils avaient commencé leur 70ᵉ année. *Ib.* art. 42.

Après le même délai d'un mois, les individus alors détenus pour dettes civiles emportant contrainte par corps, ont pu obtenir leur élargissement si cette contrainte avait duré dix ans, dans les cas prévus au 1ᵉʳ § de l'art. 7, et si cette contrainte avait duré cinq ans, dans les cas prévus au 2ᵉ § du même art. *Ib.* 43.

Deux mois après la promulgation de ladite loi, les étrangers alors détenus pour dettes, et dont l'emprisonnement avait duré dix ans, ont pu obtenir également leur élargissement. *Ib.* art. 44.

267. La demande en élargissement est portée au tribunal dans le ressort duquel le débiteur est détenu. Elle est formée à bref délai, au domicile élu par l'écrou, en vertu de la permission du juge, sur requête présentée à cet effet, communiquée au ministère public, et jugée, sans instruction, à la première audience, préférablement à toutes autres causes, sans remise ni tour de rôle. C. pr. 805.

268. Elle doit être communiquée, non-seulement au créancier qui a fait exécuter la contrainte, mais encore à ceux qui ont fait des recommandations : en effet, l'art. 793 assujétit les recommandations, comme les emprisonnemens, à l'élection de domicile dans l'écrou. (—V. *sup.* nᵒ 197) Carré, art. 805; Berriat, p. 639, note 47.

269. Le juge n'est pas tenu de commettre un huissier : cependant il est plus convenable qu'il prenne cette précaution, pour éviter toute surprise. Carré, *ib.*

270. Les formalités prescrites par l'art. 805 s'appliquent à tous les cas où il se présente quelqu'obstacle à la mise en liberté du débiteur. Elles constituent la procédure ordinaire en cette matière, et l'on ne peut s'en écarter qu'autant que la loi a fait une exception spéciale pour un cas déterminé. Carré, art. 805; Berriat, p. 639, note 50.

§ 6. — *Enregistrement.*

271. Les procès-verbaux d'emprisonnement et recommandation sont soumis, comme tous les exploits ordinaires d'huissier, au droit fixe de 2 fr. L. 28 avr. 1816, art. 43.

272. Il en est de même des assignations, soit en nullité d'emprisonnement, soit en contribution aux alimens du débiteur incarcéré. *Ib.*

Ainsi que du commandement tendant à contrainte par corps. *Ibid.*

273. outes les ordonnances du président du tribunal de première instance, rendues sur requête, sont passibles du droit fixe de 3 fr. *Ib.* art. 44.

274. Le pouvoir donné par le créancier à l'huissier, ou au garde du commerce, est sujet au droit fixe de 2 fr. *Ib.* art. 41.

§ 7. — *Formules.*

FORMULE I.

Signification d'un jugement qui prononce la contrainte par corps, avec commandement.

(C. pr. 780. — Tarif, 51. — Coût, 3 fr. orig., 75 c. chaque copie.)

L'an   le   , à la requête du sieur pour lequel domicile est élu (*dans la commune où siége le tribunal qui a rendu le jugement.* — V. *sup.* n° 102), je soussigné, commis par le jugement ci-après énoncé (*ou par ordonnance de M. le président en date du* , *enregistrée*), ai signifié et donné copie au sieur   , demeurant à   en son domicile, en parlant à

D'un jugement contradictoirement rendu entre les parties par le tribunal de   le   , dûment signé, scellé, collationné et enregistré, portant condamnation par corps contre ledit sieur   , de la somme de   , au profit du requérant, et à mêmes requête, demeure et élection de domicile que ci-dessus, j'ai, huissier susdit et soussigné, en vertu de la grosse dûment en forme exécutoire dudit jugement, fait commandement de par le roi, la loi et justice, audit sieur   , en son domicile, et parlant comme dit est, de, dans vingt-quatre heures pour tout délai, payer au requérant, ou présentement à moi huissier, pour lui porteur de pièces, la somme de   , montant des condamnations prononcées par le jugement ci-dessus énoncé, et pour les causes y portées, sans préjudice de tous autres droits.

Lui délarant que, faute par lui de ce faire dans ledit délai, et icelui passé, il y sera contraint par toutes voies de droit, et notamment par corps, en exécution du jugement ci-dessus énoncé; et je lui ai, en son domicile, et parlant comme dit est, laissé copie tant dudit jugement que du présent exploit, dont le coût est de   (*Signature de l'huissier.*)

FORMULE II.

Requête pour faire commettre un huissier à l'effet de signifier le jugement qui prononce la contrainte par corps.

(C. pr. 780. — Tarif, 76. — Coût, 2 fr.)

A M. le président du tribunal de

Le sieur

A l'honneur d'exposer que, par jugement du tribunal de   en date du   , le sieur   demeurant à   , a été condamné par corps à lui payer la somme de   , pour les causes exprimées audit jugement, et qu'aux termes de l'art 780 C. pr., ledit jugement ne peut être signifié que par un huissier commis par vous;

C'est pourquoi il vous plaira, M. le président, commettre tel huissier que vous jugerez convenable, pour faire audit sieur   la signification, avec commandement, du jugement dont il s'agit; et vous ferez justice.

(*Signature de l'avoué.*)

NOTA. Pour la formule de l'ordonnance, — *V.* ce mot.

FORMULE III.

Requête pour obtenir la permission d'arrêter un étranger.

(L. 17 avr. 1832, art. 15. — Tarif, 76. — Coût, 2 fr.)

A M. le président du tribunal de première instance de

Le sieur

A l'honneur de vous exposer qu'il est créancier du sieur   Américain, sans domicile en France, logé à   , rue de   , hôtel de   , d'une somme de   , montant d'un prêt qu'il lui a fait le   , et exigible le   , ainsi que le constate une reconnaissance timbrée et enregistrée, en date du

C'est pourquoi il vous plaira, M. le président, conformément à la loi du 17 avr. 1832, vu, 1o ladite reconnaissance de la somme de que ledit sieur   a refusé de payer à son échéance; 2o le certificat du commissaire de police du quartier, en date du   ; constatant que ledit sieur   est logé en garni dans l'hôtel de   , ordonner l'arrestation provisoire dudit sieur   , à la requête de l'exposant, faute de paiement de la créance dont il s'agit ; et vous ferez justice.

(*Signature de l'avoué.*)

FORMULE IV.

Requête du débiteur appelé comme témoin pour réclamer un sauf-conduit.

(C. pr. 782. — Tarif, 77. — Coût, 3 fr.)

A M. le président du tribunal de première instance de

Le sieur   , négociant, demeurant à

A l'honneur de vous exposer que, par exploit en date du   dont copie est ci-jointe, il est sommé de comparaître le   heure de devant M.   , juge-commissaire en votre tribunal, pour déposer dans une enquête que poursuit le sieur   ; mais qu'étant sous le coup d'un jugement qui prononce contre lui la contrainte par corps, et dont il joint ici la copie à lui signifiée, il ne saurait obéir à ladite sommation qu'autant qu'il serait muni d'un sauf-conduit.

C'est pourquoi il vous plaira, M. le président, accorder à l'exposant un sauf-conduit pour un jour, pendant lequel temps aucune contrainte par corps prononcée contre lui ne pourra être mise à exécution; et vous ferez justice.

(*Signature de l'avoué.*)

FORMULE V.

Pouvoir donné à l'huissier pour faire l'emprisonnement.

(C. pr. 556.)

Je soussigné (*nom, prénoms, profession et demeure*), donne pouvoir à   huissier à   , de, pour moi et en mon nom, mettre à exécution la contrainte par corps prononcée à mon profit contre le sieur   , par jugement du tribunal de   en date du   , enregistré et signifié le

Faire à cet effet tous commandemens et perquisitions légales, introduire tout référé; à l'effet de quoi j'ai remis audit sieur   la grosse du jugement sus-énoncé.

Fait à   le   (*Signature de la partie.*)

Ce pouvoir doit être enregistré avant l'emprisonnement, afin d'avoir date certaine.

FORMULE VI.

Procès-verbal d'emprisonnement et d'écrou (1).

(C. pr. 781, 783, 786, 789. — Tarif, 53. — Coût, 60 fr. 25 c.)

L'an   le   heures du matin, en vertu de la grosse en forme exécutoire d'un jugement du tribunal de en date du   , dûment enregistré, collationné, scellé et signifié avec commandement au sieur   , ci-après qualifié par exploit du ministère de   , huissier commis à cet effet par ledit jugement (*ou ordonnance de M. le président*), en date du   enregistré; et à la requête du sieur   , demeurant à   , pour lequel domicile est élu en la demeure de M^e   (*dans la commune où le débiteur doit être détenu*), je   huissier (*ou garde du commerce*) (*immatricule*) assisté des sieurs Henri C.   , demeurant à   , et Jacques F. demeurant à   , tous deux Français et majeurs, témoins avec moi amenés:

Ai fait itératif commandement, de par le roi, la loi et justice, au sieur négociant, demeurant à   , trouvé hors de son domicile, sur la place de   , en parlant à sa personne, ainsi qu'il me l'a déclaré, et après lui avoir exhibé mes insignes (2).

De payer présentement au requérant ou à moi, pour lui porteur de pièces, la somme de   , montant des condamnations prononcées par corps au profit du requérant, par le jugement ci-dessus énoncé, et pour les causes y portées, sans préjudice de tous autres droits.

Et ledit sieur   ayant refusé de payer, je lui ai déclaré, de par le roi, la loi et justice, que je l'arrêtais, et qu'il était mon prisonnier, et le sommais de me suivre à l'instant à la maison d'arrêt de   , sise à   destinée à recevoir les prisonniers pour dettes (3), où étant arrivés à   heures, je lui ai réitéré le commandement de payer, auquel il a refusé de satisfaire.

---

(1) On a réuni en un seul acte, conformément à l'usage de Paris; le procès-verbal d'emprisonnement et celui d'écrou ; cependant il est plus prudent de faire deux actes séparés.—V. sup. n° 190.

(2) Si le débiteur est renfermé dans une maison, le procès-verbal est ainsi conçu : Je me suis transporté chez M.   , juge de paix du canton de   , en sa demeure, sise à   , où étant arrivé, j'ai exhibé et présenté à mondit sieur juge de paix la grosse du jugement sus-énoncé, portant condamnation par corps contre le sieur   , et après lui avoir exposé que ledit sieur   se tient renfermé dans une maison sise à   , ce qui empêche d'exercer contre lui la contrainte par corps, je l'ai requis de se transporter avec nous en ladite maison, pour que nous puissions mettre à exécution ladite contrainte par corps; sur quoi M. le juge de paix a rendu l'ordonnance suivante :

Nous   , attendu que   huissier, nous a présenté la grosse en forme exécutoire d'un jugement emportant contrainte par corps, rendu au profit de contre

Attendu que la signification dudit jugement avec commandement a été faite par huissier; commis conformément à la loi, le

Attendu que rien n'empêche l'exécution de ladite contrainte par corps, disons que nous allons nous transporter avec ledit   , huissier et ses recors, en la maison sus-énoncée; et avons signé.   (*Signature du juge de paix.*)

Et de suite, accompagné de M. le juge de paix et de mes recors, je me suis transporté en ladite maison, où, étant et parlant audit sieur   ainsi déclaré, je lui fais itératif commandement, etc.

(3) Si le débiteur requiert qu'il en soit référé, on ajoute :

Sur quoi ledit sieur   a requis qu'il en fût référé devant M. le président du tribunal de première instance, devant lequel il se réservait d'expliquer les motifs de son refus; et a signé.   (*Signature du débiteur.*)

Sur quoi (*M. le juge de paix s'étant retiré*) nous nous sommes transportés avec ledit sieur   , en l'hôtel de M. le président du tribunal de première instance de sis à   , où étant arrivés à   heures, nous lui avons expliqué le sujet de notre transport; et après avoir entendu ledit sieur   , il a rendu l'ordonnance suivante :

Nous, président du tribunal de   au principal, renvoyons les parties à se

C'est pourquoi je lui ai déclaré que j'allais à l'instant l'écrouer sur les registres de ladite maison d'arrêt (1), et en vertu du jugement ci-dessus énoncé et à mêmes requête, demeure et élection de domicile que ci-dessus, j'ai, huissier susdit et soussigné, écroué ledit sieur   , toujours parlant à sa personne, sur le registre ' folio   , et l'ai laissé à la garde du sieur .   , concierge de ladite maison d'arrêt; lequel, en parlant à sa personne, ainsi qu'il l'a déclaré, a promis, sur l'exhibition que je lui ai faite de la grosse du jugement sus-énoncé, de se charger dudit sieur   , et de le représenter quand il en sera légalement requis; et j'ai consigné entre les mains du sieur   , la somme de trente fr. pour un mois d'alimens à fournir au sieur   la somme de   , pour droits de greffe, papier, quittance, transcription sur ledit registre du jugement ci-dessus énoncé; et j'ai audit sieur   , parlant à sa personne entre les deux guichets, comme lieu de liberté, laissé copie du présent procès-verbal, contenant arrestation, emprisonnement et écrou de sa personne. Le coût du présent est de

(Signatures de l'huissier ou du garde de commerce et des recors.)

FORMULE VII.

Procès-verbal de recommandation.

(C. pr. 792. — Tarif, 57. — Coût, 4 fr.; le quart pour chaque copie.)

L'an   le   en vertu de la grosse (*comme au procès-verbal d'emprisonnement, si ce n'est qu'on ne fait pas mention des deux recors*) soussigné, ai fait itératif commandement, de par le roi, la loi et justice, au sieur   , demeurant à   , et actuellement détenu pour dettes en la maison d'arrêt de   , sise à   , où je me suis transporté, en parlant audit sieur   , amené à cet effet entre les deux guichets, comme lieu de liberté.

De payer présentement au requérant   , ou à moi pour lui, porteur de pièces, la somme de   , montant des condamnations contre lui prononcées par corps par le jugement ci-dessus énoncé, et pour les causes y portées, sans préjudice de tous autres droits.

Et le sieur   ayant refusé de payer, je lui ai déclaré qu'en vertu dudit jugement, j'allais l'écrouer et le recommander sur le registre de ladite maison d'arrêt.

Et m'étant en effet présenté au sieur   , greffier, concierge de ladite maison d'arrêt, trouvé en son greffe et parlant à sa personne, j'ai écroué et recommandé ledit sieur   sur le   registre, folio   et l'ai laissé à la garde du sieur   , lequel, sur l'exhibition que je lui ai faite de la grosse du jugement ci-dessus énoncé, a promis de se charger dudit sieur   et de le représenter quand il en sera légalement requis: des alimens ayant été consignés pour le mois, je n'en ai point consigné; mais j'ai payé audit sieur   la somme de   , pour droit de transcription sur le

pourvoir; et cependant dès à présent et par provision, attendu que la signification du jugement dont s'agit a été faite régulièrement, disons qu'il sera passé outre à l'emprisonnement du sieur   ; ce qui sera exécuté nonobstant appel et sans y préjudicier; et attendu l'urgence, disons que la présente ordonnance sera exécutée avant son enregistrement, à la charge néanmoins que cette formalité sera remplie dans les vingt-quatre heures; et avons signé.   (*Signature du président.*)

En conséquence de l'ordonnance ci-dessus, j'ai, toujours assisté de mes recors susdits et soussignés, conduit ledit sieur   en la maison d'arrêt, etc.

(1) *Si l'on fait un acte séparé pour l'écrou, on met:*
A ce qu'il n'en ignore, je lui ai, parlant à sa personne, laissé copie du présent procès-verbal, dont le coût est de
Puis on commence l'acte d'écrou de la manière ordinaire :
L'an   en vertu d'un jugement du   etc.

registre, du jugement susdaté, compris le papier timbré; et j'ai, audit sieur
, parlant à sa personne entre les deux guichets, comme lieu de liberté, et audit sieur , parlant à lui-même (1), laissé à chacun séparément copie du présent procès-verbal contenant recommandation et écrou de la personne dudit sieur . Le coût du présent procès-verbal est de

(*Signature de l'huissier.*)

Nota. La requête présentée par le débiteur pour obtenir d'assigner à bref délai, et l'assignation donnée en vertu de cette requête, sont rédigées dans les formes ordinaires. — V. *Requête*, *Ajournement.*

Il en est de même de la requête à fin d'élargissement faute de consignation d'alimens, et de la demande par le créancier incarcérant contre les recommandans, à fin de contribution aux alimens par lui consignés.

Les offres de consigner les sommes dues par le débiteur incarcéré pour obtenir son élargissement, se font dans la forme des *offres réelles* ordinaires.—V. ce mot.

CONTRARIÉTÉ *de jugemens.* Se dit de l'opposition qui se trouve entre deux arrêts ou jugemens en dernier ressort dans deux tribunaux différens, ou entre deux chambres du même tribunal, ou entre les mêmes parties, relativement au même objet et sur les mêmes moyens. C. pr. 480 et 504.—V. *Cassation*, § 5, art. 5, *Requête civile.*

CONTRAT *judiciaire.* Accord de deux parties devant le juge.

1. Le contrat judiciaire est exprès ou tacite.

Exprès, il résulte d'actes positifs; *tacite*, il résulte de la manière d'agir des parties.

Les contrats judiciaires exprès comprennent les conventions faites en présence du juge, ou au greffe, telles que les adjudications, et les cautionnemens présentés et acceptés pour l'exécution d'un jugement.—V. *Expédient*, *Jugement.*

2. Tant que le juge n'a pas donné acte aux parties de leurs déclarations, l'une d'elles peut-elle se rétracter? La négative résulte de ce que le juge ne fait que constater la convention; il n'ajoute rien au lien du contrat qui est formé par leur consentement respectif : il ne fait que le rendre exécutoire. Merlin, *Rép.*, v° *Contrat judiciaire.*

3. Les transactions passées au bureau de paix n'ont pas le caractère de contrats judiciaires.—V. *Conciliation*, n° 52.

CONTRAT *d'union.*—V. *Faillite.*

CONTREDIT. Ce mot désigne les écritures que fournit une des parties contre la production de l'autre, dans les affaires qui s'instruisent par écrit. —V. *Délibéré*, *Instruction par écrit.*

CONTRE-ENQUÊTE. Enquête faite par opposition à une autre qu'elle a pour objet de contredire.—V. *Enquête.*

CONTRIBUTION *de deniers.* — V. *Distribution par contribution.*

_____

(1) *A la différence du procès-verbal d'emprisonnement; l'huissier doit, aux termes de l'art. 57 du tarif, donner copie du procès-verbal de recommandation au greffier de la maison d'arrêt.*

CONTRIBUTIONS *publiques.*

1. Les contributions sont *directes* ou *indirectes.*

Directes, elles sont *foncières* ou *personnelles*, c'est-à--dire assises directement sur les fonds de terre, ou sur les personnes; dans cette classe rentrent la taxe des portes et fenêtres et les patentes.

Indirectes. Elles sont assises principalement sur les choses mobilières; elles s'appliquent à la fabrication, à la vente, au transport et à l'introduction de plusieurs objets de commerce et de consommation; elles comprennent les douanes, l'enregistrement et droits accessoires. — V. *Douanes, Enregistrement.*

2. *Règles communes aux contributions directes et indirectes.* Le recouvrement de toutes les contributions se poursuit par une contrainte.

La contrainte est l'acte par lequel le percepteur fait commandement au débiteur de l'impôt de le payer.

Cet acte doit porter le visa du fonctionnaire public qui est chargé de la perception.

3. La voie de la contrainte appartient uniquement aux percepteurs des contributions; elle ne pourrait être employée par le receveur d'un hospice. Bruxelles, 26 mai 1810; Berriat, p. 386., note 5.

4. Si le contribuable ne paie pas dans un bref délai, il y est contraint par différentes voies, notamment par la saisie et la vente de ses biens.

5. Sur l'opposition que l'on peut former à la contrainte, l'action s'engage devant les tribunaux. Ord. 11 juin 1817; Cas. 13 et 27 juil. 1813, 9 janv. 1815, 14 déc. 1819.

6. *Règles particulières aux contributions directes.* Le contribuable doit payer ses contributions directes de mois en mois et par douzième. L. 2 mess. an 7, art. 146.

7. Celui qui se croit trop imposé peut réclamer dans les trois mois de la publication du rôle; il doit joindre à sa pétition l'avertissement et la quittance des douzièmes échus à la date de sa réclamation. *Ib.*

La pétition est adressée au sous-préfet, qui ordonne l'instruction : le conseil de préfecture statue, sauf recours au Conseil-d'État. LL. 28 pluv. et 24 flor. an 8.

8. Les contraintes à fin de paiement de ces contributions sont décernées, contre les particuliers taxés dans des rôles rendus exécutoires par le préfet, et en retard de se libérer.

Elles sont visées par les sous-préfets, et transmises par des porteurs nommés par eux, et qui remplissent seuls les fonctions d'huissiers en cette matière.

Ces contraintes sont publiées par les maires, et suivies d'un avertissement de payer. Arr. 16 therm. an 8, art. 13, 30, 40, 41, 42, 43; inst. min. 15 déc. 1826.

9. Si l'avertissement est resté sans effet, le percepteur doit délivrer une sommation gratuite. Lorsque le redevable n'obéit pas à la première sommation, on lui en fait une seconde avec frais. L. 25 mars 1817, art. 72; régl. 26 août 1824.

10. Si les contraintes, avertissemens et sommations restent sans effet, le percepteur a le droit d'établir des garnisaires à la charge de ceux qui se refusent au paiement de leurs contributions. Régl. 26 août 1824.

11. L'emploi des garnisaires n'a pas lieu si la contribution ne dépasse pas 40 fr. Arr. 16 therm. an 8, art. 44.

12. Il peut y avoir autant de garnisaires que de redevables, ou un seul pour plusieurs.

Dans le premier cas, le garnisaire a droit au logement, à la nourriture et à une place au feu (*Ib.*). Il ne doit pas se loger à l'auberge, lors même que le contribuable y consentirait. *Ibid.*

Si le garnisaire est pour plusieurs, il n'a droit ni au logement, ni à la nourriture chez aucun; mais les frais qu'il occasionne sont payés contributoirement par ceux à l'occasion desquels il a été établi. Régl. 26 août 1824.

Dans tous les cas, le garnisaire ne peut être établi pour plus de deux jours chez le redevable, et pour plus de dix jours dans la même commune. Arr. 16 therm. an 8, art. 51.

13. Le percepteur ne doit faire commandement de payer qu'après avoir fait donner une seconde contrainte, soumise aux mêmes formalités que la première. Régl. 26 août 1824.

14. Trois jours après le commandement, il peut être procédé à la saisie des meubles et fruits de toute espèce, appartenant au redevable, si ce n'est de ceux déclarés insaisissables par la loi, et ultérieurement à la vente. Régl. *ib.* — V. *Saisie, Vente.*

15. Ces saisies et ventes sont faites selon les formes, et par les fonctionnaires ordinaires. L. 2 oct. 1791, art. 12.

16. Le Trésor a, sur le prix de ces ventes, un privilége qui s'étend même aux sommes dues au contribuable par des tiers. L. 12 nov. 1808, art. 2; Cas. 2 avr. 1819.

17. Le contentieux des contributions directes, et l'exécution, sont de la compétence des conseils de préfecture. Arr. 12 brum. an 11; Merlin, *Rép.* v° *Contrainte.*

18. Cependant sont portées devant les tribunaux ordinaires :

1° La revendication faite par un tiers des meubles saisis. L.

12 nov. 1808, art. 4; — 2° Les contestations relatives aux expropriations forcées. Merlin, *id.*;

3° Les demandes en nullité de l'arrestation faite à la suite de contraintes. Décr. 31 mars 1807.

19. Le contribuable peut opposer la prescription au percepteur qui a laissé écouler trois années, à compter du jour où le rôle lui a été remis, sans faire aucune poursuite. L. 3 frim. an 7, art. 149; Cas. 11 juin 1829 (S. 29, 359).

Mais il ne peut opposer cette prescription aux tiers qui ont payé les contributions en son lieu et place. Cas. 27 janv. 1828 (S. 29, 35); Nancy, 21 août 1826 (S. 29, 127).

20. *Règles particulières aux contributions indirectes.* La procédure est à peu près la même que celle indiquée ci-dessus. — V. *Douanes, Enregistrement.*

21. Les contestations relatives à ces contributions sont de la compétence des tribunaux civils.

Cependant celles relatives aux douanes et octrois appartiennent aux juges de paix. — V. *Douanes, Juge de paix.*

22. Elles sont jugées à l'audience, sans frais ni assistance d'avoué (— V. *Avoué*, n°ˢ 64 et suiv.), excepté dans les cas où il s'agit d'une saisie immobilière, ou d'une question de propriété. Décis. du grand-juge, 1ᵉʳ mars 1808; Bruxelles, 11 avr. 1810; Cas. 28 mars 1825 (26, 23); Berriat, p. 388, note 15.

23. Le jugement intervient sur de simples mémoires présentés respectivement par les parties. Berriat, *ib.*

Le mémoire présenté par le Trésor est remis par le préfet au procureur du roi, qui le lit à l'audience, et y joint, s'il le croit nécessaire, ses propres observations. Arr. 10 therm. an 4.

24. La mention dans le jugement de la lecture de ces mémoires n'est pas indispensable. L. 9 déc. 1790, art. 25; 9 oct. 1791, art. 17; Cas. 13 janv. 1808; Merlin, *Rép.* v° *Rente foncière*, § 10.

25. S'il y a lieu à confiscation et à amende, le tribunal correctionnel est seul compétent. L. 5 vent. an 12, art. 90.

26. *Timbre.* Les rôles et les extraits qui en sont délivrés sont exempts du timbre. L. 13 brum. an 7, art. 16.

Il en est de même des quittances, et des ordonnances de décharge, remise, ou modération. *Ib.*

27. L'administration exige que les réclamations ou pétitions des redevables soient faites sur papier timbré. Cet usage, conforme à la loi du 13 brum. an 7, semble contraire à celle du 26 mars 1831 qui, bien que placée sous le titre de la *Contribution mobilière*, paraît générale, et ne devrait pas être restreinte

aux pétitions faites à l'occasion de cette espèce de contribution.

28. *Enregistrement.* Les actes de poursuite sont exempts du droit de l'enregistrement, s'ils ont pour objet des cotes au-dessous de 100 fr. (L. 16 juin 1824, art. 6). Peu importe la valeur des objets saisis. Délib. Règ. 2 avr. 1825.

Si la cote excède 100 fr., le droit est de 1 fr. pour chaque acte. *Même loi.*

CONTROLE DES ACTES. Formalité qui consistait dans l'enregistrement par extrait des actes et contrats. — V. *Enregistrement.*

CONTUMACE, CONTUMAX. Le mot *contumace* désigne l'état de celui qui ayant été mis en accusation, ne se présente pas dans le délai fixé, ou qui, ayant été saisi, s'évade avant le jugement. On appelle *contumax* celui qui se trouve dans cet état. — V. *Ajournement,* n° 201, *Condamné, Curateur.*

CONVERSION DE VENTE SUR SAISIE IMMOBILIÈRE. — V. *Vente.*

COPIE. C'est en général la transcription d'un écrit faite d'après un autre, que l'on nomme original ou minute.

DIVISION.

§ 1. — *Des différentes espèces de copies,*

1. On distingue cinq sortes de copies des actes notariés :

1° Les premières *grosses* et les premières *expéditions:*

2° Les copies qui sont tirées sur la minute par l'autorité du magistrat et du consentement des parties;

3° Les copies ou expéditions ordinaires tirées sur la minute, sans l'autorité du magistrat, ou sans le consentement des parties, depuis la délivrance des premières expéditions, par le notaire qui a reçu l'acte, par son successeur ou autre dépositaire de la minute;

4° Les copies tirées sur la minute de l'acte, par un notaire qui n'en est pas le dépositaire;

5° Enfin, les copies de copies, c'est-à-dire celles faites par un notaire, non sur la minute, mais sur d'autres copies de la minute.

2. On appelle aussi *grosses* en matière judiciaire : 1° les premières expéditions d'un jugement; 2° la copie de l'original d'une requête. — V. *Grosse*, *Jugement*.

3. Toute personne a le droit de réclamer communication et copie des actes de l'état civil, des inscriptions hypothécaires, des matrices des rôles, des jugemens et autres actes judiciaires, dont les greffiers sont dépositaires. C. pr. 853; C. civ. 2196.

4. Toutefois, le greffier d'un tribunal ne peut pas être forcé de donner expédition ou même communication d'un acte judiciaire inscrit sur ses registres, lorsqu'il s'agit d'actes de pure discipline, et inscrits sur le registre destiné exclusivement aux délibérations d'une Cour. Aix, 11 janv. 1825.

5. Les actes notariés sont la propriété exclusive des parties qui y figurent, de leurs héritiers et ayant-cause. Le notaire dépositaire de la minute ne peut en donner communication à un tiers que du consentement des parties intéressées, ou en vertu d'une décision judiciaire. — Il en est de même des receveurs des droits d'enregistrement. — V. *Compulsoire*.

§ 2. — *Règles générales sur les copies en matière de procédure.*

6. Les copies d'un acte en remplacent l'original ou la minute (— V. *Ajournement*, n° 8, 18 et suiv.). Elles doivent, en conséquence, être exactes, lisibles et complètes. Décr. 14 juin 1813, art. 42.

Sous peine d'être rejetés de la taxe. *Id.* art. 43.

L'huissier qui a signifié une copie irrégulière est passible d'une amende de 25 fr. Décr. 14 juin 1813, art. 43, et 29 avr., art. 1 et 2. — V. *Copie de pièces*.

7. Lorsqu'on donne une copie par extrait, elle doit contenir les parties générales de l'acte qui sont nécessaires pour le faire connaître tout entier, et constater sa régularité. Berriat, t. 1, p. 233. — V. *Ajournement*.

8. Si les pièces sont en langue étrangère, on n'est pas tenu de donner copie du texte original, sauf à l'adversaire à en demander communication. — V. *ib.*, n° 132.

9. Quand et comment les notaires et autres dépositaires doivent-ils délivrer copie des actes? — V. *inf.*, § 3, *Compulsoire*.

10. Pour les personnes auxquelles les huissiers doivent remettre copie des actes qu'ils signifient, et la manière dont ils sont tenus d'indiquer cette personne. — V. *Ajournement*, *Exploit*.

§ 3. — *Voies à prendre pour avoir grosse, expédition ou copie d'un acte dans lequel on a été partie.*

Art. 1. — *Cas où le dépositaire de la minute en refuse expédition.*

11. Le notaire ou autre dépositaire public d'un acte est tenu d'en délivrer expédition ou copie, ou même une grosse, si l'acte est de nature à être exécuté sans jugement, aux parties intéressées en nom direct, à leurs héritiers ou ayans-droit. C. pr. 839.

12. Toutefois, cette obligation ne s'applique qu'aux actes passés en minute, et non à ceux reçus en brevet, à moins que les parties, ou l'une d'elles, ne rapportent l'original.

13. On entend par intéressés en nom direct ceux qui ont contracté pour leur propre compte. Ceux qui ont contracté pour autrui, ou dont il a été question dans l'acte, ne sont pas réputés tels, même lorsque l'acte contient reconnaissance ou obligation en leur faveur; conséquemment, ils ne peuvent en obtenir copie ou expédition que par les voies du *compulsoire*. (— V. ce mot.) Rouen, 13 mars 1826; Carré, art. 839; Pigeau, t. 2, p. 379.

14. Toute partie contractante étant censée avoir stipulé, non-seulement pour elle, mais encore pour ses héritiers ou ayans-cause, à moins que le contraire ne soit exprimé ou ne résulte de la convention (C. civ. 1122), les héritiers, et même les successeurs universels ou à titre universel ont droit, comme la partie signataire, d'obtenir grosse ou expédition de l'acte. Pigeau, *ib.*

15. Il en est de même des légataires ou donataires à titre particulier, et des acquéreurs à l'égard des actes relatifs aux objets qui leur sont dévolus. Pigeau, *ib.*

16. Ces différentes personnes peuvent, en outre, forcer le notaire à représenter la minute dont il est dépositaire. Paris, 22 juil. 1809.

Mais, dans ce cas, le notaire a le droit d'exiger toutes précautions propres à la conservation de l'acte, par exemple, la présence du président du tribunal. L. 25 vent. an 11, art. 22 et 23; Pau, 12 fév. 1833.

17. Le dépositaire d'un acte qui refuse d'en délivrer aux ayans-droit copie, expédition ou une première grosse, peut être assigné à bref délai, en vertu de la permission donnée par le président du tribunal de première instance, et sans préliminaire de conciliation. (C. pr. 59, 839.) Il n'est pas nécessaire de lui adresser sommation préalable; mais cette mesure est prudente et convenable. Carré, art. 840. — *Contrà.* Demiau, art. 840.

18. L'autorisation d'assigner à bref délai s'obtient, comme dans les cas ordinaires, sur requête présentée au président. C. pr. 72.

19. L'original de l'assignation doit être visé par le notaire ou le dépositaire public auquel elle est signifiée, ou, à son refus, par le procureur du roi. Arg. C. pr. 1039. — V. *Visa.*

20. La demande est portée devant le tribunal du lieu où réside le notaire ou autre dépositaire : c'est, en effet, une action personnelle. Carré, *ib.* — V. *Compétence*, n° 41.

21. Si les frais et déboursés de la minute de l'acte sont dus au dépositaire, il peut refuser expédition tant qu'il n'est pas payé de ces frais, outre ceux d'expédition. C. pr. 851.

Lors même que ces frais sont à la charge de la partie contre qui on veut user de la grosse ou expédition : chaque partie est responsable des frais à l'égard du dépositaire. C. pr. 839, 851.

22. Si le dépositaire de l'acte n'a aucun motif valable de se refuser à la délivrance de la copie, expédition ou grosse demandée, il doit être condamné par corps. C. pr. 839.

Il peut, en outre, suivant les circonstances, être condamné à des dommages-intérêts envers la partie. Demiau, art. 840.

23. L'affaire est jugée sommairement, et le jugement exécuté nonobstant opposition ou appel. C. pr. 840.

Art. 2. — *Cas où l'on veut avoir copie d'un acte non enregistré ou resté imparfait.*

24. Les notaires ou dépositaires publics ne doivent pas délivrer même de simples copies d'un acte non enregistré. L. 22 frim. an 7, art. 41.

25. Cependant il peut arriver qu'une partie ait intérêt à obtenir et droit de demander la copie d'un acte semblable. Par exemple, le créancier au profit duquel le débiteur a souscrit une obligation qui n'a pas été enregistrée, soit parce que le notaire a négligé de remplir cette formalité, soit parce que le débiteur, qui devait avancer au notaire le montant des droits à acquitter, ne l'a pas fait, ne doit pas être privé par cette négligence du droit de s'en faire délivrer une simple copie.

26. Il est également défendu aux notaires et dépositaires publics de délivrer copie d'un acte resté imparfait.

Un acte peut être imparfait : 1° lorsqu'il n'est pas signé de toutes les parties qui y ont figuré; 2° lorsqu'il n'est pas revêtu de la signature de l'officier qui l'a reçu ou des témoins instru-

mentaires ; 3° enfin, lorsqu'étant revêtu des signatures des parties, de l'officier et des témoins, il n'est pas authentique par
l'incompétence ou l'incapacité de l'officier, ou par un défaut
de forme.

27. Une partie peut néanmoins, dans ces diverses circonstances, avoir intérêt à se faire délivrer une copie ou même
une expédition de l'acte imparfait. Ainsi, dans le premier cas,
l'acte imparfait à l'égard de quelques parties, comme n'étant
pas revêtu de leur signature, peut être parfait, et former lien
de droit entre celles qui ont signé. Dans le second et le troisième cas, l'acte nul comme acte authentique peut valoir comme
acte sous signature privée. L'acte, tout imparfait qu'il soit,
peut encore être invoqué comme commencement de preuve
par écrit. Alors la loi permet au juge d'ordonner la délivrance
d'une copie ou expédition de cet acte.

28. Dans tous les cas, pour obtenir la copie réclamée, on
présente requête au président du tribunal de première instance
du domicile du notaire. C. pr. 843. —V. sup. n° 20.

29. Le juge y répond, s'il y a lieu, par une ordonnance au
bas de la requête, portant autorisation de se faire délivrer copie de l'acte. C. pr. 842.

30. Le notaire dresse procès-verbal de la remise de la copie.
Il y annexe la requête présentée, ainsi que l'ordonnance du
juge, dont il fait mention au bas de la copie. C. pr. 842; Pigeau, t. 2, p. 385.

31. Il n'est pas nécessaire d'appeler l'autre partie à la délivrance de la copie : en effet, cette pièce ne constitue qu'un
simple renseignement, qui ne peut entraîner contre elle aucune
exécution. Pigeau, ib.

32. La délivrance a lieu sans préjudice de l'exécution des
lois et réglemens de l'enregistrement à l'égard de la minute de
l'acte ou des grosses et expéditions qui peuvent en être tirées.
C. pr. 841.

33. Si le notaire consent à délivrer l'acte, on doit lui laisser
l'ordonnance rendue par le président du tribunal. En effet, il
est tenu de faire mention de cette ordonnance sur la copie,
d'où il résulte qu'il doit la conserver pour en justifier dans le
cas où cela deviendrait nécessaire. Carré, art. 842.

34. Lorsque le notaire ou autre dépositaire refuse de délivrer la copie à l'amiable, on le somme d'en faire la délivrance,
et, faute par lui d'obtempérer à la réquisition, il est statué en
référé sur la contestation. C. pr. 843; Pigeau, ib.

35. Dans ce cas, c'est la partie qui réclame la copie qui doit
introduire le référé. Jusqu'à preuve contraire le refus du notaire est réputé légitime. Carré, art. 843.

Art 3. — *Cas où l'on veut avoir une seconde grosse.*

36. Le créancier peut avoir besoin d'une seconde grosse, soit parce que la première a été adirée, soit parce que la créance, qui appartenait d'abord à une seule personne, se trouve dévolue à plusieurs par un partage fait entre les héritiers des créanciers primitifs, ou par une transmission de la créance à plusieurs cessionnaires. Pigeau, t. 2, p. 381.

37. Cette seconde grosse est délivrée sur la minute de l'acte ou par forme d'ampliation sur la première grosse déposée entre les mains de l'officier public, ce qui a surtout lieu lorsque d'un seul créancier la créance est dévolue à plusieurs, et que celui d'entre eux resté détenteur du titre consent à en faire le dépôt. C. pr. 844, 854; Pigeau, *ib.*

38. La délivrance de la seconde grosse ne peut être faite que du consentement du débiteur ou lui dûment appelé. La première grosse, en effet, a pu lui être remise par suite de sa libération, et la délivrance d'une seconde grosse l'exposerait à des poursuites qu'il doit être à même de prévenir. Pigeau, *ib.*

39. Si les parties intéressées consentent à la délivrance, elle a lieu sans difficulté.

40. Le notaire ou le greffier constate cette délivrance par un procès-verbal. Pigeau, *ib.*

41. Au cas de refus du débiteur, le créancier présente requête au président du tribunal de première instance, à l'effet d'obtenir l'autorisation de se faire délivrer une seconde grosse. C. pr. 844.

42. Le juge, s'il y a lieu d'autoriser la délivrance de la seconde grosse, rend une ordonnance conforme à la requête. C. pr. 844.

43. En vertu de cette ordonnance, la partie poursuivante fait sommation au notaire dépositaire de la minute, s'il s'agit d'un acte authentique, au greffier, s'il s'agit d'un jugement, de faire la délivrance à jour et heure indiqués, et aux parties intéressées d'y être présentes. C. pr. 844, 854.

44. Le juge ne peut autoriser la partie à se faire délivrer une grosse d'un titre public, hors de la présence de celui que ce titre concerne. Paris, 17 therm. an 13 (S. 5, 342).

45. Mais lorsqu'un mandat a été donné par acte public, le notaire ne peut refuser la délivrance d'une seconde expédition au mandataire, si le mandant ne s'y est pas formellement opposé. Paris, 2 mai 1808 (S. 8, 977).

46. L'original de cette sommation doit être visé par le notaire ou greffier, par application de l'art. 1039, comme on l'a vu *sup.* n° 19. Pigeau, *ib.*; Carré, art. 845.

47. La sommation doit laisser au dépositaire de la minute un temps moral suffisant pour satisfaire à ce qu'on lui demande, et aux parties un délai suffisant pour se rendre chez le notaire. Les auteurs pensent généralement que ce délai ne peut être moindre d'un jour, augmenté d'un jour par trois myriamètres, conformément à l'art. 1033. Carré. art. 845.

48. L'ordonnance de 1667, sur la procédure, accordait aux parties une heure de surséance pour comparaître, quoique le C. de pr. n'ait pas renouvelé cette disposition, il est encore d'usage de l'observer aujourd'hui. Demiau, art. 850.

49. Le notaire ou autre dépositaire constate la délivrance de la seconde grosse par un procès-verbal, dans lequel il fait mention de la présence ou de l'absence des parties intéressées. Pigeau, *ib.*; Carré, art. 845.

50. Lorsque la créance est éteinte en partie ou n'appartient que pour portion à celui qui réclame une seconde grosse, le débiteur ne peut pas s'opposer, par ce motif, à la délivrance. Il a seulement le droit d'exiger qu'il soit fait mention au bas de la seconde grosse de la somme qui reste due, et jusqu'à concurrence de laquelle on pourra exécuter. C. pr. 844; Pigeau, *ib.*

51. En cas de contestation, on se pourvoit en référé (C. pr. 845) devant le président du tribunal, sauf à ce magistrat à renvoyer à l'audience, s'il y a lieu. Carré, art. 845; Demiau, *ib.*; Hautefeuille, p. 473.—*Contrà.* Delaporte, t. 2, p. 396; Prat., t. 5, p. 105.

S'il y a renvoi à l'audience, l'affaire est jugée sommairement. Carré, *ib.*— *Contrà.* Demiau, *ib.*

52. Le notaire ne peut en référer lui-même au juge, ni consigner sur son procès-verbal l'ordonnance rendue. C'est à la partie la plus diligente à assigner son adversaire en référé, en suivant les formes ordinaires de cette procédure. Pigeau, *ib.*; Carré, art. 843.

53. Toutes les fois qu'une seconde grosse est délivrée, il doit, en outre, être fait mention au bas de celle-ci de l'ordonnance du juge, portant autorisation d'en faire la délivrance. C. pr. 844.

§ 4. — *Voies à prendre pour avoir copie, expédition ou extrait d'un acte dans lequel on n'a pas été partie.*

—V. *Compulsoire.*

§ 5. — *Timbre.*

54. Toutes les copies d'actes publics doivent être délivrées sur papier timbré.

Les copies ne peuvent contenir plus de 35 lignes par page de petit papier, 40 lignes par page de moyen papier, et 50 lignes par page de grand papier, à peine de 25 fr. d'amende contre le fonctionnaire qui les a signées. Décr. 29 août 1813.

§ 6. — *Formules.*

FORMULE I.

Requête pour assigner à bref délai le dépositaire qui se refuse à donner expédition ou copie d'un acte.

(C. pr. 839. — Tarif, 78. — Coût, 7 fr. 50 c.)

A M. le président du tribunal de

Le sieur　　　　　, demeurant à　　　　　, ayant Me　　　　　pour avoué, Expose que, par acte passé devant Me　　　　　et son confrère, notaires à le　　　　　, dûment enregistré, il a vendu au sieur une maison et dépendances sise à　　　　　, moyennant la somme principale de　　　　　, mais qu'encore que cet acte soit parfait, et que tous les droits et honoraires légitimement dus soient payés audit M. notaire, celui-ci refuse d'en délivrer une expédition à l'exposant.

Pourquoi il vous plaira, M. le président, permettre audit exposant de faire assigner ledit Me　　　　　à comparaître, à trois jours, à l'audience du tribunal de

Pour; attendu que toute personne a le droit de se faire délivrer une expédition d'un contrat où elle est partie, se voir condamner, même par corps, à délivrer au requérant, dans les trois jours de la signification du jugement à intervenir, une expédition dûment en forme, de l'acte dont il s'agit, contenant vente par ledit sieur　　　　　au sieur　　　　　, d'une maison sise à　　　　　, enregistré, se réservant de réclamer tels dommages-intérêts qu'il appartiendra; et vous ferez justice.　　　　　(*Signature de l'avoué.*)

FORMULE II.

Assignation au notaire à l'effet d'avoir copie de l'acte parfait.

(C. pr. 839. — Tarif, 29. — Coût, 2 fr. orig., 50 c. copie.)

Cette assignation est donnée dans la forme ordinaire des ajournemens à bref délai. Le demandeur conclut à ce qu'on lui adjuge les conclusions par lui prises dans la requête. — V. *Ajournement, formule* II.

FORMULE III.

Requête à fin d'obtenir une seconde grosse.

(C. pr. 844. — Tarif, 78. — Coût, 7 fr. 50 c.)

A M. le président du tribunal de

Le sieur　　　　　demeurant à

Expose que le sieur　　　　　, demeurant à　　　　　, est son débiteur d'une somme de　　　　　, faisant avec celle de　　　　　déjà payée, la somme totale de　　　　　, montant d'une obligation par lui souscrite, par acte passé devant Me　　　　　, qui en a la minute, et son collègue, notaire à le　　　　　dûment enregistré, mais que la grosse de cette obligation a été perdue par l'exposant,

Pourquoi il requiert qu'il vous plaise, M. le président, lui permettre de se faire délivrer une seconde grosse de l'obligation dont s'agit, parties intéressées présentes ou dûment appelées, en faisant mention de votre ordonnance, et que ladite grosse ne sera exécutoire que pour　　　　　le surplus de l'obligation étant acquitté; et vous ferez justice.　　　　　(*Signature de l'avoué.*)

FORMULE IV.

Sommation au notaire de délivrer une seconde grosse, et aux parties intéressées d'être présentes à la délivrance.

(C. pr. 844. — Tarif, 29. — Coût, 2 fr. orig., 50 c. copie.)

L'an, etc., en vertu de l'ordonnance rendue par M. le président du tribunal de   le   dûment enregistrée, étant au bas de la requête à lui présentée le même jour, desquelles requête et ordonnance, est avec celle des présentes donné copie; et à la requête du sieur   , demeurant à etc., soussigné, fait sommation, 1° à Me   , notaire à y demeurant, en son domicile, en parlant à   ; 2° et au sieur demeurant à   , etc.

De, à l'égard de Me   , notaire, se trouver en son étude, mardi prochain,   , heure de   , à l'effet de délivrer au requérant une seconde grosse, dûment en forme, d'un acte passé devant lui et son collègue, notaires, le   dûment enregistré, portant obligation, au profit du requérant, par le sieur   , de la somme de   , et de faire mention dans ladite seconde grosse qu'elle ne sera exécutoire que pour le surplus étant acquitté, et qu'elle a été délivrée en vertu de l'ordonnance susdatée.

Et à l'égard du sieur   , de se trouver ledit jour, mardi prochain,   , heure de   , en l'étude dudit Me   , sise à pour, si bon lui semble, être présent à la délivrance qui sera faite au requérant de la seconde grosse de l'acte susdaté, avec les mentions susdites.

Déclarant aux susnommés que, faute par ledit Me   , notaire, de délivrer ladite seconde grosse, il y sera contraint par corps; et à l'égard du sieur qu'il sera, tant en son absence qu'en sa présence, procédé à la délivrance de la grosse dont s'agit A ce que du tout chacun des susnommés n'ignore, et je leur ai, en leur dit domicile et parlant comme dessus, laissé, à chacun séparément, copie, tant desdites requête et ordonnance sus-énoncées que du présent, dont le coût est de   (*Signature de l'huissier.*)

FORMULE V.

Procès-verbal de délivrance d'une seconde grosse.

— V. *Compulsoire, Formule* 11.

Nota. Les requêtes, sommations et assignations, à l'effet d'avoir copie d'un acte resté imparfait ou non enregistré, sont faites dans la même forme que celles tendantes à la délivrance d'une seconde grosse.

— V. *Copie de pièces, Compulsoire.*

COPIE COLLATIONNÉE. — V. *Purge.*

COPIE DE PIÈCES. On appelle ainsi les copies signifiées en tête d'un exploit, ou d'un acte d'avoué à avoué, soit dans une instance, soit par acte extrajudiciaire.

1. Tout demandeur est tenu de donner avec l'exploit introductif d'instance copie des pièces ou de la partie des pièces sur lesquelles la demande est formée. — V. *Ajournement*, n°* 130 et suiv.

2. La copie des pièces doit faire partie de l'exploit, et être insérée sur les mêmes feuilles. Berriat, t. 1, p. 201.

Néanmoins, il n'y a pas nullité si elle est donnée séparément. Berriat, *ib.*

3. Le défendeur qui a égaré les copies à lui signifiées, peut en réclamer d'autres à ses frais. Rodier, t. 2, art. 61 ; Berriat, t. 1, p. 234.

4. Lorsque plusieurs personnes sont assignées sur la même demande, il faut donner à chacune copie des pièces ; il ne suffirait pas de la fournir à une seule, en sommant les autres d'en prendre communication entre ses mains. Tous ceux qui doivent avoir copie de l'exploit doivent aussi avoir communication des pièces ; la loi ne fait pas de distinction. Carré, t. 1, art. 65.

Pour ceux qui doivent avoir copie de l'exploit. —V. *Ajournement*, *Exploit*.

5. Les copies de pièces doivent être correctes et lisibles, à peine de rejet de la taxe. Tarif, art. 28.

Elles peuvent contenir toutes les abréviations qui ne rendent pas la phrase inintelligible.

Elles sont signées, suivant les circonstances, par l'avoué ou par l'huissier, qui répondent de leur exactitude. *Id.* 28, 72. — V. *inf.* n° 7.

6 Il est alloué aux officiers ministériels qui ont signé les copies de pièces, savoir : pour celles qui doivent être données avec l'exploit d'ajournement et autres actes, par rôle contenant vingt lignes à la page, et dix syllabes à la ligne, ou évalué sur ce pied, à Paris, 25 c. ; partout ailleurs, 20 c. Tarif, art. 28.

Pour celles données avec les défenses, ou qui peuvent être signifiées dans les causes, par rôle de vingt-cinq lignes à la page, et de douze syllabes à la ligne, ou évalué sur ce pied, à Paris, 30 c. ; dans le ressort, 25 c. Tarif, art. 72.

7. Les avoués seuls ont le droit de certifier les copies de pièces données avec les défenses, ou signifiées pendant le procès, et d'en percevoir les émolumens. — *V.* n° 8.

8. Mais peuvent-ils, concurremment avec les huissiers, signer celles données en tête des exploits signifiés en dehors de l'instance, et en percevoir les émolumens ?

Pour l'affirmative, on invoque les art. 28 et 72 du décret du 16 fév. 1807, portant que le droit de toute copie de pièces ou jugemens appartient à l'avoué, quand les copies sont faites par lui, à la charge de les signer, et de répondre de leur exactitude. Les lois qui constituent les avoués et les huissiers, ajoute-t-on, ne contenaient aucune disposition relative aux copies de pièces, mais le tarif a résolu la question par le principe dérivant de la nature même des choses, en accordant le droit de copie de pièces à celui qui en est le dépositaire, par suite de la confiance que la partie peut avoir dans l'officier ministériel qu'elle a choisi. Souvent le sort d'une contestation et l'exécution d'un jugement dépendent de la régularité des actes et significations qui ont précédé et suivi l'instance ; aussi la loi reconnaissant l'usage presque général où sont les parties de faire reposer leur confiance exclusive dans leur avoué, lui a accordé un droit de consultation, et lui a imposé l'obligation d'occuper pendant un an après l'instance terminée. Il est donc juste de dire qu'il a un caractère légal hors de l'instance, et sans faire d'acte de postulation (Arg. C. pr. 492, 548, 1038). Enfin, aucun article du tarif n'autorisant l'huissier à certifier les copies de pièces autres que celles qui sont en tête de l'exploit qu'il signifie, l'avoué dépositaire des titres serait souvent obligé de les envoyer dans divers arrondissemens, pour en faire faire les copies, ce qui, indépendamment des inconvéniens qui pourraient en résulter, exposerait à des déchéances ; la concurrence accordée aux avoués, est donc non-seulement prescrite par la loi, mais est encore justifiée tout à la fois par l'usage et l'intérêt des parties.

Toutefois, on répond dans l'intérêt exclusif des huissiers : la loi exigeant que les copies de pièces soient signées par un officier public qui leur donne l'authenticité, et non par un simple mandataire des parties, il en résulte évidemment qu'elles ne peuvent en général être certifiées que par l'huissier qui est seul compétent pour faire l'acte, dont elles sont en quelque sorte le complément. C'est par exception, et seulement pour les actes signifiés dans le cours d'une instance, que la faculté de s'immiscer dans un acte d'huissier par une copie de pièces à signifier avec cet acte, a été accordée à l'avoué. Mais en dehors de l'instance dans laquelle il est constitué, il n'est plus qu'un simple particulier, qui ne peut avoir ni droit ni qualité de s'interposer entre la partie et l'huissier, et de restreindre les droits accordés à ce dernier pour les actes de son ministère. — Vainement on argumente des art. 28 et 72 du Tarif ; ce décret, uniquement destiné à fixer les émolumens dus aux officiers ministériels, ne saurait en effet déroger aux lois de leur organisation, et modifier les droits qui leur ont été conférés par elles. Ce système, adopté par plusieurs Cours royales, a été consacré par la Cour de cassation, chambre des requêtes, et par la chambre civile, le 5 déc. 1832 (D. 33, 100). L'arrêt est ainsi conçu :

« Attendu que les articles invoqués du tarif, exactement analysés, se réduisent à dire que le droit de copie de pièces appartient, soit à l'avoué, soit à l'huissier, selon que cette copie a été faite par l'un ou par l'autre ; mais que la question à résoudre, qui est celle de savoir dans quel cas l'avoué a, privativement à l'huissier, qualité pour faire cette copie de pièces, n'est pas décidée par ces articles, et doit être résolue par les principes résultant de la nature même des choses, et celle des actes dont la copie de pièces est le complément ;

» Attendu qu'un principe fondé sur la nature même des choses est que l'accessoire suive la nature du principal, et par conséquent que l'officier ministériel à qui la loi confère le droit exclusif de faire un acte, ait exclusivement aussi le droit de faire la copie de pièces que la loi déclare partie intégrante, et qu'on doit considérer comme complément de ce même acte. Rejetté. «

Metz, 23 nov. 1830 (D. 31, 150); Rouen, 20 janv. 1830 (D. 30, 92); Cas. Réq. 24 août 1831 (D. 31, 278); 22 mai 1832 (D. 32, 228); Consult. M. Montigny (D. 32, 1, 228). — *Contrà.* Paris, 9 fév. 1833 (D. 33, 170); Consult. M. Vatimesnil (D. 32, 1, 228).

9, Les copies de pièces faites sur petit, moyen et grand papier, ne doivent contenir que le nombre de lignes fixé pour toutes les autres copies d'actes, jugemens et pièces faites par les huissiers; c'est-à-dire trente-cinq lignes par page de petit papier, quarante par page de moyen, et cinquante par page de grand papier.

Tout officier ministériel qui contrevient à cette règle est passible d'une amende de 25 fr. Décr. 29 août 1813, art. 1.—V. *Copie, Exploit.*

COSTUME. —V. *Avoué*, n° 11, *Avocat, Huissier, Juge,* etc.

COUR. Synonyme de tribunal souverain.

COUR DE CASSATION. — V. *Cassation.*

COUR ROYALE. — V. *Appel, Compétence, Organisation judiciaire.*

COURS. Prix des effets publics et de commerce, d'après les négociations et transactions qui s'opèrent à la Bourse.

COURTIER. Agent intermédiaire qui fait le courtage.

1. Il y a des courtiers dans toutes les villes de commerce. C. com. 75. — Ils sont nommés par le roi, et ont le droit de présenter un successeur à son agrément. *Ib.*

2. Les obligations et les prohibitions sont les mêmes pour le courtier que pour l'agent de change. — *V.* ce mot, n°ˢ 15 et suiv., 21 et suiv.

3. Toutefois, les courtiers ne sont pas tenus de garder le secret imposé aux agens de change; conséquemment, à la différence de ceux-ci, ils ne peuvent intenter en leur propre nom les demandes résultant des opérations dans lesquelles ils se sont entremis. Pardessus, n° 130.

4. Les courtiers doivent se borner au genre de commerce qui leur est attribué, à moins que l'ordonnance de leur institution ne les autorise à cumuler les fonctions d'agent de change et de courtier. C. com. 81.

Cette autorisation n'est pas nécessaire pour les lieux où il n'y a ni agens de change ni courtiers commissionnés par le gouvernement. Av. Cons.-d'Ét., 2 prair. an 10; Pardessus, n° 122.

5. Les courtiers de commerce sont divisés en quatre classes:

1° *courtiers de marchandises*; 2° *courtiers interprètes et conducteurs de navires*; 3° *courtiers d'assurances*; 4° *courtiers de transport.*

6. 1° *Courtiers de marchandises.* Ils ont seuls le droit de faire le courtage des marchandises et d'en constater le cours : ils font aussi le courtage des matières métalliques, concurremment avec les agens de change, sans avoir le droit d'en constater le cours. C. com. 76 et 78.

Ils font la vente aux enchères publiques des marchandises saisies, ou sur lesquelles un commissionnaire a fait des avances. Décr. 21 nov. 1811 et 17 août 1812. — V. *Commissaire-priseur*, n° 8.

A l'égard des ventes publiques des effets et marchandises d'un failli, ils n'ont que la concurrence avec les commissaires-priseurs, ou, à leur défaut, avec les notaires. C. com. 492 Boulay-Paty, *des Faillites.* — *Contrà.* Pardessus, n° 131. — V. *ib.* n° 9, *Vente.*

7. Ils ne peuvent libérer ceux à qui ils ont vendu sans un pouvoir spécial. Cas. 9 janv. 1823, Pardessus, n° 135.

Ni se faire représenter par d'autres courtiers. *Même arrêt.*

8. 2° *Courtiers interprètes et conducteurs de navires.* Ils font le courtage des affrètemens, c'est-à-dire du louage des vaisseaux. —Ils ont le droit exclusif de traduire, en cas de contestation judiciaire, tous les actes de commerce rédigés en langue étrangère, de constater le cours du fret ou du nolis.

Dans les affaires contentieuses de commerce, et pour le service des douanes, ils servent seuls de truchement à tous étrangers, maîtres de navires, marchands, équipages de vaisseau et autres personnes de mer. C. com. 80.

9. 3° *Courtiers d'assurances.* Ils négocient les contrats d'assurances, et les rédigent concurremment avec les notaires. Ils certifient *seuls* le taux des primes pour tous les voyages de mer et de rivière. C. com. 79.

10. 4° *Courtiers de transport.* Ils négocient, à l'exclusion de tous autres, les contrats de transport par terre et par eau. C. com. 82.

11. Le gouvernement peut permettre de cumuler les trois premières fonctions. C. com. 81.—V. *sup.* n° 4.

12. Il existe, à Paris seulement, des courtiers nommés *gourmets piqueurs de vins.* Ils servent, 1° à l'exclusion de tous autres, d'intermédiaires dans les ventes de vins en entrepôt, s'ils en sont requis; 2° à déguster les vins; 3° d'experts en cas de contestation sur la qualité des vins, soit vendus, soit apportés par les voituriers. Décr. 15 nov. 1813.

Mais leur droit ne s'étend ni aux eaux-de-vie et autres liqueurs qui sont dans l'entrepôt, ni aux vins ou autres boissons hors de l'entrepôt, dont l'achat et la vente restent attribués aux courtiers de commerce. *Même décision ;* Pardessus, n° 135.

Ces courtiers ne peuvent faire aucun achat ou vente pour leur compte, ni par commission. Pardessus, *ib.*—V. *Agent de change.*

—V. *Cautionnement, Office, Vente.*

COUT. Se dit des frais qu'occasionne un acte.—V. *Tarif.*

COUTS (*loyaux*).—V. *Loyaux-Coûts.*

COUVRIR. On couvre une enchère dans une *vente,* — une *péremption,* — une *exception,* — une *nullité.* —V. ces mots.

CRÉANCIER. C'est celui envers lequel on est tenu par une obligation quelconque. Ce mot est corrélatif de *débiteur.*

L'ayant-cause est celui à qui les droits d'une personne ont été transmis par legs, donation, vente, échange, etc. Les créanciers sont les ayans-cause de leur débiteur, en ce sens qu'ils exercent ses droits de son chef.—V. *inf.* n° 4.

1. Le créancier, suivant la nature de son titre, a différens moyens pour contraindre son débiteur ou ses héritiers à l'acquittement de l'obligation :

1° S'il a un titre exécutoire, il peut saisir les meubles ou les immeubles de son débiteur (—V. *Saisies*), et quelquefois même le faire emprisonner. — V. *Contrainte par corps.*

2° Si son titre n'est pas exécutoire, il doit assigner son débiteur devant le tribunal compétent.

L'obligation de faire ou de ne pas faire autorise seulement le créancier à se pourvoir en justice pour faire condamner le débiteur à des *dommages-intérêts.*—V. ce mot.

2. Indépendamment des voies d'exécution, le créancier peut faire des *actes conservatoires.*—V. ce mot, *Faillite, Inventaire, Scellés.*

3. Les biens du débiteur sont le gage commun de ses créanciers, et le prix doit en être distribué entre eux proportionnellement au montant de leurs créances, à moins qu'il n'existe en faveur de quelques-uns des causes de préférence consacrées par la loi. C. civ. 2093. —V. *Distribution par contribution, Ordre.*

4. Les créanciers peuvent exercer tous les droits et actions de leur débiteur, à l'exception de ceux qui sont exclusivement attachés à sa personne. C. civ. 1166.—V. *Droits personnels.*

Dans quelle forme ?—V. *Subrogation.*

— V. d'ailleurs, *Absence,* n° 5, 6, 25 ; *Acte conservatoire,* n° 26 et suiv. ; *Appel,* sect III, § 2 et 3 ; *Bénéfice d'inventaire,* n° 5, 31, 32 ; *Cassation,* n° 44 ; *Intervention, Opposition, Requête civile, Tierce-Opposition.*

5. Ils peuvent aussi, en leur nom personnel, attaquer les

actes faits par leur débiteur, en fraude de leurs droits. C. civ. 1167.—V. *Révocatoire* (action), *Séparation de biens*, *Séparation des patrimoines*, *Tierce-Opposition*.

CRIÉES. Se dit des adjudications qui se font en justice. — V. *Vente*.

CRUE. Supplément de prix dû autrefois, outre le montant de la prisée des meubles, par ceux qui étaient tenus d'en rendre la valeur.

La crue a été abolie par le Code de procédure. C. pr. 943, 1041.

CURATELLE, *Curateur*.

La *curatelle* est une charge conférée, soit par un conseil de famille, soit par la justice, à l'effet de veiller aux intérêts d'autrui. On nomme *curateur* celui à qui cette charge est confiée.

1. Le curateur, à la différence du tuteur, est donné plutôt aux biens qu'à la personne.

2. La curatelle est, comme la tutelle, une charge publique. Personne ne peut se soustraire à ses fonctions, à moins d'excuses légitimes.

3. Les causes et modes de nomination, de destitution et d'incapacité, sont les mêmes pour les tuteurs et curateurs. Toullier, t. 2, p. 428.

4. On distingue plusieurs espèces de curateurs.

5. — 1° *Le curateur au mineur émancipé*. Ce curateur est nommé par le conseil de famille. C. civ. 480.

Toutefois, le père, la mère et les ascendans sont curateurs de droit (Delvincourt, t. 1, p. 314); mais ils ne peuvent donner un curateur à leur fils émancipé, sans l'assistance du conseil de famille.

Le mari est de droit le curateur de sa femme mineure. Merlin, *Rép.* v° *Curateur*, § 1.

— Si le mari est mineur, la femme ne peut ester en jugement sans l'autorisation du juge. — V. *Femme mariée*.

6. Le curateur ne fait qu'assister le mineur émancipé, qui figure toujours, soit en demandant, soit en défendant, comme partie principale. C. civ. 480, 482. — V. *Mineur*.

Le mineur et le curateur sont assignés par des copies distinctes. — V. *Ajournement*, n° 204, *Appel*, n° 123.

7. Les condamnations judiciaires prononcées contre le mineur émancipé, non assisté de son curateur, sont nulles.

8. Celui qui a procédé avec le mineur, non assisté de son curateur, lorsque cette assistance était nécessaire, peut demander la mise en cause du curateur, mais non la nullité de la procédure faite par le mineur. Cas. 11 frim. an 9. — V. *Mineur*.

9. 2° *Le curateur au ventre.* Il est nommé par le conseil de famille, lorsqu'un individu est décédé laissant sa veuve enceinte. C. civ. 393.

Il suffit que la veuve déclare être enceinte. Aix, 19 mars 1807 (S. 7, 167).

S'il y a d'autres enfans, et qu'une seule tutelle suffise pour tous, le même tuteur remplit les fonctions de curateur à l'égard de l'enfant à naître.

10. Le curateur au ventre est chargé d'empêcher la supposition de part.

Il doit se borner aux actes d'administration indispensables. Toullier, t. 2, p. 316.

11. Les fonctions de curateur cessent de plein droit à l'accouchement de la veuve. Délvincourt, t. 1, p. 108.

Il devient alors de plein droit subrogé-tuteur. C. civ. 393.

Il rend son compte à la mère devenue tutrice par la naissance de son enfant; et si l'enfant ne naît pas viable, il le rend aux héritiers. *Ib.*

12. 3° *Le curateur à une succession vacante et aux biens vacans.* Il est nommé par le tribunal dans l'arrondissement duquel la succession est ouverte, sur la demande des personnes intéressées, ou sur la réquisition du procureur du roi. C. civ. 812; C. pr. 998.

Si les héritiers les plus proches renoncent, les parties intéressées peuvent demander la nomination d'un curateur, sans qu'il soit besoin de sommer les héritiers du degré subséquent d'accepter ou de répudier la succession. Aix, 17 déc. 1806 (S. 7, 667). — Il n'est pas même besoin de les mettre en cause. Paris, 31 août 1822 (S. 23, 100).

13. La demande est formée par requête qui ne peut être grossoyée. Tarif. 77.

S'il y a plusieurs requêtes présentées, et plusieurs curateurs nommés par le même tribunal, le premier nommé est préféré, sans qu'il soit besoin de jugement. C. pr. 999.

Dans tous les cas, la nomination faite par le tribunal du lieu de l'ouverture de la succession doit prévaloir sur celles émanées d'autres tribunaux; quand même celles-ci seraient antérieures. Carré, art. 999; Toullier, t. 2, p. 726; Berriat, pag. 621, note 4.

Le jugement qui nomme le curateur est interlocutoire, et par conséquent susceptible d'appel. Cas. 7 fév. 1809 (S. 9, 141); Turin, 13 avr. 1807; Carré, *ib.*

Celui qui soutient personnellement la validité de sa nomination de curateur, peut être condamné aux dépens. Cas, 7 fév. 1809 (S. 9, 141); 3 nov. 1809; Carré, art. 999.

14. Aucun texte n'oblige le curateur de faire au greffe déclaration de son acceptation des fonctions de curateur (Carré, *ib.* — *Contrà*, Pigeau, t. 2, p. 795) ; ni de prêter serment (Bordeaux, 4 avr. 1809, S. 13, 333) ; Carré, *ib.*) ; ni de donner caution. Exposé de motifs ; Carré, art. 1002.

15. Le curateur est tenu, avant tout, de faire constater l'état de la succession par un inventaire, et de faire vendre les meubles par officier public. C. pr. 1000. — V. *Vente.*

Les immeubles et rentes sont vendus suivant les formes prescrites au titre du bénéfice d'inventaire. C. pr. 1001. — V. *ib.*

16. Le curateur a capacité pour répondre aux actions dirigées contre la succession, et pour intenter toutes celles qui la concernent (C. civ. 813 ; C. pr. 999) ; notamment pour contraindre les débiteurs de la succession à payer à la caisse des consignations. Cas. 6 juin 1809 (S. 9, 262).

Le curateur administre et rend son compte suivant les formes prescrites à l'héritier bénéficiaire. C. pr. 1002. — V. *Reddition de compte.*

Il doit déposer à la caisse des consignations les deniers appartenant à la succession, dont l'administration lui a été confiée. Av. Cons.-d'Ét. 13 oct. 1809 (S. 11, 2, 3) ; Carré, *ib.*

17. Sur la demande du plus diligent des intéressés, le tribunal de la situation d'un immeuble délaissé nomme à cet immeuble un curateur sur lequel la vente est poursuivie dans les formes prescrites pour les expropriations forcées. C. civ. 2174. — V. *Saisie immobilière.*

18. 4° *Le curateur au bénéfice d'inventaire.* — Il est nommé en la même forme que le curateur à une succession vacante. C. pr. 996. — V. *sup.* n°s 12 et 13.

Cette nomination est un acte purement conservatoire. Elle peut dès-lors être demandée par celui qui n'a pas encore fait acte d'héritier, et qui est seulement habile à succéder. C. civ. 779 ; Cas. 27 avr. 1825 (S. 26, 422) ; — et être accordée pendant les délais pour faire inventaire et délibérer. C. civ. 795 ; Cas. 27 avr. 1825 (S. 26, 422).

19. Il y a lieu de nommer un curateur quand l'héritier bénéficiaire abandonne les biens de la succession aux créanciers en vertu de l'art. 802 C. civ.

20. C'est contre le curateur que sont dirigées les actions de l'héritier bénéficiaire, s'il n'y a pas d'autre héritier, ou si tous les héritiers intentent la même action. *Ib.* : Carré, art. 996.

21. Cependant, lorsqu'il s'agit de la distribution du prix d'un immeuble, ils doivent être appelés personnellement ; s'ils ne l'ont pas été, ils peuvent former tierce-opposition au jugement qui leur préjudicie. Carré, *ib.*

22. 5° Le *curateur en matière criminelle*. — Le mort civilement ne peut procéder, soit en demandant, soit en défendant, que par le ministère d'un curateur spécial, qui lui est nommé par le tribunal devant lequel l'action est portée. C. civ. 25.

23. Le condamné à la peine des travaux forcés à temps ou à la réclusion reçoit un tuteur et un subrogé-tuteur. C. pén. 1er mai 1832, art. 29.

24. Quant aux condamnés par contumace, d'après l'art. 28 C. civ., leurs biens doivent être administrés et leurs droits exercés de même que ceux des absens; mais l'art. 471 C. inst. crim. charge le directeur des domaines du domicile du condamné de régir ses biens comme biens d'absent, et un avis du Conseil-d'État du 20 septembre 1809 décide que pour l'exécution des art. 28 et 122 C. civ. l'administration des domaines est tenue de faire mettre sous le séquestre les biens et droits du contumace, et qu'elle doit les gérer et administrer au profit de l'État jusqu'à l'envoi en possession en faveur des héritiers.

25. S'il y a lieu de réviser une condamnation, et que cette condamnation ait été portée contre un individu mort depuis, la Cour de cassation crée un curateur à sa mémoire, avec lequel se fait l'instruction, et qui exerce tous les droits du condamné. C. inst. crim. 447.

26. 6° *Le curateur aux biens du présumé absent*. — La nomination en appartient au tribunal. — V. *Absence*, nos 19 et suiv.

27. Elle est nécessaire lorsque l'héritier de l'absent est un militaire en activité de service ou un individu employé aux armées. Les lois des 11 vent. et 16 fruct. an 2, qui prescrivent cette nomination, n'ont pas été abrogées par le Code civil; en effet, deux décrets impériaux des 16 mars 1807 et 8 nov. 1810 en ont ordonné la publication dans les nouveaux départemens qui alors étaient venus accroître le territoire de la France. Merlin, *Rép.* v° *Curateur*, § 5. — V. *Absent*, nos 63 et 65.

28. Le curateur doit provoquer la levée des scellés, assister à leur reconnaissance. Il peut faire procéder à l'inventaire et à la vente des meubles, et en recevoir le prix, à la charge d'en rendre compte, soit au militaire absent, soit à son fondé de pouvoir. Il doit administrer les immeubles en bon père de famille. L. 11 vent. an 2, art. 3 et 4.

29. Le curateur représente l'absent, et a l'exercice actif et passif de ses actions. — V. *Absent*, n° 21.

FIN DU PREMIER VOLUME.

A dater de 1835, un recueil mensuel intitulé JOURNAL DE PROCÉDURE CIVILE ET COMMERCIALE, servira de complément au *Dictionnaire*, et mettra au courant des progrès de la jurisprudence et de la législation. Chacun des articles du journal renverra à l'un des mots du *Dictionnaire*; de sorte que la réunion des deux ouvrages tiendra lieu des collections les plus dispendieuses.

IMP. DE FÉLIX LOCQUIN, R. N.-D.-DES-VICTOIRES, 16.